NOMOSLEHRBUCH

Prof. Dr. Lothar Michael,
Universität Düsseldorf

Prof. Dr. Martin Morlok,
Universität Düsseldorf

Grundrechte

8. Auflage

Die Deutsche Nationalbibliothek verzeichnet diese Publikation in
der Deutschen Nationalbibliografie; detaillierte bibliografische
Daten sind im Internet über http://dnb.d-nb.de abrufbar.

ISBN 978-3-8487-7217-9 (Print)
ISBN 978-3-7489-1229-3 (ePDF)

8. Auflage 2023
© Nomos Verlagsgesellschaft, Baden-Baden 2023. Gesamtverantwortung für Druck und
Herstellung bei der Nomos Verlagsgesellschaft mbH & Co. KG. Alle Rechte, auch die des
Nachdrucks von Auszügen, der fotomechanischen Wiedergabe und der Übersetzung,
vorbehalten.

Vorwort zur 8. Auflage

Für die 8. Auflage wurde das Werk nicht nur aktualisiert, sondern die Teile 1 und 2 wurden völlig neu bearbeitet.

Im 1. Teil wird in § 2 die **Geschichte der Grundrechte** erzählt. Die Passage beschränkt sich nicht auf Basis-Daten der Verfassungsgeschichte, sondern will ein Verständnis für die Entwicklung der Grundrechte und damit vor allem auch für die Entwicklung ihrer Interpretation wecken. Der Text setzt keine Kenntnisse zur Grundrechtsdogmatik voraus, ist also auch als Einführungslektüre geeignet, dient aber vor allem der Vertiefung des Verständnisses für Fortgeschrittene.

Der 2. Teil des Lehrbuchs (§§ 5-7) behandelt die **Grundrechte im Mehrebenensystem** und entwickelt die Dogmatik zur Lösung von Fällen mit europarechtlichen Bezügen auf der Grundlage der neueren Rechtsprechung des BVerfG. Die Entscheidungen des BVerfG zum „Recht auf Vergessen" (2019) gaben dazu Anlass, diese Dogmatik ausgehend vom Gesichtspunkt der Durchsetzbarkeit der Grundrechte mit dem Instrument der Verfassungsbeschwerde neu zu erschließen.

Außerdem geht die Neuauflage auf die zahlreichen Fragen ein, die sich seit 2020 für die **Grundrechte in der Pandemie** gestellt haben. Die Corona-Pandemie hat nicht nur das Gesundheitssystem, die Wirtschaft und die Gesellschaft vor große Herausforderungen gestellt, sondern vor allem den Staat von seiner machtvollen Seite gezeigt. Die staatlichen Eingriffe während der so genannten Lockdowns erreichten eine Intensität und ein Ausmaß, das in der bisherigen Geschichte der Bundesrepublik allenfalls ein theoretisches Szenario darstellte. Das warf vielfältige Fragen der verfassungsrechtlichen Grenzen staatlichen Handelns auf. Die Beschäftigung hiermit ist nicht nur mit Blick auf zukünftige staatliche Maßnahmen des Infektionsschutzes von praktischer Bedeutung. Das BVerfG hat vielmehr im Zusammenhang mit Corona-Fällen auch allgemeine Maßstäbe neu justiert bzw. ein „Grundrecht auf schulische Bildung" sogar als neuen grundrechtlichen Maßstab gebildet. Von zukunftsweisender Bedeutung sind auch Fragen der **Grundrechte im Klimawandel**, zu denen das BVerfG in seinem „Klima-Beschluss" grundsätzlich Stellung bezogen hat. Auch das berührt die allgemeine Grundrechtsdogmatik (Stichwort: „intertemporale Freiheitssicherung").

Wir danken allen beteiligten wissenschaftlichen und studentischen Kräften. Namentlich hervorgehoben seien hier Frau *Sarah Dersarkissian*, die unseren Diskurs durch Kritik und Anregungen befruchtet hat, für die Überarbeitung des Stichwortverzeichnisses Herr *Daniel Busche*, sowie für die Überarbeitung der Querverweise und die Aktualisierung der Fußnoten *Laura Heinlein, Johanna Materne, Anait Padarian, Christoph Stienen* und *Christoph Witthaut*.

Hinweise, Anregungen und Fragen sind stets willkommen, gerne auch per E-Mail (Lothar.Michael@uni-duesseldorf.de).

Düsseldorf, August 2022

Lothar Michael *Martin Morlok*

Vorwort zur 1. Auflage

Die Grundrechte stehen im Zentrum des **Staats- und Verfassungsrechts**. Sie sind Ausgangspunkt und Krönung der deutschen Rechtsordnung und unterliegen zunehmend auch **europäischen Einflüssen**. Welche Grundrechte in Deutschland garantiert sind, kann also aus dem Grundgesetz allein nicht mehr beantwortet werden. Dazu sind vielmehr auch die Bedeutung der EU-Grundrechte und der EMRK sowie deren Verhältnis zum Grundgesetz zu klären. Dies ist eine grundlegende und in der Praxis aktuelle Fragestellung. Die „europarechtlichen Bezüge unter besonderer Berücksichtigung des Verhältnisses des europäischen Rechts zum nationalen Recht" (so ausdrücklich § 11 Abs. 3 Juristenausbildungsgesetz NRW) gehören zum **Pflichtstoff des Examens**. Ein modernes Lehrbuch über Grundrechte muss daher heute zugleich ein Lehrbuch über deutsche und europäische Grundrechte sein. Das vorliegende Werk versucht beidem gerecht zu werden, ohne den Umfang zweier Lehrbücher zu erreichen. Der Frage des Verhältnisses der deutschen zu den europäischen Grundrechten ist ein eigener Teil gewidmet. Die inhaltliche Darstellung einzelner europäischer Garantien ist auf praktisch besonders relevante Unterschiede beschränkt und verweist im Übrigen auf weiterführende Literatur. In der Gewichtung des Stoffes haben wir uns – auch hinsichtlich der deutschen Dogmatik – auf die Vermittlung der Grundgedanken und ihrer Systematik konzentriert, d. h. auf das, was alle Studierenden wissen und verstehen sollten.

Adressaten dieses Lehrbuchs sind (angehende) Juristinnen und Juristen aller Semester. Es ist ein Buch **für Anfänger**, dient aber auch der Wiederholung und Vertiefung **für Fortgeschrittene**. Vertiefende Hinweise werden im Text ausdrücklich als solche und am Rand mit einem Ausrufezeichen gekennzeichnet. Sie können ebenso wie der zweite Teil des Buches („Grundrechte im Mehrebenensystem") von Anfängern übersprungen werden. Schließlich ist das Buch **auch für die Praxis** gedacht, die verstärkt um die Berücksichtigung der EMRK ringt. So ist in der Verfassungsbeschwerdepraxis die Rüge der Nichtbeachtung der EMRK von der Ausnahme zur Regel geworden. Auch die NJW nimmt durch verstärkte Berichterstattung über Rechtsprechung des EGMR darauf Rücksicht. Das vorliegende Buch will helfen, all dies einordnen.

Die Gliederung des Buchs folgt im 3. bis 7. Teil dem Aufbau der Grundrechtsprüfung: Schutzbereiche, Eingriff und Rechtfertigung werden in dieser Reihenfolge abgehandelt. Das Buch ist also nicht in allgemeine und besondere Grundrechtslehren zweigegliedert, sondern soll gerade deren Verschränkung verdeutlichen. Den **Prüfungsaufbau** veranschaulichen auch Schemata am Ende des Buches. Sie erleichtern mit Verweisungen auf die entsprechenden Randnummern im Text das Auffinden aller relevanter Passagen zu jedem Grundrecht. Außerdem erfolgen systematische Verweisungen auf die jeweiligen Schranken am Ende der Darstellung der entsprechenden Schutzbereiche. Das gezielte Nachlesen zu bestimmten Einzelgrundrechten „am Stück" ist dadurch unproblematisch möglich. Wer die allgemeinen Lehren „am Stück" lesen mag, überspringe Teil 3 des Buches sowie in Teil 7 die Ausführungen zu § 23 IV. Die studienbegleitende Lektüre wird somit auch für Vorlesungen, die anders als das Lehrbuch aufbauen, erleichtert.

Das Buch ist der erste Teil eines Gemeinschaftsprojekts. Dem Band „*Michael*/Morlok, Grundrechte" soll ein Band „*Morlok*/Michael, Staatsorganisationsrecht" folgen. Die Konzeption und Gliederung beider Bände ist unser Gemeinschaftswerk. Um innerhalb jedes Bandes eine Darstellung „aus einem Guss" zu ermöglichen, haben wir den Entwurf und die Letztverantwortung auf die beiden Bände verteilt und dem jeweils

Vorwort zur 1. Auflage

Erstgenannten anvertraut. Das Ergebnis spiegelt den fruchtbaren Diskurs über Inhalte und deren Darstellung. Im Anhang des Bandes wird die didaktische Essenz der Grundrechtslehre auf zwei Weisen verdichtet: Hier zeichnet *Martin Morlok* für die „sieben Hauptsätze" und *Lothar Michael* für die Schemata verantwortlich.

Hinweise, Anregungen und Fragen sind stets willkommen, gerne auch per E-Mail (Lothar.Michael@uni-duesseldorf.de).

Wir danken allen beteiligten wissenschaftlichen und studentischen Kräften. Namentlich hervorgehoben seien hier Dr. *Julian Krüper*, der unseren Diskurs kritisch und anregend bereichert hat, sowie wegen ihres unermüdlichen Einsatzes und für wertvolle Hinweise *Christian Kemler, Julia Figura, Julia Leven, Carl-Georg Müller* und *Lars Wildhagen*. Für die Erstellung des Sachverzeichnisses danken wir *Christina Hientzsch*.

Gewidmet sei dieses Buch dem Seminar unseres gemeinsamen akademischen Lehrers Prof. Dr. Dr. h. c. mult. *Peter Häberle*. Das „Häberle-Seminar" kann als Vorreiter gerade auch der Berücksichtigung europäischer Dimensionen des Verfassungsrechts und der Ausbildung „europäischer Juristen" gelten.

Düsseldorf, August 2008

Lothar Michael *Martin Morlok*

Inhaltsübersicht

Inhaltsverzeichnis	11
Abkürzungsverzeichnis	29

Teil 1: Grundrechtsgeltung und Interpretation

§ 1	Bedeutungskern und Bedeutungsvielfalt der Grundrechte	35
§ 2	Geschichte der Grundrechte und ihrer Interpretation	39
§ 3	Grundrechtsinterpretation	84
§ 4	Systematik der Grundrechtsprüfung	92

Teil 2: Grundrechte im Mehrebenensystem

§ 5	Grundrechtsschutz im Mehrebenensystem	108
§ 6	Die EMRK und ihre Durchsetzbarkeit	111
§ 7	Die GRCh und ihre Durchsetzbarkeit	121

Teil 3: Schutzbereiche der Freiheitsrechte

§ 8	Garantie der Menschenwürde	141
§ 9	Spezielle freiheitsrechtliche Schutzbereiche	153
§ 10	Allgemeine Freiheitsrechte	263

Teil 4: Grundrechtsberechtigung

§ 11	Deutsche, Unionsbürger und Ausländer als Grundrechtsträger	275
§ 12	Grundrechtsfähigkeit und -mündigkeit natürlicher Personen	278
§ 13	Grundrechtsfähigkeit juristischer Personen und sonstiger Kollektive	280

Teil 5: Grundrechtsbindung

§ 14	Unmittelbare Grundrechtsbindung der öffentlichen Hand	286
§ 15	Drittwirkungen von Grundrechten	290

Teil 6: Zurechnung der Grundrechtsbeeinträchtigung

§ 16	Grundrechtsdimensionen als Zurechnungsfrage	295
§ 17	Grundrechte als Abwehrrechte gegen staatliches Tun	297
§ 18	Grundrechte als Garantien gegen staatliches Unterlassen	307

§ 19 Kompetenz als Zurechnungsgrenze	316
§ 20 Grundrechtsverzicht als Zurechnungsunterbrechung	318

Teil 7: Rechtfertigung von Freiheitsbeschränkungen

§ 21 Systematik und Anwendbarkeit der Grundrechtsgrenzen	322
§ 22 Formelle Rechtfertigung von Grundrechtsbeschränkungen	328
§ 23 Materielle Rechtfertigung von Grundrechtsbeschränkungen: Verhältnismäßigkeit	350

Teil 8: Gleichheitsrechte

§ 24 Einführung in die Gleichheitsrechte	414
§ 25 Der allgemeine Gleichheitssatz	430
§ 26 Besondere Gleichheitssätze	442
§ 27 Europäische Gleichheitsrechte	454

Teil 9: Geltendmachung und Durchsetzung der Grundrechte

§ 28 Dimensionen der Grundrechtsverwirklichung	462
§ 29 Justizrechte	467
§ 30 Die Verfassungsbeschwerde zur Durchsetzung der Grundrechte	485
§ 31 Petitionsrecht	503
Sieben Hauptsätze zur Beschränkbarkeit der Grundrechte	506
Schemata	508
Definitionen	523
Stichwortverzeichnis	531

Inhalt

Vorwort zur 8. Auflage | 5
Vorwort zur 1. Auflage | 6
Abkürzungsverzeichnis | 29

Teil 1: Grundrechtsgeltung und Interpretation

§ 1 Bedeutungskern und Bedeutungsvielfalt der Grundrechte — 35
   I. Das Ideal gleicher Freiheit — 35
   II. Die Ausgangsvermutung zugunsten aktiver Grundrechtsausübung als Rechtfertigungslast — 35
   III. Grundrechte als vorrangige und verfassungsgerichtlich durchsetzbare Rechtsansprüche auf gleiche Freiheit — 36
   Wiederholungs- und Verständnisfragen — 38

§ 2 Geschichte der Grundrechte und ihrer Interpretation — 39
   I. Beständiges Verfassungsrecht als Rechtsentwicklung begreifen — 39
   II. Aspekte der Grundrechtsentwicklung — 40
   III. Die Grundrechtsentwicklung in Stationen — 41
      1. Begrenzung weltlicher Herrschaft durch gottgegebenes Naturrecht — 41
      2. Freiheit und Gleichheit als Prämissen eines rationalistischen Naturrechts — 43
      3. Grundrechte als positive Verfassungsgarantien — 44
      4. Die rechtsstaatliche Idee der Begrenzung staatlicher Gewalt — 45
      5. Anerkennung und Ausgestaltung rechtlicher Freiheiten im 19. Jahrhundert — 47
      6. Die Verfassungstheorie und Grundrechtsinterpretation der Weimarer Zeit — 49
         a) Hans Kelsen: Die Relativierung der Bedeutung geschriebener Grundrechte durch den Rechtspositivismus — 49
         b) Carl Schmitt: Grundrechte als vorstaatliche Abwehrrechte gegen den Staat — 51
         c) Rudolf Smend: Grundrechte als Werte und Integrationsziele — 54
      7. Die Stärkung der Grundrechte durch den Grundrechtskatalog des Grundgesetzes und die Regelung einer Verfassungsbeschwerde — 56
         a) Grundrechtsimpulse im Text des Grundgesetzes von 1949 — 56
         b) Die Schaffung des BVerfG und der Verfassungsbeschwerde — 58
      8. Der Beitrag des BVerfG zur Entwicklung der Grundrechte — 60
         a) Die Tendenz der Rechtsprechung des BVerfG zur Maximalinterpretation der Grundrechte — 61
         b) Personelle und biographische Komponenten eines Kampfes um Deutungshoheit — 64
         c) Kontexte von Entscheidungen und Dekontextualisierung der Maßstäbe — 66
         d) Wissenschaftliche Reflexion der Rechtsprechung — 71

		9. Die EMRK und die Entwicklung der Rechtsprechung des EGMR	72
		10. Die Grundrechte des Europäischen Unionsrechts	75
		Wiederholungs- und Verständnisfragen	83
§ 3	Grundrechtsinterpretation		84
	I.	Normstrukturelle Betrachtung	84
		1. Unterscheidung zwischen Regeln und Prinzipien	84
		2. Grundrechte als Regeln	85
		3. Grundrechte als Prinzipien	85
		4. Verfassungsgerichtliche Grundsatzentscheidungen als Präjudizien und Fallvergleich	87
	II.	Das Verfassungsdilemma zwischen Beständigkeit und Wandel	88
		1. Beständigkeitsanspruch der Grundrechtsgeltung	88
		2. Grundrechtswandel	88
		Wiederholungs- und Verständnisfragen	91
§ 4	Systematik der Grundrechtsprüfung		92
	I.	Der dreistufige Aufbau	92
		1. Beeinträchtigung eines Schutzbereichs und Grundrechtsberechtigung	92
		2. Grundrechtsverpflichtung und Zurechnung der Grundrechtsbeeinträchtigung	92
		3. Formelle und materielle Rechtfertigung	92
	II.	Konsequenzen des Prüfungsaufbaus für die Interpretation der Schutzbereiche	93
		1. Abgrenzung sachlicher Schutzbereiche als Weichenstellung	93
		2. Grundrechtsbeeinträchtigung bzw. Grundrechtsausgestaltung	95
		a) Grundrechtsbeeinträchtigung als Frage der konkreten Eröffnung eines Schutzbereichs	95
		b) Grundrechtsausgestaltung und Einrichtungsgarantien	96
		3. Beeinträchtigungen sogenannter „positiver" und „negativer" Freiheiten	97
		Wiederholungs- und Verständnisfragen	100
	III.	Grundrechtskonkurrenzen	100
		1. Theoretische und praktische Relevanz	100
		2. Abgrenzung spezifischer Schutzbereiche	101
		3. Spezialität und Subsidiarität	102
		4. Idealkonkurrenz	103
		5. Sogenannte „Schutzbereichsverstärkungen"	103
		6. Holistischer Ansatz	105
		Wiederholungs- und Verständnisfragen	107

Teil 2: Grundrechte im Mehrebenensystem

§ 5 Grundrechtsschutz im Mehrebenensystem — 108
   I. Ausgangspunkt und Entwicklungstendenz des Mehrebenendenkens — 108
   II. Das europäische Mehrebenensystem als rechtsdogmatische Herausforderung — 109
   Wiederholungs- und Verständnisfragen — 110

§ 6 Die EMRK und ihre Durchsetzbarkeit — 111
   I. Die EMRK als Völkervertragsrecht — 111
   II. Die Individualbeschwerde nach Art. 34 EMRK — 113
     1. Der EGMR — 113
     2. Zulässigkeit der Individualbeschwerde — 113
     3. Begründetheit und Konsequenzen der Individualbeschwerde — 114
   III. Durchsetzbarkeit der EMRK im deutschen Rechtsschutzsystem — 115
     1. Rechtsschutz durch die Fachgerichte — 115
     2. Verfassungsbeschwerde zum BVerfG — 116
     3. Entscheidungen des EGMR als Wiederaufnahmegrund im Einzelfall — 117
   IV. Die konventionsfreundliche Auslegung des deutschen Rechts — 117
     1. Die Methode der völkerrechtsfreundlichen Auslegung als Stärkung der Fachgerichte — 117
     2. Die konventionsfreundliche Auslegung der Grundrechte des GG — 118
   Wiederholungs- und Verständnisfragen — 120

§ 7 Die GRCh und ihre Durchsetzbarkeit — 121
   I. Die GRCh als Bestandteil des Unionsrechts — 121
   II. Die Anwendbarkeit der GRCh nach Art. 51 Abs. 1 GRCh — 122
   III. Die Verfassungsbeschwerde im Überschneidungsbereich zwischen den Grundrechten der GRCh und des GG — 123
     1. Zulässigkeit von Verfassungsbeschwerden auch zur Durchsetzung der Grundrechte der GRCh — 123
     2. Varianten des Maßstabs der Begründetheit einer Verfassungsbeschwerde — 124
       a) Regelungsspielräume der Mitgliedstaaten als Kriterium der Anwendbarkeit der Grundrechte des GG — 124
       b) Maßgeblichkeit der GRCh bei der Anwendung unionsrechtlich vollständig vereinheitlichter Regelungen — 125
       c) Grundsatz der Maßgeblichkeit der Grundrechte des GG in unionsrechtlich nicht vollständig determinierten Fällen — 126
       d) Maßgeblichkeit der Grundrechte der GRCh in Sonderfällen — 127
       e) Die Parallelprüfung der Grundrechte des GG und der GRCh als Alternative — 128
   IV. Dogmatik und Auslegung der GRCh — 129
     1. Konvergenz der allgemeinen Grundrechtsdogmatik — 130
     2. Die Auslegung der GRCh — 132
   V. Die Auslegung und Anwendung der Art. 1–19 GG im Lichte der GRCh — 135
     1. Die Prämissen unionsrechtlich zulässiger Grundrechtsvielfalt — 135
     2. Die unionsrechtsfreundliche Interpretation der Grundrechte des GG — 136

Inhalt

VI.	Die Bedeutung von Vorlageverfahren zur Durchsetzung der GRCh	137
	1. Das Vorabentscheidungsverfahren des EuGH nach Art. 267 AEUV	137
	2. Die Möglichkeit einer auf Art. 101 Abs. 1 S. 2 GG gestützten Verfassungsbeschwerde als Vorlagenkontrolle	138
	3. Die konkrete Normenkontrolle durch das BVerfG nach Art. 100 Abs. 1 GG	139
	Wiederholungs- und Verständnisfragen	140

Teil 3: Schutzbereiche der Freiheitsrechte

§ 8 Garantie der Menschenwürde ... 141
   I. Menschenwürde als Tabu und Skandalon der Grundrechtsdogmatik ... 141
   II. Menschenwürde als Grundrecht? ... 141
   III. Schutzbereich der Menschenwürde? ... 142
   IV. Normfunktionelle Betrachtung der Menschenwürde ... 145
   V. Erschließung des Schutzbereichs über Fallgruppen ... 147
      1. Methodik der Fallgruppenbildung ... 147
      2. Die drei anerkannten Fallgruppen der Menschenwürdegarantie ... 148
      3. Bestrittene Fälle ... 150
      4. Verweis auf europäische Grundrechte ... 151
   Wiederholungs- und Verständnisfragen ... 152

§ 9 Spezielle freiheitsrechtliche Schutzbereiche ... 153
   I. Recht auf Leben und Gesundheit: Art. 2 Abs. 2 S. 1 GG ... 153
      1. Die Funktion des Lebens und der Gesundheit im System des Grundrechtsschutzes ... 153
      2. Begriff des Lebens i. S. d. Art. 2 Abs. 2 S. 1 GG ... 157
      3. Begriff der körperlichen Unversehrtheit i. S. d. Art. 2 Abs. 2 S. 1 GG ... 158
      4. Verweis auf europäische Grundrechte ... 159
   Wiederholungs- und Verständnisfragen ... 159
   II. Freiheit der Person: Art. 2 Abs. 2 S. 2 GG ... 160
      1. Die Funktion der körperlichen Bewegungsfreiheit im System des Grundrechtsschutzes ... 160
      2. Freiheit der Person i. S. d. Art. 2 Abs. 2 S. 2 GG ... 160
      3. Verweis auf europäische Grundrechte ... 162
   Wiederholungs- und Verständnisfragen ... 163
   III. Religions- und Gewissensfreiheit: Art. 4 GG ... 163
      1. Die Funktionen der Religions- und Gewissensfreiheit im System des Grundrechtsschutzes ... 163
      2. Neutralität und Parität als innere Maßstäbe ... 165
      3. Systematische Weichenstellungen ... 165
         a) Art. 4 Abs. 1 und Abs. 2 GG als einheitliches und vorbehaltloses Grundrecht ... 165
         b) Drei Ausprägungen des Grundrechts als Religions-, Weltanschauungs- bzw. Gewissensfreiheit ... 166
         c) Zum Verhältnis von Bekenntnis- und Gewissensfreiheit ... 167
         d) Systematische Funktion der Art. 136 ff. WRV ... 167

		e)	Das „Selbstverständnis des Grundrechtsträgers" bei der Bestimmung des Schutzbereichs	168
	4.		Schutzgehalte: Innere und gelebte Freiheiten des Geistes	168
		a)	Forum Internum	168
		b)	Forum Externum als Bekenntnis- und Kultusfreiheit	169
		c)	Forum Externum als spezifische Handlungsfreiheit gemäß innerer Verhaltensgebote	169
	5.		Schutzdimensionen	172
		a)	Positiver und negativer Schutz	172
		b)	Individueller und kollektiver Schutz der Religionsfreiheit	173
	6.		Verweis auf europäische Grundrechte	173
			Wiederholungs- und Verständnisfragen	174
IV.	**Meinungs-, Informations- und Medienfreiheit: Art. 5 Abs. 1 GG**	174
	1.		Die Funktion der Freiheit und Vielfalt geistiger Inhalte und ihrer Kommunikation im System des Grundrechtsschutzes	174
	2.		Meinungs- und Informationsfreiheit	177
		a)	Begriff der Meinung und die Freiheit ihrer Äußerung und Verbreitung	177
		b)	Meinungsbildung als implizierte Gedankenfreiheit	179
		c)	Informationsbeschaffung	179
		d)	Negative Meinungs- und Informationsfreiheit	180
	3.		Medienfreiheiten	181
		a)	Funktioneller gemeinsamer Nenner der Medienfreiheiten im Wandel	181
		b)	Pressefreiheit	182
		c)	Rundfunk und Filmfreiheit	184
	4.		Verweis auf europäische Grundrechte	185
			Wiederholungs- und Verständnisfragen	185
V.	**Kunst- und Wissenschaftsfreiheit: Art. 5 Abs. 3 GG**	186
	1.		Die Funktion der Kunst- und Wissenschaftsfreiheit im System des Grundrechtsschutzes	186
	2.		Die Kunstfreiheit	188
		a)	Der offene Kunstbegriff	188
		b)	Persönlicher Schutzbereich und Schutzdimensionen	189
	3.		Die Wissenschafts- und Lehrfreiheit	191
		a)	Der offene Wissenschaftsbegriff	191
		b)	Persönlicher Schutzbereich und Schutzdimensionen	192
	4.		Verweis auf europäische Grundrechte	192
			Wiederholungs- und Verständnisfragen	193
VI.	**Gewährleistung von Ehe und Familie: Art. 6 GG**	193
	1.		Begrifflicher und funktioneller Bestand und Wandel	193
	2.		Schutz der Ehe	195
	3.		Schutz der Familie	198
	4.		Erziehungsrecht und -pflicht der Eltern	199
	5.		Verweis auf europäische Grundrechte	201
			Wiederholungs- und Verständnisfragen	201
VII.	**Grundrechtsgewährleistungen im Schulwesen: Art. 7 GG**	201
	1.		Systematischer Überblick über die Regelungen des Art. 7 GG	201

	2. Recht auf schulische Bildung	202
	3. Religionsunterricht	204
	4. Privatschulfreiheit	204
	5. Verweis auf europäische Grundrechte	204
	Wiederholungs- und Verständnisfragen	204
VIII.	**Versammlungsfreiheit: Art. 8 Abs. 1 GG**	205
	1. Die Funktionen von Versammlungen im System des Grundrechtsschutzes	205
	2. Der verfassungsrechtliche und der verwaltungsrechtliche Begriff der Versammlung	206
	a) Körperliche Anwesenheit mindestens zweier Personen	206
	b) Gemeinschaftliche Teilnahme als prägendes Element der Kommunikation	207
	3. Die Begrenzung des Schutzbereichs durch die Merkmale der Waffenlosigkeit und der Friedlichkeit	211
	a) Systematische Einordnung und Verhältnis zu den Schranken des Art. 8 Abs. 2 GG und zum einfachen Recht	211
	b) Friedlichkeit	212
	c) Waffenlosigkeit	213
	4. Inhalt der Gewährleistung	213
	5. Verweis auf europäische Grundrechte	214
	Wiederholungs- und Verständnisfragen	214
IX.	**Vereinigungsfreiheit: Art. 9 Abs. 1 GG**	214
	1. Die Funktionen von Vereinigungen im System des Grundrechtsschutzes und im Verhältnis zum Demokratieprinzip	215
	2. Der verfassungsrechtliche und der verwaltungsrechtliche Begriff der Vereinigung	217
	a) Gesetzliche Anknüpfungen	217
	b) Personenmehrheit	217
	c) Freiwilliger Zusammenschluss mit einem Gemeinschaftsinteresse	218
	d) Institutionelle Mindestanforderungen der Organisation	219
	3. Positive und negative Freiheit der Institutionalisierung	220
	a) Positiver Schutz der Institutionalisierung als „Doppelgrundrecht"	220
	b) Negativer Schutz vor Zwangsmitgliedschaft	220
	4. „Doppelte Zweckneutralität" des Schutzbereichs	221
	a) Kein spezifischer Schutz gemeinschaftlicher Zwecke	221
	b) Zweckneutraler Schutz aller Gemeinschaften	222
	5. Verweis auf europäische Grundrechte	223
	Wiederholungs- und Verständnisfragen	223
X.	**Koalitionsfreiheit: Art. 9 Abs. 3 GG**	224
	1. Die Funktionen von Koalitionen im System des Grundrechtsschutzes und im Verhältnis zum Demokratieprinzip	224
	2. Der verfassungsrechtliche Begriff der Koalition	225
	a) Systematische, ausdrückliche und funktionale Begriffsmerkmale der Koalition	225

Inhalt

		b) Zwecke der Wahrung und Förderung der Arbeits- und Wirtschaftsbedingungen	225
		c) Ungeschriebene qualitative Merkmale aus der Funktion der Tarifautonomie	225
	3.	Die „doppelte Zweckbezogenheit" der Koalitionsfreiheit im Gegensatz zur Vereinsfreiheit	226
	4.	Positive und negative Koalitionsfreiheit mit unmittelbarer Drittwirkung	226
		a) Positiver Schutz als „Doppelgrundrecht"	226
		b) Negativer Schutz vor Zwangsmitgliedschaft	227
		c) Unmittelbare Drittwirkung	227
	5.	Verweis auf europäische Grundrechte	227
	Wiederholungs- und Verständnisfragen		227
XI.	**Brief-, Post- und Fernmeldegeheimnis: Art. 10 GG**		227
	1.	Schutzkonzepte der Korrespondenzfreiheiten im funktionellen Wandel	228
	2.	Ausprägungen einer allgemeinen Freiheit der Korrespondenz	229
		a) Briefgeheimnis	229
		b) Postgeheimnis	229
		c) Fernmeldegeheimnis	229
	3.	Verweis auf europäische Grundrechte	230
	Wiederholungs- und Verständnisfragen		230
XII.	**Freizügigkeit: Art. 11 GG**		230
	1.	Die Funktion der Freizügigkeit im System des Grundrechtsschutzes	230
	2.	Der Begriff der Freizügigkeit	231
	3.	Die räumliche Erstreckung der Freizügigkeit	231
	4.	Positive und negative Freizügigkeit	232
	5.	Verweis auf europäische Grundrechte	233
	Wiederholungs- und Verständnisfragen		233
XIII.	**Berufsfreiheit: Art. 12 GG**		233
	1.	Die Funktion der Berufsfreiheit im System des Grundrechtsschutzes	233
	2.	Der verfassungsrechtliche Berufsbegriff	235
		a) Erwerbsgerichtetheit der Tätigkeit	236
		b) Dauerhaftigkeit	236
		c) Funktion als Lebensgrundlage	236
		d) Nicht notwendige Privatwirtschaftlichkeit von Berufen	238
		e) Nicht notwendige Erlaubtheit von Berufen	238
	3.	Gewährleistungsinhalte	239
		a) Schutz des Berufszugangs und der Berufsausübung	239
		b) Berufsfreiheit als Wettbewerbsfreiheit?	239
		c) Bildungsfreiheit und Prüfungsgerechtigkeit	241
		d) Wahl des Arbeitsplatzes als Arbeitnehmerfreizügigkeit und Niederlassungsfreiheit	242
		e) Negative Freiheit vor Arbeitszwang und Zwangsarbeit nach Art. 12 Abs. 2 und Abs. 3 GG	242
	4.	Verweis auf europäische Grundrechte	244
	Wiederholungs- und Verständnisfragen		244

XIV.	**Unverletzlichkeit der Wohnung: Art. 13 GG**	244
	1. Doppeltes Schutzkonzept: Privatsphäre und Informationshoheit	245
	2. Der funktionelle Wohnungsbegriff	245
	3. Verweis auf europäische Grundrechte	247
	Wiederholungs- und Verständnisfragen	247
XV.	**Eigentumsfreiheit: Art. 14 GG**	247
	1. Die Funktionen der Eigentumsfreiheit im System des Grundrechtsschutzes	247
	2. Der grundrechtliche Eigentumsbegriff	249
	a) Eigentumsfreiheit als rechtsgeprägtes Grundrecht	249
	b) Auslegung einfachen Rechts im Lichte der verfassungsrechtlichen Eigentumsfreiheit	251
	3. Schutzdimensionen der Eigentumsfreiheit	254
	4. Schutzumfang der Eigentumsfreiheit	255
	5. Abgrenzung zwischen Schutzbereich, Eingriff und Schranken beim Eigentum	256
	6. Verweis auf europäische Grundrechte	257
	Wiederholungs- und Verständnisfragen	257
XVI.	**Ausbürgerungs- und Auslieferungsverbot: Art. 16 GG**	258
	1. Die Funktion des Schutzes vor Ausbürgerung und Auslieferung im System des Staatsrechts und des Grundrechtsschutzes	258
	2. Verlust und Entziehung der Staatsangehörigkeit	259
	3. Auslieferungsschutz	260
	4. Verweis auf europäische Grundrechte	260
	Wiederholungs- und Verständnisfragen	260
XVII.	**Asyl- und Flüchtlingsrechte: Art. 16 a GG**	260
	1. Geschichte und Funktion des Asylgrundrechts im System des deutschen und europäischen Grundrechtsschutzes	260
	2. Verweis auf europäische Grundrechte	262
	Wiederholungs- und Verständnisfragen	262
§ 10	**Allgemeine Freiheitsrechte**	**263**
I.	**Systematik der allgemeinen Freiheitsrechte**	263
II.	**Das allgemeine Persönlichkeitsrecht als unbenanntes Freiheitsrecht: Art. 2 Abs. 1 i. V. m. Art. 1 Abs. 1 GG**	265
	1. Schutz der Grundbedingungen der Identitätsfindung	265
	2. Das Recht auf informationelle Selbstbestimmung	266
	3. Schutz der Vertraulichkeit und Integrität informationstechnischer Systeme	266
	4. Schutz der Identitätsfindung durch Rückzug und Vertraulichkeit	268
	5. Schutz der Identitätsstiftung durch Selbstdarstellung	269
	6. Verweis auf europäische Grundrechte	270
	Wiederholungs- und Verständnisfragen	270
III.	**Die allgemeine Handlungsfreiheit als Auffanggrundrecht: Art. 2 Abs. 1 GG**	270
	1. Systematische Funktion des Auffanggrundrechts	271
	2. Bedeutung des Auffanggrundrechts in Fallgruppen	273
	3. Verweis auf europäische Grundrechte	274
	Wiederholungs- und Verständnisfragen	274

Inhalt

TEIL 4: GRUNDRECHTSBERECHTIGUNG

§ 11 Deutsche, Unionsbürger und Ausländer als Grundrechtsträger — 275
    I. Grundrechtsschutz von Deutschen und Ausländern im Grundgesetz — 275
    II. Unionsrechtlich gebotene partielle Gleichbehandlung von Deutschen und EU-Bürgern bzw. Grundfreiheitsträgern — 276

§ 12 Grundrechtsfähigkeit und -mündigkeit natürlicher Personen — 278
    I. Grundrechtsfähigkeit: Rechtsfähigkeit als Voraussetzung subjektiven Grundrechtsschutzes — 278
    II. Objektiver Grundrechtsschutz Nichtrechtsfähiger — 278
    III. Grundrechtsmündigkeit als prozessualer Aspekt — 279

§ 13 Grundrechtsfähigkeit juristischer Personen und sonstiger Kollektive — 280
    I. Grundrechtsfähigkeit juristischer Personen nach Art. 19 Abs. 3 GG — 280
        1. Rechtsfähigkeit und Teilrechtsfähigkeit — 280
        2. Inländische und ausländische juristische Personen — 280
        3. Ihrem Wesen nach auf juristische Personen anwendbare Grundrechte — 281
            a) Personale und situationsspezifische Begründungsansätze — 281
            b) Anwendbarkeit auf juristische Personen des öffentlichen Rechts in Ausnahmefällen — 282
            c) Ausschluss höchstpersönlicher Grundrechte — 284
    II. Institutioneller und justizieller Schutz von Vereinigungen und sonstigen Kollektiven — 284
        1. Institutioneller und inhaltlicher Schutz von Vereinigungen — 284
        2. Rechtsstaatlicher und justizieller Schutz von Kollektiven — 285
    Wiederholungs- und Verständnisfragen — 285

TEIL 5: GRUNDRECHTSBINDUNG

§ 14 Unmittelbare Grundrechtsbindung der öffentlichen Hand — 286
    I. Ausprägung im deutschen Grundrechtsschutz: Art. 1 Abs. 3 GG — 286
        1. Unmittelbare Bindung aller drei Staatsgewalten des Bundes und der Länder — 286
        2. Bindung jeder Ausübung öffentlicher Gewalt — 286
        3. Bindung der öffentlichen Hand unabhängig von ihrer Handlungsform — 287
        4. Bindung juristischer Personen der mittelbaren Staatsverwaltung — 288
        5. Beschränkte Bindung öffentlich-rechtlicher Religionsgemeinschaften nach allgemeinen Regeln — 288
    II. Ausprägungen im europäischen Grundrechtsschutz — 288
        1. Unmittelbare Bindung aller Staatsgewalten an die EMRK — 288
        2. Unmittelbare Bindung aller Staats- und Unionsgewalten an die Unionsrechte — 289

§ 15	Drittwirkungen von Grundrechten	290
	I. Direkte Drittwirkung einzelner Grundrechte und Grundfreiheiten	290
	II. Die sogenannte mittelbare Drittwirkung von Grundrechten	292
	Wiederholungs- und Verständnisfragen	294

Teil 6: Zurechnung der Grundrechtsbeeinträchtigung

§ 16	Grundrechtsdimensionen als Zurechnungsfrage	295
§ 17	Grundrechte als Abwehrrechte gegen staatliches Tun	297
	I. Der klassische Eingriffsbegriff	297
	II. Der erweiterte Eingriffsbegriff	297
	1. Ausgangsüberlegung und Leitlinien für eine dogmatische Erfassung	297
	2. Fallgruppen	301
	a) Förmliche Beeinträchtigungen	301
	b) Unmittelbare Beeinträchtigungen	301
	c) Finale Beeinträchtigungen	301
	3. Zur Abgrenzung von Tun und Unterlassen bei mittelbaren Grundrechtsbeeinträchtigungen	302
	III. Grundrechtseingriffe zur Lösung von Grundrechtskonflikten (sogenannte Drittwirkungsfälle)	302
	Wiederholungs- und Verständnisfragen	306
§ 18	Grundrechte als Garantien gegen staatliches Unterlassen	307
	I. Schutzpflichten	307
	1. Begriff und Bedeutung der Schutzpflichten im System staatlicher Grundrechtsverantwortung	307
	2. Zurechnung staatlichen Unterlassens: Verfassungsrechtliche Garantenstellungen	308
	a) Spezielle verfassungsrechtliche Schutz-, Förderungs- und Ausgestaltungsaufträge	308
	b) Verfassungsrechtliche Gewährleistung von Sicherheit	308
	c) Verfassungsrechtliche Gewährleistung von Autonomie	309
	d) Schutzpflichten aus Ingerenz und bei kumulativen Beeinträchtigungen	310
	e) Staatliche Garantenstellung in Sonderstatusverhältnissen	311
	f) Toleranz als Grenze der Schutzpflichten	312
	Wiederholungs- und Verständnisfragen	314
	II. Leistungs- und Teilhaberechte	314
	1. Originäre Leistungsrechte aus Freiheitsrechten	314
	2. Abgeleitete Teilhaberechte auf Gleichbehandlung	315
§ 19	Kompetenz als Zurechnungsgrenze	316
	I. Systematische Einordnung von Kompetenzproblemen in die Grundrechtsdogmatik	316
	II. Zurechnungsausschließende Wirkung der Unzuständigkeit	316
	Wiederholungs- und Verständnisfragen	317

§ 20	Grundrechtsverzicht als Zurechnungsunterbrechung	318
	I. Verzicht bzw. Disposition als Ausdruck der Autonomie	318
	II. Objektive Voraussetzung der Disponibilität	318
	III. Subjektiv-individuelle Voraussetzung der Freiwilligkeit	319
	IV. Rechtsfolgen eines Grundrechtsverzichts	320
	Wiederholungs- und Verständnisfragen	321

TEIL 7: RECHTFERTIGUNG VON FREIHEITSBESCHRÄNKUNGEN

§ 21	Systematik und Anwendbarkeit der Grundrechtsgrenzen	322
	I. Rechtfertigungsbedürftigkeit und systematische Einordnung der Grundrechtsgrenzen	322
	II. Einschränkbarkeit als Vorfrage der Rechtfertigung	323
	III. Grundrechtsverwirkung	325
	1. Funktion des Art. 18 GG als Instrument wehrhafter Demokratie	325
	2. Voraussetzungen der Verwirkung	326
	3. Konstitutives Verfahren vor dem BVerfG	326
	4. Rechtsfolgen	326
	IV. Einzelaktsbetrachtung bei der Rechtfertigung	327
	Wiederholungs- und Verständnisfragen	327

§ 22	Formelle Rechtfertigung von Grundrechtsbeschränkungen	328
	I. Funktion der formellen Rechtfertigung im System des Grundrechtsschutzes	328
	II. Vorbehalt des Gesetzes und formelle Anforderungen an grundrechtsbeschränkende Gesetze	330
	1. Der grundrechtliche Vorbehalt des Gesetzes als rechtsstaatliches Gebot	330
	a) Allgemeinheit des Vorbehalts des Gesetzes für Grundrechtsbeschränkungen	330
	b) Formelle Verfassungsmäßigkeit des Gesetzes als rechtsstaatliches Gebot	331
	c) Kein Totalvorbehalt des Gesetzes auch für freiheitsfördernde Maßnahmen	331
	d) Ausnahmen vom Vorbehalt des Gesetzes	332
	2. Materielles Bestimmtheitsgebot als Konsequenz	333
	a) Öffentlich-rechtliche Generalklauseln für klassische Eingriffe	333
	b) Bestimmtheitsprobleme eines Vorbehalts des Gesetzes für mittelbare Grundrechtseingriffe, insbesondere staatliche Warnungen	334
	c) Generalklauseln zur Lösung sogenannter „mittelbarer Drittwirkung"	335
	d) Modifizierung in Sonderstatusverhältnissen und in der Selbstverwaltung	336
	3. Verschärfung des Vorbehalts des Gesetzes durch den Parlamentsvorbehalt	337
	4. Zitiergebot: Art. 19 Abs. 1 S. 2 GG	338

III.	Verwaltungsvollzugsvorbehalt	340
	1. Grundrechtsschützende Funktion eines Verwaltungsvollzugsvorbehalts	340
	2. Spezielle Vorbehalte eines Eingriffs „nur auf Grund eines Gesetzes"	341
	3. Allgemeines Verbot des Einzelfallgesetzes: Art. 19 Abs. 1 S. 1 GG	342
	4. Bedeutung der Grundrechte im Verwaltungsverfahren	343
IV.	Richtervorbehalt	344
	1. Grundrechtsschützende Funktion eines Richtervorbehalts	344
	2. Anwendungsbereiche des Richtervorbehaltes	345
	a) Durchsuchungen und Überwachungen von Wohnungen: Art. 13 Abs. 2 bis Abs. 5 GG	345
	b) Freiheitsentzug: Art. 104 Abs. 2–4 GG	346
	c) Zwangsarbeit: Art. 12 Abs. 3 GG	347
	d) Heimliche Infiltration eines informationstechnischen Systems	347
	3. Anforderungen an die Gerichtsorganisation und an das Gerichtsverfahren	348
	Wiederholungs- und Verständnisfragen	349

§ 23 Materielle Rechtfertigung von Grundrechtsbeschränkungen: Verhältnismäßigkeit — 350

I.	Funktion der materiellen Rechtfertigung im System des Grundrechtsschutzes	350
II.	Verhältnismäßigkeit als Übermaßverbot	352
	1. Die Bezugsgrößen der Verhältnismäßigkeit von Eingriffen	352
	a) Normen und Einzelakte als Mittel und Spezialfälle illegitimer Mittel	352
	b) Herausarbeitung legitimer Zwecke	354
	2. Die Dreistufigkeit des Übermaßverbotes	356
	a) Geeignetheit	357
	b) Erforderlichkeit	357
	c) Verhältnismäßigkeit i. e. S.	358
	Wiederholungs- und Verständnisfragen	364
III.	Verhältnismäßigkeit als Untermaßverbot	364
	1. Die Bezugsgrößen der Verhältnismäßigkeit bei Schutzpflichten	364
	a) Die Nichterfüllung der Schutzpflicht als Mittel	365
	b) Schutzzwecke und kollidierende Interessen	365
	2. Geeignetheit	365
	3. Effektivität statt Erforderlichkeit	365
	4. Verhältnismäßigkeit i. e. S.	366
	Wiederholungs- und Verständnisfragen	367
IV.	Verhältnismäßigkeit bei qualifizierten Gesetzesvorbehalten	367
	1. Auswirkungen der Systematik der Gesetzesvorbehalte auf die Verhältnismäßigkeit	367
	a) Unterscheidung allgemeiner und qualifizierter Gesetzesvorbehalte	367
	b) Die Schrankentrias des Art. 2 Abs. 1 GG als allgemeiner Gesetzesvorbehalt	367
	c) Art. 2 Abs. 1 GG als Schranke auch des allgemeinen Persönlichkeitsrechts	368

	d) Unionsrechts- und völkerrechtsfreundliche Aufwertung der verfassungsmäßigen Ordnung i. S. d. Art. 2 Abs. 1 GG	369
2.	Schranken der Meinungs-, Informations- und Medienfreiheit	369
	a) Unterschiedliche Verfassungstraditionen der Schranken geistiger Freiheit	369
	b) Die amerikanische Tradition der Maximierung geistiger Freiheit	369
	c) Die europäische Tradition der Relativierung der geistigen Freiheit	369
	d) Schrankensystematik des Art. 5 Abs. 2 GG	370
	e) Gesetze zum Schutze der Jugend und der persönlichen Ehre	370
	f) Allgemeine Gesetze i. S. d. Art. 5 Abs. 2 GG	371
	g) Zensurverbot als Schranken-Schranke: Art. 5 Abs. 1 S. 3 GG	375
3.	Schranken des Erziehungsrechts	376
4.	Schranken im Schulwesen	377
5.	Schranken der Versammlungsfreiheit	377
	a) Gesetzesvorbehalt des Art. 8 Abs. 2 GG für Versammlungen unter freiem Himmel	377
	b) Anmelde- und Erlaubnisfreiheit nach Art. 8 Abs. 1 GG als Schranken-Schranke	378
6.	Schranken der Vereinsfreiheit, insbesondere Vereinsverbote	379
7.	Schranken des Brief-, Post- und Fernmeldegeheimnisses	380
8.	Schranken der Freizügigkeit	381
9.	Schrankensystematik der Berufsfreiheit	381
	a) Zur Geschichte der Ansätze, ein Wortlautproblem systematisch zu lösen	381
	b) Die sogenannte „Drei-Stufen-Theorie"	382
	c) Lösung über das Prinzip der Verhältnismäßigkeit	383
	d) Verfassungsimmanente Schranken der Berufswahl	384
	e) Gestufte Prüfung der Verhältnismäßigkeit im deutschen und europäischen Verfassungsrecht	385
	f) Konsequenzen	385
10.	Schranken der Unverletzlichkeit der Wohnung	386
11.	Schrankensystematik der Eigentumsfreiheit	387
	a) Überblick und Entwicklung der Unterscheidung dreier Eingriffsarten	387
	b) Enteignungen	389
	c) Inhalts- und Schrankenbestimmungen des Gesetzgebers	391
	d) Sonstige Eingriffe durch Anwendungs- und Vollzugsakte	392
	e) Institutsgarantie	393
	f) Vergesellschaftung nach Art. 15 GG	393
	Wiederholungs- und Verständnisfragen	394
V.	**Praktische Konkordanz bei verfassungsimmanenten Schranken**	394
1.	Die Anwendbarkeit verfassungsimmanenter Grundrechtsgrenzen	394
	a) Grundrechte gänzlich ohne Gesetzesvorbehalt	394
	b) Anwendbarkeit verfassungsimmanenter Schranken in Ergänzung zu speziellen Schranken?	395
2.	Rechtsgüter mit Verfassungsrang	397
	a) Methodik der Bestimmung von Verfassungsgütern	397

		b) Grundrechte Dritter	399
		c) Staatszielbestimmungen	400
		d) Staats- und Verfassungsschutz	402
	3.	Praktische Konkordanz der kollidierenden Grundrechte bzw. Verfassungsgüter	403
		a) Beschränkung der legitimen Zwecke auf Verfassungsgüter	403
		b) Begriff der Grundrechtskollision als Sonderfall des Grundrechtskonfliktes	404
		c) Das Ineinandergreifen von Über- und Untermaßverbot bei der praktischen Konkordanz	405
		d) Lösung von Grundrechtskollisionen im Mehrebenensystem durch völkerrechtsfreundliche Konkordanz	406
		e) Kollisionen mit verfassungsrechtlichen Gemeinschaftsgütern	408
		Wiederholungs- und Verständnisfragen	410
VI.	**Gesamtabwägungen mehrerer Grundrechtsbeeinträchtigungen**		410
VII.	**Verhältnismäßigkeit in Sonderstatusverhältnissen**		411

Teil 8: Gleichheitsrechte

§ 24	**Einführung in die Gleichheitsrechte**		414
I.	**Die Funktion der Gleichheitsrechte im System des Grundrechtsschutzes**		414
II.	**Systematik der Gleichheitsrechte**		415
III.	**Gleichheit der Rechtsanwendung und der Rechtsetzung**		416
	1. Gleichheit der Rechtsanwendung		416
	2. Rechtsetzungsgleichheit		417
	3. Insbesondere: Selbstbindung an nichtgesetzliche Maßstäbe der Praxis		419
IV.	**Dimensionen der Freiheit und der Gleichheit**		420
	1. Trennung und Parallelität von Freiheit und Gleichheit		420
	2. Verschränkungen von Freiheit und Gleichheit		420
		a) Gleichheitsrechtliche Dimensionen von Freiheitsrechten	421
		b) Freiheitsrechtliche Dimensionen von Gleichheitsrechten	422
	3. Besonderheiten der Dogmatik der Gleichheitsrechte im Vergleich zu den Freiheitsrechten		422
		a) Juristische Personen des öffentlichen Rechts als Grundrechtsträger?	423
		b) Bindung jedes Hoheitsträgers als rechtliche Selbstbindung	423
		c) Drittwirkung von Gleichheitsrechten und Schutzpflichten?	425
		d) Übertragbarkeit der Zurechnungsdogmatik der Freiheitsrechte?	426
		e) Übertragbarkeit der Rechtfertigungsdogmatik der Freiheitsrechte?	427
	Wiederholungs- und Verständnisfragen		429
§ 25	**Der allgemeine Gleichheitssatz**		430
I.	**Systematische Erfassung des allgemeinen Gleichheitssatzes**		430
	1. Bedeutung und Konsequenzen eines gleichheitsrechtlichen Auffangrechts		430

		2.	Willkürverbot und „neue Formel" als Ausprägungen eines „stufenlos" differenzierten Maßstabes der Rechtfertigung von Ungleichbehandlungen	430
	II.	Erste Stufe: Zurechnung einer rechtlich bedingten und rechtlich relevanten Ungleichheit		431
		1.	Gegenstand der Prüfung: Rechtslage des Ausgangssachverhaltes	432
		2.	Referenzgröße: Rechtslage von Vergleichsfällen bzw. Vergleichsgruppen	432
		3.	Rechtliche Vergleichbarkeit	433
	III.	Zweite Stufe: Rechtfertigung dieser rechtlichen Ungleichheit		434
		1.	Konkretisierung und graduelle Modifizierung des Rechtfertigungsmaßstabes nach der Rechtsprechung	434
			a) Persönlichkeitsmerkmale als Anlass für eine qualifizierte Prüfung der Verhältnismäßigkeit	435
			b) Freiheitsrechte als Anlass für eine qualifizierte Prüfung der Verhältnismäßigkeit	435
			c) Graduelle Kriterien für eine mehr oder weniger strenge Verhältnismäßigkeitsprüfung	435
		2.	Zur Kritik an dieser Rechtsprechung	436
		3.	Konsequenzen und eigener Ansatz: Argumentationsschema einer spezifisch auf Gleichheit bezogenen Verhältnismäßigkeit	437
			a) Isolierte Mittel/Ziel-Betrachtung und Ausschluss willkürlicher Ziele	437
			b) Geeignetheit als Ausschluss willkürlicher Differenzierungen	438
			c) Keine Prüfung der Erforderlichkeit beim allgemeinen Gleichheitssatz	438
			d) Angemessenheit des Grades der Ungleichbehandlung	439
		Wiederholungs- und Verständnisfragen		441
§ 26	**Besondere Gleichheitssätze**			442
	I.	**Dogmatische Besonderheiten der besonderen Gleichheitsrechte**		442
		1.	Teleologische Auslegung aller Diskriminierungsverbote	442
			a) Mittelbare Diskriminierung	442
			b) Wertende Privilegierung bzw. Diskriminierung	442
		2.	Kausalitätsfragen	443
		3.	Qualifizierte Anforderungen an die Rechtfertigung von Ungleichbehandlungen	444
	II.	**Gleichberechtigung der Geschlechter**		446
		1.	Die unterschiedlichen Perspektiven des Art. 3 Abs. 2 und Abs. 3 GG	446
		2.	Förderung durch Bevorzugung	447
	III.	**Besondere Diskriminierungsverbote nach Art. 3 Abs. 3 GG**		448
	IV.	**Gleichstellung nichtehelicher Kinder nach Art. 6 Abs. 5 GG**		450
	V.	**Die staatsbürgerlichen Diskriminierungsverbote des Art. 33 GG**		450
		1.	Funktion und Überblick	450
		2.	Einzelprobleme	451
		Wiederholungs- und Verständnisfragen		453

§ 27 Europäische Gleichheitsrechte — 454
I. Gleichheitsrechte der EMRK — 454
1. Diskriminierungsverbot nach Art. 14 EMRK — 454
2. Allgemeines Diskriminierungsverbot nach dem 12. Zusatzprotokoll — 455
II. Gleichheitsrechte im Unionsrecht — 455
1. Das Verbot der Diskriminierung wegen der Staatsangehörigkeit — 455
   a) Schutzbereich und systematische Einordnung — 455
   b) Verbotene Diskriminierung — 456
2. Die sogenannten Grundfreiheiten des Unionsrechts als wirtschaftliche Gleichheitsrechte — 456
3. Gleichheit als EU-Grundrecht — 458
   a) Allgemeiner Gleichheitssatz als EU-Grundrecht — 458
   b) Bereichsspezifisches Diskriminierungsverbot im Landwirtschaftsrecht — 459
   c) Besondere Gleichheitssätze als EU-Grundrechte — 460
Wiederholungs- und Verständnisfragen — 461

Teil 9: Geltendmachung und Durchsetzung der Grundrechte

§ 28 Dimensionen der Grundrechtsverwirklichung — 462
I. Verfahrensrechtliche Seite der Grundrechte — 462
Wiederholungs- und Verständnisfrage — 463
II. Durchsetzbarkeit subjektiver und objektiver Dimensionen der Grundrechte — 464
III. Rechtsfolgen der Grundrechtsverletzung — 465
Wiederholungs- und Verständnisfragen — 466

§ 29 Justizrechte — 467
I. Überblick und Systematisierung — 467
1. Die Bedeutung des Art. 19 Abs. 4 GG als Subjektivierung des Rechtsschutzes — 467
2. Rechtsschutzgarantie nach den Europäischen Grundrechten — 468
3. Abgrenzung zwischen Art. 19 Abs. 4 GG und der verfahrensrechtlichen Seite der Grundrechte — 469
4. Abgrenzung des Art. 19 Abs. 4 GG zum allgemeinen Justizgewährungsanspruch — 470
5. Spezielle justizielle Gewährleistungen — 470
II. Rechtsweggarantie des Art. 19 Abs. 4 GG — 470
1. Rechtsschutz gegen subjektive Rechtsverletzungen aller Art — 470
2. Rechtsschutz gegen die öffentliche Gewalt — 471
3. Gewährleistungsgehalt des Art. 19 Abs. 4 GG — 473
III. Effektiver Rechtsschutz — 474
IV. Der allgemeine Justizgewährungsanspruch — 475
V. Gesetzlicher Richter — 475
1. Bedeutung des Art. 101 Abs. 1 GG im Gefüge des Grundgesetzes — 475
2. Begriff des gesetzlichen Richters — 476
3. Praktische Problemfälle — 476
   a) Abstrakt-generelle Zuständigkeitsvorschriften — 476

		b) Missachtung von Verweisungs- und Vorlagepflichten	477
		c) Anspruch auf einen unbefangenen Richter	477
	VI.	Rechtliches Gehör	477
		1. Bedeutung des Art. 103 Abs. 1 GG im Gefüge des Grundgesetzes	477
		2. Die drei Rechte des Art. 103 Abs. 1 GG	478
		a) Das Recht auf Information im Prozess	478
		b) Das Recht auf Äußerung im Prozess	478
		c) Das Recht auf Gehör i. e. S.	479
		3. Die Möglichkeit der Korrektur von Verletzungen des Art. 103 Abs. 1 GG	479
	VII.	Das Recht auf ein faires Verfahren und auf angemessene Verfahrensdauer	479
		1. Normative Verankerung und systematische Einordnung	479
		2. Ausprägungen und Konsequenzen des Fairnessgedankens	480
		3. Insbesondere: Angemessene Verfahrensdauer	480
	VIII.	Speziell strafverfahrensrechtliche Grundsätze	481
		1. Nulla poena sine lege (Art. 103 Abs. 2 GG)	481
		2. Ne bis in idem (Art. 103 Abs. 3 GG und Art. 50 GRCh)	483
		3. Unschuldsvermutung	484
		Wiederholungs- und Verständnisfragen	484
§ 30		**Die Verfassungsbeschwerde zur Durchsetzung der Grundrechte**	485
	I.	**Zulässigkeit der Verfassungsbeschwerde**	485
		1. Zuständigkeit des BVerfG	485
		2. Beschwerde- und Prozessfähigkeit	485
		3. Beschwerdegegenstand	486
		4. Beschwerdebefugnis	487
		5. Rechtswegerschöpfung und Subsidiarität	489
		6. Form und Frist	491
	II.	**Begründetheit und Konsequenzen der Verfassungsbeschwerde**	492
	III.	**Die verfassungsgerichtliche Kontrolldichte**	493
		1. Funktionelle Beschränkung der Verfassungsgerichtsbarkeit	493
		2. Grundrechtsdogmatische Implikationen der Kontrolldichte	494
		a) Beschränkung der Kontrolldichte bei Wertungsfragen	494
		b) Verschärfung der Kontrolldichte bei intensiven Grundrechtseingriffen	495
		3. Funktionellrechtliche Implikationen der Kontrolldichte	496
		a) Die starke Stellung des BVerfG	496
		b) Politische Ausgestaltungsspielräume des Gesetzgebers	496
		c) Verhältnis der Verfassungs- zur Fachgerichtsbarkeit	497
		4. Exkurs: Kontrolldichte des EuGH und Kontrolldichte des BVerfG beim Maßstab der GRCh	499
		5. Exkurs: Kontrolldichte des EGMR	500
		Wiederholungs- und Verständnisfragen	502

§ 31	Petitionsrecht	503
	I. Grundrechtliche und staatsorganisationsrechtliche Funktion des Petitionsrechts	503
	II. Rechtsgrundlagen und Abgrenzung zu anderen Vorschriften	503
	III. Voraussetzungen des Petitionsrechts	504
	IV. Inhalt des Petitionsrechts	505
	Wiederholungs- und Verständnisfragen	505

Sieben Hauptsätze zur Beschränkbarkeit der Grundrechte	506
Schemata	508
Definitionen	523
Stichwortverzeichnis	531

Abkürzungsverzeichnis

a. A.	anderer Ansicht
a. a. O.	am angegebenen Ort
abl.	ablehnend
Abs.	Absatz
Abschn.	Abschnitt
abw.	abweichend
AcP	Archiv für civilistische Praxis (Zeitschrift)
AEMR	Allgemeine Erklärung der Menschenrechte der UNO
a. E.	am Ende
AEUV	Vertrag über die Arbeitsweise der Europäischen Union
a. F.	alte Fassung
AfP	Archiv für Presserecht (Zeitschrift)
AG	Amtsgericht
AK	Alternativkommentar
allg.	allgemein
allg. A.	allgemeine Ansicht
allg. M.	allgemeine Meinung
a. M.	anderer Meinung
Anh.	Anhang
Anm.	Anmerkung
AöR	Archiv für öffentliches Recht (Zeitschrift)
ArbGG	Arbeitsgerichtsgesetz
Art.	Artikel
AufenthG	Aufenthaltsgesetz
Aufl.	Auflage
ausdr.	ausdrücklich
ausf.	ausführlich
Az.	Aktenzeichen
BAG	Bundesarbeitsgericht
BAGE	Entscheidungssammlung des Bundesarbeitsgerichts
BayBG	Bayerisches Beamtengesetz
BayPAG	Gesetz über die Aufgaben und Befugnisse der Bayerischen Polizei
BayVBl.	Bayerische Verwaltungsblätter (Zeitschrift)
BayVerfGH	Bayerischer Verfassungsgerichtshof
BayVerfGHE	Entscheidungssammlung des bayerischen Verfassungsgerichtshofs
BayVGH	Bayerischer Verwaltungsgerichtshof
Bd.	Band
Begr.	Begründung
Bek.	Bekanntmachung
ber.	berichtigt
bes.	besonders
Beschl.	Beschluss
bespr.	besprochen
bestr.	bestritten
BGB	Bürgerliches Gesetzbuch
BGBl.	Bundesgesetzblatt
BGH	Bundesgerichtshof
BGHSt	Entscheidungssammlung des Bundesgerichtshofs in Strafsachen
BGHZ	Entscheidungssammlung des Bundesgerichtshofs in Zivilsachen
BK	Bonner Kommentar
Bl.	Blatt
BRRG	Beamtenrechtsrahmengesetz
bspw.	beispielsweise
BVerfG	Bundesverfassungsgericht
BVerfGE	Entscheidungssammlung des Bundesverfassungsgerichts
BVerfGG	Bundesverfassungsgerichtsgesetz
BVerfG-K	Kammerentscheidung des Bundesverfassungsgerichts

BVerwG	Bundesverwaltungsgericht
BVerwGE	Entscheidungssammlung des Bundesverwaltungsgerichts
bzgl.	bezüglich
bzw.	beziehungsweise
ders.	derselbe
d. h.	das heißt
Dok.	Dokument
DÖV	Die öffentliche Verwaltung (Zeitschrift)
DR	Decisions and Reports – Entscheidungssammlung der Europäischen Kommission für Menschenrechte (seit 1975)
Drucks.	Drucksache
DVBl.	Deutsches Verwaltungsblatt (Zeitschrift)
E	Entscheidung (aus einer vorgenannten Entscheidungssammlung)
e. V.	eingetragener Verein
ebd.	ebenda
ECLI	Europäischer Rechtsprechungs-Index
EG	Europäische Gemeinschaft
EGMR	Europäischer Gerichtshof für Menschenrechte
EGV	Vertrag zur Gründung der Europäischen Gemeinschaft
Einf.	Einführung
eingetr.	eingetragen
Einl.	Einleitung
einschl.	einschließlich
einschr.	einschränkend
EKMR	Europäische Kommission für Menschenrechte
EMRK	Europäische Menschenrechtskonvention
Entsch.	Entscheidung
entspr.	entsprechend
Entw.	Entwurf
Erkl.	Erklärung
Erl.	Erlass; Erläuterung
etc.	et cetera
EU	Europäische Union
EuG	Gericht der Europäischen Union
EuGH	Europäischer Gerichtshof
EuGR	Europäische Grundrechte (hrsgg. von Ehlers)
EuGRZ	Europäische Grundrechtszeitschrift
EuR	Europarecht (Zeitschrift)
EUV	Vertrag über die Europäische Union
EuZW	Zeitschrift für europäisches Wirtschaftsrecht
evtl.	eventuell
EWGV	Vertrag über die Europäische Wirtschaftsgemeinschaft
f.	folgende
ff.	fortfolgende
Fn.	Fußnote
FPR	Familie, Partnerschaft, Recht (Zeitschrift)
FS	Festschrift
geänd.	geändert
gem.	gemäß
GG	Grundgesetz
ggf.	gegebenenfalls
GRCh	Grundrechtecharta
grds.	grundsätzlich
GRUR	Gewerblicher Rechtsschutz und Urheberrecht (Zeitschrift)
GRURInt	Gewerblicher Rechtsschutz und Urheberrecht Internationaler Teil (Zeitschrift)
GS	Großer Senat
GVG	Gerichtsverfassungsgesetz
h. A.	herrschende Auffassung

Abkürzungsverzeichnis

HbVerfR	Handbuch des Verfassungsrechts
Hdb	Handbuch
Hg.	Herausgeber
HGR	Handbuch der Grundrechte
h. L.	herrschende Lehre
h. M.	herrschende Meinung
HRLJ	Human Rights Law Journal (Zeitschrift)
hrsgg.	herausgegeben
Hs.	Halbsatz
HStR	Handbuch des Staatsrechts
i. A.	im Auftrag
i. d. F.	in der Fassung
i. d. R.	in der Regel
i. d. S.	in diesem Sinne
i. E.	im Ergebnis
i. e. S.	im engeren Sinne
i . H. v.	in Höhe von
inkl.	inklusive
insb.	insbesondere
insg.	insgesamt
IPbpR	Internationaler Pakt für bürgerliche und politische Rechte
i. S.	im Sinne
i. S. d.	im Sinne des
i. S. v.	im Sinne von
i. Ü.	im Übrigen
i. V. m.	in Verbindung mit
i. w. S.	im weiteren Sinne
JöR	Jahrbuch des öffentlichen Rechts (neue Folge)
JR	Juristische Rundschau (Zeitschrift)
Jura	Juristische Ausbildung (Zeitschrift)
JuS	Juristische Schulung (Zeitschrift)
JuSchG	Jugendschutzgesetz
JZ	Juristenzeitung (Zeitschrift)
Kap.	Kapitel
KG	Kammergericht
krit.	kritisch
lat.	lateinisch
lit.	littera
Lit.	Literatur
LPartG	Lebenspartnerschaftsgesetz
LS	Leitsatz
m. Anm.	mit Anmerkung
m. E.	meines Erachtens
mind.	mindestens
Mitt.	Mitteilung(en)
MJ	Maastricht Journal of European and Comparative Law (Zeitschrift)
m. N.	mit Nachweisen
m. w. N.	mit weiteren Nachweisen
m. W. v.	mit Wirkung von
m. z. N.	mit zahlreichen Nachweisen
n. r.	nicht rechtskräftig
n. v.	nicht veröffentlicht
Nachw.	Nachweise
n. F.	neue Fassung
NJW	Neue Juristische Wochenschrift (Zeitschrift)
NJW-RR	Neue Juristische Wochenschrift Rechtsprechungsreport (Zeitschrift)
Nov.	Novelle
Nr.	Nummer
NStZ	Neue Zeitschrift für Strafrecht

Abkürzungsverzeichnis

NVwZ	Neue Zeitschrift für Verwaltungsrecht
NWVBl.	Nordrhein-Westfälische Verwaltungsblätter (Zeitschrift)
o. a.	oben angegeben, angeführt
o. Ä.	oder Ähnliches
o. g.	oben genannt
OLG	Oberlandesgericht
OVG	Oberverwaltungsgericht
PolG	Polizeigesetz
PrOVG	Preußisches Oberverwaltungsgericht
PrOVGE	Entscheidungssammlung des Preußischen Oberverwaltungsgericht
resp.	respektive
RGBl.	Reichsgesetzblatt
RJD	Report of Judgments and Decisions, Entscheidungssammlung des Europäischen Gerichtshofs für Menschenrechte (seit 1996)
Rn.	Randnummer
Rs.	Rechtssache
Rspr.	Rechtsprechung
S.	Seite
s.	siehe
s. a.	siehe auch
s. o.	siehe oben
s. u.	siehe unten
Serie A	Série A des publications de la Cour européenne des droits de l'homme: Arrêts et décisions (bis Ende 1995)
SGG	Sozialgerichtsgesetz
Slg.	Entscheidungssammlung des EuGH
sog.	sogenannt/so gennant
StAG	Staatsangehörigkeitsgesetz
StGB	Strafgesetzbuch
StPO	Strafprozessordnung
str.	strittig
stRspr	ständige Rechtsprechung
UAbs.	Unterabsatz
u. a.	unter anderem
u. a. m.	und anderes mehr
u. ä.	und ähnlich
u. Ä.	und Ähnliches
u. E.	unseres Erachtens
unstr.	unstreitig
Urt.	Urteil
usw.	und so weiter
u. U.	unter Umständen
u. v. m.	und vieles mehr
v.	von/vom
VBlBW	Verwaltungsblätter für Baden-Württemberg (Zeitschrift)
VerfahrensO	Verfahrensordnung
VerfGH	Verfassungsgerichtshof
VersG	Versammlungsgesetz
VG	Verwaltungsgericht
VGH	Verwaltungsgerichtshof
vgl.	vergleiche
Vorb.	Vorbemerkung
vorl.	vorläufig
VVDStRL	Veröffentlichungen der Vereinigung der Deutschen Staatsrechtslehrer
VwGO	Verwaltungsgerichtsordnung
VwVfG	Verwaltungsverfahrensgesetz
WHO	World Health Organisation (Weltgesundheitsorganisation)
w. N.	weitere Nachweise

Abkürzungsverzeichnis

WRV	Weimarer Reichsverfassung
Z.	Zeichen
z. B.	zum Beispiel
Ziff.	Ziffer
zit.	zitiert
ZJS	Zeitschrift für das Juristische Studium
ZNR	Zeitschrift für neuere Rechtsgeschichte
ZöR	Zeitschrift für öffentliches Recht
ZP	Zusatzprotokoll zur EMRK (chronologisch nummeriert)
ZPO	Zivilprozessordnung
ZRP	Zeitschrift für Rechtspolitik
z. T.	zum Teil
zust.	zustimmend
zutr.	zutreffend
zw.	zweifelhaft
zzgl.	zuzüglich

Teil 1:
Grundrechtsgeltung und Interpretation

▶ **Fall 1:** K träumt von einer idealen Rechtsordnung, die es ihr tatsächlich ermöglicht, all ihre Freiheitsbedürfnisse extensiv auszuleben. Sie wacht auf und fühlt sich sehr unfrei: durch staatliche und europäische Regelungen, durch Arbeitgeber, Vermieter und Nachbarn, durch die Macht der Politik und der globalisierten Wirtschaft, durch gesellschaftliche Zwänge sowie mangels finanzieller Möglichkeiten. K fragt sich, welche Freiheit ihr die Grundrechte geben. ◀

§ 1 Bedeutungskern und Bedeutungsvielfalt der Grundrechte

I. Das Ideal gleicher Freiheit

Menschen begehren Freiheit: persönliche, geistige, wirtschaftliche, politische Freiheit. Da **Freiheit ein Grundbedürfnis** und Voraussetzung persönlicher Entfaltung des Menschen ist, heißen Normen, die diese Freiheit gewährleisten sollen, „Grundrechte". Freiheit bildet nach *Immanuel Kant* den Ausgangspunkt einer aufgeklärten Gesellschaft. Der Schutz der persönlichen Freiheit durch das Recht hat erstrangige Bedeutung. Freiheitsgewährleistung ist eine der Legitimitätsvoraussetzungen jeder Rechtsordnung. Die Grundrechte zählen damit zu den Kernelementen einer Verfassung. Deren Gerechtigkeitsanspruch impliziert auch die Gleichheit dieser Gewährleistung. **Gleiche Freiheit** für alle Menschen – und d. h. insbesondere auch für Minderheiten – ist der Bedeutungskern der Grundrechte.

Die Verwirklichung so elementarer Grundsätze müsste eigentlich ganz einfach sein. Tatsächlich wurde aber die von *Kant* geforderte „**vollkommen gerechte bürgerliche Verfassung**", in der „Freiheit unter äußeren Gesetzen im höchstmöglichen Grade"[1] nicht nur anerkannt, sondern erreicht wird, nie verwirklicht. Zustände der Unfreiheit und der Ungleichheit können sehr unterschiedliche Ursachen haben. Sie sind von Gesellschaft zu Gesellschaft verschieden und ändern sich mit der Zeit. Das Ideal der Freiheit aller anzustreben, bleibt permanente Herausforderung jeder offenen Gesellschaft. Das Recht kann dazu beitragen. Eine kosovarische Verfassungsrichterin erzählte, sie sei einmal von einem im Kosovokrieg aufgewachsener Schüler gefragt worden: „Do you also protect the bad people?". Ja: Die Gerichtigkeitsidee des Rechtsstaates und der Grundrechte ist es, alle zu schützen: Opfer sowie auch Täter, nicht nur Friedensnobelpreisträger, sondern auch Mitglieder verfassungsfeindlicher Parteien und die erfolgreiche Unternehmerin ebenso wie den Obdachlosen.

II. Die Ausgangsvermutung zugunsten aktiver Grundrechtsausübung als Rechtfertigungslast

Grundrechte richten sich nicht gegen jedermann, sondern nur **gegen den Staat** und die von ihm gesteuerten oder steuerbaren Freiheitshindernisse. Sie gewährleisten ein

---

[1] *Kant*, Idee zu einer allgemeinen Geschichte in weltbürgerlicher Absicht, Werke XI (hrsg. v. Weischedel), 1977, S. 39.

bestimmtes Maß an Freiheit **vom Staat** und daneben bestimmte Aspekte der Freiheit **durch den Staat**. Die klassische Grundrechtsbedeutung liegt in der Abwehr bzw. Begrenzung staatlicher Eingriffe. Die EU-Grundrechte ergänzen dies durch Abwehrrechte gegen Freiheitsbeschränkungen durch die EU. Daneben begründen die Grundrechte auch Schutzpflichten der öffentlichen Hand. In begrenztem Umfang werden dem untätigen Staat auch Freiheitsbeeinträchtigungen durch Private zugerechnet, d. h. staatliches Intervenieren gefordert, um solche Beeinträchtigungen zu verhindern. Beim Aspekt der Freiheitsverwirklichung durch den Staat werden die tatsächlichen und finanziellen Grenzen staatlicher Erfüllbarkeit relevant.[2]

Grundrechte dürfen nie isoliert betrachtet werden. Der Mensch ist ein **soziales Wesen**: Deshalb findet seine Freiheit ihre Grenzen in der **Freiheit anderer** Menschen und in **Interessen der Gemeinschaft**. Selbst das Ideal vollkommener Freiheit ist damit nicht absolut, sondern in einer relativen Optimierung zu suchen, die auf ebenfalls legitime Gegeninteressen abgestimmt ist. Grundrechte garantieren keine Freiheit von sozialen und wirtschaftlichen Zwängen. Auch die Demokratie beruht auf dem Menschen als sozialem Wesen. Das BVerfG spricht insoweit sogar vom Menschenbild des Grundgesetzes.[3]

Auch wenn der Staat Freiheitsinteressen verschiedener Menschen zum Ausgleich bringen soll, trägt er für intervenierende Maßnahmen die **Rechtfertigungslast**. Zwar schützen Grundrechte auch den Rückzug in die Privatheit. Aber die Hauptstoßrichtung der Grundrechte ist die Freiheitsentfaltung gerade auch in der Interaktion mit und gegenüber anderen. Nicht nur „im Kämmerlein" frei zu denken und unbehelligt zu bleiben, sondern vor allem gegenüber Dritten und in der Öffentlichkeit frei zu sprechen und zu agieren – darin zeigt sich die Wechselbezüglichkeit einer von Demokratie und von Grundrechten geprägten Gesellschaft. Grundrechte implizieren zwar auch negative Freiheiten (→ Rn. 48). Diese sind jedoch kein Konfrontationsschutz vor der positiven Grundrechtsausübung. Das in Art. 2 Abs. 1 GG verankerte Auffanggrundrecht ist nicht zufällig „positiv" die allgemeine **Handlungs**freiheit und nicht „negativ" eine allgemeine Garantie ungestörten Daseins.

HINWEISE ZUM VERSTÄNDNIS FÜR FORTGESCHRITTENE: Interveniert der Staat in solchen Konflikten und weist die aktive Grundrechtsausübung in die Schranken der Grundrechte Dritter, liegt darin ein rechtfertigungsbedürftiger Eingriff. Das gilt nicht nur für Interventionen der klassischen Eingriffsverwaltung, sondern auch für die zivilgerichtliche Durchsetzung gesetzlicher Unterlassungsansprüche. Für die aktive Grundrechtsausübung streitet hier die Abwehrdimension der Grundrechte gegen jegliche staatliche Intervention, während für den Schutz der passiven Rechte auf Privatheit „nur" die Schutzpflichten in Ansatz zu bringen sind. (Zu diesem auch für den Aufbau in der Fallbearbeitung gegebenenfalls zentralen Problem noch ausführlich → Rn. 484 f. und 505 ff.).

III. Grundrechte als vorrangige und verfassungsgerichtlich durchsetzbare Rechtsansprüche auf gleiche Freiheit

3 Grundrechte genießen den **Vorrang des Verfassungsrechts** und sie sind **einklagbare Rechte**. Der Text des Grundgesetzes ist deutlich: Der Grundrechtskatalog wird eingerahmt einerseits durch Art. 1 Abs. 3 GG, wonach die „nachfolgenden Grundrechte"

---

2 *Häberle*, Grundrechte im Leistungsstaat, VVDStRL 30 (1972), S. 43, 107, 114: Vorbehalt der „Möglichkeit".
3 BVerfGE 50, 290, 353 f. – Mitbestimmung; dazu *Häberle*, Das Menschenbild im Verfassungsstaat, 4. Aufl., S. 47 ff.; krit. *Dreier* in: Dreier, GG, Bd. 1, 3. Aufl., zu Art. 1 Abs. 1 Rn. 167 ff.

alle Staatsgewalt und auch den demokratischen Gesetzgeber „als unmittelbar geltendes Recht" binden und andererseits durch Art. 19 Abs. 4 GG, wonach gegen jede staatliche Verletzung der Rechte und also auch der Grundrechte der Rechtsweg offensteht. Nach Art. 93 Abs. 1 Nr. 4 a GG gibt es sogar eine Verfassungsbeschwerde, mit der „jedermann" die Verletzung „seiner Grundrechte" vor dem BVerfG rügen kann. Die Gerichte heben grundrechtswidrige Hoheitsakte auf und das BVerfG kann gegebenenfalls verfassungswidrige Gesetze für nichtig erklären.

Nach dem Grundgesetz stehen die Grundrechte nicht nur auf dem Papier. Sie sind nicht nur theoretische Ideale und Programmsätze. Die unmittelbare Rechtsbindung staatlicher Gewalt wird mit der Durchsetzbarkeit der Grundrechte verknüpft. Die deutschen Gerichte und insbesondere das BVerfG praktizieren dies in einer Weise, die es rechtfertigt, die Bundesrepublik als einen **Grundrechtsstaat**[4] zu bezeichnen.

Vorrang innerhalb des Rechts und verfassungsgerichtliche Durchsetzbarkeit sind inzwischen zum begriffsbildenden Wesenskern der Grundrechte geworden. Darin unterscheiden sich die Grundrechte von einfachrechtlichen Gewährleistungen subjektiver Rechte einerseits und von rein objektivem Verfassungsrecht andererseits. Inzwischen ist das Wesen der Grundrechte i. S. d. Grundgesetzes darin zu erkennen, mit der **Verfassungsbeschwerde** geltend gemacht werden zu können. Das BVerfG nimmt inzwischen an, dass in bestimmten Konstellationen auch die Grundrechte der Charta der Grundrechte der Europäischen Union (GRCh) mit der Verfassungsbeschwerde eingeklagt werden können. Indem sich das BVerfG – insoweit ergänzend zum Gerichtshof der Europäischen Union (EuGH) in Luxemburg – zum Hüter auch der GRCh macht, werden die Grundrechte der GRCh zu Grundrechten auch im Sinne des Grundgesetzes. Sie sind zwar jenseits des Grundrechtskatalogs der Art. 1–19 GG geregelt. Aber sie sind „Grundrechte" im Sinne des Art. 93 Abs. 1 Nr. 4 a GG. Das ist nicht nur für ihre praktische Bedeutung entscheidend. Von der **verfassungsgerichtlichen Durchsetzbarkeit** aus sind auch Theorie und Dogmatik der Grundrechte zu erschließen.

Die Justiziabilität der Grundrechte ist bei der Interpretation der Grundrechte mitzudenken. Die Durchsetzbarkeit staatlichen Rechts versteht sich zwar an sich „von selbst", verdient aber bei den Grundrechten besondere Erwähnung. Individuelle Freiheit und politische Mehrheit können sich gegenüberstehen. Die Grundrechte streiten dann gegebenenfalls für Rechte von Minderheiten, für deren Durchsetzung sich das Mehrheitsprinzip als dysfunktional erweist. Dabei handelt es sich nicht nur um ein tatsächliches Spannungsverhältnis mit politischen Dimensionen, sondern auch um eine rechtliche Frage. Die Verfassungsgrundsätze grundrechtlicher und demokratischer Legitimation sind zum Ausgleich zu bringen. Weite Teile der Rechtsordnung lassen sich als Ausgestaltung von Interessenkonflikten und damit auch als Ausgestaltung grundrechtlich gewährleisteter Freiheiten interpretieren. Die Ausgestaltung des Rechts ist eine politische Frage, die in der Demokratie primär dem Gesetzgeber anvertraut wird – und nicht dem BVerfG. Die Verwirklichung und der Ausgleich von Interessen im Einzelfall obliegt auf der Grundlage dieser Gesetze der Verwaltung und den Fachgerichten – und allenfalls subsidiär dem BVerfG. Die nicht leicht zu definierende Grenze zwischen **politischen bzw. einfachrechtlichen Fragen** einerseits und deren verfassungsrechtlichen Implikationen andererseits zu ziehen, obliegt der Verfassungsgerichtsbarkeit. Ein Verfassungsgericht interpretiert die Grundrechte mit Blick darauf,

4

---

4 *Hufen*, NJW 1999, 1504 spricht von Deutschland als einer „Grundrechtsrepublik".

diese Maßstäbe auch gegenüber allen anderen Gewalten (einschließlich der Fachgerichte) durchzusetzen. In verfassungsgerichtlichen Verfahren wird aus dem Spannungsverhältnis zwischen Rechten Privater und Befugnissen des Staates sowie zwischen grundrechtlicher und demokratischer Legitimation auch ein Spannungsverhältnis zwischen der Verfassungsgerichtsbarkeit und den anderen, an die Grundrechte gebundenen **Gewalten**. Dieses Spannungsverhältnis spitzt sich mehr oder weniger zu, je nachdem, was und wieviel in die auslegungsfähigen und auslegungsbedürftigen Grundrechte „hineininterpretiert" wird. Bei der Interpretation der Grundrechte i. S. d. Grundgesetzes sind auch Gewährleistungen der Europäischen Menschenrechtskonvention (EMRK) zu berücksichtigen.

Über die **Interpretation** der Grundrechte lässt sich allgemein und im Einzelfall streiten und verschiedene Gerichte kommen in verschiedenen Kontexten zu verschiedenen Ergebnissen. Das BVerfG kann nach Erschöpfung des Rechtswegs im Rahmen einer Verfassungsbeschwerde eine letztinstanzliche Gerichtsentscheidung „korrigieren". Die Aufgabe der Interpretation von Grundrechten teilt sich heute das BVerfG (Karlsruhe) mit den Landesverfassungsgerichten, mit dem EuGH (Luxemburg) und dem EGMR (Straßburg). Dadurch entsteht ein Spannungsverhältnis und ein **Ringen um Deutungshoheiten** auch zwischen verschiedenen Verfassungsgerichten.

Bis heute sind Grundrechtsfragen deshalb nicht nur im Detail, sondern auch im Grundsatz einschließlich der Ziele und der Quellen der Grundrechtsgeltung höchst umstritten: Inwieweit muss z. B. der Staat Freiheit auch gegenüber Beschränkungen durch Private gewährleisten und schützen? Sind die Inhalte und die Grenzen der Grundrechte von der Verfassung vorgegeben oder werden sie im politischen Prozess bestimmt? Welche grundrechtlichen Maßstäbe verschiedener Ebenen (Landesverfassung, Grundgesetz, GRCh, EMRK) sind maßgeblich und welche deutschen bzw. europäischen Gerichte haben das letzte Wort? Wie sind neuartige Freiheitsbedürfnisse (z. B. Datenschutz) und neuartige Möglichkeiten und Forderungen der Freiheitsbeschränkung (z. B. Sicherheitsmaßnahmen anlässlich terroristischer Bedrohung) zu bewerten?

▶ **ZU FALL 1:** Grundrechte gewährleisten Abwehrrechte gegen hoheitliche Gewalt, also gegen den Staat und heute auch gegen die EU. Beschränkungen der Grundrechte können aber gerechtfertigt sein. Private sind grundsätzlich nicht an Grundrechte gebunden. Jedoch hat der Staat unter bestimmten Voraussetzungen Schutzpflichten. Über den Inhalt der Grundrechte geben die sehr unbestimmten verfassungsrechtlichen Normen nur ungefähre Auskunft. Wie viel Freiheit und Gleichheit im Ergebnis letztlich gewährleistet wird, ist eine Frage der sich wandelnden Interpretation der Grundrechte. ◀

WIEDERHOLUNGS- UND VERSTÄNDNISFRAGEN

> Warum gibt es Grundrechte?
> In Bezug auf wen garantieren die Grundrechte Freiheit?
> Vor welche Probleme ist die Arbeit an und mit den Grundrechten gestellt?

§ 2 Geschichte der Grundrechte und ihrer Interpretation

I. Beständiges Verfassungsrecht als Rechtsentwicklung begreifen

Im Grundgesetz sind die Grundrechte zentraler **Bestandteil des positiven Verfassungsrechts**. Sie stehen am Anfang der Verfassung. Sie binden unmittelbar jede Staatsgewalt, d. h. auch den demokratischen Gesetzgeber (Art. 1 Abs. 3 GG). Das legt nahe, die herausgehobene Bedeutung der Grundrechte in unserer Rechtsordnung als die Konsequenz der geschriebenen Verfassung zu erklären. Die Betonung der Grundrechte, ihre Dignität und Durchsetzbarkeit zeichnen den **Text** des Grundgesetzes im Vergleich zur Weimarer Verfassung von 1919 in besonderer Weise aus. Die Grundrechte erscheinen so als etwas durch die jeweils geltende Verfassung Vorgegebenes. Ihre Verwirklichung und Durchsetzung lassen sich als juristische Konsequenz des 1949 entstandenen Grundgesetzes verstehen. Was im Vorgang der **Verfassunggebung**, der einer Verfassung einmalig vorausliegt, normativ geschaffen wurde, wird seitdem zur Rechtswirklichkeit. Das historische Interesse mit Blick auf die Interpretation der Grundrechte wäre danach auf die unmittelbare Vorgeschichte des Grundgesetzes zu richten und also auf die Arbeit des Parlamentarischen Rates zu konzentrieren.

Es gibt aber auch **ahistorische Begründungsansätze** für den Schutz der Grundrechte in Verfassungen. Das Freiheitsbedürfnis ist elementar und es liegt nahe, dass demokratische Rechtsgemeinschaften allen Menschen gleiche Freiheit versprechen. Auch ist nicht neu, dass es Schutzbedürfnisse von Minderheiten gegenüber Mehrheitsentscheidungen und von Individualinteressen gegenüber Gemeinschaftsinteressen gibt. Die Zuspitzung dieses Gedankens der Gegenüberstellung von Demokratie und Grundrechten wird *Benjamin Franklin*, einem der Gründerväter der amerikanischen Verfassung, zugeschrieben: „Democracy is two wolves and a lamb voting on what they are going to have for lunch. Liberty is a well-armed lamb contesting the vote."

Unter einem „Veil of ignorance = Schleier des Nichtwissens"[1] (*John Rawls*), d. h. der Unkenntnis der Akteure der Verfassunggebung darüber, wer in welcher Situation gegebenenfalls selbst zu den Schutzbedürftigen gehört, ist es plausibel, dass sich eine Gesellschaft die Freiheit aller vorbehält und deren Schutz in der Verfassung garantiert. Durch Verfassunggebung wird staatliche Gewalt konstituiert, d. h. organisiert und legitimiert, und jeder Ausübung dieser staatlichen Gewalt wird die Grenze gesetzt, die Freiheit und Gleichheit jedes Einzelnen nicht zu verletzen. Als Bestandteil der Verfassung sind Grundrechte – im Vergleich zum einfachen Recht – nach Art. 79 Abs. 2 GG auch nur mit qualifizierten Mehrheiten änderbar. Dem entspricht eine relative Beständigkeit der Verfassung im Vergleich zum einfachen Recht, das sich – im Rahmen der verfassungsrechtlichen Vorgaben – den einfachen Mehrheiten entsprechend jederzeit ändern kann. Die Grundrechte beanspruchen unabhängig von sich ändernden Mehrheiten Beachtung. So betrachtet erscheint die Idee der Grundrechte geradezu „statisch" und „zeitlos". Das könnte zu einer „ahistorischen" Interpretation der Grundrechte verleiten.

Eine dritte, besonders erhellende Herangehensweise ist es, die **Grundrechte als Entwicklung** zu begreifen. Das Spannungsverhältnis zwischen einer historischen Betrachtung der Entstehung des Grundgesetzes und einem ahistorischen Interpretationsansatz lässt sich nämlich nicht dahin auflösen, den einen Ansatz gegen den anderen auszu-

---

1 *Rawls*, A Theory of Justice, 1971, S. 136 ff.

spielen. Im Gegenteil: Die Väter und Mütter des Grundgesetzes waren sich allzu bewusst, dass sie die Grundrechte nicht erst als Reaktion auf die deutsche Geschichte „erfunden" haben. Die Idee überzeitlicher Grundrechte ist selbst eine historisch gewachsene. Kontinuierliche Rechte bedürfen im Wandel der Zeit in unterschiedlichem Maße und auf immer neue Weise des Schutzes. Die Bedeutung der interpretationsfähigen und interpretationsbedürftigen Grundrechte hat sich dabei immer wieder verändert. Die Interpretationsoffenheit der Grundrechte ist gerade auch seit der Entstehung des Grundgesetzes immer wieder greifbar geworden. Die Entwicklung der Grundrechte ist von manchen **Kontinuitäten** geprägt und entfaltet dennoch eine bemerkenswerte, hier ebenfalls nachzuzeichnende **Dynamik**. Wer die Entwicklung der Grundrechte verstehen möchte, muss nicht nur die Historie von Verfassungstexten, sondern auch ihre Interpretation in den Blick nehmen. Interpretationen werden durch Vorgeschichten geprägt. Auch die Rechtsprechung hat einerseits bewahrende Elemente, ist aber andererseits auch Trägerin dynamischer Entwicklungen.

In dem nie endenden Diskurs über Grundrechte spielen manche Argumente vergangener Diskurse immer wieder eine große Rolle. Aus diesem „Repertoire" von Ideen schöpfen zu können, steigert die Fertigkeiten zur Lösung grundrechtlicher Probleme. Die Beschäftigung mit der Grundrechtsentwicklung ist also nicht nur von „historischem" Interesse. Die geschichtliche Perspektive ist für das angemessene Verständnis der Grundrechte eine „praktische Notwendigkeit".[2] Die folgende Darstellung beschränkt sich auf Aspekte, die für das heutige Verständnis grundlegend sind.

II. Aspekte der Grundrechtsentwicklung

6   Für einen Überblick über die Entwicklungsgeschichte der Grundrechte gibt es verschiedene Anknüpfungspunkte und Aspekte.

Erstens denken wir bei einer verfassungsgeschichtlichen Betrachtung an die Entstehung und Entwicklung von **Grundrechtskatalogen**. Als Teil von Verfassungstexten entstehen Grundrechtskataloge durch Akte der Verfassunggebung. Diese markieren Momente der Diskontinuität gegenüber der vorangegangenen Ordnung.

Prägend für die Grundrechtsentwicklung und für die Interpretation der Grundrechte sind zweitens auch **Überlieferungen und Traditionen**. Die meisten Grundrechte, die in den heute geltenden Grundrechtskatalogen nachzulesen sind, sind nicht das innovative Produkt eines Prozesses der Verfassunggebung, der Verfassungsänderung oder der Entstehung völkerrechtlicher Verträge, sondern haben eine lange Vorgeschichte.

Drittens ist die Grundrechtsentwicklung vor allem eine Geschichte der Interpretation der ebenso auslegungsbedürftigen wie auslegungsfähigen Grundrechte. Gerade der große Bedeutungszuwachs der Grundrechte im deutschen Recht ist so zu erklären. Ein Motor dieser Entwicklung war und ist vor allem das BVerfG. Wollte man die deutsche Grundrechtsgeschichte an Daten und Rechtstexten festmachen, so wären die **Schaffung des BVerfG** und die (zunächst nur einfachrechtliche) **Regelung der Verfassungsbeschwerde** im Jahr 1951 als die im wahrsten Sinne des Wortes „entscheidenden" Faktoren festzuhalten. Die **maßstabsetzende Interpretation** der Grundrechte durch Gerichte und insbesondere durch nationale Verfassungsgerichte sowie den EGMR und den EuGH ist nicht nur das Produkt, sondern selbst ein Faktor der Grundrechtsgeschichte. BVerfG, EGMR und EuGH legen die Grund- und Menschen-

---

2   *Pieroth*, Jura 1984, 568.

rechte induktiv, innovativ und dynamisch aus. Formulierungsunterschiede zwischen den einzelnen Grundrechtskatalogen und der historische Wille z. B. der Mütter und Väter des Grundgesetzes werden so relativiert. Umso wichtiger ist es, auch den Blick auf die „**Verfassungsinterpreten**"[3] als Akteure und auf den Kontext ihres Wirkens zu werfen. Die bemerkenswertesten Anpassungen der Grundrechte an veränderte Zeiten in den letzten Jahrzehnten erfolgten nicht durch Verfassungsänderungen, sondern durch innovative Rechtsprechung (sogenannter „Verfassungswandel"). Auch innovative Grundsatzentscheidungen können zu einer „ständigen Rechtsprechung" werden. Dadurch wird die Beständigkeit der verfassungsrechtlichen Maßstäbe auch auf deren Konkretisierung erstreckt.

Viertens ist die Grundrechtsentwicklung in ein Verhältnis zu setzen zu den Entwicklungen der **Staatlichkeit**. Der Staat kommt nicht nur als Bindungsadressat, sondern auch als Gewährleister der Grundrechte in Betracht. Der Grundrechtsschutz wird damit auch zu einer Frage der Souveränität. Die Grundrechtsentwicklung ist deshalb auch in ein Verhältnis zur Entwicklung staatlicher **Souveränität** zu setzen. In Deutschland lassen sich drei Phasen ausmachen, die von der Souveränität **der Monarchen** im 19. Jahrhundert über die Souveränität des Volkes im 20. Jahrhundert bis zur immer weiter reichenden Relativierung nationaler Souveränität im 20. und 21. Jahrhundert reichen. In diesen drei Phasen haben die Grundrechte einen je eigenen Geltungsgrund, der ihre Auslegung und ihre Wirkung prägt: Im sogenannten Frühkonstitutionalismus begegnen wir Grundrechten, die den „Untertanen" durch einen souveränen Monarchen verliehen – oder auch wieder entzogen – wurden. Einen anderen Ursprung haben Grundrechte seit der Weimarer Reichsverfassung (1919), wenn sie Teil einer Verfassung sind, die sich ein souveränes Volk gegeben hat und damit staatlicher Macht Grenzen setzt. Die Grundrechte des Grundgesetzes entsprechen dieser Konzeption der Volkssouveränität, werden aber durch die Idee überstaatlicher und insbesondere europäischer Gewährleistungen von Grund- und Menschenrechten ergänzt und modifiziert.

Diese vier Aspekte der Grundrechtsentwicklung stehen in vielfältigen Wechselwirkungen zueinander. Im Folgenden werden unter diesen vier Aspekten einzelne Stationen der Grundrechtsentwicklung aufgegriffen. Die schlaglichtartige Darstellung beansprucht weder historische noch sachliche Lückenlosigkeit. Vielmehr konzentriert sie sich darauf, Wendepunkte, Strömungen, Entwicklungslinien und Zusammenhänge in ihrer historischen Abfolge nachzuzeichnen und dabei jeweils Perspektiven der weiteren Grundrechtsentwicklung aufzuzeigen. Details werden dann erwähnt, wenn sich an ihnen exemplarisch Bezüge zu heutigen Fragen der Grundrechtsinterpretation herstellen lassen.

III. Die Grundrechtsentwicklung in Stationen

1. Begrenzung weltlicher Herrschaft durch gottgegebenes Naturrecht

Bis heute wird vertreten, dass Grundrechte wesentlich als „vorstaatliche" Rechte zu verstehen seien. Auch dieser ahistorische Ansatz ist Teil einer historischen Entwicklung. Deshalb sollte eine Beschäftigung mit der historischen Entwicklung der Grundrechtsidee in die Zeit vor der modernen Staatlichkeit zurückreichen. Dazu soll zunächst der religiösen Idee der Begründung und **Beschränkung weltlicher Macht** nachgegangen werden – und zwar ganz allgemein, d. h. noch nicht in Bezug auf

7

---

3 *Häberle*, JZ 1975, 297 ff.

individuelle Rechte des Menschen. Für die mittelalterliche Ordnung war nicht nur die Trennung von weltlicher und kirchlicher Herrschaft zentral, sondern auch deren Verhältnis zueinander. In Betracht kam einerseits, weltliche Herrschaft (und ihre Akzeptanz) von göttlicher Legitimation abzuleiten und andererseits, in einem göttlich gegebenen Naturrecht auch die Grenze legitimer weltlicher Herrschaft zu suchen.

Die Vorstellung, dass grundlegende Regeln von Gott gegeben sind, reicht weit zurück. Zu denken ist etwa an die alttestamentliche Erzählung, dass Mose die Zehn Gebote durch Gott empfangen hat. Weil im Christentum – wie in anderen Religionen – auch die Schöpfung der Welt und des Menschen von Gott abgeleitet wird, wurden Natur und Recht gleichermaßen auf Gott gegründet. Die Begriffe **göttliches Recht** bzw. **Naturrecht** wurden so austauschbar. Anders ausgedrückt: Im Begriff „Natur-Recht" werden die tatsächliche und die normative Ordnung, die dem Schöpferwillen eines allmächtigen Gottes entspringen, zusammengedacht.

Dieser Ansatz hat Konsequenzen sowohl für den Inhalt als auch für die Dignität eines so verstandenen, christlich geprägten Naturrechts. In einer Erzählung über die Grundrechtsentwicklung darf dieses nicht fehlen. Obwohl unsere heutige, säkulare Verfassungsordnung geradezu entgegengesetzten Prämissen folgt und das Naturrecht durch die Idee eines demokratisch legitimierten positiven Rechts verdrängt wurde, spiegelt sich beides in den heutigen Grundrechten:

Inhaltlich ist das christliche Menschenbild durch die Würde und Gleichheit aller Menschen geprägt. Die Würde des Menschen wird danach (auch) religiös begründet: Der Mensch als Gottesgeschöpf kann seine Würde von seinem Schöpfer ableiten. Heute lässt sich darüber streiten, ob die (mit der Menschwerdung Gottes korrespondierende) Idee der Gottesebenbildlichkeit eine mehr oder weniger wesentliche Wurzel der Menschenwürdegarantie darstellt oder aber allenfalls deren Vorläufer ist.[4] Auch der Behauptung eines dem Grundgesetz zu Grunde liegenden Menschenbildes wird entgegengesetzt, dass die Verfassungsinterpretation offen für unterschiedliche Selbst- und Vorverständnisse sein solle.[5] Jedenfalls inkludiert aber auch ein offener Interpretationsansatz die Möglichkeit, die geistesgeschichtlichen Wurzeln heutiger Grundrechtsgewährleistungen als einen von gegebenenfalls verschiedenen plausiblen Ansatzpunkten in Betracht zu ziehen. Und schließlich ließe sich auch die in Art. 3 Abs. 1 GG garantierte „Gleichheit vor dem Gesetz" als säkulare Übertragung und Weiterführung des Postulates der „Gleichheit vor Gott" begreifen.

Die **Dignität** des religiös begründeten Naturrechts wurzelt darin, dass religiöser Glaube es verbietet, den hinter dem Naturrecht stehenden göttlichen Willen zu hinterfragen. Trotz aller Unterschiede gibt es auch hierzu eine Parallele im säkularen Verfassungsstaat. Auch der Akt der Verfassunggebung wird aus der Perspektive des Rechts – im Gegensatz zur Gesetzgebung und sogar zur Verfassungsänderung – nicht hinterfragt, sondern liegt dem Recht voraus. In der Verfassungstheorie wird dies als Phänomen der **Sakralisierung** der Verfassung thematisiert. Die Konsequenz für das Naturrecht liegt in dessen Unverbrüchlichkeit, in seinem Anspruch ewiger Geltung. Die weltliche und damit stets endliche Macht kann und darf nicht die ewigen, von Gott gegebenen Gesetze in Frage stellen. Religiös begründetes Naturrecht ist statisch und nicht verhandelbar. Eine säkulare Verfassung, die auf der Volkssouveränität beruht,

---

[4] *Dreier* in: Dreier, GG, Bd. 1, 3. Aufl., zu Art. 1 Abs. 1 Rn. 6 ff.
[5] BVerfGE 50, 290, 353 f. – Mitbestimmung; dazu *Häberle*, Das Menschenbild im Verfassungsstaat, 4. Aufl., S. 47 ff.; krit. *Dreier* in: Dreier, GG, Bd. 1, 3. Aufl., zu Art. 1 Abs. 1 Rn. 167 ff.

§ 2 Geschichte der Grundrechte und ihrer Interpretation

ist zwar änderbar. Art. 79 Abs. 3 GG jedoch schließt es aus, unter anderem die Grundsätze des Art. 1 GG zu berühren. Auch in der verbreiteten Bezeichnung des Art. 79 Abs. 3 GG als „Ewigkeitsklausel" liegt eine Sakralisierung. Damit wird zwar nicht die Änderung einzelner Grundrechte ausgeschlossen, wohl aber z. B. die Abschaffung der Grundrechtsbindung aller Gewalten nach Art. 1 Abs. 3 GG.

Auch der Gedanke, weltliche Herrschaft auf Gott zu gründen, hat eine säkularisierte Parallele zum heutigen Grundrechtsschutz: Staatliche Herrschaft wird danach durch eine Verfassung nicht nur begrenzt, sondern auch positiv konstituiert. Aus der gottgegebenen Ordnung wird eine durch Verfassunggebung begründete Ordnung. Aus den in einer gottgegebenen Ordnung vom weltlichen Herrscher anzuerkennenden natürlichen Rechten werden die von der verfassungsgegebenen Ordnung garantierten Grundrechte. Staatliche Macht wird in den Dienst des Schutzes dieser verfassungsrechtlichen Rechte gestellt.

Bezüge zur weiteren Entwicklung und zur heutigen Interpretation der Grundrechte: Die Konzeption eines gottgegebenen Naturrechts ist eine entfernte Vorgeschichte, die der verfassungsrechtlichen Gewährleistung von Grundrechten nicht unmittelbar vorausging. Dazwischen liegen die Entstehung moderner Staatlichkeit, um deren Grundrechtsbindung es bis heute geht, und die Säkularisierung staatlicher Herrschaft und des Rechts insgesamt. Die Fragen, woher das Verfassungsrecht kommt, auf welcher Legitimation es gründet, warum es gilt, welchen Zwecken es dient und welche Ziele es verfolgt, bleiben. Solche Fragen der Verfassungstheorie wurden in Deutschland vor allem in der Weimarer Zeit diskutiert (→ Rn. 12 ff.). Auf einer anderen Ebene liegen Vorverständnisse, die der Interpretation des Rechts vorausliegen. Der Rückgriff auf ein christlich geprägtes Naturrecht hat in der Rechtsprechung des BGH in den 1950er Jahren eine gewisse Rolle gespielt (→ Rn. 20), woraufhin das BVerfG mit seiner säkularen Interpretation der Grundrechte reagiert hat. Naturrechtsnahe Ansätze verbergen sich hinter Argumenten der Unveränderlichkeit und der Unantastbarkeit grundrechtlicher Gewährleistungen.

2. Freiheit und Gleichheit als Prämissen eines rationalistischen Naturrechts

Die Prämissen natürlicher Freiheit und Gleichheit wurden nicht nur religiös begründet. Der geistesgeschichtliche Zwischenschritt zur revolutionären Einforderung der Grundrechte als Verfassungsgarantien war eine **Säkularisierung** des Naturrechts. Natur bezeichnet danach einen Zustand, in dem staatliche Herrschaft hinweggedacht wird. Dieser Naturzustand ist nicht historisch, sondern theoretisch zu verstehen. Vom Menschen aus gedacht ist Freiheit natürlich und Herrschaft begründungsbedürftig. Das **rationalistische Naturrecht** nimmt an, dass den Menschen im Naturzustand **natürliche Rechte** zukommen. Nach *John Locke* (1632–1704) sind die Menschen „by nature, all free, equal, and independent"[6]. Die Prämissen natürlicher Freiheit und Gleichheit finden sich auch in den Texten der Virginia Bill of Rights (1776)[7] und der Französischen Menschenrechtserklärung (1789)[8] wieder. In der Idee vom Gesellschaftsvertrag überantworten die Bürger dem Staat den Schutz der Grundrechte. Sie verleihen ihm Befugnisse, ihre Freiheit durch demokratische Entscheidungen einzuschränken. Eine

8

---

6 *Locke*, The Second Treatise of Government (1689), Chapter VIII. Of the Beginning of Political Societies. § 95, Über die Regierung, Reclam 1974, S. 73.
7 Section 1: "That all men are by nature equally free and independent and have certain inherent rights, of which, when they enter into state of society, they cannot by any compact deprive or divest their posterity; [...]".
8 Artikel 1: „Les hommes naissent et demeurent libres et égaux en droits".

legitime staatliche Herrschaft muss die Grundrechte aber respektieren und darf sie nicht verletzen. Aus „heiligen" Rechten werden „unverletzliche".
Weil es sich um „natürliche" Rechte handelt, sollen diese auch „unverletzlich" bzw. „unveräußerlich" sein. Die Französische Menschenrechtserklärung (1789) fordert die Erhaltung der „droits naturels et imprescriptibles de l'homme" (Art. 2) und erklärt das Eigentum zu einem „droit inviolable et sacré" (Art. 17). Auch der Text des Grundgesetzes spricht von den „unverletzlichen und unveräußerlichen Menschenrechten" (Art. 1 Abs. 2 GG) und formuliert den Schutz einzelner Grundrechte (Art. 4 Abs. 1, Art. 10 Abs. 1, Art. 13 Abs. 1 GG) positiv so, dass diese „unverletzlich" seien. Im Sprachgebrauch der Grundrechtsdogmatik wird unterschieden zwischen der bloßen Beeinträchtigung eines Grundrechts und seiner verfassungswidrigen „Verletzung", mit der eine nicht gerechtfertigte Beeinträchtigung gemeint ist. Das wiederum findet auch eine Entsprechung in der allgemeinen Rechtssprache, die zwischen Rechtsbeeinträchtigungen und Rechtsverletzungen unterscheidet. Für die Grundrechtsidee entscheidend ist, dass es sich erstens nicht bloß um unverbindliche Ideale handelt, sondern um echte Rechte, deren Verletzung durch die Rechtsordnung ausgeschlossen werden soll. Zweitens handelt es sich um besondere, verfassungsrechtlich verbürgte Rechte, deren Schutz eine höhere Dignität zukommt als den Gewährleistungen des einfachen Rechts. Diese Rechte begrenzen sogar den Monarchen bzw. heute den demokratischen Gesetzgeber.

Bezüge zur weiteren Entwicklung und zur heutigen Interpretation der Grundrechte: Das rationalistische Naturrecht spiegelt sich in Ansätzen der Interpretation der Grundrechte als vorstaatliche Rechte. Diese vorstaatlichen Rechte werden zu verfassungsrechtlich garantierten Abwehrrechten gegen den Staat. Vom Naturzustand bleibt eine Freiheitssphäre, in die der Staat nicht eingreifen darf. Dieser Ansatz ist eine bis heute vertretene Grundannahme im Diskurs über Grundrechtsauslegung. Die rationalistische Naturrechtslehre hat das Naturrecht anschlussfähig für ein säkulares Verständnis der Rechtsordnung gemacht. Sie hat die Brücke geschaffen für die politischen Forderungen, die Grundrechte auch verfassungsrechtlich zu garantieren. Darauf ist im Folgenden einzugehen.

3. Grundrechte als positive Verfassungsgarantien

9   Um die spezifisch deutsche Grundrechtsentwicklung historisch besser zu begreifen, sei an dieser Stelle ein kurzer Seitenblick darauf geworfen, was in der deutschen Verfassungsgeschichte des 18. und 19. Jahrhunderts noch nicht stattgefunden hat: In zeitlicher und geistiger Nähe zur europäischen Aufklärung und zum rationalistischen Naturrecht finden Postulate von Freiheit und Gleichheit als Verfassungsgewährleistungen ihren Niederschlag in der **Virginia Bill of Rights** (1776)[9] und in der Französischen Revolution mit der **Französischen Menschenrechtserklärung** (1789), in Europa früh auch in der **Belgischen Verfassung** (1831).

Grundrechtsversprechungen waren dort substantielle Inhalte von Verfassunggebung. Mit Verfassunggebung in diesem Sinne ist weniger ein formaler Vorgang gemeint (zumal es für die Form keine rechtlichen Vorgaben gibt), sondern vielmehr die Vorstellung, dass ein Volk „sich" eine Verfassung gibt. Solcher Verfassunggebung liegt die Volkssouveränität zugrunde, die gegebenenfalls erst revolutionär zu erringen ist

---

9   „A declaration of rights made by the representatives of the good people of Virginia, assembled in full and free convention; which rights do pertain to them and their posterity, as basis and foundation of government. Section 1. That all men are by nature equally free and independent and have certain inherent rights, of which, when they enter into state of society, they cannot by any compact deprive or divest their posterity; [...]".

und deren Verwirklichung in eine neue Ordnung führt. Aus der Perspektive der Verfassungsinterpretation ist der Begriff der Verfassunggebung retrospektiv zu verstehen. Ein revolutionärer Vorgang wird im Rückblick der gelungenen Entstehung einer akzeptierten Verfassung als Verwirklichung der Volkssouveränität gedeutet. Es handelt sich also um eine affirmative Deutung. Solche Gründungserzählungen knüpfen an historische Einzelheiten an, die im Rückblick geeignet sind, konstruktive Antworten auf die Frage nach dem Ursprung und der Vorgeschichte einer Verfassung zu geben. Schon die Idee der Verfassunggebung ist darauf gerichtet, die Akzeptanz und Geltung einer Verfassung zu plausibilisieren. Dazu gehört auch, dass die Inhalte einer Verfassung als Ausdruck der Souveränität und Autonomie eines Volkes plausibel sind. Hierzu dient die zuvor beschriebene rationalistische Naturrechtslehre: Danach erscheint es auch inhaltlich plausibel, dass ein Volk sich eine Verfassung gibt, die auf den Schutz und die Verwirklichung von Freiheit und Gleichheit ausgerichtet ist.

Aus der „höheren" Gerechtigkeit natürlicher Rechte wird dann die Funktion der positiven Verfassung als Gerechtigkeitskorrektiv. In einer Verfassungsordnung, die den Schutz der Menschenwürde und der Freiheit und Gleichheit der Menschen explizit gewährleistet, bedarf es nicht des Rückgriffs auf überpositive Gerechtigkeit. Gerechtigkeitskonzeptionen fließen dann aber umgekehrt als Vorverständnisse in die Interpretation der Grundrechte ein. Die Vergegenwärtigung der Vorgeschichte kann dazu beitragen, dies gegebenenfalls offenzulegen und überkommene Sinngehalte als jedenfalls mögliche Interpretationsansätze in Erinnerung zu rufen.

BEZÜGE ZUR WEITEREN ENTWICKLUNG UND ZUR HEUTIGEN INTERPRETATION DER GRUNDRECHTE: Deutschland wäre insoweit ebenfalls bereits im 19. Jahrhundert vorbildlich geworden mit der **Paulskirchenverfassung** (1849) einschließlich ihres weitreichenden Grundrechtskatalogs,[10] fand aber erst 1919 mit der **Weimarer Reichsverfassung** zum Verfassungsstaat im modernen Sinne. Bezogen auf die deutsche Verfassungsgeschichte liegt also zwischen der Verbreitung aufklärerischer Forderungen im 18. Jahrhundert und der Weimarer Verfassung das komplette 19. Jahrhundert. Die Verfassung des Kaiserreichs von 1871 hingegen entsprang einem Bund von Monarchen und keiner revolutionären Bewegung „von unten" und sie schwieg zu den Grundrechten. Das Grundrechtsdefizit der deutschen Verfassungsgeschichte des 19. Jahrhunderts wirkt vor allem durch Kompensationen nach, die ins Verhältnis zu den heutigen Grundrechten zu setzen sind (→ Rn. 10).

Der heutige Zugang zu den Grundrechten erfolgt über Grundrechtskataloge. Das gilt insbesondere für Deutschland, weil das Grundgesetz einen solchen Grundrechtskatalog an den Anfang stellt. Als Bestandteile einer geschriebenen Verfassung können Grundrechte als gesetztes Recht verstanden werden, d. h. als „positives" (von lat. ponere = setzen) Recht. Das legt es nahe, sich den Grundrechten mit dem Ansatz des juristischen „Positivismus" zu nähern. Warum sich die heutige Bedeutung der Grundrechte aber letztlich nur sehr begrenzt aus dem geschriebenen Recht ableiten lässt und die deutsche Grundrechtsgeschichte nicht als Geschichte von Akten der Verfassunggebung zu erzählen ist, soll im Folgenden im Mittelpunkt stehen.

4. Die rechtsstaatliche Idee der Begrenzung staatlicher Gewalt

Geprägt wurde das heutige Grundrechtsverständnis insbesondere durch die **rechtsstaatliche** Forderung des 19. Jahrhunderts nach Beschränkung staatlicher Gewalt. Diese Forderung setzt den monarchischen Herrschern – insoweit wie das Naturrecht –

10

---

10 Isoliert in Kraft gesetzt durch Reichsgesetz v. 27.12.1848 „Gesetz betreffend die Grundrechte des deutschen Volkes" (RGBl. 1848, S. 49, 57), das am 23.8.1851 durch Bundesbeschluss wieder aufgehoben wurde.

unverfügbare Grenzen. Die Idee des **Gesetzespositivismus** sucht die inhaltliche Konkretisierung dieser rechtsstaatlichen Bindungen aber nicht in naturrechtlichen (ungeschriebenen) Vorgaben, sondern fordert die Konkretisierung der Rechtsbindungen staatlicher Herrschaft im (geschriebenen) Gesetz und ist damit auch offen für Änderungen dieser rechtlichen Bindungen. Der Gesetzespositivismus ist anschlussfähig einerseits zur (erst später unter der Weimarer Verfassung realisierten) Demokratisierung der Gesetzgebung. Er ist andererseits auch anschlussfähig zu einem wesentlichen Element der heutigen Grundrechtsdogmatik:

Der formale **Vorbehalt des Gesetzes** für staatliche Eingriffe in die Freiheit wurde als rechtsstaatliches Postulat entwickelt. Er ist also zunächst nicht aus der verfassungsrechtlichen Gewährleistung von Grundrechten abgeleitet worden, sondern sollte – umgekehrt – das Fehlen einer solchen Gewährleistung wenigstens teilweise kompensieren. Umso zentraler war die Frage, was ein staatlicher Eingriff ist, der diesen Vorbehalt des Gesetzes auslöst. Das „Eingriffsdenken" ist den abwehrrechtlichen Grundrechtsdimensionen bis heute immanent. Grenzen und Erweiterungen des Eingriffsbegriffs bleiben dogmatisch relevant. Der Vorbehalt des Gesetzes ist im 20. Jahrhundert auch die Brücke für die Rechtsprechung des BVerfG gewesen, die formelle Verfassungsmäßigkeit von Gesetzen als (auch) grundrechtsrelevante Frage zu verstehen (→ Rn. 19).

Zu den Kernelementen des Rechtsstaates, die sich in den heutigen Grundrechtslehren spiegeln, gehört auch das Gebot, staatliche Gewalt in verhältnismäßiger Weise auszuüben[11]. Das deutsche Konzept des Rechtsstaates wurde zur Zügelung der vormals ungebundenen Macht der Monarchen und insbesondere in Bezug auf polizeiliche Gewalt entwickelt. Anders als bei der mittelalterlichen Bindung von Herrschaftsgewalt entwickelte sich die moderne Staatlichkeit zur „absoluten" (von lat. „legibus absolutus" = von Gesetzen losgelösten) Herrschaft eines „absolutistischen" Monarchen. Der Ansatz der Herrschaftsbeschränkung lässt sich aber auf den modernen Verfassungsstaat übertragen: Die Monarchen gingen, doch der Rechtsstaat blieb. Heute verstehen wir die Grundrechtsgewährleistungen als Elemente des Rechtsstaates und sehen in ihm den **Grundsatz der Verhältnismäßigkeit** verwurzelt. Letzterer steht im Zentrum der Dogmatik zur Rechtfertigung von Grundrechtseingriffen (→ Rn. 611 ff.) und ist bis heute nicht explizit im Grundgesetz geregelt.

Ungeachtet der Bedeutung des Gesetzespositivismus und seiner Fundierung auch im Rechtsstaats- und Demokratieprinzip, sind zentrale Bausteine der Grundrechtsdogmatik (ebenso wie des Allgemeinen Verwaltungsrechts) nicht Früchte der Interpretation geschriebener Regeln. Daran sollte erinnert werden, wenn heute zu beobachten ist, dass Grundrechtsinterpretation weniger Gesetzesauslegung und eher Richterrecht ist. Während der Grundrechtskatalog der Paulskirchenverfassung (1848) ein bloßer Verfassungsentwurf blieb, entwickelte die erst entstehende **Wissenschaft vom öffentlichen Recht** Theorien, um wesentliche Aspekte der heutigen Grundrechtsdogmatik unabhängig von deren Verankerung in Verfassungstexten herauszubilden. Grundrechte effektiv und umfassend gegen den Staat durchzusetzen und gar eine Verfassungsgerichtsbarkeit dafür einzurichten, lag solchem Denken im 19. Jahrhundert freilich noch fern. Immerhin entwickelte sich aber die **Verwaltungsgerichtsbarkeit**, um auf einfachrechtlicher Ebene subjektive Rechte auch gegen den Staat durchzusetzen.

---

11 Grundlegend: v. *Mohl*, Die Polizei-Wissenschaft nach den Grundsätzen des Rechtsstaates (1832), Bd. 1, 3. Aufl., S. 37 ff.

§ 2 Geschichte der Grundrechte und ihrer Interpretation

BEZÜGE ZUR HEUTIGEN INTERPRETATION DER GRUNDRECHTE: Der Hinweis auf die Verankerung von Elementen der heutigen Grundrechtsdogmatik im Rechtsstaatsprinzip des 19. Jahrhunderts wird gelegentlich zur Bekräftigung einer kontinuierlichen und spezifisch deutschen Rechtsentwicklung herangezogen. Die positive Gewährleistung der Grundrechte in Verfassungstexten wird als Bestätigung dieser ungeschriebenen Elemente gedeutet. Zum Teil wird daraus die Forderung abgeleitet, die Interpretation der Grundrechte auf die ungeschriebenen rechtsstaatlichen Garantien zu begrenzen. Umgekehrt wird das Wissen um diesen Ursprung aber im Ringen um das für heute adäquate Grundrechtsverständnis als Gegenargument benutzt: So wird einerseits gefordert, ein im obrigkeitsstaatlichen 19. Jahrhundert verhaftetes Eingriffsdenken zu überwinden und die Bedeutung der Grundrechte heute viel weiter zu verstehen. Der Verweis auf den historischen Ursprung des Grundsatzes der Verhältnismäßigkeit kann auch dagegen streiten, einen verwaltungsrechtlichen Ansatz zur Beschränkung einer monarchisch legitimierten Exekutive auf den demokratischen Gesetzgeber zu übertragen.

5. Anerkennung und Ausgestaltung rechtlicher Freiheiten im 19. Jahrhundert

In den deutschen Territorialstaaten des 19. Jahrhunderts waren die **Fürsten souverän** und nicht das Volk. Den Monarchen oblag es, eine Verfassung zu geben (zu „oktroyieren") bzw. diese mit den Ständen zu vereinbaren und ihren Untertanen gegebenenfalls einzelne staatsbürgerliche Rechte zu verleihen. Das geschah z. B. im „süddeutschen Konstitutionalismus" in Bayern, Baden und Württemberg (1818/19) oder durch die revidierte Verfassung Preußens (1850). Dies vermochte Forderungen nach mehr Freiheit, wenn auch nicht gänzlich zu befriedigen, so doch immer wieder zu besänftigen. Vor allem wurden Stück für Stück ständisch-feudale Rechte abgebaut und durch wirtschaftliche Freiheiten ersetzt oder jedenfalls ergänzt. Wirtschaftliche Freiheit kompensierte dabei die unerfüllten Forderungen des liberalen Bürgertums nach politischer Mitbestimmung. Diese Gewährleistungen **nicht gegenüber** dem Staat, sondern **durch den Staat** erfolgten nicht nur durch Verfassungen, sondern auch durch einfache Gesetze.

Besonders richtungsweisend war die **Gewerbefreiheit**. Sie wurde einfachgesetzlich durch die Gewerbeordnung von 1869, in Preußen schon seit den Stein-Hardenbergschen Reformen von 1810 gewährleistet. Dies ist die einfachrechtliche Vorgeschichte der heute durch Art. 12 GG auf Verfassungsebene gewährleisteten Berufsfreiheit. Letztere unterliegt auch heute vielfachen einfachrechtlichen Ausgestaltungen, u. a. im Gewerberecht. Die freiheitsbeschränkenden Regelungen dieser Ausgestaltung werden heute als grundrechtliche Fragen rekonstruiert.

Die rechtliche und wirtschaftliche Entwicklung des 19. Jahrhunderts wird zudem von der Entfaltung der **Privatautonomie** geprägt. Zu den zentralen Zielen der Gründung des Deutschen Reichs gehörte ein in ganz Deutschland einheitlich geltendes Privat- und Wirtschaftsrecht. Der Gesetzgeber des Kaiserreichs hat dies durch die Kodifikationen des BGB und des HGB eingelöst. Gleichzeitig entwickelte sich das Öffentliche Recht als eigene Disziplin heraus. Seither gilt das Privatrecht als das Recht der Freiheit und das Öffentliche Recht als das Recht des Zwangs. Heute wird die Privatautonomie (auch) auf die allgemeine Handlungsfreiheit des Art. 2 Abs. 1 GG gestützt. Damit werden die Prämissen des Privatrechts in die Verfassung hineingelesen und damit auch der Disziplin des Öffentlichen Rechts zugeordnet. Historisch handelt es sich dabei um eine nachträgliche Rekonstruktion, bei der die Grundrechte zum normativen Ausgangspunkt gemacht werden, nachdem sie an den Anfang der Verfassung und mit dieser an die Spitze einer hierarchisch verstandenen Rechtsordnung gerückt sind. Politisch und verfassungsrechtlich umkämpft sind heute die Modifikationen und Einschränkungen der Privatautonomie, die sich nicht nur aus Gesetzen und aus der Rechtsprechung der ordentlichen Gerichte und der Arbeitsgerichte ergeben, sondern z. T. aus grundrechtlichen Schutzpflichten bzw. Drittwirkungen der Grundrechte abgeleitet werden. Verfassungsgerichte und die Verfassungsrechtswissenschaft machen das Privatrecht zum Gegenstand ihrer Betrachtung. Freiheit sowie die Verletzung bzw. der Schutz subjektiver Rechte sind und bleiben dabei zugleich zentrale Gegenstände des privatrechtlichen Diskurses.

Auch die sogenannten „**wohlerworbenen Rechte**", die nicht gottgegeben bzw. natürlich und angeboren sind, aber als tradiert anerkannt wurden, hatten einst die Funktion von subjektiven Abwehrrechten gegen hoheitliche Eingriffe. Sie gehören nicht den Ursprüngen der Grundrechtsidee an, sondern unterscheiden sich von Grundrechten wesentlich dadurch, dass sie nicht allen Menschen Freiheit versprachen, sondern – im Gegenteil – nur privilegierten Menschen feudale Rechtspositionen zuerkannten. So wurden bestimmte Nutzungsrechte (z. B. der Fischerei) als vererbliche Rechtstitel anerkannt und waren Grundlage wirtschaftlicher Möglichkeiten. Sie wären in den Kategorien unserer heutigen Rechtsordnung dem einfachen Recht und nicht dem Verfassungsrecht zuzuordnen. Dennoch sollen sie hier als Aspekt der Vorgeschichte heutiger Grundrechte erwähnt werden. In der Zeit, in der die „natürlichen" Rechte als Idee und Postulat höherer Gerechtigkeit gefordert und mal mehr und mal weniger respektiert wurden, stellten die „wohlerworbenen Rechte" bereits durchsetzbare Rechtstitel dar: Sie begründeten eine rechtlich geschützte Sphäre autonomer Eigengestaltung. Ihr Wesen lag vor allem in der Kontinuität der Anerkennung und in der Begrenzung von Fremdherrschaft. Sie vermittelten eine stabile Rechtssphäre gegenüber wechselnder Herrschaft und bewirkten auch eine Stabilisierung tatsächlicher Lebensverhältnisse. Den durch solche Rechte Begünstigten wurde dadurch Vertrauen in das Recht vermittelt, was Rechtssicherheit und Rechtsfrieden vermittelt, solange ein Status quo grundsätzliche Akzeptanz genießt.

Bezüge zur weiteren Entwicklung und zur heutigen Interpretation der Grundrechte: All das ist für das Verständnis der Grundrechte von Bedeutung. Deren explizite Regelung in der Weimarer Verfassung (1919) und im Grundgesetz (1949) trifft nicht nur tatsächlich auf eine Gesellschaft mit **gewachsenen sozialen und wirtschaftlichen Strukturen und Abhängigkeiten,** die daran zweifeln lassen, ob die theoretisch gemeinte Modellvorstellung natürlicher Freiheit im Urzustand ein wirklichkeitsadäquater Ausgangspunkt für eine Grundrechtstheorie ist. Vielmehr ist die Interpretation der Verfassungen des 20. Jahrhunderts auch in ein Verhältnis zu setzen zu vielfältig gewachsenen rechtlichen Strukturen. Diese Strukturen des Wirtschaftsrechts einschließlich ihrer grundrechtlichen Überhöhung werden heute vielfach überlagert durch das Unionsrecht: Die Binnenmarktfreiheiten und das Sekundärrecht stellen dabei überkommene Ausprägungen in Frage. Der Kampf zwischen überkommenen ständischen Strukturen und Privilegien einerseits und der wachsenden Entfaltung bürgerlicher Freiheit andererseits wurde im 19. Jahrhundert ausgefochten. Die Anerkennung „wohlerworbener Rechte" wurde überlagert durch die Bedeutung des Eigentums und der Wirtschaftsautonomie in der Industrialisierung. Dies ist vor allem für das Verständnis der **Eigentumsfreiheit** als Grundrecht wesentlich. Eigentum ist nicht naturgegeben, sondern ein rechtliches Konstrukt. Die verfassungsrechtliche Anerkennung des Eigentums knüpft an überkommene einfachrechtliche Strukturen an und sie sichert einen Status quo gegen den Zugriff des Staates und auch des demokratischen Gesetzgebers. Die „wohlerworbenen Rechte" haben Pate gestanden für die Eigentumsdogmatik und insbesondere für die Enteignungsentschädigung nach Art. 14 Abs. 3 GG. Der Entzug der „wohlerworbenen

§ 2 Geschichte der Grundrechte und ihrer Interpretation

Rechte" musste nämlich nach § 75 Einleitung des Allgemeinen Preußischen Landrechts (1794) finanziell entschädigt werden. Auf diesen Rechtsgedanken eines Aufopferungsanspruchs für Sonderopfer wird bis heute im Staatshaftungsrecht zurückgegriffen.

6. Die Verfassungstheorie und Grundrechtsinterpretation der Weimarer Zeit

Nicht auf eine Tabula rasa, sondern auf den Boden dieser Entwicklung des deutschen Rechts bis zum Ende des Kaiserreichs fiel 1919 der **Grundrechtskatalog der Weimarer Reichsverfassung**. Das warf folgende Fragen auf: Was ändert sich, wenn geschriebene Grundrechte in einer Bundesverfassung gewährleistet werden ohne gleichzeitig ein Verfassungsgericht zu schaffen? Was ändert sich, wenn es sich dabei um eine demokratische Verfassung handelt, die sich ein souveränes Volk durch einen Akt der Verfassunggebung selbst gegeben hat? Denkbar verschiedene Antworten darauf wurden in der Weimarer Zeit vertreten: Das Meinungsspektrum reichte von der These, dass sich dadurch fast nichts geändert habe, bis zu Forderungen, dem Verfassungsrecht und damit auch den Grundrechten eine ganz neue Bedeutung zu geben. Die Bedeutung der Grundrechte war in der Weimarer Republik so umstritten, dass *Otto Kirchheimer*[12] die WRV eine **„Verfassung ohne Entscheidung"** nannte.

Der Text der Weimarer Verfassung enthielt zwar Grundrechte, regelte aber – anders als das Grundgesetz – weder Fragen der Bindungswirkung noch Fragen der gerichtlichen Durchsetzbarkeit. Umso fruchtbarer und kontroverser war der rechtswissenschaftliche Diskurs hierüber: So war umstritten,[13] ob alle drei Gewalten, insbesondere auch der Gesetzgeber, unmittelbar an die Grundrechte gebunden waren. Die Diskussion erstreckte sich auch auf die Frage, wie sich eine mehr oder weniger extensive Interpretation der Grundrechte auf deren (gerichtliche) Durchsetzung auswirken würde. Dabei ging es insbesondere um ein gerichtliches Normverwerfungsrecht und die Frage, ob ein erst zu schaffendes Verfassungsgericht „Hüter der Verfassung" sein könnte und sollte. In den 1920er Jahren wurden jenseits dieser dogmatischen und verfassungspolitischen Fragen verschiedene Theorien zu den Funktionen und zum Wesen der Verfassung entwickelt, die die deutsche Staatsrechtslehre tief geprägt haben und die bis heute diskutiert werden und auch weltweite Beachtung gefunden haben.[14] Es lohnt, sich die Grundüberlegungen der **Staatsrechtslehre der Weimarer Zeit** zu vergegenwärtigen, weil diese auch für den Diskurs über die Auslegung des Grundgesetzes prägend geworden sind.

a) Hans Kelsen: Die Relativierung der Bedeutung geschriebener Grundrechte durch den Rechtspositivismus

Der Staatsrechtslehrer und Rechtstheoretiker *Hans Kelsen* (1881–1973) hat den seinerzeit schon weit verbreiteten **Rechtspositivismus** auf eine theoretische Grundlage gestellt. *Kelsen* ist es gelungen, Rechtszusammenhänge auf neue Weise systematisch zu erfassen und sowohl analytisch als auch konstruktiv zu plausibilisieren. Der „Rechtspositivismus" (von lat. ponere/positus = setzen/gesetzt) stellt das „gesetzte" Recht in

---

12 *Kirchheimer*, Weimar – und was dann?, 1930, S. 44, in: *ders.*, Politik und Verfassung, 1964, S. 52.
13 Bestritten z. B. von *C. Schmitt* in: Anschütz/Thoma, Handbuch des Deutschen Staatsrechts, Bd. 2, 1932, § 101, S. 572, 602; anders: *E. Kaufmann*, Die Grenzen der Verfassungsgerichtsbarkeit, VVDStRL 3 (1927), S. 1 ff.
14 Exemplarisch sei hier auf *Kelsen*, Allgemeine Staatslehre (1925); *C. Schmitt*, Verfassungslehre (1928) und *Smend*, Verfassung und Verfassungsrecht (1928) sowie auf die legendäre Diskussion in VVDStRL 3 (1927), S. 117 ff. verwiesen.

den Mittelpunkt und limitiert auch den Gegenstand der Rechtswissenschaft auf dieses positive Recht. Methodisch folgt daraus ein deduktiver Ansatz für die Rechtswissenschaft. Dieses Verständnis verweist auf die rechtserzeugende Funktion vor allem des Gesetzgebers, der im demokratischen Verfassungsstaat durch das Mehrheitsprinzip legitimiert wird, wobei *Kelsen*[15] die mitzudenkenden Rechte der Minderheit und den Kompromisscharakter demokratischer Entscheidungen betont. Der aus dem **Stufenbau der Rechtsordnung** folgende Vorrang der Verfassung idealisiert nach dieser Theorie keinesfalls den Verfassunggeber als einen höherrangigen Rechtserzeuger, der Inhalte setzen und damit den Gesetzgeber beschränken würde. Die Funktion einer vorrangigen Verfassung ist es danach nicht, Werte vorzugeben, sondern, die Gesetzgebung (idealerweise demokratisch und damit auch inhaltsoffen) zu organisieren. Die Ableitungszusammenhänge im Stufenbau der Rechtsordnung spitzt *Kelsen* in letzter Konsequenz so zu, dass die Spitze einer solchen Normenpyramide nicht auf einen Verfassunggeber (und dessen Wertvorstellungen) verweist, sondern auf eine rein theoretisch zu denkende „Grundnorm", die „keinen Maßstab für die Gerechtigkeit"[16] liefern kann und soll. Der Werterelativismus *Kelsens* gipfelt in seiner These:

> „Jeder Staat ist ein Rechtsstaat."

Solch **formales Denken** macht *Kelsens* Schriften in besonderem Maße anschlussfähig für verschiedene Rechts- und Verfassungsordnungen sowohl zu seiner Zeit als auch heute. In Bezug auf den Diskurs über die Auslegung der Weimarer Verfassung streitet seine Theorie eines Stufenbaus der Rechtsordnung für die konsequente und effektive Durchsetzung eines vorrangigen Verfassungsrechts und verfassungspolitisch für die Schaffung einer Verfassungsgerichtsbarkeit als „Hüterin der Verfassung". Während seiner Wiener Zeit beeinflusste er die Entstehung der Österreichischen Bundesverfassung (1920) in diesem Sinne und wurde selbst Richter am Österreichischen Verfassungsgerichtshof. Allerdings intendierte *Kelsen* mit seiner Theorie keineswegs eine intensive verfassungsgerichtliche Inhaltskontrolle demokratischer Gesetzgebung am Maßstab einer vorgegebenen Verfassung. Im Positivismus bei *Kelsen* bleibt ausgerechnet die Positivierung der Grundrechte im Text der Weimarer Verfassung weitgehend folgenlos.

Die Grundrechte spielen in *Kelsens* Theorie als **inhaltliche Garantien** deshalb **keine hervorragende Rolle**, weil die Ausgangsvermutung der Freiheit für ihn schon daraus folgt, dass rechtliche Beschränkungen dieser Freiheit einer positivrechtlichen Norm bedürfen, die ihrerseits auf staatlichen Kompetenzen und Ermächtigungen beruhen muss. Nicht die inhaltlichen Versprechungen der Grundrechte, sondern der formale Vorbehalt des Gesetzes und die organisationsrechtlichen Normen der Rechtsetzung sind der Kern dieses gesetzespositivistischen Ansatzes.

> „Sofern sie (Anm.: die ursprünglich naturrechtlich begründeten Freiheiten) aber als Verbote des Staates selbst auftreten, sind sie zumindest überflüssig. Denn es ist sinnlos, Akte des Staates zu verbieten, da solche Akte, sofern sie nicht ausdrücklich geboten sind, sofern nicht Menschen als Organe des Staates zu solchen Akten ermächtigt, d. h. verpflichtet werden, rechtlich gar nicht möglich sind. Der Mensch darf alles tun, was ihm

---

15 *Kelsen*, Vom Wesen der Demokratie, 1920.
16 *Kelsen*, Reine Rechtslehre, 1960, S. 226.

nicht vom Staat, d. h. von der Rechtsordnung verboten ist. Der Staat kann nur: d. h. der Mensch als Staatsorgan kann nur, was ihm die Rechtsordnung ausdrücklich erlaubt."[17]

Umso mehr wendet sich *Kelsen* gegen alle Ansätze, Grundrechte als vorstaatliche, natürliche Rechte anzuerkennen. Er bestreitet jede Legitimation dafür, das positive Recht durch ein überpositives Recht zu begrenzen. Ein Naturrecht lasse sich nur auf Grundlage metaphysischer Annahmen und insbesondere mit einem Verweis auf den Willen Gottes begründen und solche Prämissen seien sowohl einer rationalen Rechtswissenschaft als auch einem säkularen Rechtssystem fremd. Besonders heftig fällt seine Kritik **gegen** den Ansatz *Erich Kaufmanns* aus, die Bindung des Gesetzgebers an den Gleichheitssatz über dessen Wortlaut hinaus („vor dem Gesetz") auf eine **überpositive Gerechtigkeit** zu stützen.

> Auf „die ewige Frage was hinter dem positiven Recht steckt" antwortete *Kelsen*: „[...] wer die Antwort sucht, der findet, fürchte ich, nicht die absolute Wahrheit einer Metaphysik noch die absolute Gerechtigkeit eines Naturrechts. Wer den Schleier hebt und sein Auge nicht schließt, dem starrt das Gorgonenhaupt der Macht entgegen."[18]

Die auch politische Dimension des Ringens um die Interpretation des Verfassungsrechts zeigt die folgende Passage aus *Kelsens* Allgemeiner Staatslehre:

> „In dieser Tendenz der Erhaltung wirtschaftlicher Macht einer besitzenden Klasse liegt der politische Sinn des durchaus naturrechtlichen Dogmas von der Pflicht des Staates zur Respektierung wohlerworbener Rechte. Es ist ursprünglich zum Schutze des politisch rechtlosen Bürgertums gegen den absoluten Monarchen entstanden."[19]

Die Grundrechte stehen nicht im Mittelpunkt des Interesses von *Kelsen*. Mit *Kelsen* wurde an dieser Stelle trotzdem begonnen, um ein Missverständnis auszuschließen: *Kelsens* Rechtspositivismus streitet gerade nicht dafür, der historischen „Positivierung" der Grundrechte in der Weimarer Verfassung an sich eine überragende inhaltliche Bedeutung beizumessen. *Kelsens* Bedeutung für die Grundrechtslehre liegt vor allem in seiner Kritik an den beiden folgenden Ansätzen, die sich als „antipositivistische" Gegenpositionen verstehen.[20]

b) Carl Schmitt: Grundrechte als vorstaatliche Abwehrrechte gegen den Staat

Carl Schmitt (1888–1985)[21] entwickelte eine Theorie, nach der Grundrechte ausschließlich **Abwehrrechte gegen den Staat** sind. So sehr *Schmitt* als wissenschaftlicher Antipode *Kelsens* bezeichnet werden kann, kommen ihrer beider Theorien hinsichtlich der Funktion der Grundrechte zu weitgehend parallelen Ergebnissen. Deshalb hat *Kelsen* die Grundrechtstheorie *Schmitts* als „überflüssig" bezeichnet und hat weniger ihre Konsequenzen, sondern ihre Herleitung kritisiert. Auch *Schmitt* betrachtet staatliche

14

---

17 *Kelsen*, Allgemeine Staatslehre, 1925, S. 155.
18 *Kelsen*, Diskussionsbeitrag, VVDStRL 3 (1927), 55.
19 *Kelsen*, Allgemeine Staatslehre, 1925, S. 156.
20 Gegen die Integrationslehre von Rudolf Smend verfasste er eine eigene Streitschrift: *Kelsen*, Der Staat als Integration, 1930.
21 *C. Schmitt*, Verfassungslehre, 1928, S. 126 f., 163 ff., 175 ff.; dazu *Böckenförde*, NJW 1974, 1529 ff.

Befugnisse unter der ungeschriebenen Prämisse, dass der Einzelne ohne staatliches Handeln grundsätzlich frei ist:

> „Für die systematische Betrachtung des modernen Rechtsstaates handelt es sich darum, daß der Gedanke der Grundrechte das **fundamentale Verteilungsprinzip** enthält, auf welchem der konsequent durchgeführte **bürgerlich-freiheitliche Rechtsstaat** beruht. Das bedeutet, daß die Freiheitssphäre des Einzelnen prinzipiell unbegrenzt, die Befugnisse des Staates prinzipiell begrenzt sind."[22]

Dieses rechtsstaatliche Verteilungsprinzip leitet *Schmitt* nicht aus der (von ihm bestrittenen) Logik einer positivistischen Rechtstheorie ab. Vielmehr interpretiert er das seinerzeit geltende Recht so, dass es auf einer **Dezision** im Sinne einer Gesamtentscheidung des Souveräns für eine Verfassung beruhe. „Verfassung" in diesem Sinne ist eine Systementscheidung, die von einem gegebenenfalls geschriebenen Verfassungstext, dem „Verfassungsgesetz", zu unterscheiden ist. Aus der **Unterscheidung zwischen Verfassung und Verfassungsgesetz** leitet *Schmitt* ungeschriebene inhaltliche Grenzen der Verfassungsänderung ab (ein Ansatz, der in Art. 79 Abs. 3 GG später positiviert wurde). Dass er die von ihm postulierte verfassungsrechtliche Grenze des Systembruchs nicht gegen den Nationalsozialismus in Ansatz gebracht hat, sondern dessen „Kronjurist" wurde, ist ein eigenes Thema.

Schon der Begriff „Grundrechte" impliziere, dass diese zu der ungeschriebenen Grundentscheidung für eine bürgerliche Verfassung gehören:

> „Grundrechte sind also nur solche Rechte, welche zur Grundlage des Staates selbst gehören und welche deshalb in der Verfassung als solche anerkannt sind."[23]

> „Die **Anerkennung von Grundrechten** im Sinne des bürgerlichen Rechtsstaates bedeutet, daß die rechtsstaatlichen Prinzipien einer modernen bürgerlich-freiheitlichen Verfassung als wesentlicher Bestandteil der Verfassung selbst anerkannt werden. Das bedeutet, daß sie zur **Substanz der Verfassung** gehören und durch verfassungsgesetzliche Normierung zwar modifiziert werden können, daß aber ihre völlige Vernichtung mehr als eine bloße Verfassungsrevision ist."[24]

Für *Schmitt* bedeutet Wissenschaft, zu fragen, was hinter und über dem positiven Recht steht und was diesem vorausliegt.

> „Für einen wissenschaftlich brauchbaren Begriff muß daran festgehalten werden, daß Grundrechte im bürgerlichen Rechtsstaat nur solche Rechte sind, die als **vor- und überstaatliche Rechte** gelten können, die der Staat nicht nach Maßgabe der Gesetze verleiht, sondern als **vor ihm gegeben anerkannt** und schützt und in welche er nur in einem prinzipiell meßbaren Umfang und nur in einem geregelten Verfahren eingreifen darf. Diese Grundrechte sind also ihrer Substanz nach **keine Rechtsgüter**, sondern Sphären der Freiheit, aus der sich Rechte, und zwar **Abwehrrechte**, ergeben."[25]

Die **Trennung von Staat und Gesellschaft** als zwei Sphären ist in dieser Theorie zentral. Die Grundrechte werden nicht als Rechtsgüter, sondern als **staatsfreie Sphären der Pri-**

---

22 C. Schmitt, Verfassungslehre, 1928, S. 158.
23 C. Schmitt, in: Anschütz/Thoma, Handbuch des Deutschen Staatsrechts, Bd. 2, 1932, S. 572, 578.
24 C. Schmitt, Verfassungslehre, 1928, S. 177.
25 C. Schmitt, Verfassungslehre, 1928, S. 163.

§ 2 Geschichte der Grundrechte und ihrer Interpretation

vatheit begriffen. Soweit Grundrechte danach also keine relativen Prinzipien sind, stellt sich auch nicht die Anschlussfrage ihrer Abwägung und der Verhältnismäßigkeit von Eingriffen. Auch eine freiheitsermöglichende Ausgestaltung der Grundrechte durch Gesetze (Freiheit durch den Staat) ist der These einer staatsfreien Sphäre (Freiheit vom Staat) fremd. Die Theoriebildung bei *Schmitt* beruht auf einer Kombination **dichotomischer Gegensatzpaare**: Aus dem Gegensatzpaar Staat/Gesellschaft entwickelt er seine rein abwehrrechtliche Konzeption der Grundrechte. Diese Konzeption wird nicht i. S. einer bloß relativen Rechtfertigungslast für staatliche Freiheitseingriffe (Verhältnismäßigkeit) ausgeprägt, sondern als Gegenüberstellung einer Sphäre privater Freiheit einerseits und gesetzlicher Ausnahmeregelungen andererseits.

> „Alle echten Grundrechte sind **absolute Grundrechte**, d. h. sie werden nicht ‚nach Maßgabe der Gesetze' gewährleistet, ihr Inhalt ergibt sich nicht aus dem Gesetz, sondern der **gesetzliche Eingriff erscheint als Ausnahme** und zwar als prinzipiell begrenzte und meßbare, generell geregelte Ausnahme."[26]

Die antipositivistische Theoriebildung bei *Schmitt* ist zeitlos anschlussfähig für verschiedenartige Verfassungen. Dabei lehnt *Schmitt* nicht nur den Positivismus ab, sondern übt auch verfassungspolitische Kritik an Ausprägungen des positiven Verfassungsrechts, soweit diese nicht zu seinen Theorien „passen" – so etwa an den sozialen Grundrechten der WRV, die sich nicht als Abwehrrechte, sondern nur als Leistungsrechte bzw. als bloße Programmsätze interpretieren lassen. Dass *Schmitt* den Text der Weimarer Verfassung nicht als Verfassung, sondern als „bloßes" Verfassungsgesetz begreift, soll nicht ihre Anwendung mit positivistischen Methoden ermöglichen, sondern macht sie zum Gegenstand einer antipositivistischen Kritik.

> „Grundsätzlich kann […] ein und derselbe Staat **nur eine Art von Grundrechten** haben. Das sind, mangels klarer anderweitiger Entscheidung, für die geltende Reichsverfassung die **individuellen Freiheitsrechte** des auf Freiheit und Gleichheit der Individuen beruhenden **bürgerlichen Rechtsstaats**."[27]

In die weitere Entwicklung der Grundrechte eingegangen sind *Schmitts* konstruktive Beiträge zur dogmatischen Erfassung von Institutsgarantien (→ Rn. 47, 252, 708)[28], die er als solche nicht ablehnte, sondern – anders als die Grundrechte als Elementen der „Verfassung" – der Ebene des „Verfassungsgesetzes" zuordnete. Aber auch darüber hinaus spiegeln sich Elemente seiner Grundrechtstheorie in der späteren Grundrechtsentwicklung und in Ansätzen für ihre heutige Interpretation. Zu denken wäre an Art. 79 Abs. 3 GG, an die Bezugnahme des Art. 1 Abs. 2 GG auf vorstaatliche Rechte und an die abwehrrechtliche Dimension der Grundrechte. *Schmitt* selbst hingegen hat sich dagegen verwahrt, die in Art. 79 Abs. 3 GG explizit geregelten Grenzen der Verfassungsänderung als Bestätigung seiner Verfassungstheorie zu deuten, nur weil er mit dieser u.a. ungeschriebene Grenzen der Verfassungsänderung begründet hatte. Die Unterscheidung zwischen Verfassung und Verfassungsgesetz und die Relativierung des Positivismus waren ihm als Verfassungstheoretiker wichtiger als das Ergebnis der Bewahrung von Grundrechten.

---

26 *C. Schmitt*, Verfassungslehre, 1928, S. 166.
27 *C. Schmitt*, in: Anschütz/Thoma, Handbuch des Deutschen Staatsrechts, Bd. 2, 1932, S. 572, 590.
28 *C. Schmitt*, Verfassungslehre, 1928, S. 180 f.

c) Rudolf Smend: Grundrechte als Werte und Integrationsziele

15 *Rudolf Smend* (1882–1975) entwickelte mit seiner **Integrationslehre** eine Verfassungstheorie, die sowohl zum Positivismus *Kelsens* als auch zur dezisionistischen Verfassungslehre *Schmitts* im Gegensatz steht. Seine Theorie weist gerade hinsichtlich der Interpretation der Grundrechte in eine andere Richtung – auch in ihren Ergebnissen und Konsequenzen. Die Grundrechte begreift er nicht als vorstaatliche Rechte. Deren abwehrrechtliche Funktion liegt nicht im Zentrum seines Erkenntnisinteresses, darüber hinausgehende Bedeutungen dafür umso mehr.

Wer *Smends* Theorie verstehen will, muss sich zunächst einmal darauf einlassen, Verfassung nicht als eine in der Vergangenheit liegende Entscheidung und auch nicht als anzuwendendes Gesetz zu verstehen. Weder Verfassunggebung als Ereignis noch die Ableitung von Rechtsfolgen aus einzelnen Vorschriften der geschriebenen Verfassung stehen im Fokus seines Ansatzes. *Smend*[29] begreift die **Verfassung als Integrationsordnung**. Durch die Verfassung wird der Staat überhaupt erst konstituiert. Ob historisch ein Staat bereits existiert, wenn sein Volk sich eine Verfassung gibt, interessiert ihn nicht. Vor allem richtet er sich gegen eine Theoriebildung auf Grundlage der Prämisse, dass der Staat einer Verfassung auch gedanklich vorausliege. Das Verhältnis zwischen Staat und Verfassung wird von ihm – theoretisch – umgekehrt. Den Staat konstituiert dabei weniger das Ereignis der Verfassunggebung als einmalige Entscheidung und Setzungsakt, sondern ein **kontinuierlicher Integrationsprozess**. Seine Verfassungstheorie hatte *Smend* im Kaiserreich konzipiert und sie zunächst auf Fragen der Bundesstaatlichkeit bezogen. In seinem Verständnis von Integration prägt den Übergang zur Weimarer Verfassung deshalb weder revolutionäre Diskontinuität noch Dezision. Die Grundrechte der Weimarer Verfassung waren also nicht der Ausgangspunkt, sondern ein exemplarischer Anwendungsfall seiner Theorie: Eine Verfassung erfüllt ihre Funktion als Integrationsordnung umso mehr, indem sie Grundrechtsgarantien enthält.

Die Verfassung ist bei *Smend* die Ordnung, die diesen Integrationsprozess organisiert und ihm eine inhaltliche Perspektive in Form von **Zielen und Werten** gibt. Zu diesen Zielen und Werten gehören insbesondere auch die Grundrechte. Die Funktion der Gesetzgebung liegt dabei wesentlich darin, die Grundrechte auszugestalten. Bei dieser Ausgestaltung geht es mit Blick auf das Integrationsziel nicht um die Begrenzung von Freiheit, sondern um die Ermöglichung ihrer Wahrnehmung. Der Freiheitseingriff durch Gesetz ist nicht der zentrale, geschweige denn der einzige Berührungspunkt zwischen Gesetzgebung und Grundrechten. Weil die Verfassung selbst als Prozess begriffen wird, ist auch die **Interpretation der Grundrechte** kein statisch deduktiver, sondern ein **dynamisch induktiver** Vorgang.

Die scharfen, dichotomischen Trennungen von *Schmitt* sind der Theorie *Smends* fremd – auch die zwischen Staat und Gesellschaft. Staat und Verfassung werden dadurch zu „weichen" Phänomen. Die grundrechtliche Freiheit wird nicht als staatsfreie Sphäre, sondern als durch staatliches Recht zu gestaltendes Phänomen wahrgenommen. Als Werte sind die Grundrechte stets relativ und nicht absolut zu begreifen. Das liefert die Prämissen für eine **Abwägungsstruktur**.

Eine Parallele findet *Smends* positive Wahrnehmung der staatlichen Funktion der Grundrechtsgewährleistung bei *Hermann Heller* (1891–1933). Auch dessen Grund-

---

29 *Smend*, Verfassung und Verfassungsrecht (1928), Bürger und Bourgeois im deutschen Staatsrecht (1928), beide in: Staatsrechtliche Abhandlungen, 4. Aufl., S. 119, 189 ff., 264 ff.; 309, 313 f.

rechtsverständnis steht in Kontrast zu jenem von *Schmitt*. *Heller* erkannte die Grundrechte als **kulturelle Errungenschaft** und damit wie *Smend* als Früchte einer Entwicklung:

> „Die Freiheitsrechte erkennen wir deshalb heute nicht mehr als Naturrechte, sondern als Kulturrechte, nicht mehr als ursprünglich dem Individuum anhaftend, sondern als durch die Entwicklung der politischen Kultur ihm von der Gemeinschaft zugewachsen. Erst durch die schützende Macht des Staates wird die gleichmäßige Freiheit der einzelnen gewährleistet."[30]

BEZÜGE ZUR WEITEREN ENTWICKLUNG UND ZUR HEUTIGEN INTERPRETATION DER GRUNDRECHTE: Im Vergleich zur Weimarer Zeit stellen sich die Fragen der Grundrechtsinterpretation heute unter anderen „Vorzeichen", weil das Grundgesetz hinsichtlich der Bindung des Gesetzgebers als solcher (Art. 1 Abs. 3 GG) und der Durchsetzbarkeit der Grundrechte durch das BVerfG (Art. 93 Abs. 1 Nr. 4 a GG) keinen Zweifel zulässt. Umso praktisch bedeutsamer ist aber die Frage, ob das BVerfG die Grundrechte mehr oder weniger extensiv interpretiert. Für die Beantwortung dieser Frage wird bis heute auf Theorien und Argumente aus der Weimarer Zeit zurückgegriffen, die anschlussfähig auch für eine Interpretation des GG sind:

a) *Kelsens* Konzept eines strikt hierarchischen **Vorrangs der Verfassung** mit einer eigenständigen **Verfassungsgerichtsbarkeit** entsprechen die Art. 1 Abs. 3 und 20 Abs. 3 GG sowie die Art. 93 und 100 GG. Auch ein restriktives Verständnis der Grundrechte wäre mit dem Wortlaut des Grundgesetzes vereinbar, zumal sein Grundrechtskatalog im Vergleich zur Weimarer Verfassung auf Programmsätze und soziale Rechte verzichtet.

b) Das rein **abwehrrechtliche Grundrechtsverständnis** von *Schmitt* wurde nach dem Kriege vor allem von seinem Schüler *Ernst Forsthoff* (1902–1974) aufgegriffen.[31] Er hatte 1933 die Schrift „Der totale Staat" veröffentlicht und als Nachfolger des emigrierten *H. Heller* dessen Frankfurter Lehrstuhl übernommen, hatte dann aber nicht nur inhaltlich gegen Positionen von *Schmitt* Stellung bezogen, sondern diesem auch persönlich das Ausmaß seines Engagements für den Nationalsozialismus vorgeworfen. *Forsthoffs* Lehre ist vor allem bemerkenswert, weil er sich – trotz aller Nähe zu vielen Positionen *Schmitts* – zum Positivismus bekannte und damit dessen Theorie **anschlussfähig für Vertreter des Positivismus** machte. Er war damit Vordenker einer im Vergleich zur Positivismusskepsis der Nachkriegszeit umgekehrten Methodenentwicklung einer Hinwendung zum Positivismus. Bei *Forsthoff* wird der Begriff des Verfassungsgesetzes positiv verstanden und zum Gegenstand einer positivistischen Interpretation. Was die Grundrechtsinterpretation anbelangt, kam es sowohl *Schmitt* als auch *Forsthoff* stets darauf an, die Bedeutung der Grundrechte jenseits ihrer abwehrrechtlichen Funktion zu begrenzen. In dieser Hinsicht ist die Rechtsprechung des BVerfG den geradezu entgegengesetzten Weg gegangen. Die nachhaltige wissenschaftliche Rezeption der Theorie *Schmitts* ist auch mit deren Anschlussfähigkeit für eine kritische Auseinandersetzung mit der Rechtsprechung des BVerfG zu erklären. Das entgegengesetzte Methodenverständnis von *Schmitt* und *Forsthoff* zeigt aber, dass sich solche kritische Auseinandersetzung mit der Rechtsprechung von einer mehr oder weniger positivistischen Methodik trennen lässt.

c) Die Anschlussfähigkeit des Grundrechtsverständnisses von *Smend* lässt sich exemplarisch an seiner Interpretation der Schranken der Meinungsfreiheit zeigen. Schon in der Weimarer Verfassung stellte sich die Frage, was ein „allgemeines Gesetz" (heute: Art. 5 Abs. 2 GG) ist. Die bis heute vertretene und in die Rechtsprechung des BVerfG eingeflossene **Abwägungs-**

---

30 *Heller*, Grundrechte und Grundpflichten (1924), in: Gesammelte Schriften, Bd. 2, 1971, 286.
31 Dazu: *Meinel*, Der Jurist in der industriellen Gesellschaft: Ernst Forsthoff und seine Zeit, 2011.

lehre hat *Smend*[32] entwickelt. Die Grundrechte haben bei ihm als „Wert-, Güter- oder Kultursystem" auch jenseits des Staat-Bürger-Verhältnisses" eine normative Bedeutung „als Auslegungsregel" für das einfache Recht.[33] Auch das spiegelt sich in der Rechtsprechung des BVerfG zur **Ausstrahlungswirkung der Grundrechte in das Privatrecht**. Schließlich lässt sich die **dynamische Verfassungsinterpretation** des BVerfG mit der Integrationslehre plausibilisieren.

7. Die Stärkung der Grundrechte durch den Grundrechtskatalog des Grundgesetzes und die Regelung einer Verfassungsbeschwerde

a) Grundrechtsimpulse im Text des Grundgesetzes von 1949

16 Um den Grundrechtskatalog des Grundgesetzes von 1949 historisch einzuordnen, müssen wir uns vergegenwärtigen: Auf die Unklarheiten der Weimarer Verfassung und die innovativen Diskurse über die Bedeutung der Grundrechte in der Weimarer Zeit folgte ein Terrorregime. Der Nationalsozialismus steht für beispiellose Diskriminierungen und für Völkermord. Hinter den tatsächlichen Menschenrechtsverletzungen stand eine Ideologie, die den Wert individueller Rechte und die Bedeutung des Individuums als solches in Frage stellte – zugespitzt in der Parole „Du bist nichts, dein Volk ist alles". Das Grundgesetz kann als **Gegenentwurf zum menschenverachtenden Nationalsozialismus** gelten: Die gesamte Verfassungsordnung wird vom Menschen aus konzipiert. Die Garantie der Menschenwürde – und nicht das Demokratieprinzip oder die Gliederung des Bundesstaates in Länder – steht am Anfang der Verfassung. Die Menschenwürde ist nach Art. 1 Abs. 1 S. 1 GG „unantastbar" und sie darf durch Gemeinschaftsinteressen nicht relativiert werden. Die „staatliche Gewalt" wird durch Art. 1 Abs. 1 S. 2 GG zuallererst in die Pflicht genommen, diese Menschenwürde „zu achten und zu schützen". Darüber hinaus und „darum" bekennt sich in Art. 1 Abs. 2 GG das „Deutsche Volk" ausweislich seiner Verfassung „zu unverletzlichen und unveräußerlichen Menschenrechten als Grundlage jeder menschlichen Gemeinschaft, des Friedens und der Gerechtigkeit der Welt". In Art. 1 Abs. 3 GG wird klargestellt, dass die „nachfolgenden Grundrechte" alle drei staatlichen Gewalten „als unmittelbar geltendes Recht" binden. Dazu passt auch, dass der Text des Grundgesetzes im Vergleich zur Weimarer Verfassung auf Formulierungen verzichtet, die den Charakter bloßer Leitideen, Programmsätze und Bekenntnisse tragen.

Das allein erklärt aber noch nicht das Ausmaß der Bedeutung der Grundrechte in unserer heutigen Rechtsordnung. Nicht anders als die Grundrechte der Weimarer Verfassung sind auch die Grundrechte des Grundgesetzes in hohem Maße **interpretationsfähig und -bedürftig**. Das gilt nicht nur für die Auslegung einzelner Grundrechte. Auch die ganz grundsätzliche Frage der **materiellen Reichweite** der Grundrechte wird durch Art. 1 Abs. 3 GG nicht bereits geklärt. Auch Ansätze einer formalen Interpretation der Grundrechte wären mit dem Wortlaut des Grundgesetzes vereinbar. Selbst eine sehr restriktive Interpretation, die die Bedeutung der Grundrechte auf Abwehrrechte gegen willkürliche und extreme Freiheitseingriffe reduziert, würde der historischen Intention des Grundgesetzes als Gegenentwurf zum Nationalsozialismus nicht widersprechen.

Schon der Übergang vom Kaiserreich in die Weimarer Republik hat gezeigt, dass aus dem verfassungsgeschichtlichen Ereignis, dass ein souveränes Volk sich eine Verfassung

---

32 *Smend*, Das Recht der freien Meinungsäußerung, VVDStRL 4 (1928), S. 44, 52; auch in ders., Staatsrechtliche Abhandlungen, 4. Aufl., S. 89, 98.
33 *Smend*, Staatsrechtliche Abhandlungen, 4. Aufl., S. 264, 265.

§ 2 Geschichte der Grundrechte und ihrer Interpretation

gibt, keinesfalls zwingend folgt, den Grundrechten eine wesentlich neue Bedeutung zuzumessen, selbst wenn sich die neue Verfassung von der Vorgängerverfassung u.a. dadurch unterscheidet, dass Grundrechte geregelt sind. Die **Entstehung des Grundgesetzes** legt jedenfalls von ihrem Verfahren her noch viel weniger nahe, die Garantie der Grundrechte als Setzungsakt eines souveränen Volkes zu erklären. Das Grundgesetz entstand 1949 als Provisorium in einem geteilten, unter der Herrschaft der Besatzungsmächte stehenden Deutschland. Die Mitglieder des Parlamentarischen Rates wurden – anders als der Weimarer Verfassungskonvent – nicht unmittelbar vom ganzen Volk, sondern von den elf Landtagen in den westlichen Besatzungszonen gewählt. Über das Grundgesetz gab es nie eine Volksabstimmung. Die Entstehung des Grundgesetzes fand in der Öffentlichkeit und Presse **kaum Aufmerksamkeit**. Das Grundgesetz wurde mit einer „abgeschirmt" gewachsenen „Treibhauspflanze" verglichen, die von einem „seiner Geschichte und Politik müde gewordenen Volk hingenommen wurde".[34]

Das ändert nichts daran, dass der Parlamentarische Rat mit dem Text des Grundgesetzes die Grundrechte ganz gezielt und als Reaktion auf die erste Hälfte des 20. Jahrhunderts gestärkt hat und dass die Grundrechte seither auch in der Rechtswirklichkeit eine überragende Rolle gespielt haben. Das gilt – gerade auch im Vergleich zur Weimarer Verfassung – als Erfolgsgeschichte. Erklärungsversuche hierfür liegen aber weniger in Erzählungen eines Gründungsmythos, sondern handeln vom allmählich gewachsenen und für Deutschland typischen „Verfassungspatriotismus"[35]. Auf die Frage, wie sich eigentlich das deutsche Volk seine Verfassung „gegeben" hat, geben wir die Antwort, dass das Volk sich das Grundgesetz jedenfalls „angeeignet" habe. Zu den Kapiteln dieser „**Aneignungs- und Anerkennungsgeschichte**" gehört auch die Wiedervereinigung, die weder zu einem Prozess der Verfassungsablösung nach Art. 146 GG führte noch zum Anlass für eine Abstimmung über das Grundgesetz genommen wurde. Es liegt deshalb nahe, die Verfassungsentwicklung der Bundesrepublik Deutschland als **Integrationserzählung** zu begreifen.

Dafür spricht auch, dass das BVerfG bei der Interpretation des Grundgesetzes einem offenen Ansatz folgt, der auch zu einem Verfassungswandel ohne Änderung des Grundgesetztextes führen kann. Die **historische Auslegung** des Grundgesetzes spielt bei der Grundrechtsinterpretation jedenfalls **keine dominante Rolle** und der historische Wille der Mitglieder des Parlamentarischen Rates wird vom BVerfG nicht als strikte Grenze eines Verfassungswandels begriffen. Die **dynamische und extensive Grundrechtsrechtsprechung** des BVerfG ist ihrerseits nicht nur ein eigener und wesentlicher Teil der Grundrechtsentwicklung in der Verfassungsgeschichte (dazu → Rn. 18). Diese Rechtsprechung trägt auch dazu bei, dass das Volk „sich seine Verfassung aneignet" und sie hat damit „Anteil" am „Gründungs- und Festigungswerk" der grundgesetzlichen Ordnung.[36] Dank der Verfassungsbeschwerde und dank der Grundrechtsrechtsprechung des BVerfG wird das Grundgesetz vom deutschen Volk als materielle und grundrechtsfreundliche Ordnung und das BVerfG als „Bürgergericht"[37] wahrgenommen. Während Wahlbeteiligungen und das Vertrauen in „die Politik" bisweilen sinken, genießt das BVerfG kontinuierlich ein **überragendes Ansehen**. Die herausragende Akzeptanz dieses Verfassungsgerichts überstrahlt auch den vergleichsweise blass

---

34 *Smend*, Staatsrechtliche Abhandlungen, 4. Aufl., S. 581, 585.
35 *Sternberger*, Verfassungspatriotismus, 1990.
36 So bereits 1962 *Smend*, Staatsrechtliche Abhandlungen, 4. Aufl., S. 581, 588.
37 *Häberle*, Verfassungsgerichtsbarkeit – Verfassungsprozessrecht, 2014, S. 51, 162 f. und passim.

gebliebenen Gründungsmythos der Arbeit des Parlamentarischen Rates. In der Rhetorik des BVerfG[38] ist es das Grundgesetz selbst, das keine neutrale Ordnung sein „will", sondern eine Wertordnung „aufgerichtet hat". Die Wiedervereinigung kann als Bestätigung dieser Konzeption mit einer starken Verfassungsgerichtsbarkeit gedeutet werden: Die neuen Bundesländer sind dem Grundgesetz 1990 zu einem Zeitpunkt beigetreten, in dem kein Zweifel daran bestehen konnte, dass das BVerfG in gefestigter Rechtsprechung den Ansatz einer materiellen und extensiven Grundrechtsinterpretation verfolgt. Der Prozess der Wiedervereinigung lässt sich so deuten, dass das deutsche Volk in dem Bewusstsein der Konsequenzen einer starken Verfassungsgerichtsbarkeit seinerzeit darauf verzichtet hat, das Grundgesetz als Provisorium durch eine andere Verfassung zu ersetzen – freilich abermals ohne dies in einer Volksabstimmung greifbar zu machen. „*Dieses* Grundgesetz, das" – wie es in Art. 146 GG heißt – „nach Vollendung der Einheit und Freiheit Deutschlands für das gesamte deutsche Volk gilt", ist nicht das Provisorium von 1949, dessen Interpretation auch eine sehr restriktive hätte sein können, sondern eine Verfassung, die in der Auslegung eines starken BVerfG die gesamte Rechtsordnung prägt. Nach dem so interpretierten Grundgesetz kann die Bundesrepublik Deutschland – mehr noch als die meisten anderen modernen Verfassungsstaaten – als **Grundrechtsstaat**[39] bezeichnet werden. Dazu haben aber der Text des Grundrechtskatalogs und seine Entstehung weniger beigetragen als es eine positivistische Herangehensweise nahelegen würde. Wie es nach 1949 dazu kam, ist im Folgenden zu erläutern.

b) Die Schaffung des BVerfG und der Verfassungsbeschwerde

17   Bevor in der Sache auf die Entwicklung der Grundrechtsrechtsprechung des BVerfG eingegangen wird, ist die Verfassungsgerichtsbarkeit als solche in den Blick zu nehmen. Der Parlamentarische Rat hat dafür die Grundlage gelegt, dem **einfachen Gesetzgeber** aber die nähere Ausgestaltung weitgehend überlassen. Erst die Schaffung des BVerfG und die Regelung einer Verfassungsbeschwerde markieren den für die normative Bedeutung und Interpretation der Grundrechte folgenreichen „Vorzeichenwechsel" in der deutschen Verfassungsgeschichte des 20. Jahrhunderts. Zu datieren ist dieser auf das Jahr **1951**, in dem das BVerfGG in Kraft getreten ist und das BVerfG seine Arbeit aufgenommen hat. Der einfache Gesetzgeber einigte sich seinerzeit darauf, über die im GG von 1949 bereits geregelten Verfahren hinaus auch eine Individualverfassungsbeschwerde zu regeln (§§ 90 ff. BVerfGG). Das Verfahren wurde erst 1969 auch im Grundgesetz verankert (Art. 93 Abs. 1 Nr. 4a GG). Seit jeher machen Individualverfassungsbeschwerden weit über 90 % der Verfahren vor dem BVerfG aus.

Schon bei der Gründung des BVerfG wurde ein eigener Senat eingerichtet, der ausschließlich für Verfassungsbeschwerden zuständig sein sollte. Dieser Erste Senat wird deshalb bis heute auch als **Grundrechte-Senat** bezeichnet, wobei er sich die Arbeitslast der Verfassungsbeschwerden längst mit dem Zweiten Senat teilt. Nach einer Reihe von **Grundlagenentscheidungen der 1950er Jahre** stellte *Rudolf Smend* bereits zum zehnjährigen Bestehen des Gerichts fest: „Das Grundgesetz gilt nunmehr praktisch so, wie das Bundesverfassungsgericht es auslegt, und die Literatur kommentiert es in diesem Sinne."[40] Weil die Grundrechte vom BVerfG so ausgelegt werden, dass sie

---

38 BVerfGE 7, 198, 205.
39 *Hufen*, NJW 1999, 1504 spricht von Deutschland als einer „Grundrechtsrepublik".
40 *Smend*, Staatsrechtliche Abhandlungen, 4. Aufl., S. 581, 582.

nicht nur staatliche Grundrechtseingriffe beschränken, sondern in alle Rechtsgebiete ausstrahlen, hat die Rechtsprechung des BVerfG prägende Bedeutung für die gesamte Rechtsordnung. Insoweit ist das Ausmaß der Bedeutung des BVerfG selbstbegründet. Die Macht des BVerfG, Rechtsmaßstäbe zu konkretisieren, kann als „**maßstabsetzende Gewalt**"[41] bezeichnet werden. Entscheidungen des BVerfG binden nach § 31 Abs. 1 BVerfGG alle Staatsorgane, Gerichte und Behörden und Entscheidungen über Verfassungsbeschwerden, die ein Gesetz zum Gegenstand der Grundrechtsprüfung machen, haben nach § 31 Abs. 2 S. 2 BVerfGG sogar Gesetzeskraft.

Die fundamentalen Konsequenzen der Schaffung einer Verfassungsgerichtsbarkeit als „**Hüterin der Verfassung**" waren bereits in der Weimarer Zeit erkannt und zwischen *Hans Kelsen* und *Carl Schmitt* als verfassungspolitische Frage heftig diskutiert worden.[42] *Hans Kelsen* war auf der Grundlage seines formalen Verständnisses einer vorrangigen Verfassung prominenter Befürworter der Verfassungsgerichtsbarkeit und die Schaffung des Österreichischen Verfassungsgerichtshofes ist auf seinen Einfluss zurückzuführen. Durchaus realistisch hatte *Schmitt* erkannt, dass eine Verfassungsgerichtsbarkeit dazu neigen könnte, Grundrechte weit auszulegen und die Abwägung zwischen Individual- und Gemeinschaftsinteressen zu einer verfassungsrechtlichen Frage zu machen. Eine Verfassungsgerichtsbarkeit hat er deshalb kategorisch abgelehnt und vor einer Politisierung der Justiz gewarnt. Die WRV hat er so interpretiert, dass sie die Funktion eines „Hüters der Verfassung" als Alternative zu einer Verfassungsgerichtsbarkeit dem Reichspräsidenten zuordnet. Während er die WRV für viele ihrer Ausgestaltungen kritisierte, bewertete er dies positiv:

> „Denn die Folge (einer Expansion der Justiz) wäre […] nicht etwa eine Juridifizierung der Politik, sondern eine **Politisierung der Justiz**"[43]

> „Durch die Konzentrierung bei einem einzigen Gerichtshof würde ein aus unabsetzbaren Berufsbeamten gebildetes Gremium zur Kontrollinstanz gegenüber einem **vom Volk gewählten Parlament**. Solange das demokratische Prinzip gilt, ist das undenkbar. Keine Justizförmigkeit könnte darüber hinwegtäuschen, daß es sich bei einem solchen Staats- oder Verfassungsgerichtshof um eine hochpolitische Instanz mit Gesetzgebungsbefugnissen handelte und vom demokratischen Standpunkte müßte es erstaunlich erscheinen, daß unabsetzbare Berufsbeamte, eine **Aristokratie der Robe**, über eine vom Vertrauen der Mehrheit des Volkes getragene Körperschaft eine Kontrolle ausüben sollte. Ganz anders, wenn ein vom ganzen Volk gewählter Reichspräsident die Verfassung wahrt."[44]

Ungeachtet solcher Bedenken wurde das BVerfG im Grundgesetz von 1949 **nicht nur als Staatsgerichtshof** zur Lösung kompetenz- und organisationsrechtlicher Streitigkeiten konzipiert. Vielmehr bekam das BVerfG weitreichende Kompetenzen insbesondere auch der **Normenkontrolle** (Art. 93 Abs. Nr. 2 GG und Art. 100 Abs. 1 GG), die dann sogar noch durch die **Verfassungsbeschwerde** erweitert wurden. Der Vorrang des Verfassungsrechts und die Bindung aller Staatsgewalt an die Grundrechte wurden effektiv

---

41 *Lepsius*, in: Jestaedt/Lepsius/Möllers/Schönberger, Das entgrenzte Gericht, 2011, S. 159 ff.
42 *C. Schmitt*, AöR 55 (1929), 161; *ders.*, Der Hüter der Verfassung (1931), 5. Aufl. 2016; *Kelsen*, Wer soll Hüter der Verfassung sein? (1929/1931), in: v. Ooyen, Abhandlungen zur Theorie der Verfassungsgerichtsbarkeit in der pluralistischen, parlamentarischen Demokratie, 2. Aufl.
43 *C. Schmitt*, Der Hüter der Verfassung, AöR 55 (1929), S. 161, 173.
44 *C. Schmitt*, Der Hüter der Verfassung, AöR 55 (1929), S. 161, 236.

durchsetzbar, seit es ein Verfassungsgericht gibt, das Akte aller drei Gewalten am Maßstab des Verfassungsrechts überprüfen und gegebenenfalls verwerfen kann.

Nur im Ausgangspunkt entspricht die Schaffung der Verfassungsgerichtsbarkeit der Position *Kelsens*. Die Intensität und Dynamik, mit der das BVerfG die Grundrechte als inhaltliche Maßstäbe interpretiert und daran alles Staatshandeln einschließlich der Gesetze misst, geht weit über die Konsequenzen hinaus, die *Kelsen* mit seiner formalen Konzeption des Verfassungsrechts verfolgte. Methodisch hat das BVerfG damit einen Weg beschritten, in dem wir vor allem Ansätze der – von *Kelsen* mit einer eigenen Streitschrift[45] abgelehnten – Integrationslehre von *Smend* wiedererkennen können: Danach ist die Verfassung nicht nur als formaler Ordnungsrahmen, sondern als materiale Werteordnung und als Einheit zu verstehen, was die Abwägung der Inhalte auf die Verfassungsebene hebt.[46] *Smend* selbst hatte sich im Weimarer Diskurs über den „Hüter der Verfassung" zurückgehalten und eine Verfassungsgerichtsbarkeit mit Blick auf seine Integrationslehre skeptisch betrachtet.[47] Überspitzt: Das von *Kelsen* verfassungspolitisch geforderte Verfassungsgericht legt die Verfassung – anders als dieser – materiell extensiv und dynamisch so aus, wie *Smend* es forderte, wovor *C. Schmitt* schon immer gewarnt hatte.

8. Der Beitrag des BVerfG zur Entwicklung der Grundrechte

18 Eine Beschäftigung mit den Grundrechten sollte die **Rechtsprechung selbst als Gegenstand** begreifen und sie nicht nur als mögliche und herrschende Auslegung des Grundgesetzes betrachten. Der Grundgesetztext lässt verschiedene Deutungen zu, welche Funktion die Verfassung hat, ob sie eher nur ein formales Organisationsstatut oder auch eine materielle Ordnung sein soll. Ebenso ist es eine Frage der Interpretation, welche Funktion die Grundrechte innerhalb der Rechtsordnung haben. Diese Fragen beantwortet die Rechtsprechung des BVerfG auf ihre sehr besondere Weise. Diese Rechtsprechung wiederum ist aus der Funktion der Verfassungsgerichtsbarkeit und der Verfassungsbeschwerde zu erklären: Wie sich z. B. die Grundrechte des GG zum BGB verhalten, hat sich danach entschieden, welche Funktion das BVerfG im Verhältnis zum BGH eingenommen hat und wie es die Funktion der Verfassungsbeschwerde als außerordentlichem Rechtsbehelf verstand und bis heute versteht. Wie sich die Grundrechte des GG zum Unionsrecht und zur EMRK verhalten, ist ebenfalls nicht aus den Normtexten, sondern aus der Funktion des BVerfG im Verhältnis zum EuGH und zum EGMR zu erschließen. Gerichte sind bisweilen auch Akteure in der Entwicklung einer Rechtsordnung und das gilt für die Grundrechte in besonderem Maße. Die Dogmatik betrachtet Maßstäbe „ständiger Rechtsprechung" ahistorisch und trägt selbst dazu bei, dass die Prämissen von Einzelfallentscheidungen über ihren Kontext hinaus verallgemeinert werden. Für eine historisch informierte und an der Entwicklung des Rechts interessierte Rechtswissenschaft ist die Kontextualisierung jedenfalls ein Erkenntnisinteresse. Darauf soll im Folgenden exemplarisch der Blick gelenkt werden, während dieses Lehrbuch eine Kontextualisierung einzelner Judikate in der Breite nicht leisten kann.

---

45 *Kelsen*, Der Staat als Integration, 1930.
46 *Wrase*, Zwischen Norm und sozialer Wirklichkeit, 2016, S. 176 f.
47 So betonte er die Grenzen der damals schon für organisationsrechtliche Streitigkeiten bestehenden Staatsgerichtsbarkeit: *Smend*, Staatsrechtliche Abhandlungen, 4. Aufl., S. 119, 273.

§ 2 Geschichte der Grundrechte und ihrer Interpretation

Es geht also um die spezifische Frage der **Entwicklung der Grundrechtsrechtsprechung**. Diese wird einerseits ins Verhältnis zu den vorangegangenen Entwicklungsstationen gesetzt und andererseits in ihrer **Eigenrationalität als Rechtsprechung** beleuchtet. Das soll unter historischem Blickwinkel geschehen. Dazu gehört der historische Kontext, in dem das BVerfG neu geschaffen wurde. Es ist von Bedeutung, dass es seine Rolle in den 1950er Jahren gefunden hat. Auch soll der Blick dafür sensibilisiert werden, einzelne Entscheidungen historisch zu kontextualisieren. Die Beständigkeit des Verfassungsrechts und die z. T. explizit als „ständige Rechtsprechung" ausgewiesenen Kontinuitäten auch richterrechtlicher Maßstabsbildung dürfen nicht darüber hinwegtäuschen, dass jede Entscheidung in einem historischen Kontext steht und dass sich die Rechtsprechung historisch entwickelt hat und weiterentwickelt. Um die prägende Wirkung der Grundrechtsrechtsprechung erfassen und einordnen zu können, beschränkt sich die folgende Darstellung auf wenige Grundfragen. Dabei wird die Rechtsprechung jeweils kontrastiert mit alternativen Antworten auf diese Grundfragen, die auf dem Boden der bisherigen Entwicklung als überkommene Interpretationsansätze ebenfalls in Betracht gekommen wären. Insbesondere soll die Frage der Anschlussfähigkeit der Interpretationsansätze der Weimarer Zeit für die Grundrechte des GG gestellt werden.

a) Die Tendenz der Rechtsprechung des BVerfG zur Maximalinterpretation der Grundrechte

Auch wenn schon der Text des GG Impulse gesetzt hat, waren damit keinesfalls alle offenen Fragen der Weimarer Zeit geklärt. Vielmehr war es das BVerfG, das fast alle diese Fragen so beantwortete, dass den Grundrechten des GG damit eine denkbar weitreichende Bedeutung zukommt. Die wichtigsten dieser Weichenstellungen seien hier benannt:

Art. 1 Abs. 3 GG stellt zwar klar, dass auch der Gesetzgeber an die Grundrechte „als unmittelbar geltendes Recht" gebunden ist. Die Frage, was aus der **Grundrechtsbindung des Gesetzgebers** folgt, war damit aber nicht beantwortet, sondern stellte sich vielmehr umso dringlicher. Durch den Wortlaut des Art. 1 Abs. 3 GG sind die insoweit restriktiven Interpretationsansätze, die jedenfalls für eine Relativierung der Konsequenzen und eine Begrenzung der Reichweite der Grundrechtsbindung streiten, nicht zu Makulatur geworden.

Art. 1 Abs. 3 GG würde es nicht ausschließen, die „nachfolgenden Grundrechte" als reine Abwehrrechte zu verstehen, die eine vor- und außerstaatliche Sphäre individueller Freiheit schützen. Das BVerfG hingegen versteht die Grundrechte zwar auch und primär als Abwehrrechte, keineswegs aber ausschließlich als solche (Lüth-Urteil 1958[48]). Es hätte andere Interpretationsmöglichkeiten der Grundrechte gegeben. Auch wenn es nahe liegt, dem Grundgesetz „eine prinzipielle Verstärkung der Geltungskraft der Grundrechte" zu entnehmen, folgt daraus nicht zwingend die Interpretation der Grundrechte als „objektive Wertordnung".[49] Mit dem Wortlaut vereinbar wäre es auch, den Sinn des Art. 1 Abs. 3 GG primär in dem Umkehrschluss zu suchen, dass nur staatliche Gewalt gebunden wird und deshalb Ansätzen einer auch **mittelbaren Drittwirkung** von Grundrechten eine Absage zu erteilen. Auch die unmittelbare Grundrechtsbindung der Gerichte ließe sich so interpretieren, dass diese nur relevant wird,

---
48 BVerfGE 7, 198 – Lüth.
49 So aber BVerfGE 7, 198, 205: „gerade hierin".

wenn staatliche Grundrechtseingriffe vor Gerichten angegriffen werden. Gegen die Behauptung grundrechtlicher Schutzpflichten des Staates ließen sich Umkehrschlüsse aus speziell geregelten Schutzaufträgen (z. B. Art. 1 Abs. 1 S. 2 GG oder Art. 6 Abs. 4 GG) in Ansatz bringen. Schließlich fällt im Vergleich der Grundrechtskataloge der WRV einerseits und des GG andererseits auf, dass letzterer auf soziale Rechte ebenso wie auf Grundpflichten verzichtet. Das BVerfG hingegen hat nach und nach **Schutzpflichten der Grundrechte** entfaltet (Schwangerschaftsabbruch I[50] und II[51]). Grundrechte können eine jedenfalls mittelbare Drittwirkung haben, d. h. sie entfalten über ihre Dimension als Abwehrrechte gegen staatliche Eingriffe hinaus auch eine **Ausstrahlungswirkung** als Wertentscheidungen, die auch in Rechtsbeziehungen zwischen Privaten relevant werden (Lüth-Urteil 1958[52]). Neben die abwehrrechtliche Dimension sowie die **Schutzpflichten** treten nach der Rechtsprechung auch **Leistungs- und Teilhaberechte** (Numerus-clausus-Urteil 1972[53]).

Denkbar wäre es auch, die Schutzbereiche der Grundrechte jeweils eng auszulegen. Insbesondere könnte Art. 2 Abs. 1 GG restriktiv als Schutz nur gegen spezifische Eingriffe in die Persönlichkeit – statt, wie durch das BVerfG (Elfes-Urteil 1957[54]), als **allgemeine Handlungsfreiheit** – interpretiert werden. In einer formalen Lesart ließe sich die unmittelbare Bindung des Gesetzgebers auf die expliziten, an den Gesetzgeber adressierten Schrankenregelungen der Grundrechte (z. B. Art. 13 Abs. 7 oder Art. 14 Abs. 3 S. 1 GG) als „negative Kompetenznormen" reduzieren. Dann würden die Grundrechte als inhaltliche Versprechungen unter dem Ausnahmevorbehalt aller formal gültigen und d. h. demokratisch legitimierten Gesetze stehen, die die Grundrechte im Ergebnis beschränken. Eine darüber hinausgehende, inhaltliche Überprüfung von Gesetzen am Maßstab der **Verhältnismäßigkeit** regelt weder Art. 1 Abs. 3 GG noch eine andere Bestimmung des Grundrechtskatalogs explizit. Die Rechtsprechung des BVerfG wählt den denkbar weitesten Ansatz, um aus den Grundrechten kumulativ formelle und materielle Kontrollmaßstäbe für Gesetze abzuleiten: Jeder Eingriff in ein Grundrecht – und sei es „nur" in das Auffanggrundrecht der allgemeinen Handlungsfreiheit – kann erstens zum „Aufhänger" werden, im Rahmen einer Verfassungsbeschwerde auch die **formelle Verfassungsmäßigkeit** des Gesetzes zu überprüfen, obwohl es sich bei den Vorschriften über Kompetenzen und über das Gesetzgebungsverfahren um objektives Recht und um Organisationsrecht handelt (Elfes-Urteil 1957[55]). Das BVerfG prüft zweitens außerdem auch die inhaltliche, also materielle Verfassungsmäßigkeit und es beschränkt sich dabei nicht auf die expliziten Schrankregelungen und deren Grenzen, sondern prüft außerdem auch als sogenannte „**Schranken-Schranke**" den ungeschriebenen Grundsatz der Verhältnismäßigkeit (Apotheken-Urteil 1958[56]). Weil der Grundsatz der Verhältnismäßigkeit zu den Schlüsselbegriffen des Rechtsstaatsprinzips gehört, das wiederum für die deutsche Rechtsordnung insgesamt prägend ist, wird diese Rechtsprechung gerne als Kapitel der „Kontinuitätserzählung" einer typisch deutschen Rechtsentwicklung gedeutet. Diese steht zugleich für einen tieferen Zusammenhang zwischen dem Verwaltungsrecht und dem Verfassungsrecht.

---

50 BVerfGE 39, 1 – Schwangerschaftsabbruch I.
51 BVerfGE 88, 203 – Schwangerschaftsabbruch II.
52 BVerfGE 7, 198 – Lüth.
53 BVerfGE 33, 303, 331 – numerus clausus I.
54 BVerfGE 6, 32 – Elfes.
55 BVerfGE 6, 32 – Elfes.
56 BVerfGE 7, 377 – Apotheken-Urteil.

§ 2 Geschichte der Grundrechte und ihrer Interpretation

Fritz Werner (einst Präsident des Bundesverwaltungsgerichts) charakterisierte das „Verwaltungsrecht als konkretisiertes Verfassungsrecht". Die **Konstitutionalisierung der gesamten Rechtsordnung** (d. h. auch des Zivil- und Strafrechts) ist eine Entwicklung, die sich im Rechtsvergleich auch in vielen anderen Rechtsordnungen abzeichnet. Dass dabei das deutsche Recht als Vorreiter dieser Entwicklung gilt, beruht vor allem auf der Entfaltung weitreichender Grundrechtsdimensionen durch die Rechtsprechung des BVerfG. Die Sogwirkung des Verfassungsrechts und die Übertragung verwaltungsgerichtlicher Maßstäbe zur Kontrolle exekutiven Handelns auf eine verfassungsgerichtliche Kontrolle aller Staatsgewalt rücken dabei die „Gegenfrage" in den Mittelpunkt, welche Grenzen eine solche Kontrolle haben soll, damit Handlungsspielräume des demokratischen Gesetzgebers und die Eigengesetzlichkeiten des einfachen Rechts nicht zu sehr beschränkt werden. Es sei daran erinnert, dass die Vor- und Nachteile einer Verfassungsgerichtsbarkeit in der Weimarer Zeit kontrovers diskutiert wurden und dass *Hans Kelsen* – als Befürworter einer eigenständigen Verfassungsgerichtsbarkeit – deren Funktion in einer vor allem formalen und weniger in einer inhaltlichen Kontrolle sah.

Auch die **Entwicklung der Gleichheitsrechte** ist – nicht nur in Deutschland – vor allem einer dynamischen Rechtsprechung zu verdanken. Selbst die in der Weimarer Zeit so umstrittene Frage der Bindung des Gesetzgebers an den allgemeinen Gleichheitssatz wird durch den Wortlaut des Grundgesetzes nicht eindeutig beantwortet. Art. 3 Abs. 1 GG spricht – wie schon Art. 109 Abs. 1 WRV – von der „Gleichheit vor dem Gesetz" und verhält sich nicht explizit zu der Frage, welchen inhaltlichen Grenzen gesetzliche Differenzierungen ihrerseits unterliegen sollen. Auch mit den speziellen Gleichheitssätzen des GG ließe sich im Umkehrschluss argumentieren, dass sich die Bedeutung des Art. 3 Abs. 1 GG auf ein Willkürverbot beschränkt. Schließlich fällt auch im Textvergleich mit der EMRK auf, dass Art. 14 EMRK nicht nur spezielle Diskriminierungskriterien aufzählt, sondern allgemeiner auch Diskriminierungen wegen „eines sonstigen Status" verbietet, während sich Art. 3 Abs. 3 GG in einer abschließenden Aufzählung erschöpft. Das BVerfG hingegen interpretiert Art. 3 Abs. 1 GG flexibel als Maßstab einer gegebenenfalls strengen Überprüfung qualifizierter Ungleichbehandlungen, die nicht schon gegen Art. 3 Abs. 3 GG verstoßen, und bezeichnet die eigene Rechtsprechung durchaus treffend als „**stufenlosen Ansatz**"[57] der Gleichheitsrechte.

Aus einer theoretischen Perspektive drängt sich in Bezug zum Weimarer Diskurs auf, in der Rechtsprechung des BVerfG Spuren vor allem der Verfassungstheorie von *Rudolf Smend* zu erkennen: Grundrechte als Wertnormen mit Ausstrahlungswirkungen auf die gesamte Rechtsordnung und die Lösung verfassungsrechtlicher Interessenkonflikte durch Abwägung sowie eine offen dynamische Interpretation der Grundrechte sind gleichermaßen charakteristisch für Grundpositionen von *Rudolf Smend* wie für die Grundrechtsrechtsprechung des BVerfG. So erhellend es sein mag, die Rechtsprechung im Spiegel der Grundrechtstheorie zu betrachten, sei vor Kurzschlüssen gewarnt. Es ist keinesfalls so, dass das BVerfG hier einen „Theorienstreit" entschieden oder sich dazu auch nur verhalten hätte. Das BVerfG selbst zitiert aus guten Gründen Literatur zwar zu dogmatischen Einzelfragen, fast nie aber zu methodischen und verfassungstheoretischen Grundfragen. *Smend* selbst hat darauf hingewiesen, dass „die Justiz ihr Leben nach einer **Eigengesetzlichkeit**" führt. *Smend*, der ein Gegenmodell zum Verständnis der Grundrechte als vorstaatliche Rechte entworfen hat, spricht vom Richterstande als

---
57 BVerfGE 129, 49, 69 – Mediziner-BAföG.

„Urberuf", der eine „rechtsschöpferische Funktion"[58] übernehme und seinerseits eine „vorstaatliche" Vergangenheit habe. Die Justiz werde von einer gewaltenteilenden Verfassung weniger geprägt als vielmehr „vorgefunden". Auch das BVerfG sei in seinem „eigentlichen Wesen" nur als Teil einer so verstandenen Justiz zu erfassen, obwohl es neu geschaffen wurde und insofern „keine Vergangenheit" habe[59]. Auch Letzteres war allerdings für die weitere Entwicklung folgenreich: Die erste Richtergeneration des neu geschaffenen Bundesverfassungsgerichts stand im Gegensatz zur personellen Kontinuität in der ordentlichen Gerichtsbarkeit in den 1950er Jahren.

b) Personelle und biographische Komponenten eines Kampfes um Deutungshoheit

20   Gerichte haben nicht nur als solche ihre jeweilige Geschichte. Wer die historische Entwicklung der Rechtsprechung erklären will, sollte den Blick auch auf Personen richten, auch wenn diese Personen in ihrem Richteramt eine Rolle einnehmen, die „im Namen des Volkes" ausgeübt und rechtsgebunden sowie unpolitisch verstanden wird.

Viele Biographien der **ersten Generation** von Richtern und einer Richterin (*Erna Scheffler*) des **BVerfG** sind davon gezeichnet,[60] dass ihre juristischen Karrieren in der Zeit des Nationalsozialismus unterbrochen oder gehemmt wurden und nach Ende des Krieges umso steiler verliefen und zum BVerfG führten. Mit Blick auf die Grundrechtsrechtsprechung des Ersten Senates kam hinzu, dass sich die CDU der Adenauer-Zeit überwiegend auf Vorschläge für Richter des Zweiten Senats konzentrierte und der SPD eine Dominanz bei Vorschlägen für die Besetzung des Ersten Senats überließ.[61]

Dem standen die typischerweise auch während der Zeit des Nationalsozialismus kontinuierlich fortgesetzten Justizkarrieren der als „konservativ" geltenden Richter der **obersten Bundesgerichte** in der Nachkriegszeit gegenüber. Exemplarisch sei nur der erste Präsident des BGH (1950–1960) *Hermann Weinkauff* (1894–1981) genannt, der ein prominenter Vertreter der Naturrechtsrenaissance der Nachkriegszeit war.

Der **judikative Rückgriff auf Naturrecht** in den 1950er Jahren diente einerseits dazu, unbestimmte Rechtsbegriffe und Generalklauseln des vorkonstitutionellen Rechts, insbesondere des aus dem Kaiserreich stammenden BGB, mit Wertvorstellungen zu füllen. Der Rückgriff insbesondere auf christliche Werte diente dabei zugleich der inneren Distanzierung von Auslegungen derselben Begriffe im Lichte der nationalsozialistischen Ideologie, ganz im Sinne eines Saulus-Paulus-Erlebnisses. Akademische Referenz für diesen Ansatz war auch der viel beachtete Aufsatz[62] von *Gustav Radbruch*, in dem dieser 1946 auf der Grundlage seines eigenen, positivistischen Ansatzes als Reaktion auf das Unrecht des Nationalsozialismus Ausnahmen für einen Rückgriff auf überpositives Recht formuliert hatte. Biographische Plausibilität hat die Verbreitung dieses Ansatzes in der Praxis auch deshalb, weil sich dadurch die eigene Mitwirkung an Urteilen in der Zeit des Nationalsozialismus als Konsequenz einer „allzu positivistisch" verstandenen Gesetzesbindung darstellen ließ. Die Mischung aus der Berufung auf die juristischen Methoden eines unpolitischen Gesetzespositivismus mit

---

58 *Smend*, Staatsrechtliche Abhandlungen, 4. Aufl., S. 581, 584.
59 Alle Zitate aus *Smend*, Staatsrechtliche Abhandlungen, 4. Aufl., S. 581, 581–583.
60 Auch die Richterschaft des BVerfG muss selbstverständlich differenziert betrachtet werden. *Wrase*, Zwischen Norm und sozialer Wirklichkeit, 2016, S. 145 sieht als zwei „Pole die von der katholischen Sozialethik beeinflusste Wertekonzeption *Wintrichs* auf der einen und sozial-emanzipatorische Überzeugungen von Richtern wie *Scheffler* und *Draht* auf der anderen Seite".
61 Instruktiv zum Ganzen *Wrase*, Zwischen Norm und sozialer Wirklichkeit, 2016 S. 102 ff.
62 *Radbruch*, Gesetzliches Unrecht und übergesetzliches Recht, Süddeutsche Juristenzeitung, 1946, 105 ff.

der nachträglichen, auf demokratischer Gesinnung beruhenden Abkehr von diesem wird heute als sogenannte „**Positivismuslüge**" kritisiert. Denn der Beitrag der Justiz zum Nationalsozialismus erschöpfte sich keinesfalls in der Vollstreckung rassistischer Gesetze, sondern bestand auch und vor allem in einer ideologisch aktiven Ausnutzung von Auslegungsspielräumen. Letzteres entsprach auch Beiträgen des Schrifttums zur Theorie, Methodik und Dogmatik. Es sei daran erinnert, dass *C. Schmitt*[63] 1934 verkündete, dass „die Zeit des juristischen Positivismus zu Ende" sei und feststellte: „Von allen Seiten und auf allen Gebieten des Rechtslebens dringen sog. Generalklauseln in einem jede positivistische ‚Sicherheit' aufhebenden Umfang vor, unbestimmte Begriffe aller Art, Verweisungen auf außerrechtliche Maßstäbe und Vorstellungen, wie gute Sitten, Treu und Glauben, Zumutbarkeit und Nichtzumutbarkeit, wichtigen Grund usw." Indem diese auf das „Interesse des Volksganzen bezogen werden", könne sich „eine neue juristische Denkweise durchsetzen".

Zwischen dem **BGH** und dem **BVerfG** kam es in den 1950er Jahren zu einem regelrechten **Machtkampf um Deutungshoheiten**, dessen Hintergrund auch die unterschiedliche Sozialisation der jeweiligen Richterschaft war. Der BGH hatte seinerzeit die Praxis entwickelt, Gutachten zu verfassungsrechtlichen Fragen zu veröffentlichen. Das BVerfG erklärte diese Gutachtenpraxis für verfassungswidrig, was die Präsidenten der fünf Obersten Bundesgerichte in einer gemeinsamen Erklärung als rechtlich nicht bindendes „obiter dictum" relativierten. Der Gesetzgeber klärte den Streit, indem er die Gelegenheit für solche Gutachten (nämlich den Umweg der Weiterleitung von Richtervorlagen nach Art. 100 Abs. 1 GG) strich.

Geradezu pikant erscheint, dass es bei einem der Gutachten in der Sache um die Kontinuität von Beamtenverhältnissen nach dem Krieg ging. Der BGH[64] nahm die Kontinuität dieser Dienstverhältnisse an (zumal Argumente der Diskontinuität auch seine eigene Legitimation untergraben hätten), während der Erste Senat des BVerfG, dessen Mitglieder teilweise selbst von den Nationalsozialisten aus dem Staatsdienst verdrängt und durch regimetreue Personen ersetzt worden waren, 1953 feststellte, dass alle Beamtenverhältnisse am 8.5.1945 erloschen waren.[65] Dabei legt das BVerfG zu Grunde, dass die auf die Führertreue ausgerichteten Beamtenpflichten der NS-Zeit „weithin sogar mit innerer Zustimmung"[66] hingenommen worden seien. Am Rande sei erwähnt, dass dies insbesondere auch die verbeamteten Professoren des Öffentlichen Rechts unmittelbar betraf. Der Erste Senat ging damit auch zu ihnen auf Distanz – was zur anfänglichen Zurückhaltung der Rezeption ihrer Schriften durch das BVerfG passt.

Vor diesem Hintergrund eines geradezu konfrontativen Machtkampfes um Deutungshoheiten kann auch die extensive, **ins Privatrecht hineinwirkende Interpretation der Grundrechte** durch das BVerfG gedeutet werden. Es ging dabei um die sich allen Gerichten stellende Grundfrage, ob und wie vorkonstitutionelle Gesetze (insbesondere auch das BGB) neu zu interpretieren sind und auf welche Rechtsquellen die Konkretisierung ihrer Generalklauseln zu stützen ist. Nicht umstritten war dabei im Ergebnis die Notwendigkeit der Abkehr von nationalsozialistischen Konkretisierungen der Generalklauseln. Gegen einen Rückgriff auf die Materialien zum BGB sprach, dass

---

63 *C. Schmitt*, Über die drei Arten des rechtswissenschaftlichen Denkens, 1934, S. 58.
64 BGHZ 11, Anh. S. 2 ff.; vgl. entgegen BVerfGE 3, 58 auch noch BGHZ (GS) 13, 265.
65 BVerfGE 3, 58.
66 BVerfGE 3, 58, 119.

diese ihrerseits aus vordemokratischer Zeit stammten und z. T. nicht mehr zeitgemäß erschienen. Die Entwicklung der Grundrechte weist also auch **Bezüge zur Rechtsgeschichte** insgesamt einschließlich der Entwicklungen des Privatrechts auf. Soweit sich die Rechtsprechung insoweit bereits in der Weimarer Zeit gewandelt hatte, kamen sowohl eine Anknüpfung an diese als auch eine Neuinterpretation in Betracht. Streitig war vor allem, ob als Rechtsquellen einer solchen Neuinterpretation überpositive Maßstäbe oder aber die Grundrechte des Grundgesetzes heranzuziehen waren. An dieser Stelle ist klarzustellen, dass hierfür nicht nur die Alternative eines naturrechtlichen Ansatzes einerseits und die Annahme einer Ausstrahlungswirkung der Grundrechte ins Privatrecht andererseits in Betracht gezogen wurden. Vielmehr wurde das BVerfG unter dem Aspekt der Deutungshoheit über die Grundrechte gerade auch dadurch herausgefordert, dass auch der BGH (zur Gutachtenpraxis s. o.) sich in Fragen der Verfassungsinterpretation aktiv einbrachte, und vor allem dadurch, dass oberste Bundesgerichte (und insbesondere das Bundesarbeitsgericht) sogar eine direkte Drittwirkung der Grundrechte in Betracht zogen. Der Rückgriff auf überpositives Recht, eine direkte Drittwirkung der Grundrechte und die mittelbare Ausstrahlungswirkung der Grundrechte waren gleich drei mögliche Ansätze für Neubeginne in der Interpretation zivilrechtlicher Generalklauseln.

Festzuhalten bleibt: Das weite Verständnis der Grundrechtsdimensionen entwickelte sich im ersten Jahrzehnt der Rechtsprechung des BVerfG, als dieses neuartige Gericht im Gefüge der Gerichtsbarkeit und der Gewalten insgesamt seine Rolle erst finden und etablieren musste. Mit dem Lüth-Urteil hat das BVerfG seine Deutungshoheit über das Grundgesetz und dessen Ausstrahlung ins Privatrecht begründet.

c) Kontexte von Entscheidungen und Dekontextualisierung der Maßstäbe

21 An dieser Stelle soll am Beispiel des Lüth-Urteils der Sinn für die historische Kontextualisierung einzelner Judikate sensibilisiert werden. Auch wenn sich „große Linien" der Entwicklung von Rechtsprechung abzeichnen, sind es letztlich **Einzelfälle**, über die Gerichte zu entscheiden haben. Die Grundrechtsdogmatik ist auf die Verallgemeinerbarkeit von Rechtsprechung gerichtet und wird hierzu gegebenenfalls in Leitsätzen und maßstabsbildenden Passagen von Entscheidungen fündig. Wer Rechtsprechung als solche „verstehen" und ihrer Entstehung und Entwicklung auf den Grund gehen will, muss auch die entschiedenen Fälle und deren **historischen Kontext** in den Blick nehmen.

> Im Lüth-Urteil ging es um einen Zivilprozess. Klägerin war eine Filmproduktions-GmbH. Beklagter war *Erich Lüth*, der als Vorsitzender des Hamburger Presseclubs in einer Ansprache etwaige Filmverleiher sowie das Publikum zum Boykott eines von der Klägerin produzierten Films aufgerufen hatte. Das Landgericht Hamburg bewertete den Boykottaufruf – im Einklang mit der Rechtsprechung des Reichsgerichts – als sittenwidrige Schädigung i. S. d. § 826 BGB und verurteilte *Lüth* zum Unterlassen derartiger Äußerungen. Hierin sah *Lüth* eine Verletzung seiner Meinungsfreiheit und legte (ohne Erschöpfung des Rechtswegs) Verfassungsbeschwerde ein – mit Erfolg. Die historisch besonderen Umstände des Falls liegen in seiner gesellschaftspolitischen Dimension. *Lüth* gehörte zu den Personen, die sich nach dem Krieg aktiv in der Öffentlichkeit für die Völkerverständigung (insbesondere mit Israel und Frankreich) einsetzten. Sein Boykottaufruf erfolgte aus Protest gegen das Comeback des prominenten deutschen Filmregisseurs *Veit Harlan*, der mit Propagandafilmen während des Krieges ein Millionenpublikum erreicht hatte

– insbesondere auch mit dem antisemitischen Hetzfilm „Jud Süß" (1940). *Lüth* forderte, „Haltung" und „Charakter" zu zeigen durch eine demonstrative Distanzierung von diesem Erfolgsregisseur. An *Veit Harlan* entzündete sich damals geradezu exemplarisch die Frage der Mitverantwortung von Kulturschaffenden und die moralische Frage des Umgangs mit den ehemaligen Eliten des Nationalsozialismus. Einerseits gab es Kritik an *Harlans* Comeback auch im Deutschen Bundestag und im Schweizer Nationalrat. Demonstrationen vor Kinos in Deutschland und Österreich arteten z. T. in Ausschreitungen aus und führten zu Verlegungen von Filmpremieren. Andererseits hatte *Harlan* auch nach dem Krieg ein breites Publikum und genau hierauf reagierte der Boykottaufruf von *Lüth*, dem es um das Ansehen „des deutschen Filmes" als solchem ging. Dass sich an *Veit Harlan* „die Geister" schieden, hatte auch eine juristische Dimension: *Harlan* wurde für seine einstigen Propagandafilme nach dem Kriege wegen Beihilfe zu Verbrechen gegen die Menschlichkeit angeklagt und – von einem seinerseits durch seine nationalsozialistische Vergangenheit vorbelasteten Richter – freigesprochen. Der Freispruch wurde von Fans *Harlans* geradezu triumphierend gefeiert und strahlte auch rechtlich auf den Lüth-Prozess aus: Das Landgericht vertrat die Auffassung, dass es sittenwidrig sei, zum Boykott des doch freigesprochenen *Harlan* aufzurufen und dies mit dessen Schuld zu begründen. Während sich also das Strafrecht als „zahnlos" gegen *Harlan* erwiesen hatte, gelang es nunmehr, das Zivilrecht gegen seine Kritiker in Stellung zu bringen.

Die **Kontextualisierung** des Lüth-Urteils verdeutlicht: Dem BVerfG drängte sich in diesem Fall geradezu auf, in der Sache in aller Deutlichkeit für den Schutz der Meinungsfreiheit einzutreten und dabei die Rolle eines Verfassungsgerichtes auch im Sinne eines Korrektivs der ordentlichen Gerichtsbarkeit zu verstehen. Im Kontext des allgemeineren Kampfes um die Deutungshoheit über das Grundgesetz entschied das BVerfG, ohne dass der BGH auch nur die Gelegenheit gehabt hätte, sich zu diesem Fall zu verhalten. Die Entbehrlichkeit der Erschöpfung des Rechtsweges begründet das BVerfG nicht näher. Die grundsätzliche Bedeutung des Rechtsstreits und v. a. der in dem Fall getroffenen Entscheidung ist evident. Das Lüth-Urteil ist ein Machtwort aus besonderem Anlass – zugunsten der Grundrechte und zugunsten der eigenen Wächterrolle und Deutungshoheit des BVerfG.

Die Einordnung des Urteils als Markstein in der Entwicklung der Grundrechte stellt eine **Dekontextualisierung** dieser Entscheidung dar. Während Gerichtsentscheidungen primär Einzelfälle verbindlich entscheiden, haben obergerichtliche, höchstrichterliche und verfassungsgerichtliche Entscheidungen auch eine Orientierungswirkung für zukünftige Rechtsprechung. Das gilt vor allem für sogenannte Leitsätze, die auch den Senatsentscheidungen des BVerfG regelmäßig vorangestellt werden. Beim BVerfG kommt noch die in § 31 BVerfGG geregelte (und ihrerseits interpretationsbedürftige) **Bindungswirkung** aller Gerichte und Behörden hinzu. Außerdem eignen sich verfassungsgerichtliche Entscheidungen wegen der Allgemeinheit und wegen des Vorrangs der Verfassung in besonderer Weise dazu, die Rechtsordnung insgesamt zu prägen. Der Prozess der sogenannten Konstitutionalisierung ist deshalb die Folge vor allem der Rechtsprechung zum Verfassungsrecht.

Bei der Rechtsprechung des BVerfG wird dieser Effekt durch mehrere Faktoren verstärkt: Das BVerfG hat durch die schlichte Anzahl und Vielfalt der Verfahren (insbesondere der Verfassungsbeschwerden) die Gelegenheit, zu wichtigen Fragen in allen Bereichen des Rechts Maßstäbe zu setzen. Deren prägende Wirkung intensiviert das BVerfG dadurch, dass es seine Entscheidungen nicht nur sehr ausführlich begründet, sondern diese auch in auffallend „maßstabsetzender" Weise formuliert. Ganze Passagen der Entscheidungen des BVerfG behandeln in einem abstrakten „**Maßstäbeteil**"[67] generelle Fragen der Interpretation des Grundgesetzes und der allgemeinen Fortbildung verfassungsrechtlicher Maßstäbe. Solche Maßstäbe sind so allgemein formuliert, dass sie gar nicht mehr eines Transfers bedürfen, um sie auch in anderen Fallkonstellationen anzuwenden. Durch seinen Begründungsstil nimmt das BVerfG die Verallgemeinerung seiner Entscheidungen gleichsam vorweg. So findet sich im Maßstäbeteil des Lüth-Urteils[68] z. B. folgende Passage: „Der Einfluß grundrechtlicher Wertmaßstäbe (Anm.: also nicht nur des Art. 5 Abs. 1 GG) wird sich (Anm: im Futur mit Blick auf die Zukunft formuliert) vor allem (Anm.: also gegebenenfalls auch noch darüber hinaus) bei denjenigen Vorschriften des Privatrechts (Anm.: also nicht nur bei § 826 BGB) geltend machen, die zwingendes Recht enthalten (Anm.: also nicht nur bei gesetzlichen Ansprüchen des Deliktsrechts, sondern auch bei zwingenden Vorschriften, die im Vertragsrecht die Privatautonomie begrenzen)"[69]. Das BVerfG stellt auf dieser Grundlage ganz pragmatisch, und zwar ebenso allgemein wie deutlich, ein regelrechtes **Prüfungsprogramm** auf: „Der Richter hat kraft Verfassungsgebots zu prüfen, ob die von ihm anzuwendenden materiellen zivilrechtlichen Vorschriften in der beschriebenen Weise grundrechtlich beeinflußt sind; trifft das zu, dann hat er bei der Auslegung und Anwendung dieser Vorschriften die sich daraus ergebende Modifikation des Privatrechts zu beachten"[70]. Zum Nachlesen sowohl für Gerichte als auch für die potenziellen Beschwerdeführer und ihre Anwälte legt das BVerfG auch das eigene **Kontrollprogramm** offen: „Das Bundesverfassungsgericht hat zu prüfen, ob das ordentliche Gericht die Reichweite und Wirkkraft der Grundrechte im Gebiet des bürgerlichen Rechts zutreffend beurteilt hat."[71]

Das Lüth-Urteil hat damit nicht nur Maßstäbe der Meinungsfreiheit aufgestellt und hat nicht nur die Rechtsprechung zur speziellen Frage der Auslegung des § 826 BGB mit Blick auf Boykottaufrufe geprägt. Es begründet darüber hinaus die **allgemeine Annahme** einer sogenannten mittelbaren Drittwirkung der Grundrechte im Privatrecht. Diese erstreckt sich potenziell auf alle Grundrechte, auf jedes Rechtsverhältnis zwischen Privaten und auf die gesamte Zivilgerichtsbarkeit als dem größten Teil der Justiz. Was bezogen auf den Fall Lüth im Ergebnis kaum mehr Widerspruch erzeugen dürfte, ist in dieser Verallgemeinerung bis heute in der Rechtswissenschaft umstritten: Gegen diese Erstreckung spricht, dass im Privatrecht jede Grundrechtswirkung zugleich auch eine Begrenzung von Grundrechten Dritter darstellt. Außerdem werden die Vorzüge der Eigenrationalität der Entwicklung des Privatrechts im Zusammenspiel zwischen dem Gesetzgeber und den ordentlichen Gerichten in Frage gestellt. Das BVerfG erweitert durch diese Interpretation der Grundrechte nicht zuletzt seine eigene Machtstellung. Schließlich wird kritisiert, dass das BVerfG einen einzelnen Fall zum Anlass nimmt, so allgemeine und weitreichende Maßstäbe aufzustellen.

Das Lüth-Urteil ist ein gutes Beispiel dafür, dass das BVerfG ganz bewusst anlässlich bestimmter Fälle weitreichende Maßstäbe aufstellt. Verfehlt wäre die spekulative These, dass sich die Rechtsprechung ohne den Fall Lüth substantiell anders entwickelt hätte. Der Erste Senat hätte die gleichen Maßstäbe, deren Prämissen er sogar als

---

67 Eingehend: *Lepsius*, in: Jestaedt/Lepsius/Möllers/Schönberger, Das entgrenzte Gericht, 2011, S. 159 ff.
68 BVerfGE 7, 198, 203–212 unter II.
69 BVerfGE 7, 198, 206.
70 BVerfGE 7, 198, 206.
71 BVerfGE 7, 198, 207.

§ 2 Geschichte der Grundrechte und ihrer Interpretation

„selbstverständlich"[72] bezeichnet, auch bei Gelegenheit eines ganz anderen Falles aufstellen können. In Grundsatzentscheidungen treffen besondere Umstände eines Falles mit allgemeinen Umständen ihrer Zeit zusammen. Das BVerfG selbst verweist in späteren Entscheidungen ausschließlich auf die davon abstrahierten Maßstäbe. Im Laufe der Zeit entwickeln sich für den Maßstäbeteil regelrecht „Textbausteine", deren Kontinuität durch „Verweisungsketten" belegt wird.

Die abstrakten Passagen verfassungsgerichtlicher Entscheidungen, in denen Maßstäbe gesetzt oder modifiziert bzw. wiederholt werden, beeinflussen nicht nur die Grundrechtsdogmatik, sondern sind ein beträchtlicher und immer weiter ausgreifender Teil dieser Dogmatik. Kontextualisierung fordert, immer neu die Frage zu stellen, inwieweit solche allgemeinen Maßstäbe auch für **Einschränkungen** im atypischen Einzelfall und für zukünftige, gegebenenfalls auch verallgemeinerbare **Modifizierungen** offen sind. Gelegentlich, aber selten, kommt es zu expliziten **Änderungen** einer solchen Rechtsprechung.[73] Obwohl Dekontextualisierung in der Rechtsprechung des BVerfG selbst und in der dogmatischen Rechtswissenschaft angelegt ist, besteht ein nicht ausgeschöpftes Potential, die Kontextualisierung von Rechtsprechung für die Weiterentwicklung und Anwendung der Dogmatik fruchtbar zu machen. Die Unterscheidung von Fallkonstellationen ist zentraler Baustein einer problemorientierten Herangehensweise. Je größer die Bedeutung von Richterrecht wird, desto mehr lässt sich von den Methoden des „Distinguishing" im case law lernen. Das Lüth-Urteil liefert auch hierfür ein Beispiel: Die Bewertung heutiger Boykottaufrufe in sozialen Netzwerken wirft angesichts deren Radikalisierungs- und Schädigungspotentials die Frage auf, ob der Ausgleich der Interessen Privaten „zu rejustieren"[74] ist.

Die **Eigenrationalität der Rechtsprechung** speist sich nicht aus den Verfassungstheorien und auch nicht aus einer gesetzespositivistischen Deduktion, sondern aus der **fall- und problemorientierten Induktion**. Das gilt vor allem auch für den Interpretationsansatz des BVerfG. Um die Freiheits- und Gleichheitsinteressen möglichst umfassend und d. h. nicht nur in bestimmten Fallkonstellationen erfassen, d. h. grundrechtlich abbilden zu können, werden die ausdifferenzierten Maßstäbe der „Grundrechtsdogmatik" vielfach relativiert. Das betrifft sogar die allgemeinen Grundrechtslehren: Wenn spezielle Grundrechte nicht greifen, ist das Auffanggrundrecht zu prüfen. Wenn kein klassischer Eingriff vorliegt, wird ein Eingriff i. w. S. geprüft oder eine Schutzpflicht. Wenn ein Grundrecht keinen Gesetzesvorbehalt hat, sind verfassungsimmanente Schranken in Ansatz zu bringen. Die Entwicklung der Rechtsprechung tendiert dazu, auch die Ausprägungen der speziellen Dogmatik der Einzelgrundrechte zugunsten eines problemorientierten Einzelfalldenkens immer weiter zu relativieren. Wenige Beispiele seien auch aus den speziellen Grundrechtslehren genannt: Die im Apotheken-Urteil[75] 1958 entwickelte Dreistufentheorie zur Berufsfreiheit wurde inzwischen so vielfach modifiziert[76] und relativiert, dass ihre Maßstäblichkeit bezweifelt wird. Im Problemfall des Schächtens kommen die Religionsfreiheit und im Falle einer beruflichen Tätigkeit auch die Berufsfreiheit in Betracht, wobei letztere ein Deutschengrundrecht ist. Auf einen

---

72 BVerfGE 7, 198, 205.
73 Z. B. BVerfGE 70, 35, 53 bezüglich des verfassungsprozessrechtlichen Begriffs der unmittelbaren Grundrechtsbetroffenheit.
74 So *Marsch*, JZ 2021, 1129, 1135.
75 BVerfGE 7, 377, 400 ff. – Apotheken-Urteil.
76 Z. B. BVerfGE 33, 125, 161 – Facharzt; E 50, 290, 346 f. – Mitbestimmung; E 102, 197, 215 – Spielbankengesetz Baden-Württemberg.

türkischen Metzger ist dieses Deutschengrundrecht nicht anwendbar, was den Rückgriff auf das Auffanggrundrecht der allgemeinen Handlungsfreiheit ermöglicht. Das BVerfG[77] prüfte hier – ohne auf die Konsequenzen der Unterscheidung der Schranken einzugehen – „Art. 2 Abs. 1 i. V. m. Art. 4 Abs. 1 GG" und konzentrierte sich auf die Frage der Verhältnismäßigkeit. In der Corona-Pandemie erstreckte das BVerfG[78] zwar den Schutzbereich von Art. 2 Abs. 2 S. 2 GG in weiter Auslegung auch auf nächtliche Ausgangsbeschränkungen, zog daraus aber nicht die Konsequenz, dass eine solche Regelung gegen die als Verwaltungsvorbehalt konzipierte spezifische Schranke des Art. 2 Abs. 2 S. 3 GG verstößt. Differenzierungen der besonderen Grundrechtslehren werden zu Vorfragen für den Teil der Grundrechtsprüfung, der die Probleme einzelfallbezogen nicht nur aufgreift, sondern auch gewichtet: Die Prüfung der Verhältnismäßigkeit kann als Inbegriff der fall- und problemorientierten Herangehensweise an eine rechtliche Bewertung gelten. Hier liegt regelmäßig auch in der Fallbearbeitung der Schwerpunkt.

Die Rechtsprechung des BVerfG lässt sich nur erfassen, wenn die abstrahierende, **systembildende Maßstabsetzung** einerseits und das fallbezogene, **problemorientierte Denken** andererseits zusammengedacht werden. Sie sind aufeinander bezogen, indem die Maßstabsetzung im Ansatz deduktiv ist, aber durch induktiv begründete Modifizierungen relativiert wird. Letzteres findet zunehmend statt, zumal die sich immer weiter verdichtenden und gelegentlich auch veraltenden Maßstäbe immer häufiger Anlass geben, relativiert zu werden. Die Kombination aus Systembildung und Problemdenken spiegelt sich auch in der Zusammensetzung der Richterschaft des BVerfG, die vor allem aus der akademischen Welt einerseits und aus der Justiz andererseits rekrutiert wird. Die habilitierten Richterinnen und Richter mögen dazu neigen, verfassungsrechtliche Maßstäbe nicht nur zu formulieren, sondern diese auch systematisch zu begründen und einzuordnen. Ihr Denken und Schreiben ist dadurch geprägt, dass sie durch den wissenschaftlichen Diskurs beruflich sozialisiert sind. Wissenschaftliche Arbeit ist darauf gerichtet, verallgemeinerbare, weiterführende und neue Erkenntnisse zu produzieren. In Grundsatzentscheidungen gibt es Passagen, die sich wie wissenschaftliche Abhandlungen lesen und die als **dogmatisch innovativ** gelten können.

Um einen Eindruck vom „innovativen" Charakter der Entwicklung der Grundrechts-Rechtsprechung zu geben, seien hier nur wenige Entscheidungen exemplarisch genannt. Dazu gehört, dass das BVerfG **neue Grundrechte** „erfunden" hat, namentlich das Grundrecht auf Informationelle Selbstbestimmung (1983)[79], das Grundrecht auf Vertraulichkeit und Integrität informationstechnischer Systeme (2008)[80] sowie ein Grundrecht auf schulische Bildung (2021)[81]. Weiterführend ist auch die Erweiterung der Zurechnungsdogmatik um die Dimension eines intertemporalen Eingriffs (2021)[82]. Bei der Erstreckung des Begriffs der Grundrechte i. S. d. Verfassungsbeschwerde auf die Grundrechte der GRCh der EU und bei der Eingrenzung der Fallkonstellationen, in denen dies relevant wird (2019),[83] geht es nicht nur um innovative Systembildung, sondern einmal mehr um einen Kampf um Deutungshoheiten – hier nicht gegenüber dem BGH, sondern gegenüber dem EuGH.

---

77 BVerfGE 104, 337 – Schächten.
78 BVerfG, Beschluss v. 19.11.2021 – 1 BvR 981/21 – Bundesnotbremse I.
79 BVerfGE 65, 1 – Volkszählung.
80 BVerfGE 120, 274 – Online-Durchsuchung.
81 BVerfG, Beschluss v. 19.11.2021 – 1 BvR 971/21 – Bundesnotbremse II.
82 BVerfGE 157, 30 – Klimaschutz.
83 BVerfGE 152, 216 – Recht auf Vergessen II.

d) Wissenschaftliche Reflexion der Rechtsprechung

In diesem kurzen Abriss der Grundrechtsentwicklung sollen die Entwicklungsstationen auch zueinander in ein Verhältnis gesetzt werden. Gemeinsamkeiten und Unterschiede zwischen den Stationen zu suchen, beruht nicht auf einem Geschichtsbild, wonach sich jede Entwicklungsstation gleichsam evolutiv aus der vorangegangenen entwickelt hätte. Aber einzelne Ansätze begegnen uns in verschiedenen Phasen der Entwicklung immer wieder. Eine historische Reflexion der Rechtsprechung des BVerfG kann deutlich machen, dass sich das deutsche Verfassungsrecht in seiner heute herrschenden Interpretation wie eine Collage aus konträren Ansätzen darstellt. Aus der **Verfassungs- und Grundrechtstheorie** und aus der kontroversen Debatte über sie in den 1920er Jahren lässt sich bis heute Honig saugen. Auch wenn die Rechtsprechung des BVerfG aus ihrer Eigenrationalität heraus begriffen werden sollte, bleiben Ansätze der Verfassungstheorie eine geeignete Basis für deren **kritische Reflexion**. Je weiter die Rechtsprechung die Grundrechte in extensiver Weise zur Entfaltung bringt, umso mehr bieten sich für deren Kritik die Theorien von *Kelsen* und *C. Schmitt* als Ansätze einer restriktiven Interpretation an. Während sich einst *Kelsen* und *C. Schmitt* aneinander und an *Smend* abgearbeitet haben, lohnt heute eine fortgesetzte Gegenüberstellung ihrer Ansätze mit der Rechtsprechung des BVerfG, die zwar in mancherlei Hinsicht Ansätzen *Smends* entspricht oder ähnelt, sich darin aber bei weitem nicht erschöpft. Auch die **Weiterentwicklung der Grundrechtslehren** war und ist ein Thema der deutschen Staatsrechtslehre.

Einerseits sind hier solche Lehren zu nennen, die – wie *Smend* und das BVerfG – die Grundrechte nicht als reine Abwehrrechte verstehen, sondern sowohl ihre Schutzbereiche als auch ihre Schutzdimensionen weit verstehen und gegebenenfalls dynamisch interpretieren und die Abwägung grundrechtlicher Interessen konsequent als zentrale Frage begreifen, die als Frage des Verfassungsrechts zu verhandeln ist. Erwähnt sei an dieser Stelle *Konrad Hesse*, der sich bei *Smend* habilitierte und der den grundrechtlichen Interessenausgleich auf das Stichwort „**praktische Konkordanz**" gebracht und dieses als Richter des Ersten Senats auch in die Rechtsprechung des BVerfG eingebracht hat. Nach *Peter Häberle* ist sogar der **Wesensgehalt** i. S. d. Art. 19 Abs. 2 GG nicht absolut, sondern relativ zu verstehen, weil das Wesen der Grundrechte in ihrer Eigenschaft als Abwägungsgebote liegt.[84] Die Grundrechtsbindung des Staates richtet sich danach nicht nur gegen Eingriffe, sondern auch auf den Schutz und die Ausgestaltung der Grundrechte und auf die Ermöglichung autonomer Lebensgestaltung. **Grundrechte als Prinzipien** (*Robert Alexy*)[85] werden im Kollisionsfall relativiert, um das Grundrechtsniveau insgesamt zu optimieren. Diese Ansätze stellen das Grundverständnis der Grundrechte durch die Rechtsprechung nicht fundamental in Frage, sondern rekonstruieren es. Auf der Basis dieser Ansätze geht es darum, die Funktionen der Grundrechte in ihrer Vielfalt sowie Methoden der Abwägung auszudifferenzieren und auch die funktionalen Grenzen der Grundrechte und der Verfassungsgerichtsbarkeit zu bestimmen. Auch dieses Lehrbuch stellt diese Fragestellungen in den Vordergrund. Die praktische Konsequenz besteht darin, dass die Abgrenzung zwischen einfachrechtlichen und spezifisch verfassungsrechtlichen Fragen und oft erst die zu begrenzende Kontrolldichte von Abwägungsmaßstäben über das Ergebnis entscheiden.

---

84 Grundlegend *Häberle*, Die Wesensgehaltgarantie des Art. 19 II GG (1962), 3. Aufl. 1983: Deklaratorische und institutionelle Bedeutung des Art. 19 Abs. 2 GG.
85 *Alexy*, Theorie der Grundrechte (1985), 2. Aufl. 1994; *Borowski*, Grundrechte als Prinzipien, 3. Aufl. 2018.

Andererseits sind die Lehren zu nennen, die – wie schon *Schmitt* und in einer positivistischen Variante seines Ansatzes *Ernst Forsthoff* und aus anderem Blickwinkel auch *Kelsen* – ein restriktiveres Grundrechtsverständnis fordern. Solche Lehren erheben grundlegende Einwände gegen politische Funktionen der Grundrechte, gegen Leistungsrechte, gegen Schutzpflichten und gegen Drittwirkungen der Grundrechte zwischen Privaten und sie vereint eine **Abwägungsskepsis**[86]. Ihre Kritik an der Rechtsprechung ist entsprechend fundamentaler. Sie zielt in Details darauf, Schutzbereiche der Grundrechte statisch und eng auszulegen, um die insoweit bestimmten **Mindestgehalte** als dem Staat entzogene Privatsphären **abwägungsfrei** zu halten und Eingriffe nur auf deren Geeignetheit und Erforderlichkeit zu überprüfen.

Für die praktische Frage der Anwendung der Grundrechte im Einzelfall und d. h. für die Fallbearbeitung folgt daraus: Auch in der Reflexion der Rechtsprechung des BVerfG ist im Detail die **Reichweite der Grundrechte** immer wieder neu zu bestimmen. Das gilt für die Auslegung der Schutzbereiche, für die Zurechnung von Grundrechtsbeeinträchtigungen und auch für die verfassungsrechtlichen Maßgaben des Ausgleichs der Interessen. Hierher gehört auch die Frage, ob durch die **kumulative Entfaltung** verschiedener Grundrechtsdimensionen (Freiheit/Gleichheit sowie Abwehrrecht/Schutzpflicht/Leistung sowie nationale und europäische Gewährleistungen) die Spielräume des Gesetzgebers, der Exekutive und der Fachgerichte insgesamt in bedenklicher Weise verkleinert werden. Dem kann nicht nur durch eine radikale Kehrtwende im Verständnis der Grundrechte, sondern auch durch punktuelle und graduelle **Beschränkungen der Kontrolldichte** verfassungsgerichtlicher Überprüfung Rechnung getragen werden. Im Gutachten der Fallbearbeitung geht es darum, jeweils auch Argumente für eine restriktive Sichtweise zu entfalten. Auch auf den Pfaden der Rechtsprechung kommen Ausdifferenzierungen und Modifizierungen eines im Grundsatz weiten Grundrechtsverständnisses in Betracht, um als „vermittelnde Lösungen" die Bedenken der restriktiveren Ansätze aufgreifen zu können. Letztere haben durchaus praktische Relevanz, auch wenn sie der Rechtsprechung grundsätzlich ferner stehen. Noch einmal ist zu betonen, dass das BVerfG keiner Theorie folgt, sondern einem problemorientierten Ansatz, der im Einzelfall offen ist für eine große Vielfalt von Argumenten.

9. Die EMRK und die Entwicklung der Rechtsprechung des EGMR

23 Die **Europäische „Konvention zum Schutze der Menschenrechte und Grundfreiheiten"** (EMRK) des Europarates vom 4.11.1950 (→ Rn. 66 ff.) und die Rechtsprechung des Europäischen Gerichtshofs für Menschenrechte (EGMR) in Straßburg stellen einen weiteren, essentiellen Baustein der hier zu erzählenden Entwicklung der Grundrechte dar. Denn heute werden die Grundrechte des Grundgesetzes im Lichte der EMRK ausgelegt, wobei die sich ihrerseits dynamisch entwickelnde Rechtsprechung des EGMR zu berücksichtigen ist.

Die EMRK ist in unmittelbarer zeitlicher Nähe zum Grundgesetz entstanden und beide Rechtsquellen reagieren auf den Zweiten Weltkrieg und die Schreckensherrschaft des Nationalsozialismus. Dennoch ist ihr Rechtscharakter wesensverschieden: Während das Grundgesetz – ungeachtet seiner Entstehung in einem geteilten Land und seines ursprünglichen Provisoriumscharakters – eine auf staatliche Herrschaft bezogene Ver-

---

[86] *Schlink*, Abwägung im Verfassungsrecht, 1976; zu den Konsequenzen auch: *Kingreen/Poscher*, Grundrechte, 37. Aufl., Rn. 406 ff.; *Poscher*, Grundrechte als Abwehrrechte, 2003.

fassung ist, handelt es sich bei der EMRK um einen **völkerrechtlichen Vertrag** zwischen Staaten. Die völkerrechtliche Gewährleistung von Menschenrechten greift die Idee **überstaatlicher, natürlicher Rechte** auf. Souveräne Staaten, deren souveräne Völker sich gegebenenfalls eine Verfassung geben, die ihrerseits Grundrechte gewährleistet, binden sich an einen völkerrechtlichen **Mindeststandard der Menschenrechte**.

Dass auch die EMRK eine historische Antwort auf schwerste Menschenrechtsverletzungen gibt und dass sie noch mehr als das GG an die Idee natürlicher Rechte des Menschen anknüpft, spräche dafür, sie restriktiv als einen rein abwehrrechtlichen Mindeststandard zu interpretieren, der nur gegen besonders schwerwiegende Verletzungen von Freiheit und Gleichheit relevant wird. Lange wurde angenommen, die EMRK werde in Deutschland deshalb kaum je praktisch relevant, weil der deutsche Grundrechtsstandard den europäischen Mindeststandard stets übertreffen würde. Würden die EMRK restriktiv und das GG extensiv interpretiert, käme es kaum je zu Kollisionen zwischen ihren Normen. So paradox es klingt: Je mehr sich die Interpretation der EMRK und des GG konzeptionell ähneln und einander annähern, indem sie beide auf einen **umfassenderen Schutz** ausgerichtet werden, desto mehr entsteht „Kollisionspotential". Das gilt vor allem für die Anerkennung von Schutzpflichten und Drittwirkungen der Grundrechte: In Konstellationen, in denen mehrere Grundrechtsinteressen gegeneinander abzuwägen sind, kann die Lösung nämlich nicht darin liegen, dass sich das jeweils „höhere" Schutzniveau durchsetzt. Denn der stärkere Schutz des einen Grundrechts (z. B. der Pressefreiheit) geht zulasten des Schutzes eines anderen Grundrechts (z. B. des Schutzes der Privatsphäre von Prominenten, über die die Presse berichtet).

Wieder sei die Frage aufgeworfen, wie es dazu gekommen ist, dass auch die EMRK extensiv interpretiert wird. Warum hat sie nicht nur abwehrrechtlich gegen staatliche Eingriffe, sondern auch im Privatrecht Bedeutung erlangt? Eine mögliche Erklärung hierfür liegt in einer weiteren Parallele zum deutschen Grundrechtsschutz: So wie in der Schaffung des BVerfG und der Verfassungsbeschwerde der Schlüssel der Grundrechtsinterpretation zu suchen ist, so hat für die Interpretation der EMRK die **Schaffung des EGMR (Straßburg)** und der **Individualbeschwerde nach Art. 34 EMRK** ausschlaggebende Bedeutung.

Die Schaffung des EGMR und der Individualbeschwerde waren dabei noch weniger selbstverständlich als die Schaffung des BVerfG und der Verfassungsbeschwerde: Das Völkervertragsrecht beruht auf der Prämisse, dass Staaten souverän sind. D. h. Staaten sind frei, ob sie sich völkervertragsrechtlichen Pflichten unterwerfen und inwieweit sie ihre staatliche Souveränität relativieren. Besonders stark wirkt diese Relativierung, wenn sich Staaten einer internationalen Gerichtsbarkeit unterwerfen. Der EGMR wurde 1959 mit Sitz in Straßburg gegründet. Nach seiner ursprünglichen Konzeption wurde er aber nur in Fällen tätig, die ihm von einer Kommission zugewiesen wurden. Erst seit dem Inkrafttreten des **11. Zusatzprotokolls 1998**, mit dem die Art. 19 ff. EMRK grundlegend revidiert wurden, ist der EGMR ein **ständig tagender Gerichtshof**. Seither ist es möglich, dass Beschwerdeführer nach Erschöpfung des nationalen Rechtswegs direkt beim EGMR eine Individualbeschwerde nach Art. 34 EMRK erheben.

Inzwischen ist die Individualbeschwerde zum EGMR zu einer in der Rechtspraxis allgegenwärtigen „Option" geworden. Dadurch ist auch die Bindung aller nationalen Gerichte an die EMRK zu einer rechtspraktischen Fragestellung geworden. Insoweit ist die Funktion der Individualbeschwerde zum EGMR durchaus mit derjenigen der Verfassungsbeschwerde zum BVerfG zu vergleichen. Weil die Individualbeschwerde zum EGMR voraussetzt, dass Beschwerdeführer auch von der Möglichkeit der Verfassungsbeschwerde Gebrauch gemacht haben, sind gerade auch grundrechtliche Entscheidungen des BVerfG potenzielle Gegenstände von Verfahren vor dem EGMR. Es ist also denkbar, dass ein Hoheitsakt, den das BVerfG für vereinbar mit dem GG gehalten hat, vom EGMR als Verstoß gegen die EMRK bewertet wird.

Die Schaffung von Gerichten, die sich ganz **spezifisch mit grund- bzw. menschenrechtlichen Fragen** auseinandersetzen, hat Folgen für die Interpretation der Grundrechte: Gerade die Beschränkung der Kompetenz bzw. des Prüfungsmaßstabes eines Gerichtes schafft dem Gericht Anreize, durch die weite Auslegung gerade dieser Maßstäbe auch die eigene Kompetenz zu erweitern. Das BVerfG betont in seiner Rechtsprechung, dass einfachrechtliche Fragen nicht in seine Kompetenz fallen und dass es keine Superrevisionsinstanz sei, sondern nur Verletzungen spezifischen Verfassungsrechts prüfe. Dadurch, dass das BVerfG aber eine **Ausstrahlungswirkung** der Grundrechte auf das einfache Recht annimmt, werden doch auch einfachrechtliche Fragen im Bereich des Zivilrechts, des Verwaltungsrechts und des Strafrechts unter diesem Blickwinkel zu verfassungsrechtlichen Fragen. Für den EGMR gibt es einen hierzu parallelen Effekt: Der EGMR hat nicht die Kompetenz, nationales Recht zu interpretieren (weder einfaches Recht noch Verfassungsrecht). Er ist darauf beschränkt, Fälle unter dem Blickwinkel der Verletzung der völkerrechtlichen Maßstäbe der EMRK zu bewerten. Indem der EGMR diese Maßstäbe weit auslegt, so dass die EMRK in allen Rechtsverhältnissen einschließlich des Zivilrechts Bedeutung entfaltet, kann er sich in der Sache zu vielfältigen Interessenkonflikten verhalten, deren Lösung letztlich (auch) Fragen des nationalen Rechts sind.

Diese jeweils durch extensive Interpretation der Maßstäbe selbstgeschaffene Option des BVerfG und des EGMR, sich zu Interessenkollisionen in verschiedensten Rechtsbereichen verhalten zu können, löst einen Kampf um **Deutungshoheiten** zwischen Gerichten aus. Dieser Wettbewerb wird mit dem Hinzutreten des EGMR erweitert durch ein Gericht, das für die Auslegung der EMRK seinerseits die Letztentscheidungskompetenz beanspruchen kann. Gäbe es zwar die EMRK, aber nicht den EGMR, dann läge es denkbar fern, dass nationale Gerichte in die EMRK etwas durch Interpretation hineinlesen, das sie nicht so auch in die Grundrechte des GG hineinlesen würden. Eine eigenständige Bedeutung für die Grundrechtsentwicklung hat die EMRK erst durch die **Rechtsprechung des EGMR** erlangt. Normkonflikte zwischen der EMRK und dem nationalen Recht entstehen erst durch abweichende Rechtsprechung. Die Gerichte müssen also mit ihrer Rechtsprechung nicht nur Normen interpretieren und anwenden. Sie müssen auch die anzuwendenden Maßstäbe verschiedener Ebenen in ein Verhältnis zueinander bringen. Und dabei müssen sie ihre eigene Rolle im Verhältnis zu anderen Gerichten bestimmen.

Mit der gewachsenen Bedeutung dieser Gerichte und ihrer Machtfülle verbunden ist eine gewisse **Machtbalance** zwischen ihnen. Diese Gewaltenteilung innerhalb der Justiz wirkt einerseits **machtbeschränkend**. Gerichte kontrollieren Gerichte im Hinblick darauf, ob ihre Entwicklung, Auslegung und Anwendung rechtlicher Maßstäbe rational nachvollziehbar ist. Anders gesagt: Die Begründungen der Entscheidungen des BVerfG werden gegebenenfalls auch mit Blick darauf formuliert, den EGMR zu überzeugen und umgekehrt. Andererseits **wächst** dadurch die Macht der Gerichte insgesamt. Denn indem diese gegebenenfalls wechselseitig aufeinander verweisen, erhöhen sie die Plausibilität und Akzeptanz ihrer Maßstabsetzung. Dadurch beeinflussen sie die Rechtsentwicklung im Zusammenwirken umso stärker. Das BVerfG gründet vermehrt die Legitimität seiner eigenen, dynamischen Verfassungsinterpretation ergänzend auf die parallele Rechtsprechung des EGMR. Genauso beeinflusst die Rechtsprechung des BVerfG und der anderen nationalen Verfassungsgerichte den EGMR. Das verstärkt die Eigenrationalität der Rechtsprechung und deren Bedeutung für die weitere Grundrechtsentwicklung auch mit Blick auf die Zukunft. Schließlich erhält die Rechtsprechung durch den EGMR unter dem Aspekt der Verteilung der Gewalten insgesamt noch mehr Gewicht: So hat z. B. der deutsche Gesetzgeber erfahren müssen, dass seine Regelungen zur Sicherungsverwahrung zwar der Kontrolle durch das BVerfG zunächst standgehalten haben, dann aber vom EGMR als Verstoß gegen die EMRK gewertet wurden, woraufhin das BVerfG sich im Ergebnis der noch strengeren Rechtsprechung des EGMR angeschlossen hat.

Insgesamt lässt sich deshalb sagen, dass die Rechtsprechung des EGMR bewirkt hat, dass die allgegenwärtige **Bedeutung der Grundrechte**, die durch die Rechtsprechung des BVerfG begründet wurde, noch weiter **verstärkt** wurde. Außerdem tendiert die Grundrechtsentwicklung dadurch zu einer **Europäisierung** von Grundrechtsstandards. Diese zeigt sich an wechselseitigen Annäherungen, wobei das BVerfG in dieser Entwicklung sowohl Ansätze des EGMR aufgreift als auch selbst Impulse setzt.

10. Die Grundrechte des Europäischen Unionsrechts

Teil dieses Prozesses der Europäisierung von Grundrechtsstandards sind auch die **Grundrechte der Europäischen Union** und die Rechtsprechung des **EuGH** (Luxemburg), d. h. des Gerichtshofes der Europäischen Union[87]. Inzwischen ist es so, dass das BVerfG bei Fragen der Auslegung des Grundgesetzes neben der EMRK auch die unionsrechtliche Grundrechtecharta (GRCh) und neben der Rechtsprechung des EGMR auch die Rechtsprechung des EuGH heranzieht. Es handelt sich um Rechtserkenntnisquellen für die Interpretation des Grundgesetzes. Das BVerfG selbst bezeichnete sein Verhältnis zum EuGH als „Kooperationsverhältnis"[88].

24

Der Blick auf die historische Entwicklung der EU-Grundrechte zeigt deutliche Unterschiede zur EMRK: Zwar handelt es sich auch beim Unionsrecht im Ursprung um Völkerrecht. Aber für die EU wurden Organe geschaffen (nicht nur ein Gerichtshof), die sogar in den Mitgliedstaaten unmittelbar geltendes Recht setzen können. Das Unionsrecht einschließlich dieses „Sekundärrechts" beansprucht sogar den Vorrang vor nationalem Recht. Die EU ist eine **supranationale Gemeinschaft**, der – beginnend mit der Gründung der Europäischen Gemeinschaften in den Römischen Verträgen – in einem schrittweisen Integrationsprozess bedeutende Kompetenzen eingeräumt wurden.

Mit Bezug auf die Grundrechte stellt sich im Vergleich zur EMRK die geradezu entgegengesetzte Frage: Während mit der EMRK zusätzliche Maßstäbe der Freiheit und Gleichheit geschaffen wurden, an denen eine ohnehin bestehende staatliche Herrschaftsgewalt zu messen ist, wurde mit den Europäischen Gemeinschaften und der heutigen EU neue Hoheitsgewalt geschaffen, ohne zugleich für deren Ausübung eine Grundrechtsbindung zu regeln. Das europäische Primärrecht in der Fassung der Gründungsverträge („Römische Verträge") wurde in den 1950er Jahren **zunächst** ohne

---

[87] Bis zum Inkrafttreten des Lissabon-Vertrags am 1.12.2009: Gerichtshof der Europäischen Gemeinschaft.
[88] BVerfGE 89, 155, 175 – Maastricht.

Grundrechte konzipiert. Dass es zur Entwicklung eines i. e. S. europarechtlichen Grundrechtsschutzes kam, ist der **Rechtsprechung** des EuGH zu verdanken. Diese wiederum wurde angetrieben durch verfassungsrechtliche Bedenken nationaler Verfassungsgerichte gegen die Konsequenzen der europäischen Integration, namentlich der italienischen Corte Costituzionale[89] und des BVerfG[90] in den 1970er Jahren. Nationale Gerichte behielten sich nämlich vor, bei einem „Grundrechtsausfall" des europäischen Rechts den Vorrang des Unionsrechts zu begrenzen und europäische Rechtsakte bzw. deren Umsetzung in den Mitgliedstaaten an den nationalen Grundrechten zu messen. Den Impuls für die Rechtsprechung des EuGH zu den Grundrechten gaben also weder der Text des Primärrechts noch politische Signale aus den Mitgliedstaaten, sondern die Rechtsprechung nationaler Gerichte. Der EuGH war es, der die primärrechtliche Lücke schloss. Die Politik folgte dieser Entwicklung mit Zeitverzögerung. Erst 2000 wurde diese Rechtsprechung auf den Text der Grundrechtecharta gebracht. Mit dem Inkrafttreten des Vertrags von Lissabon am 1.12.2009 gilt der geschriebene Grundrechtskatalog der **Grundrechtecharta** nach Art. 6 Abs. 1 EUV gleichrangig mit dem sonstigen Primärrecht der Verträge.

Hier zeigt sich ein für die Grundrechtsentwicklung insgesamt bemerkenswertes Verhältnis zwischen Grundrechtstexten und Grundrechts-Rechtsprechung: Während die „geschriebenen" Grundrechte praktisch so gelten, wie sie von den Gerichten ausgelegt werden[91], folgt der Text der GRCh seinerseits Ansätzen der Rechtsprechung des EuGH,[92] der die Grundrechte innovativ und induktiv als ungeschriebene „allgemeine Rechtsgrundsätze" entwickelt hatte. Als Rechtserkenntnisquellen hierfür dienten dem EuGH wiederum die „**gemeinsamen Verfassungsüberlieferungen** der Mitgliedstaaten". Deren gemeinsamen Nenner entwickelte der EuGH mit vergleichsweise grobem Pinselstrich. Die Konsensrhetorik wird gerne als „wertende Rechtsvergleichung" bezeichnet. An dieser Stelle ist auch zu erwähnen, dass die Begründungen der Entscheidungen des EuGH im Vergleich zu denen deutscher Gerichte und insbesondere des BVerfG viel knapper ausfallen. Statt Einzelheiten nationalen Verfassungsrechts zu zitieren, geschweige denn differenziert zu behandeln, zog der EuGH[93] parallel auch die „internationalen Verträge über den Schutz der Menschenrechte" und insbesondere die EMRK und die Rechtsprechung des EGMR als Rechtserkenntnisquellen heran. Dafür sprach, dass alle Mitgliedstaaten der EU zugleich auch zum größeren Kreis der Vertragsstaaten der EMRK gehören, während die EU selbst bis heute nicht der EMRK beigetreten ist (was vom EuGH sogar verhindert wurde). Die Entwicklung der EU-Grundrechte aus diesen Rechtserkenntnisquellen greift wiederum Art. 52 Abs. 4 GRCh explizit auf: „Soweit in dieser Charta Grundrechte anerkannt werden, wie sie sich aus den gemeinsamen Verfassungsüberlieferungen der Mitgliedstaaten ergeben, werden sie im Einklang mit diesen Überlieferungen ausgelegt." Nach Art. 52 Abs. 3 GRCh ist das Schutzniveau der EMRK sogar verbindlicher Mindeststandard für die Auslegung entsprechender Vorschriften der GRCh.

Auch am Beispiel der EU-Grundrechte bestätigt sich somit noch einmal, dass weniger die Schaffung von Grundrechtskatalogen – sei es durch Verfassunggebung oder durch völkerrechtliche Verträge –, sondern vor allem die **Maßstabsetzung durch Gerichte**

---

89 Corte Costituzionale, EuR 9 (1974), 255 (Urt. V. 18.12.1973).
90 BVerfGE 37, 271, 285 – Solange I.
91 *Smend*, Staatsrechtliche Abhandlungen, 4. Aufl., S. 581, 582.
92 EuGH, Rs. C-4/73 (Nold/Kommission), Slg. 1974, 491, Rn. 13 f.
93 EuGH, Rs. C-4/73 (Nold/Kommission), Slg. 1974, 491, Rn. 13 f.

ausschlaggebend für die Entwicklung der Grundrechte ist. Die Schaffung von Gerichten, ihre Organisation, die Regelung ihrer Zuständigkeiten und ihres Verfahrens stellen die Weichen der Grundrechtsentwicklung.

So bemerkenswert es ist, dass der EuGH Grundrechte zunächst ganz ohne eine Grundlage im Primärrecht entwickelt hat, ist sein Beitrag zur Grundrechtsentwicklung im Vergleich zum BVerfG und zum EGMR eher punktueller Natur. Daran hat sich auch nach Schaffung der GRCh grundsätzlich nichts geändert. Das ist damit zu erklären, dass der **EuGH** von seiner Funktion her **kein spezifisches Verfassungsgericht** ist und dass seine Aufgaben und Zuständigkeiten nicht auf den Schutz von Menschen- und Grundrechten beschränkt sind. Weder gibt es ein speziell auf die Verletzung von Grundrechten bezogenes Verfahren einer Grundrechtsbeschwerde, das der Individualbeschwerde zum EGMR oder der Verfassungsbeschwerde zum BVerfG entspräche, noch ist der EuGH in seinem Prüfungsprogramm auf verfassungsrechtliche Maßstäbe begrenzt. Der EuGH ähnelt weniger einem Verfassungsgericht wie dem BVerfG, sondern mehr der Konzeption des amerikanischen Supreme Courts, der nicht nur, aber gegebenenfalls auch für grundrechtliche Fragen zuständig ist. Wenn ein vom EuGH zu entscheidender Fall **unionsrechtliche Fragen von Freiheit und Gleichheit** aufwirft, bieten sich dem EuGH regelmäßig **Anknüpfungspunkte** nicht nur in den Grundrechten, sondern auch und vor allem **im Sekundärrecht** oder in der Interpretation der sogenannten **Binnenmarktfreiheiten**. Der EuGH kann viele solcher Probleme durch Anwendung dieser Maßstäbe und d. h. ohne Rückgriff auf die Grundrechte lösen. Das entspricht auch dem schon erwähnten knappen Begründungsstil des EuGH. Auch um den Vorrang des Unionsrechts vor dem nationalen Recht zu begründen, muss der EuGH nicht auf die Grundrechte zurückgreifen: Denn auch das Sekundärrecht beansprucht Vorrang vor nationalem Recht. Hierin liegt auch ein wesentlicher Unterschied zur EMRK und zu der Perspektive, die der EGMR auf die Grundrechte wirft.

Im Vergleich zum EuGH sind der EGMR und das BVerfG nicht zuletzt wegen der Begrenzung ihres Prüfungsmaßstabes eher geneigt, grundsätzliche Probleme der Freiheit und Gleichheit als spezifische Fragen der Grund- und Menschenrechte zu verhandeln, um sich überhaupt zu ihnen verhalten zu können. Über Interessenkonflikte zwischen Privaten können diese Gerichte nur dann und insoweit zur Sache entscheiden, als sie in die Grundrechte auch drittwirkende Schutzdimensionen hineingelesen haben. Das wird z. B. relevant, wenn die Privatautonomie in einer Situation struktureller Unterlegenheit eines Vertragspartners in faktische Fremdbestimmung[94] umschlägt. Der EuGH ist mit solchen Konstellationen zwar häufiger befasst als das BVerfG und der EGMR, kann entsprechenden Schutzbedürfnissen jedoch regelmäßig auf der Grundlage sekundärrechtlicher Regelungen des Verbraucherschutzes, des Datenschutzes und des Antidiskriminierungsrechts Rechnung tragen. Für die Grundrechtsentwicklung insgesamt könnte das bedeuten, dass die vom BVerfG im Lüth-Urteil eingeforderte Ausstrahlungswirkung der Grundrechte ins Privatrecht zurückgespiegelt wird. Die Interpretation des Sekundärrechts (und auch seiner Umsetzungen in nationales Recht) könnte die Interpretation der Grundrechte beeinflussen.

Schließlich sei an dieser Stelle kurz die wechselvolle **Geschichte der Rechtsprechung zum Mehrebenenproblem**, d. h. zu den Fragen des Verhältnisses der Grundrechte des GG zu den Unionsgrundrechten, nacherzählt. Das BVerfG gehörte zu den Ge-

---

[94] BVerfGE 89, 214, 232 – Bürgschaftsverträge.

richten, die ein Grundrechtsdefizit des damaligen europäischen Gemeinschaftsrechts als Problem ausmachten und damit einen Impuls für die lückenschließende Grundrechtsrechtsprechung des EuGH gaben. In der Erkenntnis der damaligen Lücke lag eine bemerkenswerte Bekräftigung einer Kernidee des Verfassungsstaates in der Tradition *John Lockes* und der Menschenrechtserklärung von 1789: Jede Ausübung von Herrschaftsgewalt sollte an Grundrechte gebunden sein. Für die Ausübung deutscher Staatsgewalt ist dies in Art. 1 Abs. 3 GG unmissverständlich geregelt. Für die Wirkungen europäischer Herrschaftsgewalt in Deutschland hat das BVerfG daraus ein verfassungsrechtliches Desiderat gemacht. Es galt also, die offene Grundrechtsflanke infolge der Übertragung von Hoheitsgewalt zu schließen. Dies geschah in mehreren Schritten:

Der **„Solange I"-Beschluss** des Zweiten Senates des BVerfG 1974[95] kann als Paukenschlag bezeichnet werden: „Solange der Integrationsprozeß der Gemeinschaft nicht so weit fortgeschritten ist, daß das Gemeinschaftsrecht auch einen von einem Parlament beschlossenen und in Geltung stehenden formulierten Katalog von Grundrechten enthält, der dem Grundrechtskatalog des Grundgesetzes adäquat ist" behielt sich das BVerfG seinerzeit vor, im Rahmen von Verfahren der konkreten Normenkontrolle die Anwendbarkeit von europarechtlichen Vorschriften zu prüfen. Damit wurde offen der Anwendungsvorrang des Unionsrechts (damals Gemeinschaftsrechts) in Frage gestellt, wenn bzw. soweit eine europarechtliche Vorschrift „mit einem der Grundrechte des Grundgesetzes kollidiert".

Indem das BVerfG das Grundgesetz als **nationale Integrationsschranke** in Stellung brachte, bewirkte es einen **europäischen Integrationsschub**. Beim Wort genommen wäre die auflösende Bedingung dieses Vorbehaltes nur durch einen geschriebenen Grundrechtskatalog zu erfüllen gewesen. Im Rückblick hat sich diese Entscheidung nicht integrationshemmend ausgewirkt, sondern im Gegenteil zur Konstitutionalisierung der EU beigetragen. Das ist weniger daran festzumachen, dass ein Vierteljahrhundert später ein Grundrechte-Konvent – geleitet vom ehemaligen Präsidenten des BVerfG Roman Herzog – einen Grundrechte-Katalog ausarbeitete, der von der EU 2000 feierlich „proklamiert" wurde und auf den inzwischen Art. 6 Abs. 1 EUV verweist. Die Bedeutung der „Solange I"-Entscheidung ist vielmehr in der Entwicklung der Rechtsprechung zu suchen.

Die Brücke zur Rechtsprechung des EuGH ist bereits im „Solange I"-Beschluss angelegt. Diese Brücke besteht darin, dass Gerichte im Rahmen von „Vorlageverfahren" andere Gerichte in den Prozess der Maßstabsbildung und -konkretisierung einbeziehen können. Im vorliegenden Zusammenhang kommen sowohl Vorlagen an das BVerfG (nach Art. 100 GG) als auch Vorlagen an den EuGH (nach Art. 267 AEUV) in Betracht. Der Zweite Senat erklärte Richtervorlagen deutscher Gerichte an das BVerfG nach Art. 100 Abs. 1 GG in derartigen Konstellationen nur „nach Einholung der in Art. 177 EWGV (heute: Art. 267 AEUV) geforderten Entscheidung des Europäischen Gerichtshofes" für zulässig, um dann gegebenenfalls die entscheidungserhebliche europarechtliche Norm „in der vom Europäischen Gerichtshof gegebenen Auslegung" auf den grundgesetzlichen Prüfstand zu stellen. Wieder ist das **Prozessrecht der Schlüssel** für einen Schub in der Grundrechtsentwicklung: Der EuGH kann zwar nicht unmittelbar von den Betroffenen mit einer Individualbeschwerde angerufen werden. Er bekommt aber Gelegenheit, sich im Rahmen des Vorabentscheidungsverfahrens mit Fra-

---

95 BVerfGE 37, 271, 285 – Solange I (beide folgenden Zitate).

§ 2 Geschichte der Grundrechte und ihrer Interpretation § 2

gen der Auslegung und der Gültigkeit europarechtlicher Vorschriften zu befassen und in diesem Rahmen gegebenenfalls auch grundrechtliche Fragen selbst zu behandeln.

Die europarechtlich geregelte Vorlage nationaler Gerichte an den EuGH wahrt die **Deutungshoheit des EuGH** über europarechtliche Fragen. Zur effektiven Durchsetzung der Deutungshoheit des EuGH hat das BVerfG beigetragen, indem es die eigene Befassung in Fällen mit europarechtlichen Bezügen im Rahmen des Art. 100 Abs. 1 GG zwar für möglich, aber für subsidiär erklärte. Das BVerfG stellte sicher, dass der EuGH stets die Gelegenheit erhält, etwaige grundrechtliche Bedenken, die deutsche Gerichte bei der Anwendung europarechtlicher Vorschriften haben, zunächst selbst zu behandeln. Ein Anreiz des EuGH, in solchen Konstellationen ungeschriebene Grundrechte zum Ansatz zu bringen, lag nicht zuletzt darin, dass er so verhindern konnte, dass das BVerfG den vom EuGH postulierten Anwendungsvorrang – wie im „Solange I"-Beschluss angedroht – in Frage stellen würde. Die Bedeutung des „Solange I"-Beschlusses liegt nicht darin, dass das BVerfG seither die Anwendung europarechtlicher Vorschriften an den Grundrechten des GG hätte scheitern lassen, sondern darin, dass der EuGH dadurch beflügelt wurde, einen europäischen Grundrechtsschutz richterrechtlich zu entwickeln, der einem etwaigen Eingreifen des BVerfG den Anlass nimmt.

Diese positive Grundrechtsentwicklung wiederum hat der Zweite Senat des BVerfG 1986 in seinem nicht weniger berühmten **„Solange II"-Beschluss** ganz generell anerkannt. Darin wurde die Formulierung des Verfassungsvorbehaltes gleichsam herumgedreht: „**Solange** die Europäischen Gemeinschaften, insbesondere die Rechtsprechung des Gerichtshofs der Gemeinschaften einen wirksamen Schutz der Grundrechte gegenüber der Hoheitsgewalt der Gemeinschaften generell gewährleisten, der dem vom Grundgesetz als unabdingbar gebotenen Grundrechtsschutz im wesentlichen gleichzuachten ist, zumal den Wesensgehalt der Grundrechte generell verbürgt, wird das Bundesverfassungsgericht seine Gerichtsbarkeit über die Anwendbarkeit von abgeleitetem Gemeinschaftsrecht, das als Rechtsgrundlage für ein Verhalten deutscher Gerichte oder Behörden im Hoheitsbereich der Bundesrepublik Deutschland in Anspruch genommen wird, **nicht mehr ausüben** und dieses Recht mithin nicht mehr am Maßstab der Grundrechte des Grundgesetzes überprüfen; entsprechende Vorlagen nach Art. 100 Abs. 1 GG sind somit **unzulässig**."[96]

Bemerkenswert ist daran, dass es auch hier wieder vordergründig um die prozessrechtliche Frage ging, in welchem Verfahren welches Gericht welche Grundrechte überhaupt zum Maßstab machen kann: Die im „Solange I"-Beschluss begründete Zulässigkeit einer konkreten Normenkontrolle nach Art. 100 Abs. 1 GG wird hier wieder zurückgenommen. Prozessrechtlicher Natur ist auch eine dazu komplementäre Weichenstellung: Seither[97] ist der EuGH als **„gesetzlicher Richter" i. S. d. Art. 101 Abs. 1 Satz 2 GG** anerkannt. Das wird im Zusammenhang mit dem Vorabentscheidungsverfahren relevant. Die im Europarecht geregelte Vorlagepflicht jedenfalls letztinstanzlich entscheidender nationaler Gerichte an den EuGH (heute geregelt in Art. 267 Abs. 2 AEUV) wurde durch eine verfassungsrechtliche Dimension untermauert. Eine europarechtswidrige Nichtvorlage an den EuGH stellt durch diese Rechtsprechung des BVerfG zugleich eine Verletzung auch nationalen Verfassungsrechts dar, nämlich des grundrechtsgleichen Rechts aus Art. 101 Abs. 1 Satz 2 GG. Das wiederum hat vor allem eine weitere prozessrechtliche Konsequenz: Das Recht auf den gesetzlichen

---

96 BVerfGE 73, 339, 387 – Solange II.
97 BVerfGE 73, 339, 366 – Solange II.

79

Richter kann als grundrechtsgleiches Recht nach Art. 93 Abs. 1 Nr. 4a GG mit der **Verfassungsbeschwerde** geltend gemacht werden. Die Verfassungsbeschwerde dient danach zwar nicht unmittelbar, aber mittelbar auch der Durchsetzung europäischer Grundrechte und in dieser nur mittelbaren Funktion der Verfassungsbeschwerde wird zugleich die Deutungshoheit des EuGH über diese europäischen Grundrechte gewahrt.

Während also der EuGH durch Richterrecht die Lücke europäischer Grundrechtsmaßstäbe nach und nach inhaltlich schloss, kompensierte das BVerfG die Lücke der im Europarecht fehlenden Individual-Grundrechtsbeschwerde zum EuGH in zwei Schritten (zum zweiten Schritt 2019 später). Dabei handelt es sich um eine sehr integrationsfreundliche Rechtsprechung. Denn es ist europarechtlich nicht geboten, das nationale Verfassungsprozessrecht zur Durchsetzung der europarechtlichen Vorlagepflicht nach Art. 267 Abs. 2 AEUV zu instrumentalisieren. So betrachtet ist der „Solange II"-Beschluss also keine Kehrtwende. Vielmehr hat sie die Impulswirkung des „Solange I"-Beschlusses noch verstärkt. Denn das BVerfG knüpft seine eigene Zurückhaltung an die Voraussetzung eines europäischen Grundrechtsschutzes, der „dem vom Grundgesetz als unabdingbar gebotenen Grundrechtsschutz im wesentlichen gleichzuachten ist".

Dieser Ansatz wurde durch den verfassungsändernden Gesetzgeber 1992 bei der Formulierung des Europaartikels aufgegriffen: Nach Art. 23 Abs. 1 S. 1 GG wirkt Deutschland an einer Union mit, die „einen diesem Grundgesetz im wesentlichen vergleichbaren Grundrechtsschutz gewährleistet". Daran – ebenso wie an der GRCh – zeigt sich noch einmal exemplarisch ein allgemeines Phänomen der Grundrechtsentwicklung: Nicht die Formulierung von Grundrechtskatalogen prägt hier die Rechtsprechung, sondern umgekehrt **rezipieren und bestätigen** Formulierungen im GG und in der GRCh eine Entwicklung der Grundrechte, deren **treibende Kraft die Rechtsprechung** ist.

Der „Solange II"-Vorbehalt ist zwar vom BVerfG nie aufgegeben, aber auch nie angewendet worden. Inzwischen hat der Zweite Senat des BVerfG jenseits dieses allgemeinen Grundrechtsvorbehaltes zwei andere Letztvorbehalte des nationalen Verfassungsrechts gegenüber der Europäischen Integration ins Spiel gebracht:

Erstens ist hier der „**Ultra vires**"-**Vorbehalt** zu nennen: Die im Rahmen des Art. 23 Abs. 1 GG durch den deutschen Gesetzgeber auf die EU übertragenen, aber nach dem unionsrechtlichen „Prinzip der begrenzten Einzelermächtigung" nicht unbeschränkten Kompetenzen dürfen durch die EU nicht überschritten werden.[98] Diese Grenze des Integrationsprogramms ist allerdings kein grundrechtlicher, sondern ein organisationsrechtlicher Ansatz und soll hier nicht weiter vertieft werden.

Zweitens hat der Zweite Senat einen **Identitätsvorbehalt als Integrationsschranke** entwickelt. Dadurch wird der Verweis des Art. 23 Abs. 1 S. 3 GG auf die Grenzen des Art. 79 Abs. 3 GG konkretisiert. Art. 79 Abs. 3 GG setzt auch dem verfassungsändernden Gesetzgeber inhaltliche Grenzen, die nach Art. 23 Abs. 1 S. 3 GG auch für den Integrationsgesetzgeber gelten. Danach darf das Gefüge des Grundgesetzes zwar geändert bzw. unionsrechtlich überlagert werden, darf aber dabei seine Identität nicht verlieren. Verfassungstheoretisch weitergedacht bedeutet das, dass diese Grenzen der Verfassungsidentität allenfalls durch eine Verfassungsablösung nach Art. 146 GG

---

[98] BVerfGE 89, 155, 182 ff. – Maastricht; BVerfGE 123, 267 – Lissabon; BVerfGE 126, 286 – Ultra-vires-Kontrolle (Honeywell). Das schließt dynamische Elemente des Integrationsprogramms nicht aus.

oder durch einen Akt der Verfassunggebung überschritten werden könnten. Die neue Verfassung wäre dann nicht mehr mit dem Grundgesetz „identisch". Hinsichtlich der Elemente, die die Identität des Grundgesetzes ausmachen, verweist Art. 79 Abs. 3 GG auf die Grundsätze der Art. 1 und 20 GG und damit auch auf die **Menschenwürde**. In einem einzelnen Fall hat das BVerfG[99] 2015 tatsächlich die Menschenwürde dem Vollzug eines Europäischen Haftbefehls entgegengesetzt.

Im Jahr 2019 hat der Erste Senat des BVerfG mit seinem „**Recht auf Vergessen II**"-Beschluss ein neues Kapitel in der Entwicklung des Verhältnisses der nationalen zu den europäischen Grundrechten aufgeschlagen: Seither ist es in bestimmten Konstellationen zulässig, die Rechte der EU-GRCh unmittelbar vor dem BVerfG mit der Verfassungsbeschwerde einzuklagen. Das bedeutet, dass dann das BVerfG selbst die GRCh als Maßstab anwendet, ohne auf die Grundrechte des GG zurückzugreifen. Dieser Ansatz ist auch geeignet, um den Schutz der Menschenwürde bei Fragen des Vollzugs des Europäischen Haftbefehls zum Ansatz zu bringen, und macht den Rückgriff auf den Identitätsvorbehalt des GG gegebenenfalls entbehrlich.[100] Denn die Menschwürde ist nicht nur ein Identitätselement des Grundgesetztes, sondern wird auch als Unionsgrundrecht nach Art. 1 GRCh gewährleistet und durch Art. 4 GRCh näher konkretisiert. Auf die Einzelheiten des Schutzes der Europäischen Grundrechte und auf deren Verhältnis zum Grundgesetz wird auf der Grundlage dieser aktuellen Rechtsprechung noch ausführlich eingegangen.

Hier ist nur festzuhalten, dass zum Wesen der Grundrechte die **Möglichkeit ihrer effektiven gerichtlichen Durchsetzung** gehört. Die gerichtliche Durchsetzbarkeit ist nicht nur die Konsequenz, sondern der innere Ausgangspunkt dessen, was ein Grundrecht als solches ausmacht. Das lässt sich besonders gut an der Entwicklung der EU-Grundrechte zeigen, obwohl keine Möglichkeit einer Individual-Grundrechtsbeschwerde zum EuGH existiert. Gerade diese Lücke hat das BVerfG zum Anlass genommen hat, seinerseits in bestimmten Konstellationen Verfassungsbeschwerden zum BVerfG für zulässig zu erachten, die auf Grundrechte der EU-GRCh gestützt werden. Historisch gesehen ist es so: Zur Durchsetzung der seit 1949 im GG geregelten Grundrechte wurde erst nachträglich 1951 durch den Gesetzgeber die Verfassungsbeschwerde zum BVerfG geregelt. Die Verfassungsbeschwerde wurde dann 1969 auch durch den verfassungsändernden Gesetzgeber in Art. 93 Abs. 1 Nr. 4 a GG geregelt. Nunmehr interpretiert das BVerfG Grundrechte i. S. dieser Vorschrift so, dass davon auch die GRCh erfasst wird. Grundrechte i. S. d. Grundgesetzes sind also Rechte, die mit der Verfassungsbeschwerde vor dem BVerfG geltend gemacht werden können. Von der **Funktionalität der Verfassungsbeschwerde** wird auf den **Begriff des Grundrechts** rückgeschlossen.

An dieser Stelle ist festzuhalten, dass die historische Entwicklung dazu geführt hat, dass sich nunmehr die Grundrechte des Grundgesetzes und der EU-GRCh sowie die EMRK in vielfältiger Weise **ergänzen und wechselseitig überlagern**. Mit dem „Identitätsvorbehalt" des Grundgesetzes sind nicht Alleinstellungsmerkmale im Verfassungsvergleich gemeint, sondern zu bewahrende Mindestgehalte, die im Zweifel auch der gemeinsame Nenner mit anderen europäischen Grundrechtskatalogen und Verfassungen sind.

---

[99] BVerfGE 140, 317 – Europäischer Haftbefehl II; krit. *Sauer*, NJW 2016, 1134.
[100] BVerfGE 156,182 – Rumänien II.

Umso mehr Aufmerksamkeit verdient die weitere Grundrechtsentwicklung: In welchen Aspekten werden die Grundrechte der verschiedenen Ebenen und ihre Interpretation durch die verschiedenen Gerichte **eigene Akzente** behalten und neu ausprägen? Die Interpretation jedes Grundrechts ist nicht nur im abstrakten Kontext der jeweiligen Rechtsordnung, der Funktionalität des jeweiligen Gerichtes und des Verfahrensrechts zu sehen. Nicht zu vergessen ist, dass Gerichte die Grundrechte im **Kontext** konkret zu entscheidender Fälle interpretieren und dass diese Fälle wiederum in einem kulturellen, gesellschaftlichen und wirtschaftlichen Kontext stehen, der sich auch innerhalb von Europa unterscheidet und laufend in verschiedenen Geschwindigkeiten wandelt. Grundrechte und ihre Interpretation spiegeln auch die jeweilige innere Verfassung einer Gesellschaft. Die Entwicklung der Grundrechte in Europa tendiert zwar zu Annäherungen, lässt aber Spielräume für **unterschiedliche Traditionen** und **unterschiedliche Entwicklungen**, deren Nivellierung weder zu erwarten noch zu wünschen ist. Das ist und bleibt bei den Fragen des Verhältnisses zwischen den nationalen Grundrechten des GG einerseits und der EMRK und der GRCh andererseits zu bedenken und die Rechtsprechung trägt dem auch Rechnung.

Das BVerfG legt nach dem „**Recht auf Vergessen I**"-Beschluss seinem Umgang mit dem Verhältnis zwischen dem GG und der GRCh eine „**Vermutung der Grundrechtsvielfalt**" zu Grunde. Auch der EGMR nimmt hinsichtlich der Konsequenzen der EMRK einen spezifischen Beurteilungsspielraum der Mitgliedstaaten an („**margin of appreciation**"). Je uneinheitlicher[101] der Standard der Konventionsstaaten der EMRK ist, desto größer fällt der mitgliedstaatliche Beurteilungsspielraum aus.[102] Soweit sich die europäischen Grundrechtsstandards allerdings einander annähern, verdichtet sich auch deren Durchsetzung durch den EGMR,[103] so dass die Entscheidungsspielräume der Mitgliedstaaten tendenziell abnehmen.[104] Auch hier zeigt sich wieder – wie im Verhältnis zwischen dem BVerfG und dem BGH – ein Wettbewerb verschiedener Gerichte um Deutungshoheiten. Wieder treffen verschiedene Rechtstraditionen und richterliche Prägungen (hier aus verschiedenen europäischen Ländern) aufeinander. Hinzu kommt hier jedoch, dass dabei auch die staatliche Souveränität,[105] die durch Völkerrecht ja nicht hinfällig, sondern allenfalls relativiert ist, mitverhandelt wird.

Soweit die Grundrechte mehrerer Ebenen (insbesondere des GG, der EU-GRCh und der EMRK) parallel zur Anwendung kommen, kommt es zu einer **Kumulation der Ebenen** des Grundrechtsschutzes und gegebenenfalls auch dazu, dass sich sowohl das BVerfG als auch der EuGH und/oder der EGMR mit demselben Fall befassen. Indem sich im Kampf um die Deutungshoheit die Interpretation von Grundrechten auf den verschiedenen Ebenen immer weiter ausdifferenziert, nach und nach weitere Grundrechtsdimensionen anerkannt werden und sich dabei wechselseitig beeinflussen, führt das insgesamt zu einer **Verdichtung des Grundrechtsschutzes**. Die Macht jedes

---

101 Ein Beispiel für einen fehlenden gemeineuropäischen Standard (für die Adoption durch gleichgeschlechtliche Paare) bietet EGMR, v. 26.2.2002, RJD 2002-I, Z. 40 – Fretté/Frankreich; vgl. auch EGMR, v. 27.3.1998, RJD 1998-II, Z. 40 ff. – Petrovic; aus der Literatur: *Buquicchio-de Boer*, Equality between the sexes and the European Convention on Human Rights, 1995.
102 EGMR, v. 28.11.1984, Serie A 87, Z. 40 (= NJW, 1986, 2176, 2177) – Rasmussen/Dänemark.
103 Ein Beispiel für einen entstandenen gemeineuropäischen Standard (für die Rechtsstellung nichtehelicher Väter) bietet EGMR, v. 13.6.1979, Serie A 31, Z. 41 (= NJW 1979, 2449, 2451) – Marckx.
104 EGMR, v. 24.7.2003, RJD 2003-IX, Z. 41 – Karner/Österreich.
105 *Peters/Altwicker*, EMRK, 2. Aufl., § 3 Rn. 18 sehen dahinter zudem Aspekte der Subsidiarität und Praktikabilität.

einzelnen Gerichts wird zwar durch die der anderen Gerichte begrenzt. Insgesamt steigt dabei aber das Gewicht des Beitrags der Rechtsprechung zur Rechtsentwicklung.

WIEDERHOLUNGS- UND VERSTÄNDNISFRAGEN

> Welche Bedeutung haben naturrechtliche Ansätze einerseits und der Positivismus andererseits für das Grundrechtsverständnis?
> Wie verhielt sich das deutsche Recht des 19. Jahrhunderts zur Gewerbefreiheit und zur Privatautonomie?
> Welche Grundpositionen zur Verfassungstheorie wurden in der Weimarer Staatsrechtslehre diskutiert und welche Konsequenzen haben sie für das Verständnis der Grundrechte?
> Welche Bedeutung haben die Schaffung des BVerfG und die Regelung der Verfassungsbeschwerde in der Geschichte der Grundrechte?

§ 3 Grundrechtsinterpretation

I. Normstrukturelle Betrachtung

1. Unterscheidung zwischen Regeln und Prinzipien

25 In rechtstheoretischer Betrachtung können Normen danach unterschieden werden, ob sie Regeln oder Prinzipien sind.[1] **Regeln** werden immer angewendet, wenn die in ihnen normierten Voraussetzungen vorliegen („wenn... dann"). Kollidiert eine Regel mit einer gegensätzlichen Regel, so greifen eigene Regeln, die diesen Konflikt entscheiden, sogenannte Kollisionsregeln (z. B.: das höherrangige Recht bricht das nachrangige Recht). Diejenige Regel, die sich durchsetzt, wird dann aber ohne Einschränkung angewendet.

26 Davon unterscheiden sich **Prinzipien** wesentlich: Wenn ein Prinzip mit einem gegenläufigen Prinzip zusammenstößt, so setzt sich nicht ein Prinzip gemäß einer Kollisionsregel vollständig durch und verdrängt das andere. Vielmehr sucht man danach, beide Prinzipien zur möglichsten Entfaltung kommen zu lassen („je... desto"). Man spricht im Verfassungsrecht mit Konrad Hesse von der „Herstellung praktischer Konkordanz".[2] In der Sprache der Ökonomie geht es um die „Optimierung" von zwei Zielen, die eben nicht die Maximierung eines der Ziele völlig auf Kosten des anderen darstellt. Man kann auch davon sprechen, dass zwischen den beiden rivalisierenden Prinzipien abgewogen wird, zu welchem Ausmaß sich das eine und das andere Prinzip in der Kollisionslage realisieren lässt. Im Grundsatz gilt aber, dass keines der beiden in Streit liegenden Prinzipien völlig geopfert wird. Damit sind Prinzipien Optimierungsgebote. Sie wollen immer so gut es in der jeweiligen Situation geht verwirklicht werden. In ihnen steckt also ein Perfektionsmotiv, welches durch rivalisierende Prinzipien aber eingeschränkt werden kann. Prinzipien setzen sich nicht absolut durch, sondern führen zu „bedingten Vorrangrelationen". Diese sind situationsspezifisch, d. h. im Einzelfall und zwar durch Abwägung herzustellen. Ein weiteres Problem, das sich freilich auch bei Generalklauseln stellt, kommt hinzu: Typischerweise sind Prinzipien relativ abstrakt formuliert, so dass nicht ohne Weiteres feststellbar ist, ob ein gegebener Sachverhalt von ihnen erfasst wird oder nicht. Prinzipien sind in besonderem Maße spezifizierungsbedürftig. Eine solche nähere Bestimmung von Prinzipien auf Verfassungsebene erfolgt üblicherweise durch ein Gesetz.

27 Werden Grundrechte als Regeln verstanden, dann ist ihre Rechtsfolge („dann") eine zwingende Folge der Subsumtion. Wertungen finden allenfalls auf einer tatbestandlichen Ebene („wenn") statt. Werden Grundrechte hingegen als Prinzipien verstanden, dann kommt es auf ihre Gewichtung im Einzelfall an („je") und das Ergebnis ist in Abwägung zu anderen Prinzipien („desto") zu finden. Dass **in der Praxis** beides vorkommt, mögen zwei Leitsätze aus Entscheidungen des BVerfG zum Persönlichkeitsrecht verdeutlichen:

1. Beispiel zum **Regelmodell:** „Zur Unantastbarkeit der Menschenwürde gemäß Art. 1 Abs. 1 GG gehört die Anerkennung eines absolut geschützten Kernbereichs privater Lebensgestaltung [...]. Eine Abwägung nach Maßgabe des Verhältnismäßigkeitsgrundsatzes zwischen der Unverletzlichkeit der Wohnung (Art. 13 Abs. 1 i. V. m. Art. 1

---

1 Grundlegend: *Alexy*, Theorie der Grundrechte (1985), 2. Aufl. 1994.
2 *K. Hesse*, Grundzüge, 20. Aufl., Rn. 72; zur Unterscheidung zwischen praktischer Konkordanz und Verhältnismäßigkeit i. e. S. → Rn. 733 ff.

Abs. 1 GG) und dem Strafverfolgungsinteresse findet insoweit nicht statt."[3] Wenn der o. g. Kernbereich – dessen Bestimmung freilich im Einzelfall zu erfolgen hat und von Wertungen abhängt – angetastet wird, dann ist die Menschenwürde verletzt. Eine Relativierung ist ausgeschlossen.

2. Beispiel zum **Prinzipienmodell**: „Hierbei kann keiner der beiden Verfassungswerte (Art. 5 Abs. 1 S. 1 GG einerseits und Art. 2 Abs. 1 i. V. m. Art. 1 Abs. 1 GG andererseits) einen grundsätzlichen Vorrang beanspruchen. Im Einzelfall ist die Intensität des Eingriffs in den Persönlichkeitsbereich gegen das Informationsinteresse der Öffentlichkeit abzuwägen".[4] Je intensiver das Persönlichkeitsrecht betroffen ist, desto eher muss die Rundfunkfreiheit zurücktreten und umgekehrt. Wertungen finden auf der Ebene der Verhältnismäßigkeit und der Abwägung statt.

2. Grundrechte als Regeln

Vertreter der „unpolitisch-liberalen" Theorie fordern regelmäßig, Schutzbereiche der Grundrechte statisch und eng auszulegen, die insoweit bestimmten **Mindestgehalte** als dem Staat entzogene Privatsphären **abwägungsfrei**[5] zu halten und Eingriffe nur auf deren Geeignetheit und Erforderlichkeit zu überprüfen.

Das hat den **Vorteil**, bestimmte Kerngehalte absolut zu sichern, die Handhabung der Grundrechte zu vereinfachen und Ergebnisse der Grundrechtsgeltung vorhersehbar zu machen und im Übrigen Wertungen nicht den Verfassungsgerichten, sondern dem politischen Prozess anzuvertrauen, der mithin auch nicht durch unerfüllbare, z. B. auch nicht finanzierbare Postulate belastet wird.

Die **Nachteile** dieser Position sind, dass auch Fundamentalnormen keineswegs „fundamentalistisch" (gegenüber anderen Fundamentalnormen, insbesondere bei Grundrechtskollisionen) verabsolutiert werden können, dass bisweilen Wertungen in den Schutzbereich verlagert und verschleiert statt als notwendige Abwägung offen gelegt werden und dass die Ausstrahlungswirkungen der Grundrechte in vielen Bereichen des Rechts ausgeblendet bleiben.

3. Grundrechte als Prinzipien

Im Gegensatz dazu legen Vertreter der „politisch-sozialen" Theorie Schutzbereiche typischerweise weit und dynamisch aus, unterwerfen deren Gewährleistung aber einer **Abwägung**. Grundrechte als Prinzipien[6] werden im Kollisionsfall relativiert, um das Grundrechtsniveau insgesamt zu optimieren. Auch der **Wesensgehalt** i. S. d. Art. 19 Abs. 2 GG ist danach nicht absolut, sondern relativ zu verstehen, weil das Wesen der Grundrechte in ihrer Eigenschaft als Abwägungsgebote liegt.[7] Das heißt keineswegs, dass das Abwägungsergebnis subjektiver Beliebigkeit anheimgestellt ist; vielmehr wird es durch das Gewicht der konkreten Grundrechtsbeeinträchtigung geprägt. Aus der Prinzipieneigenschaft der Grundrechte als Optimierungsgebote folgen das Übermaßverbot und die Abwägung im Rahmen des Grundsatzes der Verhältnismäßigkeit,

---

3 BVerfGE 109, 279, Ls. 2 – Großer Lauschangriff.
4 BVerfGE 35, 202, Ls. 2 – Lebach.
5 *Schlink*, Abwägung im Verfassungsrecht, 1976; zu den Konsequenzen auch: *Kingreen/Poscher*, Grundrechte, 37. Aufl., Rn. 406 ff.; *Poscher*, Grundrechte als Abwehrrechte, 2003.
6 *Alexy*, Theorie der Grundrechte (1985), 2. Aufl. 1994; *Borowski*, Grundrechte als Prinzipien, 3. Aufl. 2018.
7 Grundlegend *Häberle*, Die Wesensgehaltgarantie des Art. 19 II GG (1962), 3. Aufl. 1983: Deklaratorische und institutionelle Bedeutung des Art. 19 Abs. 2 GG.

aber auch die über die Abwehrrechte hinausgehenden Schutzpflichten und die Ausstrahlungswirkung der Grundrechte ins Privatrecht.

Die **Vorteile** dieser Position bestehen darin, dass sie die Relativität der Grundrechte gegenüber anderen, nicht weniger fundamentalen Werten (Grundrechte Dritter, andere Verfassungsprinzipien) erfasst, dass sich ihr Bemühen um eine rational nachvollziehbare Methodik[8] von vornherein auf die schwierigen, aber nicht vermeidlichen Abwägungsprozesse konzentriert und dass die Wirkungen der Grundrechte verbreitert und – in Abwägung zueinander und mit anderen Verfassungsprinzipien – optimiert werden.

Das hat jedoch auch **Nachteile**: Bestimmte, sogar nicht „antastbare" (so für den sogenannten Wesensgehalt Art. 19 Abs. 2 GG und für die Menschenwürde Art. 1 Abs. 1 GG) Kerngehalte werden relativiert. Abwägungen sind zwar rational nachvollziehbar, in ihrem Ergebnis aber nicht eindeutig vorhersehbar und der gesamte politische Prozess, das geltende einfache Recht und auch das Handeln Privater werden durch die unbestimmten Wertungen des Verfassungsrechts überwölbt und die problematischen Seiten des Justizstaates verstärkt.

30   Regel- und prinzipiengeleitete Methodik schließen sich nicht kategorisch aus, sondern verdienen nebeneinander Beachtung. **Grundsätzlich** sind Grundrechte als **Prinzipien** zu begreifen, die der Abwägung fähig und bedürftig sind. Das Regelmodell verdient jedoch punktuell Beachtung, die man sich am besten als **Ausnahmen** einprägen sollte (→ Rn. 546): Es gibt drei Grundrechtsgehalte, die der Abwägung strikt entzogen sind: Das gilt erstens für die Menschenwürde, deren Anwendungsbereich allerdings nicht zu weit gespannt werden darf (→ Rn. 147, 153 ff.). Zweitens ist die Eröffnung des Rechtsweges nach Art. 19 Abs. 4 GG (anders jedoch die darüber hinaus gehenden Fragen der Effektivität des Rechtsschutzes) nicht der Abwägung unterworfen (→ Rn. 885 f.). Drittens ist auch der Entzug der Staatsangehörigkeit nach Art. 16 Abs. 1 S. 1 GG in dessen Anwendungsbereich absolut ausgeschlossen (→ Rn. 400). Innerhalb des Prinzipienmodells, also bei der Abwägung ist zu beachten, dass manche Grundrechte nur gegen bestimmte, nicht jedoch gegen jedes öffentliche Interesse abzuwägen sind. Die Lehre über die Grenzen der Grundrechte, die sogenannte Schrankenlehre (→ Rn. 634 ff.) besteht unter anderem aus Regeln (sic!) darüber, welche Belange mit welchem Grundrecht als Prinzip (sic!) abzuwägen sind. Insofern sind der Abwägung von Prinzipien Regeln vorgelagert. Schließlich lassen sich Abwägungsergebnisse in manch typischen und klaren Fällen auch als Regeln ausdrücken. Grundsatzentscheidungen (dazu sogleich → Rn. 32), deren Vorbildfunktion als Präjudizien nicht zu unterschätzen ist, lesen sich zwar im Leitsatz als Regeln, sind häufig aber in ihrer Begründung das Ergebnis von Abwägungsprozessen.

31   In der **Praxis** der Rechtsprechung lassen sich wie zuvor dargestellt sowohl Regel- als auch Prinzipienbildungen nachweisen. Dabei stehen problematische Fälle der Abwägung häufig mehr im Mittelpunkt der Aufmerksamkeit. Kritik verdient die Praxis, wenn sie Abwägungen verschleiert oder Prämissen setzt, die sie nicht durchhalten kann:[9] Wenn das BVerfG in Problemfällen bisweilen einen absoluten Wesensgehalt beschwört, liegt darin nicht selten lediglich die Bekräftigung des Ergebnisses einer Abwägung. So sollen Tagebücher dem absoluten Kernbereich des Persönlichkeitsrechts unterfallen – aber nur soweit ihr Inhalt nicht nach seiner „Art und Intensität [...] die

---

8   Für den Rationalitätsgewinn einer abwägenden Verhältnismäßigkeitsprüfung auch v. Arnauld, Die Freiheitsrechte und ihre Schranken, 1999, S. 258 ff.
9   Zur Kritik an der Rechtsprechung zur Menschenwürde → Rn. 145.

§ 3 Grundrechtsinterpretation

Sphäre anderer oder die Belange der Gemeinschaft berührt".[10] In der **Fallbearbeitung** ist die Problematik der Abwägbarkeit (→ Rn. 544) und gegebenenfalls der Abwägung in die Prüfung der Rechtfertigung und insbesondere der Verhältnismäßigkeit zu integrieren (→ Rn. 618 ff.).

4. Verfassungsgerichtliche Grundsatzentscheidungen als Präjudizien und Fallvergleich

Der Nachteil mangelnder Vorhersehbarkeit der Ergebnisse von Abwägungen wird dadurch relativiert, dass sich die Praxis an **Grundsatzentscheidungen der Verfassungsgerichte** orientieren kann. Der Fallvergleich verdient auch in unserer Methodenlehre Aufmerksamkeit. Gerade wegen der Unbestimmtheit des Wortlauts der Grundrechte hat die Rechtsprechung in diesem Bereich eine besonders große Bedeutung. Entscheidungen des BVerfG haben im Rahmen des § 31 Abs. 1 BVerfGG sogar formale **Bindungswirkung** über den Einzelfall hinaus und in den Fällen nach § 31 Abs. 2 BVerfGG, insbesondere bei Normverwerfungen, sogar Gesetzeskraft.[11] Aber auch darüber hinaus entfalten verfassungsgerichtliche Entscheidungen ebenso wie Entscheidungen des EGMR eine **Orientierungswirkung**.

32

Die juristische Praxis wird von der Berufung auf die Rechtsprechung stark geprägt. Die vom Subsumtionsmodell geprägte deutsche Jurisprudenz droht nicht nur an dieser Praxis vorbei zu gehen. Sie sollte es auch als ihre Aufgabe und Chance begreifen, einen methodisch sauberen **Umgang mit Präjudizien** zu pflegen.[12] Hierin lässt sich viel von der Rechtskultur des anglo-amerikanischen case law lernen. Sinn von Leitentscheidungen ist es, sie nachzuvollziehen und kritisch zu reflektieren, um aus ihnen Analogie- und Umkehrschlüsse zu ziehen.[13] Das gilt auch in unserem kontinentaleuropäischen Recht, d. h. ohne die formale Bindungswirkung bestimmter Präjudizien. Diese Methodik wird umso wichtiger, je mehr Entscheidungen auch europäischer Verfassungsgerichte in unsere Rechtsordnung unter Vermeidung von Widersprüchen zu integrieren sind. Die Einbeziehung von Präjudizien in unsere Methodik kann mit ihrer Anerkennung als Rechtserkenntnisquelle gelingen.

HINWEIS FÜR DIE FALLBEARBEITUNG: Für die Fallbearbeitung bedeutet dies, dass die einschlägige Rechtsprechung der Verfassungsgerichte besonders sorgfältige Beachtung verdient. Deren gegebenenfalls mehr oder weniger zwingende Konsequenzen sind darzulegen. Es ist also zu erörtern, ob die Maßstäbe Rechtsprechung überhaupt auf den zu entscheidenden Fall übertragbar sind bzw. was dafür und dagegen spricht, sie auf den vorliegenden Fall zu erweitern. **Kontextualisierung** und **Begrenzungen der Dekontextualisierung** sind gefragt (→ Rn. 21). Bestehen Zweifel an der Überzeugungskraft einer Rechtsprechung, sollen im Gutachten freilich auch deren Prämissen und Folgen hinterfragt werden.

---

10 BVerfGE 80, 367, 374 – Tagebuch; methodisch ähnlich der EuGH, Rs. C-234/85 (Keller), Slg. 1986, 2897, Rn. 8.
11 Ausführlich *Schlaich/Korioth*, Das Bundesverfassungsgericht, 12. Aufl., Rn. 475 ff.
12 Ein positives Beispiel fallvergleichender Berücksichtigung der Rechtsprechung des EGMR bietet BGHSt 45, 321, 328 ff.
13 Das gilt auch für die Übertragung von Entscheidungen des EGMR, die sich auf ausländische Rechtsordnungen beziehen: *Gusy* in: Vormbaum, Institut für Juristische Zeitgeschichte Hagen, Jahrbuch 2006/2007, S. 102, 125.

II. Das Verfassungsdilemma zwischen Beständigkeit und Wandel

1. Beständigkeitsanspruch der Grundrechtsgeltung

33 Verfassungsrecht ist wesentlich auf Beständigkeit angelegt. Beständigkeit garantieren auch und gerade die Grundrechte. Dies wird insbesondere in deren **Wechselwirkung zum Demokratieprinzip** deutlich. Demokratie ist Herrschaft auf Zeit und somit auf Flexibilität, d. h. auf den Wechsel von Mehrheiten angelegt. Zwar entspringen die Grundrechte und die Demokratie demselben Grundgedanken der Freiheit und Gleichheit aller. Aber die Grundrechte bilden zugleich eine inhaltliche Grenze für Entscheidungen des Parlaments und der Exekutive. Rechte aller sollen unabhängig davon geschützt werden, ob sie mal mehr oder mal weniger mehrheitsfähig sind. Während das Demokratieprinzip auf den parlamentarisch legitimierten und initiierten Wandel geltenden Rechts angelegt ist, schützen die Grundrechte v. a. auch Minderheitspositionen.

Grundgedanken des modernen Verfassungsstaates beanspruchen ihre **Bewahrung über Generationen** hinweg (Präambel der Verfassung USA (1787): „[...] uns selbst und unseren Nachkommen zu bewahren"). Das deutsche Verfassungsrecht kennt mit Art. 79 Abs. 3 GG sogar ein innerhalb des Verfassungsrechts noch gesteigertes Moment der Beständigkeit. Sogar gegen Verfassungsänderungen immun sind zwar nicht die Grundrechte in ihrer konkreten Ausgestaltung, wohl aber der Grundsatz der Menschenwürde (Art. 1 Abs. 1 GG), die unverletzlichen Menschenrechte (Art. 1 Abs. 2 GG) und die Grundrechtsbindung aller Gewalten (Art. 1 Abs. 3 GG). Darüber hinaus rechnet das BVerfG[14] auch die „Rechtsgleichheit und das Willkürverbot" als „grundlegende Gerechtigkeitspostulate" zum Schutzgehalt des Art. 79 Abs. 3 GG.[15]

2. Grundrechtswandel

34 Verfassungsrecht darf und will nicht erstarren. Vielmehr dient es in den Worten *Konrad Hesses* der „Erhaltung der Kontinuität im geschichtlichen Wandel".[16] Dazu gehört nicht nur die Möglichkeit der **formalen Verfassungsänderung nach Art. 79 GG**, sondern auch der davon zu unterscheidende **Verfassungswandel ohne Textänderung**, der vom BVerfG seit jeher[17] postuliert und praktiziert wird.

Auf die Frage, wie sich diese beiden Modi der Verfassungsrevision zueinander verhalten, gibt es drei Antworten: Zum Teil wird der Verfassungswandel als bloße Verfassungsinterpretation begriffen bzw. als eigenständige Kategorie bestritten, weil Verfassungsinterpretation dynamische Offenheit impliziere: „Es gibt keinen Verfassungswandel."[18] Die Gegenansicht[19] kritisiert, Verfassungsinterpretation müsse begrenzt bleiben und der Kontinuität der Verfassung Rechnung tragen. Ein über die Interpretation hinausgehender Verfassungswandel sei eine Umgehung des Art. 79 GG. Danach gibt es den Verfassungswandel und mit ihm überschreitet das BVerfG seine Kompetenzen. Nach einer dritten Ansicht[20] tritt neben die dem Gesetzgeber anvertraute verfassungs-

---

14 BVerfGE 84, 90, 121 – Bodenreform I.
15 Das deutet auf den egalitären Kerngehalt der Menschenwürde hin und ist systematisch wohl besser mit der Gesetzesbindung, d. h. mit Art. 79 Abs. 3 i. V. m. 20 Abs. 3 GG zu begründen.
16 *K. Hesse*, Grundzüge, 20. Aufl., Rn. 701, *ders.*, JZ 1995, 265 ff.
17 BVerfGE 2, 380, 401; BVerfGE 3, 407, 422.
18 *Häberle*, ZfP 21 (1974), 111, 130.
19 *Böckenförde*, Staat, Nation, Europa, 1999, S. 141, 155 f.
20 *Michael*, RW 2014, S. 426 ff.; *Morlok/Michael*, Staatsorganisationsrecht, 3. Aufl., § 3 Rn. 85 ff.

ändernde Gewalt eine dem BVerfG anvertraute verfassungswandelnde Gewalt. Dass nur erstere in Art. 79 GG explizit geregelt ist, steht dem nicht entgegen. Art. 79 Abs. 1 GG ist so zu lesen: Wenn schon ausnahmsweise der Gesetzgeber die Verfassung soll ändern können, dann nur durch ein den Wortlaut des Grundgesetzes änderndes Gesetz. Zur Verfassungsinterpretation und zur verfassungswandelnden Gewalt des BVerfG verhält sich Art. 79 Abs. 1 GG nicht. Art. 79 Abs. 2 GG verhindert, dass sich der Gesetzgeber mit einfacher Mehrheit seiner eigenen Verfassungsbindung entledigt. Das Erfordernis von Zweidrittelmehrheiten nach Art. 79 Abs. 2 GG kann indes auch zu einem Hemmnis werden, neu entstehende oder erst heute artikulierte Freiheitsbedürfnisse grundrechtlich anzuerkennen. Art. 79 Abs. 2 GG soll als Revisionsnorm einer demokratischen Verfassung keine Herrschaft der Toten über die Lebenden begründen, sondern soll die Verfassung spezifisch gegenüber Änderungen durch den Gesetzgeber schützen. Richtig verstanden ist Art. 79 Abs. 2 GG kein Argument gegen die Legitimität des Verfassungswandels, sondern für das Bedürfnis der Anerkennung einer **verfassungswandelnden Gewalt**. Letztere kann dysfunktionale Effekte des Art. 79 GG ausgleichen. Weltweit entwickelt sich der Schutz vor Diskriminierungen schrittweise und (Verfassungs-)Gerichte spielen dabei eine mindestens so große Rolle wie textliche Verfassungsänderungen.

Verfassungswandel **ist Interpretation und materielle Revision** der geltenden Verfassung zugleich. Es liegt im Wesen der Subsumtion unter abstrakte Normen, dass diese gegebenenfalls offen für Fallgestaltungen sind, an die bei der Normsetzung noch nicht zu denken war. Von Verfassungswandel sprechen wir nicht, wenn es nur darum geht, neuartige Fallkonstellationen unter Verfassungsnormen zu subsumieren, sondern dann, wenn Verfassungsnormen im neuen Zusammenhang eine geänderte oder zusätzliche Bedeutung erhalten.[21] Verfassungswandel bedarf dabei einer normativen Anknüpfung am Verfassungstext und wird begünstigt durch die Unbestimmtheit und Offenheit des Grundgesetzes und vor allem der allgemeinen grundrechtlichen Prinzipien (Art. 2 Abs. 1 i. V. m. Art. 1 Abs. 1 sowie Art. 3 Abs. 1 GG).

Verfassungswandel bewahrt das Freiheitsniveau, wenn es neuen Freiheitsgefährdungen zu begegnen gilt. Verfassungswandel kann aber zugunsten von Minderheitenschutz auch das Freiheitsniveau anheben oder erweitern.

Beispiele aus der Rechtsprechung des BVerfG zum Verfassungswandel lassen sich drei Konstellationen zuordnen:

1. **Technischer Fortschritt** kann einen Verfassungswandel bewirken. Beispiele für einen solchen Verfassungswandel sind die vom BVerfG kreierten Grundrechte auf „informationelle Selbstbestimmung"[22] (→ Rn. 426) und auf „Gewährleistung der Vertraulichkeit und Integrität informationstechnischer Systeme"[23] (→ Rn. 427 ff.). Anlass für diesen Wandel waren die Entwicklungen moderner Datenverarbeitung. Das BVerfG hat seine Rechtsfortbildung auf die in Art. 2 Abs. 1 GG und Art. 1 Abs. 1 GG angelegten Wertungen gestützt. Es handelt sich beim Datenschutz um ein dauerhaft auf Verfassungsebene schützenswertes Individualinteresse, das von anderen Verfassungsstaaten ausdrücklich geregelt wurde (z. B. Art. 35 Verf. Portugal (1976), Kapitel 2

35

---

21 Das BVerfG hat diese beiden Konstellationen als „Bedeutungswandel" bezeichnet und anerkannt: BVerfGE 2, 380, 401 – Haftentschädigung.
22 BVerfGE 65, 1, 43 – Volkszählung; dazu ausführlich → Rn. 426.
23 BVerfGE 120, 274, 302 ff. – Online-Durchsuchung; dazu ausführlich → Rn. 427 ff.

§ 3 Verf. Schweden (1975)) und das vom EuGH[24] als ungeschriebener Grundsatz und vom EGMR[25] als Recht auf Privatleben i. S. d. Art. 8 EMRK anerkannt wurde (→ Rn. 423). Auch durch die Lückenschließung[26] zugunsten informationstechnischer Systeme wird das vom Grundgesetz gewährleistete Schutzniveau nicht ausgeweitet. Vielmehr werden hier Freiheitsgewährleistungen vor einem Gesetzgeber bewahrt. Indem z. B. Computer und das Internet inzwischen durch einen Großteil der Bevölkerung in großem Umfang genutzt werden und damit vielfältige Funktionen im täglichen Leben erfüllen, kann sich daraus ein besonderes Schutzbedürfnis ergeben.

36   2. Auch der **Wandel gesellschaftlicher Gegebenheiten und Wertvorstellungen** kann einen Verfassungswandel begründen. Die Legitimation der verfassungswandelnden Gewalt des BVerfG gründet auch hier gegebenenfalls auf der Dysfunktionalität der verfassungsändernden Gewalt, die sich daran zeigen kann, dass die Anerkennung von Minderheitenrechten durch den verfassungsändernden Gesetzgeber an (qualifizierten) Mehrheiten scheitert.

Sprechendes Beispiel hierfür ist die Rechtsprechung zum Wandel des **Ehe- bzw. Familienbegriffs** i. S. d. Art. 6 GG (→ Rn. 249 ff.). Während das BVerfG noch 1987 entschied, die Ehe sei die „alleinige (sic!) Grundlage einer vollständigen Familiengemeinschaft und als solche Voraussetzung (sic!) für die bestmögliche körperliche, geistige und seelische Entwicklung von Kindern",[27] urteilte es in einer 5:3-Entscheidung 2002, das Grundgesetz schütze die Ehe „nicht abstrakt, sondern in der Ausgestaltung, wie sie den jeweils herrschenden, in der gesetzlichen Regelung maßgebend zum Ausdruck gelangten Anschauungen entspricht".[28] Lange bevor der Gesetzgeber 2017 die „Ehe für alle" schuf, die nunmehr die Frage eines Wandels des verfassungsrechtlichen Ehebegriffs aufwirft, forderte das BVerfG[29] eine sachliche Rechtfertigung für die Ungleichbehandlung von Ehe und eingetragener Lebenspartnerschaft.

Auch die Entwicklung des Rechts auf informationelle Selbstbestimmung ist nicht nur eine Konsequenz technischen Wandels, sondern verrechtlicht auch ein von den Menschen **eingefordertes Schutzbedürfnis**, das seinerseits dem gesellschaftlichen Wandel unterliegt. Die Frage,[30] ob heutige Maßstäbe des Persönlichkeitsrechts einer Veröffentlichung von *Goethes* Roman „Die Leiden des jungen Werther" zu Lebzeiten der geschilderten Personen entgegenstünden, ist berechtigt. Sie verweist darauf, dass die Anerkennung und Ausdehnung des Persönlichkeitsrechts ihren Preis hat – zulasten z. B. der Presse- und Kunstfreiheit, aber auch zulasten sicherheitsrechtlicher Maßnahmen. Auch für letztere mag sich das Bedürfnis wandeln, wenn man an die Bekämpfung des internationalen Terrorismus denkt. Daran zeigt sich auch die Ambivalenz des Verfassungswandels: Die ursprüngliche Funktion der Grundrechtsgarantien als Abwehrrechte gegenüber staatlichen Überreaktionen darf nicht ins Gegenteil verkehrt werden.

---

24 EuGH, Rs. C-29/69 (Stauder/Stadt Ulm-Sozialamt), Slg. 1969, 419, Rn. 4 ff.; Rs. C-145/83 (Adams/Kommission), Slg. 1985, 3539, Rn. 34; Rs. C-465/00 (Rechnungshof/ORF), Slg. 2003, I-4989, Rn. 39 ff.
25 EGMR, HRLJ 21 (2000), 221.
26 So explizit BVerfGE 120, 274, 303 – Online-Durchsuchung.
27 BVerfGE 76, 1, 51 – Familiennachzug.
28 BVerfGE 105, 313, 345 – Lebenspartnerschaftsgesetz; dagegen die abw. Auffassungen S. 357 ff. Zum Wandel des Ehebegriffs aus europäischer Sicht EGMR (Große Kammer) v. 11.7.2004, NJW-RR 2004, 289, 294, Z. 100 – Goodwin/Vereinigtes Königreich.
29 BVerfGE 124, 199, 220 ff. – Betriebliche Hinterbliebenenversorgung.
30 Sondervotum *Hohmann-Dennhardt/Gaier* BVerfGE 119, 1, 41 – Esra.

3. Zudem kann auch die **Europäisierung des Grundrechtsstandards einen Wandel nationalen Verfassungsrechts** begründen.[31] Da dieses Phänomen jedoch eigenen, neuartigen Regeln folgt, die über nationales Verfassungsrecht hinausgreifen, soll dies im 2. Teil über die Grundrechte im Mehrebenensystem behandelt werden (→ Rn. 23 f., 80 ff.).

WIEDERHOLUNGS- UND VERSTÄNDNISFRAGEN

> Was sind die Unterschiede zwischen Grundrechten als „Regeln" und als „Prinzipien"?
> Was ist der Unterschied zwischen Verfassungsänderung und Verfassungswandel? Nennen Sie die jeweiligen Voraussetzungen und die wesentlich beteiligten Institutionen! Geben Sie Beispiele!

---

31 *Sommermann* in: FS Steiner, 2009, 796.

§ 4 Systematik der Grundrechtsprüfung

HINWEIS: Die folgende Einführung ist **für Anfänger** gedacht und gibt einen Überblick über die Grundrechtsprüfung. Weiterführende systematische Hinweise **für Fortgeschrittene** sind als solche gekennzeichnet.

I. Der dreistufige Aufbau

38 Der Prüfungsaufbau für Freiheitsrechte ist in drei Stufen zu gliedern, in denen jeweils zwei Fragen aufzuwerfen sind. Diese klare Struktur von **dreimal zwei Fragen** liegt jeder Fallbearbeitung zugrunde (→ Schema 1). Dieser Struktur entspricht auch der Aufbau dieses Lehrbuchs.

1. Beeinträchtigung eines Schutzbereichs und Grundrechtsberechtigung

39 Die Perspektive der **ersten Stufe** ist auf den **Bürger** gerichtet. Diese Stufe umfasst den persönlichen und sachlichen Schutzbereich. Die Grundrechtsprüfung beginnt mit den „positiven" Fragen der Freiheitsgewährleistung. Sie sind zu prüfen anhand der tatbestandlichen Voraussetzungen der Grundrechte. Hier ist zu fragen, **wer** grundrechtsberechtigt ist (persönlicher Schutzbereich) und **welche Freiheit** er genießt, d. h. welchem Schutzbereich ein Sachverhalt zuzuordnen ist (sachlicher Schutzbereich). Zur Frage der Eröffnung des sachlichen Schutzbereiches gehört auch die Frage der Grundrechtsbeeinträchtigung. Sinnvollerweise kann nur bei einer Grundrechtsbeeinträchtigung davon gesprochen werden, dass ein Schutzbereich betroffen ist.

Da der persönliche Schutzbereich (→ Rn. 444 ff.) bei verschiedenen Grundrechten differiert und deren Verständnis voraussetzt, wird in diesem Lehrbuch mit der Darstellung der sachlichen Schutzbereiche begonnen (→ Rn. 131 ff.). In der **Fallbearbeitung** ist die Reihenfolge nicht zwingend.

2. Grundrechtsverpflichtung und Zurechnung der Grundrechtsbeeinträchtigung

40 Auf der **zweiten Stufe** ist der Blick umzuschwenken vom grundrechtsberechtigten Bürger auf den **grundrechtsverpflichteten Staat**. Dabei geht es um die Fragen, **wen** die Grundrechte binden (Grundrechtsbindung → Rn. 466 ff.) und ob die im Schutzbereich festgestellte Grundrechtsbeschränkung dem grundrechtsverpflichteten Hoheitsträger **zurechenbar** ist (Zurechnung, v. a. Grundrechtseingriff → Rn. 492 ff.). Das hat für den Bürger zur Folge, dass die Grundrechte nicht gegen jede Art von Hindernissen schützen.

3. Formelle und materielle Rechtfertigung

41 Auf der **dritten Stufe** geht es um die **Grundrechtsgrenzen**, d. h. um die „negative" Seite der Rechtfertigung von Grundrechtsbeschränkungen, die dem Staat zurechenbar sind. Diese Rechtfertigung hat eine formelle Seite, nämlich **wie**, d. h. auf welche Weise und in welcher Form ein Grundrecht beschränkt werden kann (formelle Rechtfertigung → Rn. 553 ff.). Im Zentrum steht dabei der rechtsstaatliche und demokratische Aspekt des Vorbehalts des Gesetzes: Es bedarf einer demokratisch legitimierten, gesetzlichen Grundlage, um Grundrechte einzuschränken. Schließlich stellt sich die Frage „**zu welchen Zwecken und wieviel**" Freiheit eingeschränkt werden darf (materielle Rechtfertigung → Rn. 605 ff.). Dies ist der Ort für die Prüfung der Verhältnismäßigkeit. Hier

entscheidet sich, welche Freiheitsbeschränkungen hingenommen werden müssen. Zu prüfen sind hier neben der Verhältnismäßigkeit gegebenenfalls auch weitere rechtsstaatliche Anforderungen an einen Grundrechtseingriff.

Im Einzelnen unterscheidet sich das Prüfungsprogramm der Rechtfertigung von Grundrecht zu Grundrecht. Manche Grundrechte stehen unter einem Gesetzesvorbehalt (z. B. Art. 2 Abs. 2 S. 3 GG), der z. T. auch noch spezifiziert ist (z. B. Art. 11 Abs. 2 GG). Andere Grundrechte sind vorbehaltlos gewährleistet (z. B. Art. 4 Abs. 1 GG). Als Vorfrage der Rechtfertigung ist deshalb jeweils als eigener Prüfungspunkt die Frage nach der jeweiligen Beschränkbarkeit des Grundrechtes und gegebenenfalls nach dem **Maßstab der Rechtfertigung** aufzuwerfen (sogenannte „Schrankenbestimmung").

HINWEIS FÜR DIE FALLBEARBEITUNG: Das dreistufige Schema bezieht sich auf die Prüfung eines Freiheitsrechts. Gegebenenfalls sind mehrere Freiheitsrechte nacheinander zu prüfen, so dass der dreistufige Aufbau sich jeweils wiederholt (zu den Konkurrenzen → Rn. 53 ff.). Wenn sich hierfür Anhaltspunkte bieten, sind anschließend an die Freiheitsrechte die Gleichheitsrechte zu prüfen (→ Rn. 748 ff.). Geht es in einem Fall um mehrere verschiedene Grundrechtseingriffe, sind diese getrennt voneinander jeweils auf ihre freiheits- und gleichheitsrechtliche Vereinbarkeit zu überprüfen (→ Rn. 55, 552).

SYSTEMATISCHER VERWEIS: Zum Prüfungsaufbau beachte → Schemata 1 und 2.

II. Konsequenzen des Prüfungsaufbaus für die Interpretation der Schutzbereiche

1. Abgrenzung sachlicher Schutzbereiche als Weichenstellung

Die Bestimmung des sachlichen Schutzbereichs der Grundrechte ist zwar von zentraler Bedeutung auf der ersten Stufe der Grundrechtsprüfung. Die Grundrechtsprüfung scheitert allerdings am sachlichen Schutzbereich allenfalls dann, wenn überhaupt keinerlei Freiheitsbeeinträchtigung feststellbar ist. Im Übrigen hat die Unterscheidung der Schutzbereiche eine **Weichenstellungsfunktion**. Es gilt folgende Systematik: Wenn kein Schutzbereich eines speziellen Grundrechts eröffnet ist, dann bleibt im Zweifel jedenfalls die Prüfung von Art. 2 Abs. 1 GG als „Auffanggrundrecht" übrig (→ Rn. 435 ff.).

42

HINWEIS FÜR DIE FALLBEARBEITUNG: Im Gutachten sind die speziellen Schutzbereiche stets vor dem des Art. 2 Abs. 1 GG zu erörtern. Die Frage, welcher Schutzbereich im Einzelfall eröffnet ist, wird erst auf den weiteren Stufen der Grundrechtsprüfung im Ergebnis spürbar. Denn die einzelnen Grundrechte haben unterschiedliche Regelungen darüber, unter welchen speziellen Voraussetzungen sie eingeschränkt werden dürfen (besonders deutlich: Art. 2 Abs. 1 GG im Vergleich zu Art. 11 Abs. 2 GG). Der Sinn der Unterscheidung der Schutzbereiche liegt in einer **differenzierten Schrankensystematik** der Grundrechte.

HINWEISE ZUM VERSTÄNDNIS FÜR FORTGESCHRITTENE: An den unterschiedlich restriktiven Schrankenregelungen wird das Gewicht der einzelnen Grundrechte deutlich. **Rückschlüsse von den Schranken** auf die Interpretation der Schutzbereiche spezieller Grundrechte sind möglich, da sich an dieser Frage nicht das „Ob", sondern die Intensität des Schutzes erweist.[1] Spezielle Grundrechte, die nur unter engen Voraussetzungen einschränkbar sind, genießen ein besonders hohes Schutzniveau. Sinn der speziellen Freiheitsrechte ist diese Differenzierung. Deshalb stellt sich für die Auslegung des Schutzbereichs die Frage, welche Aspekte der Freiheit solch herausgehobenen Schutz verdienen. Gerade durch eine solche teleologische Interpretation werden **Differenzierungen des Schutzniveaus** deutlich und können Schrankenregelungen konsequent angewendet werden. So sind z. B. der absolute Schutz der Menschenwürde auf unantastbare Bereiche der Freiheit und der vorbehaltlose

43

---

[1] Anders *K. Hesse*, Grundzüge, 20. Aufl., Rn. 371.

Schutz der Gewissensfreiheit auf den Schutz vor echten Gewissenskonflikten zu beschränken (→ Rn. 141 ff.). Weniger essentielle Eingriffe können z. B. dem Schutzbereich des Persönlichkeitsrechts zugeordnet werden. Der Rückschluss von den Schranken auf den Schutzbereich ist nicht ergebnisorientiert zu verstehen und beraubt die Grundrechte nicht ihres Schutzgehaltes. Die Fragestellung aus der Perspektive der Rechtsfolge, welche Rechte besonders stark, welche gar absolut geschützt sein sollen, ist keineswegs unredlich. Vielmehr stellt dies den Versuch dar, den ohnehin wenigen und sehr unbestimmten Regelungen über die Grundrechte ein Maximum an Zweckgerichtetheit zu entlocken.

Welche Grundrechte spezifisch geschützt sind, ist eine Frage des Verfassungsrechts, das der Interpretation bedarf. Grundrechte schützen subjektiv belangvolle Freiheit. Grundrechte sollen nicht vorgeben, was dem Einzelnen wichtig ist. Deswegen liegt es nahe, bei der Bestimmung des Schutzbereichs von dem auszugehen, was der Grundrechtsträger nach seinen Eigenvorstellungen dem Grundrechtsbereich zuordnet, was er etwa als Kunst oder Religion ansieht oder was er zu seinem Beruf machen möchte. Schutzbereiche sind deshalb **begrifflich offen** zu verstehen. Im Zweifel ist das **Selbstverständnis**[2] zu befragen, das freilich objektiv nachvollziehbar zu begründen, d. h. überzeugend darzulegen ist. Bei der teleologischen, also am Zweck der Norm orientierten Auslegung der Schutzbereiche stellt sich die Frage, warum einzelne Lebens- und Sachbereiche von herausgehobener Bedeutung sein sollen und warum die Schrankenregelungen unterschiedlich ausfallen. Nach diesen Gesichtspunkten entscheidet sich gegebenenfalls auch die Frage einer Grundrechtskonkurrenz (→ Rn. 53 ff.). Die speziellen Grundrechtsgehalte ergeben zusammen mit dem allgemeinen Auffanggrundrecht des Art. 2 Abs. 1 GG ein **flexibles System**, das für das Selbstverständnis jedes Grundrechtsträgers ebenso wie für gesellschaftliche Entwicklungen offen ist.[3]

Die höchst umstrittene Frage, ob die Schutzbereiche der Grundrechte eher **extensiv** oder eher **restriktiv** auszulegen sind, sollte nicht abstrakt beantwortet werden, sondern für jedes Grundrecht in seinem Verhältnis zu anderen Grundrechten und zu Art. 2 Abs. 1 GG. Nicht überzeugen können v. a. Tendenzen einer generell restriktiven Interpretation der Schutzbereiche mit dem Ziel, Abwägungsfragen auf der dritten Stufe der Grundrechtsprüfung auszuweichen, bzw. sie in den Schutzbereich vorzuverlagern. Hiergegen bestehen systematische und grundrechtstheoretische Einwände.[4] Einschränkungen der Grundrechte auf der Stufe des Schutzbereichs sind definitorischer Art und können nicht beliebig gegen Einschränkungen rechtfertigender Art auf der Stufe der Schranken ausgetauscht werden. Auch Ansätze, die eine zusätzliche[5] oder alternative[6] Prüfungsstufe eines Gewährleistungsgehaltes einführen, machen die Sache nicht einfacher, sondern die Abgrenzung nur komplizierter. Sie würden auch zu einer Abkopplung von der europäischen Grundrechtsdogmatik führen.[7]

Zudem kann es von Bedeutung sein, ob neben dem Schutzbereich eines nationalen Grundrechts auch der **Schutzbereich eines europäischen Grundrechts** eröffnet ist, da

---

2 *Morlok*, Selbstverständnis als Rechtskriterium, 1993.
3 *Kahl*, Der Staat 43 (2004), 167, 185 m. w. N. auch zur Gegenansicht.
4 *Kahl*, Der Staat 43 (2004), 167 ff.; anders *Hoffmann-Riem*, ebd., 203 ff.
5 Eine vierte Stufe des Gewährleistungsgehaltes und die Trennung von Sach- und Lebensbereich einerseits und Schutzbereich andererseits fordert *Böckenförde*, Der Staat 42 (2003), 165, 174, 178.
6 Die Ersetzung der Prüfung des Schutzbereichs durch die eines Gewährleistungsbereichs fordert *Hoffmann-Riem*, Der Staat 43 (2004), 203, 226; *Rusteberg*, Der grundrechtliche Gewährleistungsgehalt, 2009; krit. W. *Weiß*, AöR 134 (2009), 619.
7 *Kahl*, Der Staat 43 (2004), 167, 196 f. Eine wertende Schutzbereichsbegrenzung nimmt hingegen die sogenannte Keck-Rspr. vor: EuGH, verb. Rs. C-267 u. C-268/91 (Keck, Mithouard), Slg. 1993, I-6097, Rn. 16 f.

sich dann gegebenenfalls die Auslegung des Grundgesetzes am europäischen Grundrechtsstandard zu orientieren hat. Allerdings ist dies nicht unbedingt bei der Interpretation der Schutzbereiche relevant (→ Rn. 81). Denn es ist zu beachten, dass das Grundgesetz, die EMRK und die GRCh eine je eigene Schrankensystematik haben, die trotz der Überlagerung der Ebenen nicht nivelliert werden soll. Ähnlich dem Grundgesetz enthält auch die **EMRK eine differenzierte Schrankensystematik**, die z. T. mit der des Grundgesetzes parallel läuft, z. T. aber auch eigene Akzente setzt. So sind die Verbote der Folter, Sklaverei und Zwangsarbeit nach Art. 3 und Art. 4 EMRK ohne Vorbehalt und d. h. in Anlehnung an die Dogmatik zur Menschenwürde nach Art. 1 Abs. 1 GG absolut geschützt.[8] Der qualifizierte Gesetzesvorbehalt des Rechts auf Privatleben nach Art. 8 Abs. 2 EMRK führt zu einer tendenziellen Verschärfung des Schutzniveaus gegenüber der Schrankentrias des Art. 2 Abs. 1 GG. Auch in den Fällen, in denen Ausländern der Schutz von Deutschengrundrechten, z. B. der Versammlungs- und Vereinigungsfreiheit nach Art. 8 Abs. 1 und Art. 9 Abs. 1 GG versagt bleibt, führen die speziellen Schranken des Art. 11 Abs. 2 EMRK zu einer Schrankenverschärfung des insoweit anwendbaren Auffanggrundrechts des Art. 2 Abs. 1 GG (hierzu, auch zu den Konsequenzen → Rn. 81, 446). Ganz anders ist die Schrankensystematik in der GRCh konzipiert, die anstelle spezieller Schranken für jedes einzelne Grundrecht eine **allgemeine Schrankenregelung in Art. 52 Abs. 1 GRCh** enthält, nämlich den Vorbehalt des Gesetzes, des Wesensgehalts und der Verhältnismäßigkeit. Das schließt freilich nicht aus, auch hier das Schutzniveau im Rahmen der Verhältnismäßigkeitsprüfung zu differenzieren.

2. Grundrechtsbeeinträchtigung bzw. Grundrechtsausgestaltung

a) Grundrechtsbeeinträchtigung als Frage der konkreten Eröffnung eines Schutzbereichs

Nur wenn ein Grundrecht im Einzelfall beeinträchtigt wird, wird der einschlägige Schutzbereich auch tatsächlich relevant. Unter Beeinträchtigung ist **jede Schmälerung** der grundrechtlichen Freiheit zu verstehen. Dies ist nach hier vertretener Auffassung bereits auf der ersten Stufe der Grundrechtsprüfung zu erörtern. Liegt keine Beeinträchtigung vor, dann stellt sich weder die Frage der Zurechnung (zweite Stufe), noch die der Rechtfertigung (dritte Stufe). 44

HINWEIS ZUM VERSTÄNDNIS FÜR FORTGESCHRITTENE: Der klassische Eingriffsbegriff, der auf der zweiten Stufe zu prüfen ist, scheint die Frage der Grundrechtsbeeinträchtigung dorthin zu verlagern. Das führt aber immer dann, wenn es darauf ankommt, zu Abgrenzungsproblemen, z. B. bei Beschränkungen der Berufsfreiheit (Frage der „berufsregelnden Tendenz" → Rn. 338). Nicht nur in den problematischen Fällen ist die Frage der Grundrechtsbeeinträchtigung dem Schutzbereich zuzuordnen. Sie gehört stets hierher, weil es systematisch auf der ersten Stufe um die Betrachtung des Falles aus der Perspektive des Grundrechtsberechtigten geht. Wollte man dabei die Frage der Wirkungen ausblenden, bliebe die Prüfung des Schutzbereichs hypothetisch und ohne Bezug zur Betroffenheit im Einzelfall. Gerade darauf kommt es aber in der Grundrechtsprüfung auf allen Stufen an. Dass die Prüfung der zweiten Stufe damit in unproblematischen Fällen eines belastenden Grundrechtseingriffs noch kürzer wird, ist kein systematisches Argument, die gegebenen- 45

---

8 *Marauhn/Mengeler* in: Dörr/Grote/Marauhn, EMRK/GG, 3. Aufl., Kap. 7 Rn. 19; jedenfalls in diesem Bereich sollten auch keine konventionsimmanenten Schranken angenommen werden (dazu: *Ehlers* in: ders., EuGR, 4. Aufl., § 2 Rn. 72).

falls ebenso unproblematische Frage der Grundrechtsbeeinträchtigung in die zweite Stufe zu verlagern. Beachte: Die Beeinträchtigung ist eine Vorfrage der Zurechnung, kann aber die **Zurechnung nicht ersetzen.** Das gilt auch für **schwere** Beeinträchtigungen (→ Rn. 499). Besonders schwere Grundrechtsbeeinträchtigungen können allenfalls bei der Begründung einer Schutzpflicht die Zurechenbarkeit beeinflussen (→ Rn. 510 ff.). Im Übrigen wird die Frage der **Schwere** der Grundrechtsbeeinträchtigung erst auf der dritten Stufe, der Rechtfertigung, relevant (→ Rn. 625). Auf der anderen Seite sind auch **leichte** Grundrechtsbeeinträchtigungen rechtlich relevant. Es ist weder systematisch, noch letztlich vereinfachend, die Zurechenbarkeitsschwelle mit einer Bagatellgrenze zu belasten. Das gilt vor allem für die umstrittene Kategorie der Grundrechtsausgestaltung.

b) Grundrechtsausgestaltung und Einrichtungsgarantien

46 Auch die Ausgestaltung der Grundrechte kann deren Schutzbereich eröffnen. Im Vordergrund einer problemorientierten Grundrechtslehre mögen die Fälle stehen, in denen der Staat die Grundrechte dadurch verletzt, dass er Freiheit beschränkt, sie nicht fördert oder diskriminiert. Dabei bleibt häufig solches staatliche Handeln außer Betracht, das Grundrechte schont, das sie ausgestaltet, das die Voraussetzungen ihrer Inanspruchnahme schafft und das die Gleichberechtigung fördert. Rechtliche Regelungen dieser Art werden als **Grundrechtsausgestaltung** bezeichnet.[9] Jedoch wird dieses Handeln unterschätzt, wenn es für verfassungsrechtlich unergiebig oder gar irrelevant gehalten wird. Auch die gesetzliche Ausgestaltung eines Grundrechts kann eine Beschränkung darstellen. Wollte man dem nicht folgen, so würde man dem Gesetzgeber die Freiheit einräumen, nach Belieben den konkreten Gehalt normgeprägter Grundrechte zu regeln. Eine bestimmte Art der Ausgestaltung schließt eine andere Art der Konkretisierung des Grundrechts aus und stellt insofern eine Einschränkung dar.[10]

47 **HINWEISE ZUM VERSTÄNDNIS FÜR FORTGESCHRITTENE:** Grundrechte bedürfen in unterschiedlichem Maß der Ausgestaltung und der Präzisierung ihres Garantiegehalts durch das einfache Gesetz. Das gilt vor allem für die sogenannten **Institutsgarantien** oder auch **institutionellen Garantien:**[11] Art. 6 Abs. 1 GG bzw. Art. 14 Abs. 1 GG laufen leer, wenn der Gesetzgeber die Ehe und Familie bzw. das Eigentum und Erbrecht überhaupt nicht regeln würde. Aber auch andere Grundrechte, etwa die Rundfunk- und die – obwohl vorbehaltlos gewährleistete – Vereinigungs- und Koalitionsfreiheit[12] bedürfen der gesetzlichen Ausgestaltung und werden als „normgeprägte Grundrechte" bezeichnet, was – in abgeschwächtem Maße – letztlich für alle Grundrechte gilt.[13]

Dass der Gesetzgeber auch für solche Regelungen einen **Gestaltungsspielraum** hat, folgt aus dem Demokratieprinzip und ist keine Besonderheit der Institutsgarantien. Im Gegenteil haben gerade auch die Institutsgarantien die Funktion, die gesetzliche Ausprägung verfassungsrechtlich zu prägen und zu beschränken. Unrichtig ist die Vorstellung, eine Regelung, die Voraussetzungen für die Ausübung eines Grundrechts schafft und damit der Sicherung des Grundrechts dient, könne dieses nicht zugleich beschränken.[14] Das würde nämlich das

---

9 Monographisch hierzu: *Gellermann,* Grundrechte in einfachgesetzlichem Gewande, 2000; *Cornils,* Ausgestaltung der Grundrechte, 2005.
10 Zur Rechtfertigungsbedürftigkeit zutreffend *Cornils,* Ausgestaltung der Grundrechte, 2005, S. 676 und passim.
11 Zur heute entbehrlichen Unterscheidung dieser Begriffe vgl. *Hufen,* Staatsrecht II, 9. Aufl., § 5 Rn. 17; monographisch hierzu: *Mager,* Einrichtungsgarantien, 2003.
12 BVerfGE 92, 26, 41 – Zweitregister.
13 Grundlegend *Häberle,* Die Wesensgehaltgarantie des Art. 19 II GG (1962), 3. Aufl. 1983, S. 200.
14 In diese Richtung BVerfGE 73, 118, 166 – 4. Rundfunkentscheidung, wobei diese Rechtsprechung genau betrachtet die Überprüfung einer Grundrechtsbeschränkung gerade nicht ausschließt.

Wie und sogar das Ob der Gewährleistung normgeprägter Grundrechte in das Belieben des Gesetzgebers stellen. Vielmehr besteht ein Verfassungsauftrag, Voraussetzungen zur Inanspruchnahme von Grundrechten überhaupt zu regeln und dabei jedenfalls den Grundentscheidungen der Grundrechte Rechnung zu tragen. Hierzu ein **Beispiel:** Wenn das Versammlungsgesetz ein Anmeldungs-Erfordernis für Demonstrationen normiert, dann dient das der Demonstrationsfreiheit insofern, als der polizeiliche Schutz von Versammlungen vorbereitet und sichergestellt werden kann. Das Erfordernis dient aber zugleich auch dem Schutz entgegenstehender Interessen und stellt einen Eingriff in die Versammlungsfreiheit dar. Im Falle sogenannter Spontandemonstrationen gebietet das Verfassungsrecht, von dem Erfordernis eine Ausnahme zu machen (→ Rn. 274).

Die **normative Kraft des Verfassungsrechts**[15] und seine Bindungswirkung kommen auch hier zur Geltung: Auch bei normgeprägten Grundrechten ist von einem weiten Schutzbereich auszugehen und eine im Einzelfall restriktive Ausgestaltungsregelung bedarf der Rechtfertigung. Die gegebenenfalls notwendigen und die positiven, d. h. grundrechtsförderlichen Aspekte solcher Ausgestaltungen sind auf der Ebene der Rechtfertigung im Rahmen der Verhältnismäßigkeit zu berücksichtigen. Dass sich insoweit viele Ausgestaltungsregelungen im Ergebnis unproblematisch rechtfertigen lassen, sollte nicht dadurch zu einem dogmatischen Problem gemacht werden, dass man hier den Eingriff von der bloßen Ausgestaltung zu unterscheiden sucht.[16] An der Zurechenbarkeit ausgestaltender Regelungen kann kein Zweifel bestehen: Wenn der Gesetzgeber Grundrechte ausgestaltet, muss er sich an Grundrechten messen lassen. Wenn der Gesetzgeber Gestaltungsaufträgen nicht nachkommt, ist dies an Schutzpflichten zu messen. Wenn schließlich die Ausgestaltung diskriminierende Regelungen enthält, sind die Gleichheitsrechte einschlägig. Wollte der Gesetzgeber ein bereits existierendes Institut beschränken (z. B. Wiederabschaffung der gleichgeschlechtlichen Ehe), müsste er dafür überwiegende Gründe haben. Institutsgarantien sollen Orientierung und Stabilität bieten. Sie inkludieren Elemente des Vertrauensschutzes. Während das Demokratieprinzip dafür streitet, dass Gesetze jederzeit geändert werden können, bewirken Institutsgarantien eine Entschleunigung und tendieren zu Rückschrittsverboten. Wollte der Gesetzgeber Institute wie die Ehe oder das Eigentum in jeder Legislaturperiode radikal neu gestalten, stünde er unter einem erhöhten Rechtfertigungszwang. Inhalte verfassungsrechtlicher Institutsgarantien können sich freilich auch (langsam!) wandeln. Ein solcher Verfassungswandel und legitime Antidiskriminierungsziele haben Spielräume für die Einführung der „Ehe für alle" geschaffen (→ Rn. 249–252). Einer graduellen Reduktion der Kontrolldichte (→ Rn. 937) ist auf der Ebene der Rechtfertigung Rechnung zu tragen.

3. Beeinträchtigungen sogenannter „positiver" und „negativer" Freiheiten

Bisweilen wird in der Grundrechtsdogmatik zwischen „positiver" und „negativer" Freiheit unterschieden. Grundrechte enthalten eine **Doppelgewährleistung**. Sie schützen sowohl „positives" Tun als auch die „negative" Freiheit, etwas grundrechtlich Geschütztes zu unterlassen. Z. B. Art. 5 Abs. 1 GG schützt sowohl die Freiheit, eine Meinung kundzutun als auch die Freiheit, sich einer Meinungsäußerung zu enthalten und Art. 4 Abs. 1 GG erfasst die Freiheiten zu beten oder nicht zu beten. Dabei ist zu beachten, dass der Unterscheidung zwischen „positiv" und „negativ" immer schon eine bestimmte Wahrnehmung des Grundrechts zu Grunde liegt, deren Realisierung dann als „positiv" und deren Nichtrealisierung als „negativ" erscheint. Die Perspektiven sind dabei **austauschbar**: Beredtes Schweigen kann durchaus eine Meinung „posi-

48

---

15 Grundlegend *K. Hesse*, Die normative Kraft der Verfassung, 1959 (Antrittsvorlesung).
16 Wie hier: *Schulze-Fielitz* in: Dreier, GG, Bd. 1, 3. Aufl., zu Art. 5 Rn. 216 f.; *Bauer* in: Dreier, GG, Bd. 1, 3. Aufl., zu Art. 9 Rn. 52. Im Ergebnis besteht auch kein Unterschied zu der Rechtsprechung, die im Zweifel belastende oder diskriminierende Aspekte letztlich an der Verhältnismäßigkeit misst (vgl. z. B. BVerfGE 74, 297, 336 f. – 5. Rundfunkentscheidung).

tiv" zum Ausdruck bringen. Die Nichtteilnahme am gemeinsamen Gebet ist aus der Sicht des Atheisten die positive Inanspruchnahme seiner weltanschaulichen Überzeugung. Eine Abgrenzung zwischen Tun und Unterlassen aufseiten der Grundrechtsträger ist grundrechtsdogmatisch entbehrlich, weil irrelevant. Dies ist Folge der **inhaltlichen Offenheit** der Freiheitsgewährleistungen. Dagegen lassen sich auch die objektiv-rechtlichen Dimensionen der „positiven" Grundrechtsausübung nicht instrumentalisieren, weil sie einer entsprechenden subjektiven Freiheit entsprechen müssen. So mögen die Grundrechte und ihre positive Ausübung von objektivem Interesse sein (z. B. der Austausch von Meinungen für die Demokratie, die Gründung einer Familie für die Gesellschaft oder die Berufsausübung für die Wirtschaft) – schützen sie doch auch zugleich deren negative Komponente. Selbst aus dem grundrechtlichen Schutz der „positiven" Werte des Lebens und der Würde lässt sich nicht folgern, dass der Freitod oder der Würdeverzicht nicht geschützt wäre.

49 **HINWEISE FÜR FORTGESCHRITTENE:** Das gilt **für alle Grundrechte**. So falsch es wäre, in den Art. 4 Abs. 1, Art. 5 Abs. 1 und Abs. 3, Art. 8 Abs. 1, Art. 9 Abs. 1 und Abs. 3, Art. 11 Abs. 1, Art. 12 Abs. 1 und Art. 14 Abs. 1 GG primär positive Freiheiten zu sehen, so falsch wäre es, in Art. 2 Abs. 1 i. V. m. Art. 1 Abs. 1 sowie in Art. 10 Abs. 1 und Art. 13 Abs. 1 GG primär einen negativen Schutz der Privatsphäre zu sehen. So wie die erstgenannten Grundrechte gleichermaßen Tun und Unterlassen schützen, so ist auch in der Privatsphäre sowohl der Rückzug als auch die Gestaltung, die Offenbarung und Selbstdarstellung geschützt (zur Entwicklung insoweit → Rn. 430 ff.). Die restriktive Rechtsprechung zur negativen Vereinsfreiheit überzeugt nicht (→ Rn. 298). Konsequent erfasst das Basisrecht auf Leben und Gesundheit nach Art. 2 Abs. 2 S. 1 GG auch das Recht zur Selbstverstümmelung und zum Freitod (→ Rn. 160). Und nicht zuletzt die Menschenwürde nach Art. 1 Abs. 1 GG schützt die Autonomie, auch Dinge zu tun oder zu dulden, die andere als erniedrigend empfinden würden (→ Rn. 154).

50 Tun und Unterlassen, positive und negative Freiheit sind nicht nur nebeneinander, sondern auch **gleichermaßen geschützt**. Wie gezeigt ist nur aus einem Sinnzusammenhang (z. B. des Glaubens) heraus überhaupt eine Unterscheidung zwischen positiv (z. B. zu beten) und negativ (z. B. nicht zu beten) möglich. Diesen Sinnzusammenhang gibt das Grundgesetz aber gerade nicht vor. Grundrechte wollen nämlich nicht bestimmte Freiheiten (z. B. die der Gläubigen) privilegieren. Sie verhalten sich vielmehr neutral gegenüber den Inhalten und dem Sinn der Freiheitsausübung. Letztlich ist die Unterscheidung zwischen positiver und negativer Freiheit müßig. Sie ist aber auch unschädlich, sofern mit der These der Doppelgewährleistung weder eine Einschränkung, noch eine Abstufung des Schutzes verbunden ist. Keineswegs ist die sogenannte negative Freiheit, nicht gezwungen zu werden, etwas zu glauben, eine lediglich sekundäre Erweiterung des Art. 4 Abs. 1 GG. Sie gehört zur Abwehrdimension dieser Grundrechte genauso wie die sogenannte positive Freiheit, nicht daran gehindert zu werden, etwas zu glauben. Mit der Benennung als „positiv" und „negativ" ist insoweit keine Abstufung des Schutzes verbunden. In der **klassischen Abwehrdimension** der Grundrechte ist die negative Freiheit nicht weniger geschützt als die positive Freiheit.

51 Anders stellt sich die Lage bei Grundrechtskollisionen bzw. -konflikten dar, wenn es „nur" darum geht, die Grundrechtsausübung eines Dritten „ertragen" zu müssen. **Gegenüber Privaten** ist „positive" Freiheit im Ergebnis tendenziell stärker als „negative" Freiheit zu schützen.[17] Darin liegt aber keine rechtliche Privilegierung, sondern

---

17 Anders die Symmetriethese bei *Cornils*, Ausgestaltung der Grundrechte, 2005, S. 621 ff.

§ 4 Systematik der Grundrechtsprüfung

dahinter verbirgt sich ein gesteigertes, rein **tatsächliches Schutzbedürfnis** positiver Freiheitsausübung. Positive Freiheit kollidiert potenziell stärker als negative Freiheit mit Interessen Dritter. Der Gewährleistung der Meinungs- und Pressefreiheit sowie der Versammlungsfreiheit ist immanent, dass Dritte mit Meinungen, Berichterstattungen und Demonstrationen konfrontiert werden. Davor schützen die Grundrechte aber nicht, sie bieten grundsätzlich **keinen Konfrontationsschutz**.[18] Schutzpflichten bestehen hier nicht zugunsten einer „negativen Meinungsfreiheit" (→ Rn. 217, 523), sondern allenfalls zugunsten anderer Grundrechte, insbesondere des allgemeinen Persönlichkeitsrechts[19] (→ Rn. 517). In einem nicht-laizistischen System ist auch in religiösen Fragen **Toleranz** zu fordern (→ Rn. 522), die der positiven Ausübung der Religionsfreiheit Raum lässt (→ Rn. 191, 197). Das lässt sich wie folgt verallgemeinern: Diejenigen Aspekte eines Verhaltens, die ihrerseits den „positiven" Schutzbereich eines Grundrechts ausmachen, lösen grundsätzlich nicht zugunsten Dritter einen „negativen" Schutz des entsprechenden Grundrechts dagegen aus, dies nicht ertragen zu müssen. Eine derartige Gegenüberstellung positiver und negativer Freiheit würde sich gegenseitig nivellieren. Schutz vor Freiheit würde den Schutz der Freiheit aufheben. Schutzpflichten entstehen deshalb erst, wenn eine Grundrechtsausübung über den grundrechtlich spezifisch geschützten Aspekt hinaus Wirkungen und Konsequenzen hat, die ihrerseits grundrechtliche Schutzbereiche berühren. Wenn der Staat – sei es durch die klassische Eingriffsverwaltung oder durch judikative Durchsetzung zivilrechtlicher Unterlassungsansprüche (→ Rn. 509) – privaten Übergriffen in die Freiheit eines Anderen Grenzen setzt, dann liegt darin ein Eingriff in „positive" Grundrechtsausübung.

Hierher gehören die **Beispiele**, dass Glaubensausübung ihre Grenzen in der Gesundheit Dritter oder Meinungsäußerungen ihre Grenzen in der Ehre Dritter finden. Gegen Glockengeläut ist nicht die negative Religionsfreiheit, sondern nur die Betroffenheit von den Geräuschen (Art. 2 Abs. 2 S. 1 und Art. 14 GG) in Ansatz zu bringen. Für das Glockengeläut streitet hingegen die positive Glaubensfreiheit, allerdings nur, soweit es sich um das liturgische Geläut, nicht jedoch um den Stundenschlag handelt. Beim liturgischen Geläut sind die Grenzwerte der Zumutbarkeit deshalb im Rahmen des Immissionsschutzrechts zugunsten der positiven Religionsfreiheit großzügiger zu bemessen. Umgekehrt ist auch Kritik an Religion grundsätzlich ebenfalls zu ertragen (→ Rn. 523). Niemand kann erwarten, dass andere sich so verhalten, wie es den eigenen inneren Überzeugungen entspricht (→ Rn. 196).

Ausnahmen sind insoweit die **Sonderstatusverhältnisse** (→ Rn. 745 ff.).[20] Das sind die Fälle, in denen Private in einem besonderen Näheverhältnis zum Staat stehen. Beispiele sind das Beamtenverhältnis, der Militärdienst, die Schulpflicht und auch die Inhaftierung. Hier rücken „negative" Freiheiten stärker in den Mittelpunkt. Der Staat selbst kann sich nicht auf die Grundrechte berufen. Beamte und öffentlich Bedienstete können sich zwar auf die Grundrechte und ihre „positiven" Freiheiten berufen, müssen sich dabei aber Schutzpflichten Dritter entgegenhalten lassen. Der Ausgleich ist hier durch Abwägung im Einzelfall zu finden.

52

---

18 BVerfGE 143, 161, 203 – Karfreitag; *Kimminich*, Der Staat 3 (1964), 61, 75; anders: *Fikentscher/Möllers*, NJW 1998, 1337; BVerwG NJW 1999, 805; dagegen: *Lindner*, NVwZ 2002, 37.
19 BVerfG-K, NJW 1991, 910 f.; BVerwG, NJW 1991, 2920.
20 Leseempfehlung: *S. Graf Kielmansegg*, Das Sonderstatusverhältnis, JA 2012, S. 881 ff.

Das bedeutet in folgendem **Beispiel:** In Fällen des **Kopftuches** von Lehrerinnen **an öffentlichen Schulen** stehen sich positive und negative Glaubensfreiheit im Sonderstatus gegenüber (→ Rn. 197, 747). Um jegliche staatliche Missionierung v. a. schulpflichtiger Kinder, auszuschließen, ist hier die negative Religionsfreiheit in Ansatz zu bringen. Sie schützt insoweit nicht nur davor, z. B. nicht selbst beten zu müssen, sondern eröffnet auch Möglichkeiten, sich dem ständigen Anblick religiöser Symbole zu entziehen.

Hierzu sei auch ein **Gegenbeispiel** genannt: Das lässt sich nicht auf das **private Arbeitsrecht** übertragen. Gegen das Kopftuch einer Arbeitnehmerin z. B. im Einzelhandel kann der Arbeitgeber nicht eine vermeintliche negative Glaubensfreiheit anderer Arbeitnehmer oder seiner Kunden geltend machen, sondern allenfalls seine Unternehmensfreiheit, die jedoch regelmäßig zurücktreten muss.[21]

WIEDERHOLUNGS- UND VERSTÄNDNISFRAGEN

> Erklären Sie den dreistufigen Aufbau der Grundrechtsprüfung mit seinen Perspektiven und den je zwei Fragestellungen auf jeder Stufe.
> Welche Bedeutung hat die Unterscheidung verschiedener Schutzbereiche?
> Sind grundrechtliche Schutzbereiche restriktiv oder extensiv auszulegen?
> Kann eine Grundrechtsausgestaltung auch eine Grundrechtsbeeinträchtigung darstellen?
> Wie verhalten sich „positive" und „negative" Freiheiten zueinander?

III. Grundrechtskonkurrenzen

1. Theoretische und praktische Relevanz

53   Als Ergebnis der Abgrenzung der grundrechtlichen Schutzbereiche voneinander kann sich herausstellen, dass eine **einzige Maßnahme** (→ Rn. 55) unter verschiedenen Aspekten Freiheiten beschränkt und deshalb mehrere verschiedene Grundrechte tangiert. Dann stellt sich die Frage der Konkurrenzen:[22] Muss die Maßnahme dann an mehreren Grundrechten (Idealkonkurrenz) oder nur an einem Grundrecht (Spezialität) gemessen werden, und welches Grundrecht tritt gegebenenfalls zurück (Subsidiarität)?

54   Diese Fragen werden nur dann praktisch relevant, wenn für die betroffenen Grundrechte unterschiedliche Schranken geregelt sind. Dabei gilt folgende **Leitlinie für die Praxis:** Spezielle Schrankenregelungen sowie die besonders hohen Anforderungen an die Rechtfertigung von Eingriffen in vorbehaltlos gewährleistete Grundrechte dürfen nicht im Rahmen der Konkurrenzen umgangen werden. Im Zweifel muss deshalb jedenfalls auch das jeweils strengste unter all den betroffenen Grundrechten geprüft werden – wenn es darauf ankommt. Daneben hat allenfalls die sogenannte „Schutzbereichsverstärkung" (→ Rn. 59) noch praktische Bedeutung. Die Entscheidungspraxis der Gerichte beschränkt Begründungen regelmäßig auf das für das Ergebnis Notwendige. Eine Verfassungswidrigkeit aus mehreren Gründen kann dahingestellt bleiben. Deshalb hat die Frage der Konkurrenzen im Verfassungsrecht weniger Bedeutung als im Strafrecht, wo Idealkonkurrenzen auch für die Strafzumessung eine Bedeutung spielen können.

---

21 BAGE 103, 111, 121 f.
22 Monographisch hierzu: *Spielmann,* Konkurrenz von Grundrechtsnormen, 2008.

§ 4 Systematik der Grundrechtsprüfung § 4

HINWEISE FÜR DIE FALLBEARBEITUNG: In der Fallbearbeitung steht hingegen das Gutachten im Vordergrund. Um sämtliche (potenziell) relevante Gesichtspunkte dogmatisch herauszuarbeiten, sollten lediglich unzweifelhaft nicht einschlägige oder aber eindeutig subsidiäre Grundrechte im Schutzbereich bzw. wegen Konkurrenz ausgeschieden werden. Gerade um die unterschiedlichen Schranken deutlich zu machen, ist im Zweifel Idealkonkurrenz anzunehmen und d. h. mehrere einschlägige Grundrechte nebeneinander zu prüfen. Zur Vermeidung von Wiederholungen sind Verweisungen nach oben durchaus zulässig, wobei jedoch die jeweils besonderen Aspekte umso deutlicher herausgestellt werden sollen. So kann es sein, dass ein und dieselbe Maßnahme (z. B. die Beschlagnahme persönlicher Akten) zwar unter dem Aspekt der informationellen Selbstbestimmung gerechtfertigt werden kann, jedoch als Eingriff in das Recht der Unversehrtheit der Wohnung wegen der hohen Anforderungen des Art. 13 GG verfassungswidrig ist oder aber umgekehrt ein Lauschangriff als Eingriff in die Wohnung gerechtfertigt ist, aber das Abhören höchstpersönlicher, intimer Gespräche wegen des allgemeinen Persönlichkeitsrechts abgebrochen werden muss.

55

HINWEIS ZUM VERSTÄNDNIS: Die Konkurrenzenfrage bezieht sich immer auf ein und dieselbe Maßnahme, die gegebenenfalls an einem oder mehreren Grundrechten zu messen ist. Davon unabhängig sind **mehrere Maßnahmen** stets getrennt voneinander an den Grundrechten zu messen (→ Rn. 552). Sie stellen je unterschiedliche Eingriffe dar, für die jeweils einzeln eine vollständige Grundrechtsprüfung (d. h. Freiheitsrechte und Gleichheitsrechte und jeweils Schutzbereich/Zurechnung/Rechtfertigung) durchzuführen ist (→ Rn. 41 a. E.). Auch sind z. B. Auflagen an einen Versammlungsleiter, Maßnahmen gegenüber einzelnen Versammlungsteilnehmern, das Verbot einer Versammlung sowie die Versammlungsauflösung je unterschiedliche Maßnahmen. Eine sich daran anschließende Frage ist, ob mehrere Maßnahmen, die in einem gewissen Zusammenhang stehen, im Rahmen der Zurechnung und der Rechtfertigung auch kumulativ zu betrachten sind.[23] Beachte: Soweit ein verwaltungsrechtlicher Fall grundrechtliche Fragen aufwirft, ist zu unterscheiden, ob sich Zweifel an der Verfassungsmäßigkeit der **Eingriffsermächtigung** ergeben (d. h. generell abstrakt) oder/und Zweifel an einer Grundrechtsverletzung durch **Einzelakt** (d. h. im konkreten Einzelfall). Ist beides problematisch, muss zunächst die Eingriffsermächtigung einer vollständigen, freilich abstrakten Grundrechtsprüfung unterzogen werden, um bei der Frage der Rechtmäßigkeit der Einzelmaßnahme, d. h. bei der Auslegung und Anwendung des Rechts in dem gebotenen Maße auf die verfassungsrechtlichen Implikationen zurückgreifen zu können (→ Schema 2 Varianten 2 und 2 a). Eine Prüfung der Eingriffsermächtigung und des Einzelaktes ist auch gegebenenfalls bei der Urteilsverfassungsbeschwerde zu unterscheiden. Hierfür bieten sich zwei Aufbauvarianten an (→ Rn. 561 und Schema 6).

2. Abgrenzung spezifischer Schutzbereiche

Schon auf der ersten Stufe der Grundrechtsprüfung stellt sich die Frage der **spezifischen Beeinträchtigung** eines bestimmten Schutzbereichs. Hier geht es um die **Abgrenzung** der Schutzbereiche voneinander. Weil z. B. Art. 12 Abs. 1 GG nur die berufsspezifische Wirtschaftsfreiheit schützt, fallen nur Regelungen mit berufsregelnder Tendenz (→ Rn. 338) in seinen Schutzbereich. Dabei ist die Abgrenzung zu den eigentumsspezifischen Beeinträchtigungen zu treffen (Stichwort: Berufsfreiheit schützt den Erwerb, Eigentumsfreiheit das Erworbene → Rn. 373). An Art. 8 Abs. 1 GG sind nur versammlungsspezifische Eingriffe – also z. B. die Untersagung oder Auflösung einer Versammlung, nicht jedoch Restriktionen einzelner Meinungsäußerungen auf Versammlungen zu messen – letztere sind vielmehr von Art. 5 Abs. 1 GG geschützt (→ Rn. 264). Umgekehrt sind, wenn künstlerische Darbietungen lediglich Beiwerk einer Versamm-

56

---

23 Zu Schutzpflichten aus Ingerenz → Rn. 518; zur Addierung bzw. Saldierung der Schwere der Grundrechtsbeeinträchtigung im Rahmen der Verhältnismäßigkeit → Rn. 744.

lung darstellen, versammlungsspezifische Restriktionen „nur" an Art. 8 Abs. 1 GG zu messen.[24] Auch die Berufsfreiheit von Künstlern und Wissenschaftlern wird nicht vollständig durch Art. 5 Abs. 3 GG überlagert, weil letzterer die wirtschaftliche Verwertung nicht umfasst (→ Rn. 240, 246). Wenn keiner der spezifischen Schutzbereiche einschlägig ist, bleibt subsidiär die Prüfung von Art. 2 Abs. 1 GG als Auffanggrundrecht (→ Rn. 418).

HINWEIS FÜR DIE FALLBEARBEITUNG: Die Prüfung des Art. 2 Abs. 1 GG ist überflüssig[25] und muss deshalb im Gutachten unter Hinweis auf die Subsidiarität des Auffanggrundrechts unterbleiben, wenn ein spezielles Grundrecht greift (zu den Grenzen dieser Subsidiarität → Rn. 58).

MERKE: Die spezifischen Schutzbereiche der einzelnen Freiheitsrechte sind zunächst voneinander abzugrenzen und sie sind insgesamt speziell gegenüber der allgemeinen Handlungsfreiheit als Auffanggrundrecht.

3. Spezialität und Subsidiarität

57 Sind mehrere Schutzbereiche einschlägig, werden auch innerhalb der speziellen Grundrechtsschutzbereiche **Spezialitäts- bzw. Subsidiaritätsverhältnisse** anerkannt.[26] Bei zwei Grundrechten, die gleich stark geschützt werden, ist dies im Ergebnis unproblematisch. Das gilt z. B. für zwei Grundrechte, die beide vorbehaltlos gewährleistet werden (→ Rn. 711 ff.). Im Zweifel ist die Frage der Spezialität **im Einzelfall nach dem Schwerpunkt** zu entscheiden.[27] Ein Beispiel hierfür wäre ein religiöses Kunstwerk. Es stellt sich dann die Frage, welche Norm „nach ihrem spezifischen Sinngehalt die stärkere sachliche Beziehung"[28] zum Sachverhalt aufweist. Im Rahmen des Art. 4 Abs. 1 GG (→ Rn. 196) kann mit berücksichtigt werden, dass es sich um Kunst handelt oder im Rahmen des Art. 5 Abs. 3 GG kann die religiöse Aussage mit geschützt werden. Die Lehre von der Spezialität ist im Ergebnis jedenfalls dann ein akzeptabler Pragmatismus, wenn dabei die Schranken des verdrängten Grundrechts nicht umgangen werden. So sollen z. B. Meinungsäußerungen, die im Rahmen von Kunst-, Wissenschafts- oder Religionsausübung fallen, von Art. 5 Abs. 3 GG bzw. Art. 4 Abs. 1 GG geschützt sein, ohne dass es daneben noch der Prüfung des Art. 5 Abs. 1 GG bedürfte (→ Rn. 191). Deshalb ist bei engagierter Kunst (→ Rn. 237) der strengere, nämlich vorbehaltlos gewährleistete Art. 5 Abs. 3 GG und nicht Art. 5 Abs. 1 GG zu prüfen.[29] Innerhalb des strengeren und speziellen Grundrechts ist dann der Aspekt der Meinungsfreiheit mit zu berücksichtigen. Das bedeutet, dass z. B. alle politischen Äußerungen, denen im Rahmen des Art. 5 Abs. 1 GG wegen der Bedeutung der Meinungsfreiheit für die Demokratie besonderes Gewicht zukommt, auch bei engagierter Kunst diese Funktion haben und dass dies im Rahmen des Art. 5 Abs. 3 GG zu würdigen ist (→ Rn. 232).[30]

---

24 VGH Bad.-Württ. DÖV 1995, 163 f.; zu einem umgekehrt gelagerten Fall: BVerfGE 67, 213, 222 – Anachronistischer Zug.
25 Dabei handelt es sich genau betrachtet um eine Praktikabilitätserwägung, das Auffanggrundrecht nur subsidiär zu prüfen: *Spielmann*, Konkurrenz von Grundrechtsnormen, 2008, S. 146.
26 Zur (entbehrlichen) Unterscheidung abstrakter Spezialität und konkreter Subsidiarität *Jarass* in: Jarass/Pieroth, GG, 16. Aufl., Vorb. vor Art. 1 Rn. 17 f.
27 So zur Abgrenzung zwischen Art. 12 und Art. 14 GG ausdrücklich BVerfGE 121, 317, 344 f. – Nichtraucherschutz in Gaststätten.
28 BVerfGE 13, 290, 296 wendet dies sogar zwischen Freiheits- und Gleichheitsrechten an; dazu aus Sicht der Praxis und der Theorie → Rn. 761.
29 BVerfGE 30, 173, 191 – Mephisto.
30 BVerfGE 119, 1, 21 ff. – Esra.

Merke: Innerhalb der speziellen Grundrechte können Spezialitäten zugunsten strengerer Grundrechte und Subsidiaritäten weniger strenger Grundrechte angenommen werden, wenn der Schwerpunkt des Sachverhaltes dies nahe legt. Für Grundrechte mit gleichartigen Schrankenregelungen entscheidet ebenfalls der Schwerpunkt des Sachverhaltes.

4. Idealkonkurrenz

Idealkonkurrenz ist anzunehmen, wenn ein und dieselbe Maßnahme voneinander trennbare, die Freiheit beschränkende Wirkungen entfaltet. So hat zum Beispiel die Zwangsmitgliedschaft von Waldeigentümern in Jagdgenossenschaften zwei gänzlich verschiedene Aspekte: Einerseits ist – soweit das Gesetz an die Eigentümerstellung anknüpft – Art. 14 Abs. 1 GG betroffen. Andererseits ist hier die negative Vereinigungsfreiheit betroffen. Dabei ist zu beachten, dass unter diesem zweiten Aspekt neben Art. 14 Abs. 1 GG auch die Prüfung des Auffanggrundrechtes der allgemeinen Handlungsfreiheit nach Art. 2 Abs. 1 GG in Betracht kommt, wenn man mit der Rechtsprechung den spezielleren Schutzbereich des Art. 9 Abs. 1 GG eng auslegt (→ Rn. 298, 442).[31] Hält man hingegen Art. 9 Abs. 1 GG für einschlägig – was zuvor zu prüfen wäre –, scheidet dahinter Art. 2 Abs. 1 GG wegen seiner Subsidiarität aus. Beruft sich ein Betroffener darüber hinaus auf seine Gewissensfreiheit, kommt unter diesem Aspekt daneben auch die Prüfung von Art. 4 Abs. 1 GG in Betracht. Die Subsidiarität des Art. 2 Abs. 1 GG bezieht sich also nur auf ein und dieselbe Maßnahme (→ Rn. 55) und dabei nur auf eine bestimmte Beschränkungswirkung.

In der **Praxis** ist die Idealkonkurrenz vor allem dann von Bedeutung, wenn Maßnahmen im Ergebnis nicht verfassungswidrig sind, dies jedoch wegen der Betroffenheit mehrerer Grundrechte einer umfassenden Begründung, d. h. einer mehrfachen Rechtfertigung bedarf.[32] Das BVerfG prüft Gesetze auch dann umfassend an verschiedenen Grundrechten, wenn sich darunter verschiedene Fälle subsumieren lassen, die jeweils unterschiedliche Grundrechte berühren. Aber auch bei bestimmten Leitentscheidungen prüft das BVerfG jeweils das gesamte Spektrum der betroffenen Grundrechte.[33]

Hinweis für die Fallbearbeitung: Im Gutachten empfiehlt es sich, unabhängig vom Ergebnis im Zweifel mehrere Grundrechte nebeneinander zu prüfen. Auf diese Weise wird die Berücksichtigung **sämtlicher relevanter Gesichtspunkte** möglich und systematisch transparent. Deshalb wird die Idealkonkurrenz in der Literatur vielfach in größerem Umfang gefordert, als die Rechtsprechung sie anerkennt.[34] Theoretisch ist auch zwischen Freiheits- und Gleichheitsrechten stets Idealkonkurrenz anzunehmen, während sich die Praxis regelmäßig auf die eine oder die andere Prüfung beschränkt, wenn schon unter einem Aspekt eine Maßnahme verfassungswidrig ist.

5. Sogenannte „Schutzbereichsverstärkungen"

In der Praxis werden Sachverhalte aber auch dann nach ihrem Schwerpunkt einem Schutzbereich zugeordnet, wenn dadurch ein spezielles und besonders geschütztes Grundrecht verdrängt wird. So hat das BVerfG den Privatsphärenschutz für den familiären Umgang zwischen Eltern und Kindern **primär** dem Art. 2 Abs. 1 i. V. m. Art. 1 Abs. 1 GG zugeordnet und Art. 6 Abs. 1 und Abs. 2 GG dabei **sekundär**, d. h. nur

---

31 BVerfG-K, NVwZ 2007, 808, 811.
32 BVerfGE 95, 173, 182 ff. – Warnhinweise für Tabakerzeugnisse: Pflichten zu Warnhinweisen auf Tabakwaren verstoßen weder gegen Art. 12 Abs. 1, noch Art. 5 Abs. 1, noch Art. 14 Abs. 1 GG.
33 BVerfGE 85, 248, 256 f.: Strikte ärztliche Werbeverbote verstoßen gegen Art. 12 Abs. 1 und Art. 5 Abs. 1 GG.
34 Vgl. z. B. *Häberle*, AöR 110 (1985), S. 329, 351; *Sachs* in: Sachs, GG, 9. Aufl., Vorb. vor Art. 1 Rn. 136.

zur Verstärkung herangezogen (→ Rn. 255).[35] Die Beschlagnahme von Datenträgern eines Rechtsanwaltes hat das BVerfG primär am Recht auf informationelle Selbstbestimmung gemessen, dabei aber dessen Berufsfreiheit mitberücksichtigt, obwohl ein berufsspezifischer Eingriff nicht vorliege.[36] Ähnlich wurde das Schächten primär an der Berufsfreiheit des Metzgers nach Art. 12 GG gemessen und dem Aspekt der Religionsfreiheit nach Art. 4 Abs. 1 GG nur in deren Rahmen Rechnung getragen.[37] Das führt zu Modifizierungen im Rahmen der Abwägung. Dieser Weg lässt sich mit dem Begriff der **Schutzbereichsverstärkung** umschreiben. Die Rechtsprechung zitiert dann jeweils das primär betroffene Grundrecht „i. V. m." dem sekundär betroffenen Grundrecht.

60 Es handelt sich dabei sowohl methodisch als auch im Ergebnis um eine **Flexibilisierung der deutschen Grundrechtssystematik**. Das Vorgehen ist in der Literatur auf Kritik gestoßen.[38] Tatsächlich ist diese Praxis „unorthodox" und es sei in der Fallbearbeitung zu größter Vorsicht geraten, auf diese Methodik zurückzugreifen. Sowohl die Voraussetzungen des Bezugs zu einem Grundrecht jenseits eines Eingriffs in seinen Schutzbereich als auch die Folgen der Berücksichtigung bleiben bislang noch im Ungefähren. Das BVerfG erlaubt es sich nämlich, den Schutzbereich des sekundär betroffenen Grundrechts gar nicht explizit zu prüfen.[39] In einem umfassenden Gutachten müsste hierzu aber Stellung genommen werden. In anderen Fällen berücksichtigt das BVerfG grundrechtliche Belange, obwohl es den entsprechenden Schutzbereich ausdrücklich nicht für einschlägig hält.[40]

61 **HINWEIS FÜR FORTGESCHRITTENE:** Die Rechtsprechung, deren Tragweite noch nicht abzuschätzen ist und deren konstruktive systematische Erschließung[41] erst begonnen hat, lässt sich indes durchaus in eine saubere Fallbearbeitung integrieren. Dazu kommen mehrere Ansätze in Betracht: Erstens ist es denkbar, den Schutzbereich des nur sekundär betroffenen Grundrechts eng aufzufassen und die verstärkende Wirkung wie einen „Rechtsgedanken" als weichen Interpretationsgesichtspunkt zu begreifen. Das würde bedeuten, dass der besondere Schutz der Religionsfreiheit oder der Familie **über den Schutzbereich** der entsprechenden Grundrechte **hinaus** verfassungsrechtliche Berücksichtigung finden kann. Bei einer solchen Deutung stellt sich auch nicht das Problem, dass die Vorbehaltlosigkeit der Gewährleistung des Art. 4 Abs. 1 GG umgangen würde, weil dessen Schutzbereich ja nicht eröffnet ist. Zweitens lässt sich die Rechtsprechung bei Zugrundelegung einer weiten Interpretation der Schutzbereiche auf der Ebene der Konkurrenzen interpretieren. Wenn man die Unterscheidung zwischen verschiedenen Gesetzesvorbehalten und vorbehaltlosen Grundrechten als eine wertende Abstufung der Grundrechtsdogmatik begreift, ist es legitim, die Anwendung dieser Systematik wiederum von einer graduellen Bewertung abhängig zu machen. Danach wäre ein vorbehaltloses Grundrecht letztlich zwar nur dann anwendbar, wenn die Betroffenheit des Schutzbereichs ein gewisses Gewicht hat. Anderenfalls muss der entsprechende Gesichtspunkt aber auch nicht völlig außer Betracht bleiben. Diese Me-

---

35 BVerfGE 101, 361, 395 – Caroline von Monaco II.
36 BVerfGE 113, 29, 48 – Anwaltsdaten.
37 BVerfGE 104, 337, 346 – Schächten; auch eine Schutzbereichsverstärkung der Eigentumsfreiheit durch die Gewissensfreiheit wird in BVerfG-K NVwZ 2007, 808, 810 nicht per se ausgeschlossen.
38 *Volkmann*, DVBl. 2002, 332; *Spranger*, NJW 2002, 2074; *Dreier* in: Dreier, GG, Bd. 1, 3. Aufl., Vorb. Rn. 156: „Normamalgamierungen"; *Spielmann*, JuS 2004, 371.
39 BVerfGE 104, 337, 346 – Schächten: Die Frage eines mittelbaren Eingriffs in Art. 4 Abs. 1 GG wird nicht aufgeworfen.
40 BVerfGE 113, 29, 48 – Anwaltsdaten für die Berufsfreiheit.
41 Zum Zusammenspiel unterschiedlicher Grundrechte: *Spielmann*, Konkurrenz von Grundrechtsnormen, 2008.

thode betont den Prinzipiencharakter der Grundrechte (→ Rn. 29). Auch die allgemein anerkannte Rechtsprechung zum allgemeinen Persönlichkeitsrecht aus Art. 2 Abs. 1 i. V. m. Art. 1 Abs. 1 GG lässt sich als Schutzbereichsverstärkung des Art. 2 Abs. 1 GG durch die Menschenwürde begreifen, ohne dass die Absolutheit der Menschenwürde zum Tragen kommt. Ähnliches gilt für den Schutz gegen Abtreibungen, der nach der Rechtsprechung in der Menschenwürde gründen soll, aber dessen Maß sich nach Art. 2 Abs. 2 GG richtet.[42] In einem weiteren Sinne lassen sich auch die sogenannten „derivativen Teilhaberechte" z. B. auf chancengleiche Verteilung von Studienplätzen aus Art. 12 Abs. 1 GG i. V. m. Art. 3 Abs. 1 GG sowie die Fälle der Anwendbarkeit der sogenannten „neuen Formel" des Art. 3 Abs. 1 GG wegen gleichzeitiger Betroffenheit eines Freiheitsrechts als „Schutzbereichsverstärkungen" rekonstruieren (→ Rn. 770). Schließlich sei angemerkt, dass auch die Berücksichtigung der EMRK im Rahmen der „völkerrechtsfreundlichen" Auslegung des Grundgesetzes zu einer methodisch verwandten Verstärkung des Schutzbereiches deutscher Grundrechte führen kann. Man könnte die Methode innerhalb des nationalen Verfassungsrechts daran anknüpfend auch als „grundrechts- bzw. schutzbereichsfreundliche" Auslegung des Grundgesetzes bezeichnen. Hinzu kommt noch, dass auch innerhalb der Rechte der EMRK vielfach Kombinationen angenommen werden – insbesondere auch zwischen Freiheitsrechten und dem Diskriminierungsverbot des Art. 14 EMRK.[43]

6. Holistischer Ansatz

Die Forderungen nach einer möglichst umfassenden Grundrechtsprüfung und die Ansätze zu einer Schutzbereichsverstärkung ließen sich auch zu einem holistischen Ansatz weiterentwickeln. Danach wären alle in Betracht kommenden Aspekte der Freiheitsbeschränkung nicht nebeneinander in Ansatz zu bringen. Vielmehr wäre allgemein die Frage nach deren gegenseitiger Verstärkung im Einzelfall aufzuwerfen. Im Rahmen der Schutzbereichsprüfung und der Zurechnung müsste jeweils geklärt werden, welches Grundrecht überhaupt betroffen ist. Soweit Idealkonkurrenzen anzunehmen sind, wäre für jedes Grundrecht auch eine eigene Rechtfertigung zu prüfen. Im Rahmen einer **Gesamtabwägung** wäre dann schließlich zu fragen, ob die Schwere der zugleich betroffenen Grundrechte zusammengenommen durch die Zwecke der Maßnahme zu rechtfertigen ist (→ Rn. 744).[44] Entscheidend für eine solche Gesamtabwägung spricht, dass auch auf der anderen Seite der Zwecke, die eine Grundrechtsbeeinträchtigung gegebenenfalls rechtfertigen, kumulativ sämtliche in Betracht kommenden Belange zu berücksichtigen sind. Das können sowohl verschiedene Grundrechte Dritter als auch Gemeinwohlinteressen sein. Die isolierte Prüfung jedes einzelnen Grundrechts führt bei der Abwägung strukturell zu einer Asymmetrie zulasten der Grundrechte insgesamt.

62

Eine solche Gesamtabwägung hat aber nur dann eigenständige Bedeutung, wenn die Eingriffstiefe insgesamt dadurch erhöht wird, dass eine Maßnahme zugleich in zwei verschiedene Grundrechte eingreift. Eine solche gegenseitige Verstärkung der Eingriffsintensität kommt aber allenfalls bei sachlich oder funktionell **verwandten Grundrechten** in Betracht. Sachlich verwandt wären etwa die – zumindest auch – die Privatsphäre betreffenden Rechte aus Art. 2 Abs. 1 i. V. m. Art. 1 Abs. 1 GG, Art. 10 GG und Art. 13 GG. Funktionell verwandt wären die politischen Grundrechte der Art. 5 Abs. 1 GG, Art. 8 GG und gegebenenfalls Art. 9 Abs. 1 GG oder die wirtschaftlichen Grund-

63

---

42 BVerfGE 88, 203, 251 – Schwangerschaftsabbruch II (dazu → Rn. 155).
43 *Richter* in: Dörr/Grote/Marauhn, EMRK/GG, 3. Aufl., Kap. 9 Rn. 77.
44 Von einem Abwägungsverbund spricht *Spielmann*, Konkurrenz von Grundrechtsnormen, 2008, S. 173 ff.; krit. gegen die Figur des „kumulativen Grundrechtseingriffs" *Klement*, AöR 134 (2009), S. 35, 63.

rechte aus Art. 12, Art. 14 und Art. 2 Abs. 1 GG.[45] Auch der Schutz von Geschäftsräumen nach Art. 13 GG kann mit Art. 12 GG funktionell zusammenwirken. Wenn aber z. B. baurechtliche Vorschriften im Falle eines Gotteshauses zugleich in Art. 14 GG als auch in Art. 4 Abs. 1 GG eingreifen, dann sind die eigentumsrechtlichen und die religionsrechtlichen Belange auch bei der Abwägung voneinander zu trennen, d. h. die Rechtfertigung des Eingriffs in das Eigentum ist unabhängig davon, dass es sich um ein religiöses Gebäude handelt und die Rechtfertigung des Eingriffs in die Religionsfreiheit ist unabhängig davon, in wessen Eigentum das Gebäude steht.

Der Sache nach hat auch die **Rechtsprechung** bei der Gewichtung von Grundrechtseingriffen das Zusammentreffen mehrerer Schutzbereiche bisweilen berücksichtigt. So wurden z. B. Durchsuchungsmaßnahmen in Redaktionen kumulativ am Schutz der Geschäftsräume nach Art. 13 GG und der Pressefreiheit aus Art. 5 Abs. 1 S. 2 GG gemessen. Weil hier Art. 13 GG dem Schutz der Pressefreiheit funktionell dient, fällt letztere „zusätzlich [...] ins Gewicht" und macht eine „allseitige Abwägung"[46] erforderlich. Auch beim Nichtraucherschutz wurden im Rahmen der Verhältnismäßigkeit eines gaststättenrechtlichen Rauchverbotes gegenüber der Berufsfreiheit Gastwirte auch die allgemeine Handlungsfreiheit der rauchenden Gäste mit berücksichtigt[47] – und also nicht nur der entgegenstehende Schutz der Gesundheit der Passivraucher. Die Frage der inzidenten Prüfung mehrerer Grundrechte hat auch eine prozessuale Seite: In der Praxis werden auf diesem Wege im Rahmen der Begründetheit einer Verfassungsbeschwerde auch Grundrechte jenseits klägerischer Selbstbetroffenheit geprüft und der Verfassungsbeschwerde mithin eine auch objektivrechtliche Funktion zuerkannt. Von einem konsequent holistischen Grundrechtsansatz kann in der Rechtsprechung freilich keine Rede sein. Einem solchen Ansatz steht in der Praxis entgegen, dass sich die Gerichte regelmäßig auf das zur Begründung ihrer Entscheidungen Notwendige beschränken. Die Unverhältnismäßigkeit von Maßnahmen lässt sich regelmäßig auch ohne eine holistische Begründung überzeugend darlegen.

Hinweise für die Fallbearbeitung: Für die Fallbearbeitung sei empfohlen, eine Gesamtabwägung mit gegenseitiger Gewichtsverstärkung allenfalls ergänzend zur Abwägung innerhalb jedes einzelnen Grundrecht und das heißt im Anschluss an diese zu prüfen. In dem zuvor genannten Beispiel könnte zunächst Art. 13 GG, dann Art. 5 Abs. 1 S. 2 GG und schließlich Art. 13 GG i. V. m. Art. 5 Abs. 1 S. 2 GG geprüft werden. Weil ein derartiger Ansatz ungewöhnlich ist, sollte er nicht ohne Auseinandersetzung mit der verwandten Rechtsprechung zur Schutzbereichsverstärkung geschehen. Auch die Parallele zu der noch weiter gehenden Gesamtbetrachtung der Kumulation mehrerer Maßnahmen sollte dabei erwähnt werden. Die Konsequenzen dieser Ansätze sind im Rahmen der Abwägung, also auf der dritten Stufe der Grundrechtsprüfung zu ziehen (→ Rn. 744). Darstellungsprobleme lassen sich auch durch die Reihenfolge der Prüfung mehrerer spezieller Grundrechte minimieren. Dabei lässt sich auf bereits geprüfte Grundrechte verweisen.

---

45 BVerfGE 88, 203, 294 – Schwangerschaftsabbruch II: Der Schutz eines vom ärztlichen Berufsbild geprägten Persönlichkeitsrechts wird aus Art. 2 Abs. 1 i. V. m. Art. 12 Abs. 1 GG abgeleitet.
46 BVerfGE 20, 162, 187 u. 198 – Spiegel; BVerfG-K, NJW 1998, 2131.
47 BVerfGE 121, 317, 359 – Nichtraucherschutz in Gaststätten. Zu der Berücksichtigung der Vermögensschutzes im Rahmen der Berufsfreiheit in derselben Entscheidung → Rn. 383.

§ 4 Systematik der Grundrechtsprüfung

WIEDERHOLUNGS- UND VERSTÄNDNISFRAGEN

> Erklären Sie den Unterschied zwischen Spezialität und Idealkonkurrenz und deren Bedeutung in der Grundrechtsdogmatik.
> Welche Bedeutung hat die sogenannte „Schutzbereichsverstärkung"?

Teil 2:
Grundrechte im Mehrebenensystem

Hinweis: Die Darstellung des Mehrebenensystems ist primär **für Fortgeschrittene** gedacht, setzt aber Kenntnisse im Europarecht nicht zwingend voraus. Anfänger können diesen Teil zunächst überspringen und die Lektüre mit Rn. 131 fortsetzen.

§ 5 Grundrechtsschutz im Mehrebenensystem

I. Ausgangspunkt und Entwicklungstendenz des Mehrebenendenkens

64 Auch für eine Beschäftigung mit den europäischen Dimensionen des Grundrechtsschutzes sind und bleiben die **Grundrechte des GG** der Dreh- und Angelpunkt der Grundrechtsdogmatik aus einer deutschen Perspektive. Wer im Mehrebenensystem die Orientierung behalten will, sollte die drei Stärken der nationalen Grundrechte immer im Blick haben: Sie nehmen am **Vorrang des Verfassungsrechts** teil, sie sind für alle deutsche Staatsgewalt **unmittelbar bindend** und sie sind **verfassungsgerichtlich durchsetzbar**. Diese starken Eigenschaften der nationalen Grundrechte und die Einzelheiten ihrer konkreten Ausprägung sind auf die europäischen Grund- und Menschenrechte nicht ohne Weiteres übertragbar. Gerade deshalb sind letztere eine Herausforderung. Im Vergleich mit dem „puren" deutschen Grundrechtsschutz entstehen durch die Europäisierung der Grundrechte mehrere Probleme: Die Europäisierung des Grundrechtsschutzes i. S. einer wechselseitigen Annäherung der Gewährleistungsinhalte wird nicht nur als Chance und Vorteil wahrgenommen. Die Grundrechte des GG haben eine spezifische, historisch gewachsene Bedeutung, die für die heutige Verfassungsordnung prägend ist. Auch die Akzeptanz des Grundgesetzes ist in besonderem Maße mit der Anerkennung von Grundrechten verbunden. Das vergleichsweise hohe Schutzniveau, das durch die Rechtsprechung des BVerfG entstanden ist und gefestigt wurde, soll danach, wenn schon nicht Alleinstellungsmerkmal des deutschen Rechts, so doch immerhin garantierter Standard sein. Manche Entscheidungen deutscher Gerichte und auch Teile des deutschen Schrifttums sind von der Sorge eines **Grundrechtsdefizits durch Europäisierung** des Rechts getragen. Soweit nationales Recht durch europäisches Recht verdrängt wird, könnte auch das hohe Schutzniveau der nationalen Grundrechte ausgehebelt werden. Das Schutzniveau der europäischen Grundrechte hat sich in den letzten Jahrzehnten allerdings so weit entwickelt, dass von einem Grundrechtsdefizit des europäischen Rechts nicht mehr die Rede sein kann. Um die Stärken des nationalen Grundrechtsschutzes nicht zu unterlaufen, stehen diese europäischen Gewährleistungen außerdem in einem Ergänzungsverhältnis zu den Grundrechten des GG: Zusätzlich zu den nationalen Grundrechten werden auch durch das europäische Recht Grund- und Menschenrechte gewährleistet.

Das Ergänzungsverhältnis führt zu Überlagerungen der Grundrechte. Die Annäherungen des Schutzniveaus führen zu **Optimierungen des Grundrechtsschutzes durch Europäisierung**. Das legt die umgekehrte Frage nahe, ob über die starken Grundrechte des GG hinaus „noch mehr" Grundrechtsschutz überhaupt möglich und wünschenswert ist. Die Konsequenz der extensiven Auslegung der Grundrechte durch das BVerfG kann als ein in vielerlei Hinsicht optimierter Grundrechtsschutz und Grundrechtsstandard bezeichnet werden. In der Literatur werden weitere Forcierungen des Grundrechtsschutzes z. T. kritisiert. Fragen nach der Begrenzung der Funktion der Grundrechte und der Gerichte stellen sich umso dringlicher, wenn neben den Grundrechten des Grundgesetzes auch die Grundrechte weiterer Ebenen eine zunehmende, auch praktische Rolle spielen.

II. Das europäische Mehrebenensystem als rechtsdogmatische Herausforderung

Das Verhältnis zwischen GG, Charta der Grundrechte der Europäischen Union (GRCh) und Europäischer Menschenrechtskonvention (EMRK) lässt sich nicht auf einen einzigen Nenner bringen. Vielmehr ist zu bedenken, dass sich die **EMRK** (dazu § 6) und das **Unionsrecht** (dazu § 7) in vielerlei Hinsicht **grundsätzlich unterscheiden**. Dies betrifft weniger die Inhalte der jeweils gewährleisteten Rechte, sondern z. B. ihre Anwendbarkeit im Einzelfall, ihre prozessuale Durchsetzbarkeit mit verschiedenen Verfahren und Fragen der Kompetenzen der Gerichte verschiedener Ebenen. Schon die in der Praxis typischen Fallkonstellationen, in denen sich die Ebenen berühren, unterscheiden sich voneinander. Diese Unterscheidungen sind rechtsdogmatische Herausforderungen und trotz zunehmender Annäherung der Rechtsinhalte sind sie von praktischer Bedeutung auch für die Grundrechtsentwicklung. Denn es sind letztlich die Gerichtsverfahren, mit denen einerseits Annäherungen der Rechtsinhalte erstritten werden und in deren Rahmen andererseits auch eine Berufung auf fortbestehende Unterschiede gegebenenfalls Erfolg verspricht. Eine dogmatische Beschäftigung mit den Grundrechten im Mehrebenensystem sollte weniger die Texte des GG, der EMRK und der GRCh einander gegenüberstellen. Wichtiger ist der Blick auf die **Rechtsprechung im Mehrebenensystem**, d. h. auf die **drei Gerichte**, namentlich auf das BVerfG (Karlsruhe), den Europäischen Gerichtshof für Menschenrechte (EGMR in Straßburg) und den Gerichtshof der Europäischen Union (EuGH in Luxemburg), sowie auf die **drei Verfahrensarten** der Verfassungsbeschwerde zum BVerfG (Art. 93 Abs. 1 Nr. 4 a GG), der Individualbeschwerde zum EGMR (Art. 34 EMRK) und des Vorabentscheidungsverfahrens durch den EuGH (Art. 267 AEUV). Die Bedeutung der Rechtsprechung geht so weit, dass es der um die Autonomie der Union besorgte EuGH[1] war, der den in Art. 6 Abs. 2 EUV vorgesehenen Beitritt der EU zur EMRK verhindert hat.

65

Um den Grundrechtsschutz im europäischen Mehrebenensystem erfassen zu können, sind Grundkenntnisse zum Wesen des **Unionsrechts** mit Blick auf die GRCh und zum Wesen des **Völkerrechts** mit Blick auf die EMRK erforderlich. Mit Blick auf das Grundgesetz geht es darum, wie sich das nationale Recht insgesamt zum Unionsrecht und zum Völkerrecht verhält, also um ein Thema, das in der Lehre gängig als Staatsrecht III behandelt wird. Diese Grundkenntnisse werden im Folgenden auf das zusammengefasst, was zum Verständnis der Grundrechte erforderlich ist.

Für ein tieferes Verständnis ist auch die **Entwicklung des Rechts** in den Blick zu nehmen, das gerade mit Blick auf die Grundrechte im Mehrebenensystem in den letzten Jahrzehnten einige Wandlungen durchlaufen hat. Dazu sei auf das Kapitel zur historischen Entwicklung der Grundrechte verwiesen, das eigene Abschnitte zu dieser europäischen Geschichte enthält (→ Rn. 23 f.). Die folgende Darstellung konzentriert

---

[1] EuGH, 18.12.2014 – Gutachten 2/13.

sich auf die aktuelle Rechtslage und Rechtsprechung und auf deren dogmatische Konsequenzen für die Fallbearbeitung.

WIEDERHOLUNGS- UND VERSTÄNDNISFRAGEN

> Welche Ebenen des Grundrechtsschutzes in Europa sind zu unterscheiden?
> Welche Gerichte ringen um die Deutungshoheit über die Grundrechte in Europa?
> Welche Verfahrensarten sind zur Durchsetzung der Grundrechte des GG, der EMRK und der GRCh von herausragender Bedeutung?

§ 6 Die EMRK und ihre Durchsetzbarkeit

I. Die EMRK als Völkervertragsrecht

Die Europäische Menschenrechtskonvention (EMRK) ist ein **völkerrechtlicher Vertrag**. Sie ist mit der Idee des **Europarates** untrennbar verbunden und wurde von diesem 1949/1950 ausgearbeitet. Dieser Europarat ist nicht zu verwechseln mit dem Rat der EU oder dem Europäischen Rat, bei denen es sich um Organe der EU handelt, die seinerzeit noch gar nicht gegründet war. Die Geltung völkerrechtlicher Verträge hängt von deren Ratifikation ab. Die EMRK trat 1953 in Kraft, nachdem die ersten zehn Staaten – darunter auch Deutschland – sie ratifiziert hatten. Inzwischen haben sich insgesamt 47 Vertragsstaaten, d. h. nahezu alle europäischen Staaten angeschlossen. Die Mitgliedstaaten der EU, die ausnahmslos dazu gehören, bilden also knapp die Hälfte der Mitglieder. Die EU als solche ist hingegen (noch) nicht Mitglied. Die Regelungen der EMRK wurden über die Jahre durch **Zusatzprotokolle** (ZP) modifiziert und ergänzt, die ihrerseits eigenständige völkerrechtliche Verträge darstellen und deren Geltung damit ebenso von der **jeweiligen Ratifikation** durch die einzelnen Vertragsstaaten abhängt.[1]

66

Es ist zunächst festzuhalten, dass die Rechtsnatur der EMRK als völkerrechtlicher Vertrag grundverschieden ist von dem Grundrechtskatalog des GG, der Teil der Verfassung eines Staates ist. Das nationale Verfassungsrecht ist aber für die Wirkungen der EMRK von Bedeutung. Welche Rechtswirkungen das Völkerrecht in der deutschen Rechtsordnung entfaltet, richtet sich nach dem Grundgesetz. Der **Normanwendungsbefehl** für Normen des Völkerrechts ist im nationalen Recht zu verorten. Die theoretische Frage, ob damit die völkerrechtliche Norm in eine nationale Norm transformiert wird, oder ob der Normanwendungsbefehl lediglich den Vollzugsbefehl darstellt, ohne am völkerrechtlichen Charakter der Norm etwas zu ändern, soll an dieser Stelle offen bleiben.

Weil die Garantien der EMRK inhaltlich und funktionell Grundrechten zumindest sehr ähneln, wird immer wieder darüber nachgedacht, ob sie auch die Rechtsnatur und den Rang von Verfassungsrecht haben. Dass eine Verfassung einem Menschenrechtspakt solche Bedeutung zumisst, wäre denkbar. Das ist nach der Konzeption des GG jedoch abzulehnen: Das Bekenntnis des Art. 1 Abs. 2 GG zu den Menschenrechten ist allgemeiner Natur. Darin liegt keine Inkorporation der EMRK, die erst kurze Zeit später (1950) als das Grundgesetz (1949) entstanden ist. Art. 1 Abs. 2 GG ist lediglich ein Argument dafür, Menschenrechte (und auch die EMRK) bei der Auslegung des Grundgesetzes zu berücksichtigen. An dieser Stelle soll es aber zunächst nicht um die weichen und mittelbaren Einflüsse der EMRK auf das nationale Recht gehen (→ Rn. 79 ff.), sondern um unmittelbare Rechtswirkungen.

67

Keine Anwendung auf die EMRK findet auch Art. 25 GG, durch den ein Teil des Völkerrechts verfassungsunmittelbar zum Bestandteil des Bundesrechts wird und als solcher sogar Vorrang vor den Gesetzen hat. Die EMRK als völkerrechtlicher Vertrag, der spezifisch europäische Menschenrechtsstandards festschreibt, gehört nicht dazu. „Allgemeine Regeln des Völkerrechts" i. S. d. Art. 25 GG sind vielmehr Normen des Völkergewohnheitsrechts und allgemeine Rechtsgrundsätze, die weltweit als geltendes

---

[1] Siehe https://www.coe.int/en/web/conventions/cets-number-/-abridged-title-known?module=treaties-full-list&NumsSte=005 zum jeweils aktuellen Stand.

Völkerrecht anerkannt sind. Diese Regelung dient der Lückenfüllung in Bezug auf ungeschriebenes Völkerrecht.

Der maßgebliche Normanwendungsbefehl für völkerrechtliche Verträge ist vielmehr in den jeweiligen **Zustimmungsgesetzen nach Art. 59 Abs. 2 GG** zu suchen. In Deutschland sind mit diesem Mechanismus bislang die EMRK und die Zusatzprotokolle Nrn. 1–9, 11, 13 und 14 in Kraft getreten. Sie sind also geltendes Recht.

68 Die Rechte der EMRK sind auch **unmittelbar anwendbar.** Die Artikel der EMRK sind „self executing", d. h. sie bedürfen nicht einer Konkretisierung und Umsetzung in nationale Rechtsvorschriften, um unmittelbar Rechte und Pflichten erzeugen zu können. Dass auch Rechte auf so hohem Abstraktionsniveau in der deutschen Rechtsordnung unmittelbar gelten können, belegt Art. 1 Abs. 3 GG. Auch die EMRK bindet damit nicht nur die Bundesrepublik als solche und sie ist nicht nur Umsetzungsaufgabe für den Gesetzgeber. Die EMRK bindet vielmehr unmittelbar **alle Behörden und Gerichte** bei der Ausübung von Staatsgewalt. So sind z. B. Verwaltungsakte, die gegen die EMRK verstoßen, nach § 48 VwVfG – vorbehaltlich des Vertrauensschutzes – aufzuheben.[2] Auch in Privatrechtsstreitigkeiten können sich Parteien unmittelbar auf die EMRK berufen, wofür es im Familienrecht und im Presserecht zahlreiche Beispiele gibt. Dabei kann die Frage aufkommen, wie sich die EMRK zu gegebenenfalls kollidierenden Rechtsnormen des deutschen Rechts verhält. Der Schutz der EMRK gilt für alle Menschen, d. h. auch für Staatsangehörige solcher Staaten, die ihrerseits nicht Mitglieder des Europarates sind.

69 Dass der Normanwendungsbefehl auf Art. 59 Abs. 2 GG gestützt wird, ist der formale Ausgangspunkt für die Bestimmung des Rangs der EMRK. Nach der Rechtsprechung hat die EMRK den **Rang eines einfachen Bundesgesetzes.** Als Gesetz geht sie den untergesetzlichen Bestimmungen (also z. B. Verordnungen) vor und als Bunderecht geht sie dem Landesrecht vor. Mit anderen Bundesgesetzen steht die EMRK auf einer Rangstufe. Auf die schwierige Frage, wie etwaige Kollisionen mit anderen Bundesgesetzen durch das verfassungsrechtliche Gebot der „**völkerrechtsfreundlichen Auslegung**" aufgelöst bzw. vermieden werden können, wird später eingegangen (→ IV.). Zuvor wird behandelt, in welchen Verfahren die EMRK vor den Gerichten durchgesetzt werden kann. Zunächst wird der Blick auf das spezifisch auf die Geltendmachung von Verletzungen der EMRK zugeschnittene Verfahren der **Individualbeschwerde zum EGMR** nach Art. 34 EMRK gerichtet (→ II.). Dann werden die Verfahren im deutschen Rechtsschutzsystem unter dem Gesichtspunkt behandelt, inwieweit sie die Funktion erfüllen können, der EMRK zur Durchsetzung zu verhelfen (→ III.). Prozessual gehen die Möglichkeiten des **Rechtsschutzes vor den nationalen Gerichten** zwar einer Individualbeschwerde zum EGMR voraus, weil Art. 34 EMRK die Erschöpfung des Rechtswegs voraussetzt. Dennoch soll mit der Individualbeschwerde zum EGMR begonnen werden, die in vielerlei Hinsicht der Verfassungsbeschwerde zum BVerfG ähnelt. Denn die Durchsetzbarkeit in einem besonderen Grundrechtsbeschwerde-Verfahren prägt die Bedeutung, um nicht zu sagen das Wesen, der Grundrechte. Hierin liegt eine fundamentale Gemeinsamkeit der Grundrechte des GG und der Rechte der EMRK.

---

2 *Ruffert*, EuGRZ 2007, 245, 251.

II. Die Individualbeschwerde nach Art. 34 EMRK

1. Der EGMR

Der **EGMR** ist ein spezifisches **Grundrechte-Gericht**: Der EGMR ist ausschließlich zuständig für solche Verfahren, in denen es um die Verletzung der EMRK geht. Das sind die (seltenen) Staatenbeschwerden nach Art. 33 EMRK und die praktisch bedeutsame Individualbeschwerde nach Art. 34 EMRK.

70

Zum Verständnis der Funktion und Bedeutung des EGMR lohnen **zwei Vergleiche**: Auch die Arbeit des **BVerfG** wird rein quantitativ sehr von den Verfassungsbeschwerden dominiert. Obwohl das BVerfG als Verfassungsgericht daneben auch für andere, insbesondere organisationsrechtliche Streitigkeiten zuständig ist, wird seine Bedeutung durch die Funktion des Grundrechtsschutzes stark geprägt wird. Darin unterscheiden sich das BVerfG und der Straßburger EGMR ganz grundlegend vom **EuGH** in Luxemburg. Denn der EuGH ist kein spezifisches Grundrechtsgericht – im Gegenteil: Es gibt kein der Individual- oder Verfassungsbeschwerde vergleichbares Verfahren, mit dem Personen die Verletzung ihrer Grundrechte vor dem EuGH geltend machen könnten. Der EuGH wird vielmehr nur gelegentlich und zwar v. a. über Vorabentscheidungsverfahren – auf Vorlage nationaler Gerichte nach Art. 267 AEUV – mit grundrechtlichen Fragen konfrontiert. Die große Masse der Verfahren vor dem EuGH betrifft nicht grundrechtliche, sondern sonstige Fragen des Unionsrechts.

Eine wichtige Gemeinsamkeit zwischen EGMR und EuGH gibt es jedoch: Beide Gerichte repräsentieren – im Unterschied zu einem nationalen Gericht – durch ihre **Richterschaft** ein breites Spektrum **verschiedener europäischer Rechtstraditionen**, die so auch in die Rechtsprechung einfließen. Die Zahl der Richter des EGMR entspricht nach Art. 20 EMRK der Zahl der Mitgliedstaaten der EMRK. Anders als beim EuGH gibt es für die Richter des EGMR nach Art. 45 Abs. 2 EMRK auch die Möglichkeit, abweichende Meinungen mit der Entscheidung zu veröffentlichen. Diese sind auch für die Fallbearbeitung als Quellen nicht nur einer kritischen Auseinandersetzung, sondern auch der Interpretation der Rechtsprechung von Interesse. Über die Unzulässigkeit kann gegebenenfalls ein aus drei Richtern bestehender **Ausschuss** nach Art. 27 Abs. 1 S. 1, 28 EMRK entscheiden, andernfalls entscheidet eine aus sieben Richtern bestehende **Kammer** nach Art. 27 Abs. 1 S. 1, 29 Abs. 1 EMRK über die Zulässigkeit und Begründetheit durch Urteil, wenn eine gütliche Einigung nach Art. 38, 39 EMRK nicht herbeizuführen ist. In Ausnahmefällen schwerwiegender Auslegungs- oder Anwendungsfragen bzw. Fragen von allgemeiner Bedeutung kann jede Partei nach Art. 27 Abs. 1 S. 1, 43 Abs. 1 EMRK innerhalb von drei Monaten nach dem Urteil der Kammer die Verweisung an die aus siebzehn Richtern bestehende **Große Kammer** beantragen.

71

2. Zulässigkeit der Individualbeschwerde

Beschwerdefähig sind nach Art. 34 EMRK jede natürliche Person sowie nichtstaatliche Organisationen und Personengruppen, soweit es denkbar ist, dass ihnen ein Konventionsrecht zustehen kann.

72

Der **Gegenstand** der Individualbeschwerde wird in Art. 34 EMRK nicht näher umschrieben, sondern vorausgesetzt. Alle Akte hoheitlicher Gewalt, durch die der Beschwerdeführer in einem seiner Menschenrechte verletzt sein kann, kommen damit in Betracht. Gegenstand der Individualbeschwerde kann also – ähnlich der deutschen

Verfassungsbeschwerde – jedes Tun oder Unterlassen sein, das einem Mitgliedstaat der EMRK zuzurechnen ist bzw. für das er völkerrechtlich verantwortlich ist. Akte der EU können als solche nicht Beschwerdegegenstand sein, weil die EU selbst nicht Mitglied der EMRK ist.[3] Allerdings sind alle Mitglieder der EU auch Mitglieder der EMRK und deshalb bei der Übertragung von Hoheitsrechten und v. a. bei der Umsetzung und beim Vollzug des Unionsrechts an die EMRK gebunden.

Der Beschwerdebefugnis bei der Verfassungsbeschwerde zum BVerfG korrespondiert das Erfordernis der **Opfereigenschaft** des Beschwerdeführers bei der Individualbeschwerde zum EGMR.[4] Ein substantiierter und schlüssiger Vortrag der Verletzung eines Konventionsrechts ist notwendig und hinreichend. Popularklagen sind damit ausgeschlossen. Anders als bei der Verfassungsbeschwerde muss die Beschwer nicht noch andauern.[5] Auch reicht eine „mittelbare Opfereigenschaft" z. B. naher Angehöriger, wenn der direkt Betroffene – insbesondere etwa in Fällen der Folter Inhaftierter – nicht in der Lage ist, die Beschwerde selbst zu erheben.[6]

Auch im Erfordernis der „**Erschöpfung aller innerstaatlichen Rechtsbehelfe**" nach Art. 35 Abs. 1 EMRK ähnelt die Individualbeschwerde in ihren Zulässigkeitsvoraussetzungen der deutschen Verfassungsbeschwerde (→ Rn. 914 ff.). Dabei ist auf folgende Besonderheiten zu achten: Der Sinn und Zweck dieser Regelung besteht nicht nur darin, die dramatische Überbelastung des EGMR zu entschärfen, sondern rekurriert auch auf die funktionelle Begrenzung des EGMR. Anders als beim BVerfG gilt es hier nicht nur, verschiedene staatliche Gewalten bzw. Gerichtsbarkeiten voneinander abzugrenzen. Vielmehr verweist Art. 35 Abs. 1 EMRK ausdrücklich auf die Grundsätze des Völkerrechts und damit auf die zu bewahrende **Souveränität der Mitgliedstaaten** und deren Aufgabe, die völkerrechtlichen Verpflichtungen primär selbst umzusetzen und auch innerstaatlich durchzusetzen.

Über § 90 Abs. 2 BVerfGG hinausgehend regelt Art. 35 Abs. 1 EMRK auch den Grundsatz der **Subsidiarität** mit, indem er die Erschöpfung aller Rechtsbehelfe voraussetzt. In der Sache ergibt sich daraus aber nur insoweit ein Unterschied, als zu den vorrangigen Rechtsbehelfen i. S. d. EMRK **auch Verfassungsrechtsbehelfe** auf nationaler Ebene, also v. a. die Verfassungsbeschwerde zum BVerfG gehören. Allerdings regelt Art. 35 Abs. 1 EMRK im Gegensatz zu § 90 Abs. 2 S. 2 BVerfGG keine Ausnahmen vom Erfordernis der Rechtswegerschöpfung. Die Rechtsprechung des EGMR[7] zu Art. 35 Abs. 1 EMRK ist jedoch so großzügig, dass im Ergebnis ähnliche Ausnahmen gelten.

Die Beschwerde muss nach Art. 45 Abs. 1 VerfahrensO schriftlich und unterzeichnet und nach Art. 35 Abs. 1 EMRK innerhalb von sechs Monaten nach der letztinstanzlichen innerstaatlichen Entscheidung eingelegt werden.

3. Begründetheit und Konsequenzen der Individualbeschwerde

73   Die Individualbeschwerde ist begründet, wenn der Beschwerdeführer tatsächlich in einem seiner Konventionsrechte verletzt ist. Dem EGMR kommt die Aufgabe zu, die EMRK als völkerrechtlichen Vertrag **authentisch**, d. h. im gemeinsamen Sinne der

---

3 EGMR (Große Kammer), v. 18.2.1999, EuGRZ 1999, 200, 201, Z. 32 – Matthews/Vereinigtes Königreich.
4 Fallbearbeitungs-Beispiel mit abweichendem Aufbau: S. *Schiedermair*, JuS 2010, 993.
5 EGMR, v. 27.6.2000, RJD 2000-VIII, Z. 42 f. – Constantinescu/Rumänien.
6 EGMR, v. 2.9.1998, RJD 1998-IV, Z. 66 – Yasa; EGMR, v. 8.7.1999, RJD 1999-IV, Z. 118 – Tanrikulu.
7 EGMR, v. 6.11.1980, Serie A 40, Z. 35 – van Oosterwijck; EGMR, v. 27.6.2000, RJD 2000-VII, Z. 59 – Ilhan.

§ 6 Die EMRK und ihre Durchsetzbarkeit

Vertragsstaaten, zu interpretieren. Der EGMR legt die EMRK **dynamisch** aus und bezeichnet diese als ein „**living instrument**"[8]. Die innerstaatliche Verbindlichkeit der EMRK bemisst sich an deren Auslegung durch den EGMR. Der am Verfahren beteiligte Konventionsstaat ist nach Art. 46 EMRK verpflichtet, das Urteil zu befolgen. Dabei sind zwei wesentliche **Unterschiede zur Verfassungsbeschwerde** zu beachten:

Erstens haben die Urteile des EGMR **keine kassatorische Wirkung**, d. h. die Rechtskraft des letztinstanzlichen Urteils wird nicht automatisch durchbrochen. Der gegebenenfalls unterlegene Mitgliedstaat ist allerdings völkerrechtlich verpflichtet, geeignete Maßnahmen zu ergreifen, um die Rechtsverletzung im Einzelfall zu beenden, erforderlichenfalls auch Wiedergutmachung zu leisten und gleichartige Verletzungen in Zukunft zu unterbinden. Die Wahl der Mittel ist dabei dem Staat überlassen.[9] Auf die Durchsetzung der EMRK im deutschen Rechtsschutzsystem ist noch einzugehen (→ III.). Während die Urteile des EGMR grundsätzlich lediglich feststellenden Charakter haben, kann der Mitgliedstaat unter den Voraussetzungen des Art. 41 EMRK darüber hinaus auf Antrag zu einer **Entschädigung** verurteilt werden, die auch zweistellige Millionenbeträge erreichen kann.[10]

Zweitens **wirken** die Urteile **nur zwischen den Parteien** des jeweiligen Verfahrens und entfalten v. a. keine Bindungswirkung gegenüber anderen Konventionsmitgliedern. Freilich ist es möglich und gewollt, dass die Urteile eine **Orientierungswirkung** auch für andere Fälle entfalten. Das gilt insbesondere für Entscheidungen der Großen Kammer. Dabei ist jedoch zu beachten, dass sich manche Konsequenzen nur begrenzt auf andere Konventionsstaaten übertragen lassen, weil die EMRK Spielräume offen lässt und offen lassen soll, deren Ausfüllung von vielen Faktoren abhängt, die in unterschiedlichen Staaten in unterschiedlicher Weise ausgeprägt sein können. Der EGMR argumentiert in diesem Zusammenhang völlig zutreffend mit einem spezifischen Beurteilungsspielraum der Mitgliedstaaten („**margin of appreciation**"). Die Kontrolldichte variiert also (→ Rn. 951 ff.). Das Tempo und die Intensität der dynamischen Entwicklung der EMRK werden getragen von wechselseitigen Rezeptionen zwischen ihren Mitgliedern. Der EGMR darf solche Rezeption nicht vorwegnehmen und ersetzen, ist also weniger Motor als vielmehr Vermittler gemeineuropäischer Grundrechtsentwicklungen.

III. Durchsetzbarkeit der EMRK im deutschen Rechtsschutzsystem

1. Rechtsschutz durch die Fachgerichte

Die Rechte der EMRK gelten nicht nur unmittelbar, sondern sie sind auch **einklagbar**. Die nationalen Fachgerichte sind primär für den Grundrechtsschutz und damit auch für den Schutz der Rechte der EMRK zuständig. Für etwaige Verletzungen der EMRK gilt die Rechtsschutzgarantie des Art. 19 Abs. 4 GG bzw. der allgemeine Justizgewährleistungsanspruch. Das BVerfG[11] hat die Gesetzesbindung der Fachgerichte an die EMRK unmissverständlich klargestellt. Danach ist es die Aufgabe aller Gerichte, die EMRK und die Rechtsprechung des EGMR als geltendes Recht im Sinne des Art. 20

74

---

[8] EGMR, v. 25.4.1978, EuGRZ 1979, 162, 164, Z. 31 – Tyrer; EGMR, v. 9.10.1979, EuGRZ 1979, 626, 627, Z. 24 – Airey.
[9] EGMR, v. 31.10.1995, Serie A 330-B, Z. 34 – Papamichalopoulos u. a.; zur Bindungswirkung der Urteile des EGMR *Grabenwarter*, JZ 2010, 857.
[10] 12 Mio € im Fall EGMR, v. 28.11.2002, NJW 2003, 1721, 1725, Z. 100 – Früherer König von Griechenland u. a./Griechenland.
[11] BVerfGE 111, 307, 315 – EGMR-Entscheidungen.

2. Verfassungsbeschwerde zum BVerfG

75 Eine Individualbeschwerde zum EGMR ist nur nach „Erschöpfung aller innerstaatlichen Rechtsbehelfe" i. S. d. Art. 35 Abs. 1 EMRK zulässig. Dazu gehört auch eine Verfassungsbeschwerde zum BVerfG. Allerdings kann eine Verfassungsbeschwerde nicht oder jedenfalls nicht unmittelbar darauf gestützt werden, in einem Recht der EMRK verletzt zu sein. Die Rechte der EMRK sind – anders als die der GRCh – vom BVerfG nicht als Grundrechte i. S. d. Art. 93 Abs. 1 Nr. 4 a GG anerkannt (→ Rn. 922).

VERTIEFUNGSHINWEIS FÜR FORTGESCHRITTENE: Es ist auch nicht damit zu rechnen, dass das BVerfG den Begriff des Grundrechts i. S. d. Verfassungsbeschwerde noch weiter auf die EMRK ausdehnt. Denn die Erstreckung auf die GRCh erfolgte vor dem Hintergrund, dass das Unionsrecht zu deren Durchsetzung keine „Verfassungsbeschwerde" zum EuGH vorsieht. Eine solche Lücke besteht für die Durchsetzbarkeit der EMRK mit Blick auf die Individualbeschwerde zum EGMR nach Art. 34 EMRK nicht. Vielmehr ist es so, dass bei etwaigen Verstößen gegen Grund- und Menschenrechte gegebenenfalls zunächst der Rechtsweg zu erschöpfen ist, sodann der Weg der Verfassungsbeschwerde gestützt auf die Grundrechte des GG eröffnet ist (und dabei mittelbar eine Berücksichtigung der EMRK erfolgt) und schließlich auch noch die Individualbeschwerde zum EGMR offensteht, um eine Verletzung der EMRK als solche zu rügen. Rechte der EMRK haben keinen Verfassungsrang und sind damit auch kein Bestandteil des Grundgesetzes i. S. d. Art. 100 Abs. 1 GG.

76 Aus der praktischen Perspektive lässt sich diese vermeintliche Lücke allerdings leicht schließen: Wenn in Betracht kommt, dass deutsche Hoheitsakte gegen Maßstäbe der EMRK und deren Auslegung durch den EGMR verstoßen, kommt regelmäßig zugleich ein **Verstoß gegen das GG** in Betracht und darauf gestützt ein Verfahren vor dem BVerfG. Weil das Grundgesetz seinerseits völkerrechtsfreundlich auszulegen ist (dazu sogleich), sind etwaige Maßstäbe der EMRK und des EGMR auch ein geeigneter Anknüpfungspunkt, um Verfassungsverstöße als solche zu begründen. Verfahren vor dem BVerfG kommen also nicht nur dann in Betracht, wenn sich eine zur EMRK parallele Interpretation von Vorschriften des GG (noch) nicht nachweisen lässt.

In der Fallbearbeitung ist das Problem bei der **Beschwerdebefugnis** als Voraussetzung der Zulässigkeit einer Verfassungsbeschwerde zu erörtern: Ausgangspunkt ist zwar, dass die Rechte der EMRK keine rügbaren Grundrechte oder grundrechtsgleichen Rechte darstellen. Eine auf die Verletzung der EMRK gestützte Verfassungsbeschwerde ist aber gegebenenfalls so auszulegen, dass sich aus ihr die Möglichkeit der Verletzung der Grundrechte des GG ergibt. Das BVerfGG regelt keinen Anwaltszwang für die Erhebung einer Verfassungsbeschwerde. Die nach § 92 BVerfGG gebotene **Bezeichnung des verletzten Rechtes** ist so zu interpretieren, dass das geltend gemachte Recht der Sache nach benannt wird.[12] Das kann durch die Zitierung der Vorschrift oder auch durch die begriffliche Bezeichnung („Recht auf...") geschehen.

77 Im Rahmen der Begründetheit von Verfassungsbeschwerden kommt gegebenenfalls eine völkerrechtsfreundliche Auslegung der Grundrechte des GG im Lichte der EMRK und der Rechtsprechung des EGMR in Betracht. Weil die völkerrechtsfreundliche Auslegung des GG ein objektiv verfassungsrechtliches Gebot ist, hängt ihre Durchführung

---

12 *Scheffczyk*, in: Walter/Grünewald, BeckOK BverfGG, 13. Edition, zu § 92 Rn. 24 m. w. N.

nicht davon ab, ob dies bei der Begründung der Verfassungsbeschwerde auch geltend gemacht wurde.

3. Entscheidungen des EGMR als Wiederaufnahmegrund im Einzelfall

Inzwischen hat der deutsche Gesetzgeber auch Regelungen dafür getroffen, dass eine im Einzelfall durch den EGMR festgestellte Verletzung der EMRK die Rechtskraft der insoweit konventionswidrigen Entscheidungen der deutschen Fachgerichte durchbricht. Hierzu ist – nach Erschöpfung des Rechtswegs und nach Durchführung eines Verfahrens vor dem EGMR – gegebenenfalls ein dritter Prozess durchzuführen (sogenannte „Restitutionsklage"). Die Möglichkeit der **Wiederaufnahme von Verfahren** ist in § 359 Nr. 6 StPO und § 580 Nr. 8 ZPO (auf den für andere Fachgerichtsbarkeiten die §§ 79 ArbGG, 153 VwGO und 179 SGG verweisen) geregelt. Allerdings gilt diese Rechtskraftdurchbrechung nur für denjenigen Einzelfall, in dem der EGMR den Konventionsverstoß festgestellt hat und nicht einmal für gütliche Einigungen vor dem EGMR nach Art. 39 EMRK.[13]

78

IV. Die konventionsfreundliche Auslegung des deutschen Rechts

1. Die Methode der völkerrechtsfreundlichen Auslegung als Stärkung der Fachgerichte

Soweit im nationalen Recht Auslegungsspielräume und Ermächtigungen zur Ermessensausübung[14] bestehen, kann die EMRK deren Ausfüllung bei der **Rechtsanwendung** determinieren. Ihr kommt eine „normative Leitfunktion"[15] zu. Insbesondere auch die Wertungsgesichtspunkte des Verhältnismäßigkeitsgrundsatzes können völkerrechtsfreundlich konkretisiert werden. Das Gebot der Völkerrechtsfreundlichkeit kann aber auch ein Interpretationsbedürfnis nationalen Rechts und Aufgaben zur **Rechtsfortbildung**[16] begründen. Die Pflicht zur Berücksichtigung der EMRK gebietet es, dass nationale Behörden und Gerichte bei der Prüfung ihrer Bindung an die EMRK auch deren Auslegung durch den EGMR in Betracht ziehen. Nach der Rechtsprechung des BVerfG ist es legitim und geboten, dass die Fachgerichte zugunsten der Berücksichtigung der EMRK erforderlichenfalls den „**Rahmen methodisch vertretbarer Gesetzesauslegung**"[17] ausschöpfen. Die Maßstäbe des Völkerrechts wiederum sind gegebenenfalls dynamisch auszulegen. Über den Einzelfall hinaus entfaltet die EGMR-Rechtsprechung insgesamt eine Orientierungswirkung. Das zusammengenommen verleiht den Gerichten und insbesondere auch den Fachgerichten weitgehende Möglichkeiten, ihre Gesetzesbindung bis an die Grenzen des Vertretbaren zu lockern.

79

Das überrascht insofern, als der Rang der EMRK nur der eines einfachen Bundesgesetzes ist. Der Gesetzgeber ist nach Art. 20 Abs. 3 GG nur an das Verfassungsrecht gebunden. Aus dem Demokratieprinzip folgt die Änderbarkeit der Gesetze. Theore-

---

13 BVerfG, Beschluss v. 13.2.2019 – 2 BvR 2136/17.
14 BverwGE 110, 203, 205 f., 210 (= NVwZ 2000, 810 f.); In BVerfG-K, NJW 2007, 2686, 2688 wird gefordert, „die einschlägige Fallrechtsprechung des EGMR" zu erwägen.
15 BVerfG-K, NJW 2007, 499, 501.
16 Das BVerfG weist den richtigen Weg, wenn es unter Vorbehalten nationaler Souveränität allen Gerichten die Aufgabe zuordnet, die EMRK und die Rechtsprechung des EGMR als geltendes Recht im Sinne des Art. 20 Abs. 3 GG in die deutsche Rechtsordnung zu integrieren (→ Rn. 74): BVerfGE 111, 307, 315 – EGMR-Entscheidungen.
17 BVerfGE 111, 307, 323 – EGMR-Entscheidungen.

tisch gilt für **Kollisionen** zwischen Gesetzen gleichen Rangs, dass das spätere Gesetz dem jüngeren vorgeht und das speziellere Gesetz dem allgemeineren. Diese Kollisionsregeln werden aber durch die verfassungsrechtlich gebotene völkerrechtsfreundliche Auslegung des gesamten deutschen Rechts relativiert: Nur wenn der Gesetzgeber die Intention hat, einen Verstoß gegen das Völkerrecht zu riskieren und dies hinreichend deutlich macht, kommt ein sogenannter „**treaty override**" in Betracht. Einer expliziten Abkehr von der EMRK könnte gegebenenfalls auch Art. 1 Abs. 2 GG als Grenze entgegenstehen.[18]

Im Übrigen wird unterstellt, dass der Gesetzgeber nicht gegen das Völkerrecht verstoßen wollte. Auch spätere und speziellere Gesetze können und müssen dann so interpretiert werden, dass sie dem Völkerrecht entsprechen. Das verfassungsrechtliche Gebot der **völkerrechtsfreundlichen Auslegung** aller Normen der deutschen Rechtsordnung leitet das BVerfG aus einer Gesamtschau von Normen ab, denen allen eine Konzeption der Offenheit des Verfassungsstaates zu Grunde liegt: der Präambel, Art. 1 Abs. 2 GG, den Art. 23–26 GG sowie Art. 59 GG. Das Gebot der völkerrechtsfreundlichen Auslegung hat manche Ähnlichkeit mit dem Prinzip der verfassungskonformen Auslegung und gegebenenfalls weisen eine EMRK-konforme und eine grundrechtskonforme Auslegung auch in dieselbe Richtung.

Gemeinsam ist allen Konformauslegungen (d. h. auch der verfassungskonformen und der unionsrechtskonformen Auslegung) der Effekt der **Vermeidung echter Normkollisionen**. Das Prinzip der völkerrechtsfreundlichen Auslegung hat umso größere praktische Bedeutung, weil für echte Normkollisionen nicht die klaren Regeln greifen, die im Verhältnis zwischen den Grundrechten des GG und grundrechtswidrigen Gesetzen zur Anwendung kommen würden.

VERSTÄNDNISHINWEIS FÜR FORTGESCHRITTENE: Zum Vergleich: Der unauflösliche Verstoß eines Gesetzes gegen die Grundrechte des GG ist dahin gehend zu lösen, dass die Grundrechte nach Art. 1 Abs. 3 GG Vorrang genießen und dieser Vorrang mit der Folge der Normverwerfung durch die Verfahren der konkreten Normenkontrolle sowie der Verfassungsbeschwerde auch durchsetzbar ist. Im Falle eines unauflöslichen Verstoßes eines Gesetzes gegen die EMRK stehen sich zwei grundsätzlich gleichrangige Normen gegenüber und Art. 100 Abs. 1 GG ist – jedenfalls nach seinem Wortlaut – in dieser Konstellation nicht anwendbar, sondern allenfalls indirekt über den Umweg, dass gegebenenfalls zugleich ein Verstoß gegen das GG vorliegt. Auch eine Verfassungsbeschwerde zum BVerfG kann nicht unmittelbar auf den Verstoß gegen die EMRK gestützt werden. Zwar existiert das Verfahren der Individualbeschwerde zum EGMR nach Art. 34 EMRK. Aber es ist dem EGMR verwehrt, Normen des nationalen Rechts zu verwerfen. All die sich daraus ergebenden Probleme werden vermieden, wenn etwaige Normkollision zwischen der EMRK und nationalen Rechtsvorschriften durch Konformauslegung vermieden werden.

2. Die konventionsfreundliche Auslegung der Grundrechte des GG

80 Das verfassungsrechtliche Gebot der völkerrechtsfreundlichen Auslegung geht noch weiter: Auch das **Grundgesetz selbst** ist völkerrechtsfreundlich im Lichte der EMRK zu interpretieren. Ungeachtet ihrer formalen Kategorisierung als einfaches Bundesrecht hat die EMRK zwar keinen „Verfassungsrang", aber eine „**verfassungsrechtliche Bedeutung**"[19].

---

18 Zu den Besonderheiten des Menschenrechtsschutzes insoweit: BVerfGE 141, 1, 32 – Völkerrechtsdurchbrechung (Treaty Override).
19 BVerfGE 128, 326, 366 f. – Sicherungsverwahrung IV.

§ 6 Die EMRK und ihre Durchsetzbarkeit

VERSTÄNDNISHINWEIS FÜR FORTGESCHRITTENE: Die Auslegung der Verfassung im Lichte des einfachen Rechts unterläuft die Verfassungsbindung des Gesetzgebers dann nicht, wenn das einfache Recht seinerseits nicht die Grenzen des Verfassungsrechts überschreitet, sondern lediglich deren Inhalte konkretisiert. Gesetze, durch die die Verfassung ausgestaltet wird und z. B. ihre Begriffe näher bestimmt werden, begegnen uns häufiger. Das gilt für alle Grundrechte und keinesfalls nur für die sogenannten normgeprägten (Eigentum, Ehe). Statt die Begriffe und Inhalte der Verfassung allein judikativ und am Gesetzgeber vorbei zu konkretisieren, erkennen die Gerichte den Gesetzgeber und auch die Exekutive als Verfassungsinterpreten an. Die Verfassungskonkretisierung ist eine Aufgabe aller Staatsgewalt. Das Besondere der konventionsfreundlichen Auslegung des Grundgesetzes liegt darin, dass die Maßstäbe der EMRK ihrerseits extrem unbestimmt sind. Hier erfolgt die Konkretisierung des GG weniger durch den deutschen Gesetzgeber, sondern wird auf die Rechtsprechung des EGMR gleichsam ausgelagert.

Der Einfluss der EMRK ist – jenseits einfachrechtlicher Auslegungs- und Ermessensspielräume – vor allem **bei der Prüfung der Verhältnismäßigkeit** relevant (→ Rn. 624, 740 ff.).[20] Ein Verfassungswandel hinsichtlich des **Schutzbereichs** von Grundrechten ist zwar denkbar (→ Rn. 34 ff.), darf aber die deutsche Schrankensystematik nicht unterlaufen, die sich von der der EMRK im Detail unterscheidet. Ob die Berücksichtigung der EMRK im Rahmen spezieller Grundrechte oder über das Auffanggrundrecht des Art. 2 Abs. 1 GG erfolgt, ist aus der Systematik des nationalen Verfassungsrechts heraus zu beantworten.

81

Bei Grundrechten mit einfachem **Gesetzesvorbehalt** stellen sich keine dogmatischen Probleme, die gegebenenfalls erhöhten Anforderungen der EMRK völkerrechtsfreundlich zu verarbeiten.

Bei den **Deutschengrundrechten** (Versammlungsfreiheit, Vereinigungsfreiheit und Berufsfreiheit) führt eine völkerrechtsfreundliche Auslegung der Grundrechte aus Art. 8, 9 und 12 GG nicht zu einer Erstreckung des persönlichen Schutzbereichs auch auf alle Personen ohne deutsche Staatsangehörigkeit. Vielmehr bleibt es dabei, dass deren Freiheitsausübung in den einschlägigen Sachbereichen vom **Auffanggrundrecht** des Art. 2 Abs. 1 GG erfasst wird. Auf die dogmatischen Konsequenzen der gegebenenfalls unionsrechtlich gebotenen Gleichbehandlung von Unionsbürgern ist später einzugehen. Im Rahmen der Anwendung des Art. 2 Abs. 1 GG ist dann aber das vergleichsweise niedrige Schutzniveau des Auffanggrundrechts aufzuwerten, wenn und soweit die EMRK in ihrer Auslegung durch den EGMR ein im Ergebnis höheres Schutzniveau gebietet. Das wirkt sich insbesondere bei der Verhältnismäßigkeit aus.

Die völkerrechtsfreundliche Erweiterung der Auslegung von Schutzbereichen wäre auch bei **vorbehaltlos gewährleisteten Grundrechten** problematisch und würde zu überschießenden Konsequenzen führen, die weder von der EMRK noch vom Grundsatz der Völkerrechtsfreundlichkeit bezweckt werden: So hat das BVerfG e z. B. abgelehnt, seine restriktive Rechtsprechung zum Schutzbereich des Art. 9 Abs. 1 GG (→ Rn. 298) aus dem Grund aufzugeben, dass der EGMR den Schutzbereich der Vereinigungsfreiheit i. S. d. Art. 11 EMRK weiter fasst.[21] Weil die Einschränkbarkeit nach Art. 11 Abs. 2 EMRK weiter geht als die des vorbehaltlos gewährleisteten Art. 9 Abs. 1 GG, hätte eine Schutzbereichserweiterung des Art. 9 Abs. 1 GG Konsequenzen weit über das konventionsrechtlich gebotene Maß hinaus. Die Konsequenzen aus der

---

20 BVerfGE 128, 326, 371 f. – Sicherungsverwahrung IV.
21 BVerfG-K, NVwZ 2007, 808, 811 mit Blick auf EGMR (Große Kammer), v. 29.4.1999, NJW 1999, 3695, 3699, Z. 99 ff. – Chassagnou u. a./Frankreich.

EMRK lassen sich durch eine völkerrechtsfreundliche Verschärfung des **Auffanggrundrechts** des Art. 2 Abs. 1 GG im Rahmen der Verhältnismäßigkeit ziehen.

Anders ist die Konstellation zu behandeln, dass nach deutscher Dogmatik der Schutzbereich eines vorbehaltlos gewährleisteten Grundrechts beeinträchtigt wurde und dieser Eingriff nur zum Schutze verfassungsrechtlicher Güter gerechtfertigt werden kann. Dann wirkt sich die völkerrechtsfreundliche Auslegung auf die Interpretation und gegebenenfalls auch auf das Gewicht der Verfassungsgüter aus. Erforderlich ist dann gegebenenfalls eine **doppelte praktische Konkordanz** zwischen den Verfassungsgütern und auch den Konventionsrechten (hierzu mit Beispielen → Rn. 740 ff.).

WIEDERHOLUNGS- UND VERSTÄNDNISFRAGEN

> Welchen Rang hat die EMRK in der deutschen Rechtsordnung?
> Welche Bedeutung hat die EMRK für die Auslegung des GG?
> Welche Gemeinsamkeiten, welche Unterschiede gibt es zwischen der Verfassungsbeschwerde zum BVerfG und der Individualbeschwerde zum EGMR?

§ 7 Die GRCh und ihre Durchsetzbarkeit

I. Die GRCh als Bestandteil des Unionsrechts

Die Europäische Union (EU) ist eine besondere Rechtsgemeinschaft, deren Rechtsbeziehungen über klassische völkerrechtliche Beziehungen weit hinausgehen. Der EU wurden nämlich Kompetenzen übertragen, selbst hoheitliche Gewalt auszuüben und insbesondere auch Recht zu setzen. Die EU ist allerdings **kein Staat**. Das Unionsrecht beruht ungeachtet seiner Reichweite auf **völkerrechtlichen Verträgen**, die zwischen den Mitgliedstaaten der EU geschlossen wurden. Für diese Verträge mit ihren speziellen Konsequenzen gelten im Verhältnis zum Völkerrecht spezielle Regeln. Der Normanwendungsbefehl dafür, dass Unionsrecht in Deutschland geltendes Recht ist, liegt in den **Integrationsgesetzen** nach Art. 23 Abs. 1 S. 2 GG (als lex specialis zu Art. 59 Abs. 2 GG). Integrationsgesetze sind die deutschen Gesetze, mit denen die Bundesrepublik Deutschland den Europäischen Verträgen zugestimmt hat.

82

Die Europäischen Verträge sind das **Primärrecht** der EU. In diesen Verträgen, namentlich dem Vertrag über die Europäische Union (EUV) und dem Vertrag über die Arbeitsweise der Europäischen Union (AEUV), ist v. a. das Organisationsrecht der EU geregelt, d. h. Kompetenzen, Verfahren und Organstrukturen. Das von der EU gesetzte Recht wird als **Sekundärrecht** bezeichnet. Das sind v. a. die Verordnungen (Art. 288 Abs. 2 AEUV), die unmittelbar gelten und die Richtlinien (Art. 288 Abs. 3 AEUV), die ihrerseits der Umsetzung in nationale Rechtsvorschriften bedürfen.

83

Das materielle Unionsrecht hat den Zweck, die Uneinheitlichkeit des nationalen Rechts in Europa jedenfalls zum Teil zu beseitigen. Dieser Zweck kann nur erreicht werden, wenn das Unionsrecht **Anwendungsvorrang** vor dem nationalen Recht beansprucht. Dieser Anwendungsvorrang gilt auch für die Vorschriften des Sekundärrechts, durch die das Recht innerhalb der EU in bestimmten Regelungsbereichen harmonisiert bzw. vereinheitlicht werden soll. Dieser Anwendungsvorrang des Primär- und des Sekundärrechts erstreckt sich auf das gesamte nationale Recht, d. h. auch auf das Verfassungsrecht. Ob besondere Ausprägungen des nationalen Rechts auf Ebene des einfachen Rechts oder des Verfassungsrechts ausgestaltet sind, hat also keine Relevanz für den Anwendungsvorrang des Unionsrechts. Umso wichtiger ist, dass das materielle Unionsrecht auch Grundrechte gewährleistet und dass diese Grundrechte den Unionsgesetzgeber binden und als Teile des Primärrechts dem Sekundärrecht vorgehen.

Die EU hat einen eigenen Grundrechtskatalog, die **Charta der Grundrechte der Europäischen Union (GRCh)**. Art. 6 Abs. 1 EUV verweist auf die GRCh. Die **Grundrechte der GRCh** sind durch diese Verweisung verbindlicher **Bestandteil des Primärrechts**. Diese EU-Grundrechte haben eine doppelte Bedeutung: Nach Art. 51 Abs. 1 S. 1 GRCh findet die GRCh erstens Anwendung auf das Handeln der EU selbst. Damit ist auch die Ausübung der an die EU übertragenen Kompetenzen durch die EU grundrechtlich gebunden. Das gilt auch für die Rechtsetzung der EU. Sekundärrecht darf nicht gegen die GRCh verstoßen. Zweitens werden nach Art. 51 Abs. 1 S. 1 GRCh auch die Mitgliedstaaten an die GRCh gebunden, allerdings nur bei der „Durchführung von Unionsrecht". Auf dieses spezifische Mehrebenen-Phänomen wird im Folgenden noch ausführlich eingegangen.

84 An dieser Stelle noch ein terminologischer Hinweis: Die Begriffe „Grundfreiheit" und „Grundrecht" i. S. d. Unionsrechts sind – anders als in der Terminologie der EMRK – streng zu unterscheiden.[1] Die **Grundfreiheiten** sind im AEUV ausdrücklich geregelt. Es handelt sich um die Freiheit des Waren- und Kapitalverkehrs, die Arbeitnehmerfreizügigkeit sowie die Freiheiten der Niederlassungen und der Dienstleistungen (Art. 28–66 AEUV). Die Grundfreiheiten betreffen damit nur bestimmte Lebensbereiche, nämlich ausgewählte Aspekte des Wirtschaftsverkehrs. Ihr Zweck liegt in der Herstellung eines Europäischen Binnenmarktes. Sie werden auch Binnenmarktfreiheiten genannt. Die Grundfreiheiten (→ Rn. 847 ff.) gelten unmittelbar in allen Mitgliedstaaten. Weil die Schutzrichtung des Unionsrechts insgesamt auf die Gleichbehandlung von Marktteilnehmern ausgerichtet ist, handelt es sich bei den sogenannten „Grund**freiheiten**" ihrer Natur nach primär um Gleichheitsrechte.[2] Darauf ist bei dem bis heute in der deutschen Grundrechtsdogmatik ungeklärten Zusammenhang zwischen Freiheits- und Gleichheitsrechten zurückzukommen (→ Rn. 762 ff., 847).[3] Eine Sonderstellung nehmen daneben die geschriebenen Garantien der Freizügigkeit für Unionsbürger nach Art. 21 AEUV (→ Rn. 331) und der Gleichbehandlung der Geschlechter nach Art. 157 AEUV (→ Rn. 856) ein.

II. Die Anwendbarkeit der GRCh nach Art. 51 Abs. 1 GRCh

85 Die Grundrechte der GRCh binden nach Art. 51 Abs. 1 S. 1 GRCh einerseits die Organe der **Union** und andererseits auch die **Mitgliedstaaten**, letztere allerdings „**ausschließlich bei der Durchführung des Rechts der Union**". Während Art. 1 Abs. 3 GG jegliche Ausübung deutscher Staatsgewalt an die Grundrechte des GG bindet und sich auch die EMRK auf jegliche Ausübung nationaler Staatsgewalt erstreckt, kommt eine dreifache Bindung also nur partiell in Betracht.

Als unionsrechtliche Frage obliegt die Interpretation des Art. 51 GRCh dem EuGH. „Durchführung" von Unionsrecht in diesem Sinne können der **administrative Vollzug**, die **judikative Anwendung** und auch die **legislative Umsetzung** sein. Konstellationen der Bindung deutscher Staatsgewalt an die GRCh sind vor allem der direkte Vollzug von Sekundärrecht, insbesondere von Verordnungen, durch deutsche Behörden, die Umsetzung von Richtlinien durch den nationalen Gesetzgeber (des Bundes oder der Länder), die Anwendung des Sekundärrechts (einschließlich der richtlinienkonformen Auslegung nationaler Rechtsvorschriften) durch die deutschen Gerichte sowie die Anwendung von Grundfreiheiten[4] in Einzelfällen.

86 Der EuGH vertritt eine grundsätzlich weite Auslegung des Art. 51 GRCh,[5] hat aber in der Hernández-Entscheidung[6] deutlich gemacht, dass nationales Recht, das ande-

---

[1] Das wird freilich auch vom EuGH nicht immer sauber durchgehalten: EuGH, Rs. C-415/93 (Union royale belge des sociétés de football association u. a./Bosman u. a.), Slg. 1995, I-4921, Rn. 129 ; dazu : *Jarass/Kment*, EU-Grundrechte, 2. Aufl., § 2 Rn. 10.
[2] *Ehlers* in: ders., EuGR, 4. Aufl., § 7 Rn. 24: „in erster Linie **Diskriminierungsverbote**".
[3] Die Bezogenheit dieser Gleichheitsrechte auf Freiheitsrechte ist strukturell verwandt mit den Fällen in der deutschen Grundrechtsdogmatik, in denen Art. 3 Abs. 1 GG i. V. m. der Eröffnung des Schutzbereiches eine Freiheitsgrundrechts zu einer qualifizierten Verhältnismäßigkeitsprüfung (sogenannte „neue Formel" im Gegensatz zur bloßen Willkürkontrolle) führt.
[4] Zur Anwendbarkeit des EU-Grundrechts auf Achtung des Familienlebens im Anwendungsbereich der Grundfreiheiten EuGH, Rs. C-60/00 (Carpenter), Slg. 2002, I-6279, Rn. 40 ff.
[5] Zur Entwicklung der Rechtsprechung des EuGH auch im Zusammenhang mit der Rechtsprechung des BVerfG *Dersarkissian*, ZJS 2022, 31, 35 ff.
[6] EuGH, Rs. C-198/13 (Hernández), ECLI:EU:C:2014:2055, Rn. 37 f.

re Ziele als das möglicherweise einschlägige Unionsrecht verfolgt, kein Unionsrecht durchführt. Danach müssen sowohl die Ziele des nationalen Rechts als auch die Ziele des Unionsrechts interpretiert und miteinander verglichen werden. Das sind keine grundrechtlichen Fragen, sondern Vorfragen des einfachen Rechts bzw. des Sekundärrechts. Im Zweifel müssen deutsche Gerichte einschließlich des BVerfG die Fragen der Auslegung des Unionsrechts – wenn es im Einzelfall darauf ankommt – nach Art. 267 AEUV dem EuGH vorlegen. Die Rechtsprechung der deutschen Gerichte und insbesondere des BVerfG konzentriert sich indes auf die spezifisch grundrechtliche Anschlussfrage des Umgangs mit der Konstellation der **Doppelbindung**. Denn die Ausübung deutscher Hoheitsgewalt ist nach Art. 1 Abs. 3 GG (auch) an die Grundrechte des GG gebunden.

Die Anerkennung eines **Überschneidungsbereichs von Art. 51 Abs. 1 S. 1 GRCh und Art. 1 Abs. 3 GG** führt zu dem Anschlussproblem, welcher der beiden Grundrechtskataloge als Prüfungsmaßstab im Einzelfall anzulegen ist. Aus einer theoretischen Perspektive liegt folgende Lösung nahe: In Fällen einer Mehrfachbindung der Staatsgewalt an die Grundrechte mehrerer Ebenen muss der Hoheitsakt den Maßstäben aller anwendbaren Ebenen entsprechen. Um das umfassend zu prüfen, müssten dann **nebeneinander mehrere Prüfungsmaßstäbe** angelegt werden. Deutsche Hoheitsakte zur Durchsetzung des Unionsrechts sind keine seltenen Ausnahmefälle, sondern eine **Alltagserscheinung der Praxis** deutscher Behörden und Gerichte. Zunehmend wird das in Deutschland geltende Recht durch europäisches Sekundärrecht geprägt.

Die **Rechtsprechung des BVerfG** hat Ansätze entwickelt, mit dem Phänomen der grundrechtlichen Doppelbindung **pragmatisch** umzugehen: So hat die Rechtsprechung Wege aufgezeigt, den Prüfungsmaßstab auf eine Grundrechtsebene zusammenzuführen, damit deutsche Behörden und Fachgerichte je nach Fallkonstellation nur die Grundrechte des GG oder nur die Grundrechte der GRCh prüfen müssen. Außerdem hat das BVerfG den Weg dafür frei gemacht, dass jedermann mit einer Verfassungsbeschwerde die Verletzung eigener Grundrechte in all diesen Fallkonstellationen vor dem BVerfG geltend machen kann, d. h. dass eine Verfassungsbeschwerde auch auf die Verletzung der GRCh gestützt werden kann.

Der pragmatische Ansatz der Rechtsprechung des BVerfG begreift es als gemeinsame Aufgabe aller Staatsgewalt und auch der nationalen und europäischen Gerichte, den Grundrechten auch im Mehrebenensystem zur Durchsetzung zu verhelfen. Der Ansatz ist nicht auf Konfrontation, sondern auf Kooperation der Gerichte, auf Vermeidung von Normenkollisionen und auf effektiven Grundrechtsschutz im Einzelfall angelegt. Auch in der gutachterlichen Fallbearbeitung darf dieser Ansatz – ohne ihn näher begründen zu müssen – zu Grunde gelegt werden.

III. Die Verfassungsbeschwerde im Überschneidungsbereich zwischen den Grundrechten der GRCh und des GG

1. Zulässigkeit von Verfassungsbeschwerden auch zur Durchsetzung der Grundrechte der GRCh

Die Grundrechte werden schon ihrem Begriff und Wesen nach von ihrer gerichtlichen und gegebenenfalls **verfassungsgerichtlichen Durchsetzbarkeit** her verstanden. Die Verfassungsbeschwerde ist der Ausgangspunkt dieses Grundrechtsverständnisses und das Prozessrecht wird von diesem Verständnis geprägt. Soweit das deutsche Prozessrecht der Durchsetzung der Grundrechte dient, ist es grundrechtsfreundlich auszulegen. Während das Unionsrecht selbst keine Verfassungsbeschwerde regelt, die GRCh also nicht durch eine Individualbeschwerde zum EuGH durchgesetzt werden kann, ist die Funktion der Verfassungsbeschwerde zum BVerfG so zu begreifen, dass sie einen **lückenlosen, umfassenden und effektiven Grundrechtsschutz** auch im Überschneidungsbereich von GRCh und GG bietet.

89 Pragmatisch und grundrechtsfreundlich sollten die Zulässigkeitsvoraussetzungen einer Verfassungsbeschwerde gehandhabt werden, deren **Beschwerdegegenstand** ein **Akt deutscher öffentlicher Gewalt** ist. Die Bindung der EU selbst an die GRCh und das Handeln ihrer Organe bleiben im Folgenden außer Betracht. Es geht nur um solche Verfassungsbeschwerden, deren Ziel die Durchsetzung der Grundrechte im Überschneidungsbereich zwischen GRCh und GG ist. Gegenstand solcher Verfassungsbeschwerden können deutsche Rechtsvorschriften sein, die Unionsrecht umsetzen, oder Behördenentscheidungen bzw. Gerichtsentscheidungen, die solche Rechtsvorschriften oder das Unionsrecht unmittelbar vollziehen bzw. anwenden.

90 Welcher Maßstab bei solchen Verfassungsbeschwerden letztlich zur Anwendung kommt, ist erst in der Begründetheit zu klären. Es wird sich zeigen, dass dies gegebenenfalls von komplizierten rechtlichen Fragen abhängt. Im Rahmen der **Beschwerdebefugnis** kann offenbleiben, ob letztlich die Grundrechte der GRCh oder/und die des GG zur Anwendung kommen.[7] Auch auf eine Verletzung der GRCh kann seit 2019 eine Verfassungsbeschwerde gestützt werden.[8] Zwar kommt die GRCh nach dieser Rechtsprechung letztlich nur in bestimmten Konstellationen zur Anwendung. Die Zulässigkeit von Verfassungsbeschwerden sollte aber nicht davon abhängen, ob die Beschwerdeführer die Grundrechte der GRCh oder die des GG oder beide geltend gemacht haben. Die nach § 92 BVerfGG gebotene **Bezeichnung des verletzten Rechtes** ist so zu interpretieren, dass das geltend gemachte Recht der Sache nach benannt wird.[9] Das kann durch die Zitierung der Vorschrift oder auch durch die begriffliche Bezeichnung („Recht auf…") geschehen. Auch das **Rechtsschutzbedürfnis** einer unmittelbar gegen ein deutsches Umsetzungsgesetz erhobenen Verfassungsbeschwerde scheitert nicht daran, dass die Anwendung der Vorschrift auf den Beschwerdeführer schon aus unionsrechtlichen Gründen wegen eines etwaigen Anwendungsvorrangs des Unionsrechts zweifelhaft ist.[10]

2. Varianten des Maßstabs der Begründetheit einer Verfassungsbeschwerde

a) Regelungsspielräume der Mitgliedstaaten als Kriterium der Anwendbarkeit der Grundrechte des GG

91 Nach dem Ansatz der Rechtsprechung des Ersten Senats des BVerfG reicht es grundsätzlich, wenn deutsche Hoheitsakte, die Unionsrecht durchführen, entweder an den Grundrechten des GG oder an den Grundrechten der GRCh gemessen werden. **Welche der beiden Ebenen** als Maßstab anzusetzen ist, entscheidet sich danach, inwieweit das im konkreten Einzelfall anzuwendende Recht unionsrechtlich determiniert ist. Die Faustformel der Abgrenzung lautet: „Im Geltungsbereich des Rechts der Europäischen

---

7 Differenzierend zu den verschiedenen Konstellationen mit Hinweisen für die Fallbearbeitung *Dersarkissian*, ZJS 2022, 31, 42 ff.
8 BVerfGE 152, 216, 239 f. – Recht auf Vergessen II.
9 Siehe nur BVerfGE 156, 182, 199 f.
10 BVerfGE 110, 141, 155 f. – Kampfhunde.

Union hängt die Bestimmung der für deutsche Behörden und Gerichte maßgeblichen Grundrechtsverbürgungen grundsätzlich davon ab, ob die zu entscheidende Rechtsfrage unionsrechtlich **vollständig determiniert** ist."[11]

An dieser Stelle sei vor einem Missverständnis gewarnt, das dadurch entstehen kann, dass bei der Durchführung von Unionsrecht sowohl Anwendungsspielräume der nationalen Behörden und Gerichte als auch Regelungsspielräume der Mitgliedstaaten in Betracht kommen. Mit „vollständig determiniert" ist nicht[12] gemeint, ob unionsrechtliche Regelungen den nationalen Behörden und Gerichten durch unbestimmte Rechtsbegriffe oder durch die Einräumung von Ermessen einen **Anwendungsspielraum** lassen, um den Umständen des Einzelfalls Rechnung zu tragen. Vielmehr geht es um **Regelungsspielräume**, d. h. darum, ob es sich bei den von den nationalen Behörden und Gerichten anzuwendenden Vorschriften um **unionsrechtlich vollständig vereinheitlichte Regelungen** handelt.

Diese Frage eines Regelungsspielraums ist nicht pauschal für ganze Regelungsbereiche von Verordnungen und Richtlinien zu klären, sondern für deren **einzelne Bestimmungen**,[13] gegebenenfalls auch in Verbindung mit deren verbindlicher Konkretisierung durch Vorschriften des Tertiärrechts, also durch delegierte Rechtsakte, zu deren Erlass die Europäische Kommission durch Sekundärrecht ermächtigt werden kann. Es kommt auf die jeweilige Rechtsvorschrift an, deren im Einzelfall angewendete Rechtsfolge die zu überprüfende Grundrechtsbeeinträchtigung darstellt.[14] Bei mehreren Grundrechtseingriffen ist dies gegebenenfalls getrennt voneinander zu prüfen und das kann dazu führen, dass – auch im Rahmen einer Verfassungsbeschwerde – nacheinander verschiedene Maßstäbe zur Anwendung kommen.

Richtlinien implizieren typischerweise, aber nicht notwendig solche Regulierungsspielräume. **Verordnungen** als unmittelbar anwendbare Rechtsvorschriften enthalten typischerweise volldeterminierte Vorschriften, enthalten aber gegebenenfalls auch Öffnungsklauseln für nationale Regulierung. So wie die Rechtsform der Verordnung nicht zwingend die unionsrechtliche Volldeterminierung zur Folge hat, so schließt die Rechtsform der Richtlinie eine Volldeterminierung nicht aus. Auch Richtlinien können sehr detailliert sein und eine **vollständige Vereinheitlichung** der Rechtslage, eine sogenannte „**Vollharmonisierung**"[15] von bestimmten Rechtsfragen oder Rechtsbereichen bezwecken. Die Grundrechtsvielfalt in den Mitgliedstaaten darf dann gegebenenfalls nicht „das Ziel der Rechtsvereinheitlichung konterkarieren"[16].

b) **Maßgeblichkeit der GRCh bei der Anwendung unionsrechtlich vollständig vereinheitlichter Regelungen**

Diese Unterscheidung hat nach der Rechtsprechung folgende Konsequenz: „Bei der Anwendung **unionsrechtlich vollständig vereinheitlichter** Regelungen sind nach dem Grundsatz des Anwendungsvorrangs des Unionsrechts in aller Regel nicht die Grundrechte des Grundgesetzes, sondern **allein die Unionsgrundrechte maßgeblich**."[17] Da-

---

11 So Leitsatz 1 der Entscheidung BVerfGE 158, 1 – Ökotox-Daten.
12 BVerfGE 152, 216, 247 – Recht auf Vergessen II; E 158, 1, 26 – Ökotox-Daten.
13 BVerfGE 152, 216, 246 f. – Recht auf Vergessen II unter Verweis u.a. auf EuGH, Urteil v. 29.7.2019, Spiegel Online, C-526/17, EU:C:2019:625, Rn. 28 ff.
14 BVerfGE 158, 1, 26 – Ökotox-Daten.
15 BVerfGE 152, 216, 232 – Recht auf Vergessen II.
16 BVerfGE 152, 216, 233 – Recht auf Vergessen II.
17 So Leitsatz 2 der Entscheidung BVerfGE 152, 216 – Recht auf Vergessen II.

raus ist der Umkehrschluss der grundsätzlichen Maßgeblichkeit der Grundrechte des GG in allen anderen Fällen zu ziehen: Wenn also dem deutschen Gesetzgeber Regelungsspielräume bleiben, kommen primär die Grundrechte des GG zur Anwendung. Die unionsrechtlichen Regelungsspielräume lösen die Grundrechtsverantwortlichkeit deutscher Staatsgewalt aus, für die dann die Grundrechte des GG der Maßstab sind.[18] Die Bindung an die Grundrechte des GG ist ein „Korollar der politischen Entscheidungsverantwortung"[19]. Dieser Grundrechtsbindung unterliegt der deutsche Gesetzgeber auch, wenn er nicht von seinem Spielraum Gebrauch macht, um die rechtlich relevanten Kriterien zu ergänzen, ihre Gewichtung zu verändern oder deren Rechtsfolgen zu modifizieren. So kann sich z. B. auch bei der wörtlichen Übernahme sekundärrechtlicher Vorschriften in das deutsche Recht die Frage stellen, ob die Grundrechte des GG es gebieten, dass der deutsche Gesetzgeber zur Vermeidung von Härten Ausnahmen regelt bzw. ob für die Behörden und Gerichte die Vermeidung von Härten bei der Anwendung des transformierten Rechts ein Gebot der Verhältnismäßigkeit ist.

96 Die Anwendung der GRCh **verdrängt** in Konstellationen der vollständigen unionsrechtlichen Determinierung einer Grundrechtsbeeinträchtigung die **Anwendung des Maßstabs der Grundrechte des GG.** Das ist eine Folge des Anwendungsvorrangs des Unionsrechts, der zwar „die Geltung der Grundrechte des Grundgesetzes als solche unberührt" lässt, aber deren Anwendung im Einzelfall ausschließt. Dass die Grundrechte des GG theoretisch „dahinterliegend ruhend in Kraft" bleiben, ist für die Fallbearbeitung ohne Bedeutung. Diese Konsequenz des Anwendungsvorrangs des Unionsrechts ist mit dem GG vereinbar. Es steht außer Zweifel, dass die EU mit der GRCh einen i. S. d. Art. 23 Abs. 1 S. 1 GG „im wesentlichen vergleichbaren Grundrechtsschutz gewährleistet" und das gilt umso mehr, weil die effektive Durchsetzung dieser Grundrechte nunmehr auch mit der Verfassungsbeschwerde möglich ist.

c) Grundsatz der Maßgeblichkeit der Grundrechte des GG in unionsrechtlich nicht vollständig determinierten Fällen

97 Die Verdrängung der Anwendung der Grundrechte des GG ist aber nur in bestimmten Konstellationen die Folge. Im Umkehrschluss zur begrenzten Reichweite des Anwendungsvorrangs der GRCh genügt die **„alleinige Heranziehung der Grundrechte des Grundgesetzes** als Prüfungsmaßstab" in Fällen, in denen deutsche Behörden und Gerichte zwar Unionsrecht durchführen, die angewendeten Rechtsvorschriften aber nicht vollständig, sondern nur teilweise unionsrechtlich determiniert sind. Dadurch wird in der Praxis gegebenenfalls die Überprüfung am Maßstab der GRCh entbehrlich, obwohl deren Anwendungsbereich nach Art. 51 Abs. 1 S. 1 GRCh parallel eröffnet ist.[20] Der Anwendungsvorrang des Unionsrechts wird dadurch in der Regel nicht verletzt, weil dieser nur dann seine Wirkung entfaltet, wenn nationales Recht im Einzelfall mit dem Unionsrecht kollidiert. Dass dies in unionsrechtlich nicht vollständig determinierten Fällen grundsätzlich nicht der Fall ist, begründet das BVerfG doppelt:

98 Erstens folgt die Rechtsprechung damit der „Annahme, dass das Unionsrecht dort, wo es den Mitgliedstaaten fachrechtliche Gestaltungsspielräume einräumt, regelmäßig nicht auf eine Einheitlichkeit des Grundrechtsschutzes zielt, sondern **Grundrechtsviel-**

---

18 Siehe auch *Dersarkissian*, ZJS 2022, 31, 37.
19 BVerfGE 152, 152, 169 – Recht auf Vergessen I.
20 BVerfGE 152, 152, 170 – Recht auf Vergessen I.

falt zulässt"²¹. Dass das Unionsrecht auch im Anwendungsbereich des Art. 51 Abs. 1 S. 1 GRCh jedenfalls partiell Grundrechtsvielfalt zulässt, stützt das BVerfG²² auf Formulierungen in den Präambeln des EUV und der GRCh, die eine Anerkennung der Vielfalt der Kulturen und Traditionen der Mitgliedstaaten durch die Union postulieren – auch und gerade, soweit sie zur Erhaltung und Entwicklung gemeinsamer Werte beiträgt. Auch Art. 51 Abs. 1 und Abs. 2, Art. 52 Abs. 4 und Abs. 6 sowie Art. 53 GRCh verleihen dem Respekt vor der Vielgestaltigkeit des Grundrechtsschutzes in Europa Ausdruck. Dies entspricht auch dem Grundsatz der Subsidiarität nach Art. 5 Abs. 3 EUV. Die Einräumung von nationalen Regelungsspielräumen durch den Unionsgesetzgeber impliziert nicht nur die Möglichkeit ergänzender politischer Zielsetzungen, sondern auch die Beachtung nationaler Grundrechtsstandards.

Zweitens nimmt das BVerfG mit Blick auf die hohen Grundrechtsstandards des GG und seiner eigenen Rechtsprechung an, dass die Berücksichtigung von Grundrechtsvielfalt typischerweise nicht zu einem Zurückbleiben hinter dem gemeinsamen europäischen Standard der GRCh führe, sondern diesen ergänze: „Es greift dann die Vermutung, dass das Schutzniveau der Charta der Grundrechte der Europäischen Union durch die Anwendung der Grundrechte des Grundgesetzes mitgewährleistet ist."²³ Die **Vermutung der Mitgewährleistung** des Standards der GRCh durch den Grundrechtsstandard des GG begründet das BVerfG²⁴ mit der unionsrechtsfreundlichen Auslegung des deutschen Grundgesetzes und mit der Verwurzelung sowohl der Grundrechte des GG als auch der GRCh „in gemeinsame[n] europäische[n] Grundrechtsüberlieferungen"²⁵. Beide würden auch im Lichte der EMRK ausgelegt.²⁶

Dass es sich dabei um nicht mehr und nicht weniger als einen Ansatz der pragmatischen Entlastung und Vereinfachung „in Normalfall" handelt, wird daran deutlich, dass die Beschränkung auf den Maßstab der Grundrechte explizit nur „regelmäßig" und also nicht strikt erfolgt und dass es sich um eine „Vermutung" handelt, die ausnahmsweise auch widerlegt werden kann. Ob das der Fall ist, soll aber nicht zum Standardprüfungsprogramm der Praxis gehören, da sonst die Entlastungswirkung nivelliert würde: „Eine **Ausnahme** von der Annahme grundrechtlicher Vielfalt im gestaltungsoffenen Fachrecht oder eine **Widerlegung der Vermutung** der Mitgewährleistung des Schutzniveaus der Charta sind nur in Betracht zu ziehen, wenn hierfür konkrete und hinreichende Anhaltspunkte vorliegen."²⁷ Das darf auch für die gutachterliche Lösung von Klausurfällen beim Wort genommen werden.

d) Maßgeblichkeit der Grundrechte der GRCh in Sonderfällen

Nicht nur im unionsrechtlich volldeterminierten Bereich (dazu b), sondern auch in weiteren Sonderfällen²⁸ kommen nicht die Grundrechte des GG (dazu c), sondern letztlich die Grundrechte der GRCh als Maßstab der Verfassungsbeschwerde zur Anwendung.

---

21 So Leitsatz 1 b) der Entscheidung des BVerfGE 152, 152 – Recht auf Vergessen I.
22 BVerfGE 152, 152, 170 f. – Recht auf Vergessen I.
23 So die Fortsetzung von Leitsatz 1 b) der Entscheidung des BVerfGE 152, 152 – Recht auf Vergessen I.
24 BVerfGE 152, 152, 176 f. – Recht auf Vergessen I.
25 BVerfGE 152, 152, 177 – Recht auf Vergessen I.
26 BVerfGE 152, 152, 175 f. – Recht auf Vergessen I.
27 So Leitsatz 1 b) der Entscheidung des BVerfGE 152, 152 – Recht auf Vergessen I.
28 Hierzu mit Beispielen *Dersarkissian*, ZJS 2022, 31, 37 ff.

Die Grundrechte der GRCh sind erstens Maßstab der Verfassungsbeschwerde, wenn eine **Ausnahme von der Annahme der Grundrechtsvielfalt** greift. Für den Fall, dass der Unionsrechtsgesetzgeber den Mitgliedstaaten zwar fachrechtliche Umsetzungsspielräume lässt, aber ausschließen möchte, dass die Mitgliedstaaten sich dabei neben den Grundrechten der GRCh auch von Wertungen der nationalen Grundrechte leiten lassen, gesteht das BVerfG dem Unionsgesetzgeber die Möglichkeit zu, die ausschließliche Anwendbarkeit der GRCh für die Umsetzung durch „konkrete und hinreichende Anhaltspunkte"[29] vorzuschreiben. Solche Anhaltspunkte im EU-Fachrecht müssen sich „aus dem Wortlaut und Regelungszusammenhang des Fachrechts selbst ergeben"[30], wozu der Hinweis „auf die uneingeschränkte Achtung der GRCh oder einzelner ihrer Bestimmungen Rechte"[31] in Erwägungsgründen zu Richtlinien nicht hinreichen soll. Eine Beschränkung der Bedeutung nationaler Grundrechts-Rechtsprechung wird in die Hände der europäischen Politik gelegt und zum Ausgangspunkt genommen, dass eine solche Beschränkung nicht schon durch Art. 51 Abs. 1 GRCh stattgefunden hat. Daran ist bemerkenswert, dass das BVerfG nicht auf mögliche Entwicklungen der Rechtsprechung des EuGH und deren Vorrang, sondern auf die **Tätigkeit des Unionsgesetzgebers** verweist, die eine explizit und spezifisch grundrechtskonkretisierende sein müsste.

102 Zweitens können die Grundrechte der GRCh auf Grund der **Widerleglichkeit der Vermutung der Mitgewährleistung** der Grundrechte der GRCh durch die Gewährleistungen der Grundrechte des GG zum Maßstab der Verfassungsbeschwerde werden. In dieser Hinsicht verweist das BVerfG auf die autonome Auslegung der Grundrechte der GRCh durch den EuGH. Diese kann sich – wie die Grundrechts-Rechtsprechung des BVerfG – in Zukunft dynamisch weiterentwickeln. Durch die Entwicklung der Rechtsprechung des EuGH können spezifische Standards des europäischen Grundrechtsschutzes entstehen. Wenn es hierfür – ausweislich einschlägiger Rechtsprechung des EuGH – hinreichend konkrete Anhaltspunkte gibt, stellt sich die Frage der Widerlegung der Vermutung der Mitgewährleistung.

Wenn sich eine solche Frage in einem Verfahren vor dem BVerfG stellt, erhält dieses die Gelegenheit, seine bisherige Auslegung der Grundrechte des GG zu überdenken und diese gegebenenfalls an das Schutzniveau der Grundrechts-Rechtsprechung des EuGH anzupassen. Methodisch käme dafür eine unionsrechtskonforme Auslegung des GG in Betracht (→ Rn. 124 ff.). Dies hätte erstens zur Konsequenz, dass letztlich die Vermutung der Mitgewährleistung der Grundrechte der GRCh durch die Gewährleistungen der Grundrechte des GG doch nicht widerlegt wird. Zweitens würde sich dann der angehobene Grundrechtsstandard auch auf Fallkonstellationen jenseits des Anwendungsbereichs der GRCh erstrecken.

e) Die Parallelprüfung der Grundrechte des GG und der GRCh als Alternative

103 Der soeben dargestellte, pragmatische Ansatz des Ersten Senats des BVerfG dient der Vereinfachung. Er hat zum Ziel, den Maßstab der Grundrechtsprüfung möglichst auf eine Grundrechtsebene zu beschränken. Es hat sich allerdings gezeigt, dass die Bestimmung der im Einzelfall jeweils maßgeblichen Ebene voraussetzungsvoll ist und einen nicht unerheblichen zusätzlichen Prüfungsaufwand auslösen kann. Dazu gibt es eine Alternative: Ebenfalls als Beitrag zu einer praktisch effektiven Durchsetzung der

---

29 BVerfGE 152, 152, 180 – Recht auf Vergessen I.
30 BVerfGE 152, 152, 181 – Recht auf Vergessen I.
31 BVerfGE 152, 152, 181 – Recht auf Vergessen I.

Grundrechte kann die Entscheidung des Zweiten Senates des BVerfG zu den „Ökotox-Daten"[32] gedeutet werden. Danach kann im Rahmen der Begründetheit einer Verfassungsbeschwerde gegebenenfalls auch die Frage offen bleiben, ob es sich um eine Konstellation der unionsrechtlichen Volldetermination handelt. Auf die Klärung dieser **fachrechtlichen Vorfrage** der Anwendbarkeit der Maßstäbe der GRCh bzw. des GG kommt es nämlich im Ergebnis nur an, wenn diese überhaupt zu unterschiedlichen Ergebnissen kommen. Gegebenenfalls lässt sich mit weniger Begründungsaufwand auch im Einzelfall die Vereinbarkeit eines deutschen Hoheitsaktes am **Maßstab sowohl der GRCh als auch des GG** bestätigen als die Frage der Volldetermination des Unionsrechts zu klären.

Die beiden gleichermaßen pragmatischen Ansätze des Ersten und des Zweiten Senates des BVerfG ergänzen sich durch eine **flexible Handhabung im Einzelfall** wie folgt: Je nachdem, ob es mehr oder weniger Aufwand macht, die Volldeterminiertheit des Unionsrechts als Vorfrage der Anwendbarkeit der Grundrechtsebenen zu klären oder aber die Grundrechtsmaßstäbe sowohl der GRCh als auch des GG kumulativ zur Anwendung zu bringen, kann die Prüfung der Vereinbarkeit deutscher Hoheitsakte mit den Grundrechten vereinfacht werden, indem entweder nur eine der Grundrechtsebenen zu prüfen ist oder aber die Prüfung der Volldeterminiertheit dahinstehen kann. Wesentlich unterscheidet sich der Aufwand vor allem in solchen Fällen, in denen die Klärung der einen oder der anderen Frage noch eines **Vorlageverfahrens nach Art. 267 AEUV** an den EuGH bedarf. Wenn eine Grundrechtsverletzung nach Maßstäben sowohl der GRCh als auch des GG festgestellt werden kann, sind die fachrechtlichen Vorfragen der Volldetermination der Rechtsgrundlage des Hoheitsaktes gegebenenfalls nicht entscheidungserheblich. In anderen Fällen wird die Frage der Volldetermination leicht und eindeutig zu beantworten sein und als „acte clair" bzw. als „acte éclairé" keiner Vorlage an den EuGH bedürfen. Dann greift der Pragmatismus der Beschränkung der Grundrechtsprüfung auf eine der beiden Ebenen. Es ist funktionsadäquat und dient dem effektiven und zeitnahen Grundrechtsschutz, wenn sich das BVerfG auf die Klärung grundrechtlicher Fragen beschränken kann und sich nicht auf fachrechtliche Vorfragen der Volldeterminiertheit einlassen und diese gegebenenfalls auch noch dem EuGH vorlegen muss. Auf die Möglichkeit und gegebenenfalls Notwendigkeit von Vorlagen auch grundrechtlicher Fragen durch die Fachgerichte und durch das BVerfG an den EuGH wird noch gesondert eingegangen.

104

IV. Dogmatik und Auslegung der GRCh

Für die Fälle, in denen das BVerfG letztlich im Rahmen einer Verfassungsbeschwerde die GRCh zum Maßstab macht, sei an dieser Stelle auf deren Dogmatik und Auslegung eingegangen. Diese Fragen stellen sich selbstverständlich nicht nur bei der Verfassungsbeschwerde, sondern auch für die an die GRCh gebundenen deutschen Behörden und Fachgerichte. Letztlich ist die GRCh als Bestandteil des Unionsrechts autonom durch den EuGH auszulegen.

105

---

[32] BVerfGE 158, 1 – Ökotox-Daten; *Sauer*, Staatsrecht III, 7. Aufl., Rn. 100 f. deutet die Entscheidung im Vergleich zum Ersten Senat als Betonung einer „starken Konvergenzannahme".

1. Konvergenz der allgemeinen Grundrechtsdogmatik

106 Aus einer praxisbezogenen Perspektive der Bindung deutscher Staatsgewalt an die GRCh ist von Interesse, was die Auslegung der GRCh im Vergleich zur deutschen Grundrechtsdogmatik spezifisch auszeichnet. Letztlich bestimmt sich das Schutzniveau der Grundrechte nach deren Schranken. Hinsichtlich der **Schrankendogmatik** unterscheiden sich der Grundrechtskatalog des GG und die GRCh in ihrer jeweiligen Systematik grundlegend:

107 Das Grundgesetz enthält keine umfassende, allgemeine Schrankenregelung für die Grundrechte. Vielmehr regelt das GG explizit spezifische Schrankenbestimmungen für die einzelnen Grundrechte und ergänzend dazu sind in Art. 19 Abs. 1 GG benannte sowie ungeschriebene, allgemeine Anforderungen der Rechtfertigung von Grundrechtsbeschränkungen anerkannt, insbesondere der Vorbehalt des Gesetzes und der Grundsatz der Verhältnismäßigkeit. Genau umgekehrt regelt **Art. 52 Abs. 1 GRCh** allgemein die **Schranken für alle Grundrechte**, so dass die Schrankensystematik weder auf differenzierten Schrankenregelungen einzelner Grundrechte aufbaut noch vom Rückgriff auf ungeschriebene Rechtfertigungsanforderungen geprägt wird. Von der Systematik des Textes des GG bzw. der GRCh ausgehend könnte der dogmatische Ausgangspunkt der Schrankensystematik kaum gegensätzlicher sein.

108 Das heißt aber nicht, dass sich daraus in der Sache und im Ergebnis allzu gravierende Unterschiede ergeben. Denn die allgemeine und geschriebene Schrankenregelung des Art. 52 Abs. 1 GRCh bringt auf den Text, was der EuGH zuvor als Schranken der ungeschriebenen Grundrechte anerkannt hatte und was den allgemeinen Grundrechtslehren der deutschen Grundrechtsdogmatik **im Wesentlichen vergleichbar** ist. Rechtfertigungsbedürftig ist nach Art. 52 Abs. 1 GRCh „jede Einschränkung der Ausübung" der Grundrechte der GRCh. Das entspricht in der deutschen Grundrechtsdogmatik dem weiten Verständnis der Zurechnung von Grundrechtsbeeinträchtigungen, die auf einem weiten Eingriffsbegriff beruht und durch Schutzpflichten einschließlich der Entfaltung mittelbarer Drittwirkungen der Grundrechte im Privatrecht ergänzt wird. Nach Art. 52 Abs. 1 GRCh müssen solche Einschränkungen „gesetzlich vorgesehen sein". Daraus ergibt sich ein allgemeiner Vorbehalt des Gesetzes, wie er in der deutschen Grundrechtsdogmatik ungeschrieben auch für vorbehaltlos gewährleistete Grundrechte anerkannt ist. Wie auch Art. 19 Abs. 2 GG enthält Art. 52 Abs. 1 GRCh eine Wesensgehaltsgarantie, die hier wie dort keine praktische Relevanz für die Grundrechtsdogmatik hat. Schließlich postuliert Art. 52 Abs. 1 GRCh explizit die „Wahrung des Grundsatzes der **Verhältnismäßigkeit**". Sogar einzelne Aspekte der Verhältnismäßigkeitsprüfung werden benannt: So müssen Grundrechtsbeschränkungen entweder dem „**Gemeinwohl**" oder dem „Schutz der **Rechte und Freiheiten anderer** tatsächlich" dienen, was der Legitimität des Ziels und Geeignetheit des zu rechtfertigenden Mittels entspricht. Schließlich muss das Mittel „**erforderlich**" sein.

109 Der Textbefund des Art. 52 Abs. 1 GRCh bestätigt die **Vermutung der Mitgewährleistung** der Grundrechte der GRCh durch die Gewährleistungen der Grundrechte des GG. Denn es gibt keine geschriebenen Rechtfertigungsanforderungen des Art. 52 Abs. 1 GRCh, die nicht zugleich auch generelle Anforderungen der Rechtfertigung eines Eingriffs in Grundrechte des GG, d. h. auch eines Eingriffs in die allgemeine Handlungsfreiheit, wären. Mit anderen Worten: Eine Widerlegung der Vermutung der Mitgewährleistung kommt nur in Betracht, wenn sich aus der Rechtsprechung des EuGH ein besonderes Gewährleistungsniveau ergibt. Weniger ist dabei an die Recht-

§ 7 Die GRCh und ihre Durchsetzbarkeit

sprechung zu den allgemeinen Anforderungen des Art. 52 Abs. 1 GRCh zu denken als vielmehr an problemorientierte Maßstäbe in besonderen Fallkonstellationen und an Rechtsprechung zu einzelnen Grundrechten der GRCh.

An dieser Stelle sei umgekehrt ein gezielter Blick auf solche **besonderen Rechtfertigungsanforderungen der deutschen Grundrechtsdogmatik** geworfen, die sich nicht im Wortlaut des Art. 52 Abs. 1 GRCh spiegeln. Anders gesagt: Bleiben die generellen Anforderungen an die Rechtfertigung von Grundrechtseingriffen nach Art. 52 Abs. 1 GRCh in bestimmten Punkten hinter den Anforderungen der deutschen Grundrechtsdogmatik zurück? 110

Zu denken wäre hier zunächst an **qualifizierte Gesetzesvorbehalte**, deren Anforderungen über den allgemeinen Gesetzesvorbehalt des Art. 52 Abs. 1 GRCh hinausgehen. Allerdings sollten die praktischen Konsequenzen der im GG nach Einzelgrundrechten ausdifferenzierten Schrankensystematik nicht überschätzt werden: Viele dieser Unterschiede werden durch die problemorientierte Grundrechtsinterpretation des BVerfG relativiert. Dazu nur ein Beispiel: Dass nach dem Wortlaut des Art. 2 Abs. 2 S. 3 GG Eingriffe in die Freiheit der Person nur „auf Grund eines Gesetzes" und nicht auch „durch Gesetz" zugelassen werden und dies für einen Verwaltungsvollzugsvorbehalt spricht, wurde durch die Rechtsprechung des BVerfG[33] zumindest stark relativiert. Letztlich ist der ungeschriebene Grundsatz der Verhältnismäßigkeit der zentrale Rechtfertigungsmaßstab, der problem- und fallorientiert mehr oder weniger streng angewendet wird. Die Maßstäbe, die das BVerfG z. B. an Eingriffe in die Freiheit der Person anlegt, ließen sich auch über die Schrankensystematik des Art. 52 Abs. 1 GRCh abbilden. 111

Aus einzelnen qualifizierten Gesetzesvorbehalten (z. B. Art. 13 Abs. 7 GG) ergeben sich auch **Beschränkungen der legitimen Mittel** von Grundrechtseingriffen. Bei den vorbehaltlosen Grundrechten nimmt die Lehre von den „verfassungsimmanenten Schranken" an, dass nur verfassungsunmittelbar geschützte Ziele legitime Zwecke eines Eingriffs sein können. Im Vergleich dazu ist der Gemeinwohl-Vorbehalt des Art. 52 Abs. 1 GRCh weiter gefasst. Allerdings sollte die praktische Bedeutung dieses Unterschiedes ebenfalls nicht überschätzt werden. In der Praxis dienen die meisten Maßnahmen, die dem Gemeinwohl dienen, zugleich auch dem Schutz der Grundrechte Dritter oder einem anderen verfassungsunmittelbaren Ziel. Auch die Annahme eines Wertungsunterschiedes zwischen Grundrechten mit und ohne Gesetzesvorbehalt ist zumindest widerleglich: Daraus, dass das Recht auf Leben und körperliche Unversehrtheit nach Art. 2 Abs. 2 S. 2 GG „nur" unter Gesetzesvorbehalt (Art. 2 Abs. 2 S. 3 GG) gewährleistet wird, die Kunstfreiheit hingegen vorbehaltlos, folgt z. B. nicht, dass letztere stärker geschützt wird und normativ mehr wiegt als das Leben. Die problemorientierte Rechtsprechung des BVerfG ist offen und sensibel dafür, Eingriffe in jedes Grundrecht als mehr oder weniger schwerwiegend zu bewerten. Davon hängen in der Praxis die graduellen Anforderungen an eine Rechtfertigung ab. 112

Schließlich ist augenfällig, dass bei der Anwendung des Grundsatzes der Verhältnismäßigkeit durch das BVerfG der Maßstab der **Angemessenheit**, der sogenannten Verhältnismäßigkeit i. e. S., eine zentrale Rolle spielt. Dabei kommt es zur Abwägung, die über den beschränkten Vergleich mit alternativen, milderen Mitteln im Rahmen der Erforderlichkeitsprüfung hinausgeht. Art. 52 Abs. 1 GRCh hingegen fordert zwar 113

---

33 BVerfG, Beschluss v. 19.11.2021 – 1 BvR 781/21 Rn. 267 ff. – Bundesnotbremse I.

explizit die Erforderlichkeit, nicht aber darüber hinaus auch die Angemessenheit von Maßnahmen. Doch auch dieser Befund kann die Beobachtung einer weitreichenden und tendenziell zunehmenden Konvergenz der Grundrechte des GG und der GRCh nicht erschüttern. Z. T. prüft auch der EuGH die Angemessenheit von Eingriffen als Aspekt der Verhältnismäßigkeit, z. T. praktiziert er ein ausgreifenderes Verständnis des Maßstabes der Erforderlichkeit und schließlich gibt es auch Konstellationen, in denen das BVerfG zumindest die Kontrolldichte der Prüfung der Verhältnismäßigkeit i. e. S. sehr reduziert.

2. Die Auslegung der GRCh

114 Die GRCh ist „**autonom**" auszulegen.[34] Das bedeutet, dass es für sie keine spezifisch deutsche Interpretation geben soll, sondern dass sie so zu interpretieren ist, wie sie die EU als Rechtsgemeinschaft versteht. Die EU hat für die autonome Auslegung des Unionsrechts mit dem EuGH ein besonders machtvolles Gericht geschaffen. Insbesondere aus den Regelungen des Vorabentscheidungsverfahrens ergibt sich, dass der EuGH umfassend für die Auslegung des Unionsrechts (also nicht nur des Primärrechts) zuständig ist und auch für die Frage der Gültigkeit von Unionsrecht. Das ist von großer praktischer Bedeutung, zumal das Unionsrecht in der Regel von den Mitgliedstaaten umgesetzt und vollzogen wird und auch die Verfahren des Rechtsschutzes gegen die Durchführung des Unionsrechts durch die Mitgliedstaaten in der Zuständigkeit der nationalen Gerichte liegen. Würden die nationalen Behörden und Gerichte das Unionsrecht je eigenständig interpretieren, wäre Uneinheitlichkeit vorprogrammiert. Damit drohte ein zentrales Ziel der Union, nämlich das Recht der Mitgliedstaaten zu harmonisieren bzw. sogar zu vereinheitlichen, verfehlt zu werden. Umso bedeutsamer ist es, dass mit Art. 267 Abs. 2 AEUV nicht nur die Option der Vorlage an den Gerichtshof geschaffen wurde, sondern dass in Art. 267 Abs. 3 AEUV sogar Vorlagepflichten der nationalen Gerichte geregelt sind.

115 Es ist damit nicht nur faktisch der Fall, sondern auch rechtlich geboten, dass die Vorschriften des Unionsrechts und auch der **GRCh so gelten, wie der EuGH sie interpretiert**. Die Interpretation der GRCh durch deutsche Gerichte einschließlich des BVerfG hat somit im Sinne eines Rechtsprechungs-Positivismus vor allem **nachvollziehenden Charakter**. Das schließt freilich nicht aus, dass dabei auch die Methoden und Kriterien der Auslegung der GRCh nachvollzogen werden. Letzteres ist vor allem ein deutsches Phänomen, was daran liegt, dass die Tradition der deutschen Rechtsordnung gesetzesgeprägt ist und dass die deutschen Gerichte und allen voran das BVerfG zu vergleichsweise ausführlichen und „dogmatischen" Begründungen ihrer Entscheidungen neigen. Auch die praxisorientierte, dogmatische Rechtswissenschaft in Deutschland leistet dazu ihren Beitrag. Das ist im vorliegenden Zusammenhang bemerkenswert, weil der EuGH – ganz im Gegenteil – nur sehr knappe Begründungen seiner Entscheidungen liefert. Nichts spricht dagegen und es dient der Rezeption und der Integration des Unionsrechts in der deutschen Rechtsordnung, dogmatische Begründungen für die Rechtsprechung des EuGH gleichsam „nachzuliefern" und sie auf solche Weise zu rekonstruieren. Dabei sollte nicht unterschätzt werden, dass auch eine „**nachschöpferische**" Anwendung der Maßstäbe der Rechtsprechung des EuGH

---

[34] Bezogen auf die grundrechtlichen Schutzbereiche siehe nur *Jarass/Kment*, EU-Grundrechte, 2. Aufl., § 6 Rn. 5.

eines gewissen kreativen Potentials bedarf, um diese Maßstäbe anschlussfähig an die normativen Strukturen und Begriffe der deutschen Rechtsordnung zu machen.

Die nationalen Gerichte können zur Interpretation der Grundrechte der GRCh aber auch einen **innovativen** Beitrag leisten. Insbesondere haben sie die Gelegenheit, im Rahmen von Vorlagen an den EuGH nicht nur Fragen zu stellen, sondern sich auch zu denkbaren Lösungen der sich stellenden Probleme der Interpretation der GRCh zu verhalten. Hinweise auf nationale Verfassungstraditionen können zur Konfliktvermeidung im Mehrebenensystem beitragen, indem sie dem EuGH die Gelegenheit geben, auf Besonderheiten der deutschen Rechtsordnung einzugehen und diese in seiner Rechtsprechung zu berücksichtigen. 116

Autonome Auslegung der GRCh bedeutet nicht, dass deren Interpretation auf Neu- und Andersartigkeit im Vergleich zu anderen Grundrechtsordnungen angelegt wäre. Im Gegenteil: Die GRCh ist nach **Art. 52 Abs. 3 GRCh** im Lichte der EMRK und nach **Art. 52 Abs. 4 GRCh** im Lichte der gemeinsamen Verfassungsüberlieferungen der Mitgliedstaaten zu interpretieren. Das entspricht der Vorgeschichte der GRCh. Die GRCh bringt v. a. die Grundrechte auf einen Text, die der EuGH[35] Ende des 20. Jahrhunderts als allgemeine Rechtsgrundsätze in wertender Rechtsvergleichung aus den Traditionen der Mitgliedstaaten und aus der EMRK entwickelt hatte. Diese richterrechtlich entwickelten Grundrechte bleiben nach Art. 6 Abs. 3 EUV „als allgemeine Grundsätze Teil des Unionsrechts". Auch die EMRK und die nationalen Verfassungsordnungen, auf die hier verwiesen wird, sind jeweils autonom zu interpretieren. Damit liegt in Art. 52 Abs. 3 und Abs. 4 GRCh zugleich ein **Verweis auf die Rechtsprechung** des EGMR und der nationalen Verfassungsgerichte. Art. 52 Abs. 3 und Abs. 4 GRCh wird v. a. deshalb von deutschen Gerichten regelmäßig als Auslegungskriterium herangezogen, weil es viel Rechtsprechung des EGMR und der nationalen Verfassungsgerichte und insbesondere des BVerfG zu den Grundrechten gibt, die hier problemorientiert fruchtbar gemacht werden kann. Art. 52 Abs. 3 und Abs. 4 GRCh kann als dynamischer Verweis und damit zugleich als Bestätigung einer kooperativen, maßstabsetzenden Gewalt der nationalen und europäischen Verfassungsgerichte gedeutet werden. Die Vertextlichung der Unionsgrundrechte in der GRCh ist damit nicht als Versteinerung der Grundrechtsentwicklung auf dem Stand der Rechtsprechung im Jahre 2000 zu verstehen. 117

Dass auch die **historische Auslegung** durchaus eine Bedeutung bei der Auslegung der GRCh haben soll, bestimmt Art. 52 Abs. 7 GRCh. Dieser nennt die Erläuterungen zur GRCh, die im Amtsblatt der EU in unmittelbarem Anschluss an den Text der GRCh veröffentlicht wurden,[36] eine „Anleitung für die Auslegung" der GRCh. Bemerkenswert ist, dass Art. 52 Abs. 7 GRCh explizit postuliert, dass diese Erläuterungen nicht nur vom EuGH, sondern auch „von den Gerichten [...] der Mitgliedstaaten gebührend zu berücksichtigen" sind. Es wäre aber verfehlt, darin eine besondere Forcierung der Bedeutung der historischen Auslegung zu sehen. Vielmehr ist es sogar umgekehrt: Diese Erläuterungen geben nicht den Diskurs des Grundrechte-Konventes insgesamt wieder, sondern wurden lediglich nachträglich von dessen Präsidium formuliert und sie haben ausweislich ihres Vorspruchs ausdrücklich „keinen rechtlichen Status", sondern sollen nur „eine nützliche Interpretationshilfe" darstellen. Art. 52 Abs. 7 GRCh stellt klar, dass sich diese Erläuterungen als Quelle der historischen Auslegung eignen. 118

---

35 EuGH, Rs. C-4/73 (Nold/Kommission), Slg. 1974, 491, Rn. 13 f.
36 Amtsblatt vom 14.12.2007: einerseits 2007/C 303/1 und andererseits 2007/C 303/17.

Durch den expliziten Verweis auf die begrenzten Erläuterungen wird die Bedeutung weiterer Quellen der historischen Auslegung zwar nicht ausgeschlossen, aber geradezu begründungsbedürftig. Die begrenzte praktische Bedeutung der Erläuterungen liegt auch darin, dass sie die authentische Auslegung der GRCh durch den EuGH nicht unterlaufen können und die Gerichte der Mitgliedstaaten vermuten, dass der EuGH diese in seine Auslegung bereits hat einfließen lassen.

119 Auch den Versuchen in der deutschen Literatur[37], aus den Feinheiten der Formulierung des Art. 52 Abs. 3 und Abs. 4 GRCh eine rechtlich verbindliche und hierarchische Systematik strikter Auslegungsregeln abzuleiten, ist zu misstrauen. Sie entsprechen nicht der Praxis der Rechtsprechung. Gesetzespositivismus ist weder ein geeigneter Ansatz zur Interpretation von – ausnahmsweise geregelten – Auslegungsmethoden noch zur Grundrechtsinterpretation und auch nicht zur Klärung des Verhältnisses zwischen Normen im europäischen Mehrebenensystem.

120 Die **EMRK und ihre Auslegung durch den EGMR** sind im Verhältnis zur GRCh ebenfalls nicht mehr und nicht weniger als ein Interpretationsgesichtspunkt. Dem kommt nach Art. 52 Abs. 3 GRCh eine besondere Bedeutung zu für diejenigen Rechte der GRCh, welche gleichlautenden Bestimmungen der EMRK „entsprechen": Sie sollen dann im Sinne einer Konvergenz und Kohärenz „die gleiche Bedeutung und Tragweite" haben. Das heißt aber nicht, dass dadurch die Rechtfertigungsanforderungen des Art. 52 Abs. 1 GRCh durch jene der EMRK verdrängt würden. Art. 52 Abs. 3 S. 2 GRCh stellt klar, dass der Schutzstandard der GRCh auch über denjenigen der EMRK hinausgehen kann. Gegen eine Deutung des Art. 52 Abs. 3 GRCh als materiellen Beitritt[38] zur EMRK durch normative Inkorporation spricht, dass Art. 6 Abs. 2 EUV den formellen Beitritt der EU zur EMRK zwar vorsieht, aber nicht vorwegnimmt. Die EMRK ist im Rahmen des Unionsrechts zwar die für die GRCh **wichtigste Rechtserkenntnisquelle**, aber sie ist keine Rechtsquelle. Art. 52 Abs. 3 GRCh ist eine Auslegungsregel und kein Rechtsanwendungsbefehl. Unionsrechtlich geboten ist aber die Berücksichtigung der EMRK und ihrer Auslegung durch den EGMR bei der Interpretation der GRCh. Das gilt insbesondere auch für Fragen der Grenzen einer möglichen Rechtfertigung von Beeinträchtigungen der gleichlautend geregelten Rechte. Im Ergebnis ähnelt das Verhältnis der GRCh zur EMRK demjenigen der „Mitgewährleistung" i. S. d. Rechtsprechung des BVerfG zum Verhältnis zwischen GG und GRCh. Indem für die Interpretation des GG der Grundsatz der Völkerrechtsfreundlichkeit gilt, schließt sich ein Kreis. Für die Praxis der deutschen Fachgerichte begründet das gleichsam doppelt die hervorragende Bedeutung der Rechtsprechung des EGMR. Diese Bedeutung ist unabhängig davon, ob die deutschen Fachgerichte das GG oder die GRCh auslegen und zur Anwendung bringen.

121 Wenn deutsche Fachgerichte oder das BVerfG Interpretationsansätze der Auslegung der nationalen Grundrechte in die Interpretation der GRCh einbringen möchten, bietet sich Art. 52 Abs. 4 GRCh als weitere Auslegungsregel an. Der Verweis auf die „Verfassungsüberlieferungen" in Art. 52 Abs. 4 GRCh ist nicht als rückwärtsgewandter Interpretationsansatz zu verstehen. Im Gegenteil weist die explizite Regelung der Interpretationsgrundsätze des Art. 52 Abs. 3 und Abs. 4 GRCh darauf hin, dass es sich

---

[37] Siehe nur *Dorf*, JZ 2005, 126, 128 f.
[38] *Borowsky* in Meyer, GRCh, 4. Aufl., zu Art. 52 Rn. 30, 34; siehe auch *Gärditz*, in: Grabenwarter, Europäischer Grundrechtsschutz, 2. Aufl., § 6 Rn. 21 („normativ inkorporiert"); *Streinz*, ZöR 68 (2013), 663, 670 („Transferklausel").

um eine Daueraufgabe handelt, die Interpretation der Grundrechte auf verschiedenen Ebenen aufeinander abzustimmen. Allerdings ist hinsichtlich der normativen Bedeutung nationalen Verfassungsrechts als Rechtserkenntnisquelle für die Interpretation der GRCh ein erhöhter Argumentationsaufwand erforderlich: Art. 52 Abs. 4 GRCh setzt eine wertende Rechtsvergleichung voraus, die belegt, dass es sich um „gemeinsame" Verfassungsüberlieferungen nicht nur eines einzelnen Mitgliedstaates handelt. Das nationale Recht einzelner Staaten kann der Auslegung des Unionsrechts nicht entgegenstehen. Das durchbricht auch Art. 52 Abs. 6 GRCh nicht. Letztlich ist die Bedeutung von Interpretationsansätzen der deutschen Gerichte nicht an der Auslegung der Auslegungsregeln des Art. 52 Abs. 3 und Abs. 4 GRCh zu bemessen, sondern im Prozessrecht zu suchen. Die Formulierung von Vorlagefragen an den EuGH nach Art. 267 AEUV und deren Begründung geben den deutschen Gerichten die Gelegenheit, ihre Sichtweise in die Interpretation der GRCh einzubringen, die letztlich durch den EuGH erfolgt. Keinesfalls dürfen deutsche Gerichte umgekehrt den Art. 52 Abs. 3 und Abs. 4 GRCh zum Vorwand nehmen, um eigene Interpretationswege der GRCh einzuschlagen, ohne dem EuGH im Rahmen des Vorabentscheidungsverfahrens die Gelegenheit zu geben, sich dazu zu verhalten.

V. Die Auslegung und Anwendung der Art. 1–19 GG im Lichte der GRCh

1. Die Prämissen unionsrechtlich zulässiger Grundrechtsvielfalt

Im Folgenden soll es noch kurz darum gehen, ob es bei der Anwendung der Grundrechte durch deutsche Behörden und Gerichte und bei Verfassungsbeschwerde in unionsrechtlichem Kontext – d. h. im Anwendungsbereich von Art. 51 Abs. 1 GRCh – Besonderheiten zu beachten gibt. Dass die Grundrechte des GG in solchen Kontexten nach der Rechtsprechung des BVerfG überhaupt zur Anwendung kommen, folgt deren Prämisse, dass das Unionsrecht grundsätzlich Grundrechtsvielfalt zulässt. Das bestätigt in der Lesart des BVerfG[39] auch **Art. 53 GRCh**. Danach kann die Auslegung der Grundrechte des GG im Ergebnis dazu führen, dass die deutschen Gerichte mit der Anwendung des GG ein höheres grundrechtliches Schutzniveau als jenes der GRCh zum Maßstab ihrer Entscheidung machen.

Das ist indessen nicht unumstritten. Weitgehend Einigkeit besteht darüber, dass Art. 53 GRCh nach dem **Günstigkeitsprinzip** zulässt, dass Grundrechte des nationalen Verfassungsrechts als Abwehrrechte, d. h. im Staat-Bürger-Verhältnis, ein höheres Schutzniveau gewährleisten. Das ist jedenfalls unproblematisch in den Konstellationen, auf die das BVerfG die Anwendung der Grundrechte des GG beschränkt. Bezweifelt wird jedoch die Anwendung des Art. 53 GRCh in **mehrpoligen Rechtsverhältnissen**, in denen Grundrechtspositionen miteinander kollidieren. Für das Problem kommen drei Lösungen in Betracht:[40] Vertretbar ist erstens, in all diesen Konstellationen die Anwendung des Art. 53 GRCh auszuschließen, weil sich bei Grundrechtskollisionen das Günstigkeitsprinzip als ambivalent erweist, sich die Erhöhung des Schutzniveaus auf der einen Seite nämlich als größere Beeinträchtigung auf der anderen Seite auswirkt. Zweitens ist denkbar, die Anwendbarkeit des Art. 53 GRCh verstanden als Günstigkeitsprinzip auf staatliche Interventionen zu beschränken, die sich als Eingriffe darstel-

---

39 BVerfGE 152, 152, 174 – Recht auf Vergessen I unter Verweis auf EuGH, Urteil v. 26.2.2013, Melloni, C-399/11, EU:C:2013:107, Rn. 57 ff.
40 Vgl. zur Auseinandersetzung mit Nachweisen *Kingreen* in: Calliess/Ruffert, EUV/AEUV, 6. Aufl., zu Art. 53 GRCh Rn. 5 ff.

len. Zu denken wäre insoweit an öffentlich-rechtliche mehrpolige Rechtsverhältnisse, in denen Behörden durch Verwaltungsakte kollidierende Grundrechtspositionen zum Ausgleich bringen oder auch an sogenannte judikative Eingriffe. Vorzugswürdig ist indes drittens, dass Art. 53 GRCh der Anwendung der Grundrechte des GG auch in anderen Konstellationen von Grundrechtskollisionen nicht per se entgegensteht – unabhängig davon, in welcher Grundrechtsdimension (Eingriff, Schutzpflicht oder mittelbare Drittwirkung der Grundrechte als eigene Kategorie) den Behörden oder den Fachgerichten dabei Grundrechtsbeeinträchtigungen zuzurechnen sind. Denn Art. 53 GRCh ist interpretationsbedürftig und der Wortlaut lässt offen, ob „eine Einschränkung oder Verletzung" von Grundrechten Eingriffscharakter haben muss. Auch wenn sich in Eingriffskonstellationen Art. 53 GRCh als Ausprägung und Anerkennung des dahinter stehenden Günstigkeitsprinzips darstellt, folgt daraus nicht zwingend, dass Art. 53 GRCh die Anwendung nationaler Grundrechte dort verbietet, wo sie nicht aus dem Günstigkeitsprinzip folgt. Es überzeugt nicht, die Interpretation des Art. 53 GRCh auf das Günstigkeitsprinzip zu reduzieren. Ein zumindest auch hinter Art. 53 GRCh stehendes Prinzip ist das der unionsrechtlichen Anerkennung nationaler Grundrechtsvielfalt. Art. 53 GRCh ist ein Element und keine abschließende Regelung dieses Prinzips. Die Anwendung der Grundrechte des GG ist dann ausgeschlossen, wenn ihr der Anwendungsvorrang des Unionsrechts entgegensteht. Das ergibt sich für die Grundrechte nicht schon im Umkehrschluss daraus, dass gegebenenfalls kein Anwendungsfall des Art. 53 GRCh[41] vorliegt.

2. Die unionsrechtsfreundliche Interpretation der Grundrechte des GG

124 Dass das Unionsrecht Grundrechtsvielfalt gegebenenfalls zulässt, ist von der Frage zu trennen, inwieweit solche Grundrechtsvielfalt durch die Interpretation des nationalen Verfassungsrechts auch ausgeprägt wird. Sowenig die autonome Auslegung der GRCh darauf angelegt ist, möglichst eigenständige Wege der Grundrechtsinterpretation zu entwickeln, sowenig gilt dies auch für die den nationalen Gerichten und insbesondere dem BVerfG obliegende Interpretation der Grundrechte des GG. Die Interpretation der Grundrechte des GG, der GRCh und der EMRK durch das BVerfG, den EuGH und den EGMR beeinflussen sich wechselseitig. In der Entwicklung zeigt sich, dass es sich um „zunehmend konvergente Garantien"[42] handelt.

125 Während für die Interpretation der GRCh Gebote der Berücksichtigung anderer Ebenen in Art. 52 Abs. 3 und Abs. 4 GRCh explizit geregelt sind, ist die **unionsrechtsfreundliche Auslegung** des Grundgesetzes ein allgemeiner Grundsatz der Verfassungsinterpretation. Vom BVerfG werden die Grundrechte des GG heute stets[43] („wie immer"[44]) im Lichte der EMRK und der GRCh ausgelegt. Für die Interpretation des GG ist die **GRCh „als Auslegungshilfe heranzuziehen"**[45].

126 Das BVerfG behält sich zwar in nicht vollständig unionsrechtlich determinierten Fällen „eine **eigenständige und in einzelnen Wertungen abweichende Interpretation** der deutschen Grundrechte"[46] vor. Deshalb sollte die hier zur Anwendung kommende

---

41 Nach *Jarass/Kment*, EU-Grundrechte, 2. Aufl., § 3 Rn. 17 verhält sich Art. 53 GRCh dazu nicht.
42 So für das Verhältnis zwischen EMRK und GG: BVerfGE 158, 1, 33 f. – Ökotox-Daten.
43 Für den Ersten Senat: BVerfGE 152, 152, 178 f. – Recht auf Vergessen I; für den Zweiten Senat: BVerfGE 158, 1, 27 – Ökotox-Daten.
44 BVerfGE 152, 152, 182 – Recht auf Vergessen I.
45 BVerfGE 158, 1, 27 – Ökotox-Daten.
46 BVerfGE 158, 1, 27 – Ökotox-Daten.

Auslegungsmethode auch als „unionsrechtsfreundliche" und nicht als „unionsrechtskonforme" Auslegung bezeichnet werden. Aber das BVerfG bringt sich durch das selbst entwickelte Gebot der Berücksichtigung der GRCh in eine **Argumentationslast** für eine von der GRCh bzw. von der Rechtsprechung des EuGH abweichende Interpretation des GG.

Erwähnt sei in diesem Zusammenhang, dass der Grundsatz der unionsrechtsfreundlichen Auslegung des Grundgesetzes auch in Kontexten jenseits des Anwendungsbereichs des Unionsrechts greift. An dieser **Dekontextualisierung des Unionsrechts von seinem Anwendungsbereich** wird noch einmal deutlich, dass „Unionsrechtsfreundlichkeit" über die gegebenenfalls unionsrechtlich gebotene „Unionsrechtskonformität" hinausreicht. Das bedeutet für die Praxis, dass in jedem Fall der Interpretation und der Anwendung der Grundrechte des GG, auch wenn es dabei nur um Fragen des nationalen Rechts geht, eine Berücksichtigung auch der GRCh als Argument in Betracht kommt.

127

Dafür gibt es zwei Gründe: Erstens dient dies der Konfliktvermeidung im Mehrebenensystem. Je weniger sich die Interpretation des GG eigenständig entwickelt, je weniger sie die Augen vor den Entwicklungen der Rechtsprechung des EuGH verschließt, desto weniger entstehen Konflikte, die im Überschneidungsbereich der Rechtsordnungen zu lösen sind. Zweitens kann das Argument, eine bestimmte Auslegung entspreche auch der Rechtsprechung des EuGH, die Legitimation richterlicher Maßstabsbildung verstärken.

Freilich stellt sich in solchen Konstellationen die Frage, ob eine Rechtsprechung des EuGH aus ihrem spezifisch unionsrechtlichen Kontext zu erklären ist und ob dies dagegen spricht, sie zu verallgemeinern und auf andere Kontexte jenseits des Unionsrechts zu übertragen. Die Bedeutung der **Kontextualisierung** von Rechtsprechung steigt mit den Tendenzen der Unitarisierung richterlicher Maßstäbe.

VI. Die Bedeutung von Vorlageverfahren zur Durchsetzung der GRCh

1. Das Vorabentscheidungsverfahren des EuGH nach Art. 267 AEUV

Das Vorabentscheidungsverfahren nach Art. 267 AEUV garantiert, dass primär und letztverbindlich der EuGH die Grundrechte der GRCh interpretiert. Deshalb ist es für das Verständnis des Grundrechtsschutzes im Mehrebenensystem notwendig, den unionsrechtlichen Wirkungsmechanismus des Art. 267 AEUV zu klären.

128

Das Vorabentscheidungsverfahren ist kein spezifisch auf die Durchsetzung der Grundrechte zugeschnittenes Verfahren. Es dient vor allem der Vereinheitlichung der Auslegung des Sekundärrechts. Aber es hat dabei auch folgende Funktionen des Grundrechtsschutzes:

Sowohl die **Auslegung der GRCh** als auch die **grundrechtskonforme Auslegung** des sonstigen Unionsrechts (Art. 267 Abs. 1 lit. a AEUV) als auch die **Vereinbarkeit** des Sekundärrechts mit den Unionsgrundrechten (Art. 267 Abs. 1 lit. b AEUV) können im Vorabentscheidungsverfahren durch den EuGH geklärt werden. Schließlich ist auch die für die Anwendung der GRCh durch die deutschen Gerichte entscheidende Vorfrage der **Volldetermination** des Fachrechts der EU gegebenenfalls durch den EuGH zu klären.

Rechtlich bedeutsam ist die Frage, ob ein Fachgericht **zur Vorlage** nur **berechtigt** oder aber **verpflichtet** ist. Nur eines der hierfür maßgeblichen Kriterien ergibt sich aus dem Wortlaut des Art. 267 Abs. 2 und Abs. 3 AEUV: Danach sind nur solche Gerichte vorlageverpflichtet, die (im konkreten Fall) letztinstanzlich entscheiden. Das ist nach deutschem Recht das Gericht, mit dessen Entscheidung der Rechtsweg erschöpft wird. Kommt es danach noch zu einer Verfassungsbeschwerde, ist auch das BVerfG vorlageberechtigt und gegebenenfalls vorlageverpflichtet. Über den Wortlaut des Art. 267 Abs. 2 AEUV hinaus sind auch Gerichte der Vorinstanzen dann zur Vorlage verpflichtet, wenn sie zu dem Ergebnis kommen, dass eine Rechtsvorschrift des Unionsrechts ungültig ist. Es besteht also ein Verwerfungsmonopol des EuGH, das sich auf alle Vorschriften des Unionsrechts erstreckt und gegenüber nationalen Gerichten aller Instanzen besteht.[47] Die geschriebene oder ungeschriebene Vorlagepflicht entfällt aber nach der Rechtsprechung des EuGH[48] dann, wenn die Frage bereits vom EuGH geklärt wurde („**acte éclairé**") oder wenn an ihrer Beantwortung keine vernünftigen Zweifel bestehen („**acte clair**"). Außerdem gibt es Ausnahmen im einstweiligen Rechtsschutz, weil das Vorabentscheidungsverfahren zeitaufwendig ist und die Gewährleistung effektiven Rechtsschutzes nicht gefährden soll.

2. Die Möglichkeit einer auf Art. 101 Abs. 1 S. 2 GG gestützten Verfassungsbeschwerde als Vorlagenkontrolle

129 Art. 101 Abs. 1 S. 2 GG ist ein sogenanntes grundrechtsgleiches Recht, das zwar nicht im Katalog der Art. 1–19 GG geregelt, aber nach Art. 93 Abs. 1 Nr. 4 a GG mit der Verfassungsbeschwerde einklagbar ist. Der Anspruch auf den gesetzlichen Richter macht die Einhaltung einfachrechtlicher bzw. unionsrechtlicher Zuständigkeitsvorschriften zum Verfassungsgebot. **Gesetzlicher Richter** i. S. d. Grundgesetzes ist nach der Rechtsprechung des BVerfG auch der EuGH.[49] Ein Verstoß gegen Art. 101 Abs. 1 S. 2 GG kommt in Betracht, wenn die Vorlage an den EuGH unionsrechtlich obligatorisch ist (→ Rn. 128). Damit hat Art. 101 Abs. 1 S. 2 GG eine **Scharnierfunktion** zur Durchsetzung des Unionsrechts und damit gegebenenfalls auch der GRCh und ist ein Baustein des **lückenlosen Grundrechtsschutzes** im Mehrebenensystem. Insbesondere in der Konstellation, in der die Verwerfung von Sekundärrecht wegen eines Verstoßes gegen die GRCh oder die Klärung einer grundrechtskonformen Auslegung dem EuGH vorbehalten sind, wird dessen gegebenenfalls gebotene Anrufung auf diese Weise garantiert. Erfolgreich können jedenfalls willkürliche, nicht rechtlich begründbare Verstöße gegen die Zuständigkeitsvorschriften mit der Verfassungsbeschwerde gerügt werden. Das Absehen von einer Vorlage muss also hinreichend begründet werden.[50] Das BVerfG beschränkt seine Kontrolle der Verletzung von Vorlagepflichten auf drei Fallgruppen: Das Gericht darf erstens seine Vorlagepflicht nicht grundsätzlich verkennen, darf zweitens nicht bewusst gegen eine Vorlagepflicht verstoßen und muss drittens bestehende Beurteilungsspielräume der Vorlage in vertretbarer, d. h. nicht willkürlicher Weise ausfüllen.[51] In der dritten Fallgruppe geht es um die Fälle, in denen eine Rechtsprechung des EuGH zu einer Vorlagefrage noch nicht oder jedenfalls nicht eindeutig vorliegt.

---

47 BVerfGE 152, 216, 237 – Recht auf Vergessen II.
48 EuGH, Rs. C-283/81 (Srl CILFIT u. a./Ministero della Sanità), Slg. 1982, 3415, Rn. 13 ff.
49 BVerfGE 73, 339, 366 – Solange II.
50 Vgl. BVerfG-K, NJW 2001, 1267 f.; dazu: *Sauer*, Jurisdiktionskonflikte in Mehrebenensystemen, 2008, S. 296 f.
51 BVerfGE 82, 159, 195 f. – Absatzfonds.

Entscheidend ist, ob das Fachgericht „die vertretbare Überzeugung (gebildet hat), dass die Rechtslage entweder von vornherein eindeutig („acte clair") oder durch Rechtsprechung in einer Weise geklärt ist, die keinen vernünftigen Zweifel offenlässt („acte éclairé")."[52] Da eine verfassungsgerichtliche Kontrolle der Vorlagepflicht unionsrechtlich nicht geboten ist, bleibt das BVerfG frei darin, diese Kontrolle zu beschränken und in das Gefüge der Dogmatik der deutschen Prozessgrundrechte einzupassen. Ausdrücklich lässt das BVerfG[53] offen, ob die Eröffnung der auf eine Verletzung der GRCh gestützten Verfassungsbeschwerde (→ Rn. 88 ff.) überhaupt ein Argument sein kann, um die Vorlageverpflichtung nach Art. 267 Abs. 3 AEUV von der letzten Instanz des Rechtsweges auf das BVerfG zu verlagern. Zumindest für solche Vorlagen, die nicht spezifisch die Auslegung der Grundrechte, sondern (auch) die Interpretation des Fachrechts betreffen, bleiben die letztinstanzlichen Fachgerichte vorlageverpflichtet i. S. d. Art. 267 Abs. 3 AEUV. Das BVerfG hat sich die Abgrenzung zwischen der Vorlagenkontrolle und der Kontrolle einer Verletzung der GRCh in der Sache vorbehalten. Für die Praxis ist zu empfehlen, eine Verfassungsbeschwerde gegen eine letztinstanzliche Entscheidung, bei der die Frage einer in Betracht kommenden Verletzung der GRCh nicht dem EuGH vorgelegt wurde, parallel sowohl auf Art. 101 Abs. 1 S. 2 GG als auch auf die materiellen Grundrechte (je nach Konstellation des GG und/oder der GRCh) zu stützen. Ob das BVerfG in solchen Konstellationen dann gegebenenfalls eine Vorlage an den EuGH selbst oder mittelbar durch die letzte Instanz herbeiführt, wird u.a. davon abhängen, ob mit einer solchen Vorlage auch fachrechtliche Fragen verbunden wären oder ob allein spezifisch grundrechtliche Fragen zu klären sind.

Einem effektiven Grundrechtsschutz dienlich wäre es danach, wenn das BVerfG im Rahmen der **Begründetheit** einer Verfassungsbeschwerde **flexibel** je nach Konstellation primär die prozessrechtliche oder die materielle Begründung einer Verfassungsbeschwerde aufgreift: Wenn sich dabei zunächst **fachrechtliche Fragen** stellen, die entscheidungsrelevant sind und durch die Vorlage an den EuGH geklärt werden müssten, wird das BVerfG – zunächst – die Verletzung des Art. 101 Abs. 1 S. 2 GG prüfen und gegebenenfalls das Verfahren zurück an die Fachgerichte verweisen, damit diese dann nach Art. 267 AEUV dem EuGH vorlegen. Das BVerfG verletzt nicht seinerseits Art. 101 Abs. 1 S. 2 GG, wenn es pragmatisch dessen Verletzung durch das Fachgericht „dahinstehen" lässt. Denn entweder es legt selbst dem EuGH vor und führt damit den Fall dem gesetzlichen Richter zu oder es entscheidet in der Sache so, dass eine Richtervorlage an den EuGH entbehrlich, insbesondere nicht entscheidungserheblich ist.

3. Die konkrete Normenkontrolle durch das BVerfG nach Art. 100 Abs. 1 GG

Im nationalen Recht regelt Art. 100 Abs. 1 GG das Verfahren der konkreten Normenkontrolle. Das Verfahren dient der **Auflösung eines Dilemmas**, das für ein Fachgericht gegebenenfalls zwischen der Verfassungsbindung (einschließlich der Grundrechtsbindung) einerseits und der Gesetzesbindung andererseits entstehen kann. Das Verfahren dient auch dem **Schutz des Gesetzgebers**, indem es für nachkonstitutionelle Parlamentsgesetze des Bundes und der Länder ein **Verwerfungsmonopol der Verfassungsgerichtsbarkeit** begründet.

130

---

52 BVerfGE 135, 155, 233 mit Verweis auf die Rechtsprechung des Ersten Senats BVerfGE 129, 78,107.
53 BVerfGE 152, 216, 245 – Recht auf Vergessen II.

Gegenstand konkreter Normenkontrollen können auch solche Parlamentsgesetze sein, mit denen der deutsche Gesetzgeber Unionsrecht (insbesondere Richtlinien) umsetzt und die damit in den Anwendungsbereich des Art. 51 Abs. 1 GRCh fallen. Allerdings ist der **Maßstab** der konkreten Normenkontrolle des BVerfG nach dem Wortlaut des Art. 100 Abs. 1 S. 1 GG auf das **Grundgesetz** beschränkt. Danach dient Art. 100 Abs. 1 S. 1 GG der Durchsetzung der Grundrechte ausschließlich des GG, **nicht** aber der Durchsetzung der **GRCh**. Das Verfahren schützt den deutschen Gesetzgeber nur vor der **Normverwerfung** durch die Fachgerichte, **nicht** aber vor der Konsequenz des **Anwendungsvorrangs des Unionsrechts**.

Wenn ein Fachgericht zu der Überzeugung kommt, dass ein entscheidungsrelevantes deutsches Umsetzungsgesetz gegen Grundrechte verstößt, richtet sich die Anwendbarkeit des Art. 100 Abs. 1 GG danach, ob das Fachgericht die Grundrechte des GG zum Maßstab macht oder aber die Grundrechte der GRCh. Letzteres kann gegebenenfalls eine Vorlage an den EuGH erforderlich machen. Dann kann ein Fachgericht „nach eigenen Zweckmäßigkeitserwägungen entscheiden, welches Zwischenverfahren es zunächst einleitet."[54] Bedenklich erscheinen hingegen die Konstellationen, in denen Fachgerichte mit dem Argument des Anwendungsvorrangs der GRCh und ohne Vorlage an den EuGH oder an das BVerfG Umsetzungsgesetze unangewendet lassen.

Gute Gründe sprächen dafür, dass das BVerfG – wie bei der Verfassungsbeschwerde nach Art. 93 Abs. 1 Nr. 4a GG – **über den Wortlaut des Grundgesetzes hinaus** künftig ergänzend auch die GRCh in bestimmten Konstellationen zum Maßstab einer konkreten Normenkontrolle machen wird. Das entspräche der Integrationsverantwortung des deutschen Gesetzgebers und des BVerfG. Die Erweiterung des Maßstabes der konkreten Normenkontrolle würde auch dazu passen, dass sich das BVerfG[55] vorbehält, Entscheidungen deutscher Gerichte darauf zu überprüfen, ob diese zu Unrecht annehmen, dass das Unionsrecht dem deutschen Gesetzgeber keine Umsetzungsspielräume einräumt. Abzulehnen hingegen ist die Erweiterung der vorlagefähigen Gegenstände der konkreten Normenkontrolle, d. h. ihre Erstreckung auch auf Unionsrecht. Die Zulässigkeit entsprechender Vorlagen hatte das BVerfG einst angenommen (Solange I[56]), dies später aber aufgegeben (Solange II[57]).

Wiederholungs- und Verständnisfragen

> In welchen Konstellationen sind auch die Mitgliedstaaten an die GRCh gebunden?
> Wird die Anwendung des GG schon allein dadurch verdrängt, dass ein Akt deutscher Staatsgewalt in den Anwendungsbereich des Art. 52 GRCh fällt?
> Wie verhält sich die Möglichkeit einer Verfassungsbeschwerde gegen ein letztinstanzliches Urteil wegen Verletzung des gesetzlichen Richters wegen Nichtvorlage an den EuGH zur Möglichkeit, eine Verfassungsbeschwerde auf die Verletzung der GRCh zu stützen?
> Welche Bedeutung hat die EMRK für die Auslegung der GRCh?

---

54 BVerfGE 116, 202, 215 – Tariftreueerklärung.
55 BVerfGE 129, 78, 102 f. – Cassina.
56 BVerfGE 37, 271 (Leitsatz).
57 BVerfGE 73, 339 (Leitsatz 2 am Ende).

Teil 3:
Schutzbereiche der Freiheitsrechte

§ 8 Garantie der Menschenwürde

▶ **Fall 2:** Der Gesetzgeber ermächtigt die Polizei in einem einfachen (Alternative: in einem verfassungsändernden) Gesetz zur „Rettungsfolter" in folgenden Fällen, in denen alle anderen Mittel ausgeschöpft wurden: 1. Wenn dies zur Rettung eines Menschenlebens das einzige Mittel ist, 2. Wenn dies zur Beendigung einer Würdeverletzung eines Dritten notwendig ist oder 3. Wenn es nur auf diese Weise möglich ist, einen Angriff abzuwehren, der auf die Beseitigung des Gemeinwesens und die Vernichtung der staatlichen Rechts- und Freiheitsordnung gerichtet ist. ◀

I. Menschenwürde als Tabu und Skandalon der Grundrechtsdogmatik

Die Diskussion um die Menschenwürde stößt an die **Grenzen der Rechtsdogmatik**, ja des Rechts[1] überhaupt. Schon der historische Hintergrund der Positivierung der Menschenwürde in Art. 1 Abs. 1 GG knüpft an die Gräueltaten des Nationalsozialismus an, deren Rechtfertigung schlechthin tabuisiert, deren Leugnung oder Verharmlosung gar strafbar ist. Durch ihre Unantastbarkeit wird die Würde zum **rechtlichen Tabu**. Wenn die Menschenwürdegarantie selbst eine Tabugrenze markiert, dann bricht jede Diskussion um ihren Inhalt potenziell Tabus. Damit werden die **Grenzen des Vertretbaren** und jedes Ringen um eine Dogmatik der Menschenwürde **skandalisiert**.[2]

131

Ein Blick auf die Rechtsprechung und Literatur zu Art. 1 Abs. 1 GG zeigt, dass inzwischen (fast) alles be- und umstritten ist, einschließlich der Zuordnung zu den überkommenen Kategorien der Grundrechtsdogmatik. So wird die Grundrechtsqualität der Menschenwürde ebenso wie die Anwendbarkeit der klassischen Dreistufigkeit der Grundrechtsdogmatik (Schutzbereich-Eingriff-Rechtfertigung) bestritten. Für die **Fallbearbeitung** empfiehlt es sich deshalb, diese Kategorien umso deutlicher anzusprechen und sie kritisch zu hinterfragen.

II. Menschenwürde als Grundrecht?

Die Menschenwürde sollte – neben ihrer Systembedeutung als objektive Fundamentalnorm des Verfassungsrechts – mit dem BVerfG[3] als **echtes Grundrecht** begriffen werden. Die Gegenansicht[4] überzeugt nicht, auch wenn sich Art. 1 Abs. 3 GG auf die „nachfolgenden Grundrechte" bezieht. Art. 1 Abs. 1 GG eröffnet den Abschnitt des

132

---

1 *Dreier* in: Dreier, GG, Bd. 1, 3. Aufl., zu Art. 1 Rn. 154 für das Beispiel der Früheuthanasie.
2 So wirft *Herdegen* in: Dürig/Herzog/Scholz, GG, 55. Lfg., zu Art. 1 Abs. 1 dem BVerfG vor, „grundrechtsdogmatische Konsistenz auf dem Altar ergebnisorientierter Geschmeidigkeit" (Rn. 112) zu opfern und bezeichnet Ansätze von Kollegen als „nicht nachvollziehbar" (Rn. 108) bzw. als „schlicht absurd" (Rn. 68). In den Kategorien der Grundrechtsdogmatik wären das die denkbar schärfsten Vorwürfe der Willkür. Vgl. auch *Häberle*, JZ 1971, 145, 156: „Insgesamt provoziert das Abhör-Urteil die Frage, ob nicht der seltene Fall einer verfassungswidrigen Verfassungsrechtsprechung vorliegt.".
3 BVerfGE 125, 175, 222 – Hartz IV; BVerfGE 140, 317, 342 – Europäischer Haftbefehl II; wohl inzwischen auch h. L.: *Dreier* in: Dreier, GG, Bd. 1, 3. Aufl., zu Art. 1 Abs. 1 Rn. 121.
4 *Dürig* in: Maunz/Dürig, GG (Erstbearb. 1958), zu Art. 1 Rn. 4; *Enders*, Die Menschenwürde in der Verfassungsordnung, 1997, S. 92 ff, 380 ff.: „Die Menschenwürde ist den Grundrechten präambelhaft vorangestellt.".

Grundgesetzes und sollte als Ausgangspunkt für die Subjektqualität des Menschen nicht lediglich objektiv-rechtlich begriffen werden. Die Menschenwürde ist als subjektives Individualrecht ein **einklagbares** und mit der Verfassungsbeschwerde durchsetzbares Grundrecht i. S. d. Art. 93 Abs. 1 Nr. 4 a GG. Es bedarf also nicht der Geltendmachung – gegebenenfalls ebenfalls betroffener[5] Freiheits- oder Gleichheitsrechte, mit denen sie auch nicht vermischt werden sollte.[6] Auf die Menschenwürde als Grundrecht kommt es nicht erst an, wenn ein verfassungsänderndes Gesetz die anderen Grundrechte einschränkt oder abschafft (→ Fall 2). Dank der Menschenwürde wird vor allem auch die sozialstaatliche (und insoweit objektiv-rechtliche) Pflicht der Sicherung des Existenzminimums mit der Verfassungsbeschwerde einklagbar, nämlich gestützt auf Art. 1 Abs. 1 GG i. V. m. Art. 20 Abs. 1 GG.

HINWEIS FÜR DIE FALLBEARBEITUNG: Im Gutachten ist die Grundrechtsqualität bereits bei der Beschwerdebefugnis im Rahmen der Zulässigkeit einer Verfassungsbeschwerde zu erörtern.

III. Schutzbereich der Menschenwürde?

133 Im Unterschied zu den Schutzbereichen der speziellen Freiheitsrechte erfasst die Menschenwürde nicht nur einen bestimmten Lebensbereich (z. B. die Wissenschaft, die Berufstätigkeit, die Familie), sondern ist eine **gegenständlich unbeschränkte** Gewährleistung. Im Gegensatz zur allgemeinen Handlungsfreiheit (Art. 2 Abs. 1 GG) als Auffanggrundrecht soll die Menschenwürde allerdings gerade **nicht trivialisiert**, bagatellisiert und inflationiert werden. Sie soll auch **nicht Billigkeitsreserve** für schwere Wertkonflikte sonst „unlösbarer" Fälle sein, sondern im Gegenteil klare Lösungen auf der Basis eines evidenten Grundkonsenses bereithalten.

134 Bei der Prüfung des Schutzbereichs stellt sich weiter das Problem, dass bis heute **keine handhabbare Formel** gefunden wurde, die die Reichweite der Menschenwürde **positiv und abschließend** definiert oder auch nur umschreibt. Die Bemühungen einer Handhabbarmachung des Schutzbereichs der Menschenwürde werden ergänzt und überlagert durch Theorien, die um eine (säkulare) Begründung der Menschenwürde ringen. Sie erheben keinen dogmatischen Anspruch einer Schutzbereichsbestimmung, werden aber hier parallel behandelt, um gerade auch die Begründungstheorien nach ihren Konsequenzen für den Schutzbereich der Menschenwürde zu befragen. Vier Ansätze sind zu unterscheiden:

135 1. Die von *Günter Dürig* geprägte „**Objekt-Formel**" macht das von *Kant*[7] (nur) als Tugendpflicht formulierte Verbot, den Menschen zu instrumentalisieren, zur Rechtspflicht. Danach verbietet Art. 1 Abs. 1 GG, dass der „konkrete Mensch zum Objekt, zu einem bloßen Mittel, zur vertretbaren Größe herabgewürdigt wird".[8] So plausibel

---

5 *Dreier* in: Dreier, GG, Bd. 1, 3. Aufl., zu Art. 1 Abs. 1 Rn. 126: „Etwas anderes scheint schwer vorstellbar." Terminologisch unbefangen behandelt Art. 1 Abs. 1 GG als Grundrecht: BVerfGE 1, 97, 99, 104 – Hinterbliebenenrente I; wie hier: *Starck* in: v. Mangoldt/Klein/Starck, GG, Bd. 1, 7. Aufl., zu Art. 1 Abs. 1 Rn. 31.
6 *Dreier* in: Dreier, GG, Bd. 1, 3. Aufl., zu Art. 1 Abs. 1 Rn. 69, 72, 141.
7 *Kant*, Die Metaphysik der Sitten (1797), Werke VIII (hrsgg. V. Weischedel), 1977, S. 600: „[...] denn der Mensch kann von keinem Menschen bloß als Mittel, sondern muss jederzeit zugleich als Zweck gebraucht werden und darin besteht eben seine Würde (die Persönlichkeit)"; bereits *ders.*, Grundlegung zur Metaphysik der Sitten (1785), Werke VII (hrsgg. V. Weischedel), 1977, S. 61: „Der praktische Imperativ wird also folgender sein: Handle so, dass du die Menschheit, sowohl in deiner Person, als in der Person eines jeden andern, jederzeit zugleich als Zweck, niemals bloß als Mittel brauchest."
8 *Dürig*, AöR 81 (1956), 117, 127, *ders.* In: Maunz/Dürig, GG (Erstbearb. 1958), zu Art. 1 Rn. 28.

dieses Postulat auch klingt, so wenig kann man mit ihm konkrete Fälle zwingend lösen.[9] Jede Norm oder staatliche Maßnahme, die menschliches Verhalten steuert und objektiven Zwecken dient, instrumentalisiert auf eine Weise den Menschen. Mit der Objekt-Formel gemeint sind indes lediglich die Fälle, in denen der Mensch zum „bloßen"[10] Objekt und Mittel degradiert wird, weil „seine Subjektqualität prinzipiell in Frage"[11] gestellt wird. Besser wäre von einer **Subjekt-Formel** zu sprechen. Die Objekt-Formel bleibt **Leerformel** und reicht zu weit, weil auch von ihren Vertretern selbst generalpräventive Zwecke der Strafe nicht gänzlich ausgeschlossen sein sollen. Sie ist zu eng, weil Folter per se gegen die Menschenwürde verstößt, selbst wenn sie einem objektiven Zweck dienen würde. Letztlich verweist der Ansatz auf das Kriterium der **Evidenz** des „Erschauderns", das durch ein Gerechtigkeitsgefühl ausgelöst wird.

2. Die sogenannte „**Mitgifttheorie**" knüpft an die dem Menschen „mitgegebenen" Eigenschaften an, die ihm gegenüber allen anderen Lebewesen eine besondere Würde verleihen. Es handelt sich letztlich um eine naturrechtliche Begründung, die auf verschiedene Ansätze der Geistesgeschichte zurückgreift. Insbesondere die christliche **imago-Dei-Vorstellung** (*Thomas von Aquin*), der antike Gedanke **universalistischer Gleichheit** (*Stoa*), das **individualistische Menschenbild** der Renaissance (*Pico della Mirandola*)[12] und das Postulat **sittlicher Autonomie** in der Aufklärung (*Immanuel Kant*) liefern ein reiches Repertoire von Begründungen der Menschenwürde und Ableitungen aus ihr. Die Theologie und die Philosophie ließen sich auch zu aktuellen Fällen befragen. Indes verbietet es die religiöse und weltanschauliche **Neutralität einer säkularen Verfassungsordnung**, einen dieser zu unterschiedlichsten Ergebnissen kommenden Ansätze für rechtlich verbindlich zu erklären. Die „normative Kraft der Verfassung" (*Konrad Hesse*) darf sich ethische Konzepte nicht schlicht zu eigen machen, sondern vermag diese allenfalls im Rahmen der Verfassungsinterpretation zu reflektieren. Normative Kraft hat hingegen die weltanschauliche, in der abendländischen Kultur geronnene Aussage, den Menschen als obersten Wert des Verfassungsrechts zu verstehen. Konsequent ist auch das Umweltstaatsziel des Art. 20a GG mit seinem Schutz der „Lebensgrundlagen" auf den Menschen bezogen und nicht als Paradigmenwechsel zugunsten eines ökozentrischen Ansatzes zu verstehen. Die Mitgifttheorie mag eine geistesgeschichtliche Wurzel der Menschenwürdegarantie sein. Hingegen überzeugt es nicht, das „Mitgegebene" i. S. eines Schöpfungsverständnisses als den unantastbaren Schutzgehalt des Art. 1 Abs. 1 GG zu fordern.

3. Die „**Leistungstheorie**"[13] sieht die Würde des Menschen gerade darin, dass sich der Mensch als Individuum entfaltet. Menschenwürde entsteht damit nicht kraft Geburt, sondern erst im kreativen Prozess freier Selbstdarstellung und gelungener Identitätsstiftung. In der Vielzahl der Rollenverpflichtungen muss der Mensch seine eigene Identität erst schaffen und kann diese in unverwechselbarer Weise nach außen darstellen. Diese Theorie hat Stärken im Umgang mit zwei Fallkonstellationen, die aber entweder in andere Schutzbereiche fallen oder nicht auf der Ebene des Schutzbereichs zu

---

9 *Dürig*, ebd., Rn. 29 sagt selbst, „Verletzungsvorgänge" ließen sich „nur beispielhaft umschreiben".
10 Insoweit inakzeptabel ist allerdings die missverständliche Formulierung des BVerfG, der Mensch sei „nicht selten bloßes (sic!) Objekt nicht nur der Verhältnisse und der gesellschaftlichen Entwicklung, sondern auch des Rechts, dem er sich zu fügen hat." (BVerfGE 109, 279, 312 – Großer Lauschangriff). Gegen diese Formulierung in BVerfGE 30, 1, 25 f. – Abhör-Urteil bereits: *Häberle*, JZ 1971, 145, 151.
11 BVerfGE 30, 1, 25 f. – Abhör-Urteil.
12 Von *Pico della Mirandola*, de dignitate hominis (1486), Hamburg, 1990, S. 6 f. stammt die schöne Formulierung, der Mensch sei plastes et pictor, also Bildhauer und Maler seiner selbst.
13 *Luhmann*, Grundrechte als Institution, 1965, S. 61 ff.

erörtern sind: Einerseits vermag sie Eingriffe in die persönliche Selbstdarstellung und -verwirklichung zu erfassen (z. B. Abhörmaßnahmen); diese sind aber dogmatisch in den Schutzbereichen des allgemeinen Persönlichkeitsrechts (→ Rn. 425) bzw. des Fernmeldegeheimnisses (→ Rn. 324 f.) zu verorten. Andererseits bietet sie einen Ansatz dafür, autonome, eigenverantwortete Tabubrüche durch wirksamen Grundrechtsverzicht (→ Rn. 534 ff.) aus dem Schutzauftrag der Menschenwürde auszuklammern (z. B. Peep-Show). Die Theorie versagt indes zur Bestimmung eines Schutzbereichs des Art. 1 Abs. 1 GG und ist auch vom Ansatz her fragwürdig, wenn es um Fälle der Würde von Säuglingen oder Schwerstbehinderten geht. Leistungsdefizite dürfen niemanden von der Würdegarantie ausschließen. Die Theorie ist mithin **nicht zur Definition geeignet**, weil sonst der egalitäre Grundgedanke der Menschenwürde in einen **elitären Ansatz** umschlagen würde. Sie vermag allenfalls bestimmte Funktionen der Menschenwürde zu präzisieren.

138   4. Durch die „**Kommunikationstheorie**" ist die Menschenwürde – anders als nach der Mitgifttheorie – nicht gott- oder naturgegeben, sondern wird – wie alles Recht – innerweltlich und interpersonal begründet. Die Mitglieder der Rechtsgemeinschaft versprechen sich gegenseitig, ihre Menschenwürde zu achten. Deshalb wird dieser Ansatz auch als „**staatskonstitutive Versprechenstheorie**"[14] bezeichnet. Die Theorie ist damit dem kategorischen Imperativ *Kants* ebenso wie Verfassungstheorien des Gesellschaftsvertrags verwandt. Die auch praktisch relevante Konsequenz dieser Begründungstheorie für die Handhabung des Schutzbereichs der Menschenwürde ist, dass der Geltungsanspruch der Menschenwürde auf die **Rechtsgemeinschaft geborener Menschen** begrenzt bleibt. Insbesondere ungeborenes Leben ist danach auf den (bloß relativen) Schutz nach Art. 2 Abs. 2 GG zu verweisen (zum Schutz des Lebens → Rn. 157 ff.; zur Frage objektiven Grundrechtsschutzes vor der Geburt und nach dem Tod → Rn. 161 ff.). Das hat den großen Vorteil, dass die vielen ohne Abwägung unlösbaren Problemfälle (von der Abtreibung bis zur humanen Gentechnik) nicht weiter die Dogmatik des Art. 1 Abs. 1 GG überstrapazieren. Auch lässt sich so begründen, warum zwar die Sicherung des Existenzminimums innerhalb der Rechtsgemeinschaft, nicht aber die Entwicklungshilfe durch Art. 1 Abs. 1 GG geboten ist und warum die Beschränkung des Asylgrundrechts durch den verfassungsändernden Gesetzgeber nicht an Art. 79 Abs. 3 GG scheitern musste.[15] In der europäischen Dimension lässt sich der Ansatz mit Blick auf die Anerkennung der Menschenwürde sowohl durch den EuGH und durch Art. 1 GRCh als auch durch den EGMR auf die europäische Verfassungsgemeinschaft erstrecken. Den Gegenseitigkeitsgedanken der Solidargemeinschaft greift die Formulierung des Art. 7 Abs. 1 S. 2 der brandenburgischen Verfassung auf: „Jeder schuldet jedem die Anerkennung seiner Würde." Was **Inhalt** der gegenseitigen Versprechung ist, **bleibt offen**, muss also durch Interpretation des Verfassungskonsenses ermittelt bzw. in einem sachgerecht angemessenen **Verfahren** bestimmt werden.[16] Art. 1 Abs. 1 GG ist somit auch Beispiel und Ausgangspunkt für die verfahrensrechtliche Seite der Grundrechte (→ Rn. 857 ff.). Soweit die Menschenwürde nicht inhaltlich, sondern verfahrensrechtlich konkretisiert wird, ist sie weniger Schranke als vielmehr Grundlage der Demokratie.[17]

---

14   Hofmann, AöR 118 (1993), 353 ff.
15   Unbefriedigend bleibt die Begründung bei BVerfGE 94, 49, 103 – Sichere Drittstaaten.
16   *BVerfGE* 125, 175, 225 – Hartz IV.
17   Demokratie als organisatorische Konsequenz der Menschenwürde sieht *Häberle*, Die Menschenwürde als Grundlage der staatlichen Gemeinschaft, in: HStR II, 3. Aufl., § 22 Rn. 67.

Eine umfassende Definition der Menschenwürde und ihres Schutzbereichs ist somit bis heute nicht gelungen. Was sind die denkbaren **Konsequenzen und Auswege**?

Es wird erstens vertreten, die Menschenwürde als **rein modale Garantie** gegen bestimmte Behandlungen durch den Staat zu begreifen. Die begriffliche Erfassung der Menschenwürde ist danach von der sonst zweiten Stufe der Grundrechtsprüfung, nämlich vom Eingriff her zu erschließen.[18] Nach hier vertretener Auffassung handelt es sich dabei gar nicht um eine Verlagerung des Eingriffs in den Schutzbereich, weil bereits auf der ersten Stufe der Grundrechtsprüfung die Wirkungen der Grundrechtsbeeinträchtigung zu prüfen sind (→ Rn. 39) und auf der zweiten Stufe deren Zurechnung. Die Besonderheit der Menschenwürde besteht darin, dass diese Wirkungen mehr in den Vordergrund treten.

Zweitens gehen Versuche dahin, die Prüfung gleichsam ganz „von hinten aufzuzäumen", d. h. die Würdegarantie auf das zu begrenzen, was im Ergebnis auch absolut, d. h. ohne Abwägung **und** ohne Ausnahmen zu gewährleisten ist. Das Prinzip der Menschenwürde hat nicht nur ein relativ überragendes Gewicht, sondern wird dahin gehend konkretisiert, dass im Ergebnis nur abwägungsfeste Gehalte gewährleistet werden. In der Handhabung fällt die Menschenwürde damit aus dem Rahmen der sonst im Einzelfall durch Abwägung zu verwirklichenden Optimierungsgebote. Das wird dadurch plausibel, dass auch der Schutzbereich induktiv vom Einzelfall, d. h. durch Fallgruppenbildung gewonnen wird (→ Rn. 148 ff.). Dieser Ansatz wird einer praktischen Handhabung der Menschenwürde am ehesten gerecht. Es bedarf aber einer instrumentellen Rekonstruktion des Streitstandes, um eine solche **rechtsfolgenorientierte Schutzbereichsbestimmung** (→ Rn. 43) methodisch und funktionell zu legitimieren.

IV. Normfunktionelle Betrachtung der Menschenwürde

Rechtspraktisch betrachtet ist das Argument der Menschenwürde das **schärfste Schwert aller verfassungsrechtlichen Instrumente**. Es handelt sich um den Ausgangspunkt und den **höchsten Wert** der Verfassung. Auch der Rechtsstaat und alle in Art. 79 Abs. 3 i. V. m. Art. 20 GG genannten Prinzipien haben letztlich der Verwirklichung der Menschenwürde zu dienen und nicht umgekehrt. Was bedeutet es, was ist die Konsequenz, mit der Menschenwürde zu argumentieren?

Mehr als jeder andere Grundrechtsschutz beschränkt die Garantie der Menschenwürde mehrheitliche Entscheidungen. Wenn *Kant* schon als geistiger Vater der Objekt-Formel seine Spuren in Art. 1 Abs. 1 GG hinterlässt, dann muss auch sein Aufklärungsgeist gegen jede selbstverschuldete Unmündigkeit[19] fruchtbar gemacht werden. Eine extensive Auslegung des Art. 1 Abs. 1 GG droht indes aus drei Gründen in **Selbstentmündigung** des Menschen umzuschlagen:

Erstens hat die Menschenwürde nicht nur Abwehrgehalte, sondern gebietet nach Art. 1 Abs. 1 S. 2 GG ausdrücklich **auch den Schutz vor Privaten** durch den Staat. Muss sich also der Mensch vom Staat sagen lassen, was er in Würde zu tun und zu lassen hat?

Zweitens werden den Menschen, der Gesellschaft, auch dem demokratischen Gesetzgeber alle Möglichkeiten genommen, Grenzen der Würde zu bestimmen und auszugestalten, wenn Art. 1 Abs. 1 GG diese bereits enthält und **jede Relativierung verbietet**,

---

[18] Vgl. *Kingreen/Poscher*, Grundrechte, 37. Aufl., Rn. 486 ff.; *Höfling* in: Sachs, GG, 9. Aufl., zu Art. 1 Rn. 14.
[19] *Kant*, Beantwortung der Frage: Was ist Aufklärung? (1783), Werke XI (hrsgg. V. Weischedel), 1977, S. 53: „Aufklärung ist der Ausgang des Menschen aus seiner selbst verschuldeten Unmündigkeit".

d. h. jede Ausnahme oder Abwägung ausschließt. Warum sollen Diskussionen über wichtige Wertfragen von vornherein abgeschnitten werden? Drittens ist selbst dem verfassungsändernden Gesetzgeber wegen Art. 79 Abs. 3 GG jede Chance genommen, Grenzen der Menschenwürde zu überwinden. Eine Aussage über den Inhalt der Menschenwürde durch das BVerfG erhebt damit potenziell **Ewigkeitsanspruch**. Dieser ist nur mit einer Sakralisierung der Verfassung zu erklären, die einem säkularen Verfassungsstaat ebenso wie der Volkssouveränität und auch dem historischen Willen, 1949 ein Provisorium zu schaffen, widerspricht.

144 Die **Rekonstruktion des Streitstandes** zeigt, dass diese Gefahr der Selbstentmündigung auch die Praxis der Menschenwürdegarantie prägt:

145 a) Die **Rechtsprechung** schreckt nicht davor zurück, die Menschenwürde in extensiver Weise zur Begründung von Ergebnissen, teils als tragendes Argument, teils unterstützend heranzuziehen. Die Heranziehung von Art. 1 Abs. 1 GG erfüllt dabei zwei völlig verschiedene Funktionen:

Erstens argumentiert das BVerfG mit der **Menschenwürde als Begründungsreserve** in Fällen, in denen außerdem andere Grundrechte oder Verfassungsgrundsätze betroffen sind. Häufig zitiert das Gericht Art. 1 Abs. 1 GG i. V. m. anderen Verfassungsnormen. Die – bisweilen nicht ausführlich begründete – Behauptung der Betroffenheit der Menschenwürde verleiht einer Argumentation großen Nachdruck. Dies ist gerade dann von Bedeutung, wenn es sich um einen Wertkonflikt, insbesondere um einen Grundrechtskonflikt handelt. Das heißt aber keineswegs, dass in diesen Fällen das Ergebnis abwägungsfrei und ohne Ausnahmen feststehen würde. **Beispiele** hierfür bieten die verfassungsrechtlichen Grenzen einer Abtreibung und des Abschusses eines von Terroristen entführten Verkehrsflugzeuges. In beiden Fällen argumentiert das BVerfG mit der Schutzpflicht aus Art. 1 Abs. 1 S. 2 GG, kommt aber im Ergebnis – ohne es zuzugeben[20] – zu Relativierungen. Weder unterbindet der Staat Abtreibungen völlig noch schließt das BVerfG die gezielte Tötung der Flugzeugentführer und auch unschuldiger Insassen aus – letzterer jedenfalls zum Zwecke der Rettung des Gemeinwesens und der staatlichen Rechts- und Freiheitsordnung.[21]

Zweitens geht es um die Fälle, in denen die Argumentation mit Art. 1 Abs. 1 GG i. V. m. Art. 79 Abs. 3 GG als **Prüfungsmaßstab von Verfassungsänderungen** unausweichlich ist. Bemerkenswert ist in solchen Fällen – so bei Änderungen der Art. 10,[22] 13[23] und 16[24] GG – die Zurückhaltung des BVerfG. Auch wenn das Gericht vor der Änderung dieser Grundrechte mit deren Menschenwürdekern argumentiert hat,[25] räumt es dem verfassungsändernden Gesetzgeber dann bei deren Änderung oder sogar

---

20 Explizit von einer „Abwägung zwischen Wissenschaftsfreiheit und Menschenwürde" spricht hingegen BayVGH NJW 2003, 1618, Ls. 2 – Körperwelten.
21 BVerfGE 115, 118, 159. – Luftsicherheitsgesetz. Strikt gegen Ausnahmen vom Folterverbot auch in Fällen der Existenzgefährdung einer Nation: EGMR (Große Kammer), v. 11.7.2006, NJW 2006, 3117, 3122, Z. 99 – Jalloh/Deutschland.
22 BVerfGE 30, 1, 24 ff. – Abhörurteil; dagegen: *Häberle*, JZ 1971, 145: „[...] bricht ohne Not mit gesicherten Ergebnissen der Dogmatik [...]".
23 BVerfGE 109, 279, 310 ff. – Großer Lauschangriff.
24 BVerfGE 94, 49, 103 f. – Sichere Drittstaaten: „Ist mithin der verfassungsändernde Gesetzgeber nicht gehindert, das Asylgrundrecht als solches (sic!) aufzuheben [...]".
25 So im Falle des Asylgrundrechts: BVerfGE 54, 341, 357 – Wirtschaftsasyl: „Voraussetzungen und Umfang des politischen Asyls sind wesentlich bestimmt von der Unverletzlichkeit der Menschenwürde"; so auch BverwGE 90, 128, 132.

Abschaffung Spielräume ein, die ausgeschlossen sein müssten. So setzt sich die Rechtsprechung dem **Vorwurf der Widersprüchlichkeit** aus.

b) *Matthias Herdegen*[26] geht den **zweigleisigen Weg konsequent** zu Ende und bekennt sich zur **teilweisen Relativierung der Menschenwürde**. Danach ist zu differenzieren: Erstens sei ein sogenannter „**Würdekern**" tatsächlich – wie Art. 1 Abs. 1 GG es sagt – unantastbar. Dagegen ist im Ergebnis nichts einzuwenden. Es fragt sich lediglich, ob und warum Art. 1 Abs. 1 GG auch für eine Interpretation darüber hinaus offen stehen soll:

Zweitens soll ein „**peripherer, abwägungsoffener Schutzbereich**" der Menschenwürde bestehen. Damit wird offen gelegt, was der Rechtsprechung im Ergebnis nahe kommt. Dagegen spricht aber, dass damit preisgegeben ist, dass Art. 1 Abs. 1 GG der höchste Verfassungswert und als solcher – soweit er reicht – „unantastbar" sein soll. Ein **Menschenwürdeschutz zweiter Klasse** sollte als Widerspruch in sich erscheinen – jede Relativierung entwertet die Außergewöhnlichkeit des Art. 1 Abs. 1 GG gegenüber den anderen Grundrechten. Mit der Unterscheidung ist zudem wenig gewonnen, weil sich dieselben Ergebnisse auch mit entsprechender Gewichtung spezieller Grundrechte begründen lassen.

c) Es ist daran festzuhalten, dass die **Menschenwürde insgesamt absolut geschützt**, d. h. einer Abwägung nicht zugänglich ist.[27] Für die Argumentation in der Fallbearbeitung (zu den Konsequenzen im Aufbau → Rn. 544) bedeutet das: Die Menschenwürde ist als Ausgangspunkt und Grundnorm des Verfassungsrechts absolut gesetzt. Sie ist also kein abwägungsfähiges Prinzip, sondern eine ausnahmslose Regel. Darin unterscheidet sich Art. 1 Abs. 1 GG wesentlich von anderen materiellen Grundrechten. Deshalb darf die Gewährleistung des Art. 1 Abs. 1 GG im Allgemeinen und des Art. 1 Abs. 1 GG i. V. m. Art. 79 Abs. 3 GG gegenüber verfassungsändernden Gesetzen keine unterschiedliche sein. Die vielfach zu findende Formel vom **Fundierungsverhältnis**[28] der Menschenwürde zu den anderen Grundrechten sollte nicht zu deren praktischer Vermengung führen.[29] Regelmäßig ergibt sich aus einem solchen Menschenwürdegehalt anderer Grundrechte kein dogmatischer Gewinn für die Fallbearbeitung. Die Konstruktion des **allgemeinen Persönlichkeitsrechts** aus Art. 2 Abs. 1 i. V. m. Art. 1 Abs. 1 GG bildet insoweit eine Ausnahme, die nicht zur Regel werden sollte. Die Absolutheit des Schutzes der Menschenwürde ist bei der Bestimmung ihres Schutzbereichs im Blick zu halten.

V. Erschließung des Schutzbereichs über Fallgruppen

1. Methodik der Fallgruppenbildung

Der Schutzbereich des Art. 1 Abs. 1 GG ist wegen seines strengen Geltungsanspruchs restriktiv zu bestimmen. Er ist auf Fälle zu beschränken, die von vornherein – evident

---

26 *Herdegen* in: Dürig/Herzog/Scholz, GG, 55. Lfg., zu Art. 1 Abs. 1 Rn. 44 ff., 69; Abstufungen auch bei *Kloepfer*, JZ 2002, 417, 422 ff. und *Brugger*, Menschenwürde, Menschenrechte, Grundrechte, 1997, S. 22.
27 Diese Position ist für die Fallbearbeitung am wenigsten angreifbar, entspricht der h. L. (*Dreier* in: Dreier, GG, Bd. 1, 3. Aufl., zu Art. 1 Abs. 1 Rn. 46, 130) und wird auch von der Rechtsprechung immer wieder beteuert (BVerfGE 93, 266, 293 – „Soldaten sind Mörder"; zuletzt BVerfGE 109, 279, 314 – Großer Lauschangriff). Absoluter Schutz gilt auch für die entsprechenden Verbürgungen der EMRK: EGMR, v. 26.7.2005, NJW 2007, 41, 44, Z. 112 – Siliadin/Frankreich.
28 *Morlok*, Selbstverständnis als Rechtskriterium, 1993, S. 69.
29 Zustimmend *Dreier* in: Dreier, GG, Bd. 1, 3. Aufl., zu Art. 1 Abs. 1 Rn. 160.

– keiner Abwägung zugänglich sind. Wann dies der Fall ist, lässt sich **nicht formelhaft** bestimmen.[30]

149 Die Menschenwürde lässt sich vielmehr am besten über **Fallgruppen** erschließen.[31] Alle staatlichen Gewalten und v. a. die Rechtsprechung sind hierzu aufgerufen. Dies kann durchaus auch in Anlehnung an Ergebnisse der Rechtsvergleichung erfolgen.[32] Zur Erschließung der Fallgruppen sind im Rahmen der völkerrechtsfreundlichen Auslegung des Grundgesetzes auch **internationale Menschenrechtsstandards** heranzuziehen.[33] Spezielle Ausprägungen der Menschenwürde durch die EMRK wurden vom EGMR ebenfalls als absolute Rechte behandelt.[34] Da der EGMR die EMRK als lebendiges Instrument begreift, können sich gerade auch die Menschenwürdemaßstäbe in der Tendenz verschärfen.[35] Folgende Fallgruppen werden traditionell als Erscheinungsformen der Betroffenheit der Menschenwürde anerkannt.

2. Die drei anerkannten Fallgruppen der Menschenwürdegarantie

150 1. Die **Deklassierung** von Gruppen und die **Herabwürdigung**[36] von Personen verstoßen gegen die Menschenwürde als Garantie menschlicher Gleichheit. Darunter fallen z. B. der **Menschenhandel** und Vertreibungen sowie die Sklaverei, Leibeigenschaft und Arbeit unter physischem oder moralischem Zwang sowie Androhung von Strafe. Diese Fallgruppe wird auch durch europäische (Art. 4 EMRK) sowie internationale Konventionen verpönt. Hierher gehören auch Fälle der **Schmähkritik**, d. h. einer rein persönlich herabsetzenden Äußerung, die nicht im Rahmen einer sachlichen Auseinandersetzung gefallen ist (→ Rn. 210).[37] Zu beachten ist, dass in dieser Fallgruppe v. a. auch Menschenwürdeverletzungen zwischen Privaten betroffen sind. Dem Staat ist nach Art. 1 Abs. 1 S. 2 GG ausdrücklich nicht nur die Achtung, sondern auch der Schutz der Menschenwürde aufgetragen. Weil derartige Menschenwürdeverletzungen diskriminierend sind, ergeben sich Überschneidungen zu Art. 3 Abs. 3 GG. Die Bedeutung des Art. 1 Abs. 1 GG liegt hier in der Absolutheit des Schutzes und in der Erstreckung der Ewigkeitsklausel des Art. 79 Abs. 3 GG auf diese Tatbestände. Ob auch Diskriminierungen, die (noch) nicht unter Art. 3 Abs. 3 GG fallen (etwa aus Gründen der sexuellen Orientierung,[38] bis 1994 auch der Behinderung), von Art. 1 Abs. 1 GG aufgefangen werden, hängt davon ab, ob sie herabstufenden Charakter haben (was

---

30 Zutreffend erkennt das BVerfGE 115, 118, 153 – Luftsicherheitsgesetz: „Was diese Verpflichtung (des Art. 1 Abs. 1 GG) für das staatliche Handeln konkret bedeutet, lässt sich nicht ein für allemal abschließend bestimmen [...]. Wann eine solche Behandlung vorliegt, ist im Einzelfall mit Blick auf die spezifische Situation zu konkretisieren, in der es zum Konfliktfall kommen kann".
31 In der Sache zutreffend: *Dreier* in: Dreier, GG, Bd. 1, 3. Aufl., zu Art. 1 Abs. 1 Rn. 60 ff., der die Fallgruppen zu „Grundaussagen" zu erheben sucht.
32 § 38 Abs. 2 BRRG; Art. 65 Abs. 2 S. 3 BayBG.
33 So für die Menschenwürde im Strafvollzug: BVerfGE 116, 69, 90 – Jugendstrafvollzug.
34 EGMR, v. 26.7.2005, NJW 2007, 41, 44, Z. 112 – Siliadin/Frankreich; EGMR (Große Kammer), v. 11.7.2006, NJW 2006, 3117, 3122, Z. 99 – Jalloh/Deutschland; vgl. auch EuGH, Rs. C-112/00 (Schmidberger/Österreich), Slg. 2003, I-5659, Rn. 80.
35 EGMR, v. 26.7.2005, NJW 2007, 41, 45 ff., Z. 121, 148 – Siliadin/Frankreich.
36 BVerfGE 115, 118, 151 ff. – Luftsicherheitsgesetz: „Brandmarkung, Verfolgung, Ächtung und ähnlichen Handlungen durch Dritte oder durch den Staat selbst".
37 Das hat zur Folge, dass Ehrschutz hier nicht gegen Art. 5 Abs. 1 S. 1 GG (→ Rn. 201 ff.) abzuwägen ist; *Schulze-Fielitz* in: Dreier, GG, Bd. 1, 3. Aufl., zu Art. 5 Abs. 1, 2 Rn. 179 f. mit Beispielen.
38 Geschlechtsumwandlungen berühren das allgemeine Persönlichkeitsrecht (Art. 1 Abs. 1 i. V. m. Art. 2 Abs. 1 GG), BVerfGE 49, 286, 297 – Transsexuelle I.

§ 8 Garantie der Menschenwürde

Art. 3 Abs. 3 GG nicht voraussetzt!).[39] Auch die Bestrafung Unschuldiger würde diese herabwürdigen. Der **Schuldgrundsatz** („nulla poena sine culpa") beruht auf der Selbstbestimmtheit menschlichen Handelns und ist in Art. 1 Abs. 1 GG verbürgt. Das hat praktische Bedeutung als Identitätsschranke gegenüber der europäischen Integration (→ Rn. 24).[40]

2. Die **Erniedrigung** von Menschen verstößt gegen die Menschenwürde. Deshalb muss z. B. bei **lebenslanger Freiheitsstrafe** eine Chance auf Wiedererlangung der Freiheit bestehen.[41] In diese Fallgruppe gehört v. a. auch das **Folterverbot**, das als Abwehrrecht absolut gilt. Hier passt auch die „Objekt-Formel", weil die Autonomie des Willens bei der Folter durch Schmerzen gebrochen werden soll, der Körper des Betroffenen also als Instrument gegen den Menschen eingesetzt wird. Wie Fälle der Folter zum Zwecke der Rettung von Menschen strafrechtlich zu behandeln sind, ist nicht verfassungsrechtlich zu entscheiden, weil Schutzpflichten keine Strafpflichten notwendig zur Folge haben. Das Folterverbot wird durch europäische (Art. 3 EMRK) sowie auch internationale Konventionen bestätigt. Das zwangsweise Verabreichen von Brechmitteln zur Aufklärung von Straftaten verstößt zwar nicht als solches gegen die Menschenwürde,[42] kann aber je nach Art und Weise des Eingriffs zur Folter werden.[43] Die **Todesstrafe** wird zwar nicht durch Art. 2 Abs. 1 S. 2 EMRK, wohl aber durch das 6. ZP in Friedenszeiten und durch das 13. ZP per se ausgeschlossen. Umstritten ist, ob die Einführung der Todesstrafe durch Verfassungsänderung gegen Art. 1 Abs. 1 i. V. m. Art. 79 Abs. 3 GG verstieße. Nach restriktiver Auffassung setzt Art. 1 Abs. 1 GG lediglich der Handhabung der Todesstrafe strenge Grenzen.[44] Art. 102 GG hätte danach konstitutiven, den verfassungsändernden Gesetzgeber aber nicht beschränkenden Charakter. Das Inkrafttreten des 13. ZP[45] hingegen unterstreicht die Unumkehrbarkeit des Ausschlusses der Todesstrafe. Im Lichte dieser Entwicklung ist auch Art. 79 Abs. 3 GG dynamisch auszulegen.

Eingriffe in den **Intimbereich** können erniedrigend sein, z. B. wenn jemand zu sexuellen Handlungen gezwungen wird. Nach der Rechtsprechung stellt auch der **Kernbereich der Privatsphäre**[46] eine absolute Grenze akustischer Wohnraumüberwachung (großer Lauschangriff) dar. Das hat zur Folge, dass die Abhörmaßnahme für die Zeit intimer Handlungen zu unterbrechen ist. Dieses Ergebnis ließe sich besser damit begründen, dass Abhörmaßnahmen im Rahmen des Art. 13 Abs. 1 GG bzw. des allgemeinen Persönlichkeitsrechts nur insoweit gerechtfertigt sind, als sie zur Erlangung

151

---

39 Selbst wenn diese Fallgruppe unter dem Einfluss europäischen Verfassungsrechts steht, führt die Entwicklung eines Verbotes der Altersdiskriminierung auf dieser Ebene nicht zu einer automatischen Erweiterung des Art. 3 Abs. 3 GG.
40 BVerfGE 140, 317 – Europäischer Haftbefehl II.
41 BVerfGE 45, 187, 245 – Lebenslange Freiheitsstrafe; BVerfGE 86, 288, 312 – Strafaussetzung bei lebenslanger Freiheitsstrafe.
42 Schon im Ansatz sollte die Selbstbeschuldigungsfreiheit (→ dazu Rn. 906) nicht unmittelbar aus Art. 1 Abs. 1 GG abgeleitet werden (so aber *Dreier* in: Dreier, GG, Bd. 1, 3. Aufl., zu Art. 1 Abs. 1 Rn. 139 m. w. N.; wie hier: *Starck* in: v. Mangoldt/Klein/Starck, GG, Bd. 1, 7. Aufl., zu Art. 1 Abs. 1 Rn. 56 ff.), sondern aus dem Persönlichkeitsrecht. Gegen körperliche Eingriffe schützt Art. 2 Abs. 2 S. 1 GG. Die Rechtsprechung ist noch indifferent (BVerfG-K, NStZ 2000, 96 und ebd., S. 381 m. Anm. *Rixen*) und wird sich nunmehr an der EMRK orientieren müssen (EGMR (Große Kammer), v. 11.7.2006, NJW 2006, 3117 – Jalloh/Deutschland).
43 So für die Ausübung erheblicher Gewalt EGMR, v. 11.7.2006, NJW 2006, 3117, 3121, Z. 82.
44 *Dreier* in: Dreier, GG, Bd. 1, 3. Aufl., zu Art. 1 Abs. 1 Rn. 141; dazu auch EGMR, v. 7.7.1989, Serie A 161, Z. 103 f. (= NJW 1990, 2183, 2186) – Soering/Vereinigtes Königreich.
45 Für Deutschland am 1.2.2005.
46 BVerfGE 109, 279, 310 ff. – Großer Lauschangriff: Absoluter Kernbereich der Privatsphäre.

relevanter Informationen geeignet sind. Damit ist bei den Grenzen auf die Frage der Verhältnismäßigkeit zu verweisen, die sich bei Art. 1 Abs. 1 GG gar nicht stellt.

152   3. Die **sozialstaatliche Komponente** der Menschenwürde geht darüber hinaus. So ist die **Garantie des Existenzminimums** erst allmählich[47] zum Konsens gereift, inzwischen aber unbestritten. Das Ringen von Verfassungsstaaten der Dritten Welt um menschenwürdige Existenzgrundlagen – häufig unter dem dogmatisch vorsichtigeren Ansatz „sozialer Grundrechte" – zeigt, dass Konsens über die Menschenwürde als absoluter Wert nur bezogen auf den Zustand einer Gesellschaft zu erzielen ist. Hierfür liefert die Kommunikationstheorie die Begründung (→ Rn. 138). So wie das Sozialstaatsprinzip des Art. 20 Abs. 1 GG ein Spezifikum des deutschen Grundgesetzes und als solches ein Ausgestaltungsauftrag an den Gesetzgeber ist, so ist es auch das verfassungsrechtliche Existenzminimum, das auf Art. 1 Abs. 1 GG i. V. m. Art. 20 Abs. 1 GG gestützt wird. Die Ausgestaltung und Höhe des Anspruchs ändern sich. Die Menschenwürde bzw. ihre Auslegung durch das BVerfG gibt den Inhalt der Gewährleistung nicht vor. Vielmehr ist der Gesetzgeber zur laufenden Konkretisierung aufgerufen und das Verfassungsrecht verpflichtet ihn, dies in einem transparenten Verfahren mit sachgerecht schlüssigen Kriterien in nachvollziehbarer Weise zu tun.[48]

3. Bestrittene Fälle

153   Es gibt eine Reihe hoch umstrittener Wertungsfragen, die **nicht** mithilfe der Menschenwürde zu lösen sind – jedenfalls nicht mit der zu fordernden Eindeutigkeit und zu folgernden Absolutheit:

154   Die **Konkretisierung des Rechtsbegriffs der Sittenwidrigkeit** und der sogenannten „öffentlichen Ordnung" sollte nicht mit Art. 1 Abs. 1 GG befrachtet werden. Die Menschenwürde ist kein Tatbestand für Geschmacklosigkeiten, die als empörend empfunden werden und erfasst weder die Prostitution, noch Peep-Shows, Vorführungen mit Kleinwüchsigen, Laserdrome-Spiele oder Fernsehsendungen im Stile von „Big-Brother". Die rechtlichen Grenzen, wann der Staat hier auf Grund von Generalklauseln eingreifen darf, sind freilich problematisch.[49] Die Zulässigkeit derartiger Eingriffe sollte aber nicht mit Schutzpflichten aus Art. 1 Abs. 1 GG begründet werden.[50] Alle diese Fälle lassen sich befriedigend mit dem einfachen Recht, gegebenenfalls auch mit dem Schutz des allgemeinen Persönlichkeitsrechts (Art. 2 Abs. 1 i. V. m. Art. 1 Abs. 1 GG) lösen. Auf diese Weise kann die entscheidende Frage der Freiwilligkeit im Rahmen eines Grundrechtsverzichts erörtert werden (→ Rn. 534 ff.). Selbsterniedrigungen als Verletzungen der Menschenwürde zu bezeichnen, wäre eine rechtlich unnötige und geradezu diskriminierende Abwertung der gegebenenfalls freiwillig Betroffenen.

155   Die Fälle des **Lebensschutzes** sollten nicht mit dem Schutz der Menschenwürde vermengt werden, weil letztere sonst weltanschaulich überfrachtet wird. Die verfassungs-

---

[47] Ablehnend noch: BVerfGE 1, 97, 104 – Hinterbliebenenrente I; jetzt aber: BVerfGE 82, 60, 85 – Steuerfreies Existenzminimum.
[48] BVerfGE 125, 175, 225 – Hartz IV.
[49] Erinnert sei nur daran, dass die bis heute gängige Definition der öffentlichen Ordnung auf PrOVGE 91, 139, 140 f. zurückgeht. Das Gericht beruft sich in der Entscheidung v. 9. Nov. 1933 (sic!) zum Thema Damen-Boxkämpfe in Abweichung von einer Entscheidung des Vorjahres auf den „Durchbruch der nationalen Revolution", mit der „ein gewaltiger innerer Umschwung stattgefunden" habe, der „in den Anschauungen über Bestimmung und Betätigung der Frau einen Wandel bewirkt hat, wie er in der Entwicklung deutschen Wesens selten erlebt worden ist".
[50] So allerdings auch EuGH, Rs. C-26/02 (Omega-Spielhallen/Bonn), NVwZ 2004, 1471, Rn. 34 und 39.

rechtlichen Grenzen einer Abtreibung berühren ebenso wenig die Menschenwürde wie der Abschuss eines von Terroristen entführten Verkehrsflugzeuges. Ethische, insbesondere kirchliche Forderungen, z. B. in Sachen Abtreibung, können nicht über Art. 1 Abs. 1 GG verrechtlicht werden. Zu Recht nimmt die Rechtsprechung keinen Grundkonsens über ein totales Abtreibungsverbot an. Der Schutz ungeborenen Lebens und seine Grenzziehung ist über Art. 2 Abs. 2 S. 1 GG zu begründen (→ Rn. 158, 162),[51] ohne dass es dessen Schutzbereichsverstärkung durch die Menschenwürde[52] bedürfte.

Ähnliches gilt für den Bereich der **Biotechnologie und Humangenetik**. Die Stammzellforschung und das sogenannte therapeutische Klonen sollte nicht unter Berufung auf Art. 1 Abs. 1 GG tabuisiert werden. Das Hauptproblem dieser Fälle liegt gerade darin, dass ein Grundkonsens weitgehend fehlt. Wenn sich das ändern sollte, könnte über einen Verfassungswandel (→ Rn. 34 ff.) nachgedacht werden. Allenfalls der Fall des reproduktiven Klonens mag insoweit eine Ausnahme sein, die auch von inter- und supranationalen Dokumenten, insbesondere auch durch Art. 3 Abs. 2 GRCh gestützt wird. Die verfassungsrechtliche Konstruktion[53] dieses Verbots ist angesichts der weit darüber hinausgehenden einfachrechtlichen Verbote nicht nur rein akademisch, sondern auch fragwürdig gegenüber einem gegebenenfalls geklonten Menschen. Anders als bei der Diskussion um ein „Kind als Schaden" läge in der Bezeichnung der Entstehung eines Menschen als „Würdeverletzung" eine nicht fachsprachlich zu entkräftende Herabwürdigung. Reproduktives Klonen verletzt ein objektives Tabu. Aber nicht jedes Tabu ist Inhalt des Art. 1 Abs. 1 GG.

4. Verweis auf europäische Grundrechte

Ein expliziter Menschenwürdeschutz ist in Art. 1 GRCh verbürgt. Verbote der Folter, der unmenschlichen oder erniedrigenden Behandlungen, der Sklaverei und Zwangsarbeit enthalten Art. 3 und Art. 4 EMRK sowie Art. 4 und Art. 5 GRCh.[54]

156

▶ **Zu Fall 2:** Folter verletzt nach einhelliger Meinung die Menschenwürde, deren Gewährleistung auch der verfassungsändernde Gesetzgeber nicht aufheben könnte. Eine Verfassungsbeschwerde gegen das Gesetz wäre zulässig. Eine Abwägung der Menschenwürde mit anderen Grundrechten einschließlich des Lebensrechts kommt nicht in Betracht, wenn man an der Absolutheitsthese festhält. Gegen eine Ausnahme in Fällen der Würdekollision sprechen der Vorrang des Abwehrrechts vor der Schutzpflicht sowie die Unsicherheiten der Tatsachengrundlagen und der Eignung der Folter als Mittel. Das BVerfG hat freilich für den Abschuss eines Flugzeugs (der nach hier vertretener Auffassung „nur" an Art. 2 Abs. 2 S. 1 GG zu messen wäre) Fälle einer Gefahr der Beseitigung des Gemeinwesens und der Vernichtung der staatlichen Rechts- und Freiheitsordnung ausdrücklich offen gelassen. ◀

Systematische Verweise: Im Rahmen der Zurechnung gelten für Art. 1 Abs. 1 GG spezielle Schutzpflichten (→ Rn. 512). Eingriffe sind nicht zu rechtfertigen: Die Menschenwürde gilt schrankenlos (→ Rn. 544).

---

51 Zur Entkoppelung von Lebens- und Würdeschutz: *Müller-Terpitz*, Der Schutz des pränatalen Lebens, 2007, S. 359 ff.; inzwischen h. L.: *Dreier* in: Dreier, GG, Bd. 1, 3. Aufl., zu Art. 1 Rn. 69.
52 So lässt sich die Begründung des Schutzes ungeborenen Lebens mit der Menschenwürde und die Bestimmung des Schutzmaßes nach Art. 2 Abs. 2 GG (BVerfGE 88, 203, 251) deuten (→ Rn. 59).
53 Wie schwierig und aufwändig sie ist, zeigt *Dreier* in: Dreier, GG, Bd. 1, 3. Aufl., zu Art. 1 Rn. 107 ff.
54 Zum Ganzen: *Bank* in: Dörr/Grote/Marauhn, EMRK/GG, 3. Aufl., Kap. 11 und *Marauhn*, ebd., Kap. 12.

WIEDERHOLUNGS- UND VERSTÄNDNISFRAGEN

> Ist die Menschenwürde ein einklagbares Grundrecht und/oder ein objektiver Rechtssatz?
> Welche Meinungen werden zum Menschenwürdeschutz ungeborenen Lebens vertreten?
> Lassen sich mit der Objektformel Verletzungsvorgänge abstrakt definieren? Mit welchen Methoden lässt sich die Menschenwürde konkretisieren?
> Ist die Menschenwürde einer Abwägung zugänglich? Gibt es Ausnahmen?

§ 9 Spezielle freiheitsrechtliche Schutzbereiche

I. Recht auf Leben und Gesundheit: Art. 2 Abs. 2 S. 1 GG

▶ **Fall 3:** Der Gesetzgeber erwägt eine umfassende Neuregelung des Medizinrechts: von der Präimplantationsdiagnostik über die Abtreibung, sozialversicherungsrechtliche Ansprüche auf neuartige Behandlungsmethoden bis zur Organtransplantation und Sterbehilfe. Er fragt sich, von wann bis wann der verfassungsrechtliche Schutz des Lebens reicht und ob jedes Leben gleich viel „wiege". ◀

1. Die Funktion des Lebens und der Gesundheit im System des Grundrechtsschutzes

Menschliches Leben ist die **physische Voraussetzung** aller Grundrechte einschließlich der Menschenwürde. Auch von der Gesundheit hängt die Ausübung vieler Grundrechte – man denke nur an die Versammlungs- oder die Berufsfreiheit – ab. Diese objektive Bedeutung prägt den evidenten Eigenwert des menschlichen Lebens und der Gesundheit. Nach einem naturalistischen Verständnis des Art. 2 Abs. 2 S. 1 GG ist der Körper selbst das Schutzobjekt des Grundrechts. Das Grundrecht gewährleistet danach **körperlichen Integritätsschutz**. In Bezug auf Art. 2 Abs. 2 S. 1 GG hat ein Verständnis der Grundrechte als naturgegebene, vorstaatliche Rechte eine intuitive Plausibilität. Außerdem, wenn nicht vor allem, geht es aber – wie bei jedem Grundrecht – um den Schutz der Autonomie, hier nämlich um die **autonome Selbstbestimmung über den eigenen Körper**.[1] Nicht nur der Eigenwert von Gesundheit, sondern auch das Empfinden jeder Disposition über den eigenen Körper als „höchstpersönliche" Entscheidung hat eine natürliche bzw. soziale Evidenz. Das Grundrecht schützt also sowohl die körperliche Integrität als auch die Autonomie. Vorzugswürdig ist es, den spezifisch grundrechtlichen Schutz des Art. 2 Abs. 2 S. 1 GG primär im Autonomiegedanken zu suchen. Für die Eröffnung des Schutzbereichs kommt es im Ergebnis nicht darauf an, ob der Integritätsschutz nur gegen Eingriffe mit negativen Folgen für die Gesundheit oder jeden Eingriff in die körperliche Sphäre umfasst. Die Körperlichkeit bleibt von indirekter Bedeutung für die Bestimmung des Schutzbereichs des Art. 2 Abs. 2 S. 1 GG: Die autonome Selbstbestimmung fällt insoweit unter Art. 2 Abs. 2 S. 1 GG, als sie sich auf den eigenen Körper bezieht. Der Eigenwert des Körpers macht das besondere Gewicht dieses Grundrechts aus. Mit der Schwere der körperlichen Beeinträchtigung bis hin zum Verlust des Lebens steigt das Schutzniveau. Die herausgehobene Bedeutung des Art. 2 Abs. 2 S. 1 GG im System des Grundrechtsschutzes hat **drei dogmatische Konsequenzen**, die bei der Fallbearbeitung zu beachten sind. Art. 2 Abs. 2 S. 1 GG enthält erstens ein relativierbares Abwehrrecht, zweitens ein absolutes Gleichheitsrecht und drittens eine qualifizierte Schutzpflicht.

1. Art. 2 Abs. 2 S. 1 GG ist ein **relatives Abwehrrecht**: Das Leben hat zwar einen **besonders hohen Wert**, missverständlich ist es aber, diesen Wert superlativisch als „Höchstwert"[2] auszuweisen. Anders als die Menschenwürde steht das Leben nämlich nach dem ausdrücklichen Wortlaut des Art. 2 Abs. 2 S. 1 GG unter Gesetzesvorbehalt.

157

158

---
1 BVerfGE 128, 282 (300 f.) – Zwangsbehandlung im Maßregelvollzug.
2 Geradezu widersprüchlich ist die Diktion des BVerfG, nach der das Leben „innerhalb der grundgesetzlichen Ordnung einen (sic!) Höchstwert darstellt" (BVerfGE 115, 118, 139 – Luftsicherheitsgesetz, unter Verweis auf BVerfGE 39, 1, 42 – Schwangerschaftsabbruch I; BVerfGE 46, 160, 164 – Schleyer; BVerfGE 49, 24, 53 – Kontaktsperre-Gesetz; zutreffend Häberle, Die Wesensgehaltgarantie des Art. 19 II GG (1962), 3. Aufl. 1983, S. 4: Alle Grundrechte sind auf eine Weise (relative) „Höchstwerte".

Sein Schutz ist gerade **nicht absolut**. Das Leben und erst recht die Gesundheit sind – wie alle materiellen Grundrechte mit Ausnahme des Art. 1 Abs. 1 GG – **der Abwägung grundsätzlich fähig**. Absoluten Lebensschutz postulierende, insbesondere religiös begründete Ansätze werden vom weltanschaulich neutralen Verfassungsrecht nicht übernommen. **Ungeborenes Leben** kann durchaus einem **abgestuften Schutzkonzept**[3] unterworfen werden, d. h. es ist für differenzierende Wertungen offen, deren Spielraum abnimmt, je näher der Vorgang der Geburt heranrückt. Damit die Menschenwürde nicht in den Sog der Abwägungsfähigkeit des Art. 2 Abs. 2 S. 1 GG gerät, sollte sie nicht bei der Auslegung und Handhabung des Rechts auf Leben herangezogen werden. Das gilt – entgegen der viel kritisierten Rechtsprechung des BVerfG – für die Problematik der Abtreibung ebenso wie für den Bereich der Gentechnik und die Frage der Tötung von Menschen zu präventiven[4] Zwecken. Zu Recht kommt das BVerfG zu dem Ergebnis, dass weder Abtreibungen[5] noch die gezielte Tötung unschuldiger Insassen eines entführten Flugzeugs – nämlich zum Zwecke der Rettung des Gemeinwesens und der staatlichen Rechts- und Freiheitsordnung[6] – verfassungsrechtlich per se ausgeschlossen sind. Damit ist Art. 2 Abs. 2 S. 1 GG der allgemeinen Schrankenlehre, d. h. dem Grundsatz der Verhältnismäßigkeit, zu unterwerfen (→ Rn. 605 ff.).

Kriterien für das Gewicht eines Eingriffs in Art. 2 Abs. 2 S. 1 GG in die körperliche Unversehrtheit sind die tatsächliche bzw. potenzielle **Intensität und Dauer** der Beeinträchtigung, gegebenenfalls verursachte Schmerzen, die Erkennbarkeit für Dritte und die gegebenenfalls mittelbaren Auswirkungen, insbesondere eine Einschränkung der Ausübung anderer Grundrechte. Das heißt aber nicht, dass z. B. eine **Impfpflicht** zum bloßen Bagatelleingriff wird, wenn Fachleute das Impfrisiko als minimal einschätzen bzw. wenn schon die individuellen Vorteile des Gesundheitsschutzes der Geimpften die Gesundheitsrisiken für Ungeimpfte übersteigen. Vielmehr genießt die autonome Entscheidung darüber, ob Personen überhaupt körperliche Fremdeingriffe, ärztliche Behandlungen und das Verabreichen von Substanzen an sich zulassen, ein hohes grundrechtliches Schutzniveau. Deshalb sind vergleichsweise hohe Anforderungen an die Rechtfertigung von Impfpflichten zu stellen. Das Verfassungsrecht gibt seinen Rationalitätsanspruch nicht auf, wenn es sensibel ist für ein Selbstbestimmungsbedürfnis, dessen Ausübung seinerseits nicht rechtfertigungsbedürftig ist. Rationale Gründe – z. B. des Infektionsschutzes zugunsten Dritter – können zwar überwiegen, wenn sie überwiegen. Die Rechtfertigungslast dafür liegt aber beim Staat.

159 2. Art. 2 Abs. 2 S. 1 GG impliziert darüber hinaus ein **absolutes Gleichheitsrecht**: Leben und Gesundheit aller **geborenen** Menschen sind **nicht zählbar**, sondern **situativ unabhängig** und **strikt gleichwertig**. Deshalb darf Leben nicht gegen Leben abgewogen werden. Streng systematisch betrachtet enthält Art. 2 Abs. 2 S. 1 GG zwar kein absolutes Freiheits-, wohl aber ein **tabuisierendes Gleichheitsrecht**. Dessen Absolutheit übertrifft noch die dogmatischen Konsequenzen der besonderen Gleichheitsrechte des Art. 3 Abs. 3 GG. (Nur) insoweit kann auch von einem Abwägungsverbot gesprochen werden: Das Lebensrecht ist zwar nicht abwägungsfest gegenüber anderen Werten,

---

3 Dreier, ZRP 2002, S. 377 ff., ders., JZ 2007, 261; Hufen, JZ 2004, 313; Schulze-Fielitz in: Dreier, GG, Bd. 1, 3. Aufl., zu Art. 2 Abs. 2 Rn. 70 m. w. N. Krit. Müller-Terpitz, Der Schutz des pränatalen Lebens, 2007, S. 282 ff.; Hoerster, Jura 2011, 241.
4 Eine absolute Grenze bildet hingegen das Verbot der (repressiven) Todesstrafe in Art. 102 GG.
5 BVerfGE 88, 203, 253 ff. – Schwangerschaftsabbruch II.
6 So unter Berufung auf die Menschenwürde: BVerfGE 115, 118, 159 – Luftsicherheitsgesetz.

wohl aber gegenüber dem Lebensrecht jedes anderen Menschen.[7] Dahinter verbirgt sich im Sinne eines Fundierungsverhältnisses der egalitäre Kerngehalt der Menschenwürde im Sinne der sog. Staatskonstitutiven Versprechenstheorie (→ Rn. 138). Mit solcher Interpretation des Art. 2 Abs. 2 S. 1 GG bedarf es aber nicht des dogmatischen Rückgriffs auf Art. 1 Abs. 1 GG, um zu dem Ergebnis zu kommen, dass die gezielte Tötung weniger Menschen nicht mit der Rettung vieler zu legitimieren ist und auch nicht mit dem Argument, ihr Leben sei in einer bestimmten Situation bereits dem Tode geweiht.[8] Die Menschenwürde als tieferer Grund für die Autonomie des Menschen wird durch ein entsprechendes Verständnis des Art. 2 Abs. 2 S. 1 GG abgebildet.

3. Art. 2 Abs. 2 S. 1 GG löst eine **qualifizierte Schutzpflicht** des Staates aus (zur Schutzpflichtendogmatik → Rn. 510 ff.) – und zwar zugunsten des Lebens und auch der Gesundheit:[9] Dem Staat fällt neben der Pflicht zur Zügelung seiner Eingriffe die Aufgabe zu, für die Rechte und Rechtsgüter seiner Bürger Schutz und Sicherheit zu gewährleisten. Dazu gehört auch eine Risikovorsorge gegen Gesundheitsgefährdungen, wobei weder ein bestimmtes Schutzniveau, noch bestimmte Schutzkonzepte verfassungsrechtlich vorgegeben sind.[10] Diese Schutzpflicht findet ihre **Grenze in der Freiheit gewollter Selbstschädigung**. Interpretiert man die Grundrechte konsequent aus dem Gesichtspunkt der Autonomie des Menschen, dann folgt die Freiheit, sich selbst gesundheitlich zu schädigen oder zu töten, als negative Komponente aus Art. 2 Abs. 2 S. 1 GG[11] (→ Rn. 49) und d. h. nicht nur aus dem Auffanggrundrecht[12] des Art. 2 Abs. 1 GG. Das BVerfG[13] verortet ein „Recht auf **selbstbestimmtes Sterben**" als „Ausdruck persönlicher Autonomie" hingegen im allgemeinen Persönlichkeitsrecht nach Art. 2 Abs. 1 i. V. m. Art. 1 Abs. 1 GG. Das Problem des autonomen und gegebenenfalls assistierten Suizids besteht darin, dass die reale Autonomie bei der Entscheidung über das eigene Leben besonders voraussetzungsvoll ist. Ungeachtet der normativen Zuordnung des Autonomieschutzes bleibt die entscheidende Frage, auf welche Weise reale Autonomie und das Leben geschützt und unterstützt werden können.

Das **Schutzziel** des Art. 2 Abs. 2 S. 1 GG als Grundrecht ist letztlich nicht das Leben als Eigenwert und nicht die objektive körperliche Unversehrtheit, sondern die **Selbstbestimmung des Menschen über seinen Körper**. Die sogenannte objektive Schutzpflicht dient diesem Autonomieschutz. Denn es besteht eine Ausgangsvermutung, dass Menschen am Leben hängen und ihnen fremdbestimmte Eingriffe in ihre körperliche Unversehrtheit nicht gleichgültig sind. Unabhängig von der dogmatischen Verortung der Selbstschädigung setzt ihr verfassungsrechtlicher Schutz voraus, dass sie auf freiem Willen beruht.

---

7 Das schließt einen „finalen Rettungsschuss", d. h. die gezielte polizeiliche Tötung eines Angreifers nicht aus, weil in diesem Fall nicht Leben gegen Leben gewertet, sondern ein Angriff auf die Rechtsordnung abgewendet wird. Wie schwer dieser abzuwehrende Angriff wiegen muss, um eine Tötung zu rechtfertigen, ist eine Frage der Verhältnismäßigkeit.
8 BVerfGE 115, 118, 160 – Luftsicherheitsgesetz.
9 BVerfGE 121, 317, 356 – Nichtraucherschutz in Gaststätten.
10 BVerfGE 121, 317, 356 f. – Nichtraucherschutz in Gaststätten.
11 Wie hier: *Höfling*, JuS 2000, 111, 114. Wenn der EGMR, v. 29.4.2002, RJD 2002-III, Z. 39 (= NJW 2002, 2851, 2852) – Pretty/Vereinigtes Königreich aus Art. 2 Abs. 1 EMRK kein Recht auf Selbsttötung herleiten will, dann verbirgt sich darin richterliche Zurückhaltung, den Mitgliedstaaten nicht zu verbieten, die aktive Sterbehilfe zu bestrafen. Der EGMR lässt ausdrücklich (Z. 41) offen, wie er im umgekehrten Fall der Legalisierung der Sterbehilfe durch einen Mitgliedstaat entscheiden würde.
12 So die wohl h. M.: *Schulze-Fielitz* in: Dreier, GG, Bd. 1, 3. Aufl., zu Art. 2 Abs. 2 Rn. 32.
13 BVerfGE 153, 182 – Assistiertes Sterben.

Sportliche Betätigungen sind Ausübungen der allgemeinen Handlungsfreiheit und fallen nicht schon deshalb in den Schutzbereich des Art. 2 Abs. 2 S. 1 GG, weil sie der körperlichen Ertüchtigung dienen bzw. körperliche Verletzungsrisiken in Kauf nehmen. Auch **Rauchverbote** sind gegenüber den Rauchern keine Eingriffe in Art. 2 Abs. 2 S. 1 GG, sondern in Art. 2 Abs. 1 GG.[14] Zwar ließe sich argumentieren, Raucher veränderten bewusst ihren körperlichen Zustand. Aber die Handlung steht hier im Vordergrund und nicht ihre Körperbezogenheit (so wie das Rauchen auch nicht mit Blick auf den Verbrauch der Zigarette als Ausübung der Eigentumsfreiheit bewertet wird). Die körperlichen Langzeitschäden werden allenfalls in Kauf genommen und das Rauchen kann unfreiwillig zur Sucht werden (zur Verhältnismäßigkeit von Rauchverboten zum Schutz der Passivraucher → Fall 25 Rn. 611 ff.). Der Passivraucherschutz in Gaststätten stößt deshalb dann an Grenzen verfassungsrechtlicher Rechtfertigung, wenn es für Nichtraucher genügend Ausweichmöglichkeiten gibt und die Inkaufnahme des Rauches in Gaststätten nicht (mehr) faktisch unvermeidbar ist.[15] Das vom BVerfG in seinem obiter dictum für zulässig gehaltene „strikte Rauchverbot in Gaststätten" ist deshalb im Ergebnis nicht durchzuhalten. Ein totales Verbot auch privater Raucherclubs[16] wäre danach verfassungswidrig. Allenfalls käme zur Optimierung des Nichtraucherschutzes deren Konzessionierung unter der Voraussetzung eines ausreichenden Angebots von Nichtrauchergaststätten in Betracht.

Gegenüber der **Beschneidung** minderjähriger Knaben ist die Schutzpflicht des Staates deshalb von erheblichem Gewicht, weil das Bedürfnis (späterer) Selbstbestimmung der Betroffenen gerade über Eingriffe in ihre Genitalien eine evident hohe Bedeutung hat. Solche Eingriffe berühren – um eine Parallele zum Schutz der Privatsphäre zu bemühen – den Kernbereich körperlicher Unversehrtheit, weil es um Intimität, um Sexualität und um persönlichkeits- und identitätsstiftende Merkmale des Körpers geht. Dennoch schließt die Schutzpflicht des Staates – die nicht einmal gegenüber dem Leben absolut ist, wie die Abtreibungsrechtsprechung zeigt – nicht aus, dass den Eltern gestattet wird, über die Beschneidung ihrer minderjährigen Söhne zu verfügen. Allerdings unterliegt die Zustimmung der Eltern zu nicht medizinisch indizierten Eingriffen in den Körper hohen Anforderungen. Das Erziehungsrecht der Eltern aus Art. 6 Abs. 2 GG, in das ein Verbot der Beschneidung gegebenenfalls eingreift, ist ein fremdnütziges Recht und erstreckt sich nicht auf derartige körperliche Eingriffe (→ Rn. 256). Allenfalls gegenüber einer Beschneidung aus religiösen Gründen, für die außerdem Art. 4 Abs. 1 GG streitet (→ Rn. 178), tritt die Schutzpflicht des Staates zurück.

Der Lebens- und Gesundheitsschutz hat auch eine **sozialstaatliche Komponente**, die sogar Ansprüche auf Anwendung – und damit auch gemeinnützige Erprobung – neuer Behandlungsmethoden begründen kann. Dies gilt jedenfalls bei Lebensgefahr und im Rahmen der Anwendbarkeit und Leistungsfähigkeit der gesetzlichen Krankenversicherung.[17]

---

14 BVerfGE 121, 317, 359 – Nichtraucherschutz in Gaststätten.
15 So auch die Mehrheitsmeinung in: BVerfGE 121, 317, 359 u. 342 – Nichtraucherschutz in Gaststätten.
16 Deren rechtliche Duldung ist verfassungsrechtlich unproblematisch: BVerfG-K, NJW 2008, 2701 – Bayerischer Nichtraucherschutz.
17 BVerfGE 115, 25 (Ls.) – Gesetzliche Krankenversicherung leitet dies aus „Art. 2 Abs. 1 GG in Verbindung mit dem Sozialstaatsprinzip und aus Art. 2 Abs. 2 Satz 1 GG" ab. Das ist so zu verstehen, dass nur alle drei Verfassungsnormen zusammen eine so weitgehende Schutzpflicht auslösen. Darin unterscheidet sich diese Gewährleistung vom Existenzminimum aus Art. 1 Abs. 1 GG i. V. m. dem Sozialstaatsprinzip, das über die engere Solidargemeinschaft der Versicherten hinausgeht.

2. Begriff des Lebens i. S. d. Art. 2 Abs. 2 S. 1 GG

Den Begriff des Lebens zu bestimmen ist mit wachsender medizinischer Erkenntnis nicht leichter, sondern im Gegenteil immer schwieriger geworden. Die Grenze ist **nicht naturwissenschaftlich** zwingend vorgegeben, sondern durch Bewertung zu bestimmen. Diese Wertung hängt wesentlich von den Rechtsfolgen des Art. 2 Abs. 2 S. 1 GG ab.

1. **Beginn des Lebens:** Einigkeit besteht insoweit, dass das Leben i. S. d. Art. 2 Abs. 2 S. 1 GG nicht erst mit der Geburt beginnt. Der Schutz des Lebens setzt im Grundgesetz damit früher an, als der der Menschenwürde, welcher sich nach hier vertretener Auffassung nur auf Geborene erstreckt (→ Rn. 155). Unterscheidbar sind (mindestens) zwölf Stadien[18] bis zur Geburt, von denen hier nur der Moment der Verschmelzung von Samen und Eizelle (Konjugation), die Einnistung in die Gebärmutter (Nidation), die Personalisierung und die Lebensfähigkeit für den Fall der Frühgeburt ins Gedächtnis gerufen seien. Nach der Rechtsprechung des BVerfG[19] beginnt das Leben spätestens mit der Einnistung. Vorzugswürdig ist es, auch der befruchteten Eizelle bereits einen verfassungsrechtlichen Mindestschutz zuzuweisen. Dieser kann im Rahmen des abgestuften Schutzkonzeptes, d. h. in den frühesten Stadien mit großen Ausgestaltungsmöglichkeiten des Gesetzgebers in Art. 2 Abs. 2 S. 1 GG verortet werden.[20] Insbesondere im Stadium der noch totipotenten Zelle sind die strengen Restriktionen des deutschen Embryonenschutzes gegenüber der Stammzellforschung und gegen sogenanntes therapeutisches Klonen verfassungsrechtlich nicht geboten, sondern als schwere Eingriffe in die Forschungsfreiheit sogar umgekehrt an der Grenze des verfassungsrechtlich Legitimierbaren. Eine Präimplantationsdiagnostik für Risikopaare ist verfassungsrechtlich nicht ausgeschlossen.[21] Wenn der EGMR offen lässt, ob sich der Lebensschutz des Art. 2 Abs. 1 EMRK auf ungeborenes Leben erstreckt, dann liegt darin keine für das nationale Verfassungsrecht wegweisende Tendenz. Vielmehr hält sich der EGMR in dieser hoch umstrittenen Frage bewusst zurück, um den Spielraum der Mitgliedstaaten zu erhalten.[22]

2. **Ende des Lebens:** Auch über das zeitliche Ende des Lebens im rechtlichen Sinne besteht Unsicherheit. Diese hat ihren wesentlichen Grund darin, dass die heutige (Intensiv-) Medizin in Fällen des sog. Dissoziierten Hirntods den Herztod apparativ hinauszögern, d. h. den Kreislauf von bereits hirntoten Patienten aufrecht erhalten kann. Damit ist der biologische Zusammenhang, nach dem der Hirntod zwingend den Herztod bzw. – wie im Regelfall – der Herztod den Hirntod nach sich zieht, aufgelöst. Vom rechtlichen Standpunkt vorzugswürdig ist es, auch in diesem Stadium, d. h. gegebenenfalls zwischen dem Hirn- und dem Herztod einen verfassungsrechtlichen Mindestschutz zu gewährleisten, und zwar wiederum innerhalb des abgestuften Schutzkonzeptes zu Art. 2 Abs. 2 S. 1 GG.[23] Von seinem in diesem Bereich bestehenden Ausgestaltungsspielraum hat der Gesetzgeber z. B. durch das Transplantationsgesetz in verfassungsrechtlich zulässiger Weise Gebrauch gemacht, wodurch der **Hirntod einfachrechtlich zu einer maßgeblichen Schwelle** – für rechtmäßige Eingriffe in Art. 2 Abs. 2 S. 1 GG[24] – wird. Im Rahmen des abgestuften Schutzkonzetes ist daneben

---

18 *Schulze-Fielitz* in: Dreier, GG, Bd. 1, 3. Aufl., zu Art. 2 Abs. 2 Rn. 28.
19 BVerfGE 39, 1, 37 – Schwangerschaftsabbruch I; BVerfGE 88, 203, 251 f. – Schwangerschaftsabbruch II.
20 *Schulze-Fielitz* in: Dreier, GG, Bd. 1, 3. Aufl., zu Art. 2 Abs. 2 Rn. 29.
21 Wie hier: *Hufen*, MedR 2001, 440 ff.; *Dederer*, AöR 127 (2002), 1, 21 f.
22 EGMR, v. 8.7.2004, NJW 2005, 727, 730, Z. 82 – Vo/Frankreich.
23 Anders, wenn auch im Ergebnis ähnlich *Schulze-Fielitz* in: Dreier, GG, Bd. 1, 3. Aufl., zu Art. 2 Abs. 2 Rn. 30 f.
24 Nach anderer Ansicht: für den Schutzbereich des Art. 2 Abs. 2 S. 1 GG.

nicht nur die **passive Sterbehilfe** zu rechtfertigen, sondern dem Gesetzgeber auch zuzugestehen, (für Extremfälle) eine **aktive Sterbehilfe** zu legalisieren, soweit damit dem Willen des Sterbenden[25] entsprochen wird (→ Rn. 160). Der Staat wird seiner Schutzpflicht zugunsten des Lebens nur durch praktikable und alltagsnahe Regelungen gerecht. Missbrauch lässt sich nicht durch Tabuisierung, sondern durch Offenlegung der Grenzen verhindern.

Definition: Das Leben i. S. d. Art. 2 Abs. 2 S. 1 GG umfasst den Zeitraum von der Befruchtung der Eizelle bis zum Herz- und Hirntod.

3. Begriff der körperlichen Unversehrtheit i. S. d. Art. 2 Abs. 2 S. 1 GG

164 Auch der Begriff der körperlichen Unversehrtheit ist auslegungsbedürftig und umfasst zwei sehr unterschiedliche Aspekte. Mit Blick auf die Schutzpflichtendimension des Grundrechts sollte der Begriff nicht zu weit gefasst werden.

165 1. Körperliche Unversehrtheit ist zunächst **negativ** zu bestimmen als **Gegenbegriff zur Krankheit**. Damit verweist das Verfassungsrecht auf den Entwicklungsstand der Medizin, d. h. darauf, was diese als Krankheit anerkennt. Pathologisch können sowohl physische als **auch psychische Zustände** sein. In die objektivierte, gegebenenfalls medizin-gutachtliche Erfassung fließen auch Elemente des subjektiven Empfindens ein. Insoweit liegt die Bedeutung des Art. 2 Abs. 2 S. 1 GG sowohl darin, den Menschen frei von Leiden zu halten, als auch darin, dass Gesundheit Voraussetzung für vieles andere, v. a. auch für die Erwerbstätigkeit ist.

166 2. **Positiv** betrachtet umfasst Art. 2 Abs. 2 S. 1 GG die **körperliche Integrität**. Das wird vor allem relevant, wenn Eingriffe nicht zu krankhaften Zuständen führen. Damit handelt es sich gleichsam um das körperliche Pendant zum allgemeinen Persönlichkeitsrecht. So erklärt sich, dass beide Grundrechte systematisch als zwei Absätze desselben Artikels (Art. 2 Abs. 2 S. 1 GG bzw. Art. 2 Abs. 1 i. V. m. Art. 1 Abs. 1 GG) geregelt sind und dass in Art. 8 Abs. 1 EMRK die physische und psychische Integrität sogar als Aspekte des Privatschutzes zusammengefasst werden.[26] Dass auch Art. 2 Abs. 2 S. 1 GG **insoweit Persönlichkeitsrecht ist**,[27] zeigt sich vor allem an den Folgen und Zwecken von Eingriffen. **Beispiele** sind das Abschneiden von Haaren, die Entnahme von Blut oder das Messen von Hirnströmen. Sie betreffen die Selbstdarstellung (Frisur) bzw. dienen der Informationsbeschaffung (Blutalkoholspiegel, Zurechnungsfähigkeit).

167 3. **Nicht** von Art. 2 Abs. 2 S. 1 GG umfassend geschützt wird hingegen das „geistige und soziale **Wohlbefinden**".[28] Wenn die Weltgesundheitsorganisation ihren Gesundheitsbegriff in diesem Sinne weit fasst, dann mag dies deren Aufgaben umschreiben und hat damit eine andere Funktion als die eines Grundrechts. Im Grundgesetz ist einerseits der Geltungsanspruch der Grundrechte stark ausgeprägt: Grundrechte sind unmittelbar geltende und gerichtlich durchsetzbare subjektive Rechte. Andererseits wurden im Grundgesetz bewusst keine sozialen Grundrechte (z. B. auf Wohnung

---

25 Das gilt nicht nur, wenn man diesen – wie hier – ebenfalls in Art. 2 Abs. 2 S. 1 GG verortet.
26 EGMR, v. 29.4.2002, NJW 2002, 2851, 2853, Z. 61 – Pretty/Vereinigtes Königreich; *Meyer-Ladewig/Nettesheim* in: *dies./von Raumer*, EMRK, 4. Aufl., zu Art. 8 Rn. 7.
27 Alternativ ließe sich auch eine Idealkonkurrenz von Art. 2 Abs. 2 S. 1 GG und Art. 2 Abs. 1 i. V. m. Art. 1 Abs. 1 GG vertreten.
28 Präambel der Satzung der WHO; vgl. auch EuGH, Rs. C-84/94 (Vereinigtes Königreich u. a./Rat), Slg. 1996, I 5755, Rn. 15.

oder auf Arbeit) formuliert. Sowohl in der Effektivität der Grundrechtsgeltung als auch in deren inhaltlicher Beschränkung auf das Durchsetzbare unterscheidet sich das Grundgesetz von anderen Verfassungen, v. a. auch von der Weimarer Verfassung. Das schlägt sich in der Grundrechtsinterpretation nieder: Der effektiven Durchsetzung des Art. 2 Abs. 2 S. 1 GG dient die Konstruktion von Schutzpflichten, während andererseits deren Reichweite nicht überspannt werden darf. Über den o. g. Extrembereich des Lebensschutzes hinaus gibt es kein allgemeines Grundrecht auf alle Inhalte des Sozialstaats. Der Staat ist nicht grundrechtlich zur Gewährleistung umfassender Wohlfahrt oder gar Glückseligkeit der Menschen verpflichtet. Art. 2 Abs. 2 S. 1 GG ist auch nicht Auffanggrundrecht – sondern Art. 2 Abs. 1 GG. Das verfassungsrechtliche Recht auf körperliche Unversehrtheit schützt zwar vor krankhafter Angst, nicht aber vor Ärgernis, z. B. über Graffiti-Malerei.[29]

Definition: Die körperliche Unversehrtheit i. S. d. Art. 2 Abs. 2 S. 1 GG umfasst die Freiheit von physischer und psychischer Krankheit und die körperliche Integrität, nicht jedoch das bloße geistige oder soziale Wohlbefinden.

4. Verweis auf europäische Grundrechte

Das Recht auf Leben schützen Art. 2 EMRK und Art. 2 GRCh, die körperliche Unversehrtheit regelt Art. 3 GRCh mit speziellen Aspekten des Medizin- und Biotechnologierechts. Diese Rechte werden in einen systematischen Zusammenhang mit der Menschenwürde gerückt (explizit Titel 1 der GRCh, der die Art. 1 bis Art. 5 GRCh umfasst). Die psychische Integrität ist zudem ein Aspekt des Privatlebens i. S. d. Art. 8 Abs. 1 EMRK und Art. 7 GRCh. Der Schutz der Gesundheit ist schließlich Rechtfertigungsgrund zur Einschränkung von Grundfreiheiten nach z. B. Art. 36 AEUV (ex Art. 30 EGV).[30]

▶ **Zu Fall 3:** Der Lebensschutz reicht vom Schutz der befruchteten Eizelle bis zum Herz- und Hirntod, unterliegt dabei aber einem abgestuften Schutzkonzept. So kann zum Beispiel eine Abtreibung mit dem Schutz des Lebens der Mutter gerechtfertigt werden. Das Leben geborener Menschen ist allerdings nicht gegen das Leben eines Dritten, auch nicht mehrerer Dritter abwägbar. Auch das Recht zu sterben ist verfassungsrechtlich geschützt. ◀

Systematische Verweise: Die Grundrechtsfähigkeit ist zwar auf Lebende beschränkt. Art. 2 Abs. 2 S. 1 GG hat aber objektivrechtliche Bedeutung auch für ungeborenes Leben (→ Rn. 450 f.). Insbesondere sind Schutzpflichten von besonderer Bedeutung (→ Rn. 514). Das Grundrecht steht unter Gesetzesvorbehalt. Es gelten allerdings gesteigerte Anforderungen bei der formellen (→ Rn. 586) und materiellen (→ Rn. 624) Rechtfertigung.

Wiederholungs- und Verständnisfragen

> Kann die Tötung eines Menschen mit der Rettung des Lebens vieler anderer Menschen gerechtfertigt werden?
> Ist eine befruchtete Eizelle überhaupt und gegebenenfalls in gleichem Maße geschützt wie das Leben eines Neugeborenen?
> Ist körperliche Unversehrtheit gleichzusetzen mit umfassendem Wohlbefinden?

---

29 A. A. OVG Rheinland-Pfalz NJW 1998, 1422, 1423; *Schulze-Fielitz* in: Dreier, GG, Bd. 1, 3. Aufl., zu Art. 2 Abs. 2 Rn. 37.
30 *Schulze-Fielitz* in: Dreier, GG, Bd. 1, 3. Aufl., zu Art. 2 Abs. 2 Rn. 6 ff.

II. Freiheit der Person: Art. 2 Abs. 2 S. 2 GG

▶ **FALL 4:** Um eine Straßenblockade durch eine ungenehmigte Demonstration aufzulösen, spricht die Polizei einen Platzverweis aus. Gegenüber einigen Demonstranten muss sie diesen zwangsweise durchsetzen. Drei Demonstranten nimmt sie in Gewahrsam. ◀

1. Die Funktion der körperlichen Bewegungsfreiheit im System des Grundrechtsschutzes

169 Die „Freiheit der Person" ist eine **denkbar unbestimmte** Grundrechtsgewährleistung. Es handelt sich bei Art. 2 Abs. 2 S. 2 GG jedoch nicht um das Auffanggrundrecht – dies ist vielmehr in Art. 2 Abs. 1 GG zu sehen –, sondern um ein spezielles Grundrecht. Dessen Inhalt ist systematisch sowie historisch[31] zu erschließen.

170 Der systematische Zusammenhang der beiden Grundrechte des Art. 2 Abs. 2 GG ist die **körperliche Anknüpfung** dieser Rechte der Person: in S. 1 hinsichtlich des Lebens und der körperlichen Unversehrtheit – in S. 2 hinsichtlich der Bewegungsfreiheit. Schranken zu dem in Art. 2 Abs. 2 S. 2 GG gewährleisteten Schutzbereich sind in Art. 2 Abs. 2 S. 3 GG und ergänzend in Art. 104 GG geregelt.

171 Von Art. 2 Abs. 2 S. 2 GG als der Garantie der **physischen Bewegungsfreiheit** hängt die Ausübung vieler Grundrechte – man denke nur an das Familienleben oder die Berufsfreiheit – ab. Zugleich handelt es sich um ein Grundrecht auf einen **rechtsstaatlichen Mindeststandard**,[32] wie er als Postulat des „habeas corpus" seit der Magna Charta libertatum (1215) bekannt ist und auch in Art. 5 Abs. 1 EMRK garantiert wird. Danach darf niemand willkürlich eingesperrt werden. Das Vertrauen des Einzelnen darauf, freier Bürger in einem freien Land zu sein, prägt sein Verhältnis zum Staat. Art. 2 Abs. 2 S. 2 GG ist damit nicht nur subjektives Recht des Einzelnen, sondern auch Voraussetzung eines (demokratischen) Verfassungsstaats.

2. Freiheit der Person i. S. d. Art. 2 Abs. 2 S. 2 GG

172 Die **Abgrenzung** der Freiheit der Person von anderen grundrechtlichen Schutzbereichen ist umstritten. Die Diskussion leidet unter Verweisungen auf das einfache Recht[33] an einer **kasuistischen Unübersichtlichkeit**. Abgrenzungen sind nicht nur zur allgemeinen Handlungsfreiheit nach Art. 2 Abs. 1 GG, sondern auch zu anderen speziellen Mobilitäts-Grundrechten der Versammlungsfreiheit nach Art. 8 Abs. 1 GG (→ Rn. 264 ff.) und zur Freizügigkeit nach Art. 11 GG (→ Rn. 326 ff.) zu ziehen, was deren Idealkonkurrenz freilich nicht ausschließt (zur Idealkonkurrenz von Grundrechten → Rn. 58).

173 Zwei **systematische Erwägungen** sollten die Bestimmung des Schutzbereichs der Freiheit der Person leiten:

Aus der systematischen Nähe zur in Art. 2 Abs. 2 S. 1 GG geschützten körperlichen Integrität ergibt sich erstens, dass der Schutzbereich von Art. 2 Abs. 2 S. 2 GG auf die **physischen Aspekte der persönlichen Bewegungsfreiheit** beschränkt ist.

---

31 Krit. *Kingreen/Poscher*, Grundrechte, 37. Aufl., Rn. 568.
32 Weitere rechtsstaatliche Garantien, z. B. der Gesetzesvorbehalt, werden durch Art. 2 Abs. 1 GG als Auffanggrundrecht „subjektiviert".
33 BVerfGE 94, 166, 198 – Flughafenverfahren; BVerfGE 96, 10, 21 – Räumliche Aufenthaltsbeschränkung; dagegen *Schulze-Fielitz* in: Dreier, GG, Bd. 1, 3. Aufl., zu Art. 2 Abs. 2 Rn. 99; *Jarass* in: Jarass/Pieroth, GG, 16. Aufl., zu Art. 2 Rn. 111.

§ 9 Spezielle freiheitsrechtliche Schutzbereiche: Art. 2 Abs. 2 S. 2 GG

Aus der differenzierten Schrankenregelung in Art. 104 GG (→ Rn. 599) ergibt sich zweitens, dass Art. 2 Abs. 2 S. 2 GG nicht nur die **Freiheitsentziehung** (Art. 104 Abs. 2 GG), sondern auch die **bloße Freiheitsbeschränkung** (Art. 104 Abs. 1 GG) umfasst. Wofür Schranken geregelt sind, das muss auch in den Schutzbereich fallen. Das gilt v. a. auch für die in Art. 104 GG konkreter bezeichneten Fälle („festgehaltene Personen", „Gewahrsam", „vorläufig Festgenommene").

Mangels einer aussagekräftigen allgemeinen Definition sind in der **Fallbearbeitung** die **Einzelbegriffe** der Freiheitsentziehung und die Freiheitsbeschränkung i. S. d. Art. 104 GG – was für die Bestimmung der Schranken ohnehin notwendig ist – zu erschließen und von deren Betroffenheit ist gegebenenfalls auf die Eröffnung des Schutzbereichs des Art. 2 Abs. 2 S. 2 GG zurück zu schließen.[34] Bei diesem Grundrecht rücken wiederum die Wirkungen der Beeinträchtigung in den Mittelpunkt der Betrachtung, die – nach hier vertretener Auffassung stets (→ Rn. 39) – bereits im Schutzbereich zu prüfen sind.

1. **Freiheitsentziehungen** zeichnen sich dadurch aus, dass die Bewegungsfreiheit auf einen **bestimmten, eng begrenzten Raum** zwanghaft beschränkt wird. Wegen der intensiven physischen Einschränkung fällt nicht erst der tatsächliche Vollzug, sondern auch schon die Anordnung der Freiheitsentziehung in den Schutzbereich. Hierzu gehören alle Arten der repressiven Haft und des präventiven Gewahrsams.

2. **Freiheitsbeschränkungen** unterscheiden sich von Freiheitsentziehungen dadurch, dass sie nicht auf einen bestimmten, engen Raum fixiert sind. Die physische Zwanghaftigkeit der Beschränkung der Bewegungsfreiheit ergibt sich vielmehr aus der **tatsächlichen oder potenziellen, zeitlich vorhersehbaren Anwendung sofortigen unmittelbaren Zwangs**.[35] Es handelt sich dabei also regelmäßig um Erscheinungsformen von Betretungsverboten.

Daraus ergibt sich für die folgenden Problemfälle:

1. Bei der Einreise stellt die vorläufige Beschränkung der physischen Bewegungsfreiheit auf den **Transitbereich** eine Freiheitsbeschränkung dar, weil Einreisende damit rechnen müssen, mit physischer Gewalt an einer Einreise gehindert zu werden. Die Rechtsprechung hingegen wendet in diesen Fällen Art. 2 Abs. 2 S. 2 GG überhaupt nicht an, sondern Art. 2 Abs. 1 GG, mit dem zweifelhaften Verweis darauf, die Bundesrepublik sei dem Einreisewilligen nicht „an sich (tatsächlich und rechtlich) zugänglich".[36] Damit verweist die Rechtsprechung auf das einfache Recht, statt dieses am Grundrecht zu messen. Um eine Freiheitsentziehung handelt es sich aber trotz der räumlichen Umgrenzung des Transitbereichs deshalb nicht, weil dem Einreisewilligen grundsätzlich unbenommen ist, diesen in Richtung Ausland zu verlassen.[37] Wenn es dort zu einer Festnahme kommt, ist auch Art. 5 Abs. 1 lit. f EMRK[38] zu beachten.

2. Zu trennen ist Art. 2 Abs. 2 S. 2 GG als das **Grundrecht gegenüber einer Haft** von den **Grundrechtsausübungen in der Haft**. Die gesamte Haftanstalt ist der eng begrenzte Raum von Freiheitsentziehungen. Wenn Maßnahmen den Bewegungsraum

---

34 Auch das BVerfG spricht von „Freiheitsentziehung oder Freiheitsbeschränkung i. S. v. Art. 2 Abs. 2 S. 2 GG und Art. 104 Abs. 1 und Abs. 2 GG" (BVerfGE 94, 166, Ls. 3 a – Flughafenverfahren).
35 *Schulze-Fielitz* in: Dreier, GG, Bd. 1, 3. Aufl., zu Art. 2 Abs. 2 Rn. 99.
36 BVerfGE 94, 166, 198 – Flughafenverfahren; dagegen *Lübbe-Wolff*, DVBl. 1996, 825, 837; *Jarass* in: Jarass/Pieroth, GG, 16. Aufl., zu Art. 2 Rn. 112.
37 Insoweit zutreffend BVerfGE 94, 166, 198 – Flughafenverfahren.
38 EGMR, v. 25.6.1996, RJD 1996-III, Z. 41 ff. (= NVwZ 1997, 1102, 1103) – Amuur/Frankreich.

innerhalb der Haftanstalt zusätzlich einschränken (z. B. Einzelhaft oder Beschränkungen, die Zelle zu verlassen), sind diese an anderen Grundrechten, v. a. am allgemeinen Persönlichkeitsrecht nach Art. 2 Abs. 1 i. V. m. Art. 1 Abs. 1 GG, nach hier vertretener Auffassung aber auch an der Versammlungsfreiheit i. S. d. Art. 8 GG zu messen. Wird ein Haftbefehl unter Auflagen außer Vollzug gesetzt (§ 116 StPO), endet die Freiheitsentziehung und beginnt eine Freiheitsbeschränkung, die sich aus den Auflagen und den drohenden Konsequenzen eines Verstoßes gegen diese ergibt.[39]

3. **Anordnungen, zu einer bestimmten Zeit an einen bestimmten Ort** zu kommen, sind nur dann Beschränkungen der Bewegungsfreiheit, wenn tatsächlich oder potenziell und zeitlich vorhersehbar die Anwendung sofortigen unmittelbaren Zwangs droht. Sonst liegt eine bloße Beschränkung der allgemeinen Handlungsfreiheit vor. Die dogmatische Grenze liegt also zwischen der **Vorladung** (Art. 2 Abs. 1 GG) und der **Vorführung** (Art. 2 Abs. 2 S. 2 GG). Zwangsunterbringungen sind danach auch in offenen Heimen[40] ebenso Freiheitsbeschränkungen wie die Mitnahme von Personen auf die Polizeidienststelle.[41] Meist zu ähnlichen Ergebnissen führt das Kriterium der **Schwere der Beeinträchtigung**.[42] Danach würden allerdings polizeiliche Standardmaßnahmen der Personenkontrolle nicht unter Art. 2 Abs. 2 S. 2 GG fallen, auch wenn die Anwendung unmittelbaren Zwangs beim Versuch, sich zu entziehen, droht.[43] Nach der Rechtsprechung des BVerfG[44] fallen auch allgemeine nächtliche **Ausgangsbeschränkungen** in den Schutzbereich des Art. 2 Abs. 2 S. 2 GG, obwohl unmittelbarer Zwang beim Verlassen der Wohnung nicht unmittelbar droht. Allerdings legt das BVerfG in dieser Konstellation die Schrankenregelung des Art. 2 Abs. 2 S. 3 GG nicht als Verwaltungsvollzugsvorbehalt aus.

Definitionen: Der Schutzbereich des Art. 2 Abs. 2 S. 2 GG ist auf die **physische Bewegungsfreiheit** beschränkt und umfasst Freiheitsentziehungen und Freiheitsbeschränkungen i. S. d. Art. 104 Abs. 1 und Abs. 2 GG. **Freiheitsentziehungen** sind zwanghafte Beschränkungen der Bewegungsfreiheit auf einen bestimmten, eng begrenzten Raum. **Freiheitsbeschränkungen** sind Beschränkungen der Bewegungsfreiheit, die nicht auf einen bestimmten, engen Raum fixiert sind, deren physische Zwanghaftigkeit sich aber aus der tatsächlichen oder potenziellen, zeitlich vorhersehbaren Anwendung sofortigen unmittelbaren Zwangs ergibt.

3. Verweis auf europäische Grundrechte

177   Die Freiheit der Person schützt Art. 5 EMRK mit detaillierten Regelungen und – pauschaler – Art. 6 GRCh.[45] Ein spezielles Verbot des Freiheitsentzugs wegen Überschuldung enthält Art. 1 ZP 4 EMRK.

---

39   BVerfGE 53, 152, 159 f.; *Schulze-Fielitz* in: Dreier, GG, Bd. 1, 3. Aufl., zu Art. 2 Abs. 2 Rn. 105.
40   BVerfGE 22, 180, 219 – Jugendhilfe; *Schulze-Fielitz* in: Dreier, GG, Bd. 1, 3. Aufl., zu Art. 2 Abs. 2 Rn. 102.
41   *Schulze-Fielitz* in: Dreier, GG, Bd. 1, 3. Aufl., zu Art. 2 Rn. 102; BVerfG-K, NVwZ 1992, 767 f.; *Kunig/Kämmerer* in: v. Münch/Kunig, GG, Bd. 1, 7. Aufl., zu Art. 2 Rn. 143.
42   Vgl. BVerfGE 53, 152, 159 f.
43   Indifferent: *Schulze-Fielitz* in: Dreier, GG, Bd. 1, 3. Aufl., zu Art. 2 Abs. 2 Rn. 105; anders bezüglich des Platzverweises: *Rixen* in: Sachs, GG, 9. Aufl., zu Art. 2 Rn. 240.
44   BVerfG, Beschluss v. 19.11.2021 – 1 BvR 981/21, Rn. 241 ff. – Bundesnotbremse I; kritisch dazu *Michael*, ZJS 2022, 106 ff.
45   Zum Ganzen: *Dörr* in: Dörr/Grote/Marauhn, EMRK/GG, 3. Aufl., Kap. 13.

▶ **Zu Fall 4:** Der Platzverweis dient der Wiederherstellung der Bewegungsfreiheit Dritter. Platzverweise sind als Betretungsverbote Freiheitsbeschränkungen. Eine Ingewahrsamnahme stellt demgegenüber eine Maßnahme der Freiheitsentziehung dar. ◀

Systematische Verweise: Es gelten gesteigerte Anforderungen bei der formellen (→ Rn. 577, 586, 599) und materiellen (→ Rn. 546) Rechtfertigung.

Wiederholungs- und Verständnisfragen

> Worin liegt der gemeinsame Anknüpfungspunkt der Grundrechte des Art. 2 Abs. 2 S. 1 und S. 2 GG?
> Was ist der Unterschied zwischen Freiheitsbeschränkung und Freiheitsentziehung?
> Wie ist das Verhältnis zwischen Art. 2 Abs. 2 S. 2 GG und Art. 104 GG zu beschreiben?

III. Religions- und Gewissensfreiheit: Art. 4 GG

▶ **Fall 5:** Die Atheistin A soll in ein Land abgeschoben werden, das für ihre Einreisepapiere ein Passfoto mit Kopftuch verlangt. A weigert sich, ein solches anzulegen. B ist deutsche Beamtin muslimischen Glaubens und trägt während ihres Dienstes ein Kopftuch. B soll das Foto der A zwangsweise anfertigen, wobei die A sich weder dem Anblick der Kopftuch tragenden B, noch dem Anlegen eines Kopftuchs erwehren kann. ◀

1. Die Funktionen der Religions- und Gewissensfreiheit im System des Grundrechtsschutzes

Die Gewährleistung der Religionsfreiheit hat für den Staat und für seine „Verfassung als Friedensordnung" eine grundlegende Bedeutung: Die Stiftung und Erhaltung **religiösen Friedens** gehört zu den Grundfunktionen moderner Staatlichkeit.[46] Aus der ursprünglich staatlichen Bevorzugung einzelner Religionsgemeinschaften ist im säkularen Staat die pluralistische Anerkennung individueller und kollektiver Religionsfreiheit geworden. An die Stelle der religiösen Ableitung weltlicher Herrschaftsansprüche von Gottes Gnaden ist die säkulare **Funktion staatlicher Integration** getreten: Das Religionsverfassungsrecht kann in dem Maße zur Identifikation mit der politischen Ordnung beitragen, in dem es den (religiösen bzw. areligiösen) Überzeugungen der Menschen Rechnung trägt. Insofern dient es auch einem Machtinteresse des Staates[47] als „Heimstatt aller Staatsbürger".[48] Die Vermeidung eines Kulturkampfes ist Interpretationsmaxime für das Religionsverfassungsrecht und kein Notstandsvorbehalt praeter constitutionem.[49] Je mehr die religiöse Vielfalt einer Gesellschaft zunimmt, desto mehr ist ein gegenseitiges Rücksichtnehmen geboten, nämlich des Staates und der Gesellschaft gegenüber religiösen Menschen, aber auch letzterer im Ausleben ihres Glaubens. Integration hängt auch von der Bereitschaft der zu Integrierenden ab, ihre Anschauungen relativieren zu können, auch wenn diese lange tradiert und in anderen Ländern selbstverständlich sind. Auf der anderen Seite muss eine integrationsfreundliche Gesellschaft ihrer Verschiedenhaftigkeit mit Toleranz begegnen.

178

---

46 *Heinig/Morlok*, JZ 2003, 777.
47 *Arndt*, Aufgaben und Grenzen der Staatsgewalt im Bereich der Schulbildung, in: Geiger/Arndt/Pöggeler, Schule und Staat, 1959, S. 51, 56 f.
48 BVerfGE 19, 206, 216 – Kirchenbausteuer.
49 So aber *Isensee*, JZ 2013, 327: Gegensatz zwischen Rechtsstaat und Grundrechtsinterpretation einerseits und gesellschaftlichem Frieden andererseits.

In der **Beschneidungsdebatte**[50] zeigt sich, dass noch so fundamentale Glaubenstraditionen keine absolute Grenze des Schutzes der körperlichen Unversehrtheit sein können (→ Rn. 160). Andererseits ist aber auch die körperliche Unversehrtheit trotz ihres bei uns besonders hohen Stellenwertes nicht absolut zu verstehen. Die Beschneidung minderjähriger Knaben ist deshalb einer gesetzlichen Regelung zugänglich, durch die medizinische Standards gewährleistet werden. Das religiöse Ritual ist einer Grenzziehung durch staatliches Recht nicht entzogen. Dem neutralen Staat ist es aber verboten, die Ersetzung der körperlichen Beschneidung durch einen sublimierten Ritus – gleichsam nach dem kulturgeschichtlichen Vorbild der frühchristlichen Ablösung der Beschneidung durch die Taufe – einzufordern.[51] Falsch verstandene religiöse Neutralität ist es, wenn der Gesetzgeber in § 1631 d BGB auch die nicht religiös motivierte Knaben-Beschneidung legalisiert. Allenfalls die starke Betroffenheit von Art. 4 GG drängt die Schutzpflicht des Staates zugunsten der körperlichen Unversehrtheit Minderjähriger zurück. Denn das Erziehungsrecht allein genommen ist nicht eigennützige Verfügungsgewalt, sondern anvertrauter Kindesschutz (→ Rn. 256). Auch bei Uneinigkeit der Sorgeberechtigten setzt sich der Schutz der Unversehrtheit des Kindes und zugleich auch seiner (späteren) religiösen Selbstbestimmung durch.

179 Mit der Einräumung der **kollektiven** Religions- und Kirchenfreiheit nutzt der Staat auch die erzieherische, befriedende, soziale, kulturelle und ordnende Funktion der Religionsgemeinschaften.[52] Nach der Lehre vom Doppelgrundrecht können sich Religionsgemeinschaften unmittelbar[53] auf Art. 4 Abs. 1 GG berufen, während für religiöse Vereine die Voraussetzungen des Art. 19 Abs. 3 GG gelten. Die Ambivalenz einer funktionellen Einbindung von Religionsgemeinschaften in die Erfüllung sozialer Aufgaben hat sich z. B. beim innerkirchlichen Streit um die Beteiligung an der Schwangerenberatung gezeigt, der die katholische Kirche ebenso wie die Politik vor eine Zerreißprobe gestellt hat.

180 Das Verhältnis zwischen Staat und Religion ist in modernen Verfassungsstaaten **unterschiedlich ausgeprägt** und reicht von der Anerkennung und Unterstützung einer Staatskirche (§ 4 Verf. Dänemark) bis zum Laizismus (Art. 2 Verf. Frankreich). Das deutsche Staatskirchenrecht ist von einem modifizierten Trennungsprinzip geprägt, nach dem einerseits keine Staatskirche besteht (Art. 140 GG i. V. m. Art. 137 Abs. 1 WRV), andererseits aber Religionsgemeinschaften als Körperschaften öffentlichen Rechts anerkannt werden (→ Rn. 473) und dann Steuern erheben können (Art. 140 GG i. V. m. Art. 137 Abs. 5 und Abs. 6 WRV). Aus der Gewährleistung der Religionsfreiheit ist keine dieser Ausprägungen zwingend abzuleiten. Das Grundrecht ist vielmehr umgekehrt im Lichte des jeweiligen Religionsverfassungsrechts zu erschließen.

181 Wie kaum ein zweites Gebiet des Verfassungsrechts ist das Religionsverfassungsrecht geistes- und kulturgeschichtlich geprägt. Diese Prägung macht es in besonderer Weise affin für regionale Differenz und für **soziokulturellen Wandel**. In seinem Ursprung orientiert sich das deutsche Religionsverfassungsrecht an einer christlich durchformten Gesellschaft, ohne aber konfessionelle Christlichkeit selbst zum Strukturprinzip zu erheben. Die **zunehmende religiöse Pluralität** berührt die Grundlagen des Religi-

---

50 *Krüper*, ZJS 2012, 547; *Hörnle/Huster*, JZ 2013, 328; *Germann*, MedR 2013, 412; *Morlok* in: Dreier, GG, Bd. 1, 3. Aufl., zu Art. 4 Rn. 80 ff.
51 *Isensee*, JZ 2013, 322.
52 Vgl. *Klippel*, ZNR 24 (2002), S. 35, 40.
53 Wie hier: *Listl*, HdbStKirchR I, 449, 461; anders: *Kingreen/Poscher*, Grundrechte, 37. Aufl., Rn. 692.

§ 9 Spezielle freiheitsrechtliche Schutzbereiche: Art. 4 GG

onsverfassungsrechts. Dabei dürfen moderne Religionskonflikte[54] nicht konservativ-milieufreundlich gelöst werden, sondern das (Religions-)Verfassungsrecht muss sich seiner (weltanschaulich-neutralen) Grundlagen versichern: Religiös motivierte Konflikte verlangen nach gleichermaßen freiheitsfreundlichen wie egalitären Lösungen. Die Bedeutung der Neutralität und Parität staatlichen und religionsbezogenen Handelns nimmt zu. Religions- und Gewissensfragen sind deshalb von besonderer Brisanz, weil hier Ansprüche auf Wahrheit und Richtigkeit erhoben werden, deren Durchsetzung gegenüber oder durch den Staat einer Abwägung zugänglich ist, bei der sich der Staat jeglicher Bewertung zu enthalten hat.

2. Neutralität und Parität als innere Maßstäbe

Art. 4 GG ist Teil des Religionsverfassungsrechts. Das deutsche Verfassungsrecht hat sich freiheits- und pluralismusfreundlich vor allem zwei Grundsätzen verschrieben: dem der **Neutralität** und zusammenhängend damit dem der **Parität**, d. h. der Gleichbehandlung in Religionsfragen. Die Religionsfreiheit wendet sich nicht nur gegen staatliche Beschränkungen religiösen Handelns, sondern verwehrt dem Staat ebenso die Privilegierung oder gar Aneignung bestimmter religiöser oder gewissensgebundener Bekenntnisse. Art. 4 GG hat gleichzeitig eine freiheits- wie eine gleichheitsrechtliche Dimension, indem er den Bürgern geistige Freiheit grundsätzlich und zu gleichen Teilen versichert. Darin kommt in exemplarischer Weise die Doppelfunktion der Grundrechte zum Ausdruck, die auf die Gewährleistung **gleicher Anteile an persönlicher Freiheit** (hier: der persönlichen Sinnstiftung) abzielt.[55] Besondere gleichheitsrechtliche Ausprägungen der religiösen Neutralität enthalten Art. 3 Abs. 3 und Art. 33 Abs. 3 GG (→ Rn. 830 und 835 ff.). Dem Staat ist aber bereits freiheitsrechtlich die Bewertung von Religionen oder Weltanschauungen versagt. Aus Art. 4 Abs. 1 GG folgt ein **absolutes Wertungsverbot** (→ Rn. 763), das als Frage der Legitimität der Zwecke im Rahmen der Verhältnismäßigkeit zu prüfen ist (→ Rn. 616, 763).

182

3. Systematische Weichenstellungen

a) Art. 4 Abs. 1 und Abs. 2 GG als einheitliches und vorbehaltloses Grundrecht

Der **Wortlaut des Art. 4 GG** hebt einzelne Aspekte der Glaubens-, Weltanschauungs- und Gewissensfreiheit heraus. Insbesondere sind in Art. 4 Abs. 2 und Abs. 3 GG die Religionsausübung und das Kriegsdienstverweigerungsrecht in gesonderten Absätzen geregelt. Damit werden aber lediglich Teilaspekte eines **umfassend zu verstehenden** Schutzbereichs hervorgehoben, d. h. allenfalls Akzente gesetzt, die weder zu Umkehrschlüssen noch zu Abstufungen führen. Art. 4 GG umfasst also insgesamt die Freiheiten der **Sinnorientierung und der inneren moralischen Steuerung**, die in den einschlägigen Normen verschiedene Bezeichnungen finden, ohne dass sich dadurch Unterschiede in der Sache ergeben. Mit dem BVerfG[56] ist **Art. 4 Abs. 1 und Abs. 2 GG**[57] – unberührt von den vermeintlichen Differenzierungen seines Wortlauts – als **einheitliches Grundrecht** zu verstehen, das die religiöse und areligiöse Sinnstiftung ebenso wie Kon-

183

---

54 So z. B. das Schulgebet, das Kruzifix in der Schule, Sportunterricht für muslimische Mädchen, das Kopftuch der Lehrerin.
55 *Gosepath*, Gleiche Gerechtigkeit, 2004, S. 293.
56 BVerfGE 24, 236, 245 – (Aktion) Rumpelkammer.
57 In der Fallbearbeitung zu zitieren ist Art. 4 Abs. 1 GG, in Fällen der Ausübung der Religion Art. 4 Abs. 1 und Abs. 2 GG.

sequenzen innerer sittlicher Verpflichtung umfasst. Diese Aspekte sind grundsätzlich gleichermaßen geschützt. Das hat folgende Konsequenzen:

184 **Zu eng** wäre es, aus dem expliziten Schutz der Religionsausübung in Art. 4 Abs. 2 GG und des Kriegsdienstverweigerungsrechts in Art. 4 Abs. 3 GG den **Umkehrschluss** zu ziehen, darüber hinaus seien Glaube, Weltanschauung und Gewissen i. S. d. Art. 4 Abs. 1 GG nur hinsichtlich der inneren Überzeugung („forum internum" → Rn. 190) und des Bekennens geschützt. Die Religionsausübung i. S. d. Art. 4 Abs. 2 GG lässt sich zwar als ausdrückliche Hervorhebung der klassischen Kultusfreiheit traditioneller Religionen einschließlich typischer Bräuche („exercitium religionis")[58] verstehen. Darin erschöpft sich aber nicht der Schutz eines Handelns nach geistigen Überzeugungen. Allerdings wird von Art. 4 GG auch nicht jedes Handeln unter Berufung auf innere Überzeugungen geschützt. Die Grenze ist dabei nicht durch eine Interpretation des Begriffs der Religionsausübung i. S. d. Art. 4 Abs. 2 GG gegeben. Vielmehr stellt sich für Glaube, Weltanschauung und Gewissen gleichermaßen die Frage, inwieweit auch das Handeln geschützt ist („forum externum" → Rn. 191 ff.).

Auch mit der Unterscheidung der jeweils „unverletzlichen" Glaubens- und Bekenntnisfreiheit (Art. 4 Abs. 1 GG) und der „gewährleisteten" Religionsausübung ist **keine Abstufung** bezweckt. Weder ist mit „Gewährleistung" eine zusätzliche positive Schutzpflicht gemeint, die sich auf die anderen Aspekte des Art. 4 GG nicht erstrecken würde, noch ist mit „Gewährleistung" gegenüber der „Unverletzlichkeit" eine Relativierung angedeutet. Aus den oben genannten Erwägungen ist es abzulehnen, die Religionsausübung i. S. d. Art. 4 Abs. 2 GG i. V. m. Art. 140 GG i. V. m. Art. 136 Abs. 1 WRV den Schranken eines Gesetzesvorbehaltes zu unterstellen.[59] Alle von Art. 4 Abs. 1 und Abs. 2 GG erfassten Freiheiten sind also nur den verfassungsimmanenten Schranken der **vorbehaltlosen Grundrechte** unterworfen (→ Rn. 711 ff.). Die ausdrückliche Erwähnung der Religionsausübung in Art. 4 Abs. 2 GG soll den Schutzbereich insoweit erweitern und nicht das Schutzniveau bei religionsbezogenen – gegenüber weltanschaulich motivierten oder gewissensgeleiteten – Handlungen abschwächen.

b) Drei Ausprägungen des Grundrechts als Religions-, Weltanschauungs- bzw. Gewissensfreiheit

185 Schützt Art. 4 GG das forum internum und das forum externum als einheitliches Grundrecht, so sind doch verschiedene Ausprägungen dieses geistigen Freiheitsrechts zu unterscheiden. Benannt werden die Freiheit der Religion, der Weltanschauung und des Gewissens. Dabei sind folgende **Definitionen** zugrunde zu legen:

Kennzeichnend für den verfassungsrechtlichen **Religionsbegriff** ist der Jenseitsbezug, der den Einzelnen durch Einstellung in einen übermenschlichen Zusammenhang relativiert und positioniert – häufig, aber nicht zwingend verbunden mit einer personalisierten Gottesvorstellung. Die gewährleistete Freiheit des Art. 4 Abs. 1 S. 1 GG bezieht sich auch auf das nicht- bzw. areligiöse Bekenntnis, also auf die **Weltanschauungsfreiheit**. Auch letztere wird durch Elemente der individuellen (und kollektiven)

---

[58] Morlok in: Dreier, GG, Bd. 1, 3. Aufl., zu Art. 4 Rn. 87.
[59] BVerfGE 33, 23, 30 f. – Eidesverweigerung aus Glaubensgründen; BVerfG-K, NJW 2002, 206, 207; anders: BVerwGE 112, 314 ff.; BverwG NJW 2002, 3344; Jarass in: Jarass/Pieroth, GG, 16. Aufl., zu Art. 4 Rn. 32; wie hier: Morlok in: Dreier, GG, Bd. 1, 3. Aufl., zu Art. 4 Rn. 124; Winter, Staatskirchenrecht, 2001, 75, 76; Brenner, Staat und Religion, VVDStRL 59 (2000), S. 264, 290 f.; Heinig, Öffentlich-rechtliche Religionsgesellschaften, 2003, 130, 142; Wenckstern in: Umbach/Clemens, GG, zu Art. 4 Rn. 23.

Sinnstiftung charakterisiert. Letztlich kommt es also auf die Sinnstiftung an, sei es mit religiösem, transzendentalem Bezug oder weltanschaulich ohne einen solchen. Die weiteren typischen Elemente, z. B. der personalisierte Gottesbezug, sind keine zwingenden Voraussetzungen des Schutzes, erleichtert aber in der Praxis die plausible Darlegung des Selbstverständnisses.

Mit **Gewissen** i. S. d. Art. 4 Abs. 1 GG ist die innere moralische Steuerung in den Kategorien „Gut und Böse" gemeint. Gewissensentscheidungen müssen zwar nicht in einen Sinnentwurf des Lebens (also in eine Religion oder Weltanschauung) eingebunden sein. Sie müssen sich aber dadurch auszeichnen, dass sie situativ als innerlich bindend und alternativlos verpflichtend erfahren werden.[60] Wer sich auf die Gewissensfreiheit beruft, muss darlegen, dass er gegen seine ernsthafte moralische Entscheidung nicht ohne ernste Gewissensnöte handeln könnte. Im Gegensatz zur Religion ist das Gewissen wesentlich individualistisch konzipiert. Die Freiheit des Gewissens bezieht sich auf die vom Einzelnen empfundene Verantwortlichkeit für seine Handlungen.[61]

186

c) Zum Verhältnis von Bekenntnis- und Gewissensfreiheit

Von einem einheitlichen Grundrecht zu sprechen bedeutet, dass sowohl die religiöse als auch die weltanschauliche Freiheit ebenso wie die Gewissensfreiheit als innere und als gelebte Freiheiten gleichermaßen gewährleistet sind. Grundlage dieser systematischen Weichenstellung ist die **religiös-weltanschauliche Neutralität** des Grundgesetzes, die auch die Interpretation der einzelnen dogmatischen Dimensionen dieses Grundrechts prägt. So sind **innerhalb des Schutzbereichs** des Art. 4 GG die verschiedenen Aspekte geistiger Freiheit gleichmäßig zu entfalten. Weder sollen religiöse gegenüber weltanschaulichen Sinnentwürfen, noch solche Sinnentwürfe gegenüber Gewissensentscheidungen privilegiert werden. Die religiös-weltanschauliche Neutralität ist auch bei der Auslegung des Art. 4 GG **im Verhältnis zu anderen Freiheiten** zu beachten. Einerseits bedingt die Vorbehaltlosigkeit des Art. 4 GG den besonderen Schutz geistiger Freiheit, andererseits ist dieser Schutz neutral zu gewährleisten. Das **Paradoxon eines neutralen und dennoch besonderen Schutzes** ist so aufzulösen, dass der Schutzbereich des Art. 4 GG genau so weit reicht, als geistige Freiheit eines besonderen, vorbehaltlosen Grundrechtsschutzes bedarf. Art. 4 Abs. 1 GG darf aber z. B. nicht religiöse Menschen, die ihr ganzes Leben nach Glaubensüberzeugungen ausrichten, in ihrer gesamten Handlungsfreiheit privilegieren, und andererseits areligiösen Menschen nur bei Gewissenskonflikten den besonderen Schutz des Art. 4 GG zubilligen.

187

d) Systematische Funktion der Art. 136 ff. WRV

Die **Systematik** des deutschen Religionsverfassungsrechts bereitet besondere Schwierigkeiten. Art. 4 Abs. 1 GG wird inhaltlich ergänzt durch Art. 140 GG i. V. m. Art. 136 ff. WRV. Die Artikel der WRV werden damit zwar als vollgültige Bestandteile in das geltende Verfassungsrecht integriert, entfalten aber ihre verfassungsrechtliche Wirkung ergänzend zur Konzeption des Art. 4 Abs. 1 GG als vorbehaltlos gewährleistetes Grundrecht.

188

Das bedeutet für die **Fallbearbeitung**: Art. 136 ff. WRV normieren **keine eigenständigen grundrechtlichen Schutzbereiche** und sind nicht mit der Verfassungsbeschwerde

---

[60] BVerfGE 12, 45, 55 – Kriegsdienstverweigerung I.
[61] *Morlok* in: Dreier, GG, Bd.1, 3. Aufl., zu Art. 4 Rn. 93.

einklagbar: Sie sind weder dem Grundrechtsabschnitt der Art. 1–19 GG zugeordnet, noch sind sie als grundrechtsgleiche Rechte in Art. 93 Abs. 1 Nr. 4 a GG genannt. Deshalb sind Verfassungsbeschwerden gegebenenfalls auf Art. 4 Abs. 1 GG zu stützen. Nach dem Willen des historischen Verfassungsgebers wird Art. 4 GG bewusst ohne Gesetzesvorbehalt gewährleistet.[62] Die Art. 136 ff. WRV **normieren keine allgemeinen Schranken** der Religionsfreiheit, sondern allenfalls Spezialregeln für religiöse Organisationen (v. a. Art. 137 Abs. 3 WRV). Der Sinn des Verweises auf die „staatsbürgerlichen Rechte und Pflichten" in Art. 136 Abs. 1 WRV erschöpft sich in seiner Ergänzung des Diskriminierungsverbots.[63] Allerdings sind die Art. 136 ff. WRV als objektives Verfassungsrecht **Auslegungsgesichtspunkte** für die Interpretation des Art. 4 GG, der seinerseits den normativen Ausgangspunkt grundrechtlicher Fragen darstellt. Diese Auslegungsgesichtspunkte haben – anders als die EMRK – selbst den Rang nationalen Verfassungsrechts. Gegebenenfalls ist Art. 4 Abs. 1 bzw. Abs. 2 GG i. V. m. Art. 140 GG i. V. m. einzelnen Vorschriften der Art. 136 ff. WRV zu zitieren. Das gilt z. B. für die Aspekte der negativen Bekenntnis- und Kultusfreiheit (Art. 136 Abs. 3 und Abs. 4 WRV) und der religiösen Vereinigungsfreiheit (Art. 137 Abs. 2 WRV). Auch für den in Art. 139 WRV normierten objektivrechtlichen Schutzauftrag für die **Sonn- und Feiertage** hat das BVerfG eine korrespondierende grundrechtliche Schutzverpflichtung des Gesetzgebers aus Art. 4 Abs. 1 und 2 GG anerkannt.[64] Allerdings kann umgekehrt die Versammlungs- und Weltanschauungsfreiheit auch einen Anspruch auf eine Ausnahmeregelung begründen.[65]

e) Das „Selbstverständnis des Grundrechtsträgers" bei der Bestimmung des Schutzbereichs

189 Art. 4 GG kann nur dann weltanschaulich neutral gewährleistet werden, wenn der Schutz **offen** für Minderheitenpositionen und auch für neuartige Vorstellungen ist. Gerade Religionen, die weniger in der Gesellschaft anerkannt werden, sind schutzbedürftig. Der Staat darf keine abstrakten Maßstäbe definieren, nach denen der Schutz des Art. 4 GG auf Religionen oder Weltanschauungen mit bestimmten geistigen Inhalten festgelegt würde. Eine wertneutrale Bestimmung des Schutzbereichs, die dem Wesen geistiger Freiheit entspricht, muss vielmehr auf das **Selbstverständnis** der Grundrechtsträger zurückgreifen.[66] Dieses Selbstverständnis ist von denen, die sich auf Art. 4 GG berufen, **plausibel darzulegen**. Insoweit besteht zwar keine Pflicht (ausdrücklich: Art. 136 Abs. 3 WRV), wohl aber eine rechtliche Obliegenheit als Voraussetzung der Inanspruchnahme des verfassungsrechtlichen Schutzes, sich zu bekennen.

4. Schutzgehalte: Innere und gelebte Freiheiten des Geistes

a) Forum Internum

190 Das „**forum internum**" ist die innere geistige Freiheit, seinen Glauben, seine Weltanschauung oder sein Gewissen zu bilden. Insoweit ist Art. 4 Abs. 1 GG lex specialis zur

---

62 Soweit dem Teile der Inkorporation der Art. 136 ff. WRV durch Art. 140 GG entgegenzustehen scheinen, wird dies als Redaktionsversehen angesehen: *Walter*, Religions- und Gewissensfreiheit in: Dörr/Grote/Marauhn, EMRK/GG, 3. Aufl., Kap. 17, Rn. 137; dagegen *Bock*, AöR 123 (1998), 444, 462 ff.
63 *Morlok* in: Dreier, GG, Bd. 1, 3. Aufl., zu Art. 4 Rn. 124.
64 BVerfGE 125, 39, 80 – Sonntagsruhe, unter Berufung auf *Häberle*, Der Sonntag als Verfassungsprinzip, 2. Aufl., S. 63 f., 70; zu den Konsequenzen für die Fallbearbeitung: *Fuerst*, JuS 2010, 876.
65 BVerfGE 143, 161 – „Heidenspaß" am Karfreitag.
66 *Morlok*, Selbstverständnis als Rechtskriterium, 1993.

allgemeinen Gedankenfreiheit, die in Art. 5 Abs. 1 GG bzw. (neben der Gewissens- und Religionsfreiheit) in Art. 9 EMRK und Art. 10 GRCh gewährleistet ist.

b) Forum Externum als Bekenntnis- und Kultusfreiheit

Das religiöse und weltanschauliche **Bekenntnis** ist speziell zur Meinungsäußerung und gegebenenfalls zur Versammlung geregelt. Im Unterschied zu Art. 5 Abs. 1 GG bzw. Art. 8 Abs. 1 GG konzentriert sich Art. 4 GG auf die Gewährleistung solcher Freiheitsbetätigung, die in einem persönlichkeitsbezogenen Sinne identitätsstiftend ist (→ Rn. 57). Ein Bekenntnis kann in jeder Form, d. h. nicht nur in Wort und Schrift, sondern auch im Tragen **symbolischer Kleidungsstücke** zum Ausdruck gebracht werden. Anders als bei sonstigen religiös motivierten Handlungen kommt es insoweit für die Eröffnung des Schutzbereichs nicht darauf an, ob ein solches Kleidungsstück nur glaubensgeleitet disponibel getragen wird oder einem imperativ zwingenden Glaubenssatz folgt – Letzteres ist vielmehr gegebenenfalls verschärfend im Rahmen der Verhältnismäßigkeit eines Eingriffs zu berücksichtigen.[67] Zum religiösen Bekenntnis gehören nach Art. 9 EMRK und Art. 10 GRCh explizit auch Gottesdienste, das Unterrichten sowie das Praktizieren von Riten und Bräuchen – Aspekte, die sich im deutschen Verfassungsrecht auch als Religionsausübung i. S. d. Art. 4 Abs. 2 GG darstellen.[68] Der verfassungsrechtliche Schutz der Glaubensfreiheit beschränkt sich nicht auf den Glauben als reine „Privatsache", sondern beweist sich gerade dann, wenn der Glaube öffentlich gelebt wird und deshalb auf gesellschaftliche bzw. rechtliche Widerstände stößt. Zu Recht hat der EuGH[69] es abgelehnt, Asyl im Falle religiöser Verfolgung mit dem Argument abzulehnen, der Antragsteller solle sich auf eine gegebenenfalls nicht verfolgte heimliche Ausübung seines Glaubens beschränken. Zum Bekenntnis gehört die **Missionierung** bzw. **Werbung** für die eigene Auffassung[70] einschließlich z. B. des liturgischen Glockengeläuts. Auch die Entäußerung **des Gewissens** fällt – was nicht so ausdrücklich in den Normen hervorgehoben wird – unter den Schutzbereich des Art. 4 Abs. 1 GG, wobei hier keine der Religionsausübung entsprechende Kultusfreiheit in Betracht kommt.[71]

191

c) Forum Externum als spezifische Handlungsfreiheit gemäß innerer Verhaltensgebote

Das forum externum geht über die Bekenntnis- und Kultusfreiheiten noch hinaus. Es erstreckt sich auf Handlungen jenseits des Kultus, soweit der Einzelne inneren Verhaltensgeboten folgt. Als spezifische Handlungsfreiheiten stellen die durch Art. 4 GG geschützten Freiheiten in besonderer Weise Herausforderungen an die **juristische Handhabbarkeit**. Einmal unterliegen sie als sog. Vorbehaltlose Grundrechte nur der Einschränkung durch „verfassungsimmanente Schranken" (→ Rn. 184, 710 ff.). Zudem öffnen sie sich über das Kriterium des „Selbstverständnisses" der inhaltlichen Bestimmung durch den Grundrechtsträger selber (→ Rn. 189). Gefordert und geschützt

192

---

67 BVerfGE 138, 296, 328 f., 332 f., 340 f. – Kopftuch II.
68 *Morlok* in: Dreier, GG, Bd. 1, 3. Aufl., zu Art. 4 Rn. 68.
69 EuGH, verb. Rs. C-71/11 und C-99/11 (Deutschland/Y und Z), Urt. Vom 5.9.2012, Rn. 62.
70 BVerwGE 30, 29, 30 f.; dazu: *Häberle*, JuS 1969, 265; für die EMRK: EGMR, v. 24.2.1998, RJD 1998-I, Z. 38 – Larissis u. a./Griechenland; *Grabenwarter/Pabel*, EMRK, 7. Aufl., § 22 Rn. 118; für die GRCh: *Jarass/Kment*, EU-Grundrechte, 2. Aufl., § 15 Rn. 6.
71 Im Übrigen wird aber das Gewissen nicht weniger geschützt; das schließt eine höhere Darlegungslast nicht aus: *Morlok* in: Dreier, GG, Bd. 1, 3. Aufl., zu Art. 4 Rn. 102.

wird dies durch den Grundsatz der Neutralität, der dem Staat jegliche Bestimmung über das „richtige" oder „falsche" religiöse Bekenntnis verwehrt. Religiös motivierte Handlungen werden also in besonderem Maße **von verfassungsrechtlichen Begrenzungen** freigestellt. Dies hat zur Folge, dass eine rechtliche Kontrolle darüber, welche Handlungen im Einzelfall durch Art. 4 GG geschützt werden, sehr schwer wird. Möglich wird dadurch eine Berufung auf den Schutz von Art. 4 GG auch für weder offenkundig noch ausdrücklich religiöse Handlungen, soweit der Grundrechtsträger sie nur als religiös vorbestimmt ausweist. Es besteht so die Gefahr einer Überdehnung der grundrechtlichen Freiheitsgarantie. Wäre jedes Handeln aus Nächstenliebe von Art. 4 GG geschützt, würden die Konturen zwischen spezifischer Religions- und allgemeiner Handlungsfreiheit (→ Rn. 435 ff.) verwischen. Dem gilt es entgegen zu steuern (→ Rn. 43). Im Einzelnen:

193 Während von der Bekenntnisfreiheit bereits alle Handlungen erfasst werden, die explizit bzw. äußerlich erkennbar im Zeichen eines Glaubens, einer Weltanschauung oder des Gewissens stehen, ist fraglich, inwieweit darüber hinaus andere Handlungen als Religionsausübung i. S. v. Art. 4 GG geschützt werden. In Betracht kommen hier Handlungen, die von einer religiösen inneren Überzeugung i. S. d. Art. 4 Abs. 1 GG **motiviert** sind, ohne dass dies durch ausdrückliches Bekenntnis oder im Rahmen von Kultushandlungen offenkundig wird.

194 Für die Gewissensfreiheit ist überwiegend anerkannt, dass sie auch das **gewissensgeleitete Handeln** umfasst und zwar nicht nur, sondern allenfalls typischerweise in der negatorischen Variante der Verweigerung staatlicher Handlungsanweisungen.[72] Eine rein innere Gewissensfreiheit wäre praktisch wertlos und ihre Umsetzung durch Handeln dann nur von der in Art. 4 Abs. 3 GG speziell geregelten Kriegsdienstverweigerung erfasst. Nach hier vertretener Auffassung wird ein Verhalten, das explizit im Namen des Gewissens erfolgt, bereits von der Bekenntnisfreiheit erfasst. Typischerweise wird zum Selbstverständnis des „Gewissenstäters" auch die Offenbarung der Gewissensmotivation gehören. Das Handeln kann aber nur dann der wesentlich „geistigen" Freiheit des Art. 4 Abs. 1 GG zugeordnet werden, wenn es vom Gewissen zwingend, d. h. **alternativlos geboten** erscheint. Insoweit trifft einen Beschwerdeführer im (gerichtlichen) Verfahren die Darlegungslast.

195 Gleiches muss für das von einem **Glauben oder einer Weltanschauung** gebotene Verhalten gelten. Das bedeutet, dass auch in diesem Bereich nur solches Handeln durch Art. 4 Abs. 1 GG gegenüber der allgemeinen Handlungsfreiheit privilegiert wird, das nicht nur von einer Überzeugung i. S. d. Art. 4 Abs. 1 GG motiviert, sondern von dieser **bestimmt vorgegeben** ist.[73] Solche religiösen Gebote müssen nicht notwendig von der Religionsgemeinschaft aufgestellt werden, sondern können – wie bei der Gewissensfreiheit – auch individuell dargelegt werden. Während im Rahmen der Bekenntnisfreiheit auch Bräuche geschützt werden, die keine strengen religiösen Gebote darstellen, ist darüber hinaus ein Handeln nur geschützt, soweit es – wie bei der Gewissensfreiheit – eine innere Handlungspflicht auslöst. Das gilt auch für Art. 9 Abs. 1 EMRK und für Art. 10 GRCh. Die Anforderungen an die Darlegungslast dürfen

---

[72] Wie hier: BVerfGE 78, 391, 395 – Totalverweigerung I: „Gebote und Verbote des Gewissens"; *Morlok* in: Dreier, GG, Bd. 1, 3. Aufl., zu Art. 4 Rn. 100; anders: *Arndt*, NJW 1966, 2204, 2205 f.; *Muckel*, NJW 2000, 689.
[73] Unklar BVerfGE 32, 98 – Gesundbeter: dort S. 106 einerseits („nicht zwingend"), S. 109 andererseits („Verpflichtung, hier dem höheren Gebot zu folgen"); großzügig BVerfGE 24, 236, 248 – (Aktion) Rumpelkammer: Karitative Tätigkeit aus Nächstenliebe als „wesentliche Aufgabe" der Christen und als „kirchliche Grundfunktion".

§ 9 Spezielle freiheitsrechtliche Schutzbereiche: Art. 4 GG

aber auch nicht überspannt werden. Gerade bei Handlungen im Rahmen überkommener Glaubensinhalte sind die Anforderungen an die Darlegung niedrig zu gestalten. Staatliche Kontrolle bleibt hier notwendig eine – im Einzelfall abzustufende – **Plausibilitätskontrolle**.

Zusammenfassend lässt sich sagen: Das offene Verständnis des Schutzbereichs aus dem Selbstverständnis der Grundrechtsträger bedarf eines **funktionellen Korrektivs**. Sonst droht der weitreichende Schutz des Art. 4 GG in eine unangemessene Privilegierung umzuschlagen,[74] die ihrerseits gegen die religiös-weltanschauliche Neutralität verstieße. Handlungen sind nur erfasst, wenn sie **Ausdruck eines Bekenntnisses bzw. einer Weltanschauung** sind oder sogar einem **inneren Verhaltensgebot folgen**, was wiederum vom Grundrechtsträger plausibel darzulegen ist. Die religionsinterne Verbindlichkeit eines Verhaltens hat bei der Abwägung gegebenenfalls zusätzliches Gewicht, ist aber nicht notwendig für die Eröffnung des Schutzbereichs des Grundrechts.[75] Die religiös-weltanschauliche Neutralität gebietet es, religiös oder weltanschaulich motiviertes und gewissensgeleitetes Handeln in gleichem Maße zu schützen und dementsprechend nur dann, wenn der Grundrechtsträger sonst an seinem Bekenntnis gehindert oder in einen inneren Konflikt geraten würde. Wenn z. B. nach dem Selbstverständnis eines tiefgläubigen Menschen seine ganze Arbeit zur Ehre Gottes gereicht, dann ist diese trotzdem nicht Religionsausübung i. S. d. Art. 4 Abs. 2 GG, sondern wird „nur" von Art. 12 GG geschützt. Ebenso wenig ist die Tätigkeit einer politischen Partei, deren Programm und Name sich auf das Christentum beruft, von der Glaubensfreiheit erfasst. Zur Bekenntnisfreiheit hingegen gehören z. B. die Arbeit eines Priesters im Gottesdienst oder die explizit als Glaubensbekenntnis gekennzeichneten Werke eines Künstlers (→ Rn. 57) sowie religiös motivierte Kleidung.

Das forum externum erstreckt sich nur auf **spezifische Handlungsfreiheiten des Grundrechtsträgers selbst**. Art. 4 Abs. 1 GG bezieht sich insoweit nur darauf, selbst etwas tun zu dürfen bzw. nicht tun zu müssen. Auch die Gewissensfreiheit schützt zwar dagegen, etwas selbst gegen die eigene innere Pflicht tun zu müssen, ist aber nicht betroffen, wenn die Grundrechtsausübung Dritter gegen die eigene Gewissensüberzeugung verstößt.[76] Das Gewissen ist nur als Selbstkorrektiv geschützt, nicht aber als Motiv zur Weltverbesserung. Wer aus Gewissensgründen die Tötung von Tieren kategorisch ablehnt, muss tolerieren, dass andere diese Überzeugung nicht teilen. Die Gewissensfreiheit garantiert nur die Wahrung ethischer Grundsätze für einen selbst. Wer meint, für das Handeln Dritter ethische Verantwortung übernehmen zu müssen, kann vom Staat nicht einfordern, seine Überzeugungen gegenüber Dritten durchzusetzen. Damit sind zugleich Grenzen des negativen Schutzes (→ Rn. 51) aufgezeigt, auf den nunmehr einzugehen ist.

196

---

74 So lassen sich Einwände gegen einen einheitlichen Schutzbereich (vgl. *Muckel*, Religiöse Freiheit und staatliche Letztentscheidung, 1997, S. 125 ff.; *Schoch*, Die Grundrechtsdogmatik vor den Herausforderungen einer multikonfessionalen Gesellschaft, in: FS für Alexander Hollerbach zum 70. Geburtstag, 2001, S. 149, 154 ff.; *Huster*, Die ethische Neutralität des Staates, 2002, S. 376 ff.) entkräften.
75 Dasselbe gilt für eine Weltanschauung: BVerfGE 143, 161, 209 f. – Karfreitag.
76 Offen gelassen in BVerfG-K, NVwZ 2007, 808, 810.

5. Schutzdimensionen
a) Positiver und negativer Schutz

197 Der sogenannte „negative" Schutz wird zwar bei der Religionsfreiheit in besonderem Maße relevant, gilt aber für alle Grundrechte und wird deshalb oben allgemein behandelt (→ Rn. 48 ff.). Geschützt ist sowohl die „positive" Freiheit, z. B. zu beten, als auch die „negative" Freiheit, nicht zu beten, d. h. an Glaubensausübung **nicht teilzunehmen**. Die Neutralität des Staates und die inhaltliche Offenheit des Grundrechts gebieten es, dass dieser Schutz auch gleichwertig ist. Es wird auch die „negative" Freiheit geschützt, geistige Überzeugungen **nicht zu offenbaren** (so explizit: Art. 140 GG i. V. m. Art. 136 Abs. 3 S. 1 WRV). Dem steht jedoch eine Obliegenheit nicht entgegen, zur Berufung auf die Bekenntnis- oder Gewissensfreiheit sein Selbstverständnis darzulegen (→ Rn. 189).

Zur „negativen" Bekenntnisfreiheit gehört auch ein Abwehrrecht, im **staatlichen Bereich** von jeglicher **Missionierung verschont** zu werden. Beispiele reichen in staatlichen Schulen vom Kruzifix[77] bis zum Kopftuch der Lehrerin.[78] Die verfassungsgerichtlich geprägte Formel, der Einzelne dürfe nicht in eine „Zwangslage" kommen, in der er unausweichlich einem religiösen Bekenntnis ausgesetzt werde, ist eine bloße Faustformel, die Religionskonflikte im öffentlichen Raum nur tendenziell, nicht aber individuell zu lösen vermag. Insbesondere vermag sie das Verhältnis von positiver und negativer Religionsfreiheit nicht für den einzelnen Konfliktfall zu ordnen (zur Lösung des Kopftuchfalls → Rn. 747).

Auch an dieser Stelle sei darauf hingewiesen, dass die „negative" Religionsfreiheit zwar Abwehransprüche gegen religiöse Symbole und Handlungen in der staatlichen Sphäre, nicht aber Schutzpflichten gegen die Ausübung der Religion durch Private entfaltet (→ Rn. 51, 52 a. E.). Der Staat muss exzessive Glaubenswerbung ebenso wenig wie exzessive Religionskritik verhindern. Art. 4 Abs. 1 GG schützt im **nichtstaatlichen Bereich** grundsätzlich weder gegen Missionierung, noch gegen Blasphemie (zu den Grenzen → Rn. 523). Auch in der Beschneidungsdebatte ist es verfehlt, eine Schutzpflicht nicht nur zugunsten des Art. 2 Abs. 2 S. 1 GG (→ Rn. 160), sondern auch zugunsten der negativen Religionsfreiheit der Kinder zum Ansatz zu bringen.[79] Ebenso wie bei der Kindstaufe gehört es zur positiven Religionsfreiheit der Eltern (über ihr fremdnütziges Erziehungsrecht nach Art. 6 Abs. 2 GG hinaus), ihre Kinder schon vor deren Religionsmündigkeit in eine Glaubensgemeinschaft zu integrieren. Dies zu verwehren, würde Glaubensgemeinschaften, die sich als Gemeinschaften auf Lebenszeit verstehen, schwer treffen.[80] Das gegenüber der Beschneidung oft formulierte Argument der Irreversibilität lässt sich auch gegen eine staatliche Verhinderung der Beschneidung als Aufnahmeritus Minderjähriger in die Glaubensgemeinschaft wenden.[81] Erziehung jedweden Inhaltes prägt und hinterlässt irreversible Spuren. Mit der Religionsmündigkeit erhalten die Kinder dann die Möglichkeit, gegebenenfalls ihre negative Glaubensfreiheit durch Distanzierung selbst auszuüben.

---

[77] BVerfGE 93, 1, 15 ff. – Kruzifix; an der Erheblichkeit der religiösen Einwirkung zweifelnd EGMR, v. 18.3.2011, Rs. 30814/06 – Lautsi/Italien.
[78] BVerfGE 108, 282, 303 ff. – Kopftuch.
[79] Deutlich: *Hörnle/Huster*, JZ 2013, 329.
[80] *Isensee*, JZ 2013, 323 weist zutreffend darauf hin, dass dies kein Recht der Religionsgemeinschaft ist, verkennt aber, dass die Eltern hier ihr Recht als Eltern und zugleich als Mitglieder einer Religionsgemeinschaft ausüben.
[81] *Germann*, MedR 2013, 415.

§ 9 Spezielle freiheitsrechtliche Schutzbereiche: Art. 4 GG

Die Fälle des Ausgleichs zwischen „positiver" und „negativer" Religionsfreiheit sind auf **Sonderstatusverhältnisse** (→ Rn. 745 ff.) beschränkt, wobei Art. 33 Abs. 3 GG klarstellt, dass die religiöse Neutralität auch im Sonderstatus des öffentlichen Dienstes gilt (→ Rn. 835). Sie werden z. B. nicht im privaten Arbeitsrecht[82] relevant. Für den **Religionsunterricht** gelten die Art. 7 Abs. 2 und Abs. 3 GG als Spezialregelungen (→ Rn. 258 f.).

b) Individueller und kollektiver Schutz der Religionsfreiheit

Die Religionsfreiheit umfasst – im Gegensatz zur rein individuellen Gewissensfreiheit – auch den **kollektiven Schutz** der Glaubens- bzw. Weltanschauungsgemeinschaft. Dieser Kollektivschutz ist als lex specialis zu Art. 9 Abs. 1 GG und auch zu Art. 19 Abs. 3 GG in Art. 4 Abs. 1 GG i. V. m. Art. 137 Abs. 2 WRV verbürgt. 198

Drei Unterschiede zwischen Art. 137 Abs. 2 WRV und Art. 9 Abs. 1 GG sind zu bedenken: Erstens wird die religiöse Vereinigungsfreiheit **unabhängig von der Staatsangehörigkeit** als Menschenrecht gewährleistet. Besonders große Bedeutung hat sie deshalb für Ausländervereine, denen der Schutz des Deutschengrundrechts des Art. 9 Abs. 1 GG nicht zukommt, sondern nur die allgemeine Handlungsfreiheit und der insoweit relativ schwache Schutz der Art. 9, 11, 14 und 16 EMRK.[83] Zweitens ist die religiöse Vereinigungsfreiheit – anders als Art. 9 GG – **nicht verwirkbar** i. S. d. Art. 18 GG, weil dort weder Art. 137 Abs. 2 WRV, noch Art. 4 GG genannt ist. Ein dritter Unterschied zur allgemeinen Vereinigungsfreiheit ergibt sich hinsichtlich der Schranken: Weder Art. 137 Abs. 2 WRV, noch Art. 4 Abs. 1 oder 2 GG enthält eine dem Art. 9 Abs. 2 oder gar dem Art. 2 Abs. 1 GG entsprechende Schrankenregelung. 199

6. Verweis auf europäische Grundrechte

Die „Gedanken-, Gewissens- und Religionsfreiheit" einschließlich der Bekenntnisfreiheit und der Freiheit, seine Überzeugung zu wechseln, schützen Art. 9 EMRK und Art. 10 GRCh.[84] Dabei bleibt das Schutzniveau allerdings hinter dem des vorbehaltlosen Art. 4 Abs. 1 GG zurück, weil Art. 9 Abs. 2 EMRK und Art. 10 Abs. 2 GRCh spezielle Schrankenregelungen enthalten. 200

▶ **Zu Fall 5:** Art. 4 GG schützt neben der positiven Religionsfreiheit auch die Freiheit, sich nicht zu einem Glauben bekennen zu müssen. Ein Zwang, dies zu tun, zum Beispiel durch das Tragen religiöser Symbole (Kopftuch), stellt einen Eingriff in den Schutzbereich dar. Die Konfrontation mit dem religiösen Bekenntnis Dritter ist ausnahmsweise ein verfassungsrechtliches Problem, weil sie hier staatlich erzwungen wird (zu den Zurechnungsproblemen → Rn. 531 ff.; zur Möglichkeit des Ausgleiches zwischen positiver und negativer Religionsfreiheit im Sonderstatusverhältnis → Rn. 747). ◀

Systematische Verweise: Zurechnungsprobleme ergeben sich vor allem bei Sonderstatusverhältnissen (→ Rn. 520, 524, 532). Zu den verfassungsimmanenten Schranken lies → Rn. 711 ff., insb. 747. Zu den Religionsgemeinschaften lies → Rn. 462 ff., 473, 665, 742.

---

[82] Zum Kopftuch einer Verkäuferin: BAGE 103, 111, 121 f.
[83] BVerwGE 55, 175, 183.
[84] Zum Ganzen: *Walter* in: Dörr/Grote/Marauhn, EMRK/GG, 3. Aufl., Kap. 17; *Ottenberg*, Der Schutz der Religionsfreiheit im internationalen Recht, 2009.

Wiederholungs- und Verständnisfragen

> Was ist unter dem „modifizierten Trennungsprinzip" des deutschen Religionsverfassungsrechts zu verstehen? Wie unterscheidet sich die neutrale Parität vom Laizismus in Frankreich?
> Welche Bedeutung hat das Selbstverständnis bei der Schutzbereichsbestimmung der Grundrechte und insbesondere des Art. 4 Abs. 1 GG und wie ist dieses Kriterium praktisch „in den Griff" zu bekommen?
> In welchem Verhältnis stehen Bekenntnis- und Gewissensfreiheit zueinander?
> Welche Funktion haben die Art. 136 ff. WRV?
> Sind karitative Tätigkeiten unter Berufung auf die christliche Nächstenliebe von Art. 4 GG geschützt?

IV. Meinungs-, Informations- und Medienfreiheit: Art. 5 Abs. 1 GG

▶ **FALL 6:** Der Großunternehmer G, der auch politische Ämter anstrebt, ist von der Idee beseelt, die europäische Medienlandschaft zu beherrschen und deren „Auswüchse" nach seinen eigenen Vorstellungen zu korrigieren. Er beschimpft seinen Konkurrenten K als „Zwangsdemokraten und Volksverdummer". In elektronischen Medien ruft G zum Boykott der Zeitschriften des K auf, weil darin folgende Inhalte verbreitet werden: 1. Das Leugnen der systematischen Ermordung der Juden in Auschwitz, 2. Fotos Prominenter beim Austausch von Zärtlichkeiten, 3. Schockwerbung. Als sein Aufruf nichts bewirkt, droht G damit, allen Zeitschriftenhändlern den Vertrag zu kündigen, die sich nicht an seinen Boykottaufruf halten. All das wird dem G gerichtlich untersagt. ◀

1. Die Funktion der Freiheit und Vielfalt geistiger Inhalte und ihrer Kommunikation im System des Grundrechtsschutzes

201 In Art. 5 Abs. 1 GG sind **mehrere Grundrechte** verbürgt: Die Meinungs- und Informationsfreiheit in Satz 1 sowie die Presse-, Rundfunk- und Filmfreiheit in Satz 2. Diese Grundrechte haben gemeinsam die **Freiheit geistiger Inhalte** zum Gegenstand und deren **Kommunikation in einem pluralistischen Wettbewerb** zum Ziel. Ganz allgemein stärkt die Freiheit der Kommunikation die Offenheit für neue Erkenntnisse und damit die Lernfähigkeit einer Gesellschaft. Insbesondere für eine parlamentarische Demokratie ist die Freiheit der öffentlichen Kommunikation wesentlich. Demokratie erschöpft sich nicht im (geheimen) Akt der Wahl und im parlamentarischen Geschehen, sondern ist auf eine offene gesellschaftliche Kommunikation angelegt, die politische Meinungsbildung und auch die Kritik ermöglicht. Der Austausch von Ideen als Zweck des Art. 5 Abs. 1 GG hat somit **für eine Demokratie grundlegende Bedeutung**,[85] erschöpft sich aber darin nicht.

202 Aus der Bedeutung für die Demokratie ergibt sich der hohe Wert des Art. 5 Abs. 1 GG, der sich in den Schranken des Art. 5 Abs. 2 GG spiegelt und gegebenenfalls **bei der Abwägung** mit kollidierenden Interessen zu berücksichtigen ist: Für den Vorrang der Freiheit der Meinung spricht eine Vermutung,[86] wenn sie thematisch zum geistigen Meinungskampf in einer die Öffentlichkeit wesentlich berührenden Frage beitragen

---

[85] BVerfGE 7, 198, 208 – Lüth; EGMR, v. 7.12.1976, EuGRZ 1977, 38, 42, Z. 49. – Handyside; EuGH, Rs. C-112/00 (Schmidberger/Österreich), Slg. 2003, I-5659, Rn. 79.
[86] BVerfGE 93, 266, 294 f. – „Soldaten sind Mörder".

kann und die Meinung hat umso mehr Gewicht, je mehr sie dies tut.[87] Das abstrakte Gewicht des Art. 5 Abs. 1 GG im Rahmen der Abwägung (→ Rn. 624) ist also in einem abgestuften Schutzkonzept zu ermitteln. Im geistigen Meinungskampf sowie durch die wachsenden Dimensionen medialer Verbreitung von Informationen über das Internet entfaltet Art. 5 GG auch zunehmend sogenannte „mittelbare Drittwirkung" (→ Rn. 481 ff.) zwischen Privaten.[88]

Aus Art. 5 Abs. 1 GG folgt ein absolutes **Wertungsverbot** (→ Rn. 763).[89] Über das besondere Gewicht der Meinungsfreiheit als Grundrecht entscheidet keinesfalls der Wert der konkreten Meinung,[90] sondern allenfalls der **Stellenwert ihrer Thematik**. Ein **potenzielles** öffentliches Interesse reicht aus, weil auch das Thematisieren eines bislang öffentlich nicht wahrgenommenen Sachverhaltes zur Ausübung der Meinungsfreiheit zählt. So kann z. B. Schockwerbung mit skandalösen Bildern öffentliches Interesse wecken. Wegen der objektiv-rechtlichen Funktion der Meinungsfreiheit für die Demokratie gilt dies auch, wenn damit rein wirtschaftliche Ziele, etwa in Form von Imagewerbung, verfolgt werden[91] oder Informationen von auch öffentlichem Interesse hochemotional und personenbezogen vorgetragen werden.[92]

Die Bedeutung für die Demokratie wird auch für die europäischen Garantien der Meinungsfreiheit[93] anerkannt. Im europäischen Vergleich können sich aus der jeweiligen **Ausgestaltung des politischen Systems** und aus den Traditionen politischer Kultur durchaus unterschiedliche Wertigkeiten bestimmter Kommunikationsgrundrechte ergeben.[94]

Aus der politischen Funktion des Art. 5 Abs. 1 GG ergibt sich jedoch keine Beschränkung seines Schutzbereichs. Die Kommunikationsfreiheit hat auch andere Funktionen. **Persönlichkeitsfindung und Selbstdarstellung** beruhen auf Kommunikation, die als Selbstzweck jegliche Art und Form von „Unterhaltung" umfasst. Die Meinungsfreiheit dient der Entfaltung jedes Einzelnen,[95] die sich nicht in politischer Entfaltung erschöpft. Auch die Kommunikation über Themen der Klatschpresse sowie der rein private Austausch werden geschützt. Meinungen sind **unabhängig** von ihrem vermeintlichen **Wert** für die Allgemeinheit geschützt.

---

87 BVerfGE 7, 198, 212 – Lüth; BVerfGE 54, 129, 137 – Kunstkritik; EuGH, Rs. C-112/00 (Schmidberger/Österreich), Slg. 2003, I-5659, Rn. 86.
88 Zur Bedeutung bei Parteiausschlussverfahren *Sonder*, Jura 2011, 355.
89 Nach BVerfGE 124, 300, 338 – Wunsiedel sollen der Meinungsfreiheit „spezielle Gleichheitsgewährleistungen innewohnen", wobei das Gericht einer eigenständigen, strengen Prüfung des Art. 3 Abs. 3 GG ausweicht.
90 BVerfGE 66, 116, 151 – Springer/Wallraff; das gilt auch für Art. 11/71 GRCh: *Jarass/Kment*, EU-Grundrechte, 2. Aufl., § 16 Rn. 7, 19; auch verfassungsfeindliche Äußerungen fallen nicht aus dem Schutzbereich des Art. 10 EMRK; EGMR, v. 4.12.2003, RJD 2003-XI, Z. 25 ff. – Gündüz/Türkei.
91 BVerfGE 102, 347, 360 – Schockwerbung I.
92 BVerfG, Beschluss v. 10.3.2016 – 1 BvR 2844/13, Rn. 24: „Die Meinungsfreiheit ist […] auch um ihrer Privatnützigkeit willen gewährleistet und umfasst nicht zuletzt die Freiheit, die persönliche Wahrnehmung von Ungerechtigkeiten in subjektiver Emotionalität in die Welt zu tragen".
93 EuGH, Rs. C-274/99 (Connolly/Kommission), Slg. 2001, I-1611, Rn. 39 unter Berufung auf EGMR, v. 7.12.1976, EuGRZ 1977, 38, 42 – Handyside; v. 24.5.1988, NJW 1989, 379, 380, Z. 33 – Müller u. a./Schweiz; v. 26.9.1995, Serie A 323, Z. 52 (= NJW 1996, 375, 377) – Vogt/Deutschland.
94 Der Spielraum der Mitgliedstaaten zur Entfaltung der jeweiligen Funktion der Presse wird vernachlässigt durch EGMR, v. 24.6.2004, NJW 2004, 2647, 2648, Z. 48 ff. – Caroline von Hannover/Deutschland.
95 EGMR, v. 7.12.1976, EuGRZ 1977, 38, 42, Z. 49. – Handyside; *Jestaedt*, Meinungsfreiheit, in: HGR IV, § 102 Rn. 7 ff.

206 Freiheit der Kommunikation ist im Übrigen für die Ausübung nicht nur weiterer politischer Grundrechte, sondern auch der **wirtschaftlichen Freiheiten** von Bedeutung. Lediglich oberflächliche Unterhaltung[96] oder Informationen zu eigennützigen, v. a. wirtschaftlichen Zwecken[97] werden zwar geschützt, sind aber weniger gewichtig. Die Rechtsprechung[98] erkennt an, dass **Wirtschaftswerbung** jedenfalls dann in den Schutzbereich des Art. 5 Abs. 1 S. 1 GG fällt, wenn sie Meinungen enthält oder der Meinungsbildung dient. Das sollte grundsätzlich[99] angenommen werden, zumal sich auch Meinungen über das beworbene Produkt bilden.

207 Art. 5 Abs. 1 GG kommt in einem **Wettbewerb in dreifachem Sinne** zur Entfaltung, nämlich einem zugleich geistigen, politischen und wirtschaftlichen Wettbewerb. Die auch gesellschaftliche Bedeutung der Meinungsfreiheit liegt in den Chancen eines gelingenden **geistigen Wettbewerbs** um die Qualität von Gedanken, in dem sich die besseren Ideen durchsetzen und Wirkung entfalten. Juristen, die ihren Beruf der Kultivierung von Streitkultur widmen, verdienen damit ihr Brot. Wissen und Argumentationsreichtum verleihen Macht und der geistige Wettbewerb ist zugleich auch ein **Wettbewerb um Einfluss.** Die Wirkungen von Meinungen hängen wesentlich von der Art und Weise, d. h. von den Medien ihrer Verbreitung ab. Der Wettbewerb der Medien ist nicht zuletzt auch ein **wirtschaftlicher Wettbewerb,** der unter den Eigengesetzlichkeiten des Marktes stattfindet. Der Wettbewerb der Ideen wird dabei einerseits mit wirtschaftlichen Mitteln geführt und droht andererseits von diesen verzerrt oder unterlaufen zu werden. Der Wettbewerb miteinander droht stets in einen Verdrängungswettbewerb gegeneinander umzuschlagen.

208 Um Phänomene der Verrechtlichung und der Ökonomisierung zusammenzuführen, rücken **Grundgedanken des Wettbewerbsrechts** in den Blick einer „Kommunikationsverfassung"[100]. So können die Medienfreiheiten das Ziel geistiger Freiheit nur in Verbindung mit Chancengleichheit, mit der Verhinderung der Ausnutzung marktbeherrschender Stellungen und der Bildung von Monopolen dauerhaft sichern.[101] Die Gewährleistung dieses Wettbewerbs bedarf in besonderem Maße der **einfachrechtlichen Ausgestaltung** seiner Rahmenbedingungen. Das Verfassungsrecht belässt hierbei einen nicht unerheblichen Ausgestaltungsspielraum. Umso bedeutsamer sind die umstrittenen Regelungskompetenzen, bei denen die Kulturhoheit der Länder mit Kompetenzen des Bundes und vor allem der EU konkurrieren.[102] Eine staatliche Subventionierung der Medien ist nicht ausgeschlossen, muss aber neutral sein und darf den Wettbewerb

---

96 BVerfGE 34, 269, 283 – Soraya.
97 BVerfGE 7, 198, 212 – Lüth.
98 BVerfGE 71, 162, 175; allerdings wird diese Rechtsprechung im Ergebnis dadurch eingeschränkt, dass sie Tatsachen nicht uneingeschränkt als Meinung anerkennt; krit. *Kahl,* Der Staat 43 (2004), 167, 171; auch Art. 10 Abs. 1 EMRK umfasst politische und kommerzielle Werbung: EGMR, v. 13.3.1985, NJW 2885, 2886 f., Z. 42, 58 – Barthold; EGMR, v. 20.11.1989, EuGRZ 1996, 302 ff. – markt intern Verlag GmbH u. Klaus Beermann; *Peters/Altwicker,* EMRK, 2. Aufl., § 9 Rn. 15, § 14 Rn. 8.
99 EGMR, v. 25.3.1985, NJW 1985, 2885, 2887, Z. 58 – Barthold: Zu restriktiv wäre es zu verlangen, dass der Werbeeffekt von untergeordneter Bedeutung ist.
100 *Hoffmann-Riem,* in: AK, zu Art. 5 Abs. 1, 2 Rn. 41; zur Kritik: *Jestaedt,* Meinungsfreiheit, in: HGR IV, § 102 Rn. 18 ff.
101 BVerfGE 83, 238, 316 – 6. Rundfunkentscheidung; BVerfGE 95, 163, 171 f. – DSF; BVerfGE 97, 228, 257 f. – Kurzberichterstattung; EGMR, v. 24.11.1993, EuGRZ 1994, 549, 550, Z. 39 – Informationsverein Lentia.
102 Nach EuGH, Rs. C-260/89 (ERT/DEP), Slg. 1991, I-2925, Rn. 13 ff.; Rs. C-288/89 (Stichting u. a./Commissariaat voor de Media), Slg. 1991, I-4007, Rn. 17 f. besteht eine Binnenmarktkompetenz, die den Rundfunk als Dienstleistungs- und Wirtschaftsfaktor begreift.

nicht verzerren.[103] Der Anspruch der öffentlich-rechtlichen Rundfunkanstalten auf eine ausreichende Finanzierung korrespondiert mit deren Aufgabe der Grundversorgung.[104] **Technische Entwicklungen** der Medien und ihr **grenzüberschreitendes Wirken**,[105] v. a. die Digitalisierung und das Internet stellen das Medienrecht vor immer neue Herausforderungen, die nicht nur Fragen des Verfassungswandels (→ Rn. 34 ff.) aufwerfen, sondern sogar an der Steuerungsfähigkeit des Rechts zweifeln lassen.

2. Meinungs- und Informationsfreiheit

a) Begriff der Meinung und die Freiheit ihrer Äußerung und Verbreitung

Art. 5 Abs. 1 S. 1 GG schützt explizit die Freiheit, „seine Meinung" zu äußern und zu verbreiten. Damit ist der Schutz geistiger Inhalte nicht allein auf persönliche Auffassungen beschränkt. Der Begriff der Meinung ist weit zu verstehen und umfasst nicht nur **Werturteile**, sondern **auch Tatsachenbehauptungen**. Für ein solches weites Verständnis des Schutzbereichs sprechen vor allem drei Argumente:[106] Erstens sollte das Grundgesetz hier im Lichte des Art. 10 Abs. 1 S. 2 EMRK interpretiert werden, der „Informationen und Ideen" umfasst.[107] Danach ist „seine Meinung" i. S. d. Art. 5 Abs. 1 S. 1 GG nicht nur die subjektive, persönliche Meinung, sondern „jede Meinung". Dafür spricht zweitens die teleologische Erwägung, dass Tatsachen für den öffentlichen Diskurs keineswegs weniger bedeutsam als Werturteile und zumindest mittelbar auch Grundlage für letztere sind und drittens, dass auch Tatsachenbehauptungen auf der Auswahl und Interpretation menschlicher Wahrnehmung beruhen.

209

Art. 5 Abs. 1 S. 1 GG soll einen **sachlichen, geistigen Austausch** und Ideenwettbewerb schützen. Aus einem solchen **funktionellen Verständnis** ergeben sich drei Einschränkungen des Schutzbereichs:

210

1. Die Verbreitung einer Tatsache, die **erwiesen unrichtig** ist oder deren Wahrheitsgehalt von niemandem behauptet wird, ist nicht geschützt.[108] Solange der Nachweis der Unrichtigkeit allerdings nicht erbracht wurde, ist die Berufung auf Art. 5 Abs. 1 GG möglich.[109] Der Wahrheitsgehalt ist sodann gegebenenfalls im jeweiligen Verfahren (z. B. im Strafprozess) zu überprüfen. Es besteht keine verfassungsrechtliche Obliegenheit, eigene Behauptungen vor deren Verbreitung auf ihren Wahrheitsgehalt zu überprüfen.[110] Ein Verweis auf Presseberichte muss der Darlegungslast genügen. Für die journalistische Aufbereitung von Informationen durch die Presse werden ihrerseits allerdings Sorgfaltspflichten angenommen (→ Rn. 220).[111]

---

103 *Schulze-Fielitz* in: Dreier, GG, Bd. 1, 3. Aufl., zu Art. 5 Abs. 1, 2 Rn. 249, 273 ff.
104 BVerfGE 90, 60, 90 – 8. Rundfunkentscheidung.
105 EGMR, v. 24.11.1993, EuGRZ 1994, 549, 550, Z. 39 – Informationsverein Lentia.
106 Dies entspricht der wohl herrschenden Lehre: *Schulze-Fielitz* in: Dreier, GG, Bd. 1, 3. Aufl., zu Art. 5 Abs. 1, 2 Rn. 65 f. m. w. N., der zudem noch das systematische Argument bringt, dass sonst ein Wertungswiderspruch zur Freiheit der Presseberichterstattung bestünde.
107 Die Frage einer Unterscheidung zwischen „Meinungen" und bloßen „Tatsachen" im Rahmen der EMRK stellt sich erst bei der Frage der Rechtfertigung von Eingriffen: *Grabenwarter/Pabel*, EMRK, 7. Aufl., § 23 Rn. 4 (unter Bezugnahme auf EGMR, v. 25.3.1985, Serie A 90, Z. 42 (= NJW 1985, 2885, 2886 f., Z. 42) – Barthold).
108 BVerfGE 54, 208, 219 – Böll; BVerfGE 85, 1, 15 – Bayer-Aktionäre. Umgekehrt sollen wahre Tatsachenbehauptungen aus dem Schutzbereich des Art. 2 Abs. 1 i. V. m. Art. 1 Abs. 1 GG fallen; dagegen → Rn. 433.
109 BVerfG-K, NJW 2007, 2685, 2687.
110 Vgl. auch BVerfG-K, NJW 2007, 2685 f., unter Verweis auf EGMR, v. 15.2.2005, NJW 2006, 1255, 1258, Z. 89 ff. – Steel und Morris/Vereinigtes Königreich, betreffend eine Greenpeace-Kampagne gegen McDonald's.
111 BVerfGE 85, 1, 21 f – Bayer-Aktionäre.

2. Art. 5 Abs. 1 S. 1 GG nennt ausdrücklich die klassischen Informationsträger „Wort, Schrift und Bild", schließt aber auch konkludente Ausdrucksformen nicht aus.[112] Die von Art. 5 Abs. 1 S. 1 GG geschützte Freiheit, Meinungen zu „äußern und zu verbreiten" schützt **Kommunikation nur als geistigen Vorgang**.[113] Verhaltensweisen, die – statt auf die Wirkungsmacht des Geistes zu vertrauen – Meinungen mit **Mitteln des Drucks, Zwangs und der Gewalt** zur Geltung bringen, werden hingegen **nicht** geschützt. Zu tun und zu lassen, was man will und meint, ist nur von der allgemeinen Handlungsfreiheit nach Art. 2 Abs. 1 GG geschützt. Art. 5 Abs. 1 GG umfasst nicht alle Konsequenzen autonomen Willens, sondern nur dessen geistige Entfaltung. Ein öffentlicher Boykottaufruf fällt zwar danach unter Art. 5 Abs. 1 S. 1 GG, auch wenn damit eigennützige, z. B. wirtschaftliche Zwecke verfolgt werden, nicht jedoch die Ausübung wirtschaftlichen Drucks.[114] Analog zu Art. 8 Abs. 1 GG, der die Demonstrationsfreiheit ausdrücklich auf „friedliche" Versammlungen begrenzt (→ Rn. 276 ff.), ist Gewaltfreiheit auch begriffliche Grenze der Meinungsfreiheit. Erst bei der Abwägung zu berücksichtigen ist hingegen, ob eine Information auf rechtswidrige Weise erlangt wurde.[115]

3. Nicht geschützt werden **verächtliche Werturteile**, die weder einen sachlichen Kern haben, noch in den Rahmen einer sachlichen Auseinandersetzung fallen. Vorsätzliche Herabwürdigungen von Personen, d. h. rein persönliche Verunglimpfungen und Kränkungen, sogenannte Schmähkritik, sind dem Schutzbereich und damit einer Abwägung mit der hier betroffenen und **absolut geschützten Menschenwürde** entzogen (→ Rn. 150).[116] Polemisch persönliche, auch ausfallende Äußerungen fallen aber nur dann aus dem Schutzbereich des Art. 5 Abs. 1 S. 1 GG, wenn sie im Rahmen einer Privatfehde und nicht im Zusammenhang eines sachlichen Diskurses stehen. Wie die ausdrückliche Schranke des Rechtes der persönlichen Ehre durch Art. 5 Abs. 2 GG zeigt, gehört zum Schutzbereich der Kommunikation grundsätzlich auch, dass es bei Auseinandersetzungen um die Sache zu persönlichen Zuspitzungen kommen kann.[117] Sogar gegenüber der Verbreitung „totalitärer und menschenverachtender Ideologien" beschränkt das BVerfG[118] den Schutzbereich der Meinungsfreiheit nicht, sondern verweist grundsätzlich „auf die Kraft der freien Auseinandersetzung als wirksamste Waffe" (zu den Schranken → Rn. 654). Gerade wenn Verfassungsfeinde zu Gewaltbereitschaft neigen, ist es umso wichtiger, auch diese Menschen auf den Weg der geistigen Auseinandersetzung zu verweisen. Auch die wehrhafte Demokratie wendet sich nicht gegen Ideen und Worte, sondern erst gegen nachhaltige Aggressivität der Verfassungsfeinde (→ Rn. 548).

---

112 Dazu gehören z. B. auch gestische Zeichen und das Tragen von Symbolen. Ein „offener" Kommunikationsbegriff gilt auch für die EMRK: *Grabenwarter/Pabel*, EMRK, 7. Aufl., § 23 Rn. 5 f.
113 *Jestaedt*, Meinungsfreiheit, in: HGR IV, § 102 Rn. 41; Agitation kann von anderen Grundrechten geschützt sein, z. B. durch Art. 12 Abs. 1 GG oder das Auffanggrundrecht des Art. 2 Abs. 1 GG.
114 BVerfGE 25, 256, 265 – Blinkfüer, unter Verweis auf die Ausnutzung einer marktbeherrschenden Stellung; krit. *Kahl*, Der Staat 43 (2004), 167, 173.
115 BVerfGE 66, 116, 137 f. – Springer/Wallraff.
116 Das gilt sogar, wenn bei einer Satire der Schutzbereich der Kunstfreiheit eröffnet ist: BVerfGE 75, 369, 380 – Strauß-Karikatur; allgemein: BVerfGE 93, 266, 293 – „Soldaten sind Mörder"; *Schulze-Fielitz* in: Dreier, GG, Bd. 1, 3. Aufl., zu Art. 5 Abs. 1, 2 Rn. 179; krit. *Gounalakis*, NJW 1995, 809, 815; offen BVerfGE 124, 300, 336, 344 – Wunsiedel.
117 Beispiele hierfür: BVerfGE 66, 116, 151 – Springer/Wallraff; BVerfGE 82, 272, 285 – „Zwangsdemokrat"; BVerfG, NJW 2009, 749 – „Dummschwätzer".
118 BVerfGE 124, 300, 320 f. – Wunsiedel.

§ 9 Spezielle freiheitsrechtliche Schutzbereiche: Art. 5 Abs. 1 GG

Definition: Meinungen i. S. d. Art. 5 Abs. 1 S. 1 GG sind Werturteile und Tatsachen, die im Rahmen geistiger Auseinandersetzung friedlich kommuniziert werden.

b) Meinungsbildung als implizierte Gedankenfreiheit

Art. 5 GG schützt nicht nur die Äußerung und Verbreitung von Meinungen, sondern impliziert auch die Freiheit, sich eine **Meinung zu bilden**. Dies entspricht einer Auslegung im Lichte der EMRK. Art. 9 Abs. 1 EMRK schützt die Gedankenfreiheit explizit[119] – freilich systematisch im Zusammenhang mit der Gewissens- und Religionsfreiheit, so dass Art. 10 Abs. 1 EMRK als reine Kommunikationsfreiheit konzipiert ist.

211

Definition: Die Freiheit, Meinungen i. S. d. Art. 5 Abs. 1 S. 1 GG zu äußern und zu verbreiten, schließt die Gedankenfreiheit ein.

c) Informationsbeschaffung

Die Informationsfreiheit schützt Kommunikation aus der **Perspektive des Empfängers** und ist damit Pendant zur Äußerung und Verbreitung von Informationen. Das Recht, sich zu informieren, ist zwar nach Art. 5 Abs. 1 S. 1 GG garantiert, zugleich aber auf **allgemein zugängliche Quellen beschränkt**. Was das bedeutet, wird in der heutigen Informationsgesellschaft zunehmend fraglich:

212

Nach traditioneller Lesart muss eine Informationsquelle nicht nur objektiv geeignet, sondern auch dazu bestimmt sein, die Allgemeinheit zu informieren.[120] Danach bleibt es dem **Wissensträger vorbehalten**, geheime Informationen entweder niemandem oder nur einzelnen Personen oder aber allen zur Verfügung zu stellen. Damit stünde dieses Grundrecht der restriktiven Tradition einer nicht primär „öffentlichen" deutschen Verwaltung nicht entgegen.

213

Demgegenüber postuliert Art. 10 Abs. 1 EMRK die Informationsfreiheit als Grundsatz. Danach muss der Staat ein **Informationssystem gewährleisten**, aus dem sich die Bürger tatsächlich über die wesentlichen Fragen informieren können.[121] Auch Art. 11 Abs. 1 GRCh garantiert ein einheitliches Grundrecht der Weitergabe und des Empfangs von Informationen, ohne letzteres unter einen besonderen Vorbehalt zu stellen. Völkerrechtliche Impulse[122] und Richtlinien des Europäischen Unionsrechts[123] haben das deutsche Recht maßgeblich beeinflusst. **Einfaches Recht**[124] geht heute weit über den restriktiven Ansatz des Grundgesetzes hinaus. Obwohl dies einer unionsrechtsfreundlichen Auslegung des Grundgesetzes im Lichte europäischen Verfassungsrechts entspräche, schreckt das BVerfG[125] aber davor zurück, insoweit einen Verfassungswandel zu bestätigen. Eine entsprechende Schutzbereichserweiterung wäre – gerade wegen

214

---

119 Auch hiermit ist nur das forum internum gemeint: *Bernsdorff* in: Meyer/Hölscheidt, GR-Charta, 5. Aufl., zu Art. 10 Rn. 11.
120 BVerfGE 27, 71, 83 – Leipziger Volkszeitung; BVerfGE 90, 27, 32 – Parabolantenne I.
121 *Frowein/Peukert*, EMRK, 3. Aufl., zu Art. 10 Rn. 13.
122 Århus-Konvention (2001) über den Zugang zu Informationen, der Öffentlichkeitsbeteiligung an Entscheidungsverfahren und den Zugang zu Gerichten in Umweltangelegenheiten, umgesetzt im Umweltinformationsgesetz, BGBl. 2004 I Nr. 73. Allgemein auch bereits Art. 19 AEMR und Art. 19 Abs. 2 IpbpR.
123 Umweltinformations-Richtlinie 90/313/EWG, Abl. 158, S. 56–58; Umwelt-Öffentlichkeits-Richtlinie 2003/35/EG, Abl. Nr. L 156 vom 25. 6. 2003, S. 17 ff.
124 Umweltinformationsgesetz vom 8.7.1994, BGBl. I S. 1490; auf Landesebene die Informationsfreiheitsgesetze.
125 Weiter gehend – auch unter Bezug auf Art. 10 Abs. 1 EMRK – BVerfGE 27, 71, 82 ff. – Leipziger Volkszeitung; restriktiv BVerfGE 103, 44, 66 – Fernsehaufnahmen im Gerichtssaal II.

des hohen Schutzniveaus des Art. 5 Abs. 1 S. 1 GG – wünschenswert, mag sie auch konventionsrechtlich nicht zwingend geboten sein.

215 Auch wenn der Staat Informationen gar nicht erst allgemein zugänglich macht, wäre dies als **rechtfertigungsbedürftiger Eingriff** in Art. 5 Abs. 1 S. 1 GG zu begreifen.[126] Die Informationsfreiheit hat nämlich auch die Funktion, Garantien demokratischer bzw. rechtsstaatlicher Öffentlichkeit grundrechtlich durchsetzbar zu machen. Sie ist insoweit im Einklang mit Implikationen des Staatsorganisationsrechts und des europäischen Verfassungsrechts einem Verfassungswandel unterworfen.

Definition: Allgemein zugängliche Quellen i. S. d. Art. 5 Abs. 1 S. 1 GG müssen im Einklang mit dem Demokratieprinzip und dem Rechtsstaatsprinzip dazu bestimmt sein, einen unbestimmten Personenkreis zu informieren.

d) Negative Meinungs- und Informationsfreiheit

216 Die **negative Seite der Meinungsfreiheit** ist die Freiheit, die eigene Meinung nicht preisgeben zu müssen. Die Rechtsprechung sieht einen Eingriff in Art. 5 Abs. 1 S. 1 GG aber allenfalls in dem Zwang, eine fremde **Meinung als eigene** zu verbreiten, nicht aber darin, der Verbreitung einer fremden Meinung ein Medium bieten zu müssen.[127] Diese restriktive Sicht hat für sich, dass die Verbreitung fremder Meinungen der Kommunikation nützt und sie auch nicht verfälscht. Sie verkennt aber, dass diejenigen, die eine Meinung verbreiten müssen, die sie selbst nicht teilen, den Anschein des Einverständnisses erwecken. Um diesen Anschein zu zerstören, müsste der Grundrechtsträger seine eigene Meinung offenbaren. Der **Zwang zum Abdruck staatlicher Warnungen** muss deshalb als Eingriff in Art. 5 Abs. 1 S. 1 GG mit einer entsprechenden staatlichen Schutzpflicht (z. B. zugunsten der Gesundheit nach Art. 2 Abs. 2 S. 1 GG) gerechtfertigt werden. Dem Verpflichteten darf dabei nicht verwehrt werden, seine eigene – gegebenenfalls abweichende – Auffassung ausdrücklich deutlich zu machen.

217 Dem korrespondiert auch eine **negative Seite der Informationsfreiheit** im Sinne einer Freiheit, Informationen nicht herausgeben zu müssen und von staatlichen Informationen verschont zu werden.[128] Staatliche Warnungen[129] sind nicht nur an der negativen Informationsfreiheit, sondern vor allem auch an den Grundrechten derjenigen zu messen, die von ihren konkreten Inhalten gegebenenfalls betroffen sind, also z. B. an den Wirtschaftsfreiheiten im Falle der Glykolwarnung oder an der Religionsfreiheit im Falle der Sektenwarnung.[130] Allerdings werden über die negative Meinungs- und Informationsfreiheit **keine staatlichen Schutzpflichten** gegen private Informationen begründet (→ Rn. 51).[131] Schutzpflichten einer negativen Informationsfreiheit würden

---

126 So auch das Sondervotum *Kühling, Hohmann-Dennhardt, Hoffmann-Riem* BVerfGE 103, 44, 75 – Fernsehaufnahmen im Gerichtssaal II.
127 BVerfGE 95, 173, 182 – Warnhinweise für Tabakerzeugnisse: Bei der Pflicht zum Abdruck staatlicher Warnungen sei (nur) der Schutzbereich des Art. 12 Abs. 1 GG eröffnet.
128 Vor allem sind freilich z. B. gewerberechtliche Auskunfts- und Meldepflichten an Art. 12 Abs. 1 GG, der Schutz personenbezogener Daten an Art. 2 Abs. 1 i. V. m. Art. 1 Abs. 1 GG und Eingriffe in den Kommunikationsweg an Art. 10 Abs. 1 GG zu messen. Das BVerfG begrenzt den Schutzbereich von Art. 5 Abs. 1 S. 1 GG hinsichtlich statistischer Angaben und Tatsachenmitteilungen: BVerfGE 65, 1, 40 f. – Volkszählung.
129 Warnungen werfen darüber hinaus insbesondere Probleme der Zurechnung → Fall 20 vor Rn. 486, des Vorbehalts des Gesetzes → Rn. 563 und der Bestimmtheit → Rn. 569 auf.
130 *Jestaedt*, Meinungsfreiheit, in: HGR IV, § 102 Rn. 16; BVerfGE 105, 252 – Glykol einerseits und BVerfGE 105, 279 – Osho andererseits.
131 Anders D. *Dörr*, Informationsfreiheit, in: HGR IV, § 103 Rn. 67 ff., dessen Belege und Argumentation sich allerdings auf einfachrechtlicher Ebene bewegen.

sich gegen Kommunikation als dem generellen Zweck des Art. 5 Abs. 1 GG richten. Den Erhalt einer pluralistischen Medienvielfalt gebieten Art. 5 Abs. 1 S. 2 GG und Art. 10 EMRK.[132] Mit privaten Meinungen konfrontiert zu werden, ist kein Problem der negativen Informationsfreiheit, sondern gegebenenfalls entgegenstehender Persönlichkeitsrechte.

3. Medienfreiheiten

a) Funktioneller gemeinsamer Nenner der Medienfreiheiten im Wandel

Während Art. 5 Abs. 1 S. 1 GG die **Freiheit der Inhalte** von Meinungen in jeglicher Form der Kommunikation schützt (→ Rn. 201 ff.), wird durch Art. 5 Abs. 1 S. 2 GG – ähnlich Art. 11 Abs. 2 GRCh[133] – speziell die **Freiheit ausgewählter Medien** der Kommunikation gewährleistet. Dies wiederum ist zu trennen vom Schutz vor dem Zugriff auf Kommunikationswege unter Abwesenden durch Art. 10 GG (→ Rn. 318 ff.), vom Schutz von Versammlungen als Foren der Kommunikation unter Anwesenden durch Art. 8 GG (→ Rn. 267 ff.) sowie vom Schutz der Wohnung als Raum für vertrauliche Kommunikation durch Art. 13 GG (→ Rn. 365 ff.). Daneben schützt Art. 2 Abs. 1 i. V. m. Art. 1 Abs. 1 GG das Recht auf informationelle Selbstbestimmung, d. h. die autonome Entscheidung darüber, welche Inhalte überhaupt kommuniziert werden sollen (→ Rn. 426 ff.). Letzteres tritt damit nicht selten in Konflikt zur Presse, die auch und gerade sensible Informationen zu verbreiten sucht. Die Frage der **Abgrenzung** der Medienfreiheiten des Art. 5 Abs. 1 S. 2 GG von der Meinungs- und Informationsfreiheit nach Art. 5 Abs. 1 S. 1 GG ist rein akademischer Natur, weil – im Gegensatz zur Kunst- und Wissenschaftsfreiheit des Art. 5 Abs. 3 GG (→ Rn. 234, 244) – für beide Gewährleistungsbereiche dieselben Schranken gelten. Mit der Rechtsprechung[134] ist Art. 5 Abs. 1 S. 2 GG sachlich auf die **mediale Ermittlung, Aufbereitung und Vermittlung** zu beschränken und daneben der Inhalt der Informationen als Aspekt der Meinungsfreiheit in Art. 5 Abs. 1 S. 1 GG zu verorten. Auch persönlich schützt Art. 5 Abs. 1 S. 2 GG nur die **Akteure** im Medienbereich, während die Empfänger von der Informationsfreiheit des Art. 5 Abs. 1 S. 1 GG erfasst werden.[135]

218

Die klassische Funktion der **öffentlichen Medien** liegt darin, Kommunikation zeitlich und örtlich über gegenwärtig Anwesende hinaus zu erstrecken und sich an einen **unbestimmten Personenkreis** zu richten,[136] während Art. 10 GG die Medien individueller Kommunikation schützt. Medien können sich auch in kleiner Auflage an begrenzte Teilöffentlichkeiten (z. B. „Werkszeitung")[137] richten. Soweit die Abgrenzung zwischen öffentlicher und individueller Kommunikation im digitalen Zeitalter verschwimmt, bedarf es allerdings eines ergänzenden Abgrenzungskriteriums:

219

Insoweit ist die Medienfreiheit auf Formen redaktioneller oder zumindest Informationen ordnender oder auswählender Tätigkeit zu beschränken. Die Medienfreiheiten

220

---

132 Für Art. 10 EMRK konstatiert der EGMR, v. 7.12.1976, EuGRZ 1977, 38, 42, Z. 49. – Handyside, dass es ohne „Pluralismus, Toleranz und Aufgeschlossenheit [...] eine demokratische Gesellschaft nicht gibt".
133 *Jarass/Kment*, EU-Grundrechte, 2. Aufl., § 16 Rn. 26 ff.
134 BVerfGE 97, 391, 400 – Missbrauchsbezichtigung; wie hier: *Jarass* in: Jarass/Pieroth, GG, 16. Aufl., zu Art. 5 Rn. 32; anders: *Bethge* in: Sachs, GG, 9. Aufl., zu Art. 5 Rn. 47.
135 Insoweit zutreffend: BVerfGE 103, 44, 59 – Fernsehaufnahmen im Gerichtssaal II; zur Kritik an der restriktiven Sicht der Informationsfreiheit: Sondervotum *Kühling, Hohmann-Dennhardt, Hoffmann-Riem* BVerfGE 103, 44, 75.
136 Das gilt auch für Art. 11 Abs. 2 GRCh: *Jarass/Kment*, EU-Grundrechte, 2. Aufl., § 16 Rn. 31.
137 BVerfGE 95, 28, 35 – Werkszeitungen.

schützen nicht allein die Verbreitung, sondern nur die **spezifische Aufbereitung** von Informationen und ihr Schutz ist im Rahmen der Abwägung umso intensiver, je mehr es um redaktionelle Tätigkeit im Bereich von Themen des öffentlichen Interesses geht. Es muss sich jedoch weder bei der Presse-, noch bei der Rundfunkfreiheit um eine periodische bzw. kontinuierliche und auch nicht um professionelle[138] Tätigkeit handeln. Auch die **Wiedergabe von Anzeigen** – selbst in Anzeigenblättern ohne redaktionellen Teil[139] – wird als Medienfreiheit anerkannt. Das erscheint jedenfalls dann konsequent, wenn man Tatsachen und Werbung auch entsprechend in ein weites Verständnis des Art. 5 Abs. 1 S. 1 GG einbezieht, ist aber im Rahmen des Art. 5 Abs. 1 S. 2 GG nur dann schützenswert, wenn dabei Informationen in einem Mindestmaß gefiltert oder inhaltlich geordnet werden. Die Funktion der Presse, Informationen journalistisch aufzubereiten ist auch in der Abwägung mit Rechten Dritter von Bedeutung: Die Rechtsprechung bürdet der Presse zum Schutz der Rechte Dritter **Sorgfaltspflichten** hinsichtlich des Wahrheitsgehalts nicht nur eigener Behauptungen, sondern auch der von ihr verbreiteten Äußerungen auf.[140] Recherche- oder Distanzierungspflichten dürfen aber nicht so weit gehen, dass die Presse von ihrer Funktion der Thematisierung gerade auch ungeklärter Sachverhalte abgeschreckt[141] wird.

221 Die Medien sind als solche und neben Art. 5 Abs. 1 S. 1 GG für den demokratischen Prozess von „entscheidender" Bedeutung: Sie können politische Willensbildung und das Wahlverhalten der Bürger erheblich beeinflussen. Da die Grundrechte nicht isoliert, sondern im Rahmen der Verfassungseinheit zu betrachten sind, wirken **Grundsätze des Demokratieprinzips** auf die Auslegung des Art. 5 Abs. 1 S. 2 GG ein. Auch die EMRK erlaubt durchgehend – für die Meinungsfreiheit ausdrücklich: Art. 10 Abs. 2 EMRK – Regelungen, die „in einer demokratischen Gesellschaft notwendig" sind. Die Funktion der Verfassung als **Rahmenordnung für einen pluralistischen, offenen, politischen Prozess** spiegelt sich in der **Medienfreiheit als Gewährleistungsgarantie**. Die Medienordnung als Pluralismussicherung[142] bedarf der gesetzlichen Ausgestaltung. Deshalb begreift die Rechtsprechung[143] die Medienfreiheit als normgeprägtes Grundrecht, das gerade durch gesetzliche Regelungen gesichert wird. Diese objektivrechtliche Funktion schließt nicht aus, die Medienfreiheiten wie jedes Grundrecht primär als subjektiv-rechtliche Freiheit der Medienakteure zu verstehen.

b) Pressefreiheit

222 Die Abgrenzung nicht nur zu Art. 5 Abs. 1 S. 1 GG, sondern auch innerhalb des Art. 5 Abs. 1 S. 2 GG zwischen den verschiedenen Medien erfolgt nicht inhaltlich und nicht institutionell, sondern rein medial: Danach ist die Presse als **körperliches**, nicht notwendig gedrucktes **Trägermedium** zu verstehen. „Online"-Dienste sind der Rundfunkfreiheit zuzuordnen, auch wenn sie von Presseorganen betrieben werden. Informationen können in Texten und unbewegten – sonst greift die Filmfreiheit –

---

138 BVerfGE 95, 28, 35 – Werkszeitungen.
139 BGHZ 116, 47, 54; *Schulze-Fielitz* in: Dreier, GG, Bd. 1, 3. Aufl., zu Art. 5 Abs. 1, 2 Rn. 94 m. w. N.
140 OLG Karlsruhe, NJW-RR 2006, 483; vgl. auch BVerfGE 85, 1, 22 – Bayer-Aktionäre.
141 Zur Grenze einer vom Gebrauch der Grundrechte abschreckenden Auslegung: BVerfGE 85, 1, 21 – Bayer-Aktionäre.
142 Exemplarisch für die Rundfunkfreiheit: *Eifert*, Jura 2015, 356, 363 ff.
143 BVerfGE 57, 295, 320 ff. – 3. Rundfunkentscheidung; ähnlich auch EuGH, Rs. C-368/95 (Vereinigte Familiapress Zeitungsverlags- und -vertriebs-GmbH/Heinrich Bauer Verlag), Slg. 1997, I-3689, Rn. 26 unter Berufung auf EGMR, v. 24.11.1993, EuGRZ 1994, 549, 550 f., Z. 38 f. – Informationsverein Lentia u. a./Österreich; vgl. auch EGMR, v. 7.12.1976, EuGRZ 1977, 38, 42, Z. 49. – Handyside.

Bildern verkörpert sein. Die funktionelle und entwicklungsoffene Betrachtung bezieht – in Anlehnung auch an den Sprachgebrauch der Landes-Pressegesetze – moderne Speichermedien ein.

Mag die Abgrenzung insofern auch nicht institutionell erfolgen, schützt Art. 5 Abs. 1 S. 2 GG gleichwohl auch „die **Institution** einer freien Presse überhaupt".[144] Für eine Durchsuchung von Redaktionsräumen gelten besonders hohe Hürden.[145] **Hilfstätigkeiten** gehören dazu, wenn sie mit dem Funktionieren der Presse in einem typischen und organisatorischen Zusammenhang stehen. Das ist bei Tätigkeiten innerhalb der Presseorgane regelmäßig[146] der Fall, ausnahmsweise[147] aber auch bei presseexternen Rechtsverhältnissen. Geschützt ist auch der Anzeigenteil von Zeitungen.[148] Im Übrigen greifen nur die Wirtschaftsfreiheiten, namentlich Art. 12 Abs. 1 GG. Auch wenn Art. 10 EMRK die Pressefreiheit nicht ausdrücklich erwähnt, fällt sie in dessen Schutzbereich. Der herausragenden Funktion der Presse ist im Rahmen der Verhältnismäßigkeitsprüfung nach Art. 10 Abs. 2 EMRK Rechnung zu tragen (in diesem Zusammenhang zu legitimen Zwecken → Rn. 614 ff.).[149]

223

Von Bedeutung ist die Frage der Grundrechtsträgerschaft der Pressefreiheit regelmäßig im Binnenverhältnis zwischen dem Verleger einer Zeitung und deren Redaktion. Die Frage, ob der Redakteur gegenüber dem Verleger aus Art. 5 Abs. 1 S. 2 GG einen Anspruch auf sog. „**innere Pressefreiheit**" herleiten kann, ist eine Frage sogenannter „mittelbarer Drittwirkung" (→ Rn. 481 ff.). Unbestritten kann sich auch der **Verleger** auf die Pressefreiheit berufen, die ihm als Tendenzfreiheit die inhaltliche Gesamtverantwortung für sein Presserzeugnis zuordnet und damit auch eine Richtlinienkompetenz gegenüber seinen Angestellten gibt. Auf der anderen Seite können sich zwar auch die **Journalisten** auf ihre Pressefreiheit berufen. Das gibt ihnen aber kein kollektives Mitwirkungsrecht, die inhaltliche Ausrichtung des Presseunternehmens insgesamt zu prägen,[150] sondern schützt sie allenfalls vor gängelnder Einflussnahme im Einzelfall, d. h. vor Überschreitungen der Richtlinienkompetenz der Unternehmensleitung. Bei der Abwägung ist zu berücksichtigen, dass der Staat nur bei besonderem Bedürfnis eine Schutzpflicht hat, in Arbeitsverhältnisse einzugreifen. Die Gewichtung hat auch eine objektiv-rechtliche Komponente: Je weniger pluralistisch sich die Presselandschaft darstellt, desto mehr wird die Pressefreiheit des einzelnen Journalisten zu schützen sein.

224

Besondere praktische Bedeutung hat der Konflikt der Pressefreiheit mit dem allgemeinen Persönlichkeitsrecht bei der **Berichterstattung über Prominente**, wobei hier auch die **Rechtsprechung des EGMR**[151] eine herausragende Rolle spielt (→ Rn. 432, 741). Die Pressefreiheit gilt namentlich auch für die Klatschpresse. Der Konflikt ist im Rahmen mittelbarer Drittwirkungen auf der Abwägungsebene zu lösen. Dabei ist die Berücksichtigung des Informationswertes zwar nicht ausgeschlossen. Jedoch dürfen weder die meinungsbildende Freiheit der Presse, Themen zu setzen, noch die

225

---

144 BVerfGE 85, 1, 13 – Bayer-Aktionäre.
145 BVerfGE 20, 162, 187 bzw. 198 – Spiegel; BVerfG-K, NJW 1998, 2131.
146 Z. B.: BVerfGE 64, 108, 114.
147 BVerfGE 77, 346, 354 – Presse-Grosso.
148 BVerfGE 21, 271, 278 – Südkurier; BVerfGE 102, 347, 359 – Schockwerbung I.
149 *Grabenwarter/Pabel*, EMRK, 7. Aufl., § 23 Rn. 10; zum Schutz auch des Verlegers einer Zeitschrift: EGMR, v. 11.1.2000, RJD 2000-I, Z. 39 – NEWS Verlags GmbH & Co. KG, RJD 2000-I, Z. 39.
150 BVerfGE 59, 231, 261 ff. – Freie Mitarbeiter; BVerfGE 64, 256, 260 f.
151 EGMR, v. 24.6.2004, NJW 2004, 2647 ff. – Caroline von Hannover; dazu jetzt BVerfG-K, NJW 2007, 2686.

Nachfrage der Leser nach Unterhaltung grundsätzlich in Frage gestellt werden.[152] Andererseits steigt die Intensität der Beeinträchtigung des Persönlichkeitsrechts gegebenenfalls durch (der Rundfunkfreiheit zuzuordnende) Internet-Veröffentlichung, namentlich auch in digitalen Pressearchiven.[153]

Definition: Presse i. S. d. Art. 5 Abs. 1 S. 2 GG ist ein körperliches Trägermedium von Informationen, die für einen unbestimmten Personenkreis spezifisch aufbereitet werden, soweit es sich nicht um Filmaufnahmen handelt.

c) Rundfunk und Filmfreiheit

226   Die **Rundfunk- und die Filmfreiheit** werden in Art. 5 Abs. 1 S. 2 GG ausdrücklich mit Blick auf die „Berichterstattung" geschützt. Sie erfüllten diese Funktion zur Zeit der Entstehung des Grundgesetzes als **mediales Pendant akustischer und visueller Tatsachenvermittlung:** einerseits durch den Hörfunk und andererseits durch die in Kinos ausgestrahlten sogenannten Wochenschauen.

227   Die heutige Abgrenzung verläuft aber nicht zwischen akustischen und visuellen Medien. Das öffentlich-rechtliche Fernsehen wurde – trotz seiner visuellen Nähe zum Film – wegen seiner institutionellen Einbindung in die Rundfunkanstalten nicht der Film-, sondern der Rundfunkfreiheit zugerechnet.[154] Der **Anwendungsbereich der Rundfunkfreiheit** hat längst weiter **zugenommen**. Er umfasst heute neben dem privaten Fernsehen auch das sog. Pay-TV sowie Online-Dienste, für die allerdings dieselben funktionellen Grenzen wie bei der Pressefreiheit zu ziehen sind. Die übertragenen Informationen müssen an einen unbestimmten Personenkreis adressiert und spezifisch aufbereitet sein. Über den Wortlaut des Art. 5 Abs. 1 S. 2 GG hinaus und in Anlehnung an die Pressefreiheit, werden nicht nur die Berichterstattung, sondern Sendungen aller Art, also auch zur Unterhaltung, vom Schutzbereich erfasst.[155] Damit wird heute ein **Selbstzweck aller Unterhaltungsmedien** und nicht nur deren wirtschaftliches Interesse (durch die Wirtschaftsgrundrechte, v. a. Art. 12 Abs. 1 GG) grundrechtlich geschützt. Diese Erweiterung des Schutzbereichs ist jedoch dadurch zu relativieren, dass die „Berichterstattung" i. S. d. Art. 5 Abs. 1 S. 2 GG zwar nicht zur Begrenzung des Schutzbereichs, wohl aber bei der Abwägung ins Gewicht fällt: Reine Unterhaltungssendungen müssen sich so den Ehrschutz in größerem Maße entgegenhalten lassen, als eine bei der politischen Meinungsbildung relevante Tatsacheninformation. Die Intensität einer Beeinträchtigung des Persönlichkeitsrechts steigt mit Veröffentlichungen im Internet, da diese gegebenenfalls auf unbestimmte Zeit grenzenlos abrufbar sind.

228   Die Konturen der **Filmfreiheit** sollten denselben Prämissen folgen: Besonders starken Schutz genießt danach der Dokumentarfilm. Aber auch der Spielfilm fällt – wiederum über den Wortlaut des Art. 5 Abs. 1 S. 2 GG hinaus – in den Schutzbereich,[156] wobei Kunstfilme den qualifizierten Schutz durch Art. 5 Abs. 3 GG genießen. Neben chemisch-optischen sind auch digitale Trägermedien geschützt. Aufnahmen zu rein

---

152   BGH, NJW 2007, 1977, 1979 f.; NJW 2007, 3440, 3442.
153   Dazu *Caspar*, NVwZ 2010, 1451.
154   Beachte: Wenn der Wortlaut des Art. 10 Abs. 1 S. 3 EMRK Hörfunk-, Fernseh- und Kinounternehmen als drei Formen nebeneinander stellt, ergibt sich daraus für den Schutzbereich nichts anderes, wohl gelten die Einschränkungen dieser Norm für das Internet nicht. Geschützt ist die Medienfreiheit in allen zum jeweiligen Zeitpunkt technisch möglichen Übertragungsformen: *Grabenwarter/Pabel*, EMRK, 7. Aufl., § 23 Rn. 12.
155   BVerfGE 35, 202, 222 f. – Lebach.
156   Anders: *Reupert*, NVwZ 1994, 1155, 1159.

privatem Gebrauch fallen aus dem Schutzbereich, weil sie sich nicht an einen unbestimmten Personenkreis richten. Die Sendung im – weit verstandenen – Rundfunk lässt die Filmfreiheit gegebenenfalls hinter der Rundfunkfreiheit zurücktreten.

Definition: Rundfunk i. S. d. Art. 5 Abs. 1 S. 2 GG ist ein nichtkörperliches Trägermedium von Informationen, die für einen unbestimmten Personenkreis spezifisch aufbereitet werden. Film i. S. d. Art. 5 Abs. 1 S. 2 GG ist ein körperliches Trägermedium für bewegte Bilder, die für einen unbestimmten Personenkreis aufgenommen werden.

4. Verweis auf europäische Grundrechte

Art. 10 EMRK und Art. 11 GRCh schützen die Meinungs- und Informationsfreiheit als spezifische Kommunikationsfreiheiten.[157] Weil die Gedankenfreiheit der Kommunikation vorgelagert ist, wird sie im Zusammenhang mit der Gewissens- und Religionsfreiheit in Art. 9 EMRK bzw. Art. 10 GRCh geschützt. Während Art. 11 GRCh explizit auch die Medienfreiheit und -pluralität regelt, ist die Pressefreiheit im Rahmen des Art. 10 EMRK lediglich ein – freilich wichtiger – Bestandteil der allgemeinen Kommunikationsfreiheit. Dabei bleibt das Schutzniveau allerdings hinter dem des Art. 5 Abs. 1 GG zurück, zumal Art. 10 Abs. 2 EMRK eine großzügigere Schrankenregelung enthält (→ Rn. 650).

229

▶ **Zu Fall 6:** Im Gegensatz zu nachweislich falschen Tatsachenbehauptungen (Leugnung des Holocaust) und zu verächtlichen Werturteilen fallen persönliche Verunglimpfungen innerhalb einer politischen Auseinandersetzung nicht von vornherein aus dem Schutzbereich des Art. 5 Abs. 1 GG heraus. Der Schutz der Meinungs- bzw. Pressefreiheit entfällt auch nicht, wenn sich persönliche, auch meinungsfremde oder wirtschaftliche Motive mit ihr verbinden (Schockwerbung, Boykottaufruf). Nicht geschützt werden hingegen Boykottaufrufe unter Ausnutzung wirtschaftlichen Zwangs. Die Pressefreiheit erstreckt sich auch auf Online-Presse und auf die Klatschpresse (Fortsetzung in Fall 27: → vor Rn. 640). ◀

Systematische Verweise: Zu den Schranken des Art. 5 Abs. 2 GG lies → Rn. 644 ff. sowie exemplarisch zur Abwägung zwischen der Pressefreiheit und dem Persönlichkeitsrecht → Rn. 741. Zur Grundrechtsberechtigung und -bindung öffentlicher Rundfunkanstalten lies → Rn. 462 bzw. 472.

Wiederholungs- und Verständnisfragen

> Spielt es für den Schutz des Art. 5 Abs. 1 GG eine Rolle, ob eine Meinung politische Themen betrifft? Ist dabei relevant, ob sie hierzu einen konstruktiven Beitrag leistet?
> Sind Behauptungen geschützt, wenn sich später herausstellt, dass sie auf falschen Tatsachen beruhen?
> Wie ist die Beschränkung der Informationsfreiheit auf i. S. d. Art. 5 Abs. 1 GG allgemein zugängliche Quellen zu verstehen?
> Berühren staatliche Warnungen und der Zwang, diese z. B. durch Abdruck zu verbreiten, die negative Informations- bzw. Meinungsfreiheit?
> Erstreckt sich die Pressefreiheit auf neue Medien?

---

157 Zum Ganzen: *Grote/Wenzel* in: Dörr/Grote/Marauhn, EMRK/GG, 3. Aufl., Kap. 18.

V. Kunst- und Wissenschaftsfreiheit: Art. 5 Abs. 3 GG

▶ **FALL 7:** Der Hobby-Musikwissenschaftler M hat eine verschollene Passion von Bach entdeckt und will diese zusammen mit einer wissenschaftlichen Analyse veröffentlichen und aufführen lassen. Einer seiner universitären Kollegen, der das Manuskript eingesehen hat, behauptet allerdings, es handle sich um eine – wenn auch hörenswerte – Fälschung. Um das Gegenteil zu beweisen und die kleine Sensation wirksam zu platzieren, hat M mit namhaften Wissenschaftlern und Künstlern ein kleines Symposium und Festival organisiert, das erhebliche Gewinne abzuwerfen verspricht. Zum Abschluss plant M, der noch nie zuvor dirigiert hat, das Werk selbst uraufzuführen. Dem M wird der Zugang zu einem einschlägigen staatlichen Archiv verweigert mit den Argumenten, M sei weder Künstler noch Wissenschaftler und es ginge ihm nur um den wirtschaftlichen Gewinn. ◀

1. Die Funktion der Kunst- und Wissenschaftsfreiheit im System des Grundrechtsschutzes

230 In Art. 5 Abs. 3 GG sind **zwei spezielle Kommunikationsgrundrechte** verbürgt: Die Kunstfreiheit einerseits und die Wissenschaftsfreiheit andererseits, die sowohl die Forschungs- als auch die Lehrfreiheit umfasst. Beide Grundrechte zeichnen sich gegenüber Art. 5 Abs. 1 und Abs. 2 GG dadurch aus, dass sie ohne einen Gesetzesvorbehalt, d. h. **vorbehaltlos** (→ Rn. 711 ff.) gewährleistet werden. Darin kommt zum Ausdruck, dass das Grundgesetz der Kunst und der Wissenschaft (ebenso wie der Religion und dem Gewissen) eine herausgehobene Stellung zuerkennt. Der kommunikative Charakter der beiden Grundrechtsgewährleistungen macht es notwendig, den Schutzbereich dieser vorbehaltlosen Grundrechte gegenüber der Meinungsfreiheit abzugrenzen. Dabei ist zu klären, was eine künstlerische oder eine wissenschaftliche Äußerung gegenüber einer allgemeinen Meinungsäußerung auszeichnet. Diese **spezielle Qualifizierung gegenüber Art. 5 Abs. 1 S. 1 GG** bereitet deshalb besondere Schwierigkeiten, weil manche denkbaren Kriterien entweder zu formalen Einschränkungen führen, deren Fesseln diese Freiheiten bisweilen sprengen wollen, oder zu inhaltlichen Wertungen führen, die dem Staat gerade verwehrt sein sollen. Das BVerfG spricht, nachdem seine Versuche zur Bestimmung des Schutzbereichs der Kunstfreiheit auf Kritik gestoßen waren, von der „Unmöglichkeit, Kunst generell zu definieren".[158]

231 Aus diesem Dilemma, die Schutzbereiche bestimmen zu müssen und nicht begrifflich definieren zu können, gibt es den Ausweg, sich an den Rechtsfolgen, d. h. den Schranken zu orientieren: Warum stellt das Grundgesetz den Schutz der Kunst und der Wissenschaft in der Weise heraus, dass es diese Freiheiten keinem Gesetzesvorbehalt unterwirft? Das Verbindende von Kunst, Wissenschaft und Religion liegt in einem kulturellen Urbedürfnis des Menschen: immer neu nach **Wahrheiten** zu suchen, diese zum Ausdruck zu bringen und dabei ggf. auch **Grenzen zu überschreiten**. Dies können Grenzen anerkannter Ästhetik[159] sein, solche des gesicherten Wissens oder der irdischen Sinngebung. Diesen Gedanken brachte der Komponist *Arnold Schönberg* (für den Künstler) 1911 auf die Formel, Kunst komme „nicht von können, sondern vom Müssen". Insofern der Gewissensfreiheit verwandt, dienen Kunst, Wissenschaft und Religion gleichermaßen einer Positionsbestimmung des Individuums in der Welt, sei

---

[158] BVerfGE 67, 213, 225 – Anachronistischer Zug.
[159] In der Kunst als „Vermittlerin des Unaussprechlichen" sieht *Goethe* (Maximen und Reflexionen, Werke Bd. 12, hrsgg. Von Trunz (Hamburger Ausgabe), 1981, S. 468, Rn. 729) die Überschreitung der Grenzen der Sprache.

§ 9 Spezielle freiheitsrechtliche Schutzbereiche: Art. 5 Abs. 3 GG § 9

es mit künstlerischen, wissenschaftlichen oder transzendenten Mitteln. Bei der Kunst kommt hinzu: Das nie Gehörte wird oft als Unerhörtes und Ungehöriges wahrgenommen. Provokation ist bei der Kunst oft nicht nur Folge, sondern bewusstes Ausdrucksmittel der Progression. Das Grundgesetz ist sensibel gegenüber diesem inneren menschlichen Drang nach Sinnsuche und Positionsbestimmung. Ein „kulturelles Gen" gehört zur personalen Identität und zum grundgesetzlichen Menschenbild.[160]

Die **graduelle Hervorhebung** des Art. 5 Abs. 3 GG gegenüber Art. 5 Abs. 1 S. 1 GG nimmt freilich in dem Maße ab, in dem die Rechtsprechung das Schutzniveau der Meinungsfreiheit anhebt und praktisch dem eines vorbehaltlosen Grundrechts annähert. Denkbar hoch ist z. B. das Schutzniveau, das Grenzüberschreitungen wie die der Schockwerbung durch das BVerfG[161] im Rahmen des Art. 5 Abs. 1 und Abs. 2 GG[162] genießen. Darüber wird die Gewährleistung des Art. 5 Abs. 3 GG kaum hinausgehen können. Dieses hohe Schutzniveau gilt aber im Rahmen des Art. 5 Abs. 1 GG nur für Meinungsäußerungen zu öffentlichen Themen, da der Meinungsfreiheit insoweit schlechthin konstituierende Bedeutung für die Demokratie zukommt (→ Rn. 201 ff.). Art. 5 Abs. 3 GG führt im Ergebnis dazu, dass **neben politischen Meinungen** auch künstlerische und wissenschaftliche Äußerungen einen gegenüber sonstigen Meinungen privilegierten Schutz erfahren. Die Funktion dieses Schutzes liegt auch im objektiven, gesellschaftlichen Wert politischer, künstlerischer und wissenschaftlicher Kommunikation begründet. Politische und künstlerische Freiheit können auch zusammenfallen, wenn mit Mitteln der Kunst gesellschaftlich relevante Themen aufgeworfen werden (zur Konkurrenzenfrage → Rn. 57).[163] Der Schutz der Kunstfreiheit hat – wie die Wissenschaftsfreiheit[164] – auch die objektive Funktion zugunsten des gesellschaftlichen Mehrwerts von Gegenöffentlichkeiten. Diese gesellschaftliche Funktion ergänzt die Bedeutung dieses Grundrechts, ohne dieses im Ansatz zu entpersonalisieren.[165]

232

Art. 5 Abs. 3 GG wird daher vom BVerfG[166] zugleich als normativer Anhaltspunkt für eine verfassungsrechtliche „Staatszielbestimmung" der Bundesrepublik als „**Kulturstaat**" verstanden. Daraus ergeben sich zwar keine konkreten Förderansprüche,[167] wohl aber die staatliche „Aufgabe, ein freiheitliches Kunst- und Wissenschaftsleben zu erhalten und zu fördern".[168] Auch bei der Organisation und Ausgestaltung öffentlicher Institutionen, z. B. der Kunst- und Musikhochschulen und der Universitäten ist dem Art. 5 Abs. 3 GG und der Chancengleichheit Rechnung zu tragen. Das besondere Gewicht des Art. 5 Abs. 3 GG wirkt sich auf der Ebene der Rechtfertigung dadurch aus, dass z. B. die Kunstfreiheit den allgemeinen Jugendschutz graduell relativiert[169] und die **Kontrolldichte** des BVerfG (→ Rn. 941) gegenüber Entscheidungen der Fach-

233

---

160 *Häberle*, Die Freiheit der Kunst in kulturwissenschaftlicher und rechtsvergleichender Sicht, in: P. Lerche u. a., Kunst u. Recht im In- u. Ausland, 1994, 37, 43 ff.; zu den kulturellen Freiheiten *ders.*, Das Menschenbild im Verfassungsstaat, 4. Aufl., S. 65.
161 BVerfGE 102, 347 – Schockwerbung I und BVerfGE 107, 275 – Schockwerbung II.
162 Zur Interpretation des Art. 5 Abs. 2 GG als Verweis auf Verfassungsgüter → Rn. 654 f.
163 BVerfGE 119, 1, 23 ff. – Esra: Dazu gehören auch unangenehme Wahrheiten, die das Persönlichkeitsrecht Dritter betreffen können.
164 *Gärditz*, WissR 51 (2018), 5, 9 ff.
165 Zu weitgehend *Marsch*, JZ 2021, 1129, 1133.
166 BVerfGE 36, 321, 331 – Schallplatten; zur Wissenschaft als Staatsaufgabe: *Häberle*, AöR 110 (1985), S. 329, 339 f.
167 BVerfGE 36, 321, 332: Steuerprivilegien für Künstler sind grundrechtlich nicht geboten aber möglich.
168 BVerfGE 36, 321, 331 – Schallplatten.
169 BVerfGE 83, 130, 139 ff. – Josephine Mutzenbacher.

gerichte erhöht:[170] So prüft das BVerfG[171] z. B. das Verbot eines Romans als besonders starken Eingriff in die Kunstfreiheit in vollem Umfang nach.

2. Die Kunstfreiheit

a) Der offene Kunstbegriff

234 Dem Wesenscharakter der Kunst entspricht nur ein offener, also weder materialer noch formaler Kunstbegriff[172] der Freiheitsgewährleistung des Art. 5 Abs. 3 GG. Denn Kunst schafft immer wieder Neues, definiert sich sogar gelegentlich selbst neu und verwirklicht sich gegebenenfalls sogar gerade darin, die Grenze zur Nicht-Kunst zu verschieben. Rechtliche Bedeutung kann die Kunstfreiheit aber nur entfalten, wenn sie auch einen abgrenzbaren Schutzbereich hat. Vor allem **drei Kunstbegriffe** werden diskutiert und vom BVerfG[173] nebeneinander verwendet: ein idealistischer, ein formaler und ein bedeutungsorientierter. Keiner dieser Ansätze kann für sich allein beanspruchen, Kunst im verfassungsrechtlichen Sinne abschließend zu definieren. Zusammengenommen führen die drei Ansätze aber regelmäßig zu befriedigenden und handhabbaren Ergebnissen. Typischerweise wird Kunst alle drei Kriterien erfüllen. Im Zweifelsfall reicht es aber auch aus, wenn ein Sachverhalt nur unter einen der folgenden Kunstbegriffe subsumiert werden kann.[174]

235 1. Nach dem **idealistischen Kunstbegriff** zeichnet sich Kunst durch die **Subjektivität des Schöpferischen** aus. Dieser Kunstbegriff entspricht einem idealistischen Geniebild des 19. Jahrhunderts (sog. „Genieästhetik"). Er knüpft an die schöpferische Kraft des Künstlers an und sucht in ihr den Unterschied zwischen Kunst und Natur zu erklären. Im Zweifelsfall wird ein Element menschlicher Initiative zur Abgrenzung der Kunst von der Natur oder von rein mechanischen Vorgängen ausreichen. Kunst unterscheidet sich von der ebenfalls schöpferischen Wissenschaft (→ Rn. 244 ff.) dadurch, dass sie nicht auf Objektivierbarkeit angelegt ist, sondern sich im Gegenteil aus der Subjektivität individuellen Erlebens speist. Nach der Rechtsprechung liegt Kunst in der Entäußerung des „unmittelbarsten Ausdrucks der individuellen Persönlichkeit des Künstlers".[175] Auch das Üben und Ausbilden künstlerischer Fähigkeiten wird erfasst. Auf die Qualität des Ausdrucks kommt es nicht an. Der idealistische Kunstbegriff versagt jedoch bei Kunstrichtungen der Versachlichung und der Verselbstständigung des Materials und der Technik. Künstler haben im 20. Jahrhundert damit ihre eigene Rolle hinterfragt und künstlerische Subjektivität bewusst minimiert.

236 2. Nach dem **formalen Kunstbegriff** liegt Kunst vor, wenn eine Arbeit dem **Werktypus einer Kunstgattung** entspricht.[176] Überkommene Kategorien sind aber gegebenenfalls durch neuartige Formen und Gattungen zu ergänzen. Als Werktypen bzw. Gattungen anerkannt sind nicht nur Dichtung einschließlich Trivialliteratur, Musik, Tanz und Theater, Malerei und bildenden Künste einschließlich Architektur, sondern auch Karikatur und Satire, Happening und Performance sowie technische Installationen und

---

170 BVerfGE 67, 213, 223 – Anachronistischer Zug; noch deutlicher: BVerfGE 119, 1, 20 f. – Esra (im Anschluss an Sondervotum *Stein* BVerfGE 30, 173, 201 f. – Mephisto).
171 So für ein Romanverbot als Eingriff in die Kunstfreiheit: BVerfGE 119, 1, 20 ff. – Esra.
172 *Häberle*, AöR 110 (1985), S. 577, 602 ff.
173 BVerfGE 67, 213, 226 f. – Anachronistischer Zug.
174 *Geis*, NVwZ 1992, 26 bezeichnet die Methode des BVerfG als topisch.
175 BVerfGE 30, 173, 189 – Mephisto.
176 *W. Knies*, Schranken der Kunstfreiheit als verfassungsrechtliches Problem, 1967; *F. Müller*, Die Freiheit der Kunst als Problem der Grundrechtsdogmatik, 1969.

elektronische Kompositionen.¹⁷⁷ Die Aufführung und Interpretation von Werken ist neben diesen selbst Gattungstypus (klassisch: Opernaufführung). Dieser Kunstbegriff hat den praktischen Vorteil, unproblematische Fälle leicht erfassen zu können. Versuche, Kunst zu kategorisieren, sind freilich dem Vorwurf ausgesetzt, im Zweifel der Entwicklung hinterher zu sein und damit jeweils gerade die besonders umstrittene Kunst, deren Schutz notwendig wäre, an den Maßstäben zu messen, die sie gerade zu sprengen sucht. Deshalb ist danach zu fragen, ob sich Kunst (auch wenn sie neuartig ist) auf Kunsttraditionen bezieht (und sei es, um sie zu brechen).¹⁷⁸ Das führt zu einem bedeutungsorientierten Kunstbegriff.

3. Der **bedeutungsorientierte Kunstbegriff** sieht das entscheidende Merkmal der Kunst in ihrer Mehrdeutigkeit. Dieser kommunikative Ansatz geht von der Semiotik, der Lehre von der Bedeutung der Zeichen, aus. Demnach handelt es sich bei Kunstwerken um Mittel („Zeichen") in einem Kommunikationsprozess, denen verschiedene Bedeutungen zukommen können. Mit diesem Ansatz gelingt wiederum die Abgrenzung der Kunst von der Wissenschaft, deren Aussagen auf Eindeutigkeit angelegt sind. Um Kunst von mehrdeutigen Meinungen abzugrenzen, muss freilich ein sinnlich-ästhetisches Moment der Kommunikation hinzukommen. Auch dieser Ansatz darf nicht zu Verengungen herangezogen werden: Anspruchslose Trivialliteratur wird ebenso von Art. 5 Abs. 3 GG erfasst wie engagierte Kunst,¹⁷⁹ auch wenn letztere nicht mehrdeutig, sondern eindeutig provozieren will. 237

Die Grundrechte konsequent vom Individuum her zu denken, zwingt das **Selbstverständnis** des Grundrechtsträgers in die Betrachtung einzubeziehen.¹⁸⁰ Dieses gewinnt Bedeutung in den Fällen, in denen der formale Kunstbegriff versagt und in denen der Staat an die Grenzen objektiver und wertneutraler Kriterien stößt. Insbesondere erleichtert dieser Ansatz, auf zeitgenössische Entwicklungen der Kunst zu reagieren. Freilich reichen bloße Behauptungen nicht aus. Vielmehr muss der Grundrechtsträger plausibel machen können, warum und inwieweit gegebenenfalls der überkommene Kunstbegriff zu erweitern ist. Dabei freilich spielt die Systemlogik des „Systems Kunst" eine bedeutende Rolle: Das Plausibilitätserfordernis darf also im Ergebnis nicht dazu führen, dass letztlich doch allein staatliche Definitionshoheit über den Begriff der Kunst herrscht. 238

b) Persönlicher Schutzbereich und Schutzdimensionen

Art. 5 Abs. 3 GG erklärt die „Kunst" selbst zum Gegenstand der Freiheit. Nicht nur ihr Schöpfer ist geschützt. Freilich sind die Grundrechte als subjektive Rechte stets auf einen Grundrechtsträger bezogen. Persönlich geschützt sind sowohl der **Künstler** als auch alle **Vermittler**¹⁸¹ und die **Rezipienten**.¹⁸² Hier kommt auch der kommunikative Ansatz zum Tragen. Insoweit umfasst Art. 5 Abs. 3 GG alle Dimensionen, die allgemein auch im Rahmen des Art. 5 Abs. 1 GG geschützt werden. 239

---

177 *V. Arnauld*, Freiheit der Kunst, in: HStR VII, 3. Aufl., § 167 Rn. 19.
178 *V. Arnauld*, Freiheit der Kunst, in: HStR VII, 3. Aufl., § 167 Rn. 28 ff.
179 BVerfGE 30, 173, 191 – Mephisto.
180 *Morlok*, Selbstverständnis als Rechtskriterium, 1993.
181 Für Verleger: BVerfGE 30, 173, 191 – Mephisto; für Schallplattenhersteller: BVerfGE 36, 321, 331 – Schallplatten; für Werbung: BVerfGE 77, 240, 251 – Herrnburger Bericht.
182 Wie hier: *Hoffmann*, NJW 1985, 237, 246; *P. Kirchhof*, NJW 1985, 225, 232; anders: *Wittreck* in: Dreier, GG, Bd. 1, 3. Aufl., zu Art. 5 Abs. 3 (Kunst) Rn. 48.

240 Konsequent ist der Schutzbereich auch auf dienende, selbst nicht künstlerische Tätigkeiten zu erstrecken. Die Kunstfreiheit gilt also auch für die Werbung und Kritik,[183] die Medien der Verbreitung und auch für die Schaffung notwendiger oder gebräuchlicher Rahmenbedingungen wie z. B. den Parkplatz-, Restaurations- und Garderobenservice im Theater. Das alles ist insoweit von Art. 5 Abs. 3 GG geschützt, als es die **tatsächliche Verbreitung** von Kunst spürbar fördert. Entgegen einer Verengung auf Mittlerfunktionen i. e. S.[184] sind Hilfstätigkeiten dann umfasst, wenn sie sich auf die Nachfrage beim Publikum nennenswert auswirken. Freilich ist die Mittlerfunktion zwischen Künstlern und Publikum im Rahmen der Abwägung weniger gewichtig als der Werkbereich.[185] Dem Schutz steht zwar nicht entgegen, dass mit dieser Verbreitung auch wirtschaftliche Gewinne verbunden werden. Die **wirtschaftliche Verwertung** eines Kunstwerks selbst wird aber **nicht** von Art. 5 Abs. 3 GG[186] geschützt. Für diese Aspekte greift gegebenenfalls Art. 14 Abs. 1 GG. Die rein berufsrechtlichen Aspekte des Künstlerberufs werden von Art. 12 Abs. 1 GG geschützt. Soweit wirtschaftliche Restriktionen jedoch mittelbar auch die künstlerische Betätigung bzw. die tatsächliche Verbreitung von Kunst beschränken oder erschweren, greift Art. 5 Abs. 3 GG in Idealkonkurrenz[187] zu den Wirtschaftsgrundrechten.

241 Zu Recht bezeichnet das BVerfG auch die „Begegnung mit dem Werk als […] ebenfalls kunstspezifischen Vorgang".[188] Bedenken[189] gegen die **Einbeziehung des Publikums** in den persönlichen Schutzbereich lassen sich entkräften.[190] Dass dem Künstler bzw. Eigentümer die Freiheit bleiben soll, sein Werk nicht zugänglich zu machen, folgt aus den auch hier geltenden Restriktionen der allgemeinen Zugänglichkeit von Informationen i. S. d. Art. 5 Abs. 1 S. 1 GG. Die Anwendbarkeit des als Kommunikationsgrundrecht verstandenen Art. 5 Abs. 3 GG soll die Voraussetzungen der Kommunikationsfreiheiten nicht umgehen, sondern deren Wirkungen bekräftigen.

242 Dass es zu **Konflikten** zwischen Art. 5 Abs. 3 GG und anderen Grundrechten kommen kann, gilt im Übrigen weniger für das Publikum als vielmehr für den Künstler und ist auf der Ebene der Schranken zu lösen (sogenannte Grundrechtskollision → Rn. 736 ff.). So fällt die eigenmächtige Beanspruchung fremden Eigentums grundsätzlich in den Schutzbereich des Art. 5 Abs. 3 GG.[191] Eine Ausnahme gilt hier wie bei Art. 5 Abs. 1 S. 1 GG (→ Rn. 210) für Verletzungen der **Menschenwürde**, die gegebenenfalls nicht vom Schutzbereich des Art. 5 Abs. 3 GG umfasst sind.[192] Die Form des Romans darf nicht als Freibrief für persönliche Herabwürdigungen oder die Offenbarung von Intimitäten benutzt werden.[193] Allerdings greift hinsichtlich der

---

183 Inkonsequent restriktiv BVerfG-K, NJW 1993, 1462; wie hier: *Häberle*, AöR 110 (1985), S. 577, 606.
184 *V. Arnauld* in: BK, GG, 184. Lfg., zu Art. 5 Abs. 3 (Kunst) Rn. 95.
185 BVerfGE 142, 74, 109 f.– Sampling.
186 BVerfGE 31, 229, 238 ff. – Schulbuchprivileg; BVerfG-K, NJW 2002, 3458, 3460 – Chick Corea; zustimmend auch für die Wissenschaftsfreiheit: *Hoffmann-Riem* in: Bäuerle u. a., Haben wir wirklich Recht?, 2003, 65; krit. *Kahl*, Der Staat 43 (2004), 167, 172.
187 Idealkonkurrenz wird solchen Sachverhalten umfassender gerecht als die z. T. angenommene Spezialität des Art. 5 Abs. 3 GG (so *Häberle*, AöR 110 (1985), S. 329, 351).
188 BVerfGE 30, 173, 189 – Mephisto; BVerfGE 36, 321, 331 – Schallplatten.
189 *Wittreck* in: Dreier, GG, Bd. 1, 3. Aufl., zu Art. 5 Abs. 3 (Kunst) Rn. 48.
190 Wie hier: *v. Arnauld* in: BK, GG, 184. Lfg., zu Art. 5 Abs. 3 (Kunst) Rn. 96.
191 Wie hier: *Kahl*, Der Staat 43 (2004), 167, 171; anders: BVerfG – Vorprüfungsausschuss, NJW 1984, 1293, 1294 – Nägeli; richtig stellend jetzt: BVerfGE 119, 1, 22 – Esra.
192 So für die Schmähkritik: BVerfGE 75, 369, 380 – Strauß-Karikatur; *Pernice* in: Dreier, GG, Bd. 1, 2. Aufl., zu Art. 5 Abs. 3 (Kunst) Rn. 24; krit. *Wittreck* in: Dreier, GG, Bd. 1, 3. Aufl., zu Art. 5 Abs. 3 (Kunst) Rn. 49.
193 Insoweit besteht Einigkeit auch bei den Sondervotanten: BVerfGE 119, 1, 44 f. u. 58 f. – Esra.

Frage, ob durch derartige Darstellungen reale Personen gemeint und gegebenenfalls in ihrem Persönlichkeitsrecht bzw. ihrer Menschenwürde betroffen sind, eine widerlegliche Fiktionalitätsvermutung.[194]

Sachlich geschützt sind sowohl der Werk- als auch der Wirkbereich. Der **Werkbereich** betrifft das Entstehen von Kunst einschließlich der hierzu nötigen Vorbereitung. Auch die Ausbildung zum Künstler ist durch Art. 5 Abs. 3 GG insoweit speziell zur Berufsfreiheit nach Art. 12 Abs. 1 GG geschützt. Art. 5 Abs. 3 GG fordert verfassungsrechtliche Rücksicht auf die Eigengesetzlichkeit[195] der Kunst und auf die Rahmenbedingungen für künstlerische Schaffensprozesse ein. Der **Wirkbereich** umfasst die Darbietung, die Verbreitung und Vervielfältigung. Ähnlich der Unterscheidung des „forum internum" und „externum" bei Art. 4 Abs. 1 GG ist auch bei Art. 5 Abs. 3 GG der Wirkbereich der konfliktträchtige, in dem sich der herausgehobene Rang dieses vorbehaltlosen Grundrechts zu erweisen hat. Freilich kann staatliche Kunstpolitik auch die Grundlagen des Werkbereiches bedrohen, wenn sich Künstler z. B. nach staatlichen Förderbedingungen richten.

3. Die Wissenschafts- und Lehrfreiheit

a) Der offene Wissenschaftsbegriff

Das Dilemma zwischen Freiheit und Schutzbereichsbestimmung ist wie bei der Kunstfreiheit durch einen **offenen Wissenschaftsbegriff** zu lösen. Wissenschaft ist Wahrheitssuche auf dem Wege vermittelbarer Erkenntnis. Die systematische Stellung im Rahmen der Kommunikationsgrundrechte des Art. 5 GG zeigt, dass die Wissenschaftsfreiheit **auf Diskurs angelegt** ist und von Elementen des Wettbewerbs ebenso wie der Kooperation[196] lebt. Wissenschaftlicher Fortschritt folgt einem ständigen Prozess des „trial and error". Die Vorläufigkeit und Widerleglichkeit einer Erkenntnis steht der Wissenschaftlichkeit nicht entgegen. Im Gegenteil: Nur Erkenntnisse, die publiziert werden, die intersubjektiv nachprüfbar sind und die sich der Kritik und gegebenenfalls Falsifizierung stellen, können den Schutz der Wissenschaftsfreiheit beanspruchen.[197] Voraussetzung des wertungsneutralen Schutzes aus Art. 5 Abs. 3 GG ist der **ernsthafte, methodisch planmäßige Versuch** eines Beitrages zur Ermittlung **objektivierbarer Wahrheit**.[198] Nicht geschützt sind danach offenbare Vorurteile oder Fälschungen. Wissenschaft i. S. d. Art. 5 Abs. 3 GG ist nicht an bestimmte Formen oder Institutionen gebunden. Anderseits ist durch die gesetzliche Ausgestaltung der deutschen Universitäten und inzwischen auch der Fachhochschulen[199] als Institutionen der Wissenschaft deren Forschung und Lehre regelmäßig von Art. 5 Abs. 3 GG geschützt. Das Grundrecht ist aber nicht auf den staatlich institutionalisierten Bereich beschränkt, sondern unterliegt im Einzelfall Plausibilitätsanforderungen. Das gilt auch für die **Lehre**. Die von Art. 5 Abs. 3 GG geschützte Lehre muss allerdings auf wissenschaftliche – nicht notwendig eigene – Erkenntnisse bezogen sein. Denn Wissenschaftsfreiheit wird als

---

194 Diese Prämisse hält BVerfGE 119, 1, 35 f. – Esra im Intimbereich nicht konsequent durch; dagegen Sondervotum *Hoffmann-Riem* S. 56 ff.
195 BVerfGE 30, 173, 191 – Mephisto.
196 Dies akzentuiert *Häberle*, Pädagogische Briefe, 2010, S. 17.
197 Zu den Merkmalen des wissenschaftlichen Diskurses *Fehling* in: BK, GG, 110. Lfg., zu Art. 5 Abs. 3 (Wissenschaftsfreiheit) Rn. 65.
198 BVerfGE 35, 79, 113 – Hochschul-Urteil; grundlegend: *Smend*, Das Recht der freien Meinungsäußerung, VVDStRL 4 (1928), S. 44, 74; auch in: *ders.*, Staatsrechtliche Abhandlungen, 4. Aufl, S. 89, 112.
199 BVerfGE 126, 1, 19 – Fachhochschullehrer.

Oberbegriff der Forschungs- und Lehrfreiheit interpretiert.[200] Im Ergebnis fällt der nicht-wissenschaftliche Bildungsbereich und mit ihm die allgemeinbildenden Schulen grundsätzlich nicht in den Schutzbereich des Art. 5 Abs. 3 GG (sondern des Art. 7 GG → Rn. 259).[201] Das schließt freilich nicht aus, dass dort im Einzelfall auch wissenschaftliche Vermittlung stattfindet, die dann von Art. 5 Abs. 3 GG geschützt ist.

b) Persönlicher Schutzbereich und Schutzdimensionen

245 Wie bei der Kunstfreiheit ist auch bei der Wissenschaftsfreiheit nicht nur die Generierung von Wissen, sondern der **gesamte Kommunikationsvorgang** geschützt. Dazu gehören insbesondere auch die Verbreitung und der Empfang wissenschaftlicher Erkenntnisse. Der wissenschaftliche Diskurs setzt die Möglichkeit der Verbreitung voraus. Sie ist wesentliche Voraussetzung für einen Wissenschaftsbetrieb.

246 Erfasst wird die **Veröffentlichung und Verbreitung** wissenschaftlicher Erkenntnisse unabhängig davon, ob es um zweckfreie Grundlagenforschung oder um angewandte Forschung oder um experimentelle Entwicklungen geht. Art. 5 Abs. 3 GG gilt auch für die von der Industrie durchgeführte, in Auftrag gegebene oder finanzierte Forschung.[202] Wissenschaftlicher Fortschritt ist verfassungsrechtlich schützenswerter Selbstzweck. Die Eröffnung des Schutzbereichs hängt auch nicht davon ab, ob solcher Fortschritt der Gesellschaft konkret nützlich ist oder umgekehrt sogar Gefahren oder Risiken in sich birgt. Letzteres ist gegebenenfalls auf der Ebene der verfassungsimmanenten Schranken zu berücksichtigen. Wie bei der Kunstfreiheit steht eine berufliche Tätigkeit als Wissenschaftler ebenso wie die **wirtschaftliche Verwertung** und Vermarktung dem Schutz des Art. 5 Abs. 3 GG nicht entgegen, wird aber von den Wirtschaftsgrundrechten geschützt.[203] Auch die **Empfängerseite** ist wie bei der Kunstfreiheit geschützt, insbesondere als gleichsam „passive Lehrfreiheit" die **Lernfreiheit der Studierenden**.[204]

4. Verweis auf europäische Grundrechte

247 Die Kunst- und Forschungsfreiheit wird in Art. 13 GRCh speziell erwähnt. Mangels Spezialregelung wird sie konventionsrechtlich innerhalb der Meinungsfreiheit des Art. 10 EMRK geschützt, wobei aber offen ist, ob ihr ein höheres Schutzniveau zukommen soll.[205]

▶ **Zu Fall 7:** M kann sich sowohl auf die Kunst-, als auch auf die Wissenschaftsfreiheit berufen – und zwar selbst als Künstler, als Wissenschaftler und – unabhängig davon – auch als Veranstalter. Die Kunstfreiheit umfasst auch die Wiedergabe und Interpretation von Werken Dritter. Als Dirigent bringt er – zwar einmalig aber in ernsthafter Absicht – ein Werk zur Aufführung, das seinerseits dem formalen Kunstbegriff unterfällt. Die Ernsthaftigkeit – auch in der Auseinandersetzung mit anderen Fachvertretern – macht auch seinen Wissenschaftsanspruch plausibel. Dem stehen die Perspektiven eines wirtschaftlichen Ge-

---

200 Noch weiter gehend *Kaufhold*, Die Lehrfreiheit – ein verlorenes Grundrecht?, 2006, S. 174 f.: Die Wissenschaftsfreiheit gehe – ohne eigenen Gehalt – in der Forschungs- bzw. Lehrfreiheit auf.
201 Zum Sonderfall der Kunst- und Musikhochschulen *Krüper*, KUR 2008, 1 ff.
202 Wie hier: *Ruffert*, Grund und Grenzen der Wissenschaftsfreiheit, VVDStRL 65 (2006), S. 146, 159 m. w. N. auch zur Gegenansicht.
203 *Fehling* in: BK, GG, 110. Lfg., zu Art. 5 Abs. 3 (Wissenschaftsfreiheit) Rn. 105; Schutz auch durch Art. 5 Abs. 3 GG nimmt auch *Schulte*, Grund und Grenzen der Wissenschaftsfreiheit, VVDStRL 65 (2006), S. 110, 133 an.
204 Wie hier: *Schulze-Fielitz*, Freiheit der Wissenschaft, in: HbVerfR, 2. Aufl., § 27 Rn. 5; restriktiver: *Britz* in: Dreier, GG, Bd. 1, 3. Aufl., zu Art. 5 Abs. 3 (Wissenschaft) Rn. 31.
205 EKMR, NJW 1984, 2753; zum Ganzen *Wittreck* in: Dreier, GG, Bd. 1, 3. Aufl., zu Art. 5 Abs. 3 (Kunst) Rn. 16.

winns nicht entgegen, die freilich ihrerseits nicht von der Wissenschaftsfreiheit geschützt werden. ◂

SYSTEMATISCHE VERWEISE: Zu den verfassungsimmanenten Schranken lies → Rn. 711 ff. Zur Treueklausel des Art. 5 Abs. 3 S. 2 GG lies → Rn. 742. Zur Grundrechtsberechtigung und -bindung öffentlicher Universitäten lies → Rn. 462 bzw. 472.

WIEDERHOLUNGS- UND VERSTÄNDNISFRAGEN

> Welche Gemeinsamkeiten, welche Unterschiede bestehen zwischen Kunst- und Wissenschaftsfreiheit?
> Was versteht man unter dem „offenen" Kunst- bzw. Wissenschaftsbegriff?
> Sind Träger der Kunst- bzw. Wissenschaftsfreiheit nur Künstler und Wissenschaftler?
> Was verstehen Sie unter „Werk"- und „Wirkbereich" der Kunst?

VI. Gewährleistung von Ehe und Familie: Art. 6 GG

▶ **FALL 8:** A und B leben seit fünfzehn Jahren in einer Wohn- und Lebensgemeinschaft mit der Tochter (T) der A, die den B als „Vaterersatz" akzeptiert, aber auch zu ihrem Vater V Kontakt hält. A ist noch mit V verheiratet und scheut die teure Scheidung. A, B und T sehen sich als Familie und begehren rechtliche, insbesondere auch steuerrechtliche Gleichstellung mit verheirateten Paaren. Es komme nicht auf den Trauschein an, sondern auf das Vorhandensein einer Familienstruktur. Auch als dem B, der keinen deutschen Pass hat, die Ausweisung droht, beruft er sich auf den verfassungsrechtlichen Schutz der Familie – heiraten könne er so schnell nicht, da die teure und langwierige Scheidung der A, mit der er inzwischen auch verlobt sei, dem entgegenstehe. ◂

1. Begrifflicher und funktioneller Bestand und Wandel

Art. 6 Abs. 1 GG beschwört ein **„klassisches" bürgerliches Ideal** und nennt geradezu selbstverständlich „Ehe und Familie" in einem Atemzug. Wenn Art. 6 Abs. 1 GG dieses Ideal unter den „besonderen Schutz der staatlichen Ordnung" stellt, dann hat das **zwei Funktionen:**

1. Ehe und Familie sind für den Einzelnen gegebenenfalls Kommunikations- und Solidargemeinschaften.[206] Art. 6 Abs. 1 GG ist den Grundrechten des Schutzes der **Persönlichkeit und der Privatheit** zuzurechnen. Konsequent rückt Art. 8 Abs. 1 EMRK den Schutz der Familie – ohne den der Ehe (!) – in diesen funktionellen Zusammenhang.

2. Die Familie hat zudem objektive Bedeutung für die gesellschaftliche **Reproduktion.** Das betrifft nicht nur die biologische Fortpflanzung, sondern umfasst auch die Erziehung des Nachwuchses, also die kulturelle Fortführung der Gesellschaft (Art. 6 Abs. 2 GG). Weil sich das deutsche Familienrecht historisch gleichsam als Säkularisierung christlicher Traditionen nachzeichnen lässt, sei erwähnt, dass nach christlichem, freilich nicht zwingend nach verfassungsrechtlichem Verständnis die Ehe auch der Perpetuierung dieser Traditionen dient.

248

Ein **Bedeutungswandel** ist vor allem hinsichtlich der **Verknüpfung** von „Ehe und Familie" zu verzeichnen. Immer mehr Ehen bleiben kinderlos und immer mehr nichteheliche Kinder werden geboren. Dies sind keine neuen Phänomene. Stets wurden auch **aty-**

249

---

206 BVerfGE 76, 1, 51 – Familiennachzug.

pische Gestaltungen im Schutzbereich des Art. 6 Abs. 1 GG verortet. Umstritten war lange, ob die Verknüpfung von Ehe und Familie ihrem jeweiligen Schutz „Mehrwert" verleiht. Nach heutiger Auffassung stellt das Grundgesetz den Schutz von Ehe und Familie lediglich nebeneinander. Die überkommene bürgerliche Vorstellung, dass Lebensgemeinschaften idealerweise erstens verschiedengeschlechtlich und zweitens ehelich sein sollen und dass drittens Kinder von verheirateten Eltern erzogen werden, wird nicht über Art. 6 Abs. 1 GG mit Verfassungsrang perpetuiert. Umso schwieriger ist es geworden, den heutigen Sinngehalt des verfassungsrechtlichen Eheschutzes zu erklären. Nachdem schon das Institut der Lebenspartnerschaft die Maßstäbe des Verfassungsrechts auf die Probe gestellt und gewandelt hatte, gibt die Neufassung des § 1353 Abs. 1 S. 1 BGB seit 2017 das Merkmal der Verschiedengeschlechtlichkeit für die „Ehe" im einfachrechtlichen Sinne auf.

250 Als **Institutsgarantie** (→ Rn. 47) knüpft Art. 6 Abs. 1 GG an geltendes einfaches Recht an und garantiert dessen Kern auf der Ebene des Verfassungsrechts. Das birgt die Gefahr, dass das geltende Familienrecht von 1949 und hinter ihm stehende christliche Vorstellungen versteinert werden. Dies widerspräche auch der religiösen Neutralität des Verfassungsrechts. Art. 6 Abs. 1 GG ist offen für die Ausgestaltung durch den Gesetzgeber, die gleichwohl verfassungsgeprägt ist. Dadurch wird verhindert, dass der Vorrang des Verfassungsrechts vor dem einfachen Recht inhaltsleer wird. Die Inhalte der verfassungsrechtlichen Prägung sind ihrerseits einem (langsamen) Wandel unterworfen.

251 Der Verfassungswandel kann mit einem **gesellschaftlichen Bedeutungswandel** begründet werden und ist zudem auch vor dem **europäischen Hintergrund** zu sehen: Art. 8 Abs. 1 und Art. 12 EMRK sowie Art. 7 und Art. 9 GRCh schützen die Familie. Dort wird die Ehe nicht insgesamt, sondern nur das Recht der Eheschließung und damit auch das Institut der Ehe geschützt.[207] Das schließt einen weitergehenden Schutz der Ehe durch das nationale Verfassungsrecht keineswegs aus. Daneben werden noch ausdrücklich das Recht der Kinder auf Kontakt zu den Eltern in Art. 24 Abs. 3 GRCh,[208] das Erziehungsrecht der Eltern in Art. 14 Abs. 3 Alt. 2 GRCh und der Schutz der Mutter- und Elternschaft in Art. 33 Abs. 2 GRCh[209] geregelt. Auslandsbezüge von Ehen und Familien sind heute von hoher praktischer Relevanz und stehen unter dem Einfluss des Verfassungsrechts, das wiederum unter dem Einfluss ausländischen und europäischen Rechts steht. Das gilt z. B. im **Aufenthaltsrecht** für die Frage, ob Familienangehörigkeit im Ausländerrecht Ansprüche auf Nachzug begründen oder Beschränkungen der Abschiebung auslösen kann,[210] sowie für Fragen der Anerkennung von im Ausland geschlossenen Ehen nach Internationalem Privatrecht.[211] Vor allem das europäische Diskriminierungsverbot wegen der „sexuellen Ausrichtung" (ausdrücklich

---

[207] *Bernsdorff* in: Meyer/Hölscheidt, GR-Charta, 5. Aufl., zu Art. 9 Rn. 12; dabei handelt es sich um zwei Grundrechte: *Lemmens*, MJ 2001, 58; a. A. *Jarass/Kment*, EU-Grundrechte, 2. Aufl., § 14 Rn. 3.
[208] Das entsprechende Recht der Eltern fällt mangels spezieller Regelung unter Art. 7: *Jarass/Kment*, EU-Grundrechte, 2. Aufl., § 12 Rn. 18.
[209] *Jarass/Kment*, EU-Grundrechte, 2. Aufl., § 31 Rn. 2: Die umfassende Regelung des Familienschutzes in Art. 33 Abs. 1 GRCh enthält nur einen Grundsatz i. S. d. Art. 52 Abs. 5 GRCh und kein einklagbares Recht.
[210] Das deutsche Recht verweist auf die EMRK: Nach § 60 Abs. 5 AufenthG (früher: § 53 Abs. 4 AuslG) erfolgt keine Abschiebung, die nach der EMRK unzulässig wäre.
[211] BVerfGE 62, 323, 330 f.: Art. 6 Abs. 1 GG verweist auf die Definition der Ehe im einfachen Recht einschließlich des IPR.

Art. 21 Abs. 2 GRCh → Rn. 854) wurde vom BVerfG[212] über den Hebel des allgemeinen Gleichheitssatzes ins nationale Verfassungsrecht integriert und richtete sich gegen Ungleichbehandlungen zwischen Ehen und **gleichgeschlechtlichen Lebenspartnerschaften**, die vor der Schaffung der „Ehe für alle" (2017) auf der Grundlage des LpartG geschlossen wurden. Nach der Rechtsprechung des EuGH[213] kann eine Verfolgung wegen der sexuellen Orientierung den Flüchtlingsstatus begründen.

2. Schutz der Ehe

Der **Begriff** der Ehe ist nach überkommener Auffassung von **drei Merkmalen** geprägt, die einzeln betrachtet Zweifeln unterliegen: staatliche Mitwirkung, grundsätzliche Unauflösbarkeit und Zweierbund. Sie verweisen **lediglich** auf eine **verfassungsrechtlich zulässige Ausgestaltung** des Instituts der Ehe. Verfehlt ist die Vorstellung, dass durch eine verfassungsrechtliche Institutsgarantie die einfachrechtliche Ausgestaltung zum Zeitpunkt der Verfassunggebung gleichsam eingefroren und gegen einfachrechtliche Änderungen immunisiert würde. Vielmehr können sich sowohl die einfachgesetzliche Ausgestaltung ändern als auch die verfassungsrechtlichen Maßstäbe und damit die Grenzen einer solchen Ausgestaltung wandeln. Änderungen des einfachen Rechts sind dabei Indikatoren für einen Wandel der verfassungsrechtlichen Institutsgarantie. Das bedeutet aber nicht, dass der einfache Gesetzgeber grenzenlos und sprunghaft über Institutsgarantien verfügen kann. Gerade der Status der Ehe kann seine Funktion als „Leitbild" nur entfalten, wenn er einerseits an „Vorbildern" anknüpft und andererseits den sich gegebenenfalls wandelnden gesellschaftlichen Verhältnissen korrespondiert. „Ausgestalten" steht in einem Spannungsfeld zwischen politisch gestaltendem Charakter und Elementen des Bewahrens überkommener und des Aufgreifens sich durchsetzender gesellschaftlicher Strukturen. Verfassungsrechtliche Institutsgarantien wirken gegenüber dem Gesetzgeber entschleunigend.

252

1. Als Grundrecht impliziert Art. 6 Abs. 1 GG die **Eheschließungsfreiheit** (explizit Art. 12 EMRK und Art. 9 GRCh). Die konsensuale Entscheidung liegt also bei den Grundrechtsträgern. Nach geltendem Recht ist es allerdings die **staatliche Mitwirkung** an der Eheschließung, die eine Lebensgemeinschaft erst zu dem rechtlichen Institut macht. Das ist verfassungsrechtlich insofern unbedenklich, als das Selbstverständnis im Bereich der Institutsgarantien hinter der staatlichen Definitionsmacht zurücktritt. Der „staatlichen Ordnung" i. S. d. Art. 6 Abs. 1 GG ist es aber nicht[214] verwehrt, Zuständigkeiten z. B. der Religionsgemeinschaften zu begründen oder die Standesämter zu privatisieren statt ihren Schutzauftrag selbst einzulösen. Für Auslandsehen weist Art. 13 Abs. 4 EGBGB auch nach geltendem Recht Alternativen auf. Verfassungswidrig wäre es allenfalls, die im 19. Jahrhundert durchgesetzte säkulare Zivilehe insofern abzuschaffen, dass die Eheschließung ausschließlich religiösen Institutionen vorbehalten würde. Insofern hatte Art. 6 Abs. 1 GG (und auch schon Art. 119 WRV) seit jeher den Charakter eines Verbotes, in vorsäkulare Modelle zurückzukehren.

---

212 Zur Gleichbehandlung von Lebenspartnerschaften im Altersvorsorge- und Steuerrecht BVerfGE 124, 199 – Betriebliche Hinterbliebenenversorgung und E 126, 400 – Steuerliche Diskriminierung eingetragener Lebenspartner.
213 EuGH, verb. Rs. C-199/12, C-200/12, C-201/12 (X, Y, Z/Minister voor Immigratie en Asiel), Urt. Vom 7.11.2013, Rn. 62.
214 Wie hier: *Robbers* in: v. Mangoldt/Klein/Starck, GG, Bd. 1, 7. Aufl., zu Art. 6 Abs. 1 Rn. 39; *Brosius-Gersdorf* in: Dreier, GG, Bd. 1, 3. Aufl., zu Art. 6 Rn. 78.

2. Das Merkmal der **grundsätzlichen Unauflösbarkeit** versucht begrifflich zu fassen, was sich verfassungsrechtlich nicht postulieren lässt. Das zeigt sich schon darin, dass die Rechtsprechung[215] nicht mehr von der objektiv „unauflöslichen", sondern nur noch von der subjektiv „unauflösbaren" Ehe spricht und damit Motive bei der Eheschließung unterstellen muss, statt formal an der Erklärung anzuknüpfen.[216] Die Langzeitperspektive und Stabilisierungsfunktion einer nicht zeitlich limitierten Solidargemeinschaft gewinnt an Bedeutung, je mehr die Ehe von ihrer Funktion der Grundlage für Familie und Fortpflanzung entkoppelt wird. Das Verfassungsrecht gebietet es, das Scheidungsrecht und die Rechte und Pflichten formell und materiell so auszugestalten, dass das ursprüngliche Vertrauen in die Lebensgemeinschaft angemessene Berücksichtigung findet. Der staatlichen Mitwirkung bei der Eheschließung korrespondiert auch eine staatliche Mitwirkung bei der Scheidung. Der Gesetzgeber dürfte z. B. nicht die Scheidung durch einseitige mündliche Erklärung ermöglichen.

3. Geschützt wird nur der Bund **zweier Partner**. Für einen Verfassungswandel[217] zugunsten der Erfassung auch der Vielehe fehlen Anhaltspunkte. Die Voraussetzung der **Verschiedengeschlechtlichkeit** ist hingegen nicht (mehr) Strukturmerkmal der Ehe. Der historische Verfassunggeber hatte sie als selbstverständlich vorausgesetzt. Aber das sagt wenig darüber, ob er dieses Merkmal auch für essentiell gehalten hätte, wenn er sich hätte vorstellen können, dass und mit welchen Argumenten diese Voraussetzung einmal ernsthaft in Frage gestellt werden würde. Das objektive Interesse an der gesellschaftlichen Reproduktion als einer der Zwecke des Art. 6 Abs. 1 GG hindert nicht, dessen Schutzbereich auch auf Ehen und Familien zu erstrecken, die nicht aus sich heraus auch zur biologischen Fortpflanzung beitragen. Auch die Möglichkeit der Heirat alter Menschen in Frage zu stellen, wäre diskriminierend.

Zu Zeiten, in denen für gleichgeschlechtliche Lebenspartnerschaften als gesetzlicher Rahmen das LpartG galt, hat das BVerfG[218] diese als begriffliches Aliud zur Ehe bezeichnet. Auch diese Rechtsprechung sagt wenig darüber, wie der Ehebegriff heute unter anderen einfachrechtlichen Prämissen auszulegen ist, zumal das BVerfG Gebote der Gleichbehandlung gleichgeschlechtlicher Lebenspartnerschaften aus Art. 3 Abs. 1 GG begründet hat, ohne die Notwendigkeit zu sehen, die Frage eines erweiterten Ehebegriffs i. S. d. Art. 6 Abs. 1 GG stellen zu müssen. Dabei hat es die wesentliche Vergleichbarkeit der sozialen Funktionen aller Lebenspartnerschaften betont. Der Hauptzweck des besonderen Schutzes der Ehe liegt in der auf Dauer übernommenen gegenseitigen Verantwortung, die für eingetragene Lebenspartnerschaften gleichermaßen zutraf.[219] Der besondere Schutz aller solcher Lebenspartnerschaften ist auch von gesellschaftlichem Interesse, weil sie Konflikte und soziale Probleme auffangen oder abfedern können. Der Wandel des Ehebegriffs ist zwar begründungsbedürftig, aber begründungsfähig. Die überwiegenden Gründe sprechen dafür, die Wertigkeit von Lebensgemeinschaften diskriminierungsfrei und geschlechtsunabhängig anzuerkennen. Strukturprägende Merkmale des verfassungsrechtlich geschützten Status der Ehe sind

---

215   Vgl. BVerfGE 10, 59, 66 – Elterliche Gewalt einerseits und BVerfGE 53, 224, 245 – Ehescheidung andererseits.
216   Zu der Unterscheidung zwischen Wissens- und Willenserklärungen auch im Staatsorganisationsrecht vgl. Sondervotum *Lübbe-Wolff* BVerfGE 114, 121, 184 – Bundestagsauflösung.
217   Dieser wäre Voraussetzung, um zu dem von *Brosius-Gersdorf* in: Dreier, GG, Bd. 1, 3. Aufl., zu Art. 6 Rn. 79 postulierten Ergebnis kommen zu können.
218   BVerfGE 105, 313, 351 – Lebenspartnerschaftsgesetz; EuGH, Rs. C-249/96 (Grant/South-West Trains Ltd.), Slg. 1998, I-621, Rn. 35.
219   BVerfGE 124, 199, 225 – Betriebliche Hinterbliebenenversorgung.

nur diejenigen, die für eine rechtlich verbindliche und dauerhafte, partnerschaftlich wechselseitige Solidargemeinschaft als Grundlage der Entwicklung gemeinsamer Lebenskonzepte essentiell sind. Dazu gehört nicht die Verschiedengeschlechtlichkeit. Dass es der Gesetzgeber war, der den ersten Schritt (der Schaffung der Lebenspartnerschaften) wie den letzten Schritt (der Schaffung der „Ehe für alle") gegangen ist, indiziert einen parallel anzunehmenden Wandel des verfassungsrechtlichen Ehebegriffs. Damit sind auch die exkludierenden Wirkungen der sprachlichen Unterscheidung zwischen Ehen und eingetragenen Lebenspartnerschaften überwunden worden. Die Konsequenzen sind: Die gleichgeschlechtliche Ehe nimmt – auch ohne eine Änderung des Verfassungstextes – am verfassungsrechtlichen Schutz des Art. 6 Abs. 1 GG teil. Der so bewirkte Wandel des verfassungsrechtlichen Ehebegriffs würde auch eine Wiederabschaffung der „Ehe für alle" in eine verfassungsrechtliche Rechtfertigungslast bringen und es jedenfalls ausschließen, gleichgeschlechtlichen Lebenspartnerschaften jegliche rechtliche Anerkennung zu verweigern. Im Gegensatz zur Einführung der „Ehe für alle" streiten für deren Abschaffung keine verfassungsunmittelbaren Gründe. Die Institutsgarantie des Art. 6 GG ist der Rahmen für eine Entwicklung und Verfestigung von Rechtsmaßstäben, die sich nicht in der Binarität von einfacher (und damit jederzeit änderbarer) Gesetzgebung einerseits und formaler Verfassungsänderung (unter den Voraussetzungen des Art. 79 GG) andererseits abbilden lässt. Die Aberkennung der „Ehe für alle" würde eine Minderheit treffen, deren Schutz eine spezifische Funktion der Grundrechte und der Verfassungsgerichtsbarkeit ist. Das dogmatisch Besondere, vermeintlich Paradoxe des Wandels einer verfassungsrechtlichen Institutsgarantie liegt darin, dass er sich im Zusammenspiel mit Art. 3 Abs. 1 GG zu einem verfassungsrechtlichen Rückschrittsverbot verdichten kann, das den Gesetzgeber einschränkt. Die Interpretation einer Verfassungsnorm als Rückschrittsverbot wird auch bei Art. 20a GG diskutiert.

Definition: Ehe ist der grundsätzlich unauflösbare Bund zwischen zwei Partnern, der unter staatlicher Mitwirkung zustande kommt.

Die von Art. 6 Abs. 1 GG **vorausgesetzte und gebotene Ausgestaltung** des Eherechts ist grundrechtskonform, wenn sie den besonderen Schutz- und Freiheitsbedürfnissen der Ehe entspricht. Der von der Verfassung postulierte „besondere Schutz" der Ehe wird durch ihre Förderung verwirklicht, greifbar etwa in Privilegierungen im Abgaben- und Ausländerrecht. Soweit andere Lebensgemeinschaften gesellschaftsfähig werden, verbietet Art. 6 Abs. 1 GG nicht deren gesetzliche Ausgestaltung und Förderung und enthält ihnen gegenüber auch kein Gebot der Besserstellung der Ehe, **kein Abstandsgebot**.[220] Was für die Anerkennung des Lebenspartnerschaftsgesetzes galt, könnte auch auf eine einfachgesetzliche Anerkennung von Mehrpersonen-Lebensgemeinschaften übertragen werden. Von Art. 6 Abs. 1 GG garantiert sind die Freiheit der Partnerwahl und die Freiheit, mit dem Partner eine rechtlich geschützte Bindung einzugehen. Die Ausgestaltung des Eherechts muss der Wertentscheidung des Art. 6 Abs. 1 GG einen konstruktiven, zeitgemäßen Rahmen geben.

Art. 6 Abs. 1 GG **erlaubt** insoweit eine **Privilegierung der Ehe** – insbesondere etwa gegenüber lockeren Lebensgemeinschaften, die nicht in rechtlich verbindlicher Weise auf Dauer eingegangen wurden. Jede Ungleichbehandlung gleichgeschlechtlicher Lebenspartnerschaften bedurfte schon vor der einfachgesetzlichen Schaffung der „Ehe

---

220 BVerfGE 105, 313, 350 – Lebenspartnerschaftsgesetz.

für alle" einer **sachlichen Rechtfertigung** (→ Rn. 252, allgemein → Rn. 791), die sich nicht pauschal mit Art. 6 Abs. 1 GG, sondern nur mit dessen Zwecken begründen ließ. Zwar darf der Gesetzgeber im Adoptionsrecht die Ehelichkeit der Elternbeziehung als Stabilisierungsindiz positiv berücksichtigen. Der pauschale Ausschluss einer Stiefkindadoption in nichtehelichen Familien verstößt aber gegen Art. 3 Abs. 1 GG.[221]

Ein Problem stellt auch das Verhältnis zwischen Art. 6 Abs. 1 GG und Art. 6 Abs. 5 GG dar: Die Besserstellung der Ehe darf nicht als Argument zur **Diskriminierung nichtehelicher Kinder** herangezogen werden.[222] Art. 6 Abs. 5 GG zielt auf „gleiche Bedingungen" für eheliche und nichteheliche Kinder. Er schützt gerade auch vor mittelbarer Diskriminierung durch die Benachteiligung des sozialen Umfeldes nichtehelicher Kinder. Von einem besonderen Schutz verheirateter Eltern profitieren mittelbar auch deren Kinder. Deshalb dürfen eheliche Familien nicht gegenüber nichtehelichen Familien privilegiert werden. Auch die nacheheliche Privilegierung geschiedener Eltern im Unterhaltsrecht darf jedenfalls nicht mit dem Schutz einer spezifisch ehelichen Familienplanung begründet werden. Das schließt Unterhaltspflichten zwischen Geschiedenen freilich nicht aus – auch nicht, wenn diese Kinder haben. Art. 6 Abs. 5 GG gebietet es nicht, alle Rechtsfolgen der Ehe auf nicht verheiratete Eltern zu übertragen, da sonst die Elternschaft eine Art Zwangsehe zur Folge hätte. Um aber jegliche Besserstellung verheirateter (oder geschiedener) Eltern als solche auszuschließen, ist der Schutz der Ehe des Art. 6 Abs. 1 GG auf den Schutz zu reduzieren, der auf die **Zweipersonenbeziehung bezogen** ist. Nur soweit der eheliche oder nacheheliche Unterhalt auf Gründen der partnerschaftlichen Bindung und nicht auf einer gemeinsamen Familienplanung beruht, kann er auf den Schutz der Ehe in Art. 6 Abs. 1 GG gestützt werden.[223] Jegliches Elternprivileg ist gegebenenfalls aus dem besonderen Familienschutz des Art. 6 Abs. 1 GG bzw. aus dem Erziehungsrecht des Art. 6 Abs. 3 GG sowie dem Mutterschutz des Art. 6 Abs. 4 GG[224] abzuleiten und somit auch unverheirateten Eltern zu gewähren. Ehe und Familie stehen als zwei unabhängige Begriffe Nebeneinander, obwohl sie durch ein „und" verknüpft sind.

3. Schutz der Familie

255 Die Familie i. S. d. Art. 6 Abs. 1 GG ist die „Lebensgemeinschaft zwischen Eltern und Kindern".[225] Idealerweise fallen die **häusliche Lebensgemeinschaft** einerseits und die **Familienbande** als verwandtschaftliche Beziehung andererseits tatsächlich zusammen. Der rechtliche Schutz des Art. 6 Abs. 1 GG erstreckt sich aber auch auf Fälle, in denen eines der beiden Elemente faktisch gestört ist. Inzwischen ist anerkannt, dass die Familienbande zwischen **Elternteilen** und ihren Kindern auch in den Fällen geschützt werden, in denen die häusliche Gemeinschaft nicht (mehr) besteht. Das gilt v. a. auch für die Beziehung zwischen dem **biologischen Vater** und seinem Kind,[226] aber auch zwischen Großeltern und Enkeln.[227] Andererseits wird die häusliche Gemeinschaft

---

221 BVerfGE 151, 101 – Ausschluss der Stiefkindadoption.
222 BVerfGE 118, 45, 69 – Betreuungsunterhalt.
223 § 1570 Abs. 2 BGB begegnet deshalb auch in seiner neuen Form verfassungsrechtlichen Bedenken, weil er für eine Verlängerung von Unterhaltsansprüchen Geschiedener an die „Gestaltung von Kinderbetreuung und Erwerbstätigkeit in der Ehe" anknüpft.
224 Dazu *Aubel*, Der verfassungsrechtliche Mutterschutz, 2003.
225 BVerfGE 24, 119, 135 – Adoption I.
226 BVerfGE 108, 82, 112 – Biologischer Vater.
227 EGMR, Urteil v. 13.6.1979, NJW 1979, S. 2449, 2452 und dem folgend BVerfG-K, NJW 2009, 1133 f.; anders noch: BVerfGE 48, 327, 339 – Familiennamen; *Brosius-Gersdorf* in: Dreier, GG, Bd. 1, 3. Aufl., zu Art. 6 Rn. 112;

zwischen Kindern und den rechtlich anerkannten Adoptiv- sowie Stiefeltern[228] erfasst. Auch Partner einer **gleichgeschlechtlichen Lebensgemeinschaft**, die in den Zeiten des LpartG geschlossen wurde, bilden mit Kindern des anderen Partners eine Familie, wenn sie in einer faktischen Erziehungs- und Lebensgemeinschaft leben.[229] Daraus folgt freilich nicht zwingend (sondern gegebenenfalls dem einfachen Recht folgend) das Elternrecht aus Art. 6 Abs. 2 GG und auch Adoptionsrechte sind verfassungsrechtlich allenfalls wegen Art. 3 Abs. 1 GG im Vergleich zur Ehe geboten. Somit begründet die rechtliche Anerkennung der gleichgeschlechtlichen Lebenspartnerschaft einen von Art. 6 Abs. 2 GG unabhängigen, spezifischen verfassungsrechtlichen Schutz der Familie aus Art. 6 Abs. 1 GG. In dieser Lesart sind also nicht nur Ehe und Familie, sondern auch Familie und Erziehungsrecht voneinander entkoppelt. Der Schutz der Familie ist auf den Schutz einer spezifischen solidarischen Lebensgemeinschaft beschränkt. Würden wir auf das Merkmal verschiedener Generationen verzichten, wären Lebenspartnerschaften als Familien – unabhängig vom Ehebegriff – von Art. 6 Abs. 1 GG geschützt. Die Frage stellt sich – mit Blick auf den Schutz gegen Ausweisung von Ausländern[230] – auch mit Bezug auf Art. 8 Abs. 1 EMRK, der ja Ehen nicht als solche schützt. Auch wenn gleichgeschlechtliche Lebenspartnerschaften konventionsrechtlich auch ohne Kinder als Familien[231] behandelt werden, spricht vieles dafür, dass im Grundgesetz die Familien nicht auf reine Paarbeziehungen erstreckt werden.

Definition: Familie ist die Lebensgemeinschaft zwischen Eltern und Kindern.

4. Erziehungsrecht und -pflicht der Eltern

Das Erziehungsrecht der Eltern ist – wie soeben gezeigt – nach traditionellem Verständnis ein Bestandteil der Familie als Erziehungsgemeinschaft. Das Erziehungsrecht ist inzwischen auch zugunsten der Väter nichtehelicher Kinder generell anerkannt.[232] Die verfassungsrechtliche Besonderheit des Art. 6 Abs. 2 GG besteht in einer einzigartigen **Verknüpfung von Grundrecht und Grundpflicht**. Dabei handelt es sich um eine verfassungsrechtliche **Verantwortungszuweisung**. Diese korreliert mit einem Recht des Kindes auf Pflege und Erziehung.[233] Die Verpflichtung der Eltern ist aber nicht mit der staatlichen Grundrechtsbindung i. S. d. Art. 1 Abs. 3 GG zu verwechseln oder zu vergleichen. Vielmehr enthält Art. 6 Abs. 2 GG zugleich Abwehrrechte gegen staatliche Einmischung in die Erziehung.[234] Staatlicher Zwang zum Umgang mit dem eigenen Kind stellt einen Eingriff in das allgemeine Persönlichkeitsrecht der Eltern

256

---

für die Erstreckung auch auf Verwandte 1. Und 2. Grades: *Jarass* in: Jarass/Pieroth, GG, 16. Aufl., zu Art. 6 Rn. 10.
228 BVerfGE 80, 81, 90 – Volljährigenadoption I.
229 BVerfGE 133, 59, Ls. 3 – Sukzessivadoption.
230 EGMR, Urteil v. 24.6.2010 – Schalk u. Kopf/Österreich, EuGRZ 2010, 445, Rz. 94 f.; *Grabenwarter/Pabel*, EMRK, 7. Aufl., § 22 Rn. 19; *Peters/Altwicker*, EMRK, 2. Aufl., § 27 Rn. 1.
231 Zwar begründet Art. 6 Abs. 1 GG keinen Anspruch auf Familiennachzug (BVerfGE 76, 1 – Familiennachzug) und schließt auch eine Ausweisung von Ehegatten bzw. Familienangehörigen nicht absolut aus. Jedoch ist der Schutzbereich des Art. 6 Abs. 1 GG sowie des Art. 8 Abs. 1 EMRK (dazu EGMR, v. 4.10.2001, NJW 2003, 2595 f. – Adam/Deutschland) insoweit eröffnet, d. h. deren Ausstrahlungswirkung ist bei der Einzelfallentscheidung zu berücksichtigen und zumutbare Lösungen sind auf der Ebene der Schranken zu suchen; wie hier: *Brosius-Gersdorf* in: Dreier, GG, Bd. 1, 3. Aufl., zu Art. 6 Rn. 69; zu den Differenzierungen zwischen dem GG und der EMRK *Britz*, NVwZ 2004, 173.
232 BVerfGE 92, 158, 177 – Adoption II; restriktiver noch BVerfGE 84, 168, 179 – Sorgerecht für nichteheliche Kinder.
233 BVerfGE 121, 69, Ls. 1 – Erziehungspflicht.
234 BVerfGE 59, 360, 376 – Schülerberater.

nach Art. 2 Abs. 1 i. V. m. Art. 1 Abs. 1 GG dar, der gegebenenfalls durch Art. 6 Abs. 2 GG gerechtfertigt werden kann, wobei regelmäßig ein erzwungener Umgang nicht dem Kindeswohl entspricht.[235] Schutzziel des Erziehungsrechts ist primär aber das Kindeswohl. Dass sich Eltern bei der eigenverantwortlichen Ausübung der ihnen anvertrauten Erziehung auch selbst verwirklichen und eigene Vorstellungen zugrunde legen, versteht sich von selbst. Die Pluralität der Erziehung darf auch als verfassungsrechtlich „gewollt" gelten. Die autonome Selbstverwirklichung der Eltern ist aber – im Gegensatz zur Konzeption aller anderen Grundrechte – allenfalls sekundärer Reflex des Art. 6 Abs. 2 GG. Weil es bei diesem Grundrecht ausnahmsweise nicht um Selbstbestimmung, sondern um Fremdbestimmung geht, wird auch nicht die Eigennützigkeit geschützt. Es handelt sich um eine Art „fremdnütziges" und „fremdbestimmendes", dabei aber zugleich subjektives Grundrecht, dessen autonome Ausübung den Eltern anvertraut und gegen den Staat geschützt ist. In Art. 6 Abs. 2 GG liegt die Verfassungsvermutung, dass am besten die Eltern jedes Kindes entscheiden können, was dem Kindeswohl entspricht. Eine grundrechtliche Schutzpflicht des Staates entsteht auch in diesen Fällen nur bei besonderem Bedürfnis (→ Rn. 514). Nicht primär der Staat soll sich um eine bestmögliche Förderung kümmern.[236] Nur wenn die Eltern schwerwiegend, nicht notwendigerweise schuldhaft, versagen, greift nach Art. 6 Abs. 2 S. 2 i. V. m. Abs. 3 GG das staatliche Wächteramt als Grenze dieser Zuweisung (zu den Schranken des Erziehungsrechts → Rn. 658).

Die Fremdnützigkeit des Art. 6 Abs. 2 GG wird jedoch gegebenenfalls von der Eigennützigkeit grundrechtlich geschützter Selbstverwirklichung überlagert, wenn Erziehungsmaßnahmen zugleich eine Ausübung anderer Grundrechte der Eltern darstellen. Das ist insbesondere bei der **religiösen Erziehung** der Fall, die regelmäßig zugleich auch eigene Glaubensausübung darstellt. Dann gelten Art. 6 Abs. 2 GG i. V. m. Art. 4 Abs. 1 GG in der Weise kumulativ, dass ersterer Verfügungen über den Körper des Kindes ermöglicht (was Dritten versagt wäre[237]) und letzterer deren nicht rein fremdnützige Motivation. Erfolgt eine Knaben-Beschneidung aus religiösen Gründen (und nur dann), können sich die Eltern auf ihr Recht zur Missionierung aus Art. 4 Abs. 1 GG berufen, mit dem sie gegebenenfalls einer eigenen Glaubensüberzeugung Rechnung tragen. Art. 7 Abs. 2 GG ist gleichsam die schulrechtliche Verlängerung dieses allgemeinen Rechts auf religiöse Kindererziehung und bestätigt, dass letztere eine besondere, gegenüber dem allgemeinen Erziehungsrecht hervorgehobene Bedeutung hat. § 1631 d BGB ist insoweit verfassungswidrig, als er auch eine elterlich verfügte Beschneidung aus nicht religiösen Motiven legitimiert und insofern allein Art. 6 Abs. 2 GG konkretisieren soll. Dass ein Eingriff in die Genitalien jenseits eines Interesses der Integration von Kindern in eine Glaubensgemeinschaft im Interesse des Kindes sein soll, entbehrt der Plausibilität. Insofern überwiegt die Schutzpflicht des Staates zugunsten der (späteren) Selbstbestimmung des Kindes über seinen Körper.

Definitionen: Pflege ist die Sorge für das körperliche Wohl der Kinder. Erziehung ist die Sorge für die seelische und geistige Entwicklung, die Bildung und die Ausbildung der Kinder.

---

235 BVerfGE 121, 69, Ls. 2–3 – Erziehungspflicht.
236 BVerfGE 60, 79, 94.
237 *Hörnle/Huster*, JZ 2013, 330; *Isensee*, JZ 2013, 319 stützt die religiöse Kindererziehung allein auf Art. 6 Abs. 2 GG.

§ 9 Spezielle freiheitsrechtliche Schutzbereiche: Art. 7 GG

5. Verweis auf europäische Grundrechte

Das „Recht auf Privat- und Familienleben", das wesentlich weiter als Art. 6 GG geht, schützen Art. 8 EMRK und Art. 7 GRCh. Die speziellen Aspekte der Eheschließungsfreiheit regeln Art. 12 EMRK und Art. 9 GRCh, die wirtschaftlichen Aspekte des Familienschutzes einschließlich der Vereinbarkeit von Beruf und Familie Art. 33 GRCh.[238] Kinderrechte werden von Art. 24 GRCh postuliert.[239]

▶ **Zu Fall 8:** A und B können eine steuerliche Gleichbehandlung mit verheirateten Elternpaaren nicht verlangen. Ein Recht auf „billige und schnelle" Scheidung gebietet Art. 6 Abs. 1 GG nicht, das Verlöbnis Verheirateter ist nichtig. Allerdings ist vertretbar, die faktische Lebens- und Erziehungsgemeinschaft zwischen A, B und T als Familie verfassungsrechtlich (mit ausländerrechtlichen Konsequenzen) anzuerkennen. ◀

Systematische Verweise: Zu den verfassungsimmanenten Schranken des Art. 6 Abs. 1 GG lies → Rn. 711 ff., insbesondere 741. Zu den Schranken des Art. 6 Abs. 2 GG lies → Rn. 586, 658.

Wiederholungs- und Verständnisfragen

> In welchem Verhältnis stehen die Begriffe „Ehe" und „Familie" in Art. 6 Abs. 1 GG?
> Welche drei Merkmale bestimmen nach überkommenem Verständnis den Begriff der Ehe?
> Darf der Gesetzgeber Familienförderung davon abhängig machen, ob Eltern verheiratet sind?

VII. Grundrechtsgewährleistungen im Schulwesen: Art. 7 GG

1. Systematischer Überblick über die Regelungen des Art. 7 GG

Die typische Struktur der Grundrechts-Artikel des GG besteht darin, dass deren erster Absatz jeweils mit einem Grundrechtsversprechen beginnt. Der Grundrechtskatalog enthält mit Art. 7 GG einen eigenen Artikel zum Schulwesen, der jedoch – anders als entsprechende Artikel in Landesverfassungen – nicht mit einem Recht auf schulische Bildung beginnt. **Art. 7 Abs. 1 GG ist vielmehr eine objektivrechtliche Regelung** der staatlichen Aufsicht über das Schulwesen. Das BVerfG[240] hat die Schulschließungen während der Corona-Pandemie 2021 zum Anlass genommen, über den Wortlaut des Art. 7 GG hinaus ein **Grundrecht auf schulische Bildung** richterrechtlich zu entwickeln. Dieses Recht stützt das BVerfG auf **Art. 2 Abs. 1 GG i. V. m. Art. 7 Abs. 1 GG.** Aus der objektiven Verantwortung des Staates für das Schulwesen nach Art. 7 Abs. 1 GG wird „in Verbindung mit" Art. 2 Abs. 1 GG ein subjektives Recht. Dieses ist nicht lediglich als spezieller Anwendungsfall der in Art. 2 Abs. 1 GG verorteten allgemeinen Handlungsfreiheit zu verstehen, sondern als eigenständiges, besonderes Grundrecht. Dieses Grundrecht auf schulische Bildung schließt die Lücke, die der Text des GG lässt und es ist gedanklich allen expliziten Regelungen des Art. 7 GG zum Schulwesen voranzustellen. Die Regelungen des Grundgesetzes zum Schulwesen sind also unter Bezugnahme auf Art. 2 Abs. 1 GG im Ergebnis so zu lesen, als enthielte Art. 7 GG selbst in seinem Absatz 1 auch ein subjektives Grundrecht.

---

[238] Zum Ganzen: *Böhringer/Marauhn* in: Dörr/Grote/Marauhn, EMRK/GG, 3. Aufl., Kap. 16.
[239] Dazu *Ennuschat* in: Stern/Sachs, GRCh, zu Art. 24.
[240] BVerfG, Beschluss v. 19.11.2021 – 1 BvR 971/21 – Bundesnotbremse II.

Dieses Grundrecht der Schulpflichtigen tritt neben das Erziehungsrecht der Eltern nach Art. 6 Abs. 2 GG und die **Privatschulfreiheit** nach Art. 7 Abs. 4 und Abs. 5 GG. Darüber hinaus erfolgen in Art. 7 Abs. 2 und Abs. 3 GG Spezialregelungen zum **Religionsunterricht** (dazu sogleich), die vor allem ins Verhältnis zu Art. 4 Abs. 1 GG zu setzen sind und – neben den Artikeln der WRV i. V. m. Art. 140 GG – das Religionsverfassungsrecht zu einer im Grundgesetz „verstreut" geregelten Materie machen.

Unter **Schule** i. S. d. Art. 7 GG ist eine Bildungseinrichtung zu verstehen, in der dauerhaft und programmatisch zusammenhängend verschiedene Fächer unterrichtet werden. Keine Schulen in diesem Sinne sind Spezialschulen, z. B. Musikschulen. Der Betrieb von Bildungseinrichtungen, die keine Schulen i. S. d. Art. 7 GG sind, wird aber gegebenenfalls von Art. 12 Abs. 1 GG geschützt, Hochschulen von Art. 5 Abs. 3 GG (→ Rn. 244).

2. Recht auf schulische Bildung

259 Das Grundrecht auf schulische Bildung schützt **Kinder und Jugendliche** und macht sie selbst zu Grundrechtsberechtigten. Es ist darauf gerichtet, dass der Staat ihre **Entwicklung zu einer eigenverantwortlichen Persönlichkeit** auch in der Gemeinschaft durch schulische Bildung unterstützt und fördert. Schulische Bildung wird also nicht nur als Vermittlung von Kenntnissen und Fertigkeiten verstanden. Schule soll vielmehr umfassend dazu beitragen, dass Minderjährige ihre Fähigkeit zur autonomen Selbstbestimmung nach und nach entwickeln. Das geschieht freilich nicht ausschließlich in der Schule, aber gerade auch dort, d. h. in der Gemeinschaft mit Gleichaltrigen und angeleitet durch ein Bildungskonzept unter staatlicher Aufsicht. Letzteres hat auch eine egalitäre Komponente: Durch die allgemeine Schulpflicht und die Gewährleistung dieses Grundrechts für alle Schulpflichtigen erhalten alle Minderjährigen die Chance, ihre Persönlichkeit auf diesem Wege zu entwickeln.

Das BVerfG versteht Schule als einen Raum, in dem Grundrechte auch ausgeübt werden – freilich mit den Modifikationen in diesem „Sonderstatusverhältnis" (→ Rn. 745 ff.): Das gilt z. B. für das Tragen von Kopftüchern durch Schülerinnen oder auch durch Lehrerinnen unter Berücksichtigung auch der negativen Religionsfreiheit der Schulpflichtigen. Was das BVerfG seit längerem für die Religionsfreiheit als speziellem Aspekt der Persönlichkeit anerkannt hat, gilt auch für das allgemeine Persönlichkeitsrecht. Auch Minderjährige sind als Persönlichkeiten zu begreifen. Sie dürfen und sollen ihr Persönlichkeitsrecht mit wachsender Autonomie ausüben – auch in der schulischen Gemeinschaft. Bei dem Grundrecht auf schulische Bildung geht es aber nicht um diese Ausübung des Persönlichkeitsrechts und d. h. auch nicht um die Beschränkungen, die auch hier dem Sonderstatusverhältnis geschuldet sind. Vielmehr schützt das Recht auf schulische Bildung unabhängig vom Alter und Entwicklungsstand der Schulpflichtigen deren Chance, ihre Persönlichkeit (weiter) zu entwickeln. Die allgemeine Schulpflicht dient der Chancengleichheit und sie korrespondiert dem Grundrecht auf schulische Bildung. Sie ist als Eingriff in die allgemeine Handlungsfreiheit der Schulpflichtigen und in das Erziehungsrecht ihrer Eltern zu rekonstruieren.

260 Beim Recht auf schulische Bildung sind **drei Gewährleistungsdimensionen** zu unterscheiden:

Die klassische **abwehrrechtliche Dimension** richtet sich gegen die – seltenen – Maßnahmen, in denen der Staat den Schulbesuch – abweichend von der allgemeinen Schulpflicht – verbietet. Gemeint sind damit nicht bildungspolitische Begrenzungen der Schulbildung, die das Schulsystem selbst in einer veränderten Weise ausgestalten (z. B. eine Verkürzung der Schulzeit um ein Jahr). Ein Eingriff in dieses besondere Grundrecht liegt vielmehr nur dann vor, wenn das jeweils aktuell eröffnete und auch wahrgenommene Bildungsangebot einer Schule durch den Staat beschränkt wird. Anwendungsfall des Abwehrrechts waren die Schulschließungen zu Zwecken des Infektionsschutzes während der Corona-Pandemie, die im Ergebnis jedoch gerechtfertigt waren.

Das BVerfG hat auch eine **leistungsrechtliche Dimension** des Rechts auf schulische Bildung anerkannt. Es hat aber klargestellt, dass damit **kein originärer Leistungsanspruch** auf eine **bestimmte Gestaltung** staatlicher Schulen gemeint ist. Das Grundgesetz schützt als bundesstaatliche Verfassung den Bildungsföderalismus. Die bildungspolitische Ausgestaltung des Schulsystems ist die Kompetenz und Aufgabe der Länder. Deren Spielräume sollen weder durch die abwehr- noch durch die leistungsrechtliche Dimension des Grundrechts beschränkt werden. Diese Ausgestaltung ist weder eine verfassungs- oder bundesrechtliche Frage noch eine Aufgabe von Gerichten. Die verfassungsunmittelbare Leistungsdimension ist eine Art Institutsgarantie für ein staatlich gewährleistetes Schulsystem, das der überkommenen, in Landesgesetzen geregelten Schulpflicht korrespondiert. Allenfalls in Extremfällen eines Totalversagens des schulischen Bildungssystems stellt sich die leistungsstaatliche Frage eines verfassungsunmittelbar gewährleisteten *unverzichtbaren* **Mindeststandards von Bildungsangeboten.** Das BVerfG hat insoweit postuliert, dass längere Schulschließungen (z. B. zu Zwecken des Infektionsschutzes) einhergehen müssen mit substanziellen Anstrengungen, im Rahmen des Möglichen einen Wegfall des Präsenzunterrichts zu kompensieren – insbesondere durch digitale Formate eines Distanzunterrichts.

Das Recht auf schulische Bildung ist schließlich als **derivatives Teilhaberecht** zu verstehen. Daraus folgt ein Recht auf **gleichen Zugang** zu staatlichen Bildungsangeboten im Rahmen des vorhandenen Schulsystems. Diese Dimension betrifft den praktischen Alltag der Verteilung der begrenzten Plätze an Schulen und kommt in zahllosen Einzelfällen immer dann in Betracht, wenn Schulpflichtige nicht den Platz an der Schule ihrer Wahl bekommen. Die Kriterien der Zuweisung und ihre Anwendung im Einzelfall müssen dabei vor allem gleichheitsrechtlichen Anforderungen genügen. Das BVerfG stützt diese teilhaberechtliche Dimension auf das Grundrecht auf schulische Bildung i. V. m. dem allgemeinen Gleichheitssatz, also auf Art. 2 Abs. 1 Abs. 1 i. V. m. Art. 7 Abs. 1 GG i. V. m. Art. 3 Abs. 1 GG.[241] Die dogmatische Konstruktion ähnelt dem derivativen Teilhaberecht bei der Vergabe von Studienplätzen. Dieses Recht auf chancengerechte Teilhabe an einem begrenzten Angebot von Studienplätzen leitet die Rechtsprechung[242] seit langem aus Art. 12 Abs. 1 i. V. m. Art. 3 Abs. 1 GG her (→ Rn. 357). Im universitären Bereich liefert die Forschungsfreiheit materielle Argumente zugunsten von Ausgestaltungsspielräumen. Dieser Ansatz wird bei der Bewertung der schulrechtlichen Zuteilungskriterien nicht greifen. Unter dem Gesichtspunkt sozialer Chancengleichheit ist z. B. problematisch, soweit Schulpflichtige mit ihrer Bewerbung auf einen Platz an einer Schule, die in einer Gegend mit besonders hohen Miet- und Immobilienpreisen liegt, nach dem Kriterium des Schulwegs abgewiesen werden.

---

241 BVerfG, Beschluss v. 19.11.2021 – 1 BvR 971/21, Rn. 59 – Bundesnotbremse II.
242 BVerfGE 33, 303, 331 – numerus clausus I.

3. Religionsunterricht

261 Art. 7 Abs. 2 GG bekräftigt und verstärkt das Erziehungsrecht der Eltern für den Bereich **religiöser Kindererziehung**. Die verstärkende Wirkung erklärt sich auch daraus, dass hier neben Art. 6 Abs. 2 GG die religiöse Selbstbestimmung dem vorbehaltlosen Grundrecht des Art. 4 Abs. 1 GG zuzuordnen ist.

Art. 7 Abs. 3 S. 1 GG konstituiert den **Religionsunterricht** als ordentliches Lehrfach an öffentlichen Schulen, soweit diese nicht insgesamt bekenntnisfrei sind. Ausnahmen von dieser Einrichtungsgarantie bestehen aus traditionellen Gründen nach Art. 141 GG, der jedenfalls für Bremen, nach bestrittener[243] Auffassung aber auch für die neuen Bundesländer Anwendung findet. Auch Unterrichtsgarantie ist Teil des Religionsverfassungsrechts und in dessen Zusammenhang zu interpretieren. Freilich wird die grundsätzliche Trennung von Staat und Kirche hier partiell durchbrochen. Nach Art. 7 Abs. 3 S. 2 GG haben die Religionsgemeinschaften ein **Recht auf Gestaltung** des Religionsunterrichts, dessen Kosten vom Staat zu tragen sind. Art. 7 Abs. 3 S. 3 GG ist ein Abwehrrecht der Lehrkräfte gegen den Zwang, Religionsunterricht erteilen zu müssen.

4. Privatschulfreiheit

262 Art. 7 Abs. 4 GG richtet sich gegen ein staatliches Schulmonopol. Das Grundgesetz gewährleistet ein **Recht auf Errichtung** von Privatschulen. Ersatzschulen in Konkurrenz zu staatlichen Schulen müssen zwar nach Art. 7 Abs. 3 S. 2 GG – im Interesse eines garantierten Unterrichtsniveaus (Art. 7 Abs. 3 S. 3 GG), aber auch im Interesse der Unabhängigkeit der Lehrkräfte (Art. 7 Abs. 3 S. 4 GG) – genehmigt werden und unterliegen staatlicher Aufsicht. Die genehmigten Schulen haben aber andererseits auch einen **Anspruch auf Subventionierung**, weil nur so sichergestellt werden kann, dass das private Schulwesen nicht zu einem Bildungsprivileg der Reichen wird.[244] Für Volksschulen gilt nach Art. 7 Abs. 4 GG nur ein eingeschränktes Recht auf private Errichtung.

5. Verweis auf europäische Grundrechte

263 Ein Elternrecht im Schulwesen schützen Art. 2 S. 2 ZP 1 zur EMRK und Art. 14 Abs. 3 GRCh, letzterer auch die Freiheit zur Gründung von Lehranstalten.[245]

SYSTEMATISCHE VERWEISE: Zu den Schranken des Art. 7 GG lies → Rn. 659.

WIEDERHOLUNGS- UND VERSTÄNDNISFRAGEN

> Welche Absätze des Art. 7 GG enthalten Grundrechte?
> Welche Gewährleistungsgehalte hat das Recht auf schulische Bildung?
> In welchem Verhältnis steht Art. 7 Abs. 2 GG zu Art. 6 Abs. 2 und Art. 4 Abs. 1 GG?

---

243 Zum Streitstand *Brosius-Gersdorf*, in: Dreier, GG, Bd. 3, 3. Aufl., zu Art. 141 Rn. 21 ff.
244 BVerfGE 75, 40, 66 ff. – Privatschulfinanzierung I.
245 Zum Ganzen: *Langenfeld* in: Dörr/Grote/Marauhn, EMRK/GG, 3. Aufl., Kap. 24.

VIII. Versammlungsfreiheit: Art. 8 Abs. 1 GG

▶ **FALL 9:** Die Studierenden A und B treffen sich 1. In einem Straßencafé, um gemeinsam das Flair zu genießen und dann ins Kino zu gehen oder 2. Bei B zu Hause, um gemeinsam zu lernen oder 3., um im Café als Aushilfen zu kellnern oder 4. Zu einer „Spontan-Demonstration" zum Thema Verwendung von Studiengebühren, wobei A hierzu Tomaten und Eier als Wurfgeschosse mitbringt und B angekettet an einige andere Studierende den Eingang zur Universitätsbibliothek für zwei Stunden blockieren soll oder 5., um an der „Loveparade" teilzunehmen. ◀

1. Die Funktionen von Versammlungen im System des Grundrechtsschutzes

Die Versammlungsfreiheit gehört zu den **Kommunikationsgrundrechten**. Eine Versammlung kann **Forum** zur Bildung, zum Austausch und zur Kundgabe von Meinungen, Informationen und auch von Gefühlen sowie religiösen und künstlerischen Botschaften sein. Die Versammlungsfreiheit steht damit in engem Zusammenhang mit der Ausübung weiterer Grundrechte, die i. d. R. außerdem[246] zur Anwendung kommen. Die Funktion des Art. 8 Abs. 1 GG ist dabei, der gemeinschaftlichen Ausübung dieser anderen Grundrechte, die daneben zu prüfen sind, einen Freiraum zu geben (zur Prüfung mehrerer Grundrechte nebeneinander → Rn. 58). Daran wird beispielhaft deutlich, dass das Grundgesetz nicht allein freiheitlich-liberal geprägt ist, sondern den Einzelnen auch in seiner Rolle als Mitglied einer Gemeinschaft begreift (Kommunitarismus). Das Grundgesetz schützt damit wesentlich auch die Entfaltung des Einzelnen in der Gemeinschaft, kurz: die „Entfaltung des Menschen durch den Menschen" (D. Suhr). Bei der **Abgrenzung zu anderen Kommunikationsgrundrechten** ist Folgendes zu beachten: Die Freiheit der Inhalte der Kommunikation wird durch Art. 5 Abs. 1 S. 1 GG (→ Rn. 201 ff.) geschützt – Versammlungsverbote aus inhaltlichen Gründen sind also nur Eingriffe in die Meinungsfreiheit. Bei Versammlungen in geschlossenen Räumen kann – wenn es sich dabei um Wohnungen handelt – die Vertraulichkeit des dort gesprochenen Wortes gegebenenfalls auch von Art. 13 GG (→ Rn. 365 ff.) geschützt sein. Weiter ist der Schutz der Kommunikation unter Anwesenden nach Art. 8 GG vom Schutz vor dem Zugriff auf Kommunikationswege unter Abwesenden nach Art. 10 GG (→ Rn. 318 ff.) zu unterscheiden.

264

In der Versammlungsfreiheit spiegelt sich nicht nur, aber auch die **politische Dimension** der Meinungsfreiheit im **demokratischen** Gemeinwesen. Die Ausübung der Versammlungsfreiheit in Form von Demonstrationen verleiht Meinungen kollektiven Nachdruck. Die Möglichkeit zur Demonstration gehört zur Offenheit einer Demokratie und ist plebiszitäres Recht politischer Bürger. Die Montags-Demonstrationen von 1989/90 haben es vermocht, der Diktatur der DDR demokratische Offenheit abzutrotzen und die Wiedervereinigung erfolgreich zu fordern. Im Rahmen einer funktionierenden Demokratie können Demonstrationen – ohne i. e. S. repräsentativ zu sein – als Ausdrucksform für Mehrheiten und vor allem für Minderheiten ein Korrektiv zur parlamentarischen Willensbildung darstellen.

265

So wie Art. 5 Abs. 1 S. 1 GG erschöpft sich jedoch auch Art. 8 Abs. 1 GG nicht in der gegebenenfalls politischen Bedeutung der Kommunikation. Mehr noch: Die

266

---

[246] So auch EuGH, Rs. 112/00 (Schmidberger/Österreich), Slg. 2003, I-5659, Rn. 77 ff.; anders: *Jarass/Kment*, EU-Grundrechte, 2. Aufl., § 17 Rn. 4; *Grabenwarter/Pabel*, EMRK, 7. Aufl., § 23 Rn. 69: Versammlungsfreiheit als lex specialis.

Versammlungsfreiheit geht auch nicht – entgegen der Rechtsprechung[247] – im Zusammenspiel mit der Meinungsfreiheit auf. Das Grundgesetz ordnet die Versammlungsfreiheit – anders als die Medienfreiheiten – systematisch nicht dem Art. 5 GG zu. Der Gegenstand des Art. 8 Abs. 1 GG ist weit zu verstehen (ausführlich dazu → Rn. 272). Die Versammlungsfreiheit ist das **Grundrecht auf Sozialität**, das alle Formen **gemeinschaftlichen Handelns und Erlebens** umfasst. Nicht nur die intellektuelle Auseinandersetzung, sondern auch das gemeinsame Erleben gehört dazu. Mitmenschlichkeit, d. h. etwas nicht nur alleine, sondern auch in Gemeinschaft tun und erleben zu können, entspricht einem Bedürfnis der meisten Menschen. Die Versammlungsfreiheit ist auch Forum der **Entfaltung des Persönlichkeitsrechts**, das sich nicht in seiner negativen Seite – dem Rückzug in die Einsamkeit – erschöpft. Während die Rechtsprechung das hohe Schutzniveau der Versammlungsfreiheit mit einer Verengung ihres Schutzbereichs erkauft, ist dem gegebenenfalls politischen Charakter einer Versammlung nach hier vertretener Auffassung – so wie es die Rechtsprechung bei Art. 5 Abs. 1 GG praktiziert – im Rahmen der Abwägung Rechnung zu tragen. Umgekehrt hat das BVerfG[248] pandemiebedingte Kontaktbeschränkungen in Bezug auf die drohende Vereinsamung alleinstehender Personen als schwerwiegende Eingriffe nicht nur in die allgemeine Handlungsfreiheit, sondern auch in das allgemeine Persönlichkeitsrecht gedeutet und damit jedenfalls in der Sache das essentielle Bedürfnis des Menschen nach Sozialität anerkannt (→ Rn. 425). Bei **Stadionverboten** erkennt das BVerfG[249] Drittwirkungen des Art. 3 Abs. 1 GG an (→ Rn. 479).

2. Der verfassungsrechtliche und der verwaltungsrechtliche Begriff der Versammlung

a) Körperliche Anwesenheit mindestens zweier Personen

267 Art. 8 Abs. 1 GG bietet der gemeinschaftlichen Kommunikation **unter körperlich Anwesenden** ein grundrechtlich geschütztes Forum, während Art. 10 Abs. 1 GG die Kommunikation unter Abwesenden spezifisch schützt (→ Rn. 318). Virtuelle Versammlungen dienen zwar gegebenenfalls ebenfalls den Zwecken des kommunikativen Austausches und der kollektiven Bildung und Kundgabe von Meinungen, fallen aber nicht in den Schutzbereich des Art. 8 Abs. 1 GG. Bei Art. 8 GG geht es um die spezifischen Rechtsprobleme, die sich bei körperlichen Versammlungen stellen. Geschützt sind nur Deutsche. Auf den Schutz von Ausländern ist gesondert einzugehen (→ Rn. 442).

268 Bereits **zwei Personen** können eine Versammlung i. S. d. Verfassungsrechts bilden,[250] was nicht zwingend zur Folge[251] hat, dass sie auch den Restriktionen des einfachrechtlichen Versammlungsgesetzes unterworfen werden muss.[252] Eine Anknüpfung an die Mindestzahl sieben, die nach §§ 56, 73 BGB zur Gründung eines Vereins gilt, wäre schon wegen der verfassungsrechtlichen Unterscheidung zwischen Versammlungs- und

---

[247] BVerfGE 104, 92, 104 – Sitzblockaden III; BVerfG-K, NJW 2001, 2459 ff.; wie hier die wohl h. L.: *Gusy* in: v. Mangoldt/Klein/Starck, GG, Bd. 1, 7. Aufl., zu Art. 8 Rn. 17; *Schulze-Fielitz* in: Dreier, GG, Bd. 1, 3. Aufl., zu Art. 8 Rn. 27 f.; *Höfling* in: Sachs, GG, 9. Aufl., zu Art. 8 Rn. 12, 16 ff.; *Hartmann* in: BK, GG, 191. Lfg., zu Art. 8 Rn. 158; *Poscher*, NJ 1998, 105 ff., 107; *Tschentscher*, NVwZ 2001, 1243, 1246.
[248] BVerfG, Beschluss v. 19.11.2021 – 1 BvR 981/21, Rn. 221 – Bundesnotbremse I; dazu *Michael*, ZJS 2022, 106 ff.
[249] BVerfGE 148, 267 – Stadionverbot.
[250] Wohl h. M.: OLG Düsseldorf, JR 1982, 1982 f.; *Schulze-Fielitz* in: Dreier, GG, Bd. 1, 3. Aufl., zu Art. 8 Rn. 24.
[251] Die Bedenken von *Gusy* in: v. Mangoldt/Klein/Starck, GG, Bd. 1, 7. Aufl., zu Art. 8 Abs. 1 Rn. 15, bleiben deshalb ohne Einfluss auf die verfassungsrechtliche Begrifflichkeit.
[252] Die Anmeldungspflicht nach § 14 VersG gilt für eine private Verabredung zweier Menschen schon deshalb nicht, weil diese weder „öffentlich" ist, noch „veranstaltet" wird. Das VersG NRW gilt nach dessen § 2 Abs. 3 nur für Versammlungen von mindestens drei Personen.

§ 9 Spezielle freiheitsrechtliche Schutzbereiche: Art. 8 Abs. 1 GG

Vereinsfreiheit unsystematisch. Der verfassungsrechtliche Begriff der Versammlung sollte weniger am Sprachgebrauch – auch nicht am akademischen „tres faciunt collegium" – anknüpfen, als vielmehr nach der **Funktion eines spezifischen Grundrechts der Zusammenkunft von Personen** fragen: Der „Mehrwert" gegenseitigen kommunikativen Austauschs und gemeinschaftlichen Erlebens ist schon zu zweit zu erreichen und schutzbedürftig,[253] mögen auch die meisten typischen Rechtsprobleme in der Praxis bei Versammlungen von mehr Personen entstehen. Für die **Ein-Mann-Demonstration** hingegen bleibt es – selbst wenn diese zu demonstrationstypischen Verkehrsbehinderungen führt – bei Art. 5 Abs. 1 S. 1 GG. Damit reicht Art. 8 Abs. 1 GG vom Schutz vor der Isolation bis zur Durchführung einer Massenveranstaltung.

b) Gemeinschaftliche Teilnahme als prägendes Element der Kommunikation

Nicht jede Zusammenkunft, d. h. nicht jede bloße „Ansammlung" von Menschen genießt den verfassungsrechtlichen Schutz einer „Versammlung". Die Funktion des Art. 8 Abs. 1 GG ist darauf beschränkt, Voraussetzungen für Formen der gemeinschaftlichen Kommunikation einschließlich des gemeinschaftlichen Erlebens zu schaffen. Eine **innere Verbindung** der Teilnehmer muss sich auch im Charakter einer jeden Versammlung i. S. d. Art. 8 Abs. 1 GG niederschlagen. Die **Gemeinschaftlichkeit der Teilnahme** muss ein die Versammlung zumindest auch prägendes Element, ja einer ihrer Zwecke sein. Gerade aus der Gemeinschaftlichkeit muss ein **Mehrwert** des kommunikativen Austauschs, der Kundgabe von Meinungen oder des Erlebens erwachsen. Dieser kann sowohl zwischen den Teilnehmern der Versammlung in Form der Diskussion von Meinungen, des Austauschs von Informationen oder des Gemeinschaftserlebnisses von Gefühlen entstehen, als auch nach außen in Form demonstrativ gemeinsamen Auftretens mit einer Botschaft. Der „**gemeinsame Zweck**"[254] einer Versammlung kann sich auf das Moment der Gemeinschaftlichkeit der Teilnahme beschränken.[255] Eine darüber hinausgehende inhaltliche Konformität der von den Teilnehmern verfolgten Zwecke ist hingegen weder hinreichende, noch notwendige Voraussetzung einer Versammlung. Dass die gleichzeitige, parallele Verfolgung desselben Zwecks nicht ausreicht, zeigen die **Beispiele** einer Menge Schaulustiger oder der wartenden Menschenschlange, die anerkanntermaßen lediglich Ansammlungen von Personen sind. Kein Fall divergierender Zwecke liegt vor bei Versammlungen, auf denen kontrovers diskutiert wird, da dort die Meinungsbildung gemeinsamer Zweck ist, das Ergebnis der Meinungsbildung jedoch nicht vorbestimmt ist. Das Element der Gemeinschaftlichkeit ist allerdings in dem – freilich wichtigen – **Unterfall der Demonstration** mit dem des gemeinsamen Zwecks identisch: Hier entsteht Gemeinschaftlichkeit nur durch einen gemeinsamen Nenner der Aussage und bereits die Anmeldung einer Demonstration muss nach § 14 VersG unter Angabe ihres „Gegenstands" erfolgen. Der Schutzbereich des Art. 8 GG ist nicht auf den einfachrechtlichen Begriff der „öffentlichen Versammlungen und Aufzüge" i. S. d. VersG beschränkt. Für das einfache Recht überzeugt der enge Versammlungsbegriff der Rechtsprechung, die einen Beitrag zur öffentlichen Meinungsbildung

269

---

253 Konsequent sind z. B. die Beschränkungen des Besuchs eines Inhaftierten durch einen Freund an Art. 8 Abs. 1 GG zu messen. Beschränkungen der Kommunikation als solcher sind hingegen an Art. 5 Abs. 1 S. 1 GG zu messen.
254 BVerwGE 82, 34, 38 f.; *Schulze-Fielitz* in: Dreier, GG, Bd. 1, 3. Aufl., zu Art. 8 Rn. 25 m. w. N.; wie hier: *Höfling* in: Sachs, GG, 9. Aufl., zu Art. 8 Rn. 14 f.; *Depenheuer* in: Dürig/Herzog/Scholz, GG, 93. Lfg., zu Art. 8 Rn. 47 ff.
255 Ähnlich: *Gusy* in: v. Mangoldt/Klein/Starck, GG, Bd. 1, 7. Aufl., zu Art. 8 Abs. 1 Rn. 16.

voraussetzt (so auch § 2 Abs. 3 VersG NRW). Gegen ein weites Verständnis des Art. 8 GG lässt sich deshalb auch nicht argumentieren, dass dadurch die einfachrechtlichen Pflichten aus dem VersG unangemessen erweitert würden.[256] Dass es für den verfassungsrechtlichen Schutz letztlich allein auf die Gemeinschaftlichkeit ankommt, sei an folgendem Beispiel bekräftigt: Zwei Studierende, die sich an einem Tisch in der Mensa gegenübersitzen, bilden nicht deshalb eine Versammlung, weil sie beide den Zweck verfolgen, eine Mahlzeit einzunehmen, und auch dann nicht, wenn sie sich dabei einen guten Appetit wünschen oder sich im Smalltalk über die Uhrzeit und das Wetter verständigen, wohl aber, wenn sie sich bewusst an einen Tisch setzen, um die Mahlzeit gemeinsam einzunehmen und zwar auch dann, wenn sie dann im Tischgespräch in einen handfesten Streit geraten. Von selbst versteht sich, dass eine Anwendung des VersG hier ausscheidet.

270 Daraus ergeben sich für die umstrittenen Probleme der konkreten Abgrenzung in folgenden **Beispielen** folgende Differenzierungen:

1. Theater-, Tanz-, Konzert-, Show- und Sportveranstaltungen sind regelmäßig dadurch Versammlungen, dass bei ihnen das gemeinschaftliche **Live-Erlebnis** – einschließlich der Aspekte des „Sehens und Gesehenwerdens" – Eigenwert verspricht. Das „Dabeisein" ist beim Konzert ebenso wie beim Open-Air-Happening unter Einsatz von Großleinwänden etwas qualitativ anderes als das Verfolgen der Veranstaltung im Radio oder Fernsehen. Dabei findet verbale und nonverbale Kommunikation statt, hörbar durch die Bühnendarbietung ebenso wie beim Applaus. Diese Kommunikation ist keineswegs einseitig, sondern kann wechselseitig inspirieren – auch und gerade in den Momenten, in denen „der Funke überspringt" und das Publikum mit gespannter Stille reagiert. Versammlungsqualität haben auch Veranstaltungen ohne eine verbalisierbare gemeinsame Botschaft.[257]

2. Die Besucher eines **Kinos** sind hingegen nicht dadurch Versammlung, dass sie gleichzeitig denselben Film schauen, wohl aber, soweit sie die Filmvorführung als Gruppe erleben. Letzteres ist nicht nur unter Freunden oder z. B. beim Kinobesuch durch eine Schulklasse denkbar, sondern auch im Falle von besonders präsentierten Aufführungen, z. B. bei einer Premiere, auf einem Festival oder bei Kultfilmen mit Publikumsbeteiligung („Rocky-Horror-Picture-Show"). Es bedarf also eines Elements einer im Einzelfall besonderen Gruppenzugehörigkeit.

271 Ein Verständnis der Funktion der Versammlungsfreiheit als Kommunikationsgrundrecht setzt dem Schutzbereich – vergleichbar mit dem des Art. 5 Abs. 1 S. 1 GG (→ Rn. 201 ff.) – dort eine **Grenze**, wo Kommunikation[258] **in eine Erzwingungshandlung umschlägt**. Versuche, Forderungen zwangsweise oder selbsthilfeartig durchzusetzen,[259] stellen sich als Nötigungs- bzw. als Vermögensdelikte dar. Sie werden nicht

---

256 So aber zur Verteidigung der Rechtsprechung *Hoffmann-Riem*, Versammlungsfreiheit, in: HGR IV, § 106 Rn. 43. Der „Schutzanlass", den *Hoffmann-Riem* anmahnt, besteht im Bedürfnis gemeinschaftlichen Erlebens und also im Schutz vor persönlicher Isolation und nicht nur vor politischer Unterdrückung, mag letztere auch praktisch bedeutsamer und konfliktträchtiger sein.
257 Krit. Gegenüber diesem Beispiel: *Hartmann* in: BK, GG, 191. Lfg., zu Art. 8 Rn. 159; ein tendenziell engerer Begriff nonverbaler Kommunikation deutet sich durch die Beispiele bei *Schulze-Fielitz* in: Dreier, GG, Bd. 1, 3. Aufl., zu Art. 8 Rn. 26 an: Wohltätigkeitsveranstaltungen u. ä.; zur kategorisch engen Auffassung der Rechtsprechung → Rn. 272.
258 Daran ändert auch der hier vertretene weite Kommunikationsbegriff nichts, der auch den Austausch von Gefühlen als Gemeinschaftserlebnis umfasst.
259 BVerfGE 104, 92, 105 – Sitzblockaden III; ähnlich EuGH, Rs. C-112/00 (Schmidberger/Österreich), Slg. 2003, I-5659, Rn. 86; krit. *Kahl*, Der Staat 43 (2004), 167, 172.

dadurch grundrechtlich „geadelt", dass sie von mehreren gemeinschaftlich begangen werden. Weder die Versammlungs-, noch die Vereinigungsfreiheit (→ Rn. 264 ff. bzw. 283 ff.) erweitern Handlungsspielräume inhaltlich, sondern geben der gemeinschaftlichen Verwirklichung bestimmter Grundrechte, an denen gemeinschaftliches Handeln zu messen ist, besonderen Raum. Anders als von der Rechtsprechung angenommen, steht der Anwendung des Art. 8 Abs. 1 GG allerdings nicht ein gegebenenfalls eigennütziges und die Öffentlichkeit nicht interessierendes Ziel entgegen, sondern allenfalls die Art von dessen Durchsetzung. Bei **Sitzblockaden**, die den Tatbestand einer Nötigung erfüllen, kommt es für die Anwendung des Art. 8 Abs. 1 GG und für eine Rechtfertigung nach § 240 Abs. 2 StGB allein darauf an, ob diese symbolischen Aussagewert und damit kommunikativen Charakter hat[260] oder ob sie allein der direkten Erzwingung eines Primärziels dient. Keine Erzwingungshandlung im hier verstandenen Sinne, sondern Kommunikation liegt also vor, wenn Demonstrationen mit **symbolischem Aktionismus** öffentliche Aufmerksamkeit erregen. Symbolische Blockaden müssen sich aber auf das für die Aufmerksamkeitserregung erforderliche Maß beschränken. Das bedeutet, dass Sicherheitskräfte rechtmäßig handeln, wenn sie Blockaden nach kurzer Zeit beenden, indem sie die Demonstranten wegtragen, dass diese jedoch nicht wegen Nötigung zu bestrafen sind (zum Problem der Friedlichkeit → Rn. 277 f.). Wohl über das deutsche Schutzniveau hinaus haben österreichische Behörden eine 30-stündige Brennerblockade als schützenswerte Versammlung beurteilt, was als Schranke der betroffenen Warenverkehrsfreiheit durch den EuGH[261] bestätigt wurde. Aus dieser Rechtsprechung des EuGH folgt aber lediglich, dass eine Ausdehnung der Versammlungsfreiheit insoweit unionsrechtlich möglich wäre (→ Rn. 849). Damit ist die Anschlussfrage einer unionsrechtsfreundlichen Auslegung des Art. 8 Abs. 1 GG im Lichte der Versammlungsfreiheit als EU-Grundrecht noch nicht beantwortet. Dabei ist zu berücksichtigen, dass Demonstrationen mit **europapolitischen Themen** ein Forum brauchen, um die europäische Öffentlichkeit erreichen zu können. Deshalb sollten Demonstrationen auf Fernstraßen und deren vorübergehende Blockade auch nicht per se ausgeschlossen werden. Gerade die Versammlungsfreiheit kann nur dann eine wichtige Ventilfunktion als europäisches politisches Grundrecht einnehmen, wenn wir Demonstrationen zur Mobilisierung einer europäischen Öffentlichkeit entsprechenden Raum geben. Die Tendenz der Rechtsprechung[262], auch Demonstrationen an internationalen Großflughäfen zuzulassen, weist in diese Richtung. Verzögerungen im Flugverkehr wegen einer Demonstration in der Abfertigungshalle könnten ebenso hinzunehmen sein wie Verzögerungen des Straßenfernverkehrs.

Entgegen anders lautender Stimmen sind folgende Kriterien **nicht relevant**: 272

Von dem hier vertretenen Standpunkt aus, der einen konkreten gemeinsamen Zweck und Inhalt der Versammlung überhaupt **nicht** fordert, läge es fern, die mit Versammlungen verfolgten Zwecke **abstrakten inhaltlichen Beschränkungen** zu unterwerfen. Das tut jedoch das BVerfG,[263] indem es nicht beliebige, sondern nur Zwecke von „Bedeutung für den Prozess öffentlicher Meinungsbildung in der freiheitlichen demokrati-

---

[260] Dies wurde im Fall der Autobahnblockade von Sinti und Roma zur Erzwingung der Einreise nicht substantiiert vorgetragen; deshalb blieb es bei der Anwendung des Art. 2 Abs. 1 GG: BVerfGE 104, 92, 105 und 115 – Sitzblockaden III.
[261] EuGH, Rs. C-112/00 (Schmidberger/Österreich), Slg. 2003, I-5659, Rn. 80 ff. Zu gewalttätigen Demonstrationen vgl. EuGH, Rs. C-265/95 (Kommission/Frankreich), EuZW 1998, 84 ff.
[262] BVerfGE 128, 226, 249 f. – Fraport.
[263] BVerfGE 104, 92, 104 – Sitzblockaden III.

schen Ordnung" im Schutzbereich des Art. 8 Abs. 1 GG anerkennt. Die Argumentation der Rechtsprechung verdient im Ansatz insoweit Zustimmung, als sie den Schutzbereich dieses besonderen Grundrechts unter Berücksichtigung seiner Schranken (Art. 8 Abs. 2 GG) und im Vergleich zum Auffanggrundrecht des Art. 2 Abs. 1 GG zu erfassen sucht. Allerdings ist dem BVerfG im Ergebnis nicht zu folgen, weil es die Funktion des Art. 8 Abs. 1 GG nicht auch in Aspekten des Persönlichkeitsrechts sucht, sondern auf die Verwirklichung der Meinungsfreiheit fixiert und diese wiederum auf ihre politische Bedeutung reduziert. Das lässt sich weder mit dem Wortlaut, noch systematisch, noch teleologisch begründen. Auch die Tatsache, dass es sich um ein Deutschengrundrecht handelt, lässt sich nicht nur mit der politischen Bedeutung der Versammlungsfreiheit erklären, sondern auch mit der Konfliktträchtigkeit der Ausübung dieses Grundrechts. Vielmehr ist – wie bei Art. 5 Abs. 1 GG (→ Rn. 202) – deshalb ein abgestuftes Schutzkonzept zu fordern, bei dem die gegebenenfalls politische Bedeutung einer Versammlung bei der Abwägung zu berücksichtigen ist (→ Rn. 624).[264] Reine Unterhaltungsveranstaltungen lassen sich durchaus auch mittels kollidierenden Verfassungsrechts bzw. im Rahmen des Art. 8 Abs. 2 GG beschränken. Das entspricht übrigens auch dem Konzept des VersG, das in § 17 bestimmte unpolitische Versammlungen (religiöse Versammlungen, Begräbnisse, Volksfeste) von der Genehmigungspflicht ausdrücklich befreit. Dem Gesetzgeber bleibt es unbenommen, andere unpolitische Versammlungen, z. B. Musikparaden, strengeren Regeln zu unterwerfen.

273 Ebenso kann es für die Einschlägigkeit des Schutzbereiches nicht auf die im Versammlungsrecht eingeführten Kategorien der **Öffentlichkeit** bzw. des **Ortes** (unter freiem Himmel oder in geschlossenen Räumen) ankommen. Es handelt sich dabei um einfachrechtliche Ausgestaltungen nach Art. 8 Abs. 2 GG, die keinen Auslegungsmaßstab für Art. 8 Abs. 1 GG bereitstellen. Selbst die Rechtsprechung, die Art. 8 GG eher eng als politische Demonstrationsfreiheit versteht, tendiert nunmehr dazu, Demonstrationen auch auf privatem Grund schützen zu wollen.[265] Denn ein Großflughafen kann als Drehkreuz des Verkehrs und Treffpunkt ein Forum der allgemeinen Kommunikation[266] sein – unabhängig davon, ob er von Privaten oder von der öffentlichen Hand betrieben wird. Zu klären ist freilich auf der Ebene der Abwägung, inwieweit gegebenenfalls das Hausrecht des Eigentümers zurückgedrängt wird. Vieles spricht dafür, dass aus der Widmung eines Gebäudes für den öffentlichen Verkehr seine potenzielle Nutzung auch als Demonstrationsort folgt. Für Kaufhäuser wird anderes zu gelten haben, da sie keine entsprechenden Freiflächen haben und sich die Waren kaum gegen Plünderung sichern ließen. Sicherheitsaspekte sowie das berechtigte Interesse, Behinderungen des Verkehrs nach Möglichkeit zu verhindern, sprechen andererseits dafür, Demonstrationen an Flughäfen strengeren Auflagen zu unterziehen und z. B. Spontanversammlungen auszuschließen.

274 **Planung**, d. h. die Verabredung oder Einladung, ist zwar typisch und ein starkes Indiz für eine Versammlung, jedoch **nicht** deren notwendige Voraussetzung. Das gleiche gilt für die **Dauer**[267] der Versammlung. Die innere Verbindung der Versammlungsteilnehmer kann auch aus der Situation und nur für kurze Zeit entstehen. Spontaneität, ja sogar der Zufall des Zusammenkommens schließen es nicht aus, dass eine Versammlung

---

264 Zutreffend EuGH, Rs. C-112/00 (Schmidberger/Österreich), Slg. 2003, I-5659, Rn. 86.
265 Dafür wohl BVerfGE 128, 226, 249 f. – Fraport.
266 BVerfGE 128, 226, 249 f. – Fraport, dagegen Sondervotum *Schluckebier* BVerfGE 128, 226, 272 ff.
267 Das Kriterium ist inhaltsleer, wenn Sekunden reichen sollen: so *Schulze-Fielitz* in: Dreier, GG, Bd. 1, 3. Aufl., zu Art. 8 Rn. 30; wie hier: *Gusy* in: v. Mangoldt/Klein/Starck, GG, Bd. 1, 7. Aufl., zu Art. 8 Abs. 1 Rn. 21.

entsteht.[268] Daran ändert v. a. auch das einfachrechtliche Erfordernis der Anmeldung einer Demonstration 48 Stunden im Voraus nach § 14 VersG nichts. Vielmehr gebietet das Verfassungsrecht, gegebenenfalls auch Eil- und Spontandemonstrationen entgegen den Regelungen des VersG ausnahmsweise zuzulassen, wenn der Versammlungszweck dies erfordert.[269] Das wird schon darin deutlich, dass Art. 8 Abs. 1 GG ausdrücklich das Recht schützt, sich „ohne Anmeldung und Erlaubnis" zu versammeln (hierzu bei den Schranken → Rn. 660 ff.). Auch bleibt das kollektive Handeln der Versammlung – im Gegensatz zum Verein und der Gesellschaft i. S. d. Art. 9 Abs. 1 GG – als solches **wesentlich unorganisiert**,[270] mag auch der Rahmen einer Versammlung einer bisweilen aufwändigen Organisation bedürfen.

Definition: Eine Versammlung i. S. d. Art. 8 Abs. 1 S. 1 GG ist das örtliche Zusammentreffen von mindestens zwei Menschen zum Zweck der Kommunikation oder des gemeinschaftlichen Erlebens.

3. Die Begrenzung des Schutzbereichs durch die Merkmale der Waffenlosigkeit und der Friedlichkeit

a) Systematische Einordnung und Verhältnis zu den Schranken des Art. 8 Abs. 2 GG und zum einfachen Recht

Vor dem Hintergrund, dass die Versammlungsfreiheit als Kommunikationsgrundrecht keine Erzwingungshandlungen schützt (→ Rn. 271), ist auch zu erklären, dass die beiden ausdrücklichen Einschränkungen des Art. 8 Abs. 1 GG **keine Schranken** (dazu → Rn. 660 ff.), sondern **tatbestandliche Begrenzungen des Schutzbereichs** sind: Danach sind Versammlungen von Art. 8 Abs. 1 GG nur geschützt, wenn sie waffenlos und friedlich sind, anderenfalls fallen sie unter die allgemeine Handlungsfreiheit (→ Rn. 440). Daraus ergeben sich im Einzelfall allerdings schwierige Abgrenzungsfragen. Pragmatische Lösungen, die **an einfachrechtliche Bestimmungen anknüpfen**, sind dem Vorwurf ausgesetzt, dass die Geltung des Grundrechts in die Hand des Gesetzgebers gegeben wird. Solche Anknüpfungen mögen zwar im Ergebnis im Rahmen des Verfassungsrechts liegen, machen aber die Frage nicht überflüssig, was der verfassungsrechtliche Schutzbereich des Grundrechts ist, an das der Gesetzgeber nach Art. 1 Abs. 3 GG unmittelbar gebunden ist. Der Schutzbereich steht also nicht unter einem Gesetzesvorbehalt; letzterer ist Frage der Schranken, die sonst überflüssig wären. Was „waffenlos und friedlich" i. S. d. Verfassung ist, darf nicht aus einfachgesetzlichen Bestimmungen – auch nicht mit dem methodischen Instrument der Analogie[271] – abgeleitet werden, kann aber im Ergebnis zusammenfallen mit Grenzen, die der Gesetzgeber in anderem Zusammenhang zieht. Im Zweifel ist der Schutzbereich weit zu fassen mit der Folge, dass Einschränkungen im Rahmen der Schranken an der Verhältnismäßigkeit zu messen sind.

275

---

268 *Höfling* in: Sachs, GG, 9. Aufl., zu Art. 8 Rn. 22.
269 BVerfGE 69, 315, 350 f. – Brokdorf; BVerfGE 85, 69, 74 f. – Eilversammlungen.
270 *Gusy* in: v. Mangoldt/Klein/Starck, GG, Bd. 1, 7. Aufl., zu Art. 8 Abs. 1 Rn. 20.
271 Es besteht weder eine Lücke (Art. 8 Abs. 1 GG regelt ja den Schutzbereich), noch ist die Funktion des VersG mit dem Geltungsanspruch des GG vergleichbar.

b) Friedlichkeit

276 Zu restriktiv ist die Auffassung, dass jeder Verstoß gegen eine Rechtsnorm oder auch nur jeder Verstoß gegen das Strafrecht[272] zur „Unfriedlichkeit" i. S. d. Art. 8 Abs. 1 GG führt. Sie verlagert die Schranken der Versammlungsfreiheit in den Schutzbereich.

277 Die Grenzen der „Friedlichkeit" sind vielmehr in Anknüpfung an die Funktion des Art. 8 Abs. 1 GG dort zu ziehen, wo das kommunikative Element von Versammlungen in eine **tätliche Gewalt** umschlägt. Tätliche Gewalt liegt auch vor, wenn Sachbeschädigungen und Körperverletzungen – also z. B. das Werfen von Tomaten, Eiern und Farbbeuteln – mit einer symbolischen Aussage verknüpft werden. Tätliche Gewalt steht dem Schutzbereich des Art. 8 Abs. 1 GG also entgegen. Die im Ergebnis höchst umstrittene Frage, ob im Rahmen von Demonstrationen, insbesondere bei Sitzblockaden **psychische Gewalt** stattfindet, ob also eine Nötigung i. S. d. § 240 Abs. 1 StGB vorliegt und ob diese nach § 240 Abs. 2 StGB gerechtfertigt ist, gehört hingegen dogmatisch nicht[273] zur Begrenzung des Schutzbereichs mangels Friedlichkeit der Versammlung. Sie ist vielmehr im Rahmen der Schranken der Versammlungsfreiheit sowie beim Bestimmtheitsgebot nach Art. 103 Abs. 2 GG[274] zu erörtern. Bei Erzwingungshandlungen fehlt es freilich bereits am kommunikativen Element einer Versammlung, so dass der Schutzbereich schon deshalb nicht eröffnet ist (→ Rn. 271). Das Merkmal „friedlich" erhält eigenständige Bedeutung bei Demonstrationen, die zwar grundsätzlich einen kommunikativen Charakter haben, dabei jedoch in Gewalttätigkeit umschlagen. In diesen Fällen hat auch der EuGH den Schutz der Versammlungsfreiheit als EU-Grundrecht ausgeschlossen.

278 Die Auslegung des Merkmals „friedlich" als Kriterium der Untätlichkeit findet eine Parallele in der griffigen gesetzlichen **Formulierung der §§ 5 Nr. 3, 13 Abs. 1 Nr. 2 VersG**, die von einem „gewalttätigen oder aufrührerischen Verlauf" sprechen.

HINWEIS FÜR DIE FALLBEARBEITUNG: Im Gutachten empfiehlt es sich – schon weil es das Auswendiglernen von Definitionen erspart –, an das VersG anzuknüpfen (allerdings sind gegebenenfalls landesrechtliche Abweichungen zu beachten, soweit Länder von ihrer inzwischen ausschließlichen Gesetzgebungskompetenz Gebrauch machen). Dabei ist deutlich zu machen, dass aus der einfachrechtlichen Definition nicht zwingend die Schutzbereichsbestimmung folgt, sie sich aber entsprechen – und zwar auch in Fällen von Demonstrationen unter freiem Himmel. Zur Bestimmung des verfassungsrechtlichen Schutzbereichs der Versammlungsfreiheit ist es irrelevant, dass in den genannten Regelungen des VersG begrifflich Versammlungen – nämlich für deren Verbot bzw. Auflösung – vorausgesetzt werden, und dass sich diese Regelungen auf Versammlungen in geschlossenen Räumen beziehen.

---

[272] Wie hier: BVerfGE 73, 206, 248 – Sitzblockaden I; Kingreen/Poscher, Grundrechte, 37. Aufl., Rn. 891; gegen eine restriktive Interpretation des Merkmals der Friedlichkeit in Art. 11 Abs. 1 EMRK auch EKMR, v. 6.3.1989, DR 60, 256, 263.

[273] BVerfGE 73, 206, 248 – Sitzblockaden I; BVerfGE 104, 92, 106 – Sitzblockaden III; anders: BVerfGE 82, 236, 264 – Schubart.

[274] Dazu die wechselvolle Rechtsprechung von BVerfGE 73, 206, 233 ff. – Sitzblockaden I: Insoweit Stimmengleichheit; BVerfGE 92, 1, 14 ff. – Sitzblockaden II: Erweiterte Auslegung des § 240 Abs. 1 StGB verstößt gegen Art. 103 Abs. 2 GG; BVerfGE 104, 92, Ls. 1 – Sitzblockaden III: Art. 103 Abs. 2 GG ist nicht verletzt, wenn die Strafgerichte das Tatbestandsmerkmal der Gewalt in § 240 Abs. 1 StGB auf Blockadeaktionen anwenden, bei denen die Teilnehmer über die durch ihre körperliche Anwesenheit verursachte psychische Einwirkung hinaus eine physische Barriere errichten.

§ 9 Spezielle freiheitsrechtliche Schutzbereiche: Art. 8 Abs. 1 GG

In der **Praxis** stellen sich vor allem zwei Probleme: 279
1. Bei der Frage eines Verbotes nach §§ 5 Nr. 3 bzw. 15 Abs. 1 VersG muss die Behörde das Aggressionspotential von Demonstrationen **prognostizieren**. Dies ist umso schwieriger, als die Teilnehmer einer öffentlichen Versammlung ja gerade nicht organisiert sind. Die Risikoeinschätzung muss unter Beachtung der verfassungsrechtlichen Versammlungsfreiheit erfolgen. Daraus folgt, dass mögliche Ausschreitungen in einer „**Gegendemonstration**" nicht zur Unfriedlichkeit der Hauptdemonstration führen,[275] sondern im Gegenteil Schutzpflichten der Polizei auslösen, die ihre verfassungsrechtliche Grenze erst im polizeilichen Notstand,[276] d. h. in der effektiven Unmöglichkeit, finden. Aber auch diese führt verfassungsdogmatisch nicht zu einer Beschränkung des Schutzbereichs des Art. 8 Abs. 1 GG. Deshalb ist das Verbot einer Versammlung gegebenenfalls als Eingriff in die Versammlungsfreiheit zu rechtfertigen.

2. Nicht nur im Vorfeld, sondern auch während der Durchführung einer Versammlung stellt sich die Frage, wie auf die **Unfriedlichkeit einzelner Versammlungsteilnehmer** von Massenversammlungen zu reagieren ist. Grundsätzlich ist der **Charakter der Versammlung als ganzer** zu bewerten.[277] Dieser hängt freilich von den Handlungen ihrer jeweiligen Teilnehmer ab. Lediglich **punktuelle Gewalttätigkeit Einzelner** führt zu folgender Differenzierung: Die Gewalttätigen können sich nicht auf Art. 8 Abs. 1 GG berufen; die als Ganze friedliche Versammlung ist hingegen – v. a. vor ihnen – zu schützen. Wenn die Gewalttätigkeiten den Charakter der Versammlung **prägen**, ist deren Verbot nach §§ 13 Abs. 1 S. 1 Nr. 2 bzw. 15 Abs. 2 VersG zu verhängen.

c) Waffenlosigkeit

Waffen i. S. d. Art. 8 Abs. 1 GG sind eng zu verstehen als **objektiv gefährliche Gegenstände**, die keine sinnvolle, gewaltfreie Verwendung im Rahmen der Versammlung erwarten lassen. Mitgeführte Tomaten, Eier, Getränkeflaschen und -dosen sowie Schutzgegenstände wie Regenschirme und Helme sind – auch wenn sie als „Schutzwaffen" bezeichnet werden – keine Waffen i. S. d. Art. 8 Abs. 1 GG. Ihre gewaltsame Verwendung begründet allerdings die „Unfriedlichkeit" einer Versammlung. Das gilt letztlich für alle Waffen, weshalb sich daraus, dass Art. 11 Abs. 1 EMRK auf das Merkmal der Waffenlosigkeit verzichtet und nur unfriedliche Versammlungen ausschließt, im Ergebnis nichts anderes ergibt.[278] 280

Definition: Eine Versammlung ist i. S. d. Art. 8 Abs. 1 S. 1 GG waffenlos und friedlich, wenn sie ohne tätliche Gewalt und ohne Verwendung objektiv gefährlicher Gegenstände stattfindet.

4. Inhalt der Gewährleistung

Die Versammlungsfreiheit umfasst nicht nur das Recht, sich überhaupt versammeln zu können, sondern auch den Inhalt, die Form, den **Ort**, die **Zeit** und die **Dauer** sowie die **Teilnehmer** selbst zu bestimmen.[279] Gerade bei Demonstrationen gehört es 281

---

275 BVerfGE 69, 315, 360 f. – Brokdorf m. w. N.; für die EMRK ebenso: EGMR, v. 21.6.1988, EuGRZ 1989, 522, Z. 32 – Plattform „Ärzte für das Leben".
276 BVerfGE 69, 315, 362 – Brokdorf: „ultima ratio"; *Schulze-Fielitz* in: Dreier, GG, Bd. 1, 3. Aufl., zu Art. 8 Rn. 102.
277 BVerfGE 69, 315, 360 f. – Brokdorf m. w. N.; für die EMRK ebenso: EGMR, v. 21.6.1988, EuGRZ 1989, 522, 524, Z. 32 – Plattform „Ärzte für das Leben".
278 *Grabenwarter/Pabel*, EMRK, 7. Aufl., § 23 Rn. 70 u. 74.
279 BVerfGE 69, 315, 343 – Brokdorf.

zu deren Sinn, von der Öffentlichkeit wahrgenommen zu werden. Das ist auch bei der Abwägung mit entgegenstehenden Grundrechten Dritter zu berücksichtigen. Praktische Konkordanz liegt hier nicht darin, den Ort oder Zeitpunkt von Demonstration dorthin zu verdrängen, wo und wann sie am wenigsten stören. Das Verfassungsrecht schützt mit Art. 5 Abs. 1 S. 1 und Art. 8 Abs. 1 GG die Freiheit, sowohl inhaltlich als auch körperlich, d. h. im wahrsten Sinne des Wortes „Standpunkt zu beziehen".

5. Verweis auf europäische Grundrechte

282 Die Versammlungsfreiheit schützen Art. 11 EMRK und Art. 12 GRCh, letzterer explizit auch „insbesondere im politischen, gewerkschaftlichen und zivilgesellschaftlichen Bereich".[280]

▶ **Zu Fall 9:** Der Schutzbereich des Art. 8 Abs. 1 GG erstreckt sich auch auf Zusammenkünfte zu Freizeitzwecken (str.), und zwar unabhängig davon, ob dies in offenen oder geschlossenen Räumen (Straßencafé oder Kino), öffentlich oder nichtöffentlich (Lerngruppe) stattfindet. Insbesondere ist ein politischer Zweck nicht von der Verfassung gefordert (Loveparade, str.), jedoch natürlich auch und sogar typischerweise erfasst (Demonstrationsplanung). Auf der Ebene der Schranken kommt politischen Versammlungen gegebenenfalls ein besonderes Gewicht zu. Das Zusammenkommen zu beruflichen Zwecken (Kellnern) wird von Art. 8 Abs. 1 GG nicht geschützt, sondern von den einschlägigen Wirtschaftsfreiheiten (Art. 12 und Art. 2 Abs. 1 GG). Mitgeführte Gegenstände verstoßen nur dann gegen das Merkmal „ohne Waffen" in Art. 8 Abs. 1 GG, wenn diese objektiv gefährlich sind; andere Gegenstände machen bei ihrem Einsatz als Wurfgeschosse die Veranstaltung „unfriedlich". Symbolische Blockaden sind zur Erregung von Aufmerksamkeit vorübergehend schützenswert (str.). ◀

Systematische Verweise: Zur Beschränkung des persönlichen Schutzbereichs auf Deutsche lies → Rn. 444 ff. Zu den Schranken des Art. 8 Abs. 2 GG lies → Rn. 660 ff.

Wiederholungs- und Verständnisfragen

> Was spricht dafür, was dagegen, die Versammlungsfreiheit als rein politisches Grundrecht zu verstehen?
> Hängt der Schutz des Art. 8 Abs. 1 GG von einer bestimmten Zahl an Teilnehmern sowie von einer gewissen Dauer und Planung der Zusammenkunft ab?
> Nennen Sie Beispiele für denkbare „gemeinsame Zwecke" von Versammlungen!
> Welche Funktion haben die Merkmale „friedlich" und „ohne Waffen" in der Systematik des Art. 8 GG, wie sind sie inhaltlich und systematisch zu bestimmen?

IX. Vereinigungsfreiheit: Art. 9 Abs. 1 GG

▶ **Fall 10:** A versteht sich als Individualist und gründet eine Ein-Mann-GmbH. Er wehrt sich 1. Gegen die Zwangsmitgliedschaft in der IHK, meint 2., die Klage eines Naturschutzverbandes gegen seinen Betrieb sei durch nichts legitimiert. Als das alles nichts nützt, gründet er 3. Einen Verein zum „militanten Kampf gegen die Verbände". Noch bevor dieser Verein verboten wird, verweigert ihm der Bürgermeister die Benutzung der Stadthalle zum Abhalten einer Mitgliederversammlung. ◀

---

[280] Zum Ganzen: *Bröhmer* in: Dörr/Grote/Marauhn, EMRK/GG, 3. Aufl., Kap. 19.

1. Die Funktionen von Vereinigungen im System des Grundrechtsschutzes und im Verhältnis zum Demokratieprinzip

Vereinigungen haben eine **große praktische Bedeutung** in den verschiedensten Lebensbereichen, indem sie Kräfte bündeln und organisatorische Voraussetzungen für Gemeinschaftsleistungen schaffen. Sie verfolgen unterschiedlichste Zwecke, haben aber gemeinsam, dass sie jeweils ein strukturiertes Forum der Kommunikation und Zweckverfolgung schaffen. Das Spektrum reicht vom Sportverein über die Wissenschaftlergemeinschaft bis zur Aktiengesellschaft.

283

Dass die Vereinigungsfreiheit **überhaupt als Grundrecht** gewährleistet wird, ist im internationalen Verfassungsvergleich **keineswegs selbstverständlich**.[281] Das liegt nicht daran, dass es sich um ein weniger bedeutsames Grundrecht handeln würde – im Gegenteil: Vereine, Verbände und Gesellschaften können eine prägende gesellschaftspolitische Rolle spielen. Gerade deshalb haben Vordenker des modernen Verfassungsstaats ihnen rechtlichen Schutz z. T. abgesprochen. Freiheit und Gemeinschaft stehen sowohl in einem Spannungs- als auch in einem Ergänzungsverhältnis.[282] Die Grundpositionen für und wider die Vereinigungsfreiheit spiegeln sich bis heute in verschiedenen Rechtstraditionen:

284

Gegen den Schutz von Vereinen wendet sich ein **egalitärer Individualismus**, der namentlich von *Jean Jacques Rousseau*, im *Gesetz le Chapelier*[283] und in den *Federalist Papers*[284] vertreten wurde. Danach verfälschen Vereinigungen die Idee einer egalitären Gesellschaft. Das Mehrheitsprinzip in der Demokratie setze voraus, dass jedes Mitglied der Gesellschaft mit gleicher Stimme sprechen kann. Von einem solchen Verständnis her ist jeder Zusammenschluss zur Stärkung von Sonderinteressen zu verbieten, jedenfalls nicht rechtlich zu schützen. Grundrechte sind danach wesentlich auf das Individuum zugeschnitten.

285

Für die Schutzwürdigkeit der Vereinigungsfreiheit spricht in politischer Hinsicht nach *Alexis de Tocqueville* die **Notwendigkeit auch grundrechtlicher Oppositionsrechte**: Das Demokratieprinzip bedürfe eines Korrektivs, damit vermeintliche Egalität nicht in eine Diktatur der Mehrheit umschlägt. Die Vereinigungsfreiheit hat danach als politisches Minderheitenrecht eine ausgleichende Funktion gegenüber der Demokratie als Mehrheitsherrschaft. Sie gibt Minderheiten eine Chance, Zwecke gemeinschaftlich zu verfolgen, die (noch) nicht mehrheitsfähig sind. Vor diesem Hintergrund erklärt sich, warum das Grundgesetz die Vereinigungsfreiheit auch nicht unter einen Gesetzesvorbehalt stellt. Denn Gesetzesvorbehalte sind Mehrheitsvorbehalte. Aus dieser Konzeption ergibt sich allerdings auch ein Spannungsverhältnis gerade dieses Grundrechts zur Demokratie und zum parlamentarischen Prozess der Gemeinwohlkonkretisierung. Das bedeutet, dass z. B. ein Naturschutzverband mit der demokratischen Umweltgesetzgebung und deren Vollzug gleichsam konkurriert. Während dieser Ansatz die

286

---

281 Die Verfassung der Vereinigten Staaten von 1787 kennt die Vereinigungsfreiheit nicht und auch das erste Amendment von 1791 weist nur die Meinungs- und Versammlungsfreiheit aus; entsprechendes gilt für die französische Erklärung der Menschen- und Bürgerrechte von 1789 und die französische Verfassung von 1791: bis heute werden Vereine nur in der Präambel erwähnt.
282 Zum Ganzen: *Volkmann*, Freiheit und Gemeinschaft, in: HGR II, § 32.
283 Französisches Verbot jeglicher berufsständischer Organisation vom 14.6.1791 (benannt nach dem Abgeordneten I. R. G. le Chapelier), das sich radikal gegen den Feudalismus wendet.
284 Verteidigungsschrift der amerikanischen Verfassung von John Jay, James Madison und Alexander Hamilton, 1787/88.

Gemeinwohlkonkretisierung in der Mehrheitsbildung sieht und Vereinigungen hierzu lediglich ein Korrektiv darstellen, geht ein dritter Ansatz noch weiter:

287 Nach einer deutschen, namentlich von *Otto von Gierke* ausgeführten, Tradition sprechen **für** den Schutz von Vereinen auch deren **positive gemeinnützige Funktionen:** Die Bildung von Gemeinschaften kann **integrierend, befriedend, stabilisierend, erziehend und ordnend** wirken. Das gilt nicht nur für die Vereinigungen, die das Grundgesetz speziell zu Art. 9 Abs. 1 GG gesondert schützt, namentlich die Familie (Art. 6 GG → Rn. 248 ff.), Religionsgemeinschaften (Art. 4 Abs. 1 und Abs. 2 GG i. V. m. Art. 137 Abs. 2 bzw. Abs. 7 WRV → Rn. 178 ff.), die Gewerkschaften und Arbeitgeberverbände (Art. 9 Abs. 3 GG) sowie politische Parteien (Art. 21 GG). Vielmehr spielt heute der Öffentlichkeitsstatus von Vereinen auch z. B. bei den Steuerprivilegien gemeinnütziger Vereine oder bei Verbandsklagerechten (namentlich der Naturschutz- und der Behindertenverbände) eine Rolle. Das bedeutet in dem Beispiel der Naturschutzverbände, dass deren Tätigkeit nicht nur als Korrektiv demokratischer Gesetzgebung und staatlichen Naturschutzes, sondern als Teil der Verwirklichung des Gemeinwohlbelangs angesehen wird. Die **Kehrseite solcher Einbindung von Vereinen in öffentliche Aufgaben** ist die Forderung, deren Legitimation durch innere Strukturen (Parteien- und Verbandsdemokratie) abzusichern. Danach weisen die Vereinsfreiheit und das Demokratieprinzip gleichsam in dieselbe Richtung. Beide wollen sie Legitimationsgrundlage für Gemeinwohlkonkretisierungen sein. In einem tieferen Sinne des Gesellschaftsvertrages ist schließlich der Staat selbst als Korporation zu begreifen.

288 Für das Grundgesetz ergibt sich folgender Bestand:

1. Die **herausgehobene Bedeutung** des Grundrechts der Vereinigungsfreiheit wird darin deutlich, dass Vereinigungen nach Art. 9 Abs. 2 GG nur unter extrem restriktiven Voraussetzungen verboten werden dürfen (zum Vereinsprivileg → Rn. 301) und dass das Grundrecht im Übrigen **vorbehaltlos gewährleistet** ist, d. h. nur verfassungsimmanenten Schranken unterliegt (→ Rn. 43, 711 ff.). Damit zieht das Grundgesetz deutliche Konsequenzen aus der **wechselvollen Geschichte** der Verfolgung[285] und des Schutzes[286] von Vereinigungen. Parallel zu demokratischen Rechten wird dieser Schutz aber nur Deutschen zu Teil (→ Rn. 289). Die das VereinsG prägende Unterscheidung zwischen Deutschen- und Ausländervereinen (§ 3 Abs. 1 und § 14 f. VereinsG) knüpft daran an, dass Art. 9 Abs. 1 GG nur Deutschengrundrecht ist und dass das Verbot von Ausländervereinen unter den wesentlich erleichterten Bedingungen der Schrankentrias des Art. 2 Abs. 1 GG (→ Rn. 636 f.) möglich ist.

2. Die Vereinigungsfreiheit will **nicht** die **Vergesellschaftung der Individuen** oder gar die **Verstaatlichung der Gesellschaft.** Sie ist auch kein Verfassungsprinzip der **Demokratisierung von Verbänden.**[287] Jeder Bürger soll vielmehr autonom darüber entscheiden, ob, mit wem und zu welchen Zwecken er sich zusammenschließt und wie er sich dabei organisiert. Die grundrechtliche Vereinigungsfreiheit konstituiert Vereinigungen nicht „von oben", sondern „von unten". Als **Prinzip freier sozialer Gruppenbildung**[288] schützt Art. 9 Abs. 1 GG auch und gerade vor öffentlich-rechtlicher Zwangskorporation. Geschützt sind Vereinigungen auch dann, wenn sie keine gemeinnützigen Zwecke

---

285 Zu nennen ist hier etwa das restriktive Jesuiten- und Sozialistengesetz (1872/78).
286 Meilensteine sind Art. 20 der Verfassung Belgiens (1831); § 162 der Paulskirchenverfassung (1849) und das Reichsvereinsgesetz (1908).
287 Zu weitgehend: *Rinken* in: AK I, 3. Aufl., zu Art. 9 Abs. 1 Rn. 75.
288 *K. Hesse*, Grundzüge, 20. Aufl., Rn. 414.

verfolgen. Das schließt aber nicht aus, solchen Vereinen, die politische, gemeinnützige Aufgaben erfüllen, bestimmte Befugnisse, Förderungen angedeihen zu lassen. Für derartige Privilegien ist dann aber andererseits auch **kompensatorisch die Binnenpluralität**[289] entsprechender Vereinigungen, v. a. deren strukturelle Öffnung für Jedermann zu fordern. Dies jedoch ist von der Vereinigungsfreiheit weder begrifflich vorausgesetzt noch geboten, sondern lässt sich im Rahmen der verfassungsimmanenten Schranken mit einem weit verstandenen Demokratieprinzip rechtfertigen. Angesichts unausweichlicher Tendenzen der **Entstaatlichung** durch **Europäisierung** und **Globalisierung** zeichnet sich eine noch zunehmende Bedeutung von Verbänden ab. Die Vereinigungsfreiheit und ihre demokratische Einbindung haben dieser Entwicklung durch Verfassungswandel Rechnung zu tragen. Was Art. 21 Abs. 1 S. 3 GG in Ansehung der Macht der politischen Parteien als innerparteiliche Demokratie verfassungsrechtlich fordert, kann zwar nicht pauschal auf Verbände, auch nicht auf Koalitionen nach Art. 9 Abs. 3 GG übertragen werden. Dem Gesetzgeber ist aber auch nicht versagt, Binnenpluralität bestimmter Verbände einfachgesetzlich auszugestalten.[290]

2. Der verfassungsrechtliche und der verwaltungsrechtliche Begriff der Vereinigung

a) Gesetzliche Anknüpfungen

Art. 9 Abs. 1 GG gewährt allen Deutschen die Freiheit, „Vereine und Gesellschaften" zu bilden, ohne diese Begriffe näher zu definieren. Art. 9 Abs. 2 GG spricht allgemein von „Vereinigungen". Das heißt aber – trotz der Rechtsgeprägtheit dieses Grundrechts (→ Rn. 288 f.) – nicht, dass die Verfassung nur das schützt, was das **Privatrecht** (vgl. § 54 BGB) als Verein bzw. Gesellschaft rechtlich anerkennt. Der Schutzbereich des Art. 9 Abs. 1 GG muss vielmehr mit den Methoden der Verfassungsinterpretation erschlossen werden. In der Praxis hat sich die **Legaldefinition des Vereins in § 2 Abs. 1 VereinsG** durchgesetzt. Geschützt ist danach „ohne Rücksicht auf die Rechtsform jede Vereinigung, zu der sich eine Mehrheit natürlicher oder juristischer Personen für längere Zeit zu einem gemeinsamen Zweck freiwillig zusammengeschlossen und einer organisierten Willensbildung unterworfen hat." Dies entspricht weitgehend dem für Art. 9 Abs. 1 GG – wie auch für Art. 11 Abs. 1 EMRK[291] – gebotenen weiten Verständnis der Vereinigungsfreiheit und macht damit einen darüber hinausgehenden, eigenständigen Schutz von „Gesellschaften" überflüssig.

289

HINWEIS FÜR DIE FALLBEARBEITUNG: Für die Fallbearbeitung empfiehlt es sich, die Voraussetzungen des § 2 Abs. 1 VereinsG mit einigen wenigen Modifizierungen als Entsprechungen des verfassungsrechtlichen Schutzbereichs heranzuziehen.

b) Personenmehrheit

An einer Vereinigung i. S. d. Art. 9 Abs. 1 GG müssen **mindestens zwei Personen** beteiligt sein. Darüber hinaus eine Mindestmitgliederzahl – von drei oder sieben – Personen zu fordern, wird dem Wesen der Vereinigungsfreiheit und ihrem umfassenden Schutz ebenso wenig gerecht wie bei Art. 8 Abs. 1 GG.[292] Weil Art. 9 Abs. 1 GG seinem Wesen nach auch auf **juristische Personen** und damit z. B. auch auf einen Dachverband anwendbar ist und auch nach § 2 Abs. 1 VereinsG darauf erstreckt wird,

290

---

289 Wie hier: *Scholz* in: Dürig/Herzog/Scholz, GG, 81. Lfg., zu Art. 9 Rn. 104 ff.
290 Anders: *Kemper* in: v. Mangoldt/Klein/Starck, GG, Bd. 1, 7. Aufl., zu Art. 9 Abs. 1 Rn. 56.
291 *Bernsdorff* in: Meyer/Hölscheidt, GR-Charta, 5. Aufl., zu Art. 12 Rn. 13.
292 Wie hier: *Bauer* in: Dreier, GG, Bd. 1, 3. Aufl., zu Art. 9 Rn. 39.

läge es sogar nahe, die Ein-Mann-Gesellschaft und die Stiftung wegen der institutionellen Rechtsbeziehungen zwischen einer natürlichen und einer juristischen Person in den Schutzbereich einzubeziehen. Weniger teleologische,[293] sondern v. a. historische Gründe, dass nämlich derartige Ausgestaltungsmöglichkeiten erst durch den Gesetzgeber geschaffen wurden, sprechen dagegen, dies zu tun. Die Rechtsgeprägtheit von Institutsgarantien (→ Rn. 47) hat nicht zur Folge, dass jede Ausprägung durch den Gesetzgeber Verfassungsrang erhält.

c) Freiwilliger Zusammenschluss mit einem Gemeinschaftsinteresse

291 Nach Art. 9 Abs. 1 GG sollen sich Private **freiwillig zusammenschließen** können. Öffentlich-rechtliche Zwangskörperschaften können sich darauf nicht berufen.[294] Eine andere Frage ist, ob man sich gegen Zwangsmitgliedschaft in solchen Körperschaften mit der negativen Vereinsfreiheit wehren kann (→ Rn. 297 ff.). Das Merkmal der Freiwilligkeit meint nur **Freiheit von rechtlichem Zwang**. Wenn Vereinigungen Druck ausüben, um Mitglieder zu gewinnen oder zu halten, schließt das ihre grundsätzliche Berufung auf Art. 9 Abs. 1 GG nicht völlig aus. Die Vereinigungsfreiheit impliziert auch grundsätzlich die **kollektive Auswahlfreiheit**, mit wem Personen sich zusammenschließen, d. h. aus der Perspektive bestehender Vereinigungen die Möglichkeit, anderen die Aufnahme zu versagen oder Mitglieder auszuschließen. Gesetzliche Bestimmungen,[295] die die Anerkennung besonderer Rechte bestimmter Vereine davon abhängig machen, dass diese den Eintritt jedermann ermöglichen, der ihre Ziele unterstützt, sind danach verfassungsrechtlich ambivalent: Sie dienen zwar auch der Vereinigungsfreiheit potenzieller Mitglieder, stellen aber vor allem Eingriffe in die kollektive Auswahlfreiheit dar. Es stellt sich also die Frage der Rechtfertigung mit verfassungsimmanenten Schranken (→ Rn. 711 ff.).

292 Der Zusammenschluss muss **Ausdruck eines Gemeinschaftsinteresses** sein. Dies wird in der Praxis[296] in Anlehnung an die Legaldefinition des § 2 Abs. 1 VereinsG als Zusammenschluss „zu einem gemeinsamen Zweck" umschrieben. Dem steht nicht entgegen, dass es sich um Zwecke aller Art und jedweden Inhalts handeln kann (→ Rn. 302 f.), die jederzeit austauschbar[297] sind und sich auch im Selbstzweck der „Geselligkeit" erschöpfen können.[298] Ähnliches gilt für Art. 8 Abs. 1 GG (→ Rn. 269 f.). Abzulehnen sind einschränkende Auslegungen des Gemeinschaftszwecks dahin gehend, dass bloße Interessengemeinschaften – etwa die Gemeinschaften i. S. d. § 741 BGB – im Gegensatz zu Zweckgemeinschaften – d. h. Gesellschaften i. S. d. § 705 BGB – ausgeschlossen sein sollen.[299] Selbst wenn der einfachrechtliche Begriff der Gesellschaft dem verfassungsrechtlichen entspricht, ist zu bedenken, dass Art. 9 Abs. 1 GG die Gesellschaft nur als eine der geschützten Korporationen nennt. Die verfassungsrechtliche Vereinigungsfreiheit umfasst Gemeinschaften aller Art.

---

293 So aber die ganz h. M.: *Kemper* in: v. Mangoldt/Klein/Starck, GG, Bd. 1, 7. Aufl., zu Art. 9 Abs. 1 Rn. 13, 18 m. w. N.
294 Das gilt auch für Art. 12 GRCh: *Jarass/Kment*, EU-Grundrechte, 2. Aufl., § 17 Rn. 1.
295 Z. B. § 59 Abs. 1 Nr. 6 BnatSchG für die Anerkennung von Naturschutzverbänden, denen Rechte auf Beteiligung an Verwaltungsverfahren und Verbandsklagerechte eingeräumt werden.
296 Ganz h. M.: BVerwGE 106, 177, 181.
297 *Kemper* in: v. Mangoldt/Klein/Starck, GG, Bd. 1, 7. Aufl., zu Art. 9 Abs. 1 Rn. 24.
298 *Bauer* in: Dreier, GG, Bd. 1, 3. Aufl., zu Art. 9 Rn. 42.
299 So *Kemper* in: v. Mangoldt/Klein/Starck, GG, Bd. 1, 7. Aufl., zu Art. 9 Abs. 1 Rn. 23.

Hinweis für die Fallbearbeitung: Im Gutachten ist darauf nur einzugehen, wenn ausnahmsweise eine bloße Interessengemeinschaft vorliegt. § 2 Abs. 1 VereinsG kann – abgesehen davon, dass seine Definition nicht verfassungsrechtlich zwingend ist – verfassungskonform ausgelegt werden, indem unter Zweck jedes Gemeinschaftsinteresse verstanden wird.

d) Institutionelle Mindestanforderungen der Organisation

Die grundrechtliche Vereinigungsfreiheit wird wesentlich **ohne formale Vorgaben** gewährleistet. Das Spektrum reicht von der Bürgerinitiative über den eingetragenen Verein bis zum Konzern. Abzugrenzen ist die Vereinigung jedoch gegenüber der Versammlung i. S. d. Art. 8 Abs. 1 GG. Der wesentliche Unterschied liegt darin, dass bei Versammlungen die Kommunikation wesentlich unorganisiert bleibt, während sich Vereinigungen einer **organisierten Willensbildung** unterwerfen.

293

Auch Versammlungen bedürfen freilich der Disziplinierung, um Kommunikation unter vielen überhaupt zu ermöglichen – z. B. durch eine Diskussionsleitung. Die Vereinigung wird darüber hinaus durch eine Verständigung darüber geprägt, wie eine gemeinsame Willensbildung erfolgen kann, der sich alle Vereinigungsmitglieder unterwerfen, z. B. durch mehrheitliche oder einstimmige Beschlüsse. Dies kann gegebenenfalls auch informell erfolgen.[300] Die Bildung von Organen bzw. Sprechern ist nicht notwendiges Kriterium,[301] wird aber ab einer gewissen Größe von Vereinigungen faktisch unausweichlich sein. Nicht der Grad inhaltlicher Einigkeit, sondern das Kriterium **institutioneller Strukturen der Willensbildung** ist entscheidend. So findet z. B. die kollektive Kundgabe gemeinschaftlich vertretener Meinungen auf einer Demonstration im Rahmen von Art. 8 Abs. 1 GG, die Kampfabstimmung innerhalb einer Bürgerinitiative darüber, ob man eine solche Demonstration organisieren will, hingegen im Rahmen von Art. 9 Abs. 1 GG statt.

294

Eine **zeitliche Stabilität** mag zwar typisch für Vereinigungen sein, stellt aber kein notwendiges, eigenständiges Kriterium dar. Zu denken ist an spontane Bürgerinitiativen, die nur vorübergehenden Zwecken dienen und die sich – etwa im Falle der Zweckerreichung – auch ebenso schnell wieder auflösen können. Auch sie sind Vereinigungen, wenn sie ihre **Willensbildung Regeln unterordnen**.[302] Diese Regeln müssen den Willen, sich im Konfliktfall einer gemeinsamen Willensbildung zu unterwerfen, wenigstens konkludent zum Ausdruck bringen.

Definition: Die Vereinigungsfreiheit des Art. 9 Abs. 1 GG kann durch eine verfassungskonforme Auslegung der Legaldefinition der Vereine i. S. d. § 2 Abs. 1 VereinsG erschlossen werden. Verein bzw. Gesellschaft i. S. d. Art. 9 Abs. 1 GG ist danach „ohne Rücksicht auf die Rechtsform jede Vereinigung, zu der sich eine Mehrheit (d. h. mindestens zwei) natürlicher oder juristischer Personen für längere Zeit (d. h. über eine Versammlung i. S. d. Art. 8 Abs. 1 GG hinausgehend) zu einem gemeinsamen Zweck freiwillig zusammengeschlossen und einer organisierten Willensbildung unterworfen hat (bzw. sich entsprechend zu institutionalisieren beabsichtigt)".

---

300 Eine verbindliche Satzung ist nicht erforderlich: *Kemper* in: v. Mangoldt/Klein/Starck, GG, Bd. 1, 7. Aufl., zu Art. 9 Abs. 1 Rn. 15; strenger: *Scholz* in: Dürig/Herzog/Scholz, GG, 81. Lfg., zu Art. 9 Rn. 67.
301 So auch *Bauer* in: Dreier, GG, Bd. 1, 3. Aufl., zu Art. 9 Rn. 41.
302 Dies hat das BVerfG sogar für ad-hoc-Koalitionen anerkannt: BVerfGE 84, 212, 225 – Aussperrung.

3. Positive und negative Freiheit der Institutionalisierung

a) Positiver Schutz der Institutionalisierung als „Doppelgrundrecht"

295 Die positiven Seiten des Art. 9 Abs. 1 GG umfassen Bildung und Bestand von Vereinigungen, einschließlich der Organisation, der internen Willensbildung und der Geschäftsführung.[303] Aus diesem positiven Schutz leitet sich ein sogenanntes „**Doppelgrundrecht**" ab:

1. Art. 9 Abs. 1 GG gewährleistet **jedem Einzelnen** die individuelle Freiheit, eine Vereinigung zu gründen, ihr beizutreten,[304] und sich aktiv in ihr zu engagieren.

2. Art. 9 Abs. 1 GG gibt darüber hinaus auch der Vereinigung **kollektiven institutionellen Grundrechtsschutz**.[305] Die Gegenansicht,[306] welche fordert, die hierfür sonst maßgeblichen Voraussetzungen des Art. 19 Abs. 3 GG zu prüfen, überzeugt nicht. Zweifel daran, dass die Vereinigungsfreiheit i. S. d. Art. 19 Abs. 3 GG „ihrem Wesen nach" kollektivfähig ist, können jedenfalls dann nicht bestehen, wenn man Art. 9 Abs. 1 GG als rein institutionellen Schutz begreift und somit das personale Element dieses Grundrechts in den Hintergrund tritt, mithin auch Dachverbände den Schutz genießen. Vor allem passt die Beschränkung des Art. 19 Abs. 3 GG auf juristische Personen nicht zum Wesen der Vereinigungsfreiheit, die gerade auch informelle Zusammenschlüsse schützt – während sich öffentlich-rechtliche Körperschaften ohnehin nicht auf Art. 9 Abs. 1 GG berufen können (→ Rn. 291).

296 Inhaltlich ist die **Vereinsautonomie umfassend** geschützt. Sie umfasst die Zielautonomie, die Personalautonomie, die Satzungsautonomie und die Finanzautonomie. Vereinigungen können rechtlich erheblich nur handeln, wenn der Staat rechtlich anerkannte Formen und mit ihnen z. B. Vertretungs- und Haftungsfragen regelt.

b) Negativer Schutz vor Zwangsmitgliedschaft

297 Über den Wortlaut des Art. 9 Abs. 1 GG hinaus gibt es auch Aspekte negativer Vereinigungsfreiheit. Gegen Vereinigungen i. S. d. Art. 9 Abs. 1 GG besteht für den Einzelnen ein Schutz, ihnen **fernzubleiben**[307] sowie aus ihnen wieder **auszutreten**.[308] Daraus entsteht eine staatliche Schutzpflicht (→ zu den Schutzpflichten Rn. 510 ff.), die im Rahmen der Ausgestaltung des institutionellen Rahmens zu erfüllen ist (namentlich durch das unabdingbare Austrittsrecht nach §§ 39 f. BGB).

298 Umstritten ist allerdings, ob das gegenüber Vereinigungen aller Art gilt. Es liegt nahe, diese negative Freiheit sogar **erst recht** gegenüber solchen Vereinigungen zu gewährleisten, die ihrerseits nicht den positiven Schutz nach Art. 9 Abs. 1 GG genießen.

---

303 BVerfGE 80, 244, 253 – Vereinsverbot.
304 BVerfGE 10, 89, 102 – (Großer) Erftverband.
305 BVerfGE 84, 372, 378 – Lohnsteuerhilfeverein; K. Hesse, Grundzüge, 20. Aufl., Rn. 410; Ziekow, Vereinigungsfreiheit, in: HGR IV, § 107 Rn. 11.
306 Bauer in: Dreier, GG, Bd. 1, 3. Aufl., zu Art. 9 Rn. 34 ff.; Dreier, ebd., zu Art. 19 Abs. 3 Rn. 89 ff.; Kemper in: v. Mangoldt/Klein/Starck, GG, Bd. 1, 7. Aufl., zu Art. 9 Abs. 1 Rn. 62 ff.
307 BVerfGE 10, 89, 102 – (Großer) Erftverband; EGMR, v. 30.6.1993, Serie A 264, Z. 35 – Sigurjonsson; Peters/Altwicker, EMRK, 2. Aufl., § 16 Rn. 3.
308 BVerfGE 38, 281, 298 – Arbeitnehmerkammern; EGMR, v. 30.6.1993, Serie A 264, Z. 35 – Sigurjonsson; Peters/Altwicker, EMRK, 2. Aufl., § 16 Rn. 3.

Die Rechtsprechung des BVerfG[309] nimmt – entgegen wachsender Kritik[310] und abweichend von der Rechtsprechung des EGMR[311] – aber im Gegenteil die **Zwangsmitgliedschaft in öffentlich-rechtlichen Zwangskörperschaften** aus dem Schutz des Art. 9 Abs. 1 GG aus. Die Konsequenz ist, dass diese Fälle „nur" von der allgemeinen Handlungsfreiheit des Art. 2 Abs. 1 GG erfasst werden (→ Rn. 442). Ihre Begründung, dass die negative Freiheit nicht weiter als die positive Freiheit reichen dürfe, führt zu der kuriosen Konsequenz, dass Art. 9 Abs. 1 GG ausgerechnet in der klassischen Grundrechtsfunktion des Abwehrrechts gegen staatliche Maßnahmen ausfällt, für die kaum relevante Konstellation eines (faktischen oder rechtlichen) Zwangs der Mitgliedschaft in einer privatrechtlichen Vereinigung aber greift.

Die Gründe für und wider diese Rechtsprechung sind in ihren Konsequenzen, d. h. in der **Schrankensystematik** zu suchen: Die Rechtsprechung sieht öffentlich-rechtliche Zwangskorporationen nur als Eingriff in die allgemeine Handlungsfreiheit, gegebenenfalls auch in die Berufsfreiheit. Sie unterwirft sie damit im Ergebnis nur dem Vorbehalt des Gesetzes sowie der Verhältnismäßigkeit. Legt man hingegen den Maßstab des Art. 9 Abs. 1 GG an, ist darüber hinaus zu fordern, dass die Zwangsmitgliedschaft einem Rechtsgut mit Verfassungsrang in verhältnismäßiger Weise dient, weil Art. 9 Abs. 1 GG keinem Gesetzesvorbehalt unterliegt, sondern nur verfassungsimmanente Schranken (→ Rn. 711 ff.) hat. Weil die Vereinigungsfreiheit freie Sozialisation schützen will, sind gerade auch Zwangskorporationen am strengen Maßstab des Art. 9 Abs. 1 GG zu messen.[312] In der Schrankensystematik liegt auch der Grund dafür, dass das BVerfG umgekehrt die Rechtsprechung des EGMR nicht durch eine völkerrechtsfreundliche Erweiterung des Schutzbereichs des Art. 9 Abs. 1 GG, sondern im Rahmen des Art. 2 Abs. 1 GG berücksichtigt (→ Rn. 43, 81).

299

4. „Doppelte Zweckneutralität" des Schutzbereichs

a) Kein spezifischer Schutz gemeinschaftlicher Zwecke

Art. 9 Abs. 1 GG knüpft an die **Institutionalisierung von Gemeinschaften** an. Das Grundrecht schützt gemeinschaftliches **Handeln** der als solche geschützten Organisationen allenfalls **mittelbar**.

300

Daraus ergeben sich in der **Fallbearbeitung** folgende systematische Weichenstellungen: Ob die Zwecke von Vereinigungen und deren gemeinschaftliche Verfolgung, also die **Tätigkeiten** von Vereinigungen **ihrerseits verfassungsrechtlich** geschützt sind, hängt von deren konkreten Inhalten ab. Der inhaltliche Schutz ist nicht auf Art. 9 Abs. 1 GG, sondern gegebenenfalls auf **andere Normen** zu stützen. So kann z. B. ein Tierschutzverein Art. 20a GG, eine politische Bürgerinitiative Art. 5 Abs. 1 S. 1 GG oder eine Aktiengesellschaft Art. 12 und Art. 14 GG für sich in Anspruch nehmen – und zwar in demselben Maße, wie es jeder Einzelne könnte. Inwieweit eine kollektive Inanspruchnahme von Grundrechten geschützt ist, richtet sich nach Art. 19 Abs. 3 GG

---

309 BVerfGE 146, 164 – Pflichtmitgliedschaft IHK; zustimmend *Kemper* in: v. Mangoldt/Klein/Starck, GG, Bd. 1, 7. Aufl., zu Art. 9 Abs. 1 Rn. 59.
310 Wie hier die wohl h. L.: *Bauer* in: Dreier, GG, Bd. 1, 3. Aufl., zu Art. 9 Rn. 47 m. w. N.
311 Modifizierend der EGMR, EuGRZ 1981, 551, Z. 64 f. – Le Compte, Van Leuven and De Meyere: kein Eingriff, wenn nicht zugleich die Bildung entsprechender freier Vereinigungen ausgeschlossen wird; Noch weiter gehend: EGMR, v. 29.4.1999, NJW 1999, 3695, 3699, Z. 101 – Chassagnou/Frankreich: Bei Zwangsmitgliedschaft im Jagdverband kommt es nicht darauf an, ob dieser öffentlich-rechtlich ist; mit dem Argument völkerrechtsfreundlicher Auslegung des GG lässt sich das BVerfG freilich hier nicht umstimmen.
312 *K. Hesse*, Grundzüge, 20. Aufl., Rn. 414.

(→ Rn. 453 ff.), nicht nach Art. 9 Abs. 1 GG. Der Grund hierfür liegt in der **Schrankensystematik:** Der Schutz von Vereinigungen gilt bis an die Grenze der Strafbarkeit und Verfassungsfeindlichkeit i. S. d. Art. 9 Abs. 2 GG (→ Rn. 664 ff.) vorbehaltlos. Durch die Trennung zwischen institutionellem Schutz („Verein als solcher") und der Vereinstätigkeit („Aktivitäten des Vereins") wird erreicht, dass die speziellen Schranken der je einschlägigen Grundrechte nicht überspielt werden. Sinn und Zweck der Vereinigungsfreiheit kann es nicht sein, Tätigkeiten von Vereinen pauschal unter einen Schutz zu stellen, während dasselbe Verhalten einem einzelnen Individuum verboten wäre. Die Mittel der Vereinigungsbildung heiligen nicht deren Zwecke. Schädliche Tätigkeiten werden durch ihre gemeinschaftliche Verübung umso gefährlicher. Darauf kann die Rechtsordnung reagieren. Die spezifische Bestrafung der organisierten Kriminalität (z. B. der Bandenhehlerei nach §§ 260, 260 a StGB) ist kein Problem des Art. 9 Abs. 1 GG. Wohl aber stellt die Bestrafung der Bildung einer kriminellen bzw. terroristischen Vereinigung nach §§ 129, 129 a StGB einen – freilich gerechtfertigten – Eingriff in die Vereinigungsfreiheit dar.

301 Dass das BVerfG den Schutz vereinzelt auf einen „**Kernbereich** [...] **der Vereinstätigkeit**"[313] erstreckt hat, sollte nicht überinterpretiert[314] werden. Damit ist nur eine Betätigung gemeint, die der Bildung und Fortentwicklung des Vereins als solchem dient, namentlich der **Selbstdarstellung** und der **Mitgliederwerbung**.[315] Dazu gehört auch das **Abhalten von Vereinsveranstaltungen**. Insbesondere wirkt sich die Gewährleistung des Art. 9 Abs. 1 GG als absolute, formale „**Vereinsgleichheit**" aus: Vereinigungen darf der Zugang zu öffentlichen Gebäuden nicht aus dem Grund verweigert werden, sie seien verfassungswidrig, da die nach § 3 VereinsG konstitutive Feststellung der Voraussetzungen des Art. 9 Abs. 2 GG den zuständigen Innenministerien vorbehalten ist (Vereinsprivileg).[316] Hingegen unterliegt das konkrete Tun auch der Vereinsmitglieder auf solchen Versammlungen den immanenten Schranken des Art. 8 GG.

b) Zweckneutraler Schutz aller Gemeinschaften

302 Dass Art. 9 Abs. 1 GG auf den institutionellen Schutz des Vereins beschränkt ist, hat eine positive Kehrseite in der **Zweckneutralität** der Vereinigungsfreiheit. Die Vereinigungsfreiheit erstreckt sich auf Vereinigungen mit den verschiedensten Zweckrichtungen: Sie erfasst politische und gesellschaftliche, aber auch wirtschaftliche und persönliche Zwecke.[317] Anders als bei Art. 5 und Art. 8 GG findet die gegebenenfalls unterschiedliche Bedeutung der Zwecke noch nicht einmal graduelle Berücksichtigung,[318] weil es bei Art. 9 GG nur um institutionellen Schutz geht. Qualifizierten Schutz erfahren allerdings Vereine durch **spezielle Verfassungsgarantien**, die an bestimmte Zwecke anknüpfen. Das betrifft Koalitionen (→ Rn. 305 ff.), Religionsgemeinschaften (→ Rn. 178 ff.) und politische Parteien (→ Rn. 287). Ihnen gegenüber ist die Vereinigungsfreiheit ein **institutionelles Auffangrecht**. So werden z. B. die sogenannten

---

313 BVerfGE 80, 244, 253 – Vereinsverbot.
314 Nach v. *Mutius*, Die Vereinigungsfreiheit gem. Art. 9 Abs. 1 GG, Jura 1984, 193, 196 wird durch Art. 9 Abs. 1 GG die externe, nach *Scholz* in: Dürig/Herzog/Scholz, GG, 81. Lfg., zu Art. 9 Rn. 40, 81 ff. die zweckverfolgende Betätigung von Vereinigungen geschützt.
315 BVerfGE 84, 372, 378 – Lohnsteuerhilfeverein.
316 BVerwGE 61, 218, 219. Noch stärker ist das Parteienprivileg insofern ausgeprägt, als ein Parteiverbot nach Art. 21 Abs. 2 GG dem BVerfG vorbehalten ist.
317 Das gilt auch für Art. 12 Abs. 1 GRCh: *Jarass/Kment*, EU-Grundrechte, 2. Aufl., § 17 Rn. 18.
318 Wie hier: *Bauer* in: Dreier, GG, Bd. 1, 3. Aufl., zu Art. 9 Rn. 20; *Kemper* in: v. Mangoldt/Klein/Starck, GG, Bd. 1, 7. Aufl., zu Art. 9 Abs. 1 Rn. 4.

Rathausparteien, die nach der Rechtsprechung[319] und den Bestimmungen des Parteiengesetzes nicht unter Art. 21 GG fallen, von Art. 9 Abs. 1 GG erfasst.

Zweckneutralität bedeutet auch, dass Vereinigungen sogar dann grundsätzlich durch Art. 9 Abs. 1 GG in ihrem Bestand geschützt werden, wenn sie **verbotene Zwecke** verfolgen. Die Vereinigungsfreiheit steht **nicht**[320] unter dem **Vorbehalt der einfachgesetzlichen Erlaubtheit der Zwecke** (zur Paralleldiskussion, den Schutz des Art. 12 Abs. 1 GG auf erlaubte Berufe zu begrenzen → Rn. 350 f.). Abzulehnen sind Ansätze, die insoweit den **Schutzbereich** des Art. 9 Abs. 1 GG begrenzen wollen. Systemwidrig würden sonst Grundrechtsbeschränkungen, die gesetzlich zu rechtfertigen sind und dem Grundsatz der Verhältnismäßigkeit unterliegen, auf den Schutzbereich verlagert. Aus demselben Grund stellt Art. 9 Abs. 2 GG (→ Rn. 664 ff.) eine Schranke der Vereinigungsfreiheit und nicht deren Schutzbereichsbegrenzung dar.[321] Der zweckneutrale Schutz der Vereinigungsfreiheit geht sogar noch weiter, d. h. **auch auf der Schrankenebene** steht die Vereinigungsfreiheit nicht unter dem Vorbehalt der einfachgesetzlichen Erlaubtheit der Zwecke.

303

5. Verweis auf europäische Grundrechte

Die Vereinigungsfreiheit schützen Art. 11 EMRK und Art. 12 GRCh. Dabei bleibt das Schutzniveau allerdings hinter dem des Art. 9 GG zurück, zumal Art. 11 Abs. 2 EMRK eine großzügigere Schrankenregelung enthält (→ Rn. 666).

304

▶ **ZU FALL 10:** Von Verfassungs wegen (also im Gegensatz zum einfachen Recht) schützt Art. 9 Abs. 1 GG als Grundrecht der kollektiven Organisation nur Personenmehrheiten, also keine 1-Personen-Vereinigungen. Art. 9 Abs. 1 GG schützt nicht vor der Inanspruchnahme durch Verbände z. B. als Klagegegner. Nach hier vertretener Auffassung schützt Art. 9 Abs. 1 GG auch vor der Zwangsmitgliedschaft in öffentlich-rechtlichen Körperschaften (str.). Vereine unterliegen dem Vereinsprivileg, genießen also gleichen Zugang zu öffentlichen Einrichtungen und Leistungen, solange sie nicht durch den Innenminister verboten werden. ◀

SYSTEMATISCHE VERWEISE: Zur Beschränkung des persönlichen Schutzbereichs auf Deutsche lies → Rn. 444 ff. Zu den Schranken des Art. 9 Abs. 2 GG lies → Rn. 664 ff., zu den verfassungsimmanenten Schranken des im Übrigen vorbehaltlos gewährleisteten Grundrechts → Rn. 711 ff., insbesondere 715.

WIEDERHOLUNGS- UND VERSTÄNDNISFRAGEN

> Erläutern Sie das Spannungsverhältnis zwischen der Vereinigungsfreiheit einerseits und den Individualfreiheiten, der individuellen Gleichheit und der Demokratie andererseits!
> Was versteht man unter einer Vereinigung im Sinne des Art. 9 Abs. 1 GG?
> In welchen Fällen ist die negative Vereinigungsfreiheit streitig, in welchen nicht?
> Erklären Sie den Begriff der „doppelten Zweckneutralität" der Vereinigungsfreiheit!

---

319 BVerfGE 47, 253, 272 – Gemeindeparlamente: Neben Art. 9 Abs. 1 GG greift auch die vom kommunalen Demokratieprinzip des Art. 28 Abs. 1 GG implizierte Chancengleichheit.
320 Anders *Scholz* in: Dürig/Herzog/Scholz, GG, 81. Lfg., zu Art. 9 Abs. 1 Rn. 39.
321 Vgl. *Kingreen/Poscher*, Grundrechte, 37. Aufl., Rn. 941 f.

X. Koalitionsfreiheit: Art. 9 Abs. 3 GG

▶ **FALL 11:** Der in der deutschen Stahlindustrie arbeitende Chinese C überlegt sich, aus der Gewerkschaft auszutreten, weil diese in letzter Zeit zu allgemeinpolitischen Fragen Stellung genommen hat. Er findet es im Übrigen undemokratisch, dass der Staat Fragen des Lohns und der Arbeitsbedingungen nicht in größerem Umfang gesetzlich regelt. Durch das herrschende Tarifsystem sieht er sich quasi „zwangskorporiert". ◀

1. Die Funktionen von Koalitionen im System des Grundrechtsschutzes und im Verhältnis zum Demokratieprinzip

305 Eine auch historisch **eigenständige Bedeutung**[322] hat die Freiheit der Arbeitnehmer- und Arbeitgebervereinigungen, der sogenannten „Koalitionen". Sie wurde durch die strukturell unterlegene Arbeiterbewegung politisch erkämpft und war in Art. 159, 165 WRV noch in einem gesonderten Abschnitt über das Wirtschaftsleben geregelt. Auch wenn die Koalitionsfreiheit heute mit Art. 9 Abs. 3 GG und Art. 11 Abs. 1 EMRK sowie Art. 12 Abs. 1 GRCh in den normativen Zusammenhang mit der Vereinigungsfreiheit gerückt und wie diese **vorbehaltlos** gewährleistet ist (→ Rn. 43, 711 ff.), weist sie dieser gegenüber **drei zusätzliche dogmatische Besonderheiten** auf:
1. Anders als die Vereinigungsfreiheit, die in Art. 9 Abs. 1 GG als Deutschengrundrecht konzipiert ist, wird die Koalitionsfreiheit als **Menschenrecht** gewährleistet.
2. Die Koalitionsfreiheit entfaltet mit Art. 9 Abs. 3 S. 2 GG im Gegensatz zu allen anderen Grundrechten **unmittelbare Drittwirkung** zwischen Privaten (→ Rn. 479).
3. Während die Vereinigungsfreiheit zweckneutral ist und rein institutionellen Schutz bietet („doppelte Zweckfreiheit" → Rn. 302 f.) schützt die Koalitionsfreiheit Vereinigungen, die **bestimmte Zwecke** verfolgen, einschließlich deren zwecktypischer Tätigkeit („doppelte Zweckbezogenheit" → Rn. 310 ff.). Dort wo die institutionelle Vereinigungsfreiheit vom inhaltlichen Schutz gemeinschaftlichen Handelns abzugrenzen ist, **überlagert** deshalb die Koalitionsfreiheit die Geltung der **Wirtschaftsgrundrechte i. V. m. Art. 19 Abs. 3 GG.**

306 Der Schutz der Betätigung der Koalitionen erfasst v. a. die **Tarifautonomie** und zu deren Sicherung[323] Rechte des **Arbeitskampfes**, also des Streiks und der Aussperrung. Damit wirkt Art. 9 Abs. 3 GG nicht nur prägend auf das Kollektivarbeitsrecht, sondern auch auf die Wirtschaftsgrundrechte und das Demokratieprinzip. Da diese ebenfalls Verfassungsrang beanspruchen, bedarf es einer systematischen Zuordnung:

307 Die Tarifparteien regeln Fragen, die sonst unter die **individuelle Vertragsgestaltungsfreiheit** fallen würden. Mit der unmittelbaren Drittwirkung der Koalitionsfreiheit und der verfassungsrechtlich belegten Bindungswirkung von Tarifverträgen wird die Vertragsfreiheit zurückgedrängt. An die Stelle der **Vertragsautonomie** der Einzelnen tritt **Tarifautonomie**, um für ein Gleichgewicht zwischen Arbeitnehmern und Arbeitgebern zu sorgen.[324]

---

[322] Das BVerfG interpretiert Art. 9 Abs. 3 GG auf der Grundlage seiner – im Vergleich zu anderen Grundrechten späten – geschichtlichen Entwicklung: BVerfGE 50, 290, 367 – Mitbestimmung.
[323] BVerfGE 88, 103, 114 – Streikeinsatz von Beamten; BVerfGE 146,71 – Tarifeinheitsgesetz.
[324] Zu den Grenzen: BVerfGE 93, 352, 361 – Mitgliederwerbung II; BAGE 64, 248, 295 f.

Die Tarifparteien treffen zugleich Regelungen, die vom **demokratischen Gesetzgeber** geregelt werden könnten. Anders als bei der allgemeinen Vereinsfreiheit[325] betätigen sich die Koalitionen nicht nur tatsächlich in einem Bereich von großer gesellschaftspolitischer Bedeutung. Mit Art. 9 Abs. 3 GG wird vielmehr verfassungsrechtlich anerkannt, dass Koalitionen rechtlich verbindliche, normative Regelungen aushandeln. An die Stelle der **demokratischen Normsetzung** tritt hier **autonome Normsetzung**; § 5 TVG[326] sieht vor, dass der Staat das Ausgehandelte gegebenenfalls ohne inhaltliche Einflussnahme oder Veränderung für allgemein verbindlich erklärt. Nach Art. 153 Abs. 3 AEUV (ex Art. 137 Abs. 3 EGV) wird die Möglichkeit eröffnet, die Richtlinienumsetzung den mitgliedstaatlichen Sozialpartnern zu überlassen, soweit dies flächendeckend erfolgt.[327] Letzteres kann wiederum durch staatliche Allgemeinverbindlichkeitserklärung erreicht werden.[328]

308

2. Der verfassungsrechtliche Begriff der Koalition

a) Systematische, ausdrückliche und funktionale Begriffsmerkmale der Koalition

Die **begrifflichen Merkmale** einer Koalition i. S. d. Art. 9 Abs. 3 GG sind aus seinem Wortlaut, Sinn und Zweck sowie aus der Systematik des Art. 9 GG insgesamt zu erschließen: Koalitionen sind ein Spezialfall von Vereinigungen, müssen also **Vereinigungen i. S. d. Art. 9 Abs. 1 GG** sein (zur Vereinigungsfreiheit → Rn. 283 ff.). Die beiden Zwecke, die Koalitionen verfolgen müssen, sind ausdrücklich in **Art. 9 Abs. 3 GG** geregelt. Die **Funktion der Koalitionen als Tarifpartner** und deren herausgehobene Stellung, die auch zu Einschränkungen anderer Verfassungsprinzipien, v. a. individueller Wirtschaftsgrundrechte und des Demokratieprinzips führt, gibt der Rechtsprechung Anlass, weitere Voraussetzungen zu fordern.

309

b) Zwecke der Wahrung und Förderung der Arbeits- und Wirtschaftsbedingungen

Koalitionen sind nur solche Vereinigungen, die **beide** in Art. 9 Abs. 3 GG ausdrücklich genannten **Zwecke verfolgen**, d. h. der Wahrung und Förderung sowohl der Arbeits- als auch der Wirtschaftsbedingungen dienen. Wirtschafts- und Verbraucherverbände, die sich allein den Wirtschaftsbedingungen verschreiben, sind nur durch Art. 9 Abs. 1 GG geschützt.

310

c) Ungeschriebene qualitative Merkmale aus der Funktion der Tarifautonomie

Nach der Rechtsprechung müssen noch weitere Voraussetzungen vorliegen, die z. T. umstritten[329] sind: Allgemein anerkannt ist das Merkmal der **Gegnerunabhängigkeit**, das sich aus der Funktion der Koalitionen als Tarifpartner ableitet. Nur voneinander unabhängige Gegenparteien können der Interessenvertretung auf paritätische Weise nachkommen, die die Tarifautonomie verfassungsrechtlich schützenswert macht. Um-

311

---

325 Allerdings nimmt die Bedeutung privater Standardsetzung und normativer Absprachen zwischen Wirtschaft und Staat in einem Maße zu, dass bestimmten Verbänden bisweilen eine an den Ausnahmerang von Art. 9 Abs. 3 GG heranreichende Stellung eingeräumt wird.
326 BVerfGE 44, 322, 340 – Allgemeinverbindlicherklärung I: Dies ist ein „Rechtsetzungsakt eigener Art zwischen autonomer Regelung und staatlicher Rechtsetzung".
327 EuGH, Rs. C-235/84 (Kommission/Italien), Slg. 1986, 2291, Rn. 20: Wahrung von Ansprüchen.
328 *Krebber* in: Calliess/Ruffert, EUV/AEUV, 6. Aufl., zu Art. 153 AEUV Rn. 36.
329 Nur die Gegnerunabhängigkeit fordert *Kemper* in: v. Mangoldt/Klein/Starck, GG, Bd. 1, 7. Aufl., zu Art. 9 Abs. 1 Rn. 91 ff.

stritten ist jedoch, ob zu dieser Unabhängigkeit außerdem auch die **Gegnerfreiheit** und die **Überbetrieblichkeit** gehört. Vorzugswürdig ist es, diese Merkmale als untergeordnete Merkmale der Gegnerunabhängigkeit und damit (bloß) als **Indizien** zu werten: Dass eine einzelne, von der Koalition gegebenenfalls übersehene[330] Doppelmitgliedschaft deren verfassungsrechtlichen Schutz sprengen soll, kann ebenso wenig überzeugen wie der kategorische Ausschluss von Werksvereinen, wenn diese – etwa in Monopolbranchen – alternativlos sind und der Stellung überbetrieblicher Gewerkschaften gleichkommen. Freilich dürfen Arbeitskämpfe in Monopolbranchen nicht in unverhältnismäßiger Weise andere Branchen lahmlegen. Fraglich ist weiter, ob sich damit die funktionalen Voraussetzungen von Koalitionen erschöpfen oder ob darüber hinaus die **Durchsetzungsfähigkeit** von Koalitionen zu prüfen ist[331] oder gar die **Tariffähigkeit** und **Kampfbereitschaft**.[332] Der Rechtsprechung ist auch hier insoweit zu folgen, als sie diese Kriterien als untergeordnete Gesichtspunkte im Rahmen einer Gesamtbetrachtung handhabt.

Definition: Eine Koalition i. S. d. Art. 9 Abs. 3 GG muss kumulativ erstens die Voraussetzungen einer Vereinigung i. S. d. Art. 9 Abs. 1 GG erfüllen, zweitens der Wahrung und Förderung sowohl der Arbeits- als auch Wirtschaftsbedingungen dienen und drittens die Funktion als unabhängiger Tarifpartner erfüllen.

3. Die „doppelte Zweckbezogenheit" der Koalitionsfreiheit im Gegensatz zur Vereinsfreiheit

312 Dass Koalitionen **bestimmten Zwecken** dienen, gehört zu ihren ausdrücklichen begrifflichen Merkmalen nach Art. 9 Abs. 3 GG. Die Zweckgebundenheit der Koalitionen hat eine positive Kehrseite. Die Koalitionsfreiheit beschränkt sich nicht auf den institutionellen Schutz, sondern **erstreckt sich auf deren Tätigkeit**.

313 Die „doppelte Zweckbezogenheit" der Koalitionsfreiheit steht im Gegensatz zur „doppelten Zweckneutralität" der Vereinigungsfreiheit. Es handelt sich dabei jeweils um zwei Kehrseiten einer Medaille. Konsequent ist der Tätigkeitsschutz der Koalitionen auf die in Art. 9 Abs. 3 GG genannten **spezifischen Koalitionszwecke** begrenzt. Um den Unterschied zu Art. 9 Abs. 1 GG klar zu machen, sollten diese nicht als „Kernbereich"[333] der Koalitionsfreiheit bezeichnet werden. Verfolgen Koalitionen hingegen nebenbei allgemeinpolitische Zwecke, so werden sie darin nicht von der Koalitionsfreiheit geschützt, wohl aber von der Meinungsfreiheit.

4. Positive und negative Koalitionsfreiheit mit unmittelbarer Drittwirkung

a) Positiver Schutz als „Doppelgrundrecht"

314 Die positiven Seiten der Koalitionsfreiheit umfassen den institutionellen Schutz des Art. 9 Abs. 1 GG und den spezifischen Tätigkeitsschutz. Beide Aspekte gelten – wie bei Art. 9 Abs. 1 GG – als sogenanntes „**Doppelgrundrecht**" für **jeden Einzelnen** und für die **Koalitionen als solche**. Auf die Voraussetzungen des Art. 19 Abs. 3 GG kommt es

---

[330] Das BVerfG fordert verbandsinterne Regularien, die das ausschließen: BVerfGE 100, 214, 223 – Gewerkschaftsausschluss.
[331] So BVerfGE 58, 233, 248 f. – Deutscher Arbeitnehmerverband; BVerfGE 100, 214, 223 – Gewerkschaftsausschluss; anders BVerfG-K, NJW 1995, 3377 f.
[332] Dagegen bereits BVerfGE 58, 233, 248 f. – Deutscher Arbeitnehmerverband.
[333] So noch BVerfGE 84, 212, 228 – Aussperrung; ausdrücklich wie hier: BVerfGE 94, 268, 283 – Wissenschaftliches Personal; zum Ganzen *Bauer* in: Dreier, GG, Bd. 1, 3. Aufl., zu Art. 9 Rn. 85 f.

§ 9 Spezielle freiheitsrechtliche Schutzbereiche: Art. 10 GG § 9

nicht an. Die Konsequenzen sind gravierender als bei der Vereinigungsfreiheit, weil es sich bei Art. 9 Abs. 3 GG um ein Menschenrecht handelt, das **auch für ausländische Koalitionen** gilt.[334]

b) Negativer Schutz vor Zwangsmitgliedschaft

Auch die Koalitionsfreiheit schützt vor dem Zwang, Vereinigungen beizutreten oder in ihnen zu verbleiben. Die starke Stellung der Koalitionen und die Bedeutung der Tarifautonomie sind indes verfassungsrechtlich gewollt und somit auch die Notwendigkeit, einer Koalition beizutreten, um bei tariflichen Auseinandersetzungen repräsentiert zu werden. 315

c) Unmittelbare Drittwirkung

Die im Falle des Art. 9 Abs. 3 S. 2 GG ausdrückliche Drittwirkung wird im Rahmen der allgemeinen Lehren behandelt (→ Rn. 479). 316

5. Verweis auf europäische Grundrechte

Das Koalitionsrecht zugunsten der Gewerkschaften schützen Art. 11 EMRK und Art. 12 GRCh. Dazu kommen die umfangreichen Solidaritätsrechte im Arbeitsleben nach Art. 27–34 GRCh. 317

▶ Zu Fall 11: Art. 9 Abs. 3 GG ist ein Menschenrecht und schützt in seiner negativen Dimension vor Zwangsmitgliedschaft, nicht jedoch vor den Folgen, die sich aus einem Austritt oder fehlender Mitgliedschaft ergeben. Die starke Stellung der Koalitionen ist verfassungsrechtlich gewollt. ◀

Systematische Verweise: Zu den verfassungsimmanenten Schranken lies → Rn. 711 ff.

Wiederholungs- und Verständnisfragen

> Wie verhält sich Art. 9 Abs. 3 GG zu den Wirtschaftsgrundrechten des Individuums?
> Welche drei Besonderheiten zeichnen die Koalitionsfreiheit gegenüber der Vereinigungsfreiheit aus?
> Welche zusätzlichen Voraussetzungen müssen Koalitionen gegenüber Vereinigungen nach Art. 9 Abs. 1 GG erfüllen?
> Welche Besonderheiten bei der Zweckgebundenheit gibt es bei der Koalitionsfreiheit?

XI. Brief-, Post- und Fernmeldegeheimnis: Art. 10 GG

▶ **Fall 12:** Der A ist strafverdächtig. Die Polizei fängt u. a. seine Post, Telefonate und E-Mails auf dem Übertragungswege ab. Sie registriert sowohl deren Inhalt als auch die Verbindungsdaten darüber, wann A mit wem korrespondiert. Auf ältere E-Mail-Korrespondenz des A greift die Polizei durch Onlinedurchsuchungen und durch die Beschlagnahme einer nicht mehr ans Internet angeschlossenen Festplatte zu. ◀

---

[334] *Bauer* in: Dreier, GG, Bd. 1, 3. Aufl., zu Art. 9 Rn. 70 m. w. N. auch zur Gegenansicht.

1. Schutzkonzepte der Korrespondenzfreiheiten im funktionellen Wandel

318 Der **Schutzzweck** dieses Grundrechts ist die **Vertraulichkeit privater Kommunikation unter Abwesenden**. Damit ergänzt Art. 10 GG die Versammlungsfreiheit des Art. 8 GG (→ Rn. 267 ff.), die Foren der Kommunikation unter Anwesenden gewährleistet und Art. 5 Abs. 1 S. 1 GG, der die inhaltliche Freiheit der Kommunikation schützt (→ Rn. 201 ff.). Zur Kommunikation unter Abwesenden ist der Einsatz von Medien erforderlich. Art. 10 GG schützt also spezifisch die nicht öffentliche **mediengestützte Kommunikation**, während Art. 5 Abs. 1 S. 2 GG öffentliche Kommunikationsmedien als solche schützt (→ Rn. 218 ff.). Die Kommunikationsbeteiligten sollen nach Art. 10 GG autonom darüber entscheiden können, welchen Abwesenden welche Information zukommt.

319 Dies umfasst nicht nur die Vertraulichkeit der Inhalte, sondern auch die Tatsache, **ob überhaupt eine Kommunikation stattfindet**.[335] Letzteres, d. h. sogenannte „Verbindungsdaten", spielen bei der Arbeit der Sicherheitsbehörden eine bedeutsame Rolle. Sie werden von der neueren Rechtsprechung[336] durch Art. 10 GG allerdings nur gegen Zugriffe während des Kommunikationsvorgangs geschützt – dann freilich auch gegen die spätere Verwendung solcher Daten[337]. Bewahrt der Empfänger selbst sie nach abgeschlossenem Vorgang auf bzw. speichert sie elektronisch, dann sind sie gegen späteren staatlichen Zugriff (nur)[338] vom „Recht auf informationelle Selbstbestimmung" (→ Rn. 426), gegebenenfalls auch von Art. 13 GG (→ Rn. 365 ff.) und vor allem vom „Grundrecht auf Gewährleistung der Vertraulichkeit und Integrität informationstechnischer Systeme" geschützt (→ Rn. 427 ff.). Soweit der Schutzbereich des Art. 10 GG reicht, ist dieses Grundrecht spezieller und verdrängt das Recht auf informationelle Selbstbestimmung.[339] Art. 10 GG schützt also nicht die Kommunikationsanlagen, sondern nur den Kommunikationsvorgang selbst.

320 In dem Maße, in dem die gesellschaftliche Differenzierung zunimmt, steigt auch die Bedeutung dieser Kommunikation unter Abwesenden und also auch die Notwendigkeit eines darauf gerichteten Schutzes. Neben der steigenden gesellschaftlichen Bedeutung haben auch die technische Entwicklung der Kommunikationsmedien und die Privatisierung der Post Fragen des **Verfassungswandels** aufgeworfen (→ Rn. 34 ff.).

321 **Art. 10 GG** hat **drei Ausprägungen**, die an zwei Medien (Brief- bzw. Fernmeldeverkehr) und an die (inzwischen privatisierte) Betreiberorganisation (Post) anknüpfen. Die Abgrenzungsschwierigkeiten zwischen diesen Tatbestandsmerkmalen und der Streit um ihre heutige Bedeutung nehmen zu. Die Lösung bietet eine Orientierung an dem **einheitlichen Schutzkonzept** des Art. 8 Abs. 1 EMRK: Danach schützt Art. 10 GG die Freiheit der „Korrespondenz"[340] als solche. Das bedeutet im Einzelnen:

---

335 BVerfGE 85, 386, 396 – Fangschaltungen.
336 BVerfGE 115, 166, 199 f. – Verbindungsdaten; BVerfGE 120, 274, 306 ff. – Online-Durchsuchung; die Aspekte der Kommunikation als Recht auf Privatheit und der Korrespondenz sind auch nach EGMR, v. 25.6.1997, RJD 1997-III, Z. 44 – Halford zu trennen, fallen freilich beide unter Art. 8 Abs. 1 EMRK.
337 BVerfGE 125, 260, 309 – Vorratsdatenspeicherung.
338 Das hat Auswirkungen auf die Schranken (→ Rn. 638).
339 BVerfGE 125, 260, 310 – Vorratsdatenspeicherung.
340 Dazu EGMR, v. 29.6.2006, NJW 2007, 1433, 1434, Z. 77 ff. – Weber u. Saravia/Deutschland.

2. Ausprägungen einer allgemeinen Freiheit der Korrespondenz

a) Briefgeheimnis

Geschützt wird die **schriftliche Fixierung** von Informationen zum Zwecke der Kommunikation. Nach überkommener Auffassung ist unter einem Brief nur die schriftliche Fixierung **individueller Informationsinhalte** zu verstehen. Darunter fällt zwar die Postkarte, nicht aber die Werbebroschüre oder die Warensendung. Dies führt nicht nur zu Abgrenzungsschwierigkeiten bei Massendrucksachen und Serienbriefen, sondern überzeugt auch der Sache nach nicht. Auch das gesprochene Wort muss nicht notwendigerweise an bestimmte Empfänger gerichtet sein.[341] Die Verfügungsfreiheit über Informationsinhalte durch das allgemeine Persönlichkeitsrecht und die Freiheit medialer Kommunikation nach Art. 10 GG werden je eigenständig gewährleistet. Für eine erweiterte Auslegung im Lichte der weiter gefassten Freiheit der „Korrespondenz" nach Art. 8 Abs. 1 EMRK spricht zudem die Kompensation eines spezifisch deutschen Bedeutungswandels des Postgeheimnisses:

322

b) Postgeheimnis

Die durch enge Auslegung des Begriffs „Brief" entstehende Lücke wurde nämlich nach überkommener Auffassung von der Gewährleistung des Postgeheimnisses geschlossen, das sich auf Postsendungen aller Art bezog. Die **Privatisierung der Post** wurde zwar in Art. 87 f. GG verfassungsrechtlich verankert. Damit sollte aber dieser Schutz durch den nicht geänderten Art. 10 GG nicht entfallen und gegenstandslos werden.[342] Er wirkt vielmehr als staatliche Schutzpflicht der Postaufsichtsbehörden ebenso fort wie als Eingriffsverbot zulasten der Sicherheitsbehörden.[343] Der Staat hätte sich sonst durch Privatisierung eines Aspektes seiner Grundrechtsverpflichtung entledigt. Die **mediale Kommunikation** gewinnt in unserer modernen Welt nicht nur tatsächlich überragende Bedeutung, sondern sie hat **Eigenwert**, nämlich als Chance zum erleichterten Informationsaustausch. Dieser ist Basis für die Ausübung vieler weiterer Grundrechte, insbesondere der politischen und der wirtschaftlichen Freiheiten. Deshalb sind auch die Betreiber von Kommunikationsanlagen und -diensten selbst Träger des Grundrechts aus Art. 10 Abs. 1 GG,[344] dessen einheitlicher Schutzbereich in Anlehnung an Art. 8 Abs. 1 EMRK als Korrespondenzfreiheit zu verstehen ist.

323

c) Fernmeldegeheimnis

Dazu gehört auch der Aspekt des Fernmeldegeheimnisses, der das Grundrecht auf die **unkörperlichen Übertragungsakte** und auf die von Privaten betriebenen **Telekommunikationsanlagen**[345] erstreckt. Damit fallen die E-Mail und die SMS nicht unter das Brief-, sondern unter das Fernmeldegeheimnis. Auch und gerade in diesem Bereich ist eine Beschränkung auf individuelle Kommunikationsvorgänge aus den oben

324

---

341 Das verkennt *Hermes* in: Dreier, GG, Bd. 1, 3. Aufl., zu Art. 10 Rn. 32.
342 So aber *Hermes* in: Dreier, GG, Bd. 1, 3. Aufl., zu Art. 10 Rn. 49.
343 Vgl. zu dieser Doppelfunktion: BVerfGE 106, 28, 36 f. – Mithörvorrichtung.
344 BVerfGE 85, 386, 396 – Fangschaltungen: Das galt sogar für die staatliche Post; bis heute ablehnend: *Hermes* in: Dreier, GG, Bd. 1, 3. Aufl., zu Art. 10 Rn. 28.
345 BVerfGE 106, 28, 37 – Mithörvorrichtung.

genannten Gründen nicht geboten. Sie wäre auch technisch nicht mehr möglich.³⁴⁶ Der „Live-Chat" als gemeinschaftliche Kommunikation unter Abwesenden, als gleichsam virtuelle Versammlung, wird nicht³⁴⁷ in analoger Anwendung von Art. 8 Abs. 1 GG, sondern von Art. 10 Abs. 1 GG geschützt. Einen Schutz gegen die Teilnahme der Sicherheitsbehörden an Chats erkennt das BVerfG hingegen nicht an.³⁴⁸

Definitionen: Das **Briefgeheimnis** schützt auf Kommunikation angelegte schriftliche Fixierungen von Informationen unabhängig vom Adressatenkreis. Das **Fernmeldegeheimnis** schützt demgegenüber unkörperliche Kommunikationsakte. Das **Postgeheimnis** beinhaltet nach der Postreform nur noch einen Schutzauftrag an die Post- und Telekommunikationsbehörden.

3. Verweis auf europäische Grundrechte

325 Das Recht auf „Korrespondenz" im Zusammenhang mit dem „Recht auf Privatleben" schützen Art. 8 EMRK und Art. 7 GRCh.

▶ **ZU FALL 12:** Art. 10 GG erfasst die Korrespondenz mit verschiedenen Medien. Unkörperliche (Telefonate) und elektronische (E-Mails) Kommunikationsvorgänge werden vom Fernmeldegeheimnis geschützt. Der spezifische Schutz des Art. 10 GG erstreckt sich aber nur auf Eingriffe in den Übertragungsvorgang. Der Zugriff auf bereits übertragene und gespeicherte Korrespondenz betrifft andere Grundrechte (Art. 2 Abs. 1 i. V. m. Art. 1 Abs. 1 bzw. Art. 13 GG). Das gilt auch, wenn der Staat die Übertragungswege zum Zugriff auf bereits übertragene Korrespondenz benutzt (Online-Durchsuchung). ◀

SYSTEMATISCHE VERWEISE: Zu den Schranken des Art. 10 Abs. 2 GG lies → Rn. 586, 668 ff.

WIEDERHOLUNGS- UND VERSTÄNDNISFRAGEN

> Welchen Schutzzweck hat Art. 10 GG, in welche Gehalte zerfällt er und wie lassen sich diese auf einen (europarechtlich orientierten) Begriff bringen?
> Wie werden die Verbindungsdaten der Kommunikation grundrechtlich geschützt?
> Grenzen Sie das Brief- und das Fernmeldegeheimnis voneinander ab.

XII. Freizügigkeit: Art. 11 GG

▶ **FALL 13:** Der militante Fußballfan F will zu einem Spiel der deutschen Nationalmannschaft gegen das Team Englands nach London reisen, „um dort Krawall zu machen". Beim Grenzübertritt in die Niederlande wird er von der deutschen Polizei angehalten, die ihm die Ausreise nach England versagt. ◀

1. Die Funktion der Freizügigkeit im System des Grundrechtsschutzes

326 Die Freizügigkeit gehört zu den Grundrechten, deren Gewährleistung Voraussetzung zur Entfaltung der Persönlichkeit und vieler weiterer Grundrechte ist. Die **herausgeho-**

---

346 Das räumt auch *Hermes* ein in: Dreier, GG, Bd. 1, 3. Aufl., zu Art. 10 Rn. 40, der die Möglichkeit individueller Kommunikation ausreichen lässt und damit im Ergebnis einer Erweiterung des Schutzbereichs gleichkommt.
347 Wie hier: *Schulze-Fielitz* in: Dreier, GG, Bd. 1, 3. Aufl., zu Art. 8 Rn. 32.
348 BVerfGE 120, 274, 341 – Online-Durchsuchung; zum Verbot, die informationelle Selbstbestimmung dabei nicht durch Täuschung zu verletzen allerdings ebd., S. 345.

bene Bedeutung spiegelt sich in einem qualifizierten Gesetzesvorbehalt nach Art. 11 Abs. 2 GG: Einschränkungen sind nur unter sehr engen Voraussetzungen möglich (zu den Schranken → Rn. 671 f.). Die dogmatische Hauptschwierigkeit dieses Grundrechts besteht in der Abgrenzung seines **spezifischen Schutzbereichs** zur Freiheit der Person nach Art. 2 Abs. 2 S. 2 GG, zur Versammlungsfreiheit nach Art. 8 Abs. 1 GG, zum Schutz aus Art. 16 und Art. 16 a GG und zur allgemeinen Handlungsfreiheit des Art. 2 Abs. 1 GG. Eine systematische Einordnung sollte vor allem der Differenziertheit der Einzelgrundrechte Rechnung tragen, die sich vor allem in deren verschiedenen Schranken niederschlägt (zu den Schranken: Teil 7 § 23).

Eine Auslegung der Freizügigkeit im Lichte **europäischer Grundrechte** führt nur begrenzt weiter. Art. 45 GRCh und Art. 2 Prot. Nr. 4 EMRK haben einen weiten Schutzbereich, indem sie **räumliche Bewegungsfreiheit umfassend** gewährleisten. Damit werden verschiedene Aspekte der Selbstbestimmung des Aufenthaltsortes erfasst, die nach deutscher Grundrechtsdogmatik nur z. T. Art. 11 GG, z. T. aber anderen Schutzbereichen zuzuordnen sind. Dazu gehört – im Unterschied zur GRCh und zur EMRK – auch die allgemeine Handlungsfreiheit. Wollte man den Schutzbereich des Art. 11 Abs. 1 GG ausdehnen, ließe sich dessen besonderes Schutzniveau nicht durchhalten. 327

2. Der Begriff der Freizügigkeit

Art. 11 GG schützt die Freiheit, seinen ständigen **Wohnsitz zu wählen**. Umstritten ist, in welchem Maße darüber hinaus die Bewegungsfreiheit zur Freizügigkeit gehört. 328

Nach einem weiten Verständnis umfasst Art. 11 GG das Recht, **jeden Ort im Inland aufzusuchen**. Damit wäre auch das Reisen und Wandern erfasst, nur nicht die Wahl des Beförderungsmittels.[349] Die Konsequenz dieser Auffassung wäre, dass sich klassische polizeiliche Maßnahmen des Platzverweises dann wegen Art. 11 Abs. 2 GG nicht rechtfertigen ließen. Versuche einer **graduellen Abgrenzung** der Freizügigkeit (Art. 11 GG) zur bloßen Fortbewegungsfreiheit (Art. 2 Abs. 1 GG) mit dem quantitativen Element der Verweildauer oder dem qualitativen Element der Bedeutung des Aufenthaltes[350] haben den Nachteil der Unbestimmtheit. 329

Überzeugend ist eine **funktionelle** Bestimmung des Schutzbereichs des Art. 11 Abs. 1 GG, die zu einem **finalen** Begriff der Freizügigkeit führt. Ziel und Zweck des „Ziehens" i. S. d. Freizügigkeit muss die **Begründung eines Lebenskreises** sein.[351] Auf diese Fälle – und nur auf sie – passt auch die Schrankenregelung des Art. 11 Abs. 2 GG, die das Problem einer „ausreichenden Lebensgrundlage" thematisiert. Auch nach der Rechtsprechung schützt die Freizügigkeit, „Aufenthalt und Wohnung zu nehmen".[352] Einzubeziehen sind dabei nicht nur Zweitwohnsitze, sondern im Falle von Obdachlosen oder Nomaden auch flexible Aufenthaltsorte. 330

3. Die räumliche Erstreckung der Freizügigkeit

Nach Art. 11 GG wird die Freizügigkeit „im ganzen **Bundesgebiet**" gewährleistet. Umstritten ist, ob **über den Wortlaut hinaus** – auch Art. 73 Nr. 3 GG unterscheidet 331

---

349 Vgl. BVerfGE 80, 137, 150 – Reiten im Walde.
350 *Hailbronner*, Freizügigkeit, in: HStR VII, 3. Aufl., § 152 Rn. 40 f.
351 *Randelzhofer* in: BK, GG, 43. Lfg., zu Art. 11 Rn. 28 f.; *Hailbronner*, Freizügigkeit, in: HStR VII, 3. Aufl., § 152 Rn. 47 f.
352 BVerfGE 110, 177, 190 – Freizügigkeit von Spätaussiedlern.

die Freizügigkeit von der Ein- und Auswanderung – **Fälle mit Grenzüberschreitung** erfasst werden. Die Tendenz historischer Argumente ist ambivalent[353] und auch die verbreitete Differenzierung zwischen Ein-[354] und Ausreise[355] überzeugt nicht. Vielmehr lässt sich ein weites Verständnis überzeugend nur mit dem **Konzept des offenen Verfassungsstaates** begründen,[356] das sich hier in einem spezifischen Deutschengrundrecht niederschlägt und schon deshalb nicht mit der Menschenwürde[357] begründet werden sollte. Daraus ergibt sich: Die Freizügigkeit erfasst zwar der Sache nach nicht das bloße Reisen, erstreckt sich aber grenzüberschreitend auf das Recht **ein- und auszuwandern**. Hier berührt eine solche weite Interpretation der Freizügigkeit die europarechtlichen Garantien der Freizügigkeit und der Niederlassungsfreiheit (→ Rn. 334). Dabei ist zu beachten, dass sich die in Art. 21 AEUV (ex Art. 18 EGV) geschützte Freiheit der Unionsbürger, sich in jedem Mitgliedstaat zu bewegen und aufzuhalten immer weiter zu einer von den Wirtschaftsfreiheiten unabhängigen **unionsbürgerrechtlichen Freizügigkeit** entwickelt. Dagegen verstößt z. B., wenn eine Invalidenrente nur an solche Deportationsopfer ausgezahlt wird, die ihren Wohnsitz nicht ins Ausland verlegen.[358]

4. Positive und negative Freizügigkeit

332 Zu den Aspekten der **positiven Freizügigkeit** gehört auch die Möglichkeit, die **persönliche Habe mitzunehmen,** da sie der Begründung eines Lebenskreises dient.[359]

333 Geschützt ist auch die **negative Freiheit,** seinen Lebenskreis nicht zu verlassen. Dazu gehört auch der Schutz Deutscher vor der **Ausweisung** ins Ausland – während die Auslieferung in Art. 16 Abs. 2 GG[360] speziell geregelt ist. Allerdings setzt Art. 11 GG die Bewohnbarkeit des Ortes voraus und erstreckt sich daher nicht auf den Schutz gegen **Umsiedlungsmaßnahmen** wegen bodenrechtlicher Umwidmungen – z. B. im Zusammenhang mit einem Braunkohletagebau.[361]

Definition: Die Freizügigkeit schützt die Wahl des persönlichen Aufenthaltsortes im Inland, soweit und solange die jeweilige Ortswahl der Begründung eines Lebenskreises dient, sowie das Recht auf Ein- und Auswanderung unter Mitnahme seiner persönlichen Habe.

---

353 Vgl. *Wollenschläger* in: Dreier, GG, Bd. 1, 3. Aufl., zu Art. 11 Rn. 31 mit restriktivem Ergebnis.
354 Wie hier h. M. (Art. 11 GG): BVerfGE 2, 266, 273 – Notaufnahme; BVerfGE 110, 177, 191 – Freizügigkeit von Spätaussiedlern; *Randelzhofer* in: BK, GG, 43. Lfg., zu Art. 11 Rn. 72, 78; anders (Art. 2 Abs. 1 GG): *Gusy* in: v. Mangoldt/Klein/Starck, GG, Bd. 1, 7. Aufl., zu Art. 11 Abs. 1 Rn. 38.
355 Anders h. M. (nur Art. 2 Abs. 1 GG): BVerfGE 6, 32, 35 – Elfes; BVerfGE 72, 200, 245 – Einkommensteuerrecht; *Kingreen/Poscher*, Grundrechte, 37. Aufl., Rn. 1003 f.; wie hier (Art. 11 GG): *K. Hesse*, Grundzüge, 20. Aufl., Rn. 371.
356 *M. Rossi*, AöR 127 (2002), S. 612, 615 f.
357 So aber *Rittstieg* in: AK, zu Art. 11 Rn. 49.
358 EuGH, Rs. C-499/06 (Nerkowska/Zaklad Ubezpieczeń Społecznych), Rn. 23 ff.
359 *Kingreen/Poscher*, Grundrechte, 37. Aufl., Rn. 1005.
360 *Kingreen/Poscher*, Grundrechte, 37. Aufl., Rn. 1006, 1193.
361 Das weite Verständnis negativer Freizügigkeit ist durch Art. 11 Abs. 2 GG in der Weise zu relativieren, dass auch die Zerstörung einer „ausreichenden Lebensgrundlage" zum „besonderen Wohl der Allgemeinheit" verfassungsrechtlich nicht ausgeschlossen ist.

§ 9 Spezielle freiheitsrechtliche Schutzbereiche: Art. 12 GG

5. Verweis auf europäische Grundrechte

Das Recht auf Freizügigkeit wird – und zwar auch grenzüberschreitend – geschützt durch Art. 2 ZP 4 zur EMRK und Art. 45 GRCh sowie Art. 21 AEUV (ex Art. 18 EGV).[362]

▶ **Zu Fall 13:** Nach ständiger Rechtsprechung des BVerfG ist die Freiheit zur Ausreise von Art. 11 GG nicht geschützt, er beinhaltet danach ein Aufenthaltswahlrecht im Bundesgebiet, nicht aber ein „Reiserecht". Dem ist jedoch entgegen zu halten, dass es dem Konzept des offenen Verfassungsstaats widerspricht, seine Bürger an der Ausreise zu hindern. Das Ausreiseverbot ist daher ein Eingriff in Art. 11 GG. Dafür spricht auch eine Auslegung im Lichte der europäischen Gewährleistungen. ◀

Systematische Verweise: Zur Beschränkung des persönlichen Schutzbereichs auf Deutsche lies → Rn. 444 ff. Zu den Schranken des Art. 11 Abs. 2 GG lies → Rn. 671, zur Unanwendbarkeit verfassungsimmanenter Schranken → Rn. 715.

Wiederholungs- und Verständnisfragen

> Was schützt das Grundrecht der Freizügigkeit?
> Wie verhält sich Art. 11 GG zu Sachverhalten mit grenzüberschreitendem Bezug?
> Grenzen Sie die Gewährleistungen von Art. 11 GG gegen Art. 45 GRCh und Art. 2 ZP 4 zur EMRK ab.

XIII. Berufsfreiheit: Art. 12 GG

▶ **Fall 14:** A ist Hausmann und trainiert in seiner Freizeit eine Fußball-Jugendmannschaft. Eine Trainerlizenz hat er zwar nicht, wird aber wegen seiner Genialität für monatlich 1500 € engagiert. Um das Haushaltsgeld seiner knauserigen Ehefrau weiter aufzubessern, steigt A ins Geschäft der Sportwetten ein, nicht zuletzt, weil er gute Beziehungen zu Spielern und Schiedsrichtern im Ligabetrieb pflegt. Dies wird ihm aber wegen eines gesetzlichen Staatsmonopols untersagt. A ist der Meinung, umgekehrt müsse sich der Staat jeglicher wirtschaftlichen Tätigkeit enthalten. Außerdem wird A wegen Betrugs zu gemeinnütziger Arbeit verurteilt. ◀

1. Die Funktion der Berufsfreiheit im System des Grundrechtsschutzes

Bei Art. 12 Abs. 1 GG geht es um die **wirtschaftliche Entfaltung der Persönlichkeit**. Es stellt sich die Frage, ob dabei mehr die persönlichen oder die wirtschaftlichen Funktionen des Grundrechts im Vordergrund stehen. Darin unterscheiden sich der Schutz wirtschaftlicher Freiheit im Grundgesetz und im Unionsrecht konzeptionell voneinander:

Im **deutschen Grundrechtssystem** ist die **Berufsfreiheit persönlichkeitsorientiert** konzipiert: Art. 12 Abs. 1 GG hat in den Worten des BVerfG die Funktion, die „freie Entfaltung der Persönlichkeit im Bereich der individuellen Leistung und Existenzerhaltung"[363] zu gewährleisten. Der Beruf setzt zwar eine wirtschaftliche Tätigkeit voraus und das BVerfG sieht auch deren Wert als Beitrag zur gesellschaftlichen Ge-

---

362 Zum Ganzen: *Giegerich* in: Dörr/Grote/Marauhn, EMRK/GG, 3. Aufl., Kap. 26.
363 BVerfGE 82, 209, 223. Zu einem beruflich geprägten Persönlichkeitsrecht aus Art. 2 Abs. 1 i. V. m. Art. 12 Abs. 1 GG siehe BVerfGE 88, 203, 294 – Schwangerschaftsabbruch II.

samtleistung.³⁶⁴ Damit hat Art. 12 Abs. 1 GG auch eine objektive Funktion in der Marktwirtschaft. Die Berufsfreiheit schützt Wirtschaftstätigkeit aber nicht als solche, sondern nur dann, wenn sie die Funktion einer persönlichen Lebens- bzw. betrieblichen Existenzgrundlage darstellt. Die **Wirtschaftsfreiheit in einem umfassenden Sinne**, d. h. die Vertrags- und Unternehmensfreiheit wird vom **Auffanggrundrecht** des Art. 2 Abs. 1 GG (→ Rn. 442) geschützt.³⁶⁵ Noch stärker persönlichkeitsorientiert ist die EMRK, die die Berufsfreiheit als solche nicht ausdrücklich schützt mit der Folge, dass der EGMR das Ergreifen eines Berufs als Bestandteil des durch Art. 8 EMRK geschützten Rechts auf Privatleben ansieht.³⁶⁶ Zu der persönlichkeitsorientierten Konzeption der Berufsfreiheit passt es auch, dass das Verbot von Zwangsarbeit nicht im Zusammenhang von Art. 1 Abs. 1 GG oder Art. 2 Abs. 1 GG,³⁶⁷ sondern in Art. 12 Abs. 2 und Abs. 3 GG geregelt wurde.

336 Nach der **Konzeption des Unionsrechts** stehen die Marktwirtschaft und die auf sie gerichteten Tätigkeiten als solche im Mittelpunkt. Freie wirtschaftliche Betätigung ist Ziel des Binnenmarktes. Folgerichtig wird die gesamte Teilnahme am Wirtschaftsleben einem **einheitlichen Grundrecht auf wirtschaftliche Betätigung**³⁶⁸ zugeordnet. Dieses hat nicht notwendig einen Persönlichkeitsbezug oder die Funktion als Lebens- oder Existenzgrundlage.³⁶⁹ In Art. 14 bis 16 GRCh werden diese Wirtschaftsfreiheiten nunmehr in die drei Grundrechte der Bildungs-, der Berufs- und der Unternehmensfreiheit aufgespalten. Dabei umfasst letztere jede Wirtschafts- oder Geschäftstätigkeit,³⁷⁰ d. h. auch die Vertragsfreiheit³⁷¹ der Unternehmen.

337 Beide Konzeptionen sind kompatibel. Die **Unterschiede** sind im Ergebnis **weniger gravierend**, als es auf den ersten Blick scheint: Der europäische Schutz der Unternehmensfreiheit nach Art. 16 GRCh ist nämlich weitergehenden Schranken unterworfen und damit dem verfassungsrechtlichen Schutz des Art. 2 Abs. 1 GG durchaus vergleichbar. Wenn das deutsche Verfassungsrecht hingegen mit Art. 12 Abs. 1 GG die persönlichkeitsbezogenen Aspekte der Wirtschaftsfreiheit unter besonderen Schutz stellt, dann entspricht das tendenziell dem eigenständigen Schutz der Bildungs- und Berufsfreiheit in Art. 14 und Art. 15 GRCh und geht darüber hinaus. Wollte man hingegen die **Konzeption einer umfassenden Wirtschaftsfreiheit** in die Dogmatik des Art. 12 Abs. 1 GG integrieren,³⁷² dann würde damit der wirtschaftliche Wettbewerb über das vom Unionsrecht gebotene Maß hinaus wesentlich aufgewertet oder aber das hohe Schutzniveau des Art. 12 Abs. 1 GG müsste auf der Schrankenebene relativiert werden. **Beides widerspräche dem Wesen des Art. 12 Abs. 1 GG.** Letztlich ist es gerade der im Schutzbereich des Art. 12 Abs. 1 GG restriktiven Rechtsprechung des BVerfG zu verdanken, dass das besondere Schutzniveau dieses Grundrechts bewahrt wird. Während bei anderen Grundrechten vieles für einen weiten Schutzbereich unter Inkaufnahme

---

364 BVerfGE 7, 377, 397 – Apotheken-Urteil.
365 BVerfGE 113, 29, 49 – Anwaltsdaten.
366 EGMR, v. 27.7.2004, RJD 2004-VIII, Z. 47 f. – Sidrabas u. Dziautas/Litauen.
367 Das wäre nach *Kingreen/Poscher*, Grundrechte, 37. Aufl., Rn. 1078 systematisch zu fordern.
368 EuGH, Rs. C-63/84 (Finsider/Kommission), Slg. 1985, 2857, Rn. 23 f.; verb. Rs. C-143/88 u. C-92/89 (Zuckerfabrik Süderdithmarschen u. a.), Slg. 1991, I-415, Rn. 76 f.; Rs. C-359/89, (SAFA Srl/Amministrazione delle finanze dello Stato), Slg. 1991, I-1677, Rn. 14, 220; Rs. C-104/97 (Atlanta AG u. a./Kommission und Rat), Slg. 1999, I-6983, Rn. 41; EuGH, Rs. C-317/00 („Invest" Import und Export GmbH u. a./Kommission), Slg. 2000, I-9541, Rn. 57; aus der Lit.: *Ruffert* in: Ehlers, EuGR, 4. Aufl., § 19 Rn. 10 ff.
369 *Wieland* in: Dreier, GG, Bd. 1, 3. Aufl., zu Art. 12 Rn. 11.
370 *Bernsdorff* in: Meyer/Hölscheidt, GR-Charta, 5. Aufl., zu Art. 16 Rn. 12.
371 *Bernsdorff* in: Meyer/Hölscheidt, GR-Charta, 5. Aufl., zu Art. 16 Rn. 13.
372 Dafür: *Kahl*, Der Staat 43 (2004), 167, 198.

eines abgestuften Schutzkonzeptes spricht, besteht ein solch abgestufter Schutz bei Art. 12 Abs. 1 GG ohnehin. Aus der „Drei-Stufen-Theorie" eine „Vier-Stufen-Theorie" zu machen, wäre gegenüber der geltenden Dogmatik kein Gewinn.

Die **Konsequenz** der deutschen Konzeption der Berufsfreiheit besteht darin, dass nur berufsspezifische Beschränkungen unter Art. 12 Abs. 1 GG fallen. Dies ist bereits bei der Frage der Beeinträchtigung des Schutzbereichs zu prüfen (→ Rn. 45). Auf der zweiten Stufe der Grundrechtsprüfung wird die Dogmatik des „Eingriffs im weiteren Sinne" von der Rechtsprechung eingeschränkt. Die Rechtsprechung prüft gegebenenfalls eine „**objektiv berufsregelnde Tendenz**".[373] Berufsregelnd ist ein Eingriff in die Berufsfreiheit nur, wenn er typischerweise und im Schwerpunkt die Berufswahl oder die Berufsausübung beschränkt. Es reicht also – abweichend vom erweiterten Eingriffsbegriff – nicht aus, dass sich staatliches Handeln vorhersehbar auch auf berufliche Tätigkeiten auswirkt. Bei finalen, insbesondere klassischen Eingriffen, die typisch und im Schwerpunkt Art. 12 GG betreffen, wird dies z. T. als „subjektiv berufsregelnde Tendenz" bezeichnet. Dieser Begriff ist aber dogmatisch überflüssig, weil dies Konstellationen betrifft, in denen es keiner Sonderdogmatik bedarf. Der Begriff der „objektiv berufsregelnden Tendenz" ist hingegen gegebenenfalls ergebnisrelevant und er ist treffend, weil es dabei weniger auf die Absicht des Staates als vielmehr auf die tatsächlichen Auswirkungen aus der Sicht der Grundrechtsträger an. Mit Art. 12 GG gewährleistet der Staat ein Recht „zur Arbeit" und auf die Früchte „aus Arbeit", garantiert aber kein „auf Arbeit".[374] Was das im Einzelnen bedeutet, wird sogleich im Rahmen der Gewährleistungsinhalte an Beispielen erläutert (→ Rn. 352 ff.).

338

Jenseits des Schutzbereichs des Art. 12 Abs. 1 GG, also bei Maßnahmen ohne spezifisch berufsregelnde Tendenz, berücksichtigt das BVerfG[375] die bloß **mittelbaren Beeinträchtigungen** beruflicher Betätigungen als Schutzbereichsverstärkung (→ Rn. 743) im Rahmen anderer Grundrechte – so z. B. bei der Untersuchung einer Rechtsanwaltskanzlei im Rahmen der informationellen Selbstbestimmung aus Art. 2 Abs. 1 i. V. m. Art. 1 Abs. 1 GG. Die **wirtschaftliche Betätigung** im Allgemeinen, d. h. die Vertrags- und Wettbewerbsfreiheit sollte in Art. 2 Abs. 1 GG einen festen Platz haben. In diesem Rahmen lässt sich im Übrigen – weil es sich dabei nicht um ein Deutschengrundrecht handelt – auch die unionsrechtlich gebotene Gleichbehandlung von Ausländern verwirklichen. Dabei sei darauf hingewiesen, dass ein Schutz durch Art. 2 Abs. 1 GG keineswegs wertlos ist und im Rahmen der Verhältnismäßigkeit auch dem Gewicht eines wirtschaftlich schützenswerten Interesses Rechnung getragen werden kann.[376]

339

2. Der verfassungsrechtliche Berufsbegriff

Nach der **Definition der Rechtsprechung** ist Beruf jede auf Erwerb gerichtete Tätigkeit, die auf Dauer angelegt ist und der Schaffung und Erhaltung einer Lebensgrundlage dient.[377] Diese Definition enthält drei Elemente, die eine Kombination aus **wirtschaftlichen und personalen Elementen** darstellen: Erwerbsgerichtetheit und Dauerhaftigkeit der Tätigkeit sowie ihre Funktion als Lebensgrundlage. Das Problem besteht in der

340

---

373 StRspr: BVerfGE 97, 228, 254 – Kurzberichterstattung; vgl. bereits BVerfGE 13, 181, 186.
374 *H.-P. Schneider*, Berufsfreiheit, in: HGR V, § 113 Rn. 8 ff.
375 BVerfGE 113, 29, 48 – Anwaltsdaten.
376 Vgl. z. B. BVerfGE 104, 337, 346, 350 – Schächten, wo beim Schächtungsverbot ein schwerer Eingriff in die Berufsfreiheit eines ausländischen Metzgers angenommen wird.
377 BVerfGE 7, 377, 397 ff. – Apotheken-Urteil, BVerfGE 105, 252, 265 – Glykol; zuletzt BVerfGE 115, 276, 300 – Staatslotteriegesetz.

praktischen **Handhabung** dieser Elemente, d. h. in der Bedeutung und im Gewicht der Elemente im Verhältnis zueinander:

a) Erwerbsgerichtetheit der Tätigkeit

341 Notwendige Voraussetzung für einen Beruf i. S. d. Art. 12 Abs. 1 GG ist eine Tätigkeit, die **auf Erwerb gerichtet** ist.[378] Die Absicht ist ausreichend, d. h. nicht erforderlich ist, dass der Grundrechtsträger sein Vermögen im Ergebnis erfolgreich mehrt. Erwerbsabsichten müssen den Zweck der Tätigkeit prägen. Nicht ausreichend ist, dass jemand für seine ehrenamtliche Tätigkeit eine Entschädigung erhält, auch wenn diese geringfügig über eine reine Kostenerstattung hinausgeht. Auch Tätigkeiten aus Liebhaberei werden nicht dadurch zum Beruf, dass sie gelegentlich bezahlt werden. Während **Nebentätigkeiten** grundsätzlich bloß von der allgemeinen Handlungsfreiheit geschützt sind, fällt ein **Neben- oder Zweitberuf** unter Art. 12 Abs. 1 GG. Haben die Einkünfte aus einer Nebentätigkeit wesentlichen Anteil an der materiellen Lebensgrundlage, spricht das für eine Qualifizierung als Nebenberuf, was keineswegs ausschließt, auch sehr gering vergütete Tätigkeiten als Beruf zu qualifizieren. Während Art. 12 GG den **Erwerb** erfasst, ist der Bestand des so **Erworbenen** sodann von Art. 14 GG geschützt (→ Rn. 373). Die Abgrenzung erfolgt nach dem Schwerpunkt.[379]

b) Dauerhaftigkeit

342 Die Tätigkeit darf sich **nicht in einem einmaligem Erwerbsakt erschöpfen**, sondern muss auf Nachhaltigkeit angelegt sein. Damit ist die **Vertragsfreiheit als solche** nicht in Art. 12 Abs. 1 GG, sondern in Art. 2 Abs. 1 GG zu verorten (→ Rn. 442). Die **Dauerhaftigkeit** einer Tätigkeit ist auch deshalb für Art. 12 GG relevant, weil sie „Berufserfahrung" mit sich bringt. Erfasst werden sowohl selbstständige als auch unselbstständige Tätigkeiten.

c) Funktion als Lebensgrundlage

343 Zum Typusbegriff des Berufs i. S. d. Art. 12 Abs. 1 GG gehört dessen Funktion als Mittel zur Bildung einer **persönlichen Lebensgrundlage**. Dieser Aspekt ist auf juristische Personen im Rahmen des Art. 19 Abs. 3 GG in der Weise zu übertragen, dass die von Art. 12 Abs. 1 GG geschützten Tätigkeiten die **Existenzgrundlage eines Wirtschaftsunternehmens** bilden, die mittelbar auch die persönliche Lebensgrundlage der Beschäftigten darstellt.

344 Für den Einzelnen hat der Beruf als Lebensgrundlage **ideelle und materielle Komponenten**, die jeweils Indizien darstellen. Der **Idealtypus** ist ein Beruf, der 1. Einem anerkannten Berufsbild entspricht, dem 2. Eine besondere Qualifikation, insbesondere eine professionelle Ausbildung entspricht, der 3. Dauerhaft hauptberuflich ausgeübt, ja als Lebensaufgabe ergriffen wird und in dem 4. Der Berufstätige persönlich aufgeht. Geschützt sind aber auch Tätigkeiten, die diesem Idealtypus nur z. T., also nur in einzelnen Aspekten entsprechen oder nahe kommen. So sind die Meinungsverschiedenheiten über die einzelnen Kriterien wie folgt aufzulösen:

---

378 Das gilt auch für das europäische Verfassungsrecht: *Ruffert* in: Ehlers, EuGR, 4. Aufl., § 19 Rn. 11.
379 BVerfGE 121, 317, 344 f. – Nichtraucherschutz in Gaststätten.

Wenn eine Tätigkeit einem **typischen Berufsbild** entspricht, dann ist dies gegebenenfalls ein positives Indiz für einen eigenständigen Beruf, den zu wählen die Berufswahlfreiheit gewährleistet. Das BVerfG hat selbst bestätigt, dass die Entsprechung mit einem typischen Berufsbild aber **keine notwendige Voraussetzung** für den verfassungsrechtlichen Schutz des Art. 12 Abs. 1 GG darstellt. Vielmehr sind **auch untypische Betätigungsformen** schutzbedürftig und schutzfähig.[380] Auch **gesetzliche Fixierungen** von Berufsbildern sind am Maßstab des Art. 12 Abs. 1 GG zu messen.

HINWEIS ZUM VERSTÄNDNIS: Eine andere Frage ist, ob das Verbot einer untypischen Tätigkeit eine **Berufswahl- oder eine bloße Berufsausübungsregelung** darstellt. Sie wird erst auf der Schrankenebene relevant (→ Rn. 675 ff.). Ob der Betrieb einer Zweigstelle durch einen Apotheker als eigenständiger Beruf gilt oder aber eine Berufsausübung[381] innerhalb des Apothekerberufs darstellt oder ob der Kassenarzt/Vertragsarzt ein eigenständiges Berufsbild gegenüber dem Arzt darstellt,[382] lässt sich mit der Tradition alleine nicht begründen. Vielmehr ist dann auf die weiteren Kriterien zurückzugreifen. Es ist z. B. zu fragen, ob es hierfür eigene Qualifikationen gibt und in welchem Maße die Tätigkeit ideell und materiell eigenständige Lebensgrundlage sein kann.

345

Wenn eine Tätigkeit einer **ausgeprägten Qualifikation**, insbesondere einer **eigenständigen Berufsausbildung** entspricht, ist dies ebenso ein positives Indiz für einen eigenständigen Beruf. Auch hier gilt, dass keineswegs nur qualifizierte Tätigkeiten und nicht nur Ausbildungsberufe den Schutz des Art. 12 Abs. 1 GG genießen. Arbeit hat grundsätzlich „für alle gleichen Wert und gleiche Würde".[383] Relevant wird das Kriterium einer professionellen Qualifikation aber bei Nebentätigkeiten, die als **bloße Hobbies** nur von Art. 2 Abs. 1 GG geschützt werden, selbst wenn mit ihnen Gewinne erzielt werden. Das Hobby kann aber im Rechtssinne zum Beruf werden, wenn die anderen Kriterien dafür sprechen, wenn also die Tätigkeit tatsächlich einem bestimmten Berufsbild entspricht bzw. zur Haupterwerbstätigkeit wird. An die Dauerhaftigkeit einer Tätigkeit sind weniger strenge Anforderungen zu stellen, je **professioneller** die Tätigkeit ausgeübt wird. Wenn jemand mit entsprechender Ausbildung im Rahmen eines typischen Berufsbildes nur zeitweise oder nur gelegentlich entgeltlich tätig wird, kann die sonst bloß von der allgemeinen Handlungsfreiheit[384] geschützte Nebentätigkeit zu einem von Art. 12 Abs. 1 GG geschützten **Neben- oder Zweitberuf**[385] werden.

346

Schließlich ist der **ideelle Bezug** des Berufstätigen zu seiner Arbeit dann positives Indiz, wenn sich jemand persönlich mit seiner **Tätigkeit identifiziert**. Wer seine Identität über eine bestimmte Tätigkeit definiert, wird im Zweifel von Art. 12 Abs. 1 GG darin geschützt. Aber auch hier gilt, dass es für die Eröffnung des Schutzbereichs der Berufsfreiheit **nicht notwendig** ist, dass die Arbeit als **befriedigend oder ausfüllend** empfunden wird. Umgekehrt ist nicht die Begeisterung für eine Tätigkeit, die sogar typisch für eine Freizeitbeschäftigung sein mag, sondern allenfalls ein damit gekoppeltes **Selbstverständnis von Professionalität** i. V. m. entsprechenden Qualitätsansprüchen hinreichend, um eine Tätigkeit, die z. B. keinem typischen Berufsbild entspricht bzw. nur nebenbei ausgeübt wird, als Beruf zu qualifizieren.

347

---

380 BVerfGE 7, 377, 397 – Apotheken-Urteil.
381 So BVerfGE 17, 232, 241.
382 Ablehnend: BVerfGE 11, 30, 41 – Kassenarzt-Urteil.
383 BVerfGE 7, 377, 397 – Apotheken-Urteil.
384 Noch restriktiver: BVerfGE 55, 207, 238 – Öffentlicher Dienst; dagegen *Wieland* in: Dreier, GG, Bd. 1, 3. Aufl., zu Art. 12 Rn. 42.
385 BVerfGE 21, 173, 181; BVerfGE 54, 237, 246.

d) Nicht notwendige Privatwirtschaftlichkeit von Berufen

348 Eine Sonderstellung nehmen **öffentliche Ämter** ein. Die Einstellung in den – und v. a. die Gleichbehandlung im – öffentlichen Dienst sind in Art. 33 GG speziell geregelt. Die Auffassung,[386] Art. 12 Abs. 1 GG sei generell durch Art. 33 GG verdrängt, überzeugt aber nicht. Vielmehr ist mit Blick auf die in Art. 33 GG nicht erfassten freiheitsrechtlichen Aspekte – vor allem der Persönlichkeitsentfaltung – die Berufsfreiheit grundsätzlich anwendbar. Zu prüfen ist insofern Art. 12 i. V. m. Art. 33 GG (→ Rn. 835). Freilich sind der Berufsfreiheit im „Sonderstatus" des öffentlichen Dienstes – auf Ebene der Schranken – strengere Grenzen gesetzt (→ Rn. 745). Die sogenannten „staatlich gebundenen Berufe" (z. B. Kassenarzt oder Notar) sind erst recht von Art. 12 Abs. 1 GG erfasst, mag auch der Zugang und die Vergütung in hohem Maß reguliert sein. Das hat zur Folge, dass derartige Regulierung rechtfertigungsbedürftig ist.[387]

349 Auch Verwaltungsmonopole sind grundsätzlich am Maßstab des Art. 12 Abs. 1 GG zu messen. Der Staat bleibt grundrechtsgebunden, wenn er sich **Aufgaben zur eigenen Erfüllung vorbehält**. Die unmittelbare und allgemeine Grundrechtsgeltung hat zur Folge, dass jede staatliche Tätigkeit rechtfertigungsbedürftig ist. Zwar bestanden bei Inkrafttreten des Grundgesetzes bestimmte Verwaltungsmonopole und das Grundgesetz normiert insoweit auch Gesetzgebungskompetenzen. Das zeigt aber lediglich, dass Verwaltungsmonopole nicht per se verfassungswidrig sind. Auch aus Art. 16 Abs. 2 AEUV (ex Art. 86 Abs. 2 EGV) folgt nur ihre wettbewerbsrechtliche, keineswegs jedoch allgemein grundrechtliche Privilegierung.[388] Wenn eine Tätigkeit zwingend hoheitlichen Charakter hat und deshalb einer beruflichen Ausübung durch Private entzogen ist, stellt ein insoweit geltendes Berufsverbot einen gerechtfertigten Eingriff in die Berufsfreiheit dar. Während die Rechtsprechung[389] die umfassende Geltung des Art. 12 Abs. 1 GG insoweit aus historischen Gründen bislang dahinstehen lässt, sprechen immer mehr Argumente für einen Verfassungswandel. Erst die Privatisierungsdebatte hat deutlich gemacht, wie die Berufsfreiheit auch im Ergebnis heute zu ihrer vollen Entfaltung zu bringen ist. Privatisierung ist mehr als nur eine politische Entwicklung und grundrechtsfreie Option.

e) Nicht notwendige Erlaubtheit von Berufen

350 Die Rechtsprechung berücksichtigt bisweilen die **Erlaubtheit** eines Berufs schon im Rahmen des Schutzbereichs.[390] Den Vorwurf der Literatur, damit werde der Schutzbereich in das Belieben des Gesetzgebers gestellt, hat das BVerfG dahin gehend entschärft, dass es allenfalls solche Tätigkeiten ausschließt, „die **schon ihrem Wesen nach** als verboten anzusehen sind, weil sie auf Grund ihrer Sozial- und Gemeinschaftsschädlichkeit **schlechthin** nicht am Schutz durch das Grundrecht der Berufsfreiheit teilhaben

---

386 *Wieland* in: Dreier, GG, Bd. 1, 3. Aufl., zu Art. 12 Rn. 44; für das europäische Verfassungsrecht: *Bernsdorff* in: Meyer/Hölscheidt, GR-Charta, 5. Aufl., zu Art. 15 Rn. 21; wie hier: *Jarass/Kment*, EU-Grundrechte, 2. Aufl., § 15 Rn. 7.
387 BVerfGE 73, 280, 293.
388 Anders: *Wieland* in: Dreier, GG, Bd. 1, 3. Aufl., zu Art. 12 Rn. 64.
389 BVerfGE 41, 205, 218 – Gebäudeversicherungsmonopol. Im Ergebnis behandelt das BVerfG staatliche Monopolveranstaltungen des Glücksspiels als Berufswahlregelungen: BVerfGE 102, 197, 214 – Spielbankengesetz Baden-Württemberg und BVerfGE 115, 276, 301 ff. – Staatslotteriegesetz.
390 BVerfGE 7, 377, 397 – Apotheken-Urteil; BVerfGE 14, 19, 22.

können."³⁹¹ Dabei wird ausdrücklich auch sozial unerwünschten³⁹² Tätigkeiten der Schutz des Art. 12 Abs. 1 GG nicht versagt.

Dennoch bleibt **auch im Extremfall** des „Berufsverbrechers" eine Beschränkung des Schutzbereichs des Art. 12 Abs. 1 GG systemwidrig. Auch ein eklatant entgegenstehendes Schutzbedürfnis für Rechte Dritter ist dogmatisch auf der Schrankenebene zu berücksichtigen. Selbst offensichtlich gerechtfertigte Eingriffe sind nicht auf der Ebene des Schutzbereichs zu lösen. Wegen der besonderen Gemeinschädlichkeit gewerbsmäßiger Kriminalität ist auch deren besonders schwere Bestrafung (z. B. §§ 243 Abs. 1 Nr. 3, 244 Abs. 1 Nr. 2, 260, 260 a StGB) vor Art. 12 Abs. 1 GG zu rechtfertigen.

Unbedenklich ist es hingegen, die Erlaubtheit als **„weiches Kriterium"** im Zusammenhang mit Berufsbildern zu verwenden. Im Ergebnis erschöpft sich soweit ersichtlich darin auch die praktische Bedeutung, weil das BVerfG die Erlaubtheit von Berufen zwar gelegentlich positiv erwähnt, die Eröffnung des Schutzbereichs aber an ihr nicht scheitern lässt.

Dass eine Tätigkeit **gesellschaftsschädlich** ist, schließt die Eröffnung des Schutzbereichs nicht aus, verringert aber die Schutzintensität. Objektive Zulassungsbeschränkungen sind in diesen Fällen bereits dann gerechtfertigt, wenn sie dem Schutz wichtiger Gemeinschaftsgüter dienen und verhältnismäßig sind.³⁹³

351

3. Gewährleistungsinhalte

a) Schutz des Berufszugangs und der Berufsausübung

Art. 12 Abs. 1 S. 1 GG garantiert ein umfassendes Grundrecht, das sowohl den **Berufszugang**, also die Auswahl der Tätigkeit und auch die **Ausübung des Berufes** umfasst. Damit wird gewährleistet, dass die freie Berufstätigkeit des Einzelnen nicht durch überzogene gesetzliche Anforderungen faktisch unterlaufen wird. Beide Elemente unterliegen jedoch einheitlich den Schranken des Art. 12 Abs. 1 S. 2 GG.

352

HINWEIS FÜR DIE FALLBEARBEITUNG: Im Gutachten ist bereits im Schutzbereich darauf einzugehen, ob der Zugang zu einem Beruf oder nur seine Ausübung beschränkt wird. Auf die Differenzierung der Schwere des Eingriffs, die regelmäßig bei Berufswahlregelungen gravierender ist als bei Berufsausübungsregelungen, ist hingegen erst im Rahmen der Schranken einzugehen (→ Rn. 675 ff.).

b) Berufsfreiheit als Wettbewerbsfreiheit?

Unstreitig schützt die Berufsfreiheit **nicht vor dem Wettbewerb** durch private Konkurrenten.³⁹⁴ Vielmehr stellt deren Nichtzulassung zum Markt ihrerseits eine Beschränkung ihrer Berufswahl dar.³⁹⁵ Die Berufsfreiheit sichert die Teilhabe am wirtschaftlichen Wettbewerb.³⁹⁶

353

---

391 BVerfGE 115, 276, 300 f. – Staatslotteriegesetz.
392 BVerfGE 115, 276, 301 – Staatslotteriegesetz.
393 BVerfGE 102, 197, 215 – Spielbankengesetz Baden-Württemberg: Atypische Ausnahme von dem sonst angenommenen Erfordernis „Abwehr schwerer Gefahren für überragend wichtige Gemeinschaftsgüter".
394 BVerfGE 97, 12, 31 – Patentgebühren-Überwachung.
395 BVerfGE 7, 377, 408 – Apotheken-Urteil.
396 BVerfGE 106, 275, 298 – Arzneimittelfestbeträge.

354 Ob und inwieweit Art. 12 Abs. 1 GG den **freien Wettbewerb als solchen schützt**, ist umstritten[397] und eine **Frage der** beiden möglichen **Grundkonzeptionen der Berufsfreiheit**. Der Wettbewerb gehört zu den Prinzipien des **Unionsrechts** nach Art. 3 Abs. 3 EUV, 119 Abs. 1 AEUV und wird konsequent auch von der Unternehmensfreiheit nach Art. 16 GRCh umfasst. Folgt man aber der **persönlichkeitsbezogenen Konzeption** der Berufsfreiheit, dann ist der Schutzbereich des Art. 12 Abs. 1 GG nur betroffen, wenn Wettbewerbsverzerrungen dazu führen, dass jemand in seiner eigenen Berufsausübung spürbar behindert wird. Hat ein Eingriff in den Wettbewerb hingegen keine „berufsregelnde Tendenz", dann ist nur das Auffanggrundrecht des Art. 2 Abs. 1 GG betroffen.[398]

Eine im Ergebnis sehr weitgehende Wettbewerbsfreiheit hat das BVerfG[399] bei den Folgen **gaststättenrechtlicher Rauchverbote** durchgesetzt. Man mag dem Gericht darin folgen, dass hier nicht lediglich faktische Marktchancen betroffen waren,[400] sondern der Gesetzgeber durch die Auswirkung seiner Berufsausübungsregelung den Wettbewerb gerade zulasten kleinerer Betriebe verzerrt hat. Problematisch in der Begründung ist hingegen die Vermengung von Aspekten der Freiheit und Gleichheit und diskussionsbedürftig im Ergebnis die Einengung des gesetzgeberischen Spielraums (ausführlich → Rn. 624).

355 Der richtige dogmatische Ansatz zur Erfassung des Kernproblems des verfassungsrechtlichen Wettbewerbsschutzes liegt indes in der **Wettbewerbsgleichheit**,[401] die je nachdem aus Art. 3 Abs. 1 GG i. V. m. Art. 12 Abs. 1 GG bzw. i. V. m. Art. 2 Abs. 1 GG folgt. Das bedeutet in den folgenden vier Fallkonstellationen:

1. Wettbewerbsverzerrungen können durch **staatliche Fehlinformation von falschen oder ungesicherten Tatsachen** über berufliche Tätigkeiten oder im Rahmen der Berufsfreiheit vertriebene Produkte entstehen. Ist eine Tatsache erwiesenermaßen falsch, dann ist deren staatliche Verbreitung auch nicht zu rechtfertigen. Bevor der Staat auf ungesicherter Tatsachengrundlage Warnungen[402] ausspricht, gebietet Art. 12 Abs. 1 GG, dass der Staat das Zumutbare zur Aufklärung – gegebenenfalls auch durch Anhörungen – beigetragen hat, Unsicherheiten offen legt und eine sachgerechte Risikoabwägung durchführt.[403] Jedoch schützt Art. 12 Abs. 1 S. 1 GG nicht vor der Verbreitung gesichert zutreffender Informationen,[404] weil ein auf Desinformation beruhender Wettbewerb nicht schützenswert ist. Ebenso wenig wie die Verbreitung falscher Tatsachen schützenswert ist (→ Rn. 210) verdient auch ein Abwehrrecht gegen richtige Informationen keinen herausgehobenen Schutz. Staatliche Warnungen auf richtiger

---

397 Nach h. M. ist das von bestimmten Voraussetzungen abhängig: *Jarass* in: Jarass/Pieroth, GG, 16. Aufl., zu Art. 12 Rn. 20 ff.; weiter gehend: *Puhl*, Der Staat als Wirtschaftssubjekt und Auftraggeber, VVDStRL 60 (2001), S. 456, 481.
398 Wie hier: *Brenner*, Vertrags- und Wettbewerbsfreiheit, in: HGR V, § 115 Rn. 11; anders: *Manssen* in: v. Mangoldt/Klein/Starck, GG, Bd. 1, 7. Aufl., zu Art. 12 Abs. 1 Rn. 70; zur Auseinandersetzung: *M. Bäcker*, Wettbewerbsfreiheit als normgeprägtes Grundrecht, 2007, S. 295 ff.
399 BVerfGE 121, 317, 366 f. – Nichtraucherschutz in Gaststätten.
400 So die Kritik im Sondervotum *Masing* BVerfGE 121, 317, 382 ff. – Nichtraucherschutz in Gaststätten, wonach Härte- und Übergangsregeln aber trotzdem geboten sind.
401 BVerfGE 27, 375, 385; BSGE 94, 1, 5 f. (Fehlinformation über Gleichwertigkeit von Arzneimitteln); zu der Vernachlässigung dieses Ansatzes in der jüngeren Rechtsprechung des BVerfG: *Michael*, Folgerichtigkeit als Wettbewerbsgleichheit, JZ 2008, 875 ff.
402 Warnungen werfen darüber hinaus insbesondere Probleme der Zurechnung → Fall 20 vor Rn. 486, des Vorbehalts des Gesetzes → Rn. 563 und der Bestimmtheit → Rn. 569 auf.
403 BVerfGE 105, 252, 272 – Glykol.
404 BVerfGE 105, 252, 265 ff. – Glykol; krit. *Kahl*, Der Staat 43 (2004), 167, 173.

Tatsachengrundlage[405] greifen allenfalls in den Schutzbereich des Art. 2 Abs. 1 GG ein. Allerdings prüft die Rechtsprechung Art. 12 GG, wenn eine staatliche Information direkt auf die Marktbedingungen eines einzelnen Unternehmens abzielt.[406]

2. Die **Subventionierung von Konkurrenten** und die **Vergabe öffentlicher Aufträge** berühren die Berufstätigkeit nur, wenn dies zu Wettbewerbsverzerrungen führt. Das ist der Fall, wenn die Subventionierung Dritter erhebliche Konkurrenznachteile bewirkt und bestimmte eigene Leistungen faktisch unmöglich werden,[407] wenn mit anderen Worten Wettbewerb in einem Teilbereich ausgeschlossen wird. Dann und nur dann nimmt das BVerfG[408] eine den Schutzbereich des Art. 12 Abs. 1 GG eröffnende „berufsregelnde Tendenz" an.

3. Art. 12 Abs. 1 GG schützt auch vor der **Konkurrenz durch staatliche Wirtschaftstätigkeit** nur dann, wenn diese den Wettbewerb nicht bereichert, sondern verzerrt. Zwar kann sich der Staat Aufgaben nicht grundrechtsfrei vorbehalten (→ Rn. 435. Zum Schutz der Wirtschafts- und Wettbewerbsfreiheit → Rn. 442). Aber die Wahrnehmung solcher Aufgaben ist nicht automatisch ein Eingriff in die Berufsfreiheit, wenn der Staat als Unternehmer auftritt.[409] Nur Verwaltungsmonopole und staatlicher Verdrängungswettbewerb[410] sind an Art. 12 Abs. 1 GG zu messen.

4. Staatliche **Regulierung** des wirtschaftlichen Wettbewerbs mit „berufsregelnder Tendenz" – sei es zum Zwecke des Gesundheits-, Verbraucher- oder Umweltschutzes – ist am Gebot der Folgerichtigkeit zu messen. Regulierungsziele müssen gegenüber konkurrierenden Wettbewerbern konsistent verfolgt werden und dürfen den Wettbewerb nicht unverhältnismäßig verzerren (→ Rn. 805). Das gilt z. B. für Verbote des Glücksspiels oder des Rauchens in Gaststätten.

c) Bildungsfreiheit und Prüfungsgerechtigkeit

Für die Wahl und Ausübung der meisten Berufe ist eine entsprechende Ausbildung von entscheidender Bedeutung. Die Berufsfreiheit kann effektiv nur wahrgenommen werden, wenn das Bildungssystem hierfür entsprechend qualifiziert. Deshalb ist anerkannt, dass Art. 12 Abs. 1 GG die Freiheit im Ausbildungswesen über den ausdrücklich geschützten Teilaspekt der Wahl der „**Ausbildungsstätte**" hinaus schützt. Die von Art. 12 Abs. 1 GG geschützte **Bildungsfreiheit** umfasst Aspekte der Chancengleichheit bei der Wahl der **Art der Ausbildung** und bei der **Absolvierung** sowie beim Abschluss durch **Prüfungen**. Der Schutz greift aber nur, soweit diese als berufliche Qualifikationen von Bedeutung sein können. Das „Grundrecht auf schulische Bildung" ist in Art. 2

356

---

405 Prüft man wie hier die Beeinträchtigung des Schutzbereichs auf der ersten Stufe, scheidet Art. 2 Abs. 1 GG nicht wegen Subsidiarität aus. Anders allerdings BVerfGE 105, 252, 279 – Glykol: Art. 2 Abs. 1 GG scheide aus, weil der Schutzbereich des Art. 12 Abs. 1 GG insoweit eröffnet, aber das Grundrecht nicht beeinträchtigt sei. Art. 2 Abs. 1 GG ist auch bei Warnungen außerhalb beruflicher Tätigkeit einschlägig – z. B. vor dem Füttern vogelgrippegefährdeter Tauben.
406 BVerfGE 148, 40, 51 – Lebensmittelpranger.
407 BVerfGE 82, 209, 223 f.; anders: *Puhl*, Der Staat als Wirtschaftssubjekt und Auftraggeber, VVDStRL 60 (2001), S. 456, 482: Jede Vergabeentscheidung ist an Art. 12 Abs. 1 GG zu messen.
408 BVerfGE 46, 120, 137 – Direktruf; BVerfGE 82, 209, 224; zur Geltung des Willkürverbots im Vergaberecht: BVerfGE 116, 235 – Gleichheit im Vergaberecht.
409 So BverwGE 39, 329, 336; *Wieland* in: Dreier, GG, Bd. 1, 3. Aufl., zu Art. 12 Rn. 74; anders: *Löwer*, Der Staat als Wirtschaftssubjekt und Auftraggeber, VVDStRL 60 (2001), S. 416, 445; *Stamer*, Rechtsschutz gegen öffentliche Konkurrenzwirtschaft, 2007; *Brüning*, JZ 2009, 29.
410 BverwG, NJW 1995, 2939.

Abs. 1 i. V. m. Art. 7 Abs. 1 GG zu verorten (→ Rn. 258 ff.). Art. 14 GRCh gewährleistet ein umfassendes „Recht auf Bildung".

357 **Praktisch relevant** sind vor allem zwei Aspekte, die über die abwehrrechtliche Seite des Grundrechts hinausgehen und zugleich die Grenzen der verfassungsrechtlichen Garantien aufzeigen:
1. Selbst wenn der Staat ein faktisches Monopol für bestimmte Ausbildungen hat, ist er nicht verpflichtet, der Nachfrage folgend Ausbildungsplätze zu schaffen. Wohl aber muss der Staat die Plätze im Rahmen **bestehender Ausbildungskapazitäten** bis zu deren Ausschöpfung nach sachgerechten Kriterien der **Chancengleichheit** zuweisen. Die Bildungsfreiheit ist kein originäres Leistungsrecht, wohl aber ein sogenanntes **derivatives, abgeleitetes Leistungsrecht**. Weil es sich dabei um eine chancengleiche Verwirklichung von Freiheit handelt, stützt die Rechtsprechung[411] dieses Recht nicht allein auf die Bildungsfreiheit, sondern auf Art. 12 Abs. 1 GG i. V. m. Art. 3 Abs. 1 GG und dem Sozialstaatsprinzip.
2. **Staatliche Prüfungen** können mittelbar die Berufswahlfreiheit beschränken. Das gilt nicht nur für das Bestehen einer Prüfung, sondern gegebenenfalls auch für die Note. Prüfungsleistungen werden im relativen Vergleich mit anderen Kandidaten bewertet. Verfassungsrechtlich geboten ist, dass solche Bewertungen sachkundig, fehlerfrei und auch chancengerecht erfolgen. Die praktisch wichtigsten Probleme ergeben sich bei der Frage der grundsätzlich gebotenen gerichtlichen Nachprüfbarkeit (→ Rn. 889).

d) Wahl des Arbeitsplatzes als Arbeitnehmerfreizügigkeit und Niederlassungsfreiheit

358 Die von Art. 12 Abs. 1 GG ausdrücklich geschützte Freiheit der **Wahl des Arbeitsplatzes** hat wenig praktische Bedeutung erlangt. Beschränkungen bestehen hier – abgesehen von Übergangsschwierigkeiten der Wiedervereinigung[412] – in erster Linie gegenüber Nichtdeutschen, die vom persönlichen Schutzbereich des Art. 12 Abs. 1 GG nicht erfasst werden. Diese praktisch wichtige „gewollte Lücke" wird für EU-Bürger durch die Grundfreiheiten der Arbeitnehmerfreizügigkeit und der Niederlassungsfreiheit[413] (dazu → Rn. 449) geschlossen.

359 Art. 12 Abs. 1 GG enthält **kein Leistungsrecht auf Arbeit**. Schon aus der Formulierung wird klar, dass nicht die „Schaffung" von Arbeitsplätzen, sondern nur die „freie Wahl" zwischen bestehenden Arbeitsplätzen gewährleistet wird. Darin bestätigt sich die Zurückhaltung des Grundgesetzes, das z. B. auch kein Recht auf Wohnung normiert, gegenüber sogenannten sozialen Grundrechten.

e) Negative Freiheit vor Arbeitszwang und Zwangsarbeit nach Art. 12 Abs. 2 und Abs. 3 GG

360 Die Berufsfreiheit hat auch die negative Seite einer **Freiheit, nicht zu arbeiten**. Diese ist in Art. 12 Abs. 2 und Abs. 3 GG sogar speziell geregelt. Es handelt sich – im Gegensatz zum Deutschengrundrecht des Art. 12 Abs. 1 GG – um ein **Menschenrecht gegen**

---

411 BVerfGE 33, 303, 331 – numerus clausus I.
412 Dazu BVerfGE 84, 133, 146 – Warteschleife.
413 So die h. M.: *Wieland* in: Dreier, GG, Bd. 1, 3. Aufl., zu Art. 12 Rn. 46; nicht überzeugt die Gegenansicht, die den Arbeitnehmerbegriff mit dem Begriff der Arbeit verwechselt, und so nur unselbständige Arbeit erfasst: *Manssen* in: v. Mangoldt/Klein/Starck, GG, Bd. 1, 7. Aufl., zu Art. 12 Abs. 1 Rn. 60.

§ 9 Spezielle freiheitsrechtliche Schutzbereiche: Art. 12 GG § 9

Zwangsarbeit. Nach der Rechtsprechung[414] handelt es sich um ein **selbstständiges Grundrecht**. Dafür[415] spricht die eigenständige, menschenrechtliche Verbürgung. Art. 4 Abs. 2 und Abs. 3 EMRK[416] sowie Art. 5 Abs. 2 GRCh gewährleisten dieses Recht im systematischen Zusammenhang nicht der Berufsfreiheit, sondern der Menschenwürde. Der Versuch, in Art. 12 Abs. 2 und Abs. 3 GG sogar zwei verschiedene Grundrechte zu sehen, scheitert schon daran, dass eine Abgrenzung zwischen Arbeitszwang und Zwangsarbeit bis heute nicht gelungen ist.[417] Einer Klarstellung bedarf der **ungeklärte Schutzbereich** des Art. 12 Abs. 2 und Abs. 3 GG:

1. Nach einer Auffassung ist der Schutzbereich des Zwangsarbeitsverbots **auf herabwürdigende Fälle**, d. h. auf Verletzungen der Menschenwürde **beschränkt**.[418] Dafür spricht zwar der historische Hintergrund der Normierung. Das Grundgesetz will Zwangsarbeit dieser Art aus der Zeit des Nationalsozialismus ausschließen. Abgesehen davon, dass die Konsequenz eines absoluten Schutzes gegen derartige Zwangsarbeit nicht durchgehalten wird, entspricht ein so enges Verständnis nicht der Systematik des Art. 12 GG. Anders als in der EMRK oder der GRCh mit ihren absoluten Verbürgungen[419] ist die Zwangsarbeit im Grundgesetz nicht im Zusammenhang mit der Menschenwürde geregelt. Auch ausdrückliche Ausnahmen des Art. 12 Abs. 2 und Abs. 3 GG sind begrifflich als erlaubte Fälle der Zwangsarbeit formuliert und betreffen gerade keine Menschenwürdeverletzungen.[420]

361

2. Nach der überzeugenden Rechtsprechung des BVerfG stehen die Fälle eines menschenunwürdigen Zwangs zwar im Vordergrund des Art. 12 Abs. 2 und Abs. 3 GG. Dessen Regelungsgehalt ist aber grundsätzlich **„umfassend zu verstehen"**.[421] Er umfasst z. B. auch das Verbot der staatlichen Zwangsrekrutierung von Arbeitskräften für Zwecke der wirtschaftlichen Entwicklung.[422] Allerdings sind damit nur Fälle negativer Freiheit der Berufswahl gemeint, nicht bloße Berufsausübungsregelungen. So wird die Indienstnahme von Banken zur Einbehaltung der Kapitalertragssteuer als berufliche Nebenpflicht bloß als Eingriff in die allgemeine Berufsfreiheit[423] verstanden. Die Grenze verläuft zwischen der Pflicht zu arbeiten (Art. 12 Abs. 2 und Abs. 3 GG) und Pflichten zu bestimmten Tätigkeiten im Rahmen einer freiwillig ausgeübten Arbeit (Art. 12 Abs. 1 GG).

362

Weiter ist innerhalb des Verbots der Zwangsarbeit nach Art. 12 Abs. 2 und Abs. 3 GG **dreifach zu differenzieren**, was im Ergebnis Auswirkungen auf die Schranken hat: Ers-

363

---

414 So BVerfGE 74, 102, 115 ff. – Erziehungsmaßregeln; *Jarass* in: Jarass/Pieroth, GG, 16. Aufl., zu Art. 12 Rn. 113.
415 Anders: *Kingreen/Poscher*, Grundrechte, 37. Aufl., Rn. 1078: Art. 12 Abs. 2 und Abs. 3 GG als Schranken-Schranke (zum Begriff → Rn. 543) des Art. 2 Abs. 1 GG. Damit wird seine Nähe zu Art. 12 Abs. 1 GG und zum gänzlich schrankenlosen Art. 1 Abs. 1 GG relativiert.
416 Zu den Schutzpflichten zur Verhinderung der Ausbeutung unter Privaten EGMR, v. 26.7.2005, NJW 2007, 41, 43, Z. 79 ff. – Siliadin/Frankreich.
417 Einerseits: *Wieland* in: Dreier, GG, Bd. 1, 3. Aufl., zu Art. 12 Rn. 54 f.; andererseits *Manssen* in: v. Mangoldt/Klein/Starck, GG, Bd. 1, 7. Aufl., zu Art. 12 Abs. 2, 3 Rn. 296 f.
418 So *Jarass* in: Jarass/Pieroth, GG, 16. Aufl., zu Art. 12 Rn. 115; für Art. 5/65 Abs. 2 GRCh: *Jarass/Kment*, EU-Grundrechte, 2. Aufl., § 10 Rn. 16, 21 f. Die Auffassung wird auch von Vertretern der anderen Ansicht fälschlich dem BVerfG zugeschrieben: *Wieland* in: Dreier, GG, Bd. 1, 3. Aufl., zu Art. 12 Rn. 54; *Manssen* in: v. Mangoldt/Klein/Starck, GG, Bd. 1, 7. Aufl., zu Art. 12 Abs. 2, 3 Rn. 306.
419 EGMR, v. 26.7.2005, NJW 2007, 41, 44, Z. 112 – Siliadin/Frankreich.
420 Dass solche herkömmlichen Dienstpflichten und Strafarbeiten verhältnismäßig sein müssen, wäre danach als Rechtfertigung von Eingriffen in Art. 12 Abs. 1 GG bzw. Art. 2 Abs. 1 GG zu konstruieren.
421 BVerfGE 83, 119, 126.
422 BVerfGE 74, 102, 121 f. – Erziehungsmaßregeln.
423 BVerfGE 22, 380, 383 – Dienstleistungspflichten von Kreditinstituten.

tens sind Fälle herabwürdigender Zwangsarbeit als Verletzungen der Menschenwürde absolut ausgeschlossen. Zweitens sind die in Art. 12 Abs. 2 und Abs. 3 GG ausdrücklich geregelten Ausnahmen am Grundsatz der Verhältnismäßigkeit zu messen (zur Verhältnismäßigkeit → Rn. 611 ff.). Drittens unterliegt das darüber hinausgehende allgemeine Verbot der Zwangsarbeit – also z. B. eine den Wehr- und Ersatzdienst ablösende allgemeine Dienstpflicht für junge Bürger und Bürgerinnen[424] – einem Vorbehalt verfassungsimmanenter Schranken (zum Begriff → Rn. 711 ff.). Solche Indienstnahmen dürfen allerdings nicht weiter gehen, als Art. 12 a Abs. 3–5 GG dies für den Verteidigungs- bzw. Spannungsfall erlaubt.

4. Verweis auf europäische Grundrechte

364 Ein Recht auf Bildung schützen Art. 2 S. 1 ZP 1 zur EMRK und Art. 14 GRCh, letzterer ausdrücklich auch zugunsten der Weiterbildung.[425] Einen expliziten Schutz der Berufsfreiheit und eines Rechtes „zu arbeiten" enthält Art. 15 GRCh – nicht aber die EMRK. Die Unternehmensfreiheit wird in Art. 16 GRCh gewährleistet.[426] Im Übrigen sei auf die Grundfreiheiten des Unionsrechts verwiesen (→ Rn. 84, 847 ff.). Schutz vor Zwangsarbeit gewährleisten Art. 4 Abs. 2 und Abs. 3 EMRK und Art. 5 Abs. 2 GRCh im systematischen Zusammenhang mit der Menschenwürde.

▶ **Zu Fall 14:** Auch nebenberufliche Tätigkeiten fallen unter den Schutz von Art. 12 GG. Vorliegend handelt es sich nicht um eine Aufwandsentschädigung für ehrenamtliche Tätigkeiten, sondern um einen Beitrag zur Lebensgrundlage des A. Ein einfachrechtliches Verbot, Wetten zu veranstalten, begrenzt nicht den Schutzbereich des Art. 12 GG, sondern bedarf der Rechtfertigung. Das Staatsmonopol schließt die berufliche Tätigkeit aus und ist somit ein Eingriff. Vor (auch staatlicher, str.) Konkurrenz schützt Art. 12 GG hingegen nicht. Die Verurteilung zu gemeinnütziger Arbeit stellt einen Eingriff in den Art. 12 GG dar, der auch die Freiheit, nicht zu arbeiten, umfasst. ◀

Systematische Verweise: Zur Beschränkung des persönlichen Schutzbereichs auf Deutsche lies → Rn. 444 ff. Zu den Schranken des Art. 12 GG lies → Rn. 673 ff., zum Richtervorbehalt bei Zwangsarbeit auch → Rn. 600.

Wiederholungs- und Verständnisfragen

> Umfasst die Berufsfreiheit die gesamte wirtschaftliche Tätigkeit und Gewinnerzielung oder ist sie (auch) persönlichkeitsorientiert?
> Welche drei Elemente enthält der Berufsbegriff?
> Erfasst Art. 12 GG auch Tätigkeiten im öffentlichen Dienst?
> Schützt Art. 12 GG den freien Wettbewerb?

XIV. Unverletzlichkeit der Wohnung: Art. 13 GG

▶ **Fall 15:** A ist erheblicher Verstöße gegen das BtMG verdächtig. Da die Polizei durch Informanten davon gehört hat, dass A soeben eine neue Drogen-Lieferung erhalten habe, durchsucht sie daraufhin (a) sein Wochenendhaus, (b) sein Restaurant, (c) sein Privathaus und (d) seine Büroräume. ◀

---

424 *Köhler*, ZRP 1995, 140 sieht darin einen Verstoß gegen Art. 12 Abs. 3 GG.
425 Zum Ganzen: *Langenfeld* in: Dörr/Grote/Marauhn, EMRK/GG, 3. Aufl., Kap. 23.
426 Dazu *Blanke* in: Stern/Sachs, GRCh, zu Art. 15 und Art. 16.

§ 9 Spezielle freiheitsrechtliche Schutzbereiche: Art. 13 GG

1. Doppeltes Schutzkonzept: Privatsphäre und Informationshoheit

Die Unverletzlichkeit der Wohnung ist ein **räumlicher Aspekt des allgemeinen Persönlichkeitsrechts**. Damit ist Art. 13 Abs. 1 GG einerseits lex specialis zu Art. 2 Abs. 1 i. V. m. Art. 1 Abs. 1 GG (→ Rn. 426 ff.). Er wird andererseits nach der Rechtsprechung[427] durch die Absolutheit eines Menschenwürdegehaltes überlagert, soweit die konkrete Situation den Kernbereich der Privatsphäre eröffnet.[428] Während das allgemeine Persönlichkeitsrecht das Recht auf „Selbstdarstellung" auch auf der „Bühne der Öffentlichkeit" umfasst, schützt Art. 13 Abs. 1 GG jenen „Bereich hinter der Bühne", den der Mensch als „Darsteller" braucht. Dort kann er sich zurückziehen, sei es um „nicht aufzutreten", sei es um sich auf den „nächsten Auftritt" vorzubereiten.

365

Art. 13 Abs. 1 GG dient der **Informationshoheit** in der **Privatsphäre** und gibt dieser einen „Freiraum". In diesem Rückzugsraum sollen Personen sich selbst und ihr Verhalten, aber auch Informationen über sich und andere vor dem Einblick anderer und v. a. des Staates verbergen können. Die Wohnung i. S. d. Art. 13 Abs. 1 GG gibt also nicht nur der Privat- und Intimsphäre des Menschen Raum, sondern dient auch als Ort, um Informationen persönlicher (Briefe, Tagebücher) oder auch geschäftlicher (Steuerunterlagen, Geschäftsgeheimnisse) Natur aufzubewahren.[429] Art. 13 Abs. 1 GG schützt diesen Raum vor dem Einblick und dem Zutritt. Neben dem räumlichen Schutz des Art. 13 GG sind die Kommunikationswege daneben in Art. 10 GG (→ Rn. 318 ff.) und die Vertraulichkeit des Computers vor Online-Durchsuchungen in Art. 2 Abs. 1 i. V. m. Art. 1 Abs. 1 GG (→ Rn. 427 ff.) geschützt.

366

Das Recht „der Wohnung" umfasst hingegen **kein Recht „auf Wohnung"**. Der Schutz der Wohnung i. S. d. Art. 8 Abs. 1 EMRK hingegen betrifft auch die Durchsetzung des Eigenbedarfs des Eigentümers gegenüber seinem Mieter,[430] eine Frage, die in Deutschland nicht Art. 13 GG, sondern Art. 14 Abs. 1 GG zuzuordnen wäre.[431]

367

2. Der funktionelle Wohnungsbegriff

„Wohnung" ist i. S. d. Art. 13 Abs. 1 GG von der Funktion her zu verstehen. Sie dient einem **doppelten Schutzkonzept**:

368

Als Raum der Privatsphäre umfasst die Wohnung nicht nur Gebäudeteile als Wohnungen i. S. d. Mietrechts für Wohnräume oder des Wohnungseigentumsrechts, sondern ebenso „bewegliche Räume, die dem **Rückzug in die Privatheit dienen**, z. B. den Wohnwagen oder auch nur ein Zelt. Es reicht auch, dass dieser Raum nur vorübergehend als Rückzugsraum dient, z. B. das Hotel- oder Krankenhauszimmer".[432] Auch Nebenräume und -flächen gehören dazu, soweit sie erkennbar nicht öffentlich zugänglich sein sollen (z. B. Terrasse, Garage, Hinterhof, Vorgarten). Keine Wohnungen

---

427 BVerfGE 109, 279 – Großer Lauschangriff. Zur Problematik der Argumentation mit dem Menschenwürdegehalt einzelner Grundrechte (→ Rn. 147). Nach hier vertretener Auffassung ist auch eine restriktive Lösung über Art. 13 GG und das allgemeine Persönlichkeitsrecht zu begründen.
428 Zu der schwierigen Abgrenzung (→ Rn. 422 f.).
429 Beachte den Wechsel des Schutzes von Verbindungsdaten während des Kommunikationsvorgangs (Art. 10 GG) und danach (Art. 2 Abs. 1 i. V. m. Art. 1 Abs. 1 GG und beim Zugriff im Rahmen einer Wohnungsdurchsuchung gegebenenfalls Art. 13 GG): BVerfGE 115, 166, 199 – Verbindungsdaten.
430 EGMR, v. 24.11.1986, Serie A 109 – Gillow.
431 BVerfGE 89, 1, 12 – Besitzrecht des Mieters: Art. 13 schützt „nicht das Besitzrecht an einer Wohnung, sondern deren Privatheit".
432 BGH, NJW 2005, 3295 ff. (Verwertungsverbot eines Selbstgesprächs im Krankenzimmer).

sind Räume, zu denen der Staat bzw. die Öffentlichkeit Zutritt haben soll bzw. sich vorbehält, z. B. Besuchsräume einer Justizvollzugsanstalt[433] oder ein Hotelfoyer.

369 Nur mit der Funktion der Informationshoheit lässt sich erklären, dass die Rechtsprechung[434] nicht nur **Geschäftsräume als Wohnungen** i. S. d. Art. 13 Abs. 1 GG anerkennt, sondern auch juristische Personen des Privatrechts für mögliche Träger des Grundrechts nach Art. 19 Abs. 3 GG hält (→ Rn. 453 ff.). Erfasst werden somit z. B. nicht nur das häusliche Arbeitszimmer, sondern z. B. auch Kanzleiräume. Auch dies gilt freilich wiederum nicht[435], soweit Räume der Öffentlichkeit offen stehen, wie z. B. Restaurants oder Kaufhäuser. Zwar ist richtig, dass der Geschäftsinhaber auch autonom darüber entscheiden kann, zu welchen Zwecken er Personen in seine Räume lässt. So besteht vor allem ein wirtschaftliches Interesse an Personen mit Geschäftsabsichten. Ein den Geschäftsbetrieb störender Polizeieinsatz ist deshalb an Art. 12 GG und nicht an Art. 13 GG zu messen. Unternehmerische Tätigkeit bedarf darüber hinaus, ebenso wie die Entfaltung der Persönlichkeit, eines interventionsfreien Raumes, was eine Einbeziehung von Geschäftsräumen in den Schutzbereich des Art. 13 GG plausibel macht. Diese räumliche Informationshoheit ist aber nur insoweit zusätzlich geschützt, als Räume von vornherein nicht öffentlich zugänglich sind.

370 Die funktionelle Betrachtung führt zwar einerseits zu einer Erstreckung des Wohnungsbegriffs auf Geschäftsräume, bedarf aber insoweit einer Einschränkung: Nicht jedes Betreten oder Besichtigen, sondern **lediglich die Durchsuchung** (→ dazu Rn. 596) von Geschäftsräumen kann einem Eingriff in die Privatwohnung gleichkommen und unterliegt somit dem Schutz des Art. 13 GG.[436] Denn bei der bloßen Umschau wird nicht bereits die Informationshoheit betroffen, sondern erst dann, wenn die Räumlichkeiten durchsucht werden. Das Betreten von Räumen beträfe die Privatsphäre, die aber bei reinen Geschäftsräumen nicht relevant ist. Die Rechtsprechung macht dies am Begriff des Eingriffs bzw. der Beschränkung i. S. d. Art. 13 Abs. 7 GG[437] fest. Der räumlich verstandene Schutzbereich ist, soweit er sich auf Geschäftsräume erstreckt, nur gegen bestimmte Arten der Beeinträchtigung geschützt. In der Sache ist der Rechtsprechung insofern zuzustimmen, als sie ausgehend von der strengen Schrankenregelung des Art. 13 Abs. 7 GG die Frage aufwirft, was von Art. 13 GG überhaupt geschützt sein soll. Ähnlich der dogmatischen Fokussierung des Art. 12 GG auf Beschränkungen mit berufsregelnder Tendenz erstreckt sich auch Art. 13 GG nicht auf Maßnahmen, bei denen Geschäftsräume nicht in ihrer wohnungsspezifischen Funktion betroffen sind.

Definition: Wohnung im Sinne des Art. 13 GG sind alle Räume, die dem Rückzug in die Privatheit dienen und damit eine Dispositionsfreiheit des Grundrechtsträgers über die Preisgabe von Informationen schützen. Geschützt sind daher und insoweit auch juristische Personen und Geschäftsräume.

---

433 Das gilt auch für Art. 8 Abs. 1 EMRK: *Grabenwarter/Pabel*, EMRK, 7. Aufl., § 22 Rn. 22 – Allerdings kann hier das Recht auf Privatsphäre einschlägig sein.
434 BVerfGE 76, 83, 88 – Zwangsvollstreckung III; EGMR, v. 16.12.1992, EuGRZ 1993, 65, Z. 30 ff. – Niemitz; inzwischen auch EuGH, Rs. C-94/00 (Roquette Frères), Slg. 2002, I-9011, Rn. 29 im Anschluss an den EGMR und in Abweichung zu EuGH, Rs. C-46/87 (Hoechst AG/Kommission), Slg. 1989, 2859, Rn. 17 ff.
435 Wie hier: BVerfG-K, NJW 2003, 2669 und die wohl h. L., vgl. Jarass in: Jarass/Pieroth, GG, 16. Aufl., zu Art. 13 Rn. 5, anders: BVerfGE 97, 228, 265 f – Kurzberichterstatter.
436 BVerfGE 32, 54, 76 f. – Betriebsbetretungsrecht. Die Anwendung des Art. 2 Abs. 1 GG ist dann kein methodischer Bruch, wenn man den Schutzbereich nicht allein vom Sachbegriff der „Wohnung", sondern von der Qualität des Eingriffs in die räumliche Privatsphäre her bestimmt.
437 BVerfGE 32, 54, 75 – Betriebsbetretungsrecht (damals noch: Art. 13 Abs. 3 GG a. F.).

§ 9 Spezielle freiheitsrechtliche Schutzbereiche: Art. 14 GG

3. Verweis auf europäische Grundrechte

Den Schutz der Wohnung als Aspekt des „Rechts auf Privatleben" schützen Art. 8 EMRK und Art. 7 GRCh.[438] Dabei geht das Schutzniveau angesichts der speziellen Schrankenregelung des Art. 8 Abs. 2 EMRK zwar über das des allgemeinen Persönlichkeitsrechts nach deutschem Recht hinaus (→ Rn. 639), bleibt aber hinter dem des Art. 13 GG mit seinen besonders strengen Schranken (→ Rn. 688 ff.) zurück.

▶ **Zu Fall 15:** Ein Wochenendhaus fällt genauso unter den Schutz des Art. 13 GG wie eine reguläre Wohnung, stellt es doch sogar in besonderer Weise einen Rückzugsort in die Privatheit dar. Ein Restaurant ist als öffentlich zugänglicher Raum keine Wohnung i. S. d. Art. 13 GG, anders die Büroräume, die der Sicherung privater und geschäftlicher Informationen dienen und die hier auch nicht nur betreten, sondern durchsucht wurden. ◀

Systematische Verweise: Zu den formellen Richtervorbehalten des Art. 13 GG lies → Rn. 595 ff., zu den Problemen des Gesetzesvorbehaltes bei Art. 13 GG → Rn. 562, 586; zu den materiellen Schranken → Rn. 688 ff.

Wiederholungs- und Verständnisfragen

> Welchem Zweck dient Art. 13 Abs. 1 GG?
> Was folgt aus dem funktionellen Verständnis für den Begriff der Wohnung? Nennen Sie Beispiele!

XV. Eigentumsfreiheit: Art. 14 GG

▶ **Fall 16:** A betreibt ein geerbtes Chemieunternehmen als Alleingesellschafter. Sein Erbe macht ihm in letzter Zeit keine Freude mehr: Erstens beklagt sich A über die geradezu erdrosselnde Steuerlast. Ihm bleibe von seinem rechtmäßig erwirtschafteten Gewinn weniger als die Hälfte. Außerdem wird seine immissions-schutzrechtliche Betriebsgenehmigung für einen Teilbereich entzogen. Für einen anderen Produktionsabschnitt wird die bestimmungsgemäße Nutzung untersagt. A sieht sich um seine erheblichen Investitionen betrogen. Außerdem macht ihm der Kündigungsschutz der Mieter seines ebenfalls geerbten Miethauses Kummer. Er fühle sich nicht mehr Herr im eigenen Hause. ◀

1. Die Funktionen der Eigentumsfreiheit im System des Grundrechtsschutzes

Eigentum kann den Einzelnen frei und unabhängig machen – es dient damit der Ausübung weiterer Freiheitsrechte: Der Eigentümer ist frei in der **Nutzung** seines Eigentums. Der Eigenbesitz von Sacheigentum (z. B. eines „eigenen" Autos oder einer „eigenen" Wohnung) ermöglicht eine **persönlich** freiere Lebensführung. Zugleich hat das Eigentum an persönlich lieb gewordenen Dingen auch eine **affektive** Komponente. Sammlerleidenschaft ist auf das „Haben" bestimmter Objekte gerichtet. Eigentumsschutz dient damit dem Persönlichkeitsrecht.

Eigentum hat aber auch wirtschaftliche und soziale Funktionen weit über den Eigenbesitz von Dingen hinaus: Der Eigentümer kann über sein Eigentum typischerweise[439]

---

[438] Zum Ganzen: *Böhringer/Marauhn* in: Dörr/Grote/Marauhn, EMRK/GG, 3. Aufl., Kap. 16.
[439] Nach einer restriktiven Ansicht ist die Verfügbarkeit sogar zwingende begriffliche Voraussetzung des Eigentums (*Depenheuer/Froese* in: v. Mangoldt/Klein/Starck, GG, Bd. 1, 7. Aufl., zu Art. 14 Rn. 65 ff.); die h. M. erfasst hingegen auch unverfügbare Nutzungsrechte, soweit sie andere Eigentumsfunktionen erfüllen, z. B. den Mietbesitz an einer Wohnung.

frei **verfügen** und es z. B. vermieten oder mit ihm handeln. Im Falle von Produktionsmitteln verleihen die mit dem Eigentumsrecht einhergehenden Entscheidungsbefugnisse **wirtschaftliche** Macht und sind damit Grundlage der Wirtschaftsfreiheiten. Im Rahmen des Art. 14 Abs. 1 GG ist aber **nicht der Erwerb** selbst (dieser ist gegebenenfalls von Art. 2 Abs. 1 bzw. 12 Abs. 1 GG geschützt), sondern nur **das Erworbene und sein Bestand** geschützt. Insbesondere schützt Art. 14 Abs. 1 GG nicht bloße Gewinnchancen und deren Rahmenbedingungen, auch wenn dies vermögenswerte Positionen sein mögen.[440]

Insofern weiter gefasst ist der Eigentumsschutz des Art. 1 ZP 1 EMRK. Das ist systematisch zu erklären: Der Eigentumsbegriff des 1. ZP EMRK erfasst auch Bereiche des Erwerbs, die im nationalen Verfassungsrecht von der Berufsfreiheit geschützt werden, weil die EMRK die Berufsfreiheit nicht als solche schützt.

374 Der wirtschaftliche Wert von Eigentum, vor allem von Grundeigentum und Versicherungsansprüchen, kann gegebenenfalls auch Basis persönlicher Existenzsicherung sein, dient also der **sozialen** Absicherung. Eigentum ist aber nicht nur Grundlage der Wirtschaftsfreiheiten, sondern auch die Konsequenz deren erfolgreicher Ausübung. Der Schutz insbesondere des **durch Arbeit und Eigenleistung erwirtschafteten** Eigentums entspricht einer weit verbreiteten Gerechtigkeitsvorstellung. Dieser Gedanke hat zu Erweiterungen des Eigentumsbegriffs – v. a. auch beim Schutz geistigen Eigentums[441] – geführt. Eigenleistung ist aber nicht Voraussetzung zur verfassungsrechtlichen Anerkennung von Sacheigentum. Geschützt wird auch der Eigentümer, der seinen Reichtum ohne eigene Anstrengung, insbesondere auch durch Erbschaft (so ausdrücklich Art. 14 Abs. 1 S. 1 GG) erworben hat. Forderungen, an die Stelle des Eigentums ein relatives „Recht auf Zugang" treten zu lassen, sind – bei aller Notwendigkeit, Probleme des Art. 14 Abs. 1 GG auf geistiges Eigentum und auf andere Ressourcen zu übertragen – theoretischer Natur geblieben.[442] Das Eigentumsrecht schützt „Hab und Gut". Es schützt die Güter, die wir haben und erstreckt sich nicht auf alle Güter, die wir brauchen. Nutzungsmöglichkeiten stellen freilich einen wichtigen Aspekt innerhalb des Eigentumsrechts dar. Was wir haben, wird also besonders geschützt, soweit wir es brauchen. Die Eigentumsgarantie ist verfassungsimmanenter Kontrapunkt zur natürlichen Gleichheit aller Menschen, deren verfassungsrechtliche Garantie sich damit nicht auf gleiche Teilhabe an den Schätzen und Früchten der Erde erstreckt.[443] Dank Art. 14 Abs. 1 GG sind Reichtum und die damit verbundenen Chancen nicht rechtfertigungsbedürftig, sondern nach Art. 14 Abs. 2 GG lediglich sozialgebunden.

375 Manche der Eigentumsfunktionen spiegeln sich auch im **Erbrecht** wider, das durch Art. 14 Abs. 1 GG ausdrücklich geschützt wird: Insbesondere kann das Erbe sowohl eine affektive Komponente haben als auch der Existenzsicherung des Erben dienen. Während das Erbrecht in Form der Testierfreiheit die dem Eigentum immanente Verfügungsbefugnis des Erblassers lediglich fortsetzt, erhält es eine eigenständige Bedeutung aufseiten des Erben, dessen (leistungsunabhängiger) Erwerb von Eigentum ausnahms-

---

440 BVerfGE 105, 252, 278 – Glykol: Auch der Ruf eines Unternehmens ist nicht von Art. 14 GG geschützt. Zur Abgrenzung nach dem Schwerpunkt: BVerfGE 121, 317, 344 f. – Nichtraucherschutz in Gaststätten. Zum eingerichteten und ausgeübten Gewerbebetrieb → Rn. 383.
441 *Ohly*, JZ 2003, 545, 554.
442 Zum verfassungsrechtlichen Diskussionsstand um die Theorie *Jeremy Rifkins*, The age of access, 2000, vgl. *H.-J. Cremer* in: Dörr/Grote/Marauhn, EMRK/GG, 3. Aufl., Kap. 22, Rn. 14 m. w. N. und *Wieland* in: Dreier, GG, Bd. 1, 3. Aufl., zu Art. 14 Rn. 37.
443 Zusammenfassung fundamental kritischer Positionen bei *Depenheuer*, Eigentum, in: HGR V, § 111 Rn. 4 f.

weise in den Schutzbereich des Art. 14 GG fällt. Demgegenüber schützt Art. 1 ZP 1 EMRK lediglich die Testierfreiheit als Aspekt der Eigentumsfreiheit.[444]

Für die **Gesellschaft** insgesamt stellt die Eigentumsfreiheit eine wesentliche **Voraussetzung der Marktwirtschaft** dar. Eigentümer können über ihre Eigentumspositionen verfügen und damit nach eigenem Informationsstand und eigenen Präferenzen wirtschaftliche Entscheidungen treffen. Die Dispositionsbefugnis des Eigentümers ist so betrachtet die Voraussetzung für die freie und damit dezentral gesteuerte Beweglichkeit der sachlichen Ressourcen („free floating resources"). Dies bewirkt die Orientierung der sachlichen Produktionsmittel hin zu den Verwendungsmöglichkeiten, die in den Augen der Dispositionsberechtigten den meisten Gewinn versprechen. Indem die Entscheidungsbefugnis über sein Eigentum allein dem Eigentümer zukommt, sich dieser also nicht mit anderen abzustimmen braucht, dient die Eigentumsfreiheit auch der Beweglichkeit in der Wirtschaft und schafft Wachstumsmöglichkeiten. Der Staat kann sich – anstelle einer planwirtschaftlichen Vergesellschaftung des Eigentums und anstelle seiner eigenen wirtschaftlichen Betätigung – die Existenz des Privateigentums auch zunutze machen. Der Staat kann einen gemeinnützlichen Gebrauch des Eigentums einfordern und steuern. Denn erstens wirkt Eigentum nach Art. 14 Abs. 2 GG auch verpflichtend, zweitens sind nach Art. 14 Abs. 1 S. 2 GG gesetzliche Schranken des Eigentums zu bestimmen und drittens kann Eigentumsgebrauch auch durch Subventionen gefördert werden. Je stärker der soziale Bezug des Eigentums ausgeprägt ist (wie z. B. bei Atomanlagen[445]), desto größer sind die gesetzlichen Gestaltungsspielräume.

2. Der grundrechtliche Eigentumsbegriff

a) Eigentumsfreiheit als rechtsgeprägtes Grundrecht

Eigentum ist als solches – anders als z. B. der Schutzgegenstand der Religionsfreiheit – nicht denkbar ohne Rechtsnormen. Eigentum ist zu begreifen als die Summe von Befugnissen, die das Recht dem „Eigentümer" zuweist. So kann der Eigentümer mit dem Gegenstand seines Eigentums nach Belieben verfahren, ihn anderen vorenthalten (siehe § 903 BGB), er kann gegen Entgelt den Gegenstand anderen zum Gebrauch überlassen, ihn also vermieten (siehe § 535 ff. BGB) oder verpachten (siehe § 581 ff. BGB), er kann ihn von einem anderen, der ihn in Besitz hat, heraus verlangen (siehe § 985 BGB) und von demjenigen, der ihn schuldhaft zerstört hat, Schadensersatz verlangen (siehe § 823 BGB). Auch das Strafrecht schützt diese Eigentümerbefugnisse, man denke an den Diebstahl (siehe § 242 StGB) und die Sachbeschädigung (siehe § 303 StGB). Das, was rechtlich „Eigentum" ist, stellt sich also als ein **Bündel** von einzelnen rechtlichen Befugnissen dar. Dies kommt durch den Plural in der englischen Bezeichnung „property rights" gut zum Ausdruck.[446]

Die Verrechtlichung des Eigentums und dessen Sicherung durch den Staat ist nicht nur die bloße Perpetuierung faktischer, gegebenenfalls gewaltsamer Inbesitznahme (so die Okkupationstheorie etwa von *Thomas von Aquin*). Vielmehr handelt es sich um eine **rechtlich gewollte und geprägte Zuweisung** bestimmter Vermögenspositionen, insbesondere auch des durch eigene Arbeit und Leistung Erworbenen (so die Legitima-

---

444 EGMR, v. 13.6.1979, Serie A 31, Z. 50 (= NJW 1979, 2449, 2452) – Marckx.
445 BVerfGE 143, 246, 351 – Beschleunigung des Atomausstiegs.
446 Häberle, AöR 109 (1984), 36, 76.

tion durch *John Locke*).⁴⁴⁷ Der Begriff des Eigentums ist deshalb notwendig aus der konkreten Rechtsordnung zu gewinnen.

Die Verfassung selbst verzichtet auf eine Definition und weist dem Gesetzgeber sogar ausdrücklich die Aufgabe zu, nicht nur die „Schranken", sondern auch den „Inhalt" des Eigentums zu bestimmen. Der Gesetzgeber hat also festzulegen, welche verschiedenen Befugnisse am Eigentumsgegenstand dem Eigentümer zukommen und damit zu bestimmen, was ein Eigentümer rechtlich kann und darf. Damit tut sich freilich ein **Dilemma** auf: Grundrechte sollen gerade auch vor dem Gesetzgeber schützen. Die Verfassung schützt also auch das Eigentum vor dem Gesetzgeber, dieser legt aber notwendigerweise selbst den Inhalt des Eigentums fest. Mit diesem Zirkelproblem⁴⁴⁸ wird wie folgt umgegangen: Dem Gesetzgeber kommt bei der Ausgestaltung des Eigentums im Sinne von Art. 14 GG, also bei der Schaffung und Konturierung von Eigentumspositionen, ein besonders großer Gestaltungsspielraum zu. Das Verfassungsrecht knüpft an diese gesetzlichen Ausgestaltungen an.

378 Die Wirksamkeit des Grundrechts wird bei Art. 14 GG über die Bedeutung als Abwehrrecht aber gestärkt durch das Verständnis des Grundrechts auch als **Institutsgarantie**, welche das Grundrecht aus Art. 14 GG ebenfalls enthält. Das bedeutet: Der Gesetzgeber ist verpflichtet, einen Rahmen für Eigentumspositionen zu schaffen und diese funktionsfähig zu halten. Auch ist der Gesetzgeber an den Grundsatz der Verhältnismäßigkeit gebunden (→ Rn. 611 ff.).⁴⁴⁹ Wenn er zur Erreichung bestimmter legitimer Ziele Eigentumsrechte schmaler ausgestaltet, so hat er hierbei die Geeignetheit, Erforderlichkeit und Proportionalität seiner Maßnahmen zu beachten. Freilich reicht wegen des besonderen Gestaltungsspielraums (anders als bei anderen speziellen Freiheitsrechten) hier das Schutzniveau im Ergebnis kaum über das der allgemeinen Handlungsfreiheit nach Art. 2 Abs. 1 GG hinaus.⁴⁵⁰ Ein spürbar höheres Schutzniveau garantiert Art. 14 GG hingegen in Fällen der **Veränderung** bestehender Eigentumspositionen (Vertrauens- bzw. Bestandsschutz → Rn. 504). Besonderes Vertrauen genießen Regelungen, die den Zweck haben, zu Investitionen zu ermutigen oder die ihrerseits der Kompensation enttäuschten Vertrauens dienen.⁴⁵¹ Dies ist bei der Schwere des Eingriffs im Rahmen der Verhältnismäßigkeit i. e. S. zu berücksichtigen (→ Rn. 625).

379 Ganz anders ist der Eigentumsschutz des **Art. 1 ZP 1 EMRK** konzipiert, der nicht an die Ausgestaltung durch eine konkrete Rechtsordnung anknüpfen kann,⁴⁵² sondern einen Mindestschutz bietet, der für die verschiedensten mitgliedstaatlichen Ausgestaltungen offen ist. Eine Institutsgarantie folgt auch aus dem europäischen Schutz des Eigentums.

---

447 *H.-J. Cremer* in: Dörr/Grote/Marauhn, EMRK/GG, 3. Aufl., Kap. 22, Rn. 9 ff.
448 Die verfassungstheoretische Diskussion, ob Eigentum i. S. d. GG ein von der Verfassung vorgegebener (so *Depenheuer/Froese* in: v. Mangoldt/Klein/Starck, GG, Bd. 1, 7. Aufl., zu Art. 14 Rn. 51 f.) oder ein von der Verfassung dem Gesetzgeber aufgegebener (so *Wieland* in: Dreier, GG, Bd. 1, 3. Aufl., zu Art. 14 Rn. 31) Begriff ist, bleibt akademisch, da im Ergebnis eine Bindung des Gesetzgebers an den Verhältnismäßigkeitsgrundsatz unstreitig ist.
449 *Cornils*, Ausgestaltung der Grundrechte, 2005, S. 676 und passim.
450 BVerfGE 115, 97, 110 ff. – Halbteilungsgrundsatz: Der Verweis auf die Identität der Maßstäbe relativiert die umstrittene Entscheidung des Zweiten Senats des BVerfG, der Steuerbelastungen statt an Art. 2 Abs. 1 GG nunmehr an Art. 14 Abs. 1 GG messen mag.
451 BVerfGE 143, 246, 384 f. – Beschleunigung des Atomausstiegs.
452 *Grabenwarter/Pabel*, EMRK, 7. Aufl., § 25 Rn. 2.

b) Auslegung einfachen Rechts im Lichte der verfassungsrechtlichen Eigentumsfreiheit

Die einfachgesetzliche Zuweisung von Vermögenspositionen ist am Maßstab eines **funktionellen Eigentumsbegriffs der Verfassung** zu messen und in seinem Lichte auszulegen. Von viel größerer praktischer Relevanz als die – eher lockere – direkte Bindung des Gesetzgebers an Art. 14 Abs. 1 GG ist die **Auslegung der einschlägigen einfachrechtlichen Bestimmungen** durch die Gerichte. Diese Auslegung hat im Lichte des Art. 14 GG zu erfolgen. Dabei wird deutlich, dass der Inhalt des Eigentums zwar primär durch den Gesetzgeber bestimmt wird, der so zu erschließende Begriff des Eigentums i. S. d. Art. 14 Abs. 1 GG aber ein spezifisch verfassungsrechtlicher ist. Eigentum i. S. d. Art. 14 Abs. 1 GG reicht unstreitig über das Sacheigentum i. S. d. § 903 BGB hinaus und umfasst Rechte der verschiedensten Art. Wie weit einfachrechtliche Institute jenseits des Sacheigentums verfassungsrechtlichen Eigentumsschutz genießen, ist keinesfalls allein in die Hand des Gesetzgebers bzw. in die der Fachgerichte bei der Auslegung einfachrechtlicher Normen gelegt. Vielmehr handelt es sich hier um eine Frage der Verfassungsinterpretation, bei der das BVerfG nicht unwesentliche Weichen gestellt hat. So hat sich das BVerfG[453] etwa über die zivilrechtliche Unterscheidung von Eigentum und Besitz hinweggesetzt, indem es den Mietbesitz an Wohnraum zum Eigentum i. S. d. Art. 14 Abs. 1 GG erklärt hat. Ob eine bestimmte Rechtsposition den verfassungsrechtlichen Schutz des Art. 14 Abs. 1 GG genießt, ist z. T. heftig umstritten. Argumente knüpfen vielfach an den o. g. Funktionen des Eigentums an. Anerkannt sind v. a. folgende Fallgruppen:

380

Eigentum i. S. d. Art. 14 Abs. 1 GG sind alle **privatrechtlichen vermögenswerten Rechte**. Dazu gehören nicht nur absolute, dingliche, sondern auch relative, schuldrechtliche Ansprüche, soweit sie für den Inhaber **frei nutzbar und verfügbar** sind. Beispiele hierfür sind neben dem Sacheigentum Erbbaurechte, Vorkaufsrechte, Aktien, Forderungen, Patent- und Warenzeichenrechte sowie die Internet-Domain. All diese Rechte sind verfügbar und ihr Wert kann Grundlage wirtschaftlicher Existenzsicherung sein.

381

Einen Sonderfall stellt das **Besitzrecht des Wohnraummieters** dar. Der Mieter kann hier nicht frei z. B. über die Überlassung an Dritte disponieren. Wohnraummiete dient aber in besonderem Maße privater Freiheitsentfaltung und ist deshalb – auch gegenüber dem vermietenden Eigentümer – als Eigentum i. S. d. Art. 14 Abs. 1 GG anerkannt.[454] Das führt gegebenenfalls zu einem Grundrechtskonflikt zwischen verschiedenen Eigentumspositionen. Zu beachten ist aber, dass nicht jeder privatrechtliche Anspruch erfasst wird. Die Miete z. B. beweglicher Sachen wurde als solche bislang nicht anerkannt, wohl aber das Leasing. Im Einzelfall ist die **wirtschaftliche, persönliche und soziale Funktion** zu ermitteln.

382

Umstritten ist, inwieweit über die jeweiligen Einzelpositionen hinaus auch **Vermögensgesamtheiten** den Schutz des Art. 14 Abs. 1 GG genießen: Das Recht am eingerichteten und ausgeübten **Gewerbebetrieb** wird von den Fachgerichten[455] und von Teilen der Literatur[456] als solches anerkannt. Dafür spricht, dass hier gegebenenfalls ein durch Leistung und Kapitaleinsatz geschaffener Eigenwert entsteht, der Grundlage wirtschaftli-

383

---

453 BVerfGE 89, 1, 5 ff. – Besitzrecht des Mieters; auch deshalb krit. *Depenheuer/Froese* in: v. Mangoldt/Klein/Starck, GG, Bd. 1, 7. Aufl., zu Art. 14 Rn. 158.
454 BVerfGE 89, 1, 6 ff. – Besitzrecht des Mieters.
455 BGHZ 111, 349, 356; BverwGE 81, 49, 54.
456 Dafür: *Badura*, AöR 98 (1973), 153, 165; differenzierend: *Dietlein* in: Stern, Staatsrecht IV/1, S. 2191 ff.

cher Existenz ist und auch als Gesamtheit veräußert werden kann. Das BVerfG[457] zögert mit der Anerkennung bislang, weil dann die Grenze zu den nicht geschützten bloßen Gewinnchancen bzw. zu den anderen Wirtschaftsfreiheiten verschwimme. Die Abgrenzung zwischen dem geschützten Wert des Eigentums und den von Art. 14 Abs. 1 GG nicht geschützten Gewinnerwartungen ist aber ein allgemeines Problem, das sich auch im Falle des Gewerbebetriebes durch das überkommene Kriterium der Unterscheidung zwischen erworbenem Bestand und Erwerb lösen lässt. Die wirtschaftliche Unzumutbarkeit von Rauchverboten, die bei Kleingaststätten zu empfindlichen Umsatzrückgänge führten, hat das BVerfG[458] einerseits ausdrücklich nicht an Art. 14 GG gemessen, andererseits aber die Existenzgefährdung kleiner, gerade auch traditioneller Betriebe als Aspekt im Rahmen der Berufsausübungsfreiheit berücksichtigt. Eine betriebsbezogene Genehmigung ist nicht in den Eigentumsschutz einbezogen, weil sie weder verfügbar ist[459] noch auf Leistung beruht. Im Gegensatz dazu integriert der EGMR[460] auch staatliche Konzessionen zur Ausübung einer Wirtschaftstätigkeit in den Eigentumsbegriff.

384 Noch weiter gehen Ansätze, durch Art. 14 GG das **Vermögen als solches** vor übermäßigen Eingriffen des **Steuergesetzgebers** zu schützen. Unstreitig muss der Steuergesetzgeber die Steuerlast auf die Steuerpflichtigen wegen Art. 3 Abs. 1 GG nach dem Prinzip der Leistungsfähigkeit gerecht verteilen.[461] Die gleichheitsrechtliche Bindung des Steuergesetzgebers stand in der Praxis immer im Vordergrund gegenüber der freiheitsrechtlichen Frage, ob es auch eine absolute Höchstgrenze der Zumutbarkeit von Steuerbelastungen gibt. Letztere ist jedoch mit zunehmenden Belastungen von inzwischen bis zu mehr als 50 % ins Blickfeld geraten, wobei das BVerfG auch derartige Belastungen im Ergebnis passieren ließ. Unstreitig ist, dass sich die Frage des Übermaßes von Steuerbelastungen verfassungsrechtlich stellen kann. Das ergibt sich jenseits der Grundrechte auch aus Art. 106 Abs. 3 Nr. 2 GG. Umstritten sind jedoch der dogmatische „Aufhänger" hierfür sowie die Grenze, die hierbei zu ziehen wäre.

385 Nach **traditioneller Lesart** sind Steuerbelastungen grundsätzlich „nur" als Eingriffe in die allgemeine Handlungsfreiheit des Art. 2 Abs. 1 GG zu betrachten. Der Sozialstaat, der zugunsten der Entfaltung der Marktwirtschaft auf eigene Wirtschaftstätigkeit verzichte, sei außerdem auf Steuereinnahmen angewiesen. Eine Belastung des Vermögens als Ganzem greife nicht in konkrete Eigentumspositionen ein. Tatsächlich kann der Betroffene eine Geldleistungspflicht auf verschiedene Weise erfüllen, z. B. durch Verminderung seines Kontostandes, durch eine sparsamere Lebensführung, durch Aufnahme eines Darlehens oder Verkauf der ererbten goldenen Uhr. Ihm bleibt also die Freiheit, das Sacheigentum anzugreifen oder auch nicht. Art. 14 Abs. 1 GG wird danach erst im (bislang theoretisch gebliebenen) Extremfall relevant, nämlich bei einer Geldleistungspflicht, die erdrosselnde, konfiskatorische Wirkung hätte.

---

457 BVerfGE 51, 193, 222 – Schloßberg; BVerfG NVwZ 2002, 1232; ausdrücklich offen gelassen: BVerfGE 105, 252, 278 – Glykol.
458 BVerfGE 121, 317, 344 f. u. 355 – Nichtraucherschutz in Gaststätten. Man könnte dies auch als eine nicht explizite Schutzbereichsverstärkung (→ Rn. 59) des Art. 12 GG verstehen.
459 BVerfGE 143, 246, 328 f. – Beschleunigung des Atomausstiegs; zu einer Linienverkehrsgenehmigung allerdings BVerfG-K, NVwZ 2009, 1426; wie hier: *Wieland* in: Dreier, GG, Bd. 1, 3. Aufl., zu Art. 14 Rn. 76.
460 EGMR, v. 26.6.1986, Serie A 101, Z. 41 (= EuGRZ 1988, 35, 38) – van Marle u. a./Niederlande.
461 BVerfGE 82, 60, 89 – Steuerfreies Existenzminimum, in Anlehnung an *D. Birk*, Das Leistungsfähigkeitsprinzip als Maßstab der Steuernormen, 1983, S. 165, 170.

Nach einer im Vordringen befindlichen Ansicht ist Art. 14 Abs. 1 GG Prüfungsmaßstab jeder Besteuerung des „Erworbenen", insbesondere auch des Einkommens. In letzter Konsequenz wird das Eigentumsrecht als Vermögensschutz nach diesem Ansatz vom konkreten Rechtsgut gelöst und zu einem **Schutz wirtschaftlicher Handlungsspielräume**.[462] Danach sind Vermögensrechte und Geld schützenswert[463] und dem Sacheigentum grundsätzlich gleichgestellt. Das bedeutet nicht, dass der Wert des Geldes geschützt würde. Der direkte Zugriff des Staates auf das Vermögen in Form von Zahlungspflichten des Bürgers fällt aber in den Schutzbereich des Art. 14 Abs. 1 GG. Dies entspricht auch der Dogmatik des Art. 1 Abs. 2 ZP 1 EMRK, der Steuern und Abgabenregelungen im Rahmen der Schranken erwähnt und damit deren Erfassung im Schutzbereich voraussetzt.[464] Danach können Steuern und Abgaben im erforderlichen Umfang zwar gerechtfertigt werden, stellen aber einen Eingriff in die Eigentumsfreiheit dar. Für diesen Ansatz spricht, dass die Eigentumsfreiheit auch die Funktion haben kann, persönliche und gesellschaftliche Anreize der Erwirtschaftung von Werten zu fördern. Dann muss der Gesetzgeber sich im Rahmen des Art. 14 GG daran messen lassen, inwieweit er derartige Motivationen bremst oder gar zerstört.

386

Der Streit ist auch von der Rechtsprechung **bislang nicht entschieden**, sondern wird im Gegenteil auch zwischen den beiden Senaten des BVerfG ausgetragen: Der erste Senat[465] blieb bislang bei der traditionellen Sichtweise, während der Zweite Senat[466] den Schutzbereich des Art. 14 GG insoweit erweitert hat. Die Unterschiede der beiden Ansätze sind im Ergebnis marginal, weil die Prüfung jeweils auf die Verhältnismäßigkeitsfrage der Zumutbarkeit hinausläuft und bislang keiner der Senate eine absolute Zumutbarkeitsgrenze näher bestimmt hat. Immerhin wird dem Gesetzgeber nach der Rechtsprechung des Zweiten Senats eine erhöhte Darlegungslast aufgebürdet, wenn sich die Abgabenbelastungen auch im internationalen Vergleich als „bedrohliche Sonderentwicklung"[467] darstellen. Damit wird der für den Schutz des Eigentums heute unausweichliche Blick über die Grenzen hinaus frei. Ein solches Schutzbedürfnis im nationalen Grundrechtsschutz besteht umso mehr, als der EuGH Beeinträchtigungen der Rentabilität und der Substanz von Unternehmen nicht als Verstoß gegen die Eigentumsfreiheit gewertet hat.[468] Zu beachten ist jedoch, dass der Finanzbedarf des Staates und das Ausmaß der Steuerlast besonders politische Fragen sind und die Haushaltskompetenz des Parlaments nicht in ein zu enges grundrechtliches Korsett gepresst werden darf. Dem trägt zwar die Tatsache Rechnung, dass Art. 14 GG in besonderem Maße Gestaltungsspielräume offen lässt. Ob die Erweiterung des Schutzbereichs von Art. 14 GG aber in die deutsche Dogmatik passt, bleibt noch offen. Vielleicht wäre es besser, neben Art. 14 GG ein neues spezifisches Wirtschafts- und Vermögensgrundrecht aus Art. 2 Abs. 1 GG i. V. m. Art. 1 Abs. 2 ZP 1 EMRK zu entwickeln.

387

---

462 So *P. Kirchhof*, Besteuerung und Eigentum, VVDStRL 39 (1981), S. 213, 233 ff.
463 BVerfGE 97, 350, 370 f. – Euro.
464 *Grabenwarter/Pabel*, EMRK, 7. Aufl., § 25 Rn. 6.
465 StRspr: BVerfGE 4, 7, 17 – Investitionshilfe.
466 BVerfGE 115, 97, 112 f. – Halbteilungsgrundsatz; zur ehemals stRspr: BVerfGE 75, 108, 154 – Künstlersozialversicherungsgesetz.
467 BVerfGE 115, 97, 116 – Halbteilungsgrundsatz. Der Verweis auf die Identität der Maßstäbe relativiert insoweit die umstrittene Entscheidung des Zweiten Senats, die Steuerbelastungen statt an Art. 2 Abs. 1 GG nunmehr an Art. 14 Abs. 1 GG messen mag.
468 EuGH, Rs. C-258/81 (Metallurgiki Halyps A.E./Kommission), Slg. 1982, 4261, Rn. 13; verb. Rs. C-143/88 u. C-92/89 (Zuckerfabrik Süderdithmarschen u. a.), Slg. 1991, I-415, Rn. 72 ff.; krit. *Streinz*, Bundesverfassungsgerichtlicher Grundrechtsschutz und Europäisches Gemeinschaftsrecht, 1989, S. 408; *Wieland* in: Dreier, GG, Bd. 1, 3. Aufl., zu Art. 14 Rn. 22.

388 Subjektive öffentliche Rechte fallen nur ausnahmsweise in den Schutzbereich des Art. 14 Abs. 1 GG. Zweifellos können staatliche Leistungen wesentliche Funktionen des Eigentums erfüllen, indem z. B. sozialstaatliche Leistungen der Existenzsicherung dienen. Die Frage ist allerdings, ob es sich dabei um Eigentum oder aber um dessen Surrogat handelt. Nach herrschender Auffassung handelt es sich bei **Sozialleistungen grundsätzlich** um **bloße Ersatzleistungen**, die gerade darauf beruhen, dass nicht alle Menschen ihre Existenz durch Eigentumswerte sichern können. Sozialstaatliche Leistungen, die mangelnde Eigensicherung durch Eigentum kompensieren sollen, werden nicht (auch nicht analog) von Art. 14 Abs. 1 GG geschützt. Gesetzgeberische Entscheidungen zugunsten sozialrechtlicher Ansprüche sollen frei korrigierbar bleiben.

389 Eine **Ausnahme** wird allerdings in den Fällen gemacht, in denen ein weiteres typisches Element des Eigentums hinzutritt: Wenn nämlich der Erwerb solcher Rechte **auf eigener Leistung beruht,** dann greift Art. 14 Abs. 1 GG auch für öffentlich-rechtliche Ansprüche. So fallen z. B. Renten- und Krankenversicherungsansprüche einschließlich der Arbeitgeberanteile unter die Eigentumsfreiheit. Genau betrachtet handelt es sich dabei nicht nur um eine Fortführung, sondern um eine Erweiterung des funktionellen Eigentumsbegriffs. Das somit an Art. 14 Abs. 1 GG gebundene deutsche Sozialversicherungssystem beruht nämlich auf einem Umlageverfahren. Die Beiträge der Versicherten werden nicht angespart und zeitversetzt ausgeschüttet, sondern an die jetzt Empfangsberechtigten weitergegeben. Der „Eigenbeitrag" ist nicht selbst Gegenstand des Eigentumsschutzes, sondern nur Auslöser dafür, dass die Anwartschaft bzw. ein **Anspruch auf künftige Teilhabe** im Rahmen des Generationenvertrags von Art. 14 Abs. 1 GG geschützt wird. Eine schutzfähige Vermögenssubstanz wird fingiert, um ein soziales Teilhaberecht in den Grundrechtsschutz einzubeziehen. Sozialstaatliche Verteilungsgerechtigkeit wird in die Dogmatik des Freiheitsrechts auf Eigentum integriert. Gegen diese Konzeptionen werden Einwände in zwei Richtungen erhoben: Manchen erscheint die Begrenzung auf Ansprüche mit Eigenleistungskomponente zu eng; sie wollen alle konkreten gesetzlichen Zahlungsansprüche einbeziehen.[469] Anderen erscheint die Erstreckung der Eigentumsgarantie auf soziale Teilhaberechte zu weit.[470] Tatsächlich handelt es sich hier um eine Mischung aus individualwirtschaftsrechtlicher Dogmatik einerseits und sozialstaatlicher Betrachtung andererseits. Dies verdient Zustimmung, zumal Art. 14 Abs. 2 GG durchaus einen gesetzlichen Anknüpfungspunkt gibt. Die Rechtsprechung[471] hat daraus eine grundrechtlich geschützte Existenzsicherung für jedermann geschaffen.

3. Schutzdimensionen der Eigentumsfreiheit

390 Als letzte Grenze gegenüber dem Spielraum des Gesetzgebers, den Inhalt des Eigentums zu bestimmen, gilt Art. 14 GG als **Institutsgarantie**. Die Verfassung hindert den Gesetzgeber daran, die Rechtsnormen, welche das Eigentumsrecht eigentlich erst konstituieren, gänzlich abzuschaffen. Es müssen also solche Normen bestehen bleiben (gegebenenfalls in veränderter Form), welche „Eigentum" als gesellschaftlich erhebliche Größe wirksam erhalten.

391 Daneben existiert die Eigentumsgarantie als klassisches **Abwehrrecht** des einzelnen Bürgers gegen den Zugriff des Staates. Erworbene Eigentumspositionen dürfen nur

---

469 Sondervotum *Rupp-v. Brünneck* BVerfGE 32, 111, 142; *Wieland* in: Dreier, GG, Bd. 1, 3. Aufl., zu Art. 14 Rn. 75.
470 *Depenheuer/Froese* in: v. Mangoldt/Klein/Starck, GG, Bd. 1, 7. Aufl., zu Art. 14 Rn. 67, 71, 185 ff.
471 BVerfGE 69, 272, 300 ff.; EGMR, v. 29.5.1986, NJW 1989, 652, 653, Z. 68 – Deumeland.

weggenommen oder beeinträchtigt werden, wenn dies zu rechtfertigen ist (→ zu den Schranken des Eigentums Rn. 693 ff.).

Zunehmende Bedeutung erhalten auch **Schutzpflichten** (→ Rn. 516 f. Zu den Schutzpflichten allgemein → Rn. 510 ff.) aus Art. 14 Abs. 1 GG. So hat das BVerfG[472] nicht nur die Gerichte dazu verpflichtet, die von ihm kreierte Eigentümerstellung des Mietbesitzers gegenüber der ebenfalls von Art. 14 Abs. 1 GG geschützten Rechtsstellung des Vermieters in Ansatz zu bringen. Es hat z. B. auch den Gesetzgeber verpflichtet, Versicherungsnehmer durch gesetzlich klar geregelte Aufsichtsbefugnisse angemessen davor zu schützen, dass Lebensversicherer deren eingezahltes Vermögen auf andere Versicherer übertragen.[473] Dies zeigt, dass der Gesetzgeber trotz seines Gestaltungsspielraums, ja seines normativen Gestaltungsauftrags, keineswegs frei ist. Vielmehr leitet das BVerfG aus Art. 14 Abs. 1 GG weitreichende verfassungsrechtliche Direktiven auch dort ab, wo es um mehrpolige Interessenbeziehungen geht. Dadurch werden neben Art. 14 Abs. 2 GG,[474] wonach Eigentum „verpflichtet" und sein Gebrauch „dem Wohl der Allgemeinheit dienen" soll, auch bereits innerhalb des Schutzbereichs des Art. 14 Abs. 1 S. 1 GG und der Zurechnungsdogmatik soziale Dimensionen des Grundrechtsschutzes entfaltet.

392

4. Schutzumfang der Eigentumsfreiheit

Daran knüpft sich die Frage, wie der Staat solchen Anforderungen des Art. 14 GG gerecht werden kann bzw. welche konkreten Rechte der Eigentümer damit erhält. Aus der Eigentümerstellung können Verfügungsbefugnisse, Nutzungsrechte, Bestands- und Wertgarantien folgen. Es ist vor allem Aufgabe des Gesetzgebers, die **rechtlich geschützten Konsequenzen der Eigentümerstellung** festzulegen.

393

Am weitesten reichen der **Bestandsschutz**, der vor der Entziehung der geschützten Rechtsposition schützt, und der Schutz der **Nutzungen**, die dem Eigentümer zustehen. So hat der Gesetzgeber z. B. geregelt, dass das Baurecht im Rahmen der Gesetze zu den originären Nutzungsrechten des Grundstückseigentümers gehört, nicht aber die Nutzung des Grundwassers.[475] Verfassungsdogmatisch stellt sich dabei auch eine **Abgrenzungsfrage zu anderen Grundrechten**. Viele menschliche Handlungen stellen zugleich einen Ge- oder Verbrauch von Eigentum dar: die Lektüre eines Buchs, das Musizieren auf einer Geige, das Betreiben eines Kraftwerks, das Konsumieren von Genussmitteln. Sie sind jedoch selbst dann nicht von Art. 14 GG geschützt, wenn die dabei genutzten Gegenstände gerade ihre Bestimmung in der betreffenden Tätigkeit finden (sondern im Falle der Lektüre als Frage der Informationsfreiheit von Art. 5 Abs. 1 GG, im Falle des Musizierens von Art. 5 Abs. 3 GG, im Falle der unternehmerischen Tätigkeit von Art. 12 Abs. 1 GG, im Falle des Konsums von Art. 2 Abs. 1 GG). Anders stellt es sich dar, wenn die Handlung gerade **auf der Eigentümerstellung beruht** und eine Handlung deshalb der Eigentumssphäre zugeordnet wird. Deshalb sind z. B. die Geltendmachung einer Aktienmehrheit ebenso wie Verfügungsgeschäfte über das Eigentum von der Eigentumsfreiheit erfasst. Auch Handlungspflichten des Staates sind nicht schon deshalb Eingriffe in das Eigentum, weil sie bei einer kommerzialisierenden Betrachtung das Vermögen des Betroffenen belasten. Der Schutzbereich des Art. 14

394

---

472 BVerfGE 89, 1, 10 – Besitzrecht des Mieters.
473 BVerfGE 114, 1, 53 – Schutzpflicht Lebensversicherung.
474 Zur Trennung zwischen Art. 14 Abs. 1 und Abs. 2 GG: BVerfGE 89, 1, 5 – Besitzrecht des Mieters.
475 BVerfGE 58, 300, 338 ff. – Nassauskiesung.

Abs. 1 GG ist vielmehr erst dann eröffnet, wenn die Handlungspflicht entweder als Zahlungspflicht unmittelbar das Vermögen belastet (s. o.) oder wenn sie – wie im Falle der polizeilichen Zustandsverantwortlichkeit für eine Sache – an die Eigentümerstellung im verfassungsrechtlichen Sinne[476] anknüpft.

395 Soweit Bestandsschutz in der Abwehrrichtung des Grundrechts nicht möglich bzw. nicht geboten ist, kann die Eigentumsgarantie **subsidiär als Wertgarantie** greifen. Sie gebietet dann angemessene Entschädigung. Der Bestandsschutz ist demgegenüber in doppelter Weise vorrangig: Erstens soll der Eigentümer rechtswidrige Eingriffe nicht dulden, um dann eine Entschädigung zu verlangen, sondern muss gegebenenfalls auf Bestandserhalt klagen. Zweitens greift die Wertgarantie grundsätzlich nicht neben dem Bestandsschutz, weil Sachwerte der Marktwirtschaft und der Wert des Geldes[477] der Haushaltswirtschaft überlassen werden. Lediglich auf den ersten Blick eine Ausnahme[478] hiervon ist die Rechtsprechung des BVerfG[479] zu den Grenzen der Zustandshaftung des Grundeigentümers: Grundsätzlich ist es zwar angemessen und entspricht dem Gedanken des Art. 14 Abs. 2 GG, dass der Eigentümer als Inhaber der Sachherrschaft und als Nutzer die mit dem Eigentum verbundenen Lasten zu tragen hat. Der Staat greift aber in Art. 14 Abs. 1 GG ein, wenn er dem Eigentümer z. B. eine Sanierung aufträgt, deren Kosten den Verkehrswert des Grundstücks nach der Sanierung übersteigt. Eine solche Sanierungsverfügung betrifft zwar nicht den Bestand des Eigentums, kann aber das Grundstück wirtschaftlich entwerten und zwingt den Eigentümer gegebenenfalls faktisch zur Aufgabe des Eigentums. Die Rechtsprechung sollte aber nicht als Erweiterung des Schutzbereichs des Art. 14 Abs. 1 GG im Sinne einer staatlichen Versicherung gegen den Wertverlust von Grundstücken gedeutet werden. Es wäre systemwidrig, das Grundeigentum gegenüber sonstigem Eigentum zu privilegieren.[480] Vielmehr handelt es sich um eine nicht verallgemeinerbare Einzelfallfrage der Zumutbarkeit, d. h. der Verhältnismäßigkeit eines faktischen Eingriffs in Art. 14 Abs. 1 GG, die sich dann stellt, wenn staatliche Befehle im Verhältnis zum Gesamtvermögen des Betroffenen extreme finanzielle Folgen haben und nicht durch die Vorteile zukünftiger Nutzung aufgewogen werden. Das wiederum mag typischerweise bei Verpflichtungen zur Altlastensanierung der Fall sein, ist aber auch bei Fällen jenseits des Grundstückseigentums denkbar.[481]

396 Schließlich sind all diese Schutzrichtungen nicht allein durch materielle Regelungen, sondern auch in angemessenen **Verfahren** sicherzustellen. So ist z. B. bei der Zwangsversteigerung ein faires Verfahren zu garantieren, bei dem Vollstreckungsschutz möglich ist.[482]

5. Abgrenzung zwischen Schutzbereich, Eingriff und Schranken beim Eigentum

397 Grundsätzlich ist in der Grundrechtsdogmatik zwischen Schutzbereich, Eingriff und Schranken des Grundrechts kategorisch zu trennen (→ Rn. 38 ff.). So ist bei Art. 14

---

476 Zutreffend fordert *Lepsius*, JZ 2001, 22, 24 eine Erweiterung der Rechtsprechung zur Zustandsverantwortlichkeit (BVerfGE 102, 1, 14 f. – Altlasten) auf Pächter.
477 BVerfGE 97, 350, 371 – Euro.
478 Zur weiteren Ausnahme der sogenannten ausgleichspflichtigen Inhalts- und Schrankenbestimmung Rn. 705.
479 BVerfGE 102, 1, 19 ff. – Altlasten.
480 Aus diesem Grund die Rechtsprechung ablehnend *Lepsius*, JZ 2001, 22, 23.
481 Man denke nur an BVerfGE 58, 137 – Pflichtexemplar.
482 BVerfGE 46, 325, 334 f. – Zwangsversteigerung II.

§ 9 Spezielle freiheitsrechtliche Schutzbereiche: Art. 14 GG

GG zwischen erstmaligen, den Schutzbereich des Art. 14 Abs. 1 GG schaffenden bzw. erweiternden Bestimmungen und solchen, die eine einmal anerkannte Position einschränken, zu unterscheiden. Tatsächlich sind gesetzliche Bestimmungen, die den Inhalt des Eigentums begrenzen, von solchen, die einer als Eigentum anerkannten Rechtsposition Schranken setzen, **nicht scharf zu trennen**.[483] Nicht zufällig nennt der Wortlaut des Art. 14 Abs. 1 S. 2 GG **„Inhalt und Schranken"** in einem Atemzug. Dasselbe Ergebnis lässt sich bisweilen durch enge Ausgestaltung der Eigentumsposition wie durch die Auferlegung von Schranken erreichen. Mit der Rechtsprechung[484] können „Inhalts- und Schrankenbestimmung" somit als einheitlicher dogmatischer Topos begriffen werden. Die Frage, ob eine solche „Inhalts- und Schrankenbestimmung" nach Art. 14 Abs. 1 S. 2 GG zulässig und verfassungsgemäß ist, oder ob sie die verfassungsrechtliche Eigentumsgarantie übermäßig beschränkt, ist auf der Ebene und mit der Dogmatik der Schranken zu lösen. Stets – auch bei Einschränkungen des Inhalts – ist nach einer gesetzlichen Grundlage und der Verhältnismäßigkeit des Eingriffs zu fragen (→ Rn. 611 ff.). Merke: Inhaltsbestimmungen limitieren den Begriff des Eigentums, ohne den Schutzbereich des Art. 14 GG zu begrenzen.

6. Verweis auf europäische Grundrechte

Das Eigentumsrecht schützen Art. 1 ZP 1 zur EMRK (→ Rn. 379) und Art. 17 GRCh, letzterer ausdrücklich auch das geistige Eigentum.[485]

▶ **Zu Fall 16:** Nach klassischem Verständnis umfasst der verfassungsrechtliche Eigentumsbegriff nicht den Schutz des Vermögens (z. B. vor Besteuerung – sehr str.). Subjektiv-öffentliche Rechte (wie z. B. das in der Betriebsgenehmigung verkörperte Recht eine Anlage zu betreiben) fallen nicht in den Schutzbereich des Art. 14 GG. Investitionen genießen allerdings regelmäßig innerhalb der Eigentumsgarantie Vertrauensschutz. Die Nutzungsuntersagung ist dann ein eigentumsrechtlich erheblicher Eingriff, wenn das verbleibende Sachvermögen nutzlos wird (sog. „nudum ius"). Die Rechtsposition der Wohnungsmieter ist nach funktioneller Betrachtung ebenso wie die des Vermieters in Art. 14 GG zu verankern. ◀

Systematische Verweise: Zu den Eingriffsarten und Schranken bei Art. 14 GG lies → Rn. 693 ff. Zum öffentlich-rechtlichen Eigentum siehe → Rn. 360.

Wiederholungs- und Verständnisfragen

> Erklären Sie, warum der Begriff der „property rights" zur Beschreibung des Schutzbereichs des Art. 14 GG besonders geeignet ist! Welche Funktionen hat der Eigentumsschutz?
> Welche Bedeutung kommt dem Verständnis von Art. 14 GG als Institutsgarantie zu?
> Grenzen Sie Art. 14 GG von Art. 12 GG ab! Warum lässt sich die Abgrenzung nicht auf Art. 1 ZP 1 EMRK übertragen?
> Welche Positionen werden zum verfassungsrechtlichen Schutz des reinen Vermögens vertreten?

398

---

483 Das ist ungeachtet der Versuche, beide Begriffe eigenständig zu behandeln, unstreitig (vgl. *Wendt* in: Sachs, GG, 9. Aufl., zu Art. 14 Rn. 36).
484 BVerfGE 52, 1, 27 – Kleingarten; BVerfGE 72, 9, 22; so auch *Wieland* in: Dreier, GG, Bd. 1, 3. Aufl., zu Art. 14 Rn. 92; anders: *Wendt* in: Sachs, GG, 9. Aufl., zu Art. 14 Rn. 55.
485 Zum Ganzen: *H.-J. Cremer* in: Dörr/Grote/Marauhn, EMRK/GG, 3. Aufl., Kap. 22.

XVI. Ausbürgerungs- und Auslieferungsverbot: Art. 16 GG

1. Die Funktion des Schutzes vor Ausbürgerung und Auslieferung im System des Staatsrechts und des Grundrechtsschutzes

399 Bei Art. 16 GG handelt es sich um das **staatsbürgerliche Basisrecht**. An den Status der Staatsbürgerschaft nach Art. 116 GG knüpfen sich nicht nur besondere Deutschengrundrechte (→ Rn. 444), sondern v. a. auch Rechte der politischen Partizipation und Schutzrechte für die äußere und innere Sicherheit, insbesondere konsularischer Schutz. Nur wenn die Mitglieder einer staatlichen Gemeinschaft auf ihre politische Rechtsgemeinschaft vertrauen, kann der demokratische Verfassungsstaat i. S. gelebten Verfassungsrechts gelingen. Staatsangehörigkeit besteht aus einem Bündel von Rechten und Pflichten, die in einem Gegenseitigkeitszusammenhang stehen. Der Fortbestand der Mitgliedschaft ist Basis der **wechselseitigen Loyalitätspflichten**: Die Rechtsgemeinschaft fordert den Gehorsam jedes ihrer Mitglieder gegenüber der Rechtsordnung und die Akzeptanz des staatlichen Gewaltmonopols des Staates ein. Die Mitglieder vertrauen umgekehrt darauf, dass Konflikte innerhalb der Rechtsgemeinschaft intern und auf der Grundlage ihres Rechts gelöst werden. Das gilt gerade auch für drohende strafrechtliche Sanktionen, die nach Art. 103 Abs. 2 GG vorhersehbar sein müssen.

400 Das Grundgesetz zieht daraus zwei starke grundrechtliche Konsequenzen. Es kompensiert hier Defizite der nationalen Identitätsbildung und reagiert auf das rassistische Staatsangehörigkeitsrecht des Nationalsozialismus. Art. 16 Abs. 1 GG verbietet der staatsbürgerlichen Gemeinschaft die **Ausbürgerung** seiner Mitglieder absolut. In der Tradition des Art. 112 Abs. 2 WRV verbietet Art. 16 Abs. 2 GG darüber hinaus die **Auslieferung** Deutscher an das Ausland. Eine wesentliche Ausnahme zugunsten der Auslieferung an Mitgliedstaaten der EU und an internationale Gerichtshöfe hat diese Garantie allerdings 2000 durch die Einfügung des Art. 16 Abs. 2 S. 2 GG erfahren.

401 Für die Auslegung dieser beiden Garantien ist von Bedeutung, dass sich in ihnen die Bedeutung **nationaler Souveränität** spiegelt. Sie wird allerdings in Fällen des Art. 16 Abs. 2 S. 2 GG durch die **Völkerrechtsfreundlichkeit** des kooperativen Verfassungsstaates **relativiert**. Dabei stellt sich immer drängender die Frage, inwieweit der Gedanke eines Grundvertrauens in die Rechtsgemeinschaft auch auf **Ausländer** zu übertragen ist. Zu denken ist an Ausländer, die seit langem in Deutschland leben oder sogar hier geboren und aufgewachsen sind. Zu fordern wäre, insoweit Auslieferungsschutz – dogmatisch im Rahmen der Art. 2 Abs. 1 GG und Art. 2 Abs. 2 Satz 2 GG – zu gewährleisten.[486] Dem rechtsstaatlichen Gehalt des Art. 16 GG müsste ohnehin eine menschenrechtliche Gewährleistung entsprechen.

402 Art. 16 GG garantiert Individualrechte, denen kaum je Individual-, sondern allenfalls Gemeinschaftsinteressen gegenüberstehen (insoweit ähnlich Art. 16a GG und Art. 11 GG). Art. 16 GG ist zwar Grund- und Abwehrrecht, gewährleistet aber **keine konkreten Freiheiten**. Daraus folgt für die Auslegung, dass jedenfalls keine Grundrechtskollisionen einer absoluten Handhabung des Art. 16 Abs. 1 S. 1 und Abs. 2 S. 1 GG entgegenstehen. Die Schrankenregelungen sind also abschließend gemeint und eng auszulegen (→ Rn. 586).

---

[486] Sondervotum *Lübbe-Wolff* BVerfGE 113, 273, 328 – Europäischer Haftbefehl.

2. Verlust und Entziehung der Staatsangehörigkeit

Art. 16 GG schützt nur deutsche **Staatsangehörige** und nicht diejenigen „Statusdeutschen", die nach Art. 116 Abs. 1 GG Deutscher sind, ohne Staatsangehörige zu sein.[487]

Das dogmatische Hauptproblem ist die begriffliche **Unterscheidung zwischen** der **Entziehung** i. S. d. Art. 16 Abs. 1 S. 1 GG und dem **Verlust** i. S. d. Art. 16 Abs. 1 S. 2 GG. Nimmt man Art. 16 Abs. 1 GG beim Wort, dann knüpft sich daran die erhebliche Folge, dass die Entziehung im Gegensatz zum Verlust keinem Gesetzesvorbehalt unterliegt. Die erste Frage ist somit, ob eine Unterscheidung überhaupt möglich und nötig ist. Die Schwierigkeiten der Abgrenzung haben den Vorschlag provoziert, – wie bei der „Drei-Stufen-Theorie" zu Art. 12 Abs. 1 GG (→ Rn. 675 ff.) – von einem **einheitlichen Grundrecht** des Art. 16 Abs. 1 GG auszugehen und den Gesetzesvorbehalt des Art. 16 Abs. 1 S. 2 GG auch auf die Entziehung der deutschen Staatsbürgerschaft zu erstrecken.[488] Diese Notlösung entfernt sich indes vom historischen Willen des Verfassungsgebers weiter, als jeder Versuch einer Abgrenzung. Es bleibt dabei: **Verlust** i. S. d. Art. 16 Abs. 1 S. 2 GG ist der **Oberbegriff** und umfasst jeden Wegfall der Staatsangehörigkeit.

Gegen das **formale** Kriterium, Entziehung sei jeder Verwaltungsakt bzw. Einzelakt,[489] spricht, dass davon gerade die nationalsozialistische Diskriminierung durch Verordnungen nicht erfasst wäre.

Das BVerfG erschließt den Begriff der Entziehung nach der „**Funktion** der Staatsangehörigkeit" als „verlässliche(r) Grundlage"[490]. Diese nicht trennscharfe Definition[491] erlaubt vor allem auch die negative Berücksichtigung mangelnder Vertrauensgrundlage in Missbrauchsfällen erschlichener Staatsangehörigkeit.

Eine **Rücknahme** der Einbürgerung nach § 48 VwVfG verletzt die **rechtsstaatliche Vertrauensgrundlage** der Volksgemeinschaft, wenn der Fehler der Einbürgerung in der Sphäre der Behörde lag. Der Rücknahme einer erschlichenen Staatsbürgerschaft i. S. d. § 48 Abs. 2 S. 3 Landes-VwVfG bzw. nunmehr nach § 35 StAG steht Art. 16 Abs. 1 S. 1 GG hingegen nicht entgegen. Sie ist allerdings an Art. 16 Abs. 1 S. 2 GG zu messen,[492] wobei sich auf das Verbot der Inkaufnahme der Staatenlosigkeit nicht der rechtsmissbräuchlich Handelnde – wohl aber gegebenenfalls ein Dritter, z. B. ein betroffener Familienangehöriger – berufen kann.[493] Eine Auffassung[494] verweist darauf, dass eine nicht nichtige Einbürgerung Rechtswirkungen entfalte. Sie könne deshalb allenfalls entzogen werden, was aber nach Art. 16 Abs. 1 S. 1 GG im Ergebnis ausgeschlossen werde. Diese Auffassung übersieht, dass sowohl das Verwaltungsrecht als auch Art. 16 Abs. 1 GG von der Bestandskraft von Verwaltungsakten Ausnahmen zulassen. Eine andere Frage ist, ob eine so allgemeine Norm wie § 48 Landes-VwVfG der Kompetenzordnung, dem speziellen Gesetzesvorbehalt und dem Zitiergebot des

---

487 BverwGE 8, 340, 343; *Wittreck* in: Dreier, GG, Bd. 1, 3. Aufl., zu Art. 16 Rn. 42; anders: *Becker* in: v. Mangoldt/Klein/Starck, GG, Bd. 1, 7. Aufl., zu Art. 16 Abs. 1 Rn. 56 f.: Analogie.
488 *Zuleeg* in: AK, zu Art. 16 Rn. 8, 10, 22.
489 Zu dieser älteren a. A. m. w. N. *Wittreck*, in: Dreier, GG, 3. Aufl., zu Art. 16 Rn. 47.
490 BVerfGE 116, 24, 44 – Rücknahme einer Einbürgerung.
491 Krit. *V. Arnauld/S. Martini* in: v. Münch/Kunig, GG, Bd. 1, 7. Aufl., zu Art. 16 Rn. 29 f.
492 Anders: OVG Münster, NVwZ-RR 1997, 742, 743; offen lassend: BVerwG, NVwZ-RR 1990, 220, 221.
493 BVerfGE 116, 24, 46 – Rücknahme einer Einbürgerung; zu Recht stellt das BVerfG klar, dass für Dritte eine Rücknahme nach § 48 Abs. 2 S. 3 VwVfG ausscheidet, weist aber nicht deutlich genug auf die verfassungsrechtlichen Grenzen des Art. 16 Abs. 1 S. 2 GG auch gegenüber einer spezialgesetzlichen Regelung hin.
494 *Lübbe-Wolff*, Jura 1996, 57, 62.

Art. 19 Abs. 1 S. 2 GG genügt (→ Rn. 580 ff.). Diese Probleme wurden durch die 2009 geschaffene Spezialvorschrift des § 35 StAG gelöst, freilich ohne Art. 16 GG zu zitieren, was allerdings bei offenkundigen Eingriffen entbehrlich ist.[495]

3. Auslieferungsschutz

407 Der Begriff der **Auslieferung** i. S. d. Art. 16 Abs. 2 GG umfasst grundsätzlich jede **amtliche Überstellung** eines Deutschen – anders als bei Art. 16 Abs. 1 GG unabhängig von seiner Staatsangehörigkeit – an eine ausländische Hoheitsgewalt auf deren Ersuchen hin und gegen den Willen des Betroffenen. Erfolgt die Entfernung aus dem Hoheitsbereich **ohne ein entsprechendes Ersuchen**, liegt eine **Ausweisung** und in deren Vollzug eine **Abschiebung** vor, die in die Schutzbereiche des Art. 11 GG und Art. 2 Abs. 2 S. 2 GG fällt (→ Rn. 326 ff. und Rn. 157).

4. Verweis auf europäische Grundrechte

408 Ein Verbot der Ausweisung eigener Staatsangehöriger enthält Art. 3 ZP 4 zur EMRK.[496] Ein Verbot der Kollektivausweisung normiert Art. 4 ZP 4 zur EMRK. Weiterer Ausweisungsschutz ist aus den Rechten auf Leben, auf Familienleben und dem Folterverbot abzuleiten.[497] Führt Staatenlosigkeit auch zum Verlust der Unionsbürgerschaft, sind die Art. 20 ff. AEUV zu berücksichtigen.[498]

SYSTEMATISCHE VERWEISE: Zur partiellen Schrankenlosigkeit des Art. 16 GG lies → Rn. 716.

WIEDERHOLUNGS- UND VERSTÄNDNISFRAGEN

> Welche Funktion hat Art. 16 GG?
> Was ist eine Ausbürgerung, was eine Auslieferung?
> Unterscheiden Sie die Begriffe „Verlust" und „Entziehung" der Staatsbürgerschaft!
> Wie bestimmt sich der Begriff der „Entziehung"?

XVII. Asyl- und Flüchtlingsrechte: Art. 16 a GG

1. Geschichte und Funktion des Asylgrundrechts im System des deutschen und europäischen Grundrechtsschutzes

409 Das Grundgesetz enthielt ursprünglich (1949–1992) ein besonders weitgehendes Asylrecht für **politisch Verfolgte**. Es ging über international übliche Standards hinaus. Darin lag ein **historisches Bekenntnis:** Das nationalsozialistische Deutschland hat durch politische Verfolgung viele Bürger ins Ausland vertrieben. Ein großzügiges Asylrecht konnte verstanden werden einerseits als symbolische Wiedergutmachung, andererseits als Form der Danksagung für das von vielen Deutschen in anderen Ländern genossene politische Asyl. Zugleich dürften die in vielen Fällen auch unwürdigen Umstände, unter denen von Deutschen um Asyl nachgefragt werden musste, ein Motiv für eine weitreichende und klare Asylgewährleistung gewesen sein.

---

[495] Anders: *Wittreck* in: Dreier, GG, Bd. 1, 3. Aufl., zu Art. 16 Rn. 52.
[496] Zum Ganzen: *Giegerich* in: Dörr/Grote/Marauhn, EMRK/GG, 3. Aufl., Kap. 26.
[497] Dazu: *Uerpmann-Wittzack* in: Dörr/Grote/Marauhn, EMRK/GG, 3. Aufl., Kap. 27.
[498] EuGH, Urt. v. 2.3.2010, Rs. C-135/08 – Rottmann.

§ 9 Spezielle freiheitsrechtliche Schutzbereiche: Art. 16 a GG

Die ursprünglich **unbeschränkte Asylgarantie** des Art. 16 Abs. 2 S. 2 GG a. F. führte im Laufe der Zeit – beginnend Ende der 1970er Jahre – zu einem dramatischen Anstieg der jährlichen Asylbewerber: von unter 100.000 auf schließlich über 400.000 (1992), von denen freilich zuletzt weniger als 5 % anerkannt wurden. Dies führte zu erheblichen Folgelasten und Problemen, auch deswegen, weil die Anerkennungsverfahren einschließlich anschließender Gerichtsverfahren sich oft über mehrere Jahre hinzogen. Verbunden damit war auch eine enorme Belastung der Verwaltungsgerichtsbarkeit. Wegen dieser Lasten und auch wegen Fällen der missbräuchlichen Beanspruchung des Asylrechts wurde **1993** im politischen **Asylkompromiss** Art. 16 Abs. 2 S. 2 GG a. F. zu Art. 16 a Abs. 1 GG und letzterer wurde in Art. 16 a Abs. 2 – 5 GG Schranken unterworfen, die so weit gehen, dass aus der ursprünglich absoluten Garantie ein nicht nur beschränkbares Grundrecht geworden ist. Vielmehr ist mit **Art. 16 a GG ein materieller grundrechtlicher Gehalt** für das deutsche Asylrecht **praktisch irrelevant**[499] geworden. Auch in der rechtlichen Debatte um die sogenannte „Flüchtlingskrise" seit **2015** spielt Art. 16 a GG keine Rolle.[500] Selbst der symbolische Gehalt des Art. 16 a GG steht heute im Schatten der Schlagwörter „Willkommens- und Anerkennungskultur" sowie des historischen Satzes „Wir schaffen das" von Bundeskanzlerin Merkel.

410

Der Asylkompromiss wurde seinerzeit vor dem Hintergrund eines **europäischen Lösungsansatzes** gefunden. Dies hatte zur Folge, dass Deutschland, statt 78 % (1992) zwischenzeitlich nur noch 17,5 % (2003) der jährlichen Asylbewerber in der EU aufgenommen hat. Dass 2016 in Deutschland zwei Drittel der EU-weit ca. 1 Million Asylanträge gestellt wurden, hat die systemischen Mängel des europäischen Asylsystems offenbar werden lassen. Der Ansatz, die Asylbewerberlast gleichmäßiger auf die Mitgliedstaaten der EU zu verteilen, ist insofern stringent, als das **universale Flüchtlingsproblem** weder rechtlich noch praktisch im nationalen Alleingang zu lösen ist. Art. 14 AEMR gibt den Staaten allerdings lediglich das Recht, nicht aber die Pflicht zur Gewährleistung von Asyl. Auch der europäische Standard bleibt weit hinter dem des ehemaligen deutschen Grundrechtsstandard zurück. Von einem **verfassungsrechtlichen** europäischen Recht auf politisches Asyl kann keine Rede sein: Art. 3 EMRK schützt nicht spezifisch politisch Verfolgte. Art. 18 GRCh verweist auf Völkerrecht (und damit auf allgemeine Standards nicht speziell politischer Flüchtlinge) und den EGV.

411

Art. 16 a Abs. 1 GG ist für die folgenden **grundrechtssystematischen Erwägungen** von allgemeiner Bedeutung: Eine Interpretation des Begriffs der „politisch Verfolgten" i. S. d. Art. 16 a Abs. 1 GG ist in doppelter Hinsicht systematisch abzugrenzen: Erstens geht es nur um **spezifisch politische** Verfolgung. Schutz vor anderer Not ist gegebenenfalls in anderen verfassungsrechtlichen Bestimmungen zu suchen. Zweitens setzt politische **Verfolgung** eine bestimmte Intensität der Diskriminierung voraus. Das Grundgesetz schützt die Betroffenen nur vor einer ausweglosen Lage in ihrem Land. Nicht jede Verletzung des verfassungsstaatlichen Standards, den das Grundgesetz für die politische Freiheit in Deutschland setzt, ist politische Verfolgung i. S. d. Art. 16 a GG.

412

---

499 *Franßen*, DVBl. 1993, 300, 301: „Grundrechtshinderungsvorschrift"; ein Restgehalt wird allenfalls in der prozessualen Funktion gesehen: *Wittreck* in: Dreier, GG, Bd. 1, 3. Aufl., zu Art. 16 a Rn. 39, auch dies relativierend jedoch *Hailbronner* in: HGR V, § 123 Rn. 22.
500 *Hailbronner/Thym*, JZ 2016, 753.

413 Verfassungsrechtliche Probleme des Asylrechts betreffen v. a. das **Verfahren** und den **Rechtsschutz** nach Art. 19 Abs. 4 GG (→ Rn. 878 ff.). Das nicht nur praktische Problem besteht darin, dass das Verfahren durch seine **Sekundärwirkungen des Zeitgewinns** für die Antragsteller **Eigenwert** erhält. Insbesondere können sich während des Verfahrens und aus ihm weitere grundrechtliche Fragen ergeben. So sind die Freiheitsbeschränkungen im Transitbereich keine Frage des Art. 16a Abs. 1 GG, sondern des Art. 2 Abs. 2 S. 2 GG (→ Rn. 157 ff.).

414 Die Rechtsfolge des Asylanspruchs ist ein (für andere Grundrechte auszuschließendes) **atypisches Leistungsrecht**.[501] Dieses ist allerdings rein formaler Natur, d. h. auf den Status als Asylant bezogen. Freilich zieht dieser Status einfachgesetzliche Leistungsansprüche nach sich, die jedoch nicht von der Verfassungsgarantie erfasst werden.

2. Verweis auf europäische Grundrechte

415 Das Asylrecht wird von Art. 18 GRCh nach Maßgabe des Genfer Abkommens vom 28.7.1951 und des Protokolls vom 31.1.1967 über die Rechtsstellung der Flüchtlinge postuliert.[502]

WIEDERHOLUNGS- UND VERSTÄNDNISFRAGEN

> Welche praktische Relevanz hat Art. 16a GG heute?
> Was ist der Unterschied zwischen dem Asylrecht und den allgemeinen Flüchtlingsrechten?

---

501 V. Arnauld/S. Martini in: v. Münch/Kunig, GG, Bd. 1, 7. Aufl., zu Art. 16a Rn. 56; anders: *Kingreen/Poscher*, Grundrechte, 37. Aufl., Rn. 1215; differenzierend *Wittreck* in: Dreier, GG, Bd. 1, 3. Aufl., zu Art. 16a Rn. 84 ff.
502 Dazu G. Jochum in: Stern/Sachs, GRCh, zu Art. 18.

§ 10 Allgemeine Freiheitsrechte

I. Systematik der allgemeinen Freiheitsrechte

Art. 2 Abs. 1 GG enthält **zwei verschiedene Grundrechte**, die systematisch – v. a. auch in der Fallbearbeitung – strikt zu trennen sind. Das BVerfG bezeichnet diese als **zwei Ausprägungen des Rechts auf freie Entfaltung der Persönlichkeit**.[1]   416

1. Das sogenannte „allgemeine" **Persönlichkeitsrecht** schützt die unverwechselbare Identität des Menschen. Es wurde von der Rechtsprechung aus Art. 2 Abs. 1 i. V. m. Art. 1 Abs. 1 GG als ein – gegenüber der allgemeinen Handlungsfreiheit – **spezielles Grundrecht** entwickelt, es handelt sich also um Richterrecht. Es ist „allgemein" insofern, als es sich auf den Persönlichkeitsschutz in allen Lebensbereichen erstreckt. Es wurde vom BVerfG deshalb als „unbenanntes Freiheitsrecht"[2] bezeichnet. Daraus ergeben sich Abgrenzungsfragen zu den spezielleren Schutzbereichen, z. B. des Art. 13 GG (→ Rn. 365 ff.).   417

2. Die **allgemeine Handlungsfreiheit** dagegen – zu zitieren ist hier Art. 2 Abs. 1 GG „pur" – ist das **Auffanggrundrecht**, das erst und nur dann zu prüfen ist, wenn kein Schutzbereich auch nur eines einzigen speziellen Grundrechts (einschließlich des allgemeinen Persönlichkeitsrechts) eröffnet ist (**Subsidiarität** → Rn. 56, 58). Es wird deshalb im Anschluss an die speziellen Grundrechte behandelt (→ Rn. 435 ff.).   418

Die beiden Grundrechte, die positivrechtlich bzw. richterrechtlich in Art. 2 Abs. 1 GG verankert sind, unterscheiden sich also vor allem im Anknüpfungspunkt. Während dem allgemeinen Persönlichkeitsrecht ein anspruchsvolleres, **intrinsisches** Verständnis menschlicher Identitätsbildung zu Grunde liegt, schützt die allgemeine Handlungsfreiheit, **extrinsisch** tun und lassen zu können, was man will. Weiter sei daran erinnert, dass Art. 2 in Abs. 2 S. 1 und S. 2 GG zwei weitere spezielle Grundrechte enthält, die wiederum von Art. 2 Abs. 1 GG zu unterscheiden sind.   419

Auch wenn das BVerfG Art. 1 Abs. 1 GG zur normativen Begründung des allgemeinen Persönlichkeitsrechts heranzieht, ist dieses spezielle Grundrecht strikt **von der Menschenwürde** als eigenständigem Grundrecht **zu trennen**: Das allgemeine Persönlichkeitsrecht ist unbestritten ein „normales Grundrecht", das – anders als die absolut geschützte Menschenwürde – Einschränkungen (→ Rn. 638) unterliegt.   420

Die übliche Benennung „Art. 2 Abs. 1 i. V. m. Art. 1 Abs. 1 GG" als normative Grundlage des allgemeinen Persönlichkeitsrechts ist für die Fallbearbeitung dringend zu empfehlen, obwohl die Zitierweise „i. V. m. Art. 1 Abs. 1 GG" eine **Verlegenheitslösung** für die Unterscheidung zur allgemeinen Handlungsfreiheit ist. Mit dem Verweis auf die „Nähe zur Menschenwürde" soll die konstituierende Bedeutung des allgemeinen Persönlichkeitsrechts unterstrichen werden. Die Menschenwürde entfaltet also eine schutzbereichsverstärkende Wirkung (→ Rn. 59 ff., 638) des primär anzuwendenden Art. 2 Abs. 1 GG. Damit steht das allgemeine Persönlichkeitsrecht des Art. 2 Abs. 1 i. V. m. Art. 1 Abs. 1 GG auf einer Stufe mit den speziellen Freiheitsrechten.[3] Sein Schutzniveau reicht damit über das der allgemeinen Handlungsfreiheit nach Art. 2 Abs. 1 GG hinaus, bleibt aber hinter dem der absolut geschützten Menschenwürde zurück. Eingriffe in das allgemeine Persönlichkeitsrecht können, verglichen mit Verlet-   421

---

1 BVerfG, Beschluss v. 19.11.2021 – 1 BvR 981/21, Rn. 106 – Bundesnotbremse I.
2 BVerfGE 54, 148, 153 – Eppler.
3 BVerfGE 99, 185, 193 – Scientology.

zungen der Menschenwürde, auch leichterer Art sein. In dieser Zitierweise kommt zum Ausdruck, dass die interventionsfreie Persönlichkeitsbildung einen wesentlichen Aspekt eines „würdevollen" Lebens ausmacht. Insoweit sei auf die Leistungstheorie der Menschenwürde verwiesen (→ Rn. 137).

422 Auch die Versuche des BVerfG, innerhalb des Schutzbereichs des allgemeinen Persönlichkeitsrechts die Sphäre eines Kernbereichs herauszuarbeiten, der absoluten Schutz beansprucht, sind kritisch zu betrachten. Die **Sphärentheorie** unterscheidet zwischen einer sogenannten Sozial-, einer Privat- und einer Intimsphäre. Sie soll die unterschiedliche Schutzbedürftigkeit menschlicher Lebensvorgänge in diesen drei Bereichen einfangen. In der genannten Reihenfolge verdienten sie zunehmenden Schutz, seien also nur unter immer strengeren Voraussetzungen einschränkbar. Dem ist zu widersprechen: Die graduell unterschiedliche Bedeutung, welche die Abschirmung von Handlungen und Kommunikationen für die Persönlichkeit des Einzelnen hat, lässt sich schlechthin nicht in diesen „Sphären" erfassen. So verdienen etwa die Gespräche mit einem Arzt oder Pfarrer höchsten Schutz, obwohl sie sich in der Sozialsphäre und nicht in der Intimsphäre abspielen. Das BVerfG[4] betrachtet seine Unterscheidung verschiedener Sphären selbst nicht als schematische Stufenordnung, sondern lediglich als Anhaltspunkt für die Intensität der Beeinträchtigung des Persönlichkeitsrechts (zu den Versuchen, einen absolut geschützten Kernbereich auszumachen → Rn. 151, 545). Es versteht den „Kernbereich privater Lebensgestaltung" nicht als räumlichen Rückzugsbereich, sondern erstreckt ihn z. B. auch auf vertrauliche Gespräche bei einem Spaziergang.[5]

423 Den Weg für eine adäquate **Alternative** zu dieser „Sphärentheorie" weist die EMRK, in deren Licht das Grundgesetz auszulegen ist. **Art. 8 Abs. 1 EMRK** schützt das Recht auf Privatheit ausdrücklich und getrennt von Aspekten der Menschenwürde (z. B. dem Folterverbot). Der EGMR hat jüngst einen breiten, aber abwägungsbedürftigen Ehrschutz gefordert und die schematische Trennung des BVerfG zwischen absoluten und relativen Personen der Zeitgeschichte und zwischen öffentlichen und abgeschirmten Orten der Privatsphäre kritisiert – um im Ergebnis mehr und nicht etwa weniger Persönlichkeitsrechte als die deutsche Rechtsprechung zu gewährleisten! Konsequent wäre es, die normativen Grundlagen des Persönlichkeitsrechts insoweit in Art. 2 Abs. 1 GG i. V. m. (bzw. im Lichte des) Art. 8 Abs. 1 EMRK zu sehen. Aus Gründen der leichteren Kommunizierbarkeit wird im Folgenden einstweilen an der gebräuchlichen Zitierweise „Art. 2 Abs. 1 i. V. m. Art. 1 Abs. 1 GG" (nicht umgekehrt) festgehalten.

424 Schließlich sei darauf hingewiesen, dass es sich bei Art. 2 Abs. 1 i. V. m. Art. 1 Abs. 1 GG um das „allgemeine" Persönlichkeitsrecht handelt, das **in allen Lebensbereichen** gilt. Soweit **spezielle** Lebensbereiche betroffen sind, ist vorrangig nach spezielleren Grundrechten mit deren spezifischen Schutzbereichen zu fragen. So regelt insbesondere Art. 13 GG den räumlichen Schutz der Privatheit oder Art. 10 GG die Kommunikation. Beim Datenschutz im beruflichen Bereich ist gegebenenfalls Art. 12 GG neben Art. 2 Abs. 1 i. V. m. Art. 1 Abs. 1 GG[6] zu prüfen.

---

4 BVerfGE 119, 1, 29 f. – Esra.
5 BVerfGE 141, 220, 295 – Ermittlungsbefugnisse des BKA; dagegen Sondervotum *Schluckebier* 367 f.
6 So BVerfGE 118, 277, 388 – Abgeordnetengesetz zur Offenlegung der Nebeneinkünfte von Abgeordneten.

II. Das allgemeine Persönlichkeitsrecht als unbenanntes Freiheitsrecht: Art. 2 Abs. 1 i. V. m. Art. 1 Abs. 1 GG

▶ **FALL 17:** A, der allein bei seiner Mutter aufgewachsen ist, begehrt Auskunft über seinen Vater. Außerdem möchte er eine ohne gesetzliche Grundlage gestellte Anfrage des Innenministeriums über seine Reiseaktivitäten gerne unbeantwortet lassen. ◀

1. Schutz der Grundbedingungen der Identitätsfindung

Das sogenannte „allgemeine" Persönlichkeitsrecht zielt auf den Schutz der Identität im Sinne der Unverwechselbarkeit des Menschen und wird vom BVerfG[7] in Art. 2 Abs. 1 i. V. m. Art. 1 Abs. 1 GG verortet.[8] Der freie Mensch nimmt nicht nur seine naturgegebene Individualität wahr, sondern möchte seine **Identität erkennen, prägen und darstellen**. Letztlich kann jede Grundrechtswahrnehmung – von der Glaubensausübung über die Meinungsäußerung, das Familienleben, die Berufstätigkeit bis zur Freizeitgestaltung – zur Ausprägung und Verwirklichung der Persönlichkeit beitragen. Das allgemeine Persönlichkeitsrecht ist nicht auf solches Handeln, sondern auf die Identität selbst gerichtet: Was braucht der Mensch, um sich zu erkennen, eine Selbstvorstellung als ganz bestimmte Person zu entwickeln und daran orientiert seinen Weg in der Gesellschaft zu gehen? Zum allgemeinen Persönlichkeitsrecht gehören die **Grundbedingungen für die Identitätsfindung**. So sind z. B. die Kenntnis von der eigenen Abstammung[9] und die sexuelle Selbstbestimmung[10] (insbesondere auch jenseits der binären Unterscheidung zwischen zwei Geschlechtern[11]), aber auch der schuldenfreie Eintritt in die Volljährigkeit[12] und die Resozialisierung Strafgefangener[13] als essentiell anerkannt. Das BVerfG[14] geht noch weiter und erstreckt das allgemeine Persönlichkeitsrecht als „Ausdruck persönlicher Autonomie" auch auf ein „**Recht auf selbstbestimmtes Sterben**" (zur Alternativen Verortung dieser Autonomie in Art. 2 Abs. 2 S. 1 GG → Rn. 160). Hierher gehört auch das **Recht auf Vergessenwerden**[15] als äußerungsrechtliche Dimension des allgemeinen Persönlichkeitsrechts (das vom Recht auf informationelle Selbstbestimmung zu unterscheiden ist).

425

Grundlage der Identitätsstiftung ist auch ein **Recht auf Sozialität**. Es ist das Gegenstück zum Recht auf Rückzug (→ Rn. 430). Das BVerfG[16] hat die pandemiebedingten Kontaktbeschränkungen der „Bundesnotbremse" 2021 zwar grundsätzlich nur als Eingriffe in die allgemeine Handlungsfreiheit gedeutet, aber anerkannt, dass diese in qualifizierten Fällen drohender Vereinsamung auch in das allgemeine Persönlichkeitsrecht eingreifen. Das BVerfG hat damit problemorientiert dem Umstand Rechnung getragen, dass es außerhalb des Schutzbereichs von Art. 6 Abs. 1 GG Nähebeziehungen gibt, die für alleinlebende Personen nicht weniger essentiell sind als für andere die Begegnung mit Familienangehörigen. Vorzugswürdig wäre es, ein Recht auf Sozialität

---

7 BVerfGE 54, 148, 153 – Eppler; stRspr: BVerfGE 99, 185, 193 – Scientology.
8 Zur Vertiefung: *Gusy*, JöR 70 (2022), 415 ff.
9 BVerfGE 96, 56, 63 – Vaterschaftsauskunft, allerdings im Ergebnis nicht gegenüber dem leiblichen Vater: BVerfGE 141, 186.
10 BverfGE 49, 286, 297 ff. – Transsexuelle I.
11 BVerfGE 147, 1.
12 BVerfGE 72, 155, 170 f.
13 BVerfGE 64, 261, 276 f. – Hafturlaub.
14 BVerfGE 153, 182 – Assistiertes Sterben.
15 BVerfGE 152, 152 – Recht auf Vergessen I.
16 BVerfG, Beschluss v. 19.11.2021 – 1 BvR 981/21, Rn. 221 – Bundesnotbremse I; dazu *Michael*, ZJS 2022, 106 ff.

nicht nur der Sache nach, sondern auch begrifflich anzuerkennen und es in Art. 8 GG zu verorten (→ Rn. 266). Auch die bei Stadionverboten vom BVerfG[17] angenommene Drittwirkung des Art. 3 Abs. 1 GG trifft nicht den Kern des Schutzbedüfnisses der Ausgeschlossenen (→ Rn. 479).

2. Das Recht auf informationelle Selbstbestimmung

426 Das allgemeine Persönlichkeitsrecht zielt nicht auf sozial ungebundenen Individualismus. Es knüpft im Gegenteil daran an, dass die Selbstfindung des Einzelnen in die Gesellschaft eingebunden ist. Der Mensch hat ein Bedürfnis danach, sich selbst **in der sozialen Gemeinschaft** darzustellen, d. h. selbst zu bestimmen, wer etwas über ihn erfährt – und zwar auch wie, wann und von wem. Dazu gehören sowohl positive Aspekte der Selbstdarstellung als auch negative Momente des Rückzugs. In einem weiteren Sinne geht es um Informationen über die Identität und Individualität jedes Einzelnen. Von besonderer Bedeutung sind dabei die Erhebung und Erfassung personenbezogener Daten durch den Staat und Private im Wege elektronischer Datenverarbeitung und die damit verbundenen Möglichkeiten des Transfers und der Kombination unterschiedlicher Datensätze. Die Verwendungsautonomie über diese Daten liegt beim Individuum und wird durch sein **Recht auf informationelle Selbstbestimmung** geschützt. Diese moderne Ausprägung des allgemeinen Persönlichkeitsrechts wurde vom BVerfG im Kontext der Volkszählung zu Beginn der 1980er Jahre entwickelt. Dabei ist nicht zwischen wichtigen und vermeintlich belanglosen Daten zu unterscheiden.[18] Auch ist nicht nur die **Datenerhebung,** sondern auch die **Speicherung, Nutzung** und **Weitergabe** von Daten als je eigenständiger Eingriff zu qualifizieren, für den eine jeweils spezielle gesetzliche Grundlage bestehen muss (→ Rn. 564). Eine automatisierte Kfz-Kennzeichenkontrolle bewirkt einen Eingriff auch gegenüber denjenigen, deren Daten als „Nichttreffer" sogleich wieder gelöscht werden.[19] Die Anforderungen an die Zwecke der Übermittlung sind genauso hoch wie jene an die Erhebung der Daten (Kriterium der hypothetischen Datenneuerhebung)[20]. Hierher gehört auch die **Selbstbelastungsfreiheit** im Strafprozess als verfahrensrechtliche Konsequenz des Persönlichkeitsrechts (→ Rn. 151, 906).[21] Speziellen Schutz vor dem Zugriff auf Kommunikationswege unter Abwesenden bietet Art. 10 GG (→ Rn. 318 ff.), der auch die Vertraulichkeit von Verbindungsdaten umfasst (→ Rn. 319).

3. Schutz der Vertraulichkeit und Integrität informationstechnischer Systeme

427 Das BVerfG[22] hat inzwischen eine weitere spezielle Ausprägung des allgemeinen Persönlichkeitsrechts entwickelt: Das „Grundrecht auf Gewährleistung der Vertraulichkeit und Integrität informationstechnischer Systeme". Diese weitere richterrechtliche Rechtsfortbildung macht den Personalcomputer (PC) und seine technischen Surrogate zu einem auch rechtlich **„personalen" Institut.** Dem liegt eine **funktionale Betrachtungsweise** zugrunde, die z. B. auch zur Erstreckung des Eigentumsschutzes auf die gemietete Wohnung (→ Rn. 382) oder zur Erstreckung des Post- und Fernmeldegeheimnisses auf alle modernen Telekommunikationswege (→ Rn. 323 f.) geführt hat.

---

[17] BVerfGE 148, 267 – Stadionverbot.
[18] Deutlich BVerfGE 65, 1, 45 – Volkszählung: Es gibt „kein belangloses Datum".
[19] BVerfGE 150, 244, 266 – Kfz-Kennzeichenkontrollen 2 (explizite Rechtsprechungsänderung).
[20] BVerfGE 141, 220, 342 f. – Ermittlungsbefugnisse des BKA; dagegen Sondervotum *Schluckebier* 373.
[21] BVerfGE 56, 37, 43; BVerfG-K, NStZ 2000, 96 m. Anm. *Rixen* S. 381.
[22] BVerfGE 120, 274, 302 ff. – Online-Durchsuchung.

Nicht das informationstechnische System und seine technischen Möglichkeiten verdienen den neuartigen Schutz, sondern ihre typische Nutzung durch den Einzelnen und ihre Funktion für die Gesellschaft.

Das neue Grundrecht greift, sofern der Persönlichkeitsschutz nicht durch andere Grundrechte ausreichend gewährleistet ist. Mit dieser Auffangfunktion ist der Schutzbereich weit zu verstehen. **Informationstechnische Systeme** i. S. d. Rechtsprechung[23] müssen geeignet sein, personenbezogene Daten in signifikantem Umfang zu enthalten. Dazu gehören Smartphones und auch Geräte, die am Internet der Dinge teilnehmen, nicht aber eine elektronische Steuerungsanlage der Haustechnik, die nicht vernetzt ist.[24]

Die Entwicklung dieses modernen Grundrechts ist nur als Verfassungswandel zu erklären (→ Rn. 34 f.). Tatsächlich hat der Computer heutzutage für viele Menschen eine zentrale Bedeutung im täglichen Leben und wird jedenfalls auch zur Speicherung persönlicher, auch höchstpersönlicher Daten in großem Umfang genutzt. Dazu gehören elektronisch erstellte Briefe, E-Mails, Aufzeichnungen, digitale Bilder u. v. a. m. Mit der weltweiten Vernetzung der meisten persönlich genutzten privaten Computer wird er auch zur Grundlage der Kommunikation, der Information und der Persönlichkeitsentfaltung. Mit der Möglichkeit der Erstellung von „Homepages" dient der Computer auch der Darstellung der Persönlichkeit nach außen. Das alles zusammen ergibt als ein ganzes **Bündel wichtiger Funktionen** der Freiheitsentfaltung den **Mehr- und Eigenwert**, den der Computer hat und der in dem neu geschaffenen Grundrecht einen spezifischen Schutz erfährt. Deshalb soll gelten: „My computer is my castle".

428

Tatsächlich besteht ein **spezifisches Schutzbedürfnis für informationstechnische Systeme als Medium**, das zwar zum Teil, nicht aber umfassend von anderen Grundrechten erfasst wird. Zwar sind Eingriffe in informationstechnische Systeme, sei es durch deren Beschlagnahme oder durch eine elektronische Online-Durchsuchung, zugleich auch Eingriffe in die informationelle Selbstbestimmung (→ Rn. 426). Computer sind nicht nur geeignet, sondern werden auch typischerweise dazu genutzt, riesige Datenmengen abzulegen, die durchaus ein Persönlichkeitsprofil des Nutzers spiegeln können. Der einmalige Zugriff hierauf hat eine Qualität, die mit der Erhebung jedes einzelnen Datums, die in die informationelle Selbstbestimmung eingreifen würde, nicht vergleichbar ist. In Bezug auf das Persönlichkeitsrecht liegt hier nicht nur eine quantitative Steigerung, sondern ein **qualitativer Sprung** vor. Auch der Schutz des Art. 10 GG erfasst zwar die elektronische Kommunikation und damit einen wichtigen Teil der Nutzung informationstechnischer Systeme, nicht aber deren Speicherqualität für noch nicht oder nicht mehr kommunizierte Daten (→ Rn. 319). Schließlich erfasst Art. 13 GG zwar den Bereich der Wohnung (→ Rn. 365) und gegebenenfalls dort aufgestellte Computer, nicht aber deren inzwischen verbreitete transportable Nutzung. Die Rechtsprechung schützt das Vertrauen der Bürger in die Integrität informationstechnischer Systeme und beschränkt vor allem die Möglichkeit des **heimlichen Zugriffs** durch Online-Durchsuchungen.

429

Die Konsequenzen dieses eigenständigen Grundrechts liegen vor allen Dingen in den besonders **hohen Anforderungen an die Rechtfertigung** entsprechender Eingriffe.[25] Zwar ist das Grundrecht durch seine Herleitung auch aus Art. 2 Abs. 1 GG nicht

---

23 BVerfGE 120, 274, 313 ff. – Online-Durchsuchung.
24 BVerfGE 120, 274, 313 – Online-Durchsuchung.
25 BVerfGE 120, 274, 327 ff. – Online-Durchsuchung.

vorbehaltlos gewährleistet. Aber es gelten erhöhte Anforderungen an die Bestimmtheit der gesetzlichen Grundlage (→ Rn. 564) und das Zitiergebot (→ Rn. 582). In Fällen heimlicher Eingriffe hat das BVerfG außerdem einen **Quasi-Richtervorbehalt** (→ Rn. 601) erfunden. In materieller Hinsicht setzt die Rechtfertigung voraus, dass derartige Eingriffe auf höchstwahrscheinliche Gefährdungen überragend wichtiger Rechtsgüter beschränkt werden. Klargestellt sei, dass nach der Rechtsprechung auch Online-Durchsuchungen verfassungsrechtlich nicht per se ausgeschlossen sind, wohl aber rechtsstaatlich besonders hohen Hürden unterliegen. Diese Hürden liegen höher als bei Eingriffen in die informationelle Selbstbestimmung und sind den Schranken schwerer Eingriffe in Art. 13 GG angenähert.

4. Schutz der Identitätsfindung durch Rückzug und Vertraulichkeit

430 Grundrechtlich geschützt wird auch das natürliche Bedürfnis danach, sich in selbst bestimmtem Maße **zurückzuziehen**.[26] Der wichtigste und typische Ort des Rückzugs, nämlich die häusliche Abgeschiedenheit, ist in **Art. 13 GG speziell** geschützt (→ Rn. 366). Insbesondere **Prominente** haben darüber hinaus ein schützenswertes Bedürfnis danach, dass nicht jedes Verlassen der häuslichen Sphäre zu einem öffentlichen Auftritt wird. Sie sind bisweilen nicht nur der zufälligen Erkennung in der Öffentlichkeit, sondern geradezu einer Jagd von Pressefotografen ausgesetzt, und zwar auch und gerade bei privaten Erledigungen (Einkaufen, Freizeitaktivitäten, Urlaub). Das BVerfG[27] hat versucht, für sie jenseits der Wohnung **zusätzliche räumliche Schutzzonen der Abgeschiedenheit** zu definieren, der Sache nach also gleichsam den räumlich angelegten Schutz des Art. 13 GG zu erweitern. Demgegenüber fordert der EGMR[28] nunmehr einen aus dem Wesen des Persönlichkeitsrechts durchaus konsequent entwickelten, räumlich unabhängigen Schutz – der freilich Kollisionen mit der Pressefreiheit nicht löst, sondern einer Abwägung unterwirft, deren Kriterien noch nicht hinreichend bestimmt sind. Tatsächlich ist das Persönlichkeitsrecht nicht auf räumliche Sphären hin konzipiert. Das schließt nicht aus, die örtliche Situation als Indiz für den Vertraulichkeitsschutz zu berücksichtigen. Die Konzeption des EGMR legt stärkeres Gewicht auf die noch zu erörternde Fallgruppe der Identitätsstiftung durch Selbstdarstellung (→ Rn. 432). Es ist davon Abstand zu nehmen, das Persönlichkeitsrecht zu sehr auf seine „negativen" Rückzugfunktionen zu fokussieren (→ Rn. 48 f.). Der Schutzbereich des Persönlichkeitsrechts ist insoweit **völkerrechtsfreundlich zu erweitern**.

431 Persönlichkeitsrechte sind auch von der deutschen Rechtsprechung in Fällen nicht räumlicher, sondern allein situationsbezogener **Vertraulichkeit** anerkannt worden. So haben die **Amts- und Berufsgeheimnisse** von Ärzten, Pfarrern oder Anwälten einen verfassungsrechtlichen Hintergrund. Auch Selbstgespräche[29] und Informationen, die jemand seinem **Tagebuch** „anvertraut", genießen den Schutz des allgemeinen Persönlichkeitsrechts. Die Intensität des Schutzes ist dabei richtigerweise nicht mit Sphären zu erfassen (→ Rn. 422 f.) und abzustufen, sondern aus der vom Grundrechtsträger selbst erkennbar bestimmten Vertraulichkeit, die verschiedenen Gesprächspartnern gegenüber individuell variieren kann. Dabei sollte dem Bedürfnis und der Chance, gerade

---

26 Zur Vertiefung: *Gusy*, JöR 70 (2022), 415 ff.
27 BVerfGE 101, 361, 383 f. – Caroline II.
28 Vgl. EGMR, v. 24.6.2004, NJW 2004, 2647, Z. 48 ff. – Caroline von Hannover/Deutschland.
29 BGH NJW 2005, 3295 ff.: Verwertungsverbot eines Selbstgesprächs im Krankenzimmer.

auch eigene Defizite der Persönlichkeit zu verarbeiten und zu überwinden, ein hoher Stellenwert eingeräumt werden. Die Rechtsprechung des BVerfG[30] zur Verwertbarkeit von Tagebüchern im Strafprozess überzeugt deshalb weder in der Begründung, noch im Ergebnis.

5. Schutz der Identitätsstiftung durch Selbstdarstellung

Der Mensch darf und soll sich von Verfassungs wegen auch positiv als Bildner seiner selbst betätigen dürfen. Jeder hat ein **Recht am eigenen Lebensbild**. Die Verfassung verpflichtet den Einzelnen nicht zu einer bestimmten Vorstellung eines guten oder richtigen Lebens, sondern eröffnet dem Einzelnen inhaltsneutral einen breiten Freiraum „selbstbildnerischer" Betätigungsmöglichkeiten. Das umschließt insbesondere den Schutz seiner **Ehre**, d. h. den Schutz gegen herabsetzende Darstellungen. Darüber hinaus werden die Form (Wort und Bild!) und der Inhalt der Informationen, mit denen sich Personen in der Gesellschaft präsentieren, gegen unberechtigte Verwendung und Verfälschung auch geschützt, wenn diese **nicht ehrenrührig** sind. Allerdings begründet das Recht am eigenen Lebensbild im Konflikt mit der Kunstfreiheit keinen Schutz dagegen, zum Vorbild für eine Romanfigur zu werden.[31] Die soeben erwähnte Schutzbereichserweiterung im Lichte des Art. 8 Abs. 1 EMRK (→ Rn. 430) führt dazu, dass auch **Prominente in der Öffentlichkeit** grundsätzlich umfassende Rechte am eigenen Bild genießen, ohne sich dazu besonders abschirmen zu müssen. Freilich ist ihr Recht mit dem Informationsinteresse der Öffentlichkeit abzuwägen (→ Rn. 741). Das BVerfG[32] hat dies allerdings noch nicht explizit in seine Dogmatik zu Art. 2 Abs. 1 i. V. m. Art. 1 Abs. 1 GG integriert, sondern Art. 8 Abs. 1 EMRK unmittelbar als Schranke der Pressefreiheit herangezogen. Zu dem o. g. „eigenen" Lebensbild gehören auch Angehörige, da die familiäre Herkunft zur personalen Identität dazugehört. Deshalb ist die Verunglimpfung Verstorbener gegebenenfalls nicht nur eine Frage objektivrechtlichen Grundrechtsschutzes (→ Rn. 451), sondern auch und vor allem des Schutzes der Angehörigen.

432

Kritik verdient die Rechtsprechung, die **wahre Tatsachenbehauptungen** von vornherein aus dem Schutzbereich des allgemeinen Persönlichkeitsrechts,[33] gegebenenfalls auch der Religions- bzw. Weltanschauungsfreiheit[34] ausschließt, selbst wenn sie das Ansehen oder die Ehre schmälern. Der Wahrheitsgehalt einer Äußerung ist kein zwingendes Ausschlusskriterium auf der Ebene des Schutzbereichs, sonst wären im wahrsten Sinne des Wortes „nackte Tatsachen" aus dem Intimbereich nicht schutzfähig. Die Rechtsprechung[35] macht hier eine Gegenausnahme, indem sie Diffamierungen als abwehrfähig anerkennt. Die Lösung sollte hingegen als Frage der Gewichtung auf der Ebene der Abwägung erfolgen: Das Persönlichkeitsrecht steht im Konflikt mit anderen Grund-

433

---

30 BVerfGE 80, 367, 374 f. – Tagebuch; methodisch ähnlich der EuGH, Rs. C-234/85 (Keller), Slg 1986, 2897, Rn. 8.
31 BVerfGE 119, 1, 30 – Esra.
32 BVerfGE 120, 180, 200 f. – Caroline III.
33 BVerfG-K, NJW 2002, 3458: Behauptung der Mitgliedschaft bei Scientology, die sehr wohl das Bild von einer Persönlichkeit prägen kann (BVerfGE 99, 185, 194 f. – Scientology); zutreffend: BVerfGE 97, 391, 404 f. – Mißbrauchsbezichtigung.
34 Verneinungen des Schutzbereichs von Art. 4 Abs. 1 GG: BVerfGE 105, 279, 295 – Osho: „Psychosekte" als nicht diffamierende, nicht verfälschende Darstellung; krit. Kahl, Der Staat 43 (2004), 167, 191: „nicht mehr nachvollziehbar"; BVerfG-K, NJW 2002, 3458, 3459: Bezeichnung von Scientology als „bekämpfenswert". Umgekehrt fallen nach der Rechtsprechung unwahre Tatsachenbehauptungen nicht in den Schutzbereich des Art. 5 Abs. 1 S. 1 GG: BVerfGE 54, 208, 219 – Böll (→ Rn. 210).
35 BVerfGE 105, 279, 294 – Osho.

rechten, v. a. der Meinungs- und Presse-, aber auch z. B. der Kunstfreiheit.[36] Allerdings sind Verschränkungen von Fiktion und Wirklichkeit in der Kunst dem Wahrheitsbeweis entzogen, wenn der Künstler selbst sich glaubhaft auf die Fiktionalität einer Schilderung beruft.[37] Dass der Ehrschutz von der umstrittenen Rechtsprechung des BVerfG[38] von jenen Rechten im Einzelfall sehr weit zurückgedrängt wird, ist gesondert zu behandeln (→ Rn. 654).

6. Verweis auf europäische Grundrechte

434 Wesentliche Aspekte des Persönlichkeitsrechts werden – sogar besonders stark – durch das Recht auf Privatheit aus Art. 8 EMRK und Art. 7 GRCh geschützt (zu den Einzelheiten und Konsequenzen → Rn. 741).[39] Einen expliziten Schutz personenbezogener Daten enthält Art. 8 GRCh.[40]

▶ **Zu Fall 17:** Das Recht, um die eigene Abstammung zu wissen, wird vom allgemeinen Persönlichkeitsrecht als wesentlich für die eigene Identitätsbildung umfasst. Es bestehen daher grundrechtlich fundierte Auskunftsansprüche gegenüber dem Staat. Informationserhebung durch den Staat bedarf einer gesetzlichen und hinreichend bestimmten Grundlage, um einen Eingriff in das Recht auf informationelle Selbstbestimmung zu ermöglichen. Rechtsgrundlose Informationserhebung kann grundrechtlich abgewehrt werden. ◀

Systematische Verweise: Zu dem strengen Gesetzesvorbehalt bei Eingriffen in die informationelle Selbstbestimmung lies → Rn. 564 ff., zu dem Quasi-Richtervorbehalt bei heimlichen Eingriffen in das Recht auf Vertraulichkeit und Integrität informationstechnischer Systeme → Rn. 601. Im Übrigen beachte, dass das Persönlichkeitsrecht der Schrankentrias unterliegt (→ Rn. 638) und dass bei der Verhältnismäßigkeit das Gewicht des Art. 8 Abs. 1 EMRK zu berücksichtigen ist (→ Rn. 624, 741).

Wiederholungs- und Verständnisfragen

> Welchen Schutzzweck verfolgt das allgemeine Persönlichkeitsrecht?
> Welche typischen Fallgruppen umfasst das allgemeine Persönlichkeitsrecht?
> Welchen Inhalt hat das Recht auf informationelle Selbstbestimmung?
> Welche Bedeutung hat das Recht auf Vertraulichkeit und Integrität informationstechnischer Systeme?

III. Die allgemeine Handlungsfreiheit als Auffanggrundrecht: Art. 2 Abs. 1 GG

▶ **Fall 18:** Ein Gesetz, dessen Kompetenzgrundlage umstritten ist, verbietet jegliches Rauchen in der Öffentlichkeit. Kettenraucher A fühlt sich in seiner Persönlichkeit betroffen und möchte das Gesetz angreifen. Rechtsanwalt B fragt sich, ob es ein Grundrecht auf Rauchen gibt und ob A gegebenenfalls auch die staatsorganisationsrechtliche Frage der Gesetzgebungskompetenz geltend machen kann. ◀

---

36 BGHZ 156, 206 und BVerfG-K, NJW 2005, 3271 – Satirische Fotomontage.
37 BVerfGE 119, 1, 32 f. – Esra.
38 BVerfGE 93, 266, 290 ff. – „Soldaten sind Mörder".
39 Zum Ganzen: *Böhringer/Marauhn* in: Dörr/Grote/Marauhn, EMRK/GG, 3. Aufl., Kap. 7.
40 Dazu *Johlen* in: Stern/Sachs, GRCh, zu Art. 8.

§ 10 Allgemeine Freiheitsrechte

1. Systematische Funktion des Auffanggrundrechts

Art. 2 Abs. 1 GG ist das Auffanggrundrecht und schützt im wahrsten Sinne des Wortes die „allgemeine" Handlungsfreiheit. Dadurch wird der Grundrechtsschutz des Grundgesetzes zu einem umfassenden Freiheitsschutz, der nicht auf bestimmte Lebensbereiche und spezifische Aspekte beschränkt ist. Während für Letztere die speziellen Grundrechte gelten, können mit Art. 2 Abs. 1 GG die bleibenden Lücken geschlossen werden. Aus der Perspektive des Staates bedeutet dies, dass lückenloser Grundrechtsschutz besteht, es also **keine grundrechtsfreien Räume** gibt.

435

Diese Konzeption eines Auffanggrundrechts hat vor allem drei praktische Konsequenzen:

436

- Erstens wird auf diese Weise ein zentraler rechtsstaatlicher Grundsatz grundrechtlich abgesichert: Jeglicher staatliche Eingriff in die Freiheit der Bürger, d. h. jede belastende Maßnahme, bedarf einer gesetzlichen Grundlage (**Vorbehalt des Gesetzes**).
- Zweitens werden solche Maßnahmen auch der materiellen Rechtfertigungsbedürftigkeit unterworfen: Jede Freiheitsbeschränkung bedarf eines legitimen Grundes und muss verhältnismäßig sein (**Verhältnismäßigkeit**).
- Drittens wird durch Einschlägigkeit des Art. 2 Abs. 1 GG als Grundrecht in all diesen Fällen nicht nur Rechtsschutz nach Art. 19 Abs. 4 GG garantiert, sondern auch die Möglichkeit der Verfassungsbeschwerde nach Art. 93 Abs. 1 Nr. 4 a GG eröffnet (**Einklagbarkeit**).

Der Vorbehalt des Gesetzes und der Grundsatz der Verhältnismäßigkeit sind **rechtsstaatliche Grundsätze**, die im 19. Jahrhundert entwickelt wurden und deren Geltung an sich außer Zweifel steht. Bemerkenswert und keinesfalls unumstritten ist, dass diese objektiven Grundsätze durch die Interpretation des Art. 2 Abs. 1 GG als Auffanggrundrecht zu subjektiven Rechten werden und durch den betroffenen Bürger sogar vor dem BVerfG eingeklagt werden können. Letztlich handelt es sich also wesentlich auch um eine Erweiterung verfassungsgerichtlicher Kontrollkompetenzen als Folge einer extensiven Grundrechtsinterpretation.

Kritiker wollen hingegen Art. 2 Abs. 1 GG auf das oben erörterte allgemeine Persönlichkeitsrecht beschränken. Der Wortlaut legt das durchaus nahe. Die Formulierung des Jedermanns-Recht auf „freie Entfaltung seiner Persönlichkeit" unterscheidet sich von Art. 2 Abs. 2 des Herrenchiemsee-Entwurfs zum Grundgesetz („Jedermann hat die Freiheit, innerhalb der Schranken der Rechtsordnung und den guten Sitten alles zu tun, was anderen nicht schadet"). Würde man Art. 2 Abs. 1 GG mit der „Persönlichkeitskerntheorie"[41] einschränkend auslegen, würde sich auch die Konstruktion des allgemeinen Persönlichkeitsrechts aus Art. 2 Abs. 1 i. V. m. Art. 1 Abs. 1 GG erübrigen.

437

Jedoch überzeugt die Rechtsprechung des BVerfG seit dem grundlegenden Elfes-Urteil,[42] die Art. 2 Abs. 1 GG zum Auffanggrundrecht macht. Selbst wenn man alltägliche Freiheitsausübungen (z. B. das Füttern von Tauben) darunter fasst, wird der Grundrechtsschutz dadurch **nicht banalisiert**. Denn die Forderung einer umfassenden Freiheit gerade auch im Alltag ist alles andere als banal. Vielmehr handelt es sich um ein liberales Verständnis des Art. 2 Abs. 1 GG, das dem Einzelnen die Freiheit

438

---

41 *Peters*, BayVBl. 1965, 37; *K. Hesse*, Grundzüge, 20. Aufl., Rn. 428; Sondervotum *Grimm* BVerfGE 80, 137, 166 – Reiten im Walde.
42 BVerfGE 6, 32, 34 ff. – Elfes; aus der Literatur *Cornils*, Allgemeine Handlungsfreiheit, in: HStR VII, 3. Aufl., § 168 Rn. 1.

lässt, selbst zu entscheiden, was ihm wichtig ist. Die Konsequenzen (Vorbehalt des Gesetzes, Verhältnismäßigkeit und Rechtsschutz) sind ebenso wenig banal, sondern betreffen rechtsstaatliche Basisgrundsätze, die eine grundrechtliche Verankerung und Verallgemeinerung verdienen.

439 Deshalb ist es konsequent, grundsätzlich **sogar gemeinschädliche**, auch strafbare Handlungen – jedenfalls im Schutzbereich – zu erfassen. Das pervertiert den Grundrechtsschutz keineswegs, sondern erstreckt die rechtsstaatlichen Grundsätze auch und gerade auf den Bereich, in denen der Staat aus guten Gründen die Freiheit beschränkt. Das Auffanggrundrecht macht staatliche Freiheitsbeschränkungen lediglich rechtfertigungsbedürftig. Dass Sanktionen gegen gemeinschädliches Handeln rechtfertigungsfähig sind, ist damit nicht bestritten. Das stellt die Schrankenregelung des Art. 2 Abs. 1 GG deutlich heraus: Danach setzt sich die Freiheit des Einzelnen nur durch, „soweit er nicht die Rechte anderer verletzt und nicht gegen die verfassungsmäßige Ordnung oder das Sittengesetz verstößt" (sogenannte „Schrankentrias" → Rn. 636 f.). Diese weitgehende Schrankenregelung entfaltet ihre Bedeutung gerade erst durch das Verständnis des Art. 2 Abs. 1 GG als Auffanggrundrecht. So findet diese Interpretation auch einen systematischen Anknüpfungspunkt im Wortlaut des Grundgesetzes. Da es sich um ein echtes Auffangrecht handelt, ist das von Art. 2 Abs. 1 GG „erfasste" Verhalten damit nicht verfassungsrechtlich „spezifisch" geschützt. Es sollte auch gar nicht von einem „Schutzbereich" des Auffanggrundrechtes gesprochen werden, weil dieses gerade nicht die Funktion hat, einen bestimmten „Bereich" zu „schützen". So verstanden ist es auch nicht widersinnig, gemeinschädliche Handlungen zu erfassen.

440 Schließlich handelt es sich auch bei der **Lückenschließungsfunktion** des Art. 2 Abs. 1 GG nicht um eine Umgehung der anderen Schutzbereiche spezieller Freiheitsrechte. Deren Ein- und Abgrenzung wird nicht entbehrlich.[43] Der Unterschied zeigt sich vielmehr im erhöhten Schutzniveau der speziellen Freiheitsrechte und auch des allgemeinen Persönlichkeitsrechts aus Art. 2 Abs. 1 i. V. m. Art. 1 Abs. 1 GG. Denen gegenüber liefert das Auffanggrundrecht der allgemeinen Handlungsfreiheit einen Basisschutz. Dieser ist nur **subsidiär zu prüfen**, wenn und soweit kein spezielles Grundrecht einschlägig ist (→ Rn. 56, 58). Daraus, dass Schutzbereiche der Freiheitsrechte manche Aktivitäten nicht einschließen, ergibt sich nicht im Umkehrschluss, dass das Grundgesetz insgesamt überhaupt keinen Schutz gewährt. Auch wenn die Versammlung von Bewaffneten nach dem klaren Wortlaut des Art. 8 Abs. 1 GG nicht unter die Versammlungsfreiheit zu subsumieren ist, fällt sie unter das Auffanggrundrecht. In den Schutzbereichen der speziellen Grundrechte wird spezifische Freiheit nur positiv geregelt, nicht aber negativ umgrenzt, was von vornherein keinen Grundrechtsschutz verdienen soll.[44] Die Anwendbarkeit des Art. 2 Abs. 1 GG bedeutet keineswegs, dass z. B. eine bewaffnete Versammlung nicht verboten werden dürfte. Aber das Verbot bedarf der grundrechtlichen Rechtfertigung, muss also – wie jeder staatliche Eingriff – v. a. auf einer gesetzlichen Grundlage erfolgen und verhältnismäßig sein. Die Auffassung, nach der es grundrechtsfreie Räume geben kann, ist nicht nur eine freiheitsbeschränkende Überinterpretation der speziellen Grundrechte, sondern führt auch zu Abgrenzungsschwierigkeiten und Unsicherheiten. Sie wird einerseits in problematischer

---

43 Kritisch insoweit gegenüber der Anwendung des Art. 2 Abs. 1 GG zugunsten der Ausländer im Schutzbereich der Deutschengrundrechte: *Erichsen*, Jura 1987, 367, 371; wie hier: BVerfGE 104, 337, 346 – Schächten (→ Rn. 445).
44 Wie hier: *Spielmann*, Konkurrenz von Grundrechtsnormen, 2008, S. 123 f.

§ 10 Allgemeine Freiheitsrechte

Weise auch auf teleologische Reduktionen der Schutzbereiche erstreckt,[45] andererseits aber keineswegs konsequent für alle ausdrücklichen Schutzbereichsbegrenzungen des Grundgesetzes durchgehalten.[46]

Im EU-Recht hat die allgemeine Handlungsfreiheit geringere Bedeutung,[47] weil insbesondere die Wirtschaftsfreiheiten dort spezielle Ausprägungen haben, die im deutschen Recht unter das Auffanggrundrecht fallen. In der EMRK wird eine allgemeine Handlungsfreiheit nicht geschützt, sondern nur das – wenn auch weit verstandene – Recht auf Privatleben nach Art. 8 Abs. 1 EMRK. Hingegen hat Art. 2 Abs. 1 GG im Zusammenspiel des Grundgesetzes mit den **europäischen Freiheitsgewährleistungen** sogar zentrale Bedeutung. Es handelt sich um das generalklauselartige Einfallstor für die völkerrechtsfreundliche und die unionsrechtskonforme Auslegung des Grundgesetzes. Insbesondere schließt Art. 2 Abs. 1 GG auch die Lücke des Grundrechtsschutzes für Ausländer im Schutzbereich der Deutschengrundrechte (→ Rn. 446).

2. Bedeutung des Auffanggrundrechts in Fallgruppen

Grundsätzlich ist **alles erlaubt, was nicht gesetzlich verboten ist** – und nicht etwa umgekehrt alles verboten, was nicht gesetzlich erlaubt wird. Jedermann kann grundsätzlich tun und lassen, was er will. Aus Sicht des Staates ist jede belastende Maßnahme jedenfalls als Eingriff in das Auffanggrundrecht zu rechtfertigen und unterliegt damit sowohl dem Vorbehalt des Gesetzes als auch dem Grundsatz der Verhältnismäßigkeit und eröffnet gerichtlichen Rechtsschutz. Aus Sicht des Bürgers stellt das Auffanggrundrecht eine so allgemeine Freiheit dar, dass sich **kein spezifischer Schutzbereich** als solcher benennen oder abgrenzen lässt. Die Fallgruppen, in denen das Auffanggrundrecht praktische Bedeutung hat, sind deshalb sehr heterogen: 441

Das Auffanggrundrecht lässt Raum für jegliche **Innovation**. Nie Dagewesenes und der Rechtsordnung Unbekanntes ist auch dann, wenn es sich um eine grundlegende Neuerung handelt und es gute Gründe für ein Verbot geben mag, solange erlaubt, bis es gesetzlich verboten wird.[48] Art. 2 Abs. 1 GG schützt **alltägliche** Handlungen aller Art. Dazu gehören auch Beschäftigungen in der **Freizeit**, seien es ehrenamtliche Tätigkeiten, das Taubenfüttern im Park[49] oder der Cannabis-Konsum.[50] Auch jegliche **Fortbewegung**, sei es spazieren gehend, mit dem Auto fahrend oder im Walde reitend,[51] wird geschützt. Die Rechtsprechung sieht hier auch den Schutz der Ausreisefreiheit verortet, der sich nach hier vertretener Auffassung aus Art. 11 GG ergibt.[52] In seiner Lückenfüllungsfunktion dient das Auffanggrundrecht auch dem Schutz der **Wirtschaftsfreiheit**, soweit diese nicht in Art. 12 Abs. 1 und Art. 14 GG geschützt wird. Damit umfasst Art. 2 Abs. 1 GG insbesondere die **Vertrags- und Wettbewerbsfreiheit**. Als **Privatautonomie** schützt Art. 2 Abs. 1 GG jede (nicht nur wirtschaftliche) 442

---

45 So z. B. bei unpolitischen oder eigennützigen Versammlungen; zum Meinungsstand m. w. N. vgl. *Kahl*, Der Staat 43 (2004), 167, 186.
46 So wird z. B. die Anwendbarkeit des Art. 2 Abs. 1 GG für Versammlungen von Ausländern durchweg bejaht; eine abgeschwächte Berufsfreiheit für Ausländer bejaht BVerfGE 78, 179, 196 f – Heilpraktikergesetz.; dagegen *Bethge*, Der Grundrechtseingriff, VVDStRL 57 (1998), S. 7, 25.
47 *Kahl*, Der Staat 43 (2004), 167, 198.
48 Deshalb ist die Entscheidung des Hessischen VGH, JZ 1990, 88, die die Nutzung der Gentechnik von deren Erlaubnis abhängig machen wollte, abzulehnen.
49 BVerfGE 54, 143, 146 – Taubenfütterungsverbot.
50 BVerfGE 90, 145, 171 – Cannabis.
51 BVerfGE 80, 137, 152 – Reiten im Walde.
52 BVerfGE 6, 32, 35 f. – Elfes; zur hier vertretenen Auffassung → Rn. 331.

Disposition. Nach der Rechtsprechung wird durch Art. 2 Abs. 1 GG auch die Lücke des Art. 9 Abs. 1 GG geschlossen, die für die **negative Vereinigungsfreiheit** gegenüber Zwangskorporationen bestehen soll. Nicht nur Lücken im sachlichen, sondern auch im persönlichen Schutzbereich werden durch Art. 2 Abs. 1 GG geschlossen: Das Auffanggrundrecht ist **Ausländergrundrecht** für alle Deutschengrundrechte (→ Rn. 445), also die Berufsfreiheit, die Versammlungsfreiheit und die Vereinigungsfreiheit.

3. Verweis auf europäische Grundrechte

443 Ein lückenloses Auffanggrundrecht enthält weder die EMRK noch die GRCh. Allerdings werden Teile des Gewährleistungsbereichs des Art. 2 Abs. 1 GG durch eine weite Interpretation des Rechtes auf Privatheit nach Art. 8 EMRK und Art. 7 GRCh, durch das Diskriminierungsverbot des Art. 14 EMRK und der Art. 20 ff. GRCh sowie durch Kombination dieser Rechte abgedeckt[53] und gegebenenfalls sogar stärker als durch die allgemeine Handlungsfreiheit geschützt. Diese nehmen deshalb partiell die Funktion eines Auffanggrundrechts ein. Die Unternehmensfreiheit wird in Art. 16 GRCh gewährleistet.[54]

▶ **Zu Fall 18:** Das BVerfG sieht Art. 2 Abs. 1 GG als Auffanggrundrecht. Danach beschränkt das Rauchverbot die allgemeine Handlungsfreiheit.[55] Auch wenn man Art. 2 Abs. 1 GG auf das Persönlichkeitsrecht beschränken würde, ließe sich vertreten, dass das Rauchen jedenfalls für manche Menschen zur Selbstdarstellung gehört. Im Rahmen der formellen Rechtfertigung eines Grundrechtseingriffs kann der Adressat belastender Regelungen auch eine gegebenenfalls fehlende Gesetzgebungskompetenz rügen (→ Rn. 561).[56] Zur Rechtfertigung des Rauchverbotes → Fall 25. ◀

Systematische Verweise: Zur Schrankentrias lies → Rn. 636 f.

Wiederholungs- und Verständnisfragen

> Was sind die Argumente für und gegen die Konzeption der „allgemeinen Handlungsfreiheit" als Auffanggrundrecht ohne spezifischen Schutzbereich?
> Welche Konsequenz hat es, auch Verbote gemeinschädlicher Tätigkeiten am Maßstab des Auffanggrundrechtes zu messen?

---

53 Zum Ganzen: *Richter* in: Dörr/Grote/Marauhn, EMRK/GG, 3. Aufl., Kap. 9.
54 Dazu *Blanke* in: Stern/Sachs, GRCh, zu Art. 16.
55 BVerfGE 121, 317, 359 – Nichtraucherschutz in Gaststätten.
56 Das gilt auch für den Eingriff in spezielle Grundrechte, z. B. Art. 12 GG: BVerfGE 121, 317, 347 – Nichtraucherschutz in Gaststätten, zu den Bundes-Kompetenzen beim Nichtraucherschutz auch Sondervotum *Bryde* S. 378 f.

§ 11

Teil 4:
Grundrechtsberechtigung

▶ **Fall 19:** Der Araber A hat in Deutschland einen „Verein zur Förderung der Verbreitung islamischer Ideen" gegründet und betreibt von Spanien aus ein rechtsfähiges Unternehmen, mit dem er Waren und Dienstleistungen verschiedenster Art vertreibt. Können sich A, der Verein und das Unternehmen auf deutsche Grundrechte, auf die EMRK und auf unionsrechtliche Grundfreiheiten berufen, wenn sein Verein wegen extremistischer Bestrebungen verboten und seine Geschäfte an der Grenze aufgehalten werden? Welche Unterschiede ergeben sich, wenn A Türke, Franzose oder Deutscher wäre bzw. das Unternehmen eine deutsche GmbH? ◀

§ 11 Deutsche, Unionsbürger und Ausländer als Grundrechtsträger

I. Grundrechtsschutz von Deutschen und Ausländern im Grundgesetz

Das Grundgesetz gewährleistet manche Rechte (Art. 8, Art. 9, Art. 11, Art. 12 und Art. 16 GG) nur als **Deutschengrundrechte**, während die Grundrechte im Übrigen unabhängig von der Staatsangehörigkeit als sog. **Menschenrechte** gelten. Kritik an dieser Unterscheidung ist verfassungspolitischer Natur, da der textliche Befund eindeutig ist und sich auch nicht mit Hinweis auf Art. 1 Abs. 1 GG, Art. 1 Abs. 2 GG oder Art. 3 Abs. 1 GG erschüttern lässt. In der Fallbearbeitung ist bei Deutschengrundrechten im persönlichen Schutzbereich zu prüfen, ob ein Deutscher i. S. d. Art. 116 GG Grundrechtsschutz begehrt. Nur im Falle der Menschenrechte, also z. B. der Religionsfreiheit, genießen alle Menschen gleichen grundrechtlichen Schutz.

444

Hinweis für die Fallbearbeitung: Die Unterscheidung zwischen Deutschengrundrechten und Menschenrechten ist im persönlichen Schutzbereich zu erläutern (→ Schema 1: I. 2.). In der Fallbearbeitung ergibt sich nur dann ein Problem, wenn sich ein Ausländer auf ein Deutschengrundrecht beruft. Soweit der Sachverhalt nicht von Ausländern handelt oder kein Deutschengrundrecht im sachlichen Schutzbereich betroffen ist, reicht eine kurze Feststellung, dass der persönliche Schutzbereich eröffnet ist. Wenn nach den Erfolgsaussichten einer Verfassungsbeschwerde gefragt ist, stellen sich Fragen der Grundrechtsberechtigung bereits im Rahmen der Zulässigkeit (zu den dann notwendigen Differenzierungen → Rn. 449).

Daran knüpft sich die Frage, was im sachlichen Geltungsbereich der Deutschengrundrechte für **Ausländer** gilt, wenn also beispielsweise ein Ausländer sich in seiner Berufsfreiheit beeinträchtigt fühlt. Die Grundrechtsdogmatik gibt hierauf mit **Art. 2 Abs. 1 GG als Auffanggrundrecht**[1] (→ Rn. 435 ff.) eine adäquate Antwort. Hiermit wird die Lückenlosigkeit des Grundrechtsschutzes auch für Ausländer garantiert. Der Weg für die Anwendbarkeit des Auffanggrundrechts ist frei, soweit der (hier: persönliche) Schutzbereich spezieller Grundrechte nicht eröffnet ist. Die Vorschrift gewährleistet, dass auch zugunsten von Ausländern insoweit die **allgemeine Schrankenlehre gilt** und damit v. a. der Vorbehalt des Gesetzes und der Grundsatz der Verhältnismäßigkeit. Beschränkungen bedürfen somit auch gegenüber Ausländern einer verfas-

445

---

[1] Aus der Rechtsprechung: BVerfGE 104, 337, 346 – Schächten; BVerfGE 80, 137, 167 – Reiten im Walde.

sungsrechtlichen Rechtfertigung. Im Ergebnis kann der Schutz von Ausländern dabei **graduell** hinter dem der Deutschen **zurückbleiben**.[2] Die speziellen, engeren Schranken spezieller Grundrechte gelten insoweit nicht. Auch bei der Gewichtung der Belange im Rahmen der Verhältnismäßigkeit ist z. B. zu berücksichtigen, dass die politische Betätigung von Ausländern nicht in gleichem Maße schützenswert und für die Demokratie bedeutsam ist wie im Falle der Staatsbürger. Schließlich ist dem Gesetzgeber bei Eingriffen in das Auffanggrundrecht ein größerer politischer Spielraum einzuräumen.

446 Dabei steht der deutsche Grundrechtsschutz unter dem **Einfluss der Garantien der EMRK** – aber das gilt nicht nur zugunsten von Ausländern und nicht nur bei Art. 2 Abs. 1 GG. Immerhin ist aber die Wahrscheinlichkeit erhöht, dass in diesem Bereich des reduzierten deutschen Grundrechtsstandards die EMRK im Ergebnis relevante, weil höhere Standards gewährleistet. Insbesondere impliziert die spezielle Schranke der Versammlungs- und Vereinigungsfreiheit in Art. 11 Abs. 2 EMRK ein Schutzniveau, das zwar hinter dem für Deutsche garantierten Schutz der Art. 8 Abs. 1 und Art. 9 Abs. 1 GG zurückbleiben mag (→ Rn. 660 ff., 664 ff.), aber gegenüber dem insoweit anwendbaren Art. 2 Abs. 1 GG grundrechtsverstärkend wirkt (→ Rn. 43, 81). Insbesondere bei der Berufsfreiheit wird der Schutz des Art. 2 Abs. 1 GG hinter dem des Art. 12 GG zurückbleiben, zumal die EMRK die Berufsfreiheit als solche nicht schützt (→ Rn. 335, 364). Zu beachten ist, dass der Schutz der EMRK für alle Menschen gilt, d. h. auch für Staatsangehörige solcher Staaten, die ihrerseits nicht Mitglieder des Europarates sind.

II. Unionsrechtlich gebotene partielle Gleichbehandlung von Deutschen und EU-Bürgern bzw. Grundfreiheitsträgern

447 Das im Ergebnis graduelle Zurückbleiben des Grundrechtsschutzes verbietet sich hingegen in den Fällen, in denen das **EU-Recht eine Gleichbehandlung** von Ausländern, insbesondere Unionsbürgern und Deutschen **gebietet**. Der Gleichbehandlungsanspruch ergibt sich dabei regelmäßig aus den Grundfreiheiten oder aus dem allgemeinen Diskriminierungsverbot[3] nach Art. 18 AEUV (ex-Art. 12 EGV), wonach im Anwendungsbereich des Vertrages jede Diskriminierung aus Gründen der Staatsangehörigkeit verboten ist.

448 Umstritten ist, wie dieses vom Unionsrecht gebotene Ergebnis in der deutschen Grundrechtsdogmatik zu verwirklichen ist. Nach einer Auffassung[4] ist hier – wie bei allen Ausländern – im Ansatz Art. 2 Abs. 1 GG anzuwenden, dessen Schutzniveau jedoch im Ergebnis auf das der speziellen Deutschengrundrechte anzuheben ist. Allein der Rückgriff auf das Auffanggrundrecht hat den Anschein einer Ungleichbehandlung und könnte (von EU-Ausländern) missverstanden werden. Diese Lösung ist auch systematisch geradezu irreführend,[5] weil sich Art. 2 Abs. 1 GG und die speziellen Grundrechte gerade im Schutzniveau unterscheiden (→ Rn. 42). Da es letztlich allein auf das Schutzniveau des Deutschengrundrechts ankommt, ist der „Umweg" über Art. 2 Abs. 1 GG im Ergebnis irrelevant und überflüssig. Vielmehr sind in diesen Fällen

---

2 Dies marginalisiert *K. Hesse*, Bedeutung der Grundrechte, in: HbVerfR, 2. Aufl., § 5 Rn. 53.
3 Die demokratischen Grundsätze der Art. 9 ff. EUV richten sich explizit nur an die Union.
4 BVerfG, Beschluss v. 4.11.2015 – 2 BvR 282/13, Rn. 10; *Dreier* in: Dreier, GG, Bd. 1, 3. Aufl., Vorb. Rn. 115 ff. m. w. N.
5 Der Ansatz führt zu einem Schachtelaufbau, bei dem das spezielle Grundrecht – zur Ermittlung des Schutzniveaus – inzident zu prüfen ist.

die **Deutschengrundrechte** i. V. m. dem unionsrechtlichen[6] Inländergleichbehandlungsgebot **entsprechend anzuwenden**. Mit dem Vorrang des Unionsrechts sind auch Bedenken zu überwinden, hier über den Wortlaut des Grundgesetzes hinauszugehen und damit den deutschen Grundrechtsschutz im Ergebnis auszuweiten. Auch wenn Art. 2 Abs. 1 GG „lückenlosen" Grundrechtsschutz ermöglicht, ist wegen des Risikos, dass Ausländer ihre Rechte unterschätzen, eine „normative Lücke" anzunehmen, die nur durch die Anwendung der Deutschengrundrechte zu schließen ist. Eine unionsrechtskonforme Auslegung ist verfassungsrechtlich durch Art. 23 Abs. 1 GG geboten und Ausgangspunkt für jeden der vertretenen Ansätze, die sich im Ergebnis nicht unterscheiden. Im Ergebnis ist also der EU-Bürger im rechtlichen Sinne wie ein Deutscher z. B. i. S. d. Art. 12 Abs. 1 GG zu behandeln, soweit EU-Recht die Gleichbehandlung mit dem Deutschen im konkreten Einzelfall gebietet.

Diese Gleichbehandlung kann im Falle der **Waren- bzw. Kapitalverkehrsfreiheit** gegebenenfalls sogar jedem Nicht-EU-Bürger zugutekommen. Während die anderen Grundfreiheiten ausdrücklich nur die Gleichbehandlung aller Angehörigen von Mitgliedstaaten gebieten,[7] werden die Freiheiten des Waren- (Art. 28 ff. AEUV), Kapital- und Zahlungsverkehrs (Art. 63 ff. AEUV) **sachbezogen** gewährleistet. Grundfreiheitsberechtigt ist somit bei den sachbezogenen Grundfreiheiten des Waren-, Kapital- und Zahlungsverkehrs **jedermann**, soweit er innerhalb Europas grenzüberschreitenden Handel betreibt. Insoweit wäre das Deutschengrundrecht des Art. 12 Abs. 1 GG z. B. auch auf einen chinesischen Unternehmer zu erstrecken.

449

HINWEIS FÜR DIE FALLBEARBEITUNG: Wenn in einem Gutachten nach den Erfolgsaussichten einer Verfassungsbeschwerde gefragt wird, stellen sich Einzelfragen der Grundrechtsberechtigung bereits in der Zulässigkeit. Da sich alle natürlichen Personen grundsätzlich auf Grundrechte – jedenfalls auf die allgemeine Handlungsfreiheit – berufen können, handelt es sich nicht um ein Problem der allgemeinen Beschwerdefähigkeit (→ Rn. 915). Denn bei der Beschwerdefähigkeit geht es nur darum, wer überhaupt als Träger irgendeines Grundrechts in Betracht kommt. Die Frage, auf welche Grundrechte sich auch ein Ausländer berufen kann, stellt sich bei der Beschwerdebefugnis (→ Rn. 923). Denn erst bei der Beschwerdebefugnis ist auf die einzelnen, geltend gemachten Grundrechte einzugehen.

SYSTEMATISCHER VERWEIS: Zum persönlichen Schutzbereich im Prüfungsaufbau beachte → Schemata 1 ff. Dort jeweils I. 2.

---

[6] Eine Lösung über Art. 2 Abs. 1 GG und den verfassungsrechtlichen Gleichheitssatz des Art. 3 Abs. 1 GG sucht hingegen *Siehr*, Die Deutschenrechte des Grundgesetzes, 2001, S. 478.
[7] Art. 56 Abs. 2 AEUV (ex Art. 49 Abs. 2 EGV) enthält allerdings eine Kompetenz, die Dienstleistungsfreiheit durch Sekundärrecht auch auf Drittstaatenangehörige mit Sitz in der EU zu erstrecken.

§ 12 Grundrechtsfähigkeit und -mündigkeit natürlicher Personen

I. Grundrechtsfähigkeit: Rechtsfähigkeit als Voraussetzung subjektiven Grundrechtsschutzes

450 Dass die Grundrechte als subjektive, unmittelbare Rechte verstanden werden, macht die Stärke des Grundrechtsschutzes unter dem Grundgesetz aus. So verstanden können und müssen die Grundrechte einzelnen Grundrechtsträgern **persönlich zugeordnet** werden. Die Grundrechtsfähigkeit setzt **Rechtsfähigkeit** voraus. Das bedeutet für natürliche Personen, dass diese nur **von der Geburt bis zum Tode** rechts- und damit auch grundrechtsfähig sind. Unabhängig von der subjektiven Fähigkeit, Grundrechte tatsächlich wahrnehmen zu können, sind also auch Kinder Grundrechtsträger.

II. Objektiver Grundrechtsschutz Nichtrechtsfähiger

451 Der Grundrechtsschutz erstreckt sich aber sowohl auf den **Schutz ungeborenen Lebens**[1] als auch auf das **Andenken Verstorbener**.[2] Das BVerfG begründet dies jeweils mit dem Schutzauftrag des Staates für die Menschenwürde.[3] Die Argumentation überfrachtet den Inhalt der Menschenwürde unnötig. Sie überzeugt aber insofern, als sie an Schutzpflichten anknüpft, die nicht nur für die Menschenwürde anerkannt sind. Es handelt sich also um Dimensionen objektiven Grundrechtsschutzes (→ Rn. 863), sei es des Rechts auf Leben oder des Persönlichkeitsrechts.[4] Das Schutzniveau ist freilich abgeschwächt.[5]

HINWEIS FÜR DIE FALLBEARBEITUNG: Die Grundrechtsfähigkeit ist zwar auf die Rechtsfähigkeit begrenzt, aber nur der – freilich typische – subjektive Grundrechtsschutz hängt davon ab. Dies hat vor allem prozessuale Konsequenzen. Eine Verfassungsbeschwerde im Namen Nichtrechtsfähiger ist ausgeschlossen. Es fehlt bereits an der Beschwerdefähigkeit (→ Rn. 915). Im Rahmen einer abstrakten Normenkontrolle oder inzident bei Klagen, die auf Rechte Dritter gestützt werden können, sind hingegen auch Fragen rein objektiven Grundrechtsschutzes zu klären.

Sogenannte „**Rechte künftiger Generationen**" sind hingegen überhaupt nicht grundrechtlich, sondern allenfalls als Gehalte objektiver Staatsziele (z. B. zugunsten der Umwelt nach Art. 20a GG oder des Sozialstaats nach Art. 20 Abs. 1 GG) zu konstruieren, da eine (auch beendete) individuelle biologische Existenz nach wie vor Voraussetzung der Rechtsträgerschaft ist. Der Ansatz einer intertemporalen Freiheitssicherung im Klima-Beschluss des BVerfG[6] ist nicht intergenerationell konzipiert, sondern auf zukünftige Eingriffe in Rechte der heute schon Lebenden bezogen (→ Rn. 498).

---

1 BVerfGE 39, 1, 36 f. – Schwangerschaftsabbruch I; BVerfGE 88, 203, 251 – Schwangerschaftsabbruch II.
2 BVerfGE 30, 173, 194 – Mephisto.
3 Ausdrücklich BVerfGE 30, 173, 194 – Mephisto: nicht Art. 2 Abs. 1 GG, sondern Art. 1 Abs. 1 GG.
4 Eine andere Frage ist, ob die Angehörigen eigene Persönlichkeitsrechte gegen die Verunglimpfung eines Verstorbenen geltend machen können, weil die familiäre Herkunft zur personalen Identität gehört und als solche schutzwürdig ist (→ Rn. 432).
5 So soll z. B. die Abtreibung bei zu erwartender schwerer Behinderung verfassungsrechtlich zu rechtfertigen sein: BVerfGE 39, 1, 49 – Schwangerschaftsabbruch I; BVerfGE 88, 203, 257 – Schwangerschaftsabbruch II. Es ist str., ob das gegen Art. 3 Abs. 3 S. 2 GG verstößt: Dazu *Baer/Markard* in: v. Mangoldt/Klein/Starck, GG, Bd. 1, 7. Aufl., zu Art. 3 Rn. 547.
6 BVerfGE 157, 30 – Klimaschutz.

III. Grundrechtsmündigkeit als prozessualer Aspekt

Nicht zu verwechseln mit der Grundrechtsfähigkeit ist die Grundrechtsmündigkeit. Bei Grundrechten als unmittelbar geltenden, subjektiven Rechten stellt sich die Frage, wer diese prozessual geltend machen kann. Im Allgemeinen setzt die wirksame Vornahme prozessualer Handlungen Geschäftsfähigkeit voraus. Die Grundrechtsmündigkeit entspricht dem Gedanken der **Geschäftsfähigkeit**, die für jedes **Grundrecht spezifisch** zu bestimmen ist. Sie hängt von der individuellen Einsichtsfähigkeit ab und tritt keineswegs erst mit der Volljährigkeit ein. Einen – freilich verfassungsrechtlich nicht verbindlichen und auch nicht starren – Anhaltspunkt gibt z. B. das Gesetz über die religiöse Kindererziehung.[7] Aus der Grundrechtsmündigkeit folgt vor allem die **Prozessfähigkeit** zur Geltendmachung von Rechtsschutz i. S. d. Art. 19 Abs. 4 GG und zur Erhebung einer Verfassungsbeschwerde (→ Rn. 916).[8]

452

HINWEIS FÜR DIE FALLBEARBEITUNG: Da es sich dabei jedoch um **kein materiellrechtliches Problem**[9] handelt, ist diese Frage in der Fallbearbeitung nicht in der Grundrechtsprüfung, sondern nur **im Rahmen der Zulässigkeit** von Rechtsbehelfen zu prüfen (→ Rn. 916, Schema 6: II. 2).

---

7 BVerfGE 30, 415, 424 f. – Mitgliedsschaftsrecht; *Münch*, BayVBl 1989, 745 ff.
8 Wie hier: *Schlaich/Korioth*, Das Bundesverfassungsgericht, 12. Aufl., Rn. 212; differenzierend *Zuck/Eisele*, Das Recht der Verfassungsbeschwerde, 6. Aufl., Rn. 431 ff.
9 *Dreier* in: Dreier, GG, Bd. 1, 3. Aufl., Vorb. Rn. 114; zustimmend *Kingreen/Poscher*, Grundrechte, 37. Aufl., Rn. 214 f., 1389.

§ 13 Grundrechtsfähigkeit juristischer Personen und sonstiger Kollektive

I. Grundrechtsfähigkeit juristischer Personen nach Art. 19 Abs. 3 GG

1. Rechtsfähigkeit und Teilrechtsfähigkeit

453 Der Begriff der „juristischen Person" i. S. d. Art. 19 Abs. 3 GG ist nicht einfachrechtlich vorgegeben, sondern etabliert eine eigenständige verfassungsrechtliche Ausprägung der Teilrechtsfähigkeit, nämlich die Grundrechtsfähigkeit. Er ist daher weiter als der sonst juristisch verbreitete, einfachrechtliche Begriff der „juristischen Person" zu verstehen. Die Grundrechtsfähigkeit setzt lediglich eine Teilrechtsfähigkeit voraus und erstreckt sich auch z. B. auf einen nicht eingetragenen Verein oder die BGB-Gesellschaft.[1] Hingegen werden sogenannte schlichte Personenmehrheiten nicht von Art. 19 Abs. 3 GG geschützt (vgl. aber zur Vereinigungsfreiheit des Art. 9 GG → Rn. 283 ff.), weil Art. 19 Abs. 3 GG zwar keine von der Rechtsordnung vorgegebene Struktur, aber eine faktische organisatorische Verdichtung verlangt.

2. Inländische und ausländische juristische Personen

454 Art. 19 Abs. 3 GG setzt voraus, dass die juristische Person eine „inländische" ist. Dieses Merkmal ist nicht mit dem der Staatsangehörigkeit bei den Deutschengrundrechten zu verwechseln: Bei Art. 19 Abs. 3 GG geht es um eine Eigenschaft der juristischen Person. Für deren Staatszugehörigkeit kommt es nicht auf die Staatsangehörigkeit[2] der hinter ihr stehenden natürlichen Personen an. In der Konsequenz handelt es sich bei Art. 19 Abs. 3 GG um eine „Alles-oder-Nichts"-Differenzierung: Im Umkehrschluss zu Art. 19 Abs. 3 GG sind ausländische juristische Personen überhaupt nicht grundrechtsfähig. Sie werden – im Gegensatz zu Ausländern – auch nicht über das Auffanggrundrecht des Art. 2 Abs. 1 GG geschützt. Lediglich die Prozessgrundrechte der Art. 101 Abs. 1 S. 2 und 103 Abs. 1 GG finden Anwendung.[3] Soweit darüber hinaus die EMRK juristische Personen schützt (z. B. Art. 34 EMRK, Art. 1 ZP 1), ist dem im Rahmen des einfachen Rechts Rechnung zu tragen. Soweit dies jedoch nicht hinreichen sollte, wird man auch hier an einer Auslegung des Grundgesetzes im Lichte der EMRK nicht vorbeikommen.

455 Nach der herrschenden Sitztheorie[4] entscheidet der effektive, tatsächliche Sitz und nicht etwa die Anerkennung durch das nach den Grundsätzen des internationalen Privatrechts anwendbare Gesetz. Für Tochtergesellschaften, die ihrerseits juristische Personen i. S. d. Art. 19 Abs. 3 GG sind, ist dies gesondert zu bestimmen. Entscheidend ist also der Ort, von dem aus eine juristische Person gesteuert wird.

456 Soweit das Unionsrecht dies gebietet, müssen allerdings juristische Personen aus dem EU-Ausland dem Schutz nach Art. 19 Abs. 3 GG gleichgestellt werden.[5] Dies ist – ähnlich dem Parallelproblem bei den Deutschengrundrechten (→ Rn. 447 ff.) – als

---

1 BVerfGE 24, 236, 243 – (Aktion) Rumpelkammer; BVerfG-K, JZ 2003, 43.
2 *Dreier* in: Dreier, GG, Bd. 1, 3. Aufl., zu Art. 19 Abs. 3 Rn. 80; *Isensee*, Anwendung der Grundrechte auf juristische Personen, in: HStR IX, 3. Aufl., § 199 Rn. 72.
3 BVerfGE 64, 1, 11 – National Iranian Oil Company.
4 BVerfGE 21, 207 ff. – Flächentransistor; *Dreier* in: Dreier, GG, Bd. 1, 3. Aufl., zu Art. 19 Abs. 3 Rn. 79.
5 EuGH, Rs. C-208/00 (Überseering BV/NCC), Slg. 2002, I-9919, Rn. 52 ff.

echte „**Anwendungserweiterung**"[6] des Art. 19 Abs. 3 GG durch dessen unionskonforme, entsprechende Anwendung i. V. m. dem unionsrechtlichen Inländergleichbehandlungsgebot zu erreichen.[7] Das Unionsrecht lässt hierfür jedenfalls im Ergebnis keine Alternative zu,[8] wobei Art. 54 Abs. 1 AEUV (ex Art. 48 Abs. 1 EGV) seinerseits für die gegebenenfalls betroffenen Grundfreiheiten an den Sitz innerhalb der Gemeinschaft anknüpft.

Hinweis für die Fallbearbeitung: Diese Fragen sind in einem Gutachten über die Erfolgsaussichten einer Verfassungsbeschwerde bereits in der Zulässigkeit zu erörtern. In der Begründetheit ist beim subjektiven Schutzbereich dann nach oben zu verweisen. Im Rahmen der Zulässigkeit ist noch zwischen zwei Prüfungspunkten zu unterscheiden, so dass auf Art. 19 Abs. 3 GG an mehreren Stellen einzugehen ist. Es ist zu differenzieren zwischen der allgemeinen Beschwerdefähigkeit des Beschwerdeführers einerseits (→ Rn. 915) und der Beschwerdebefugnis bezogen auf bestimmte Grundrechte andererseits (→ Rn. 923). Bereits an der Beschwerdefähigkeit scheitert die Verfassungsbeschwerde einer ausländischen juristischen Person, soweit nicht das Unionsrecht dem entgegensteht.

3. Ihrem Wesen nach auf juristische Personen anwendbare Grundrechte

Art. 19 Abs. 3 GG setzt für die Grundrechtsfähigkeit inländischer juristischer Personen außerdem voraus, dass die Grundrechte „ihrem Wesen nach auf diese anwendbar sind". Dieser Wesensvorbehalt wirkt sich zweifach aus, nämlich auf den **Kreis der geschützten juristischen Personen** (b) und auf den **Kreis der sie schützenden Grundrechte** (c). Diese beiden Auswirkungen überlagern sich gegenseitig und es ist umstritten, wie das „Wesen" der Grundrechte zu bestimmen ist (a).

457

So wie Art. 19 Abs. 3 GG auf das Wesen der Grundrechte verweist, stellen sich dieselben Probleme auch im Bereich der **Europäischen Grundrechte**, während Art. 54 AEUV für die Anwendbarkeit der **Grundfreiheiten** eine eigenständige Regelung enthält, auf die noch einzugehen ist.

a) Personale und situationsspezifische Begründungsansätze

Die Grundrechte sind personal geprägt. Mit ihnen ist das gesamte Recht primär am Menschen auszurichten. Der Grundrechtsschutz auch juristischer Personen ist von diesem Ausgangspunkt her nicht leicht zu begründen. Nach der Theorie des **personalen Substrats**[9] besteht die Funktion des Art. 19 Abs. 3 GG letztlich darin, den „hinter" den juristischen Personen stehenden Menschen einen kollektiven Grundrechtsschutz zu geben. Dieser Begründungsansatz hat aber Schwächen und wird nicht konsequent durchgehalten: Er ist zu weit z. B. bei der Frage der Grundrechtsfähigkeit der Kommunen, die sich nicht damit begründen lässt, dass sich hinter deren Handeln Interessen der Gemeindemitglieder verbergen – diese Argumentation ließe sich sonst auch auf den Staat übertragen. Er ist zu eng, wenn es z. B. um die zu Recht anerkannte[10] Grund-

458

---

6 So auch BVerfGE 129, 78, 98 f. – Le Corbusier-Möbelmodelle; in BVerfG, Beschluss v. 4.11.2015 – 2 BvR 282/13, Rn. 10 f. wird allerdings daraus explizit nicht der Schluss gezogen, auf ein Unternehmen mit Sitz im EU-Ausland Art. 12 GG anzuwenden, sondern es wird auch insoweit der Umweg über eine Aufwertung des Art. 2 Abs. 1 GG präferiert.
7 So auch *Dreier* in: Dreier, GG, Bd. 1, 3. Aufl., zu Art. 19 Abs. 3 Rn. 83 f., der das Parallelproblem der Deutschengrundrechte über Art. 2 Abs. 1 GG löst.
8 Auf das europarechtliche Gleichbehandlungsgebot stellt *Kotzur*, DÖV 2001, 192, 196 ab.
9 BVerfGE 21, 362, 369 – Sozialversicherungsträger; *Remmert* in: Dürig/Herzog/Scholz, GG, 55. Lfg., zu Art. 19 Abs. 3 Rn. 113 mit Verweis auf die Vorauflage von *Dürig*.
10 BVerfGE 46, 73, 83 – Stiftungen; BVerwGE 40, 347, 348.

rechtsfähigkeit von Kapitalgesellschaften oder Stiftungen geht, die keine natürlichen Personen als Mitglieder haben.

Vielmehr geht es bei Art. 19 Abs. 3 GG um eine echte Erweiterung des Grundrechtsschutzes auf subjektive Rechte juristischer Personen um derer selbst willen. Die besondere Bedeutung des Handelns in und durch Organisationen verdient Grundrechtsschutz. Menschliche Aktivitäten erfolgen vielfach durch Organisationen, die aber personenunabhängig ausgestaltet sind und unabhängig von einem Wechsel ihrer Mitglieder Schutz verdienen. Diese Erweiterung entspricht nur dann dem „Wesen" der Grundrechte, wenn eine **grundrechtsspezifische Gefährdungslage**[11] vorliegt. Diese ist gegeben, wenn Organisationen in ihrer Selbstbestimmung in ähnlicher Weise bedroht sind, wie natürliche Personen. Dies hängt nicht davon ab, ob zugleich auch individuelle Rechte betroffen sind. Vielmehr wird die Grundrechtsfähigkeit von juristischen Personen auf typische Gefährdungslagen und den klassischen Ausgangspunkt subjektiver Schutzbedürftigkeit autonomen Handelns[12] gegenüber dem Staat zurückgeführt. Das bedeutet konkret:

b) Anwendbarkeit auf juristische Personen des öffentlichen Rechts in Ausnahmefällen

459 Grundrechte sind primär[13] Abwehrrechte des Bürgers **gegen den Staat**. Die Grundrechtsbindung (→ Rn. 466 ff.) gilt nicht nur für den Bund und die Länder, sondern auch für Hoheitsträger der sogenannten mittelbaren Staatsverwaltung, also v. a. für die kommunalen Gebietskörperschaften, aber z. B. auch für die öffentlichen Rundfunkanstalten. Dass Hoheitsträger grundrechtsverpflichtet und ihrerseits nicht Träger von Grundrechten sind, ist indes nicht mehr als eine Faustformel und insbesondere kein logisch zwingender Umkehrschluss. Auch der Wortlaut des Art. 19 Abs. 3 GG ist nicht auf juristische Personen des Privatrechts beschränkt.

Hinweis für die Fallbearbeitung: Deshalb scheitert die Zulässigkeit der Verfassungsbeschwerde einer juristischen Person des öffentlichen Rechts nicht bereits an deren Beschwerdefähigkeit (→ Rn. 915). Das Problem sollte dort kurz aufgeworfen, dann aber auf die Differenzierungen im Rahmen der Beschwerdebefugnis verwiesen werden (→ Rn. 923). Dort sind die folgenden Gesichtspunkte zu prüfen.

460 Allerdings folgt dem „Wesen" der Grundrechte i. S. d. Art. 19 Abs. 3 GG, dass **juristische Personen des öffentlichen Rechts** grundsätzlich nicht grundrechtsfähig sind. Zweifelsfrei liegt keine grundrechtsspezifische Gefährdungslage vor, wenn juristische Personen hoheitlich handeln. So kann sich z. B. eine polizeiliche Einsatztruppe weder auf die Meinungs-, noch auf die Versammlungsfreiheit berufen. Aber auch dann, wenn ein Hoheitsträger fiskalisch handelt bzw. staatlichen Eingriffen ausgesetzt ist und dabei Rechtspositionen wie ein Privater – z. B. Eigentum – geltend macht, liegt allein deshalb noch keine grundrechtsspezifische Gefährdungslage vor.[14] Jedenfalls soweit der Fiskus gewisse Privilegien (z. B. hinsichtlich der Versicherungs-, Steuer- und Polizeipflichtig-

---

11 *Dreier* in: Dreier, GG, Bd. 1, 3. Aufl., zu Art. 19 Abs. 3 Rn. 33 f.; das BVerfG hat auch diesen Ansatz bisweilen aufgegriffen: BVerfGE 61, 82, 105 – Sasbach m. w. N.
12 Darin berühren sich beide Ansätze: *Möstl*, Grundrechtsbindung öffentlicher Wirtschaftstätigkeit, 1999, S. 134 f.
13 Zur Frage, ob der Bürger aus ihnen darüber hinaus noch weitere Rechte ableiten kann → Rn. 478 ff., 510 ff.
14 Im Falle eines Reb- und Obstgartens: BVerfGE 61, 82, 105 f. – Sasbach; anders für das Bayerische Verfassungsrecht: BayVerfGH, BayVBl. 1984, 655 = VerfGHE 37, 101; uneinheitlich ist die Rechtsprechung zu berufsständischen Vertretungen: ablehnend: BVerfG-K, NJW 1997, 1634; BVerfG-K, DVBl. 2001, 63; bejahend: BVerfGE 70, 1, 25 – Orthopädietechniker-Innungen.

keit) genießt, ist er nicht in gleicher Weise schutzbedürftig wie Private. Wirtschaftliche Betätigung des Staates bedarf der kompetentiellen und verfassungsrechtlichen Rechtfertigung und ist insoweit z. B. kommunalrechtlich geregelt, genießt aber keinen originär grundrechtlichen Schutz. Auch wenn der Staat einfachrechtlich Eigentümer sein kann, schützt Art. 14 Abs. 1 GG solches Privateigentum nicht, sondern nur das Eigentum Privater. Ebenso wenig können sich staatliche Einrichtungen auf die EU-Grundrechte und auch nicht auf die EMRK (Art. 34 EMRK)[15] berufen.[16] Es gilt also der Grundsatz, dass Grundrechtsträgerschaft sich nicht funktional, sondern personal bestimmt.

Das gilt unabhängig von der Rechtsform und d. h. auch dann, wenn die öffentliche Hand in privatrechtlicher Form durch sogenannte „**Eigenbetriebe**" agiert, die sie allein beherrscht.[17] Ganz anders hingegen regelt Art. 54 Abs. 2 AEUV (ex Art. 48 Abs. 2 EGV) ausdrücklich die Anwendbarkeit der Grundfreiheiten des Unionsrechts auch auf öffentliche Unternehmen mit Erwerbsabsichten. Daran zeigt sich, dass das Unionsrecht den Wettbewerb als objektives Phänomen regelt und nicht ausschließlich zum subjektiven Schutz privater Wettbewerber.

Abgrenzungsprobleme bereiten sogenannte „**gemischtwirtschaftliche Unternehmen**", an denen sowohl die öffentliche Hand als auch Private beteiligt sind. Nach der Rechtsprechung[18] ist für die Anwendbarkeit des Art. 19 Abs. 3 GG auf den Charakter der Aufgabe abzustellen, wobei allerdings offen bleibt, ob dem Staat insoweit nicht verfassungsrechtliche Grenzen zu setzen sind. Die Theorie des personalen Substrats spricht hier dafür, auf die Beteiligung von Privaten abzustellen, jedenfalls wenn sie in der Mehrheit sind. Eine knappe Mehrheit vieler Privater (Streubesitz) kann allerdings ausnahmsweise durch wenige bzw. einen Hoheitsträger faktisch dominiert werden (Kriterium der Beherrschung[19]). Eine grundrechtsspezifische Gefährdungslage liegt auch nicht vor, wenn die Beteiligung der öffentlichen Hand zu Privilegien führt. Das führt auch nicht zu Schutzlücken zulasten der beteiligten Privaten, die sich auf ihre individuellen Grundrechte berufen können[20] und deren Ausnutzung von Fiskusprivilegien darüber hinaus kein kollektives grundrechtliches Schutzbedürfnis entstehen lässt.

461

Der „Wesensvorbehalt" des Art. 19 Abs. 3 GG rekurriert auf das Wesen der juristischen Personen einerseits und der Grundrechte andererseits. Ausnahmsweise können sich die Träger der öffentlichen Gewalt jedoch auf Grundrechte berufen, wenn sie als öffentlich-rechtliche Organisation eigens zur Wahrnehmung eines bestimmten Grundrechts geschaffen wurden. Deshalb ist eine Ausnahme in den Fällen zu machen, in denen bestimmte Grundrechte spezifisch auf solche juristische Personen zugeschnitten sind, die – wenn auch nicht notwendig oder ausschließlich – traditionellerweise öffentlich-rechtlicher Natur sind: Das ist anerkannt[21] für die Rundfunkfreiheit des Art. 5

462

---

15 *Grabenwarter/Pabel*, EMRK, 7. Aufl., § 17 Rn. 5.
16 Differenzierend *Jarass/Kment*, EU-Grundrechte, 2. Aufl., § 4 Rn. 41 ff.
17 *Dreier* in: Dreier, GG, Bd. 1, 3. Aufl., zu Art. 19 Abs. 3 Rn. 60.
18 BVerfGE 21, 362, 369 – Sozialversicherungsträger; BVerfG-K, NJW 1990, 1783: Keine Grundrechtsfähigkeit zur Erfüllung der Daseinsvorsorge; anders BVerwGE 118, 352, 359 für die Telekom; zustimmend *Möstl*, Grundrechtsbindung öffentlicher Wirtschaftstätigkeit, 1999, S. 137 ff.; ablehnend: *Huber* in: v. Mangoldt/Klein/Starck, GG, Bd. 1, 7. Aufl., zu Art. 19 Abs. 3 Rn. 282 f.
19 *Ehlers* in: ders., EuGR, 4. Aufl., § 14 Rn. 57; diese Unterscheidung gilt auch für die Frage der Grundrechtsbindung (→ Rn. 471).
20 *Dreier* in: Dreier, GG, Bd. 1, 3. Aufl., zu Art. 1 Abs. 3 Rn. 71.
21 BVerfGE 31, 314, 322 – 2. Rundfunkentscheidung; BVerfGE 15, 256, 262 – Universitäre Selbstverwaltung; aus der Lit.: *Dreier* in: Dreier, GG, Bd. 1, 3. Aufl., zu Art. 19 Abs. 3 Rn. 60: „Ausnahmetrias".

Abs. 1 S. 2 GG zugunsten der **Rundfunkanstalten**, für die Wissenschaftsfreiheit des Art. 5 Abs. 3 GG zugunsten der **Universitäten** und für die kollektive Religionsfreiheit des Art. 4 Abs. 1 GG i. V. m. Art. 140 GG i. V. m. Art. 137 Abs. 4 und Abs. 5 WRV zugunsten der **öffentlich-rechtlichen Religionsgemeinschaften**. Religionsgemeinschaften können sich unmittelbar auf die in Art. 4 Abs. 1 GG garantierte kollektive Religionsfreiheit berufen,[22] d. h. ohne eine inländische juristische Person i. S. d. Art. 19 Abs. 3 GG sein zu müssen. Der Katalog ist zu erweitern auf andere öffentlich-rechtliche Organisationen, deren überkommener und spezifischer Zweck die Förderung der Kunst i. S. d. Art. 5 Abs. 3 GG ist, z. B. auf öffentliche Museen und Theater.[23] Den AOKen wurde indes die Grundrechtsfähigkeit versagt.[24]

c) Ausschluss höchstpersönlicher Grundrechte

463 Der „Wesensvorbehalt" des Art. 19 Abs. 3 GG begründet aber nicht nur die Grundrechtsfähigkeit einzelner juristischen Personen des öffentlichen Rechts, sondern schließt umgekehrt die Anwendbarkeit bestimmter Grundrechte für alle juristische Personen aus. **Ausgeschlossen sind höchstpersönliche** Grundrechte wie z. B.[25] die Menschenwürde, das allgemeine Persönlichkeitsrecht,[26] das Recht auf Leben und körperliche Freiheit, die Gewissensfreiheit und die Rechte der Familie. Typischerweise anwendbar sind hingegen die Wirtschafts-, aber auch die Kommunikations-Grundrechte.

II. Institutioneller und justizieller Schutz von Vereinigungen und sonstigen Kollektiven

1. Institutioneller und inhaltlicher Schutz von Vereinigungen

464 Nicht zu verwechseln ist der kollektive Grundrechtsschutz für Organisationen nach Art. 19 Abs. 3 GG mit dem **institutionellen Schutz** von Vereinigungen. Dieser kann nach Art. 9 Abs. 1 GG unabhängig von den Voraussetzungen des Art. 19 Abs. 3 GG vom Einzelnen wie von der Organisation auch kollektiv geltend gemacht werden (→ Rn. 295 f.). Die Vereinigungsfreiheit gilt deshalb als Doppelgrundrecht: Als Vereinigungsfreiheit des Einzelnen und als Vereinsfreiheit des Kollektivs. Während Art. 9 Abs. 1 GG die Freiheit zur Vereinigung und zur Organisation schützt und somit einen rein institutionellen Schutz bietet, hängt es von Art. 19 Abs. 3 GG ab, ob auch das kollektive Handeln einer Vereinigung der Organisation selbst Grundrechtsschutz erfährt. Dafür ist Art. 19 Abs. 3 GG aber seinerseits nicht der Maßstab, sondern nur die Voraussetzung.

HINWEIS FÜR DIE FALLBEARBEITUNG: Für die Frage des institutionellen Schutzes ist Art. 9 Abs. 1 GG auf der Ebene sowohl der Grundrechtsfähigkeit des Kollektivs als auch als Maßstab des Grundrechtsschutzes zu prüfen. Für die Frage des Handelns eines Kollektivs entscheidet Art. 19 Abs. 3 GG über die Grundrechtsfähigkeit, während im Übrigen das für die Tätigkeit einschlägige Grundrecht (also z. B. die Berufsfreiheit) als Maßstab zu prüfen ist. **Praktisch relevant** kann dies werden, wenn sich eine ausländische Religionsgemeinschaft

---

22 BVerfGE 125, 39, 73 – Adventssonntage Berlin.
23 Wie hier: *Dreier* in: Dreier, GG, Bd. 1, 3. Aufl., zu Art. 19 Abs. 3 Rn. 64 m. w. N. auch zur Gegenansicht.
24 BVerfGE 39, 302 – AOK.
25 Positiv- und Negativkatalog bei *Dreier* in: Dreier, GG, Bd. 1, 3. Aufl., zu Art. 19 Abs. 3 Rn. 36 f.
26 BVerfGE 95, 220, 242 – Aufzeichnungspflicht: Kein Schutz vor Zwang zur Selbstbezichtigung.

zwar nicht auf Art. 19 Abs. 3 GG,[27] institutionell aber auf das Menschenrecht religiöser Vereinigungsfreiheit aus Art. 4 Abs. 1 GG i. V. m. Art. 140 GG i. V. m. Art. 137 Abs. 2 WRV beruft.

2. Rechtsstaatlicher und justizieller Schutz von Kollektiven

Unabhängig von den Voraussetzungen des Art. 19 Abs. 3 GG – d. h. auch für ausländische und für öffentlich-rechtliche juristische Personen – gelten das **Willkürverbot** (→ Rn. 772) und die sogenannten „**Justiz-Grundrechte**" (→ Rn. 866 ff.). Auf letztere können sich alle Prozessbeteiligten berufen, die nach einfachem Recht parteifähig sind, d. h. gegebenenfalls auch eine Behörde[28]. Dies ist genau betrachtet jedoch weder eine dogmatische Ausnahme noch eine Frage des Wesens dieser Rechte i. S. d. Art. 19 Abs. 3 GG. Vielmehr handelt es sich bei Art. 101 Abs. 1, 103 GG überhaupt nicht um Grundrechte i. e. S., so dass Art. 19 Abs. 3 GG gar keine Anwendung findet. Konsequent können die grundrechtsgleichen Justizrechte[29] gegebenenfalls auch von Trägern hoheitlicher Gewalt mit der Verfassungsbeschwerde geltend gemacht werden, das Willkürverbot[30] hingegen nur von Grundrechtsberechtigten (es gilt zugunsten von Hoheitsträgern also nur rein objektiv-rechtlich).

465

▶ ZU FALL 19: Als Araber kann sich A nicht auf die Deutschengrundrechte der Art. 9 Abs. 1 und Art. 12 Abs. 1 GG berufen, sondern nur auf Art. 2 Abs. 1 GG. Letzterer ist jedoch im Lichte der Vereinigungsfreiheit nach Art. 11 EMRK auszulegen, die nicht nur für Bürger aus Mitgliedstaaten des Europarates (z. B. der Türkei, Frankreich, Deutschland) gilt. Ausländische juristische Personen können sich nach Art. 19 Abs. 3 GG überhaupt nicht auf Grundrechte berufen, eine deutsche GmbH könnte sich hingegen auf die Wirtschaftsfreiheiten berufen, die ihrem Wesen nach auch auf juristische Personen anwendbar sind. Gebietet das Unionsrecht Gleichbehandlung mit Deutschen, sind die Deutschengrundrechte bzw. Art. 19 Abs. 3 GG gegebenenfalls analog anzuwenden. Auf die Warenverkehrsfreiheit können sich auch Nicht-EU-Bürger berufen (z. B. Araber oder Türken). Die Anwendbarkeit der Dienstleistungsfreiheit käme nur in Betracht, wenn A EU-Bürger (z. B. Franzose) wäre. ◀

SYSTEMATISCHER VERWEIS: Zum persönlichen Schutzbereich im Prüfungsaufbau beachte → Schemata 1 ff. Dort jeweils I. 2.

WIEDERHOLUNGS- UND VERSTÄNDNISFRAGEN

> In welchen Fällen und wie werden Ausländer in Deutschland durch Grundrechte geschützt? Gilt dieser Schutz auch für ausländische juristische Personen?
> Beschreiben Sie die methodischen Ansätze zur gegebenenfalls gebotenen Gleichbehandlung von EU-Bürgern bei Deutschengrundrechten!
> Unterscheiden und erklären Sie die Begriffe der Grundrechtsfähigkeit, -mündigkeit, der Rechts-, Geschäfts- und Prozessfähigkeit!
> Erklären Sie das Verhältnis von Art. 19 Abs. 3 GG zu Art. 9 Abs. 1 GG!

---

27 In Fällen, in denen die Voraussetzungen vorlagen, erwähnt das BVerfG Art. 19 Abs. 3 GG manchmal (BVerfGE 70, 138, 173 – Loyalitätspflicht; BVerfGE 105, 279, 293 – Osho), häufig aber auch nicht (BVerfGE 19, 129, 132 – Umsatzsteuer; BVerfGE 99, 100, 118 – St. Salvator-Kirche).
28 BVerfGE 138, 64, 82 ff.
29 BVerfGE 138, 64.
30 BVerfGE 61, 82, 104 – Sasbach.

Teil 5:
Grundrechtsbindung

§ 14 Unmittelbare Grundrechtsbindung der öffentlichen Hand

▶ **Fall 20:** In Bamberg bedürfen das Rathaus und der Dom einer umfassenden Bausanierung. Die Stadt bzw. die katholische Kirche vergeben beide Millionenaufträge gezielt an einen katholischen Unternehmer, der seinerseits nur katholische Arbeiter beschäftigt. Sein muslimischer Konkurrent ist der Auffassung, dass öffentlich-rechtliche Körperschaften, die Steuern erheben, aber auch deren Vertragspartner als Beliehene an die Grundrechte gebunden und deshalb zu staatlicher Neutralität verpflichtet seien. Der deutsche Gesetzgeber sei im Übrigen wegen der Bindung an EU-Grundrechte verpflichtet gewesen, bei der Umsetzung der Diskriminierungsrichtlinien auch eine Diskriminierung durch Religionsgemeinschaften auszuschließen. ◀

I. Ausprägung im deutschen Grundrechtsschutz: Art. 1 Abs. 3 GG

1. Unmittelbare Bindung aller drei Staatsgewalten des Bundes und der Länder

466 Primär binden die Grundrechte den **Staat**. Als Reaktion auf die umstrittenen Geltungswirkungen der Grundrechte der WRV stellt Art. 1 Abs. 3 GG unmissverständlich klar, dass die Grundrechte des Grundgesetzes für **alle drei Staatsgewalten** unmittelbar gelten. Daran ist vor allem bemerkenswert, dass auch der Gesetzgeber an die Grundrechte gebunden ist. Die parlamentarische Mehrheitsentscheidung findet somit ihre inhaltliche Grenze im grundrechtlich verbürgten Schutz des Einzelnen. Aber auch die Exekutive und die Judikative müssen die Grundrechte als – gegenüber dem einfachen Recht vorrangige – Normen beachten und verwirklichen. Die Grundrechte des Grundgesetzes gelten mit der gleichen Unmittelbarkeit auch für alle drei Staatsgewalten der **Länder**.

467 Das Grundgesetz zieht auch die wichtige **institutionelle Konsequenz** aus dieser starken Grundrechtsbedeutung, indem es dem BVerfG in Art. 93 GG sehr weitreichende Kompetenzen zuweist, namentlich die Verfassungsbeschwerde gegen Hoheitsakte aller Art. Damit obliegt dem BVerfG die Kontrolle über die tatsächliche Beachtung des Art. 1 Abs. 3 GG. So stellt sich nicht mehr die Frage, ob ein richterliches Prüfungsrecht überhaupt besteht. Allerdings ist die verfassungsgerichtliche Kontrolldichte gegenüber den Kompetenzen der Fachgerichte und der anderen Gewalten zu beschränken (→ Rn. 932 ff.). Die in Art. 1 Abs. 3 GG geforderte Grundrechtsbindung ist schon vom Wortlaut her weder auf die unmittelbare Staatsverwaltung, noch auf hoheitliche Tätigkeiten oder Handeln in öffentlich-rechtlicher Form begrenzt. Art. 1 Abs. 3 GG ist so auszulegen, dass sie zugunsten der grundrechtsberechtigten Bürger umfassend und lückenlos gegenüber der öffentlichen Hand zur Geltung kommt.

2. Bindung jeder Ausübung öffentlicher Gewalt

468 Grundrechtsgebunden ist **jede Erfüllung öffentlicher Aufgaben, insbesondere die Ausübung hoheitlicher Befugnisse**. Das gilt auch dann, wenn ausnahmsweise Private auf

Grund **Beleihung** hierzu befugt sind, wie z. B. der TÜV.[1] Im Gegensatz zum gesetzlich Beliehenen handelt der vertraglich oder kraft Verwaltungsaktes herangezogene Verwaltungshelfer nicht eigenverantwortlich und bleibt als Privater grundrechtsungebunden. Dadurch entsteht keine Lücke, weil insoweit die beauftragende bzw. anweisende Behörde grundrechtsverpflichtet ist. Auch durch die Erfüllung der spezifisch öffentlichen Aufgaben durch die heute **privatisierte Post** bleibt diese grundrechtsgebunden.[2] Der Staat kann sich seiner eigenen Bindung an die Grundrechte nicht durch eine „Flucht ins Privatrecht"[3] (*Fritz Fleiner*) entledigen. Das gilt sowohl für die formelle, organisatorische Privatisierung als auch für die materielle Privatisierung.

3. Bindung der öffentlichen Hand unabhängig von ihrer Handlungsform

Der Staat bleibt an die Grundrechte auch dann gebunden, wenn er von seiner Handlungsformenfreiheit[4] Gebrauch macht und **öffentliche Aufgaben in privatrechtlichen Handlungsformen** erfüllt (sogenanntes „Verwaltungsprivatrecht"). Das gilt auch für die europäischen Grundrechte, zumal das europäische Recht weniger zwischen öffentlich-rechtlichem und privatrechtlichem Handeln unterscheidet.[5] Die überkommene, vor allem für den Rechtsweg nach § 40 Abs. 1 VwGO maßgebliche Definition des Öffentlichen Rechts hat somit für die Grundrechtsgeltung keinen entscheidenden Einfluss.

469

Inzwischen hat sich die Auffassung durchgesetzt,[6] dass die Grundrechtsbindung auch für **fiskalische Hilfsgeschäfte** gilt und mithin der verfassungsrechtliche Gleichheitssatz auch im Vergaberecht gilt. Auch wenn der Staat hier – scheinbar wie Private untereinander – Verträge schließt, genießt er eben doch nicht privatautonome Vertragsfreiheit, sondern muss sich an die Grundrechte halten, deren allgemeine umfassende Beachtung seine Existenz und sein Handeln erst verfassungsstaatlich legitimiert.

470

Weil es nur konstituierte Staatlichkeit gibt,[7] ist schließlich auch die **erwerbswirtschaftliche Tätigkeit des Staates** grundrechtsgebunden. Insoweit beginnt die Grundrechtsbindung jeweils dort, wo die Grundrechtsberechtigung endet: Während **Eigenbetriebe** (→ Rn. 460) grundrechtsverpflichtet, nicht aber grundrechtsberechtigt sind, ist bei **gemischtwirtschaftlichen Unternehmen** (→ Rn. 461) zu differenzieren: Ihre staatlichen Beteiligten sind grundrechtsverpflichtet ohne grundrechtsberechtigt zu sein, ihre privaten Beteiligten sind grundrechtsberechtigt ohne grundrechtsverpflichtet zu sein. Als juristische Personen sind gemischtwirtschaftliche Unternehmen dann unmittelbar grundrechtsverpflichtet, wenn sie von der öffentlichen Hand beherrscht werden.[8] Halten

471

---

1 Weitere Beispiele bei *Dreier* in: Dreier, GG, Bd. 1, 3. Aufl., zu Art. 1 Abs. 3 Rn. 39.
2 Das gilt jedenfalls für deren Exklusivlizenzen: *Möstl*, Grundrechtsbindung öffentlicher Wirtschaftstätigkeit, 1999, S. 173; für eine sogar generelle Grundrechtsbindung der Post: *Jarass*, DÖV 2002, 489, 491; zur Bindung privatrechtlich organisierter Einrichtungen, die von der EU beherrscht werden, an die EU-Grundrechte *Jarass/Kment*, EU-Grundrechte, 2. Aufl., § 4 Rn. 3.
3 Begriffsprägend: *F. Fleiner*, Institutionen des Verwaltungsrechts, 8. Aufl. 1928, S. 326.
4 Der Staat kann sich öffentlich-rechtlicher oder zivilrechtlicher Formen bedienen, während Private – vorbehaltlich einer Beleihung (s. o.) – nur privatrechtlich handeln können.
5 *Jarass/Kment*, EU-Grundrechte, 2. Aufl., § 4 Rn. 4.
6 BVerfGE 98, 365, 395 – Versorgungsanwartschaften; *K. Hesse*, Grundzüge, 20. Aufl., Rn. 347; anders noch BGHZ 97, 312, 316 f.
7 *K. Hesse*, Grundzüge, 20. Aufl., Rn. 348; *Dreier* in: Dreier, GG, Bd. 1, 3. Aufl., zu Art. 1 Abs. 3 Rn. 68; *Morlok/Michael*, Staatsorganisationsrecht, 3. Aufl., § 2 Rn. 51 ff.
8 BVerfGE 128, 226, 246 f., Rn. 51 ff. – Fraport.

Private die Mehrheit, ist das gemischtwirtschaftliche Unternehmen als solches weder grundrechtsverpflichtet noch grundrechtsberechtigt.[9]

4. Bindung juristischer Personen der mittelbaren Staatsverwaltung

472 Grundrechtsgebunden ist nicht nur der Staat i. e. S., also nicht nur der Bund und die Länder mit ihren Organen und ihrer unmittelbaren Staatsverwaltung. Vielmehr erstreckt sich Art. 1 Abs. 3 GG auch auf die **mittelbare Staatsverwaltung**. Das gilt nicht nur für die kommunalen Gebietskörperschaften, sondern auch für andere juristischen Personen des öffentlichen Rechts und sogar dann, wenn diese ausnahmsweise selbst grundrechtsberechtigt sind (→ Rn. 462), also insbesondere für öffentliche Rundfunkanstalten und Universitäten.

5. Beschränkte Bindung öffentlich-rechtlicher Religionsgemeinschaften nach allgemeinen Regeln

473 Eine Sonderstellung genießen diejenigen **Religionsgemeinschaften**, die nach Art. 140 GG i. V. m. Art. 137 Abs. 4 und Abs. 5 WRV als Körperschaften öffentlichen Rechts anerkannt sind. Sie gehören nicht zur mittelbaren Staatsverwaltung und sind v. a. nicht der Staatsaufsicht unterworfen. Deshalb sind sie nicht allein auf Grund ihrer formalen Stellung als juristische Personen des öffentlichen Rechts und d. h. nicht in all ihrer Tätigkeit durch Art. 1 Abs. 3 GG gebunden und insbesondere nicht an die dem Staat obliegende weltanschauliche Neutralität. Allerdings sind sie **nur insoweit an die Grundrechte gebunden,** als sie **öffentliche Aufgaben** (Friedhofswesen) erfüllen oder **hoheitliche Befugnisse** ausüben (Erhebung von Kirchensteuern).

474 Betrachtet man das Ergebnis im Lichte heutiger, auch europäischer[10] Grundrechtsdogmatik, stellt sich die beschränkte Grundrechtsbindung der Religionsgemeinschaften nicht als Sonderfall, sondern als Bestätigung der allgemeinen Grundsätze zu Art. 1 Abs. 3 GG dar: Öffentlich-rechtliche Religionsgemeinschaften sind nicht allgemein grundrechtsverpflichtet, weil sie **nicht zur mittelbaren Staatsverwaltung gehören**, sind es aber insoweit, als sie öffentliche Aufgaben erfüllen bzw. hoheitliche Befugnisse ausüben. Im Übrigen kommt – vorbehaltlich religionsrechtlicher Privilegien – eine mittelbare Drittwirkung in Betracht,[11] wie sie vom Ansatz her auch unter Privaten gilt.

II. Ausprägungen im europäischen Grundrechtsschutz

1. Unmittelbare Bindung aller Staatsgewalten an die EMRK

475 Die EMRK bindet unmittelbar **alle Behörden und Gerichte**. Die Möglichkeit des Gesetzgebers, sich durch einen „treaty override" über die völkerrechtliche Bindung der Bundesrepublik zu lösen, ist mit Blick auf die EMRK theoretischer Natur.

476 Die EMRK hat zwar keinen Verfassungsrang, wohl aber „verfassungsrechtliche Bedeutung"[12]. (ausführlich zur Durchsetzung der EMRK → Rn. 70 ff.)

---

[9] Wie hier: *Dreier* in: Dreier, GG, Bd. 1, 3. Aufl., zu Art. 1 Abs. 3 Rn. 71.
[10] Zur beschränkten Grundrechtsbindung von Religionsgemeinschaften: *Jarass/Kment*, EU-Grundrechte, 2. Aufl., § 4 Rn. 7.
[11] *K. Hesse*, Grundrechtsbindung der Kirchen?, in: FS für Werner Weber, 1974, S. 447, 462.
[12] BVerfGE 128, 326, 366 f. – Sicherungsverwahrung IV.

2. Unmittelbare Bindung aller Staats- und Unionsgewalten an die Unionsrechte

Bei der Bindung an die Unionsrechte sind die Grundfreiheiten der Art. 28 ff. AEUV (ex Art. 23 ff. EGV) und die in der GRCh verbürgten Unionsgrundrechte zu unterscheiden. Erstere sind primär an die Mitgliedstaaten der EU adressiert, letztere wurden primär entwickelt, um die Union selbst zu binden. Es ist aber anerkannt, dass die Mitgliedstaaten auch an die Unionsgrundrechte (so jetzt ausdrücklich Art. 51 Abs. 1 S. 1 GRCh) und die Union auch an die Grundfreiheiten gebunden sind. Ob diese Bindungen relevant werden, hängt allerdings von den Voraussetzungen ihrer jeweiligen Anwendbarkeit ab. Diese komplizierten Fragen sind im Teil 2 über die Grundrechte im Mehrebenensystem nachzulesen (→ Rn. 64 ff., insbesondere Rn. 82 ff. – für Fortgeschrittene).

477

§ 15 Drittwirkungen von Grundrechten

I. Direkte Drittwirkung einzelner Grundrechte und Grundfreiheiten

478 Unmittelbar ist grundsätzlich nur der Staat an die Grundrechte gebunden. Die Grundrechte betreffen primär das „Zweier-Verhältnis" Staat – Bürger. Mit „Drittwirkung" ist gemeint, dass (ausnahmsweise bzw. mittelbar) ein weiterer Bürger als „Dritter" ins Spiel kommt und die Grundrechte dabei eine Rolle spielen. Die Unterscheidung zwischen dem **Staat** einerseits und **Privaten** andererseits ist maßgeblich für zwei Weichenstellungen der Grundrechtsgeltung. Danach berechtigen die Grundrechte grundsätzlich nur Private (→ Rn. 444) und verpflichten grundsätzlich nur die öffentliche Hand. Nach dem „dreistelligen Freiheitsbegriff"[1] gewährleisten die Grundrechte (1) dem Bürger (2) gegen den Staat (3) Freiheit zu bestimmtem, in der Verfassung näher bestimmtem Handeln oder Unterlassen. Das deutsche Grundgesetz stellt die Grundrechte des Bürgers an den Anfang der Verfassung und formuliert – abgesehen vom Sonderfall des Art. 6 Abs. 2 GG (→ Rn. 256) – **keine Grundpflichten**. Aus dem Postulat der unmittelbaren Grundrechtsbindung der drei staatlichen Gewalten nach Art. 1 Abs. 3 GG ebenso wie aus der Benennung der Grundrechtsverpflichteten in Art. 51 GRCh darf der Schluss gezogen werden, dass die **Grundrechte Private** nicht, jedenfalls **nicht unmittelbar binden**. Grundrechtsungebundene Privatautonomie ist gewollt. Sie ist Ausgangspunkt liberaler Freiheitsgewährleistung. Dehnte man die Grundrechtsgeltung insgesamt auf die Sphäre zwischen Privaten aus, brächte dies erhebliche Freiheitseinbußen mit sich. Gleichzeitig würde das Verhältnis zwischen Privaten seiner zivilen Natur beraubt und systemwidrig nach Maßgabe des öffentlichen Rechts gestaltet.

479 Von diesem Grundsatz gibt es im Grundgesetz jedoch eine **ausdrückliche Ausnahme**: Nach Art. 9 Abs. 3 S. 2 GG sind „Abreden", die die **Koalitionsfreiheit** beschränken, „nichtig". Diese Norm hat Verfassungsrang, ist Teil des privaten Kollektivarbeitsrechts und gilt wie jenes direkt zwischen Privaten.[2] Diese Ausnahme bestätigt die Regel im Wege des Umkehrschlusses: Im Übrigen ist auch soziale bzw. wirtschaftliche **Übermacht kein hinreichender Grund** für eine unmittelbare Grundrechtsbindung Privater. Noch so wirkmächtige Wirtschaftskonzerne, Banken, Versicherungen, Arbeitgeber oder Vermieter sind nicht mit dem Staat vergleichbar. Für sie gilt die Grundrechtsbindung auch nicht analog. Allerdings kann eine erhebliche soziale oder wirtschaftliche Unterlegenheit einer Gruppe von Bürgern eine staatliche Schutzpflicht auslösen (→ zu den Schutzpflichten Rn. 510 ff.).

Die Rechtsprechung des BVerfG tendiert weiter zu Drittwirkungsdimensionen, die sich als unmittelbare Drittwirkung einer (weit verstandenen) **Versammlungsfreiheit** rekonstruieren ließen. Für Fälle, in denen Demonstrationen auf öffentlichen Foren in privater Hand stattfinden, hat das BVerfG[3] darauf hingewiesen, dass sich im Ergebnis (!) unmittelbare Grundrechtsbindung und mittelbare Drittwirkung „nahe oder gleich kommen" können. Der Ausschluss Einzelner von öffentlichen Veranstaltungen gilt seit der Entscheidung des BVerfG zu einem **Stadionverbot**[4] als „spezifische Konstellation" einer qualifizierten Drittwirkung der Grundrechte, soweit der ausgeschlossenen Person damit die Teilhabe an einem gewichtigen Aspekt des gesellschaftlichen

---

1 *Morlok*, Selbstverständnis als Rechtskriterium, 1993, S. 376 f.
2 *Bauer* in: Dreier, GG, Bd. 1, 3. Aufl., zu Art. 9 Rn. 88 f.
3 BVerfGE 128, 226, 249 – Fraport.
4 BVerfGE 148, 267 – Stadionverbot.

Lebens verschlossen bleibt. Für solche partiellen Exklusionen vom gesellschaftlichen Leben leitet das BVerfG aus den Grundrechten verfahrensrechtliche Pflichten für private Veranstalter ab, insbesondere Anhörungs- und Begründungspflichten. Diese stützt das BVerfG auf eine mittelbare Drittwirkung des Willkürverbotes nach Art. 3 Abs. 1 GG. Mit dieser Entscheidung sprengt das BVerfG den Begriff der mittelbaren Drittwirkung: Private Veranstalter müssen danach nicht nur dulden, dass ein Richter im Einzelfall die Grundrechte eines willkürlich ausgeschlossenen Besuchers schützt und einen Zugangsanspruch zuerkennt. Sie müssen vielmehr selbst ein Verfahren durchführen, um etwaige grundrechtliche Interessen erkennen und bewerten zu können. Damit übernehmen Private ausnahmsweise eine Rolle, die sonst für die grundrechtsgebundene Verwaltung geradezu typisch ist. Der BGH[5] hatte im Ausgangsfall darauf verwiesen, dass es im Privatrecht den gegebenenfalls Berechtigten obliegt, ihre Interessen und Ansprüche geltend zu machen. Die verfahrensrechtliche Seite der Grundrechte passt zum Amtsermittlungsprinzip der Verwaltung. Sie zu übertragen ist mehr als eine lediglich „mittelbare Ausstrahlungswirkung" der Grundrechte auf das Privatrecht. Sie führt zu einer partiell unmittelbaren Grundrechtsbindung Privater. Sie ermächtigt nicht nur die Gerichte, Grundrechte Privater zu schützen, sondern sie verpflichtet Private dazu, ihrerseits grundrechtliche Interessen Dritter zu ermitteln und zu berücksichtigen. Die Rechtsprechung ist dafür zu kritisieren, dass sie dies als „mittelbare" Drittwirkung verschleiert und mit der dogmatischen Anknüpfung an Art. 3 Abs. 1 GG Befürchtungen weckt, dies könne der Anfang einer weitreichenden neuen Dimension der Drittwirkung im Privatrecht sein. Während das BVerfG frei schöpferisch „spezifische Konstellationen" der Exklusion von gesellschaftlicher Teilhabe beschreibt, ohne deren Grenzen aufzuzeigen, käme nach hier vertretener Auffassung der Schutzbereich des Art. 8 GG in Betracht, weil für Fußballfans die Teilhabe an dem Gemeinschaftserlebnis im Stadion zentral für ihre Sozialisierung und gegebenenfalls sogar von identitätsstiftender Bedeutung sein kann. Der Sache nach handelt es sich um ein Grundsatzurteil nicht zum Antidiskriminierungs-Privatrecht, sondern zum Freiheitsschutz bezüglich der Teilhabe am gesellschaftlichen Leben in öffentlichen Räumen bzw. bei öffentlichen Veranstaltungen als Aspekt des Rechtes auf Sozialität.

HINWEISE FÜR FORTGESCHRITTENE: Auch im Bereich des **Unionsrechts** entfalten die Grundrechte der GRCh grundsätzlich keine unmittelbare Drittwirkung. Die Ausnahmen hiervon reichen aber wesentlich weiter als im deutschen Verfassungsrecht: Längst ist anerkannt, dass Private an die **Arbeitnehmerfreizügigkeit** nach Art. 45 AEUV[6] und an das Gebot der **Lohngleichheit** der Geschlechter nach Art. 157 AEUV[7] und gegebenenfalls auch an die **Niederlassungsfreiheit** nach Art. 49 AEUV[8] unmittelbar gebunden werden. Zu begründen ist diese Rechtsprechung mit dem unionsrechtlichen „effet utile": Während die Grundrechte primär die Machtfülle des Staates begrenzen sollen, ist der effet utile das Korrektiv einer (vermeintlichen) Machtschwäche der EU gegenüber den Mitgliedstaaten. Die Drittwirkung des Unionsrechts greift dann, wenn Staaten – gegebenenfalls sogar bewusst und protektionistisch – ihre Aufgabe, die Grundfreiheiten durch staatliche Regeln zu verwirklichen, nicht erfüllen und von ihrer Macht, die Privatautonomie insoweit einzuschränken, gerade keinen Gebrauch machen. Diese Argumentation ist aber nicht auf die europäischen Grundrechte

480

---

5 BGH, Urteil v. 30.10.2009 – V ZR 253/08 – Stadionverbot, Rn. 26.
6 EuGH, Rs. C-281/98 (Angonese), Slg. 2000, I-4139, Rn. 30, 36; krit. *Streinz/Leible*, EuZW 2000, S. 459 ff.; zum Ganzen *Ganten*, Die Drittwirkung der Grundfreiheiten, 2000.
7 EuGH, Rs C-43/75 (Defrenne/Sabena (I)), Slg. 1976, 455, Rn. 38 f.
8 Zu einem Fall der Niederlassungsfreiheit jetzt EuGH, Rs. C-438/05 (International Transport Workers' Federation u. a./Viking Line ABP u. a.), NZA 2008, 124.

im Allgemeinen zu übertragen: Direkte Drittwirkung haben weder die EU-Grundrechte[9] noch die EMRK.[10] Indem der EuGH annimmt, Art. 21 GRCh unterscheide sich nicht von den Grundfreiheiten in seiner Bindungswirkung als Verbot einer Diskriminierung auch zwischen Privaten,[11] deutet sich freilich eine – gegebenenfalls weitreichende – Ausnahme an. Gegen eine direkte Drittwirkung der Grundfreiheiten und der Grundrechte mögen gewichtige Gründe der Privatautonomie und der mitgliedstaatlichen Kompetenzen sprechen.[12] Entscheidend für die Drittwirkung jedenfalls der Art. 45 AEUV und Art. 157 AEUV spricht jedoch, dass sonst die Mitgliedstaaten deren **subjektiv-rechtliche Bedeutung** als EU-Bürgerrechte jedenfalls vorübergehend unterlaufen könnten. Die Grundfreiheiten – anders als die EU-Grundrechte – haben kein Pendant im nationalen Grundrechtsschutz. Schließlich sind die Möglichkeiten der EU, die Grundfreiheiten durch Verordnungen und Richtlinien zur Geltung zu bringen, im Vergleich zu staatlicher Grundrechtspolitik begrenzt. Die EU kann nämlich nur auf Grund begrenzter Einzelermächtigung handeln. Der Verweis auf die Schutzpflichtendogmatik ist kein wirksamer Ausweg, weil die Nichteinlösung dieser Schutzpflichten durch die Mitgliedstaaten im Bereich der Grundfreiheiten gerade das Problem ist, das es zu lösen gilt. Die Ausstrahlungswirkung der Grundfreiheiten ins Privatrecht ist nicht davon abhängig zu machen, dass die Mitgliedstaaten hierfür Generalklauseln als „Einfallstore" regeln. Auch ein Schadensersatzanspruch gegen den Staat wäre kein vollwertiger Ersatz für die subjektiven Rechte, die aus den Grundfreiheiten erwachsen. Der begrenzte Anwendungsbereich dieser primärrechtlichen Normen führt zu einer lediglich **bereichsspezifischen Relativierung der Vertragsfreiheit**. Schließlich bezweckt das Unionsrecht eine Optimierung des Wettbewerbs. Dieses Ziel ist ein Gewinn für die Freiheit – bedarf aber eines lenkenden Schutzes. Deshalb ist der auf Ausnahmen beschränkten direkten Drittwirkung primärrechtlicher Gleichheitsrechte insgesamt zuzustimmen.

II. Die sogenannte mittelbare Drittwirkung von Grundrechten

481 „Mittelbare Drittwirkung" ist die nach wie vor verbreitete Bezeichnung eines grundrechtlichen Reflex-Phänomens. Dabei geht es um die **an den Grundrechten zu orientierende Auslegung des einfachen Rechts** einschließlich – aber nicht nur – des Privatrechts. Relevant wird sie v. a. im Rahmen von Auslegungsspielräumen und bei Billigkeits- und Generalklauseln – insbesondere bei Tatbeständen der Sittenwidrigkeit (§§ 138, 826 BGB). Vorzugswürdig ist es, insoweit mit dem BVerfG[13] von einer „**Ausstrahlungswirkung**" der Grundrechte auf das einfache Recht zu sprechen.

482 Freilich kann der Gesetzgeber typische Grundrechtskonflikte stets auch **spezialgesetzlich** lösen und damit den Rückgriff auf Generalklauseln entbehrlich machen. Je enger der Auslegungsspielraum solcher Regelungen ist, desto weniger spielen die Grundrechte in der richterlichen Praxis eine Rolle. Der Gesetzgeber kann so seine Rolle als primärer Verfassungsinterpret wahrnehmen. Daran ist der Richter nach Art. 97 Abs. 1 GG gegebenenfalls gebunden. Ob ein solches Gesetz den verfassungsrechtlichen Spielraum des Grundrechtskonfliktes überschreitet, ist im Rahmen von Normenkontrollen bzw. Verfassungsbeschwerden zu prüfen (zur Verfassungsbeschwerde → Rn. 914 ff.).

---

9 Allein daraus, dass EU-Grundrechte z. T. auf den Schutz auch vor Privaten angelegt sind, ist nicht auf direkte Drittwirkung zu schließen, sondern – wie bei den nationalen Grundrechten – auf Schutzpflichten zu verweisen: *Jarass/Kment*, EU-Grundrechte, 2. Aufl., § 4 Rn. 19 ff.; anders *Schmitz*, JZ 2001, S. 840.
10 *Ehlers*, Jura 2000, S. 372, 377 f.; *Peters/Altwicker*, EMRK, 2. Aufl., § 2 Rn. 18.
11 EuGH, 17.4.2018 – C-414/16 (Egenberger) – Rn. 77.
12 Krit. *Ehlers* in: ders., EuGR, 4. Aufl., § 7 Rn. 60 f.; *Jarass/Kment*, EU-Grundrechte, 2. Aufl., § 4 Rn. 19 f.
13 BVerfGE 7, 198, 207 – Lüth, während die Frage einer Drittwirkung ausdrücklich offen gelassen wird (ebd., S. 204); zur Kontinuität dieser Terminologie: *Jarass*, FS 50 Jahre BVerfG, Bd. 2, S. 35, 41; die Eigenständigkeit der Figur der „mittelbaren Drittwirkung" erklärt sich auch historisch aus der erst später entwickelten Schutzpflichtendogmatik: *Jarass*, AöR 120 (1995), S. 345, 353.

§ 15 Drittwirkungen von Grundrechten

Der Begriff der mittelbaren Drittwirkung ist **beschreibender Natur**. Das Phänomen ist von großer praktischer Bedeutung. Klargestellt sei vorab, dass das Thema in diesem Teil über die Grundrechtsbindung nur behandelt wird, um deutlich zu machen, dass es sich beim Problem der mittelbaren Dritt**wirkung** nicht um eine „Grundrechts**bindung** der Privaten", sondern um objektiv-rechtliche **Duldungspflichten** gegenüber staatlichen Maßnahmen handelt. Da diese Duldungspflicht nichts anderes als die gewöhnliche Rechtsgehorsamspflicht darstellt, handelt es sich nicht einmal um ein grundrechtsspezifisches Phänomen.[14]

483

Es geht um ein **Dreiecksverhältnis** zwischen dem Staat und zwei Privaten. Erst wenn dem Staat die Lösung eines grundrechtlichen Interessenkonfliktes zwischen Bürgern zuzurechnen ist, kommen die Grundrechte „mittelbar", d. h. vermittelt durch die staatliche Intervention zur Geltung. Die Drittwirkung ist also vor allem eine Frage der Zurechnung (→ Rn. 505 ff.). Im Rahmen der Zurechnung ist auch zu klären, inwieweit die Fälle der Drittwirkung über die Eingriffs- oder aber über die Schutzpflichtendogmatik zu rekonstruieren sind. Damit ist nicht gemeint, dass es grundrechtliche Abwehrrechte zwischen Privaten oder einen staatlichen Schutz vor privaten Grundrechtseingriffen gäbe. Klargestellt sei auch, dass es sich bei solchen Grundrechtskonflikten nicht um ein rein privatrechtliches Phänomen handelt. Übergriffe eines Privaten in absolute und gegebenenfalls grundrechtlich geschützte Rechte können durch Zivilgerichte auf der Grundlage gesetzlicher Unterlassungsansprüche (z. B. § 1004 BGB) ebenso abgewehrt werden wie (subsidiär) durch die Polizei.[15] Ist Letzteres (unbestritten) klassische Eingriffsverwaltung, ist Ersteres als Fall eines judikativen Eingriffs zu behandeln. Die Lösungen sowohl im Polizei- als auch im Privatrecht sind auf die Interpretation auslegungsfähiger Normen zu stützen – insbesondere auf **Generalklauseln**[16]. Dem korrespondiert, dass sich gerade Schutzpflichten erst im Einzelfall konkretisieren und das Verfassungsrecht bei ihrer Einlösung große instrumentelle Spielräume belässt.

484

Für exekutive wie für richterliche Eingriffe in Dreieckskonstellationen gilt der **Vorbehalt des Gesetzes** (hierzu → Rn. 559 ff.). Auch die richterliche Beschränkung der von Art. 2 Abs. 1 GG geschützten **Privatautonomie** bedarf einer einfachrechtlichen Grundlage. Allerdings tritt hier der rechtsstaatliche Gehalt des Vorbehalts des Gesetzes im Sinne eines Bestimmtheitsgebotes ganz zurück, wenn etwa Vertragsinhalte durch § 138 oder § 242 BGB beschränkt werden. Nichts anderes gilt für die o. g. Generalklauseln des Polizeirechts und des privatrechtlichen Schutzes absoluter Rechte. Kehrseite solcher Klauseln ist die materielle Bedeutung der Grundrechte bei deren Anwendung. Anders ausgedrückt: Letztere tritt umso mehr in den Hintergrund, d. h. stellt sich als Frage der Verfassungsmäßigkeit des Gesetzes, je bestimmter dieses ist. So lassen sich aber nicht beliebig Gerichte und Verwaltung ermächtigen. Die Grundrechtsbindung aller Gewalten nach Art. 1 Abs. 3 GG rechtfertigt nicht die Überschreitung der ihnen zugeschriebenen Kompetenzen.[17] Die Grenzen richterlicher Rechtsfortbildung werden einerseits gelockert, je mehr durch sie grundrechtliche Schutzaufträge realisiert wer-

485

---

14 Betrachtet man die Grundrechtsbindung des Staates als Pendant zu dessen Kompetenzen, dann mag man sich vergegenwärtigen, dass auch staatliche Kompetenzen nicht an den Bürger adressiert sind, diesen wohl aber verpflichten, kompetenzgerechtes staatliches Handeln zu dulden.
15 Diese Parallele sieht auch *Poscher*, Grundrechte als Abwehrrechte, 2003, S. 280.
16 BVerfGE 142, 74, 101: „Der Einfluss der Grundrechte auf die Auslegung und Anwendung der zivilrechtlichen Normen ist nicht auf Generalklauseln beschränkt, sondern erstreckt sich auf alle auslegungsfähigen und -bedürftigen Tatbestandsmerkmale der zivilrechtlichen Vorschriften".
17 *Schoch*, DVBl. 1991, 672 ff.; das unterschätzt *Canaris*, JuS 1989, 161, 162 f. in seiner Kritik an einer Mediatisierung der Grundrechtsgeltung.

den, andererseits aber auch verschärft, je intensiver durch sie Grundrechte beeinträchtigt werden.[18] Auch Grundrechtskonflikte von EU-Grundrechten sind von der Geltung einfachen Rechts abhängig. Nicht umgesetzte Richtlinien können dies nicht vermitteln, weil Richtlinien zwischen Privaten ebenfalls keine Wirkungen entfalten. Kritisch ist zu beurteilen, wenn der EuGH in Fällen der Altersdiskriminierung[19] Ausnahmen von diesem Grundsatz macht. Der EuGH hat weder nachgewiesen, dass es überhaupt einen verfassungsrechtlichen Grundsatz des Verbots der Altersdiskriminierung gibt, noch begründet, warum dieser direkt zwischen Privaten gelten soll.

▶ **Zu Fall 20:** Die Gemeinde ist nach Art. 1 Abs. 3 GG als mittelbare Staatsverwaltung an die Grundrechte gebunden. Für öffentlich-rechtliche Religionsgemeinschaften gilt dies nur im Rahmen ihrer z. T. hoheitlichen Tätigkeiten. Beliehene sind gegebenenfalls nicht selbst grundrechtsgebunden, sondern die sie beauftragende Behörde. Für bloße Auftragnehmer wie im vorliegenden Fall gelten die Grundrechte nicht, sondern wirken allenfalls mittelbar. ◀

Systematischer Verweis: Zur Grundrechtsbindung im Prüfungsaufbau beachte → Schemata 1 ff. Dort jeweils II. 1.

Wiederholungs- und Verständnisfragen

> Ist es denkbar, dass ein gemischtwirtschaftliches Unternehmen weder grundrechtsberechtigt noch grundrechtsverpflichtet ist?
> Ist es denkbar, dass eine öffentliche Rundfunkanstalt sowohl grundrechtsberechtigt als auch grundrechtsverpflichtet ist?
> Sind alle staatlichen Gewalten unmittelbar an die EMRK gebunden?
> Was spricht gegen eine „direkte Drittwirkung" der Grundrechte?
> Was unterscheidet die Begriffe „mittelbare Drittwirkung" und „Ausstrahlungswirkung" der Grundrechte? Welche unterschiedlichen Konzepte verbergen sich dahinter?
> Warum bedarf es einer gesetzlichen Anknüpfung, um eine Ausstrahlungswirkung von Grundrechten zwischen Privaten zu vermitteln?

---

18 BVerfGE 138, 377, 391 ff. – Auskunft über leiblichen Vater.
19 EuGH, Rs. C-144/04 (Mangold/Helm), Slg. 2005, I-9981, Rn. 65 ff., 78. Eine andere Frage ist, ob die Kompetenzüberschreitung offensichtlich ist, um den Letztvorbehalt nationalen Verfassungsrechts (hierzu → Rn. 24) auszulösen: BVerfGE 126, 286, 304 – Ultra-vires-Kontrolle (Honeywell).

Teil 6:
Zurechnung der Grundrechtsbeeinträchtigung

§ 16 Grundrechtsdimensionen als Zurechnungsfrage

Der Aufbau der Grundrechtsprüfung ist **dreistufig** gegliedert in **Schutzbereich, Zurechnung und Rechtfertigung**. Die zweite Stufe ist danach die Zurechnung.[1] Ob für eine Einschränkung der Freiheit des Bürgers der Staat verantwortlich zu halten ist oder ob diese Freiheitseinbuße etwa der wirtschaftlichen Entwicklung oder dem Klimawandel oder der Tüchtigkeit eines Konkurrenten im Markt zuzuschreiben ist, das ist eine Frage der Wertung, eben der sogenannten Zurechnung. 486

Nicht für alle Freiheitseinschränkungen muss der Staat einstehen. Die Zurechnung ist andererseits aber auch nicht auf den Eingriff beschränkt, sondern kann in **drei Zurechnungstypen** gefasst werden: Der öffentlichen Hand zurechenbar kann erstens ein Freiheiten beschränkendes Tun (Abwehrrechte gegen **Eingriffe**), zweitens ein Freiheiten nicht förderndes Unterlassen (**Leistungsrechte und Schutzpflichten**) und drittens eine bestimmte Behandlung im Vergleich zu anderen Fällen (**Teilhabe- und Gleichheitsrechte**) sein. Aus Sicht des Grundrechtsträgers wirken die Abwehrrechte negativ, die Leistungs- und Schutzrechte positiv und die Gleichheitsrechte relativ.[2] 487

Der **Eingriff** ist der typische Fall, in dem eine Grundrechtsbeeinträchtigung dem Staat zuzurechnen ist.[3] Solche staatlichen Eingriffe (→ Rn. 492 ff.) sind aber die zwar klassischen, aber keinesfalls die einzigen Grundrechtsbeeinträchtigungen, die eine Rechtfertigungsbedürftigkeit auslösen. Vielmehr gibt es neben den Abwehrrechten auch **andere Dimensionen**, insbesondere die Schutzpflichten, die Leistungs- und Teilhaberechte sowie Ansprüche auf Gleichbehandlung, die mit dem Eingriffsbegriff nicht zu erfassen sind. Nur soweit einem Grundrechtsverpflichteten die Beeinträchtigung eines Grundrechts zuzurechnen ist, entfaltet das Grundrecht seine subjektiv-rechtlichen Wirkungen. 488

Das Problem der Zurechnung, das im Folgenden zu erörtern ist, wurde in der Grundrechtslehre bis heute nicht umfassend, sondern verengt auf den umstrittenen, auf einseitiges staatliches Handeln zugeschnittenen[4] Eingriffsbegriff behandelt. Im Vergleich zu den strafrechtlichen Zurechnungslehren könnte man sagen, die Grundrechtslehre hat sich auf das Handlungsunrecht des Staates als „Alleintäter" konzentriert. Mit dem **Wandel staatlicher Aufgaben und Handlungsformen** hat sich auch das Spektrum heute relevanter Grundrechtsbeschränkungen erweitert.[5] Vor allem zunehmende Privatisie- 489

---

1 *Schulze-Osterloh*, Das Prinzip der Eigentumsopferentschädigung im Zivilrecht und im öffentlichen Recht, 1980, S. 150; *Morlok*, Selbstverständnis als Rechtskriterium, 1993, S. 414 ff.; *Sachs*, JuS 1995, S. 303, 307.
2 *Jarass*, AöR 120 (1995), S. 345, 356 f. in Anknüpfung an die Statuslehre von *G. Jellinek*, System der subjektiven öffentlichen Rechte, 2. Aufl. 1905, S. 94 ff.
3 Für die Grundrechte als Abwehrrechte lässt sich der dreistufige Aufbau deshalb mit den Schlagworten „Schutzbereich, Eingriff und Rechtfertigung" umreißen.
4 *Kloepfer*, JZ 1991, S. 737, 743.
5 *Schmidt-Aßmann* in: FS für K. Redeker, 1993, S. 225, 238 fordert deshalb, „das gesamte Verwaltungshandeln, sofern es nach außen in Erscheinung tritt, also auch das sogenannte ‚informale' Handeln, die ‚weichen' Formen, die Vorgänge mit Auslandsberührung und die vielfältigen Realakte grundrechtlich systematisch neu zu vermessen."

rung von grundrechtswesentlichen Aufgaben der öffentlichen Hand und die Zunahme kooperativer Modelle zwischen Staat und Privaten relativieren die Vorstellung von der alleinigen und ausschließlichen staatlichen Grundrechtsgefährdung.

490 Hinsichtlich des Wandels staatlicher Aufgaben wirft v. a. die Entwicklung der **Privatisierung** die Frage nach einer korrespondierenden **Gewährleistungsverantwortung** des Staates auf. Fraglich ist dabei, wie weit die Pflicht des Staates reicht, Grundrechtsverwirklichung auch im privaten Raum zu garantieren. Sie ist wie folgt zu beantworten: Der Staat ist und bleibt uneingeschränkt grundrechtsverpflichtet, solange er die konkreten Entscheidungen des Handelns in privatisierter Form dominiert. Außerdem muss der Staat in den Bereichen, in denen er Aufgaben Privaten überlässt, deren Handeln durch gesetzliche Rahmenbedingungen in grundrechtskonformer Weise steuern. Dies wird vor allem durch objektiv-rechtliche Dimensionen der Grundrechtsausgestaltung (zu denken ist an die Medienordnung für den privaten Rundfunk) eingelöst, kann aber gegebenenfalls auch Schutzpflichten (→ Rn. 510 ff.) betreffen.

491 Auch der Wandel staatlicher Handlungsformen hat inzwischen eigene grundrechtliche Zurechnungskategorien erforderlich gemacht. So sind Phänomene der **Kooperation des Staates mit Privaten** darauf zu überprüfen, welche Grundrechtsbeschränkungen dem Staat gegebenenfalls zuzurechnen sind. Solche Kooperationen können formaler (Verwaltungsverträge), vor allem aber auch informaler (Absprachen, staatliche Aufforderungen zur Selbstverpflichtung) Natur sein. Sie können sowohl bei den an der Kooperation beteiligten (zum Problem des Grundrechtsverzichts → Rn. 534 ff.) als auch und vor allem bei unbeteiligten Dritten zu Grundrechtsbeeinträchtigungen führen. Im kooperierenden Verfassungsstaat erlegt der Staat den Privaten Mitverantwortung für das Gemeinwohl auf. Diesem Vorgang korrespondiert eine grundrechtliche Mit- und Letztverantwortung des Staates für Kooperationen. Seine Grundrechtsbindung erfasst alle Grundrechtsbeeinträchtigungen, die aus diesen Kooperationen erwachsen. Absehbare Folgen kooperativen Handelns sind dem Staat zuzurechnen. Der Staat ist Garant aus Ingerenz („status negativus cooperationis").[6] Die Rechtsprechung hat darüber hinaus für staatliche **Informationstätigkeit**, insbesondere Warnungen, die umstrittene Kategorie der materiell rechtfertigungsbedürftigen Grundrechtsbeeinträchtigung entwickelt (→ Rn. 503).

---

[6] *Michael*, Rechtsetzende Gewalt im kooperierenden Verfassungsstaat, 2002, S. 353 ff.; zustimmend *Schmidt-Aßmann*, Das allgemeine Verwaltungsrecht als Ordnungsidee, 2. Aufl. 2004, S. 73 f.

§ 17 Grundrechte als Abwehrrechte gegen staatliches Tun

▶ **Fall 21:** Der Minister M warnt in einer Pressekonferenz vor einer bestimmten religiösen Vereinigung, die er als „Sekte" bezeichnet und vor deren Praktiken der „Gehirnwäsche", der „Nötigung" und des „Betrugs" er ausdrücklich warnt. Im Rahmen einer Hausdurchsuchung bei der Vereinigung werden rituelle Gegenstände der Sekte aus polizeilichen Ermittlungsgründen sichergestellt. ◀

I. Der klassische Eingriffsbegriff

Der klassische Eingriffsbegriff erfasst die unproblematischen Fälle, in denen Grundrechtsbeeinträchtigungen ohne Zweifel dem Staat zuzurechnen sind. Der sogenannte klassische, besser vielleicht: typische oder formale Eingriff zeichnet sich durch **vier Elemente** aus: Erstens handelt der Staat **imperativ** (d. h. ge- oder verbietend und mit Zwang durchsetzbar), zweitens **rechtsförmlich** und bewirkt dadurch drittens **unmittelbar** und viertens **final** eine Grundrechtsbeeinträchtigung.[1] Möglichkeiten des Regelungsadressaten, dem Verbot durch alternatives Verhalten auszuweichen, mögen die Schwere des Eingriffs mildern und im Rahmen der Rechtfertigung bei der Verhältnismäßigkeit zu berücksichtigen sein, schließen aber den Eingriff nicht aus.[2]

492

Hinweis für die Fallbearbeitung: Im Gutachten ist die Prüfung eines Eingriffs damit zu beginnen, ob diese vier Voraussetzungen kumulativ vorliegen. Wenn dies – wie bei Verboten durch Gesetz oder Verwaltungsakt – der Fall ist, dann reicht die Feststellung, dass insoweit unzweifelhaft ein Eingriff gegeben ist. Die Prüfung der Rechtfertigung (→ Teil 7) ist direkt anzuschließen. Wenn eine der Voraussetzungen nicht vorliegt, ist die Prüfung nicht abzubrechen, sondern die Erörterung des erweiterten Eingriffsbegriffs anzuschließen.

II. Der erweiterte Eingriffsbegriff

1. Ausgangsüberlegung und Leitlinien für eine dogmatische Erfassung

Liegt kein klassischer Eingriff vor, bedarf es der Vergegenwärtigung des Sinns der Zurechnungslehre: Grundrechte schützen die Freiheit des Bürgers gegen Beeinträchtigungen durch den Staat. Sie geben aber keine „Rundumsicherung" der Freiheit. Nicht alle Freiheitshindernisse können durch Grundrechte abgewehrt werden, sondern gerade und nur diejenigen, für welche der Staat verantwortlich ist. Es ist eine Frage der wertenden Zurechnung, wer für eine Freiheitseinbuße verantwortlich gemacht werden kann. Es gibt auch Schmälerungen der Freiheit des Einzelnen, die jedenfalls rechtlich praktisch autorlos sind. Man denke etwa an steigende Preise, welche die wirtschaftlichen Möglichkeiten des Einzelnen einengen. Ob der Staat für eine Freiheitsbeeinträchtigung im Bereich der Grundrechte verantwortlich gemacht werden kann, wird herkömmlich in Gestalt der Prüfung untersucht, ob ein „Eingriff" in den Schutzbereich eines Grundrechts vorliegt. Der sogenannte klassische Eingriffsbegriff ist auf die beiden Idealtypen imperativ-rechtsförmigen Staatshandelns zugeschnitten: auf das Gesetz und den Verwaltungsakt. **Staatliches Handeln** ist aber **nicht auf das Regeln**

493

---

1 *Dreier* in: Dreier, GG, Bd. 1, 3. Aufl., Vorb. Rn. 124; *Bethge*, Der Grundrechtseingriff, VVDStRL 57 (1998), S. 7, 38.
2 BVerfGE 104, 337, 350 f. – Schächten: Das Schächtverbot als Eingriff, auch wenn Gläubige durch Fleischimport oder durch fleischlose Ernährung dem religiösen Schächtgebot Rechnung tragen könnten (anders: BverwGE 99, 1, 8 – Bayerische Kommunalwahlen). Eine andere Frage ist, ob ein gegebenenfalls religiös nicht zwingendes Handlungsgebot in den Schutzbereich des Art. 4 Abs. 1 GG (so das BVerfG) oder nur unter die allgemeine Handlungsfreiheit fällt (→ Rn. 435).

in diesen beiden Formen beschränkt. Schon immer – noch bevor sich rechtsstaatliche Handlungsformen herausgebildet haben und bevor Grundrechte auf diese Anwendung fanden – hat der Staat auch tatsächlich agiert. Dies wird heute als schlichtes Verwaltungshandeln durch sogenannte Realakte bezeichnet. Der heutige Staat neigt dazu, das Spektrum seiner Handlungsformen (wieder) weiter auszudehnen. Dazu gehören verschiedenste Erscheinungen nichtförmlichen Handelns, insbesondere auch das Informieren der Öffentlichkeit.

Eingriff im weiteren Sinne wird definiert als „jedes staatliche Handeln, das dem Einzelnen ein Verhalten, das in den Schutzbereich eines Grundrechts fällt, ganz oder teilweise unmöglich macht [...]".[3] Das Problem dieses Eingriffsbegriffs liegt darin, dass er die Kriterien des Zurechnungszusammenhangs zwischen der Grundrechtsbeeinträchtigung und dem staatlichen Handeln offenlässt. Die Definition erschöpft sich in der Umschreibung der Grundrechtsbeeinträchtigung und stellt klar, dass Anknüpfungspunkt der Zurechnung ein staatliches Handeln sein muss, während beim Unterlassen eine Zurechnung gegebenenfalls durch Schutzpflichten erfolgt. Damit überlässt dieser Ansatz die Lösung des Zurechnungsproblems, um das es geht, der Kasuistik bzw. einer problembezogenen Einzelfallbewertung. In der Fallbearbeitung empfiehlt sich, hierfür an die Merkmale des klassischen Eingriffs anzuknüpfen, die zwar nicht notwendige, aber gegebenenfalls hinreichende Kriterien einer solchen Zurechnung darstellen. Die praktische Bedeutung des erweiterten Eingriffs betrifft vor allem die lediglich mittelbaren und die nicht förmlichen Beeinträchtigungen, bei denen die Finalität hinreicht. Final in diesem Sinne sind Maßnahmen, die etwas bezwecken, was in vorhersehbarer Weise (auch) grundrechtsbeeinträchtigende Folgen hat.

Definition: Eingriff im weiteren Sinne ist jedes staatliche Handeln, das ein Verhalten, das in den Schutzbereich eines Grundrechts fällt, unmöglich macht oder wesentlich erschwert. Dem Staat zurechenbar ist dabei jede vorhersehbare Grundrechtsbeeinträchtigung, die durch wenigstens eines der vier Merkmale des klassischen Eingriffsbegriffs gekennzeichnet ist, d. h. entweder auf imperatives oder/und rechtsförmliches oder/und unmittelbares oder/und finales Handeln (beim Unterlassen stellt sich die Frage der Zurechnung durch Schutzpflichten) des Staates zurückzuführen ist.

494　Die Ausgangsüberlegung der Erweiterung des Eingriffsbegriffs ist folgende: Der Rechtsstaat beschränkt zwar das staatliche Handeln nicht auf förmliches Regeln. Der Staat ist aber auch – um nicht zu sagen: erst recht – bei solchem nicht rechtsstaatlich ausgeformten Handeln an die Grundrechte gebunden. Für eine insoweit **lückenlose, umfassende Bindung aller Formen und Arten staatlichen Handelns** spricht Art. 1 Abs. 3 GG. Die Grundrechtsbindung darf nicht davon abhängen, ob der Staat eine Grundrechtsbeeinträchtigung durch rechtsförmliches Regeln oder aber rein faktisch[4] bewirkt. Somit ist der Eingriffsbegriff insgesamt nicht auf die typischen Fälle beschränkt, in denen eine Regelung mit der aus ihr folgenden Beeinträchtigung eines Grundrechts identisch ist. Es ist an den traditionellen Kriterien des Eingriffsbegriffs festzuhalten, wobei diese beim erweiterten Eingriff nicht kumulativ erfüllt sind. Dass einzelne Kriterien für sich genommen verzichtbar sind, lässt sich im Einzelnen wie folgt begründen:

3　*Kingreen/Poscher*, Grundrechte, 37. Aufl., Rn. 329.
4　*Gallwas*, Faktische Beeinträchtigungen im Bereich der Grundrechte, 1970, S. 49 ff.

Auf das **imperative Element** ist zu verzichten, um faktische Grundrechtsbeeinträchtigungen, z. B. von Ordnungskräften bei Ausschreitungen, überhaupt erfassen zu können, was für eine effektive, umfassende Grundrechtsgeltung erforderlich ist.

Wenn der Staat die traditionellen Handlungsformen verlässt, muss er sogar erst recht an die Grundrechte gebunden sein. Für **nicht rechtsförmliches** Handeln greifen nämlich die rechtsstaatlichen und formalen Bindungen, die den Bürger sonst schützen, nicht. Auch hier sei auf physische Zwangsmaßnahmen im Rahmen von Demonstrationen oder Unruhen verwiesen.

Dem Staat sind **auch mittelbare** Beeinträchtigungen zuzurechnen.[5] Das erweitert freilich die Grenzen der Zurechnung positiven Tuns. Hier ist als Korrektiv zu verlangen, dass – zusätzlich zum Vorliegen eines der anderen Zurechnungskriterien – die Grundrechtsbeeinträchtigung jedenfalls **objektiv vorhersehbar** war. Keine eigenständige Berechtigung hat demgegenüber der Einwand, ein frei verantwortliches Handeln privater Dritter könne den Zurechnungszusammenhang unterbrechen. Das gilt vor allem für eine drittbelastende Genehmigung. Zu denken ist z. B. an die Genehmigung eines Hauses, das dem Nachbarn die Sicht nimmt. Die staatliche Genehmigung stellt auch dann[6] einen (mittelbaren) Grundrechtseingriff dar, wenn erst die Inanspruchnahme der Genehmigung und damit eine Grundrechtsausübung des Genehmigungsbegünstigten zu der Grundrechtsbeeinträchtigung führt. Auch das gesetzliche Erfordernis der Akkreditierung von Studiengängen durch eine private Agentur ist ein staatlicher Eingriff.[7] Ein mit einer staatlichen Warnung intendiertes Verhalten Privater ist dem Staat zurechenbar, selbst wenn hier den Privaten die Autonomie bleibt, der Warnung zum Trotz zu handeln. Wenn anderes für neutrale, allgemeine Publikumsinformationen gelten soll, dann nicht wegen der Unterbrechung eines etwaigen Zurechnungszusammenhangs, sondern mangels der Finalität solcher Information. Zu einer Unterbrechung des Zurechnungszusammenhangs kann hingegen das Handeln eines anderen Staates führen.[8] Insofern wirkt die beschränkte territoriale Gewalt zurechnungsbegrenzend (zum Verfassungskollisionsrecht im Übrigen → Rn. 736 f.). Wenn der Staat unbeabsichtigt Grundrechte beeinträchtigt, besteht sogar in besonderem Maße die Gefahr, dass die rechtsstaatlichen Voraussetzungen eines Grundrechtseingriffs nicht vorliegen und unverhältnismäßige, weil nicht bewusst abgewogene Freiheitsbeeinträchtigungen entstehen. Die Zurechnung einer Grundrechtsbeeinträchtigung hängt nicht von einem Verschulden des Staates ab, wohl aber von ihrer objektiven Vorhersehbarkeit.

Einen Sonderfall lediglich mittelbarer Auswirkungen staatlichen Handelns stellen **eingriffsähnliche Vorwirkungen** dar, die das BVerfG[9] bei Maßnahmen des Klimaschutzes festgestellt hat: Der Staat, der sich völkerrechtlich auf eine langfristige Erfüllung von Klimaschutzzielen verpflichtet habe und an deren Erfüllung i. V. m. Art. 20 a GG auch verfassungsrechtlich gebunden sei, müsse sich heute bereits künftige Grundrechtseingriffe zurechnen lassen, die umso schwerer ausfallen, je weniger effektiv aktuelle Maßnahmen seien. Diesem Ansatz einer **intertemporalen Freiheitssicherung** liegt der Gedanke zu Grunde, dass die Rechtzeitigkeit von Maßnahmen ein Effektivitätskrite-

---

5 BVerfGE 105, 252, 273 – Glykol; BVerfGE 110, 177, 191 – Freizügigkeit von Spätaussiedlern.
6 Denkbar ist auch, dass eine solche Genehmigung auch ohne ihre Inanspruchnahme im Einzelfall schon unmittelbar die Freiheit eines Drittbetroffenen einschränken kann.
7 BVerfGE 141, 143, 165 f. – Akkreditierung von Studiengängen.
8 Für den Fall einer gegebenenfalls mittelbaren Gefährdung des Art. 2 Abs. 2 GG durch eine Waffenstationierung, die Ziel ausländischer Waffen werden könnte: BVerfGE 66, 39, 60 ff. – Nachrüstung.
9 BVerfGE 157, 30 – Klimaschutz.

rium ist. Das BVerfG hält zukünftige, umso drastischere Grundrechtseingriffe für unausweichlich, wenn der Staat nicht heute bereits hinreichend effektive Maßnahmen ergreift, um die Klimaziele zu erreichen. Während das BVerfG zukünftige Folgen des Klimawandels selbst, die sich auf Grundrechte auswirken, unter dem Aspekt der Schutzpflichten behandelt, rekonstruiert es den Schutz vor zukünftigen Grundrechtseingriffen abwehrrechtlich. Das Besondere daran ist nicht, dass grundrechtsbeschränkende Wirkungen von Gesetzen erst in der Zukunft liegen und dem Staat zugerechnet werden, soweit sie vorhersehbar sind. Außergewöhnlich ist vielmehr, dass sich diese Wirkungen hier auf Maßnahmen beziehen, die der Staat noch gar nicht ergriffen hat und von denen das BVerfG annimmt, dass er sie in der Zukunft ergreifen wird. Aus mehreren Gründen kommt das nur ausnahmsweise in Betracht: Selten lässt sich das zukünftige Ergreifen von Maßnahmen des Gesetzgebers tatsächlich voraussagen und als rechtlich zwingend begreifen. Nur wegen des Zusammenwirkens einer völkerrechtlichen Verpflichtung mit Art. 20a GG könnte sich auch ein zukünftiger, demokratisch gewählter Gesetzgeber nicht mit einem „treaty override" seiner in diesem Falle auch verfassungsrechtlichen Bindung entziehen.

Die Rechtsprechung zum Klimaschutz betrifft eine sehr spezielle Konstellation. Ihre Auswirkungen auf die Zurechnungsdogmatik sollten nicht überinterpretiert werden. Insbesondere sollte diese Rechtsprechung nicht zu einer allgemeinen Rechtsfigur intertemporaler Grundrechtseingriffe fortentwickelt werden. Es bleibt dabei, dass Eingriffe ein konkretes, d. h. nicht nur potenzielles und erst zukünftiges Handeln des Staates zum Gegenstand haben und kein Unterlassen. Das BVerfG selbst bezeichnet die Unausweichlichkeit künftiger Maßnahmen lediglich als „eingriffsähnliche"[10] Vorwirkung. Letztlich geht es dabei um eine Erweiterung der Aspekte der Verhältnismäßigkeitsprüfung: Die Fragen der Rechtzeitigkeit wirken sich gegebenenfalls auf Eingriffsintensitäten aus und es kommt in Betracht, dass ein frühzeitiges Eingreifen das mildere Mittel darstellt. Das ist eine Frage der Verhältnismäßigkeit bereits ergriffener Maßnahmen und im Falle völliger Untätigkeit eine Frage der Schutzpflichten. Dabei besteht die zusätzliche Schwierigkeit der Prognose, wie schwer eine erst auszugestaltende zukünftige Vorschrift in welche Grundrechte eingreifen könnte. Die Bewertung einer lediglich hypothetischen Gesamtverhältnismäßigkeit ist umso problematischer, weil die Ausgestaltung solcher Maßnahmen und sowohl ihre Effektivität als auch ihre grundrechtsbeschränkenden Wirkungen von künftigen Entwicklungen der Technik und auch der Lebensgewohnheiten und Freiheitsbedürfnisse abhängen. Pandemien und sicherheitspolitisch bedingte Kehrtwenden in der Energieversorgung sind weitere Beispiele für die begrenzte Vorhersehbarkeit der Rahmenbedingungen künftiger Klimapolitik.

499 Radikal – auch methodisch – von den formalen Elementen des klassischen Eingriffsbegriffs lösen sich die Ansätze, die weniger nach der Art des staatlichen Handelns fragen, sondern den Blick auf die Wirkung lenken. Danach rücken Kriterien wie die **Intensität**[11] **der Grundrechtsbeeinträchtigung** oder die **Art der betroffenen Rechtsposition**[12] in den Mittelpunkt oder werden jedenfalls ergänzend herangezogen. Das ist abzulehnen. Dafür spricht auch nicht, dass eine Bürgerperspektive letztlich dem Wesen der Grundrechte entspricht. Für die Frage der Zurechnung staatlichen Tuns ist die

---

10 BVerfGE 157, 30, 133 – Klimaschutz.
11 Hierzu statt aller *Scherzberg*, Grundrechtsschutz und „Eingriffsintensität", 1989; *Köpp*, Normvermeidende Absprachen zwischen Staat und Wirtschaft, 2001, S. 226 f.
12 *Lübbe-Wolff*, Die Grundrechte als Eingriffsabwehrrechte, 1988, S. 72 ff.

Perspektive des Grundrechtsträgers verfehlt. Die Schwere der Grundrechtsbeeinträchtigung ist erst auf der Ebene der Rechtfertigung von Eingriffen im Rahmen der Verhältnismäßigkeit relevant. Zurechnung eines Handelns und die Folgen des zurechenbaren Handelns sind zu trennen. Auch beim erweiterten Eingriffsbegriff muss es um die Vorfrage der Zurechnung einer Grundrechtsbeeinträchtigung gehen. Damit sei nicht das Schutzbedürfnis verkannt, das bei Grundrechtsbeeinträchtigungen verschiedenster Art und erheblicher Intensität entstehen kann. Die Grundrechtsverantwortlichkeit des Staates erwächst aber gegebenenfalls unter dem Gesichtspunkt der Schutzpflichten. Diese bestehen auch, wenn der Staat überhaupt nicht gehandelt hat, sondern eine Grundrechtsbeeinträchtigung von Privaten ausgeht. Für die Bestimmung des erweiterten Eingriffsbegriffs sind solche Kriterien verfehlt und entbehrlich. Eingriff und Schutzpflichten sollten getrennt bleiben.

2. Fallgruppen

Positiv gewendet ist zwar **jedes einzelne der genannten Kriterien** aus den o. g. Gründen verzichtbar, für sich genommen aber dennoch **geeignet, die Zurechnung einer vorhersehbaren Grundrechtsbeeinträchtigung zu begründen**. 500

HINWEIS FÜR DIE FALLBEARBEITUNG: Im Gutachten sind – soweit nicht ein unproblematischer klassischer Eingriff vorliegt – die Kriterien des erweiterten Eingriffs wie folgt zu erörtern: Zunächst ist das jeweils **vorliegende Kriterium** darzustellen und im Anschluss daran zu begründen, warum die gegebenenfalls **nicht vorliegenden Kriterien** verzichtbar sind.

Die anerkannten Fallgruppen mittelbarer bzw. faktischer Eingriffe lassen sich so erfassen:

a) Förmliche Beeinträchtigungen

Zurechenbar sind förmliche Beeinträchtigungen, also insbesondere Gesetze und Verwaltungsakte auch dann, wenn sie lediglich zu mittelbaren oder auch zu nicht intendierten Beeinträchtigungen spezieller Grundrechte führen. Beispiele hierfür sind Gesetze mit objektiv grundrechtsregelnder Tendenz und drittbelastende Genehmigungen. Nicht erfasst werden unvorhersehbare Fernwirkungen. 501

b) Unmittelbare Beeinträchtigungen

Unmittelbare Beeinträchtigungen sind als faktische Eingriffe zurechenbar, auch wenn sie weder rechtsförmlich, noch intendiert sind. Beispiele hierfür finden sich v. a. bei Maßnahmen des polizeilichen Vollzugs. So ist der auf einen Unbeteiligten fehlgeleitete Polizeischuss ein faktischer Eingriff in dessen Recht aus Art. 2 Abs. 2 S. 1 GG. 502

c) Finale Beeinträchtigungen

Finale Beeinträchtigungen sind immer dem Staat zurechenbar. Sie sind auch dann Eingriffe, wenn sie weder rechtsförmlich erfolgen, noch unmittelbar wirken. Wenn der Staat einen Effekt bezweckt, ist er hierfür auch verantwortlich. Hierher gehören die umstrittenen Fälle staatlicher Informationstätigkeit. Dabei gilt gegebenenfalls ein objektivierter Finalitätsbegriff, der auch Fälle erfasst, bei denen der Staat vorhersehbare, überschießende Auswirkungen in Kauf nimmt. So bezwecken Warnungen ein vorsichtiges Verhalten und bewirken Skepsis auch gegenüber letztlich Ungefährlichem. Im Bereich des Art. 12 Abs. 1 GG spricht das BVerfG von einer „objektiv berufsregeln- 503 de[n]"¹³ Tendenz, die einerseits für die Eröffnung des Schutzbereichs notwendig ist, dann aber andererseits auch für die Zurechnung gegebenenfalls ausreicht. Letzteres wird man auf andere Grundrechte übertragen können. Jede **grundrechtsregelnde Tendenz** löst die Zurechnung aus. Das BVerfG hingegen hat für staatliche Warnungen darauf verzichtet, diese als Eingriff zu qualifizieren, sondern als neue Kategorie die materiell rechtfertigungsbedürftige Beeinträchtigung als „funktionales Äquivalent"¹⁴ eines Eingriffs kreiert. Der Sache nach geht es dabei nicht um Zweifel an der Zurechenbarkeit, sondern um Ausnahmen von der Geltung des Vorbehalts des Gesetzes, worauf noch einzugehen ist (→ Rn. 562 f.).

3. Zur Abgrenzung von Tun und Unterlassen bei mittelbaren Grundrechtsbeeinträchtigungen

504 Schließlich ist zwischen staatlichem Tun, das gegebenenfalls einen Eingriff darstellt, und einem Unterlassen, das allenfalls gegen eine Schutzpflicht verstößt, zu differenzieren. Das spielt vor allem bei mittelbaren Beeinträchtigungen, die letztlich durch Private zu unmittelbaren werden, eine Rolle. Die Strafrechtslehren bedienen sich an dieser Stelle nach wie vor eines Wertungskriteriums („Schwerpunkt der Vorwerfbarkeit").¹⁵ Übertragen auf das Verfassungsrecht ist danach zu fragen, ob der Staat eine **rechtlich verfestigte Grundrechtsposition aktiv schmälert** oder ob er es unterlässt, eine Grundrechtsposition zu schützen. Ein einmal erreichtes gesetzliches Schutzniveau ist regelmäßig keine verfassungsrechtlich gebotene, rechtlich verfestigte Grundrechtsposition. D. h. auch dessen Absenkung ist gegebenenfalls wie ein Unterlassen höheren Schutzes zu behandeln. Wenn der Gesetzgeber z. B. den arbeitsrechtlichen Kündigungsschutz lockert und daraufhin ein Arbeitnehmer gekündigt wird, wäre nach dem oben gesagten an sich eine Zurechnung auf Grund des rechtsförmlichen Gesetzes denkbar. Demgegenüber wären lediglich Schutzpflichten aufgerufen, solange der Gesetzgeber überhaupt nicht tätig wird. Spezifischen **Vertrauensschutz** entfaltet demgegenüber die Eigentumsgarantie (→ Rn. 378). Die Genehmigung ist als staatliches Tun zu sehen, wenn sie eine grundrechtlich fundierte Eigentumsposition schmälert. Die Zurechenbarkeit ist dabei durch den individualisierten Verwaltungsakt, der ja gerade die konkret betroffenen Interessen zum Ausgleich zu bringen hat, verdichtet. Lässt sich eine mittelbare Beeinträchtigung dem Staat als Tun zurechnen, erübrigt sich eine zusätzliche Prüfung einer entsprechenden Schutzpflicht.

III. Grundrechtseingriffe zur Lösung von Grundrechtskonflikten (sogenannte Drittwirkungsfälle)

505 Grundrechtskonflikte entstehen keineswegs nur im Privatrecht, sondern auch in öffentlich-rechtlichen Rechtsverhältnissen zwischen dem Staat und mehreren Bürgern. Wenn der Staat Grundrechtskonflikte durch einen Interessenausgleich löst, dann führt das typischerweise dazu, dass zum Schutze der Grundrechte des einen Grundrechtsträgers in Grundrechte eines anderen Grundrechtsträgers eingegriffen wird.¹⁶ Dabei sind sowohl Eingriffe des Gesetzgebers als auch der Exekutive und des Richters in das Rechtsver-

---

13 StRspr: BVerfGE 97, 228, 254 – Kurzberichterstattung; vgl. bereits BVerfGE 13, 181, 186.
14 BVerfGE 148, 40 – Lebensmittelpranger.
15 BGHSt 6, 59; aus der Lehre: *Kühl*, Strafrecht Allgemeiner Teil, 8. Aufl., § 18 Rn. 14 ff. m. w. N. auch zur Kritik.
16 *Canaris*, Grundrechte im Privatrecht, 1999, S. 20.

hältnis zwischen den Privaten denkbar. Im Zweifel gilt die **Ausgangsvermutung**, dass der Staat nur soweit erforderlich in Privatrechtsverhältnisse eingreifen soll.

Ob sich die Grundrechtsverwirklichung (z. B. im Rahmen des Privatrechts) über die **Dogmatik der Schutzpflichten oder des Eingriffs** entfaltet, hängt von der Fallkonstellation ab.[17] Das Verfassungsrecht markiert die beiden Ränder eines weiten Spielraums, den der Staat zum Ausgleich privater Interessen hat. Dieser Spielraum kann einerseits durch ein Zuwenig des Schutzes und andererseits durch ein Zuviel des Eingreifens überschritten sein.[18] Die Unterscheidung ist bedeutsam:[19] Erstens entstehen Schutzpflichten nur unter den Voraussetzungen einer besonderen Schutzbedürftigkeit eines der Grundrechtsberechtigten. Zweitens belassen grundrechtliche Schutzpflichten einen weiten Spielraum dafür, wie sie (hier durch die Fachgerichte) zu erfüllen sind, während Eingriffe vom BVerfG kassiert werden können. Drittens bestehen für Eingriffe andere Voraussetzungen der Rechtfertigung, namentlich beim Vorbehalt des Gesetzes (→ Rn. 559 ff.) und beim Übermaßverbot (→ Rn. 611 ff.). Die **Rechtfertigungslast** streitet stets zugunsten des Adressaten eines staatlichen Eingriffs, auch wenn die staatliche Intervention dem Schutz der Grundrechte Dritter dient.

Gesetzliche Anspruchsgrundlagen auf Unterlassung (z. B. § 1004 BGB) bzw. Schadensersatz[20] dienen dem Schutz und der Durchsetzung absoluter Rechte. Diese absoluten Rechte sind z. T. durch Grundrechte – insbesondere durch die Eigentumsfreiheit und das Persönlichkeitsrecht – aufgeladen. Insoweit sind gesetzliche Anspruchsgrundlagen des Privatrechts gegebenenfalls Instrumente zur Geltendmachung grundrechtlicher Schutzpflichten. Verneint das Gericht einen solchen Anspruch (z. B. die Geltendmachung des Hausrechts des privaten Flughafenbetreibers gegenüber dem Demonstranten oder den Abwehranspruch eines Prominenten gegen die Veröffentlichung von Bildern durch die Presse), dann ist eine Verfassungsbeschwerde hiergegen eine Frage der Verletzung einer Schutzpflicht.[21] Wird hingegen einer solchen Klage stattgegeben, liegt in der gerichtlichen Durchsetzung solcher gesetzlichen Ansprüche gegebenenfalls ein **judikativer Eingriff**[22] (in den o. g. Beispielen in die Versammlungsfreiheit oder in die Pressefreiheit). Auf den ersten Blick mag überraschen, dass nicht der aktive Übergriff auf fremde Rechte (also z. B. die Demonstration auf fremdem Grund), sondern deren reaktive Abwehr (Durchsetzung eines Hausverbotes) „Eingriffscharakter" hat. Der Eigentümer trägt also die Argumentationslast gegenüber dem Demonstranten, wenn er sich der Gerichte zum Schutze seines Eigentums bedient. Diese vermeintliche Asymmetrie[23] wird plausibel, wenn wir uns vergegenwärtigen, dass auch ein polizeiliches Einschreiten ein Eingriff in die Demonstrationsfreiheit wäre. Polizeiliche Maßnahmen sind typischerweise gegen „Störer" gerichtet und die Grundrechte streiten als Abwehrrechte in dieser klassischen Konstellation für den Störer. Genau das entspricht der

---

17 Zu den Konsequenzen für die Fallbearbeitung am Beispiel: *Fuerst*, JuS 2010, 876.
18 Auch staatlicher Interessenausgleich innerhalb des Spielraums entbehrt nicht des Eingriffscharakters, sondern ist als gerechtfertigter Eingriff zu rekonstruieren. Wie hier: *Canaris*, Grundrechte im Privatrecht, 1999, S. 21.
19 Wie hier: *Canaris*, Grundrechte im Privatrecht, 1999, S. 43 ff.; anders: *Poscher*, Grundrechte als Abwehrrechte, 2003, S. 285 mit einer umfassenden abwehrrechtlichen Rekonstruktion.
20 Vgl. z. B. BVerfGE 35, 202, 218 ff. – Lebach, zu §§ 22 f. Kunsturhebergesetz.
21 Wie hier: *Canaris*, Grundrechte im Privatrecht, 1999, S. 37 f.
22 BVerfGE 42, 143, 149 – Deutschland-Magazin, für §§ 823 i. V. m. 1004 BGB; BVerfGE 102, 347, 360 – Schockwerbung („schränkt [...] ein"); BVerfGE 119, 1, 23 – Esra („Der durch das Romanverbot bewirkte Eingriff"); aus der Fallbearbeitung: *Frenzel*, JuS 2013, 37, 38; anders: BVerfGE 30, 173, 199 – Mephisto.
23 *Hager*, JZ 1994, 381; *Poscher*, Grundrechte als Abwehrrechte, 2003, S. 89 ff.; dagegen zutreffend: *Canaris*, Grundrechte im Privatrecht, 1999, S. 47.

liberalen Stoßrichtung der Grundrechte. Die Menschen sollen nicht nur frei denken, sondern auch handeln dürfen. Als durchsetzbare Rechtspositionen werden Grundrechte gerade dann relevant, wenn Grundrechtsausübung von Dritten als unbequem, als provozierend und als störend empfunden wird. Demgegenüber streiten die Schutzpflichten zugunsten der „Opfer" privater Übergriffe. Für die grundrechtliche Dogmatik ist entscheidend, dass der Störer gegebenenfalls zum Adressaten der dem Staat zuzurechnenden (sei es exekutiven oder judikativen) Intervention wird und hiergegen Abwehransprüche hat. So gesehen stehen sich die gesetzlichen Abwehransprüche des Privatrechts und die grundrechtlichen Abwehransprüche gegen den Staat diametral gegenüber.

508 Anderes gilt für die Durchsetzung **vertraglicher Ansprüche**. Die Gewährleistung der Privatautonomie und Vertragsfreiheit, die selbst grundrechtlich durch Art. 2 Abs. 1 GG geschützt ist, „denkt die justizielle Realisierung gleichsam mit".[24] Wenn ein vertraglicher Anspruch (z. B. einer Bürgschaft) eingeklagt und gerichtlich ohne Inhaltskorrektur durchgesetzt wird, liegt darin nur die Bestätigung eines rein privaten Vorgangs und kein hoheitlicher Eingriff. Die grundrechtliche Vermutung spricht also dafür, dass vertragliche Bindungen eine Ausübung der Freiheit darstellen und dass die staatliche Durchsetzung solcher Bindungen als solche keine staatliche Intervention darstellt. So ist umgekehrt zu fragen, ob eine so schwere Störung der Vertragsparität vorliegt, die gegebenenfalls eine **Schutzpflicht**[25] zugunsten des strukturell unterlegenen Vertragspartners auslöst. Diese ist gegebenenfalls durch eine Inhaltskontrolle des Vertrags einzulösen. Hierzu hat der Richter kraft der Generalklauseln des Privatrechts (z. B. § 138 BGB) die Befugnis.[26] Sie sind gesetzliche Grundlagen für den Eingriff in die Vertragsfreiheit des überlegenen Vertragspartners. Das bedeutet freilich nicht, dass die Anwendung der Generalklauseln nicht weiter gehen darf, als gesetzliche Schutzpflichten es gebieten. Auch der Gesetzgeber kann die Vertragsfreiheit nicht nur dann und insoweit durch zwingende gesetzliche Vorschriften begrenzen, als eine verfassungsrechtliche Schutzpflicht dies gebietet. Vielmehr handelt er gegebenenfalls im Rahmen seines viel weiter reichenden „sozialstaatlichen Auftrags".[27] Eingriffe in die Vertragsfreiheit sind – zumal jene unter einem Gesetzesvorbehalt steht – nicht erst dann gerechtfertigt, wenn sich der Schutz des „Schwächeren" zu einer Schutzpflicht verdichtet. In diesen Fällen stellt sich vielmehr die Frage, ob die Vertragsfreiheit übermäßig beschränkt wird. Auf Schutzpflichten und das Untermaßverbot kommt es allenfalls an, wenn der Gesetzgeber bzw. der Richter der Vertragsfreiheit den Vorzug gibt und letzterer z. B. § 138 BGB restriktiv auslegt. Wenn vertragliche und gesetzliche Ansprüche nebeneinander stehen, ist grundrechtsdogmatisch primär auf die Durchsetzung eines vertraglichen Anspruchs abzustellen, denn für letztere streitet die auch grundrechtliche Autonomie (also im Zweifel kein judikativer Eingriff). Im Bereich des Vertragsrechts liegt eine **Eingriffskonstellation** also vor, wenn entweder das Gericht auf der Grundlage von Generalklauseln das individuell Vereinbarte für nichtig hält bzw. korrigiert oder wenn der Gesetzgeber selbst durch nicht abdingbare Vorschriften die Privatautonomie begrenzt.

---

[24] BVerfGE 89, 214, 232 – Bürgschaftsverträge; *Canaris*, Grundrechte im Privatrecht, 1999, S. 47 ff.
[25] BVerfGE 89, 1, 11 – Besitzrecht des Mieters: „daß der Mieter [...] vor Räumungsbegehren geschützt werden muß".
[26] BVerfGE 89, 214, 233 – Bürgschaftsverträge.
[27] BVerfGE 134, 204, 223 – Werkverwertungsverträge.

Das BVerfG[28] unterscheidet noch weiter zwischen gesetzlichen Ansprüchen und „sonstigen privatrechtlichen Regelungen, die der freien Vertragsgestaltung Grenzen setzen". Die Einräumung von Schutzrechten des geistigen Eigentums ist indes keine dritte Kategorie. Rein rhetorisch ist nämlich die Floskel, es handele sich bei letzteren „nicht um einseitige Eingriffe des Staates in die Freiheitsausübung Privater, sondern um einen Ausgleich, bei dem die Freiheit der einen mit der Freiheit der anderen in Einklang zu bringen ist." Denn bei der Abwägung prüft das BVerfG, ob „keine übermäßige Beeinträchtigung"[29] der Grundrechte Dritter (z. B. der Berufsfreiheit[30] oder der Kunstfreiheit[31]) vorliegt. Es folgt eine geradezu schulmäßige Prüfung des Übermaßverbotes, der auch dessen Argumentationslast zugrunde liegt.[32] Der Sache nach prüft also auch das BVerfG hier einen Eingriff oder jedenfalls dessen Konsequenzen.

HINWEIS FÜR DIE FALLBEARBEITUNG: Die dogmatische Rekonstruktion der Fälle mittelbarer Drittwirkung ist bis heute heftig umstritten. Wer allerdings behauptet, es handele sich um ein aliud zur Eingriffsdogmatik bzw. zu den Schutzpflichten, muss die Anschlussfrage der Struktur der Abwägung beantworten. Gewarnt sei vor einer „freien" Abwägung, die sich auf Gewichtungs- und Angemessenheitsfragen beschränkt. Die hier vorgeschlagene Orientierung an der Dogmatik des Eingriffs und der Schutzpflichten hat nicht nur den Vorteil, auf die bewährten Schemata zurückzugreifen, sondern kann sich jedenfalls insofern auch auf die Rechtsprechung des BVerfG berufen. Es empfiehlt sich, die Problematik der dogmatischen Erfassung der Drittwirkung als **Frage der Zurechnung** (nämlich als Eingriff bzw. als Schutzpflicht) zu problematisieren, dabei die andere Ansicht einer Grundrechtsdimension sui generis zu diskutieren und bei der Rechtfertigung auf die überkommenen Schemata der Verhältnismäßigkeit (Übermaß-/Untermaßverbot) zurückzugreifen.

Dieses Verhältnis zwischen Schutzpflicht und Eingriff gilt auch im Wohnraummietrecht für die Gewährleistungen des Art. 14 Abs. 1 GG. Soweit sich der Vermieter auf vertragliche Rechte (z. B. der Kündigung oder des Verbotes der Veränderung der Mietsache) berufen kann, stellt auch deren gerichtliche Durchsetzung (sogar eine Räumungsklage) keinen Eingriff in Grundrechte des Mieters dar. Der verfassungsrechtlich gebotene **Mieterschutz** ist nur unter den Voraussetzungen grundrechtlicher Schutzpflichten[33] zu entfalten. Die Ausstrahlungswirkung des Art. 14 Abs. 1 GG zugunsten des Mieters entfaltet sich z. B. bei der Auslegung von Sozial- und Härteklauseln im Kündigungsschutz.[34] Zwingende Vorschriften[35] des Privatrechts und ihre Durchsetzung sind Eingriffe in die Privatautonomie und das Eigentumsrecht des Vermieters, während abdingbare Vorschriften lediglich die gesetzliche Verwirklichung der Ausübung der Privatautonomie darstellen.

▶ **ZU FALL 21:** Die Warnung des Ministers stellt nach Maßgabe des erweiterten Eingriffsbegriffs eine zurechenbare Beeinträchtigung der Religions- und Weltanschauungsfreiheit der Gemeinschaft dar. Hausdurchsuchung und Beschlagnahme sind demgegenüber klassische Eingriffe. ◀

---

28 BVerfGE 134, 204, 223 – Werkverwertungsverträge.
29 BVerfGE 134, 204, 224 – Werkverwertungsverträge.
30 BVerfGE 134, 204, 224 – Werkverwertungsverträge.
31 BVerfGE 142, 74, 104 – Sampling: „Diese Beeinträchtigung der […] Kunstfreiheit ist verfassungsrechtlich nicht gerechtfertigt".
32 BVerfGE 134, 204, 226 ff. – Werkverwertungsverträge.
33 BVerfGE 89, 1, 11 – Besitzrecht des Mieters: „daß der Mieter […] vor Räumungsbegehren geschützt werden muß".
34 BVerfGE 89, 1, 10 – Besitzrecht des Mieters.
35 Auch der Gesetzgeber muss sich insoweit am Übermaßverbot messen lassen. Exemplarisch: BVerfGE 142, 268, 281 ff.

§ 17 TEIL 6: ZURECHNUNG DER GRUNDRECHTSBEEINTRÄCHTIGUNG

SYSTEMATISCHER VERWEIS: Zu den Grundrechtseingriffen beachte → Schema 2.

WIEDERHOLUNGS- UND VERSTÄNDNISFRAGEN

> Unterscheiden Sie den klassischen vom erweiterten Eingriffsbegriff!
> In welchen Konstellationen bedarf es der Erweiterung des Eingriffsbegriffs?
> Wie sind Fälle sogenannter „mittelbarer Drittwirkung" mit der Dogmatik des Eingriffs zu lösen?

§ 18 Grundrechte als Garantien gegen staatliches Unterlassen

I. Schutzpflichten

▶ **FALL 22:** A will seine hochschwangere Frau ins Krankenhaus bringen und gerät in eine Straßenabsperrung, die die Polizei für eine Demonstration, die in 10 Minuten beginnen soll, eingerichtet hat. Ein Polizist weist A mit der Bemerkung zurück, Einschränkungen der Bewegungsfreiheit seien mit Demonstrationen verbunden. Er habe die Dienstanweisung, die Absperrung bereits jetzt zu errichten und niemanden mehr durchzulassen. Er selbst sei auch gesund im Taxi geboren worden. ◀

1. Begriff und Bedeutung der Schutzpflichten im System staatlicher Grundrechtsverantwortung

Letztlich sollen Grundrechte die **tatsächliche Freiheit der Bürger** gewährleisten. Die Form der rechtstechnischen Realisierung dieses Anspruches ist demgegenüber zweitrangig. Als Abwehrrechte gegen den Staat gewährleisten die Grundrechte lediglich Schutz vor Eingriffen seitens des Staates. Dies mag die primäre Grundrechtsbedrohung darstellen. Die Bedeutung der Grundrechte erschöpft sich aber nicht darin, jedenfalls nicht dann, wenn sie auf den tatsächlichen Grundrechtserfolg, die reale Freiheit der Bürger, gerichtet sind. Den Grundrechten sind weitere Wirkungsdimensionen zu eröffnen, um diesen Erfolg sicher zu stellen. Ein solches Verständnis der Grundrechte, das nicht an der rechtstechnischen Form der Abwehrrechte hängt, entspricht auch dem Verständnis der Grundrechte als Prinzipien (→ Rn. 29 ff.), d. h. als abstrakte Verpflichtungen, die auf Verwirklichung zielen. Welche Maßnahme den Grundrechtserfolg sicherstellt, ist dann eine sekundäre Frage. Sie ist im Laufe der Zeit gegebenenfalls auch neu zu stellen. Die Entwicklung neuer Wirkungsdimensionen erscheint immer dann konsequent, wenn die bloße Abwehr des eingreifenden Staates nicht genügt, den Grundrechtserfolg sicher zu stellen.

510

Grundrechtliche Schutzpflichten sind inzwischen als Kategorie der allgemeinen Grundrechtsdogmatik anerkannt: Danach sind die Grundrechte nicht nur Abwehrrechte gegen ein Tun des Staates, sondern gebieten auch staatlich aktiven Grundrechtsschutz.[1] Aber das bedeutet nicht, dass jede Freiheitsbeschränkung Privater durch Privater eine staatliche Schutzpflicht auslöst. Die Verantwortung des Staates, solche Freiheitsbeschränkungen abzuwehren, ist **nicht umfassend**. Sie setzt vielmehr bei staatlichem Unterlassen eine besondere, **verfassungsrechtliche Garantenstellung des Staates** voraus. In diesen qualifizierten Fällen ist dem Staat das Unterlassen der Verhinderung einer Grundrechtsbeeinträchtigung zuzurechnen. Für diese staatliche Zurechnung ist es irrelevant, von wem die Grundrechtsbeeinträchtigung ausgeht.[2] Das können – in Fällen der Ingerenz – ihrerseits grundrechtsgebundene Hoheitsträger sein, aber auch Naturmächte oder andere Staaten. Schutzpflichten können sogar gegen die Beeinträchtigung durch Private, die ihrerseits grundrechtsberechtigt sind, bestehen. Dies ist nicht der einzige,[3] aber vielleicht der wichtigste und zugleich auch der problematischste Fall, weil die Einlösung der Schutzpflicht hier die Freiheit Dritter beschränkt, d. h. eine sogenannte mittelbare Drittwirkung auslöst.

511

---

1 *Dietlein*, Die Lehre von den grundrechtlichen Schutzpflichten, 2. Aufl. 2005.
2 Wie hier: BVerfGE 142, 313, 341–; anders *Isensee*, Das Grundrecht als Abwehrrecht und staatliche Schutzpflicht, in: HStR IX, 3. Aufl., § 191 Rn. 240 ff., der eine Zurechnung an einen Privaten fordert.
3 So aber *Isensee*, ebd.

2. Zurechnung staatlichen Unterlassens: Verfassungsrechtliche Garantenstellungen
a) Spezielle verfassungsrechtliche Schutz-, Förderungs- und Ausgestaltungsaufträge

512 Bei den Schutzpflichten geht es um eine staatliche Verantwortung[4] für Grundrechtsbeeinträchtigung in Konstellationen des Unterlassens und also um eine staatliche Garantenstellung. Eine **explizite Garantenstellung** hat der Staat für die Menschenwürde. Nach Art. 1 Abs. 1 S. 1 GG muss der Staat sie nicht nur selbst achten, sondern ausdrücklich auch schützen, insbesondere also vor Erniedrigungen durch Dritte und vor der Unterschreitung des Existenzminimums (→ Rn. 152). Weitere explizite Förderungs- bzw. Schutzaufträge enthalten Art. 3 Abs. 2 S. 2 GG zur Gleichstellung der Geschlechter, Art. 6 Abs. 1 GG für die Ehe und Familie, Art. 6 Abs. 4 GG für Mütter, Art. 6 Abs. 5 GG für nichteheliche Kinder und nach der Rechtsprechung des BVerfG auch Art. 5 Abs. 1 S. 2 GG[5] für die Presse, Art. 5 Abs. 3 GG für die Kulturstaatlichkeit[6] und Art. 7 Abs. 4 GG[7] für die Privatschulen. Sie lösen eine staatliche Garantenstellung aus und unterliegen als spezielle grundrechtliche Schutzpflichten ebenso der gleichheits- bzw. freiheitsrechtlichen Verhältnismäßigkeit wie die allgemeinen Schutzpflichten, unterscheiden sich freilich von jenen z. T. dadurch, dass sie **unabhängig von einer konkreten Gefährdungslage** ausgelöst werden.[8] Auf die Grundrechtsausgestaltung wurde bereits gesondert eingegangen (→ Rn. 46 f.).

b) Verfassungsrechtliche Gewährleistung von Sicherheit

513 Zu den Kernaufgaben des Staates gehört die **Sicherheitsgewährleistung**.[9] Der moderne Verfassungsstaat nimmt nicht nur das **Gewaltmonopol** für sich in Anspruch, sondern bindet sich selbst an die Grundrechte. Die zum Rechtsgehorsam verpflichteten Bürger dürfen nur ausnahmsweise, insbesondere in Notwehr oder Nothilfe, selbst Gewalt gegen Dritte anwenden. Sie sind ansonsten auf den Schutz und die nötigenfalls gewaltsame Durchsetzung ihrer Rechte durch den Staat angewiesen.

514 Die grundrechtliche Garantenpflicht des Staates setzt ein **besonderes Schutzbedürfnis** der Bürger voraus. Der Private hat einen grundrechtlichen Anspruch darauf, dass der Staat seine Sicherheit gegen gewaltsame Angriffe dann schützt, wenn er sich selbst nicht wehren kann oder aus rechtlichen Gründen nicht wehren darf. In diesen Fällen hat der Staat die Sicherheit sowohl gegen technische Bedrohungen[10] als auch gegen menschliche Gewaltanwendung[11] sowie gegen Gefährdungen durch andere Staaten[12] zu gewährleisten. Ein Extremfall der tatsächlichen **Wehrlosigkeit** ist der Schutz ungeborenen Lebens (→ Rn. 158). Erfasst sind aber auch alle Fälle, in denen **Selbsthilfe rechtlich verboten** ist. Praktische Bedeutung hat der grundrechtliche Sicher-

---

4 So auch *Bumke/Voßkuhle*, Casebook Verfassungsrecht, 8. Aufl., Rn. 178, die jedoch den Terminus Garantenstellung ablehnen (Rn. 185).
5 BVerfGE 80, 124, 133 – Postzeitungsdienst.
6 BVerfGE 36, 321, 331 – Schallplatten.
7 BVerfGE 75, 40, 62 – Privatschulfinanzierung I.
8 Von einem insoweit engeren Begriff der Schutzpflichten gehen deshalb *K. Hesse*, Grundzüge, 20. Aufl., Rn. 350, Fn. 6 und *Dreier* in: Dreier, GG, Bd. 1, 3. Aufl., Vorb. Rn. 104 aus.
9 *Möstl*, Die staatliche Garantie für die öffentliche Sicherheit und Ordnung, 2002; *Robbers*, Sicherheit als Menschenrecht, 1997; *Isensee*, Das Grundrecht auf Sicherheit, 1983.
10 BVerfGE 49, 89, 141 f. – Kalkar I; BVerfGE 53, 30, 57 – Mühlheim-Kärlich; BVerfGE 56, 54, 73 – Fluglärm; zu den Grenzen: BVerfG-K, NJW 1998, 3264, 3265 f.
11 BVerfGE 39, 1, 42 ff. – Schwangerschaftsabbruch I; BVerfGE 46, 160, 164 – Schleyer; BVerfGE 88, 203, 251 ff. – Schwangerschaftsabbruch II.
12 *K. Hesse*, Bedeutung der Grundrechte in: HbVerfR, 2. Aufl., § 5 Rn. 50.

heitsgewährleistungsanspruch vor allem zugunsten des Lebens und der körperlichen Unversehrtheit nach Art. 2 Abs. 2 S. 1 GG. Ein Schutzbedürfnis entsteht auch bei anderen Grundrechten nur, wenn unzumutbare, irreparable oder unbeherrschbare Grundrechtsbeeinträchtigungen drohen. Nur in Ausnahmefällen von Gewaltverbrechen und von Straftaten in Sonderstatusverhältnissen (→ Rn. 520) oder durch Amtsträger konkretisiert sich die Schutzpflicht zu einem Anspruch auf Strafverfolgung.[13] Schutzpflichten erfassen **keine Bagatellbeeinträchtigungen.**

Das Bestehen einer Schutzpflicht bedeutet, dass dem Staat ausnahmsweise eine Grundrechtsbeeinträchtigung durch Unterlassen **zuzurechnen** ist. Damit ist noch nichts darüber gesagt, ob das Grundrecht verletzt ist, insbesondere in welchem Maße und wie der Staat seine Schutzpflicht einlösen muss. Namentlich steht dem Staat ein weiter Einschätzungsspielraum in der Frage zu, mit welchen Mitteln er seiner Schutzverpflichtung gerecht wird. Begrenzt wird diese Einschätzungsprärogative durch das Untermaßverbot. In der praktischen Konsequenz richtet sich diese Schutzpflicht nicht nur an den Gesetzgeber, sondern kann z. B. auch das grundsätzlich bestehende Ermessen zum Einschreiten der Sicherheitsbehörden auf Null reduzieren.

515

c) Verfassungsrechtliche Gewährleistung von Autonomie

Staatliche Schutzpflichten erstrecken sich außerdem auf die **Gewährleistung der Autonomie** als dem Grundgedanken grundrechtlicher[14] Freiheit. Die Autonomie wird nicht nur durch den Staat, sondern auch durch gesellschaftliche Mächte gefährdet. Auch hier steht das Schutzbedürfnis im Mittelpunkt. Staatlicher Schutz ist nur geboten, wenn und soweit Grundrechtsträger nicht in der Lage sind, ihre Freiheit autonom auszuüben. Das Schutzbedürfnis des betroffenen Grundrechtsträgers entspringt in diesen Fällen dessen Schwäche gegenüber einer Übermacht, die ihrerseits nicht an die Grundrechte gebunden ist. Hierher gehören v. a. die Fälle **eklatanter sozialer oder wirtschaftlicher Unterlegenheit.**

516

Praktische Relevanz hat der Schutz der Autonomie vor allem in folgenden **Beispielen** gewonnen: Zum einen sind die **Wirtschaftsgrundrechte,** insbesondere die Vertragsfreiheit zu schützen. Wird eine Übermachtstellung – z. B. zum Abschluss einer Bürgschaft[15] – ausgenutzt, schützen die Grundrechte den Betroffenen vor einer nichtautonomen vertraglichen Selbstbindung. Der arbeitsrechtliche Kündigungsschutz entspricht einer aus Art. 12 Abs. 1 GG folgenden Schutzpflicht.[16] Auch die staatliche Publikumsinformation in Form der Warnung vor nicht gewollten Grundrechtsbeschränkungen kann der Erfüllung von Schutzpflichten dienen. Die Rechtsprechung hat auch Schutzpflichten zugunsten des weit verstandenen Eigentums i. S. d. Art. 14 Abs. 1 GG, insbesondere zugunsten der Mieter[17] und der Versicherungsnehmer,[18] anerkannt (→ Rn. 392). Einer eigenen, allenfalls hiermit verwandten Begründung aus

517

---

13 BVerfG-K, 2 BvR 1304/12 vom 23.3.2015.
14 Häufig wird hierzu die Menschenwürde herangezogen. So richtig es ist, dass auch hinter Art. 1 Abs. 1 GG der Schutz menschlicher Autonomie steckt, überwiegen systematische Bedenken dagegen, umgekehrt den Schutz jeglicher Autonomie mit der Dogmatik der Menschenwürde aufzuladen (→ Rn. 135, 151). Zur Begründung von Schutzpflichten bedarf es nicht des Rückgriffs auf deren ausdrückliche Regelung in Art. 1 Abs. 1 S. 2 GG.
15 BVerfGE 89, 214, 229 – Bürgschaftsverträge.
16 BVerfGE 84, 133, 147 – Warteschleife; BVerfGE 97, 169, 176 – Kleinbetriebsklausel I.
17 BVerfGE 89, 1, 10 – Besitzrecht des Mieters.
18 BVerfGE 114, 1, 53 – Schutzpflicht Lebensversicherung.

Art. 1 Abs. 1 GG i. V. m. dem Sozialstaatsprinzip[19] folgt die Gewährleistung des Existenzminimums (→ Rn. 152). Von großer Bedeutung ist auch der Schutz des **Persönlichkeitsrechts** nach Art. 2 Abs. 1 i. V. m. Art. 1 Abs. 1 GG, sei es z. B. vor der Presse[20], vor den Möglichkeiten moderner Datenverarbeitung[21] oder gegenüber Familienangehörigen, die die eigene Abstammung verschleiern.[22] Am Beispiel des Schutzes des Persönlichkeitsrechts Prominenter vor der Presse lassen sich auch **Grenzen** des Autonomieschutzes zeigen: Geben Prominente aus einer Position der Stärke heraus ihre Privatsphäre preis und machen sie zum Gegenstand öffentlicher Berichterstattungen, kann darin eine autonome Entscheidung liegen.[23] Dann ist ihnen auch in gewissem Maße selbst zuzurechnen, wenn die Presse ein so gewecktes öffentliches Interesse auch über die ursprüngliche Berichterstattung hinaus befriedigt. Hierher gehören auch die Fälle des vermeintlichen Schutzes vor **Selbstschädigungen** und Selbstentwürdigungen (→ Rn. 160). Schutzpflichten dürfen nicht in eine Bevormundung des autonom handelnden Menschen führen. Die Sicherung der Autonomie darf nicht in deren Beschneidung umschlagen.

d) Schutzpflichten aus Ingerenz und bei kumulativen Beeinträchtigungen

518 Denkbar ist auch eine staatliche Ingerenzverantwortung aus **vorangegangenem, grundrechtsgefährdendem Tun**.[24] Relevant wird dies bei Warnungen[25] und bei Kooperationen des Staates mit Privaten. Eine Zurechnung ist hier auf doppelte Weise möglich, nämlich als mittelbarer Eingriff und als Schutzpflicht. Das liegt daran, dass das Handeln Privater als solches den Zurechnungszusammenhang nicht unterbricht. Die Parallelität der beiden Grundrechtsdimensionen bedeutet, dass der Grundrechtsberechtigte zunächst Abwehrrechte gegen derartige mittelbare Eingriffe hat. Diese werden jedoch häufig gar nicht mehr reversibel sein. Wenn sich herausstellt, dass solches staatliche Tun zu unverhältnismäßigen Grundrechtsbeeinträchtigungen führt, dann löst das eine Schutzpflicht aus. So muss der Staat gegebenenfalls auf Kooperationspartner einwirken und z. B. Warnungen, deren Anlass entfällt, widerrufen. Eine Schutzpflicht aus Ingerenz kann auch dadurch ausgelöst werden, dass der Staat eine Anlage genehmigt und dabei deren Gefährlichkeit unterschätzt.

519 Mit der Ingerenzverantwortung verwandt ist die Zurechnung **kumulativer Beeinträchtigungen**. Die auf den klassischen Grundrechtseingriff bezogene Zurechnungsdogmatik ist auf die punktuelle Betrachtung einzelner Maßnahmen fokussiert. Es ist aber denkbar, dass zwar lauter einzelne Eingriffe für sich genommen verfassungsrechtlich gerechtfertigt werden können, diese zusammengenommen jedoch eine bedenkliche Qualität der Grundrechtsbeeinträchtigung haben. Dies wird unter den Stichworten „kumu-

---

19 BVerfGE 82, 60, 85 – Steuerfreies Existenzminimum; für eine klare Trennung grundrechtlicher und sozialstaatlicher Schutzpflichten *Dreier* in: Dreier, GG, Bd. 1, 3. Aufl., Vorb. Rn. 104.
20 BVerfGE 101, 361, 380 – Caroline von Monaco II.
21 BVerfGE 65, 1, 41 ff. – Volkszählung.
22 BVerfGE 96, 56, 63 – Vaterschaftsauskunft; BVerfGE 141, 186.
23 KG, NJW 2005, 603, 605.
24 Anders *Isensee*, Das Grundrecht als Abwehrrecht und staatliche Schutzpflicht, in: HStR IX, 3. Aufl., § 191 Rn. 247; zur Ingerenz im Strafrecht vgl. *Kindhäuser/Zimmermann*, Strafrecht Allgemeiner Teil, 10. Aufl., § 36 Rn. 59, 67 ff.
25 Warnungen werfen darüber hinaus Probleme des Vorbehalts des Gesetzes → Rn. 563 und der Bestimmtheit → Rn. 569 auf. Vgl. auch zu Art. 5 GG → Rn. 216 und zu Art. 12 GG → Rn. 355.

lativer" oder „additiver Eingriff" behandelt.[26] Das Zurechnungsproblem besteht hier darin, dass der Grundrechtsverpflichtete nicht nur für den Einzeleingriff verantwortlich sein soll (was im Rahmen der Eingriffsdogmatik unproblematisch ist), sondern dabei auch Beeinträchtigungen durch andere Maßnahmen zu berücksichtigen hat. Letzteres lässt sich nicht durch die Eingriffsdogmatik erklären, v. a. dann nicht, wenn es sich gegebenenfalls um Maßnahmen auch eines anderen Hoheitsträgers handelt. Der richtige Ansatz ist deshalb die Schutzpflichtendogmatik, was voraussetzt, diese nicht auf den Schutz gegen Beeinträchtigungen durch Private zu verengen (→ Rn. 511).[27] Ein besonderes Schutzbedürfnis besteht nur dann, wenn es sich um parallele Beeinträchtigungen wenigstens verwandter (→ Rn. 63) Grundrechte bzw. desselben Schutzgutes handelt,[28] die denselben Grundrechtsberechtigten belasten. Konsequenzen daraus sind durch verfahrensrechtliche Anforderungen und im Rahmen der Verhältnismäßigkeit und Berücksichtigung organisationsrechtlicher Treuepflichten[29] zu ziehen. Wie typischerweise bei Schutzpflichten, ist nicht ein bestimmtes Ergebnis vorgegeben: Es geht auch nicht darum, den einen Eingriff, der „das Fass zum Überlaufen bringt", entgegen dem Lex-posterior-Prinzip zu verwerfen, sondern den Staat insgesamt zum Schutz der Freiheit zu verpflichten. Die Forderung einer nicht weiter strukturierten Gesamtabwägung mit der Folge der Verfassungswidrigkeit aller kumulierenden Eingriffe[30] überdehnt die grundrechtlichen Grenzen und deren Kontrolldichte gegenüber dem Gesetzgeber. Auch die Rechtsprechung hat eine solche summarische Betrachtungsweise mehrerer Maßnahmen vereinzelt gefordert. Beispiele hierfür sind die Anrechnungspflicht eines Disziplinararrestes auf eine Kriminalstrafe,[31] der „Halbteilungsgrundsatz" für die steuerliche Gesamtbelastung[32] und die Grenze einer „Rundumüberwachung" bei der Kombination verschiedener polizeilicher Überwachungsmaßnahmen.[33] Die praktische Bedeutung steigt mit der Vielzahl und Vielfalt staatlicher Einzelmaßnahmen und ist eine moderne Erscheinungsform des „Instrumentenmix".[34]

e) Staatliche Garantenstellung in Sonderstatusverhältnissen

Sonderstatusverhältnisse (→ Rn. 52, 745 ff.) bezeichnen besondere **Näheverhältnisse** zwischen Staat und Bürger. Sie können dogmatisch Auslöser von Schutzpflichten sein. Das gilt insbesondere für den öffentlichen Dienst, für die Schulpflicht und für die Inhaftierung. Auch im Sonderstatus kann sich der Bürger auf Grundrechte berufen. Mehr noch: Das Näheverhältnis kann zugunsten der Grundrechte eine **staatliche Garantenstellung begründen**. Dies hat freilich eine Kehrseite: Die Schutzpflichten, die hier z. B. zugunsten der „negativen" Religionsfreiheit eines Schülers ausgelöst werden, relativieren die „positive" Religionsfreiheit z. B. einer Kopftuch tragenden Lehrerin.

520

---

26 BVerfGE 112, 304, 320 – Global Positioning System; *Lücke*, DVBl. 2001, 1469 ff.; *G. Kirchhof*, NJW 2006, 732 ff.; *Hufen*, Staatsrecht II, 9. Aufl., § 8 Rn. 16; *Heu*, Kumulierende Grundrechtseingriffe, 2018; *Ruschemeier*, Der additive Grundrechtseingriff, 2019.
27 Anders *Ruschemeier*, Der additive Grundrechtseingriff, 2019, S. 122 ff.
28 Dazu *Kromrey*, Belastungskumulation, 2018, S. 124 ff.
29 So für die Bundestreue *Heu*, Kumulierende Grundrechtseingriffe, 2018, S. 214.
30 So *Lee*, Umweltfreundlicher Instrumentenmix und kumulative Grundrechtseinwirkung, 2013, S. 146 ff.; *Heu*, Kumulierende Grundrechtseingriffe, 2018, S. 258 ff.; krit. *Michael*, Die Verwaltung 47 (2014), S. 249 ff.
31 BVerfGE 21, 378, 388 – Wehrdiszplin; dazu *Bronkars*, Kumulative Eigentumseingriffe, 2007, S. 78 f.
32 BVerfGE 93, 121, 134 ff. – Einheitswerte II; relativierend BVerfGE 115, 97, 108 ff. – Halbteilungsgrundsatz.
33 BVerfGE 112, 304, 319 f. – Global Positioning System.
34 Dazu *Michael*, Formen- und Instrumentenmix, in: Hoffmann-Riem/Schmidt-Aßmann/Voßkuhle, Grundlagen des Verwaltungsrechts, Bd. 2, 2. Aufl., § 41.

521 Damit hat der Sonderstatus zwei dogmatische Auswirkungen: Erstens löst er zusätzliche Schutzpflichten auch zugunsten **negativer Freiheiten** aus. Der Staat hat hier eine grundrechtliche Garantenstellung, weil er insgesamt den Sonderstatus erst begründet. Dem Staat ist zuzurechnen, was seine Bediensteten in seinem Namen tun. Der Staat übernimmt dabei eine umfassende Grundrechtsverantwortung gegenüber Grundrechtsträgern, die ihm ausgesetzt sind, also gegenüber schulpflichtigen Kindern oder Inhaftierten – freilich auf das Sonderstatusverhältnis beschränkt. Dabei kommt es zweitens zu komplexen **Grundrechtskonflikten**, in denen das Gewicht und Niveau der grundrechtlichen Gewährleistung wegen des Sonderstatus abgesenkt sein kann. So hat der Staat einerseits gegenüber der Lehrerin dienstrechtliche Fürsorgepflichten, andererseits Schutzpflichten gegenüber deren Schülerinnen und Schülern. Dies ist in einer Einzelfallabwägung zum Ausgleich zu bringen (→ Rn. 747). Dabei ist die Toleranzschwelle zu beachten, die hier in der Abwägung zu berücksichtigen ist. Diese hat auch über Sonderstatusverhältnisse hinaus Bedeutung:

f) Toleranz als Grenze der Schutzpflichten

522 Schutzpflichten können grundsätzlich für alle Grundrechte bestehen, nicht aber für alle ihre Dimensionen. Nicht jede Grundrechtsbeeinträchtigung, d. h. nicht alles, was von einem grundrechtlichen Schutzbereich erfasst wird, löst auch staatliche Schutzpflichten aus. Grundrechtsausübung ist verfassungsrechtlich gewollt und fordert die **Toleranz Dritter** ein. Die Freiheitsrechte haben nicht die Funktion, ein umfassend ungestörtes Leben zu garantieren. Staatliche Schutzpflichten bestehen zwar auch gegenüber Privaten, dürfen sich aber nicht gegen deren Grundrechtsausübung als solche richten. Nur bestimmte Auswirkungen der Grundrechtsausübung beeinträchtigen die Grundrechte Dritter so, dass der Staat einschreiten muss. Nicht jede Grundrechtsausübung, die von anderen als lästig, störend oder provozierend empfunden wird, löst Schutzpflichten aus. Insoweit scheitert die Grundrechtsprüfung schon auf der Ebene des Schutzbereichs an einer relevanten Grundrechtsbeeinträchtigung: Die **bloße Konfrontation** mit der Grundrechtsausübung Dritter ist keine Dimension „negativer Freiheit" (→ Rn. 51). Die „positive" Ausübung eines Grundrechts korrespondiert nicht automatisch mit einem „negativen" Schutzinteresse Dritter.

523 Was das im Einzelnen bedeutet und wo die Schutzpflichten relevant werden, sei hier noch einmal an **Beispielen** verdeutlicht: Insbesondere die Ausübung der Meinungs-, Versammlungs- und Religionsfreiheit müssen als solche von Andersgesinnten ertragen werden. So gibt es keine Schutzpflicht aus Art. 5 Abs. 1 oder Art. 8 Abs. 1 GG, nicht mit Meinungen anderer konfrontiert zu werden,[35] wohl hingegen den Schutz der persönlichen Ehre gegen Beleidigungen oder den Schutz der körperlichen Freiheit und Unversehrtheit gegen gewaltsame Demonstrationen. Zur Schockwerbung konstatierte das BVerfG zu Recht: „Ein vom Elend der Welt unbeschwertes Gemüt des Bürgers ist kein Belang, zu dessen Schutz der Staat Grundrechtspositionen einschränken darf."[36] Wenn das Gericht anschließt, dies könne anders „zu beurteilen sein, wenn ekelerregende, furchteinflößende oder jugendgefährdende Bilder gezeigt werden", dann handelt es sich dabei um Belange, die ebenfalls nicht als negative Aspekte des Art. 5 Abs. 1 S. 1 GG, sondern in Art. 2 Abs. 1 i. V. m. Art. 1 Abs. 1 GG und in Art. 2 Abs. 2

---

35 So aber *Schulze-Fielitz* in: Dreier, GG, Bd. 1, 3. Aufl., zu Art. 5 Abs. 1, 2 Rn. 308 m. w. N.; *Engel*, AfP 1994, 1, 7 f.; *Seiler*, AfP 1999, 7, 16; *Weber*, Innere Pressefreiheit als Verfassungsproblem, 1973, S. 58.
36 BVerfGE 102, 347, 364 – Schockwerbung I.

S. 1 GG zu verorten sind. Selbst ein Schutz davor, sich dem Anhören fremder Meinungen nicht entziehen zu können, dürfte auf Extremfälle beschränkt sein, in denen zugleich andere Grundrechte greifen würden, z. B. eine Freiheitsberaubung oder Persönlichkeitsrechtsverletzung vorläge.[37] Schließlich schützt nicht Art. 5 Abs. 1 S. 1 GG (sondern allenfalls das Persönlichkeitsrecht) davor, dass eigene Meinungen durch andere verbreitet werden. Vielmehr schützt Art. 5 Abs. 1 S. 1 GG auch die Verbreitung fremder Meinungen.[38] So gibt es keine Schutzpflicht aus Art. 4 Abs. 1 GG gegen liturgisches Glockengeläut oder gegen offensive Glaubenswerbung, weil das Ertragen auch extensiver Glaubensausübung Dritter als solche die Toleranz der Mitbürger einfordert. Erst das Toleranzgebot schafft vielfältiger Glaubensausübung in einer pluralistischen Gesellschaft Raum und sichert damit neutral die Religionsfreiheit für jeden. Umgekehrt müssen Gläubige tolerieren, dass Nicht- oder Andersgläubige ihre Anschauungen kritisieren. Selbst Blasphemie löst nicht automatisch grundrechtliche Schutzpflichten aus. Anderes mag gelten, wenn z. B. der Ablauf von Kulthandlungen gestört oder die Ehre gläubiger Menschen gezielt und in diskriminierender Weise angegriffen wird.[39]

Schutzpflichten sind damit **nicht das Spiegelbild aller Abwehrrechte**, sondern sind voraussetzungsvoller als jene. So besteht durchaus ein Abwehrrecht gegen staatliche Verletzungen des Neutralitätsgebotes, sei es im Fall des Kruzifix[40] oder des Kopftuches der Lehrerin.[41] Staatlicher Beeinflussung gegenüber soll sich der Bürger grundsätzlich entziehen können. Auch die negative Meinungs- und Informationsfreiheit kann als Abwehrrecht gegenüber staatlichen Maßnahmen in Ansatz gebracht werden. Allerdings gehen Schutzpflichten gegen Grundrechtsbeeinträchtigungen durch Private nie weiter als Abwehrrechte gegen entsprechende staatliche Eingriffe. Das wird beim Schutz der Autonomie deutlich, der nur dann greift, wenn diese durch Fremdmacht – also staatlichen Eingriffen insofern faktisch vergleichbar – beschränkt wird. Auch bei der Abwägung ist das Übermaßverbot strenger als das Untermaßverbot zu handhaben (→ Rn. 739). Wegen des Vorrangs der Abwehrrechte vor den Schutzpflichten kommt auch eine „Rettungsfolter" nicht in Betracht (→ Rn. 544).

524

▶ **Zu Fall 22:** Es besteht zwar keine Schutzpflicht gegen notwendige Bewegungseinschränkungen durch Demonstrationen. Im vorliegenden Fall besteht aber eine Schutzpflicht zugunsten von Leib und Leben der Schwangeren und ihres Kindes. Der Polizist müsste also den A, solange dies noch möglich wäre, ausnahmsweise durchlassen. ◀

Systematischer Verweis: Zum Prüfungsaufbau beachte → Schema 4.

---

37 Anders *Schulze-Fielitz* in: Dreier, GG, Bd. 1, 3. Aufl., zu Art. 5 Abs. 1, 2 Rn. 124 m. w. N.; *Fenchel*, Negative Informationsfreiheit, 1997, S. 158.
38 Zur Auslegung von „seine Meinung" i. S. d. Art. 5 Abs. 1 S. 1 GG (→ Rn. 209). BVerfGE 71, 206, 213 ff. behandelt das Verbot, aus amtlichen Strafakten vor der Hauptverhandlung wörtlich zu zitieren, als Eingriff in die Meinungsfreiheit, ohne näher zu erörtern, ob es sich dabei um die Verbreitung eines fremden Werturteils oder der Tatsache, nämlich dass etwas in den Akten so wörtlich steht, handelt.
39 Das gilt auch aus Sicht der EMRK: vgl. einerseits EGMR, v. 2.5.2006, NVwZ 2007, 314, 315, Z. 27 f. – Aydin Tatlav/Türkei, andererseits EGMR, v. 13.9.2005, NJW 2006, 3263, 3264, Z. 29 f. – I.A./Türkei.
40 BVerfGE 93, 1, 15 ff. – Kruzifix; an der Erheblichkeit der religiösen Einwirkung zweifelnd EGMR, v. 18.3.2011, Rs. 30814/06 – Lautsi/Italien.
41 BVerfGE 108, 282, 299 ff. – Kopftuch.

Wiederholungs- und Verständnisfragen

> Nennen Sie ausdrücklich normierte Schutz- und Förderpflichten des Staates für die Grundrechte.
> In welchen Konstellationen folgen aus dem Bedürfnis nach Sicherheit und Autonomie staatliche Schutzpflichten? Nennen Sie Beispiele! Was ist der Grund für das Bestehen staatlicher Schutzpflichten außerhalb der positivierten Schutz- und Förderpflichten?

II. Leistungs- und Teilhaberechte

1. Originäre Leistungsrechte aus Freiheitsrechten

525 Ein originäres grundrechtliches Leistungsrecht im hier verstandenen Sinn ist ein subjektives Recht des Bürgers auf ein staatliches Tun, das **unmittelbar aus den Freiheitsgrundrechten** abzuleiten ist. Geboten ist in diesen Fällen ein spezifisches, tatsächliches Niveau der Freiheit.

526 **Bestimmte Leistungen** werden nur ganz selten aus Grundrechten geschuldet. Das Grundgesetz ist bewusst freigehalten von der Formulierung sozialer Grundrechte z. B. auf Arbeit[42] oder auf Wohnung. Der Staat könnte einen solchen Anspruch nicht in allen Fällen einlösen. Um der uneingeschränkten Durchsetzbarkeit grundrechtlicher Ansprüche willen werden grundrechtliche Leistungsrechte nicht vom Grundgesetz gewährt.[43] Auch die vom BVerfG[44] offen gelassene Begründung eines Anspruchs auf Erweiterung bestehender Studienplätze wurde nicht unmittelbar aus Art. 12 Abs. 1 GG, sondern nur als objektiver sozialstaatlicher Verfassungsauftrag erwogen. Aus allgemeinen Schutz- und Ausgestaltungsgeboten folgt regelmäßig kein individueller, kein konkreter Anspruch auf eine bestimmte staatliche Förderung.[45] Als positive Ausnahme kann der **Sonderfall** der Gewährleistung des **Existenzminimums** (→ Rn. 152) gelten.[46]

527 Als **Leistungsrechte in einem weiteren Sinne** ließen sich theoretisch auch alle subjektiv-rechtlichen Entsprechungen objektiv-rechtlicher **Schutzpflichten** begreifen, die freilich ihrerseits unter einem Vorbehalt der „Möglichkeit"[47] stehen. Der Begriff „Leistungsrechte" ist hierfür aber nicht nur unüblich, sondern scheint auch etwas zu versprechen, was Schutzpflichten nur ausnahmsweise zur Folge haben: ein konkretes staatliches Tun. In Fällen denkbarer Ermessensreduktionen auf Null im Bereich von Grundrechtskonflikten sollte deshalb nicht von Leistungsrechten gesprochen werden, weil hier der Staat regelmäßig das konkret geschuldete Tun nicht selbst erbringt, sondern vom Bürger einfordert. Verwaltungsverfahren oder Urteile sind nur in einem sehr abstrakten Sinne als Leistungen fassbar. Allerdings ist zu beachten, dass Schutzpflichten subjektive Rechte i. S. d. Rechtsschutzes darstellen. Das bedeutet, dass ein Anspruch aus Art. 19 Abs. 4 GG darauf besteht, ihre Verletzung gegebenenfalls gerichtlich festzustellen (→ Rn. 888).

---

42 BVerfGE 84, 133, 146 f. – Warteschleife.
43 Einen anderen rechtstechnischen Weg wählen einige neuere Verfassungen, so die Brandenburgs, die soziale Ziele als Staatsaufgaben formuliert, Art. 47, 48 Verf BBg.
44 BVerfGE 33, 303, 333 – numerus clausus I.
45 Z. B. für die Presse: BVerfGE 80, 124, 134 – Postzeitungsdienst.
46 Auch bei dessen Höhe bleibt dem Gesetzgeber ein Spielraum: BVerfGE 91, 93, 111 – Kindergeld.
47 Häberle, Grundrechte im Leistungsstaat, VVDStRL 30 (1972), S. 43, 107, 114; Jarass, FS 50 Jahre BVerfG, Bd. 2, S. 35, 50: Leistungsrechte als Unterkategorie der Schutzpflichten.

2. Abgeleitete Teilhaberechte auf Gleichbehandlung

Neben den originären Leistungsrechten gibt es auch sogenannte **derivative**, also abgeleitete **Teilhaberechte**. Sie knüpfen an die Betroffenheit des Schutzbereichs eines Freiheitsrechts an, folgen aber im Übrigen der Dogmatik der Gleichheitsrechte (→ Rn. 260, 767). Die grundrechtliche Zurechnung entsteht dabei wie bei allen Gleichheitsrechten aus staatlichem Tun in vergleichbaren Fällen – hier: aus staatlicher Leistung. Auf die **Zurechnung bei den Gleichheitssätzen** wird gesondert eingegangen (→ Rn. 787 ff.).

§ 19 Kompetenz als Zurechnungsgrenze

I. Systematische Einordnung von Kompetenzproblemen in die Grundrechtsdogmatik

529 Kompetenzen sind eine Frage des **Staatsorganisationsrechts** und hier nicht zu behandeln. Allerdings stellt sich die Frage nach den **Konsequenzen** einer staatsorganisationsrechtlichen Zuständigkeit bzw. Unzuständigkeit **für die Grundrechtsprüfung**. Dazu reicht die Erkenntnis, dass die Kompetenzen auf die verschiedenen Ebenen im Mehrebenensystem verteilt sind (z. B. Länder, Bund, EU) und dass innerhalb der Ebenen bestimmten Organen die sachliche und örtliche Zuständigkeit zugewiesen wird. Die Zuständigkeitsfrage wird an verschiedenen Stellen der Grundrechtsprüfung relevant: Erstens ist Zuständigkeit für ein Tun eine Voraussetzung der Zurechnung eines Unterlassens (dazu sogleich). Zweitens ist die Zuständigkeit eine Voraussetzung für die formelle Rechtfertigung (→ Rn. 553 ff., 561) zurechenbarer Grundrechtsbeschränkungen. Kompetenz ist drittens auch bei der Frage legitimer Zwecke im Rahmen der Verhältnismäßigkeit relevant (→ Rn. 616). Kritisch ist zu sehen, wenn die Rechtsprechung viertens z. T. Regelungen von Gesetzgebungskompetenzen zur Begründung verfassungsimmanenter Schranken der Grundrechte heranzieht (→ Rn. 720). Dagegen ist einzuwenden, dass Kompetenzverteilungsregeln keine sachlichen Schrankenregelungen der Grundrechte sind, sondern voraussetzen, dass ein Grundrecht materiell einschränkbar ist.

530 **HINWEIS ZUM VERSTÄNDNIS:** Nicht zu verwechseln mit der Frage, wer zuständig ist bzw. wäre, ist die Frage, wer tatsächlich gehandelt hat. Welches Organ welcher Ebene tatsächlich gehandelt hat, ist von Bedeutung für die Frage, welche Grundrechte (z. B. Landes-Grundrechte, GG, EU-Grundrechte) anwendbar sind. Dies wurde bereits bei der Grundrechtsbindung behandelt (→ Rn. 466). Die Frage der Grundrechtsbindung ist unabhängig davon, ob die zuständige Stelle gehandelt hat. Die Grundrechtsbindung muss gerade auch dann durchgreifen, wenn die unzuständige Stelle gehandelt hat.

II. Zurechnungsausschließende Wirkung der Unzuständigkeit

531 Jedem Hoheitsträger sind Verletzungen von Schutzpflichten nur insoweit zurechenbar, als er für deren Erfüllung auch eine Kompetenz hat. Wenn die Erfüllung einer Schutzpflicht zugleich den Eingriff in Grundrechte Dritter erfordert, greift darüber hinaus auch der Vorbehalt des Gesetzes. Grundrechtliche **Schutzpflichten erweitern nicht Kompetenzen**, sondern setzen diese voraus. Insbesondere gilt dies auch für die EU-Grundrechte, was Art. 51 Abs. 2 GRCh ausdrücklich bestätigt. Eine umfassende Grundrechtsbindung der EU korrespondiert nicht mit einer umfassenden Zuständigkeit. Vielmehr bleibt es nach Art. 5 Abs. 1 EUV (ex Art. 5 Abs. 1 EGV) beim Prinzip der begrenzten Einzelermächtigung.

532 Die Zurechnungsgrenzen der Kompetenz gelten auch für mittelbare Grundrechtseingriffe. Das zeigt sich am Beispiel der Auslieferung ausländischer Bürger an Staaten (→ Fall 5 vor Rn. 178), in denen bzw. durch die den Ausgelieferten Grundrechtsverletzungen drohen. Sofern die deutsche Staatsgewalt Grundrechtsbeschränkungen auf diese Weise nur mittelbar ermöglicht, wird der Zurechnungszusammenhang durchbrochen. Die deutsche Staatsgewalt kann insoweit nicht ihre volle Grundrechtsbindung nach Art. 1 Abs. 3 GG einlösen. Sie ist allerdings gegebenenfalls in Anknüpfung an

Art. 25 GG¹ an völkerrechtliche Menschenrechtsstandards gebunden. Vom Gesichtspunkt der Zurechnung und aus der Konzeption der Versprechenstheorie ist auch fraglich, ob insoweit die Schutzpflicht der Menschenwürde² greift. Ein direkter Eingriff liegt hingegen vor, wenn eine deutsche Behörde im Rahmen einer Auslieferung z. B. eine Ausländerin dazu zwingt, ein Kopftuch zur Herstellung eines Ausweisbildes zu tragen, weil der Abschiebestaat dies verlangt. Hier stellt sich die Frage, in welchem Maße die Völkerrechtsfreundlichkeit des Grundgesetzes es ermöglicht, Grundrechtsbeschränkungen aus Rücksicht vor ausländischen Standards zu rechtfertigen (→ Rn. 76 ff.).

Schließlich wirkt die Zurechnungsgrenze der Kompetenz **auch bei den Gleichheitsrechten**. Daraus folgt, dass nur der jeweilige Hoheitsträger gebunden ist und Sachverhalte darüber hinaus nicht vergleichbar sind.

533

SYSTEMATISCHER VERWEIS: Zum Prüfungsaufbau beachte → Schema 4: II. 2 (Schutzpflichtfälle).

WIEDERHOLUNGS- UND VERSTÄNDNISFRAGEN

> Welche Zusammenhänge bestehen zwischen Kompetenzen und Grundrechten?
> Inwieweit wird staatliches „Handeln müssen" durch das „Handeln können und dürfen" begrenzt?

---

1 BVerfGE 75, 1, 19 ff. – Völkerrecht; so auch *Becker*, Reichweite deutscher Grundrechte, in: HStR XI, 3. Aufl., § 240 Rn. 43 ff.
2 BVerfGE 63, 332, 337.

§ 20 Grundrechtsverzicht als Zurechnungsunterbrechung

▶ **FALL 23:** V ist Veranstalter einer Peep-Show und eines Laserdroms. Er schließt mit der Polizei folgenden Deal: Diese lässt ihn gewähren, wenn er monatlich die Hälfte des Gewinns an ein Altersheim spendet und allen Behörden dauerhaft und unwiderruflich unbeschränkten Zutritt zu seinen Geschäfts- und Privaträumen gewährt. Die zuständige Gewerbeaufsicht durchsucht später gegen den Willen des V dessen Geschäftsräume und verbietet ihm die Veranstaltungen, weil er die unverzichtbare Menschenwürde seiner wirtschaftlich von ihm abhängigen Angestellten und seiner Kunden verletze. ◀

I. Verzicht bzw. Disposition als Ausdruck der Autonomie

534 Zur grundrechtlichen Autonomie gehört es auch, auf die Ausübung von Freiheit und auf die Inanspruchnahme staatlichen Schutzes verzichten zu können.[1] Unmissverständlicher wäre es, statt von einem „Verzicht auf Grundrechte" von einer „Disposition über Grundrechtsinhalte" zu sprechen. Letztere ist also gegebenenfalls eine Variante negativer Grundrechtsausübung. Daraus leiten sich objektive und subjektive Voraussetzungen für einen wirksamen Grundrechtsverzicht ab.

II. Objektive Voraussetzung der Disponibilität

535 Die Möglichkeit des Verzichts setzt die Disponibilität der betroffenen Rechtsgüter voraus. **Grundsätzlich** sind alle Grundrechte **disponibel**, wenn sie nicht gar die Disponibilität als solche schützen. Der Disponibilität könnten allenfalls objektiv-rechtliche Funktionen entgegenstehen: Was nicht dem subjektiven Schutz des Einzelnen, sondern objektiven Interessen anderer oder der Allgemeinheit dient, darauf kann der Einzelne nicht verzichten. Ausdrücklich disponibel sind Art. 6 Abs. 3 und Art. 16 Abs. 1 S. 2 GG, die einen entgegenstehenden „Willen" des Grundrechtsträgers sogar tatbestandlich voraussetzen, während nach Art. 9 Abs. 3 S. 2 GG die Koalitionsfreiheit ausdrücklich indisponibel ist. In allen anderen Fällen muss auf die Funktion und das Wesen der Grundrechte zurückgegriffen werden.

536 Auf einem Missverständnis beruht die Ansicht,[2] dass die objektiv-rechtlichen Dimensionen der Grundrechte (→ Rn. 863 f.) deren Disponibilität insgesamt ausschließen. Diese objektiven Dimensionen[3] sollen den Grundrechtsschutz verstärken.[4] Sie sollen die Voraussetzungen autonomer Selbstbestimmung schaffen und bewahren. Danach sind die Grundrechte in der Abwägung gegen andere Interessen zu beachten. Die objektiven Dimensionen der Grundrechte dürfen aber nicht die primär subjektive Freiheit unterlaufen. Würden sie in eine Grundpflicht zur positiven Freiheitsausübung umschlagen, dann wäre dem Einzelnen die Autonomie entzogen. Freiheitsgebrauch setzt die Autonomie voraus, die die Grundrechte postulieren. Das gilt nicht nur für die vertragsnahen (Art. 12 Abs. 1, Art. 14 Abs. 1 GG), sondern ausnahmslos für alle Grundrechte. Insbesondere impliziert auch die Menschenwürde keine Pflicht, eine wie auch immer objektivierte eigene Würde zu bewahren. Vielmehr ist gerade die Men-

---

1 *Pietzcker*, Der Staat 17 (1978), S. 527 ff.
2 So *Sturm* in: FS für W. Geiger, 1974, S. 173, 197 f.
3 *Häberle*, Öffentliches Interesse als juristisches Problem, 1970, S. 355 ff., 710.
4 Das BVerfG stellt fest, dass das Grundgesetz „in seinem Grundrechtabschnitt *auch* eine objektive Wertordnung aufgerichtet hat und dass gerade hierin eine prinzipielle *Verstärkung* der Geltungskraft der Grundrechte zum Ausdruck kommt." (BVerfGE 7, 198, 205 – Lüth, Hervorhebungen nicht im Original).

schenwürde Ausgangspunkt menschlicher Autonomie und damit auch der Disponibilität subjektiver Rechte.[5] **Zwischen Privaten** sind Grundrechte nicht objektiv indisponibel. Selbst Extremfälle (z. B. des Kannibalismus) sind gegebenenfalls darüber zu lösen, dass dem Einwilligenden die subjektive Einsichtsfähigkeit abzusprechen ist. Auch das Ausnutzen einer wirtschaftlichen oder sonstigen Not lässt den Grundrechtsverzicht erst am subjektiven Merkmal der Unfreiwilligkeit scheitern (→ Rn. 538).

In Fällen des Verzichts eines Privaten gegenüber dem Staat sind gegebenenfalls objektiv-rechtliche Grenzen wegen sonstiger **rechtlicher Bindungen auf Seiten des Staates** zu ziehen: Im Verhältnis zwischen Privaten und dem Staat ist zu beachten, dass der Staat seinerseits nicht privatautonom handeln kann. Der Staat kann sich seiner rechtsstaatlichen Bindung nicht entledigen. Vielmehr steht die Kooperation zwischen Bürger und Staat unter dem Vorbehalt der Verfassungsstaatlichkeit.[6] Der Grundsatz „volenti non fit iniuria"[7] gilt nicht im Verhältnis des Bürgers zum Staat.[8] Insbesondere darf der Staat die Kompetenzordnung nicht verlassen, darf Hoheitsrechte nicht unzulässig übertragen, muss zwingende Verfahrensgrundsätze beachten und darf nicht gegen das Koppelungsverbot verstoßen. Auch darf der Staat nicht per se unzulässige Mittel (z. B. das der Folter) einsetzen. Wenn sich der Staat über solche objektiv-rechtlichen Gebote hinwegsetzt, ist der in solchem Zusammenhang erklärte Grundrechtsverzicht unwirksam. Das gilt v. a. für das grundrechtsgleiche Recht des Wahlgeheimnisses nach Art. 38 Abs. 1 GG[9] und auch für die Verfahrensgarantie des Art. 104 Abs. 4 GG.[10]

537

III. Subjektiv-individuelle Voraussetzung der Freiwilligkeit

Soll die Disposition Ausdruck der Freiheit sein, muss sie **freiwillig**[11] erfolgen. Freiwilligkeit muss echte Autonomie sein. Deshalb setzt ein Grundrechtsverzicht mehr voraus als nur Freiheit von Zwang. Der Grundrechtsträger muss die reale Alternative haben, seine Freiheit auch vollumfänglich positiv ausleben zu können. Die Möglichkeit der Wahl zwischen verschieden intensiven Freiheitsbeschränkungen reicht nicht aus. Der Staat muss den Grundrechtsverzicht auch annehmen können, ohne dabei gegen seine Grundrechtsbindung zu verstoßen. Dies ist vor allem in Situationen **struktureller Gefährdungen** der Freiwilligkeit problematisch. Das gilt insbesondere in der Haft, aber auch in anderen, besonders engen und strengen Sonderstatusverhältnissen.

538

Zweitens setzt der freie Entscheidungswille über einen Grundrechtsverzicht voraus, dass der Grundrechtsträger **einsichtsfähig** ist, d. h. sich der Alternative und Folgen seiner negativen Freiheitsausübung im Moment der Entscheidung bewusst ist. Das

---

5 BVerfG, Beschluss v. 9.5.2016 – 1 BvR 2202/13, Rn. 57 – Krypta im Gewerbegebiet.
6 *Michael*, Rechtsgewalt im kooperierenden Verfassungsstaat, 2002, S. 324 ff. und passim.
7 Der Satz „volenti non fit iniuria" (dem Wollenden bzw. Einwilligenden geschieht kein Unrecht) geht auf eine Formulierung *Ulpians* in den Digesten zurück: „Nulla iniuria est, quae in volentem fiat": D. 47.10.1.5.
8 *Forsthoff*, Lehrbuch des Verwaltungsrechts, Bd. I: Allgemeiner Teil, 10. Aufl., S. 279. Damit ist jedoch über die Möglichkeit eines Grundrechtsverzichts nichts gesagt. *Sachs*, JuS 1995, 303, 307. Z. T. wird die Frage des Grundrechtsverzichtes unter dem Stichwort des Grundsatzes „volenti non fit iniuria" erörtert; vgl. *Robbers*, JuS 1985, 925.
9 *Morlok* in: Dreier, GG, Bd. 2, 3. Aufl., zu Art. 38 Rn. 128 m. w. N.
10 Wie hier: *Pietzcker*, Der Staat 17 (1978), 527, 549; *Degenhart* in: Sachs, GG, 9. Aufl., zu Art. 104 Rn. 26; das BVerfG hält einen Verzicht zwar nicht für ausgeschlossen, verlangt aber, von Amts wegen zu prüfen, ob dieser aufrecht erhalten wird: BVerfGE 16, 119, 122 f.
11 *Sachs* in: Sachs, GG, 9. Aufl., Vorb. vor Art. 1 Rn. 56; zur Vermeidung von Fremdbestimmung als Grenze der Schutzpflicht: BVerfGE 89, 214, 234 – Bürgschaftsverträge.

impliziert gegebenenfalls Informationspflichten bezüglich der Folgen der Disposition bzw. ihrer Alternativen, insbesondere bei geringer Bildung des Grundrechtsträgers.[12]

Drittens muss ein Grundrechtsverzicht auf den **Einzelfall begrenzt** bleiben, weil ein pauschaler Verzicht auf Freiheitsausübung die Autonomie selbst in Frage stellen würde. Diese Autonomie ist Voraussetzung des Grundrechtsverzichts und als solche nicht disponibel. Die subjektive Voraussetzung der Freiwilligkeit muss schließlich jederzeit vorliegen. Daraus folgt als „Verfahrensvoraussetzung" die **Widerrufbarkeit**. Der Grundrechtsverzicht muss jederzeit und bedingungsfrei widerrufbar sein. Während das Verfassungsrecht die Freiheitsrechte abstrakt gewährleistet und Menschenrechte nach Art. 1 Abs. 2 GG insoweit „unveräußerlich" sind, ist die Disposition als Grundrechtsausübung konkret und einzelfallbezogen.

IV. Rechtsfolgen eines Grundrechtsverzichts

539 Der Grundrechtsträger verantwortet durch autonomen Verzicht die Auswirkungen seiner Freiheitsausübung selbst. Er nimmt dem Staat die diesem obliegende Grundrechtsverantwortung ab. Es wird also die **Zurechnung** einer Grundrechtsbeschränkung zum Staat **unterbrochen**.[13]

HINWEIS FÜR DIE FALLBEARBEITUNG: Keinesfalls ist der Grundrechtsverzicht – mit Ausnahme von Art. 6 Abs. 3 und Art. 16 Abs. 1 S. 2 GG – schon auf der tatbestandlichen Ebene des Schutzbereichs oder auf der Stufe der Grundrechtsberechtigung[14] zu prüfen. Der Grundrechtsverzicht als negative Ausübung grundrechtlicher Freiheit (durch Duldung) setzt vielmehr die Einschlägigkeit des Schutzbereiches in persönlicher und sachlicher Hinsicht voraus. Die autonome Selbstschädigung des eigenen Körpers ist als solcher Gebrauch des Grundrechts. Hier stellt sich die Frage eines Grundrechtseingriffs bezogen auf Verbote solcher Selbstschädigungen. Solche Verbote sind rechtfertigungsbedürftige Eingriffe in das Grundrecht, über den eigenen Körper zu verfügen, ohne dass es auf die Figur des Grundrechtsverzichtes ankommen würde.

Der vielfach vertretenen Auffassung,[15] der Grundrechtsverzicht schließe **den Grundrechtseingriff** gegebenenfalls[16] aus, ist zuzustimmen, wenngleich sie nur eine der relevanten Fallgruppen betrifft. Auch wenn sich Grundrechtsbeschränkungen durch **Kooperation** zwischen Staat und Privaten nicht als (einseitiger) Eingriff darstellen, sondern im status negativus cooperationis (→ Rn. 491) dem Staat zugerechnet werden, schließt ein Grundrechtsverzicht gegebenenfalls[17] diese Zurechnung aus. Vor allem schließt jedoch der Grundrechtsverzicht staatliche **Schutzpflichten** gegen Grundrechtsbeeinträchtigungen durch Private aus. Das gilt auch dann, wenn die Verfassung

---

12 Ein anschauliches Beispiel liefert der Fall EGMR (Große Kammer), v. 26.7.2005, NJW 2008, 533, 536, Z. 196 ff. – D.H. u. a./Tschechien.
13 *Sachs*, JuS 1995, 303, 307.
14 Unklar *Kingreen/Poscher*, Grundrechte, 37. Aufl., die den Grundrechtsverzicht einerseits als Aspekt der Grundrechtsberechtigung behandeln (Rn. 216), andererseits aber die Folgen „regelmäßig" dem Eingriff zuordnen (Rn. 222).
15 So *Lübbe-Wolff*, Die Grundrechte als Eingriffsabwehrrechte, 1988, S. 59.
16 Die Zurechnung wird durch das Fehlen eines Grundrechtsverzichts nicht begründet, sondern allenfalls umgekehrt durch sein Vorliegen unterbrochen. Der Grundrechtsverzicht ist, sei es vor oder nach dem Eingriff, aber jedenfalls getrennt von ihm zu prüfen.
17 Allerdings ist zu beachten, dass ein Grundrechtsverzicht hier mangels Freiwilligkeit nicht vorliegt, wenn der Staat alternativ zu einer kooperativen Lösung mit Grundrechtseingriffen droht. Der Verzicht ist auch nicht auf der Ebene der Rechtfertigung zu berücksichtigen (anders *Bleckmann*, JZ 1988, 57; *Eckhoff*, Der Grundrechtseingriff, 1992, S. 185; krit. *Robbers*, JuS 1985, 925). Insbesondere bleibt auch unberührt, dass § 56 Abs. 1 S. 2 VwVfG einfachrechtlich die Angemessenheit verwaltungsvertraglicher Verpflichtungen verlangt.

§ 20 Grundrechtsverzicht als Zurechnungsunterbrechung

Schutzpflichten wie im Falle des Art. 1 Abs. 1 S. 2 GG für die Menschenwürde ausdrücklich normiert. Ob der Grundrechtsverzicht auch **prozessuale Wirkungen** hat, ist eine sekundäre Frage. Nur wenn seine Voraussetzungen offenkundig vorliegen, mag eine auf Grundrechte gestützte Klage bzw. Verfassungsbeschwerde unzulässig sein.

▶ **Zu Fall 23:** Der „Deal", den V mit der Polizei geschlossen hat, ist unwirksam, da nicht V über die gefährdeten Grundrechtsgüter (insbesondere die Menschenwürde) dispositionsbefugt ist, wohl aber die Beschäftigten bzw. die Kunden (str.). V kann auch nicht wirksam auf den Schutz der informationellen Selbstbestimmung seiner Kunden verzichten. Der Staat hat nur dann Schutzpflichten zur Unterbindung von „Selbstentwürdigungen", wenn die Betroffenen nicht freiwillig handeln. ◀

Systematischer Verweis: Zum Prüfungsaufbau beachte → Schema 2: II. 3 (Eingriffsfälle) bzw. → Schema 4: II. 3 (Schutzpflichtfälle).

Wiederholungs- und Verständnisfragen

> Nennen Sie die Voraussetzungen eines Grundrechtsverzichts!
> An welcher Stelle in der Fallbearbeitung ist ein Grundrechtsverzicht gegebenenfalls zu prüfen?

Teil 7:
Rechtfertigung von Freiheitsbeschränkungen

§ 21 Systematik und Anwendbarkeit der Grundrechtsgrenzen

I. Rechtfertigungsbedürftigkeit und systematische Einordnung der Grundrechtsgrenzen

540 Die Frage der Grenzen der Grundrechte stellt sich bei der **dreistufigen Grundrechtsprüfung** auf der **dritten Stufe, der Rechtfertigung**. Das setzt also im Aufbau voraus, dass der Schutzbereich eines bestimmten Grundrechts eröffnet ist und dass eine dem Staat zurechenbare Beeinträchtigung dieses Grundrechts vorliegt. Ist dies der Fall, so stellt sich die Frage der Rechtfertigung der Beeinträchtigung. Die ersten beiden Stufen begründen also gegebenenfalls die Rechtfertigungsbedürftigkeit.

Hinweis für die Fallbearbeitung: Terminologisch ist darauf zu achten, dass Grundrechtsbeeinträchtigungen und Eingriffe auf der zweiten Stufe der Grundrechtsprüfung nicht als „Verletzungen" eines Grundrechts bezeichnet werden. Ob ein Grundrecht „verletzt" ist, entscheidet sich erst auf der Stufe der Rechtfertigung.

541 Die ersten beiden Stufen der Grundrechtsprüfung entscheiden nicht nur darüber, ob es der Erörterung einer Rechtfertigung überhaupt bedarf, sondern stellen auch **Weichen für die Anforderungen an eine solche Rechtfertigung**. Die einzelnen Grundrechte unterscheiden sich nämlich in der Frage ihrer Begrenzbarkeit. So stellt z. B. Art. 13 Abs. 2 GG die besondere Anforderung einer richterlichen Anordnung, um die Durchsuchung einer Wohnung rechtfertigen zu können (→ Rn. 595 ff.). Sogenannte spezielle Gesetzesvorbehalte wie z. B. Art. 11 Abs. 2 GG benennen die Ziele, zu deren Zweck ein Grundrecht eingeschränkt werden kann (→ Rn. 671). Einige, sogenannte vorbehaltlose Grundrechte wie z. B. Art. 4 Abs. 1 GG hingegen sagen gar nichts darüber, ob und wie sie begrenzt werden können (→ Rn. 711). Ein Grundrecht darf nur dann und insoweit eingeschränkt werden, als die Verfassung dies zulässt. Der Vorrang der Grundrechte ist nur wirksam, wenn auch ihre Grenzen sich aus der Verfassung ergeben müssen. Grundrechtsgrenzen sind also im Ausgangspunkt **Verfassungsvorbehalte**, die freilich außerdem durch den Gesetzgeber durch entsprechende Eingriffsermächtigungen konkretisiert werden. Stets sind die materiellen Grenzen der Grundrechte aus der Verfassung abzuleiten, sei es, dass die Verfassung diese ausdrücklich durch Gesetzesvorbehalte regelt, sei es, dass sich Grenzen aus sonstigem Verfassungsrecht ergeben.

542 Allerdings gibt es auch viele dogmatische Parallelen bei der Einschränkbarkeit der einzelnen Grundrechte, also eine **allgemeine Dogmatik der Grundrechtsgrenzen**. So sind innerhalb der dritten Stufe der Grundrechtsprüfung zwei wesentliche Schritte zu unterscheiden: die **formelle Rechtfertigung** (→ § 22), in deren Mittelpunkt der Vorbehalt des Gesetzes steht, und die **materielle Rechtfertigung** (→ § 23), die mit bestimmten Modifikationen auf eine Verhältnismäßigkeitsprüfung hinausläuft. Diese Prüfungsschritte empfehlen sich auch für die Fallbearbeitung in Anlehnung an die im gesamten Recht bekannten Kategorien „formell" und „materiell".

543 **Hinweis zur Schrankenterminologie:** Nach einer überkommenen Systematisierung werden als zwei Schritte der Rechtfertigung „Schranken" und „Schranken-Schranken" unterschieden. Diese Bezeichnungen verbildlichen die ausdrücklichen Gesetzesvorbehalte von

Grundrechten als „Schranke" und den ungeschriebenen Grundsatz der Verhältnismäßigkeit als „Schranken-Schranke". Sie sollen verdeutlichen, dass insbesondere die einfachen Gesetzesvorbehalte (z. B. Art. 2 Abs. 2 S. 3 GG) dem Gesetzgeber keine Blanko-Ermächtigung zu beliebiger Begrenzung der Grundrechte geben, sondern solchen Grundrechtsschranken wiederum Schranken zu setzen sind. Einer derartig verbildlichten Begründung bedarf aber die als solche unbestrittene Geltung des Grundsatzes der Verhältnismäßigkeit nicht (mehr).[1] Das Bild von den „Schranken" ist im Übrigen irreführend, weil es suggeriert, dass Grundrechte ohne ausdrücklichen Gesetzesvorbehalt „schrankenlos" wären: Sie sind – im Gegensatz zur Menschenwürde – durchaus beschränkbar (→ Rn. 711) und der Prüfung einer Rechtfertigung dieser Einschränkung zugänglich. Die Terminologie behilft sich mit dem Begriff der „verfassungsimmanenten Schranke" jener vorbehaltlosen Grundrechte. Dieser Begriff, wird hier – weil er allgemein verbreitet ist – übernommen. Die „Schranken"-Terminologie wird zu einem konturlosen Bild, wenn sie die Beschränkung eines Grundrechts und die abstrakten Voraussetzungen der Rechtfertigung dieser Beschränkung umfassen soll. Hier wird der Begriff der Schranke deshalb – wenn überhaupt – nur als **abstrakter Terminus für die Begrenzbarkeit** der Grundrechte verwendet.

II. Einschränkbarkeit als Vorfrage der Rechtfertigung

Grundsätzlich sind alle Grundrechte einschränkbar, auch die nicht einschränkbaren. 544

Die Einschränkbarkeit eines Grundrechts ergibt sich gegebenenfalls aus dem ausdrücklichen Gesetzesvorbehalt. Die Einschränkbarkeit auch der Grundrechte ohne Gesetzesvorbehalt ist mit dem Prinzipiencharakter der Grundrechte und der Einheit der Verfassung zu begründen (→ Rn. 711 ff.).

Die **Menschenwürde** nach Art. 1 Abs. 1 GG zeichnet sich dadurch aus, dass sie **überhaupt nicht begrenzt** werden darf. Eingriffe in die Menschenwürde und die Vernachlässigung, sie zu schützen, sind keiner Rechtfertigung zugänglich. Sie führen zwangsläufig zur Verletzung der Menschenwürde. So wird es jedenfalls von der Rechtsprechung beteuert, vielfach beschworen und nach hier vertretener Auffassung ist dies auch ausnahmslos durchzuhalten. Das entspricht auch den speziellen Verbürgungen des Folter- und Sklavereiverbots in Art. 3 und Art. 4 EMRK. Auch der EGMR hat Ausnahmen, z. B. zur Bekämpfung des Terrorismus, in Fällen des Notstandes und sogar der Existenzgefährdung einer Nation abgelehnt.[2]

HINWEIS FÜR DIE FALLBEARBEITUNG: Das bedeutet im Gutachten, dass auf der dritten Stufe der Prüfung nur die Frage aufzuwerfen und zu verneinen ist, ob eine Rechtfertigung möglich ist. Formelle Fragen nach einer gesetzlichen Grundlage oder materielle Fragen zur Verhältnismäßigkeit stellen sich dann nicht (bzw. nur hilfsgutachtlich). Umso höher ist zuvor der Begründungsaufwand, um den entsprechend restriktiv zu verstehenden (→ Rn. 148) Schutzbereich der Menschenwürde anzunehmen.

Auch **Menschenwürde-Kollisionen** sind abwägungsfrei zu lösen.[3] Sie sind, wenn überhaupt, als Kollisionen zwischen einem Eingriff in die Menschenwürde zur Erfüllung einer Schutzpflicht zugunsten der Menschenwürde denkbar und werden unter dem

---

1 Anders noch *von Seydel/von Graßmann/Piloty*, Bayerisches Staatsrecht, Erster Band, 3. Aufl. 1913, S. 868 f.: „Darüber ist kein Zweifel, daß durch ein Gesetz, welches im gehörigen Wege ergeht, die Willens- und Handlungsfreiheit des Einzelnen in beliebiger Weise eingeschränkt werden kann.".
2 EGMR (Große Kammer), v. 11.7.2006, NJW 2006, S. 3117, 3122, Z. 99 – Jalloh/Deutschland.
3 Wie hier die h. M.: *Kunig/Kotzur* in: v. Münch/Kunig, GG, Bd. 1, 7. Aufl., zu Art. 1 Rn. 37; *Kingreen/Poscher*, Grundrechte, 37. Aufl., Rn. 499; *Lerche* in: FS für Mahrenholz, 1994, S. 515, 518; zweifelnd *Dreier* in: Dreier, GG, Bd. 1, 3. Aufl., zu Art. 1 Abs. 1 Rn. 133.

Stichwort „Rettungsfolter"⁴ diskutiert. Selbst wenn in solchen Fällen nicht nur eine Schutzpflicht zugunsten des Lebens,⁵ sondern auch der Menschenwürde greift, kann dies keinen die Menschenwürde verletzenden Eingriff rechtfertigen oder gar gebieten. Gegen die Konstruktion einer grundrechtlichen Pflichtenkollision⁶ spricht ein Vorrang des Abwehrrechts vor der Schutzpflicht (→ Rn. 524, 739).

545 Nicht übertragbar sind diese dogmatischen Konsequenzen der Unantastbarkeit der Menschenwürde auf einen sogenannten **„absolut geschützten Kernbereich"**⁷ eines bestimmten Grundrechts. Dabei handelt es sich um eine Argumentationsfigur, mit der die Rechtsprechung z. B. der Intimsphäre einen abwägungsfesten Schutz zuweisen will. Richtig verstanden handelt es sich in diesen Fällen nicht um den Ausschluss von Abwägung, sondern um das **typisierte Ergebnis einer Abwägung**. Dabei ist der Rückgriff auf die Menschenwürde entbehrlich und die Absolutheit des Schutzes auch nicht konsequent durchzuhalten.

Auch auf der „Gegenseite" der Rechtfertigung von Grundrechtseingriffen soll es im Rechtsstaat **keinen Dispens** vom Übermaßverbot geben. So hat das BVerfG⁸ das (relativ) „große Gewicht einer effektiven Terrorismusbekämpfung" anerkannt, zugleich aber abgelehnt, Terrorakte als „Krieg oder Ausnahmezustand" aufzufassen und von rechtsstaatlichen Anforderungen zu dispensieren.

Hinweis für die Fallbearbeitung: Im Gutachten sind in solchen Fällen alle Schritte der formellen und materiellen Rechtfertigung derartiger Grundrechtsbeschränkungen zu prüfen. Auf die Problematik der (vermeintlichen) Absolutheit und die primär deklaratorische⁹ Wesensgehaltsgarantie ist erst im Rahmen der Verhältnismäßigkeit i. e. S. einzugehen (→ Rn. 625).

546 Über die Menschenwürde hinaus gibt es noch **weitere Sonderfälle absoluten Schutzes**,¹⁰ in denen sich eine Eingriffsrechtfertigung verbietet. Sie betreffen das Verbot des Entzugs der Staatsangehörigkeit i. S. d. Art. 16 Abs. 1 S. 1 GG und den Auslieferungsschutz nach Art. 16 Abs. 2 S. 1 GG, während der Verlust der Staatsangehörigkeit nach Art. 16 Abs. 1 S. 2 GG einer Rechtfertigung zugänglich ist (→ Rn. 716). Absolut sind – jenseits der Ausnahmen des Art. 19 Abs. 4 S. 3 GG – auch die Rechtsschutzgarantie sowie die lediglich „grundrechtsgleichen" Rechte aus Art. 20 Abs. 4 GG, Art. 101 Abs. 1 S. 2 GG, Art. 103 Abs. 1 GG. Zu beachten ist aber auch hier, dass die Erstreckung der justiziellen Garantien auf deren Effektivität eine wiederum relative Frage ist. Ein weiterer Fall absoluten Schutzes¹¹ ist das Misshandlungsverbot des Art. 104 Abs. 1 S. 2 GG¹² als spezielle Ausprägung der Menschenwürde. Davon streng zu unterscheiden ist

---

4 *Starck* in: v. Mangoldt/Klein/Starck, GG, Bd. 1, 7. Aufl., zu Art. 1 Abs. 1 Rn. 79.
5 Nach hier vertretener Auffassung betreffen die Grundrechtskollisionen bei der Abtreibung entgegen der Rechtsprechung (BVerfGE 88, 203, 251 ff. – Schwangerschaftsabbruch II) nicht die Menschenwürde (→ Rn. 158).
6 So *Wittreck*, DÖV 2003, S. 873 ff., der zwar nicht annimmt, dass staatliche Eingriffe einen a priori höheren Unrechtsgehalt als Beeinträchtigungen von Grundrechten durch Private haben, aber trotz niederer Motive der zu verhindernden Menschenwürdeverletzung nicht zum Ergebnis eines Foltergebotes kommt. In dem von Wittreck besprochenen Fall stellt sich zudem das Problem, dass im Moment staatlicher Folter die menschenunwürdigen Umstände des Entführungsopfers unsicher und ihre Eignung zum Schutz Dritter fraglich sind.
7 BVerfGE 109, 279, 313 – Großer Lauschangriff.
8 BVerfGE 133, 277, 333 f. – Antiterrordatei.
9 *Häberle*, Die Wesensgehaltgarantie des Art. 19 II GG (1962), 3. Aufl. 1983, S. 234 ff.
10 *Dreier* in: Dreier, GG, Bd. 1, 3. Aufl., zu Art. 19 Abs. 1 Rn. 12.
11 *Schulze-Fielitz* in: Dreier, GG, Bd. 3, 2. Aufl., zu Art. 104 Rn. 61.
12 *Schmahl* in: Schmidt-Bleibtreu/Hofmann/Henneke, GG, 15. Aufl., zu Art. 104 Rn 23.

die Dogmatik der **Beschränkbarkeit vorbehaltlos gewährleisteter Grundrechte**, die in einem eigenen Kapitel (→ Rn. 711 ff.) erörtert wird.

III. Grundrechtsverwirkung

1. Funktion des Art. 18 GG als Instrument wehrhafter Demokratie

Die Grundrechtsverwirkung ist ein Instrument der sogenannten „wehrhaften Demokratie"[13] – neben Art. 9 Abs. 2 GG und Art. 21 Abs. 2 GG. Es beruht auf der **historischen Erfahrung** der Weimarer Zeit, wie anfällig die Verfassung gegen die Selbstzerstörung sein kann. Verfassungsfeinden, die die Verfassungsordnung als solche angreifen, werden mit diesen Instrumenten Grenzen gesetzt. Obwohl die Verfassungsordnung mit ihren Grundrechten offen sein will gegenüber politischen Inhalten aller Art, werden der Freiheitsausübung hier inhaltliche Grenzen gesetzt. Die Ausübung der Freiheit zu beschränken, um das Prinzip der Freiheit zu sichern, scheint zwar paradox, ist aber **nicht widersprüchlich**. Das Grundgesetz ist der Werthaftigkeit durch inhaltliche Grenzen der Verfassungsänderung (Art. 79 Abs. 3 GG) und der Wehrhaftigkeit ausdrücklich verschrieben: Zum Erhalt des freiheitlichen Systems werden seiner Offenheit Grenzen gesetzt. Der Schutz der freiheitlich demokratischen Grundordnung versteht sich als zeitloses, überpositives Prinzip. Das Grundgesetz wehrt sich gegen die Option der Abschaffung der Freiheit, weil sonst das System gesprengt und seine gewaltlose Wiedereinführung nicht garantiert würde. Damit entstünde für die Freiheit und Demokratie zukünftiger Generationen mehr Schaden als durch die Schranken des Selbstschutzes der Verfassung.[14]

547

Dabei handelt es sich um eine **spezifische Ausprägung des deutschen Verfassungsrechts**, die besonders im Gegensatz zur amerikanischen Verfassungstradition (exemplarisch zur Meinungsfreiheit → Rn. 201) steht. Die Regelung zum Menschenrechtsmissbrauch in Art. 17 EMRK und – mehr noch – der Schutz der demokratischen Gesellschaft als Schranke verschiedener Einzelgewährleistungen (Art. 10 Abs. 2, Art. 11 Abs. 2 EMRK) lassen aber Spielraum für dieses restriktiv auf Extremfälle zu begrenzende Instrument des Art. 18 GG, der in der bisherigen Praxis zwar mehrfach geprüft, im Ergebnis jedoch bisher nie angewendet wurde.[15]

Art. 18 GG verleiht dem traditionsreichen, vor allem im Zivilrecht seit jeher gebräuchlichen, Begriff des **Rechtsmissbrauchs** verfassungsrechtliche Gestalt. Dieser stellt, als rechtliches Argument verwandt, eine Schranke des jeweils geltenden Rechts dar und ist daher seinerseits besonders missbrauchsanfällig. Nicht zufällig positiviert das Grundgesetz (insoweit ähnlich Art. 17 EMRK und Art. 54 GRCh) daher die Voraussetzungen für das Eingreifen dieser Klausel und begrenzt damit gleichzeitig den Anwendungsbereich des Missbrauchsarguments. Art. 18 GG entfaltet damit vor allem im **Umkehrschluss** praktische Bedeutung. Das spezielle Institut der Grundrechtsverwirkung schließt eine freie Verwendung des Missbrauchsarguments zur Einschränkung der Grundrechte aus. Die Voraussetzungen für die Verwirkung sind an hohe Eingriffsschwellen geknüpft. Diese werden durch die Eingriffsschwellen, die das BVerfG[16] in

548

---

13 Zu diesem Konzept *Loewenstein*, Militant democracy and fundamental rights, American Political Science Review 31 (1937), S. 417 ff., 638 ff.
14 Zu den Legitimationsfragen vgl. *Popper*, The Open Society and Its Enemies (1945), Die offene Gesellschaft und ihre Feinde, 7. Aufl. 1992, I S. 147 ff., 332 ff. und passim. Vgl. auch *Dreier*, JZ 1994, S. 741, 751.
15 BVerfGE 38, 23, 24 f. – Herausgeber der deutschen National-Zeitung m. w. N. aus der Rechtsprechung.
16 BVerfGE 124, 300, 327 f. – Wunsiedel.

seinem Wunsiedel-Beschluss für Sondergesetze gegen Verfassungsfeinde aufstellt, unterlaufen (→ Rn. 654, 742).

2. Voraussetzungen der Verwirkung

549 Voraussetzung der Verwirkung ist – anders als bei Art. 17 EMRK und Art. 54 GRCh – nicht nur ein Missbrauch eines der in Art. 18 GG genannten gefahrgeneigten[17] Grundrechte im Einzelfall, sondern ein Verhalten, das darüber hinaus als „Kampf" gegen die freiheitliche demokratische Grundordnung zu bewerten ist. Der zwar gegebenenfalls auch rein geistige, d. h. nicht notwendig gewalttätige Kampf muss eine **andauernde, planvoll erscheinende, aggressive Tendenz** aufweisen.[18] Es handelt sich um eine **präventive Maßnahme** des Verfassungsschutzes, die zwar die individuelle, täterbezogene[19] Bewertung des bisherigen Verhaltens erfordert, nicht aber die subjektiven Voraussetzungen einer Strafe hat.[20] Die aus dem Polizeirecht bekannte Unterscheidung zwischen konkreter und abstrakter Gefahr bedarf hier einer Modifizierung.[21] Im Zeitpunkt einer konkreten Gefahr würden die Instrumente der wehrhaften Demokratie zu spät kommen, während eine lediglich abstrakte Gefahr eine so gravierende Freiheitsbeschränkung nicht rechtfertigen könnte. Es muss eine **nachhaltige Gefahr** für die Verfassung bestehen, die sich dadurch auszeichnet, dass viele einzelne verfassungsfeindliche Handlungen in ihrem Zusammenwirken insgesamt und auf Dauer gesehen den Bestand der Verfassungsordnung gefährden würden.

3. Konstitutives Verfahren vor dem BVerfG

550 Die Verwirkung tritt – anders als die Rechtsfolgen des Rechtsmissbrauchs i. S. v. Art. 17 EMRK – nicht automatisch ein, sondern bedarf der konstitutiven Feststellung in einem Verfahren vor dem BVerfG, das in §§ 36 ff. BVerfGG näher geregelt ist.

4. Rechtsfolgen

551 Als Folge der Verwirkung ist der besondere Schutz der Grundrechte im Einzelfall zurückgenommen. Dem Betroffenen ist aber nicht automatisch versagt, z. B. seine Meinung zu äußern, sondern er verliert insofern lediglich den verfassungsrechtlichen Grundrechtsschutz. Das BVerfG hat nach § 39 Abs. 1 BVerfGG darüber zu entscheiden, welche der in Art. 18 GG genannten Grundrechte der Betroffene verwirkt hat (S. 1) und kann dies auch befristen (S. 2). Das BVerfG kann darüber hinaus nach § 39 Abs. 1 S. 3 BVerfGG die Berufung auf Vorschriften des **einfachen Rechts** „genau bezeichneten Beschränkungen" unterwerfen, deren Vollzug sich dann nach S. 4 nicht auf eine (zusätzliche) gesetzliche Grundlage stützen muss. Die Folge der Grundrechtsverwirkung liegt nicht in einem Ausschluss der Grundrechtsberechtigung[22] oder des

---

17 Becker, Die wehrhafte Demokratie des Grundgesetzes, in: HStR VII, 1. Aufl., § 167 Rn. 51.
18 Gallwas, Der Missbrauch von Grundrechten, 1967, S. 119; zustimmend Becker in: HStR VII, 1. Aufl., § 167 Rn. 53.
19 Dürig, JZ 1952, S. 513, 517.
20 Gallwas, Der Missbrauch von Grundrechten, 1967, S. 120; Schmitt Glaeser, Missbrauch und Verwirkung von Grundrechten im politischen Meinungskampf, 1968, S. 66 ff.; anders: v. Weber, JZ 1953, 293.
21 Schmitt Glaeser, Missbrauch und Verwirkung von Grundrechten im politischen Meinungskampf, 1968, S. 67.
22 Damit bleibt auch eine Verfassungsbeschwerde unter Berufung auf verwirkte Grundrechte zulässig; anders Brenner in: v. Mangoldt/Klein/Starck, GG, Bd. 1, 7. Aufl., zu Art. 18 Rn. 59.

Eingriffs, sondern auf der **Ebene der Rechtfertigung**.[23] Das bedeutet für die Anwendung der Schranken folgendes:

1. Der Vorbehalt des Gesetzes für Grundrechtseingriffe gilt zwar, ist aber insoweit modifiziert, als das BVerfG dies nach § 39 Abs. 1 S. 3 und S. 4 BVerfGG verfügt.
2. Die Verhältnismäßigkeit von Eingriffen in verwirkte Grundrechte ist nicht im Einzelfall zu prüfen, sondern wird durch eine insoweit pauschale und abstrakte Grundrechtsausübungsschranke ersetzt. Letztere ist freilich auf ihre Reichweite im Einzelfall zu prüfen: Sinn und Zweck des Art. 18 GG ist nur der Ausschluss politischer Betätigung. Einem Verhalten, das auch mittelbar nicht solcher Betätigung dienen kann, wird damit dem Grundrechtsschutz nicht entzogen.

IV. Einzelaktsbetrachtung bei der Rechtfertigung

Bei der Frage der Rechtfertigung sind **mehrere Grundrechtseingriffe** gegebenenfalls **einzeln** zu betrachten. Das spielt vor allem beim Datenschutz eine große Rolle. Nach der Rechtsprechung des BVerfG[24] sind nämlich die Erhebung, Speicherung, Verwendung und Weitergabe von Daten nicht als einmaliger Gesamteingriff in das Recht auf informationelle Selbstbestimmung (→ Rn. 426) zu betrachten. Entsprechend muss für jeden Einzelakt eine formelle Rechtfertigung, insbesondere eine spezifische gesetzliche Grundlage bestehen. Das hat eine sehr komplizierte Spezialgesetzgebung angestoßen, die den Datenschutz in doppeltem Sinne zur „Geheimwissenschaft" gemacht hat. Ob damit insgesamt dem Anliegen eines vorhersehbaren Grundrechtsschutzes gedient ist, sei dahingestellt.

552

Hinweis für die Fallbearbeitung: Beachte vor allem, dass die Verhältnismäßigkeit der gesetzlichen Eingriffsermächtigung einerseits und des vollziehenden Einzelaktes andererseits zwei zu trennenden Fragestellungen sind (→ Schema 2 Varianten 2 und 2 a). Die Einzelaktsbetrachtung bei der Grundrechtsprüfung ist – ähnlich dem Strafrecht – an sich eine Selbstverständlichkeit (→ Rn. 55), wird aber bei der Fallbearbeitung immer wieder vernachlässigt. Sie ist allerdings auf der Ebene der Rechtfertigung nicht selbstverständlich. Bei der **materiellen Rechtfertigung** wird nämlich die Kumulation bzw. Saldierung von Eingriffen im Rahmen der Verhältnismäßigkeit und mithin eine Gesamtbetrachtung durchaus diskutiert (→ Rn. 62 f.). Beachte: Mehrere Maßnahmen sind nicht nur bei der Rechtfertigung zu unterscheiden, sondern gegebenenfalls je einzeln einer vollständigen Grundrechtsprüfung zu unterziehen (→ Rn. 41 a. E.).

Wiederholungs- und Verständnisfragen

> Erläutern Sie die Bedeutung von Grundrechtsgrenzen bzw. -schranken.
> Gibt es im Grundgesetz auch absolute, schrankenlose Grundrechtsgewährleistungen?
> Was sind die Rechtsfolgen der Verwirkung und an welcher Stelle werden sie relevant?

---

23 *Bethge*, Grundrechtswahrnehmung, Grundrechtsverzicht, Grundrechtsverwirkung, in: HStR IX, 3. Aufl., § 203 Rn. 171.
24 BVerfGE 65, 1, 43 ff. – Volkszählung.

§ 22 Formelle Rechtfertigung von Grundrechtsbeschränkungen

▶ **FALL 24:** Der Gesetzgeber möchte die Mittel der Terrorismusbekämpfung flexibilisieren und dabei auch Voraussetzungen für Online-Durchsuchungen schaffen. Er stellt sich die Frage, ob die genaueren Voraussetzungen derartiger Maßnahmen auch durch eine Rechtsverordnung auf der Grundlage einer entsprechenden Ermächtigung geregelt werden könnten. Online-Durchsuchungen, Lauschangriffe und Wohnungsdurchsuchungen sollen zur Terrorismusbekämpfung zwar nicht durch einen Richter angeordnet, wohl aber „durch von der Volksvertretung bestellte Organe und Hilfsorgane" i. S. d. Art. 10 Abs. 2 S. 2 GG nachträglich genehmigt werden. ◀

I. Funktion der formellen Rechtfertigung im System des Grundrechtsschutzes

553 Die Frage der formellen Rechtfertigung eines Grundrechtseingriffs ist eine Grundfrage verfassungsrechtlicher Legitimation. Die Grundrechte dürfen im Rechtsstaat nicht durch beliebige Hoheitsgewalt und nicht in beliebiger Weise eingeschränkt werden. Vielmehr bedarf es der **Zuständigkeit** des Hoheitsträgers, der in der dafür vorgesehenen **Form** handeln und das dazu geregelte **Verfahren** beachten muss.

554 Die zentrale und klassische Forderung ist dabei der **Vorbehalt des Gesetzes** (→ Rn. 559 ff.). Erst durch Gesetz wird ein bestimmter Hoheitsträger gegebenenfalls ermächtigt, in Grundrechte einzugreifen. Der Vorbehalt des Gesetzes ist die Kehrseite der Tatsache, dass die Gewährleistung mancher Grundrechte ausdrücklich unter einem **Gesetzesvorbehalt** steht. Der Gesetzesvorbehalt ermöglicht gesetzliche Eingriffe, der Vorbehalt des Gesetzes beschränkt Grundrechtseingriffe auf Maßnahmen mit gesetzlicher Grundlage. Z. T. wird sogar beides im Verfassungstext deutlich (Art. 2 Abs. 2 S. 3 GG: „In diese Rechte **darf nur** auf Grund eines Gesetzes eingegriffen werden."). Weil aus dem Gesetzesvorbehalt auch ein Vorbehalt des Gesetzes folgt, wird staatliches Handeln inhaltlich beschränkt, vorhersehbar und an Entscheidungen des demokratischen Gesetzgebers gebunden. Neben der rechtsstaatlichen Sicherung ist damit auch das Demokratieprinzip betroffen. In einem tieferen Sinne hängen sogar die grundrechtliche und die demokratische Freiheit und Selbstbestimmung zusammen. Die Grundrechte gewährleisten jedermann individuelle Freiheiten, selbst über sein Handeln zu bestimmen. Das Demokratieprinzip gewährleistet die kollektive Freiheit, als Volk selbst über die Grenzen der individuellen Freiheit zu entscheiden. So verlangt bereits *John Locke*,[1] dass Grundrechte nur durch demokratische Zustimmung der Bürger beschränkt werden dürfen. So lässt sich auch der englische Parlamentsvorbehalt für Steuergesetze seit der Petition of Rights (1628) erklären. Und so ist es konsequent, dass auch diese demokratischen Aspekte des Vorbehalts des Gesetzes in die Grundrechtsprüfung als Fragen der formellen Rechtfertigung integriert werden.

Definitionen: „Gesetzesvorbehalt" ist ein im Verfassungstext ausdrücklich normierter ausdrücklicher Vorbehalt, dass ein bestimmtes Grundrecht durch Gesetz oder auf Grund eines Gesetzes eingeschränkt werden darf; danach steht also das betroffene Grundrecht gegebenenfalls unter einem „Gesetzesvorbehalt" als Schranke. „Vorbehalt des Gesetzes" ist der allgemein, d. h. für alle Grundrechte unabhängig von ihren Schrankenbestimmungen geltende rechtsstaatliche Grundsatz, dass Grundrechtseingriffe – soweit die Verfassung diese überhaupt zulässt – jedenfalls auf einer gesetzlichen

---

1 *Locke*, The Second Treatise of Government (1689), Über die Regierung, Reclam 1974, S. 107 f.

Grundlage beruhen müssen; danach stehen alle Grundrechtseingriffe unter einem „Vorbehalt des Gesetzes" als Schranken-Schranke.

Die Legislative ist aber nicht die einzige Gewalt, die an Grundrechtseingriffen beteiligt ist. Vielmehr ist die notwendige Entscheidung des Gesetzgebers typischerweise erst der erste Schritt. Der konkrete Eingriff erfolgt im Regelfall durch die Exekutive und kann durch die Judikative überprüft werden. Die Beteiligung verschiedener Gewalten hat einen freiheitssichernden Effekt. Im Rahmen der formellen Rechtfertigung von Grundrechtseingriffen stellt sich die Frage, inwieweit die Einbindung mehrerer Gewalten sogar verfassungsrechtlich geboten ist. Neben dem Vorbehalt des Gesetzes stellt sich die Frage nach einem **Verwaltungsvollzugsvorbehalt** (→ Rn. 583 ff.) sowie nach speziellen **Richtervorbehalten** (→ Rn. 592 ff.) – jenseits der allgemeinen Garantie nachträglichen Rechtsschutzes nach Art. 19 Abs. 4 GG (→ Rn. 878 ff.).

555

Sowohl der Vorbehalt des Gesetzes, als auch Verwaltungsvollzugsvorbehalte und Richtervorbehalte haben nicht nur zur Folge, dass die zuständige Staatsgewalt überhaupt einbezogen wird. Vielmehr ist auch nach dem verfassungsrechtlich **gebotenen Verfahren** zu fragen. Als Konsequenz des Vorbehalts des Gesetzes ist das verfassungsmäßige Zustandekommen eines Gesetzes zu prüfen. Eine Konsequenz der Verwaltungsvollzugsvorbehalts ist schließlich auch die Frage nach der (verwaltungs-)verfahrensrechtlichen Seite der Grundrechte (→ Rn. 603). Letztere ist so wichtig, dass das BVerfG den Vorbehalt des Gesetzes auch auf die Regelungen des Verfahrens von Grundrechtseingriffen erstreckt.[2] Auch Richtervorbehalte haben Konsequenzen für die Gerichtsorganisation und für das Prozessrecht.

556

Systematisch handelt es sich bei der Frage der formellen Verfassungsmäßigkeit eines Grundrechtseingriffs um Grundrechtsdogmatik an der **Schnittstelle** zu anderen Rechtsgebieten. So ist die formelle Verfassungsmäßigkeit eines Gesetzes eine Frage des **Staatsorganisationsrechts**. Soweit es um die verfahrensrechtliche Seite der Grundrechte geht, ist auch die Schnittstelle zum **Verwaltungsrecht** berührt. Der Richtervorbehalt liegt schließlich an der Schnittstelle zum **Prozessrecht**, das im Übrigen zahlreiche Richtervorbehalte auch in Bereichen normiert hat, in denen dies durch das Grundgesetz nicht zwingend vorgeschrieben ist.

557

Hinweis zum Verständnis für Fortgeschrittene: In Deutschland liegt der Schwerpunkt der Grundrechtsprüfung – und auch der Rechtmäßigkeitsprüfung im Verwaltungsrecht – auf der materiellen Rechtfertigung. Die formelle Verfassungsmäßigkeit konzentriert sich traditionell auf den Vorbehalt des Gesetzes. Jedoch ist zu beobachten, dass die Rechtsprechung die verfahrensrechtliche Seite der Grundrechte anerkannt hat und in letzter Zeit auch formale Aspekte wie das Zitiergebot nach Art. 19 Abs. 1 S. 2 GG und Richtervorbehalte in ihrer Bedeutung gestärkt hat. Das ist zu begrüßen und kann die materielle Prüfung und damit die Zuspitzung auf Wertungs- und Abwägungsfragen entlasten.

558

---

2 BVerfGE 133, 112, 132 u. 138 f.

II. Vorbehalt des Gesetzes und formelle Anforderungen an grundrechtsbeschränkende Gesetze

1. Der grundrechtliche Vorbehalt des Gesetzes als rechtsstaatliches Gebot

a) Allgemeinheit des Vorbehalts des Gesetzes für Grundrechtsbeschränkungen

559 Um einen Grundrechtseingriff formell rechtfertigen zu können, bedarf es eines entsprechenden Gesetzes, das derartige Eingriffe erlaubt. Es handelt sich dabei um ein **rechtsstaatliches Postulat**, das über die klassischen Eingriffe hinaus auf alle Grundrechtsbeschränkungen erstreckt werden sollte (→ Rn. 563). Dieses war bereits im 19. Jahrhundert anerkannt,[3] schon bevor sich die Grundrechte als unmittelbar geltende, subjektive, materielle Rechte etablieren konnten.[4] Den Vorbehalt des Gesetzes als gemeineuropäisch anerkannten, rechtsstaatlichen[5] Verfassungsgrundsatz[6] bestätigt für die EU-Grundrechte ausdrücklich Art. 52 Abs. 1 GRCh. Im nationalen Verfassungsrecht hat der Vorbehalt des Gesetzes darüber hinaus auch eine **demokratische Komponente**, indem die Voraussetzungen von Grundrechtseingriffen dem parlamentarischen Gesetzgeber vorbehalten werden.

560 Dieser allgemeine Vorbehalt des Gesetzes gilt **für alle Grundrechte**. Dass manche Grundrechte im Grundgesetz einen ausdrücklichen Gesetzesvorbehalt enthalten, andere hingegen **vorbehaltlos** gewährleistet sind, bedeutet nicht, dass letztere auch ohne ein Gesetz beschränkt werden könnten, sondern im Gegenteil, dass die Anforderungen an die Rechtfertigung eines Eingriffs sogar noch höher sind.[7] Die Vorbehaltlosigkeit eines Grundrechts bedeutet nicht, dass es keines Gesetzes bedürfte, um ein solches Grundrecht einzuschränken, sondern, dass der Gesetzgeber dieses Grundrecht nicht ohne Weiteres gesetzlich beschränken darf. Während sich die Grundrechte untereinander dadurch unterscheiden, ob und welche **Gesetzesvorbehalte** sie haben, gilt der **Vorbehalt des Gesetzes** als rechtsstaatliches Gebot davon unabhängig für jeden Eingriff in jedes Grundrecht. Die besonderen Rechtfertigungsanforderungen spielen – ebenso wie die Unterscheidung zwischen einfachen und qualifizierten Gesetzesvorbehalten – nicht bei der formellen, sondern erst bei der materiellen Rechtfertigung eine Rolle (→ Rn. 605 ff.). Denn dort geht es um die materielle Frage, welche Zwecke legitim sind, um Grundrechte zu begrenzen.

---

[3] G. Jellinek, Gesetz und Verordnung, 1887, S. 125.
[4] Der Streit der Weimarer Zeit ging darum, ob die Grundrechte mehr als nur den Vorbehalt des Gesetzes bedeuten. Vgl. einerseits: *C. Schmitt*, Inhalt und Bedeutung des zweiten Hauptteils der Reichsverfassung, in: Anschütz/Thoma, Handbuch des Deutschen Staatsrechts, Bd. 2, 1932, § 101, S. 572, 585: „Es gibt dann nur eigentlich nur ein einziges, allgemeines Grundrecht, nämlich das auf Gesetzmäßigkeit aller staatlichen Willensäußerungen"; andererseits: *Smend*, Bürger und Bourgeois im deutschen Staatsrecht (1928), in: Staatsrechtliche Abhandlungen, 4. Aufl., S. 309, 313 f.: „Die formalistische Staatsrechtslehre der letzten Jahrzehnte des 19. Jahrhunderts sah in den Grundrechten nur noch die längst gegenstandslos gewordene Abstellung geschichtlicher, feudaler oder absolutistischer Schranken der individuellen Freiheit und für die Gegenwart nur noch das – ohnehin geltende – Verbot von Eingriffen ohne gesetzliche Grundlage [...]".
[5] Gemeineuropäisch ist die rechtsstaatliche (EGMR, v. 24.9.1992, EuGRZ 1992, 535, Z. 88 ff. – Herczegfalvy: Bestimmtheitserfordernisse) Komponente, nicht die demokratische Komponente des Vorbehalts des Gesetzes (EGMR, v. 26.4.1979, EuGRZ 1979, 386, 387, Z. 47 (= JuS 1980, 523) – Sunday Times: Im Common Law reicht auch ungeschriebenes Recht).
[6] EuGH, Rs. C-46/87 (Hoechst AG/Kommission), Slg 1989, 2859, Rn. 19; *Jarass/Kment*, EU-Grundrechte, 2. Aufl., § 6 Rn. 26.
[7] BVerfGE 83, 130, 142 f. – Josephine Mutzenbacher. Jedoch gilt das Zitiergebot (→ Rn. 580 ff.) hier nicht (ebd., S. 154).

b) Formelle Verfassungsmäßigkeit des Gesetzes als rechtsstaatliches Gebot

Eine Grundrechtsbeschränkung kann durch ein Gesetz nur dann gerechtfertigt werden, wenn dieses **Gesetz selbst wirksam** ist. Gesetze, die unter einem formellen Fehler leiden, sind nichtig, entfalten also keine Rechtswirkungen – schon gar nicht zulasten des Bürgers. Ein formell verfassungswidriges Gesetz ist also wie ein nicht existierendes Gesetz zu behandeln. Die formelle Verfassungsmäßigkeit eines Gesetzes setzt eine entsprechende Rechtsetzungskompetenz voraus und es dürfen keine Verstöße gegen zwingende Vorschriften des Rechtsetzungsverfahrens vorliegen.

561

HINWEIS FÜR DIE FALLBEARBEITUNG: Die rechtsstaatliche Begründung für den allgemeinen Vorbehalt des Gesetzes hat eine auch in der Fallbearbeitung wichtige Konsequenz: Die Prüfung der formellen Rechtfertigung eines Grundrechtseingriffs beschränkt sich nicht auf die Feststellung, ob ein entsprechendes Gesetz ersichtlich ist, sondern erstreckt sich auch darauf, ob das Gesetz formell verfassungsgemäß ist. Diese objektiven, rechtsstaatlichen Normen des Staatsorganisationsrechts werden so innerhalb der subjektiven Grundrechtsgewährleistung relevant. Das weite Verständnis des Art. 2 Abs. 1 GG als Auffanggrundrecht (→ Rn. 435 ff.) hat zur Folge, dass damit die formelle Verfassungsmäßigkeit aller belastenden Eingriffe zum Maßstab einer Verfassungsbeschwerde gemacht werden kann. Vorkonstitutionelle Gesetze gelten nach Art. 123 Abs. 1 GG unabhängig von ihrem nicht verfassungsstaatlichen Zustandekommen fort.[8] Wenn die Verfassungsmäßigkeit eines Vollzugsaktes (z. B. eines Verwaltungsaktes) zu prüfen ist (→ Rn. 55, 552), führt die Frage des Vorbehalts des Gesetzes zu einem **Schachtelaufbau:** Im Rahmen der formellen Verfassungsmäßigkeit des Vollzugsaktes ist die formelle und (!) materielle Verfassungsmäßigkeit der Eingriffsermächtigung (z. B. einer Verordnung) zu prüfen (→ Schema 6 Variante 1 der Begründetheitsprüfung). Alternativ kann die Prüfung der Verfassungsmäßigkeit einer Ermächtigungsgrundlage auch **als Vorfrage** vorgezogen werden (→ Schema 6 Variante 2 der Begründetheitsprüfung). In beiden Varianten ist zwischen der Verhältnismäßigkeit der abstrakten Norm und des Einzelaktes sauber zu differenzieren (→ Fall 25: Rauchverbot).

c) Kein Totalvorbehalt des Gesetzes auch für freiheitsfördernde Maßnahmen

Der Vorbehalt des Gesetzes gilt **nur für Grundrechtsbeschränkungen**, also für belastende Maßnahmen des Staates. Es existiert kein Generalvorbehalt, der sich auch auf die Leistungs- und Schutzdimensionen der Grundrechte erstrecken würde. Für Leistungen oder für die Erfüllung von Schutzpflichten müssen sich die Gewalten zwar auch an die Kompetenzordnung halten. Sie dürfen auch die Grenzen, die ihnen das Haushaltsgesetz zieht, nicht überschreiten. Sie bedürfen aber insoweit keiner spezifischen gesetzlichen Ermächtigung. Nach dem BVerfG[9] existiert **kein „Totalvorbehalt" des Gesetzes.** Das Rechtsstaatsprinzip ist nicht Selbstzweck. Allerdings ist daraus nicht der Umkehrschluss zu ziehen, dass der Staat im Zusammenhang mit Leistungen und Schutzpflichten nie dem Vorbehalt des Gesetzes unterliegt. Der Vorbehalt des Gesetzes gilt insoweit zwar nicht automatisch, wohl aber im Ergebnis in vielen Fällen aus anderen Gründen: Für **Leistungen** wird der Vorbehalt des Gesetzes durch das Demokratieprinzip, namentlich die Wesentlichkeitstheorie (→ Rn. 578) dann ausgelöst, wenn deren fiskalische Bedeutung erheblich ist oder wenn die Leistung Voraussetzung zur Verwirklichung von Freiheitsrechten ist, also typischerweise bei den Teilhaberechten (→ Rn. 528). Für die Einlösung von **Schutzpflichten** reicht zwar grundsätzlich die Zu-

562

---

8 Die Ausnahme, dass vorkonstitutionelles Recht nach Art. 123 Abs. 1 GG nicht dem GG widersprechen darf, wird bei der materiellen Verfassungsmäßigkeit relevant, die unterschiedslos zu prüfen ist.

9 BVerfGE 110, 177, 191 – Freizügigkeit von Spätaussiedlern.

ständigkeit. Der Vorbehalt des Gesetzes wird allerdings regelmäßig dadurch ausgelöst, dass die Erfüllung von Schutzpflichten zugleich in Grundrechte Dritter eingreift. Gesetzesfrei bleibt damit also insoweit nur der Schutz vor Grundrechtsbeeinträchtigung z. B. durch Naturgewalten oder durch Drittstaaten.

Grundsätzlich muss jede freiheitsbeschränkende Maßnahme auf ein Gesetz gestützt werden können. Das wirft die methodische Frage der Unterscheidung zwischen Auslegung und Rechtsfortbildung auf. Es gilt für solche Ermächtigungsgrundlagen die – freilich schwer zu ziehende – Grenze der Auslegung. Der Vorbehalt des Gesetzes schließt Rechtsfortbildung, Analogien und Gewohnheitsrecht aus, soweit diese freiheitsbeschränkend wirken. Maßnahmen, die ein **milderes Mittel** darstellen gegenüber einem Eingriff, für den eine gesetzliche Ermächtigung existiert, können als „minus" von der Ermächtigung gedeckt sein, soweit sie denselben Zwecken dienen. Weder ist eine solche Ermächtigungsgrundlage deshalb verfassungswidrig, weil sie nicht auch das mildere Mittel explizit regelt, noch soll sie die Verwaltung an den Wortlaut einer Rechtsfolge fesseln, nur weil z. B. deren Androhung oder eine bloß vorläufige Maßnahme nicht explizit geregelt ist. Überschreitungen der Wortlautgrenze können also nicht nur bei begünstigenden, sondern auch bei relativ weniger eingreifenden Maßnahmen (a maiore ad minus) lege artis sein. Der Vorbehalt des Gesetzes hütet uns nicht „vor allem, was noch ein Glück ist"[10].

d) Ausnahmen vom Vorbehalt des Gesetzes

563 Vom Vorbehalt des Gesetzes gibt es zudem **bereichsspezifische Ausnahmen**, die allerdings nur Zustimmung verdienen, soweit sie sich ihrerseits aus dem Verfassungsrecht ergeben.

Erstens verlangt das BVerfG keine gesetzliche Grundlage in Fällen der **direkten Drittwirkung des Art. 9 Abs. 3 GG**.[11] In diesem Sonderfall ist das Grundrecht selbst das „Gesetz", das gesetzlicher Ausgestaltung zwar zugänglich aber nicht zwingend bedürftig ist, um Private zu binden und um diese Bindung auch gerichtlich durchzusetzen. Das gilt aber nicht in Fällen der sogenannten „mittelbaren Drittwirkung" (→ Rn. 481 ff.).

Eine zweite Ausnahme lässt der Wortlaut des **Art. 13 Abs. 7 GG** zu, dessen erste beiden Merkmale (Gemeingefahr und Lebensgefahr) ausdrücklich neben den Gründen einer gesetzlichen Begrenzung genannt werden. Da insoweit aber gesetzliche hinreichende Grundlagen existieren, ist diese Ausnahme praktisch nie relevant geworden.[12]

In weiteren Fällen sind Ausnahmen vom Vorbehalt des Gesetzes grundsätzlich abzulehnen. Der Vorbehalt des Gesetzes sollte insbesondere auch für Grundrechtsbeschränkungen anerkannt werden, die **keine klassischen Eingriffe** sind. Es besteht kein hinreichender Grund dafür, **Warnungen**[13] – zugunsten der Funktionsfähigkeit der Regierung bzw. Verwaltung – grundsätzlich und dauerhaft vom Vorbehalt des Gesetzes zu befrei-

---

10 *Torberg*, Die Tante Jolesch, 1975, S. 14: „Gott soll einen hüten vor allem, was noch ein Glück ist".
11 BVerfGE 84, 212, 226 – Aussperrung; BVerfGE 88, 103, 115 – Streikeinsatz von Beamten.
12 Eine Auseinandersetzung, ob Art. 13 Abs. 7 GG insoweit beim Wort zu nehmen ist (so zutreffend: *Gornig* in: v. Mangoldt/Klein/Starck, GG, Bd. 1, 7. Aufl., zu Art. 13 Abs. 7 Rn. 155) oder aber durch den allgemeinen Gesetzesvorbehalt überlagert wird (so: *Hermes* in: Dreier, GG, Bd. 1, 3. Aufl., zu Art. 13 Rn. 25) ist daher müßig.
13 → Rn. 355; noch problematischer wegen der Eingriffsqualität BVerfG-K, NJW 2011, 511, krit. dazu *Schoch*, NVwZ 2011, 193.

en. Die Lösung dieser Fälle ist nicht auf der Ebene der Frage zu suchen, ob der Vorbehalt des Gesetzes überhaupt gilt, sondern in einer Reduktion der Bestimmtheitsanforderungen an entsprechende gesetzliche Ermächtigungen (→ Rn. 569).

Mit kollidierendem Verfassungsrecht lassen sich allenfalls noch die Sonderfälle erklären, in denen das BVerfG die Aufhebung von Hoheitsakten ohne gesetzliche Grundlage dann ablehnt, wenn die Funktionsfähigkeit staatlicher Einrichtungen sonst auf dem Spiel stünde. Hier handelt es sich aber lediglich um die „vorübergehende Aussetzung der regulären Rechtsfolgen"[14] einer Verfassungsbeschwerde, namentlich der Aufhebung verfassungswidriger Entscheidungen nach § 95 Abs. 2 BVerfGG. Freilich bedeutet dies, dass für eine **Übergangszeit** die Verwaltung und Rechtsprechung faktisch nicht gehindert werden, wenn nicht gar gehalten sind, sich über den grundsätzlich geltenden Vorbehalt des Gesetzes hinwegzusetzen.

2. Materielles Bestimmtheitsgebot als Konsequenz

HINWEIS FÜR DIE FALLBEARBEITUNG: Die Frage der Bestimmtheit ist die materielle Konsequenz des formellen Vorbehalts des Gesetzes. Sie wird zum besseren Verständnis dieses Zusammenhangs an dieser Stelle bereits abgehandelt. Probleme der Bestimmtheit sind jedoch in der Fallbearbeitung gegebenenfalls am Ende der materiellen Rechtfertigung zu erörtern (→ Schema 2: III).

a) Öffentlich-rechtliche Generalklauseln für klassische Eingriffe

Der Vorbehalt des Gesetzes soll Befugnisse zu Grundrechtseingriffen beschränken und deren Voraussetzungen abstrakt klären. Das dient der Vorhersehbarkeit und rechtsstaatlichen Überprüfbarkeit von Grundrechtseingriffen.[15] Grundrechtsbeschränkende Gesetze müssen deshalb dem allgemeinen, rechtsstaatlichen **Bestimmtheitsgebot** genügen.

564

Ein Problem des Postulats der Bestimmtheit von Gesetzen besteht darin, dass die zu regelnden Einzelfälle in manchen Regelungsbereichen sehr vielfältig und wenig vorhersehbar sind. Deshalb ist Bestimmtheit nur im Rahmen des Möglichen zu fordern, d. h. **abhängig von den Eigenheiten der Regelungsmaterie**.[16] Es ist nach dem spezifischen Regelungsbedürfnis und der Regelungsfähigkeit zu fragen, auch nach Erfahrungen mit gesetzlichen Formulierungen. Besonders streng ist die Rechtsprechung z. B. beim **Recht auf informationelle Selbstbestimmung** (→ Rn. 426). Die Datenerhebung, Speicherung, Nutzung und Weitergabe von Daten werden als je eigenständige Eingriffe angesehen, die einer jeweils speziellen gesetzlichen Grundlage bedürfen, die wiederum den Zweck der Maßnahme bestimmen muss.[17]

Polizei- und sicherheitsrechtliche Generalklauseln zum Schutz der „**öffentlichen Sicherheit**" sind als Ermächtigungsgrundlage für Eingriffe seit jeher anerkannt. Auch wenn der Gesetzgeber daran geht, Standardmaßnahmen der Polizei in Spezialermächtigungen zu normieren, kann er auf die Generalklausel (z. B. § 8 Abs. 1 PolG NRW) nicht verzichten, weil in Sicherheitsfragen immer mit unvorhergesehenen Umständen gerechnet werden muss. Will der Staat seine verfassungsrechtliche Grundaufgabe der

565

---

14 BVerfGE 116, 69, 93 – Jugendstrafvollzug.
15 *Jarass/Kment*, EU-Grundrechte, 2. Aufl., § 6 Rn. 30; EGMR, v. 26.4.1979, EuGRZ 1979, 386, Z. 49 – Sunday Times.
16 EuGH, Rs. 133/85 (Rau u. a./BALM), Slg. 1987, 2289, Rn. 31.
17 BVerfGE 65, 1, 43 ff. – Volkszählung.

Sicherheitsgewährleistung umfassend erfüllen, sind Auffangermächtigungen der Sicherheitsbehörden unverzichtbar. Das Tatbestandsmerkmal der „öffentlichen Sicherheit" – gegebenenfalls i. V. m. grundrechtlichen Schutzpflichten – erfüllt die Funktion der Eingriffsreserve für atypische Gefahren.

566 Kritisch hingegen ist das verwaltungsrechtliche[18] Tatbestandsmerkmal der „öffentlichen Ordnung" (§ 15 Abs. 1 VersG, Art. 2 BayPAG) zu bewerten. Die Rechtsprechung versteht darunter die „Gesamtheit der ungeschriebenen Regeln [...], deren Befolgung nach den jeweils herrschenden sozialen und ethischen Anschauungen als unerlässliche Voraussetzung eines geordneten menschlichen Zusammenlebens innerhalb eines bestimmten Gebiets angesehen wird".[19] Mit dem Verweis auf ungeschriebene Regeln wird nicht nur der Gesetzesvorbehalt sinnentleert. Es fragt sich, ob der Staat neben der Sicherheit auch die Sittlichkeit in so umfassender Weise zu gewährleisten hat. Schließlich greift hier im Zweifel der Parlamentsvorbehalt. Die Beantwortung der Wertfrage, wo die Liberalität der Grundrechte enden soll, ist wesentlich politisch. Das BVerfG differenziert nach der Schwere des Eingriffs, indem es zulässt, dass zwar Auflagen, nicht aber Versammlungsverbote auf Verstöße gegen die öffentliche Ordnung gestützt werden.[20]

b) Bestimmtheitsprobleme eines Vorbehalts des Gesetzes für mittelbare Grundrechtseingriffe, insbesondere staatliche Warnungen

567 Wie sich an den „klassischen" Grundrechtseingriffen im Polizeirecht gezeigt hat, bestand das Problem begrenzter Einlösbarkeit von Bestimmtheitsforderungen zwar als solches schon immer. **Grenzen der Regelbarkeit** haben aber trotz moderner Erkenntnis-, Datenverarbeitungs- und Prognosemethoden wenigstens quantitativ immer mehr **zugenommen**. In der immer wieder beklagten Regelungsflut finden sich – neben Detailregelungen – an zentraler Stelle auch immer mehr unbestimmte Normen.

568 Rein verfassungsrechtlich betrachtet ist die **Ausweitung des grundrechtlichen Vorbehalts des Gesetzes** die dogmatische Konsequenz einer Ausweitung der Grundrechtsbedeutungen. Ursprünglich war der Vorbehalt des Gesetzes für klassische Eingriffe in Freiheit und Eigentum entwickelt worden. Inzwischen sind grundrechtliche Freiheiten insgesamt sowohl im Schutzbereich (durch das Verständnis des Art. 2 Abs. 1 GG als Auffanggrundrecht) als auch hinsichtlich der Zurechnung (v. a. mittelbarer Grundrechtsbeeinträchtigungen) rechtlich ausgedehnt worden. Damit ist die Relevanz des Vorbehalts des Gesetzes gerade um Bereiche unspezifischer, schwer vorhersehbarer Grundrechtsbeeinträchtigungen erweitert worden.

569 Nach einer Auffassung ist darüber nachzudenken, das „Dogma" der Allgemeinheit des Vorbehalts des Gesetzes aufzugeben.[21] Dahinter verbirgt sich die Frage, ob die ur-

---

18 Die Verwendung des Begriffs in Art. 13 Abs. 7 GG ist unproblematisch, weil hier die Konkretisierung durch Gesetz vorausgesetzt wird.
19 BVerfGE 69, 315, 352 – Brokdorf; erinnert sei daran, dass die bis heute gängige Definition auf PrOVGE 91, 139, 140 f. zurückgeht. Das Gericht beruft sich in der Entscheidung v. 9. Nov. 1933 (sic!) zum Thema Damen-Boxkämpfe in Abweichung von einer Entscheidung des Vorjahres auf den „Durchbruch der nationalen Revolution", mit der „ein gewaltiger innerer Umschwung stattgefunden" habe, der „in den Anschauungen über Bestimmung und Betätigung der Frau einen Wandel bewirkt hat, wie er in der Entwicklung deutschen Wesens selten erlebt worden ist".
20 BVerfG-K, NJW 2001, 1409 f.; restriktiv bereits BVerfGE 69, 315, 353 – Brokdorf; aus der Lit.: *Baudewin*, Öffentliche Ordnung in Versammlungsrecht, 3. Aufl.
21 *Hoffmann-Riem*, AöR 130 (2005), 5, 43 f. – der aber letztlich wie hier nur eine Modifizierung fordert.

sprüngliche rechtsstaatliche Funktion des Vorbehalts des Gesetzes insoweit überhaupt befriedigend auszufüllen ist. Das BVerfG[22] macht insoweit eine Ausnahme vom Vorbehalt des Gesetzes in seiner **Rechtsprechung zu staatlichen Warnungen**.[23] Es lässt für Warnungen eine Kompetenz und Aufgabe der warnenden staatlichen Instanz ausreichen, statt eine Befugnisnorm zu fordern. Es bezeichnet Warnungen lediglich als zurechenbare Grundrechtsbeeinträchtigungen, ohne dies als Erweiterung des Eingriffsbegriffs zu begreifen. Dies wird in der Literatur zu Recht abgelehnt,[24] weil ohne Not gleich zwei systematische Kategorien durchbrochen werden: der Eingriffsbegriff und die Allgemeinheit des Vorbehalts des Gesetzes.

Vorzugswürdig ist es, daran festzuhalten, dass jeder Eingriff auf einer Eingriffsermächtigung beruhen muss.[25] Dabei sind auch Warnungen – soweit die Grundrechtsbeeinträchtigungen dem Staat zurechenbar sind (→ Rn. 503) – als Eingriffe zu erfassen. Freilich ist die Frage legitim, ob der Vorbehalt des Gesetzes automatisch mit jeder Erweiterung von Schutzbereichen oder Zurechnungen von Grundrechtsbeeinträchtigungen mitwachsen muss.[26] Die Antwort ist aus den **vielschichtigen rechtsstaatlichen Funktionen des Vorbehalts des Gesetzes** zu erschließen, die sich keineswegs in der Bestimmtheit der materiellen Voraussetzungen eines Eingriffs erschöpfen. So mag es auch bei Warnungen nicht sinnvoll oder möglich sein, alle Gefahren, vor denen der Staat warnen können soll, im Einzelnen inhaltlich zu umschreiben. Andere Voraussetzungen sind durchaus einer gesetzlichen Regelung fähig und aus Gründen rechtsstaatlicher Klarheit zum Schutze der Grundrechte auch bedürftig. Dazu gehört eine Klärung der Verbands- und Organkompetenzen, Fragen der Organisation und des Verfahrens der Informationsbeschaffung sowie das Gebot nachsorgender, weiterer Information, wenn sich die Tatsachen oder ihre Einschätzung geändert haben oder wenn die Öffentlichkeit auf eine staatliche Warnung hin in unbeabsichtigter Weise z. B. überreagiert. Keinesfalls stellt der Vorbehalt des Gesetzes also in diesem Bereich einen reinen Formalismus dar, abgesehen davon, dass – dem Polizeirecht entsprechend – neben Generalklauseln auch typisierte Warnungstatbestände durchaus denkbar wären.

c) Generalklauseln zur Lösung sogenannter „mittelbarer Drittwirkung"

Auch bei der sogenannten mittelbaren Drittwirkung im Privatrecht handelt es sich um eine der Erweiterungen der Grundrechtsfunktionen über den klassischen Eingriff hinaus. Auch für diese Fälle besteht keine Not, die formale Anforderung einer gesetzlichen Grundlage als Anknüpfung für die Entfaltung sogenannter mittelbarer Drittwirkung in Frage zu stellen. Der Rechtsprechung, die für die Grundrechtsentfaltung durch den Richter an Generalklauseln des Privatrechts anknüpft, ist zuzustimmen. Bei solchen Generalklauseln wie den §§ 138, 242, 826 BGB handelt es sich um Parlamentsgesetze. Soweit ersichtlich decken solche Generalklauseln den gesamten Bereich relevanter Fälle ab, so dass es einer gewohnheits- oder richterrechtlichen Konstruktion nicht bedarf. Mag man die höchstrichterliche Rechtsprechung zu § 242 BGB – insbesondere etwa im Arbeitsrecht – auch als Richterrecht bezeichnen, verlässt selbst dieses nicht den Boden einer gesetzlichen Anknüpfung. Zivilrechtliche **Generalklauseln sind**

---

22 BVerfGE 105, 279, 305 f. – Osho.
23 Warnungen werfen auch Probleme der Zurechnung (→ Fall 19 vor Rn. 486) und des Vorbehalts des Gesetzes (→ Rn. 563) auf. Vgl. auch zu Art. 5 GG → Rn. 217 und zu Art. 12 GG → Rn. 355.
24 *Dreier* in: Dreier, GG, Bd. 1, 3. Aufl., Vorb. Rn. 128 m. w. N. bezeichnet die Kritik als „nahezu einhellig".
25 Zu diesem Junktim: *Bethge*, Der Grundrechtseingriff, VVDStRL 57 (1998), S. 7, 46.
26 Für Leistungs- und Schutzdimensionen wird dieser Automatismus zu Recht verneint (→ Rn. 562).

gesetzliche Ermächtigungen zum richterlichen Grundrechtseingriff. Durch sie erhält der Richter die Kompetenz, den Schutzauftrag der Grundrechte in Fällen gestörter Vertragsparität zur Geltung zu bringen.[27] Dies sprengt den formalen Gesetzesbegriff kontinentaleuropäischen Rechts nicht, sondern ist ein allenfalls funktionales Äquivalent von Gewohnheitsrecht bzw. von Richterrecht im Common Law.

572 Die Frage des Ob eines Vorbehalts des Gesetzes stellt sich im deutschen Recht also insoweit nicht. Das Bemerkenswerte an diesen Fällen ist vielmehr, dass hier das aus dem rechtsstaatlichen Vorbehalt des Gesetzes an sich folgende **Bestimmtheitserfordernis** im Falle der Generalklauseln gegebenenfalls **weitestgehend zurückgenommen** werden kann. Die formelle Rechtfertigung wird also mit der bloß formalen Existenz eines extrem unbestimmten Gesetzes begründet. Dafür gibt es gute Gründe: Immerhin dienen entsprechende Grundrechtseingriffe der Erfüllung einer verfassungsrechtlichen Schutzpflicht. Auch ist es dem Gesetzgeber kaum möglich, alle denkbaren privatrechtlichen Grundrechtskonflikte spezialgesetzlich zu regeln. Da der betroffene Dritte die Schutzpflicht ausgelöst hat, ist es ihm auch zuzumuten, dass der Richter in seine Grundrechte auf der Grundlage einer unbestimmten Generalklausel eingreift. Das ist auf Grund der Geltung der Generalklauseln mit ihren Begriffen „Sittenwidrigkeit" oder „Treu und Glauben" auch nicht unvorhersehbar. Schließlich erhalten Generalklauseln durch die Auslegungspraxis greifbare Konturen, so dass häufig zwar das Gesetz, nicht aber die Rechtsanwendung unbestimmt ist.

d) Modifizierung in Sonderstatusverhältnissen und in der Selbstverwaltung

573 Die Grundrechte und mit ihnen der Vorbehalt des Gesetzes gelten auch in besonderen Nähebeziehungen zwischen Grundrechtsträger und dem Staat, d. h. zugunsten von Beamten, Soldaten, Schülern, Strafgefangenen, sogenannten **Sonderstatusverhältnissen** (→ Rn. 52).[28] Wohl gilt für leichte Grundrechtsbeschränkungen auch hier ein weniger strenger Bestimmtheitsgrundsatz. Die Schwere einer Grundrechtsbeeinträchtigung ist im Übrigen entscheidend bei der materiellen Frage der Verhältnismäßigkeit i. e. S. (→ Rn. 623 ff., 745 ff.). Eine Modifizierung des Bestimmtheitsgrundsatzes rechtfertigt sich auch daraus, dass in Sonderstatusverhältnissen typischerweise Grundrechtsbeschränkungen notwendig werden, deren Umstände aber keineswegs umfassend vorhersehbar sind.

574 Abzulehnen sind Ansätze, die **Satzungsautonomie im Rahmen der Selbstverwaltung** von vornherein als Ausnahmen vom Erfordernis einer Eingriffsermächtigung zu begreifen. Inwieweit berufsständische Kammern oder Kommunen durch Spezialgesetze – die selbst dem Vorbehalt des Gesetzes genügen müssen[29] – ermächtigt werden dürfen, Grundrechte per Satzung[30] einzuschränken, ist eine Frage der Verschärfung des Vorbehalts des Gesetzes durch den Parlamentsvorbehalt.

---

27 BVerfGE 81, 242, 256 – Handelsvertreter. Die Bedeutung der Kompetenzzuweisung unterschätzt *Canaris*, JuS 1989, 161, 162 f. in seiner Kritik an einer Mediatisierung der Grundrechtsgeltung.
28 BVerfGE 34, 165, 192 f. – Förderstufe; BVerfGE 40, 237, 248 f. – Justizverwaltungsakt; BVerfGE 41, 251, 259 ff.; BVerfGE 47, 46, 78 ff. – Sexualkundeunterricht; restriktiver: Sondervotum *Jentsch, Di Fabio, Mellinghoff* BVerfGE 108, 282, 316 ff. – Kopftuch.
29 BVerfGE 33, 125, 155 ff. – Facharzt; BVerfGE 98, 106, 117 – Kommunale Verpackungssteuer; Fall hierzu: *Enders*, JuS 2013, 54.
30 Für grundrechtsbeeinträchtigende Satzungen bedarf es einer speziellen Satzungsermächtigung (z. B. §7 Abs. 2 oder §9 GO NRW). Die allgemeine Satzungsautonomie (z. B. §7 Abs. 1 GO NRW) reicht nicht: BVerwGE 6, 247; anders: VGH BayVBl. 1992, 337 ff. für spezifisch örtliche Angelegenheiten; grundsätzlich anders: *Maurer*, DÖV 1993, 184, 188 f.

3. Verschärfung des Vorbehalts des Gesetzes durch den Parlamentsvorbehalt

Im Grundgesetz gibt es zwei Eingriffs-Varianten des Gesetzesvorbehaltes: Entweder kann ein Grundrecht „**durch** ein Gesetz" (z. B. Art. 15, 16 Abs. 2 S. 2, 101 Abs. 2 GG) oder „**auf Grund** eines Gesetzes" (z. B. Art. 2 Abs. 2 S. 3, 10 Abs. 2 S. 1 GG) eingeschränkt werden. Manche Gesetzesvorbehalte lassen auch beide Varianten zu (z. B. Art. 8 Abs. 2, 11 Abs. 2, 14 Abs. 3 S. 2 GG). Die Variante „durch Gesetz" lässt also zu, dass bereits das Gesetz unmittelbar in ein Grundrecht eingreift. Die Variante „auf Grund eines Gesetzes" hingegen ermöglicht einen Eingriffsakt in Vollzug des Gesetzes. Inwieweit im zweiten Fall neben dem Gesetzesvorbehalt ein Verwaltungsvollzugsvorbehalt ausgelöst wird, ist noch zu erörtern (→ Rn. 583 ff.). Für den Gesetzesvorbehalt bedeutet die Unterscheidung folgendes: Mit Gesetz i. S. d. Art. 1 – 19 GG ist jeweils ein **Parlamentsgesetz** gemeint.[31]

575

Die Variante „auf Grund eines Gesetzes" lässt aber auch zu, dass ein Parlamentsgesetz die Exekutive ermächtigt, durch eine Rechtsverordnung nach Art. 80 Abs. 1 GG oder eine Satzung in ein Grundrecht einzugreifen oder mit der Rechtsverordnung bzw. Satzung eine Eingriffsermächtigung zu schaffen, auf Grund deren Vollzug dann in das Grundrecht eingegriffen werden kann. Das bedeutet, dass in der Variante „auf Grund eines Gesetzes" die Norm, die in vorhersehbarer Weise den Eingriff regelt, nicht selbst ein Parlamentsgesetz sein muss. Im Ergebnis ist damit der rechtsstaatliche Vorbehalt des Gesetzes ein **bloßer Normierungsvorbehalt**. Als Eingriffsermächtigung reicht auch ein untergesetzlicher Rechtssatz mit Außenwirkung (sogenanntes Gesetz im materiellen Sinne).

576

Eine ausdrückliche **Ausnahme** hiervon macht **Art. 104 Abs. 1 GG**, der als Eingriffsnorm ein förmliches Gesetz, d. h. ein Parlamentsgesetz voraussetzt. Im Ergebnis besteht ebenso eine Abstufung zwischen **Art. 13 Abs. 2 GG**, wonach die Voraussetzungen für Wohnungsdurchsuchungen „in den (Parlaments-)Gesetzen" geregelt sein müssen, während nach Art. 13 Abs. 7 GG die Voraussetzungen sonstiger Eingriffe in die Wohnung auch durch Rechtsverordnung, wenn nicht in dessen erster Variante sogar unmittelbar auf verfassungsrechtlicher Grundlage, näher bestimmt werden können.

577

Neben diesen geschriebenen gibt es auch **ungeschriebene Verschärfungen** des Vorbehalts des Gesetzes:

578

Die grundrechtlichen Gesetzesvorbehalte haben neben der rechtsstaatlichen auch eine **demokratische Komponente**. Nach der vom BVerfG entwickelten „**Wesentlichkeitstheorie**" müssen sowohl Eingriffe als auch Leistungen, die „wesentlich für die Verwirklichung der Grundrechte"[32] sind, vom Parlament selbst bestimmt werden. Diese Rechtsprechung löst sich von den Differenzierungen der grundrechtlichen Gesetzesvorbehalte und gilt auch jenseits grundrechtsrelevanter Entscheidungen. Das ist insofern konsequent, als es sich um einen Ausfluss des Demokratieprinzips handelt, das nach Art. 20 Abs. 2 GG für „alle Staatsgewalt" gilt. Wann eine Entscheidung „wesentlich" ist, hängt von der Intensität des Grundrechtseingriffs und vom öffentlichen Interesse ab. Dies ist gegen Gründe für Handlungsspielräume spezifischen Regierungshandelns[33] bzw. für eine Delegierung der Rechtsetzung[34] abzuwägen, insbesondere mit den Vortei-

---

31 *Hermes*, Grundrechtsbeschränkungen aufgrund von Gesetzesvorbehalten, in: HGR III, § 63 Rn. 39 m. w. N.
32 BVerfGE 47, 46, 79 – Sexualkundeunterricht.
33 BVerfGE 68, 1, 87 ff., 109 – Atomwaffenstationierung.
34 Zu diesen staatsorganisationsrechtlichen Fragen vgl. *K. Hesse*, Grundzüge, 20. Aufl., Rn. 525; *Ossenbühl*, Vorrang und Vorbehalt des Gesetzes, in: HStR V, 3. Aufl., § 101 Rn. 52 ff.

len der Flexibilität (schnellere Änderbarkeit von Verordnungen) und der Entlastung des Parlaments von fachspezifischen Detailfragen. In den beiden Lockdowns der ersten Monate der Corona-Pandemie im Jahr 2020 wurden auch schwerste Grundrechtseingriffe in Landesrechtsverordnungen geregelt. Die Schwere und Reichweite dieser Grundrechtseingriffe und auch das an ihnen bestehende öffentliche Interesse lassen solche Lockdown-Maßnahmen geradezu als Inbegriff „wesentlicher" Entscheidungen erscheinen. Andererseits ist der staatliche Infektionsschutz während einer Pandemie auch das sinnfälligste Bespiel für Bedürfnisse schneller und flexibler Regulierung. Die Handhabung der Wesentlichkeitstheorie soll den Staat nicht in einer Situation handlungsunfähig machen, in der die Exekutive Spielräume braucht, um die elementarsten Aufgaben des Lebensschutzes zu erfüllen. Das an dieser Stelle nicht zu klärende staatsorganisationsrechtliche Hauptproblem ist hier in den Anforderungen an die Bestimmtheit von Verordnungsermächtigungen zu suchen. Das ist eine Frage der Interpretation des Art. 80 Abs. 1 S. 2 GG. Durch die Wesentlichkeitstheorie werden die grundrechtlichen Gesetzesvorbehalte aus Gründen des Demokratieprinzips verschärft, keineswegs aber in dem Sinne gelockert, dass leichte Eingriffe überhaupt keiner gesetzlichen Grundlage bedürften. Bei besonders schweren Eingriffen in Art. 10 GG stellt die Rechtsprechung verschärfte Anforderungen an die **Bestimmtheit**[35] und **Normenklarheit**[36] von Eingriffsermächtigungen.

HINWEIS FÜR DIE FALLBEARBEITUNG: Gesetzesvorbehalte sind an sich eine Frage der formellen Rechtfertigung. Der ungeschriebene Wesentlichkeitsvorbehalt eines Parlamentsgesetzes ist aber eine Folge der Schwere des Grundrechtseingriffs und ist damit im Anschluss an die Verhältnismäßigkeit zu prüfen (→ Schema 2 am Ende).

579 **HINWEISE FÜR FORTGESCHRITTENE:** Solche Verschärfungen des Vorbehalts des Gesetzes im deutschen Verfassungsrecht lassen sich **nur schwer auf europäische Grundrechte**[37] **übertragen.** Wenn Art. 52 Abs. 1 GRCh verlangt, dass die Grundrechtsbeschränkung „gesetzlich vorgesehen" sein muss, dann meint das Eingriffe sowohl durch Gesetz als auch auf Grund eines Gesetzes. Der **Gesetzesbegriff des Unionsrechts** umfasst Verordnungen und Richtlinien. Soweit der deutsche Gesetzgeber Richtlinien umsetzt und seine Regelungsspielräume nutzt, kommen grundsätzlich die Grundrechte des GG zur Anwendung.

4. Zitiergebot: Art. 19 Abs. 1 S. 2 GG

580 Das Grundgesetz von 1949 zeichnet sich darin aus, den Geltungsanspruch der Grundrechte auf eine neue Stufe gehoben zu haben. Zu den damals neuartigen Normen, die dies belegen sollen, gehört – neben Art. 1 Abs. 3 GG und Art. 19 Abs. 4 GG – auch das Zitiergebot des Art. 19 Abs. 1 S. 2 GG. Es hat eine **Warn- und Besinnungsfunktion,**[38] die den Gesetzgeber an seine Grundrechtsbindung nach Art. 1 Abs. 3 GG erinnern soll. Es gilt deshalb gesondert für verschärfende Änderungen von Gesetzen, auch wenn diese ihrerseits bereits dem Zitiergebot genügen.[39]

581 **In der Praxis** findet das Zitiergebot **keine Anwendung in folgenden Fällen:**[40] bei offenkundigen Eingriffen sowie bei Eingriffen in vorbehaltlose Grundrechte, in die Meinungs-, Berufs- und Eigentumsfreiheit und in die allgemeine Handlungsfreiheit.

---

35 Besonders streng: BVerfGE 110, 33, 55 ff. – Zollkriminalamt; weniger streng: BVerfGE 35, 311, 315.
36 BVerfGE 125, 260, 344 f. – Vorratsdatenspeicherung.
37 *Jarass/Kment*, EU-Grundrechte, 2. Aufl., § 6 Rn. 29; *Ehlers* in: ders., EuGR, 4. Aufl., § 14 Rn. 104 f.
38 BVerfGE 64, 72, 79 f. – Prüfingenieure.
39 BVerfGE 113, 348, 367 – Vorbeugende Telekommunikationsüberwachung.
40 Krit. *Dreier* in: Dreier, GG, Bd. 1, 3. Aufl., zu Art. 19 Abs. 1 Rn. 25 ff. m. w. N. aus der Rechtsprechung.

Dass das Zitiergebot lange Zeit **fast leer lief**,[41] sollte nicht als eine Schwäche, sondern als Stärke des deutschen Grundrechtsschutzes gedeutet werden: Es wäre wohl im Sinne der Väter und Mütter des Grundgesetzes gewesen,[42] eine insoweit entbehrlich gewordene Sicherung geschaffen zu haben. Einer Besinnung auf die Grundrechtsgeltung bedarf es nämlich regelmäßig nicht, soweit diese im Bewusstsein sowohl der Bürger als auch der Träger von Staatsgewalt präsent ist. Das wiederum ist nicht zuletzt der tatsächlichen Durchsetzung der Grundrechte durch das BVerfG zu verdanken. Ein gegebenenfalls drohendes Verfahren in „Karlsruhe" spielt im Gesetzgebungsprozess bisweilen sogar eine so große Rolle, dass politische gegenüber verfassungsrechtlichen Argumenten in den Hintergrund geraten. Nur konsequent ist es somit, dass das BVerfG parallel zu seiner weitreichenden Grundrechtsrechtsprechung Art. 19 Abs. 1 S. 2 GG stets eng ausgelegt hat, um den Gesetzgeber nicht mit einer „leeren Förmlichkeit [...] unnötig [zu] behindern".[43] Bemühungen, dem Zitiergebot eine allgemein größere Bedeutung zu geben, ist deshalb eine Absage zu erteilen. Insbesondere hat das BVerfG[44] mit einem Hinweis auf die Öffentlichkeitsfunktion des Art. 19 Abs. 1 S. 2 GG nur den Prozess der Rechtsetzung und die sie begleitende öffentliche Debatte gemeint und keine darüber hinaus gehende Informationsfunktion anerkannt.[45]

Seine praktische Funktion behält das Zitiergebot bei **neuartigen und komplexen Eingriffen**, deren Reichweite nicht auf der Hand liegt. Das gilt v. a. für Sicherheitsmaßnahmen, die schwierige Abgrenzungsfragen zwischen den Schutzbereichen der Art. 2 Abs. 1 i. V. m. Art. 1 Abs. 1, Art. 10 Abs. 1 und Art. 13 Abs. 1 GG aufwerfen und z. T. auch mehrere dieser Grundrechte betreffen. Hier soll im parlamentarischen Prozess deutlich werden, welche Freiheiten im Einzelnen auf dem Spiel stehen. So hat das BVerfG Gesetze zur Telekommunikationsüberwachung und zur Online-Durchsuchung auch wegen des Verstoßes gegen das Zitiergebot mit Blick auf Art. 10 GG verworfen.[46]

HINWEIS FÜR DIE FALLBEARBEITUNG: Für die Fallbearbeitung sei empfohlen, sich statt der zahlreichen Einzelausnahmen des BVerfG vor allem zwei Argumente zur Funktion des Zitiergebotes zu merken: Einerseits sollen nur neuartige,[47] direkte[48] Eingriffe in spezielle

---

41 *Stern*, FS 50 Jahre BVerfG, Bd. 2, S. 1, 29.
42 Allenfalls ließe sich Art. 19 Abs. 1 S. 2 GG als Argument gegen eine zu große verfassungsgerichtliche Kontrolldichte (→ Rn. 932 ff.) anführen, die eine formalisierte Warnfunktion erst entbehrlich macht.
43 BVerfGE 28, 36, 46 – Zitiergebot. Freilich ließe sich fragen, ob nicht gerade eine strikte und damit „inflationäre" Handhabung des Zitiergebots dem Gesetzgeber die freiheitsbeschränkende Wirkung der Gesetzesflut beständig vor Augen führte. Im Umkehrschluss nähme das Art. 19 Abs. 1 S. 2 GG eine rigorose Handhabung die Besinnung neben der Warnung als eigenständige Funktion ernst. Insoweit könnte das BVerfG kaum ohne „Vorwarnung" seine Rechtsprechung ändern, nachdem es selbst konstatiert hat, dass sich die Staatspraxis auf diese längst eingestellt habe (BVerfGE 64, 72, 80 – Prüfingenieure; jetzt aber BVerfGE 113, 367 – Vorbeugende Telekommunikationsüberwachung).
44 BVerfGE 85, 386, 403 ff. – Fangschaltungen; BVerfGE 120, 274, 343 – Online-Durchsuchung.
45 So aber *Dreier* in: Dreier, GG, Bd. 1, 3. Aufl., zu Art. 19 Abs. 1 Rn. 19, 25 (Fn. 109), der eine Multifunktionalität des Art. 19 Abs. 1 S. 2 GG fordert.
46 BVerfGE 113, 348, 366 f. – Vorbeugende Telekommunikationsüberwachung; BVerfGE 120, 274, 343 f. – Online-Durchsuchung.
47 BVerfGE 61, 82, 113 – Sasbach; bloße Verweise oder Wiederholungen scheiden aus: BVerfGE 113, 348, 367 – Telekommunikationsüberwachung Niedersachsen.
48 Der Eingriff muss final und unmittelbar sein: BVerfG-K, NJW 1999, 3399, 3400.

Grundrechte[49] erfasst werden. Andererseits sollen offenkundige[50] Eingriffe nicht erfasst sein, deren Grundrechtsrelevanz dem Gesetzgeber bewusst war.

Merke: Praktische Relevanz hat das Zitiergebot im Ergebnis nur für **direkte, aber nicht offenkundige Grundrechtseingriffe.**

III. Verwaltungsvollzugsvorbehalt

1. Grundrechtsschützende Funktion eines Verwaltungsvollzugsvorbehalts

583 Unter einem Verwaltungsvollzugsvorbehalt[51] ist das **Erfordernis der Mitwirkung der Verwaltung** an einem Grundrechtseingriff zu verstehen. Wegen des Gebots der Gesetzmäßigkeit des Verwaltungshandelns tritt der Verwaltungsvollzugsvorbehalt nicht anstelle eines Vorbehalts des Gesetzes, sondern greift gegebenenfalls neben diesem. Deshalb tritt der Verwaltungsvollzugsvorbehalt auch nicht in ein Spannungsverhältnis zum Demokratieprinzip. Ein Grundrechtseingriff unmittelbar durch das Parlament ist keineswegs „demokratischer" als ein Grundrechtseingriff durch die Verwaltung, die – abgesehen von ihrer abgeleiteten eigenen demokratischen Legitimation – auf Grund eines demokratisch legitimierten Gesetzes handelt. Der Parlamentsvorbehalt für die gesetzliche Eingriffsermächtigung der Verwaltung gilt unberührt davon.

Die Einschaltung mehrerer Gewalten beim Grundrechtseingriff im Einzelfall **dient dem Schutz der Grundrechte.** Im Regelfall kann die Grundrechtsbindung aller Gewalten nach Art. 1 Abs. 3 GG sogar kumulativ greifen: Die Grundrechte binden erstens den Gesetzgeber bei der Regelung einer Eingriffsermächtigung, zweitens die Verwaltung bei deren Vollzug im Einzelfall und drittens den Richter bei der Kontrolle der Rechtmäßigkeit eines solchen Eingriffs. Gegebenenfalls kann auch noch das BVerfG eingeschaltet werden, um den Grundrechten zur Durchsetzung zu verhelfen.

584 Der Verwaltungsvollzugsvorbehalt kann nicht nur gegebenenfalls verwaltungsverfahrensrechtliche Garantien (z. B. Anhörungspflichten) auslösen, sondern hat auch die Rechtsschutzgarantie zur Folge. Demgegenüber nimmt ein Grundrechtseingriff unmittelbar durch den Gesetzgeber dem Bürger die Chance, dass die Verwaltung zum Schutz seiner Grundrechte in seinem Fall „eine Ausnahme" gemacht hätte und die Chance, gegen einen solchen Eingriff **Rechtsschutz** nach Art. 19 Abs. 4 GG zu bekommen (→ Rn. 880). Dem Bürger bleibt ausschließlich (aber immerhin) die Möglichkeit einer Verfassungsbeschwerde gegen das Gesetz nach Art. 93 Abs. 1 Nr. 4 a GG.[52] Nicht nur mag mancher Bürger, der den Rechtsweg nach Art. 19 Abs. 4 GG beschritten hätte,

---

49 BVerfGE 64, 72, 80 – Prüfingenieure. Also nicht bei Art. 2 Abs. 1 GG (BVerfGE 10, 89, 99 – (Großer) Erftverband). Nach der Rechtsprechung auch nicht bei Art. 14 Abs. 1 S. 2 GG (BVerfGE 21, 92, 93), nicht bei Art. 5 Abs. 2 GG (BVerfGE 33, 52, 77 f. – Zensur), nicht bei Berufsausübungsregelungen nach Art. 12 Abs. 1 GG (BVerfGE 28, 36, 46 – Zitiergebot) und auch nicht bei vorbehaltlosen Grundrechten (BVerfGE 83, 130, 154 – Josephine Mutzenbacher).
50 BVerfGE 35, 185, 189 – Haftgrund Wiederholungsgefahr.
51 Er soll hier nicht – als Pendant zum Gesetzes- und zum Richtervorbehalt – als „Verwaltungsvorbehalt" bezeichnet werden, weil dieser Begriff – als Pendant zum Parlamentsvorbehalt – als Kernbereich der Exekutive gegenüber den anderen Gewalten zu verstehen ist: *Maurer*, Der Verwaltungsvorbehalt, VVDStRL 43 (1985), S. 135 ff.
52 Vgl. BVerfGE 24, 33, 48 f. – AKU-Beschluss; hiergegen *Schmidt-Aßmann* in: Dürig/Herzog/Scholz, GG, 92. Lfg., zu Art. 19 Abs. 4 Rn. 93 ff. Die Möglichkeit des Legalenteigneten, das Eigentum der Begünstigten gerichtlich zu bestreiten, und die Chance einer Normenkontrolle nach Art. 100 Abs. 1 GG sind nicht gleichwertig und erst recht nicht die bloße Möglichkeit des Gesetzgebers, prinzipalen Rechtsschutz zu schaffen (anders *Wieland* in: Dreier, GG, Bd. 1, 3. Aufl., zu Art. 14 Rn. 112).

davor zurückschrecken. Die unmittelbare Einschaltung des BVerfG kann auch dessen Funktion nicht gerecht werden, wenn sie zum Regelfall würde.

Ein Verwaltungsvollzugsvorbehalt wirkt sich somit zugunsten des Bürgers als auch **entlastend auf die Verfassungsgerichtsbarkeit** aus. So wie beim Vorbehalt des Gesetzes das Rechtsstaats- und Demokratieprinzip zu berücksichtigen sind, ist der Verwaltungsvollzugsvorbehalt im Lichte des staatsorganisationsrechtlichen Grundsatzes der Gewaltenteilung[53] auszulegen. Die Möglichkeit eines Grundrechtseingriffs ipso iure unterliegt besonderen verfassungsrechtlichen Anforderungen, die aus den Grundrechten i. V. m. dem Grundsatz der Gewaltenteilung zu entwickeln sind.

2. Spezielle Vorbehalte eines Eingriffs „nur auf Grund eines Gesetzes"

Die Formulierung der Gesetzesvorbehalte bietet Anhaltspunkte für Verwaltungsvollzugsvorbehalte: Während wie gesagt (→ Rn. 575) die Variante „durch Gesetz" ausdrücklich zulässt, dass bereits das Gesetz unmittelbar in ein Grundrecht eingreift, unterscheidet sich der Eingriff „auf Grund eines Gesetzes" gerade dadurch, dass neben dem Gesetzgeber auch die Verwaltung (eventuell auch der Richter) tätig werden muss.

Deshalb ist die Formulierung „**nur auf Grund eines Gesetzes**" im Zweifel so zu verstehen, dass damit gerade kein Eingriff „durch Gesetz" gemeint ist. Diese Gesetzesvorbehalte sind damit **zugleich Verwaltungsvollzugsvorbehalte**. Diese Auslegung der Art. 2 Abs. 2 S. 3,[54] Art. 6 Abs. 3, Art. 10 Abs. 2 S. 1, Art. 13 Abs. 7 a. E. GG entspricht nicht nur deren Wortlaut, sondern hat ihren Sinn im Grundrechtsschutz durch Gewaltenteilung. Eine Ausnahme hiervon gilt nach allgemeiner Meinung jedoch im Falle des Art. 16 Abs. 1 S. 2 GG, der nach der Fassung im Grundsatzausschuss des Parlamentarischen Rates noch Eingriffe „durch Gesetz" zuließ und dessen nicht näher begründete Umformulierung[55] als Redaktionsversehen zu deuten ist. Sinn der Regelung ist, gerade auch herkömmliche gesetzliche Verlusttatbestände nicht per se auszuschließen. Eine Ausnahme vom Verwaltungsvollzugsvorbehalt hat das BVerfG[56] auch bei unmittelbar durch Gesetz geregelten nächtlichen Ausgangsbeschränkungen gemacht. Nach der Entscheidungsbegründung soll diese Ausnahme allerdings nur für solche Eingriffe in Art. 2 Abs. 2 S. 2 GG gelten, in denen unmittelbarer Zwang beim Verlassen der Wohnung nicht unmittelbar droht. Dogmatisch stringenter wäre es, solche Eingriffe von vornherein nicht als Beeinträchtigung des Art. 2 Abs. 2 S. 2 GG, sondern nur der allgemeinen Handlungsfreiheit zu begreifen.

Ein solcher Verwaltungsvollzugsvorbehalt schließt freilich nicht aus, dass bereits die gesetzliche Ermächtigung zu einem exekutiven Grundrechtseingriff grundrechtsbeschränkende Wirkungen hat. Das Gesetz darf nur **nicht selbstvollziehend** sein. Ein Eingriff durch eine selbstvollziehende Verordnung oder Satzung ist danach nicht ausgeschlossen. Insoweit hat der Verwaltungsvollzugsvorbehalt zwar nicht die verwal-

---

53 Dazu *K. Hesse*, Grundzüge, 20. Aufl., Rn. 475 ff.
54 Wie hier: *Starck* in: v. Mangoldt/Klein/Starck, GG, Bd. 1, 7. Aufl., zu Art. 2 Abs. 2 Rn. 198; anders *Schulze-Fielitz* in: Dreier, GG, Bd. 1, 3. Aufl., zu Art. 2 Abs. 2 Rn. 52 unter Berufung auf *Kloepfer* in: FS 50 Jahre BVerfG, Bd. 2, 27, 98, der sagt, dass „auf Grund eines Gesetzes" eingeschränkt werden kann.
55 JöR N. F. 1 (1951), 160 ff.; dazu *Becker* in: v. Mangoldt/Klein/Starck, GG, Bd. 1, 7. Aufl., zu Art. 16 Abs. 1 Rn. 43 m. w. N.
56 BVerfG, Beschluss v. 19.11.2021 – 1 BvR 981/21, Rn. 267 ff. – Bundesnotbremse I; kritisch dazu *Michael*, ZJS 2022, 106 ff.

tungsverfahrensrechtlichen Garantien, die für einen Verwaltungsakt gelten, zur Folge, wohl aber erleichterten Rechtsschutz.[57]

3. Allgemeines Verbot des Einzelfallgesetzes: Art. 19 Abs. 1 S. 1 GG

587 Das Verbot des Einzelfallgesetzes gilt – der allgemeinen Konzeption des Art. 19 GG entsprechend – **für alle Grundrechte** und für alle Arten von Freiheitseingriffen. Selbst wenn es Gründe gibt, Art. 19 Abs. 1 S. 2 GG teleologisch zu beschränken (→ Rn. 581 f.), rechtfertigen diese keineswegs eine Beschränkung auch des Art. 19 Abs. 1 S. 1 GG.[58]

588 Hinter Art. 19 Abs. 1 S. 1 GG verbirgt sich ein Verwaltungsvollzugsvorbehalt als Ausfluss des auch **grundrechtlichen Gebots der Gewaltenteilung**. Art. 19 Abs. 1 S. 1 GG wird nicht durch Vorbehalte der Beschränkung von Grundrechten „durch Gesetz" verdrängt,[59] sondern kommt gerade in diesen Fällen erst als allgemeiner Grundsatz zum Tragen. Der Verwaltungsvollzugsvorbehalt ist dann freilich schwächer ausgeprägt als in den Fällen, in denen das Grundgesetz ausdrücklich nur einen Eingriff „auf Grund eines Gesetzes" zulässt. Dem BVerfG[60] ist zuzustimmen, dass es auch und gerade die nach Art. 14 Abs. 3 S. 2 GG ausdrücklich mögliche Legislativenteignung restriktiv am Grundsatz der Gewaltenteilung misst. Danach müssen im Einzelfall Gründe dafür vorliegen, vom Regelfall einer Administrativenteignung abzuweichen. Zwar ist richtig, dass das BVerfG soweit ersichtlich bislang kein Einzelfallgesetz als solches verworfen hat. Die praktische Bedeutung des Art. 19 Abs. 1 S. 1 GG sollte indes nicht unterschätzt werden. Das BVerfG hat Einzelfallgesetze zwar akzeptiert, dabei aber bisweilen mit der jeweiligen „außergewöhnliche(n) Situation"[61] argumentiert, etwa bei einer Flutkatastrophe oder beim Bedürfnis des schnellen Ausbaus von Eisenbahnstrecken nach der Wiedervereinigung. Deshalb lässt sich auch das zirkelschlussgefährdete Argument der Beschleunigung[62] durch Legislativenteignung nicht verallgemeinern. Der Beschleunigungseffekt, der allein dadurch eintritt, dass gegen ein Einzelfallgesetz kein Rechtsweg (sondern allenfalls die Verfassungsbeschwerde) eröffnet ist, kann als solcher keine Ausnahmen von Art. 19 Abs. 1 S. 1 GG begründen, sondern bestätigt im Gegenteil dessen Bedeutung auch für Art. 19 Abs. 4 GG.

589 Zu keinem praktisch greifbaren Ergebnis hingegen haben Versuche[63] geführt, Art. 19 Abs. 1 S. 1 GG als Aspekt der Gleichheitssätze zu deuten. Evidente Fälle des Verstoßes gegen Art. 3 Abs. 1 GG auf die Ebene der formellen Verfassungswidrigkeit „vorzuziehen",[64] vereinfacht die Grundrechtsprüfung nicht, sondern macht sie unsystematisch.

---

57 Zu denken ist nicht nur an Normenkontrollen nach § 47 VwGO, sondern auch an Feststellungsklagen nach § 43 VwGO und daran, dass insoweit das Verwerfungsmonopol des BVerfG nach Art. 100 Abs. 1 GG (→ Rn. 130) nicht greift.
58 Wie hier: *Dreier* in: Dreier, GG, Bd. 1, 3. Aufl., zu Art. 19 Abs. 1 Rn. 11 m. w. N. zur Gegenansicht.
59 Das gilt auch für Art. 14 Abs. 3 S. 2 GG. Wie hier: *Huber* in: v. Mangoldt/Klein/Starck, GG, Bd. 1, 7. Aufl., zu Art. 19 Abs. 1 Rn. 32; anders: *Dreier* in: Dreier, GG, Bd. 1, 3. Aufl., zu Art. 19 Abs. 1 Rn. 12.
60 BVerfGE 95, 1, 15 ff. – Südumfahrung Stendal; krit. *Wieland* in: Dreier, GG, Bd. 1, 3. Aufl., zu Art. 14 Rn. 112. Das BVerfG stellt dabei zwar als Maßstäbe Art. 14 Abs. 3 GG und Art. 19 Abs. 4 GG in den Vordergrund, prüft aber der Sache nach den Aspekt eines Vollzugsvorbehalts, der in Art. 19 Abs. 1 S. 1 GG allgemeinen Ausdruck findet.
61 BVerfGE 24, 367, 403 – Hamburgisches Deichordnungsgesetz; BVerfG 95, 1, 23 – Südumfahrung Stendal.
62 Problematisch insofern: BVerfGE 95, 1, 23 – Südumfahrung Stendal; dagegen: *Michael*, AöR 124 (1999), 583, 600.
63 *Dreier* in: Dreier, GG, Bd. 1, 3. Aufl., zu Art. 19 Abs. 1 Rn. 16; *K. Hesse*, Grundzüge, 20. Aufl., Rn. 330 spricht offen aus, dass Art. 19 Abs. 1 GG insoweit keine eigenständige Bedeutung hat.
64 Zu dieser Funktion des Art. 19 Abs. 1 GG: *Stern*, FS 50 Jahre BVerfG, Bd. 2, S. 1, 29.

§ 22 Formelle Rechtfertigung von Grundrechtsbeschränkungen

Richtig ist zwar, dass das formelle Gebot des Verwaltungsvollzugsvorbehalts **materieller Gerechtigkeit** und dabei sowohl der Freiheit als auch der Gleichheit dient. Richtig ist aber auch, dass viele Gesetze aus konkretem Anlass entstehen und einen mehr oder weniger begrenzten Personenkreis betreffen und insofern die Allgemeinheit eines Gesetzes kein taugliches verfassungsrechtliches Kriterium bietet.[65] Richtig ist schließlich, dass Art. 19 Abs. 1 S. 1 GG kein absolutes Verbot darstellt, sondern dass Sachgründe eine Einzelfallregelung rechtfertigen können.[66] Dabei handelt es sich aber gerade nicht um die Sachgründe für eine Ungleichbehandlung, die im Rahmen der Gleichheitssätze zu prüfen sind (→ Rn. 792 ff.), sondern um Sachgründe für eine Durchbrechung der „nirgends rein verwirklicht[en]"[67] Gewaltenteilung.

4. Bedeutung der Grundrechte im Verwaltungsverfahren

Der Verwaltungsvollzugsvorbehalt beschränkt sich nicht darauf, dass der Grundrechtseingriff überhaupt auf einer Verwaltungsentscheidung beruht. Vielmehr haben die Grundrechte auch eine **verfahrensrechtliche Seite**, die vor allem im Verwaltungsverfahren fruchtbar zu machen ist. Danach sind vor allem Anhörungen der Betroffenen verfassungsrechtlich geboten. Systematisch gesehen handelt es sich dabei um eine Frage der formellen Rechtfertigung eines Grundrechtseingriffs. Was im Einzelnen hier zu fordern ist, hängt aber wesentlich davon ab, wie intensiv ein Grundrechtseingriff ist und welche Alternativen in Betracht kommen. Dies sind Fragen der Zumutbarkeit und der Erforderlichkeit, die im Rahmen der materiellen Rechtfertigung zu prüfen sind. Deshalb lassen sie sich nicht sinnvoll darstellen, bevor die Verhältnismäßigkeit erörtert wird. Dasselbe gilt für **organisationsrechtliche** Konsequenzen des Übermaßverbotes.[68] Außerdem korrespondiert die verfahrensrechtliche Seite mit der **justiziellen** Seite der Grundrechte und wird deshalb hier in deren Zusammenhang erörtert (→ Rn. 857 ff., 874).

590

SYSTEMATISCHER HINWEIS FÜR FORTGESCHRITTENE: Die verfahrensrechtliche Seite der Grundrechte hat ein systematisches Pendant im Vorbehalt des Gesetzes. Auch dem Vorbehalt des Gesetzes ist nur dann genügt, wenn ein Grundrechtseingriff auf ein gültiges Gesetz gestützt werden kann, das seinerseits formell verfassungsgemäß ist. Freilich ist die Prüfung der formellen Verfassungsmäßigkeit eines Gesetzes im Rahmen der Grundrechtsprüfung geläufiger, als die der verwaltungsverfahrensrechtlichen Seite der Grundrechte. Das lässt sich damit erklären, dass vor allem das Grundgesetz selbst die Kompetenzen und das Verfahren der Gesetzgebung regelt, während die Zuständigkeit, Form und das Verfahren der Exekutive vor allem im (einfachen) Verwaltungsverfahrensrecht geregelt sind. Während dem BVerfG die Verwerfung verfassungswidriger Gesetze vorbehalten ist, bleibt die Prüfung des Verwaltungsverfahrens primär den Fachgerichten anvertraut. Die verfahrensrechtliche Seite der Grundrechte ist also eine Dimension des Verwaltungsrechts als „konkretisiertem Verfassungsrecht". Sie ist erst Folge einer keineswegs unumstrittenen Interpretation der

591

---

65 *K. Hesse*, Grundzüge, 20. Aufl., Rn. 330. Das Ideal einer zweckfreien, dauerhaften abstrakt-generellen Regelung als Inbegriff rechtsstaatlicher Rechtsetzung (vgl. *C. Schmitt*, Verfassungslehre (1928), S. 151 ff.; dagegen *Heller*, Der Begriff des Gesetzes in der Reichsverfassung, VVDStRL 4 (1928), S. 98, 104 ff.) ist „historische Fiktion" (*Dreier* in: Dreier, GG, Bd. 1, 3. Aufl., zu Art. 19 Abs. 1 Rn. 2, 13). Demokratie ist auf situationsbezogenen Wandel angelegt. Auch die rechtsphilosophische Forderung eines legislativen „Veil of ignorance = Schleier des Nichtwissens" (*Rawls*, A Theory of Justice, 1971, S. 136 ff.) kann nicht in Art. 19 Abs. 1 GG hineingelesen werden.
66 *Dreier* in: Dreier, GG, Bd. 1, 3. Aufl., zu Art. 19 Abs. 1 Rn. 16.
67 BVerfGE 95, 1, 15 – Südumfahrung Stendal.
68 So begründet das BVerfG das informationelle Trennungsprinzip zwischen Polizei und Nachrichtendiensten: BVerfGE 133, 277, 329 – Antiterrordatei.

Grundrechte. Das BVerfG beschränkt sich dabei den Fachgerichten gegenüber auf die Feststellung der Verletzung spezifischen Verfassungsrechts.

HINWEIS FÜR DIE FALLBEARBEITUNG: Für das Gutachten bestehen mehrere vertretbare Möglichkeiten: Soweit die verfahrensrechtliche Seite der Grundrechte aus den Besonderheiten der Verhältnismäßigkeit erwächst, kann sie im Anschluss an die materielle Rechtfertigung erörtert werden. Dies ist regelmäßig zu empfehlen. Wenn freilich der Schwerpunkt der Prüfung in der verfahrensrechtlichen Seite der Grundrechte liegt, kann diese auch im Rahmen der formellen Rechtfertigung behandelt werden.

IV. Richtervorbehalt

1. Grundrechtsschützende Funktion eines Richtervorbehalts

592 Als Richtervorbehalt wird das **Erfordernis der Mitwirkung eines Richters** an einem Grundrechtseingriff bezeichnet. Im Gegensatz zum Verwaltungsvollzugsvorbehalt (→ Rn. 583 ff.) ist der Richtervorbehalt nicht die Regel, sondern die **Ausnahme**.[69] Richtervorbehalte stellen qualifizierte Grundrechtssicherungen dar. Sie sind im Grundgesetz für bestimmte Eingriffe in die Wohnung und in die persönliche Freiheit normiert. Die ausdrücklichen grundgesetzlichen Richtervorbehalte gelten verfassungsunmittelbar. Gesetzliche Regelungen, die den erforderlichen Richtervorbehalt nicht enthalten, sind nicht verfassungswidrig sondern i. V. m. dem Grundgesetz (z. B. Art. 13 Abs. 2 GG) anzuwenden.[70] Der Richtervorbehalt führt mit einer vorbeugenden Kontrolle durch eine unabhängige und neutrale Instanz zu einem bestmöglichen Schutz der Rechte des Betroffenen.[71] Der Gedanke der zusätzlichen Sicherung durch eine unabhängige Instanz wurde vom BVerfG auf das von ihm kreierte Grundrecht auf Integrität informationstechnischer Systeme erstreckt.[72]

593 Der Richtervorbehalt tritt neben den Vorbehalt des Gesetzes, weil der Richter auf der Grundlage eines Gesetzes entscheidet[73] und neben einen Verwaltungsvollzugsvorbehalt, weil stets die Verwaltung die Entscheidung über die von ihr durchzuführende Maßnahme beantragt. Durch die Beteiligung letztlich **aller drei Gewalten** ist der Richtervorbehalt die höchste der formalen Grundrechtsschranken.[74] Von Art. 19 Abs. 4 GG unterscheidet sich der Richtervorbehalt dadurch, dass die Entscheidung des Richters auch ohne Ersuchen des Betroffenen und grundsätzlich im Vorhinein erfolgen muss.

594 Die **europäischen Grundrechte** fordern zwar ihrerseits keinen Richtervorbehalt. Allerdings ist die Kommission bei Maßnahmen, die z. B. eine Wohnungsdurchsuchung umfassen, auf die Mitwirkung deutscher Behörden angewiesen, die ihrerseits auch an Art. 13 GG gebunden sind und somit eine richterliche Anordnung einholen müssen. Insoweit bleibt also der deutsche Standard unangetastet.[75]

---

69 Nicht näher wird hier auf einfachrechtliche Richtervorbehalte eingegangen, die vom GG nicht zwingend geboten sind: Z. B. bei der Telefonüberwachung (§§ 100, 100 b StPO). Auf den Sonderfall des Vorbehalts einer verfassungsgerichtlichen Entscheidung zur Feststellung der Grundrechtsverwirkung nach Art. 18 GG ist gesondert einzugehen (→ Rn. 547 ff.).
70 BVerfGE 51, 97, 114 – Zwangsvollstreckung I.
71 BVerfGE 109, 279, 357 f. – Großer Lauschangriff.
72 BVerfGE 120, 274, 331 f. – Online-Durchsuchung.
73 Art. 104 Abs. 1 GG normiert sogar einen qualifizierten Parlamentsvorbehalt (→ Rn. 577).
74 Zustimmend *Voßkuhle*, in: HGR V, § 131, Rn. 16.
75 Wie hier: *Hermes* in: Dreier, GG, Bd. 1, 3. Aufl., zu Art. 13 Rn. 7.

2. Anwendungsbereiche des Richtervorbehaltes

a) Durchsuchungen und Überwachungen von Wohnungen: Art. 13 Abs. 2 bis Abs. 5 GG

Für die Eingriffe in das Recht auf Unverletzlichkeit der Wohnung existiert mit Art. 13 Abs. 2 bis Abs. 7 GG eine besonders **differenzierte Schrankensystematik**. Nicht alle Eingriffe in Art. 13 GG unterfallen dem Richtervorbehalt und innerhalb der Richtervorbehalte sind noch Abstufungen geregelt. Um diese Differenzierungen nachzuvollziehen, ist zwischen den einzelnen Absätzen des Art. 13 GG und damit zunächst zwischen den verschiedenen **Mitteln des Eingriffs** zu unterscheiden:

„Durchsuchungen" i. S. v. Art. 13 Abs. 2 GG sind qualifizierte Eingriffe. Diese sind abzugrenzen gegenüber den sonstigen Beschränkungen, die in Art. 13 Abs. 7 GG geregelt sind. Die Durchsuchung zeichnet sich dadurch aus, dass der Staat gegen den Willen des Betroffenen die Wohnung nicht nur betritt, sondern dort nach bestimmten Sachen oder Personen sucht, die dort verborgen sein könnten. Das bloße Betreten einer Wohnung und deren oberflächliche Besichtigung (sogenannte „Umschau" bzw. „Nachschau"), ist danach keine Durchsuchung, soweit dort nur die bauliche bzw. äußerliche Beschaffenheit in Augenschein genommen wird. Das gilt insbesondere für vertypte gewerberechtliche Kontrollen, bei denen nicht Gegenstände in den Betriebsräumen gesucht, sondern die Beschaffenheit der Betriebsräume und -anlagen als solche besichtigt wird.[76] Innerhalb der gewerberechtlichen Begehungspraxis ist aber zu differenzieren: Sobald der Sachverhalt nicht offenkundig ist, sondern z. B. Proben zur Überprüfung von lebensmittelrechtlichen Hygienevorschriften entnommen oder Geschäftsunterlagen eingesehen werden sollen, liegt eine Durchsuchung vor.[77]

Art. 13 Abs. 3 bis Abs. 6 GG regeln akustische Überwachungen von Wohnungen mit technischen Mitteln, die sogenannten „Lauschangriffe". Auch hierbei handelt es sich systematisch um verschärfende, abschließende Spezialregelungen gegenüber Art. 13 Abs. 7 GG. Innerhalb dieser Art von Eingriffen ist zwischen verschiedenen **Zwecken der Lauschangriffe** zu differenzieren: Art. 13 Abs. 3 GG regelt den sogenannten „großen Lauschangriff" zu repressiven Zwecken der Strafverfolgung, Art. 13 Abs. 4 GG hingegen zu präventiven Zwecken der Gefahrenabwehr. Art. 13 Abs. 5 GG regelt den sogenannten „kleinen Lauschangriff" zum Schutze der staatlichen, insbesondere verdeckten Ermittler, im Gegensatz zu den Fällen des großen Lauschangriffs auch mit Mitteln der optischen Überwachung.

HINWEIS FÜR DIE FALLBEARBEITUNG: Die Unterscheidung zwischen diesen verschiedenen Arten des Eingriffs muss nicht bereits auf der zweiten Stufe (Zurechnung) getroffen werden, kann freilich pragmatisch auch dort schon im Rahmen der Eingriffsprüfung erwähnt werden. Spätestens muss die Unterscheidung im Rahmen der dritten Stufe (Rechtfertigung) erfolgen. Aus ihr folgen nämlich verschiedene Anforderungen sowohl bei der formellen, als auch bei der materiellen Rechtfertigung (dazu → Rn. 605 ff.).

Nicht jeder Eingriff in Art. 13 GG unterliegt dem Richtervorbehalt, wie Art. 13 Abs. 7 GG klarstellt. Richtervorbehalte gelten vielmehr **nur für Wohnungsdurchsuchungen** (Art. 13 Abs. 2 GG) und **Lauschangriffe** (Art. 13 Abs. 3 bis 5 GG).

---

76 Vgl. *Wißmann*, Grundfälle zu Art. 13 GG, JuS 2007, 324, 326.
77 Großzügiger BVerfGE 32, 54, 74 ff. – Betriebsbetretungsrecht: Auch das Prüfen von Geschäftsbüchern und Akten soll weder „Durchsuchung" i. S. d. Art. 13 Abs. 2 GG, noch überhaupt ein Eingriff in Art. 13 GG sein; differenzierend wie hier: *Gornig* in: v. Mangoldt/Klein/Starck, GG, Bd. 1, 7. Aufl., zu Art. 13 Abs. 2 Rn. 63; *Voßkuhle*, DVBl. 1994, 611, 615 f.; strenger noch: *Sachs*, NVwZ 1987, 560, 561.

Von den Richtervorbehalten gibt es verschiedene Ausnahmen und Abstufungen: Bei **Gefahr im Verzug** lässt Art. 13 Abs. 2 a. E. GG auch rein behördliche Durchsuchungsanordnungen zu. Gefahr im Verzug setzt voraus, dass die Einholung der richterlichen Anordnung den Erfolg der Maßnahme gefährden würde.[78] Nach Art. 13 Abs. 4 S. 2 GG können auch präventive Lauschangriffe behördlich angeordnet werden, wobei in diesen Fällen die richterliche Entscheidung unverzüglich nachzuholen ist. Noch strenger regelt Art. 13 Abs. 3 S. 4 GG repressive Lauschangriffe, die selbst bei Gefahr im Verzug, d. h. bei Gefahr der Vereitelung des Ermittlungserfolgs wenigstens von einem Einzelrichter im Voraus anzuordnen sind, während sonst in diesen Fällen ein Spruchkörper mit drei Richtern zu entscheiden hat. Erleichterte Voraussetzungen gelten demgegenüber für Beobachtungen zum Schutze der Überwachten (Art. 13 Abs. 5 GG), die sogenannten „kleinen Lauschangriffe".

b) Freiheitsentzug: Art. 104 Abs. 2–4 GG

599 Der Richtervorbehalt gilt nicht für jede Beschränkung der körperlichen Freiheit, sondern nur für deren **Entziehung** i. S. d. Art. 104 Abs. 2 GG. Da die beiden Begriffe bereits für den Schutzbereich von Bedeutung sind (→ Rn. 173 ff.), kann hier auf die Ausführungen hierzu verwiesen werden. Auch in der Fallbearbeitung empfiehlt es sich, beide Begriffe aus den o. g. Gründen bereits im Schutzbereich zu prüfen. Nach Art. 104 Abs. 2 S. 2 GG muss eine richterliche Entscheidung bei behördlicher Anordnung von Freiheitsentziehungen „unverzüglich" nachgeholt werden. Diese Formulierung ist gleichbedeutend mit der Grenze der Gefahr im Verzug in Art. 13 Abs. 2 GG. D. h., es folgt im Umkehrschluss aus Art. 104 Abs. 2 S. 2 GG, dass erstens die vorherige richterliche Anordnung die Regel ist und dass zweitens die Ausnahme nur dann greift, wenn andernfalls der Zweck der Maßnahme nicht erreichbar wäre.[79] „Unverzüglich" bedeutet also „grundsätzlich im Voraus" und „nur bei Gefahr im Verzug nachträglich und dann schnellstmöglich". Außerdem gilt nach Art. 104 Abs. 2 S. 3 GG eine absolute zeitliche Grenze bis zur richterlichen Entscheidung, die bis Ende des Tages nach der Ergreifung erfolgen muss (je nach Tageszeit des Ergreifens also innerhalb von 24 bis maximal 48 Stunden).

Während Art. 104 Abs. 2 GG alle, insbesondere auch präventiven Freiheitsentziehungen (freilich nicht die bloßen Freiheitsbeschränkungen → Rn. 173) betrifft, regelt Art. 104 Abs. 3 GG den Spezialfall der **Festnahme Strafverdächtiger**. In diesen Fällen sind die Anforderungen insofern gelockert, als dass innerhalb des im übrigen identischen Maximalzeitrahmens nach Art. 104 Abs. 3 S. 1 GG zwar die richterliche Anhörung stattfinden muss, die richterliche Entscheidung selbst aber gemäß Art. 104 Abs. 3 S. 2 GG zwar unverzüglich, aber gegebenenfalls auch nach Mitternacht ergehen kann. Der Unterschied wird aber nur selten praktisch relevant werden, da auch in diesen Fällen die Herbeiführung der richterlichen Entscheidung nach Art. 104 Abs. 2 S. 2 GG insgesamt unverzüglich erfolgen muss, eine Vorführung also regelmäßig nicht erst kurz vor Mitternacht des nächsten Tages erfolgen wird, sondern bereits am Tage der Festnahme oder am Morgen danach geboten ist.

Die **Benachrichtigung Dritter** nach Art. 104 Abs. 4 GG ist – zur Vermeidung des spurlosen Verschwindens von Personen – ein objektives rechtsstaatliches Gebot. Der

---

[78] BVerfGE 51, 97, 111 – Zwangsvollstreckung I im Anschluss an RGSt 23, 334 zu § 105 StPO.
[79] BVerfGE 22, 311, 317 f.

Festgenommene kann darauf nicht verzichten.[80] Seinem Persönlichkeitsrecht wird dadurch Rechnung getragen, dass ihm über die nach Art. 104 Abs. 4 GG in Betracht kommenden Personen ein Wahlrecht einzuräumen ist.

c) Zwangsarbeit: Art. 12 Abs. 3 GG

Nach Art. 12 Abs. 3 GG ist die Anordnung von Zwangsarbeit dem Richter vorbehalten. Weil sich der Begriff der Zwangsarbeit nur im Zusammenhang mit dem materiellrechtlichen Verbot, zur Arbeit gezwungen zu werden, erschließt, wird beides im Zusammenhang des Art. 12 Abs. 2 GG behandelt (→ Rn. 360 ff.). 600

d) Heimliche Infiltration eines informationstechnischen Systems

Das BVerfG[81] hat über die im Grundgesetz geregelten Fälle hinaus einen **ungeschriebenen Richtervorbehalt** für heimliche Infiltration eines informationstechnischen Systems entwickelt. Hierin unterscheidet sich das „Grundrecht auf Gewährleistung der Vertraulichkeit und Integrität informationstechnischer Systeme" sowohl von den anderen, ebenfalls richterrechtlich entwickelten Fallgruppen des allgemeinen Persönlichkeitsrechts aus Art. 2 Abs. 1 i. V. m. Art. 1 Abs. 1 GG (insbesondere dem „Recht auf informationelle Selbstbestimmung") als auch von Eingriffen in Art. 10 GG. In dieser Unterscheidung mag sogar der wesentliche Grund dafür liegen, dass das BVerfG die Gewährleistung der Integrität informationstechnischer Systeme nicht in jene Schutzbereiche hineingelesen, sondern als eigenständiges Grundrecht postuliert hat (→ Rn. 427 ff.). 601

Damit berührt das BVerfG die Grenzen der Verfassungsinterpretation. Das Gericht[82] selbst bezeichnet diese Rechtsfortbildung als lückenschließend. Gründe für den **Verfassungswandel** (→ Rn. 34 ff.) sind einmal mehr der technische Fortschritt und die sich damit ändernden Lebensverhältnisse – hier die inzwischen allgegenwärtige Nutzung informationstechnischer Systeme einschließlich des Internets durch einen Großteil der Bevölkerung. Durch diese Rechtsfortbildung wird das vom Grundgesetz garantierte Freiheitsniveau nicht ausgeweitet – was dem verfassungsändernden Gesetzgeber vorbehalten wäre. Vielmehr werden hier Freiheitsgewährleistungen vor einem Gesetzgeber bewahrt, der die Grenzen des verfassungsrechtlich Zulässigen unter Berufung auf Erfordernisse des Sicherheitsrechts mit unterschiedlichen Maßnahmen immer weiter ausschöpft.

Im Ergebnis werden die Anforderungen an Online-Durchsuchungen denen des großen Lauschangriffs und der Wohnungsdurchsuchungen angenähert. Für letztere sind Richtervorbehalte in Art. 13 Abs. 2–4 GG ausdrücklich geregelt. All diese Maßnahmen sind sowohl von der Bedeutung der betroffenen Freiheitsrechte als auch von der Schwere und dem Ausmaß des Eingriffs vergleichbar. Dennoch geht das BVerfG zu Recht nicht so weit, seine Rechtsfortbildung als Analogie zu bezeichnen und zu begründen. Es überträgt nicht im Detail die Differenzierungen zwischen Art. 13 Abs. 3 und Abs. 4 GG. Damit bleibt es dem Gesetzgeber überlassen, statt des Richters gegebenenfalls auch eine **andere Stelle mit vergleichbarer Unabhängigkeit und Neutralität** mit der 602

---

80 Für eine lediglich restriktive Auslegung des grundsätzlich möglichen Verzichts: BVerfGE 16, 119, 122 ff.
81 BVerfGE 120, 274, 331 f. – Online-Durchsuchung.
82 BVerfGE 120, 274, 303 – Online-Durchsuchung.

Kontrolle zu betrauen.[83] Genau genommen handelt es sich somit nicht um einen streng institutionellen Richtervorbehalt, sondern um einen Vorbehalt angemessener verfahrensrechtlicher Ausgestaltung der Grundrechte, der durch eine unabhängige Kontrollinstanz und damit typischerweise durch ein Gericht wahrgenommen wird. Weil das BVerfG aber „grundsätzlich"[84] einen Richtervorbehalt postuliert, sei dies an dieser Stelle behandelt. Die Rechtsfortbildung bleibt damit auch konsistent zu Art. 10 GG, der für Eingriffe in die Korrespondenzfreiheit keinen Richtervorbehalt vorsieht und in Art. 10 Abs. 2 S. 2 GG die richterliche Kontrolle sogar partiell ausschließt.

HINWEIS FÜR DIE FALLBEARBEITUNG: Richtervorbehalte sind an sich eine Frage der formellen Rechtfertigung. Der ungeschriebene Richtervorbehalt ist aber eine Folge der Schwere des Grundrechtseingriffs und damit im Anschluss an die Verhältnismäßigkeit zu prüfen (→ Schema 2 am Ende).

3. Anforderungen an die Gerichtsorganisation und an das Gerichtsverfahren

603 Auch im Rahmen des Richtervorbehalts kommt die verfahrensrechtliche Seite der Grundrechte zum Tragen. Die Wirksamkeit des besonderen Schutzes bestimmter Grundrechte durch Richtervorbehalt gebietet es, dass das Gericht von seiner **Unabhängigkeit** Gebrauch macht. Es muss sich ein eigenes Bild machen und darf sich nicht nur auf eine Plausibilitäts- und Fehlerkontrolle der von der beantragenden Verwaltung vorgetragenen Gründe beschränken.[85] Die Kontrollfunktion wirkt nur effektiv, wenn das Gericht vorgesehene Maßnahmen im Einzelfall eingehend prüft und die Gründe schriftlich festhält.[86] An den Richtervorbehalt knüpfen sich somit auch **Begründungspflichten** als Teil der verfahrensrechtlichen Dimension des Grundrechtsschutzes. Das **Organisationsrecht** muss sicherstellen, dass Richter auch erreichbar sind[87] und bei Bedarf auch einen nächtlichen Bereitschaftsdienst vorsehen[88]. Ausnahmen vom Richtervorbehalt bei „Gefahr im Verzug" (z. B. Art. 13 Abs. 4 S. 2 GG) dürfen nicht, auch nicht vorübergehend, wegen mangelnder personeller Ausstattung der Gerichte zum Normalfall werden. Das zeigt sich auch daran, dass Art. 13 Abs. 4 S. 2 GG auch in diesen Fällen die „unverzügliche" Nachholung der richterlichen Entscheidung fordert.

604 Darüber hinaus sind die **Justizgrundrechte** zu beachten, also das Gebot des gesetzlichen Richters (→ Rn. 892 ff.), das rechtliche Gehör (→ Rn. 897 ff.) sowie die Rechte auf ein faires Verfahren und auf eine angemessene Verfahrensdauer (→ Rn. 904 ff.). Diese gelten aber nicht nur bei den Richtervorbehalten, d. h. nicht nur, wenn ein Richter (ausnahmsweise) bereits vor dem Grundrechtseingriff eingeschaltet werden muss. Sie werden deshalb im Rahmen der allgemeinen Justizgrundrechte erörtert.

▶ **ZU FALL 24:** So grundsätzliche und politische Fragen der Begrenzung der Grundrechte zur Terrorismusbekämpfung und so intensive Grundrechtseingriffe wie Online-Durchsuchungen, Lauschangriffe und Wohnungsdurchsuchungen muss der Gesetzgeber selbst regeln. Allenfalls technische Details dürften einer Verordnung überlassen bleiben. Für die Eingriffe in die Wohnung gelten die Richtervorbehalte des Art. 13 GG, die nicht durch eine nachträgliche parlamentarische Kontrolle substituiert werden dürfen. Das gilt auch für die

---

83 BVerfGE 120, 274, 332; *Voßkuhle*, in: HGR V, § 131, Rn. 37.
84 BVerfGE 120, 274, 331 – Online-Durchsuchung.
85 BVerfGE 83, 24, 33 f. – Polizeigewahrsam: Anhörungspflicht bei Freiheitsentziehungen; krit. zur Praxis BVerfGE 103, 142, 152 – Wohnungsdurchsuchung.
86 BVerfGE 120, 274, 332 – Online-Durchsuchung.
87 BVerfGE 105, 239, 248 – Richtervorbehalt.
88 BVerfGE 139, 245, 267; BVerfGE 151, 67.

§ 22 Formelle Rechtfertigung von Grundrechtsbeschränkungen § 22

Online-Durchsuchung als Eingriff in die Vertraulichkeit informationstechnischer Systeme. Das BVerfG hat zwar offen gelassen, statt eines Richters eine andere unabhängige und neutrale Stelle zu betrauen, die aber grundsätzlich im Vorhinein die Anordnung zu treffen hat. ◄

WIEDERHOLUNGS- UND VERSTÄNDNISFRAGEN

> Erörtern Sie den Begriff des Gesetzesvorbehalts, seine Funktion und seine Erscheinungsformen sowie etwaige Ausnahmen vom Grundsatz des Vorbehalts des Gesetzes.
> Erörtern Sie Bedeutung, Anwendungsfälle und Ausnahmen des Zitiergebots!
> In welchen Konstellationen trägt das Erfordernis einer Verwaltungsentscheidung bzw. einer richterlichen Entscheidung zum Schutz der Grundrechte bei?

§ 23 Materielle Rechtfertigung von Grundrechtsbeschränkungen: Verhältnismäßigkeit

I. Funktion der materiellen Rechtfertigung im System des Grundrechtsschutzes

605 Wenn sich eine Grundrechtsbeschränkung als formell gerechtfertigt erweist, ist abschließend die materielle Rechtfertigung zu prüfen. Dies ist der zweite Aspekt innerhalb der dritten Stufe der Grundrechtsprüfung. Im Rahmen der formellen Rechtfertigung ist zu fragen, in welcher Form ein Grundrecht beschränkt werden kann, im Rahmen der materiellen Rechtfertigung, **zu welchen Zwecken und in welchem Ausmaß** dies das Verfassungsrecht erlaubt. Auch ein ausdrücklicher Gesetzesvorbehalt ermächtigt den Staat keineswegs, Freiheiten beliebig zu verkürzen.

606 Das **Grundgesetz regelt** zu diesen Fragen der materiellen Rechtfertigung **nur wenige Bruchstücke**. So ist bei den sogenannten qualifizierten Gesetzesvorbehalten (z. B. Art. 11 Abs. 2 GG) ausdrücklich geregelt, zu welchen Zwecken Grundrechte eingeschränkt werden dürfen (→ Rn. 634 f.). Aber selbst in diesen Fällen sind die legitimen Zwecke lediglich abstrakt benannt. Das sagt aber nicht, dass jede Berufung auf solche Zwecke einen noch so intensiven Grundrechtseingriff rechtfertigen könnte. In Fällen sogenannter einfacher Gesetzesvorbehalte (z. B. Art. 10 Abs. 2 GG) schweigt sich das Grundgesetz bereits über die legitimen Zwecke aus. In den Fällen sogenannter vorbehaltloser Grundrechte (z. B. Art. 4 Abs. 1 GG) sagt das Grundgesetz überhaupt nichts darüber, ob, geschweige denn wie, ein Grundrecht beschränkt werden kann (→ Rn. 711 ff.). Denkbar allgemein sagt lediglich Art. 19 Abs. 2 GG, dass der Wesensgehalt der Grundrechte nicht angetastet werden darf (→ Rn. 545, 625). Diese Aussage ist so allgemein, dass ihr eher deklaratorische[1] Bedeutung zukommt.

607 Indes ist die materielle Rechtfertigung von **höchster Bedeutung**: Erst hier entscheidet sich, wie weit der Schutz der Grundrechte im Ergebnis reicht. Dadurch kommt die Wirkungskraft der Grundrechte mehr oder weniger zur Geltung. Auch diese Frage nach dem „Wieviel" verfassungsrechtlich garantierter Freiheit ist aufzuwerfen und wertend zu beantworten, selbst wenn das Grundgesetz hierzu weitgehend schweigt. Das fordert letztlich der **nachdrückliche Geltungsanspruch**, der den Grundrechten zukommt: Dass Art. 1 Abs. 3 GG alle Gewalten, auch den Gesetzgeber ausdrücklich bindet, dass die Gerichte und insbesondere das BVerfG diese Grundrechtsgeltung durchsetzen können, ist mehr als nur ein „formaler Mechanismus". Hinter den Grundrechten, die an den Anfang der Verfassung gestellt sind, steckt vielmehr eine inhaltliche Aussage zugunsten eines verfassungsrechtlich verbürgten **Mindeststandards der Freiheit**. Grundrechtsgeltung ist mehr als eine leere Versprechung. Die Grundrechtsträger sollen sich auf bestimmte Freiheiten auch tatsächlich und konkret berufen können. Die ausdifferenzierten Schutzbereiche, mit denen das Grundgesetz Freiheiten näher umschreibt, sind mehr als nur eine Aufzählung abstrakter Tatbestände, zu deren Beschränkung der Staat lediglich bestimmte Formen einzuhalten hätte. Die Grundrechte sollen ein verfassungsrechtlich garantiertes Maß an Freiheit verbürgen, das alle staatlichen Gewalten zu beachten haben, wenn schon eine Beschränkung der Freiheit notwendig ist.

608 Übermäßige Eingriffe sind ausgeschlossen. In seiner ursprünglichen Ausprägung als „**Übermaßverbot**" lässt sich der Grundsatz der Verhältnismäßigkeit sowohl grund-

---

[1] Häberle, Die Wesensgehaltgarantie des Art. 19 II GG (1962), 3. Aufl. 1983, S. 234 ff.

rechtlich als auch rechtsstaatlich begründen. In ihrer Funktion als Abwehrrechte setzen die Grundrechte dem Staat inhaltliche Grenzen. Auch das Rechtsstaatsprinzip hat die Funktion der Machtbegrenzung. So finden wir liberale Postulate der Verhältnismäßigkeit von Freiheitsbeschränkungen schon vor der Zeit unmittelbarer Grundrechtsgeltung im Polizeirecht des 18. Und 19. Jahrhunderts.[2] In der Geistesgeschichte finden wir Proportionalität als Aspekt der Gerechtigkeitsgedanken bereits bei *Aristoteles*.[3] Dass die Grundrechte einen inhaltlichen Anspruch einlösen müssen, sagt auch Art. 19 Abs. 2 GG. Die Dogmatik der materiellen Rechtfertigung hat sich indes von der Wesensgehaltsgarantie jedenfalls begrifflich gelöst und ist inzwischen im **Grundsatz der Verhältnismäßigkeit** aufgegangen. Beim Grundsatz der Verhältnismäßigkeit handelt es sich um ein ökonomisches Rationalitätskalkül, das Verhältnis zwischen Aufwand (hier: Grundrechtsbeschränkung) und Ertrag (hier: Ziele staatlicher Maßnahmen). Freilich ist nicht jede Kosten-Nutzen-Betrachtung des Rechts eine Ausprägung des grundrechtlich fundierten Verhältnismäßigkeitsgrundsatzes. Z. B. sind die Fragen der Begrenzung staatlicher Sozialleistungen oder der Grenzen eines Folgenbeseitigungsanspruchs nur ausnahmsweise grundrechtsaufgeladen, wenn es um die Erfüllung von Schutzpflichten geht (z. B. Schutz des Existenzminimums).

Beim **Gerechtigkeitsbezug** der materiellen Rechtfertigung kommt die Struktur der Grundrechte als Prinzipien (→ Rn. 29 ff.) zum Tragen. Es handelt sich um eine von **Wertungen und Abwägungen** geprägte Argumentation, auf die der Aufbau der Grundrechtsprüfung vorbereitet und zuläuft: Auf der ersten und zweiten Stufe der Grundrechtsprüfung werden verfassungsrechtlich irrelevante Freiheitsbeschränkungen ausgefiltert, bei denen sich die Frage einer Rechtfertigung gar nicht stellt. Auch auf der dritten Stufe der Grundrechtsprüfung geht es zunächst um die formelle Rechtfertigung, bei der Grundrechtsverletzungen unabhängig von ihrer Schwere festgestellt werden können. Innerhalb der materiellen Rechtfertigung sind drei Stufen der Verhältnismäßigkeitsprüfung zu unterscheiden, die nacheinander zu prüfen sind: Geeignetheit – Erforderlichkeit – Verhältnismäßigkeit i. e. S. Wie die gesamte Grundrechtsprüfung so hat auch die Verhältnismäßigkeitsprüfung selbst eine Art „**Filterfunktion**" für diejenigen Aspekte, die auf der letzten Stufe gegeneinander abzuwägen sind. Diese letzte Stufe der Abwägung wird deshalb auch „Verhältnismäßigkeit i. e. S." bezeichnet. Erst hier sind sowohl die Schwere der Grundrechtsbeeinträchtigung als auch die Tragfähigkeit der Gründe des Staates für eine solche Grundrechtsbeschränkung von entscheidender Bedeutung.

609

In der **Fallbearbeitung** steht die Frage der Verhältnismäßigkeit nicht selten im Mittelpunkt der Aufgabenstellung. Dabei gilt es, den Wertungsfragen weder auszuweichen noch sie zum Anlass für allgemeine Gesinnungserwägungen zu nehmen. Vielmehr kommt es auch innerhalb der materiellen Rechtfertigung wesentlich auf eine klare Struktur in der Argumentation an. Der Grundsatz der Verhältnismäßigkeit hat verschiedene Ausprägungen, die aber parallele Argumentationsstrukturen aufweisen. In der folgenden Darstellung werden zunächst die zwei **allgemeinen Argumentationsmodelle** erörtert, nämlich das Übermaßverbot (II) und das Untermaßverbot (III). Sodann

---

2 Grundlegend *v. Svarez*, Allgemeines Staatsrecht – Über das Recht der Polizei (1791), in: Vorträge über Recht und Staat (hrsgg. v. Conrad/Kleinheyer), 1960, S. 486 f.; *v. Mohl*, Die Polizei-Wissenschaft nach den Grundsätzen des Rechtsstaates (1832), 3. Aufl. 1866, S. 19 ff.; Preußisches Oberverwaltungsgericht, v. 13.2.1884, PrOVGE 10, 322, 326 – Feld- und Forstpolizeigesetz, betreffend die Erforderlichkeit einer Eigentumsbeschränkung und v. 18.12.1896, PrOVGE 31, 409 ff. – Heilsarmee, betreffend die Rechtfertigung von Versammlungsverboten.
3 *Aristoteles*, Nikomachische Ethik, Reclam 1983, Buch V, Kap. 6, S. 126.

wird auf die Besonderheiten bei den qualifizierten Gesetzesvorbehalten und in anderen Konstellationen (IV-VIII) eingegangen, durch die diese beiden allgemeinen Argumentationsmodelle variiert werden.

610 Der Grundsatz der Verhältnismäßigkeit gilt auch für die **europäischen Grundrechte**. Er entspricht einer gemeineuropäischen Verfassungstradition und wird vom EGMR[4] sowie vom EuGH[5] angewendet. Art. 52 Abs. 1 GRCh bestätigt dies, indem er die Geeignetheit und Erforderlichkeit ausdrücklich fordert und dabei eine Verhältnismäßigkeit insgesamt impliziert.[6] Die deutsche Dogmatik nimmt in ihrer Differenziertheit eine gewisse Vorreiterrolle[7] ein und verdient insoweit Übertragung auf die europäischen Grundrechte. Die Bedeutung der europäischen Grundrechte im Rahmen der Verhältnismäßigkeit liegt nicht in strukturellen Unterschieden des Verhältnismäßigkeitsgrundsatzes als solchem. Vielmehr ist die Prüfung der Verhältnismäßigkeit im Rahmen der deutschen Grundrechte der dogmatische Ort, an dem der Einfluss europäischer Grundrechte sich auswirken kann. Im Rahmen der Wertungen sind nämlich europäische Grundrechte als Prinzipien zu berücksichtigen und können so tendenziell auch Abwägungsergebnisse beeinflussen.

II. Verhältnismäßigkeit als Übermaßverbot

▶ **FALL 25:** Der Gesetzgeber regelt ein bußgeldbewehrtes, generelles Rauchverbot in der Öffentlichkeit. Student A, der in einer Prüfungspause auf öffentlicher Straße hiergegen verstößt, erhält einen Bußgeldbescheid i. H. v. 200 €. A hält bereits das Gesetz, jedenfalls aber das Bußgeld für unverhältnismäßig. Er sei nicht süchtig, höre aber als liberal denkender Mensch nunmehr erst recht nicht mit dem Rauchen auf. Im konkreten Fall habe nur seine Freundin bei ihm gestanden, die ausdrücklich einverstanden gewesen sei. Er rauche auch nirgends, wo Kinder und Jugendliche ihn dabei sähen. Schließlich habe er die Kippe sauber entsorgt. ◀

1. Die Bezugsgrößen der Verhältnismäßigkeit von Eingriffen

611 Am Beginn jeder Auseinandersetzung mit dem Grundsatz der Verhältnismäßigkeit muss die Vergegenwärtigung darüber stehen, um welches „**Verhältnis**" es gehen soll. Gemeint ist bei jeder Verhältnismäßigkeitsprüfung das Verhältnis **zwischen Mittel und Zweck** („**Mittel/Zweck-Relation**"). Zu prüfen ist, ob ein Zweck den Einsatz eines Mittels rechtfertigt. Ausgangspunkt der Verhältnismäßigkeitsprüfung muss die konkrete Erfassung der betroffenen Mittel und Zwecke sein.

a) Normen und Einzelakte als Mittel und Spezialfälle illegitimer Mittel

612 **Gegenstand des Übermaßverbotes** ist ein konkreter staatlicher Eingriffsakt. Er ist das „Mittel", um dessen Verhältnismäßigkeit es bei der Grundrechtsprüfung geht. Der Hoheitsakt, der als „Mittel" zu einem staatlich verfolgten Zweck in Grundrechte ein-

---

[4] EGMR, v. 23.7.1968, EuGRZ 1975, 298, 301, Z. 10 – Belgischer Sprachenfall; EGMR, v. 21.2.1986, EuGRZ 1988, 341, 345, Z. 50.
[5] EuGH, Rs. C-11/70 (Internationale Handelsgesellschaft mbH/Einfuhr- und Vorratsstelle für Getreide und Futtermittel), Slg. 1970, 1125, Rn. 14 ff., 23; Rs. 41/79 (Testa u. a./Bundesanstalt für Arbeit), Slg. 1980, 1979, Rn. 21; exemplarisch mit den drei Elementen der Geeignetheit, Erforderlichkeit und Angemessenheit: EuGH, Rs. 254/94, (Fattoria autonoma tabbacchi u. a./AIMA u. a.), Slg. 1996, I-4235, Rn. 55.
[6] *Jarass/Kment*, EU-Grundrechte, 2. Aufl., § 6 Rn. 39.
[7] *O. Koch*, Der Grundsatz der Verhältnismäßigkeit in der Rechtsprechung des EuGH, 2003, S. 47.

greift, ist bereits mit der Prüfung der vorangegangenen Stufen der Grundrechtsprüfung herauskristallisiert worden. Auf der ersten Stufe der Grundrechtsprüfung ist bereits geklärt, welcher Schutzbereich dadurch betroffen ist und auf der zweiten Stufe ist geklärt, dass die Beeinträchtigung dem Staat als Eingriff zuzurechnen ist.

Bei der Verfassungsmäßigkeit einer **Norm** (Gesetz oder Verordnung) geht es nicht um die Verhältnismäßigkeit im Einzelfall. Deshalb ist hier die grundrechtliche Beschwer aller (potenziellen) Normadressaten zu berücksichtigen. Das bedeutet für die Fallbearbeitung, dass bei der inzidenten Normenkontrolle innerhalb einer Urteilsverfassungsbeschwerde auch die den Beschwerdeführer nicht belastenden Wirkungen des Gesetzes zu berücksichtigen sind. Die Kontrolldichte ist dadurch beschränkt, dass dem Gesetzgeber die Aufgabe und das Privileg der Generalisierung zukommt. Eine Norm ist nicht schon deshalb verfassungswidrig, weil sie etwas gebietet bzw. zu etwas ermächtigt, was in Einzelfällen unverhältnismäßig sein kann. Lassen sich allerdings ganze Anwendungsbereiche einer Norm als generell unverhältnismäßig typisieren, ist eine Teilverfassungswidrigkeit oder eine verfassungskonforme Auslegung/Rechtsfortbildung die Folge. Die Frage der Unverhältnismäßigkeit des Normvollzugs in atypischen Einzelfällen ist hingegen bei der Überprüfung des Einzelaktes aufzuwerfen. Dabei ist die Grenze zwischen verfassungskonformer Auslegung/Rechtsfortbildung im Allgemeinen und verfassungskonformem Gesetzesvollzug im Einzelfall (der gegebenenfalls auch als verfassungskonforme Auslegung rekonstruiert werden kann) fließend und letztlich Ausfluss der umfassenden Grundrechtsbindung des Staates.

Aus der kumulativen Bindung des Gesetzgebers und der Verwaltung an die Grundrechte nach Art. 1 Abs. 3 GG folgt, dass auf der Grundlage eines gegebenenfalls verfassungsmäßigen Gesetzes stets auch die Verhältnismäßigkeit des **Einzelaktes** (insbesondere eines Verwaltungsaktes) verfassungsrechtlich geboten ist. Das gilt nicht nur für Ermessensnormen („kann", „soll") sondern **auch für die sogenannte gebundene Verwaltung** („muss"-Vorschriften). Dies folgt aus der verfassungsunmittelbaren Grundrechtsbindung der Verwaltung. Darin liegt kein Verstoß gegen die Gesetzesbindung der Verwaltung.[8] Denn auch bei zwingendem Recht ist der Vorbehalt der Verhältnismäßigkeit des Gesetzesvollzugs auch im Einzelfall stets „mitzulesen". Einzelfallgerechtigkeit zu üben und damit auch die Verhältnismäßigkeit im Einzelfall zu wahren, obliegen der Verwaltung und der Rechtsprechung. Das widerspricht nicht, sondern das korrespondiert im Gegenteil dem Generalisierungsprivileg des Gesetzgebers. Eine Frage des einfachen Rechtes ist es, inwieweit Aspekte der Verhältnismäßigkeit bereits bei der (gegebenenfalls restriktiven) Auslegung unbestimmter Tatbestandsmerkmale berücksichtigt werden können[9] und inwieweit für eine Verhältnismäßigkeitsprüfung im Rahmen der Rechtsfolgen daneben noch Raum und Bedürfnis bleibt. In Betracht zu ziehen sind insbesondere mildere Mittel, die gegebenenfalls als „minus" von einer Ermächtigungsgrundlage gedeckt sind (→ Rn. 528). Die Annahme eines Unverhältnismäßigkeitsvorbehalts (wir könnten diesen auch als ungeschriebene Härtefallklausel bezeichnen) ist grundrechtliche Ausgangsvermutung. Sie wird nicht erst durch Ermessenseinräumung oder explizite Härtefallklauseln oder einfachrechtliche Normierung der Verhältnismä-

---

8 Anders *Barczak*, VerwArch 2014, 142 ff. m. w. N.; zu pauschal auch VGH Mannheim, VBlBW 2008, 437, 443: „Erscheint das in Wahrnehmung des legislativen Gestaltungsspielraums erlassene Gesetz verhältnismäßig, kann die Gesetzesanwendung nicht unverhältnismäßig sein." Wie hier: *Vogt*, Die verhältnismäßige Anwendung „gebundener" Normen, 2019.
9 So z. B. „Unzuverlässigkeit" als Tatbestandsmerkmal gebundener Entscheidungen im Gewerberecht: BVerwGE 137, 1, 5.

ßigkeit einfachrechtlich begründet. Die Unterscheidung zwischen Ermessensermächtigungen und gebundener Verwaltung besteht darin, dass ein gegebenenfalls eingeräumtes Erschließungsermessen es der Verwaltung ermöglicht, von einer Maßnahme aus Zweckmäßigkeitsgründen auch dann abzusehen, wenn es diese Zwecke nicht aus verfassungsrechtlichen Gründen gebieten, ein milderes Mittel zu ergreifen oder von einer unzumutbaren Belastung Abstand zu nehmen. Bei gebundenen Entscheidungen ist die Verwaltung darauf beschränkt, im Einzelfall aus verfassungsrechtlich zwingenden Gründen der Verhältnismäßigkeit eine an sich gebotene Maßnahme nicht zu ergreifen.

613 In wenigen **Spezialfällen** kann ein Mittel per se verfassungswidrig sein. So verbietet Art. 5 Abs. 1 S. 3 GG das Mittel der Zensur als Eingriff in die Pressefreiheit (→ Rn. 656 f.). Art. 7 Abs. 6 GG verbietet die Einrichtung von Vorschulen (→ Rn. 258), so dass eine Rechtfertigung eines solchen Mittels gegenüber der Erziehungsfreiheit des Art. 6 Abs. 2 GG von vornherein ausscheidet. Für „große Lauschangriffe" nach Art. 13 Abs. 3 GG und Abs. 4 GG sind nur Mittel der akustischen, also nicht der optischen Überwachung erlaubt – im Gegensatz zum sogenannten „kleinen Lauschangriff" nach Art. 13 Abs. 5 GG (→ Rn. 689). Ob Art. 8 Abs. 1 GG das Mittel des Anmelde- bzw. Erlaubnisvorbehalts als Eingriff in Versammlungen in dem Bereich ausschließt, in dem der Gesetzesvorbehalt des Art. 8 Abs. 2 GG nicht greift, d. h. in geschlossenen Räumen, ist fraglich (→ Rn. 663).

HINWEIS FÜR DIE FALLBEARBEITUNG: Abgesehen von diesen Spezialfällen einer speziellen Beschränkung der legitimen Mittel reicht es in der Fallbearbeitung, am Anfang jeder Prüfung des Übermaßverbots die Frage aufzuwerfen, „ob der Eingriff verhältnismäßig ist". Wichtig ist auch gegebenenfalls die Unterscheidung verschiedener Eingriffsakte, insbesondere zwischen dem Einzelakt und dessen Ermächtigungsgrundlage. In diesen Fällen ist (gegebenenfalls geschachtelt → Rn. 561) zweimal die Verhältnismäßigkeit zu prüfen.

▶ **ZU FALL 25:** Hier ist zwischen dem abstrakten gesetzlichen Verbot und dem Bußgeld zu unterscheiden. ◀

b) Herausarbeitung legitimer Zwecke

614 Die „Zwecke" des Grundrechtseingriffs sind hingegen in der Grundrechtsprüfung bislang unberücksichtigt geblieben. Sie werden als neuer Aspekt erst in der Verhältnismäßigkeit relevant.

Deshalb beginnt jede Prüfung des Übermaßverbotes mit einer **isolierten Zweckbetrachtung**. Grundrechte können zu sehr unterschiedlichen Zwecken begrenzt werden. Eingriffe können sowohl öffentlichen als auch privaten Interessen dienen. Öffentliche Interessen können unterschiedliche Dimensionen von Gemeindeinteressen über Landes- und Bundesinteressen bis zu europäischen oder globalen Interessen entfalten. Private Interessen können ihrerseits grundrechtlich schützenswert sein, so dass ein Grundrechtskonflikt vorliegt (zur Unterscheidung zwischen Grundrechtskonflikt und Grundrechtskollision → Rn. 736 f.).

Die Zwecke sind **objektiv** zu betrachten. In Betracht kommen also alle denkbaren Rechtfertigungsgründe. Der gesetzgeberische Wille und explizit geregelte Gesetzeszwecke sind zwar Ausgangs- und Anhaltspunkt. Zur Begründung der Verhältnismäßigkeit einer Maßnahme kommen aber auch Rechtfertigungsgründe in Betracht, an die der Gesetzgeber nicht gedacht hat. Auch nachträglich erst entstehende Rechtfertigungsgründe sind einzubeziehen, gilt doch das Gebot der Verhältnismäßigkeit auch nicht zeitlich begrenzt. So sind bei der Verhältnismäßigkeit von Rauchverboten durch Gesetze „zum Schutz von Passivrauchern" z. B. auch die Suchtprävention und der Jugendschutz und also die Vorbildwirkungen in Betracht zu ziehen.

Zunächst stellt sich die Frage der Legitimität der Zwecke. Welche Zwecke legitim sind, hängt von dem jeweiligen Grundrecht ab, in das eingegriffen wurde. Hier wirkt sich also die Unterscheidung der Schutzbereiche auf der ersten Stufe der Grundrechtsprüfung aus. Bei manchen speziellen Grundrechten sind nämlich **Zweckbeschränkungen** zu beachten. Andere Zwecke müssen dann gegebenenfalls bei der Betrachtung der Verhältnismäßigkeit unberücksichtigt bleiben. Welche Zwecke jeweils in Betracht kommen, um ein bestimmtes Grundrecht zu beschränken, regeln v. a. die qualifizierten Gesetzesvorbehalte (→ Rn. 634 ff.). Eine solche Aufzählung legitimer Zwecke enthält z. B. Art. 13 Abs. 7 GG, wonach Eingriffe in die Wohnung „nur zur Abwehr einer gemeinen Gefahr oder einer Lebensgefahr für einzelne Personen [...]" zulässig sind. Besonderheiten gelten insoweit auch für die vorbehaltlosen Grundrechte (→ Rn. 711 ff.), die nur zum Schutz von Verfassungsgütern beschränkt werden dürfen. Im Übrigen, d. h. bei den Grundrechten mit sogenannten einfachen Gesetzesvorbehalten („durch Gesetz" bzw. „auf Grund eines Gesetzes") ist **grundsätzlich jedes öffentliche Interesse** legitim, um ein solches Grundrecht zu begrenzen.

615

Wenn der Eingriff ausnahmsweise einem **per se illegitimen** Zweck dient, stellt sich die relative Frage der Verhältnismäßigkeit nicht. Vielmehr ist dann das Freiheitsrecht bereits auf Grund der isolierten Zweckbetrachtung verletzt. In diesem Rahmen ist gegebenenfalls der freiheitsrechtliche Aspekt der neutralen Gewährleistung der Grundrechte zu erörtern. Dem Staat ist jede **inhaltliche Bewertung** von Meinungen oder religiösen Anschauungen, von Kunst und Wissenschaft, von Versammlungen und Vereinigungen verwehrt. Verstöße gegen das **Neutralitätsgebot** des Staates (→ Rn. 182, 654) lassen sich bereits auf dieser Stufe als nicht zu rechtfertigen ausscheiden.[10] Ob ein bestimmter Zweck im Übrigen diskriminierend ist, sollte im Rahmen der Gleichheitssätze näher erörtert werden (→ Rn. 763).

616

Häufig werden es auch **mehrere Zwecke** sein, denen ein Eingriff dient. Dabei ist zu beachten, dass für jeden dieser Zwecke zu prüfen ist, ob er den Grundrechtseingriff zu rechtfertigen vermag. Die exakte Herausarbeitung, d. h. die konkrete Benennung aller relevanten Zwecke ist von entscheidender Bedeutung für die Verhältnismäßigkeitsprüfung. Am Anfang sollte deshalb eine vollständige Erfassung der konkret verfolgten Zwecke stehen („Denkbare Zwecke des Eingriffs sind erstens..., zweitens..."). Ein pauschaler Hinweis z. B. auf „öffentliche Interessen" kann der Einzelfallbetrachtung der Verhältnismäßigkeit nicht gerecht werden. Dies wird in der Fallbearbeitung häufig unterschätzt und vernachlässigt. Man mache sich dabei bewusst, dass die Mittel/Zweck-Relation dazu da ist, Mittel und Zwecke in ein ausgewogenes Verhältnis zu bringen und dass die gesamte bisherige Grundrechtsprüfung alleine dem „Mittel" galt. Selbst in sehr einfach gelagerten[11] Fällen sollte eine isolierte Zweckbetrachtung erfolgen. In der Fallbearbeitung ist primär auf die im Sachverhalt genannten Zwecke, in der Praxis auf die Begründungen staatlicher Entscheidungen zurückzugreifen. Weitere,

617

---

10 *Huster*, Die ethische Neutralität des Staates, 2002, S. 655 f.
11 Den Zweck hier gleich im Rahmen der Geeignetheit zu benennen, bringt kaum Vereinfachung. Denkbar kurz und dennoch differenziert ist folgende Formulierung: „Der einzige hier denkbare Zweck ist ... Weil der Gesetzesvorbehalt des Art. 2 Abs. 2 S. 3 GG keine Zweckbeschränkungen enthält, ist dieser Zweck legitim. Der Verwaltungsakt ist geeignet ...".

objektiv naheliegende Zwecke können aber ebenfalls zur Rechtfertigung herangezogen werden.

Die Legitimität der Zweckverfolgung setzt auch die **entsprechende Kompetenz** des Hoheitsträgers voraus. Bei Nebenzwecken sind Annexkompetenzen in Betracht zu ziehen. Dabei ist zu beachten, dass es reicht, wenn der objektive Gegenstand des Gesetzes einer Kompetenz entspricht. Nicht sämtliche mit ihm verfolgten Zwecke müssen sich auf entsprechende Kompetenzen stützen lassen.[12] Ein Beispiel hierfür sind gaststättenrechtliche Rauchverbote des Landesrechts, die automatisch auch dem Gesundheitsschutz der Angestellten dienen, für die der Bundesgesetzgeber zuständig wäre. Letzteres kann die Verhältnismäßigkeit der landesrechtlichen Regelungen als Nebenzweck mitbegründen. Wenn für einen Grundrechtseingriff unter keinem Gesichtspunkt eine Kompetenz besteht, stellt sich das Problem der Zweckwidrigkeit gar nicht, weil dann der Grundrechtseingriff schon formell verfassungswidrig ist (→ Rn. 553 ff., 561; zur Kompetenz als Zurechnungsgrenze → Rn. 529 ff.).

▶ **ZU FALL 25:** Objektive Zwecke des abstrakten gesetzlichen Verbotes sind der Gesundheitsschutz – und zwar sowohl der aktiven, als auch der passiven und auch der potenziellen Raucher (v. a. Jugendlicher, denen Raucher in der Öffentlichkeit ein schlechtes Vorbild sein könnten). Die Volksgesundheit hat dabei auch ökonomische Aspekte. Zwar wäre der Schutz vor sich selbst als solcher ein illegitimer Zweck, weil dies die Autonomie als Kern der Grundrechte unterliefe – allerdings ist hier Schutz der Aktivraucher vor unfreiwilliger Suchtgefährdung legitim. Schließlich kommen als Zwecke noch die Vermeidung belästigender Luftverschmutzung[13] und unschöner Verschmutzung öffentlichen Grundes durch Zigarettenabfälle in Betracht. Durch das generelle Verbot wird die Sozialadäquanz des Rauchens in der Öffentlichkeit als solche in Frage gestellt. Die konkrete Durchsetzung des Verbotes mit dem Mittel des Bußgeldes kann – auch wenn im Einzelfall nicht jeder der gesetzlichen Zwecke relevant ist – der Durchsetzung der Rechtsordnung und damit der mittelbaren Förderung der Gesetzeszwecke dienen. ◀

2. Die Dreistufigkeit des Übermaßverbotes

618 Innerhalb der Verhältnismäßigkeitsprüfung sind drei Stufen zu unterscheiden, die nach der isolierten Zweckbetrachtung je einzeln zu prüfen sind:

Geeignetheit – Erforderlichkeit – Verhältnismäßigkeit i. e. S.

Auf diesen drei Stufen sind jeweils alle im Sachverhalt in Betracht kommenden Zwecke ins Verhältnis zu dem Grundrechtseingriff zu setzen. Das heißt konkret, wenn z. B. für den Eingriff drei verschiedene legitime Zwecke in Betracht kommen, können diese gegebenenfalls auf unterschiedlichen Stufen der weiteren Prüfung ausgeschieden werden: Ist das Mittel zur Erreichung eines der Zwecke ungeeignet, der Erreichung der beiden anderen Zwecke aber dienlich, ist die Erforderlichkeit nur noch für die beiden weiteren Zwecke zu erörtern. Wenn es ein milderes Mittel gibt, das zumindest einzelnen Zwecken gleich gut dient, bleiben diese wiederum i. S. einer gestuften Verhältnismäßigkeitsprüfung auf der Stufe der Angemessenheit außer Betracht. So wirkt sich gegebenenfalls die „**Filterfunktion**" (→ Rn. 609) der Verhältnismäßigkeitsprüfung aus. Der Grundrechtseingriff ist im Endergebnis auch dann noch verhältnismäßig, wenn er

---

12 BVerfGE 121, 317, 347 f. – Nichtraucherschutz in Gaststätten, zur Berücksichtigung des Arbeitsschutzes als Nebenzweck im Rahmen der Verhältnismäßigkeit S. 361.
13 Zum „environmental tobacco smoke": BVerfGE 121, 317, 350 – Nichtraucherschutz in Gaststätten.

nur einem der Zwecke in geeigneter, erforderlicher und i. e. S. verhältnismäßiger Weise dient.

a) Geeignetheit

Geeignetheit ist die Frage der instrumentellen Tauglichkeit eines Mittels zur Verfolgung eines Zweckes. Geeignet ist ein Mittel bereits dann, wenn es einem Zweck **überhaupt dient**, ihm also in irgendeiner ersichtlichen Weise förderlich ist. Auf dieser Stufe erweisen sich also lediglich solche Eingriffe als unverhältnismäßig, die untauglich sind, die also keinem einzigen legitimen Zweck dienen. Eine Teileignung reicht (zu den Konsequenzen für die weitere Prüfung, wenn bestimmte Zwecke ausscheiden → Rn. 618). Nur selten wird ein Mittel insoweit „schlechthin ungeeignet"[14] sein. Denkbar sind z. B. Fälle, in denen der verfolgte Zweck bereits anderweitig ersichtlich erreicht wurde. Dysfunktionale Effekte wie Ausweichreaktionen, Umgehungen und Trotzreaktionen (einschließlich des „Reizes des Verbotenen")[15] stellen die Eignung einer Maßnahme erst in Frage, wenn diese insgesamt überwiegend kontraproduktiv wirkt. Für die Eignung von Gesetzen wird dem Gesetzgeber ein Prognosespielraum zugebilligt. Die bloße **Möglichkeit der Zweckerreichung**[16] genügt. Im Übrigen handelt es sich aber um eine eher technische Frage, die nicht mit Wertungen zu befrachten ist.

619

▶ **Zu Fall 25:** Der liberale Trotz des A ist unbeachtlich, solange der Tabakkonsum durch das Verbot nicht insgesamt gesteigert wird. ◀

b) Erforderlichkeit

Ein Mittel ist erforderlich, wenn es **kein milderes Mittel** gibt, das alle relevanten Zwecke mindestens **ebenso wirksam** erreichen könnte. An dieser Stelle sind also Alternativen zu dem Grundrechtseingriff zu erwägen. Ideenreichtum ist gefragt, was der Hoheitsträger Besseres hätte tun können, um seine Zwecke zu erreichen. Nur wenn es mildere Mittel gibt, die alle Zwecke gleich wirksam erreichen, ist die Maßnahme verfassungswidrig. Wenn hingegen einzelne Zwecke auch mit milderen Mitteln gleich effektiv erreicht werden könnten, scheiden diese Zwecke bei der Verhältnismäßigkeit i. e. S. als Gesichtspunkte aus.

620

Milder ist ein alternatives Mittel dann, wenn es **grundrechtsschonender** als der erfolgte Eingriff wäre. Das ist nicht nur dann der Fall, wenn es eine Alternative gibt, die überhaupt nicht in Grundrechte eingreift. Milder ist ein Mittel auch dann, wenn es weniger intensiv in dasselbe Grundrecht eingreift. Schließlich ist auch denkbar, dass ein Mittel statt in ein spezielles Freiheitsrecht „nur" in die allgemeine Handlungsfreiheit des Art. 2 Abs. 1 GG eingreifen würde.

Im Ergebnis kann ein solches milderes Mittel aber nur dann die Erforderlichkeit eines Eingriffs widerlegen, wenn es auch **mindestens gleich effektiv** ist. Dies ist gegebenenfalls **für alle relevanten Zwecke** zu erörtern. Beachte, dass ein Maßnahme, die mehreren Zwecken dient, nicht schon verfassungswidrig ist, wenn sie wegen einzelner Zwecke nicht erforderlich ist, sondern dass dieser Zweck dann lediglich auf der Stufe der Verhältnismäßigkeit i. e. S. unberücksichtigt bleibt (→ Rn. 618). Dem handelnden

621

---

14 So die typische Formulierung des BVerfG in Fällen, die nicht an der Geeignetheit scheitern: BVerfGE 19, 119, 127 – Couponsteuer; BVerfGE 30, 250, 263 – Absicherungsgesetz; Beispiele bei: *Michael*, JuS 2001, 654, 656.
15 Dazu BVerfGE 90, 145, 183 – Cannabis.
16 BVerfGE 125, 260, 317 f. – Vorratsdatenspeicherung.

Hoheitsträger ist zuzubilligen, über das Maß zu entscheiden, in dem er legitime Zwecke verfolgt, und das Mittel zu wählen, mit dem diese Zwecke am schnellsten, am besten bzw. am wahrscheinlichsten erreicht werden können. Dem Gesetzgeber ist auch insoweit eine Einschätzungsprärogative zuzubilligen.

622 Die Prüfung der Erforderlichkeit muss den Effektivitätsstandard staatlichen Handelns zugrunde legen und darf ihn im Rahmen der Erforderlichkeit nicht durch eine Gesamtabwägung relativieren. Ein Mittel, das zwar wesentlich weniger in Grundrechte eingreifen würde, aber einen einzigen der verfolgten Zwecke nicht ganz so wirksam erreichen würde, kann also die Erforderlichkeit eines Eingriffs nicht widerlegen.[17] Bei der Erforderlichkeitsprüfung handelt es sich um einen **Mittel-Vergleich**, bei dem der Grad der Zweckerreichung nicht variabel ist, sondern durch die Effektivität des staatlichen Eingriffs vorgegeben ist. Eine Abwägung zwischen Zweck und Mittel findet erst auf der dritten Stufe der Verhältnismäßigkeit (Verhältnismäßigkeit i. e. S.) statt.

Welches Mittel mehr oder weniger in Grundrechte eingreift, ist aus der **Sicht des Bürgers** zu beurteilen. Im Zweifelsfall muss dem betroffenen Bürger möglichst die Gelegenheit gegeben werden, hierzu Stellung zu nehmen (zur verfahrensrechtlichen Seite der Grundrechte allgemein → Rn. 857 ff.). Das gilt insbesondere für die Auswahl mehrerer, gleich effektiver Nebenbestimmungen. So müssen z. B. nach der Rechtsprechung[18] die Sicherheitsbehörden im Vorfeld einer Demonstration mit dem Versammlungsleiter erörtern, ob dieser zur Kooperation mit den Sicherheitsbehörden bereit ist, oder ob es ihm lieber ist, wenn die öffentliche Sicherheit durch einseitig vom Staat bestimmte Auflagen gewährleistet wird. Kooperation mit dem Staat darf allerdings keine Pflicht, sondern allenfalls eine Obliegenheit sein. Auch Selbstverpflichtungserklärungen werden inzwischen als mildere Mittel gegenüber direkten Grundrechtseingriffen in Betracht gezogen, wobei dies in der Regel an deren Effektivitätsgrad scheitern wird.[19]

▶ **Zu Fall 25:** Bereichsspezifische Rauchverbote könnten zwar dem Schutz der Passivraucher in vergleichbarem Maße dienen. Das generelle Verbot ist aber effektiver zugunsten der Suchtprävention der Aktivraucher und der Jugend und damit zugunsten der Volksgesundheit. Außerdem würde die Einrichtung von Raucherzonen die Entstehung von Abfall nur partiell verhindern. ◀

c) Verhältnismäßigkeit i. e. S.

623 Schließlich findet eine **Abwägung zwischen Mittel und Zwecken** statt. Diese Frage, auf die die Mittel/Zweck-Relation gleichsam zusteuert, wird als Verhältnismäßigkeit i. e. S. bezeichnet. Alternativ wird auch von Angemessenheit oder Proportionalität gesprochen. Die Abwägung von Mittel und Zwecken hängt von deren **jeweiliger Bewertung** ab. Diese Bewertung wiederum enthält **abstrakte und konkrete Kriterien**. Daraus ergibt sich für die Fallbearbeitung[20] folgende Argumentationsstruktur innerhalb der Verhältnismäßigkeit i. e. S.:

624 In einem ersten Schritt werden Mittel und Zwecke **abstrakt** betrachtet. Die abstrakte Bewertung ist an normativen Kategorien auszurichten.

---

17 Beispiele bei: *Michael*, JuS 2001, 654, 657.
18 BVerfGE 69, 315, 354 ff. – Brokdorf; hiergegen *Waechter*, Der Staat 38 (1999), S. 279, 281; ausführlich hierzu *Buschmann*, Kooperationspflichten im Versammlungsrecht, 1990.
19 BVerfGE 121, 317, 353 f. – Nichtraucherschutz in Gaststätten; aus der Literatur: *Michael*, Rechtsetzende Gewalt im kooperierenden Verfassungsstaat, 2002, S. 369 f.
20 Beispiele bei: *Michael*, JuS 2001, 654, 658 ff.

§ 23 Verhältnismäßigkeit: Übermaßverbot

Das bedeutet für die Bewertung des **Mittels**, d. h. des Grundrechtseingriffs: Aus der Zuordnung zu verschiedenen Schutzbereichen ergibt sich eine gewisse **Abstufung des Grundrechtsschutzes**. Am schwächsten ist die allgemeine Handlungsfreiheit des Art. 2 Abs. 1 GG geschützt. Stärker sind die speziellen Grundrechte (z. B. Art. 2 Abs. 2 S. 1 GG) geschützt, v. a. die mit qualifizierten Gesetzesvorbehalten (z. B. Art. 10 GG). Die höchste abstrakte Wertigkeit haben die vorbehaltlosen Grundrechte (z. B. Art. 4 Abs. 1 GG). Auch innerhalb einzelner Grundrechte lassen sich abstrakte Abstufungen erkennen. So verdient z. B. innerhalb des Art. 2 Abs. 2 S. 1 GG das Leben einen herausgehobenen Rang, der beim ungeborenen Leben zunimmt, je näher der Vorgang der Geburt heranrückt und zwischen Geburt und Tod seine höchste Stufe erreicht (sogenanntes „abgestuftes Schutzkonzept"[21] (→ Rn. 162)). So lässt sich z. B. eine Abtreibung zum Schutz des Lebens der Mutter abstrakt rechtfertigen. Folgt man der Rechtsprechung darin, dass bestimmte Kernbereiche von Grundrechten die Menschenwürde berühren, wirkt sich auch dies in einer abstrakten Wertigkeit aus, während nach hier vertretener Auffassung solche Fälle im Rahmen der konkreten Abwägung und ohne Rückgriff auf die Menschenwürde zu lösen sind (→ Rn. 158). Ein abgestuftes Schutzkonzept ist auch bei Art. 5 Abs. 1 (→ Rn. 202), Art. 8 Abs. 1 (→ Rn. 272) und Art. 12 Abs. 1 GG (→ Rn. 682) zu verwirklichen. Zu beachten sind gegebenenfalls auch sogenannte „Schutzbereichsverstärkungen" (→ Rn. 59).

Im Rahmen der normativen Gewichtung eines Grundrechts ist gegebenenfalls auch der **Einfluss europäischer Grundrechte** zu entfalten. Dabei ist auch das Gewicht zu berücksichtigen, das der EGMR – im Anwendungsbereich des Unionsrechts gegebenenfalls auch der EuGH – bestimmten europäischen Grundrechten zumisst. So wirkt sich z. B. die Akzentuierung des Rechts auf Privatheit nach Art. 8 Abs. 1 EMRK durch den EGMR[22] als verstärkendes Argument bei der Gewichtung des allgemeinen Persönlichkeitsrechts nach Art. 2 Abs. 1 i. V. m. Art. 1 Abs. 1 GG aus. In der Praxis und in der Fallbearbeitung spielt die völkerrechtsfreundliche Auslegung des Grundgesetzes im Lichte der EMRK vor allem bei der Verhältnismäßigkeit i. e. S. eine Rolle.[23] Hier ist der dogmatische Ort, den **Gewichtungen der EMRK** Rechnung zu tragen. Zu fordern ist gegebenenfalls eine unionsrechts- bzw. völkerrechtsfreundliche Verhältnismäßigkeit.

▶ **Zu Fall 25:** Beim Rauchverbot wäre vertretbar, nicht nur die allgemeine Handlungsfreiheit, sondern auch – etwa schutzbereichsverstärkend – den Aspekt des Persönlichkeitsbildes mancher Raucher (man denke an Helmut Schmidt oder James Dean) ins Spiel zu bringen.[24] Ein qualifiziertes Freiheitsrecht der Selbstschädigung des Rauchers durch Art. 2 Abs. 2 S. 1 GG ist hingegen ebenso abzulehnen (→ Rn. 160) wie ein Schutz des Verbrauchs von Genussmitteln durch Art. 14 GG (→ Rn. 394). ◀

Ebenso lassen sich auch die **Zwecke** normativ abstrakt bewerten. Den höchsten Rang verdient gegebenenfalls ein Zweck, der dem **Schutz eines Verfassungsgutes** dient. Das rechtfertigt Eingriffe in besonderer Weise. Das gilt nicht nur für Eingriffe zum Schutze der Grundrechte Dritter, wobei die Grundrechte den oben genannten Abstufungen folgen. Ebenfalls verfassungsrechtlichen Rang genießen Staatszielbestimmungen, z. B. nach Art. 20a GG der Umweltschutz.

---

21 Wie hier: *Schulze-Fielitz* in: Dreier, GG, Bd. 1, 3. Aufl., zu Art. 2 Abs. 2 Rn. 70 m. w. N. auch zur Gegenansicht.
22 EGMR, v. 24.6.2004, NJW 2004, 2647, Z. 48 ff. – Caroline von Hannover/Deutschland.
23 BVerfGE 128, 326, 371 f. – Sicherungsverwahrung IV.
24 BVerfGE 121, 317, 359 – Nichtraucherschutz in Gaststätten: Nur Art. 2 Abs. 1 GG, jedoch mit der Maßgabe, dass der Besuch von Gaststätten einen „nicht unwesentlichen Aspekt der Teilnahme am gesellschaftlichen Leben darstellt".

§ 23 Teil 7: Rechtfertigung von Freiheitsbeschränkungen

Bei Eingriffen in Grundrechte mit Gesetzesvorbehalt haben verfassungsrechtliche Zwecke die Bedeutung, dass sie die Rechtfertigung tendenziell erleichtern; möglich ist in diesen Fällen freilich auch die Rechtfertigung mit **sonstigen Zwecken des öffentlichen Interesses**. Dabei kann eine abstrakte Abstufung vorgenommen werden zwischen besonders wichtigen Gemeinschaftsgütern (z. B. die Senkung der Arbeitslosigkeit)[25] und weniger essentiellen Belangen. Soweit sich ein Belang nicht aus der Verfassung herleiten lässt, ein allgemeiner Gesetzesvorbehalt dies aber auch nicht erfordert, ist insoweit auf die Wertungen des Gesetzgebers zu rekurrieren.

Problematisch ist der Fall der **gaststättenrechtlichen Rauchverbote**, in dem zwar einerseits ein Gesetzesvorbehalt (Art. 12 Abs. 1 S. 2 GG) besteht, andererseits aber der verfassungsrechtliche Belang des Gesundheitsschutzes aus Art. 2 Abs. 2 S. 1 GG zu begründen ist. Das BVerfG[26] hat hier darauf verwiesen, dass der Gesetzgeber, der Ausnahmen vom Rauchverbot zulässt, „das Ziel des Gesundheitsschutzes mit verminderter Intensität" verfolge. Es hat die (schweren) Eingriffe in die Berufsfreiheit gerade deshalb für unzumutbar gehalten, weil der Gesetzgeber kein strikteres Nichtraucherkonzept verfolgt habe. Das überzeugt nicht: Die Wertigkeiten des grundrechtlichen Übermaßverbotes sind primär aus der Verfassung zu gewinnen, wenn sie den Gesetzgeber binden sollen (Art. 1 Abs. 3 GG).[27] Die Frage des Maßes der Zweckerreichung ist zwar für das Übermaßverbot entscheidend, aber als konkrete Frage von der abstrakten zu unterscheiden (→ Rn. 625). Auch ohne eine abstrakte Abwertung des Gesundheitsschutzes hätte sich die Unzumutbarkeit eines wenig konsistenten Gesetzes so begründen lassen. Die vom BVerfG eingeforderte Folgerichtigkeit der gesetzlichen Konzeption[28] ist als Aspekt der Selbstbindung des Gesetzgebers an seine eigenen (einfachrechtlichen) Maßstäbe keine Frage des Übermaßes, sondern allenfalls des allgemeinen Gleichheitssatzes (→ Rn. 805) und sollte mit diesem nicht vermengt werden. Zwar hat das BVerfG mit der Zugrundelegung des gesetzgeberischen Schutzniveaus die Legislative im Ergebnis keinesfalls zwischen den Aspekten der Verhältnismäßigkeit als Übermaß-, Untermaß- und Gleichmaßgebot „eingeklemmt".[29] Aber es hat nicht die Freiheitsrechte und das aus diesen folgende Übermaßverbot gestärkt, sondern vielmehr in seinem obiter dictum ein striktes und (vermeintlich) konsistenteres Verbot angeregt.

Über Art. 23 Abs. 1 GG können auch **Gemeinschaftsinteressen der Europäischen Union** Verfassungsrang beanspruchen. Der Verfassungsrang der Zwecke ist nicht nur bei den vorbehaltlos gewährleisteten Grundrechten von Bedeutung, bei denen andere Eingriffszwecke per se illegitim sind (→ Rn. 616).

Auch auf der Seite der Zwecke kann der Schutz der **Rechte der EMRK** und deren Gewichtung eine Rolle spielen (zu den Grundrechtskollisionen im doppelten Sinne → Rn. 740 ff.). Die abstrakte Bewertung von Mittel und Zwecken nimmt keinesfalls bereits das Ergebnis der Abwägung vorweg oder macht diese gar entbehrlich. Die abstrakte Bewertung ist nur der erste von drei Schritten. Wenn die betroffenen Rechts-

---

25 BVerfGE 21, 245, 251 – Führungskräfte der Wirtschaft.
26 BVerfGE 121, 317, 360 f. – Nichtraucherschutz in Gaststätten.
27 Zutreffend Sondervotum *Masing* BVerfGE 121, 317, 382 – Nichtraucherschutz in Gaststätten.
28 BVerfGE 121, 317, 362 – Nichtraucherschutz in Gaststätten; ähnlich bereits BVerfGE 115, 276 – Staatslotteriegesetz im Anschluss an EuGH, Rs. C-243/01 (Gambelli), Slg. 2003, I-13031, Rn 72 (wobei sich diese Entscheidung auf die Verhältnismäßigkeit der gleichheitsrechtlich konzipierten Grundfreiheiten bezieht); zum Ganzen: *Michael*, JZ 2008, 875 ff.
29 So aber Sondervotum *Bryde* BVerfGE 121, 317, 380 – Nichtraucherschutz in Gaststätten; dazu *Michael*, JZ 2008, S. 875, 882.

§ 23 Verhältnismäßigkeit: Übermaßverbot   § 23

güter gleichrangig sind, kann daraus für die Abwägung noch keine Tendenz entnommen werden. Wenn verschiedenrangige Rechtsgüter betroffen sind, wird dadurch eine Argumentationslast für die folgenden Schritte begründet.

▶ ZU FALL 25: Der Gesundheitsschutz entspricht einer Schutzpflicht zugunsten Art. 2 Abs. 2 S. 1 GG, ergänzt durch das sozialstaatliche Interesse an der Volksgesundheit aus Art. 20 Abs. 1 GG. Allerdings bleibt der Schutz der Passivraucher außer Betracht, weil es insoweit ein milderes Mittel gäbe. Der Umweltaspekt der Verschmutzung könnte auf Art. 20 a GG gestützt werden. Den Schutz der Jugend – jenseits von deren Gesundheitsschutz aus Art. 2 Abs. 2 S. 1 GG – als eigenständigen Verfassungsbelang aus Art. 5 Abs. 2 GG zu begründen, erscheint wegen dessen Spezialität hingegen fraglich (vgl. auch → Rn. 725). ◀

In einem zweiten Schritt sind Mittel und Zwecke jeweils **konkret** zu bewerten.   625

Die konkrete Bewertung des **Mittels** besteht in Folgendem: Die **Schwere des Eingriffs** richtet sich danach, wie oft, wie lange und wie intensiv in das betroffene Grundrecht eingegriffen wird. Jeder Eingriff setzt eine Grundrechtsbeeinträchtigung voraus (→ Rn. 492). Im Rahmen der Abwägung kommt es nunmehr auf den Grad dieser Beeinträchtigung an. Primär ist dies aus der **Sicht des Grundrechtsträgers** zu beurteilen. So fallen sowohl die Verhinderung der Äußerung einer Meinung als auch die bloße Beschränkung der Form einer Meinungsäußerung in den Schutzbereich des Art. 5 Abs. 1 GG, aber erstere wiegt schwerer.[30] Zu berücksichtigen ist neben der persönlichen Beeinträchtigung des Grundrechtsträgers gegebenenfalls auch, wie stark die **objektiven Funktionen** des Grundrechts konkret betroffen sind, z. B. bei politischen Meinungsäußerungen oder Versammlungen die schlechthin konstituierende Bedeutung des Art. 5 Abs. 1 GG für die Demokratie. Der Grad der Beeinträchtigung richtet sich auch nach den persönlichen, sozialen und wirtschaftlichen **Begleitumständen** des Eingriffs – auch solchen, die der Staat nicht beeinflussen kann. Die Beeinträchtigung wird gegebenenfalls durch begleitende, **kompensatorische Maßnahmen** graduell abgemildert. Auch so kann der Staat die Zumutbarkeit von Grundrechtseingriffen wiederherstellen. Dazu gehören insbesondere Entschädigungen für Eigentumsbeschränkungen. Sie sind das Mittel der Wahl, wenn eine die Substanz des Grundrechts wahrende Lösung zur Erreichung des Zwecks nicht möglich ist.[31] Auch Verantwortungszusammenhänge zwischen dem Grundrechtsträger und dem verfolgten Gemeinwohlbelang sind bei der Zumutbarkeit zu berücksichtigen.[32] So ist z. B. die polizeiliche Inanspruchnahme eines Störers leichter zu rechtfertigen als die eines Nichtstörers. Die Zumutbarkeit der Inanspruchnahme des Nichtstörers wird gegebenenfalls durch einen finanziellen Ausgleich hergestellt. Bei der verfassungsrechtlichen Überprüfung von Gesetzen ist die Beeinträchtigung für alle potenziell Betroffenen zu ermitteln. Unzumutbare Eingriffe kann der Gesetzgeber gegebenenfalls dadurch ausschließen, dass er Ermessens-, Ausnahme-, Härtefall- oder Dispensklauseln[33] schafft, die der Verwaltung einen einzelfallgerechten, grundrechtsschonenden Vollzug ermöglichen. Bei der Verhältnismäßigkeit i. e. S. geht es aber nicht darum, derartige Optionen als Alternativen zu diskutieren, sondern lediglich darum, wie schwer der zu überprüfende Eingriff – sei es mit oder ohne „abfedernde Maßnahmen" – in die Grundrechte eingreift. Hier ist gegebenenfalls auch der Ort für eine „holistische" Betrachtung (→ Rn. 62 f.).

---

30 BVerfGE 42, 143, 149 – Deutschland-Magazin.
31 BVerfGE 100, 226, 244 – Denkmalschutz.
32 Zur Gemeinwohlverantwortung als Folgenverantwortung *Kube*, JZ 2010, 265.
33 BVerfGE 100, 226, 245 – Denkmalschutz.

An dieser Stelle ist auch zu diskutieren, ob bestimmte besonders schwere Eingriffe in ein Grundrecht dessen **Wesensgehalt**[34] berühren. Selbst wenn man den Wesensgehalt i. S. d. Art. 19 Abs. 2 GG nicht als absolute Grenze versteht, sondern das Wesen der Grundrechte in ihrer Relativität sieht, gibt es Eingriffe, die in einem Maße unzumutbar erscheinen, dass sie der Staat auf das Möglichste zu vermeiden hat. Hierher gehören etwa die Fälle der Lauschangriffe, sobald die Intimsphäre der Betroffenen berührt wird (→ Rn. 545).

Auf der anderen Seite ist der konkrete **Grad der Zweckerreichung** zu bewerten. Während es im Rahmen der Geeignetheit nur darauf ankommt, ob den Zwecken überhaupt gedient ist, muss im Rahmen der Abwägung bewertet werden, wie sehr den Zwecken mit dem Grundrechtseingriff gedient wird. Soweit es hierbei um Prognosen geht, ist im Rahmen des Vertretbaren die Einschätzung des eingreifenden Hoheitsträgers zugrunde zu legen. Das BVerfG soll sich insoweit nicht an die Stelle des regelnden Gesetzgebers, der handelnden Verwaltung und der Beurteilung durch die Fachgerichte setzen.

▶ **ZU FALL 25:** Der gesetzliche Eingriff in die allgemeine Handlungsfreiheit betrifft alle Raucher und ist weitreichend, da er alle Bereiche der Öffentlichkeit ohne Ausnahme umfasst. Das Gewicht des Selbstschutzes hängt davon ab, wie hoch die Suchtgefahr einzuschätzen ist. Vertretbar ist, der Vorbildwirkung des öffentlichen Rauchens gegenüber potenziellen Rauchern, v. a. Jugendlichen, einen hohen Stellenwert einzuräumen. Die Verschmutzungsgefahr wiegt demgegenüber – verglichen mit anderen Belangen des Umweltschutzes – eher gering. Für die konkrete Unzumutbarkeit des Bußgeldes spricht, dass das Verbot den A in der Ausnahmesituation der Prüfung besonders hart trifft, dass er nicht süchtig ist und deshalb weniger des Selbstschutzes bedarf, dass kein Passivraucher unfreiwillig betroffen war, dass auch keine Vorbildfunktion von seinem Verhalten ausgehen konnte und dass er keinen Abfall hinterlassen hat. Freilich bleibt es bei dem generellen Interesse der Ächtung des Rauchens und dem Interesse der Volksgesundheit. Der Vollzug eines Gesetzes ist nicht schon deshalb unverhältnismäßig, weil nur ein Teil der Zwecke des Gesetzes im konkreten Fall betroffen sind. ◀

626 Nach dieser abstrakten und konkreten Einzelbewertung des Mittels und der Zwecke ist in einem dritten Schritt **abzuwägen**. Wenn dies so wie oben beschrieben vorstrukturiert wird, ist das Ergebnis der Abwägung viel weniger offen, als vielfach angenommen. Aus den abstrakten und konkreten Erwägungen ist eine **Gesamtbilanz** zu ziehen.

Wenn sich daraus in der **Fallbearbeitung** eine **klare Tendenz** ergibt, brauchen die überwiegenden Gesichtspunkte den weniger erheblichen nur gegenübergestellt zu werden. Im Ergebnis eindeutig unverhältnismäßig sind solche Maßnahmen, die schwer in ein spezielles Grundrecht oder sehr schwer in die Handlungsfreiheit eingreifen und dabei nur in geringem Maße öffentlichen Interessen dienen. Eine Maßnahme ist nur unzumutbar, wenn ihre beeinträchtigenden Wirkungen „deutlich überwiegen".[35]

Ist die **Tendenz nicht eindeutig**, hängt die weitere Argumentation – je nach der prozessualen Konstellation – wesentlich von der **Kontrolldichte** (→ Rn. 932 ff.) ab. Im Zweifel ist im Rahmen der verfassungsgerichtlichen Kontrolle im Ergebnis keine Verfassungswidrigkeit festzustellen, weil das BVerfG nicht die Aufgabe hat, in Abwägungsfragen seine Meinung an die Stelle der Wertungen des Gesetzgebers, der Verwaltung

---

34 Grundlegend *Häberle*, Die Wesensgehaltgarantie des Art. 19 II GG (1962), 3. Aufl. 1983: Deklaratorische und institutionelle Bedeutung des Art. 19 Abs. 2 GG.
35 BVerfGE 90, 145, 185 – Cannabis.

§ 23 Verhältnismäßigkeit: Übermaßverbot

bzw. der Fachgerichte zu setzen. Die Verhältnismäßigkeit i. e. S. determiniert nicht alle Wertungsfragen, die die grundrechtliche Freiheit berühren. Verhältnismäßigkeit i. e. S. ist vielmehr als Kontrollmaßstab zu verstehen, der Spielräume für Wertungen begrenzt, ohne solche Spielräume auszuschließen. Es geht nicht um die Suche nach der „verhältnismäßigsten" Lösung, sondern nur um die Verhinderung „unverhältnismäßiger"[36] Maßnahmen. Das ist das eher grobe Raster, das die Verhältnismäßigkeit i. e. S. im Rahmen des „Übermaßverbotes" darstellt. Die Beschränkung auf die Kontrollperspektive gilt selbst für schwerste Grundrechtseingriffe, wie das Beispiel des Abschusses eines von Terroristen entführten Verkehrsflugzeuges zeigt. Das BVerfG schließt die gezielte Tötung von Flugzeugentführern und auch unschuldigen Insassen (letzterer zum Zwecke der Rettung des Gemeinwesens und der staatlichen Rechts- und Freiheitsordnung) nicht aus[37] und hält damit einen noch so schweren Eingriff in Grundrechte für verhältnismäßig, wenn dies zum Erhalt höchstrangiger Verfassungsgüter notwendig ist. Auch die Berücksichtigung der EMRK im Rahmen der Verhältnismäßigkeit unterliegt dank des spezifischen Beurteilungsspielraums der Mitgliedstaaten einer beschränkten Kontrolldichte (→ Rn. 951 ff.). Die Verwirklichung völkerrechtlicher Verpflichtungen ist Aufgabe aller Gewalten und nur subsidiär vom BVerfG einzulösen.

▶ **Zu Fall 25:** Das generelle gesetzliche Verbot stellt eine edukatorische Bevormundung dar, die sich nur schwer mit dem Grundsatz der Verhältnismäßigkeit vereinbaren lässt.[38] Das Bußgeld ist jedenfalls wegen seiner Höhe unverhältnismäßig. ◀

Hinweis für die Fallbearbeitung im Verwaltungsrecht: In verwaltungsrechtlichen Fällen sind die verfassungsrechtlichen Implikationen der Verhältnismäßigkeit in die Prüfung einzubauen. Die Verhältnismäßigkeit gilt nicht nur im Polizeirecht, wo sie ausdrücklich geregelt ist (z. B. § 2 PolG NRW), sondern als ungeschriebener verfassungsrechtlicher Rechtsgrundsatz aller Eingriffsverwaltung. Bei der verwaltungsgerichtlichen Überprüfung der Rechtmäßigkeit einer Einzelmaßname ist – anders als bei der Urteils-Verfassungsbeschwerde (→ Schema 6) – die Verhältnismäßigkeit nicht Teil der Grundrechtsprüfung, sondern umgekehrt sind die Grundrechte ein Aspekt der Verhältnismäßigkeit. Betroffene Grundrechte sind bei der Benennung von Mittel und Ziel und bei der Gewichtung zu berücksichtigen. Dadurch dürfen einfachrechtliche Akzentuierungen (deren Verfassungsmäßigkeit ja gegebenenfalls bereits oben geprüft wurde) aber nicht überspielt werden. Die verfassungsrechtlichen Implikationen der Verhältnismäßigkeit lassen regelmäßig Abwägungsspielräume, d. h. sie sind auf den Maßstab der Vertretbarkeit begrenzt. Die Verhältnismäßigkeit wird – im Rahmen der verfassungsrechtlichen Grenzen – primär durch die einfachrechtliche Ausgestaltung gesetzlicher Zwecke geprägt. Die verfassungsrechtlichen Implikationen rücken in zwei Konstellationen in den Vordergrund: Erstens, wenn die einfachrechtliche Ausgestaltung an die Grenze des verfassungsrechtlich Möglichen stößt (Fälle der verfassungskonformen Auslegung), und zweitens, soweit das einfache Recht durch Generalklauseln (z. B. die polizeiliche Generalklausel), unbestimmte Rechtsbegriffe (z. B. § 18 Abs. 1 JuSchG: „unsittliche [...] Medien") und Abwägungsklauseln (z. B. § 48 Abs. 2 S. 1 VwVfG: „Vertrauen unter Abwägung mit dem öffentlichen Interesse") Raum lässt für verfassungsrechtlich geprägte Wertungen, statt diese genauer auszuprägen (beachte jedoch im letztgenannten Fall § 48 Abs. 2 S. 2–4 VwVfG). Je bestimmter der Rechtsanwendungsbefehl gesetzlich geregelt ist, desto eher stellen sich verfassungsrechtliche Zweifel der Verhältnismäßigkeit als Prob-

---

36 BVerfGE 100, 226, 242 – Denkmalschutz: „[...] führt [...] nicht zu einer unverhältnismäßigen Belastung [...] i. e. S.".
37 BVerfGE 115, 118, 159 – Luftsicherheitsgesetz. Gegen Ausnahmen vom Folterverbot zur Rettung des Lebens einer Nation explizit EGMR (Große Kammer), v. 11.7.2006, NJW 2006, 3117, 3122, Z. 99 – Jalloh/Deutschland.
38 Ein auf Gaststätten beschränktes, aber insofern striktes Rauchverbot wird für möglich gehalten von BVerfGE 121, 317, 357 ff. – Nichtraucherschutz in Gaststätten; dagegen: Sondervotum *Masing* S. 384 ff.

lem der Verfassungsmäßigkeit der abstrakten Norm. Gegebenenfalls ist im Rahmen der allgemeinen Rechtmäßigkeitsvoraussetzungen auch die Beachtung der EMRK zu prüfen.

Wiederholungs- und Verständnisfragen

> Um welches „Verhältnis", um welche Relation geht es bei der Prüfung der Verhältnismäßigkeit?
> Unterscheiden Sie die verschiedenen Stufen der Verhältnismäßigkeitsprüfung als Übermaßverbot!
> Wie sind gegebenenfalls verschiedene Zwecke einer Maßnahme zu behandeln?
> In welche Gesichtspunkte lassen sich die Wertungen der „Verhältnismäßigkeit i. e. S." auffächern?
> Wie kann vermieden werden, dass das BVerfG zu einer Superrevisionsinstanz der Grundrechts-Abwägung wird?

III. Verhältnismäßigkeit als Untermaßverbot

▶ **FALL 26:**[39] S ist von Terroristen entführt worden, die vom Staat die Freilassung anderer Terroristen erpressen wollen. Die Entführer drohen mit der Tötung des S. Eine Großfahndung bleibt ohne Erfolg. Die Angehörigen sind der Auffassung, die Exekutive müsse zum Schutz des Lebens von S die inhaftierten Terroristen freilassen. Der Staat unterlässt die Freilassung, um nicht erpressbar zu werden. Der Staat verfolgt die Entführer im Nachhinein nicht strafrechtlich, weil er zu der Auffassung kommt, der Staat solle Terrorismus am besten ignorieren. ◀

1. Die Bezugsgrößen der Verhältnismäßigkeit bei Schutzpflichten

Auch bei Schutzpflichten stellt sich die Frage, in welchem Maß diese zu erfüllen sind. Während es beim Übermaßverbot um das „Zuviel" eines Eingriffs geht, steht beim sogenannten Untermaßverbot[40] das „Zuwenig" des Schutzes in Frage. Erst das Untermaßverbot macht die Schutzpflichten, die sonst ein leeres Postulat wären, zu einem gerichtlichen Prüfungsmaßstab. Kritik gegen die **Anwendbarkeit der Verhältnismäßigkeit auch bei den Schutzpflichten**[41] richtet sich vor allem dagegen, staatliches Handeln durch einen solchen Maßstab zu sehr zu determinieren. Solche Einwände lassen sich aber dadurch entkräften, dass ein solches Untermaßverbot mehr noch als das Übermaßverbot als Kontrollmaßstab mit begrenzter Kontrolldichte zu verstehen ist.[42] Grundrechtliche Schutzpflichten führen nur ganz ausnahmsweise dazu, dem Gesetzgeber bzw. der Exekutive die Verwendung eines bestimmten Mittels vorzuschrei-

---

39 Nach BVerfGE 46, 160 ff. – Schleyer.
40 BVerfGE 88, 203, 254 – Schwangerschaftsabbruch II, unter Berufung auf *Isensee*, Das Grundrecht als Abwehrrecht und staatliche Schutzpflicht, in: HStR IX, 3. Aufl., § 191 Rn. 303 f.; vgl. bereits *Canaris*, AcP 184 (1984), 201, 228.
41 *Hain*, DVBl. 1993, 982 ff.; *Hermes/Walther*, NJW 1993, 2337 ff.; zum Ganzen: *K. Hesse* in: FS für Mahrenholz 1994, S. 541 ff.
42 Das Untermaßverbot zu bejahen, hat nicht notwendig die weitreichenden Konsequenzen der Rechtsprechung zum Schwangerschaftsabbruch (BVerfGE 88, 203, 255 ff. – Schwangerschaftsabbruch II) zur Folge. Im Übrigen hat das BVerfG die Konsequenzen von Schutzpflichten in BVerfGE 39, 1, 47 ff. – Schwangerschaftsabbruch I mit dem Gebotensein des Einsatzes der Mittel des Strafrechts noch enger gezogen als im zweiten Abtreibungsurteil. Zum Spielraum der Erfüllung der Schutzpflicht durch das Strafrecht auch EGMR, v. 8.7.2004, NJW 2005, 727, Z. 74 ff. – Vo/Frankreich.

ben. Die Strukturen des Übermaßverbotes sind in diesem Sinne zu übertragen bzw. zu modifizieren.

a) Die Nichterfüllung der Schutzpflicht als Mittel

Nicht die begehrte Erfüllung, sondern die Nichterfüllung einer Schutzpflicht ist auf den Prüfstand zu stellen. Wie beim Übermaßverbot ist Gegenstand der Verhältnismäßigkeit ein konkretes und nicht ein hypothetisches Verhalten des Staates. Gegenstand der Untermaß-Kontrolle sind also die vom zuständigen Hoheitsträger **gewählten, gegebenenfalls unzureichenden Mittel**, bei völliger Untätigkeit eben diese Untätigkeit, d. h. das **Unterlassen** des Einsatzes von Mitteln. Das begehrte Mittel ist nicht Gegenstand der Prüfung, seine konkrete Gebotenheit auch nur ganz ausnahmsweise[43] die Konsequenz einer Schutzpflicht. Im Ausgangsfall ist also die Beschränkung auf die (erfolglose) Großfahndung und nicht die unterlassene Freilassung inhaftierter Terroristen Gegenstand der Prüfung. Ausnahmsweise stellt sich auch hier die Frage der Legitimität der Mittel. So scheidet z. B. die sogenannte „Rettungsfolter" als Mittel auch zum Schutze des Lebens oder der Menschenwürde Dritter per se aus, weil Folter als solche gegen die Menschenwürde verstößt.

628

b) Schutzzwecke und kollidierende Interessen

Weil die Schutzpflichten Ausfluss auch objektiver Grundrechtsdimensionen sind, ist das **zu schützende Grundrecht der primäre Zweck**, an dem das Mittel zu messen ist. In die Betrachtung sind aber gegebenenfalls auch **weitere Zwecke staatlichen Handelns bzw. Unterlassens** einzubeziehen. Zu berücksichtigen ist nicht nur der Schutz des konkret betroffenen Grundrechtsträgers, sondern auch der Schutz der Grundrechte Dritter bzw. eines öffentlichen Interesses. Im Ausgangsfall sind deshalb nicht nur der Schutz des Entführungsopfers, sondern auch der Schutz der Bevölkerung vor den Bedrohungen des Terrorismus und die Verhinderung der Erpressbarkeit des Staates, die durch das Eingehen auf terroristische Forderungen entstehen könnte, zu berücksichtigen.[44]

629

2. Geeignetheit

Bei grundrechtlichen Schutzpflichten ist im Rahmen der Geeignetheitsprüfung zu fragen, ob das vom Gesetzgeber gewählte Mittel geeignet ist, dem Schutzzweck oder den anderen (entgegengesetzten) Zwecken zu dienen. Wie beim Übermaßverbot auch, reicht eine **Teileignung** aus. Selbst eine völlige Untätigkeit des Staates kann „geeignet" sein. Mit in Betracht zu ziehen sind auch die Chancen wirksamer Selbstregulierung. Im Ausgangsfall ist die eingeleitete Großfahndung (wenn auch letztlich ohne Erfolg) nicht als aussichtsloses, ungeeignetes Mittel zum Schutz des S zu sehen und die Nichterfüllung der Forderungen der Terroristen diente legitimen Zwecken der Allgemeinheit, v. a. den Staat nicht erpressbar zu machen.

630

3. Effektivität statt Erforderlichkeit

Wie beim Übermaßverbot sind auch beim Untermaßverbot nach der Geeignetheitsprüfung Alternativen zu erwägen. An die Stelle der Erforderlichkeit beim Übermaßverbot tritt die Effektivität beim Untermaßverbot. Während die Erforderlichkeit i. S. d. Über-

631

---

43 BVerfGE 46, 160, 164 f. – Schleyer; BVerfGE 121, 317, 356 f. – Nichtraucherschutz in Gaststätten.
44 BVerfGE 46, 160, 165 – Schleyer.

maßverbots nach milderen, gleich effektiven Alternativen fragt, sind bei der Effektivitätsprüfung des Untermaßverbots Mittel zu erwägen, die das betroffene Grundrecht effektiver schützen und zugleich alle weiteren Zwecke nicht gefährden.

▶ Zu Fall 26: Das begehrte Mittel, auf die Forderungen der Terroristen einzugehen, würde zwar den Schutz des S möglicherweise effektivieren, aber die entgegenstehenden Zwecke der Nichterpressbarkeit des Staates würden beeinträchtigt. ◀

4. Verhältnismäßigkeit i. e. S.

632 Schließlich sind die nicht erreichten Schutzzwecke gegen die kollidierenden, erreichten Zwecke abzuwägen. Wie beim Übermaßverbot sind dabei zunächst alle Zwecke für sich abstrakt und konkret zu bewerten. In der Gesamtabwägung ist zu fragen, ob die kollidierenden Zwecke die Einschränkungen des zu schützenden Grundrechts aufwiegen, oder ob letztere unzumutbar sind. Dabei stellt sich mit besonderer Schärfe die Frage der **Kontrolldichte**. Vor allem stellt sich die Prognosefrage, welchen Schutz staatliche Maßnahmen bieten.

▶ Zu Fall 26: Im Ausgangsfall sind die Erfolgsaussichten der Großfahndung zu bewerten. Der Staat hat hier einen Einschätzungs- und Prognosespielraum. Das Unterlassen der Freilassung von Terroristen ist zumutbar, da die entgegenstehenden Interessen die Funktionsfähigkeit des Staates und den Schutz der Grundrechte aller betreffen. ◀

633 Typischerweise hat die Verletzung einer Schutzpflicht und des Untermaßverbotes nicht zur Folge, dass der Staat ein bestimmtes Mittel ergreifen muss. Grundrechtliche Schutzpflichten verbieten dem Staat gegebenenfalls, untätig zu bleiben. Mag das Verfassungsrecht damit ein bestimmtes Schutzniveau garantieren, bleibt regelmäßig offen, mit welchen Mitteln dies einzulösen ist. Das gilt v. a. auch bei Grundrechtskonflikten. In Betracht kommen gegebenenfalls z. B. präventive Mittel des öffentlichen Sicherheitsrechts, sozialrechtliche Ansprüche, zivilrechtlicher Ausgleich und repressive, strafrechtliche Sanktionen. Ausnahmsweise kann sich das **Auswahlermessen zur Verwirklichung von Schutzpflichten** aber auf Null reduzieren, wenn nur ein einziges Mittel ersichtlich ist, das der Schutzpflicht gerecht werden kann. So übt die Rechtsprechung zu Recht große Zurückhaltung, das **Mittel des Strafrechts** in Fällen extremer Schutzbedürftigkeit des Lebens und der Menschenwürde,[45] aber auch zum Schutz gegen gewaltsame Behinderung der unionsrechtlichen Warenverkehrsfreiheit[46] einzufordern.

▶ Zu Fall 26: Die Pflicht des Staates, sich schützend vor die Grundrechte seiner Bürger zu stellen und diese auch vor Gefährdungen durch private Dritte zu schützen, begründet keinen Anspruch auf Einschreiten gegen jede private Störung. Auch in Fällen drohender Gefährdung verfassungsrechtlicher Höchstwerte entscheiden die zuständigen staatlichen Stellen grundsätzlich in „eigener Verantwortung", wie sie diese Schutzpflicht erfüllen. Die zur Abwehr terroristischer Bedrohungen notwendigen Maßnahmen müssen jeweils dem Einzelfall angepasst sein und lassen sich weder im Voraus bestimmen noch aus einem Individualrecht herleiten. Der Staat ist also nicht verpflichtet, den Forderungen der Terroristen nachzugeben. Allerdings lässt sich vertreten, dass der Staat hier nicht nur präventive, polizeiliche Mittel ergreifen muss, sondern auch verpflichtet ist, die Täter strafrechtlich zu verfolgen. Dies folgt in Extremfällen des Lebensschutzes aus dem Untermaßverbot. ◀

---

45 BVerfGE 39, 1, 46 ff. – Schwangerschaftsabbruch I; BVerfGE 88, 203, 257 f. – Schwangerschaftsabbruch II; EGMR, v. 26.7.2005, NJW 2007, 46, Z. 144 – Siliadin/Frankreich.
46 EuGH, Rs. C-265/95 (Kommission/Frankreich), Slg. 1997, I-6959, Rn. 33, 51 f.

Wiederholungs- und Verständnisfragen

> Findet bei Schutzpflichten eine Verhältnismäßigkeitsprüfung statt?
> Welche Schritte sind beim Untermaßverbot zu prüfen?

IV. Verhältnismäßigkeit bei qualifizierten Gesetzesvorbehalten

1. Auswirkungen der Systematik der Gesetzesvorbehalte auf die Verhältnismäßigkeit

a) Unterscheidung allgemeiner und qualifizierter Gesetzesvorbehalte

Die Grundrechte des Grundgesetzes unterscheiden sich durch **verschiedene Gesetzesvorbehalte und Schrankenregelungen**. Sie können in unterschiedlicher Weise und auch in unterschiedlichem Maße beschränkt werden. Die Schrankensystematik hat Auswirkungen auf den verschiedenen Stufen der Grundrechtsprüfung, vor allem aber bei der Verhältnismäßigkeit: Bereits bei der Auslegung der Schutzbereiche können sich Rückschlüsse ergeben, im Sonderfall des Art. 13 Abs. 7 GG auch bei der Bestimmung des Eingriffsbegriffs (→ Rn. 562). Im Rahmen der formellen Rechtfertigung ergeben sich Differenzierungen zwischen Einschränkungen „durch Gesetz" bzw. „auf Grund eines Gesetzes" (→ Rn. 575 ff.), während im Übrigen der Vorbehalt des Gesetzes als allgemeines Prinzip gilt (→ Rn. 559 f.). Die stärksten Auswirkungen der „abgestufte(n) Gesetzesvorbehalte"[47] sind hingegen im Rahmen der materiellen Rechtfertigung zu verzeichnen. Vor allem hier kommen Unterschiede in der Einschränkbarkeit von Grundrechten zum Tragen. Für bestimmte Grundrechte ist in **qualifizierten** Gesetzesvorbehalten (z. B. Art. 11 Abs. 2, Art. 13 Abs. 2 GG) ausdrücklich geregelt, zu welchen Zwecken sie eingeschränkt werden dürfen. Demgegenüber unterliegen andere Grundrechte einem **einfachen** Gesetzesvorbehalt (z. B. Art. 8 Abs. 2, Art. 10 Abs. 2 GG).

Hinweis für die Fallbearbeitung: Solche Zweckregelungen sind im Rahmen des Übermaßverbotes bei der isolierten Betrachtung **legitimer Zwecke** zu berücksichtigen. Beim allgemeinen Gesetzesvorbehalt hingegen gelten insoweit keine Zweckbeschränkungen und das entsprechende Grundrecht kann durch jedes öffentliche Interesse gesetzlich beschränkt werden. Auf die vorbehaltlosen Grundrechte ist gesondert einzugehen (→ Rn. 711 ff.).

Hinweis für Fortgeschrittene: Besondere Zweckbeschränkungen gelten auch für Einschränkungen der **Art. 5 ff. EMRK** (→ Rn. 43). Weniger differenziert sind hingegen die legitimen Zwecke zur Einschränkung von **EU-Grundrechten**.

b) Die Schrankentrias des Art. 2 Abs. 1 GG als allgemeiner Gesetzesvorbehalt

Mit „Schrankentrias" werden die drei Begriffe bezeichnet, die nach Art. 2 Abs. 1 GG die freie Entfaltung der Persönlichkeit begrenzen: erstens „die Rechte anderer", zweitens „die verfassungsmäßige Ordnung" und drittens „das Sittengesetz".

Praktische Bedeutung hat dabei allerdings nur die Schranke der „verfassungsmäßigen Ordnung". Das BVerfG versteht darunter nämlich seit dem Elfes-Urteil „die allgemeine Rechtsordnung [...], die die materiellen und formellen Normen der Verfassung zu beachten hat, also eine **verfassungsmäßige Rechtsordnung** sein muss."[48] Danach genügt jedes in sich verfassungsmäßige Gesetz der Schrankenklausel. In sich verfassungsgemäß ist jedes Gesetz, das formell ordnungsgemäß erlassen wurde und materiell nicht

---
47 BVerfGE 6, 32, 37 – Elfes.
48 BVerfGE 6, 32, 38 – Elfes. Das ist stRspr: ausdrücklich BVerfGE 59, 275, 278.

gegen eine sonstige Verfassungsvorschrift verstößt. Damit konzentriert sich der Rechtfertigungsdiskurs formell auf die Erfüllung des Vorbehalts des Gesetzes und materiell auf die Prüfung der Verhältnismäßigkeit.

637 **HINWEIS ZUM VERSTÄNDNIS:** Danach ist „verfassungsmäßig" i. S. d. Art. 2 Abs. 1 GG weder als formale Beschränkung auf Verfassungsnormen, noch als eine materielle Beschränkung auf Zwecke, die unmittelbar in der Verfassung verbürgt sind, zu verstehen. Erfasst werden vielmehr Normen jedweden Ranges, die jedes beliebige öffentliche Interesse zum Zweck haben können. Diese weite Auslegung der Schranken des Art. 2 Abs. 1 GG **korrespondiert mit dem weiten Verständnis des Schutzbereichs**, das die allgemeine Handlungsfreiheit als Auffanggrundrecht umfasst (→ Rn. 435 ff.).[49] Weil grundsätzlich jedes Verhalten grundrechtlich geschützt sein soll, wird dem Gesetzgeber ermöglicht, einer so weit ausgreifenden Freiheit zum Schutze jedes öffentliches Interesses Grenzen zu ziehen. Insgesamt werden durch diese Auslegung die Bedeutung der Grundrechte und die Möglichkeiten einer Verfassungsbeschwerde erweitert. Der Begriff der „verfassungsmäßigen Ordnung" ist somit aus der Funktion der Norm zu erschließen und bedeutet deshalb im Rahmen des Art. 2 Abs. 1 GG nicht dasselbe wie im Rahmen des Art. 9 Abs. 2 GG (→ Rn. 664) sowie Art. 20 Abs. 3 und Art. 20a GG, in deren Kontext mit „verfassungsmäßiger Ordnung" nur Normen des Verfassungsrechts gemeint sind.

Durch diese denkbar weite Auslegung des Begriffs der „verfassungsmäßigen Ordnung" i. S. d. Art. 2 Abs. 1 GG werden die **beiden anderen Varianten** der „Schrankentrias" **praktisch bedeutungslos**. Aus diesen zusätzlichen Schranken ist also nicht zu schließen, es gebe noch weitergehende Einschränkungsmöglichkeiten. Insbesondere ist mit dem Verweis auf die „Rechte anderer" keine allgemein unmittelbare Drittwirkung von Grundrechten verbunden. Vielmehr ist die sogenannte mittelbare Drittwirkung (→ Rn. 481 ff.) über Generalklauseln und damit über Gesetze i. S. d. „verfassungsmäßigen Ordnung" zu entfalten. Ebenso wenig befreit die Schranke des „Sittengesetzes" den Staat vom Vorbehalt des Gesetzes, wenn er entsprechendes Verhalten verbieten will.

c) Art. 2 Abs. 1 GG als Schranke auch des allgemeinen Persönlichkeitsrechts

638 Die Schrankentrias des Art. 2 Abs. 1 GG, d. h. die „verfassungsmäßige Ordnung", begrenzt auch das allgemeine Persönlichkeitsrecht aus Art. 2 Abs. 1 i. V. m. Art. 1 Abs. 1 GG.[50] Modifizierungen der Anforderungen an die Rechtfertigung erfolgen über die **gegebenenfalls verschärfte Prüfung der Verhältnismäßigkeit**. Diese ist umso strenger, je tiefer der Eingriff ist. Besonders hohe Anforderungen gelten bei heimlichen Eingriffen, insbesondere auch in das Recht auf informationelle Selbstbestimmung und in das Recht auf Vertraulichkeit informationstechnischer Systeme (→ Rn. 429). Gegebenenfalls sind auch besondere Anforderungen an die formelle Rechtfertigung zu stellen. Das allgemeine Persönlichkeitsrecht ist aber nicht absolut geschützt. Die dogmatische Verankerung auch in der Menschenwürde bewirkt vielmehr eine sogenannte Schutzbereichsverstärkung des Art. 2 Abs. 1 GG (→ Rn. 59 ff., 421). Systemfremde Ansätze, die Schranke des Art. 2 Abs. 2 S. 3 GG[51] oder die Maßstäbe verfassungsimmanenter Schranken[52] anzuwenden, haben sich nicht durchgesetzt.

---

49 Kritiker des weiten Verständnisses des Art. 2 Abs. 1 GG fordern insoweit konsequent eine Einengung sowohl des Schutzbereichs als auch der Schranken; vgl. hierzu Kube, JuS 2003, 111, 114 f.
50 BVerfGE 99, 185, 195 – Scientology; BVerfGE 114, 28, 48; Jarass in: Jarass/Pieroth, GG, 16. Aufl., zu Art. 2 Rn. 58.
51 So noch BVerfGE 34, 238, 246 – Tonband.
52 Lücke, DÖV 2002, 93 ff.; dagegen Dreier in: Dreier, GG, Bd. 1, 3. Aufl., zu Art. 2 Abs. 1 Rn. 91.

d) Unionsrechts- und völkerrechtsfreundliche Aufwertung der verfassungsmäßigen Ordnung i. S. d. Art. 2 Abs. 1 GG

HINWEIS FÜR FORTGESCHRITTENE: Die Bedeutung des Art. 2 Abs. 1 GG nimmt im Mehrebenensystem noch zu. Die unionsrechts- bzw. völkerrechtsfreundliche Auslegung des Grundgesetzes gebietet in der Regel nicht, Schutzbereiche spezieller Freiheitsrechte des Grundgesetzes zu modifizieren. Vielmehr können die gemeineuropäischen Grundrechtsstandards im Rahmen des Auffanggrundrechts des Art. 2 Abs. 1 GG in unser Verfassungsrecht integriert werden (→ Rn. 435 ff.).

639

2. Schranken der Meinungs-, Informations- und Medienfreiheit

▶ **FALL 27: Sachverhalt wie oben Fall 6** (→ vor Rn. 201). K wird erstens wegen der Verbreitung der Auschwitz-Lüge bestraft, muss zweitens wegen der Veröffentlichung von Fotos Prominenter beim Austausch von Zärtlichkeiten Schadensersatz zahlen und unterliegt drittens bei einer wettbewerbsrechtlichen Klage auf Unterlassung von Schockwerbung. ◀

a) Unterschiedliche Verfassungstraditionen der Schranken geistiger Freiheit

Weil Art. 5 GG nicht nur die Gedankenfreiheit, sondern auch die Freiheit, Gedanken zu äußern umfasst, können Kollisionen mit Rechten Dritter entstehen. Die Schranken geistiger Freiheit gehören zu den umstrittensten Fragen der Grundrechtsdogmatik. Dabei geht es nicht nur um Details, sondern um grundsätzlich divergierende Konzeptionen. Um das Problem dieser Schrankenziehung besser zu verstehen, lohnt sich ein Verfassungsvergleich.

640

b) Die amerikanische Tradition der Maximierung geistiger Freiheit

In der **amerikanischen Tradition** sind die Freiheiten des Geistes innerhalb der Verfassungsrechtsdogmatik maximiert.[53] Völlig abgekoppelt von den rechtlichen Grenzen, das Gedachte oder Gesagte auch tun zu dürfen, wird der Schutz der „freedom of speech and expression" deutlich **privilegiert**. Dies ist Ausdruck einer besonders offenen Streitkultur, die darauf vertraut, dass der „market place of ideas" schon zum Ausscheiden falscher und schädlicher Auffassungen führen werde, die aber auch außerrechtliche Korrektive kennt – man denke nur an die „political correctness"-Debatte. Rechtliche Einschränkungen erfährt die Meinungsfreiheit dort nur, soweit dies zum Schutz Dritter notwendig ist, also zum Schutz der Jugend oder gegen konkrete Ehrverletzungen. Zum Schutz anderer Verfassungswerte, auch der Verfassung als solcher oder nationaler Symbole, darf hingegen nach dieser Konzeption die Meinungsfreiheit nicht beschränkt werden.

641

c) Die europäische Tradition der Relativierung der geistigen Freiheit

In der **europäischen Tradition** werden die geistigen Freiheiten in einer dem Schutz anderer Grundrechte durchaus vergleichbaren Weise **relativiert**. Das wird etwa an Art. 10 Abs. 2 EMRK deutlich. Danach können die geistigen Freiheiten „Einschränkungen oder Strafdrohungen unterworfen werden, die [...] in einer demokratischen Gesellschaft notwendig sind".

642

---

53 *Brugger*, Grundrechte und Verfassungsgerichtsbarkeit in den Vereinigten Staaten von Amerika, 1987, S. 216.

Danach kann das Recht den **offenen Kommunikationsprozess inhaltlich begrenzen.** Art. 10 Abs. 2 EMRK zählt eine Fülle ausdrücklich legitimer Zwecke zur Beschränkung der Meinungsfreiheit auf, unter anderem die nationale und die öffentliche Sicherheit, die Verhütung von Straftaten, die Moral, den Geheimnisschutz und die Funktionen der Rechtsprechung. So kann nicht nur in weit größerem Maße als in Amerika das Recht der Privatsphäre vor geistigen Angriffen geschützt werden. Vielmehr konkurriert die Freiheit des Geistes mit strafrechtlich bewehrten Interessen aller Art und auch mit öffentlichen Interessen. Damit können diese Rechtsgüter nicht erst gegen tätliche, sondern gleichsam bereits im Vorfeld auch gegen geistige Angriffe geschützt werden.

643 Darin wiederum spiegelt sich im Vergleich zu Amerika eine **Verlagerung von Freiheitsbedürfnissen.** Die Entwicklungstendenzen des europäischen Grundrechtsschutzes scheinen diese Akzentsetzungen eher zu bestätigen als zu nivellieren, indem vor allem den Bedürfnissen des Rechts auf Privatheit Rechnung getragen wird.[54] Das Persönlichkeitsrecht hat vor allem eine starke französische Tradition.[55] Positiv ausgedrückt genießen in Europa andere Grundrechte einen der Meinungsfreiheit vergleichbaren Schutz, während in Amerika letztere eine weitgehende Privilegierung erfährt. Dazu kommen geschichtliche Erfahrungen, die ein Bedürfnis dafür belegen, sich bereits den Anfängen gegen geistige Angriffe auf die Verfassung und ihre Grundwerte wehren zu können.

d) Schrankensystematik des Art. 5 Abs. 2 GG

644 Vor dem Hintergrund dieser beiden Konzeptionen stellt der deutsche Grundrechtsschutz geistiger Freiheit einen Mittelweg dar. Nach der Konzeption des Grundgesetzes handelt es sich durchaus um ein herausgehobenes Grundrecht. Art. 5 Abs. 2 GG stellt an die Gesetze, die die Meinungs-, Informations- und Medienfreiheit einschränken, besondere Anforderungen („qualifizierter Gesetzesvorbehalt"). Der abstrakte Wert der Meinungsäußerungsfreiheit ist wegen ihrer schlechthin **konstituierenden Bedeutung** für ein demokratisches Gemeinwesen[56] hoch anzusetzen, so dass für die Freiheit der Meinung eine Vermutung spricht.[57]

e) Gesetze zum Schutze der Jugend und der persönlichen Ehre

645 Ausdrücklich genannt werden zwei Interessen, zu deren Schutz Eingriffe in die Rechte des Art. 5 Abs. 1 GG gerechtfertigt sein können: der **Schutz der Jugend** und der **persönlichen Ehre.** Diese beiden Gründe sollten in der Fallbearbeitung als Erstes geprüft und in das Schema der Verhältnismäßigkeitsprüfung als **legitime Zwecke** (→ Rn. 614 ff.) eingesetzt werden. Eine Maßnahme, die geeignet und erforderlich ist, um einem dieser beiden Zwecke zu dienen, kann sich danach sogar gegen Meinungen **wegen ihres Inhaltes** richten. Es ist darauf zu achten, dass insoweit ausdrücklich nur die „persönliche" Ehre, nicht also die Beleidigung von Kollektiven erfasst wird.

Der Wortlaut des Art. 5 Abs. 2 GG legt nahe, systematisch zwischen den allgemeinen Gesetzen einerseits und Sonderbestimmungen zum Schutze der Jugend und der Ehre andererseits zu unterscheiden. Dass auch letztere grundsätzlich **meinungsneutral** sein

---

54 Man denke an EGMR, v. 24.6.2004, NJW 2004, 2647, Z. 48 ff. – Caroline von Hannover/Deutschland.
55 Vgl. *Ohly*, GRURInt 2004, 902, 905 f.; *Michael*, JöR 55 (2007), 357, 360 f.
56 BVerfGE 7, 198, 208 – Lüth; EGMR, v. 7.12.1976, EuGRZ 1977, 38, 42, Z. 49. – Handyside; EuGH, Rs. C-112/00 (Schmidberger/Österreich), Slg. 2003, I-5659, Rn. 79.
57 BVerfGE 93, 266, 294 f. – „Soldaten sind Mörder".

müssen und sich insbesondere nicht gegen bestimmte politische Auffassungen richten dürfen, ergibt sich aus Art. 3 Abs. 3 GG. Das BVerfG[58] weicht hingegen in seinem Wunsiedel-Beschluss einer Argumentation mit dem speziellen Gleichheitssatz aus und fordert auch zum Schutze der Jugend bzw. Ehre ein allgemeines Gesetz; dadurch entfernt es sich unnötig weit vom Wortlaut und der Systematik des GG, vor allem indem es letztlich zu einer außergewöhnlichen Rechtfertigung des § 130 Abs. 4 StGB kommt (→ Rn. 654), die alle geschriebenen Schranken hinter sich lässt.

Vorsicht ist bei den **Kriterien der Güterabwägung** (Verhältnismäßigkeit i. e. S. → Rn. 632 f.) geboten, bei der sowohl der abstrakte als auch der konkrete Wert der Grundrechtsausübung auf der einen und der Eingriffszwecke auf der anderen Seite zu ermitteln und zueinander in Beziehung zu setzen sind. 646

Der konkrete Wert der Grundrechtsausübung darf ausschließlich daran bemessen werden, wie sehr sie eine die Öffentlichkeit **wesentlich berührende Frage** betrifft,[59] so dass z. B. die Strafbarkeit von Beleidigungen je nach Kontext einmal mehr, einmal weniger verfassungsrechtlich beeinflusst wird. Keineswegs aber darf der Inhalt einer konkreten Meinung und ihr Wert als weiterführender Beitrag für die öffentliche Diskussion bewertet werden. Insofern gilt ein **Bewertungsverbot**, das sich auch gleichheitsrechtlich aus Art. 3 Abs. 3 GG begründen lässt (→ Rn. 825 ff.). Danach ist **jeder Beitrag** zu einer Frage von (potenziell) öffentlichem Interesse gleichwertig, und zwar wegen der Bedeutung für die öffentliche Meinungsbildung, die durch Art. 5 Abs. 1 GG hochrangig geschützt wird. Das bedeutet konkret, dass ein oberflächlicher Beitrag zu einer öffentlich relevanten Frage mehr geschützt wird als ein tiefgründiger Beitrag im Rahmen einer rein privaten Auseinandersetzung. Auch Letztere fällt in den Schutzbereich des Art. 5 Abs. 1 GG, wiegt aber weniger schwer.

Beim **Recht der persönlichen Ehre** ist in der Abwägung zu berücksichtigen, dass dieses seinerseits Grundrechtsschutz nach Art. 2 Abs. 1 i. V. m. Art. 1 Abs. 1 GG (→ Rn. 425 ff.) genießt. Erinnert sei daran, dass gegen vorsätzliche Herabwürdigungen, soweit sie überhaupt vom Schutzbereich des Art. 5 Abs. 1 GG erfasst werden (→ Rn. 201 ff.), der absolute Vorrang der Menschenwürde greift. Vor allem aber wird hier der Einfluss des hohen Schutzniveaus des Rechts auf Privatleben in **Art. 8 Abs. 1 EMRK** relevant, der freilich über den Ehrschutz hinausgeht und deshalb im Rahmen der allgemeinen Gesetze i. S. d. Art. 5 Abs. 2 GG erörtert wird (→ Rn. 655, 740 f.). 647

f) Allgemeine Gesetze i. S. d. Art. 5 Abs. 2 GG

Über diese speziellen Schranken hinaus können auch „allgemeine Gesetze" i. S. d. Art. 5 Abs. 2 GG eine Schranke der Meinungsfreiheit sein. Bereits in der Weimarer Zeit war höchst umstritten, was mit „allgemein" (gleich lautend Art. 118 Abs. 1 S. 1 WRV) gemeint ist. 648

Nach der „**Sonderrechtslehre**" ist ein Gesetz nur dann „allgemein", wenn es sich nicht gegen die geistige Freiheit als solche bzw. gegen bestimmte Meinungen wendet. Dieser Ausgangspunkt führt jedoch – je nach Grundverständnis – zu sehr unterschiedlichen Ergebnissen. Nach einem strengen Verständnis ist zwischen der Freiheit des **Geistes** und des **Handelns** zu **unterscheiden**. Es gibt gute Gründe dafür, dass die Freiheit der 649

---

58 BVerfGE 124, 300, 326 f., 338 – Wunsiedel.
59 BVerfGE 7, 198, 212 – Lüth; BVerfGE 54, 129, 137 – Kunstkritik; EuGH, Rs. C-112/00 (Eugen Schmidberger/Österreich), Slg. 2003, I-5659, Rn. 86.

Gesinnung und des Einsatzes ideeller Mittel weiter gehen soll als die Freiheit der Tat.[60] Gegebenenfalls ist es Aufgabe des Staates, die Verwirklichung von Straftaten,[61] nicht aber kriminelle Fantasie und Kommunikation zu verhindern. Es handelt sich dabei um eine konsequent liberale Auffassung, die sich in Amerika auch bewährt hat, aus den o. g. Gründen aber nicht unserer Verfassungstradition entspricht. Ihre Konsequenz wäre, dass zahlreiche Straftatbestände, etwa verfassungswidrige Propaganda nach §§ 86 f. StGB, Verunglimpfungen nach §§ 90 ff. StGB und Volksverhetzung nach § 130 StGB verfassungswidrig wären. Das würde bedeuten, dass z. B. das Tragen von NS-Kennzeichen, das Verunglimpfen der Bundesflagge oder das Leugnen des Holocaust nicht rechtlich unterbunden werden könnte, sondern mit den Mitteln der geistigen Auseinandersetzung allein durch die Gesellschaft zu bekämpfen wären (zur Lösung dieser Fälle → Rn. 654, 729 ff., 742). Das BVerfG[62] kommt in seinem Wunsiedel-Beschluss zu dem klaren Ergebnis, dass es sich bei § 130 Abs. 4 StGB nicht um ein allgemeines Gesetz handelt, zieht daraus aber nicht die Konsequenz, die Norm für verfassungswidrig zu erklären.

650 Eine abgemilderte, gleichsam „europäisierte" Variante dieses Ausgangspunktes könnte man als „**Vorfeld- oder Strafbarkeitstheorie**" bezeichnen. Danach ist ein Gesetz auch dann „allgemein" i. S. d. Art. 5 Abs. 2 GG, wenn die Beschränkung der geistigen Freiheit parallel zu einer Beschränkung der Handlungsfreiheit erfolgt. Wenn eine Handlung unter Strafe gestellt werden dürfe, dann auch deren geistige Unterstützung.[63] Dadurch lassen sich die o. g. Strafgesetze ohne Weiteres rechtfertigen. Diese Lösung führt aber zu einer Übertragung sachfremder Grundrechtsschranken (nämlich der allgemeinen Handlungsfreiheit)[64] auf die geistige Freiheit. Statt einer spezifischen Rechtfertigung der Beschränkung der geistigen Freiheit wird auf die freilich strenge Verhältnismäßigkeitsprüfung für die Strafbarkeit von tatsächlichen Handlungen verwiesen. Der Ansatz sollte auch nicht mit einer Auslegung im Lichte des **Art. 10 Abs. 2 EMRK**, der sogar ausdrücklich auf die „Verhütung von Straftaten" verweist, begründet werden. Weil die EMRK nur einen Mindeststandard gebietet, ist eine Auslegung von Art. 5 Abs. 2 GG in deren Lichte insoweit nicht veranlasst. Soweit das Grundgesetz strengere Grundrechtsschranken hat, dürfen diese nicht unter Berufung auf weitere Schranken der EMRK nivelliert werden (→ Rn. 43). In Bezug auf die Meinungs- und Pressefreiheit ist das gegenüber der EMRK höhere Schutzniveau des Grundgesetzes nicht zufällig bereits praktisch relevant geworden (→ Rn. 741).

651 Nach der „**Abwägungslehre**" ist ein Gesetz nur dann „allgemein", wenn im Einzelfall der Schutz eines Rechtsguts höherwertig ist als die Beschränkung der Meinungsfreiheit.[65] Abstrakt kommt danach der Schutz jedes Rechtsguts in Betracht. Die legitimen Zwecke sind danach – anders als bei den vorbehaltlosen Grundrechten – nicht auf Güter von Verfassungsrang beschränkt. Der verfassungsrechtliche Schutz geistiger Freiheit

---

60 So *Häntzschel*, Das Recht der freien Meinungsäußerung, in: Anschütz/Thoma, Handbuch des Deutschen Staatsrechts, Bd. 2, 1932, § 105, S. 651, 661.
61 Die Prävention kann dann freilich Mittel der Observation umfassen, was aber an Art. 2 Abs. 1 i. V. m. Art. 1 Abs. 1 GG bzw. an Art. 13 Abs. 1 GG oder Art. 10 Abs. 1 GG zu messen ist.
62 BVerfGE 124, 300, 321 ff., 327 ff. – Wunsiedel.
63 *Starck/Paulus* in: v. Mangoldt/Klein/Starck, GG, Bd. 1, 7. Aufl., zu Art. 5 Abs. 2 Rn. 295.
64 Nach *Schulze-Fielitz* in: Dreier, GG, Bd. 1, 3. Aufl., zu Art. 5 Abs. 1, 2 Rn. 139 droht so ein Leerlauf des Art. 5 Abs. 2 GG.
65 *Smend*, Das Recht der freien Meinungsäußerung, VVDStRL 4 (1928), S. 44, 52; auch in: ders., Staatsrechtliche Abhandlungen, 4. Aufl., S. 89, 98; *Häberle*, Die Wesensgehaltgarantie des Art. 19 II GG (1962), 3. Aufl. 1983, S. 32.

§ 23 Verhältnismäßigkeit bei qualifizierten Gesetzesvorbehalten

entfaltet sich über eine mehr oder weniger strenge Prüfung der Verhältnismäßigkeit. Auch dieser Theorie wird vorgeworfen, keine spezifischen Grenzen gegenüber den auch für andere Grundrechte geltenden Schranken zu setzen. Im Vergleich zu der abgemilderten Variante der Sonderrechtstheorie ermöglicht dieser Ansatz aber, die spezifische Bedeutung geistiger Freiheit in die Abwägung einzustellen.

Die **Rechtsprechung kombiniert diese Theorien**, indem sie vom Verbot des Sonderrechts ausgeht, ohne aber die formalistischen Konsequenzen der Sonderrechtslehre zu ziehen. **Letztlich** wird die Lösung pragmatisch auf der Ebene der **Abwägung** gefunden. Danach sind Gesetze allgemein, „wenn sie sich weder gegen die Meinungsfreiheit an sich noch gegen bestimmte Meinungen richten, sondern dem Schutz eines schlechthin, ohne Rücksicht auf eine bestimmte Meinung, zu schützenden Rechtsguts dienen."[66] Neben der Meinungsneutralität als notwendiger Voraussetzung verlangt das BVerfG: „Es wird deshalb eine ‚Güterabwägung' erforderlich: Das Recht zur Meinungsäußerung muss zurücktreten, wenn schutzwürdige Interessen eines anderen von höherem Rang durch die Betätigung der Meinungsfreiheit verletzt würden. Ob solche überwiegenden Interessen anderer vorliegen, ist auf Grund aller Umstände des Falles zu ermitteln."[67]

652

Dem BVerfG ist insofern zuzustimmen, als erstens zu prüfen ist, ob ein Gesetz in illegitimer Weise gegen das Gebot der Meinungsneutralität verstößt und darüber hinaus zweitens kein Ansatz ohne eine Abwägung auskommt. Die Rechtsprechung wird dem herausgehobenen Schutz der Meinungsfreiheit nur gerecht, wenn die letztlich unausweichliche **Verhältnismäßigkeitsprüfung mit verschärften Maßstäben** stattfindet.

653

Das BVerfG selbst hat die Schranken-Schranken-Wirkung bei Art. 5 Abs. 2 GG als „**Wechselwirkung**" beschrieben, wonach einerseits die allgemeinen Gesetze der Meinungsfreiheit „Schranken setzen, ihrerseits aber aus der Erkenntnis der wertsetzenden Bedeutung dieses Grundrechts im freiheitlichen demokratischen Staat ausgelegt und so in ihrer das Grundrecht begrenzenden Wirkung selbst wieder eingeschränkt werden müssen."[68] Das verweist auf die **Anwendung allgemeiner Gesetze** im Lichte des Grundrechts. Dass die Anwendung der Gesetze ihrerseits an die Grundrechte gebunden ist, ergibt sich aus Art. 1 Abs. 3 GG und dass sie ihrerseits im Lichte des jeweils betroffenen Grundrechts verhältnismäßig sein muss, gilt ebenso für alle Grundrechte.

Indes sollte „allgemein" i. S. d. Art. 5 Abs. 2 GG bzw. „höherwertig" i. S. d. Abwägungslehre als **Beschränkung legitimer Zwecke auf verfassungsimmanente Schranken**[69] gedeutet werden. Dieser Weg wird einem vom nationalen Verfassungsrecht geprägten, spezifischen Schutz geistiger Freiheit am ehesten gerecht. Auch entspricht dies am ehesten der Wertung, die in den beiden in Art. 5 Abs. 2 GG ausdrücklich genannten Zwecken zum Ausdruck kommt.[70] Es handelt sich bei der „persönlichen Ehre" und dem „Schutze der Jugend" um herausragende Rechtsgüter, die ihrerseits – verankert im allgemeinen Persönlichkeitsrecht der Art. 2 Abs. 1 i. V. m. Art. 1 Abs. 1 GG – Ver-

654

---

66 StRspr: BVerfG 97, 125, 146 – Caroline von Monaco I.
67 BVerfGE 7, 198, 210 f. – Lüth.
68 BVerfGE 7, 198, 209 – Lüth; stRspr: BVerfGE 61, 1, 11 – Wahlkampf/„CSU: NPD Europas".
69 Nach BVerfGE 66, 116, 136 – Springer/Wallraff gelten hingegen verfassungsimmanente Schranken noch neben denen des Art. 5 Abs. 2 GG; zustimmend: *Schulze-Fielitz* In: Dreier, GG, Bd. 1, 3. Aufl., zu Art. 5 Abs. 1, 2 Rn. 152; allgemein ablehnend: *Kingreen/Poscher*, Grundrechte, 37. Aufl., Rn. 384.
70 In diese Richtung *Lücke*, Die „allgemeinen" Gesetze (Art. 5 Abs. 2 GG), 1998, S. 32.

fassungsrang haben[71] und sich dadurch auszeichnen, dass sie gegebenenfalls direkt mit bestimmten Meinungsinhalten konfligieren. Die Schranke der „allgemeinen Gesetze" eröffnet – anders als im amerikanischen Verfassungsrecht – die Möglichkeit des Schutzes auch anderer Rechtsgüter vor geistigen und auch vor mittelbaren Angriffen.[72] So kann etwa die körperliche Unversehrtheit i. S. d. Art. 2 Abs. 2 GG auch vor Verherrlichung und Verharmlosung von Gewalt geschützt werden – und zwar nicht nur gegenüber Jugendlichen. Neben den **Grundrechten Dritter** (→ Rn. 723 ff.) und Staatszielen (→ Rn. 727 f.) kommt auch der **Staats- und Verfassungsschutz** in Betracht (→ Rn. 729 ff., 742). Erst dadurch, dass die Rechtsprechung darüber hinaus jedes öffentliche Interesse für einen legitimen Zweck hält, um die Meinungsfreiheit zu beschränken, provoziert sie den berechtigten Vorwurf, eine solche Abwägung lasse den Unterschied zu den Schranken des Art. 2 Abs. 1 GG verschwimmen und entwerte die Regelung des Art. 5 Abs. 2 GG.

Die Sonderrechtstheorie verkürzt diese restriktive Funktion des Art. 5 Abs. 2 GG, indem sie seine Bedeutung auf die **Meinungsneutralität** beschränkt. Das – freilich wichtige – verfassungsrechtliche Verbot der konkreten Bewertung von Meinungen folgt nämlich ohnehin und mit der gebotenen Schärfe aus Art. 3 Abs. 3 GG (→ Rn. 825 ff.). Rekonstruiert man die Schrankendogmatik des Art. 5 Abs. 2 GG über die allgemeine Struktur der Verhältnismäßigkeitsprüfung, dann betrifft das Verbot des Sondergesetzes die (Vor-)Frage nach der Legitimität der Zwecke (→ Rn. 616) und die Wechselwirkungslehre die Frage der Verhältnismäßigkeit i. e. S.

Das BVerfG[73] verdient Zustimmung, wenn es betont, dass Demonstrationen nicht allein wegen **rechtsradikaler Inhalte** verboten werden können. Das BVerfG rückt hiervon jedoch in seinem Wunsiedel-Beschluss ab und konstruiert eine „Ausnahme vom Verbot des Sondergesetzes", die dem Art. 5 Abs. 1 und Abs. 2 GG „immanent"[74] sei. Das BVerfG begründet den von § 130 Abs. 4 StGB bezweckten Schutz des öffentlichen Friedens nicht konsequent als zwingend notwendigen Schutz von Verfassungsgütern (→ Rn. 742) und unternimmt nicht den Versuch, seine Argumente in die Schrankensystematik des Art. 5 Abs. 2 GG zu integrieren. Dass das BVerfG seine Argumentation auf der Ebene der verfassungsimmanenten Schranken ansiedelt, zeigt sich spätestens daran, dass es eine Prüfung des Art. 3 Abs. 3 GG darüber hinaus für entbehrlich hält.[75] Es berücksichtigt dabei aber nicht genügend, dass Art. 18 GG als Instrument gegen Verfassungsfeinde die Verwirkung der Grundrechte an noch höhere Voraussetzungen knüpft (→ Rn. 548 f.) und einer weiteren Vorverlagerung der Eingriffsschwelle entgegensteht.

655 Zu den entgegenstehenden Verfassungsgütern gehört namentlich das **Persönlichkeitsrecht** und zwar auch über den Ehrschutz hinaus, d. h. wenn es z. B. um Presseberichte

---

71 BVerfGE 83, 130, 139 f. – Josephine Mutzenbacher; *Schulze-Fielitz* in: Dreier, GG, Bd. 1, 3. Aufl., zu Art. 5 Abs. 1, 2 Rn. 147, 150.
72 So lassen sich auch die Strafbarkeiten des öffentlichen Aufrufs zu Straftaten und deren Billigung, der Werbung für terroristische Vereinigungen und der Gewaltverherrlichung (§§ 111, 129 a Abs. 5, 131, 140 Nr. 2 StGB) rechtfertigen. Im Ergebnis bestehen insoweit keine Unterschiede zur modifizierten Sonderrechtstheorie: *Starck/Paulus* in: v. Mangoldt/Klein/Starck, GG, Bd. 1, 7. Aufl., zu Art. 5 Abs. 2 Rn. 292 ff.
73 BVerfG-K, NJW 2000, 3051, 3053; anders: OVG Münster, NJW 2001, 2114, 2115, das bei Demonstrationsverboten auch auf den rechtsradikalen Inhalt der vertretenen Auffassungen abstellt; aufgehoben durch BVerfG-K, NJW 2001, 2076, 2077 f.
74 BVerfGE 124, 300, 327 ff. – Wunsiedel.
75 BVerfGE 124, 300, 338 – Wunsiedel.

über nicht ehrenrührige Tatsachen aus der Privatsphäre geht. Dabei ist zu beachten,[76] dass der EGMR den Schutz der Privatheit, der ja in Art. 8 Abs. 1 EMRK ausdrücklich verankert ist, noch weiter ausdehnt (→ Rn. 430 ff.) und höher bewertet als das BVerfG. Insoweit ist Art. 5 Abs. 2 GG im Lichte des Art. 8 Abs. 1 EMRK zu interpretieren.[77] Auf die Konsequenzen und auf weitere **typische Beispiele** der Abwägung wird im Rahmen der Erläuterung der verfassungsimmanenten Schranken eingegangen (→ Rn. 721). Kein den Rechten des Art. 5 GG entgegenstehender Verfassungsbelang ist die „negative Informationsfreiheit", die vielmehr verfassungsrechtlich überhaupt nicht geschützt wird, weil die **bloße Konfrontation** mit fremden Meinungen in einem freiheitlichen Gemeinwesen stets zumutbar ist.

g) Zensurverbot als Schranken-Schranke: Art. 5 Abs. 1 S. 3 GG

Das Zensurverbot ist kein spezieller Schutzbereich, sondern eine spezielle Schrankenregelung. Bei der Zensur geht es systematisch um die Frage der **Legitimität der Mittel** einer Beschränkung der Pressefreiheit. Ob mündliche Äußerungen und insbesondere Versammlungen aus Gründen ihres Inhalts verboten werden dürfen, ist hingegen ausschließlich eine Frage des Art. 5 Abs. 2 GG und insbesondere des Gebotes der Meinungsneutralität.[78] Art. 5 Abs. 1 S. 3 GG schließt es aus, dass der Staat die Verbreitung einer Meinung **präventiv** unterbindet oder tatsächlich unmöglich macht. Das Mittel eines Präventivvorbehaltes ist per se verfassungswidrig (zur Frage der Legitimität der Mittel in der Fallbearbeitung → Rn. 612 f.). Das Verbot der Vorzensur gilt absolut und auch dann, wenn die verhinderte Kommunikation in verfassungsmäßiger Weise nach Art. 5 Abs. 2 GG Schranken unterworfen werden kann, die repressive Maßnahmen nicht ausschließen. Nachzensur fällt nicht unter Art. 5 Abs. 1 S. 3 GG.

656

Der Freiheitsgewinn besteht in einer **Garantie der Alleinverantwortung** des Grundrechtsträgers:[79] Sogar wenn eine Straftat droht – z. B. die Verbreitung einer Gewaltverherrlichung i. S. d. § 131 StGB – darf der Staat dies nicht präventiv durch die Beschlagnahme von Filmmaterial verhindern, sondern muss dem Bürger die Freiheit belassen, sich dem Risiko einer Bestrafung auszusetzen.[80] Nur die effektive Verhinderung, dass Meinungen **überhaupt verbreitet** werden, fällt unter Art. 5 Abs. 1 S. 3 GG. Die – auch vorherige – Prüfung von Medien nach dem Jugendschutzgesetz ist hingegen insoweit zulässig, als sie nicht die Verbreitung als solche völlig ausschließt, sondern einer gegebenenfalls beschränkten Verbreitung dient.

657

HINWEIS FÜR DIE FALLBEARBEITUNG: Die Frage der Legitimität der Mittel gehört zu den Vorfragen der Prüfung der Verhältnismäßigkeit. Wenn nämlich ausnahmsweise ein Mittel – hier die Zensur – als solches verfassungswidrig ist, kann die Frage der Mittel/Zweck-Relation nicht mehr sinnvoll gestellt werden. Deshalb ist es irreführend, Art. 5 Abs. 1 S. 3 GG als Schranken-Schranke zu verstehen.[81] Richtig ist zwar, dass die Zensur auch ein besonders schwerer Eingriff in die Pressefreiheit ist und deshalb auch als Konkretisierung der Verhält-

---

76 Vgl. EGMR, v. 24.6.2004, NJW 2004, 2647, Z. 48 ff. – Caroline von Hannover/Deutschland einerseits und BVerfGE 101, 361, 387 – Caroline von Monaco II andererseits.
77 BVerfGE 120, 180, 200 f. – Caroline III: Art. 8 Abs. 1 EMRK kann allgemeines Gesetz i. S. d. Art. 5 Abs. 2 GG sein.
78 So wohl auch die Rechtsprechung: BVerfGE 27, 88, 102 – „Der Demokrat"; gar keine Erwähnung findet das Zensurverbot in BVerfGE 124, 300 – Wunsiedel; wie hier auch *Schulze-Fielitz* in: Dreier, GG, Bd. 1, 3. Aufl., zu Art. 5 Abs. 1, 2 Rn. 171; anders: *Schmidt-Jorzig*, Allgemeine Handlungsfreiheit, in: HStR VII, 3. Aufl., § 162 Rn. 56; *Breitbach/Rühl*, NJW 1988, 8 ff.
79 *Starck/Paulus* in: v. Mangoldt/Klein/Starck, GG, Bd. 1, 7. Aufl., zu Art. 5 Abs. 1 Rn. 261.
80 BVerfGE 87, 209, 233 – Tanz der Teufel.
81 So *Kingreen/Poscher*, Grundrechte, 37. Aufl., Rn. 786.

nismäßigkeit gedeutet werden könnte.[82] Weil es sich aber um eine spezielle und formale Schranke handelt und eine Abwägung insofern gerade nicht mehr in Betracht kommt, ist es konsequenter, sie vorab zu prüfen. Freilich ist für die Fallbearbeitung zu empfehlen, eine gegebenenfalls darüber hinaus ergiebige Verhältnismäßigkeitsprüfung hilfsweise zu erörtern.

▶ **Zu Fall 27:** Die Verurteilung auf Grund der „Auschwitzlüge" unterfällt den Schranken des Art. 5 Abs. 2 GG, dient sie doch dazu, andere Güter von Verfassungsrang (Menschenwürde, Leben, körperliche Unversehrtheit) durch die Verharmlosung von Gewalt zu schützen. Entsprechendes gilt für das Persönlichkeitsrecht Prominenter, das als Gut von Verfassungsrang einen legitimen Zweck allgemeiner Gesetze darstellt. Der Schutz der Meinungsfreiheit gilt auch im Kontext wirtschaftlichen Wettbewerbs. Schockwerbung ist am Maßstab des Art. 5 Abs. 1 GG zu messen und ihr reines Provokationspotential macht sie auch nicht verfassungswidrig. Allenfalls die konkrete Verletzung etwa der Ehre Dritter kann ein Verbot nach § 1 UWG rechtfertigen. ◀

3. Schranken des Erziehungsrechts

658 Die Erziehung der Kinder durch ihre Eltern ist nach Art. 6 Abs. 2 S. 1 GG deren **Recht und Pflicht** zugleich. Das **Kindeswohl** ist dabei als hohes Gut zu schützen. Dem trägt das Familienrecht, namentlich § 1666 BGB Rechnung. Der Staat behält sich nach Art. 6 Abs. 2 S. 2 GG **Überwachungseingriffe** vor und kann nach Art. 6 Abs. 3 GG im Extremfall auch Kinder von ihren Eltern trennen. Die Verhältnismäßigkeitsprüfung wird dabei in doppelter Weise verschärft: Der Entzug der Kinder darf nach Art. 6 Abs. 3 GG nur erfolgen, wenn die Erziehungsberechtigten versagen bzw. die Verwahrlosung eines Kindes droht. Das der Erziehungspflicht der Eltern korrespondierende Recht des Kindes auf Fürsorge[83] löst gegebenenfalls eine Schutzpflicht des Staates aus. Entsprechende Eingriffe in das Erziehungsrecht der Eltern können nur mit dem Wohle des Kindes gerechtfertigt werden. Es reicht nicht aus, dass der Staat für sich in Anspruch nimmt, selbst oder durch Zuweisung an Dritte eine bessere Erziehung gewährleisten zu können.[84] Vielmehr ist das Mittel des Kindesentzugs als ultima ratio nur dann möglich, wenn die Eltern völlig überfordert sind oder wenn sonst schwere Schäden für das Kind drohen. Diese Richtschnur strahlt auch auf Maßnahmen nach Art. 6 Abs. 2 S. 2 GG aus: Auch solche Maßnahmen müssen dem Kindeswohl dienen und dürfen das grundsätzliche Erziehungsprivileg der Eltern nicht infrage stellen. Beispiel für eine solche Grenze ist die Schutzpflicht des Staates zugunsten des Art. 2 Abs. 2 S. 1 GG in Fällen der Beschneidung, die allenfalls bei der auf Art. 4 Abs. 1 GG geschützten religiösen Beschneidung zurücktritt (→ Rn. 160, 178, 197, 256). Weitere Grenzen des Erziehungsrechts ergeben sich aus den Regelungen des Art. 7 GG zum Schulwesen. Schließlich findet das Erziehungsrecht seine Grenze in der ihrerseits grundrechtlich geschützten Selbstbestimmung des Kindes, die Ziel der Erziehung ist und die mit wachsender Einsichtsfähigkeit das Elternrecht zurückdrängt.[85]

---

82 So *Schulze-Fielitz* in: Dreier, GG, Bd. 1, 3. Aufl., zu Art. 5 Abs. 1, 2 Rn. 170.
83 BVerfGE 121, 69, 93 – Erziehungspflicht.
84 BVerfG-K, NJW 2006, 1723 betreffend die Zuweisung an eine Pflegefamilie trotz grundsätzlicher Erziehungseignung des Vaters.
85 BVerfGE 59, 360, 382 – Schülerberater.

4. Schranken im Schulwesen

Die wenig systematische Regelung des Art. 7 GG enthält mehrere spezielle Schranken. Art. 7 Abs. 1 GG rechtfertigt die **staatliche Schulaufsicht** und ist damit Schrankenregelung des Erziehungsrechts der Eltern nach Art. 6 Abs. 2 GG und der **Privatschulfreiheit** nach Art. 7 Abs. 4 GG. Schranken für die Errichtung von Privatschulen regeln Art. 7 Abs. 4 S. 2–4 und Abs. 5 GG. Insbesondere die Errichtung von **Volksschulen** (d. h. Grund- und Hauptschulen) steht unter dem Vorbehalt, dass dadurch das bestehende Schulwesen wirklich bereichert[86] oder konfessionelle Lücken im Schulangebot geschlossen werden. Das Grundgesetz verfolgt für die Frühbildung in der Volksschule einen egalitären Bildungsansatz,[87] der allen Bevölkerungsschichten den gleichen und gemeinsamen Einstieg in die Schulbildung ermöglicht. Weiterführende Schulen (v. a. Realschulen und Gymnasien) werden demgegenüber in größerem Maße als **Ersatzschulen**, d. h. als Alternative zu sonstigen staatlichen Schulen anerkannt.

659

5. Schranken der Versammlungsfreiheit

a) Gesetzesvorbehalt des Art. 8 Abs. 2 GG für Versammlungen unter freiem Himmel

Art. 8 Abs. 2 GG stellt nur solche Versammlungen unter einen Gesetzesvorbehalt, die „unter freiem Himmel" stattfinden, d. h. wenn der Versammlungsort zu den Seiten(!) hin offen und damit für jedermann zugänglich ist. Alle anderen Versammlungen werden also noch stärker geschützt, unterliegen also nur den Regeln für vorbehaltlose Grundrechte (→ Rn. 711 ff.; zur speziellen Schranke des Art. 17 a GG → Rn. 746). Der Sinn dieser Differenzierung liegt darin, dass Versammlungen außerhalb von geschlossenen Räumen typischerweise die Bewegungsfreiheit Dritter einschränken. Das soll nicht unkontrolliert, sondern geregelt geschehen. Insbesondere bei Demonstrationen erfordert die Gefahr von Gewalt und Gegengewalt gegebenenfalls polizeilichen Schutz für beide Seiten: für Demonstranten wie für Gegendemonstranten.

660

Gesetze und Maßnahmen zur Regelung von Versammlungen unter freiem Himmel können der öffentlichen Sicherheit auf der Straße und v. a. dem Schutz Dritter dienen, aber auch bestimmte Orte, insbesondere Verfassungsorgane und historische Gedenkstätten von Demonstrationen freihalten. Dadurch darf aber das Demonstrieren in der Öffentlichkeit nicht übermäßig erschwert oder wirkungslos werden. Vielmehr bedarf die Versammlungsfreiheit in besonderem Maße der **Grundrechtsausgestaltung**, die das friedliche Demonstrieren möglich macht und schützt. Diese spezialgesetzliche Ausgestaltung (im Versammlungsgesetz) versperrt den Rückgriff auf das allgemeine Polizei- und Ordnungsrecht.

Diese Grundrechtsausgestaltung ist ihrerseits einer **strengen Verhältnismäßigkeitsprüfung** zu unterwerfen. Eine Spezifizierung der legitimen Zwecke, die Eingriffe in die Versammlungsfreiheit rechtfertigen, enthält **Art. 11 Abs. 2 EMRK**, der im Ergebnis allerdings nicht zu einer Verstärkung des Schutzniveaus geführt hat. Zu denken wäre allerdings insoweit an den Schutz der Versammlungsfreiheit für Ausländer über Art. 2 Abs. 1 GG (→ Rn. 445 f.). Praktisch relevanter ist die Forderung, dass dem Bürger nicht unter dem Vorwand des Schutzes von Versammlungen übermäßige Pflichten auferlegt werden sollen. Die Rechtsprechung bürdet den Versammlungsleitern gewisse

661

---

86 Vgl. BVerfGE 88, 40, 51 ff. – Private Grundschule.
87 BVerfGE 88, 40, 50 – Private Grundschule.

Kooperationsobliegenheiten[88] auf, die aber nur in dem Rahmen verfassungsrechtlich unbedenklich sind, als sie erforderlich (zur Erforderlichkeitsprüfung → Rn. 620 ff.) sind, um der Versammlungsfreiheit zur Durchsetzung zu verhelfen. Dem Bürger muss überlassen bleiben, ob er mit dem Staat kooperieren will und er muss zu dieser Möglichkeit und zu den Alternativen (v. a. Auflagen nach § 15 Abs. 2 VersG) angehört werden. Wer eine Versammlung veranstaltet, muss nicht die staatliche Aufgabe ihres Schutzes übernehmen und z. B. nicht seinerseits ein Sicherheitskonzept entwickeln.[89]

Das Versammlungsrecht muss sich auch insoweit entfalten können, als es zu Grundrechtskonflikten mit Dritten kommt. So darf der Staat z. B. Versammlungen **nicht** wegen **potenzieller Ausschreitungen** mit Gegendemonstrationen verbieten, sondern ist im Rahmen seiner Möglichkeiten aufgerufen, die Demonstranten voreinander zu schützen.[90] Allenfalls der polizeiliche Notstand rechtfertigt in solchen Fällen ein Versammlungsverbot. Auch darf der Staat Demonstranten nicht die Auflage machen, sich nur an entlegenen Orten zu versammeln, an denen Dritte und der Straßenverkehr nicht gestört werden. Das entspräche nicht der praktischen Konkordanz, weil dadurch zwar Grundrechtsbeschränkungen Dritter minimiert würden, die Versammlungsfreiheit aber ihre Wirkungskraft verlöre. Vielmehr ist das Recht auf Demonstrationen – insoweit ähnlich dem Streikrecht nach Art. 9 Abs. 3 GG – darauf angelegt, Aufmerksamkeit zu erregen. Die Grundrechtsausgestaltung der Versammlungsfreiheit muss auch den gewollten, v. a. politischen Wirkungen von Demonstrationen gerecht werden.

b) Anmelde- und Erlaubnisfreiheit nach Art. 8 Abs. 1 GG als Schranken-Schranke

662 Art. 8 Abs. 1 GG garantiert verfassungsrechtlich, dass Versammlungen grundsätzlich **ohne Anmeldung oder Erlaubnis** stattfinden dürfen. Dies ist – anders als das Zensurverbot nach Art. 5 Abs. 1 S. 3 GG – nicht als spezielles Mittelverbot zu verstehen, sondern als Schranken-Schranke im Rahmen der Verhältnismäßigkeit zu erörtern. Denn die grundsätzliche Anmeldefreiheit gilt nur, soweit der Gesetzesvorbehalt des Art. 8 Abs. 2 GG nicht greift. Deshalb ist die Anmeldepflicht, die § 14 Abs. 1 VersG für Versammlungen unter freiem Himmel vorsieht, nicht per se verfassungswidrig.[91] § 14 Abs. 1 VersG ist auch keine bloße Obliegenheit, sondern eine nach § 26 Nr. 2 VersG sogar strafbewehrte Pflicht. Der **Sinn des Gesetzesvorbehaltes** für Versammlungen unter freiem Himmel ist der optimale Schutz gefährdeter Rechtsgüter unter Erhaltung der Funktionsfähigkeit der Sicherheitskräfte. Gerade die Anmeldepflicht dient diesem Zweck, indem sie den Sicherheitsbehörden die Gelegenheit gibt, sich auf den Schutz der Versammlung und die Abwehr damit zusammenhängender Gefahren bestmöglich vorzubereiten. Je nach Größe, Ort und Zeit einer Demonstration sind gegebenenfalls umfangreiche Einsatzpläne notwendig.

663 Allerdings ist die Anmeldepflicht verfassungskonform als verhältnismäßige Ausgestaltung der Versammlungsfreiheit auszulegen. Das führt zu **folgenden Einschränkungen** der Anmeldepflicht: Erstens gilt die Anmeldepflicht überhaupt nicht für Spontanver-

---

88 BVerfGE 69, 315, 358 ff. – Brokdorf; hiergegen *Waechter*, Der Staat 38 (1999), S. 279, 281; ausführlich hierzu *Buschmann*, Kooperationspflichten im Versammlungsrecht, 1990.
89 BVerfG-K, NJW 2001, 2078, 2079.
90 BVerfG-K, NVwZ-RR 2007, 641; vgl. bereits PrOVG, v. 18.12.1896, PrOVGE 31, 409 ff. – Heilsarmee: Dem „Gebahren des Publikums entgegenzutreten, ist [...] Aufgabe der Polizei.".
91 Wie hier: BVerfGE 69, 315, 349 ff. – Brokdorf; BVerfGE 85, 69, 74 – Eilversammlungen; *Schulze-Fielitz* in: Dreier, GG, Bd. 1, 3. Aufl., zu Art. 8 Rn. 83; anders: *Kingreen/Poscher*, Grundrechte, 37. Aufl., Rn. 909.

sammlungen.[92] Das folgt an sich bereits aus dem einfachen Recht, das hier nicht greifen kann. Denn Spontanversammlungen haben keinen Veranstalter, der diese Pflicht erfüllen könnte. Zweitens gilt die Anmeldefrist von 48 Stunden nach § 14 Abs. 1 VersG auch nicht für Eilversammlungen. Zwar nicht spontane, aber kurzfristig geplante Demonstrationen sind von deren Veranstalter vielmehr anzumelden, sobald die Möglichkeit dazu besteht.[93] Drittens darf eine Versammlung nicht automatisch und nur deshalb aufgelöst werden, weil sie nicht angemeldet wurde.[94] Das Ermessen der „Kann"-Bestimmung des § 15 Abs. 3 VersG ist so auszulegen, dass friedliche Versammlungen soweit und solange stattfinden dürfen, als die Sicherheit nicht gefährdet ist. Ist die Polizei mangels Anmeldung einer Versammlung unvorbereitet, müssen die Einsatzkräfte vor Ort die Situation beobachten und nach Möglichkeit primär spontane Maßnahmen zum Schutz der Versammlung ergreifen. Schließlich ist viertens fraglich, ob eine Anmeldepflicht bei Versammlungen in geschlossenen Räumen überhaupt in Betracht käme. Ob dieses Mittel zum Schutz von Rechten Dritter aber als solches ausgeschlossen oder nur regelmäßig unverhältnismäßig wäre, mag als rein akademische Frage dahinstehen. Praktisch wichtiger ist, dass die Vergabeentscheidung über öffentliche Räume nicht zur Diskriminierung politisch unliebsamer Veranstalter führen darf.

6. Schranken der Vereinsfreiheit, insbesondere Vereinsverbote

Wegen des Gefahrenpotentials, das von einem gemeinschaftlich organisierten Handeln ausgehen kann, steht die Vereinigungsfreiheit unter einem **Vorbehalt der wehrhaften Demokratie**. Nach Art. 9 Abs. 2 GG können Vereine aus drei abschließend genannten Gründen verboten werden: Die Tätigkeit von Vereinen darf erstens nicht den Strafgesetzen zuwiderlaufen; der Staat muss kriminelle Vereinigungen zerschlagen können. Über die Grenzen des Strafrechts hinaus schützt sich der Staat auch gegen solche Vereinigungen, die grundlegende Werte unserer Verfassung oder den Frieden zwischen den Völkern untergraben. Zweitens dürfen sich Vereine nicht gegen die verfassungsmäßige Ordnung und drittens nicht gegen den Gedanken der Völkerverständigung richten. Mit „verfassungsmäßiger Ordnung" ist – im Gegensatz zur Verwendung des Begriffs in Art. 2 Abs. 1 GG (→ Rn. 637) – nicht die gesamte, verfassungsmäßige Rechtsordnung gemeint. Legitimer Zweck für ein Vereinsverbot ist vielmehr nur der Schutz des Verfassungsrechts selbst. Das setzt voraus, dass ein Verein die verfassungsmäßige Ordnung als solche gefährdet.

664

Vereinsverbote sind der **denkbar stärkste Eingriff** in die Vereinsfreiheit: Sie vernichten den Bestand, die Existenz des betroffenen Vereins. Sie begrenzen nicht den Schutzbereich (→ Rn. 283 ff.) und unterliegen einer besonders strengen Verhältnismäßigkeitsprüfung. Das Gesamtbild der Ziele und Tätigkeiten des Vereins ist zu ermitteln. Ein gelegentlicher Verstoß einzelner Vereinsmitglieder gegen die Strafgesetze rechtfertigt ein Vereinsverbot nicht. Ein Verein, der für Verfassungsänderungen (z. B. die Einführung zusätzlicher Staatsziele) eintritt, richtet sich nicht i. S. d. Art. 9 Abs. 2 GG gegen die verfassungsmäßige Ordnung und ein Verein, der gegen die Aufnahme neuer Mitglieder in die EU ist, nicht gegen den Gedanken der Völkerverständigung. Die Organisation und Bündelung gemeinschaftlicher Kritik an Recht und Politik darf nicht unterbunden werden. Verbote nach Art. 9 Abs. 2 GG setzen vielmehr eine kriminelle

665

---

92 BVerfGE 69, 315, 350 – Brokdorf; BVerfGE 85, 69, 74 f. – Eilversammlungen.
93 BVerfGE 85, 69, 75 – Eilversammlungen.
94 BVerfGE 69, 315, 351 – Brokdorf.

bzw. kämpferisch-aggressive Haltung des Vereins voraus. Nicht Vereine, die das Recht verändern wollen oder gelegentlich an seine Grenzen stoßen, sondern nur solche, die das Recht sprengen und es als solches missachten, sind eine Gefahr für die wehrhafte Demokratie. Noch mehr Zurückhaltung ist geboten, wenn es um das Verbot einer **Religionsgemeinschaft** geht.[95]

666 **SYSTEMATISCHER HINWEIS:** Art. 9 Abs. 2 GG benennt die legitimen Zwecke, die ein Vereinsverbot rechtfertigen können, abschließend, so dass insoweit nicht ergänzend auf verfassungsimmanente Schranken zurückgegriffen werden kann. Art. 9 Abs. 2 GG gilt aber **nur für Vereinsverbote** und erfasst nicht andere Eingriffsakte und sonstige Mittel, die sich gegen die Vereinigungsfreiheit richten können. **Im Übrigen** ist die Vereinsfreiheit zwar ein grundsätzlich **vorbehaltlos** gewährleistetes Grundrecht, unterliegt aber freilich verfassungsimmanenten Schranken (→ Rn. 711 ff.).

667 **HINWEIS FÜR FORTGESCHRITTENE:** Auch wenn das private Vereinsrecht der Ausgestaltung der Vereinsfreiheit dient, ist es der Verhältnismäßigkeit unterworfen. Die „doppelte Zweckneutralität der Vereinsfreiheit" (→ Rn. 300 f.) wirkt sich auch auf der Schrankenebene aus. So ist es für Art. 9 GG irrelevant, wenn ein Verein z. B. privatrechtswidrige oder ordnungswidrige Zwecke verfolgt. Das ist konsequent, ist doch die Vereinigungsfreiheit auch ein Recht politischer Minderheiten, deren Absichten im Konflikt zur geltenden Rechtsordnung stehen.

7. Schranken des Brief-, Post- und Fernmeldegeheimnisses

668 **Art. 10 Abs. 2 S. 1 GG** stellt das Brief-, Post- und Fernmeldegeheimnis unter Gesetzesvorbehalt (zu dem zusätzlichen Verwaltungsvollzugsvorbehalt → Rn. 583 ff.). Eingriffe in die Kommunikationsfreiheiten wiegen grundsätzlich schwer und sind einer strengen Verhältnismäßigkeitsprüfung zu unterwerfen. Insbesondere ist im Rahmen der **Erforderlichkeit** nach alternativen Mitteln der Gefahrenabwehr und der Strafverfolgung zu fragen.

669 Die **Verhältnismäßigkeit i. e. S.** verlangt die Gewichtung der Kommunikationsfreiheit nach Zahl der Betroffenen sowie nach Dauer und Intensität der Beeinträchtigungen. Besonders schwer wiegt, wenn auch Bürger betroffen sind, die **nicht im Verdacht** stehen, Gefahren zu verursachen oder Straftaten begangen zu haben. Außerdem stellt Art. 10 GG besondere verfahrensrechtliche Anforderungen an die **Transparenz**[96] von Grundrechtseingriffen und die Möglichkeiten der Kontrolle und des Rechtsschutzes. Schwer wiegt die gegebenenfalls **geheime Überwachung.** Das zeigt auch der Wertungsunterschied zwischen Art. 13 Abs. 2 GG einerseits und Art. 13 Abs. 3 und Abs. 4 GG andererseits für die Parallelfälle des Eingriffs in den Wohnraum: Auch deshalb sind Lauschangriffe speziell geregelt. Bereits die Existenz einer gesetzlichen Befugnis zu verdeckten Maßnahmen kann bedrohlich wirken und die Kommunikation wesentlich hemmen.[97] Auf der anderen Seite sind die abzuwehrenden Gefahren, die Wahrscheinlichkeit ihres Eintritts sowie die Effektivität des Grundrechtseingriffs zur Abwehr von Gefahren bzw. zur Aufdeckung von Straftaten zu würdigen. Regelmäßig werden Eingriffe in Art. 10 GG nur zur Abwehr von Gefahren für hochrangige Rechtsgüter bzw.

---

95 *Michael*, Verbote von Religionsgemeinschaften, JZ 2002, 482 ff.; BVerwG, JZ 2007, 144 m. Anm. *Michael*.
96 BVerfGE 125, 260, 334 – Vorratsdatenspeicherung.
97 EGMR, v. 29.6.2006, NJW 2007, 1433, Z. 72 ff. – Weber u. Saravia/Deutschland.

§ 23 Verhältnismäßigkeit bei qualifizierten Gesetzesvorbehalten

zur Verfolgung schwerer Straftaten gerechtfertigt sein.[98] Je nach Schwere des Eingriffs gelten strenge bis sehr strenge Anforderungen an die **Bestimmtheit**[99] und **Normenklarheit**[100] von Eingriffsermächtigungen (→ dazu Rn. 578).

Einen Sonderfall stellt **Art. 10 Abs. 2 S. 2 GG** dar, gegen dessen nachträgliche Einfügung in das Grundgesetz Bedenken wegen Art. 79 Abs. 3 i. V. m. Art. 1 Abs. 1 GG bestehen. Diese Bedenken beziehen sich jedoch vor allem auf die formellen Aspekte der Norm. So wird der Rechtsschutz nach Art. 19 Abs. 4 S. 3 GG abgeschnitten. Positiv lässt sich zu den formellen Seiten der Norm sagen, dass aus ihr im Umkehrschluss folgt, dass es grundsätzlich ein verfassungsrechtliches Gebot ist und bleibt, den Betroffenen von derartigen Maßnahmen zu unterrichten. Das gebietet die verfahrensrechtliche Seite der Grundrechte (→ Rn. 857 ff.) und Art. 19 Abs. 4 GG. Subjektiver Rechtsschutz kann nur greifen, wenn der Betroffene von der Rechtsverletzung überhaupt erfährt.[101] Der Betroffene muss deshalb auch in Fällen, in denen zunächst Art. 10 Abs. 2 S. 2 GG greift, nachträglich informiert werden, sobald die Zwecke des Staats- und Verfassungsschutzes dadurch nicht mehr gefährdet werden.

8. Schranken der Freizügigkeit

Art. 11 Abs. 2 GG modifiziert die Verhältnismäßigkeitsprüfung wie folgt: Zum einen werden die legitimen Zwecke benannt, zu deren Verfolgung die Freizügigkeit beschränkt werden kann. Das sind der Schutz der Lebensgrundlage des Betroffenen, der Staats- und Verfassungsschutz sowie die Bekämpfung von Seuchen, Naturkatastrophen, besonders schweren Unglücksfällen sowie der Jugendschutz. Außerdem werden qualifizierte Anforderungen an die Sachlage gestellt, die im Rahmen der Verhältnismäßigkeit zu berücksichtigen sind. So darf z. B. der Schutz der Lebensgrundlage nicht allein zum Schutz des Einzelnen erfolgen, sondern nur dann, wenn anderenfalls der Allgemeinheit besondere Lasten entstünden.

Systematischer Hinweis: Art. 11 Abs. 2 GG ist eine abschließende[102] Regelung der legitimen Eingriffszwecke. Es darf auch nicht ergänzend auf verfassungsimmanente Schranken zurückgegriffen werden (str. → Rn. 712).

9. Schrankensystematik der Berufsfreiheit

a) Zur Geschichte der Ansätze, ein Wortlautproblem systematisch zu lösen

Der Ausgangspunkt der Beschränkung der Berufsfreiheit muss die Regelung in Art. 12 Abs. 1 S. 2 GG sein. Danach unterliegt die „Berufsausübung" einem Gesetzesvorbehalt. Das Problem ist, dass weitere Aspekte der Berufsfreiheit, v. a. die Berufswahl nach Art. 12 Abs. 1 S. 1 GG geschützt sind, ohne dass das Grundgesetz ihre Schranken

---

[98] BVerfGE 107, 299, 321 – Telekommunikationsüberwachung II; beachte aber BVerfGE 115, 166, 199 ff. – Verbindungsdaten: Das gilt nicht beim Zugriff auf beim Empfänger gespeicherte Verbindungsdaten, der nicht in Art. 10 GG sondern nur in Art. 2 Abs. 1 i. V. m. Art. 1 Abs. 1 GG eingreift (→ Rn. 425 ff.), gegebenenfalls auch in Art. 13 GG (→ Rn. 365 ff.).
[99] Besonders streng: BVerfGE 110, 33, 55 ff. – Zollkriminalamt; weniger streng: BVerfGE 35, 311, 315.
[100] BVerfGE 125, 260, 344 f. – Vorratsdatenspeicherung.
[101] BVerfGE 100, 313, 361 – Telekommunikationsüberwachung I; das gilt auch für Eingriffe in die informationelle Selbstbestimmung und in Art. 13 GG: BVerfGE 109, 279, 380 f. – Großer Lauschangriff.
[102] *Schoch*, Jura 2005, 34, 38.

regelt. Um diese Lücke zu schließen, hat das BVerfG 1958 im Apotheken-Urteil[103] die sogenannte „Drei-Stufen-Theorie" entwickelt.

Hinweis zum Verständnis: Die „Drei-Stufen-Theorie" gehört zu den „Klassikern" der deutschen Grundrechtsdogmatik und keine Fallbearbeitung darf über sie hinwegsehen – trotz der anhaltenden, ja zunehmenden und berechtigten Kritik an dieser Theorie und ungeachtet der Behauptungen, das BVerfG selbst habe sich inzwischen von dieser Theorie verabschiedet. Kompliziert daran scheinen die vielen Weichenstellungen und Einzelheiten zu sein, die sich weit vom Wortlaut des Art. 12 Abs. 1 GG lösen. Um hier noch den „Wald vor lauter Bäumen" zu erkennen, hilft die Erkenntnis, dass diese Bäume auf „unterschiedlichem Boden" gewachsen sind. Um das Ergebnis vorwegzunehmen: Auf dem Boden heutiger Schrankendogmatik bräuchten wir die „Drei-Stufen-Theorie" nicht mehr. Sie darf als Vorreiter und **Spezialfall der heutigen Schrankendogmatik**, d. h. des Prinzips der Verhältnismäßigkeit mit ihren Besonderheiten bei verfassungsimmanenten Schranken, gelten. Weil parallel einerseits die spezielle „Drei-Stufen-Theorie" modifiziert und andererseits die allgemeine Schrankendogmatik entwickelt wurde, führen heute beide Wege meist zum selben Ergebnis.

674 **Hinweise für die Fallbearbeitung:** Im Gutachten empfiehlt es sich, selbst wenn man diese ablehnen mag, von der „Drei-Stufen-Theorie" auszugehen, diese historisch zu erklären und unter Bezug auf den heutigen Stand der allgemeinen Schrankendogmatik zu modifizieren. Dabei ist der Aufbau der Prüfung der Verhältnismäßigkeit zugrunde zu legen, in den sich die „Drei-Stufen-Theorie" ebenso wie deren Modifikationen und Alternativen integrieren lassen. Die Unterscheidung zwischen diesen verschiedenen Stufen können auch als **Arten des Eingriffs** aufgefasst werden. Sie müssen als solche nicht bereits auf der zweiten Stufe (Zurechnung) unterschieden werden. Freilich kann die Abgrenzung auch pragmatisch schon im Rahmen der Eingriffsprüfung erwähnt werden. Spätestens muss die Unterscheidung im Rahmen der dritten Stufe (Rechtfertigung) erfolgen. Aus ihr folgen nämlich verschiedene Anforderungen bei der materiellen Rechtfertigung.

b) Die sogenannte „Drei-Stufen-Theorie"

675 Das BVerfG hat 1958 zwei überzeugende Schlüsse aus dem lückenhaften Textbefund des Grundgesetzes gezogen: Der **ausdrückliche Gesetzesvorbehalt** für die Berufsausübung enthält die **Wertung**, dass diese im Vergleich zur Berufswahl unter leichteren Voraussetzungen einschränkbar ist. Zugleich kann es aber **nicht** sein, dass die Berufswahl **überhaupt keinen** Schranken unterliegt. Der dogmatische „Trick" des BVerfG besteht darin, Art. 12 Abs. 1 GG als „**einheitliches Grundrecht**"[104] zu verstehen, dessen fragmentarische Regelung von Schutzbereich und Schranken in zwei Richtungen korrigiert wird:

676 Obwohl einerseits die **Berufsausübung nur negativ** hinsichtlich ihrer Schranken in Art. 12 Abs. 1 S. 2 GG erwähnt ist, erstreckt sich der Schutzbereich der Berufsfreiheit auch auf sie. Obwohl andererseits die **Berufswahl nur positiv** in Art. 12 Abs. 1 S. 1 GG erwähnt wird, erstreckt sich der Gesetzesvorbehalt auch auf diese. Gemäß der Wertung des Grundgesetzes, wonach die Berufsausübung eher einschränkbar ist als der Berufszugang, hat das BVerfG in die Schrankenregelung der Berufsfreiheit **verschiedene Stufen** eingebaut: Für die Berufsausübung bedarf es keiner Modifizierung der Schranken, weil für sie Art. 12 Abs. 1 S. 2 GG ausdrücklich gilt. Demgegenüber ist die

---

103 BVerfGE 7, 377, 400 ff. – Apotheken-Urteil.
104 BVerfGE 7, 377, 402 – Apotheken-Urteil.

Erstreckung des Art. 12 Abs. 1 S. 2 GG auf Beschränkungen des Berufszuganges nur unter qualifizierten Voraussetzungen statthaft.

Das BVerfG sah sich gezwungen, nunmehr richterrechtlich diese **qualifizierten Voraussetzungen für Regelungen des Berufszugangs** zu definieren. Dabei geht es um die Wertungsfrage, wie schwer Eingriffe in die Berufswahlfreiheit wiegen und wie gewichtig die Gründe für solche Einschränkungen sein müssen. Das BVerfG ist auf der Suche nach differenzierten Wertungskriterien noch einen Schritt weiter gegangen und hat eine **Stufung innerhalb der Berufswahlregelungen** entwickelt, so dass insgesamt folgende drei Stufen zu unterscheiden sind: 677

Erste Stufe: Am wenigsten schwer wiegen **Berufsausübungsregeln**, die unter Gesichtspunkten der Zweckmäßigkeit gerechtfertigt sind, d. h. wenn sie einem **Gemeinwohlbelang** in verhältnismäßiger Weise dienen. 678

Zweite Stufe: Mittelschwer wiegen sog. **Subjektive Schranken der Berufswahl**. Das sind Regelungen, die die Berufswahl von der persönlichen Qualifikation des Anwärters abhängig machen. Dazu gehören insbesondere solche Eigenschaften, die auf erworbenen Fähigkeiten und erbrachten Leistungen beruhen, aber auch naturgegebene, nicht beeinflussbare Eigenschaften wie das Alter. Solche Eingriffe sind nur gerechtfertigt, wenn sie dem Schutz **überragender Gemeinschaftsgüter** in verhältnismäßiger Weise dienen.[105] 679

Dritte Stufe: Die schwersten Eingriffe in die Berufsfreiheit sind solche, die die **Berufswahl objektiv beschränken**, d. h. mit Kriterien, die nicht von subjektiven Voraussetzungen abhängen. Solche Eingriffe sind nur gerechtfertigt, wenn sie zur „Abwehr nachweisbarer oder höchstwahrscheinlicher **schwerer Gefahren** für ein überragend wichtiges Gemeinschaftsgut"[106] zwingend geboten sind. Der Gesetzgeber hat aber auch hier einen Einschätzungsspielraum. Nicht zwingend wäre ein Eingriff insbesondere dann, wenn eine Regelung auf niedrigerer Stufe gleich effektiv wäre. 680

c) Lösung über das Prinzip der Verhältnismäßigkeit

Die „Drei-Stufen-Theorie" lässt sich heute als eine spezifische **Ausformung des allgemeinen Prinzips der Verhältnismäßigkeit** darstellen. Innerhalb der Prüfung der Verhältnismäßigkeit lassen sich v. a. auch unterschiedliche Gewichtungen sowohl der Schwere des Eingriffs als auch der damit verfolgten Belange berücksichtigen. 681

Vor allem zwei Gründe sprechen dafür, die Schrankendogmatik der Berufsfreiheit von der „Drei-Stufen-Theorie" zu lösen und aus dem Ansatz der Verhältnismäßigkeit zu entwickeln: 682

1. Das Prinzip der Verhältnismäßigkeit gilt allgemein. Eine dogmatisch verselbständigte Anwendung der „Drei-Stufen-Theorie" verdeckt, dass **alle Aspekte** der Prüfung der **Verhältnismäßigkeit stets zu prüfen** sind. Die „Stufen" der „Drei-Stufen-Theorie" ersetzen also die gestufte Prüfung der Verhältnismäßigkeit nicht, sondern sind ihr gegebenenfalls vorgelagert, machen aber die Prüfung unübersichtlich, wenn beides nacheinander geprüft wird.

---

[105] Das BVerfG spricht mal von „wichtigen" (BVerfGE 19, 330, 337), mal von „besonders wichtigen" bzw. „überragenden" Gemeinschaftsgütern (so bereits synonym im Apotheken-Urteil: BVerfGE 7, 377, 405). In *dieser* Hinsicht wird auch kein Unterschied zu obj. Berufswahlregelungen greifbar.
[106] BVerfGE 7, 377, 408 – Apotheken-Urteil; stRspr: vgl. BVerfGE 75, 284, 296.

2. Die „Drei-Stufen-Theorie" ist auf **bestimmte Kriterien fixiert**, die nicht nur als Wertungsgesichtspunkte, sondern als Weichenstellungen wirken. Sie verdeckt, dass es auch andere Wertungsgesichtspunkte gibt, die sich durchaus typisieren ließen: z. B. die Dauer des Eingriffs, die subjektive Beeinflussbarkeit, Aspekte des Vertrauensschutzes bei der beruflichen Lebensplanung, die Möglichkeit auf vergleichbare Tätigkeiten auszuweichen und die Gemeinschaftsnützlichkeit einer Tätigkeit. Deshalb ist die Rechtsprechung gezwungen, die „Drei-Stufen-Theorie" in zwei Richtungen zu modifizieren: Sie macht **Ausnahmen** in der Zuordnung der Stufen in atypischen Fällen[107] und prüft auch auf der untersten Stufe die Verhältnismäßigkeit gegebenenfalls sehr streng.[108] Die Stufen sind heute nur noch Indizien für das letztlich entscheidende Gewicht des Eingriffs. Ein geringfügiger Eingriff in die Berufswahlfreiheit wird wie ein Eingriff auf der ersten Stufe behandelt.[109] Demgegenüber ist ein Ansatz, der von vornherein von der **Struktur der Prüfung der Verhältnismäßigkeit** ausgeht, **flexibel**. Er lässt sich als abgestuftes Schutzkonzept im Rahmen der Abwägung rekonstruieren (→ Rn. 624).

683 Dennoch hat die Rechtsprechung bis heute an ihrem gestuften Ansatz grundsätzlich festgehalten. Der Rechtsprechung ist zugute zu halten, dass sie vermeidet, den **besonderen Schutz der Berufsfreiheit** gegenüber der allgemeinen Handlungsfreiheit verschwimmen zu lassen. Dieses Ziel lässt sich aber mit einem dritten Ansatz noch besser verfolgen:

d) Verfassungsimmanente Schranken der Berufswahl

684 Die Erstreckung des in Art. 12 Abs. 1 S. 2 GG normierten Schrankenvorbehaltes auf die Berufswahlregelungen hat das BVerfG 1958 aus der „Not" geboren, die Berufswahl könne nicht gänzlich schrankenlos gewährleistet werden. Zwei Gründe sprechen dafür, diese grundsätzliche Weichenstellung zu revidieren:[110]

1. Das Problem vorbehaltloser Grundrechte lässt sich auch mit Verweis auf „kollidierende Grundrechte Dritter und andere mit Verfassungsrang ausgestattete Rechtswerte" lösen, was das BVerfG[111] erst 1970 „mit Rücksicht auf die Einheit der Verfassung" als Grenze des Kriegsdienstverweigerungsrechts entwickelt hat (→ Rn. 711 ff.). Die „Drei-Stufen-Theorie" wäre uns vielleicht „erspart geblieben", wenn diese Entscheidungen in anderer Reihenfolge gefallen wären.

2. Eine Lösung über verfassungsimmanente Schranken ist näher am Wortlaut des Grundgesetzes, weil sie einerseits eine analoge Anwendung des Art. 12 Abs. 1 S. 2 GG überflüssig macht und andererseits die Kriterien für die strengen Grenzen der Berufswahlfreiheit aus anderen Verfassungsnormen ableitet.

HINWEIS ZUR PRAKTISCHEN HANDHABUNG: Der Unterschied ist im Ergebnis in den Fällen irrelevant, in denen überragend wichtige Gemeinschaftsgüter i. S. d. „Stufentheorie" von der Rechtsprechung auch als Verfassungsgüter anerkannt werden: Das gilt jedenfalls für

---

[107] BVerfGE 102, 197, 215 – Spielbankengesetz Baden-Württemberg: objektive Berufswahlregelungen werden in atypischen Fällen sozial unerwünschter Tätigkeiten wie subjektive Berufswahlregelungen behandelt.
[108] BVerfGE 33, 125, 161 – Facharzt; dabei entscheidet der personale Bezug über die Schutzintensität: BVerfGE 50, 290, 346 f. – Mitbestimmung.
[109] BVerfGE 141, 121,132 f.– Insolvenzverwalter.
[110] *Lücke*, Die Berufsfreiheit, 1994, S. 30 f. fordert, Berufswahlregelungen an verfassungsimmanenten Schranken zu messen.
[111] BVerfGE 28, 243, 260 f. – Dienstpflichtverweigerung.

§ 23 Verhältnismäßigkeit bei qualifizierten Gesetzesvorbehalten

die Gesundheitsversorgung[112] und die Sicherung der Volksernährung.[113] Zweifel wären insoweit aber beim Schutz der Erhaltung der finanziellen Stabilität und Funktionsfähigkeit der gesetzlichen Krankenversicherung[114] oder des Leistungsstandes und der Leistungsfähigkeit des Handwerks und der Sicherung des Nachwuchses für die gesamte gewerbliche Wirtschaft[115] sowie bei dem Argument der Vermeidung von Arbeitslosigkeit und Arbeitskräftemangel[116] angebracht. Die Rechtsprechung belässt dem Gesetzgeber Spielräume bei der Bestimmung von Gemeinschaftsgütern.

e) Gestufte Prüfung der Verhältnismäßigkeit im deutschen und europäischen Verfassungsrecht

HINWEISE ZUM VERSTÄNDNIS FÜR FORTGESCHRITTENE: Neben den zwei bzw. drei Stufen innerhalb der Schranken des Art. 12 Abs. 1 GG existiert eine **weitere Abstufung** zum Schutz derjenigen Aspekte der Wirtschaftsfreiheit, die nicht vom Schutzbereich der Berufsfreiheit, sondern nur von der **allgemeinen Handlungsfreiheit des Art. 2 Abs. 1 GG als Auffanggrundrecht** erfasst werden. Das betrifft Aspekte der Vertrags- und Wettbewerbsfreiheit. Diese unterliegen der Schrankentrias (→ Rn. 636 f.). Das hat im Ergebnis immerhin dahin gehend graduelle Auswirkungen, dass nämlich an die Bestimmtheit derartiger Gesetze weniger strenge Anforderungen zu stellen sind und dass Eingriffe im Rahmen der Verhältnismäßigkeit i. e. S. noch weniger schwer wiegen als Berufsausübungsregelungen.

685

Eine **Stufung in der Intensität** des Schutzes der wirtschaftlichen Grundrechte findet sich auch im **Europäischen Verfassungsrecht**: Zwar versteht die Rechtsprechung des EuGH die Berufsfreiheit weiter, nämlich einschließlich der Vertrags- und Wettbewerbsfreiheit, die nach deutscher Grundrechtsdogmatik nicht Art. 12 Abs. 1 GG, sondern Art. 2 Abs. 1 GG zugeordnet werden (→ Rn. 442). Das schließt aber eine unterschiedliche Intensität des Schutzes im Rahmen der Verhältnismäßigkeit nicht aus, was sich nunmehr auch in einer Aufspaltung in die drei Grundrechte der Bildungs-, der Berufs- und der Unternehmensfreiheit in Art. 14 bis 16 GRCh niederschlägt. Letztere ist schwächer geschützt, indem sie – neben den allgemeinen Schranken des Art. 52 GRCh – einem unionsrechtlichen und mitgliedstaatlichen Ausgestaltungsvorbehalt unterworfen wird. Wenn das deutsche Verfassungsrecht hier außerdem weitergehenden Schutz für die spezifisch persönlichkeitsbezogenen Aspekte der Berufsfreiheit einräumt, entspricht das einer guten Verfassungstradition, für deren Relativierung kein Anlass besteht.

686

f) Konsequenzen

Aus der nach wie vor verworrenen Dogmatik der Schranken der Berufsfreiheit sind folgende Konsequenzen zu ziehen:

687

1. Die Drei-Stufen-Theorie ist mit dem BVerfG **zu modifizieren** und keineswegs starr zu handhaben. Auch andere Kriterien als die der subjektiven bzw. objektiven Berufswahl sind in die Wertung einzubeziehen. Im Zweifel kann die Zuordnung zu den Stufen sogar dahinstehen, wenn im Ergebnis eine strenge Verhältnismäßigkeit geboten

---

112 Als wichtiges Gemeinschaftsgut: BVerfGE 7, 377, 414 – Apotheken-Urteil; als Verfassungsbelang: BVerfGE 57, 70, 99.
113 BVerfGE 25, 1, 16; BVerfGE 39, 210, 230.
114 Als überragend wichtiger Gemeinschaftsbelang: BVerfGE 103, 172, 184 – Altersgrenze für Kassenärzte.
115 BVerfGE 13, 97, 106 ff. – Handwerksordnung.
116 BVerfGE 21, 245, 251 – Führungskräfte der Wirtschaft.

ist.[117] Letztlich kommt es auf die „Intensität des jeweiligen Eingriffs"[118] und das Vorliegen eines „entsprechend wichtigen Gemeinschaftsgutes"[119] an.

2. Damit läuft es im Ergebnis auf eine **Prüfung der Verhältnismäßigkeit** hinaus, die jedoch bei der Frage der Legitimität des Ziels stufenweise berücksichtigen sollte, dass Berufswahlregelungen nicht mit jedem Gemeinwohlbelang zu rechtfertigen sind.

3. Die Bestimmung sogenannter „überragender Gemeinschaftsgüter" sollte auf **Rechtsgüter mit Verfassungsrang** begrenzt werden. Wenn die Rechtsprechung an objektive Berufszulassungsbeschränkungen Anforderungen stellt, die noch über die verfassungsimmanenten Schranken hinausgehen, ist daran aber festzuhalten.

HINWEIS FÜR DIE FALLBEARBEITUNG: Für das Gutachten ergibt sich daraus folgender **Aufbau:** Das „Gerüst" liefert die Prüfungsreihenfolge der Verhältnismäßigkeit. Bei der Frage des legitimen Zwecks der Einschränkung der Berufsfreiheit sind die drei verschiedenen Lösungsansätze vorzustellen (Stufentheorie/Verhältnismäßigkeit für alle Beschränkungen der Berufsfreiheit/verfassungsimmanente Schranken für Berufswahlregelungen) und nur dann auszudiskutieren, soweit sich Unterschiede ergeben, was selten der Fall sein wird.

10. Schranken der Unverletzlichkeit der Wohnung

688 Die materiellen Voraussetzungen eines Eingriffs in Art. 13 GG folgen einer **gestuften Schrankensystematik**. Dabei ist zwischen den einzelnen Absätzen des Art. 13 GG zu unterscheiden. Diese normieren die verschiedenen **Mittel des Eingriffs:** Die Durchsuchung, den großen und den kleinen Lauschangriff sowie sonstige Eingriffe. Weil dies Konsequenzen bereits für die formellen Fragen der Richtervorbehalte hat, wurden diese Unterscheidungen bereits oben erörtert (→ Rn. 595 ff.). Dieselben Unterscheidungen sind auch von Bedeutung für die materielle Rechtfertigung. Vor allem regeln diese speziellen Schranken verfassungsrechtliche Beschränkungen der legitimen Zwecke, die als Vorfrage im Rahmen der Verhältnismäßigkeit zu prüfen sind.

689 Dabei ist folgende Systematik zu beachten, die sich am besten **ausgehend von Art. 13 Abs. 7 GG** erschließt. Art. 13 Abs. 7 GG ist innerhalb des Art. 13 GG die Auffangregel für sonstige Eingriffe und Beschränkungen, die nicht in Art. 13 Abs. 2 bis Abs. 6 GG speziell geregelt sind. Art. 13 Abs. 7 GG regelt **bestimmte präventive Zwecke,** die solche Eingriffe rechtfertigen können. Das ist zum einen die Gefahrenabwehr (bezogen auf gemeine Gefahren und Lebensgefahren) und zum anderen die Gefahrverhütung (bezogen auf dringende Gefahren für die öffentliche Sicherheit und Ordnung), insbesondere in Fällen der Raumnot, der Seuchengefahr und der Jugendgefährdung (zu den Fragen der Anwendbarkeit bei der Betretung von Geschäftsräumen → Rn. 369 f.).

Das gilt nach **Art. 13 Abs. 4 GG** auch und insbesondere für die Lauschangriffe, die zusätzlich unter einem Richtervorbehalt stehen. **Präventive Lauschangriffe** sind danach überhaupt nicht zur Verhütung, also nicht im Vorsorgebereich zulässig, sondern nur zur Abwehr dringender Gefahren. Einen Spezialfall der Gefahrenabwehr für Ermittler stellt der kleine Lauschangriff i. S. d. Art. 13 Abs. 5 GG dar.

690 **Art. 13 Abs. 3 GG** ermöglicht den Lauschangriff auch **zu repressiven** Zwecken. Dabei darf es aber nur um die Verfolgung besonders schwerer Straftaten gehen, die im Gesetz

---

117 BVerfGE 33, 125, 161 – Facharzt.
118 BVerfGE 95, 193, 214 – DDR-Hochschullehrer; BVerfGE 102, 197, 213 – Spielbankengesetz Baden-Württemberg.
119 BVerfGE 85, 360, 373 – Akademie-Auflösung.

einzeln zu bestimmen sind. Neben der Benennung legitimer Zwecke verschärft Art. 13 Abs. 3 GG auch die Erforderlichkeitsprüfung: Danach darf der große Lauschangriff nicht schon dann eingesetzt werden, wenn alternative Mittel weniger effektiv erscheinen. Vielmehr ist zu prüfen, ob alternative Mittel aussichtslos wären oder jedenfalls die Erforschung des Sachverhaltes anderenfalls unverhältnismäßig (also nicht nur geringfügig!) erschwert würde. Die Befristung des Lauschangriffs nach Art. 13 Abs. 3 S. 2 GG formalisiert die – ohnehin gebotene – Überprüfung, ob die Maßnahme auch zu jeder Zeit den gesetzlichen Voraussetzungen einschließlich der Verhältnismäßigkeit entspricht.

Darüber hinaus hat die Rechtsprechung für Lauschangriffe noch eine weitere Grenze der Verhältnismäßigkeit entwickelt: Gerade in der (vermeintlich) geschützten Sphäre der Privatwohnung werden auch **höchstpersönliche private Gespräche** geführt. Sobald Derartiges belauscht wird, ist der Lauschangriff sofort zu unterbrechen, Aufzeichnungen sind unverzüglich zu löschen und das (für Momente) unzulässige Abhören ist aktenkundig zu machen.[120] Dem ist im Ergebnis zuzustimmen. Es handelt sich um Gebote der Verhältnismäßigkeit. Die Begründung des BVerfG mit der Menschenwürde ist unnötig und hat zur Folge, dass jedenfalls geringfügige, kurzfristige bzw. punktuelle Verletzungen der Menschenwürde hingenommen werden. Eine Begründung über den Grundsatz der Verhältnismäßigkeit ermöglicht es, derartige Eingriffe auf das im Rahmen des Lauschangriffs Unvermeidliche zu beschränken, ohne dafür die Absolutheit des Art. 1 Abs. 1 GG zu bemühen.

691

Keine materiellen Voraussetzungen nennt **Art. 13 Abs. 2 GG** für Wohnungsdurchsuchungen. Da es sich um schwere und gegenüber Art. 13 Abs. 7 GG qualifizierte Eingriffe handelt, sind auch hier hohe Anforderungen an die Verhältnismäßigkeit zu stellen, auch wenn die Zwecke nicht explizit benannt werden und Art. 13 Abs. 7 GG nicht – auch nicht analog – gilt.[121]

692

11. Schrankensystematik der Eigentumsfreiheit

▶ **FALL 28:** Der Bundestag novelliert das Atomgesetz und legt fest, dass erteilte Betriebsgenehmigungen für Atomkraftwerke ein Jahr nach Inkrafttreten der Novelle auslaufen und nicht verlängert werden können. Der Betrieb von Atomkraftwerken muss danach eingestellt werden. ◀

a) Überblick und Entwicklung der Unterscheidung dreier Eingriffsarten

Zu den Schranken des Eigentums enthält das Grundgesetz verschiedene Regelungen, deren Zusammenhang nicht leicht zu erschließen ist: Art. 14 Abs. 1 S. 2, Abs. 2, Abs. 3 und Art. 15 GG. Es ist zwischen **drei Arten von Eingriffen** in das Eigentum zu unterscheiden, nämlich zwischen Enteignungen (Art. 14 Abs. 3 GG), Inhalts- und Schrankenbestimmungen (Art. 14 Abs. 1 S. 2 GG) sowie sonstigen Eingriffen. Art. 14 Abs. 2 GG ist innerhalb der Prüfung der Verhältnismäßigkeit zu beachten und Art. 15 GG entfaltet keine praktische Bedeutung. Die Abgrenzung zwischen Art. 14 Abs. 3 GG und Art. 14 Abs. 1 S. 2 GG stellt hingegen Weichen für die Prüfung der Rechtfertigung. Ob eine Enteignung i. S. d. Art. 14 Abs. 3 GG vorliegt, ist vorrangig zu prüfen, weil es sich um einen qualifizierten Eingriff mit besonderen Voraussetzungen handelt. An das

693

---

120 BVerfGE 109, 279, 332 f. – Großer Lauschangriff.
121 BVerfGE 57, 346, 355 – Zwangsvollstreckung II.

Vorliegen einer Enteignung knüpfen sich sodann spezielle Rechtsfolgen, insbesondere die Entschädigungspflicht und die spezielle Rechtsweggarantie.

694 Nach der **neueren Rechtsprechung**[122] sind Enteignungen ein begrifflich zu unterscheidender Sonderfall eines Eingriffs, nämlich die vollständige oder teilweise Entziehung konkreter Eigentumspositionen, die auf die Erfüllung öffentlicher Aufgaben zielt. Dieser streng formale Enteignungsbegriff hat die **früher herrschende Ansicht**[123] abgelöst, wonach Enteignungen besonders schwerwiegende Eingriffe in das Eigentum sein sollten, also nicht formal begrifflich, sondern quantitativ zu unterscheiden waren. Die ältere Auffassung hatte zur Folge, dass Gerichte über das Ob und die Höhe einer Entschädigung relativ flexibel im Einzelfall entscheiden konnten und die Betroffenen nicht selten sogleich auf Entschädigung vor den ordentlichen Gerichten klagten, ohne die vorrangige Frage des Vorliegens und der Rechtmäßigkeit der Enteignung vor den Verwaltungsgerichten klären zu lassen. Diese Möglichkeit des „Dulde und Liquidiere" hatte zwar für manchen Betroffenen gewisse Vorteile und bot Raum für Einzelfallgerechtigkeit, legte aber die finanziellen Folgen staatlichen Handelns in großem Ausmaß in die Hand der ordentlichen Gerichte. Dies widerspricht aber nicht nur dem grundrechtlichen Vorbehalt des Gesetzes, sondern auch dem parlamentarischen Haushaltsvorbehalt. Für Enteignungen regelt Art. 14 Abs. 3 S. 2 GG sogar ausdrücklich, dass die Entschädigung für Enteignungen in demselben Gesetz wie die Enteignung selbst geregelt sein muss (sogenannte **Junktimklausel**). Dies soll nicht zuletzt auch den Gesetzgeber gegebenenfalls vor den fiskalischen Folgen einer Regelung warnen. Deshalb sind Enteignungen auf den Sonderfall des gezielten Eigentumsentzugs begrenzt, über dessen tatsächliche und finanzielle Folgen sich der Gesetzgeber im Klaren war. Inhalts- und Schrankenbestimmungen sind demgegenüber die Regeln, mit denen der Gesetzgeber das Eigentum als solches unberührt lässt, dieses aber näher ausgestaltet.

695 Schließlich bedarf es daneben noch einer dritten Kategorie **sonstiger Eingriffe**, die beim Vollzug und bei der Anwendung des Rechts gegebenenfalls vor allem die Nutzbarkeit des Eigentums schwerwiegend beschränken.[124] Soweit es sich dabei um unbeabsichtigte Nebenfolgen staatlicher Maßnahmen handelt, kann der Gesetzgeber weder deren Voraussetzungen, noch deren Entschädigung regeln. Deshalb bleibt in diesen Fällen Raum für die Gerichte, um Einzelfallgerechtigkeit herzustellen und Sonderopfer gegebenenfalls auch durch den gewohnheitsrechtlichen Aufopferungsanspruch finanziell auszugleichen. Der Gesetzesvorbehalt soll hier nicht weiter reichen als die Vorhersehbarkeit staatlichen Handelns.

HINWEIS FÜR DIE FALLBEARBEITUNG: Die Unterscheidung zwischen diesen verschiedenen Arten des Eingriffs sollte bereits auf der zweiten Stufe der Grundrechtsprüfung, also beim Eingriff, wenigstens erwähnt werden. Freilich ist die Abgrenzung für die Frage der Zurechnung nicht zwingend erforderlich, kann also bei der Frage des Eingriffs noch offen bleiben und erst bei der Rechtfertigung erfolgen. Enteignungen stellen immer klassische Eingriffe dar, auch Inhalts- und Schrankenbestimmungen sind regelmäßig Eingriffe. Auch eine gesetzliche Grundrechtsausgestaltung ist dem Staat gegebenenfalls unproblematisch zuzurechnen. Sonstige administrative, insbesondere enteignende Eingriffe sind hingegen oft keine klassischen Eingriffe, so dass auf der zweiten Stufe ein faktischer Eingriff (→ Rn. 493 ff.) zu prüfen ist.

---

122 BVerfGE 58, 300, 330 ff. – Nassauskiesung.
123 BVerwGE 5, 143, 145; BVerwGE 15, 1: „Schweretheorie".
124 Zur Abgrenzung von der Enteignung vgl. *Wieland* in: Dreier, GG, Bd. 1, 3. Aufl., zu Art. 14 Rn. 99.

b) Enteignungen

Begrifflich liegt eine Enteignung im technischen Sinne nur vor, wenn vier Voraussetzungen erfüllt sind:

Erstens muss bei der Enteignung eine **konkret-individuelle Rechtsposition** betroffen sein, während Inhalts- und Schrankenbestimmungen abstrakt-generelle Regelungen sind.

Zweitens muss diese Rechtsposition durch den Staat ganz oder teilweise **entzogen** werden, was voraussetzt, dass sie verselbstständigungsfähig ist. Enteignungen sind direkte Eingriffe in das Eigentum.

Drittens muss die Enteignung nach Art. 14 Abs. 3 GG dem Gemeinwohl dienen und nach der Rechtsprechung **auf die Erfüllung öffentlicher Aufgaben gerichtet** sein. Dem steht nicht entgegen, dass öffentliche Aufgaben gegebenenfalls durch Private erfüllt werden, wenn also z. B. Grundstücke zum Ausbau einer privatisierten Bahnstrecke enteignet werden. Keine Enteignung sind deshalb aber z. B. die rein privatnützige Zwangsversteigerung oder die Einziehung einer Geldstrafe, die der Sanktion dient und nicht primär der Förderung eines bestimmten Gemeinwohlzweckes. Ob aber die Enteignung tatsächlich durch Gemeinwohlzwecke gedeckt ist, ist keine begriffliche Voraussetzung, sondern eine Frage der Rechtfertigung.

Viertens muss eine Enteignung i. S. d. Art. 14 Abs. 3 GG auf **Güterbeschaffung** (zugunsten des Staates oder eines Dritten) gerichtet sein.[125] Dem funktionell weit verstandenen Eigentumsbegriff steht somit ein formal enger Enteignungsbegriff gegenüber. Wird eine konkrete Eigentumsposition entzogen, ohne dass dies der Güterbeschaffung dient, dann liegt eine Inhalts- und Schrankenbestimmung vor, deren Verhältnismäßigkeit regelmäßig die Regelung einer Ausgleichspflicht voraussetzt.[126]

Enteignungen können in **zwei Formen** erfolgen: Bei der **Administrativenteignung** erfolgt der Eingriff durch die Verwaltung „auf Grund" eines Gesetzes, das die Enteignungsvoraussetzungen und die Entschädigung abstrakt regelt. Die **Legislativenteignung** erfolgt hingegen unmittelbar „durch" Gesetz. Das hat Auswirkungen für die **formelle Rechtfertigung** von Enteignungen:

Erstens ist eine **gesetzliche Grundlage** gefordert. Art. 14 Abs. 3 S. 2 GG lässt die Administrativenteignung und Legislativenteignung als zwei alternative Formen ausdrücklich zu und nennt letztere sogar an erster Stelle. Jedoch muss die Administrativenteignung die Regel und die **Legislativenteignung der Ausnahmefall** bleiben. Legislativenteignungen sind nur zulässig, wenn für diesen Weg besondere Gründe sprechen. Denn bei der Legislativenteignung entscheidet der Gesetzgeber – jenseits seiner üblichen Gewaltenfunktion – über konkrete Einzelfälle. Das ist nicht nur vor dem staatsorganisationsrechtlichen Grundsatz der Gewaltenteilung zu rechtfertigen, sondern verkürzt auch den Rechtsschutz des Bürgers, weil dieser gegen solche Einzelakte wegen deren Gesetzesform nicht vor den Verwaltungsgerichten klagen kann, sondern sich gegen sie allenfalls mit einer Verfassungsbeschwerde vor dem BVerfG wehren kann. Art. 14 Abs. 3 S. 2 GG ist insofern im Lichte des Verbotes des Einzelfallgesetzes nach Art. 19

---

125 So der klassische Enteignungsbegriff, dem sich die jüngste Rechtsprechung anschließt: BVerfGE 143, 246, 333 f. – Beschleunigung des Atomausstiegs m. w. N. zur uneinheitlichen älteren Rechtsprechung.
126 BVerfGE 143, 246, 338 f. – Beschleunigung des Atomausstiegs.

Abs. 1 S. 1 GG und der Rechtsschutzgarantie des Art. 19 Abs. 4 GG zu interpretieren (→ Rn. 587 ff. und Rn. 878 ff.).

699 Zweitens muss nach der **Junktimklausel** des Art. 14 Abs. 3 S. 2 GG die Entschädigung in demselben Gesetz geregelt sein wie die Enteignung selbst. Eine Enteignung ist ansonsten formell verfassungswidrig, und im Falle einer Klage gegen eine Administrativenteignung müsste das Verwaltungsgericht das entsprechende Gesetz dem BVerfG nach Art. 100 Abs. 1 GG zur Nichtigerklärung vorlegen. Im Falle einer Legislativenteignung könnte das BVerfG das Gesetz im Verfahren der Verfassungsbeschwerde für nichtig erklären. Weil die Junktimklausel den Gesetzgeber vor den finanziellen Folgen der Enteignung warnen soll, ist der Verstoß gegen diese Vorschrift nicht heilbar.

700 Die **materielle Rechtfertigung** knüpft daran an, dass die Enteignung nach Art. 14 Abs. 3 S. 1 GG dem Wohl der Allgemeinheit zu dienen hat. Dabei ist primär die **Bestandsgarantie** zu prüfen, d. h. die Frage, ob die Enteignung überhaupt verfassungsmäßig ist. Bereits bei der Prüfung der begrifflichen Voraussetzung der Enteignung scheiden solche Eingriffe aus, die gar nicht darauf gerichtet sind, das enteignete Eigentum gemeinwohldienlich zu verwenden. Auf der Ebene der Rechtfertigung ist nunmehr die Verhältnismäßigkeit zu prüfen, d. h. ob die Enteignung insoweit auch geeignet, erforderlich und angemessen ist. An der Geeignetheit scheitert eine Enteignung, deren Zweck später entfällt.[127] Bei der Enteignung von Grundstücken ist im Rahmen der Erforderlichkeit insbesondere zu prüfen, ob sich der Enteignungszweck ebenso gut auf öffentlichem Grund verwirklichen ließe. Im Rahmen der Angemessenheit ist freilich zu berücksichtigen, dass der rein wirtschaftliche Verlust für den Betroffenen durch die Entschädigung abgemildert wird.

701 Wenn die Enteignung als solche verfassungsrechtlich gerechtfertigt ist, ist die **Wertgarantie** zu prüfen, für die Art. 14 Abs. 3 S. 4 GG eine **spezielle Rechtsweggarantie** regelt. Es handelt sich dabei nicht um Schadens-, sondern um Wertersatz. Der Wert richtet sich nicht ausschließlich nach dem Sachwert des Eigentums, sondern ist situativ unter gerechter Abwägung der Interessen aufseiten der Allgemeinheit und der Beteiligten zu ermitteln. Die Entschädigungshöhe muss einen bloß nominellen Ausgleich überschreiten, braucht aber andererseits auch nicht den vollen Verkehrswert zu erreichen. Die Entschädigung wird sich umso mehr dem Verkehrswert annähern, je mehr der Erwerb des Eigentums auf Eigenleistung beruht und als materielle Lebensgrundlage dient. Die von Art. 14 Abs. 3 S. 3 GG ausdrücklich geforderte Gewichtung der Interessen der Allgemeinheit wird nur im Ausnahmefall relevant: Es wäre kaum praktikabel, die Höhe der Entschädigung danach zu bemessen, ob z. B. die zu bauende Autobahn mehr oder weniger wichtig erscheint. Zweifel an der Legitimität des Zweckes würden gegebenenfalls die Verhältnismäßigkeit der Enteignung als solche in Frage stellen. Ebenso wenig sollten fiskalische Gesichtspunkte allgemein Berücksichtigung finden. Das Verfassungsrecht belohnt defizitäre Haushaltspolitik nicht in der Weise, dass der Staat umso billiger enteignen dürfte, je schlechter es um seine Finanzen steht. Allerdings sollen Enteignungen für extrem wichtige Gemeinwohlbelange, z. B. den Hochwasserschutz, im Falle einer Haushaltsnotlage nicht unmöglich werden.[128]

---

[127] In solchen Fällen besteht ein verfassungsrechtlicher Rückübertragungsanspruch: BVerfGE 38, 175, 181 – Rückenteignung.
[128] Str.; wie hier: *Wieland* in: Dreier, GG, Bd. 1, 3. Aufl., zu Art. 14 Rn. 136 m. w. N.

c) Inhalts- und Schrankenbestimmungen des Gesetzgebers

Um die Schrankenregelung des Art. 14 Abs. 1 S. 2 GG zu verstehen, muss man sich vergegenwärtigen, dass es keineswegs selbstverständlich ist, dass durch Inhaltsregelungen überhaupt in den Schutzbereich eingegriffen wird. Inhalts- und Schrankenbestimmungen führen – anders als die Enteignung – nicht notwendig zu einem Eingriff in das Eigentum. Ein zu rechtfertigender Eingriff liegt nämlich nur dann vor, wenn der verfassungsrechtlich gewährleistete Schutzbereich **beeinträchtigt** wird, wenn also der Gesetzgeber durch seine Regelung das verkürzt bzw. hinter dem zurückbleibt, was durch Art. 14 Abs. 1 GG „an sich" geschützt wird. Selbst wenn der Inhalt des Eigentumsschutzes primär von der Rechtsordnung geprägt ist, schließt das nicht aus, auch Inhaltsbestimmungen an Art. 14 Abs. 1 GG zu messen. Dabei handelt es sich um eine echte Verfassungsbindung und nicht etwa um eine Bindung an bereits geltendes einfaches Recht. Ein Eingriff in Art. 14 Abs. 1 GG liegt deshalb sowohl dann vor, wenn der Gesetzgeber eine einmal anerkannte Position einschränkt, als auch dann, wenn eine zwar völlig neuartige Rechtsposition (z. B. des geistigen Eigentums oder eines Wertpapiers) erstmalig geschaffen wird, der Gesetzgeber diese aber nicht angemessen ausgestaltet. Denkbar sind, wie gezeigt, auch Verletzungen von Schutzpflichten durch Nichtregelung. Dabei ist nicht zwischen Inhalts- und Schrankenbestimmung zu unterscheiden.

Inhalts- und Schrankenbestimmungen unterliegen dem Vorbehalt des Gesetzes und sind auf ihre Verhältnismäßigkeit zu überprüfen. Im Rahmen der Verhältnismäßigkeit sind die **Funktionen des Eigentums** zu berücksichtigen. Die Prüfung ist umso strenger, je mehr z. B. der Erwerb des betroffenen Eigentums auf Eigenleistung beruht bzw. der Existenzsicherung dient. Das Schutzniveau ist gestuft zwischen Eigentum mit einem lediglich „sozialen" Bezug und Eigentum mit einem auch „personalen Bezug"[129]. Ein besonderes Gewicht hat auch der Vertrauensschutz zugunsten getätigter Investitionen. Der Schutz des Eigentums ist wegen seiner Sozialbindung, die Art. 14 Abs. 2 GG ja ausdrücklich hervorhebt, umso schwächer, je mehr das Eigentum auch Rechtspositionen Dritter berührt, wie z. B. das Eigentum an einem Unternehmen, das durch Arbeitnehmerinteressen relativiert wird.[130]

Die Kasuistik zu Art. 14 GG hat neben diesen Gesichtspunkten auch bestimmte **Regelungstypen** hervorgebracht, die dem gerecht werden: Im Rahmen der Verhältnismäßigkeit i. e. S. ist insbesondere zu prüfen, ob der Gedanke der Zumutbarkeit es gebietet, bestimmte **Ausnahme- und Härtefälle** zu regeln. Im Interesse des Vertrauensschutzes können **Übergangsregelungen** geboten sein. Die rein wirtschaftliche Belastung einer Regelung kann der Gesetzgeber auch dadurch abmildern, dass er einen finanziellen Ausgleich schafft.

Derartige Entschädigungsregelungen können aus Gründen der Zumutbarkeit sogar verfassungsrechtlich geboten sein (sogenannte „ausgleichspflichtige Inhalts- und Schrankenbestimmungen"). Das ist dann der Fall, wenn die Sozialbindung des Eigentums zwar der Sache nach wegen besonders gewichtiger Gründe des Gemeinwohls auch einen schweren Eingriff rechtfertigt, der damit verbundene Vermögensnachteil aber die Sozialpflichtigkeit des Einzelnen übersteigt[131] und anderenfalls das Gebot

---

[129] Z. B. Rentenanwartschaften BVerfGE 53, 257, 292 – Versorgungsausgleich I.
[130] BVerfGE 50, 290, 339 ff. – Mitbestimmung.
[131] *Wendt* in: Sachs, GG, 9. Aufl., zu Art. 14 Rn. 83.

der Lastengleichheit verletzt wäre. Die Bedeutung ausgleichspflichtiger Inhalts- und Schrankenbestimmungen nimmt in der Praxis zu. Dabei sind allerdings zwei Grenzen zu beachten: Erstens gilt auch für Art. 14 Abs. 1 S. 2 GG der grundsätzliche Vorrang des Bestandsschutzes vor der Wertgarantie. Finanzieller Ausgleich darf deshalb nur bei erforderlichen Eingriffen in den Eigentumsbestand, d. h. auf der Stufe der Verhältnismäßigkeit i. e. S. berücksichtigt werden und auch dort nur zum Ausgleich der rein wirtschaftlichen Interessen. Zweitens ist auch hier der Vorbehalt des Gesetzes zu beachten: Wenn der Gesetzgeber keine Entschädigung regelt, ist eine insoweit unzumutbare Regelung verfassungswidrig und nichtig und nicht durch richterrechtliche Entschädigungen zu „retten". Anderenfalls würde die Rechtsprechung des BVerfG zum formalen Enteignungsbegriff unterlaufen, die dem Prinzip des „Dulde und Liquidiere" ein Ende machen sollte. Weil Inhalts- und Schrankenbestimmungen abstrakt und generell gelten, muss das Parlament selbst die Verantwortung für die fiskalischen Folgen übernehmen. Umstritten ist dabei, wie bestimmt solche Regelungen sein müssen, v. a. ob es ausreicht, wenn der Gesetzgeber durch sogenannte „salvatorische Entschädigungsklauseln" die Exekutive ermächtigt, im Einzelfall eine Entschädigung zu gewähren.[132]

d) Sonstige Eingriffe durch Anwendungs- und Vollzugsakte

706 Konkretisierungen gesetzlicher Inhalts- und Schrankenbestimmungen können als belastende **Einzelakte** im Einzelfall in das Eigentum eingreifen. Das kann durch Verwaltungshandeln ebenso wie durch Gerichtsentscheidungen geschehen. Dabei kann es sich nicht nur um direkte Eingriffe handeln, z. B. bei einer Sanierungsverfügung oder denkmalschutzrechtlichen Auflage. Eigentumsbeschränkende Wirkungen können dem Staat auch als **faktische Eingriffe** zugerechnet werden. So ist z. B. der Fluglärm der zivilen Luftfahrt primär den privaten Fluggesellschaften zuzurechnen. Mittelbar ist jedoch auch der Staat verantwortlich, vermittelt durch die staatliche Genehmigung eines Flugplatzes nach den Maßstäben der von den Gesetzen gezogenen Zumutbarkeitsgrenze. Entsprach das Handeln des Staates ex ante betrachtet den Gesetzen und sind die Folgen unvermeidbar, spricht man von einem **„enteignenden Eingriff"**. Verstößt das Handeln des Staates hingegen gegen das Recht, spricht man von einem **„enteignungsgleichen Eingriff"**. In diesen Fällen muss Entschädigung geleistet werden. Die Konstruktion der verfassungsrechtlich gebotenen Entschädigungsansprüche ist umstritten und Sache des Staatshaftungsrechts.

Hinweis für die Fallbearbeitung: Der Begriff des enteignenden Eingriffs sollte als Typus des faktischen Eingriffs schon im Rahmen der Zurechnung eingeführt werden.

707 Auch sonstige Eingriffe in das Eigentum bedürfen nach der allgemeinen Lehre vom Vorbehalt des Gesetzes einer gesetzlichen Grundlage und müssen verhältnismäßig sein. Die dogmatische Besonderheit sonstiger Eingriffe liegt darin, dass für sie eigene, z. T. **gewohnheitsrechtliche Entschädigungsansprüche** gelten. Dies sind Aufopferungsansprüche bei „enteignenden", d. h. rechtmäßigen, bzw. „enteignungsgleichen", d. h. rechtswidrigen, Eingriffen. Eine Aufopferungsentschädigung beruht auf dem Gedanken, dass die allgemeine Sozialbindung des Eigentums Grenzen haben muss und außergewöhnliche Sonderbelastungen Einzelner wenigstens finanziell auszugleichen sind. Fraglich und umstritten ist, ob dadurch nicht die sonst für Entschädigungen gelten-

---

132 Krit. *Papier/Shirvani* in: Dürig/Herzog/Scholz, GG, 83. Lfg., zu Art. 14 Rn. 478 f.

den Grundsätze systemwidrig durchbrochen werden. Das Absehen vom fiskalischen Vorbehalt des Gesetzes lässt sich in diesen Ausnahmefällen zugunsten der Einzelfallgerechtigkeit rechtfertigen (s. o.). Der **Vorrang des Bestands- bzw. Primärrechtsschutzes** muss jedoch auch bei den sonstigen Eingriffen gelten. Das führt dazu, dass eine Entschädigung nur bei Eingriffen gewährt werden kann, die der Bürger nicht abwehren kann. Die Entschädigungspflicht bei enteignenden Eingriffen folgt regelmäßig daraus, dass es sich um unvermeidbare oder unvorhersehbare Nebenfolgen eines rechtmäßigen Handelns handelt. Bei enteignungsgleichen Eingriffen kommt Entschädigung hingegen nur in Betracht, wenn diese bereits vollzogen worden sind.

e) Institutsgarantie

Als letzte Grenze für alle Eingriffe in das Eigentum gilt über die Schranken-Schranke der Verhältnismäßigkeit hinaus die Institutsgarantie. Danach muss stets ein Grundbestand von Normen existieren, die die Privatnützigkeit und Verfügbarkeit des Eigentums regeln.

708

f) Vergesellschaftung nach Art. 15 GG

Die verfassungsrechtliche Option des Art. 15 GG würde es erlauben, Grund und Boden, Naturschätze und Produktionsmittel zu vergesellschaften, diese speziellen Güter also nicht nur im Einzelfall zu einem bestimmten Zweck, sondern generell zu enteignen. Es handelt sich um eine zusätzliche Schranke des Art. 14 GG, die jedoch nicht von praktischer Bedeutung ist und in der Geschichte des Grundgesetzes auch noch nie herangezogen wurde. Selbst die Maßnahmen nach der Finanzkrise 2008 zur Rettungsübernahme von systemrelevanten Banken durch den Staat sind nicht mit Art. 15 GG, sondern innerhalb des Art. 14 GG zu rechtfertigen.[133]

709

▶ **Zu Fall 28:** Wie eine nachträgliche Befristung von Betriebsgenehmigungen für Atomkraftwerke durch den Gesetzgeber eigentumsverfassungsrechtlich zu beurteilen ist, ist umstritten. Teils wird auf die faktische enteignende Wirkung abgestellt, da den Anlagenbetreibern nur eine Rechtshülle bleibe (sog. nudum ius) und eine Enteignung also trotz des Verbleibs der formalen Eigentumsposition bei den Betreibern bejaht. Ein Verbot der Atomkraft ist zwar zum Schutze der Umwelt und des Lebens und der Gesundheit grundsätzlich denkbar, die betroffenen Eigentümer wären aber nach Art. 14 Abs. 3 GG zu entschädigen. Auch wenn man am formalen Enteignungsbegriff festhält und eine Inhalts- und Schrankenbestimmung annimmt, bedürfte diese einer Ausgleichsregelung (sog. Ausgleichspflichtige Inhaltsbestimmung). ◀

---

133 *D. A. Bauer*, DÖV 2010, 20; *Hummel*, JuS 2008, 1075.

Wiederholungs- und Verständnisfragen

> Welche Funktion nimmt die Schranke der „allgemeinen Gesetze" gegenüber den Schranken „persönliche Ehre" und „Jugendschutz" ein?
> Nennen und vergleichen Sie die Schranken der Grundrechte aus Art. 8, 9, 10 und 11 GG.
> Erklären Sie die sog. Drei-Stufen-Theorie und nennen Sie ihre spezifischen Rechtfertigungsvoraussetzungen.
> Erläutern Sie den Zusammenhang zwischen Verhältnismäßigkeitsprüfung und Drei-Stufen-Theorie. Vergleichen Sie die Dogmatik der Stufe der Berufswahl mit der der verfassungsimmanenten Schranken!
> Nennen Sie Eingriffs- und Ausgestaltungsmöglichkeiten des Eigentumsgrundrechts, wie sie sich aus dem Grundgesetz ergeben!
> Nennen Sie die Voraussetzungen einer Enteignung!
> Wodurch zeichnet sich eine Inhalts- und Schrankenbestimmung gegenüber einer Enteignung aus?
> Unter welchen Voraussetzungen ist eine Inhalts- und Schrankenbestimmung ausgleichspflichtig?
> Was versteht man unter der sog. „Junktimklausel" und welche Rechtsfolgen hat es, wenn ihr nicht entsprochen wird?
> Unterscheiden Sie die beiden verfassungsrechtlich vorgesehenen Formen der Enteignung und erläutern Sie das Regel-/Ausnahmeverhältnis, das zwischen ihnen besteht!

V. Praktische Konkordanz bei verfassungsimmanenten Schranken

▶ **FALL 29:** In seinem Roman „Das Ende" bezeichnet A jegliche Nutzung der Atomkraft als Menschheitsverbrechen. Der Romanheld verbrennt in der Eingangspassage die Bundesflagge und singt ein Lied, in dem er den Politiker B, der für die Stärkung der Kernenergie eintritt, namentlich als Faschisten beschimpft. Die Verbreitung des Romans wird verboten. ◀

710 Verfassungsimmanente Schranken sind **materielle Gegenpositionen** zu Grundrechten ohne Gesetzesvorbehalt. Kommt es zu Kollisionen zwischen vorbehaltlosen Grundrechten und verfassungsimmanenten Schranken, ist nach Lösungen zu fragen, die praktische Konkordanz herstellen. Das folgt aus dem **Prinzipiencharakter der Grundrechte** (→ Rn. 29 f.). Die erste Frage ist dabei, ob und warum auch Grundrechte ohne Gesetzesvorbehalt einschränkbar sind (dazu 1.). Daraus ist die zweite Frage zu entwickeln, unter welchen Voraussetzungen dies möglich sein soll (dazu 2.).

1. Die Anwendbarkeit verfassungsimmanenter Grundrechtsgrenzen

a) Grundrechte gänzlich ohne Gesetzesvorbehalt

711 Das Problem verfassungsimmanenter Grundrechtsgrenzen stellt sich vor allem bei den Grundrechten, die gänzlich **ohne Gesetzesvorbehalt** gewährleistet werden: Das sind insbesondere die Religions- und Gewissensfreiheit nach Art. 4 Abs. 1 GG,[134] die Kunst- und Wissenschaftsfreiheit nach Art. 5 Abs. 3 GG,[135] die Koalitionsfreiheit nach

---

[134] Z. B. BVerfGE 32, 98, 107 f. – Gesundbeter; BVerfGE 44, 37, 49 f.; BVerfGE 93, 1, 21 – Kruzifix.
[135] Z. B. BVerfGE 30, 173, 191 ff. – Mephisto; BVerfGE 47, 327, 368 f. – Hessisches Universitätsgesetz.

Art. 9 Abs. 3 GG,[136] aber auch das Petitionsrecht nach Art. 17 GG[137] und die Rechtsschutzgarantie nach Art. 19 Abs. 4 GG. Grundrechte ohne Gesetzesvorbehalt werden auch kurz als „vorbehaltlose Grundrechte" bezeichnet. Die **Einheit der Verfassung** gebietet es, keine verfassungsrechtliche Bestimmung isoliert zu betrachten. Das gilt auch für die vorbehaltlosen Grundrechte, die damit keineswegs absoluten Vorrang beanspruchen. Trotz der Vorbehaltlosigkeit ihrer Gewährleistung gelten auch vorbehaltlose Grundrechte **nicht schrankenlos**. Vielmehr sind auch die sogenannten „vorbehaltlosen Grundrechte" darauf angelegt, von Menschen in der sozialen Gemeinschaft wahrgenommen zu werden. Das kann zu Kollisionen mit Rechten Dritter und mit Gemeinschaftsinteressen führen. Diese sind mit der Rechtsprechung wie folgt aufzulösen: Vorbehaltlose Grundrechte finden ihre Schranken in den Grundrechten Dritter und in anderen mit Verfassungsrang ausgestatteten Rechtswerten. Dabei handelt es sich also um gegebenenfalls entgegenstehende Rechte aus der Verfassung selbst. Sie werden deshalb als **„verfassungsimmanente Schranken"** bezeichnet.

SYSTEMATISCHER HINWEIS FÜR DIE FALLBEARBEITUNG: Die Frage der Schranken vorbehaltloser Grundrechte stellt sich bereits bei der formellen Rechtfertigung eines Eingriffs (→ Rn. 553 ff.). Bereits an dieser Stelle ist auf den Grundsatz zu verweisen, dass auch vorbehaltlose Grundrechte nicht schrankenlos gelten. Im Rahmen der formellen Rechtfertigung ist auch zu erörtern, dass auch Eingriffe in vorbehaltlose Grundrechte einer gesetzlichen Grundlage bedürfen (→ Rn. 560). Der Grundsatz, dass die Schranken vorbehaltloser Grundrechte aus den Grundrechten Dritter sowie aus Belangen von Verfassungsrang (dazu im Einzelnen sogleich → Rn. 717 ff.) zu entwickeln sind, ist im Rahmen der Verhältnismäßigkeitsprüfung bei der Frage der legitimen Zwecke (→ Rn. 614 ff.) zu behandeln. Bei der Verhältnismäßigkeit i. e. S. ist dann das besondere Gewicht der vorbehaltlosen Grundrechte in die Abwägung einzubringen.

b) Anwendbarkeit verfassungsimmanenter Schranken in Ergänzung zu speziellen Schranken?

Manche Grundrechte enthalten zwar spezielle Gesetzesvorbehalte für bestimmte Fälle, sind aber im Übrigen, d. h. **partiell vorbehaltlos** geschützt. Das gilt für die **Ehe und Familie** nach Art. 6 Abs. 1 GG, soweit nicht die Schranken des Erziehungsrechts nach Art. 6 Abs. 2 GG greifen, für **Versammlungen** nach Art. 8 Abs. 1 GG, soweit sie nicht unter freiem Himmel i. S. d. Art. 8 Abs. 2 GG stattfinden, sowie für **Vereinigungen** nach Art. 9 Abs. 1 GG, soweit es nicht um Verbote i. S. d. Art. 9 Abs. 2 GG geht. Für diese Grundrechte gilt insoweit dasselbe, wie für die oben genannten Grundrechte, die gänzlich ohne Gesetzesvorbehalt gewährleistet werden. Nach hier vertretener Auffassung sind darüber hinaus auch die Schranken der **Meinungsfreiheit** nach Art. 5 Abs. 2 GG (→ Rn. 644, 648 ff.) und die Schranken der **Berufswahl** nach Art. 12 Abs. 1 GG (→ Rn. 673 ff.) der Sache nach über die Maßstäbe der verfassungsimmanenten Grundrechtsgrenzen zu bestimmen.

712

Eine andere Frage ist, ob verfassungsimmanente Schranken auch **im Anwendungsbereich spezieller Gesetzesvorbehalte** Anwendung finden, also nicht alternativ sondern ergänzend zu diesen. Die herrschende Auffassung bejaht dies mit dem Argument, dass sonst die Grundrechte mit speziellem Gesetzesvorbehalt stärker als die vorbehalt-

713

---

136 BVerfGE 84, 212, 228 – Aussperrung. Die Besonderheit dieses vorbehaltlosen Grundrechts ist der Ausgestaltungsauftrag an den Gesetzgeber für das Verhältnis der Tarifparteien zueinander.
137 BVerfGE 49, 24, 57 – Kontaktsperre-Gesetz; *Jarass* in: Jarass/Pieroth, GG, 16. Aufl., zu Art. 17 Rn. 12 m. w. N.

losen Grundrechte gewährleistet würden.[138] Nach einer am Wortlaut festhaltenden Auffassung sind spezielle Gesetzesvorbehalte hingegen als abschließende Schrankenregelungen zu verstehen.[139] Beide Ansichten überzeugen nicht. Die Lösung muss von einer Verfassungsinterpretation jeder einzelnen Schrankenregelung ausgehen, die sich am Zweck der einzelnen Grundrechtsschranken und ihrer Reichweite orientiert. Außerdem ist im Einzelfall nach dem Bedürfnis darüber hinausgehender verfassungsunmittelbarer Schranken zu fragen. Danach ist **zu differenzieren:**[140]

714 Im Vergleich zu den vorbehaltlosen Grundrechten werden die **Eingriffsvoraussetzungen erleichtert**, soweit spezielle Gesetzesvorbehalte unter anderem auch solche Belange benennen, die nicht als solche schon Verfassungsrang haben (insbesondere Art. 13 Abs. 4 und Abs. 7 GG: „öffentliche Sicherheit"). In diesen Fällen wäre es zwar kein Wertungswiderspruch, daneben außerdem die verfassungsimmanenten Schranken anzuwenden. Allerdings besteht in diesen Fällen – ebenso wie bei den allgemeinen Gesetzesvorbehalten – **kein Bedürfnis** hierfür. Jedenfalls die Schranke der „öffentlichen Sicherheit" umfasst auch den Schutz von Gütern mit Verfassungsrang. Selbstverständlich ist der Grundrechtsschutz ein legitimer Zweck zur Beschränkung der allgemeinen Handlungsfreiheit. In diesen Fällen ist freilich das besondere Gewicht von Verfassungsbelangen in der Abwägung, d. h. im Rahmen der Verhältnismäßigkeit i. e. S. zu berücksichtigen (→ Rn. 623 ff.).

715 Es gibt aber auch spezielle Grundrechtsschranken, die die **Eingriffsvoraussetzungen erschweren** und die legitimen Eingriffszwecke abschließend benennen. In diesen Fällen ist der Rückgriff auf (weitere) kollidierende Verfassungsgüter nicht ohne Weiteres[141] zulässig. So rechtfertigt z. B. Art. 9 Abs. 2 GG Vereinsverbote erst bei einer Attacke auf die verfassungsmäßige Ordnung als solche. Danach kann ein Verein nicht schon dann verboten werden, wenn er sich gegen einzelne Verfassungswerte, z. B. gegen das Institut der Ehe oder gegen den Tierschutz oder gegen das von der Rechtsprechung als Verfassungsgut anerkannte System der gesetzlichen Krankenversicherung richtet. Auch Art. 11 Abs. 2 GG benennt die Zwecke der Schranken der Freizügigkeit abschließend („darf […] nur für die Fälle eingeschränkt werden").[142] Insbesondere das Erziehungsrecht der Eltern aus Art. 6 Abs. 2 GG kann dem Wunsch eines grundrechtsmündigen Minderjährigen, seinen Wohnsitz selbst zu bestimmen, für sich allein nicht entgegenstehen.[143] Vielmehr regelt Art. 11 Abs. 2 GG ausdrücklich die Gefahr der Verwahrlosung des Jugendlichen als Schranke seines Selbstbestimmungsrechts. Verwahrlosung ist aber z. B. nicht zu befürchten, wenn der Jugendliche den Aufenthalt in einer anderen Familie oder in einem Heim begehrt.

716 Manche besonderen Schranken sind tatsächlich als **abschließende Ausnahmen** zu verstehen: Insbesondere der Ausbürgerungsschutz nach Art. 16 Abs. 1 S. 1 GG und der

---

138 *Jarass* in: Jarass/Pieroth, GG, 16. Aufl., Vorb. vor Art. 1 Rn. 50 mit Beispielen aus der Rechtsprechung.
139 *Kingreen/Poscher*, Grundrechte, 37. Aufl., Rn. 384.
140 Im Ansatz ähnlich, jedoch im Ergebnis restriktiver: *Sachs* in: Stern, Staatsrecht III/2, § 81 IV 2, S. 523.
141 Sonderfälle sind nicht völlig auszuschließen: So ist z. B. in Fällen von Residenzpflichten der Beamten ausnahmsweise Art. 33 Abs. 5 GG als verfassungsimmanente Schranke des Art. 11 GG anzuwenden. Diese Ausnahme ist jedoch mit dem Sonderstatusverhältnis der Beamten (→ Rn. 745 ff.), das im Rahmen der Verhältnismäßigkeit zu berücksichtigen ist, zu rechtfertigen.
142 Wie hier: *Gusy* in: v. Mangoldt/Klein/Starck, GG, Bd. 1, 7. Aufl., zu Art. 11 Rn. 53; anders: *Durner* in: Dürig/Herzog/Scholz, GG, 66. Lfg., zu Art. 11 Rn. 160 ff.
143 Anders BVerfG-K, NJW 1996, 3145, 3146. Das überzeugende Ergebnis dieser Entscheidung lässt sich damit begründen, dass in diesem Fall eines Siebenjährigen Art. 11 GG mangels Grundrechtsmündigkeit und mangels entgegenstehenden Willens überhaupt nicht anwendbar war.

Auslieferungsschutz nach Art. 16 Abs. 2 S. 1 GG gelten in ihrem Schutzbereich (zur Abgrenzung von Art. 16 Abs. 1 S. 2 GG → Rn. 407) und abgesehen von der in Art. 16 Abs. 2 S. 2 GG geregelten Ausnahme **partiell absolut**. Schließlich sind auch die in Art. 19 Abs. 4 S. 3 GG geregelten Ausnahmen der Rechtsschutzgarantie abschließend gemeint. Verfassungsimmanente Schranken können nicht den völligen Ausschluss des gerichtlichen Rechtsschutzes begründen. Sie spielen hingegen eine Rolle bei den darüber hinausgehenden Dimensionen effektiven Rechtsschutzes, die in Art. 19 Abs. 4 GG hineingelesen werden.[144] Die Effektivität des Rechtsschutzes ist im Gegensatz zur Eröffnung des Rechtsweges eine relative Garantie (→ Rn. 885 f.).

2. Rechtsgüter mit Verfassungsrang

a) Methodik der Bestimmung von Verfassungsgütern

Die ganze Dogmatik der verfassungsimmanenten Schranken beruht auf einer Interpretation der Grundrechte als Prinzipien. Auch die Bestimmung der verfassungsimmanenten Schranken ist eine **Frage der Verfassungsinterpretation**. Diese darf nicht formelhaft auf verfassungsrechtliche Bestimmungen verweisen[145] und auch nicht zu sehr am Wortlaut des Grundgesetzes haften. Denn hätte der Verfassunggeber oder der verfassungsändernde Gesetzgeber die Schranken aller Grundrechte explizit regeln wollen, dann gäbe es keine vorbehaltlosen Grundrechte.

717

Einerseits ist nicht zwingend erforderlich, dass verfassungsimmanente Schranken im Grundgesetz explizit geregelt sind.[146] Andererseits reicht die bloße Erwähnung eines Begriffs im Grundgesetz auch nicht aus. Es kommt vielmehr darauf an, ob die Verfassung einem konkreten Rechtsgut einen besonderen Wert und seinem Schutz ein **Gewicht von Verfassungsrang verleiht**.[147] Der Gedanke der Einheit der Verfassung gebietet, Grundrechte nicht nur in ein Verhältnis zu anderen Grundrechten zu setzen, sondern auch in eines zu anderen Verfassungsgütern. Insbesondere bei Gemeinschaftsrechtsgütern ist aber kritisch zu hinterfragen, welche öffentlichen Interessen nach der Konzeption des Grundgesetzes tatsächlich auf „Augenhöhe" mit den vorbehaltlosen Grundrechten stehen. Ausgangspunkt der Überlegungen muss der hohe Stellenwert sein, den unser Verfassungsrecht gerade den Individualgrundrechten zumisst.

718

Es muss sich bei den verfassungsimmanenten Schranken um einen Wert handeln, an dem alle staatlichen Gewalten ihr Handeln ausrichten müssen. Es muss also von Verfassungs wegen eine **staatliche Schutzpflicht** bestehen.[148] Diese muss sich im Wege der Verfassungsinterpretation mit hinreichender Deutlichkeit konkretisieren lassen. Die Erfüllung einer solchen verfassungsrechtlichen Schutzpflicht vermag dann mittelbare Drittwirkung zu entfalten.

719

---

144 Wie hier: BVerfGE 116, 1, 18 ff. – Bestellung zum Insolvenzverwalter; *Schulze-Fielitz* in: Dreier, GG, Bd. 1, 3. Aufl., zu Art. 19 Abs. 4 Rn. 140.
145 BVerfGE 77, 240, 255 – Herrnburger-Bericht; BVerfGE 81, 278, 293 – Bundesflagge.
146 *Isensee*, Schranken der vorbehaltlosen Grundrechte, in: Recht in Deutschland und Korea, Bd. 5, 1985, S. 51, 66 ff.
147 Treffend BVerfGE 67, 213, 228 – Anachronistischer Zug. Dort wird hinterfragt, ob Bestimmungen der Verfassung „ein in der Verfassungsordnung des Grundgesetzes ebenfalls wesentliches Rechtsgut schützen".
148 So auch *Hillgruber*, Grundrechtsschranken, in: HStR IX, 3. Aufl., § 201 Rn. 15, 20: „Handlungspflichten"; ähnlich *Lenz*, Vorbehaltlose Freiheitsrechte, 2006.

720 Keine verfassungsimmanenten Schranken stellen die **Kompetenzbestimmungen**[149] des Grundgesetzes dar. Sie mögen zwar z. T. hinreichend konkret sein und Ziele benennen, die jedenfalls nicht umgekehrt per se illegitim sind. Sie begründen aber keine positiven staatlichen Schutzpflichten. Die Erwähnung eines Regelungszwecks in Art. 73 f. GG hat wesentlich die Funktion, die Kompetenzen zwischen Bund und Ländern sowie zwischen ihren Gewalten zu verteilen. Die Aufzählung von Gesetzgebungskompetenzen im Grundgesetz klärt die Frage, inwieweit der Bund entgegen der Ausgangsvermutung zugunsten der Kompetenz der Länder nach Art. 30 und Art. 70 GG zuständig ist. Wenn der Gebrauch dieser Kompetenzen in Grundrechte eingreift, setzt das materiell-rechtlich voraus, dass die betroffenen Grundrechte dies zulassen. Gesetzgebungskompetenzen sind keine Grundrechtsschranken, sondern setzen solche voraus. Die Kompetenzbestimmungen des Grundgesetzes verteilen lediglich Zuständigkeiten und erteilen keine Eingriffsbefugnisse. Allerdings stehen hinter zahlreichen Kompetenzbestimmungen zugleich Wertentscheidungen, die der Verfassung zugrunde liegen. Im Ergebnis lassen sich deshalb manche der so gewonnenen verfassungsimmanenten Schranken bestätigen, z. B. die der Funktionsfähigkeit der Bundeswehr (→ Rn. 731).

721 Bei der Bestimmung verfassungsrechtlicher Schutzpflichten ist auch die **unions- bzw. völkerrechtsfreundliche Auslegung** des Grundgesetzes zu beachten. Zwar haben die europäischen Grundrechte und Grundfreiheiten selbst keinen Verfassungsrang und kommen deshalb als solche nicht als verfassungsimmanente Schranken in Betracht. Aber weil das Grundgesetz in ihrem Lichte auszulegen ist, können sie mittelbar zur Konkretisierung der verfassungsrechtlichen Schranken beitragen. Das gilt vor allem für Grundrechtskollisionen, auf deren Gewichtung die EMRK Einfluss hat. Immerhin hat das BVerfG inzwischen Art. 8 Abs. 1 EMRK als allgemeines Gesetz i. S. d. Art. 5 Abs. 2 GG anerkannt,[150] der nach hier vertretener Auffassung letztlich einen Verweis auf die verfassungsimmanenten Schranken darstellt (→ Rn. 654 f.). Daran zeigt sich, dass die „verfassungsrechtliche Bedeutung"[151] der EMRK nicht nur eine rhetorische Formel ist, sondern eine dogmatische Kategorie, die sich als Berücksichtigungsgebot bzw. als Rechtserkenntnisquelle – im Gegensatz zu den mit Verfassungsrecht unmittelbar geltenden Grundrechten – methodisch plausibilisieren lässt. Dadurch soll freilich die differenzierte Schrankendogmatik, in der sich GG und EMRK unterscheiden (→ Rn. 43), nicht nivelliert werden. Hiervor ist vor allem in den Fällen zu warnen, in denen die EMRK spezielle Schranken regelt, die hinter dem Schutzniveau der deutschen Grundrechte zurückbleiben – nämlich bei der Meinungs- und Pressefreiheit nach Art. 10 Abs. 2 EMRK sowie bei der Religions- und Gewissensfreiheit nach Art. 9 Abs. 2 EMRK.

722 Für das Unionsrecht gilt, dass die vorbehaltlosen deutschen Grundrechte gegebenenfalls durch den **Vorrang des Unionsrechts** bzw. das Gebot unionsrechtsfreundlicher Auslegung überlagert werden (→ Rn. 97 ff.). Art. 23 Abs. 1 GG vermittelt der Europäischen Einigung Verfassungsrang. Unionsinteressen sind gegebenenfalls auch Verfassungsbelange. Die Schutzpflicht des Staates zugunsten der Grundfreiheiten der Art. 28 ff. AEUV ergibt sich aus der Unionstreue nach Art. 4 Abs. 3 EUV. Danach sind die Mitgliedstaaten verpflichtet, auch gegen Private einzuschreiten, die die Grundfrei-

---

149 Wie hier: Sondervotum *Mahrenholz/Böckenförde* BVerfGE 69, 1, 57 ff. – Kriegsdienstverweigerung II; anders: BVerfGE 53, 30, 56 – Mühlheim-Kärlich; BVerfGE 69, 1, 21 f.
150 BVerfGE 120, 180, 200 f. – Caroline III; krit. *Payandeh*, JuS 2009, S. 212 ff.
151 BVerfGE 128, 326, 366 f. – Sicherungsverwahrung IV.

heiten behindern.[152] Wer z. B. aus religiösen Gründen bestimmte Dienstleistungen zu behindern versucht, könnte sich zwar nach deutschem Verfassungsrecht möglicherweise auf Art. 4 Abs. 1 GG berufen. Wird dabei jedoch grenzüberschreitend die Dienstleistungsfreiheit behindert, wäre das Verhalten am Maßstab der EU-Grundrechte zu messen, die mit dem Interesse an der Durchsetzung der unionsrechtlichen Dienstleistungsfreiheit abzuwägen wären.[153] Die (parallele) Anwendung deutscher Grundrechte[154] müsste hier unionsrechtskonform auf das Niveau der EU-Grundrechte reduziert werden.

b) Grundrechte Dritter

Die wichtigsten verfassungsimmanenten Schranken vorbehaltloser Grundrechte stellen die Grundrechte selbst dar. Jeder Grundrechtsträger muss sich die Grundrechte Dritter als Schranken seiner eigenen Freiheit entgegenhalten lassen. Die Grundrechte gewährleisten „gleiche Freiheit" für alle. Der Staat hat für die Grundrechte Dritter eine Schutzpflicht, die gegebenenfalls auch den Eingriff in vorbehaltlose Grundrechte rechtfertigt. Als Schranken der vorbehaltlosen Grundrechte wirken die Grundrechte in ihrer **objektiv-rechtlichen Dimension**. Der Staat muss Grundrechte unabhängig davon schützen, ob sich im konkreten Fall ein Betroffener auf sie beruft.

723

Als verfassungsimmanente Schranken kommen **alle Freiheitsgrundrechte**[155] in Betracht, soweit diese Schutzpflichten entfalten. Die vorbehaltlosen Grundrechte sind nicht nur in Fällen der Kollision mit einem ebenfalls vorbehaltlosen Grundrecht zu relativieren, wenn also z. B. jemand aus religiösen Gründen ein Kunstwerk zerstört. Auch die Grundrechte, die ihrerseits einem Gesetzesvorbehalt unterliegen, sind Freiheiten mit Verfassungsrang. Zwar genießen bestimmte Grundrechte dank ihrer Vorbehaltlosigkeit einen herausgehobenen Stellenwert. Das heißt aber nicht, dass sie sich beliebig gegenüber anderen Verfassungswerten, also z. B. dem Schutz des Lebens durchsetzen, auch wenn Art. 2 Abs. 2 GG unter Gesetzesvorbehalt steht. Das wäre nämlich eine Überinterpretation der Vorbehaltlosigkeit mancher Grundrechte und der damit verbundenen Differenzierung innerhalb der Schrankensystematik. Vielmehr ist das besondere Gewicht der vorbehaltlosen Grundrechte gegenüber anderen Grundrechten in der Abwägung zu berücksichtigen.

724

Die Dogmatik der „verfassungsimmanenten Schranken" ermöglicht die Begrenzung eines vorbehaltlosen Grundrechts zum Zwecke des Schutzes eines anderen Grundrechts. Nicht zulässig ist hingegen die Heranziehung der Schranken eines anderen Grundrechts. Es findet **keine „Schrankenleihe"** statt. Diese würde nämlich zu einer Nivellierung der vorbehaltlosen Grundrechte mit denjenigen Grundrechten, die unter Gesetzesvorbehalt stehen, führen. Insbesondere bedarf die Schrankentrias des Art. 2 Abs. 1 GG nicht auf die vorbehaltlosen Grundrechte übertragen werden. Die „Grundrechte anderer" als Schranken dürfen also nicht mit den Schranken „anderer Grundrechte" verwechselt werden. Grundrechtliche Schutzpflichten bestehen nur für die Freiheitsausübungen, die ihrerseits in den Schutzbereich eines Grundrechts fallen. So

725

---

152 EuGH, Rs. C-112/00 (Schmidberger/Österreich), Slg. 2003, I-5659, Rn. 59.
153 So für die Meinungs- und Versammlungsfreiheit: EuGH, C-112/00 (Schmidberger/Österreich), Slg. 2003, I-5659, Rn. 90.
154 Krit. dazu *Kadelbach/Petersen*, EuGRZ 2002, 213, 215 f.; *Ehlers* in: ders., EuGR, 4. Aufl., § 7 Rn. 115.
155 Schutzpflichten zugunsten von Gleichheitsrechten sind zweifelhaft (→ Rn. 775). Kritisch gegenüber Gleichheitsrechten als verfassungsimmanenten Schranken auch *Sachs* in: E. Klein/Menke, Universalität – Schutzmechanismen – Diskriminierungsverbote, 2008, S. 325, 345 ff.

kann die allgemeine Handlungsfreiheit Dritter zwar eine Schranke der Religionsausübung sein.[156] Nicht jedoch sind (einfachrechtliche) „Rechte anderer" als Schranken der allgemeinen Handlungsfreiheit nach Art. 2 Abs. 1 GG auf die Religionsfreiheit zu übertragen. Das gilt auch für die Rechtsgüter, die in speziellen Schranken erwähnt werden. Zwar ist die „Bekämpfung von Seuchengefahr, Naturkatastrophen und besonders schweren Unglücksfällen" ein zweifellos schützenswertes und in Art. 11 Abs. 2 GG auch explizit verfassungsrechtlich anerkanntes Ziel. Aber in Art. 11 Abs. 2 GG werden keine allgemeinen verfassungsrechtlichen Schutzpflichten begründet, sondern legitime Ziele nur für Eingriffe in die Freizügigkeit normiert. Eine andere Frage ist, ob entsprechende Maßnahmen auch dem Schutz menschlicher Gesundheit nach Art. 2 Abs. 2 GG und dem Schutz der natürlichen Lebensgrundlagen nach Art. 20a GG dienen und deshalb verfassungsimmanente Schranken darstellen. Entsprechend ist zwar nicht die „Abwehr dringender Gefahren für die öffentliche Sicherheit" i. S. d. Art. 13 Abs. 4 GG eine verfassungsimmanente Schranke, wohl aber die Abwehr dringender Gefahren für Grundrechte und andere Verfassungsgüter. Hinter manchen Schrankenbestimmungen stecken sogar typischerweise Verfassungsgüter. So dienen z. B. der Schutz der „persönlichen Ehre" i. S. d. Art. 5 Abs. 2 GG regelmäßig dem Schutz des allgemeinen Persönlichkeitsrechts i. S. d. Art. 2 Abs. 1 i. V. m. Art. 1 Abs. 1 GG und der „Schutz der Jugend" i. S. d. Art. 5 Abs. 2 GG zusätzlich dem Erziehungsrecht des Art. 6 Abs. 2 GG.[157] Die Erwähnung dieser Zwecke in der Schranke des Art. 5 Abs. 2 GG führt nicht zu dem Umkehrschluss, dass z. B. die Religionsfreiheit beliebig die Ehre anderer verletzen und die Jugend gefährden dürfte.

726 Die **völkerrechtsfreundliche Auslegung** der Grundrechte im Lichte der EMRK kann die Schutzpflicht zugunsten eines Verfassungsgutes konkretisieren helfen. Zwar hat die EMRK weder Verfassungsrang, noch gebietet sie zwingend, auf Verfassungsebene zur Geltung gebracht zu werden. Die EMRK bewirkt aber selbst staatliche Schutzpflichten, die auch in Fällen von Grundrechtskollisionen zur Entfaltung zu bringen sind. Deshalb ist ihre Berücksichtigung bei der Konkretisierung der verfassungsimmanenten Schranken verfassungsrechtlich geboten. Wenn die EMRK in der Abwägung berücksichtigt werden soll, müssen dafür die Voraussetzungen geschaffen werden. Das setzt voraus, dass die EMRK bei der Bestimmung der legitimen Belange zur Einschränkung anderer Grundrechte Berücksichtigung finden kann. Dies erfolgt erforderlichenfalls durch eine völkerrechtsfreundliche Erweiterung des entsprechenden Schutzbereichs des deutschen Grundrechts. Das gilt insbesondere für das allgemeine Persönlichkeitsrecht (→ Rn. 432). Keinesfalls dürfen aber auf die nach nationalem Verfassungsrecht vorbehaltlosen Grundrechte die Schranken der entsprechenden EMRK-Rechte übertragen werden, also z. B. die Schranken der Religions- und Gewissensfreiheit nach Art. 9 Abs. 2 EMRK oder die Schranken der Vereinigungsfreiheit nach Art. 11 Abs. 2 EMRK.

c) Staatszielbestimmungen

727 Verfassungsgüter können auch aus **Staatszielbestimmungen** abgeleitet werden. Fraglich ist jedoch die Reichweite dieses Ansatzes. Es reicht nicht, dass ein Ziel legitim erscheint und seine Verwirklichung auf eine Weise auch einem Staatsziel entspricht. Vielmehr ist umgekehrt zu fragen, ob aus einem Staatsziel eine Schutzpflicht erwächst,

---

156 Krit. *Kluge*, ZRP 1992, 141, 144.
157 BVerfGE 83, 130, 139 f. – Josephine Mutzenbacher.

deren Verwirklichung gerade auch Eingriffe in vorbehaltlose Grundrechte erfordert und rechtfertigt.

Der Schutz der **natürlichen Lebensgrundlagen und der Tiere** nach Art. 20a GG stellt eine solche verfassungsimmanente Schranke dar. Denn die Einfügung dieser Aspekte in das Grundgesetz hat gerade den Sinn, die Legitimationsgrundlagen unserer Verfassung durch ein ökologisches Staatsziel zu erweitern. Der anthropozentrische Ansatz unseres Grundgesetzes wird dadurch zwar nicht durchbrochen, aber bewusst ergänzt und relativiert. Danach ist der Tierschutz ein legitimer Zweck, um z. B. die Forschungsfreiheit zu begrenzen. Auch hier ist denkbar, dass **internationale** Ökologiestandards in die völkerrechtsfreundliche Auslegung einfließen.

Problematisch ist die Ableitung verfassungsimmanenter Schranken aus den **sehr allgemeinen „Leitprinzipien"**[158] der Verfassung, insbesondere aus dem Sozialstaatsprinzip, dem Rechtsstaatsprinzip und dem Demokratieprinzip. Sie bedürfen nämlich in hohem Maße der gesetzlichen Ausgestaltung. Das darf nicht zu einem Gesetzesvorbehalt vorbehaltloser Grundrechte führen.[159] Hier ist zu differenzieren:

Nicht jede Ausgestaltung ist verfassungsrechtlich geboten und auch nicht jede Ausgestaltung rechtfertigt den Eingriff in vorbehaltlose Grundrechte. Die Leitprinzipien der Verfassung dürfen nicht als Argumente dazu herangezogen werden, um einfachrechtliche Bestimmungen zu Verfassungsgütern aufzuladen. So darf nicht jedes gemeinnützige Ziel mit dem Argument eines Dienstes an der Sozialstaatlichkeit in den Verfassungsrang erhoben werden. Ebenso wenig kann mit dem Argument der Rechtsstaatlichkeit die Durchsetzung jeder einfachen Rechtsnorm zum Verfassungsgut aufgeladen werden. Auch das Demokratieprinzip darf nicht als Argument herangezogen werden, um dem Gesetzgeber die Beschränkung vorbehaltloser Grundrechte zu überlassen. Sonst würde der Unterschied zwischen Grundrechten mit und ohne Gesetzesvorbehalt nivelliert.

Allerdings ist es nicht ausgeschlossen, dass sich einzelne **Kerninhalte** dieser allgemeinen Leitprinzipien der Verfassung zu Schutzpflichten und verfassungsimmanenten Schranken verdichten. Gemeinschaftsgüter haben aber nur dann diese Bedeutung, wenn es sich nicht nur um öffentliche Interessen, sondern um „verfassungsrechtlich besonders (sic!) geschützte Rechtsgüter"[160] handelt. In der Praxis haben hier vor allem Fälle der Daseinsvorsorge eine Rolle gespielt. Wenn die Rechtsprechung[161] insofern vor allem die **Krankenversorgung** als überragend wichtiges Gemeinschaftsgut mit Verfassungsrang anerkennt, dann ließe sich die entsprechende staatliche Schutzpflicht nicht nur auf das Sozialstaatsprinzip, sondern auch auf Art. 2 Abs. 2 GG stützen. Dabei wäre freilich die Autonomie des Einzelnen, seine Gesundheit mehr oder weniger zu schützen, zu beachten. Im Falle der **Energieversorgung** hat das BVerfG selbst auf deren Bedeutung „zur Sicherung einer menschenwürdigen Existenz"[162] hingewiesen. Schließlich sei darauf verwiesen, dass die nicht jede Betroffenheit eines verfassungsrechtlichen Gemeinschaftsgutes, sondern nur ein entsprechendes verfassungsrechtliches Schutzbedürfnis ausreicht, um den Eingriff in ein vorbehaltloses Grundrecht zu rechtfertigen (→ Rn. 742).

---

158 *K. Hesse*, Grundzüge, 20. Aufl., Rn. 114 ff.
159 Problematisch insofern BVerfGE 39, 334, 367 – Extremistenbeschluss (jedoch bezogen auf den Sonderstatus eines Beamten).
160 BVerfGE 47, 327, 381 – Hessisches Universitätsgesetz.
161 BVerfGE 57, 70, 99.
162 BVerfGE 66, 248, 258.

d) Staats- und Verfassungsschutz

729 Die Leitprinzipien der Verfassung können auch dann verfassungsimmanente Schranken darstellen, wenn es um den **Geltungsanspruch des Verfassungsrechts als solchen** geht. Die in Art. 20 Abs. 1 GG genannten Prinzipien des demokratischen und sozialen Bundesstaats haben einen herausragenden Rang. Sie sind nämlich durch Art. 79 Abs. 3 GG sogar gegen Verfassungsänderungen abgesichert. Damit versteht sich unsere Demokratie als **werthaft** begrenzt.[163]

730 Darüber hinaus ist der Grundsatz der **wehrhaften Demokratie** ein Verfassungsprinzip unseres Grundgesetzes. Dieser kommt in verschiedenen Bestimmungen zum Ausdruck. Zwar sind die Art. 9 Abs. 2, Art. 18 und Art. 21 Abs. 2 GG ebenso wenig wie andere spezielle Schrankenregelungen übertragbar. Aber der Schutz der „**freiheitlich demokratischen Grundordnung**" als gemeinsamer Kern aller drei Tatbestände ist ein allgemeines, dem Grundgesetz wesentliches und ihm systemimmanentes Prinzip.[164] Es beruht auf der historischen Erfahrung der Weimarer Zeit, wie anfällig die Verfassung gegen die Selbstzerstörung sein kann.[165] Der Erhalt eines Systems, das die Freiheit gewährleistet, setzt seiner Offenheit damit Grenzen und ist verfassungsimmanente Schranke. Die Abschaffung der Freiheit und der Demokratie würde dieses System sprengen, weil dessen gewaltlose Wiedereinführung nicht garantiert wäre. Damit entstünde der Freiheit und der Demokratie für zukünftige Generationen mehr Schaden als durch die Schranken des Selbstschutzes der Verfassung.[166] Der Schutz der freiheitlich demokratischen Grundordnung legitimiert sich so als zeitloses, überpositives Prinzip. Dafür spricht auch eine unions- und völkerrechtsfreundliche Auslegung des Grundgesetzes. Art. 2 EUV n. F. begründet die Werthaftigkeit auch der Unions-Ordnung damit, dass sie die „Achtung der Menschenwürde, Freiheit, Demokratie, Gleichheit, Rechtsstaatlichkeit und die Wahrung der Menschenrechte einschließlich der Rechte der Personen, die Minderheiten angehören". Art. 7 EUV regelt hierzu ein Verfahren wehrhaften Selbstschutzes. Bereits Art. 30 der AEMR (1948) entzieht jeglichen Bestrebungen zur „Vernichtung der in dieser Erklärung angeführten Rechte und Freiheiten" den Schutz.

731 Hierher gehört auch das vom BVerfG anerkannte verfassungsrechtliche Prinzip des „**friedlichen Zusammenlebens**".[167] Dies lässt sich mit Art. 26 GG ebenso begründen wie mit der Präambel und entspricht wiederum auch einer völkerrechtsfreundlichen Auslegung des Grundgesetzes. Das gilt auch für die **Funktionsfähigkeit der Bundeswehr**. Mag die Begründung[168] dieses Verfassungsgutes u. a. aus Kompetenznormen wie Art. 73 Abs. 1 Nr. 1 GG nicht überzeugen, hat dieses Verfassungsziel doch erstens insgesamt eine verfassungsschützende Bedeutung und ist zweitens auch durch die

---

163 Vgl. dazu *Dreier*, JZ 1994, 741 ff.
164 Zur Herleitung und zu den Konsequenzen als verfassungsimmanente Schranke der kollektiven Religionsfreiheit *Michael*, JZ 2002, 482, 485 f.
165 Grundlegend *Loewenstein*, Militant Democracy and Fundamental Rights, in: American Political Science Review XXXI (1937), 417 ff., 637 ff.; zur Forderung eines ungeschriebenen Grundsatzes des Selbstschutzes der Verfassung *ders.*, Diskussionsbeitrag, in: VVDStRL 7 (1932), S. 193; restriktiver: *ders.*, Verfassungslehre, 1959, S. 351.
166 *Popper*, The Open Society and ist Enemies (1945), Die offene Gesellschaft und ihre Feinde, 7. Aufl. 1992, I S. 147 ff.; 332 ff. und passim.
167 BVerfGE 47, 327, 382 – Hessisches Universitätsgesetz.
168 BVerfGE 69, 1, 21 ff. – Kriegsdienstverweigerung II; dagegen Sondervotum *Mahrenholz/Böckenförde* BVerfGE 69, 1, 57, 60 ff.

Einbindung der Bundesrepublik Deutschland in die NATO als System gegenseitiger kollektiver Sicherheit nach Art. 24 Abs. 2 GG[169] völkerrechtsfreundlich abzusichern.

Zurückhaltung ist bei dem Ansatz geboten, **Staatssymbolen** als solchen Verfassungsrang zuzusprechen. Der Rechtsprechung[170] ist zuzustimmen, dass die Erwähnung der Bundesflagge in Art. 22 GG noch nicht deren Verfassungsrang begründet; auch ist ihr beizupflichten, dass Staatssymbole die freiheitlich demokratische Grundordnung versinnbildlichen, deren Schutz ihrerseits Verfassungsrang genießt. Es stellt sich jedoch die Frage, ob unsere Verfassungsordnung als solche nennenswert durch die Verunglimpfung ihrer Symbole bedroht wird. Dies ist die entscheidende Frage einer strengen Verhältnismäßigkeitsprüfung, die bei all den hier genannten Gemeinschaftsrechtsgütern angezeigt ist (→ Rn. 742).

732

3. Praktische Konkordanz der kollidierenden Grundrechte bzw. Verfassungsgüter

Beschränkungen vorbehaltloser Grundrechte sind nur gerechtfertigt, wenn ihre Relativierung mit der Einheit der Verfassung begründet werden kann. Mehrere kollidierende Grundrechte sind mit *Konrad Hesse*[171] in ein Verhältnis der **praktischen Konkordanz** zu bringen. Das lässt sich auch auf die Kollision mit anderen Verfassungsgütern übertragen. Wegen der Hochrangigkeit der betroffenen Rechtsgüter ist der Spielraum der staatlichen Gewalten zur Herstellung praktischer Konkordanz im Vergleich geringer und die verfassungsgerichtliche Kontrolldichte intensiver. Es findet eine modifizierte, besonders strenge Verhältnismäßigkeitsprüfung statt.

733

a) Beschränkung der legitimen Zwecke auf Verfassungsgüter

Bereits im Ansatz der Verhältnismäßigkeitsprüfung, nämlich bei der Ausarbeitung legitimer Zwecke, kommt der wesentliche Unterschied der vorbehaltlosen Grundrechte zum Tragen. Welche Zwecke legitim sind, um den Eingriff in ein vorbehaltloses Grundrecht zu rechtfertigen, ist eine zentrale Frage und Weichenstellung. Die Frage ist mit der Dogmatik der **verfassungsimmanenten Schranken** zu beantworten. Als legitime Zwecke dürfen in der Verhältnismäßigkeit in diesen Fällen also nur Grundrechte Dritter und andere mit Verfassungsrang ausgestattete Rechtswerte in Ansatz gebracht werden. Hier zeigt sich wiederum die Filterfunktion der Schrankensystematik.

734

Hinweis zum Verständnis: Dabei sind vor allem die **Unterschiede zum Übermaßverbot** zu beachten: Die Vorprüfung der Legitimität der Zwecke beim einfachen Gesetzesvorbehalt wird gleichsam umgekehrt. Weil beim einfachen Gesetzesvorbehalt jedes öffentliche Interesse grundsätzlich legitim ist, stellt sich dort die Frage, ob aus dem Verfassungsrecht abzuleiten ist, dass ein Zweck ausnahmsweise illegitim ist. Bei den vorbehaltlosen Grundrechten stellt sich hingegen die Frage, ob aus dem Verfassungsrecht ausnahmsweise ein legitimer Zweck zu deren Beschränkung abzuleiten ist. Diese Zwecke sind wiederum anders als bei den speziellen Gesetzesvorbehalten nicht explizit benannt. Im Übrigen entspricht die gedankliche Struktur der Prüfung der praktischen Konkordanz der Prüfung der Verhältnismäßigkeit: Insbesondere ergeben sich bei der Prüfung der Geeignetheit und der Erforderlichkeit keine Besonderheiten gegenüber dem Übermaßverbot. Bei der Prüfung der Verhältnismäßigkeit i. e. S. ist aber zu beachten, dass **auf beiden Seiten der Abwägung Verfassungsgüter** in Ansatz zu bringen sind. Auf der einen Seite stehen die vorbehaltlosen Grundrechte, die

---

169 Zu den Konsequenzen BVerfGE 90, 286, 345 ff. – Out-of-area-Einsätze.
170 Das BVerfG fordert insofern (nur) eine besonders strenge Verhältnismäßigkeitsprüfung: BVerfGE 81, 278, 293 ff. – Bundesflagge.
171 K. *Hesse*, Grundzüge, 20. Aufl., Rn. 72, 317 ff.

innerhalb der Grundrechte sogar eine herausgehobene Stellung genießen. Auf der anderen Seite stehen mit den verfassungsimmanenten Schranken ebenfalls Verfassungsgüter, für die eine staatliche Schutzpflicht besteht. Die abstrakte Gewichtung lässt das Ergebnis zwar offen, fordert aber einen **besonders hohen Begründungsaufwand** für die Rechtfertigung des konkreten Eingriffs im Einzelfall. Dafür hat sich eine eigene Dogmatik der Grundrechtskollisionen herausgebildet, auf die sogleich eingegangen wird.

735 **HINWEIS FÜR DIE FALLBEARBEITUNG:** Die soeben entwickelte Dogmatik der Rechtsgüter mit Verfassungsrang ist bei der Frage der legitimen Zwecke zu erörtern und anzuwenden. Im Gutachten sind auch hier gegebenenfalls mehrere Verfassungsgüter nebeneinander herauszuarbeiten.

b) Begriff der Grundrechtskollision als Sonderfall des Grundrechtskonfliktes

736 Unter Grundrechtskollisionen sind Fälle zu verstehen, in denen die Beschränkung eines Grundrechts nur mit dem verfassungsrechtlich gebotenen **Schutz der Grundrechte Dritter** als verfassungsimmanenter Schranke gerechtfertigt werden kann. Hier wirken die Grundrechte Dritter in ihren objektiv-rechtlichen Dimensionen als Grundrechtsschranken.

737 **HINWEIS ZUM VERSTÄNDNIS:** Beim typischen Fall der Grundrechtskollision handelt es sich um den Eingriff in ein **vorbehaltlos** gewährleistetes Grundrecht (z. B. in Art. 4 Abs. 1 GG) zum Schutze eines anderen Grundrechts. Praktische Konkordanz ist aber auch bei Eingriffen in die Meinungs- und Pressefreiheit herzustellen sowie bei Berufswahlregelungen. Das entspricht im Ergebnis der Rechtsprechung des BVerfG, die im Falle des Art. 5 Abs. 2 GG als **Wechselwirkungslehre** und im Falle des Art. 12 Abs. 1 S. 1 GG als **höchste Stufe i. S. d. Drei-Stufen-Theorie** bekannt ist. Auch in diesen Fällen ist ein optimierender Ausgleich der betroffenen Verfassungspositionen zu finden, d. h. eine Rechtfertigung aus Gründen des allgemeinen öffentlichen Interesses ist nicht möglich. Wenigstens im Ergebnis handelt es sich auch hier um die Lösung einer verfassungsimmanenten Kollision. Anders[172] stellt sich die Rechtfertigung von Eingriffen in sonstige Grundrechte mit Gesetzesvorbehalt dar, v. a. in die allgemeine Handlungsfreiheit. Zwar kann es auch zu Grundrechtskonflikten zwischen Grundrechten **mit Gesetzesvorbehalt** kommen. So kann z. B. ein Rauchverbot v. a. in geschlossenen Räumen mit dem Schutz der Gesundheit unfreiwilliger Passivraucher gerechtfertigt werden. Diese Rechtfertigung bedarf aber nicht der Begründung über kollidierendes Verfassungsrecht, weil Einschränkungen der allgemeinen Handlungsfreiheit auch zu anderen legitimen Zwecken denkbar sind. Solche Grundrechtskonflikte sind im Rahmen der allgemeinen Dogmatik der Verhältnismäßigkeit zu behandeln. Dem legitimen öffentlichen Interesse wird nur zusätzliches verfassungsrechtliches Gewicht verliehen. Somit sei hier begrifflich zwischen dem **einfachen Grundrechtskonflikt** und dem **Sonderfall der Grundrechtskollision** unterschieden. Grundrechtskonflikte sind im Rahmen einer Güterabwägung[173] bei der Verhältnismäßigkeit i. e. S. zu lösen (→ Rn. 623 ff.). Grundrechtskollisionen hingegen sind durch praktische Konkordanz zu lösen.

---

172 Zur Unterscheidung von echten und unechten Kollisionen auch *Gellermann*, Grundrechte in einfachgesetzlichem Gewande, 2000, S. 211 ff.
173 Zur Unterscheidung von Güterabwägung und praktischer Konkordanz grundlegend *K. Hesse*, Grundzüge, 20. Aufl., Rn. 319, der freilich die praktische Konkordanz auch für Grundrechte mit Gesetzesvorbehalt fordert (Rn. 318), dabei aber Art. 2 Abs. 1 GG auch nicht als Auffanggrundrecht konzipiert (Rn. 428).

c) Das Ineinandergreifen von Über- und Untermaßverbot bei der praktischen Konkordanz

Der grundrechtsgebundene Staat kommt über die Schutzpflichten der Grundrechte ins Spiel. Er ist von Verfassungs wegen sogar verpflichtet, den „nach beiden Seiten hin schonendsten Ausgleich"[174] bzw. die „praktische Konkordanz" zwischen den betroffenen Grundrechtspositionen herzustellen. Dies kann durch Gesetz, durch Exekutivakte oder durch Richterspruch geschehen. Der Staat steht bei solchen Maßnahmen oft vor dem Dilemma, in ein Grundrecht eingreifen zu müssen, um ein anderes Grundrecht schützen zu können. Um beiden Positionen ein Stück weit gerecht zu werden, greift der Staat gegebenenfalls auch in beide gegenüberstehenden Grundrechte ein, verweist also jede der Grundrechtspositionen ein Stück weit in ihre Schranken. Solche Maßnahmen dienen dann zugleich jedenfalls partiell dem **Schutz beider Grundrechte**.[175] Es stehen sich also Eingriffsgrenzen und Schutzpflichten gegenüber. Durch das Zusammentreffen von Grundrechtseingriffen und Schutzpflichten stellen sich zugleich Fragen des Übermaß- und des Untermaßverbotes. Der Eingriff in das vorbehaltlose Grundrecht entspricht nur dann praktischer Konkordanz, wenn er zur Erfüllung einer verfassungsrechtlichen Schutzpflicht geboten ist. Bei der Erforderlichkeit eines solchen Eingriffs ist zu prüfen, ob sich die kollidierende Schutzpflicht auch ohne Eingriff in ein vorbehaltloses Grundrecht erfüllen ließe. Die Angemessenheitsprüfung zielt auf eine Optimierung der kollidierenden Rechte. Auf diese Weise wird zwar die **Kontrolldichte erhöht**. Dies hat aber regelmäßig nicht zur Folge, dass eine ganz bestimmte Entscheidung verfassungsgeboten wäre.[176] Ziel muss es zwar sein, einen insgesamt möglichst geringen Eingriff in Verfassungsgüter zu ermitteln. Nur solche Mittel, die dem gerecht werden, rechtfertigen den Eingriff in ein Grundrecht ohne Gesetzesvorbehalt. Das schließt aber auch hier eine verfassungsrechtlich nicht determinierte Einschätzungsprärogative hinsichtlich der Intensität der Grundrechtsbetroffenheit und der Effektivität der in Betracht kommenden Mittel nicht aus. Die Verfassungsgerichtsbarkeit muss sich auch hier als bloße Kontrollinstanz verstehen und darf sich nicht an die Stelle des Gesetzgebers, der Verwaltung und der Fachgerichte setzen.

738

Eine **Abstufung des Schutzniveaus** und der Kontrolldichte ergibt sich zwischen der Rechtfertigung von Eingriffen und der Erfüllung von Schutzpflichten. Soweit sich Übermaß- und Untermaßverbot einander gegenüberstehen, ist die Prüfung des **Übermaßverbotes strenger** als die des Untermaßverbotes. Das Übermaßverbot zieht die Konsequenz aus dem Grundsatz der Subsidiarität staatlicher Intervention. Der Staat soll nur eingreifend tätig werden, wenn dies erforderlich ist. Staatliches Unterlassen ist demgegenüber nur ausnahmsweise rechtfertigungsbedürftig. Auch soweit staatliche Schutzpflichten bestehen, muss der Staat Zurückhaltung darin üben, diese auf Kosten der Freiheit Dritter, d. h. durch Grundrechtseingriffe zu verwirklichen. Der staatliche Eingriff in ein Grundrecht wiegt schwerer als eine gleichstarke Grundrechtsbeeinträchtigung durch Private. Die staatliche Verursachung einer Grundrechtsbeeinträchtigung ist in höherem Maße rechtfertigungsbedürftig als deren Nichtverhinderung (→ Rn. 524). Staatliche Eingriffe zum Schutz der Autonomie sind nur ausnahmsweise verfassungsrechtlich geboten. Auch aus diesem Grund kann z. B. die sogenannte

739

---

174 *Lerche*, Übermaß und Verfassungsrecht, 2. Aufl. 1999, S. 153.
175 Das gilt auch für Grundrechtskollisionen i. w. S. Vgl. BVerfGE 89, 1, 9 – Besitzrecht des Mieters: Im Mietrecht hat Art. 14 GG eine „freiheitssichernde Funktion in beide Richtungen".
176 BVerfGE 89, 1, 8 – Besitzrecht des Mieters; BVerfGE 89, 214, 234 – Bürgschaftsverträge; Fallbearbeitungs-Beispiel: *Weschpfennig*, JuS 2011, 61.

"Rettungsfolter" nicht mit dem Argument der Würdekollision gerechtfertigt werden (→ Rn. 147 und Lösungshinweis zu Fall 2). Auch bei der Ausstrahlungswirkung der Grundrechte auf das Privatrecht ist zu beachten, dass die Privatautonomie der grundrechtliche Ausgangspunkt und ihre Einschränkung die Ausnahme sein soll.[177] Schließlich ist bei Eingriffen in die konfliktträchtigen politischen Freiheiten zum Schutze Dritter staatliche Zurückhaltung zu üben: Politische Freiheiten bringen es mit sich, dass Dritte durch provozierende Meinungen in ihrer Ehre und durch investigativen Journalismus in ihrem Privatleben beeinträchtigt werden. Schutzpflichten gebieten dem Staat nicht, solche Folgen völlig oder vorrangig zu verhindern. Der Staat muss in Grundrechtskollisionen nur dann und nur insoweit eingreifen, als das Ertragen von Beeinträchtigungen für eine Seite unzumutbar wird. Es ist nicht das Ziel, die Konfliktträchtigkeit der politischen Freiheiten zu nivellieren.

HINWEISE FÜR DIE FALLBEARBEITUNG: Der Prüfungsaufbau von Grundrechtskollisionen ergibt sich aus dem Prüfungsgegenstand der Grundrechtsprüfung. Gegenstand der Prüfung ist gegebenenfalls die konkrete staatliche Maßnahme und nur im Falle staatlicher Untätigkeit das Unterlassen. Die konkrete Maßnahme ist, soweit sie in Grundrechte eingreift, am Übermaßverbot zu messen, soweit sie Grundrechte nicht schützt, am Untermaßverbot. Für staatliches Unterlassen kommt nur das Untermaßverbot in Betracht. Was jeweils zu prüfen ist, hängt vom Sachverhalt und davon ab, welche Seite ein Übermaß des Eingriffs bzw. ein Untermaß des Schutzes geltend macht. Im Rahmen praktischer Konkordanz ist dann jeweils die entgegenstehende Grundrechtsposition zu berücksichtigen: Erstmals beim legitimen Zweck, sodann bei der Herstellung praktischer Konkordanz. Dort sind der Grad der Schutzbedürftigkeit des einen Grundrechts und die Schwere des Eingriffs in das andere Grundrecht zum Ausgleich zu bringen. Weil die Kontrolldichte zwar erhöht, aber nicht unbeschränkt ist,[178] kann sich daraus auch ergeben, dass eine bestimmte Maßnahme nicht das Übermaßverbot überschreitet, obwohl sie zur Erfüllung einer Schutzpflicht nicht zwingend geboten wäre. Umgekehrt kann es sein, dass eine Schutzpflicht zwar staatliches Einschreiten gebietet, damit jedoch nicht jede Maßnahme rechtfertigt, die beliebig in Grundrechte Dritter eingreift.

d) Lösung von Grundrechtskollisionen im Mehrebenensystem durch völkerrechtsfreundliche Konkordanz

740 Bei der Gewichtung grundrechtlicher Gewährleistungen spielt die unionsrechtsfreundliche und völkerrechtsfreundliche Auslegung des Grundgesetzes in der Praxis eine besonders große Rolle. Steht nämlich auf einer Seite ein Grundrecht, das durch Gewährleistungen europäischer Grundrechte besonderes Gewicht erhält, auf dem Spiel, ist dies im Rahmen der Abwägung zu berücksichtigen. Die Abwägung ist damit keinesfalls entbehrlich. Auch wird das Abwägungsergebnis nicht durch Rechtsprechung des EGMR vorweggenommen. Allerdings ist bei der Abwägung innerhalb des nationalen Verfassungsrechts den Wertungen der EMRK und des EGMR **argumentativ Rechnung zu tragen**. Nach der Rechtsprechung des BVerfG ist das Grundgesetz im Lichte der EMRK und deren „Entwicklungsstand"[179] einschließlich der Rechtsprechung des EGMR[180] auszulegen. Auch vorbehaltlose Grundrechte sind im Lichte

---

[177] BVerfGE 89, 214, 231 f. – Bürgschaftsverträge.
[178] Noch weiter gehend: Hain, DVBl. 1993, 982.
[179] BVerfGE 74, 358, 370 – Unschuldsvermutung. Die EMRK selbst ist als ein „living instrument" angelegt: EGMR, v. 25.4.1978, EuGRZ 1979, 162, 164, Z. 31 – Tyrer; EGMR, v. 9.10.1979, EuGRZ 1979, 626, 627, Z. 24 – Airey.
[180] BVerfGE 111, 307, 317 – EGMR-Entscheidungen.

des Völkerrechts auszulegen (→ Rn. 721). Geboten ist die Herstellung einer **völkerrechtsfreundlichen Konkordanz** der Grund- und Menschenrechte zur Lösung solcher Grundrechtskollisionen im doppelten Sinne. Dies wird erreicht, indem die EMRK in ihrer Auslegung durch den EGMR in die Auslegung und Gewichtung der nationalen Grundrechte als Prinzipien einfließt. Ziel ist eine **doppelte Optimierung**: Den Grund- bzw. Menschenrechten ist nach Möglichkeit zur Geltung zu verhelfen und der Ausgleich soll nach Möglichkeit[181] den völkerrechtlichen Maßstäben entsprechen. Die in der deutschen Grundrechtssystematik zum Ausdruck kommenden Gewichtungen sollen dabei keineswegs nivelliert werden, sondern sind und bleiben wesentlicher Teil der herzustellenden **doppelten praktischen Konkordanz**. Eine solche Erweiterung der Methodik der praktischen Konkordanz erlaubt es daneben, die europäischen Akzente einfließen zu lassen.

Ein **Beispiel** hierfür ist die Diskussion um das Verhältnis zwischen dem **allgemeinen Persönlichkeitsrecht** und der **Pressefreiheit**. Hier haben die deutsche Rechtsprechung des BGH[182] und des BVerfG[183] andere Akzente als der EGMR[184] gesetzt. In jedem Einzelfall ist zu fragen, wie die miteinander kollidierenden Grundrechte gegeneinander abzuwägen sind. Die Fallgestaltungen sind im Bereich des Presserechts denkbar vielfältig.[185] Die einschlägige Regelung der §§ 22 f. Kunsturhebergesetz (KUG)[186] bringt Gesichtspunkte sowohl des Persönlichkeitsrechts als auch der Pressefreiheit in Ansatz und ist offen für eine grundrechtskonforme und konventionsfreundliche Auslegung. Die Handhabung muss eine **prinzipiengeleitete** sein. Die Belange stehen in einem Je-desto-Verhältnis und müssen gegeneinander abgewogen werden. Keiner der Belange genießt in einem Wenn-dann-Schema einen regelhaften Vorrang.[187] Das bringt auch der EGMR[188] zum Ausdruck, wenn er der deutschen Rechtsprechung[189] vorhält, zu schematisch Grenzen zu ziehen zwischen „absoluten und relativen Personen der Zeitgeschichte" einerseits und zwischen „öffentlichen Orten" und „Orten der Abgeschiedenheit" andererseits.[190] Gegen die Unterscheidungen ist nichts einzuwenden, wenn sie nicht regelhaft schematisch erfolgen. Weitere Kriterien, die sowohl dem Schutz des Art. 5 Abs. 1 S. 2 GG als auch dem Persönlichkeitsrecht des Art. 8 Abs. 1 EMRK in der Auslegung des EGMR gerecht werden, könnten sein: erstens der autonome und partielle Verzicht auf Privatheit betroffener Prominenter (z. B. durch freiwillige Preisgabe, künstlerische Verarbeitung bzw. Kommerzialisierung ihrer Privatsphäre) und zweitens ein „unvorbildliches" Verhalten von öffentlichem Interesse, das gar Ordnungswidrigkeitsvorschriften und Strafnormen verletzt. Der Informationswert ist nach der neueren Rechtsprechung[191] bei der Abwägung zu berücksichtigen, wobei die Pres-

741

---

181 BVerfGE 111, 307, 324 – EGMR-Entscheidungen: „[...] nach Möglichkeit im Einklang mit dem Völkerrecht auszulegen".
182 BGHZ 131, 332, 339 – Caroline von Monaco II.
183 BVerfGE 101, 361, 386 ff. – Caroline von Monaco II.
184 EGMR, v. 24.6.2004, NJW 2004, 2647, Z. 48 ff. – Caroline von Hannover/Deutschland: Ls. 6.
185 Im Unterschied dazu geht es in dem zuvor erörterten Beispiel aus dem Familienrecht um gleich gelagerte Entscheidungen sogar zwischen denselben Beteiligten, die lediglich prozessual neue Streitgegenstände bilden.
186 Habersack Nr. 67.
187 Zur Unterscheidung zwischen Regel und Prinzip → Rn. 25 ff.
188 EGMR, v. 24.6.2004, NJW 2004, 2647, Z. 48 ff. – Caroline von Hannover/Deutschland: Ls. 1.
189 BGHZ 131, 332, 339 – Caroline von Monaco II; so auch BVerfGE 101, 361, 380 ff. – Caroline von Monaco II.
190 Vermittelnd: KG, Urteil v. 29.10.2004, GRUR 2005, 79, 80 – Lebenspartnerin von Herbert Grönemeyer II.
191 BGH NJW 2007, 1977, 1979 f.; NJW 2007, 3440, 3442; bestätigend: BVerfGE 120, 180, 203 ff. u. 221 f. – Caroline III.

se zur Wahrnehmung ihrer meinungsbildenden Aufgaben selbst nach publizistischen Kriterien entscheiden darf, was sie für berichtenswert hält. Das Informationsinteresse kann insbesondere auch durch eine publizistische Verknüpfung von Bildern mit einem Wortbericht belegt werden.[192]

Ein weiteres Beispiel ist ein sich abzeichnender Wandel des **Familienrechts**, namentlich der Rechte des biologischen Vaters. Diese Rechte sind im BGB im Vergleich zu den Rechten der Mutter und im Vergleich zum Schutz der Ehe schwach ausgestaltet. Mit dem Grundgesetz mag dies vereinbar sein, wenn man zugrunde legt, dass Art. 6 Abs. 1 GG die Ehe im Rahmen des Schutzes der Familie unter besonderen Schutz der Verfassung stellt, während Art. 8 Abs. 1 EMRK allein die Eheschließung und umfassend das Privat- und Familienleben schützt. Die hierin angelegte Normkollision mit dem jedenfalls partiell vorbehaltlosen Art. 6 Abs. 1 GG wird in dem Fall zugespitzt, in dem die Mutter mit ihrem nichtehelichen Kind und einem neuen Partner, der nicht der Vater ist, eine Ehe und Familiengemeinschaft begründet oder wenn das Kind von einer neuen Familie adoptiert wird. Während die deutsche Rechtsprechung Rechte des biologischen Vaters unter Verweis auf den Schutz der neuen Familiengemeinschaft zurückwies, sah der EGMR hierin einen Verstoß gegen die EMRK.[193] Das BVerfG hat die Familiengerichte dazu aufgefordert und verpflichtet, diese Entscheidung „im Rahmen methodisch vertretbarer Gesetzesauslegung [...] in den betroffenen Teilrechtsbereich der nationalen Rechtsordnung einzupassen."[194] Das bedeutet für den konkreten Fall, die umgangsrechtlichen Vorschriften des BGB so auszulegen, dass Umgangsbeschränkungen auch in den Fällen hohen Anforderungen unterliegen, in denen der Vater nie mit dem Kind zusammenleben konnte, aber sorgebereit und -fähig ist. Damit wurde ein Bekenntnis zur Kindeswohldienlichkeit der biologischen Familienbande abgegeben.[195] Das Familienrecht muss auf die Zusammenführung der leiblichen Eltern mit ihrem Kind hinwirken.[196]

e) Kollisionen mit verfassungsrechtlichen Gemeinschaftsgütern

742 Besonders kritische Prüfung verdient der **Grad der Beeinträchtigung** bei der Einschränkung vorbehaltloser Grundrechte zum Schutz von **Gemeinschaftsgütern**. Der Geltungsanspruch der Leitprinzipien unserer Verfassung sowie das Prinzip wehrhafter Demokratie werden nämlich durch punktuelle und individuelle Freiheitsausübung wenn überhaupt, dann nicht wesentlich beeinträchtigt. So hat die Funktionsfähigkeit der Rechtspflege zwar Verfassungsrang, wird aber durch eine glaubensbedingte Verweigerung eines Eides „im Einzelfall nicht beeinträchtigt"[197] – jedenfalls nicht nennenswert gefährdet. Auch stehen öffentliche Demonstrationen und Meinungsäußerungen nicht unter einem Vorbehalt verfassungstreuer Gesinnung.[198] Selbst die umstrittene ausdrückliche **Treueklausel des Art. 5 Abs. 3 S. 2 GG** wird nicht als zusätzliche Schran-

---

192 BVerfGE 120, 180, 205 f. – Caroline III.
193 EGMR, v. 26.2.2004, NJW 2004, 3397 ff., Z. 41 ff. – Görgülü/Deutschland.
194 BVerfGE 111, 307, 323, 327 – EGMR-Entscheidungen.
195 *Dürbeck* in: Staudinger, BGB, §§ 1684–1717, 18. Aufl., zu § 1684 Rn. 24.
196 EGMR, v. 26.2.2004, NJW 2004, 3397, 3399, Z. 45 – Görgülü/Deutschland.
197 BVerfGE 33, 23, 32 – Eidesverweigerung aus Glaubensgründen.
198 Anders OVG Münster, NJW 2001, 2114, 2115; dagegen BVerfG-K, NJW 2001, 2076 f. Vgl. auch BVerfGE 33, 52, 71 – Zensur: Dort wird – noch liberaler – sogar die „unmittelbare und gegenwärtige Gefahr für den Bestand der Bundesrepublik" als Eingriffsschwelle für die Kunstfreiheit gefordert.

ke der im Übrigen vorbehaltlosen Lehrfreiheit gedeutet.[199] Vielmehr greift das verfassungsimmanente Prinzip der Wehrhaftigkeit **nur gegenüber nachhaltigen Gefährdungen** unserer Verfassungsordnung, z. B. gegenüber dem Wirken einer verfassungsfeindlichen Religionsgemeinschaft, die unsere Demokratie aggressiv attackiert.[200] Problematisch ist deshalb die Strafbarkeit der Verunglimpfung von Staatssymbolen nach § 90 a StGB. Fraglich ist nämlich, ob durch eine Verunglimpfung von Staatssymbolen im Einzelfall eine nachhaltige Gefährdung der letztlich geschützten Verfassungsordnung überhaupt in Betracht kommt. Festzuhalten ist, dass auch nach der Rechtsprechung die Propaganda für „noch so verfassungsfeindlich(e)" Ziele allein nicht strafbar ist, sondern allenfalls verunglimpfende Auswüchse.[201] Freilich führt die Prämisse dieser Rechtsprechung, dass der Staat auf ein Mindestmaß an Achtung seiner Bürger angewiesen sei,[202] zu der Anschlussfrage, ob das Strafrecht ein adäquates Mittel ist, um diese Achtung zu erreichen.

In seinem Wunsiedel-Beschluss behauptet das BVerfG, dass Äußerungen, die i. S. d. § 130 Abs. 4 StGB den öffentlichen Frieden durch Billigung des Nationalsozialismus stören, bereits den „**Übergang zu Aggression oder Rechtsbruch**"[203] markieren. Die hier entwickelte, niedrigere „Eingriffsschwelle" soll sich ausdrücklich auf einen „vorgelagerten Rechtsgüterschutz"[204] erstrecken, obwohl das BVerfG grundsätzlich daran festhält, dass die Meinungsfreiheit verfassungsfeindliche Ideen nicht per se verbiete. Es verweist zu Recht auf die „Identität des Gemeinwesens" als „Gegenentwurf zu dem Totalitarismus des nationalsozialistischen Regimes", auf der auch die „Einbindung der Bundesrepublik Deutschland in die Völkergemeinschaft bis heute nachhaltig" beruhe. Allerdings verzichtet es darauf, seine „Ausnahme vom Verbot des Sondergesetzes", die dem Art. 5 Abs. 1 und Abs. 2 GG „immanent" sei, konsequent auf Verfassungsgüter und deren Gefährdung zurückzuführen und die in Art. 18 GG aufgestellten Eingriffsschwellen gegen individuelle Verfassungsfeinde heranzuziehen. Statt eine konsistente und strenge Dogmatik verfassungsimmanenter Schranken fortzuführen, beschwört das BVerfG[205] eine „**nicht übertragbare einzigartige Konstellation**". Das BVerfG warnt gleichsam selbst vor der Fortentwicklung seines eigenen Ansatzes.

▶ **Zu Fall 29:** A kann sich auf die Kunstfreiheit berufen. Die Rechtfertigung des Eingriffs in Art. 5 Abs. 3 GG kann nur auf verfassungsimmanente Schranken gestützt werden. Die Kernenergie ist kein Verfassungsgut, mag sie auch als Gegenstand der Gesetzgebungskompetenz in Art. 73 Abs. 1 Nr. 14 GG erwähnt sein. Die in der Bundesflagge verkörperten Verfassungswerte rechtfertigen das Verbot nicht, weil nicht eindeutig ist, ob A diese Werte als solche angreift. Verfassungsrang hat der Schutz der Ehre des B – und zwar nicht durch Schrankenleihe aus Art. 5 Abs. 2 GG, sondern als Teil des Persönlichkeitsrechtes des B nach Art. 2 Abs. 1 i. V. m. Art. 1 Abs. 1 GG. Die Bedeutung des Persönlichkeitsrechts findet Verstärkung durch seine Interpretation im Lichte des Art. 8 Abs. 1 EMRK. Die praktische Konkordanz gebietet es aber, im Einzelfall zu prüfen, ob die Ehrverletzung eindeutig und so schwer

---

199 *K. Hesse*, Grundzüge, 20. Aufl., Rn. 403; *Britz* in: Dreier, GG, Bd. 1, 3. Aufl., zu Art. 5 Abs. 3 (Wissenschaft) Rn. 50.
200 Vgl. zu den Einzelheiten *Michael*, JZ 2002, 482, 485 f.; *ders.* in: Häberle/Morlok/Skouris, FS für Tsatsos, 2003, S. 383.
201 BVerfGE 47, 198, 232 – Wahlwerbesendungen; BGH, NStZ 2003, 145, 146.
202 BVerfGE 47, 198, 232 – Wahlwerbesendungen; BGH, NStZ 2003, 145, 146.
203 BVerfGE 124, 300, 335 – Wunsiedel.
204 BVerfGE 124, 300, 333, 335 – Wunsiedel.
205 BVerfGE 124, 300, 327 ff. – Wunsiedel.

ist, dass sie die Einschränkung der Kunstfreiheit rechtfertigt. Bloße Provokationen müssen hingenommen werden. ◀

WIEDERHOLUNGS- UND VERSTÄNDNISFRAGEN

> Warum sind die verfassungsimmanenten Schranken eine Folge der Grundrechtsinterpretation und machen ihrerseits eine Verfassungsinterpretation notwendig?
> Können a) Grundrechte, b) die Schrankentrias c) Staatszielbestimmungen und d) Gesetzeskompetenzen als verfassungsimmanente Schranken herangezogen werden?
> Was sind die Gemeinsamkeiten, was die Unterschiede zwischen der allgemeinen Verhältnismäßigkeitsprüfung bei Konflikten zwischen Grundrechten mit Gesetzesvorbehalt und der Prüfung der praktischen Konkordanz? Erläutern Sie den Aufbau der Prüfung, die Bestimmung legitimer Zwecke und den Vorgang der Abwägung!
> Erklären Sie, wie sich bei Grundrechtskollisionen Über- und Untermaßverbot gegenüber stehen und wie die praktische Konkordanz diese Konflikte auflöst!

VI. Gesamtabwägungen mehrerer Grundrechtsbeeinträchtigungen

743 Mehrere Grundrechte können nicht nur miteinander kollidieren, sondern sich auch gegenseitig verstärken. Nach der Rechtsprechung haben sogenannte **Schutzbereichsverstärkungen** (→ Rn. 59) eines Grundrechts Auswirkungen auf die Abwägung. Im Rahmen der Prüfung der Verhältnismäßigkeit des primär betroffenen Grundrechts ist der Belang eines sekundär zu berücksichtigen Grundrechts als Verstärkung des Grundrechtsschutzes zu berücksichtigen. So ist zum Beispiel beim Schächtungsverbot im Rahmen der Berufsfreiheit des Metzgers auch die religionsrechtliche Relevanz des Schächtens zu berücksichtigen. Dabei wird die Schrankensystematik des primär betroffenen Grundrechts zu Grunde gelegt. Dies war in dem Beispiel eines ausländischen Metzgers nicht Art. 12 GG, sondern Art. 2 Abs. 1 GG. Weil Art. 4 Abs. 1 GG nicht primär zu prüfen ist, dürfen trotz der Vorbehaltlosigkeit der Religionsfreiheit nicht lediglich verfassungsimmanente Schranken herangezogen werden, sondern grundsätzlich alle legitimen Zwecke zur Beschränkung der Berufsfreiheit.[206] Im Rahmen der Abwägung ist dem Gewicht des jeweils sekundär betroffenen Grundrechts Rechnung getragen und auf diese Weise der Schutz des primär betroffenen Grundrechts verstärkt. Es war hier also ein besonders schwerer, sowohl den Beruf als auch die Religionsfreiheit betreffender Eingriff in die allgemeine Handlungsfreiheit aufzuwiegen.

744 Bei einer **holistischen Betrachtung** (→ Rn. 62 f.) der Beeinträchtigung sämtlicher, durch ein und dieselbe Maßnahme betroffener Grundrechte ist im Rahmen einer Gesamtabwägung die Schwere der zugleich betroffenen Grundrechte zusammenzuaddieren. Auch bei **mehreren Maßnahmen** kommt nach der Rechtsprechung eine Kumulation der Schwere der Beeinträchtigung in Betracht. So können z. B. verschiedene umweltrechtliche Auflagen insgesamt zu einer unzumutbaren Einschränkung der Unternehmensfreiheit führen. Nicht nur verschiedene, parallel belastende Beeinträchtigungen können zugunsten des Grundrechtsträgers berücksichtigt werden. Auch erleichternde, begünstigende Maßnahmen sind im Rahmen einer Saldierung zu berücksichtigen, wenn es um die Verhältnismäßigkeit i. e. S., also die Zumutbarkeit geht. Das BVerfG

---

[206] Beachte: Erst nach der Entscheidung wurde der Tierschutz durch Art. 20a GG in Verfassungsrang erhoben.

hat auch die **Zahl der Betroffenen** im Rahmen der Abwägung berücksichtigt.[207] Diese Betrachtung ist der Grundrechtsprüfung, die auf das Individuum zugeschnittenen ist, an sich fremd. Damit wird die Verhältnismäßigkeit über den Einzelfall hinaus nicht nur auf mehrere Maßnahmen zulasten denselben Grundrechtsberechtigten erstreckt, sondern kollektiv gesellschaftlich betrachtet. Es handelt sich um eine objektiv-rechtliche Bedeutung der Grundrechte, die über den Individualschutz hinausgeht und die Freiheit aller Bürger insgesamt in den Blick nimmt. Das überzeugt nur, soweit kollektive Unfreiheit auf die Freiheit des Individuums „zurückwirkt" – z. B. dadurch, dass der einzelne Bürger durch zu viele Überwachungsmaßnahmen des Staates insgesamt eingeschüchtert und verunsichert wird.

VII. Verhältnismäßigkeit in Sonderstatusverhältnissen

Aus Sonderstatusverhältnissen (zum Begriff → Rn. 52, zu den Zurechnungsfragen → Rn. 520, 524, 532) ergeben sich Modifikationen in der Gewichtung grundrechtlicher Positionen. Dies betrifft auch die verfassungsimmanenten Schranken und hat gerade dort praktische Bedeutung. Das gilt jedenfalls für den „aktiven", **freiwilligen Sonderstatus** der Richter, Beamten und Beschäftigten im öffentlichen Dienst sowie für Beliehene. Deren Handeln in staatlichem Namen und Auftrag ist dem Staat zuzurechnen und insofern grundrechtsgebunden. Zugleich sind diese Personen aber auch grundrechtsberechtigt. Ihre Grundrechtsausübung kann mit den Grundrechten derjenigen kollidieren, die ihnen als Bürger im Rahmen ihrer öffentlich-rechtlichen Tätigkeit begegnen. Die Grundrechtsausübung im Sonderstatus muss in diesen Fällen mit der parallelen Grundrechtsbindung in Einklang gebracht werden. Es handelt sich somit um einen Spezialfall der Grundrechtskonflikte, gegebenenfalls auch der Grundrechtskollisionen. Einerseits soll dabei der Grundrechtsausübung auch im Sonderstatus nach Möglichkeit Raum gegeben werden. Andererseits sind insoweit Einschränkungen der Grundrechtsausübung zumutbar, „als es das besondere öffentliche Interesse erfordert, das diesem (Sonderstatus-)Verhältnis zugrunde liegt".[208]

745

Hiervon sind „passive" Sonderstatusverhältnisse zu unterscheiden, bei denen Personen vom Staat **unfreiwillig** in besondere Pflicht genommen werden. Ausdrücklich geregelt sind in Art. 17a GG besondere Grundrechtseinschränkungen im Rahmen des Wehr- und Ersatzdienstes. Im Rahmen ihrer Dienstverhältnisse stehen Soldaten und Ersatzdienstleistende dabei zugleich kraft ihrer Grundrechtsbindung auch in einem „aktiven" Sonderstatus. Keine Regelungen enthält hingegen der Grundrechtskatalog für die „rein passiven" Sonderstatusverhältnisse, zu denen die Betroffenen einfachrechtlich gezwungen werden, ohne ihrerseits grundrechtsverpflichtet zu sein. Das gilt z. B. für schulpflichtige Kinder oder für Inhaftierte. In den passiven Sonderstatusverhältnissen sind Grundrechtsberechtigte z. T. erheblichen Grundrechtsbeschränkungen ausgesetzt. Die Schwere solcher Grundrechtsbeschränkungen mag hier typisch sein. Die Rechtfertigung hierfür liefert aber nicht die Kategorie des Sonderstatus als solche. Sie ist vielmehr in den Zwecken zu suchen, denen die Begründung dieser Sonderstatusverhältnisse jeweils dient (also z. B. die Bildung oder die Strafzwecke). Durch einfachrechtlich begründete Sonderstatusverhältnisse kann sich der Staat nicht Selbstzwecke für schwere Grundrechtseingriffe schaffen. Das bestätigt auch im Umkehrschluss Art. 17a GG.

746

---

207 BVerfGE 100, 313, 376 – Telekommunikationsüberwachung I.
208 So bringt es § 8 Abs. 2 der Kantonsverfassung Aargau (1980) auf eine verallgemeinerbare Formel.

Der Staat hat in diesen Fällen aber gegebenenfalls Schutzpflichten zugunsten Dritter, insbesondere zugunsten derjenigen, die ebenfalls im Sonderstatus leben.

747 Zusammenfassend lässt sich als **Merksatz** festhalten: Im „aktiven" Sonderstatus kommt es zu strukturellen Gewichtsverschiebungen der Abwägung, die dadurch gerechtfertigt sind, dass ein Grundrechtsträger zugleich für den grundrechtsverpflichteten Staat handelt. Demgegenüber steht der Begriff des „passiven" Sonderstatus nicht für eine Modifikation der Abwägung (mit Ausnahme des Art. 17a GG), sondern für ein typisiertes Abwägungsergebnis.

Das lässt sich am **Beispiel des Kopftuchs** einer Lehrerin an einer öffentlichen Schule zeigen. Hier treffen nämlich beide Dimensionen direkt aufeinander. Auf der einen Seite steht der aktive Sonderstatus der Lehrerin. Ihre Möglichkeit der Berufung auf die Religionsfreiheit auch im öffentlichen Dienst wird von Art. 33 Abs. 3 GG bekräftigt. In einem nicht-laizistischen Staat sollte auch einer Kopftuch tragenden Lehrerin nicht per se der Schuldienst verschlossen bleiben. Eine Lehrerin setzt sich den Blicken ihrer Schülerinnen und Schüler im Unterricht dauerhaft aus. Es ist plausibel, wenn sie sich gegebenenfalls auch und gerade in dieser Situation von ihrem religiösen Schamgefühl betroffen fühlt. Auf der anderen Seite stehen jedoch die negative Religionsfreiheit der Schülerinnen und Schüler sowie bei nicht religionsmündigen Kindern das Erziehungsrecht ihrer Eltern aus Art. 6 Abs. 2 GG. Zwar ist die bloße Konfrontation mit dem Glauben anderer an sich keine Grundrechtsbeeinträchtigung (→ Rn. 51 f.). Wenn diese Konfrontation jedoch im staatlichen Bereich erfolgt, steht die Neutralität des Staates auf dem Spiel. Diese muss die Lehrerin im „aktiven" Sonderstatus beachten (→ Rn. 197). Es ist deshalb im Rahmen praktischer Konkordanz nach Möglichkeiten zu suchen, beide Positionen zum Ausgleich zu bringen.[209] Pauschallösungen, die auf eine abstrakte Gefährdung des Schulfriedens abstellen, hat das BVerfG zu Recht eine Absage erteilt.[210] Der auf Toleranz setzenden Verfassung einer pluralistischen Gesellschaft entspricht es vielmehr, dass auch Schulen grundsätzlich Raum für mehr oder weniger religiöse Menschen bieten. Auf der einen Seite müssen religiöse Menschen dabei Zurückhaltung üben und dürfen insbesondere nicht missionieren. Auf der anderen Seite sollte idealerweise zu fordern sein, einer zurückhaltenden Bekenntnishaftigkeit mit Toleranz zu begegnen. Nur wo dies nicht gelingen kann, darf und muss der Staat intervenieren. Der Weg zu einem Ausgleich im Einzelfall wäre vor allen Dingen durch geeignete Verfahren sicherzustellen. Dies könnte wie folgt aussehen: Hierzu wäre zunächst eine Anzeigepflicht der Lehrerin gegenüber der Schulleitung zu fordern, um dieser einen frühzeitigen und schonenden Ausgleich zu ermöglichen. Die Schulleitung müsste zunächst die religiösen Gründe der Lehrerin auf ihre Plausibilität überprüfen und sicherstellen, dass seitens der Lehrerin keine missionarische Indoktrinierung der Schülerinnen und Schüler zu befürchten ist. Sodann wäre allen betroffenen Schülerinnen und Schülern sowie Eltern die Möglichkeit zu geben, sich aus Glaubensgründen dagegen zur Wehr zu setzen. Diese Möglichkeit sollte anonymisiert gegenüber der Lehrerin bestehen. Die Gründe sind von der Schulleitung bzw. von einer neutralen Instanz ebenfalls auf ihre Plausibilität zu prüfen, wobei es nicht ausreichen sollte, dass das Kopftuch als störend empfunden wird. Vielmehr gebietet das Toleranzgebot, zu prüfen, ob tatsächlich erhebliche religionsrechtlich begründete Bedenken vorgetragen

---

209 Das BVerfG hat diese entgegenstehenden Grundrechte anerkannt, aber offen gelassen, wie sie gesetzlich zum Ausgleich zu bringen wären: BVerfGE 108, 282, 299 – Kopftuch I.
210 BVerfGE 138, 269, 334 ff. – Kopftuch II.

werden. Die Schulleitung müsste dann versuchen, die Lehrerin in Klassen einzusetzen, in denen keine Einwände vorgetragen werden. Soweit dies nicht ebenso gut möglich ist, muss die Lehrerin in letzter Konsequenz auf das Tragen des Kopftuchs gegebenenfalls partiell verzichten. Art. 3 Abs. 3 GG gebietet, dass Entsprechendes auch beim Tragen anderer religiöser Symbole gilt.

SYSTEMATISCHER VERWEIS: Zum Prüfungsaufbau beachte → Schema 3.

Teil 8:
Gleichheitsrechte

§ 24 Einführung in die Gleichheitsrechte

I. Die Funktion der Gleichheitsrechte im System des Grundrechtsschutzes

748 Gleichheit ist ein elementarer Bestandteil der **Idee der Gerechtigkeit**. Religionen postulieren seit jeher die Gleichheit „vor Gott".[1] Die Forderung der Gleichheit „vor dem Gesetz" ist die säkularisierte Variante dieses Gedankens.[2] Die Verknüpfung von Gleichheit und Gerechtigkeit wird so zum **Inbegriff des Rechts**.[3] Immer schon wird mit dem Gebot der Gleichbehandlung aber auch die Frage nach der Notwendigkeit, Unterscheidungen zu machen, aufgeworfen. So unterschied schon Aristoteles[4] zwischen austeilender und ausgleichender Gerechtigkeit, deren Differenz eben in der unterschiedlichen Antwort auf die Frage formaler Gleichbehandlung liegt. Gerechtigkeit bedeutet auch Rechtsanwendung durch vorurteilsfreies Abwägen der Positionen. Dies wird im Bild der blinden Justitia mit Waage[5] greifbar.

Freiheit und Gleichheit sind zusammen zu denken. Die **Erfolgsgeschichte des modernen Verfassungsstaates** beruht auf der parallelen Forderung menschlicher Freiheit und Gleichheit.[6] Freilich begann die Durchsetzung mancher Gleichheitsrechte, insbesondere auch die Gleichberechtigung der Frauen erst nach und nach. Besondere Diskriminierungsverbote sind – ungeachtet vieler Überschneidungen und Annäherungen im internationalen Verfassungsvergleich – in hohem Maße von der spezifischen **geschichtlichen (Unrechts-)Erfahrung** jedes Landes geprägt. Im amerikanischen Verfassungsrecht wurde die Sklaverei erst 1865 im 13. Amendment abgeschafft und die „equal protectionclause" im 14. Amendment von 1868 wendet sich gegen ethnische Diskriminierungen. Der deutsche Art. 3 Abs. 3 GG ist vor dem historischen Hintergrund der Diskriminierungen und des Völkermordes im Nationalsozialismus zu sehen. Und der österreichische Art. 7 Abs. 1 B-VG richtet sich gegen die monarchischen Adelsprivilegien[7] des Kaiserreichs.

---

1 Biblisch etwa Matthäus 20, 8.
2 Exemplarisch: *Th. Morus*, Utopia (1516), Buch III, 31 f.; *Th. Hobbes*, Leviathan (1651), Teil 1, Kap. 13 ff.; *J. Locke*, Two Treatises on Government (1689), Buch II, Kap. 2, §§ 4 ff., Kap. 9, §§ 123, 131.
3 Pathetisch lässt *Friedrich Schiller* in seinen „Szenen aus den Phönizierinnen des Euripides" Jokasta sagen: „Gleichheit ist das heilige Gesetz der Menschheit.".
4 Nikomachische Ethik V 5 u. 6 =11, 30 1130 b 30 ff., 1131 a 22 ff. Siehe auch Aristoteles Politik, 1301 b 29 ff.; 1318 a 10 ff.
5 *J. C. Bluntschli*, Allgemeines Staatsrecht, 1852, S. 689: „Der Begriff der Rechtsgleichheit ist uralt. Die Waage hat von jeher als das Symbol der Gerechtigkeit gegolten, die Waage welche mit gleichem Gewichte mißt; und alles Recht hat einen ursprünglichen Zug nach idealer Gleichheit, wie das Wasser einen elementarischen Trieb in sich hat zu gleicher Höhe." Vgl. auch *Häberle*, Diskussionsbeitrag, in: Erbguth u. a., Abwägung im Recht, Symp. Für W. Hoppe, 1996, S. 43, 44.
6 Vorbild sind dafür Section 1 der Virginia Bill of Rights von 1776 („That all men are by nature equally free and independent") und Art. 3 der französischen Menschenrechtserklärung von 1793 („Tous les hommes sont egaux par la nature et devant la loi"). Aus der deutschen Verfassungsgeschichte seien exemplarisch Art. 10 der napoleonischen Verfassung Westfalens von 1807 („Gleichheit aller Unterthanen vor dem Gesetze") und die Einleitung der Verfassung Bayerns von 1818 („Gleichheit der Gesetze und vor dem Gesetze") genannt.
7 Den liberalen Anspruch bürgerlicher Emanzipation sieht *E. Kaufmann*, Die Grenzen der Verfassungsgerichtsbarkeit, VVDStRL 3 (1927), S. 1, 5 auch in Art. 109 WRV.

§ 24 Einführung in die Gleichheitsrechte

Diskriminierungsverbote können Einfluss auf die **gesellschaftliche Entwicklung** nehmen. Entsprechend umstritten ist die Grenze zwischen Politik und Verfassungsrecht bei staatlichen Maßnahmen zum Ausgleich bestehender Ungleichheiten (im Amerikanischen: „affirmative actions").[8] Bis heute ist umstritten, ob solche **kompensatorisch bevorzugenden Ungleichbehandlungen** erlaubt oder gar geboten sind (→ Rn. 821).

Die grundsätzliche Stoßrichtung der Rechtsgleichheit ist aber weniger eine ausgleichende als vielmehr eine neutrale. Rechtsgleichheit soll nicht die Ungleichheiten beseitigen, die aus dem Gebrauch der verfassungsrechtlich gewährleisteten Freiheitsrechte resultieren (*„keine Gleichmacherei"*). Freiheit führt zu Ungleichheit. Verfassungsrechtliche Gleichheitsgebote negieren weder den von Art. 12 GG geschützten beruflichen Erfolg, noch den von Art. 14 GG geschützten Reichtum und wollen auch nicht den von Art. 5 Abs. 1 und Art. 8 GG geschützten Einfluss der politisch Engagierten nivellieren. Das schließt nicht aus, dass aus Art. 3 Abs. 1 GG Gebote für **Teilkompensationen** abgeleitet werden, so z. B. bei der Besteuerung nach Leistungsfähigkeit anstelle einer Kopfsteuer. Solche Teilkompensationen negieren aber die Freiheitsrechte nicht, sondern sind vielmehr auch deren Konsequenz: Sie entsprechen nämlich einer auf den Einzelfall bezogenen Differenzierung nach der freiheitsrechtlichen Zumutbarkeit bzw. dienen der Chancengleichheit bei der Wahrnehmung von Freiheitsrechten. Verfassungsrechtliche Gleichheit steht damit richtig verstanden weniger im Konflikt mit der Freiheit, sondern ist vielmehr ihr Pendant. Der Verfassungsstaat postuliert eine **freiheitliche Gleichheit** bzw. **gleichmäßige Freiheit**.

II. Systematik der Gleichheitsrechte

Es ist zwischen dem **allgemeinen Gleichheitssatz** des Art. 3 Abs. 1 GG und den **besonderen Gleichheitssätzen** zu unterscheiden. Die besonderen Gleichheitssätze zeichnen sich entweder dadurch aus, dass sie bestimmte Differenzierungskriterien als **diskriminierend** bezeichnen wie Art. 3 Abs. 2 GG („Frauen und Männer") und Art. 3 Abs. 3 GG (z. B. „Rasse" oder „Herkunft") sowie Art. 6 Abs. 5 GG („unehelich") oder dadurch, dass sie lediglich einen **bereichsspezifischen** Anwendungsbereich haben wie Art. 33 GG („staatsbürgerliche Rechte und Pflichten") – beides kann auch zusammentreffen wie in Art. 33 Abs. 3 GG („religiöses Bekenntnis beim Genuss staatsbürgerlicher Rechte") und Art. 140 GG i. V. m. Art. 136 Abs. 2 WRV.

Eine Sonderstellung genießt die **demokratische Gleichheit nach Art. 38 Abs. 1 GG**. Sie ist nicht Grundrecht i. e. S., sondern grundrechtsgleiches Recht und als solches mit der Verfassungsbeschwerde einklagbar. Dank der Rechtsprechung des BVerfG[9] ist Art. 38 Abs. 1 GG zum Auffangrecht für Klagen betreffend die Grenzen der Europäischen Integration geworden. Art. 38 Abs. 1 GG ist nicht nur Grundlage für Demokratie, sondern begründet ein Recht auf Demokratie. Sein Inhalt ist von dem des Demokratieprinzips nicht zu trennen. Da es sich beim Demokratieprinzip um eine staatsorganisationsrechtliche Frage handelt, werden die Fragen des Art. 38 Abs. 1 GG im Rahmen dieses Lehrbuchs nicht vertieft.

Ähnlich der Dogmatik der Freiheitsrechte unterscheiden sich die Gleichheitsrechte graduell auf der Schrankenebene in der **Intensität** ihrer Gewährleistung: Die Anfor-

---

8 *Brugger*, Grundrechte und Verfassungsgerichtsbarkeit in den Vereinigten Staaten von Amerika, 1987, S. 162 ff. mit umfangreichen Nachweisen.
9 BVerfGE 89, 155 – Maastricht; BVerfGE 123, 267 ff. – Lissabon.

derungen an die Rechtfertigung von Eingriffen in die besonderen Diskriminierungsverbote sind ungleich höher als beim allgemeinen Gleichheitssatz. Deshalb ist **Art. 3 Abs. 1 GG als Auffangrecht** gegenüber den speziellen Diskriminierungsverboten zu verstehen (→ Rn. 783). Er ähnelt insoweit der Funktion des Art. 2 Abs. 1 GG als Auffanggrundrecht gegenüber den besonderen Freiheitsrechten. So wie staatliche Eingriffe aller Art vor der allgemeinen Handlungsfreiheit zu rechtfertigen sind, sind Ungleichbehandlungen aller Art am allgemeinen Gleichheitssatz zu messen.

Die **Schrankendogmatik** verdient auch bei den Gleichheitsrechten große Beachtung. Das Grundgesetz scheint nur zwischen dem allgemeinen Gleichheitssatz einerseits und den besonderen Gleichheitssätzen andererseits zu unterscheiden. Dies ist aber durch die Rechtsprechung **weiter ausdifferenziert** worden: Inzwischen unterscheidet das BVerfG nämlich hinsichtlich der Intensität der verfassungsrechtlichen Kontrolle auch innerhalb des allgemeinen Gleichheitssatzes: In bestimmten Fällen (→ Rn. 784 f.) misst es nicht nur am Willkürverbot, sondern führt eine Verhältnismäßigkeitsprüfung durch (sogenannte „neue Formel" bzw. „stufenloser Prüfungsmaßstab"). Auch innerhalb der besonderen Gleichheitssätze sind – insbesondere bei der Rechtfertigung von kompensatorischer Bevorzugung – Unterschiede zu machen.

752   Besonderheiten ergeben sich auch im Zusammenspiel mit den **europäischen Grundrechten**. Das in Art. 14 EMRK normierte Diskriminierungsverbot ist lediglich akzessorisch, weil es auf die in der EMRK „anerkannten Rechte und Freiheiten" bezogen ist. Der nicht akzessorische, aber gleichwohl auf spezielle Diskriminierungsverbote bezogene Gleichheitssatz des 12. ZP zur EMRK gilt (noch) nicht in Deutschland. Der allgemeine Gleichheitssatz wurde auch vom EuGH als ungeschriebenes Unionsgrundrecht relativ früh anerkannt.[10] Große praktische Bedeutung hat die Rechtsprechung des EuGH[11] zum speziellen Gleichbehandlungsgebot des Art. 157 AEUV und zur Gleichbehandlungs-Richtlinie 76 (207) EWG genommen. Dies gipfelte im Fall Tanja Kreil,[12] der im Jahr 2000 gar zur Änderung des Art. 12a Abs. 4 S. 2 GG führte: Statt des Verbotes des Waffendienstes für Frauen wird nunmehr nur noch deren Verpflichtung hierzu ausgeschlossen. Die Einflüsse des Unionsrechts und der EMRK sind hier zudem deshalb von besonderer praktischer Relevanz, als die Gleichheitsrechte vor allem bei Auslegungs- und Ermessensspielräumen greifen, bei denen gegebenenfalls auch eine konventionsfreundliche bzw. unionsrechtskonforme Auslegung geboten ist.

III. Gleichheit der Rechtsanwendung und der Rechtsetzung

1. Gleichheit der Rechtsanwendung

753   Unumstritten erfasst die **Gleichheit „vor dem Gesetz"** die Gleichheit bei der Anwendung des Rechts. Insoweit ist Art. 3 Abs. 1 GG das subjektiv-grundrechtliche Pendant zur objektiv-rechtlichen Bindung der Exekutive bzw. Judikative an „Gesetz und Recht" nach Art. 20 Abs. 3 GG. Soweit Gesetze zwingend Rechtsfolgen regeln,

---

10 EuGH, verb. Rs. C-117/76 u. C-16/77 (Ruckdeschel & Co. U. a.), Slg. 1977, 1753, Rn. 7; der Sache nach bereits EuGH, verb. Rs. 17/61 u. 20/61 (Klöckner-Werke AG), Slg. 1962, 655, 692 f. mit der Formel, dass „vergleichbare Sachverhalte in unterschiedlicher Weise behandelt und dadurch bestimmte Betroffene gegenüber anderen benachteiligt werden, ohne dass dieser Unterschied in der Behandlung durch das Vorliegen objektiver Unterschiede von einigem Gewicht gerechtfertigt wäre.".

11 EuGH, Rs. C-450/93 (Kalanke/Bremen), Slg. 1995, I-3051, Rn. 11 ff.; Rs. C-409/95 (Marschall/NRW), Slg. 1997, I-6363, Rn. 13 ff.; Rs. C-407/98 (Abrahamsson u. a./Fogelqvist), Slg. 2000, I-5539, Rn. 39 ff.; zuletzt EuGH, EuZW 2005, 406, 407 ff.

12 EuGH, Rs. C-285/98 (Kreil/Deutschland), Slg. 2000, I-69, Rn. 15 ff.

geht das Gleichheitsgebot in der Gesetzesbindung auf. Praktische Bedeutung haben die Gleichheitsrechte aber vor allem jenseits der Reichweite dieser Gesetzesbindung: Wo Gesetze **Auslegungs- bzw. Ermessensspielräume** eröffnen, müssen diese gleichmäßig ausgefüllt werden. Wenn hierfür Verwaltungsvorschriften, ungeschriebene Maßstäbe einer Verwaltungspraxis oder eine ständige Rechtsprechung existieren, lösen auch diese die Selbstbindungsmechanismen der Gleichheitssätze aus. Die Bindung an solche Maßstäbe ist zu trennen von der Frage deren Entstehung und Änderung (→ Rn. 758 f.).

Art. 3 Abs. 1 GG dient also der **Durchsetzung der Rechts- und Gesetzesbindung**. Umgekehrt setzt die Gesetzesbindung den Ansprüchen aus Art. 3 Abs. 1 GG aber auch Grenzen. Zwar soll jedermann ein Recht darauf haben, rechtlichen Belastungen nicht mehr als andere ausgesetzt zu werden. Aber die verfassungsrechtliche Gleichheit gibt keinen Anspruch auf die Ausdehnung rechtswidriger Vollzugsdefizite. Es besteht kein Anspruch auf Gleichbehandlung bei Rechtsverletzungen. Rechtsgleichheit ist Gleichheit innerhalb des Rechts und **keine Gleichheit im Unrecht**.

Im subjektiven Rechtsschutzsystem geben die Gleichheitsrechte **keinen Anspruch** darauf, einen rechtmäßigen Vollzug von Gesetzen **gegenüber Dritten durchzusetzen**. Nicht Art. 3 Abs. 1 GG eröffnet Klagerechte gegen drittbegünstigende Verwaltungsakte, sondern allenfalls die gleichzeitige Betroffenheit eigener Freiheitsrechte bzw. eine sogenannte „drittschützende Norm". So kann z. B. gegen eine rechtswidrige Baugenehmigung zwar der unmittelbar betroffene Nachbar, dem die Sicht versperrt wird, klagen, nicht jedoch jeder potenzielle Bauherr, dem eine entsprechende Genehmigung versagt wurde. Wohl kann ein Bürger **auf Gleichbehandlung des eigenen Falles klagen**, dem eine Begünstigung (z. B. eine Genehmigung, eine Subvention oder der Zugang zu einer öffentlichen Einrichtung) aus sachwidrigen Gründen versagt wird, die anderen Bürgern rechtmäßig zuteil wird. Wird also in dem Beispiel einem Dritten die Aufstockung seines Gebäudes rechtmäßig genehmigt, kann jeder Bauherr eines entsprechenden Vorhabens Gleichheitsrechte geltend machen (zur Möglichkeit der Änderung einer Verwaltungspraxis → Rn. 759; zur Rechtfertigung einer Ungleichbehandlung → Rn. 792 ff.).

754

Das Hauptproblem der Rechtsanwendungsgleichheit liegt in der Frage, mit welcher **Kontrolldichte** das BVerfG Fehler der Rechtsanwendung korrigieren soll. Art. 3 Abs. 1 GG ist kein Hebel, um jeden einfachrechtlichen Fehler mithilfe der Verfassungsbeschwerde angreifen zu können. Sonst würde das BVerfG zu einer Superrevisionsinstanz, was seiner Funktion widerspräche (→ Rn. 892). Deshalb beschränkt sich das BVerfG regelmäßig auf eine **Willkürkontrolle**.

755

2. Rechtsetzungsgleichheit

Trotz des Wortlauts „vor dem Gesetz" ist auch der Gesetzgeber an Art. 3 Abs. 1 GG gebunden. Die Rechtsetzungsgleichheit ergibt sich schon aus der Bindung aller drei Staatsgewalten nach Art. 1 Abs. 3 GG an alle Grundrechte und somit auch an die Gleichheitsrechte. Das ist – anders als in der Weimarer Zeit – unstreitig. Die Gleichheitssätze binden **jede Art von Rechtsetzung**, d. h. nicht nur die Parlamentsgesetzgebung, sondern auch den Erlass von Verordnungen und Satzungen. Auf die Entstehung ungeschriebener Maßstäbe ist noch gesondert einzugehen (→ Rn. 758 ff.).

756

Die Gleichheitssätze gebieten aber – abgesehen von dem speziellen Förderungsauftrag des Art. 3 Abs. 2 S. 2 GG – grundsätzlich nicht, bestehende tatsächliche Ungleichheiten auszugleichen. Vielmehr richten sie sich nur gegen **rechtliche Ungleichheiten** im staatlichen Handeln. Rechtsetzung verstößt dann gegen die Gleichheitsrechte, wenn eine Regelung in sich bzw. im Vergleich zu anderen Regelungen zu Ungleichheiten führt, die nicht zu rechtfertigen sind.

757 Wiederum stellt sich auch hier das Problem der **Kontrolldichte** – diesmal nicht gegenüber den Fachgerichten, sondern gegenüber dem Gesetzgeber. Auch bei der **Frage der Rechtsfolgen** (→ Rn. 865) eines Verstoßes gegen die Gleichheitsrechte stößt der unmittelbare Geltungsanspruch des Verfassungsrechts an seine Grenzen: Während bei einer ungleichmäßigen Rechtsanwendung der von den Gleichheitsrechten gebotene Vollzug gegebenenfalls innerhalb der Gesetze liegt, erfordern Korrekturen einer gleichheitswidrigen Gesetzgebung regelmäßig eine konzeptionelle **Neuregelung, die dem Gesetzgeber vorbehalten** ist. Insbesondere, wenn es um Leistungen geht, würde eine Erstreckung auf Fälle, die der Gesetzgeber ausgeschlossen hat, nicht nur in seinen Willen, sondern auch in seinen Haushaltsvorbehalt eingreifen. Es obliegt dem Parlament, über die staatlichen Ausgaben zu bestimmen. Der Gesetzgeber hat gegebenenfalls zwei Optionen, eine gleichheitswidrige Begünstigung zu beseitigen. Er kann den Anspruch auf die Benachteiligten erstrecken oder ihn für alle streichen. Deshalb kommen hier für das BVerfG gegebenenfalls nur Feststellungen der Verfassungswidrigkeit und Aufträge zur Neuregelung in Betracht. Selbst erfolgreiche Verfassungsbeschwerden bzw. Richtervorlagen verhelfen in diesen Fällen dem Beschwerdeführer nicht zu seinem Recht.[13]

Anderes gilt bei **Verstößen gegen unionsrechtliche Gleichheitsrechte**, v. a. gegen die aus den Grundfreiheiten folgenden Diskriminierungsverbote im Binnenmarkt. Der Anwendungsvorrang des Unionsrechts gebietet hier den Gerichten, diskriminierende Normen des nationalen Rechts ex tunc unangewendet zu lassen. Das Verwerfungsmonopol des BVerfG für Parlamentsgesetze nach Art. 100 Abs. 1 GG greift hier auch deshalb nicht, weil es nicht um einen Verstoß gegen das Grundgesetz, sondern (auch) gegen Unionsrecht geht.[14] Der EuGH kann im Vertragsverletzungs- oder Vorabentscheidungsverfahren den Verstoß des Mitgliedstaates gegen das Unionsrecht lediglich feststellen. Ihm ist es hingegen verwehrt, nationales Recht zu verwerfen. Der Umweg über eine anschließende Verwerfung durch das BVerfG würde die effektive Durchsetzung der subjektiven Rechte des Unionsrechts verzögern. Die Anerkennung einer vorübergehenden Ungleichbehandlung würde den Anwendungsvorrang in Frage stellen. Gegen den Vorrang des Unionsrechts gehen die verfassungsrechtlichen Argumente ins Leere. Dem parlamentarischen Haushaltsvorbehalt sollte allerdings in anderer Weise Rechnung getragen werden. Dem Gesetzgeber ist zuzugestehen, ausnahmsweise auch rückwirkend eine Regelung zu treffen, die dem Unionsrecht gerecht wird. Die Fallgruppe ist derjenigen der Zulässigkeit sogar retroaktiver, echter Rückwirkung bei verworrener Rechtslage[15] gleichzustellen. Das verfassungsrechtliche Argument zur Relativierung des ebenfalls verfassungsrechtlich verankerten Vertrauensschutzes liefert hier Art. 23 Abs. 1 S. 1 GG. Der im nationalen wie europäischen Verfassungsrecht anerkannte Schutz des Vertrauens auf gesetzliche Regelungen wird jedenfalls ab dem Zeitpunkt zerstört, in dem der

---

[13] Z. B. zuletzt die erfolgreiche Richtervorlage gegen das Unterhaltsrecht, die nicht nur der Klägerin keinen materiellen Vorteil brachte, sondern den Gesetzgeber letztlich zu einer Angleichung auf niedrigerem Niveau veranlasst hat: BVerfGE 117, 316 ff. – Homologe Insemination.
[14] BVerfGE 31, 145, 174 – Milchpulver; zustimmend *Jarass/Kment*, EU-Grundrechte, 2. Aufl., § 7 Rn. 16.
[15] BVerfGE 98, 17, 39 – Sachenrechtsmoratorium; *Schulze-Fielitz* in: Dreier, GG, Bd. 2, 3. Aufl., zu Art. 20 (Rechtsstaat) Rn. 161.

EuGH deren Unionsrechtswidrigkeit feststellt. Der EuGH[16] seinerseits kann freilich die Rückwirkung seiner eigenen Entscheidungen beschränken.

3. Insbesondere: Selbstbindung an nichtgesetzliche Maßstäbe der Praxis

Besondere Beachtung verdient die Selbstbindung des Staates an Maßstäbe der Praxis, die nicht gesetzlich fixiert sind. Dazu gehören **Verwaltungsvorschriften**, d. h. Maßstäbe, die im Gegensatz zu Rechtsverordnungen grundsätzlich lediglich innenrechtliche, verwaltungsinterne Geltung beanspruchen, aber auch **ungeschriebene Maßstäbe** der Verwaltungspraxis sowie **Widmungsakte**. Hier handelt es sich nicht um Rechtsnormen und damit auch nicht um Rechtsetzung i. e. S. Allerdings dienen solche Maßstäbe nicht allein einer pragmatischen Orientierung für die Organe des Staates. Vielmehr löst ihre Anwendung, also die **Staatspraxis** gegebenenfalls den Bürgern gegenüber Ansprüche auf Gleichbehandlung aus. Hoheitsträger, die derartige Maßstäbe tatsächlich anwenden, binden sich selbst insofern, dass sie solche Maßstäbe auch in allen Fällen als Entscheidungskriterien heranziehen. Eine Selbstbindung aus Art. 3 Abs. 1 GG gibt es nicht nur für die Verwaltungspraxis, sondern – entgegen einer weit verbreiteten Ansicht – gegebenenfalls **auch für Gerichte an deren ständige Rechtsprechung**.

758

Eine derartige Selbstbindung führt nicht zur Unflexibilität staatlichen Handelns. Selbstbindung bedeutet weder, dass Maßstäbe der Praxis zu einer starren Anwendung zwingen, noch, dass sie unveränderlich sein müssen. Insbesondere im Bereich der Ermessensverwaltung bezweckt eine Ermessensermächtigung gerade die **Flexibilität** zum Eingehen auf Umstände des Einzelfalls. Solcher Flexibilität zugunsten der Einzelfallgerechtigkeit stehen die Gleichheitsrechte nicht entgegen. Im Gegenteil wird so eine **Differenzierung** zwischen wesentlich Ungleichem **im Einzelfall** ermöglicht. Verwaltungsvorschriften dienen den Gleichheitssätzen, indem sie Lösungen für typische Fälle bereithalten bzw. Kriterien zur Ermessensausübung präzisieren. Begründetes Abweichen in atypischen Fällen bzw. eine flexible Handhabung weicher Kriterien im Einzelfall entsprechen dann den Anforderungen des Art. 3 Abs. 1 GG. Der allgemeine Gleichheitssatz verlangt allerdings eine sachliche Begründung, die nachvollziehbar macht, dass die Verwaltung von den sonst angewendeten Maßstäben im Einzelfall nicht ohne Grund abweicht.

759

Die Gleichheitssätze schließen auch nicht aus, mit einer Verwaltungspraxis oder einer ständigen Rechtsprechung allgemein zu brechen, um in Zukunft – wiederum gleichmäßig – neue Maßstäbe gelten zu lassen. Art. 3 Abs. 1 GG schützt vor Durchbrechung i. S. v. Missachtung der Handlungsmaßstäbe im Einzelfall, nicht aber vor einer Änderung der Handlungsmaßstäbe über den Einzelfall hinaus. Demokratie ist auf die Wandelbarkeit rechtlicher Maßstäbe angelegt. Die verfassungsrechtlich gewollte **Änderbarkeit rechtlicher Maßstäbe** verstößt nicht gegen Gleichheitssätze, sondern ist an diesen überhaupt nicht zu messen. Änderungen der Handlungsmaßstäbe – also etwa die Änderung einer ständigen Rechtsprechung – sind nicht gleichheitsrechtlich zu rechtfertigen, sondern werfen allenfalls ein freiheitsrechtliches Problem des Vertrauensschutzes auf.[17] Während die Freiheitsrechte gegebenenfalls ein Vertrauen in die Beständigkeit des Rechts schützen, gewährleistet die Gleichheit die **Allgemeingültigkeit des Rechts**

---

16 EuGH, Rs. C-24/86 (Blaizot/Universität Lüttich u. a.), Slg. 1988, 379, Rn. 28; dazu *Waldhoff*, Rückwirkungen von EuGH-Entscheidungen, EuR 2006, 615 ff.
17 Für Vertrauensschutz gibt es drei verfassungsrechtliche Anknüpfungen: Die objektiv-rechtsstaatliche Dimensionen kann mit einer freiheitsrechtlichen oder aber einer gleichheitsrechtlichen Dimension zusam-

und lediglich das Vertrauen hierauf. Die Gleichheitsrechte kommen bei einer Änderung der Verwaltungs- bzw. Gerichtspraxis lediglich als abstrakte Maßstäbe ins Spiel. Sie gebieten, dass sich der Staat gegebenenfalls zur Änderung der Maximen bekennen muss und sie bewirken, dass sich der Staat insofern neu selbst bindet. Außerdem sind auch die Inhalte ungeschriebener Maßstäbe ihrerseits – wie die Rechtsetzung i. e. S. – an den Gleichheitssätzen zu messen.

IV. Dimensionen der Freiheit und der Gleichheit

1. Trennung und Parallelität von Freiheit und Gleichheit

760 Freiheitsrechte (Art. 2 und Art. 4 ff. GG) und Gleichheitsrechte (Art. 3 GG) unterscheiden sich grundlegend. Die Frage nach einer Verletzung grundrechtlicher Freiheit entscheidet sich letztlich am Maß, in dem der Staat die Freiheit der Bürger (aus guten Gründen) einschränken darf. Zu prüfen ist das **Ausmaß dieses Freiraums** als Über- bzw. Untermaßverbot im Rahmen der Verhältnismäßigkeit (zum Übermaßverbot → Rn. 611 ff.). Die Frage nach einer Verletzung grundrechtlicher Gleichheit hingegen betrifft den Vergleich verschiedener Sachverhalte. Hier geht es um das **Ausmaß der Ungleichheit**. Ausschließlich eine Verletzung von Freiheit liegt vor, wenn sie kollektiv erfolgt und alle betroffenen Grundrechtsträger unverhältnismäßig unfrei sind. Ausschließlich eine Verletzung von Gleichheit liegt vor, wenn zwar isoliert betrachtet jeder Grundrechtsträger verhältnismäßig frei ist, dies aber im Vergleich zueinander in unterschiedlicher Weise – und zwar aus verfassungswidrigen Gründen oder in unterschiedlichem, nicht zu rechtfertigendem Maße. Diese beiden Aspekte können[18] und sollten getrennt werden.

761 Verletzungen grundrechtlicher Freiheit und Gleichheit schließen sich nicht aus, sondern treffen sogar häufig zusammen. Eine individuelle Verletzung der Freiheit ist nämlich, sofern es einen vergleichbaren Fall gibt, in dem die Freiheit gewährleistet wird, zugleich eine Verletzung grundrechtlicher Gleichheit. Insofern besteht sogar eine gewisse **Parallelität**. Das BVerfG beschränkt sich meist auf die Prüfung entweder der Freiheit oder der Gleichheit und lässt den anderen Aspekt dahinstehen. Dieses Vorgehen entspricht richterlicher Zurückhaltung, keine rechtlichen Ausführungen über das im konkreten Fall für das Ergebnis erforderliche Maß zu machen (→ Rn. 931).

HINWEIS FÜR DIE FALLBEARBEITUNG: Im Rechtsgutachten sollten gegebenenfalls beide Aspekte nacheinander geprüft werden, d. h. ergänzend zur Verletzung der Freiheit auch eine Verletzung der Gleichheit, wenn im Sachverhalt ein Anhaltspunkt für einen Vergleichsfall ersichtlich ist.

2. Verschränkungen von Freiheit und Gleichheit

762 Kompliziert und bis heute nicht befriedigend dogmatisch erfasst sind wechselseitige **Verschränkungen** von Freiheit und Gleichheit. Da die Freiheitsrechte einerseits und die Gleichheitsrechte andererseits in unterschiedlichen Artikeln geregelt sind, unterschiedliche Anknüpfungen haben und einer je eigenen Dogmatik unterliegen, werden ihre Zusammenhänge bisweilen unterschätzt. Die Frage nach solchen Zusammenhängen sollte nicht mit dem bis ins Ideologische hineinreichenden und verfassungsrechtlich

---

mentreffen. Verschärfte Anforderungen stellt Art. 103 Abs. 2 GG an strafbarkeitserweiternde Rechtsprechungsänderungen: so jetzt BVerfGE 126, 170, 199 – Präzisierungsgebot Untreuetatbestand (→ Rn. 910 f.).

18 Zutreffend: *Kischel* in: Epping/Hillgruber, BeckOK GG, 51. Edition, zu Art. 3 Rn. 50.

§ 24 Einführung in die Gleichheitsrechte

müßigen Streit um einen vermeintlichen Vorrang der Freiheit vor der Gleichheit oder umgekehrt der Gleichheit vor der Freiheit verwechselt werden. Das Grundgesetz verbürgt Freiheit und Gleichheit mit demselben verfassungsrechtlichen Geltungs- und Bindungsanspruch des Art. 1 Abs. 3 GG. Beide Gewährleistungen gehören zu den Legitimationsgrundlagen staatlicher Gewalt. Da Freiheit und Gleichheit kumulativ garantiert werden, gelten die Grundrechte insgesamt als Gewährleistung gleicher Freiheit bzw. Gleichheit in Freiheit. Auch die Menschenwürde hat einen egalitären Kern.

a) Gleichheitsrechtliche Dimensionen von Freiheitsrechten

Mehrere Freiheitsrechte verbürgen **absolute Wertungs- und Unterscheidungsverbote** in bestimmten Freiheitsbereichen. So folgt aus Art. 2 Abs. 2 S. 1 GG die strikte Gleichwertigkeit des Lebens und der Gesundheit aller geborenen Menschen, der über die Egalität des Einzelnen sogar hinausgeht, indem er die Zählbarkeit von Leben und ihre quantitative Aufrechnung im Kollisionsfall verbietet (→ Rn. 159). Art. 4 Abs. 1 GG verbietet die Bewertung von Religionen (→ Rn. 182) ebenso wie Art. 5 Abs. 1 GG die Bewertung von Meinungen (→ Rn. 203) und Art. 9 Abs. 1 GG gebietet eine absolute, formale Gleichheit aller nicht verbotenen „Vereine" (→ Rn. 301). Hier stellt sich die Frage, wie sich diese Gebote zu den Gleichheitssätzen, v. a. zu Art. 3 Abs. 3 GG verhalten. Genau betrachtet handelt es sich um Freiheitsgewährleistungen, die deshalb im Ergebnis auch strikte Gleichbehandlung fordern, weil sie selbst **ausnahmsweise absolute Gebote** im Umgang mit Freiheitsrechten sind: Für Verstöße gegen derartige Wertungs- und Unterscheidungsgebote gibt es keine Möglichkeit der Rechtfertigung und damit auch keinen Spielraum, den die Gleichheitsrechte darüber hinaus einengen könnten. Zum Teil sind solche Wertungsverbote (z. B. das Verbot religiöser oder politischer Diskriminierung) außerdem in Art. 3 Abs. 3 GG verbürgt und gelten dann in Idealkonkurrenz.[19] Freiheitsrechtlich ist die Neutralität eine Frage der Legitimität der Zwecke im Rahmen der Verhältnismäßigkeit (→ Rn. 182, 616, 654).

763

Umgekehrt gewährleisten die Freiheitsrechte **relative Privilegien und Unterscheidungsgebote**, die eine Differenzierung geradezu fordern. So zeichnet sich der Schutz eines spezifisch religiös motivierten Verhaltens durch Art. 4 Abs. 1 GG gerade gegenüber der allgemeinen Handlungsfreiheit nach Art. 2 Abs. 1 GG aus. Der Schutz spezifischer grundrechtlicher Freiheiten kann eine Ungleichbehandlung rechtfertigen bzw. schließt es von vornherein aus, Fälle miteinander zu vergleichen, die unterschiedlichen Schutzbereichen der Freiheitsrechte zugeordnet werden.

764

Fazit: Nicht jede Differenzierung stellt eine Ungleichbehandlung dar, die an den Gleichheitsrechten zu messen wäre. Sogar die Gleichheitssätze selbst gebieten nach der Rechtsprechung des BVerfG, wesentlich Ungleiches ungleich zu behandeln (→ Rn. 779). Während die besonderen Gleichheitssätze des Art. 3 Abs. 2 und Abs. 3 GG bestimmte Ungleichbehandlungen inhaltlich benennen, ist Art. 3 Abs. 1 GG **inhaltlich gleichsam offen**. Deshalb sind die inhaltlichen Maßstäbe des Art. 3 Abs. 1 GG auf Maßstäbe zu beziehen, die aus dem geschriebenen oder auch ungeschriebenen Recht selbst zu gewinnen sind (zur Bindung an ungeschriebene Maßstäbe → Rn. 758 f.).

765

---

19 Nach BVerfGE 124, 300, 338 – Wunsiedel sollen der Meinungsfreiheit „spezielle Gleichheitsgewährleistungen innewohnen", wobei das Gericht einer eigenständigen, strengen Prüfung des Art. 3 Abs. 3 GG ausweicht (→ Rn. 645, 654).

b) Freiheitsrechtliche Dimensionen von Gleichheitsrechten

766 Die Gleichheitsrechte haben auch freiheitsrechtliche Dimensionen, was vor allem für die Dogmatik des allgemeinen Gleichheitssatzes von Bedeutung ist.

767 1. Bei den sogenannten „**Teilhaberechten**" (→ Rn. 528) geht es um die chancengleiche Gewährleistung bestimmter Freiheiten, für deren Inanspruchnahme der Staat als Leistungsträger begrenzte Ressourcen (z. B. Universitäten, öffentliche Einrichtungen) bereitstellt.

768 2. Die hiermit verwandte sogenannte „**Wettbewerbsgleichheit**" (→ Rn. 355) gilt darüber hinaus in Bereichen, in denen Bürger innerhalb einer staatlichen Rahmenordnung miteinander im Wettbewerb stehen (z. B. Medienrecht, Wirtschaftsrecht, auch Parteien- und Parlamentsrecht). Dazu zählt auch die Konkurrenz um Aufträge der öffentlichen Hand, die das Vergaberecht regelt. Für die Frage der Gleichbehandlung kommt es auf die tatsächlichen Auswirkungen rechtlicher Regelungen an.[20]

769 3. Schließlich wirkt sich das Zusammenspiel von Freiheits- und Gleichheitsrechten gegebenenfalls auf die **Kontrolldichte** aus. Im Gegensatz zum bloßen Willkürverbot ist eine Verhältnismäßigkeit der Gleichbehandlung dann zu prüfen, wenn ein staatliches Handeln nicht nur den Gleichheitssatz, sondern auch den Schutzbereich eines speziellen Freiheitsrechts berührt.

770 In manchen dieser Fälle wird zwar eine Betroffenheit, aber keine Verletzung eines Freiheitsrechts vorliegen. Anknüpfend an die Eröffnung eines freiheitsrechtlichen Schutzbereichs wird eine qualifizierte Gleichheitsprüfung ausgelöst. Im Ergebnis verhelfen die Gleichheitsrechte dann auch Freiheitsgewährleistungen zur Geltung. Die freiheitsrechtlichen Wirkungen bringen die Bezeichnungen[21] solcher Rechte als „modale Abwehrrechte" bzw. als „derivative Teilhabe- und Leistungsrechte" zum Ausdruck. Das darf aber nicht darüber hinwegtäuschen, dass es sich im grundrechtsdogmatischen Sinne nicht um Dimensionen der Freiheitsrechte handelt, sondern die Lösung innerhalb der Gleichheitsrechte zu suchen ist.[22] Die gleichheitsrechtliche Prüfung nimmt zwar auf die Eröffnung eines freiheitsrechtlichen Schutzbereichs Bezug, folgt aber auf der Ebene der Zurechnung und der Schranken der Dogmatik der Gleichheitsrechte. Aus einer übergeordneten Gesamtperspektive mag man dabei freilich die Freiheits- und Gleichheitsrechte als Einheit sehen. Es handelt sich um eine Art der „**Schutzbereichsverstärkung**" (→ Rn. 61) der Gleichheitsrechte.

Hinweis für die Fallbearbeitung: Grundsätzlich sind zunächst isoliert die Freiheitsrechte und sodann die Gleichheitsrechte, letztere gegebenenfalls auch i. V. m. Freiheitsrechten (also z. B. „Art. 12 Abs. 1 i. V. m. Art. 3 Abs. 1 GG") zu prüfen.

3. Besonderheiten der Dogmatik der Gleichheitsrechte im Vergleich zu den Freiheitsrechten

771 Die Gleichheitsrechte sind vollwertige Grundrechte im Rahmen des Grundrechtskatalogs der Art. 1 bis 19 GG. Für sie gelten grundsätzlich die allgemeinen Grundrechts-

---

20 *Morlok/Jürgensen*, JZ 2018, 695 ff.
21 *Dreier* in: Dreier, GG, Bd. 1, 3. Aufl., Vorb. Rn. 92 f.
22 *Jarass*, AöR 120 (1995), S. 345, 348 f. weist darauf hin, dass diese Dimensionen meist einerseits unterschätzt, andererseits in verschleiernder Weise als Dimension der Freiheitsabwehrrechte behandelt werden (zur Gefahr der Verwechslung auf der Ebene der Verhältnismäßigkeit → Rn. 748 f. sowie *Michael*, JuS 2001, 148 ff.; *ders.*, JuS 2001, 866 ff.).

lehren (→ Rn. 444–539). Allerdings sind einige dogmatische Unterschiede zu den Freiheitsrechten zu beachten, die nicht selten zu Schwierigkeiten führen, wenn die – regelmäßig geläufigere – Dogmatik zu den Freiheitsrechten unreflektiert auf die Gleichheitsrechte übertragen wird. Die Besonderheiten der Gleichheitsrechte lassen sich am Besten im direkten Vergleich zu den Freiheitsrechten vergegenwärtigen:

a) Juristische Personen des öffentlichen Rechts als Grundrechtsträger?

Nach wie vor umstritten[23] ist, ob Art. 3 Abs. 1 GG zu den Grundrechten gehört, auf die sich – ausnahmsweise – auch juristische Personen des öffentlichen Rechts berufen können. Indes ergeben sich nach der hier vertretenen Auffassung zum Problem der Grundrechtsfähigkeit (→ Rn. 453 ff.) keine Besonderheiten: Aus dem Wesen des Art. 3 Abs. 1 GG, auf das Art. 19 Abs. 3 GG hinsichtlich der Grundrechtsfähigkeit verweist, ist zu schließen, dass der **Staat grundsätzlich keinen grundrechtlichen Anspruch auf Gleichbehandlung** mit Privaten hat. Zwar gelten das Gebot der Willkürfreiheit und der Gesetzesbindung als objektiver Grundsatz der Rechtstaatlichkeit auch zugunsten des Staates.[24] Dass diese objektiven rechtsstaatlichen Gebote auch aus Art. 3 Abs. 1 GG abgeleitet werden,[25] zwingt aber nicht zu dem Schluss, sie mit dem Hebel des Art. 3 Abs. 1 GG zu subjektiven Rechten auch zugunsten des Staates zu machen. Das hat die praktische Konsequenz, dass diese Maßstäbe vor dem BVerfG nur im Rahmen von abstrakten oder konkreten Normenkontrollen[26] geprüft, nicht aber auf dem Wege der Verfassungsbeschwerde[27] geltend gemacht werden können.

772

b) Bindung jedes Hoheitsträgers als rechtliche Selbstbindung

Die Frage nach dem Staat als Adressaten der Gleichheitssätze, also die Frage der Grundrechtsbindung, führt zu einer Besonderheit. Grundsätzlich gilt zwar auch hier, dass alle staatlichen Gewalten i. S. d. Art. 1 Abs. 3 GG gebunden werden. Es wurde bereits ausgeführt, was dies für die unterschiedlichen Staatsgewalten bedeutet (→ Rn. 466 ff.). Während die Bindung der Exekutive durch die Legislative bereits in der Gesetzesbindung aufgeht, entfalten die Gleichheitssätze ihre **selbstständige Wirkung** über den allgemeinen Anspruch auf Gesetzesvollzug hinaus erst als Selbstbindung jedes Hoheitsträgers an die eigenen Handlungsmaßstäbe. Diese Selbstbindung kann zwar von jeder der drei Staatsgewalten ausgelöst werden, bindet aber jeweils nicht andere Gewalten, sondern **nur jeden Hoheitsträger selbst**.

773

Die Konzeption der Gleichheitssätze als Auslöser von Selbstbindungen hat zur Folge, dass **jeder Hoheitsträger nur innerhalb seines Kompetenzbereichs gebunden** wird. Deshalb berühren die Gleichheitssätze **nicht** die durch **Mehrebenensysteme bedingte Rechtsvielfalt**: Zwar zwingt ein Gebot föderaler Gleichbehandlung aus Art. 20

774

---

23 Vgl. *Hufen*, Staatsrecht II, 9. Aufl., § 39 Rn. 7; *Schnapp*, Grundrechtsberechtigung juristischer Personen des öffentlichen Rechts, in: HGR II, § 52 Rn. 15.
24 BVerfGE 86, 148, 251 – Finanzausgleich II.
25 BVerfGE 34, 139, 146 – Fahrbahndecke; BVerfGE 35, 263, 271 f.
26 So z. B. in BVerfGE 35, 263, 271 f.; BVerfGE 76, 130, 139; BVerfGE 89, 132, 141 f.
27 BVerfGE 21, 362, 372 – Sozialversicherungsträger. Im Sonderfall der Kommunalverfassungsbeschwerde nach § 91 BVerfGG kommt das rechtsstaatliche Willkürverbot i. V. m. einer Berufung auf Art. 28 Abs. 2 GG zur Geltung: BVerfGE 56, 298, 313 – Flugplatz Memmingen; ähnliches gilt für einfachrechtliche Kommunalverfassungsstreitigkeiten, bei denen die Klagebefugnis i. S. d. § 42 Abs. 2 VwGO auf das Willkürverbot i. V. m. dem organschaftlichen Recht gestützt werden kann: VG Düsseldorf, NWVBl. 2009, 73.

Abs. 1 i. V. m. Art. 3 Abs. 1 GG den Bund dazu, die Länder gleich zu behandeln.[28] Dass im Bundesstaat aber die Länder selbst unterschiedliches Recht nach Art. 70 Abs. 1 GG setzen[29] und Bundesrecht als „eigene Angelegenheiten" i. S. d. Art. 84 Abs. 1 GG in unterschiedlicher Weise vollziehen, ist ebenso wenig vor den Gleichheitssätzen rechtfertigungsbedürftig wie die Konsequenzen der durch das Selbstverwaltungsrecht nach Art. 28 Abs. 2 GG bezweckten Vielfalt. Die Verwaltungspraxis in Bayern muss nicht mit der in Hessen identisch sein und die in Düsseldorf nicht mit der in Köln. Eine andere – nicht grundrechtlich determinierte – Frage ist, ob staatsorganisationsrechtliche Homogenität gefordert ist und ob die nächsthöhere Ebene Kompetenzen zur Vereinheitlichung der Maßstäbe hat und diese ausübt. So kann der Bund z. B. im Rahmen der konkurrierenden Gesetzgebung nach Art. 72 Abs. 1 GG Landesrecht substituieren und vereinheitlichen und nach Art. 84 Abs. 2 und Abs. 5 GG den Vollzug der Bundesgesetze durch die Länder vereinheitlichen. Auch die europäischen Gleichheitssätze bewirken keine Rechtsangleichung. Selbst die auf den Binnenmarkt gerichteten Grundfreiheiten des Unionsrechts zwingen die Mitgliedstaaten nur, Unionsbürger mit ihren Staatsangehörigen gleich zu behandeln, knüpfen also an den selbst gesetzten nationalen Rechtsmaßstäben an. Die Grundfreiheiten zwingen die Mitgliedstaaten hingegen nicht, solche Rechtsmaßstäbe aneinander anzugleichen. Letzteres geschieht vielmehr mit den Instrumenten der Rechtsetzung durch die Union, v. a. durch Richtlinien. Allerdings verbieten die unionsrechtlichen Grundfreiheiten innerhalb der EU (→ Rn. 847) und Art. 3 Abs. 3 GG innerhalb der Bundesrepublik (→ Rn. 829) Diskriminierungen und setzen auch der mittelbaren Protektion eigener Staatsangehöriger Grenzen. Gegen den umgekehrten Fall besonders strenger Regelungen für eigene Staatsangehörige (sogenannte „**Inländerdiskriminierung**") greift Art. 3 Abs. 1 GG jedenfalls dann nicht, wenn die mildere Regelung unionsrechtlich geboten und somit einem anderen Hoheitsträger zuzurechnen ist. Der nationale Gesetzgeber hätte zwar die Kompetenz, die Inländerbehandlung auf das Niveau der unionsrechtlichen Ausländerbehandlung anzuheben, ist aber – anders als beim Selbstbindungsmechanismus des Art. 3 Abs. 1 GG und auch des Art. 20 GRCh (→ Rn. 850) – nicht frei, für beide Gruppen einheitlich strengere Regeln einzuführen. Der allgemeine Gleichheitssatz ist keine Brücke, auf der Rechtsangleichungsgebote über Kompetenzgrenzen hinweg wirken würden.

Die gleichheitsrechtliche Selbstbindung ist auf die konkrete Ausübung von Hoheitsgewalt bezogen und erstreckt sich auch **nicht auf andere Organe, andere Behörden**[30] **oder andere Gerichte desselben Rechtsträgers**. Dass z. B. ein Gericht in einer bestimmten Weise entschieden hat, bindet nicht gleichrangige Gerichte desselben Landes, sondern zwingt allenfalls prozessrechtlich zur Vorlage an eine höhere Instanz. Die Vereinheitlichung der Rechtsprechung wird nicht grundrechtlich, sondern durch eigene, organisationsrechtliche Bestimmungen (Art. 95 Abs. 3 GG) garantiert. Auch auf die Vereinheitlichung unterschiedlicher Behördenpraxis innerhalb desselben Rechtsträgers durch Weisungen bzw. Verwaltungsvorschriften der hierarchisch übergeordneten Behörden besteht kein grundrechtlicher Anspruch.[31]

---

28 BVerfGE 72, 330, 404 – Finanzausgleich I; BVerfGE 95, 250, 265 – Restitution des Länderbestands.
29 BVerfGE 12, 139, 143: Bindung des Landesgesetzgebers an Art. 3 Abs. 1 GG nur innerhalb des Geltungsbereichs der Landesverfassung.
30 BVerfGE 1, 82, 85.
31 Divergierende Vollzugspraxis ist kein spezifisch bundesstaatliches Problem: *Boysen*, Gleichheit im Bundesstaat, 2005, S. 139 ff.

§ 24 Einführung in die Gleichheitsrechte

c) Drittwirkung von Gleichheitsrechten und Schutzpflichten?

Grundsätzlich sind nach Art. 1 Abs. 3 GG nur die staatlichen Gewalten an die Grundrechte gebunden. Bindungen Privater entstehen nicht grundrechtsunmittelbar, sondern lediglich mittelbar durch Ausübung hoheitlicher Gewalt (→ Rn. 481 ff.). Das gilt für die Freiheitsrechte ebenso wie für die Gleichheitsrechte – auch für Art. 3 Abs. 2 GG und Art. 3 Abs. 3 GG. Auch der arbeitsrechtliche Gleichbehandlungsgrundsatz lässt sich als **lediglich mittelbare Drittwirkung** konstruieren – wenn auch hier die Verpflichtungen Privater weniger gesetzes- als vielmehr gewohnheitsrechtlich vermittelt werden. Auch das Allgemeine Gleichbehandlungsgesetz (AGG)[32] verbietet Privaten Diskriminierungen auf der **Ebene des einfachen Rechts**. Seine Rechtsfolgen sind nicht aus den z. T. parallelen Diskriminierungsverboten des Art. 3 Abs. 3 GG abzuleiten. Allerdings können die besonderen Gleichheitsrechte in ihrer objektiv-rechtlichen Bedeutung herangezogen werden, um die mit dem AGG verbundenen Eingriffe in die Vertragsfreiheit verfassungsrechtlich zu rechtfertigen.[33] Aus den besonderen Gleichheitsrechten folgen auch keine Schutzpflichten, die es gebieten würden, den Anspruch auf Beseitigung der Beeinträchtigung i. S. d. § 21 Abs. 1 S. 1 AGG als Kontrahierungszwang auszulegen.[34] Solche Schutzpflichten können allerdings aus dem ebenfalls betroffenen allgemeinen Persönlichkeitsrecht der Diskriminierten erwachsen,[35] das hier sowohl als deutsches als auch als europäisches Grundrecht zu beachten ist.[36] Freiheitsrechtlich geforderte Sonderfälle des Kontrahierungszwangs sind seit jeher anerkannt. Auch die umstrittene Rechtsprechung des BVerfG zu **Stadionverboten** sollte so rekonstruiert werden (→ Rn. 479).

775

Es ist also festzuhalten, dass in der **deutschen Grundrechtsdogmatik** die Gleichheitsrechte keine unmittelbare Drittwirkung entfalten. Im Gegensatz hierzu ist allerdings signifikant, dass im **Unionsrecht**[37] die wenigen Fälle direkter Drittwirkung gerade im Bereich der Gleichheitsrechte angenommen werden: Hier sei verwiesen auf die bereits erörterte, ausnahmsweise unmittelbare Drittwirkung unionsrechtlicher Diskriminierungsverbote (→ Rn. 480) der Arbeitgeber sowie auf die Kritik an der Erstreckung solch direkter Drittwirkung auf Fälle der Altersdiskriminierung.[38] Richtigerweise wird man die Art. 39 und Art. 157 AEUV insoweit als Ausnahmevorschriften begreifen, die zwar – wie eine zivilrechtliche Norm – im Bereich des Arbeitsrechts ausnahmsweise unmittelbar anwendbar sind, aber darüber hinaus weder alle Privaten unmittelbar binden, noch für eine Drittwirkung anderer Diskriminierungsverbote sprechen.[39] Der EuGH zieht allerdings auch eine Bindungswirkung des Art. 21 GRCh zwischen Privaten in Betracht.[40]

776

---

32 Vom 14.8.2006, BGBl. I S. 1897.
33 So *Jestaedt*, Diskriminierungsschutz und Privatautonomie, VVDStRL 64 (2005), S. 298, 344 ff.
34 Dafür: *Thüsing/von Hoff*, NJW 2007, 21 ff.; dagegen: *Armbrüster*, NJW 2007, 1494 ff.
35 So *Britz*, Diskriminierungsschutz und Privatautonomie, VVDStRL 64 (2005), S. 355, 363 f., 430; so auch *Mager*, Diskussionsbeitrag, ebd., S. 417; für eine eigenständige gleichheitsrechtliche Schutzpflicht: *Sachs*, Diskussionsbeitrag, ebd., S. 419 f.
36 Weil es sich beim Kontrahierungszwang um eine überschießende Richtlinienumsetzung handelt, gilt hier die Doppelbindung an deutsche und europäische Grundrechte (→ Rn. 86 f.).
37 *Kischel*, EuGRZ 1997, 1, 7.
38 EuGH, Rs. C-144/04 (Mangold/Helm), Slg. 2005, I-9981, Rn. 65 ff., 78.
39 So für Art. 157 AEUV (ex Art. 141 EGV): *Jarass/Kment*, EU-Grundrechte, 2. Aufl., § 26 Rn. 4.
40 EuGH, 17.4.2018 – C-414/16 (Egenberger) – Rn. 77.

d) Übertragbarkeit der Zurechnungsdogmatik der Freiheitsrechte?

777 Weil nur der Staat an die Gleichheitsrechte gebunden ist, müssen Gleichheitsverstöße gegebenenfalls ihm **zurechenbar** sein. Bei den Freiheitsrechten haben wir zwei Arten von Zurechnung unterschieden: Den Eingriff in das Abwehrrecht einerseits und die Auslösung einer Schutzpflicht andererseits. Es ist fraglich, ob und inwieweit sich diese Dogmatik auf die Gleichheitsrechte übertragen lässt.

778 In der Literatur wird dies meist auf die Fragestellung verkürzt, ob die **Eingriffsdogmatik** bei Gleichheitsrechten anwendbar ist. Parallel ließe sich auch die Frage nach der Übertragbarkeit der **Schutzpflichtendogmatik** stellen. Denn unumstritten ist, dass Gleichheitsrechte sowohl für belastende als auch für begünstigende Hoheitsakte gelten und mithin sowohl Abwehr- als auch Leistungsansprüche auslösen können. Gegen die Übertragbarkeit der Schutzpflichtendogmatik auf die Gleichheitsrechte spricht auf den ersten Blick, dass bei schlichter Untätigkeit des Staates gar kein Anhaltspunkt für eine Ungleichbehandlung besteht. Versteht man die Gleichheitsrechte wesentlich als Selbstbindungsmechanismen des Staates an eigene Handlungsmaßstäbe, dann setzen sie ein Handeln voraus. Es liegt nahe, an dieses Handeln die Zurechnung zu knüpfen und davon abweichendes Handeln als Eingriff in die Gleichheitsrechte zu begreifen. Dabei geht es bei den Gleichheitsrechten nicht um die isolierte Betrachtung eines einzigen Hoheitsaktes, sondern um den Vergleich eines solchen Hoheitsaktes mit anderen Fällen, in denen der Staat entweder anders oder auch gar nicht handelt. Je nach Fallkonstellation kann der Träger von Gleichheitsrechten geltend machen, selbst nicht belastet oder aber selbst auch begünstigt zu werden. So betrachtet enthalten die Konstellationen der Gleichheitsrechte **Elemente sowohl der Eingriffs- als auch der Schutzpflichtendogmatik**, ohne dass eine dieser Lehren ohne Weiteres übertragbar wäre.

779 Gegen die Übertragung der Eingriffsdogmatik spricht weiter, dass jedenfalls der allgemeine Gleichheitssatz **keinen inhaltlich abgrenzbaren Schutzbereich** hat. Insofern mag Art. 3 Abs. 1 GG zwar der allgemeinen Handlungsfreiheit des Art. 2 Abs. 1 GG vergleichbar sein. Letztere wird als Auffanggrundrecht aber durch den Eingriffsbegriff konkretisiert, so dass alle belastenden Maßnahmen des Staates an ihm zu messen sind. Dies wiederum ist aus den eben genannten Gründen bei den Gleichheitsrechten gerade nicht möglich. Hinzu kommt, dass nach der Rechtsprechung des BVerfG[41] **nicht nur Ungleichbehandlungen** gegen Art. 3 Abs. 1 GG verstoßen können, sondern **auch Gleichbehandlungen** von wesentlich Ungleichem. Danach ist bei Art. 3 Abs. 1 GG nicht einmal die „Richtung" eindeutig und es wäre jede staatliche Maßnahme, unabhängig davon, ob sie zwei vergleichbare Sachverhalte gleich oder ungleich behandelt, grundsätzlich rechtfertigungsbedürftig. Diese **Ambivalenz** des allgemeinen Gleichheitssatzes ist in der Literatur bestritten worden.[42] Richtig ist, dass verfassungsrechtliche Differenzierungsgebote nur dann feststellbar sind, wenn für sie ein **rechtlicher Anhaltspunkt** über den allgemeinen Gleichheitssatz hinaus erkennbar ist. Dieser wird – bei den ohnehin seltenen Fällen der Klage gegen eine Gleichbehandlung – regelmäßig in Freiheitsrechten zu finden sein,[43] kann sich aber im Rahmen der Selbstbindung des Gesetzgebers auch aus „Gerechtigkeitsgedanken" des einfachen, auch des ungeschrie-

---

41 BVerfGE 86, 81, 87.
42 *Podlech*, Gehalt und Funktion des allgemeinen verfassungsrechtlichen Gleichheitssatzes, 1971, S. 59.
43 *Sachs*, Verfassungsrecht II, Grundrechte, 3. Aufl., S. 299 ff.

§ 24 Einführung in die Gleichheitsrechte

benen Rechts ableiten lassen.[44] Ein denkbares Beispiel für ein Differenzierungsgebot aus Art. 12 Abs. 1 i. V. m. Art. 3 Abs. 1 GG wären Ausnahmeregelungen für Einraumgaststätten gegenüber Rauchverboten.[45]

Fazit: Die Zurechnung von Gleichheitsverstößen unterliegt einer eigenen Dogmatik, die allenfalls Elemente der Eingriffs- und der Schutzpflichtendogmatik enthält.

e) Übertragbarkeit der Rechtfertigungsdogmatik der Freiheitsrechte?

Daran schließt die Frage nach der Übertragbarkeit der Rechtfertigungsdogmatik der Freiheitsrechte auf die Gleichheitsrechte an. Die Rechtfertigungsdogmatik der Freiheitsrechte unterscheidet zwischen der formellen und der materiellen Rechtfertigung eines Grundrechtseingriffs.

780

Die **formelle Rechtfertigung** folgt bei den Gleichheitsrechten einer eigenen Dogmatik. Nur Eingriffe in Freiheitsrechte unterliegen dem Vorbehalt des Gesetzes. Nach hier vertretener Auffassung löst nicht jede Grundrechtsbetroffenheit, sondern nur ein Grundrechtseingriff den Vorbehalt des Gesetzes aus. Diese Systematik lässt sich auf die Zurechnung eines Gleichheitsverstoßes nicht übertragen. Die **Betroffenheit der Gleichheitsrechte** ist für die Frage des **Vorbehalts des Gesetzes irrelevant**.[46] Nur soweit – gegebenenfalls außerdem – ein Eingriff in Freiheitsrechte vorliegt, bedarf dieser einer gesetzlichen Grundlage. Der Gesetzgeber kann Leistungsrechte regeln, muss dies aber nicht. Die Gleichheitsrechte entfalten sogar vor allem in dem Bereich Wirkung, in dem die Maßstäbe für Leistungen gerade nicht gesetzlich geregelt sind und das Gebot der Allgemeingültigkeit gerade nicht mit der sonst greifenden Gesetzesbindung der Verwaltung zusammenfällt. **Anderes** gilt hingegen für die **besonderen Gleichheitssätze**, weil Diskriminierungen wie Eingriffe zu behandeln und allenfalls durch verfassungsimmanente Schranken zu rechtfertigen sind.[47] Freilich ist für alle Gleichheitssätze als Frage der formellen Verfassungsmäßigkeit eine (gesetzliche) **Kompetenzgrundlage** für staatliches Handeln, für Leistungen gegebenenfalls auch ein Haushaltstitel zu prüfen.

781

Dort, wo staatliches Handeln keine gesetzliche Grundlage hat, rückt ein anderer Aspekt der formellen Rechtfertigung in den Mittelpunkt. Abgesehen von der Bindung jedes staatlichen Handelns an die Kompetenzordnung und an den Haushaltsvorbehalt sind gegebenenfalls erhöhte Anforderungen an die **Begründung hoheitlicher Entscheidungen** zu stellen, wenn Gleichheitsrechte betroffen sind. Der Staat muss seine Handlungsmaßstäbe offen legen und Ungleichheiten gegebenenfalls begründen. Nur so wird überhaupt nachvollziehbar, ob der Staat dem Anspruch der Gleichheitsrechte, nämlich die Allgemeingültigkeit von Handlungsmaßstäben zu garantieren, gerecht wird.

Besonderer Begründung bedarf es auch, wenn ein Hoheitsträger seine **Handlungsmaßstäbe ändert,** wenn also z. B. ein Gericht seine Rechtsprechung oder die Verwaltung eine ständige Verwaltungspraxis ändert. Nach hier vertretener Auffassung ist selbst

---

44 *Michael*, Der allgemeine Gleichheitssatz als Methodennorm komparativer Systeme, 1997, S. 239 ff.
45 So für ein hypothetisches striktes Rauchverbot: BVerfGE 121, 317, 358 – Nichtraucherschutz in Gaststätten. Die Entscheidung zu den bestehenden landesrechtlichen Regelungen erweitert hingegen bestehende Ausnahmen und wurde insoweit z. T. auf das Gleichbehandlungsgebot gestützt: S. 369 ff.
46 Wie hier: BVerwG, DVBl. 2003, 139, 143; anders für direkte Ungleichbehandlungen: *Jarass* in: Jarass/Pieroth, GG, 16. Aufl., zu Art. 3 Rn. 116, 152.
47 *Jarass* in: Jarass/Pieroth, GG, 16. Aufl., zu Art. 3 Rn. 116, 152; vgl. auch BVerfGE 92, 91, 109 – Feuerwehrabgabe; anders: BVerwG, NVwZ 2003, 92, 94 mit dem unzutreffenden Hinweis, der verfassungsrechtliche Förderauftrag des Art. 3 Abs. 2 S. 2 GG mache ein diesen konkretisierendes Gesetz entbehrlich.

eine völlige Umkehr von Handlungsmaßstäben zwar im Ergebnis kein gleichheitsrechtliches Problem. Gleichheitsrelevant ist eine solche Änderung von Handlungsmaßstäben aber insofern, als sichergestellt werden muss, dass es sich nicht um eine Missachtung fortgeltender Maßstäbe im Einzelfall, sondern um eine für die Zukunft verallgemeinerbare Änderung handelt. Ob ein Gericht eine Grundsatzentscheidung in der Begründung als explizite Änderungen seiner Rechtsprechung deklariert, hat somit gleichheitsrechtlich folgende Auswirkungen: Wenn die Entscheidung als Fortführung bzw. bloße Modifizierung einer bereits bestehenden Rechtsprechung begründet wird, muss sie im Vergleich zu bereits entschiedenen Fällen den inhaltlichen Anforderungen der Gleichheitssätze standhalten. Wenn die Entscheidung hingegen als Änderung der Rechtsprechung bezeichnet wird, dann entfällt die Vergleichbarkeit mit vergangenen Entscheidungen. Das Gericht setzt jedoch für zukünftige Entscheidungen Maßstäbe, die ihrerseits neue gleichheitsrechtliche Bindungen auslösen.

782   Bei der **materiellen Rechtfertigung** stellt sich die umstrittene[48] Frage, ob der Grundsatz der **Verhältnismäßigkeit** auf die Gleichheitsrechte übertragbar ist. Das ist zu bejahen, aber im Einzelfall begründungsbedürftig. Das rechtsstaatliche Verteilungsprinzip, das die allgemeine Geltung des Übermaßverbotes begründet, greift nicht für Differenzierungen. Die vielbeachteten Verschärfungen des Kontrollmaßstabes i. S. einer Verhältnismäßigkeitsprüfung sind (wie die Anwendung des Untermaßverbotes) voraussetzungsvoll und ihrerseits restriktiv zu handhaben.[49] Außerdem gelten für die Strukturen der Prüfung der Verhältnismäßigkeit Besonderheiten, auf die noch ausführlich eingegangen wird. Entschärft wird dieses Problem dadurch, dass sich das BVerfG regelmäßig auf die Kontrolle des **Willkürverbotes** beschränkt.

HINWEIS FÜR DIE FALLBEARBEITUNG: Zum Verständnis der Gleichheitsrechte ist die Frage der Übertragbarkeit der Dogmatik der Freiheitsrechte zwar von grundlegender Bedeutung. Gerade die Vergegenwärtigung der Unterschiede macht es leichter, sich die jeweiligen Besonderheiten einzuprägen. In der Fallbearbeitung selbst sind hingegen lediglich die Konsequenzen zu ziehen: Diese bestehen positiv gesprochen darin, dass im Rahmen des **allgemeinen Gleichheitssatzes** weder ein Schutzbereich[50] noch ein Eingriff als solcher zu prüfen ist. Vielmehr ist erstens – anstelle des Schutzbereichs – zu fragen, ob es eine Vergleichsgruppe bzw. einen Vergleichsfall gibt, der mit dem zu überprüfenden Sachverhalt unter einem zu benennenden Gesichtspunkt (**tertium comparationis**) vergleichbar ist. Zweitens ist im Rahmen der Zurechnung zu prüfen, ob dem Staat **rechtliche Handlungsmaßstäbe zurechenbar** sind, von denen die Behandlung einer der Vergleichsgruppen bzw. Vergleichsfälle abweicht. Drittens stellt sich die Frage der zu fordernden Begründung und viertens die Frage der materiellen Rechtfertigung (d. h. Verhältnismäßigkeit bzw. Willkürverbot). Beachte, dass das „Ob" einer Begründung eine formelle Frage ist und die Inhalte der Begründung eine materielle Frage sind.

Im Rahmen der **besonderen Gleichheitssätze** sind erstens Vergleichsgruppen bzw. Vergleichsfälle zu bilden, die einem der spezifischen **Diskriminierungsverbotskriterien** (z. B. „Geschlecht") unterfallen. Da es sich insoweit um inhaltliche Tatbestandsmerkmale handelt, ähnelt die Prüfung hier der Prüfung eines Schutzbereichs der besonderen Freiheitsrechte. Die rechtlichen Handlungsmaßstäbe sind zweitens als solche an den Diskriminierungsverboten zu messen. Inwieweit Ungleichbehandlungen im Rahmen der besonderen Gleichheitssätze rechtfertigungsfähig sind, ist drittens zu erörtern.

---

[48] Dafür (mit Modifikationen): *Michael*, JuS 2001, S. 148, 153 ff., *ders.*, JuS 2001, S. 866 ff. mit zahlreichen Beispielen; krit. *Dreier* in: Dreier, GG, Bd. 1, 3. Aufl., Vorb. Rn. 152; *Heun* in: Dreier, GG, Bd. 1, 3. Aufl., zu Art. 3 Rn. 28.
[49] *Britz*, NJW 2014, S. 346, 349.
[50] *Dreier* in: Dreier, GG, Bd. 1, 3. Aufl., Vorb. Rn. 153.

§ 24 Einführung in die Gleichheitsrechte

Wiederholungs- und Verständnisfragen

> Gibt es neben der allgemeinen Handlungsfreiheit des Art. 2 Abs. 1 GG auch ein gleichheitsrechtliches Auffanggrundrecht?
> Meint die Gleichheit „vor dem Gesetz" nur die Gleichheit der Rechtsanwendung?
> Was versteht man unter „Selbstbindung der Verwaltung"? Sind dadurch Änderungen der Vollzugspraxis ausgeschlossen?
> Wann kollidieren Freiheits- und Gleichheitsrechte, wann verstärken sie sich gegenseitig?
> Welche dogmatischen Unterschiede zwischen Freiheits- und Gleichheitsrechten bestehen bei den Fragen a) der Grundrechtsberechtigung, b) der Grundrechtsbindung c) der Drittwirkung, d) der Zurechnung und e) der Rechtfertigung?

§ 25 Der allgemeine Gleichheitssatz

▶ **FALL 30:** Das Transsexuellengesetz ermöglicht unter bestimmten Voraussetzungen geschlechtsumwandelnde Operationen. Eine Änderung der Angabe zum Geschlecht in den Ausweispapieren erlaubt es jedoch erst ab einem Alter von 25 Jahren. A hat im Alter von 19 Jahren die geschlechtsumwandelnde Operation zur Frau durchführen lassen und möchte nun einen weiblichen Vornamen eintragen lassen. ◀

I. Systematische Erfassung des allgemeinen Gleichheitssatzes

1. Bedeutung und Konsequenzen eines gleichheitsrechtlichen Auffangrechts

783 Durch die Bedeutung des Art. 3 Abs. 1 GG als Willkürverbot und durch dessen umfassende Geltung in der gesamten Rechtsordnung hat der allgemeine Gleichheitssatz die **Funktion eines Auffangrechts**. Das hat vor allem die prozessuale Konsequenz, dass jeder Betroffene mit der Verfassungsbeschwerde geltend machen kann, einem Willkürakt ausgesetzt zu sein. Damit können Akte aller Gewalten und auch Gerichtsentscheidungen vom BVerfG überprüft werden. Das BVerfG wird dabei nur dadurch nicht zu einer Superrevisionsinstanz, dass im Rahmen des Art. 3 Abs. 1 GG nicht die rechtsstaatliche Bindung an das einfache Recht als solche, sondern lediglich die Nachvollziehbarkeit des einfachen Rechts und seiner Anwendung zu prüfen ist.

Im **systematischen** Vergleich ist **Art. 3 Abs. 1 GG Auffangrecht gegenüber den speziellen Diskriminierungsverboten** des Art. 3 Abs. 2 und Abs. 3 GG. Auch hier zeigt sich die Ähnlichkeit mit der Stellung der allgemeinen Handlungsfreiheit gegenüber den besonderen Freiheitsrechten.

2. Willkürverbot und „neue Formel" als Ausprägungen eines „stufenlos" differenzierten Maßstabes der Rechtfertigung von Ungleichbehandlungen

784 Klassischerweise wird Art. 3 Abs. 1 GG als **Willkürverbot** verstanden. Nach der überkommenen, sogenannten „**alten Formel**" der Rechtsprechung verbietet der allgemeine Gleichheitssatz, „wesentlich Gleiches willkürlich ungleich und wesentlich Ungleiches willkürlich gleich zu behandeln".[1] Diese Dimension des allgemeinen Gleichheitssatzes und sein geradezu **unbegrenzter Anwendungsbereich** sind bemerkenswert unumstritten.[2] Das Willkürverbot erfasst jedoch nur evidente Verstöße gegen grundlegende Gebote der Rechtsstaatlichkeit und zeichnet sich also durch eine **sehr beschränkte Kontrolldichte** aus.

785 Demgegenüber sind dogmatische Erweiterungen des Art. 3 Abs. 1 GG über das Gebot der Willkürfreiheit hinaus bis heute umstritten. Postulate einer **Verhältnismäßigkeit der Gleichbehandlung** werden seit langem unter dem Stichwort „**neue Formel**" diskutiert. Nach einer Entscheidung des BVerfG von 1980 ist zu fragen, ob „keine Unterschiede von solcher Art und solchem Gewicht bestehen, dass sie die ungleiche Behandlung rechtfertigen könnten".[3] Im Vergleich zum Willkürverbot ist der **Anwendungsbereich** der „neuen Formel" **beschränkt** (→ Rn. 793 ff.) und ihre **Prüfungsintensität erhöht**

---

1 BVerfGE 49, 148, 165.
2 Während die Interpretation des Art. 2 Abs. 1 GG als Auffanggrundrecht wegen der daraus resultierenden Erweiterung der verfassungsgerichtlichen Prüfungskompetenzen umstritten ist, wird die Willkürrechtsprechung des BVerfG zu Art. 3 Abs. 1 GG, die ihrer Funktion nach ähnlich ist, kaum bestritten.
3 BVerfGE 55, 72, 88 – Präklusion I.

(→ Rn. 799 ff.).⁴ Beide Formeln widersprechen sich somit nicht. Vielmehr ergänzt die „neue Formel" das Willkürverbot in qualifizierten Fällen. Denn auch die Willkürkontrolle lässt sich als (Teil einer) Verhältnismäßigkeitsprüfung rekonstruieren, die auf die Legitimität und Geeignetheit beschränkt ist.⁵ Soweit die „neue Formel" Anwendung findet, ist darüber hinaus auch die Angemessenheit der Gleichbehandlung zu prüfen. Ob dies der Fall ist und mit welcher Prüfungsintensität die Verhältnismäßigkeit bezüglich des Gleichmaßes zu prüfen ist, hängt von einem ganzen Bündel teils alternativer, teils auch gradueller Kriterien ab, durch die die Rechtsprechung über die Jahre die Anwendung der „neuen Formel" ausdifferenziert hat.

Dass Willkürverbot und „neue Formel" Teile eines einheitlichen Prüfungsprogramms sind, macht die jüngste Rechtsprechung des BVerfG deutlich: Danach „gilt ein **stufenloser** am Grundsatz der **Verhältnismäßigkeit** orientierter verfassungsrechtlicher **Prüfungsmaßstab**, dessen Inhalt und Grenzen sich nicht abstrakt, sondern nur nach den jeweils betroffenen unterschiedlichen Sach- und Regelungsbereichen bestimmen lassen."⁶ Dies mag man als Beginn einer dritten Phase der Rechtsprechung deuten. Indes handelt es sich keineswegs um einen Bruch mit der Rechtsprechung zum Willkürverbot und zur „neuen Formel", sondern um deren bruchlose⁷ Weiterentwicklung. Die „neue Formel" wurde damit nicht aufgegeben, sondern wird zum typisierten Teil eines noch umfassenderen Ansatzes. Historisch gesehen ist sie – ähnlich der „Drei-Stufen-Theorie" zu Art. 12 GG – eine holzschnittartige Vorstufe eines im Einzelfall zu flexibilisierenden Maßstabes. Gerade ihre Typisierung hilft bei der Rationalisierung.

786

HINWEIS FÜR DIE FALLBEARBEITUNG: Die Prüfung des Art. 3 Abs. 1 GG erfolgt in zwei Stufen. Die erste Stufe ersetzt die Fragen eines Schutzbereichs und umfasst auch bereits die relevanten Zurechnungsgesichtspunkte. Die zweite Stufe betrifft die Rechtfertigung. Es empfiehlt sich, die Frage des Maßstabes der Rechtfertigung als ersten Prüfungspunkt im Rahmen der Rechtfertigung zu klären und den „stufenlosen" Ansatz der jüngsten Rechtsprechung zum Ausgangspunkt des Prüfungsprogramms zu machen. In dessen Rahmen ist zunächst das Willkürverbot zu erörtern und dann unter flexibler Berücksichtigung der Einzelfallumstände die „neue Formel".

II. Erste Stufe: Zurechnung einer rechtlich bedingten und rechtlich relevanten Ungleichheit

Auf der ersten Stufe ist festzustellen, ob eine bestehende Ungleichheit **rechtlich bedingt** und **rechtlich relevant** ist. Diese Stufe hat eine Filterfunktion: Es werden zunächst die lediglich tatsächlichen Ungleichheiten ausgeschlossen, für die der Staat keine Verantwortung trägt. Sodann muss ein Vergleichsfall bzw. eine Vergleichsgruppe gefunden werden, die dadurch mit dem Ausgangsfall vergleichbar sind, dass sie eine rechtlich anzuerkennende Gemeinsamkeit aufweisen.

787

---

4 BVerfGE 88, 87, 96 – Transsexuelle II; BVerfGE 89, 15, 22 – Nachtarbeitsbesteuerung; BVerfGE 92, 365, 407 – Kurzarbeitergeld; BVerfGE 93, 99, 111 – Rechtsmittelbelehrung.
5 Vgl. *Michael*, Gleichheitsrechte als grundrechtliche Prinzipien, in: Sieckmann, Die Prinzipientheorie der Grundrechte, 2007, S. 123, 141; ähnlich *Krugmann*, Gleichheit, Willkür und Evidenz, JuS 1998, 7, 11.
6 BVerfGE 129, 49, 69 – Mediziner-BAföG.
7 Der lesenswerte Aufsatz von *Britz*, NJW 2014, 346, 348 arbeitet deutlich heraus, dass die binär anmutenden Elemente der „neuen Formel" in ihrer Urfassung von 1980 aufgegeben wurden, macht aber auch deutlich, dass dies in der Sache bereits seit 1993 gilt und dass es wohl „von Anfang" an um einen relativ stärkeren Schutz der Personalität ging.

§ 25 TEIL 8: GLEICHHEITSRECHTE

1. Gegenstand der Prüfung: Rechtslage des Ausgangssachverhaltes

788 Zunächst ist aus dem **Ausgangssachverhalt** der Gegenstand der Prüfung herauszuarbeiten. Das ist der Hoheitsakt, der gegebenenfalls gegen Art. 3 Abs. 1 GG verstößt. Prozessual betrachtet ist dies dann auch der Gegenstand einer auf Art. 3 Abs. 1 GG gestützten Klage bzw. einer Verfassungsbeschwerde. Es kann sich dabei um einen **Einzelfall**, aber auch um die rechtliche Behandlung einer ganzen **Gruppe** handeln.

An dieser Stelle ist auch festzustellen, wer **Grundrechtsträger** (→ Rn. 444 ff.) sein kann. Dieser muss durch eine **dem Staat zuzurechnende** Maßnahme bzw. Rechtslage benachteiligt bzw. von einer Vergünstigung ausgeschlossen worden sein. Gegenstand der Prüfung ist also von vornherein nicht eine für den Grundrechtsträger ungünstige tatsächliche Situation, sondern eine für ihn **ungünstige Rechtslage**.

2. Referenzgröße: Rechtslage von Vergleichsfällen bzw. Vergleichsgruppen

789 Es sind bei Gleichheitsrechten stets zwei Rechtslagen zu unterscheiden und in ein Verhältnis zu setzen: die des Ausgangssachverhaltes einerseits, der Gegenstand der verfassungsrechtlichen Überprüfung ist, und die **Rechtslage eines Referenzsachverhaltes** andererseits, mit dem der Ausgangssachverhalt zu vergleichen ist. Da Gleichheitsrechte wesentlich Selbstbindungsmechanismen auslösen, muss festgestellt werden, an welche rechtlich nachweisbaren Handlungsmaßstäbe der Staat gebunden sein und wie er dagegen verstoßen haben soll. Der Vergleichsfall muss **demselben Hoheitsträger zurechenbar** sein (→ Rn. 773 ff.).

An dieser Stelle sind also Vergleichsfälle bzw. Vergleichsgruppen herauszuarbeiten, auf deren Rechtslage sich der Grundrechtsträger berufen könnte. Dabei kommt es nicht auf den Nachweis der konkreten Existenz solcher Vergleichsfälle bzw. Vergleichsgruppen an, sondern vielmehr auf die **Gültigkeit der entsprechenden Handlungsmaßstäbe**, deren Beachtung bzw. Verallgemeinerung der Grundrechtsträger begehrt. In Fällen, in denen der Staat in sich widersprüchliche, nicht nachvollziehbare Maßstäbe anlegt, verstoßen diese bereits deshalb gegen das Willkürverbot, weil sie jeglichen rechtsstaatlich akzeptablen Handlungsmaßstäben widersprechen. Es kommt dann nicht darauf an, ob sie in (anderen) Fällen angewendet wurden. Hypothetische Vergleichsfälle reichen auch in den Fällen aus, in denen die Verwaltung innenrechtlich bindende Verwaltungsvorschriften unbeachtet lässt – hier muss der Bürger nicht nachweisen, dass und in welchen konkreten Fällen diese angewendet wurden. Allein die Nichtbeachtung des objektiv geltenden Rechts kann nach der Rechtsprechung[8] willkürlich sein, jedoch nicht schon dann, wenn die Rechtsanwendung „fehlerhaft ist", sondern nur dann, wenn sie „unter keinem denkbaren Aspekt mehr rechtlich vertretbar ist und sich daher der Schluss aufdrängt, dass die Entscheidung auf sachfremden Erwägungen beruht." Erst hier wird die Grenze der Verletzung spezifischen Verfassungsrechts überschritten. Keine Willkür – sondern ein einfachrechtliches Problem – liegt vor, „wenn das Gericht sich mit der Rechtslage eingehend auseinandersetzt und seine Auffassung nicht jedes sachlichen Grundes entbehrt".

Eine rechtliche Selbstbindung an die Rechtslage eines Referenzsachverhaltes tritt nur ein, wenn diese Rechtslage ihrerseits rechtlichen Bestand hat. Einen Anspruch auf Gleichheit im Unrecht gibt es nicht. Bereits an dieser Stelle ist also zu prüfen und

---

8 Alle folgenden Zitate aus: BVerfG, Beschluss v. 7.12.2016 – 2 BvR 1602/16, Rn. 16.

auszuschließen, dass es sich um eine **Unrechtslage** handelt, auf deren Übertragung sich der Grundrechtsträger beruft.

Die Berufung auf Art. 3 Abs. 1 GG ist regelmäßig nur erfolgreich, wenn die Referenzrechtslage **jemand anderen mehr begünstigt bzw. weniger belastet** als der Ausgangssachverhalt den Grundrechtsträger. Primär ist deshalb nach Vergleichsfällen bzw. Vergleichsgruppen zu suchen, deren Rechtslage vom Ausgangssachverhalt verschieden ist, gegenüber denen der Grundrechtsträger hingegen rechtliche Gleichbehandlung begehrt. Die Rechtsprechung spricht bei dieser Konstellation des Gleichbehandlungsgebotes von einer Ungleichbehandlung des wesentlich Gleichen. Die Rechtsprechung kennt darüber hinaus auch ein Differenzierungsgebot, d. h. die Konstellation der Gleichbehandlung von wesentlich Ungleichem. Dies sollte jedoch nur subsidiär geprüft werden, wenn kein Vergleichsfall ersichtlich ist, bei dem der Staat in der vom Grundrechtsträger begehrten Weise handelt. Dann reicht es nämlich aus, dass die Referenzrechtslage jemand anderen in gleicher Weise begünstigt bzw. belastet. Soweit man ein Differenzierungsgebot überhaupt für rechtlich nachweisbar hält, wird dieses praktisch deshalb nur höchst selten relevant werden.

3. Rechtliche Vergleichbarkeit

Für einen Vergleich ist neben dem Gegenstand und der Referenzgröße noch ein Drittes erforderlich, nämlich ein Vergleichskriterium („tertium comparationis"). Bevor die Ungleichbehandlung auf ihre Rechtfertigung hin untersucht wird, ist eine weitere **Vorprüfung** üblich, ob es sich um **wesentlich Gleiches** handelt (bzw. beim Differenzierungsgebot um wesentlich Ungleiches). Diese Vorprüfung ist nicht logisch zwingend und ihre Abgrenzung von den Fragen der Rechtfertigung nicht leicht – die Ungleichbehandlung von wesentlich Ungleichem lässt sich nämlich ohne Weiteres auch als offensichtlich sachlich gerechtfertigte Differenzierung im Rahmen der Rechtfertigung darstellen. Nicht nur aus pragmatischen Gründen ist diese Vorprüfung dennoch zu empfehlen: Im Rechtssinne des Art. 3 Abs. 1 GG liegt wesentlich Gleiches nämlich nur vor, wenn **rechtliche Kriterien für die Gleichbehandlung** sprechen (bzw. wesentlich Ungleiches nur, wenn rechtliche Kriterien die Differenzierung verlangen). Die Frage der sachlichen Rechtfertigung einer Ungleichbehandlung stellt sich nur dann ernstlich, wenn es überhaupt Gemeinsamkeiten zwischen Ausgangsfall und Referenzfall gibt.

Es ist also nach **Gemeinsamkeiten zwischen dem Ausgangssachverhalt und dem Referenzsachverhalt** zu suchen. Diese Gemeinsamkeiten müssen **ihrerseits rechtlichen Bestand** haben. Art. 3 Abs. 1 GG gewährleistet Gleichheit nur vor dem Gesetz und d. h. innerhalb des Rechts. Der allgemeine Gleichheitssatz ist nur dazu da, rechtliche Handlungsmaßstäbe zu verallgemeinern, um die Rechtsordnung zu allgemeiner Geltung zu bringen. Aus der Einheit der Verfassung ist zu schließen, dass Differenzierungen, die im Verfassungsrecht angelegt sind oder auf **verfassungsrechtlichen Unterscheidungen** beruhen, nicht gegen den allgemeinen Gleichheitssatz verstoßen. Das bedeutet, dass z. B. die Ungleichbehandlung von Sachverhalten, die unterschiedlichen Freiheitsgrundrechten zuzuordnen sind, von vornherein nicht willkürlich sein kann. Allerdings hat das BVerfG den ausdrücklich besonderen Schutz der Ehe nach Art. 6 Abs. 1 GG insoweit nicht mehr als verfassungsrechtliche Sonderstellung gegenüber gleichgeschlechtlichen Lebenspartnerschaften gelten lassen (→ Rn. 252). Dabei handelt es sich jedoch um einen Sonderfall, der nur mit einem Verfassungswandel (→ Rn. 36) des Art. 6 GG und mit einer europarechtsfreundlichen Annäherung an Diskriminierungsverbote wegen sexueller Orientierung (→ Rn. 854) zu erklären ist. Mit der einfachgesetzlichen Schaffung der „Ehe für alle" stellt sich diese Frage nur noch für „Altfälle". Ebenso wäre es denkbar, Art. 3 Abs. 1 GG gegen übermäßige Privilegierungen in Ansatz zu bringen, z. B. gegen eine totale Steuerfreistellung Verheirateter.[9]

III. Zweite Stufe: Rechtfertigung dieser rechtlichen Ungleichheit

792   Während bei der Vorprüfung bereits die evident gerechtfertigten Differenzierungen ausgeschieden wurden, ist auf der Ebene der Rechtfertigung umgekehrt zu fragen, ob die Ungleichheiten **nicht zu rechtfertigen** sind.

1. Konkretisierung und graduelle Modifizierung des Rechtfertigungsmaßstabes nach der Rechtsprechung

793   Nach der Rechtsprechung ist hinsichtlich der Rechtfertigungsmaßstäbe innerhalb des Art. 3 Abs. 1 GG zu differenzieren. Der Ansatz einer „stufenlosen Prüfung" ist so zu verstehen, dass diese Anforderungen „von gelockerten auf das Willkürverbot beschränkten Bindungen bis hin zu strengen Verhältnismäßigkeitserfordernissen reichen können"[10]. Der Maßstab hängt davon ab, welcher Art und Natur die auf der ersten Stufe festgestellte rechtliche Ungleichheit ist.

794   „Eine strengere Bindung des Gesetzgebers ist insbesondere anzunehmen, wenn die Differenzierung an **Persönlichkeitsmerkmale** anknüpft, wobei sich die verfassungsrechtlichen Anforderungen umso mehr verschärfen, je weniger die Merkmale für den Einzelnen **verfügbar** sind [...] oder je mehr sie sich denen des Art. 3 Abs. 3 GG annähern [...]. Eine strengere Bindung des Gesetzgebers kann sich auch aus den jeweils **betroffenen Freiheitsrechten** ergeben [...]. Im Übrigen hängt das Maß der Bindung unter anderem davon ab, inwieweit die Betroffenen in der Lage sind, durch ihr Verhalten die Verwirklichung der Kriterien zu **beeinflussen,** nach denen unterschieden wird [...]".[11]

Diese Maßstäbe der Rechtsprechung enthalten zwei alternative Voraussetzungen, die die Anwendbarkeit der „neuen Formel" auslösen (dazu a) und b)), und ergänzend dazu weitere Kriterien, die gegebenenfalls zu einer **graduellen Verschärfung** bzw. auch **Entschärfung** des Kontrollmaßstabes führen (dazu c)). Diese drei Kriterien sind das Prüfungsprogramm:

Vor den graduellen Merkmalen ist zu prüfen, ob eine der beiden Voraussetzungen vorliegt, nach denen eine über das Willkürverbot hinausgehende Prüfung der Verhältnismäßigkeit in Betracht kommt. Dass die Rechtsprechung mit der Formulierung „insbesondere" offen lässt, ob es daneben auch noch weitere Fallgruppen bzw. Kriterien geben könnte, ist lediglich als Hinweis darauf zu verstehen, dass sich die Maßstabsbildung langsam weiter entwickeln könnte und insbesondere für Aspekte der Europäisierung des Antidiskriminierungsrechts offen ist.

---

9   Vgl. *Schubert*, Die Verfassungswidrigkeit der Erbschaft- und Schenkungsteuer und die verfassungsrechtlichen Anforderungen an eine Neuregelung, 2011, S. 159 f.
10 BVerfGE 129, 49, 68 – Mediziner-BAföG.
11 BVerfGE 129, 49, 69 – Mediziner-BAföG.

a) Persönlichkeitsmerkmale als Anlass für eine qualifizierte Prüfung der Verhältnismäßigkeit

Die „neue Formel" findet nach der Rechtsprechung erstens Anwendung, wenn die „Differenzierung an **Persönlichkeitsmerkmale** anknüpft". Dies ist plausibel, weil eine Anknüpfung an personengebundene Merkmale[12] zu Gruppennachteilen führen kann und deshalb diskriminierungsverdächtig ist. In solchen Konstellationen geht es um die Egalität des Menschen an sich, die letztlich in der Menschenwürde wurzelt. Die Rechtsprechung zur „neuen Formel" wurde historisch als eine Verschärfung des Kontrollmaßstabes wahrgenommen und gerade deshalb kritisiert. Indes sollte gesehen werden, dass das BVerfG auch in diesen Fällen „nur" die Rechtfertigungsbedürftigkeit postuliert und durchaus Spielräume für die Rechtfertigungsfähigkeit solcher Differenzierungen anerkennt. Systematisch gesehen ist es umgekehrt bemerkenswert, dass die Rechtsprechung den allgemeinen Gleichheitssatz (seit jeher) auch auf rein sachverhaltsbezogene Unterscheidungen überhaupt anwendet. Aus der Perspektive einer subjektiv-rechtlichen Grundrechtsinterpretation, die den Menschen in den Mittelpunkt rückt, erscheint die Differenzierung nach Persönlichkeitsmerkmalen als der „Kernbereich" aller Gleichheitssätze. Wenn wir Grundrechte als Prinzipien verstehen, drängt sich auf, dass zumindest in diesem Kernbereich aller Grundrechtsdimensionen Fragen der Verhältnismäßigkeit aufgeworfen werden.

795

Systematisch betrachtet handelt es sich gerade bei der „alten Formel", deren Anwendungsbereich darüber hinausgeht, um eine bemerkenswert extensive Grundrechtsinterpretation. Das Willkürverbot ließe sich in seinen Randbereichen nämlich auch als objektiver Aspekt des Rechtsstaatsprinzips rekonstruieren. Dass auch diese Aspekte des Willkürverbotes nach Art. 3 Abs. 1 GG mit der Verfassungsbeschwerde geltend gemacht werden können, korrespondiert der Elfes-Rechtsprechung, die es mittelbar ermöglicht, Verletzungen des Staatsorganisationsrechts im Rahmen eines Eingriffs in Art. 2 Abs. 1 GG zu rügen.

b) Freiheitsrechte als Anlass für eine qualifizierte Prüfung der Verhältnismäßigkeit

Auch das alternative zweite Kriterium ist auf die subjektiv-individualrechtlichen Aspekte des Grundrechtsschutzes fokussiert: Die „neue Formel" ist auch dann anzuwenden, wenn „sich die Ungleichbehandlung von Personen oder Sachverhalten auf die **Ausübung grundrechtlich geschützter Freiheiten** nachteilig auswirken kann".[13] An dieser Anknüpfung wird auch deutlich, dass mit der Verhältnismäßigkeit der Gleichbehandlung etwas anderes gemeint ist als das Übermaßverbot, das in solchen Fällen gegebenenfalls ohnehin Anwendung findet. Dieser Ansatz ist auf das Zusammentreffen des allgemeinen Gleichheitssatzes mit einem speziellen Freiheitsrecht zu beschränken. Die allgemeine Handlungsfreiheit bleibt also hier unberücksichtigt.

796

c) Graduelle Kriterien für eine mehr oder weniger strenge Verhältnismäßigkeitsprüfung

Die Bezeichnung des Ansatzes der Rechtsprechung als „stufenlos" macht deutlich, dass es bei der Modifizierung der Rechtfertigungsmaßstäbe nicht nur um das „Ob" einer

797

---

12 BVerfGE 88, 87, 96 – Transsexuelle II; BVerfGE 92, 26, 51 f. – Zweitregister; BVerfGE 93, 99, 111 – Rechtsmittelbelehrung.
13 BVerfGE 91, 346, 363 – Miterbschaft eines landwirtschaftlichen Betriebs.

weiteren Verhältnismäßigkeitsprüfung geht, sondern auch um graduelle Differenzierungen der Kontrolldichte. Die weichen Kriterien hierfür folgen einer Prinzipienstruktur („je-desto").

Das wichtigste graduelle Kriterium ist das der **Unverfügbarkeit** von Persönlichkeitsmerkmalen bzw. der **Beeinflussbarkeit** der Verwirklichung rechtlicher Differenzierungskriterien durch eigenes Verhalten. Diese graduellen Kriterien können sich sowohl entschärfend als auch verschärfend auswirken.

Es wirkt sich verschärfend aus, wenn eine für den Betroffenen unvermeidliche Diskriminierung droht. Das gilt typischerweise und umso mehr für Merkmale, die sich den **Merkmalen des Art. 3 Abs. 3 GG annähern**. Dieses ergänzende, ebenfalls weiche Kriterium der Rechtsprechung hat exemplarische Bedeutung. Es stellt zudem normativ klar: Die Aufzählung des Art. 3 Abs. 3 GG ist zwar abschließend bezogen auf die besonderen Diskriminierungsverbote, schließt aber deren Ergänzung durch eine strenge Dogmatik des Art. 3 Abs. 1 GG nicht aus.

Die Beeinflussbarkeit wirkt sich umgekehrt entschärfend aus, wenn Betroffene durch ein Ausweichverhalten die Schlechterstellung vermeiden können. Dies betrifft vor allem Konstellationen, in denen parallel Freiheitsrechte betroffen sind. Soweit Betroffene ausweichen können, stellt sich die primär freiheitsrechtliche Frage, ob ihnen solche Verhaltenssteuerungen und deren Konsequenzen zumutbar sind. Das sind primär Fragen des Übermaßverbotes und nicht des Gleichmaßgebotes. In solchen Fällen kann die Anwendung der „neuen Formel" im Ergebnis ohne Bedeutung bleiben, soweit nicht ein weiteres graduelles Kriterium greift: Die Prüfung der gleichheitsrechtlichen Verhältnismäßigkeit ist nämlich umso strenger, „**je stärker** sich die Ungleichbehandlung von Personen oder Sachverhalten auf die **Ausübung grundrechtlich geschützter Freiheiten** nachteilig auswirken kann".[14] Hier geht es um Konstellationen, in denen Freiheitsausübungen zueinander in einem spezifischen Wettbewerb stehen.

2. Zur Kritik an dieser Rechtsprechung

798 Gegen die Prüfung einer Verhältnismäßigkeit im Rahmen der Gleichheitssätze werden zwei Einwände geltend gemacht, die jedoch zu entkräften sind:

Vielfach wird behauptet, dass der **Grundsatz der Verhältnismäßigkeit** auf Eingriffe in Freiheitsrechte zugeschnitten und deshalb **nicht auf Gleichheitsrechte übertragbar** sei.[15] Weil die Gleichheitssätze keinen „Schutzbereich"[16] und keine „Schranken"[17] haben, fehle für eine Verhältnismäßigkeitsprüfung der Ansatz. Zwar ist richtig, dass die Verhältnismäßigkeit als Übermaßverbot und auch als Untermaßverbot auf die Freiheitsrechte zugeschnitten ist. Die Kritik ist insoweit plausibel, als sie sich dagegen wendet, das Argumentationsschema des Übermaßverbotes ohne Weiteres auf die Gleichheitsrechte zu übertragen. Die Kritik ist aber nicht gerechtfertigt, wenn man aus

---

14 BVerfGE 91, 346, 363 – Miterbschaft eines landwirtschaftlichen Betriebs.
15 *Lübbe-Wolff*, Die Grundrechte als Eingriffsabwehrrechte, 1988, S. 258 ff.; schon lange vor der Diskussion um die „neue Formel" *Lerche*, Übermaß und Verfassungsrecht, 1961, S. 29 f.; ähnlich *Sachs*, Die Maßstäbe des allgemeinen Gleichheitssatzes, JuS 1997, 124, 129; *Heun* in: Dreier, GG, Bd. 1, 3. Aufl., zu Art. 3 Rn. 30; *Dreier* in: Dreier, GG, Bd. 1, 3. Aufl., Vorb. Rn. 152: „undurchführbar"; *Heun*, ebd., zu Art. 3 Rn. 27: „lässt sich jedoch häufig nicht in das Schema der Zweck-Mittel-Relation pressen".
16 *Dreier* in: Dreier, GG, Bd. 1, 3. Aufl., Vorb. Rn. 153.
17 Dagegen bereits *Lübbe-Wolff*, Die Grundrechte als Eingriffsabwehrrechte, 1988, S. 259; anders *Kloepfer*, Gleichheit als Verfassungsfrage, 1980, S. 62 f., S. 54 ff.

der „neuen Formel" ein eigenständiges Argumentationsschema einer spezifisch auf die Gleichheit bezogenen Verhältnismäßigkeit entwickelt. Insoweit ist also nicht Kritik an der Anwendbarkeit der „neuen Formel" zu üben, sondern die **Frage der Konsequenzen** zu stellen (→ Rn. 799 ff.).

Eine andere Auffassung fordert, die **Anwendbarkeit** der Verhältnismäßigkeitsprüfung auf die Fälle **zu beschränken,** in denen es strukturelle Parallelen zur Verhältnismäßigkeitsprüfung bei den Freiheitsrechten gebe. *Stefan Huster* hat vorgeschlagen, zwischen „internen und externen Zwecken" der Ungleichbehandlung zu differenzieren.[18] Nur bei Ungleichbehandlungen zur Erreichung „externer Zwecke" sei die Verhältnismäßigkeit zu prüfen. Soweit hingegen Differenzierungen gerade wegen des allgemeinen Gleichheitssatzes erfolgten („interne Zwecke"), um nämlich tatsächliche Unterschiede angemessen zu berücksichtigen oder gar auszugleichen, sei die Anwendung der „neuen Formel" widersinnig. Diese Auffassung verkennt jedoch ebenfalls, dass es einer eigenständigen Struktur der Verhältnismäßigkeitsprüfung bedarf. Letztere ist dann auf alle von der Rechtsprechung angenommenen Fälle anwendbar, d. h. auch auf gerechtigkeitsorientierte Differenzierungen.

3. Konsequenzen und eigener Ansatz: Argumentationsschema einer spezifisch auf Gleichheit bezogenen Verhältnismäßigkeit

Die Lösung der Problematik liegt in einem modifizierten Schema einer spezifisch auf die Gleichheitssätze zugeschnittenen Verhältnismäßigkeitsprüfung.[19] Sowohl die Frage danach, ob ein Hoheitsakt übermäßig in ein Freiheitsrecht eingreift, als auch die Frage danach, ob er im Vergleich zu einem anderen Hoheitsakt diskriminierend ist, ist eine Frage von Relationen, von Verhältnissen zwischen Zielen und den Wegen ihrer Verfolgung. In beiden Dimensionen geht es um **Mittel/Zweck-Relationen.** Deshalb lässt sich in beiden Perspektiven von einer **Verhältnismäßigkeitsprüfung** sprechen. Dabei dürfen die Perspektiven der Freiheit und der Gleichheit jedoch auch auf der Ebene der Verhältnismäßigkeit nicht verwechselt werden. Während die Verhältnismäßigkeit beim Über- und Untermaßverbot auf die Intensität der Freiheitsbeeinträchtigung bezogen ist, muss in Bezug auf Gleichheitsrechte nach der Verhältnismäßigkeit der Ungleichheit gefragt werden. Das **Gleichmaßgebot** ist neben dem Übermaß- und dem Untermaßverbot die dritte Dimension der Verhältnismäßigkeit.

a) Isolierte Mittel/Ziel-Betrachtung und Ausschluss willkürlicher Ziele

Schon wenn man – wie beim Über- und Untermaßverbot auch (→ Rn. 612 ff., 628 f.) – die Mittel und das Ziel hoheitlichen Handelns isoliert herausarbeitet, wird die unterschiedliche Perspektive deutlich: Gegenstand der gleichheitsbezogenen Mittel/Zweck-Relation sind nicht Grundrechtseingriffe, sondern die **Kriterien der Ungleichbehandlung** (bzw. der Gleichbehandlung). Weiter ist nicht nach den Zwecken eines Hoheitsaktes allgemein, sondern spezifisch nach den **Zwecken der Ungleichbehandlung** zu

---

18 *Huster*, Rechte und Ziele, 1993, S. 233; krit. *Bryde/Kleindiek*, Jura 1999, 36, 38 f.
19 *Michael*, Die drei Argumentationsstrukturen des Grundsatzes der Verhältnismäßigkeit, JuS 2001, 148, 153 ff., *ders.*, Grundfälle zur Verhältnismäßigkeit, Teil III, JuS 2001, S. 866 ff. mit zahlreichen Beispielen; zustimmend: *Spielmann*, Konkurrenz von Grundrechtsnormen, 2008, S. 207; in diese Richtung auch *Bryde/Kleindiek*, Jura 1999, 36, 41 ff., die jedoch mit einer bereichsspezifischen Verschärfung der Kontrolle mehr die Kontrolldichte (dazu s. u.) als die Argumentationsstruktur im Blick haben.

fragen.²⁰ Dabei geht es um objektive Rechtfertigungsgründe, insbesondere wenn z. B. der Gesetzgeber mit einer Differenzierung oder Gleichbehandlung gerade keinen bestimmten Zweck verfolgt.²¹

Schon auf dieser Stufe greift gegebenenfalls das Willkürverbot: Willkürlich ist eine Differenzierung, wenn sie **irrationale Ziele** verfolgt.

b) Geeignetheit als Ausschluss willkürlicher Differenzierungen

802 Die Geeignetheit richtet sich danach, ob die Ungleichbehandlung mit rechtsstaatlich haltbarer Argumentation begründbar ist. Willkürlich sind Differenzierungen auch dann, wenn sie nicht geeignet sind, einem an sich rechtsstaatlich akzeptablen Differenzierungsziel zu dienen. Die Differenzierungskriterien müssen in geeigneter Weise „sachbezogen"²² anknüpfen an die Unterschiede, die zu berücksichtigen ihr Ziel ist. Wichtig ist, dass hier nicht allgemein die Zwecke der Regelung, sondern nur die Zwecke der Ungleichbehandlung gegenüber den Vergleichsfällen erörtert werden. Auch wenn die Differenzierung „internen Zwecken" der Gerechtigkeit dienen soll oder zu dienen vorgibt, ist die Geeignetheit zu prüfen. Die Kontrolldichte ist eingeschränkt, d. h. nur **evident** sachwidrige Differenzierungen sind willkürlich.

c) Keine Prüfung der Erforderlichkeit beim allgemeinen Gleichheitssatz

803 Eine **Erforderlichkeitsprüfung findet** im Rahmen des Art. 3 Abs. 1 GG und also auch bei der „neuen Formel" **überhaupt nicht statt**.²³ Die Frage, ob „weniger belastende" Maßnahmen das Ziel genauso erreicht hätten, ist eine des Belastungsgrades, d. h. der Verhältnismäßigkeit in Bezug auf die Freiheitsrechte und also in deren Rahmen zu erörtern. Eine spezifische Erforderlichkeitsprüfung beim Differenzierungsverbot müsste danach fragen, ob eine „weniger differenzierende" Maßnahme in Betracht kommt, die die Zwecke der Differenzierung ebenso gut erreicht. Der allgemeine Gleichheitssatz ist aber durch eine Ambivalenz zwischen generalisierenden und individualisierenden Tendenzen geprägt, die nicht eindeutig dahin gehend aufgelöst werden kann, dass Differenzierungen so wenig wie möglich erfolgen sollen (anders die besonderen Gleichheitssätze → Rn. 820). Die Tatsache, dass eine Verallgemeinerung des betroffenen Handlungsmaßstabs möglich wäre, ist verfassungsrechtlich nicht entscheidend.

---

20 Wie hier: *Wollenschläger* in: v. Mangoldt/Klein/Starck, GG, Bd. 1, 7. Aufl., zu Art. 3 Abs. 1 Rn. 109.
21 Beispiele bei *Kischel* in: Epping/Hillgruber, BeckOK GG, 51. Edition, zu Art. 3 Rn. 35 ff. Dabei handelt es sich aber entgegen *Kischel* nicht um ein spezifisches Phänomen des Gleichheitssatzes (→ Rn. 498 für die Frage der Finalität eines Eingriffs und → Rn. 614 für das Übermaßverbot). Deshalb überzeugt auch seine Kritik an einer (lediglich) modifizierten Verhältnismäßigkeitsprüfung nicht.
22 BVerfGE 71, 39, 58 – Ortszuschlag.
23 Auch die Formulierung „sachbezogen und vertretbar" in BVerfGE 71, 39, 58 deutet auf eine Geeignetheits- und Angemessenheitsprüfung hin. Das entspricht auch der Rechtsprechung des EGMR, v. 22.5.2006, NJW 2007, 3049, 3050 f. – Lederer/Deutschland zu Art. 14 EMRK: „kein sachlicher Grund und kein angemessenes Verhältnis". Bereits *Lerche*, Übermaß und Verfassungsrecht, 1961, S. 30, weist darauf hin, dass die „Blickrichtung" des Gleichheitssatzes und des Erforderlichkeitsprinzips „auseinander geht"; anders: *Kloepfer*, Gleichheit als Verfassungsfrage, 1980, S. 62 f.; *Koenig*, Die gesetzgeberische Bindung an den allgemeinen Gleichheitssatz, JuS 1995, 313 ff., 317); zustimmend *Jarass*, NJW 1997, 2545, 2549; *Heun* in: Dreier, GG, Bd. 1, 3. Aufl., zu Art. 3 Rn. 30 a. E.; nach *Britz*, NJW 2014, 346, 350 findet sogar nur eine Erforderlichkeits- und keine Angemessenheitsprüfung statt, wobei allerdings letztere „vorweggenommen" sei und erstere mit BVerfGE 130, 131, 145 belegt wird, wo – wie so oft – ein Aspekt des freiheitsrechtlichen Übermaßverbots („weniger belastend") im Rahmen der „neuen Formel" geprüft wird.

d) Angemessenheit des Grades der Ungleichbehandlung

Entscheidender Maßstab der „neuen Formel" ist die Verhältnismäßigkeit i. e. S. Je gewichtigere sachliche Gründe für eine Ungleichbehandlung sprechen, desto eher sind rechtliche Differenzierungen gerechtfertigt. Der **Grad der Ungleichbehandlung** muss dem Grad der Ungleichheit der Vergleichsfälle **angemessen** sein.[24]

804

Bei der Ungleichheit der Vergleichsfälle ist zunächst und vor allem an sachbedingte, d. h. **tatsächliche** Unterschiede[25] zu denken. Referendare und Assessoren unterschiedlich zu behandeln ist z. B. insoweit gerechtfertigt, als es auf den Grad der juristischen Qualifikation ankommt. Die Ungleichheit der Sachverhalte kann auch eine **zeitliche** Dimension haben. Dadurch lassen sich z. B. Ausnahmeregelungen für die Zeit der Wiedervereinigung rechtfertigen, die ihrerseits keine Verallgemeinerung finden sollen.[26] Die Ungleichheit kann ausnahmsweise auch eine **räumliche** Dimension haben. Dabei ist zu bedenken, dass von vornherein jeder Hoheitsträger nur innerhalb seines Hoheitsbereichs gebunden ist. So sind zwar nicht die Länder untereinander, wohl aber der Bund zur Gleichbehandlung im ganzen Bundesgebiet grundsätzlich verpflichtet. Deshalb muss sich der Bund dafür rechtfertigen, wenn er in der Beamtenbesoldung zwischen alten und neuen Bundesländern unterscheidet. Eine solche Differenzierung ist angemessen, soweit und solange für die neuen Länder strukturell erhebliche Besonderheiten gelten.[27]

Anders als beim Übermaßverbot als Eingriffsschranke ist bei Art. 3 Abs. 1 GG nicht das Verhältnis der im konkreten Einzelfall konkurrierenden Güter zu betrachten. Im Rahmen der gleichheitsrechtlichen Verhältnismäßigkeit sind vielmehr die Wertungen, die gegebenenfalls[28] den Güterabwägungen in Parallelfällen zugrunde liegen, miteinander zu vergleichen.[29] Richtet sich die Prüfung gegen eine Gleichbehandlung, so ist zu fragen, ob diese unangemessen gegenüber der Art und dem Gewicht der tatsächlichen Unterschiede ist. Die Zwecke der Gleichbehandlung sind gegen die Differenzierungsinteressen abzuwägen. Beim **Gleichbehandlungsgebot** ist zu fragen, ob rechtliche Differenzierungen „übermäßig" sind, beim **Differenzierungsgebot** hingegen, ob das Recht zu wenig, „untermäßig" differenziert.

805

Es handelt sich um eine Abwägung, die **Bedeutung neben dem Übermaßverbot** hat. Die Freiheitsgrundrechte lassen den staatlichen Gewalten durchaus Spielräume, welches Gewicht sie einzelnen Rechtsgütern zumessen. Insbesondere der Gesetzgeber muss diese **Wertentscheidungen** treffen. Deshalb ist das Übermaßverbot nicht auf die

806

---

24 Im Ergebnis ähnlich die „Entsprechensprüfung" bei *Kischel* in: Epping/Hillgruber, BeckOK GG, 51. Edition, zu Art. 3 Rn. 37, die explizit eine „Abwägung" sein soll und damit eine um die Erforderlichkeitsprüfung reduzierte Verhältnismäßigkeit.
25 Von Differenzierungsgründen „aus dem Tatsachenbereich" spricht *Hufen*, Gleichheitssatz und Bildungsplanung, 1975, S. 34 f.
26 Vgl. BVerfGE 95, 250, 265 – Restitution des Länderbestands: „Gleichheit in der Zeit".
27 BVerfGE 107, 218, 243 ff. – Beamtenbesoldung Ost I; zu den Grenzen dieser Argumentation: BVerfGE 102, 41, 61 – Kriegsbeschädigtengrundrente.
28 Bei staatlichen Leistungen sind die für sie ausschlaggebenden Wertungen zu vergleichen.
29 Schon *Wittig*, Zum Standort des Verhältnismäßigkeitsgrundsatzes im System des Grundgesetzes, DÖV 1968, 817, 822 verweist auf ein „Gebot der Differenzierung zwischen verschiedenen Sachverhalten, bei denen eine verschiedene Relation zwischen Mittel und Zweck besteht". Zur Unterscheidung zwischen der Betrachtung verschiedener Sachverhalte beim Gleichheitssatz einerseits und der davon unabhängigen Proportionalitätsprüfung andererseits vergleiche bereits *Lerche*, Übermaß und Verfassungsrecht, 1961, S. 29 f. und hierzu *Grabitz*, Der Grundsatz der Verhältnismäßigkeit in der Rechtsprechung des Bundesverfassungsgerichts, AöR 98 (1973), 568, 585.

Suche nach der „verhältnismäßigsten" Lösung gerichtet, sondern auf die Grenze „unverhältnismäßiger" Abwägungsergebnisse beschränkt. Die Wertungen, die der Staat dabei trifft, müssen aber nicht nur im Einzelfall vertretbar sein, sondern müssen **allgemein und konsistent** erfolgen. Der Wert, den ein Hoheitsträger einem Rechtsgut in vertretbarer Weise zumisst, muss nach Art. 3 Abs. 1 GG verallgemeinerbar sein. Das abstrakte Gewicht eines Rechtsgutes muss also grundsätzlich immer das gleiche sein. Sein konkretes Gewicht in der einzelfallbezogenen Anwendung des Über- und Untermaßverbots differiert dabei im Verhältnis seiner graduellen tatsächlichen Betroffenheit. Insofern müssen Differenzierungen „verhältnismäßig" sein. Das bedeutet Verhältnismäßigkeit im Rahmen des Gleichheitssatzes.[30] Anders ausgedrückt müssen die Anwendungen des Über- und Untermaßverbots gleichmäßig erfolgen – so ergänzt die Verhältnismäßigkeit im Rahmen des Art. 3 Abs. 1 GG gegebenenfalls jene freiheitsrechtliche Verhältnismäßigkeit, die zuerst zu prüfen ist. „Gleichmäßig" sind Güterabwägungen nur, wenn sie auf dasselbe „Maß" bezogen sind. Dieses Maß ist nichts anderes als jenes abstrakte Verhältnis der Güter zueinander.

807 Die **Spielräume**, die die Freiheitsrechte und ihre Schranken lassen, müssen im Sinne der Gleichheitsrechte für vergleichbare Fälle konsistent gefüllt werden. Auch bei dieser Betrachtung bleiben selbstverständlich Spielräume. Soweit man „Systemgerechtigkeit"[31] oder „Folgerichtigkeit"[32] als verfassungsrechtliche Maßstäbe postuliert, darf dies nicht als vermeintliches Gebot der „Systemreinheit"[33] überzogen werden. Eine solche Systemreinheit würde nicht nur das Verfassungsrecht überspannen, sondern seine Einlösung ist auch politisch schlicht unrealistisch, lebt doch die parlamentarische Demokratie von der nicht selten schwierigen Kompromissfindung. Die Prüfungsintensität ist umso höher, je stärker – neben dem allgemeinen Gleichheitssatz – Freiheitsrechte betroffen sind. Insbesondere bei den **Teilhaberechten** gebietet Art. 3 Abs. 1 GG, dass der Staat Chancengleichheit sicherstellt. So muss der Staat z. B. Ausbildungsplätze an staatlichen Bildungseinrichtungen im Rahmen von deren Kapazität gerecht verteilen.[34] Insoweit kann die Rechtsprechung zu den Teilhaberechten historisch als Vorstufe und im Ergebnis sogar als besonders starke Ausprägung der „neuen Formel" gelten. Die Chancengleichheit muss der Staat auch bei der **Übertragung hoheitlicher Aufgaben**, z. B. bei der Bestellung zum Insolvenzverwalter, achten.[35] So wird etwa die Praxis „geschlossener Listen", nach denen die Zahl der aufgenommenen Bewerber begrenzt ist und nur bei Ausscheiden einer bereits geführten Person ein neuer Bewerber in den Kreis möglicher Insolvenzverwalter aufgenommen wird, der Chancengleichheit nicht gerecht.

Hinweis zum Verständnis: Dass die Verhältnismäßigkeit der Gleichbehandlung neben die Verhältnismäßigkeit der Freiheitsgewährleistung tritt, hat große **praktische Bedeutung**. Maßnahmen, die für sich genommen in vertretbarer Weise die Freiheit einschränken, kön-

---

30 Vgl. auch *Hill*, Gesetzesgestaltung und Gesetzesanwendung im Leistungsrecht, VVDStRL 47 (1989), S. 172, 184 m. w. N.
31 Vgl. hierzu *Schmitt Glaeser* in: FS 100 Jahre BayVGH, 1979, S. 291 ff.; krit. *Peine*, Systemgerechtigkeit, 1985; vermittelnd: *Michael*, Der allgemeine Gleichheitssatz als Methodennorm komparativer Systeme, 1997, S. 275 ff.
32 Problematisch insoweit: BVerfGE 121, 317, 362 f. u. 366 f. – Nichtraucherschutz in Gaststätten.
33 Zutreffend hiergegen: Sondervotum *Bryde* BVerfGE 121, 317, 380 f. – Nichtraucherschutz in Gaststätten.
34 Das BVerfG leitet aus dem Zusammenwirken von Art. 12 Abs. 1 GG und Art. 3 Abs. 1 GG eine Verschärfung des Prüfungsmaßstabs ab: BVerfGE 33, 303, 338 – numerus clausus I.
35 BVerfGE 116, 1, 16 f. – Bestellung zum Insolvenzverwalter: Eine sachgerechte Ermessensausübung wird hier allerdings lediglich am Willkürverbot gemessen.

§ 25 Der allgemeine Gleichheitssatz

nen allein deshalb verfassungswidrig sein, weil sie die Gleichheit verletzen. Das Verfassungsrecht gibt dabei allerdings regelmäßig nicht vor, in welcher Weise die Verfassungswidrigkeit zu beheben ist: durch Besserbehandlung oder Schlechterbehandlung aller vergleichbaren Fälle.

▶ **ZU FALL 30:** Die Mindestalter-Regelung ist eine Ungleichbehandlung zwischen Transsexuellen verschiedenen Alters. Sie ist wegen der persönlichkeitsrechtlichen Relevanz dieser Frage (Art. 2 Abs. 1 i. V. m. Art. 1 Abs. 1 GG) nach der „neuen Formel" auf ihre Verhältnismäßigkeit zu überprüfen. Gegenstand dieser Mittel/Zweck-Relation ist die Unterscheidung nach dem Alter. Es ist nach den Zwecken dieser Differenzierung zu fragen. Ein hinreichender Grund für die Ungleichbehandlung ist nicht ersichtlich, zumal der Gesetzgeber den unter 25-Jährigen die geschlechtsverändernde Operation grundsätzlich nicht verwehrt (vgl. BVerfGE 60, 123 jetzt auch BVerfGE 116, 243). ◀

WIEDERHOLUNGS- UND VERSTÄNDNISFRAGEN

> Erläutern Sie, in welchen Fällen neben bzw. statt der „Willkürformel" die „neue Formel" zu prüfen ist!
> In welchem Punkt gibt es eine Kongruenz von „Willkürformel" und „neuer Formel"?
> Wie unterscheiden sich das freiheitsrechtliche Übermaßverbot und die gleichheitsrechtliche Verhältnismäßigkeit i. S. d. „neuen Formel"?

§ 26 Besondere Gleichheitssätze

▶ **FALL 31:** Um die bestehende Unterrepräsentation von Frauen in der Wissenschaft auszugleichen, lobt der Gesetzgeber Habilitationsstipendien speziell für Frauen aus. Gleichzeitig wird zur Qualitätsoptimierung geregelt, als Assistierende in fremdsprachlichen Fachbereichen nur noch Muttersprachler einzustellen. Dr. A will Professor für Anglistik werden und sieht sich bei seinen Habilitationsabsichten sowohl als Mann als auch als Deutschmuttersprachler diskriminiert. Er ist zudem der Auffassung, dass seine ehemalige Mitgliedschaft in einer verfassungsfeindlichen Organisation, von der er sich äußerlich und innerlich distanziert habe, einer Einstellung in den öffentlichen Dienst nicht entgegenstehen dürfe. ◀

I. Dogmatische Besonderheiten der besonderen Gleichheitsrechte

1. Teleologische Auslegung aller Diskriminierungsverbote

808 Für alle besonderen Diskriminierungsverbote stellen sich zwei Fragen, die durch **teleologische Auslegung des Diskriminierungsbegriffs** zu lösen sind. Sie sollen – da dieselben Probleme bei Art. 3 Abs. 2 GG ebenso wie bei Art. 3 Abs. 3 GG, bei Art. 6 Abs. 5 GG und auch bei den Europäischen Diskriminierungsverboten auftauchen – vorab behandelt werden. Erstens geht es um die Erstreckung dieser Normen auf **mittelbare** Diskriminierung. Zweitens geht es um die Abgrenzung der Diskriminierung von **neutralen** Ungleichbehandlungen.

a) Mittelbare Diskriminierung

809 Diskriminierungsverbote benennen **spezifische Kriterien**, auf Grund derer eine rechtliche Differenzierung nicht stattfinden darf. Auch bei den Diskriminierungsverboten handelt es sich um Verbote rechtlicher Ungleichbehandlung. Das bloße Verbot direkter Diskriminierung wäre aber zu eng und wäre der Umgehung ausgesetzt. Nicht nur die unmittelbare Anknüpfung an derartige Kriterien soll grundsätzlich verboten sein. Faktische oder versteckte Diskriminierungen stehen dem vielmehr gleich, wenn sie mittelbare Folge einer rechtlichen Differenzierung sind. Bei einer expliziten Anknüpfung an verbotene Kriterien liegt eine unmittelbare Diskriminierung vor, bei Ungleichbehandlungen, die **typischerweise** die geschützte Personengruppe treffen, liegt eine **mittelbare Diskriminierung** vor.[1] Methodisch gesehen handelt es sich um eine teleologisch weite Auslegung des Diskriminierungsbegriffs.

HINWEIS FÜR DIE FALLBEARBEITUNG: Das Problem der mittelbaren Diskriminierung stellt sich nur bei speziellen Diskriminierungsverboten. Die faktischen Auswirkungen, d. h. die zwar nicht explizite, aber typische Ungleichheit ist bereits auf der Tatbestandsebene zu prüfen. Ob es sich um eine rechtlich verursachte Diskriminierung handelt, ist sodann auf der Stufe der Zurechnung zu erörtern.

b) Wertende Privilegierung bzw. Diskriminierung

810 Der Begriff der Diskriminierung bedarf aber auch einer **teleologischen Engführung**: Nicht jede Ungleichbehandlung, die formal gesehen einer Unterscheidung nach einem

---

1 *Kischel*, EuGRZ 1997, 1, 8. Wenn z. B. 93,5 % der Reinigungskräfte in Krankenhäusern weiblich sind, liegt in deren Schlechterstellung eine faktische Frauendiskriminierung. Das gilt selbst dann, wenn auch die Vergleichsgruppe der übrigen Beschäftigten zu fast 70 % – aber eben auch nicht mehr – aus Frauen besteht: BVerfGE 126, 29, 54 – Landesbetrieb Krankenhäuser Hamburg.

als diskriminierend angesehenen Kriterium entspricht, ist auch eine Privilegierung oder Diskriminierung. Vielmehr enthalten die Diskriminierungsverbote auch ein **wertendes Element**. Sie richten sich gegen Privilegien oder Herabstufungen, die per se als ungerecht empfunden werden, weil sie einen Grundsatz in Frage stellen, der mit dem Gedanken der Menschenwürde eng verwandt ist. Diskriminierungsverbote schützen die Wertgleichheit aller Menschen ungeachtet ihrer persönlichen Eigenschaften. Sie schließen weder neutrale, noch ausgleichende Maßnahmen völlig aus.

So richtet sich Art. 3 Abs. 3 GG gegen die **Auf- oder Abwertung** bestimmter Personen oder Gruppen. Dies soll v. a. einer Stigmatisierung entgegenwirken. Art. 3 Abs. 3 GG ist also nicht als negative Kompetenznorm zu verstehen, die jegliche Regelung z. B. von Abstammungsfragen oder von Sachverhalten mit religiösem oder politischem Bezug ausschließen würde. Vielmehr ist – anstelle der Frage einer rechtlich relevanten Ungleichbehandlung bei Art. 3 Abs. 1 GG – zu prüfen, ob hinter dieser Regelung eine Wertung steht, die zu einer Privilegierung oder Diskriminierung führt. Bloße Unterscheidungen, die keine Vor- oder Nachteile mit sich bringen, sind schon tatbestandlich keine Diskriminierungen.

811

Bei den besonderen Gleichheitssätzen, die bestimmte Unterscheidungskriterien als diskriminierend bezeichnen, ist zwar – im Gegensatz zum allgemeinen Gleichheitssatz – die rechtlich relevante Vergleichsgruppe bereits vorgegeben. Es ist aber auch hier zu prüfen, ob es Fälle in der so vorgegebenen **Vergleichsgruppe überhaupt geben kann**. Regelungen, die Rechtsfragen regeln, die nur bestimmte Gruppen (also z. B. „Frauen", „Heimatvertriebene" oder „uneheliche Kinder") überhaupt betreffen **können**, sind als rechtlich neutral einzustufen und bedürfen auch keiner besonderen Rechtfertigung.[2] Einer Rechtfertigung bedürfen solche Regelungen erst dann, wenn sie zu einer faktischen Diskriminierung führen. Diese Frage stellt sich, wenn der Gesetzgeber z. B. mit dem Argument des Mutterschutzes in Freiheitsrechte eingreift.

812

Ein anderes Sonderproblem sind **ausgleichende Ungleichbehandlungen**, die Vorteile für Benachteiligte in einer Weise regeln, die auch für die Vergleichsgruppe in Betracht käme. Solche Ausgleichsmaßnahmen sind grundsätzlich als gegebenenfalls „umgekehrte Diskriminierung" an den Diskriminierungsverboten zu messen und im Rahmen der Rechtfertigung zu prüfen (→ Rn. 821). Sie sind aber verfassungsrechtlich nicht absolut ausgeschlossen.

813

2. Kausalitätsfragen

Verboten sind durch Diskriminierungsverbote Ungleichbehandlungen „wegen" bestimmter Merkmale. Es existieren verschiedene Versuche, dieses Kausalitätserfordernis zu interpretieren:

814

Richtigerweise wird man die Lösung in dem oben entfalteten **teleologischen Diskriminierungsbegriff** zu suchen haben: Zunächst ist zu prüfen, ob überhaupt eine Diskriminierung bzw. Privilegierung im Rechtssinne vorliegt. Das ist der Fall, wenn der Staat erstens an eines der Kriterien „direkt" anknüpft oder eines der Kriterien „indirekt", d. h. typischerweise betroffen ist und wenn dies zweitens für die Vergleichsgruppen zu einem Vor- bzw. Nachteil führt. Danach handelt es sich bei den besonderen Gleichheitssätzen um **grundsätzliche Anknüpfungsverbote** und um **qualifizierte Unterschei-

815

---

[2] Eine Prüfung im Rahmen der Rechtfertigung fordert hingegen *Jarass* in: Jarass/Pieroth, GG, 16. Aufl., zu Art. 3 Rn. 108.

dungsverbote. Auf einer zweiten Stufe ist zu fragen, ob diese Ungleichbehandlung ausnahmsweise zu rechtfertigen ist. Im amerikanischen Verfassungsrecht wurde für Diskriminierungsverbote mit strengen Rechtfertigungsanforderungen der Begriff der „suspect classifications" mit der Konsequenz eines „strict-scrutiny-test" geprägt.[3] Im Ergebnis lassen sich auch die Entscheidungen der deutschen und europäischen Gerichte über ein System abgestufter Kontrolldichte rekonstruieren.[4]

816 Die Theorie vom „**absoluten Anknüpfungsverbot**"[5] ist abzulehnen, weil sie allzu formal einerseits mittelbare Diskriminierungen nicht erfasst und weil sie zweitens jedwede Rechtfertigung ausschließt, was nicht durchzuhalten ist. Nach der **Finalitäts- bzw. Ausschließlichkeitslehre** darf die Differenzierung nicht gerade bzw. nicht ausschließlich wegen eines der genannten Kriterien erfolgen.[6] Auch dieser Ansatz ist anfällig für Umgehungen.[7] Vielfach wird dem Art. 3 Abs. 3 GG in der Literatur ein **Begründungsverbot**[8] entnommen. Danach wären Begründbarkeitsalternativen für eine Ungleichbehandlung zu suchen, die ohne ein Diskriminierungskriterium auskommen. Damit würde gleichsam auf die Frage der Rechtfertigung verwiesen: Ob nämlich eine sachliche Begründung für eine Differenzierung möglich ist, ist eine Frage ihrer Rechtfertigung. Richtig ist zwar, dass sich die Frage der Rechtfertigung durchaus auch bei den besonderen Gleichheitssätzen stellt. Damit ist aber die Frage nicht beantwortet, in welchen Fällen eine solche Rechtfertigung überhaupt zu prüfen ist. Außerdem würden so die spezifischen Anforderungen an eine Rechtfertigung innerhalb der besonderen Gleichheitssätze im Unterschied zu Art. 3 Abs. 1 GG nicht deutlich genug.

3. Qualifizierte Anforderungen an die Rechtfertigung von Ungleichbehandlungen

817 Im Gegensatz zu Art. 3 Abs. 1 GG ist im Rahmen der besonderen Diskriminierungsverbote nicht lediglich die Frage einer sachlichen Begründbarkeit von Ungleichbehandlungen zu stellen. Die besonderen Diskriminierungsverbote bieten gegenüber dem allgemeinen Gleichheitssatz einen **qualifizierten Schutz**. Das findet seine Parallele im gehobenen Standard spezieller Diskriminierungsverbote im Rechtsvergleich, v. a. auch im amerikanischen Verfassungsrecht („suspect classifications" werden dem „strict-scrutiny-test" unterzogen) sowie im internationalen Menschenrechtsschutz.[9] Allerdings entfaltet dieser besondere Schutz **keine absolute Bedeutung**. Versuche, den Diskriminierungsverboten eine strikte, ausnahmslose Absolutheit zuzuweisen,[10] sind dogmatisch gescheitert. Das gilt auch für die politische Gleichheit des Art. 38 GG, die nach der Rechtsprechung des BVerfG an sich „strikt und formal"[11] gilt und „jede unterschied-

---

3 *Schuppert*, Diskussionsbeitrag, VVDStRL 47 (1989), S. 97 im Anschluss an *Brugger*, Grundrechte und Verfassungsgerichtsbarkeit in den Vereinigten Staaten von Amerika, 1987, S. 162 ff.
4 *Kischel*, EuGRZ 1997, 1, 5.
5 BVerfGE 75, 40, 69 f. – Privatschulfinanzierung I; BVerfGE 85, 191, 206 – Nachtarbeitsverbot; aus der Lit.: *Sachs*, Grenzen des Diskriminierungsverbotes, 1987, S. 421 ff.
6 So für Art. 3 Abs. 2 GG etwa BVerfGE 57, 335, 342 – § 42 Abs. 4 AVG.
7 Problematisch BVerfGE 75, 40, 70 – Privatschulfinanzierung I; zutreffend BVerfGE 85, 191, 206 f. – Nachtarbeitsverbot.
8 *Heun* in: Dreier, GG, Bd. 1, 3. Aufl., zu Art. 3 Rn. 125 m. w. N.
9 *Nolte* in: Wolfrum, Gleichheit und Nichtdiskriminierung im nationalen und internationalen Menschenrechtsschutz, 2003, S. 235 ff.
10 *K. Hesse*, Der Gleichheitssatz in der neueren deutschen Verfassungsentwicklung, AöR 109 (1984), 174, 184: „schematische oder, wie man früher sagte, absolute Gleichheit"; *Nawiasky*, Die Gleichheit vor dem Gesetz im Sinne des Art. 109 der Reichsverfassung, VVDStRL 3 (1927), S. 25, 40: „Der Maßstab […] ist blendend einfach: die absolute Gleichheit".
11 BVerfGE 85, 264, 297 – Parteienfinanzierung II.

liche Behandlung"¹² verbietet. Sinn der formalen Handhabung ist es, die Gefahr gezielter Ungleichbehandlungen möglichst zu vermindern.¹³ Gleichwohl hat das BVerfG Ausnahmen aus einem „besonderen – zwingenden – Grund"¹⁴ anerkannt, wenn sich der Differenzierungsgrund und das qualifizierte Gleichbehandlungsgebot „die Waage halten"¹⁵; in der Literatur wird praktische Konkordanz¹⁶ postuliert. Selbst wenn man – wie hier (→ Rn. 789 ff.) – bereits im Tatbestand der Diskriminierungsverbote prüft, ob überhaupt eine rechtlich problematische Benachteiligung bzw. Bevorzugung vorliegt, ist deren Rechtfertigung nicht per se ausgeschlossen. Richtig ist allerdings, dass **in vielen Fällen** eine Rechtfertigung im Ergebnis scheitert. Darüber hinaus liegt gegebenenfalls eine Verletzung der absolut geschützten Menschenwürde vor, wenn eine Diskriminierung deklassierenden, herabwürdigenden Charakter hat (→ Rn. 150), was Art. 3 Abs. 3 GG nicht voraussetzt.

Die Lösung für die Dogmatik des Art. 3 Abs. 3 GG liegt in einem Verweis auf **verfassungsimmanente Schranken**¹⁷ – ähnlich der Rechtfertigung von Eingriffen in Freiheitsrechte, die keinem Gesetzesvorbehalt unterliegen. Wie dort ist auch hier eine **gesetzliche Grundlage** zu fordern.¹⁸ In den eindeutigen Fällen, in denen staatliches Handeln direkt und gezielt diskriminierend ist, scheitert eine Rechtfertigung schon daran, dass es hierfür keine legitimen Ziele geben kann. Anders als nach der Begründungstheorie reicht aber auch nicht jedes legitime Interesse aus, um einen Diskriminierungsverdacht auszuräumen.

818

Als **verfassungsrechtlich legitimierte Gründe** einer Ungleichbehandlung kommen z. B. die nur für Männer geltende Wehrpflicht nach Art. 12a Abs. 1 GG oder die Vorschriften zum Schutz der Verfassung, insbesondere zum wehrhaften Schutz der Demokratie nach Art. 9 Abs. 2, Art. 18, Art. 21 Abs. 2 GG in Betracht. Sie richten sich gegen bestimmte, extreme politische Anschauungen. Besondere Bedeutung hat der Verfassungsauftrag der Förderung der Gleichstellung der Frauen nach Art. 3 Abs. 2 S. 2 GG. Er kann zur Rechtfertigung einer gezielten Förderung von Frauen herangezogen werden, die freilich vor dem grundsätzlichen Anspruch auf Gleichbehandlung der Männer nach Art. 3 Abs. 2 S. 1 und Abs. 3 GG zu rechtfertigen ist, also verhältnismäßig sein muss.

819

Dabei ist eine **vollständige Verhältnismäßigkeitsprüfung** – anders als bei Art. 3 Abs. 1 GG (→ Rn. 802) – einschließlich einer Erforderlichkeitsprüfung durchzuführen und darzulegen, ob für eine Differenzierung ein zwingender Grund besteht. Die Frage der **Erforderlichkeit** rückt in der Rechtsprechung sogar in den Mittelpunkt der Verhältnismäßigkeitskontrolle: Eine geschlechtsspezifische Ungleichbehandlung ist vor Art. 3 Abs. 3 GG nur zu rechtfertigen, „soweit sie zur Lösung von Problemen,

820

---

12 Zur Parteiengleichheit nach Art. 21 Abs. 1 GG: BVerfGE 47, 198, 225 f. – Wahlwerbesendungen; vgl. dazu *K. Hesse*, Der Gleichheitssatz in der neueren deutschen Verfassungsentwicklung, AöR 109 (1984), 174, 184; v. *Arnim*, Der strenge und der formale Gleichheitssatz, DÖV 1984, S. 85 ff.
13 *Morlok* in: Dreier, GG, Bd. 2, 3. Aufl., zu Art. 38 Rn. 55.
14 BVerfGE 47, 198, 227 – Wahlwerbesendungen m. w. N. aus der Rechtsprechung; für das Wahlrecht: BVerfGE 93, 373, 377 – Gemeinderat; mit dem Versuch einer Präzisierung BVerfGE 95, 335, 376 f. – Überhangmandate II (Votum der vier abweichenden Richter); lediglich von einem „rechtfertigenden Grund, der vor dem strengen Gleichheitssatz Bestand hat" spricht BVerfGE 85, 264, 297 – Parteienfinanzierung II.
15 BVerfGE 146, 327, 350 f. – Eventualstimme.
16 *Morlok* in: Dreier, GG, Bd. 2, 3. Aufl., zu Art. 38 Rn. 65. Dazu näher *Michael*, Gleichheitsrechte als grundrechtliche Prinzipien, in: Sieckmann, Die Prinzipientheorie der Grundrechte, 2007, S. 123, 134.
17 BVerfGE 92, 91, 109 – Feuerwehrabgabe: „Fehlt es an zwingenden Gründen für eine Ungleichbehandlung, lässt sich diese nur noch im Wege einer Abwägung mit kollidierendem Verfassungsrecht legitimieren".
18 *Jarass* in: Jarass/Pieroth, GG, 16. Aufl., zu Art. 3 Rn. 152; anders: BVerwG, NVwZ 2003, 92, 94.

die ihrer Natur nach nur entweder bei Männern oder bei Frauen auftreten können, zwingend erforderlich"[19] ist. Es ist also nach Alternativen der Zweckerreichung zu fragen, die nicht an Merkmale des Art. 3 Abs. 3 GG anknüpfen. Dabei können andere, gegebenenfalls auch vielfältigere, d. h. weniger pauschale („differenziertere") Differenzierungen als mildere Alternativen in Betracht kommen, wenn diese dazu führen, dass eine Schlechterbehandlung auf weniger Fälle mit sachlich besserer Rechtfertigung beschränkt wird.[20] Bei der Frage der Angemessenheit ist eine **strikte Prüfung der praktischen Konkordanz** durchzuführen.

821 Mit diesem Ansatz lässt sich auch begründen, warum **ausgleichende Ungleichbehandlungen** nur ausnahmsweise gerechtfertigt sein können. Der Wortlaut des Art. 3 Abs. 3 S. 1 GG stellt klar, dass nicht nur Benachteiligungen, sondern auch Bevorzugungen grundsätzlich ausgeschlossen sein sollen. Deshalb handelt es sich bei kompensatorischen Maßnahmen regelmäßig um **umgekehrte Diskriminierungen**. Diese sind nur dann gerechtfertigt, wenn das Verfassungsrecht dies legitimiert. Hierfür bieten einen Ansatzpunkt die **Staatsziele der tatsächlichen Gleichstellung** namentlich von Frauen (Art. 3 Abs. 2 S. 2 GG), von nichtehelichen Kindern (Art. 6 Abs. 5 GG) sowie von Behinderten (Art. 3 Abs. 3 S. 2 GG). Dabei handelt es sich jedoch um **Ausnahmevorschriften**, die sich dogmatisch von Art. 3 Abs. 3 S. 1 GG unterscheiden – beachte, dass in Art. 3 Abs. 3 S. 2 GG ausdrücklich nur die Benachteiligung und nicht auch die Bevorzugung verboten wird. Darüber hinaus mag allenfalls das Staatsziel „Sozialstaat" i. V. m. grundrechtlichen Schutzpflichten die spezifische Förderung Schutzbedürftiger legitimieren. Dazu wird jedoch kaum je eine Unterscheidung nach den Merkmalen des Art. 3 Abs. 3 S. 1 GG notwendig sein. Maßnahmen zur Förderung Heimatvertriebener privilegieren z. B. keine bestimmte Heimat, sondern gleichen den sachlichen Nachteil der Vertriebenensituation aus. Keineswegs kann dem Art. 3 Abs. 3 S. 1 GG selbst ein immanenter Verfassungsauftrag zu kompensatorischen Maßnahmen entnommen werden. Hier unterscheidet sich das deutsche Verfassungsrecht von der amerikanischen Rechtsprechungstradition zu den Diskriminierungsverboten, die sich aus einem nicht mit Deutschland vergleichbaren historischen Hintergrund erklärt.[21]

II. Gleichberechtigung der Geschlechter

1. Die unterschiedlichen Perspektiven des Art. 3 Abs. 2 und Abs. 3 GG

822 Die Gleichbehandlung von Frau und Mann ist in Art. 3 Abs. 2 GG und zusätzlich in Art. 3 Abs. 3 GG („Geschlecht") garantiert. Inzwischen hat die Rechtsprechung – wortlautnah, aber jenseits der Intentionen des Verfassunggebers – eine zusätzliche Bedeutung des Art. 3 Abs. 3 GG darin entdeckt, dass „Geschlecht" nicht notwendig an die binäre Unterscheidung zwischen zwei Geschlechtern anknüpft, sondern im Gegenteil sogar vor exkludierenden Diskriminierungen schützt, die gerade aus einer ausschließlich binären Geschlechterzuordnung folgen.[22] Der **Anwendungsbereich** des Art. 3 Abs. 3 GG ist also weiter, indem er sich auf Personen erstreckt, die sich dauerhaft weder dem männlichen noch dem weiblichen Geschlecht zuordnen lassen. Art. 3 Abs. 2 S. 1 GG gewährleistet bezogen auf Männer und Frauen die **Gleichberechtigung**,

---

19 BVerfGE 92, 91, 109 – Feuerwehrabgabe.
20 EuGH, Rs. C-144/04 (Mangold/Helm), Slg. 2005, I-9981, Rn. 65, wo das Abstellen auf die „Struktur des jeweiligen Arbeitsmarktes und die persönliche Situation des Betroffenen" verlangt wird.
21 Etwa U. S. Supreme Court, Fullilove et al. v. Klutznick, 2.7.1980, EuGRZ 1980, 604.
22 BVerfGE 147, 1, 28.

Art. 3 Abs. 2 S. 2 GG enthält einen **Förderungsauftrag** zur Beseitigung bestehender Nachteile und Art. 3 Abs. 3 GG enthält ein **Verbot von Benachteiligungen oder Bevorzugungen**. Diese Aspekte sind in Art. 3 Abs. 2 S. 1 und Abs. 3 GG als subjektive Grundrechte, in Art. 3 Abs. 2 S. 2 GG hingegen als objektives Staatsziel ausgestaltet. Nach der Rechtsprechung des BVerfG[23] ist aber auch das Staatsziel mit der Verfassungsbeschwerde einklagbar. So lässt sich v. a. eine verfassungskonforme Auslegung des einfachen Rechts durchsetzen. Die subjektiven und objektiven Aspekte können einander ergänzen, können aber auch entgegengesetzt wirken. Der Argumentation, ein Kopftuchverbot sei gerechtfertigt, weil es der Durchsetzung eines diskriminierungsfreien Frauenbildes diene, hat das BVerfG eine Absage erteilt.[24]

2. Förderung durch Bevorzugung

Das zentrale Problem besteht darin, inwieweit der Förderungsauftrag nach Art. 3 Abs. 2 S. 2 GG auch solche Ausgleichsmaßnahmen erfasst, die **bestehende Benachteiligungen durch Bevorzugungen ausgleichen** und ob dem Art. 3 Abs. 3 GG bzw. auch Art. 3 Abs. 2 S. 1 GG nicht entgegenstehen. Hier ist eine vermittelnde Lösung zu suchen, die alle genannten Perspektiven zum Ausgleich bringt: Weder ist Art. 3 Abs. 2 S. 2 GG als speziellere Regelung in der Weise zu verstehen, dass sie beliebige Bevorzugungen des benachteiligten Geschlechts erlaubt und damit die Ansprüche auf individuelle Gleichbehandlung verdrängt. Noch sollten politische Möglichkeiten der Förderung, die nach Art. 3 Abs. 2 S. 2 GG nicht umsonst Verfassungsrang genießen, in ein allzu enges Korsett gedrängt werden. Das individuelle Gleichbehandlungsgebot, das auch für Männer gilt, verbietet nicht jede ausgleichende Bevorzugung von Frauen. Vielmehr erlaubt der objektiv-rechtliche Förderungsauftrag solche Gesetze, die faktische Chancennachteile von Frauen durch begünstigende Regelungen ausgleichen.[25] Im Unterschied zu den anderen Gleichheitssätzen ist Art. 3 Abs. 2 S. 2 GG (insoweit ähnlich Art. 6 Abs. 5 GG → Rn. 833) nicht nur gegen rechtliche Ungleichheiten, sondern **auch auf den Ausgleich faktischer Nachteile gerichtet**. Während Art. 3 Abs. 2 S. 2 GG im Anwendungsbereich der Grundrechte somit in praktische Konkordanz mit Art. 3 Abs. 3 GG zu bringen ist, bedürfte es einer (weiteren) Verfassungsänderung, um eine bevorzugte Behandlung von Frauen auch in den organisationsrechtlichen Anwendungsbereichen der grundrechtsgleichen Rechte des Art. 33 und 38 GG zu legitimieren (z. B. wahlrechtliche Frauenquoten).

823

Solche **Bevorzugungen bedürfen einer Rechtfertigung** gegenüber dem kollidierenden individuellen Gleichbehandlungsanspruch jedes Mannes. Eine solche Rechtfertigung ist unter zwei Voraussetzungen möglich:[26] Sie ist erstens nur möglich, wenn und solange eine faktische **Benachteiligung besteht**, die es auszugleichen gilt.[27] Es ist also bereichsspezifisch und dynamisch nach der Entwicklung der Gleichstellung und zwar gesondert nach verschiedenen Lebensbereichen zu fragen. Zweitens dürfen Frauen **nicht schematisch** mit dem Ziel einer paritätischen Vertretung beider Geschlechter in allen Lebensbereichen bevorzugt werden, sondern vielmehr ist die Chancengleichheit so zu fördern, dass Chancennachteile von Frauen ausgeglichen werden, ohne dass die

824

---

23 BVerfGE 89, 276, 285 – § 611 a BGB.
24 BVerfGE 138, 269, 354 – Kopftuch II.
25 BVerfGE 92, 91, 109 – Feuerwehrabgabe; *Jarass* in: Jarass/Pieroth, GG, 16. Aufl., zu Art. 3 Rn. 118.
26 Wie hier: *Huster*, AöR 118 (1993), 109 ff.; *Nußberger* in: Sachs, GG, 9. Aufl., zu Art. 3 Rn. 281 ff.
27 BVerfGE 74, 163, 180 f.

Chancen von Männern – auch nur vorübergehend – auf Null sinken. Quotenregelungen bei der Einstellung in den öffentlichen Dienst sind deshalb nur dann zulässig, wenn die Bevorzugung von Frauen nicht gegenüber besser geeigneten, männlichen Bewerbern greift und wenn Härtefallregelungen für Männer vorgesehen werden. Eine Einzelfallbetrachtung ist notwendig, bei der z. B. auch atypische Chancennachteile von Männern, z. B. die Situation eines (allein-)erziehenden Vaters, Berücksichtigung finden. Das entspricht auch einer unionsrechtsfreundlichen Auslegung des Grundgesetzes.[28]

III. Besondere Diskriminierungsverbote nach Art. 3 Abs. 3 GG

825   Art. 3 Abs. 3 GG benennt **einzelne Kriterien** für besondere Diskriminierungsverbote. Im Gegensatz zu den besonderen Gleichheitsrechten der EMRK und des Unionsrechts (→ Rn. 838 ff.) sind diese **abschließend** geregelt, d. h. Diskriminierungen im Übrigen lediglich an Art. 3 Abs. 1 GG zu messen.

826   „**Abstammung**" ist die Beziehung einer Person zu ihren Vorfahren. Damit richtet sich Art. 3 Abs. 3 GG gegen eine Diskriminierung von Personen einer bestimmten Abstammung gegenüber anderen Personen anderer Abstammung. Kein Verstoß sind die allgemein geltenden, an die Verwandtschaft und damit an die „Abstammung" anknüpfenden Regeln des Unterhalts- oder Erbrechts sowie des Verfahrens- und Prozessrechts. Sie sind vielmehr als rechtlich neutral und nicht wertend einzustufen. Nicht erfasst von Art. 3 Abs. 3 GG werden auch Regelungen der Staatsangehörigkeit, die zu jedem Staatswesen gehören, und mit der Abstammung nur teilweise korrespondieren.

827   Die exakte Bedeutung des Merkmals „**Rasse**" ist nicht leicht zu fassen, sind doch die Rassendiskriminierungen (vor allem der NS-Zeit), denen Art. 3 Abs. 3 GG entgegenwirken soll, mit unklaren und auch missbrauchten Definitionen einhergegangen. Schon der Versuch, Rasse wissenschaftlich exakt zu definieren, ist problematisch und konzeptionell zum Scheitern verurteilt. Erfasst werden von diesem Diskriminierungsverbot deshalb alle gruppenspezifischen Stigmatisierungen, soweit die Zugehörigkeit zu einer solchen Gruppe vererbbar sein soll. Das Diskriminierungsverbot wendet sich letztlich gegen die Verwendung des Begriffs Rasse und gegen alle Vorurteile, die mit ihr verbunden werden.

828   Mit dem Merkmal „**Sprache**" ist die spezifische kulturelle Verbundenheit zur Muttersprache einschließlich der Dialekte gemeint. Das Diskriminierungsverbot schützt nicht nur echte Sprachminderheiten, sondern eines jeden Muttersprache. Die praktische Bedeutung der Vorschrift nimmt deshalb mit der wachsenden Sprachenvielfalt in unserem Lande zu. Der Staat darf solche Vielfalt, sowohl das Erlernen als auch die Pflege von Sprachen, nicht unterdrücken. Das Grundgesetz will aber nicht die kulturelle Prägung durch unsere Landessprache nivellieren. Da Recht auf Sprache beruht, kann und muss die Verwendung bestimmter Sprachen auch dem Rechtsverkehr zugrunde liegen. Das beginnt schon mit der Verabschiedung der Verfassung in deutscher Sprache und setzt sich bis in die Amts- und Gerichtssprache fort. Dass Sprachenkenntnisse und die Ausdrucksfähigkeit in bestimmten Sprachen Vorteile mit sich bringen, ist als solches ebenso kein rechtliches Diskriminierungsproblem.[29] Inwieweit Sprachkenntnisse ein sachliches Differenzierungskriterium sind, hängt vom Einzelfall ab.[30] Um sprachlich

---

28   Zu den europarechtlichen Grenzen von Quotenregelungen EuGH, Rs. C-409/95 (Marschall/NRW), Slg. 1997, I-6363, Rn. 35.
29   *Sachs*, Verfassungsrecht II, Grundrechte, 3. Aufl., S. 319.
30   *Baer/Markard* in: v. Mangoldt/Klein/Starck, GG, Bd. 1, 7. Aufl., zu Art. 3 Rn. 491 ff.

bedingte Chancennachteile auszugleichen, fördert der Staat das Erlernen und die Pflege der deutschen Sprache sowie ausgewählter Fremdsprachen. Er stellt hierfür staatliche Bildungseinrichtungen zur Verfügung. Dabei stößt er an faktische Kapazitätsgrenzen, die es ausschließen, jede beliebige Sprache in gleicher Weise zu fördern. Der staatliche Bildungsauftrag rechtfertigt die unausweichliche Fokussierung der Sprachförderung. Nur darf die Pflege weiterer Sprachen darüber hinaus nicht behindert werden. Auch wenn bei der Einstellung im öffentlichen Dienst bestimmte Sprachfähigkeiten vorausgesetzt werden, verstößt das nicht gegen Art. 3 Abs. 3 GG. Denn entsprechende Sprachkenntnisse sind wie andere Eignungsvoraussetzungen i. S. d. Art. 33 Abs. 2 GG erlernbar. Die Einstellung dürfte allerdings nicht davon abhängig gemacht werden, Deutsch als Muttersprache zu sprechen. Die Notwendigkeit einer Rechts- und Amtssprache rechtfertigen nicht nur entsprechende staatliche Bildungsangebote sowie Anforderungen bei der Einstellung in den öffentlichen Dienst. Der Rechtsstaat muss auch denjenigen Menschen gerecht werden, die über keine Sprachen- bzw. Fremdsprachenkenntnisse verfügen. Die Inanspruchnahme staatlicher Leistungen sowie eine effektive Interessenswahrnehmung in Verwaltungs- und Gerichtsverfahren dürfen nicht daran scheitern, dass ein Beteiligter die Behörden- und Gerichtssprache Deutsch nicht beherrscht. Deshalb muss der Staat Beteiligten gegebenenfalls Dolmetscher zur Verfügung stellen. Art. 6 Abs. 3 lit. e EMRK normiert das Recht eines Angeklagten auf einen kostenlosen Dolmetscher (→ Rn. 901). Darüber hinaus folgt aus Art. 3 Abs. 3 GG, dass der Staat in gewissem Umfang auch die Übersetzungskosten für die Überwachung des Telefon- und Briefverkehrs eines fremdsprachlichen Inhaftierten tragen muss.[31]

„**Heimat**" meint die örtliche Herkunft bzw. Ansässigkeit. Dieser Tatbestand schützt gegen Diskriminierungen von Flüchtlingen, Vertriebenen und Umsiedlern. In Betracht kommt auch eine Anwendung auf landesrechtliche Diskriminierungen der Nicht-Landesbürger. Das gilt insbesondere auch für mittelbare Diskriminierungen, die nicht von Art. 3 Abs. 1 GG erfasst werden. Dabei handelt es sich um eine föderale Parallele[32] zu den unionsrechtlichen Grundfreiheiten (→ Rn. 847). Nicht gemeint ist die umgangssprachlich mit „Heimat" gemeinte emotionale Bindung an einen Ort, weil diese kaum ein Problem rechtlicher Diskriminierung sein kann.[33] Das Merkmal „**Herkunft**" meint die soziale Verwurzelung und Zugehörigkeit und schützt gegen die Bevorzugung oder Benachteiligung bestimmter Gesellschaftsschichten. Art. 3 Abs. 3 GG ist somit der sozialen Durchlässigkeit unseres rechtlichen Gemeinwesens verpflichtet.

829

Die Merkmale „**Glaube und religiöse Anschauung**" schließen nicht nur jede Diskriminierung aus religiösen, sondern auch aus weltanschaulichen Gründen aus. Letzteres ergibt sich aus der religiös-weltanschaulichen Neutralität der Verfassung insgesamt und indirekt auch aus Art. 3 Abs. 3 GG selbst (zu den Besonderheiten der Art. 33 Abs. 2 GG und Art. 140 GG i. V. m. Art. 136 Abs. 2 WRV → Rn. 835). Ebenso verbietet Art. 3 Abs. 3 GG die Diskriminierung „**politischer Anschauungen**". Da aus Art. 4 Abs. 1 (→ Rn. 182) und Art. 5 Abs. 1 GG (→ Rn. 203) bereits absolute Differenzierungsverbote (→ Rn. 763) folgen, läuft hier die gleichheitsrechtliche Gewährleistung weitgehend parallel zur freiheitsrechtlichen.

830

---

31 BVerfG-K, NJW 2004, 1095 f.
32 *Möstl*, Die grundfreiheitliche Dimension der Bundesgrundrechte, in: FS für Stober, 2008, S. 163 ff., der freilich die Beschränkungsverbote der Grundfreiheiten nicht gleichheitsrechtlich rekonstruiert und deshalb auch einer Lösung über Art. 3 Abs. 3 GG gegenüber skeptisch ist.
33 Anders: BVerfGE 102, 41, 53 – Kriegsbeschädigungsrente; wie hier: Sondervotum *Kühling, Jaeger, Hohmann-Dennhardt* BVerfGE 102, 41, 66.

831 Schließlich ist in Art. 3 Abs. 3 S. 2 GG nunmehr ein Benachteiligungsverbot für „Behinderte" geregelt, das sich von Art. 3 Abs. 3 S. 1 GG dadurch unterscheidet, dass es **Bevorzugungen nicht ausschließt.** Behinderungen sind dauerhafte, erhebliche (aber nicht notwendig eine Schwerbehinderung darstellende) Funktionsbeeinträchtigungen, die auf einem regelwidrigen (d. h. nicht nur altersbedingten) körperlichen, geistigen oder seelischen Zustand beruhen.[34] Nach der Rechtsprechung ist die Einweisung eines Schülers gegen den Willen des Betroffenen und seiner Eltern in eine Sonderschule nicht per se ein Verstoß gegen Art. 3 Abs. 3 S. 2 GG, wenn die Schulbehörde die Möglichkeiten einer Betreuung an einer allgemeinen Schule ausgeschöpft und ihre Entscheidung entsprechend begründet hat.[35] Zu rechtfertigen ist dieses Ergebnis nur, wenn sich diese Sonderbehandlung tatsächlichen nicht als Nachteil, sondern als kompensatorische Maßnahme darstellt, die der bestmöglichen Förderung des Betroffenen dient.

832 **HINWEIS ZUM VERSTÄNDNIS:** Die in Art. 3 Abs. 3 GG genannten Diskriminierungsmerkmale sind überwiegend angeborene, das heißt nicht selbst erworbene Eigenschaften. Sie werden gegenüber Art. 3 Abs. 1 GG herausgehoben, weil eine Diskriminierung aus solchen Gründen besonders ungerecht erscheint. Durch die Merkmale „Glaube" und „politische Anschauung" werden erworbene Eigenschaften der innersten Überzeugungen herausgehoben. Insoweit leistet Art. 3 Abs. 3 GG den Freiheitsrechten besonderen Flankenschutz.

IV. Gleichstellung nichtehelicher Kinder nach Art. 6 Abs. 5 GG

833 Außerhalb des Art. 3 Abs. 3 GG enthält Art. 6 Abs. 5 GG ein besonderes Diskriminierungsverbot, das die Gleichstellung „**unehelicher Kinder**" gebietet. Dieser enthält – insofern vergleichbar mit Art. 3 Abs. 2 S. 2 GG – einen ausdrücklichen Verfassungsauftrag an den Gesetzgeber, der **auch auf den Ausgleich faktischer Nachteile gerichtet ist.** Diese Wertentscheidung darf nicht mit dem Privileg der Ehe nach Art. 6 Abs. 1 GG unterlaufen werden. Die Möglichkeiten einer Relativierung kollidierenden Verfassungsrechts folgen aus dem Gedanken der Einheit der Verfassung. So darf zwar auch Art. 6 Abs. 5 GG nicht isoliert und absolut gesehen werden, kann aber nicht durch ein Privileg der Ehe relativiert werden, das in Bezug auf die Kinder explizit ausgeschlossen sein soll (→ Rn. 254).

V. Die staatsbürgerlichen Diskriminierungsverbote des Art. 33 GG

1. Funktion und Überblick

834 Die bestmögliche Besetzung und Ausübung von öffentlichen Ämtern stellt primär ein **öffentliches Interesse** dar.[36] Gleichwohl statuieren die in Art. 33 GG normierten grundrechtsgleichen Rechte **subjektive Ansprüche.** Diese können gegebenenfalls der Durchsetzung auch weiterer objektiver Rechtsnormen – z. B. der Grenzen der Einsetzbarkeit der Bundeswehr nach Art. 87 a Abs. 2 GG – dienen.[37]

835 Art. 33 GG enthält **mehrere spezielle Gewährleistungen** für die Wahrnehmung **staatsbürgerlicher Rechte**, insbesondere für den Zugang zu öffentlichen Ämtern. Dazu regelt Art. 33 Abs. 2 GG positive Kriterien. Versteht man diese Regelung als abschließende

---

34 Aus der Rechtsprechung: BVerfGE 99, 341, 356 f. – Testierausschluss Taubstummer.
35 BVerfGE 96, 288, 307 ff. – Integrative Beschulung. Das gilt insbesondere auch für Ausländer: EGMR (Große Kammer), v. 26.7.2005, NJW 2008, 533, 536, Z. 196 ff. – D.H. u. a./Tschechien.
36 BVerfG-K, 2 BvR 2457/04 v. 2.10.2007, Rn. 16 = BVerfGK 12, 265–272.
37 BVerfG-K, 2 BvR 2457/04 v. 2.10.2007, Rn. 22.

Aufzählung der relevanten Einstellungskriterien, sind insoweit die in Art. 33 Abs. 1 und Abs. 3 GG genannten negativen, d. h. irrelevanten und verbotenen Gesichtspunkte an sich nur noch von klarstellender Bedeutung. Eigenständige Bedeutung erhalten die Art. 33 Abs. 1 und Abs. 3 GG jedoch, wenn es nicht um den Zugang zu öffentlichen Ämtern, sondern um sonstige Ausübung staatsbürgerlicher Rechte geht. Art. 33 Abs. 4 und Abs. 5 GG macht die Dienst- und Treuepflichten sowie die hergebrachten Grundsätze des Berufsbeamtentums zu einem Verfassungsgut, in dessen Lichte die staatsbürgerlichen Rechte zu interpretieren sind.

HINWEISE FÜR DIE FALLBEARBEITUNG: In vielen Fällen stellt sich zunächst das Problem der Einordnung des Art. 33 GG und der Prüfungsreihenfolge. Der **Zugang** zu öffentlichen Ämtern ist vom Ausgangspunkt des Art. 33 Abs. 2 GG an allen genannten Maßstäben zu prüfen. D. h. gegebenenfalls ist z. B. Art. 33 Abs. 2 i. V. m. Abs. 3 GG zu prüfen, wenn eine Einstellung statt nach der Eignung i. S. d. Art. 33 Abs. 2 GG nach Kriterien des religiösen Bekenntnisses i. S. v. Art. 33 Abs. 3 GG erfolgt. Zu beachten ist, dass die Verweigerung des Zugangs zum öffentlichen Dienst auch freiheitsrechtliche Aspekte hat, die gegebenenfalls sogar zuerst zu prüfen sind, und zwar im Rahmen von Art. 33 Abs. 2 (gegebenenfalls i. V. m. Abs. 3) i. V. m. Art. 12 (bzw. gegebenenfalls Art. 4) GG.[38] Auch Restriktionen bei der **Ausübung** des öffentlichen Amtes werfen freiheitsrechtliche Aspekte auf. So wird die Geltung des Art. 4 GG durch Art. 33 Abs. 3 GG bekräftigt, d. h. ausdrücklich auch im Sonderstatusverhältnis des öffentlichen Dienstes gewährleistet. In diesen Fällen ist zu empfehlen, zunächst diese freiheitsrechtlichen Aspekte im Rahmen von Art. 4 i. V. m. Art. 33 Abs. 3 GG und sodann die gleichheitsrechtlichen Aspekte im Rahmen von Art. 3 Abs. 3 i. V. m. Art. 33 Abs. 3 GG zu prüfen. Auch die Gewährleistungen des Art. 33 GG unterliegen verfassungsimmanenten Schranken. Insbesondere wird die Anwendung des Art. 3 Abs. 2 S. 2 GG nicht ausgeschlossen.[39] Die staatskirchenrechtlichen Gewährleistungen der Art. 140 GG i. V. m. Art. 136 WRV sind in diesem Rahmen ebenfalls mitzuprüfen, wobei auf diese – im Gegensatz zu dem grundrechtsgleichen Recht des Art. 33 GG, das in Art. 93 Abs. 1 Nr. 4 a GG ausdrückliche Erwähnung findet – als solche keine Verfassungsbeschwerde gestützt werden kann.

2. Einzelprobleme

Art. 33 Abs. 1 GG richtet sich vor allen Dingen gegen die **Privilegierung von Landeskindern**. Die Institutsgarantie eröffnet und belässt auch insoweit Ausgestaltungsmöglichkeiten des Gesetzgebers und wirkt als Schranke des Art. 3 Abs. 3 GG. Anknüpfungen an die Sesshaftigkeit z. B. beim Wahlrecht stellen jedoch keine (auch keine mittelbare) Diskriminierung dar, zumal sie auch rückkehrende Landeskinder betreffen können. Eine diskriminierende Benachteiligung i. S. d. wertenden Betrachtung liegt nicht vor.

Art. 33 Abs. 2 GG dient der Durchsetzung des **Leistungsprinzips** bei der Einstellung in den öffentlichen Dienst. „Eignung, Befähigung und fachliche Leistung" werden auch unter dem Oberbegriff der „Eignung i. w. S." verstanden. Danach bezeichnet die „Befähigung" die insgesamt der Tätigkeit zugutekommenden Fähigkeiten, also die Begabungen, das Allgemeinwissen, die Lebenserfahrung und auch die allgemeine Ausbildung. „Fachliche Leistung" bezieht sich auf das für ein bestimmtes Amt relevante fachliche Wissen, Können sowie auf spezifische Berufserfahrungen. „Eignung i. e. S." erfasst (auch) alle sonstigen geistigen, körperlichen, psychischen und charakterlichen

---

38 Nach BVerfGE 96, 152, 163 – Parteilehrer ergänzt Art. 33 Abs. 2 GG den Art. 12 Abs. 1 GG.
39 *Heun* in: Dreier, GG, Bd. 1, 3. Aufl., zu Art. 3 Rn. 114.

Eigenschaften, soweit sie für ein bestimmtes Amt von Bedeutung sein können. Aus alldem folgt eine **Prognoseentscheidung** unter „Würdigung der gesamten Persönlichkeit des Bewerbers"[40] im Einzelfall. Von großer praktischer Bedeutung sind die verfahrensrechtlichen Konsequenzen: Zunächst[41] sind das im Vorfeld Ausschreibungspflichten zur Herstellung eines transparenten Verfahrens. Damit eine Konkurrentenklage zur Durchsetzung überhaupt effektiv greifen kann, sind sodann etwaige Konkurrenten vor Einstellung bzw. Ernennung rechtzeitig zu informieren.[42] Schafft der Staat in rechtswidriger Weise vollendete Tatsachen, nimmt die Rechtsprechung[43] sogar einen Anspruch auf Einrichtung einer weiteren Planstelle an.

837 Schwierigkeiten bereitet die Frage, inwieweit Bedenken gegen die **Verfassungstreue** eines Bewerbers dessen Eignung ausschließen. Freiheitsrechtlich stellt sich dabei das Problem der Geltung der Meinungsfreiheit in Sonderstatusverhältnissen. Die überkommene Rechtsprechung des Bundesverfassungsgerichts hat gegen den entsprechenden sogenannten „Radikalenerlass" grundsätzlich keine Bedenken erhoben.[44] Dafür mag sprechen, dass unser Grundgesetz einer spezifischen Konzeption der wehrhaften Demokratie folgt. Während für den Bürger im Allgemeinen gilt, dass politisches Engagement erst dann verboten ist, wenn eine Partei durch das BVerfG nach Art. 21 Abs. 2 GG für verfassungswidrig erklärt wurde, geht die Treuepflicht im öffentlichen Dienst nach Art. 33 Abs. 5 GG weiter. Dafür spricht, dass sonst dem Staat seine Zersetzung von innen droht. Hinzu kommt auch ein systematisches Argument des Vergleiches: Während im Allgemeinen nach Art. 3 Abs. 3 GG eine Diskriminierung sowohl wegen der religiösen als auch wegen der politischen Anschauungen verboten ist, verlängert Art. 33 Abs. 3 GG nur den Gesichtspunkt der religiösen bzw. weltanschaulichen **Neutralität** (→ Rn. 182) ausdrücklich in das Sonderstatusverhältnis. Das bedeutet aber nicht, dass der Staat gegenüber seinen Beamten nicht zu politischer Neutralität aufgerufen ist und Art. 3 Abs. 3 GG im Sonderstatusverhältnis nicht gelten würde. Es handelt sich also um eine Frage der Verhältnismäßigkeit der Prognose, d. h. des Ausmaßes der Radikalität eines Beamten, die gegebenenfalls seinem Beamtenstatus entgegenstehen würde.

Bei dieser Abwägung sind i. S. d. Völkerrechtsfreundlichkeit des Grundgesetzes **Art. 8 und Art. 11 EMRK** zu berücksichtigen. Der EGMR[45] hat der Bundesrepublik zwar einen Beurteilungsspielraum bei der Frage zugestanden, ob derartige Einschränkungen der Meinungs- und Vereinigungsfreiheit „unentbehrlich in einer demokratischen Gesellschaft" sind. Das Straßburger Gericht hat auch den Grundsatz der wehrhaften Demokratie, der das deutsche Verfassungsrecht historisch besonders präge, nicht als solchen infrage gestellt. Aber Einschränkungen der Meinungs- und Vereinigungsfreiheit der Beamten seien nur gerechtfertigt, wenn dem Betroffenen konkrete persönliche Vorwürfe bezüglich seines Verhaltens und seiner Äußerungen zu machen seien. Die Prognosefrage der Einstellung ist, ob zu befürchten ist, dass Amtspflichten nicht korrekt erfüllt werden. Die Rechtsprechung des BVerfG spricht inzwischen zurückhaltender

---

40 BVerfGE 108, 282, 296 – Kopftuch.
41 *Brosius-Gersdorf* in: Dreier, GG, Bd. 2, 3. Aufl., zu Art. 33 Rn. 125 m. w. N.
42 BVerfG-K, NJW 1990, 501: Das gebieten Art. 33 Abs. 2 i. V. m. Art. 19 Abs. 4 GG.
43 BVerwG, NJW 2004, 870, 871. Gegen diese „verfassungskonforme Auslegung" sprechen freilich nicht nur haushaltsrechtliche Bedenken. Ebenso effektiven Rechtsschutz böte die Alternative der Drittanfechtung der Ernennung des Konkurrenten, wozu freilich eine Ausnahme vom Dogma der Ämterstabilität zu machen wäre.
44 BVerfGE 39, 334, 346 ff. – Extremistenbeschluss.
45 EGMR, v. 26.9.1993, NJW 1996, 375, Z. 51 ff. – Vogt/Deutschland.

nicht mehr vom Gebot der Verfassungstreue, sondern von der „innere[n] Bereitschaft, die dienstlichen Aufgaben nach den Grundsätzen der Verfassung wahrzunehmen".[46]

▶ **ZU FALL 31:** Die reine Frauenförderung benachteiligt den männlichen akademischen Nachwuchs und ist an den Diskriminierungsverboten des Art. 3 Abs. 3 GG und einer strengen Verhältnismäßigkeitsprüfung zu messen. Hier streitet allerdings Art. 3 Abs. 2 GG für die Zulässigkeit der Frauenförderung: Zu Recht geht der Gesetzgeber von einer faktischen Ungleichheit von Männern und Frauen in der Wissenschaft aus, die ergriffene Maßnahme reduziert die Chancen der konkurrierenden Männer auch nicht auf Null, wie es beispielsweise bei einer pauschalen Einstellungsbevorzugung der Fall wäre. Dass im Sonderfall des A diesem die Chance der Qualifikation verwehrt bleibt, liegt an der Regelung über die bevorzugte Einstellung muttersprachlicher Hochschulabsolventen. Diese knüpft an der „Sprache" i. S. d. Art. 3 Abs. 3 GG an, indem sie die Muttersprachlichkeit pauschal voraussetzt, statt im Einzelfall Sprachkenntnis zum Kriterium zu machen. Wenn nicht mehr zu besorgen ist, dass dem A in Zukunft die innere Bereitschaft fehlen könnte, seine Dienstaufgaben nach den Grundsätzen der Verfassung wahrzunehmen, steht seiner Eignung nichts im Wege. ◀

WIEDERHOLUNGS- UND VERSTÄNDNISFRAGEN

> - Erläutern Sie verschiedene Ansätze, wie sich die besonderen Gleichheitssätze dogmatisch verstehen lassen!
> - Ist jegliche Anknüpfung an eines der in Art. 3 Abs. 3 GG genannten Merkmale absolut ausgeschlossen?
> - Erklären Sie, warum bei den besonderen Gleichheitssätzen (anders als beim allgemeinen Gleichheitssatz) eine vollständige Verhältnismäßigkeitsprüfung erforderlich ist!

---

46 BVerfGE 96, 152, 163 – Parteilehrer.

§ 27 Europäische Gleichheitsrechte

838 Die folgende Darstellung ist **für Fortgeschrittene** gedacht und konzentriert sich auf die Aspekte, in denen europäische Gleichheitsrechte die Maßstäbe des nationalen Verfassungsrechts ergänzen und verschärfen. Das betrifft v. a. die **Diskriminierung von Ausländern**, den strengen Umgang mit den Geboten der Gleichstellung von **Mann und Frau** sowie einzelne spezifische Diskriminierungsverbote, z. B. hinsichtlich der **sexuellen Orientierung** oder des **Alters**, die im nationalen Verfassungsrecht allenfalls im Rahmen des allgemeinen Gleichheitssatzes Berücksichtigung finden. Durch europäische Gleichheitsrechte wurden bestimmte Bereiche des Wirtschafts-, Dienst- und Arbeitsrechts maßgeblich geprägt. Wegweisende Rechtsprechung des EGMR und vor allem des EuGH überlagert in diesen Fällen das nationale Recht einschließlich des nationalen Grundrechtsschutzes.

I. Gleichheitsrechte der EMRK

1. Diskriminierungsverbot nach Art. 14 EMRK

839 Gleichheit ist nach Art. 14 EMRK **akzessorischer**, „integraler Bestandteil jeder Konventionsbestimmung".[1] Akzessorisch bedeutet, dass das Diskriminierungsverbot nicht allgemein für jedes staatliche Handeln gilt, sondern nur Anwendung findet, wenn zugleich eines der Freiheitsrechte der EMRK betroffen ist. Das wird regelmäßig der Fall sein: Die meisten derartigen Diskriminierungen treffen die Persönlichkeit i. S. d. Art. 8 EMRK,[2] die Religionsfreiheit i. S. d. Art. 9 EMRK oder die politischen Freiheiten der Art. 10 bzw. Art. 11 EMRK. Positiv gewendet heißt dies: Das Diskriminierungsverbot des Art. 14 EMRK ist stets zu beachtender Bestandteil der Rechtsgewährung als Aspekt der Verhältnismäßigkeit – neben dem Übermaß- und dem Untermaßverbot.

Art. 14 EMRK verbietet Diskriminierungen aus verschiedensten Gründen. Typische Diskriminierungskriterien werden „insbesondere", d. h. **nicht abschließend** aufgezählt. Die Norm ist also offen für eine dynamische Auslegung, die dem gesellschaftlichen Wandel Rechnung trägt. Als „**sonstiger Status**" i. S. d. Art. 14 EMRK sind heute auch die sexuelle Ausrichtung,[3] der Familienstand, Behinderungen, das Alter und genetische Merkmale anerkannt.[4]

840 **VERSTÄNDNISHINWEIS FÜR FORTGESCHRITTENE:** Die Anwendbarkeit des Art. 14 EMRK mit ihrem Bezug zu Freiheitsrechten ähnelt der „neuen Formel" des BVerfG zu Art. 3 Abs. 1 GG, d. h. der Prüfung einer Verhältnismäßigkeit innerhalb des allgemeinen Gleichheitssatzes. Auch die unionsrechtlichen Grundfreiheiten schlagen einen Bogen zwischen Freiheit und Gleichheit, der Fragen der Verhältnismäßigkeit aufwirft. Auf den ersten Blick ähnelt die Vorschrift mehr dem Art. 3 Abs. 3 GG, weil hier wie dort besondere Diskriminierungskriterien aufgezählt werden. Allerdings ist die Aufzählung der Diskriminierungsgründe in Art. 3 Abs. 3 GG – im Gegensatz zu Art. 14 EMRK – abschließend.

---

1 *Grabenwarter/Pabel*, EMRK, 7. Aufl., § 26 Rn. 4.
2 Zum Fall der Entlassung eines Homosexuellen aus den britischen Streitkräften: EGMR, v. 27.9.1999, NJW 2000, 2089, Z. 87 ff. – Smith und Grady/Vereinigtes Königreich.
3 EGMR, v. 9.1.2003, RJD 2003-I, Z. 45 ff. – L u. V/Österreich; vgl. auch unter dem Aspekt des Art. 8 Abs. 1 EMRK: EGMR, v. 11.7.2004, NJW-RR 2004, 289, Z. 71 ff. – Goodwin/Vereinigtes Königreich; unter dem Aspekt des Art. 3 Abs. 1 GG: BVerfGE 116, 243, 247 – Ausländische Transsexuelle; unter dem Aspekt des Art. 157 AEUV (ex Art. 141 EGV): EuGH, Rs. C-117/01 (K.B./National Health Service Pensions Agency u. a.), Slg. 2004, I-541, Rn. 36.
4 Zum Ganzen: *Peters/Altwicker* in: Dörr/Grote/Marauhn, EMRK/GG, 3. Aufl., Kap. 21 Rn. 153 ff.

2. Allgemeines Diskriminierungsverbot nach dem 12. Zusatzprotokoll

Das 12. ZP erstreckt das im Übrigen mit Art. 14 EMRK identische Diskriminierungsverbot auf „jedes gesetzlich niedergelegte Recht" und wird deshalb auch als „allgemeiner Gleichheitssatz"[5] des Konventionsrechts bezeichnet. Damit wird der Anwendungsbereich über die Schutzbereiche der Freiheitsrechte der EMRK hinaus auf alle Rechte, gegebenenfalls also auch auf einfachrechtliche Bestimmungen des nationalen Rechts erweitert. Der deutsche Gesetzgeber zögert bislang mit seiner Ratifizierung[6] und wartet ab, wie sich die Rechtsprechung des EGMR hierzu entwickelt. Es ist nicht zu erwarten, dass der EGMR seine Kontrolldichte wesentlich über ein Willkürverbot hinaus ausweitet, zumal dies viele weitere Staaten von der Ratifikation abhalten könnte.

841

II. Gleichheitsrechte im Unionsrecht

1. Das Verbot der Diskriminierung wegen der Staatsangehörigkeit

a) Schutzbereich und systematische Einordnung

Das Verbot der Diskriminierung wegen der Staatsangehörigkeit nach Art. 18 AEUV (ex Art. 12 EGV) erschließt im Anwendungsbereich des Unionsrechts jede Diskriminierung von EU-Bürgern **gegenüber Inländern** aus, gebietet also die sogenannte „**Inländergleichbehandlung**". Dieser Begriff darf nicht als Gebot der Gleichbehandlung „der Inländer" missverstanden werden: Eine Inländerdiskriminierung, d. h. die Schlechterstellung der eigenen Staatsangehörigen, verstößt nicht gegen Art. 18 AEUV, weil auf rein innerstaatliche Vorgänge das Unionsrecht gar keine Anwendung findet.[7] Das Binnenmarktkonzept ist zwar letztlich auf eine Rechtsangleichung angelegt, die auch zugunsten von Inländern wirkt, aber es handelt sich um ein dynamisches, nur begrenzt vollendetes Konzept. Art. 18 AEUV soll dessen Verwirklichung durch Rechtsetzung nicht vorgreifen. Das Unionsrecht verwirklicht den Binnenmarktgedanken nämlich nur insoweit, als das Binnenmarktrecht[8] hierfür die Instrumente zur Verfügung stellt. Das Tempo dieses Prozesses soll wesentlich dem politischen Prozess der Rechtsangleichung durch Richtlinien überlassen bleiben. Nur bestimmte Wettbewerbsverzerrungen sollen bereits durch das Primärrecht ausgeschlossen werden. Art. 18 AEUV setzt deshalb – ebenso wie die Grundfreiheiten – einen **Sachverhalt mit grenzüberschreitendem Bezug** voraus.

842

VERSTÄNDNISHINWEIS FÜR FORTGESCHRITTENE: Gegenüber den **Grundfreiheiten**, die sich auf spezielle Sachverhalte innerhalb des Unionsrechts beziehen, handelt es sich um ein relativ allgemeines Diskriminierungsverbot. Art. 18 AEUV ergänzt die Grundfreiheiten bei Sachverhalten, in denen diese zwar berührt, tatbestandlich aber konkret nicht einschlägig sind, weil sich eine nationale Maßnahme z. B. ganz allgemein gegen die Ausübung von Grundfreiheiten richtet.[9] Im Vergleich zu den **Gleichbehandlungsgeboten der EU-Grund-**

843

---

5 *Grabenwarter/Pabel*, EMRK, 7. Aufl., § 26 Rn. 39.
6 Vgl. zuletzt BT-Drucks. 16/4647 v. 9.3.2007; das 12. ZP ist am 1.4.2005 in 11 (inzwischen 18) Ländern in Kraft getreten und innerhalb der EU ratifiziert von Finnland, Luxemburg, Niederlande, Zypern, Rumänien, Slowenien und Spanien.
7 *Kingreen* in: Ehlers, EuGR, 4. Aufl., § 13 Rn. 15; *Kischel*, EuGRZ 1997, S. 1, 8.
8 Vgl. *Streinz* in: Streinz, EUV/AEUV, 3. Aufl., zu Art. 18 AEUV Rn. 65.
9 EuGH, verb. Rs. C-92/92 und C-326/92 (Collins/Imtrat Handelsgesellschaft mbH und Im- und Export Verwaltungsgesellschaft mbH u. a./EMI Electrola GmbH), Slg. 1993, I- 5145, Rn. 27.

rechte – insbesondere zu Art. 21 Abs. 2 GRCh – richtet sich das Diskriminierungsverbot primär nicht an die EU-Organe, sondern an die Mitgliedstaaten.

844 Im Verhältnis zu den **Grundrechten des nationalen Verfassungsrechts** handelt es sich um einen besonderen Gleichheitssatz, der nicht jede Ungleichbehandlung, sondern nur die EU-Ausländerdiskriminierung verbietet. Insofern ergänzt Art. 18 AEUV vor allem die Grundrechte des Grundgesetzes auf doppelte Weise: Erstens existiert so neben Art. 3 Abs. 3 GG, der zwar die Diskriminierung wegen der Rasse und Herkunft, aber nicht die Privilegierung von Inländern ausschließt, ein zusätzliches auf die Staatsangehörigkeit bezogenes Diskriminierungsverbot zugunsten von EU-Bürgern – freilich auf die Anwendbarkeit des Unionsrechts beschränkt. Zweitens wird durch dieses Diskriminierungsverbot im Anwendungsbereich des Unionsrechts das spezifische Schutzniveau der Deutschengrundrechte jedenfalls im Ergebnis (→ Rn. 447 f.) auf die EU-Bürger erstreckt – freilich wiederum nur, soweit das Unionsrecht Anwendung findet.

b) Verbotene Diskriminierung

845 Nach dem Wortlaut des Art. 18 AEUV soll „jede Diskriminierung" ausgeschlossen sein. Daraus ist nicht auf die Absolutheit des Verbotes zu schließen. Wohl aber folgt daraus eine grundsätzliche Erstreckung auch auf mittelbare Diskriminierungen. Die Gleichheitsrechte des Unionsrechts gelten nicht absolut, sondern relativ. Dabei sind jedoch besonders **strenge Anforderungen an eine Rechtfertigung** zu stellen.[10] Das gilt v. a. für Regelungen, die in direkter Weise die eigenen Staatsangehörigen privilegieren, z. B. bei der Vergabe von Studienstipendien.[11] Verboten sind aber nicht nur unmittelbare, sondern **auch mittelbare Diskriminierungen**. Das ist von Bedeutung, wenn das Recht zwar nicht direkt an das Merkmal der Staatsangehörigkeit anknüpft, aber eine Regelung typischerweise nur für Inländer bzw. Ausländer greift.

846 Die **Rechtsfolge** des Art. 18 AEUV ist die sogenannte „Inländergleichbehandlung", d. h. die Gleichbehandlung der EU-Ausländer mit Inländern. Den Mitgliedstaaten bleibt grundsätzlich überlassen, ob sie diese durch Anhebung des Schutzniveaus zugunsten von EU-Ausländern oder durch gleichmäßige Absenkung des Schutzniveaus zulasten der Inländer erreichen.

2. Die sogenannten Grundfreiheiten des Unionsrechts als wirtschaftliche Gleichheitsrechte

847 Die sogenannten „Grundfreiheiten" des Unionsrechts sind – jedenfalls primär – nicht Freiheits-, sondern **Gleichheitsrechte**. Sie sind wichtige primärrechtliche Instrumente zur Verwirklichung des Binnenmarktes, in dem die persönliche und sachliche Chancengleichheit aller Teilnehmer, Produkte und Leistungen bestehen soll. Gegenüber dem Diskriminierungsverbot wegen der Staatsangehörigkeit (Art. 18 AEUV) sind sie speziell und wirken verschärfend,[12] indem sie bestimmte Binnenmarktvorgänge betreffen: Das sind die grenzüberschreitende Marktdurchlässigkeit zugunsten des Waren- (Art. 28 ff. AEUV (ex Art. 23 ff. EGV)), Kapital- und Zahlungsverkehrs (Art. 63 ff. AEUV (ex Art. 56 ff. EGV)) sowie die Arbeitnehmerfreizügigkeit (Art. 45 AEUV

---

10 Kischel, EuGRZ 1997, 1, 5.
11 EuGH, Rs. C-209/03, (Bidar/London Borough of Ealing u. a.), Slg. 2005, I-2119, Rn. 54.
12 Die Funktion der speziellen Grundfreiheiten gegenüber dem allgemeinen Diskriminierungsverbot liegt weniger in ihrer freiheitsrechtlichen Dimension, sondern vielmehr in einer Erhöhung des Schutzniveaus; anders: Ehlers in: ders., EuGR, 4. Aufl., § 7 Rn. 30 f.

(ex Art. 39 EGV)), die Niederlassungs- (Art. 49 AEUV (ex Art. 43 EGV)) und die Dienstleistungsfreiheit (Art. 56 ff. AEUV (ex Art. 49 ff. EGV)). Wie beim Diskriminierungsverbot des Art. 18 AEUV sollen vor allem **Schlechterstellungen ausländischer Unionsbürger** ausgeschlossen werden. Im Rahmen der sachlich definierten Schutzbereiche werden aber nicht nur persönliche, an der Staatsangehörigkeit anknüpfende Diskriminierungen verboten, sondern auch **Schlechterstellungen von Sachverhalten mit grenzüberschreitendem Charakter** als solche.

Dabei handelt es sich im Ursprung in diesen **beiden Dimensionen** wesentlich um **Gleichheitsrechte**, die nämlich gegen persönliche bzw. sachliche Ungleichbehandlungen gerichtet sind. Während erstere als „Diskriminierungsverbote" bezeichnet und unumstritten den Gleichheitsrechten zugeordnet werden, hat sich für zweitere der Begriff der „Beschränkungsverbote" durchgesetzt, der auf freiheitsrechtliche Dimensionen hindeutet. Auf den ersten Blick scheint es unproblematisch, den „Grundfreiheiten" – neben den gleichheitsrechtlichen – auch freiheitsrechtliche Aspekte abzugewinnen. Das sollte aber nicht darüber hinwegtäuschen, dass dies keinesfalls aus dem Wesen dieser Rechte folgt oder gar ihr Kerngehalt wäre: Mit „Grundfreiheiten" sind nämlich spezifische Binnenmarktfreiheiten gemeint. Deren Gefährdung besteht gerade nicht in einer allgemeinen Beschränkung wirtschaftlicher Betätigung, sondern in einer Verzerrung des Wettbewerbs durch Ungleichheiten. Dass Beschränkungsverbote sogenannte „unterschiedslose" Maßnahmen betreffen, darf nicht darüber hinwegtäuschen, dass diese erst wegen ihrer Wirkungen als mittelbare Ungleichbehandlungen rechtlich relevant werden. Dogmatisch sauberer ist es deshalb, den sogenannten Grundfreiheiten lediglich gleichheitsrechtliche Dimensionen zuzuschreiben und einen darüber hinausgehenden Schutz wirtschaftlicher Freiheit den EU-Grundrechten sowie den nationalen Freiheitsgrundrechten zuzuordnen.[13]

In der – dogmatisch nur schwer einzufassenden – **Rechtsprechung des EuGH** hingegen gibt es einzelne Fälle, die Beschränkungen der Marktfreiheiten betreffen, die nicht zu einer Schlechterstellung spezifisch grenzüberschreitender Vorgänge führen, sondern den Markt als solchen behindern. Das gilt z. B. für spezifische Produktregelungen und für Behinderungen aller räumlichen Veränderungen von Arbeitnehmern, die sich auch innerhalb jedes Mitgliedstaates auswirken, wie im Falle des Fußballspielers Bosman.[14] Man mag diese Rechtsprechung im Ergebnis befürworten, auch wenn hier keine Schlechterstellung grenzüberschreitender Sachverhalte vorliegt. Sauberer wäre es jedoch, derartige Fälle mit der Dogmatik der Freiheitsrechte als nicht zu rechtfertigende, unverhältnismäßige Eingriffe in die Wirtschaftsfreiheiten zu lösen, statt sie als Eingriff in einen – jenseits der Gleichheitsrechte liegenden – „Kernbereich der Grundfreiheiten" zu kategorisieren.[15] In Betracht kommt in diesen Fällen auch eine Bindung der Mitgliedstaaten an die EU-Grundrechte, die über den Anwendungsbereich der Grundfreiheiten eröffnet wird (→ Rn. 85). Auf diese Weise können Gleichheits- und Freiheitsgewährleistungen des Unionsrechts einander ergänzen.

Die Unterscheidung zwischen „Diskriminierung" einerseits und der sogenannten „unterschiedslosen Beschränkung" andererseits ist erst auf der Ebene der **Rechtfertigung**

848

---

13 *Jarass*, EuR 1995, 202, 216 ff.
14 EuGH, Rs. C-415/93 (Union royale belge des sociétés de football association u. a./Bosman), Slg. 1995, I-4921. Eine in Ausländerklauseln liegende Diskriminierung ist – beschränkt auf den Schutz von Unionsbürgern! – unter dem Aspekt des Art. 21 AEUV (ex Art. 18 EGV) zu behandeln.
15 So aber nunmehr – wenn auch nur für Ausnahmefälle – *Jarass*, EuR 2000, 705, 711 f.

von Bedeutung. Für die Diskriminierungen gelten die eng auszulegenden Rechtfertigungsgründe des AEUV (ex EGV), nämlich die Ausnahmetatbestände der Art. 36, Art. 45 Abs. 3, Art. 51 f., Art. 62 und Art. 65 AEUV (ex Art. 30, Art. 39 Abs. 3, Art. 45 f., Art. 55 und Art. 58 EGV). Insbesondere die dort genannten Gründe der „öffentlichen Ordnung oder Sicherheit" sind auf zwingende Vorbehalte beschränkt und nicht als allgemeiner Gesetzesvorbehalt zugunsten öffentlicher oder privater Interessen zu verstehen. Demgegenüber hat der EuGH seine weite Auslegung der Grundfreiheiten auch als Beschränkungsverbote konsequent durch zusätzliche, ungeschriebene Schranken ergänzt. Für die Einzelheiten der sogenannten „Cassis"-Rechtsprechung sei auf die Lehrbücher zum Europarecht[16] verwiesen.

849 Die Grundfreiheiten finden außerdem ihre **Schranken in den EU-Grundrechten**. Eine Kollision zwischen Grundfreiheiten und Grundrechten ist durch praktische Konkordanz zu lösen. So kann z. B. die Nichtuntersagung einer Demonstration, die den Warenverkehr behindert (Brennerblockade), zwar eine Beschränkung des Art. 34 AEUV (ex Art. 28 EGV) sein. Diese ist dem Mitgliedstaat, der die Demonstration genehmigt, statt die Durchreise zu gewährleisten, als Schutzpflicht zuzurechnen. Sie ist jedoch gerechtfertigt, soweit sich die Demonstranten auf die Meinungs- und Versammlungsfreiheit berufen können.[17] Das wiederum ist z. B. nicht der Fall, wenn die Demonstration gewaltsam verläuft:[18] Dann greifen umgekehrt die Schutzpflichten des Mitgliedstaats zugunsten der Binnenmarktfreiheiten. Als Schranken der Grundfreiheiten sind die Grundrechte des GG in Ansatz zu bringen. Denn die Anwendung der Grundfreiheiten setzt voraus, dass der Fall nicht durch Sekundärrecht geregelt, geschweige denn vollständig determiniert ist. Deshalb greift die Vermutung der Grundrechtsvielfalt der Mitgliedstaaten und der Mitgewährleistung der Unionsgrundrechte durch das GG (→ Rn. 98 f.). Dabei sind die Grundrechte des GG unionsrechtsfreundlich auszulegen. Dies wird in den Fällen der Autobahnblockade relevant: Diesen versagt das BVerfG[19] den Schutz des Art. 8 Abs. 1 GG, wenn die Blockade in erster Linie nicht der Erregung von Aufmerksamkeit, sondern der Erzwingung von Handlungen dient (→ Rn. 271). Demgegenüber hat der EuGH[20] die Einordnung einer 30-stündigen Brennerblockade als friedliche Versammlung durch österreichische Behörden bestätigt. Zu denken ist hier an Demonstrationen, die sich Orte und Ausdrucksformen suchen, um eine europäische Öffentlichkeit zu erreichen. Insoweit gibt die Rechtsprechung des EuGH einen Denkanstoß auch für die Auslegung der deutschen Versammlungsfreiheit und weist der Versammlungsfreiheit als politisches EU-Grundrecht einen richtigen Weg.

3. Gleichheit als EU-Grundrecht

a) Allgemeiner Gleichheitssatz als EU-Grundrecht

850 Über die unionsrechtlichen, auf den Binnenmarkt bezogenen Diskriminierungsverbote hinaus hat der EuGH[21] auch einen allgemeinen Gleichheitssatz anerkannt. Dieser ist

---

16 Statt aller: *Bieber/Epiney/Haag/Kotzur*, Die Europäische Union, 14. Aufl., § 11 Rn. 55 ff.; *Streinz*, Europarecht, 11. Aufl., Rn. 930 ff.
17 EuGH, Rs. C-112/00 (Schmidberger/Österreich), Slg. 2003, I-5659, Rn. 74 ff.; *Ehlers* in: ders., EuGR, 4. Aufl., § 7 Rn. 115.
18 EuGH, Rs. C-265/95 (Kommission/Frankreich), Slg. 1997, I-6959, Rn. 65 f.
19 Anschaulich die beiden Fälle in BVerfGE 104, 92, 104 f – Sitzblockade.
20 EuGH, Rs. C-112/00 (Schmidberger/Österreich), Slg. 2003, I-5659, Rn. 80 ff.
21 EuGH, Rs. C-1/72 (Frilli/Belgien), Slg. 1972, 457, Rn. 19; verb. Rs. C-117/76 u. C-16/77 (Ruckdeschel & Co. u. a.), Slg. 1977, 1753, Rn 7.

nunmehr in Art. 20 GRCh – fast identisch der Formulierung des Art. 3 Abs. 1 GG – auf einen Text gebracht. Dieser allgemeine Gleichheitssatz geht mit seinem **im Wortlaut geradezu unbeschränkten Anwendungsbereich** weit über die Fälle der Diskriminierung wegen der Staatsangehörigkeit (Art. 18 AEUV (ex Art. 12 EGV)) hinaus und betrifft anders als die Grundfreiheiten auch nicht nur den Binnenmarkt. Der allgemeine Gleichheitssatz des Unionsrechts ist aber – ebenso wenig wie Art. 18 AEUV – nicht auf eine umfassende Harmonisierung des Rechts zwischen den Mitgliedstaaten angelegt. Dafür stehen vielmehr die spezifischen Rechtsetzungsinstrumente der Rechtsangleichung zur Verfügung.[22] Auch die Grenzen der Grundfreiheiten sollen mit dem allgemeinen Gleichheitssatz nicht überspielt werden. Deshalb ist eine – an sich selbstverständliche, für den Gleichheitssatz aber besonders wichtige – **systematische Einschränkung** zu beachten: Auch für dieses Unions-Grundrecht muss der **Anwendungsbereich des Unionsrechts** eröffnet sein. Seine wichtigste Funktion liegt in der Bindung der Unionsorgane. Darüber hinaus bindet auch der allgemeine Gleichheitssatz – wie alle Unions-Grundrechte – die Mitgliedstaaten nur, soweit es um die Umsetzung und Durchführung von Unionsrecht geht. Ein konkret grenzüberschreitender Sachverhalt ist jedoch – im Gegensatz zu Art. 18 AEUV und den Grundfreiheiten – nicht erforderlich. Vielmehr kann es auch z. B. um den Vollzug von Sekundärrecht in einem rein nationalen Sachverhalt gehen. Eine **Inländerdiskriminierung** wird aber auch durch den allgemeinen Gleichheitssatz des Unionsrechts nicht ausgeschlossen, der wie Art. 3 Abs. 1 GG (→ Rn. 774) als Selbstbindungsmechanismus zu verstehen ist. Soweit das Unionsrecht lediglich die Behandlung von EU-Ausländern regelt, liegt eine Inländerdiskriminierung im Übrigen bereits außerhalb des Anwendungsbereichs der GRCh, der nach Art. 51 Abs. 1 GRCh auf die Umsetzung des Unionsrechts beschränkt ist.[23]

Innerhalb dieses Rahmens kann die Dogmatik des Art. 3 Abs. 1 GG weitgehend auf den unionsrechtlichen allgemeinen Gleichheitssatz übertragen werden: Nach der Frage der Anwendbarkeit ist erstens zu prüfen, ob eine rechtlich bedingte und rechtlich relevante **Ungleichheit** besteht, und zweitens nach deren **Rechtfertigung** zu fragen. Regelmäßig ist die **Kontrolldichte** jedenfalls gegenüber dem Gesetzgeber auf das Willkürverbot zu beschränken, d. h. für Differenzierungen, die sich aus dem Sekundärrecht ergeben, ist lediglich nach einem sachlichen Grund zu fragen. Sonst würde nämlich der allgemeine Gleichheitssatz die Grenzen der Rechtsangleichung durch Sekundärrecht überspielen. Gründe der Verwaltungspraktikabilität sind zwar als legitimes Ziel für Differenzierungen auch durch die Mitgliedstaaten bei der Umsetzung und Durchführung des EU-Rechts anerkannt, müssen aber auch i. e. S. verhältnismäßig sein.[24] | 851

b) Bereichsspezifisches Diskriminierungsverbot im Landwirtschaftsrecht

Einen Sonderfall bildet das Verbot der „Diskriminierung zwischen Erzeugern oder Verbrauchern" nach Art. 40 Abs. 2 UAbs. 2 AEUV (ex Art. 34 Abs. 2 UAbs. 2 EGV). Es ist – insofern den Grundfreiheiten vergleichbar – ein bereichsspezifisches Diskriminierungsverbot für die Agrarmärkte. Von den Grundfreiheiten unterscheidet es sich allerdings dadurch, dass es hier nicht um die Schlechterstellung grenzüberschreitender Vorgänge geht. Vielmehr werden mit den **Erzeugern und Verbrauchern** zwei | 852

---

22 *Kischel*, EuGRZ 1997, 1, 9.
23 *Unkel*, Die Rechtsfigur des Sonderbeauftragten als öffentlich-rechtlich bestellter Verwaltungsmittler, 2011, S. 80 ff.
24 *Jarass/Kment*, EU-Grundrechte, 2. Aufl., § 24 Rn. 14.

Gruppen einander gleichgestellt, die sich nicht typischerweise auf zwei Seiten einer staatlichen Grenze befinden müssen. So gesehen ist dieses bereichsspezifische Diskriminierungsverbot zu Recht von der Rechtsprechung als **besondere Ausprägung des ungeschriebenen allgemeinen Gleichheitssatzes**[25] eingeordnet worden. In der Rechtsprechung wird allerdings nicht immer deutlich zwischen verschiedenen Ausprägungen des Gleichheitssatzes unterschieden. Die Rechtsentwicklung tendiert hier zur Einheitlichkeit der Gleichheitsrechte.[26] Die Dogmatik folgt insofern wiederum der des allgemeinen Gleichheitssatzes – mit der Maßgabe, dass dieses Differenzierungsverbot erstens auf den Agrarbereich beschränkt ist und zweitens nur den Vergleich zweier bestimmter Gruppen betrifft.

c) Besondere Gleichheitssätze als EU-Grundrechte

853 Die Art. 21 ff. GRCh enthalten noch mehrere besondere Gleichheitsgrundrechte, die gegenüber Art. 20 GRCh speziell sind. Für ihre Anwendbarkeit gilt im Übrigen das zu Art. 20 GRCh Gesagte.

854 Art. 21 GRCh enthält ein explizites Diskriminierungsverbot. Viele der dort genannten Differenzierungsmerkmale ähneln bzw. entsprechen denen des Art. 3 Abs. 3 GG. Im Vergleich fallen jedoch zwei wesentliche Besonderheiten auf: Erstens enthält Art. 21 GRCh auch Merkmale, die in Art. 3 Abs. 3 GG nicht genannt sind, sondern nach deutscher Grundrechtsdogmatik allenfalls im Rahmen des Art. 3 Abs. 1 GG zu prüfen wären:[27] Das sind vor allem die Kriterien des **„Alters"** und der **„sexuellen Ausrichtung"**[28] in Art. 21 Abs. 1 GRCh und der **„Staatsangehörigkeit"** in Art. 21 Abs. 2 GRCh. Zweitens sind diese Merkmale – insofern ähnlich dem Art. 14 EMRK und anders als bei Art. 3 Abs. 3 GG – **nicht abschließend** gemeint, sondern werden nur „insbesondere" aufgezählt.

Es ist deshalb abstrakt der **Oberbegriff der „Diskriminierung"** i. S. d. Art. 21 Abs. 1 GRCh zu definieren, der diese Merkmale umfasst und darüber noch hinausgeht, ohne jedoch jede Ungleichbehandlung i. S. des allgemeinen Gleichheitssatzes nach Art. 20 GRCh zu erfassen. Allen explizit genannten Kriterien des Art. 21 GRCh ist gemeinsam, dass es sich um Merkmale handelt, auf die die Betroffenen keinen Einfluss haben oder die der Ausübung ihrer persönlichen Freiheiten einschließlich ihrer politischen Rechte entsprechen. Unter Diskriminierung ist deshalb jede Schlechterbehandlung wegen eines **personengebundenen bzw. persönlichkeitsbildenden Merkmals** zu verstehen. Davon wird z. B. auch die Schlechterbehandlung unverheirateter Eltern erfasst. Wiederum werden auch mittelbare Diskriminierungen (→ Rn. 845) verboten.

855 **Verständnishinweis für Fortgeschrittene:** Die Formulierung und Konzeption folgt – wie viele Artikel der GRCh – dem Vorbild der EMRK: hier deren Diskriminierungsverbot. Der Unterschied zu Art. 14 EMRK besteht darin, dass mehrere Merkmale, die als ungeschriebene Diskriminierungskriterien dort „sonstiger Status" sind, in der „modernen"

---

25 EuGH, Rs. C-103/77, (Royal Scholten-Honig u. a.), Slg. 1978, 2037, Rn. 25 ff.
26 *Kischel*, EuGRZ 1997, 1, 3 f.
27 Über diesen Hebel kann es freilich zu einer europarechtsfreundlichen Angleichung der Maßstäbe des nationalen Verfassungsrechts kommen: so für Art. 6 Abs. 1 GG jetzt BVerfGE 124, 199, 220 ff. – Betriebliche Hinterbliebenenversorgung.
28 Dazu unter dem Aspekt des Art. 157 AEUV (ex Art. 141 EGV): EuGH, Rs. C-117/01, (K.B./National Health Service Pensions Agency u. a.), Slg. 2004, I-541, Rn. 36.

§ 27 Europäische Gleichheitsrechte

Textfassung[29] zu typischen, d. h. ausdrücklich genannten Merkmalen geworden sind: genetische Merkmale, Behinderung, Alter und sexuelle Ausrichtung.

Die Dogmatik des Diskriminierungsverbotes folgt der allgemeinen Dogmatik besonderer Gleichheitssätze. Wiederum ist eine Rechtfertigung derartiger Ungleichbehandlungen nicht ausgeschlossen, hängt jedoch von einer strengen Prüfung der Verhältnismäßigkeit ab. Ergänzt, ja überlagert werden diese grundrechtlichen Gebote von der **Gleichbehandlungsrichtlinie 76 (207) EWG**, die im grundrechtlichen Kontext v. a. deshalb zu nennen ist, weil diese auch als Sekundärrecht gegenüber dem nationalen Verfassungsrecht Anwendungsvorrang beansprucht.

Besondere praktische Bedeutung haben die **Gebote der Gleichheit von Frauen und Männern** im Europäischen Recht erlangt. Zu nennen sind hier vor allem Art. 157 AEUV (ex Art. 141 EGV) und Art. 23 GRCh, wobei letzterer allerdings nicht als subjektives, einklagbares Recht, sondern lediglich als objektiver Grundsatz ausgestaltet ist. Besonderheiten gegenüber Art. 3 Abs. 2 GG ergeben sich wegen der unmittelbaren Anwendbarkeit jedenfalls des Art. 157 AEUV im Arbeitsrecht. Außerdem wurde das deutsche Recht durch die strenge Rechtsprechung des EuGH bezüglich eines einzelfallbezogenen Gleichbehandlungsanspruchs auch zugunsten von Männern stark beeinflusst, was z. B. eine schematische Anwendung von Quotenregelungen ausschließt (→ Rn. 824).

856

WIEDERHOLUNGS- UND VERSTÄNDNISFRAGEN

> Erläutern Sie die dogmatischen Parallelen und Unterschiede des Art. 14 EMRK zu Art. 3 Abs. 1 und Abs. 3 GG!
> Welche Arten von Ungleichbehandlung verbieten die Grundfreiheiten des AEUV (ex EGV) einerseits und die Gleichheitsrechte als EU-Grundrechte andererseits?

---

29 *Häberle*, Rechtsvergleichung im Kraftfeld des Verfassungsstaates, 1992, S. 3 ff., 139 ff. spricht insoweit von „Textstufen".

Teil 9:
Geltendmachung und Durchsetzung der Grundrechte

§ 28 Dimensionen der Grundrechtsverwirklichung

I. Verfahrensrechtliche Seite der Grundrechte

857 Die Grundrechte haben neben ihrer materiellen Bedeutung auch eine „verfahrensrechtliche Seite". Entscheidungsverfahren sind Prozesse der **Informationsverarbeitung**. Die Qualität einer Entscheidung hängt von der Vollständigkeit der Informationen, die in die Entscheidungsfindung eingebracht werden und von deren sorgfältiger Würdigung ab. Erreicht wird diese Qualität durch Informationsrechte (potenziell) Betroffener bzw. durch Informationspflichten der Entscheidungsträger. Gute Verfahren stellen sicher, dass notwendige Informationen eingespeist und verarbeitet werden. Grundrechtliche Belange sind stets notwendige Informationen. Für die Informationsverarbeitung kann sich die verfahrensrechtliche Seite der Grundrechte zu einem Gebot der **Transparenz**[1] verdichten.

858 Die verfahrensrechtliche Seite der Grundrechte ist primär **im Verwaltungsverfahren** zu entfalten (→ Rn. 590 f.), d. h. insbesondere durch Informations-, Anhörungs- und Beteiligungsrechte grundrechtlich Betroffener. Sowohl die betroffenen Bürger als auch die Verwaltung sollen sich darüber bewusst werden, welche Grundrechte auf dem Spiel stehen. Im Verfahren ist zu klären, in welche Rechte gegebenenfalls wie intensiv eingegriffen wird bzw. welche Grundrechte es zu schützen und zu verwirklichen gilt. Insbesondere bei Ermessens- und Abwägungsentscheidungen können durch entsprechende Beteiligtenrechte die zu berücksichtigenden Belange ins Verfahren eingebracht werden.

859 Sekundär hat die verfahrensrechtliche Seite der Grundrechte **Nachwirkungen** bis in das **Gerichtsverfahren** hinein. Dieses muss so ausgestaltet sein, dass der Bürger die Möglichkeit hat, seine Grundrechte durchzusetzen. Diese „justitielle Dimension" der Grundrechte überschneidet sich bzw. gilt i. V. m. zwei spezifischen Justizrechten, nämlich dem allgemeinen rechtsstaatlichen Justizgewährungsanspruch und der Rechtsweggarantie des Art. 19 Abs. 4 GG.

860 Auch hat die **Rechtsweggarantie** des Art. 19 Abs. 4 GG **Vorwirkungen**[2] **für das Verwaltungsverfahren**, das so ausgestaltet sein muss, dass (später) effektiver Rechtsschutz möglich ist. Daraus folgen Dokumentations- und Informationspflichten, wie das Gebot der Bekanntgabe von Auswahlentscheidungen gegenüber unterlegenen Konkurrenten, bevor z. B. die Ernennung eines Beamten vollendete Tatsachen schafft. Die verfahrensrechtliche Dimension der Grundrechte ist – anders als Art. 19 Abs. 4 GG – nicht auf ein bestimmtes Verfahren bezogen, sondern ermöglicht eine **Gesamtbetrachtung** verschiedener Verfahren und Verfahrensabschnitte.

861 Was dabei jeweils geboten ist, ist danach zu differenzieren, **welches Grundrecht** in welcher Weise betroffen ist. Verfahren haben dem jeweiligen Sachbereich zu dienen

---

1 BVerfGE 125, 260, 334 – Vorratsdatenspeicherung.
2 BVerfGE 61, 82, 110 – Sasbach; BVerfGE 103, 142, 159 f. – Wohnungsdurchsuchung.

§ 28 Dimensionen der Grundrechtsverwirklichung

und so gibt es auch innerhalb einzelner Grundrechte Sondermaterien, z. B. innerhalb der Berufsfreiheit das Prüfungsrecht. Je höher das betroffene Rechtsgut zu bewerten ist, je tiefer und je länger in ein Recht eingegriffen wird und je mehr Grundrechtsträger davon betroffen sind, desto größer ist die Bedeutung der verfahrensrechtlichen Seite der Grundrechte. Sie wurde nicht zufällig vom BVerfG am Beispiel der atomrechtlichen Genehmigungsverfahren zugunsten von Lebensrisiken erstmalig anerkannt.[3] Für den schweren Grundrechtseingriff einer medizinischen Zwangsbehandlung hat das BVerfG den Vorbehalt des Gesetzes auch auf die Regelungen des Verfahrens ausgedehnt.[4] Die verfahrensrechtliche Seite der Grundrechte ist Ausfluss nicht nur von Abwehrrechten, sondern auch von Leistungsrechten und Schutzpflichten.[5] Bei Schutzpflichten stehen verfahrensrechtliche Konsequenzen sogar im Vordergrund, weil Ansprüche auf staatliches Tun eines bestimmten, konkreten Inhalts nur ausnahmsweise bestehen. Mit Blick auf die besondere Bedeutung der prozessualen Ausflüsse der Grundrechte gegenüber staatlichem Unterlassen[6] wird dies auch als „status activus processualis" (*Peter Häberle*)[7] bezeichnet.

Es sind **Wechselwirkungen** zwischen den Verfahrensgarantien im Verwaltungsverfahren und im Gerichtsverfahren zu beachten. Diese ergänzen sich nicht nur gegenseitig, sondern sind z. T. auch gegeneinander austauschbar. Die Ausgestaltung ihres Verhältnisses zueinander obliegt dem Gesetzgeber. Tendenziell ist das gerichtliche Verfahren in Deutschland dank der subjektiven Rechtsschutzgarantie des Art. 19 Abs. 4 GG stark ausgeprägt und mithin auch die inhaltliche Kontrolle von Verwaltungsentscheidungen durch Verwaltungsgerichte. Auch die gerichtliche Ermessenskontrolle[8] ist vergleichsweise streng. Dem stehen eine weniger strenge Formalisierung des Verwaltungsverfahrens sowie weitreichende Vorschriften über die Heilung bzw. Unbeachtlichkeit von Verfahrensfehlern (§§ 45 f. VwVfG) gegenüber. An das Verwaltungsverfahren und dessen Kontrolle durch die Gerichte sind aber umso höhere Anforderungen zu stellen, je weniger die Gerichte z. B. Ermessensentscheidungen inhaltlich überprüfen können.

862

HINWEIS FÜR DIE FALLBEARBEITUNG: Manche Aspekte der formellen Rechtfertigung (z. B. Begründungspflichten für Ungleichbehandlungen) lassen sich auch als verfahrensrechtliche Seite der Grundrechte deuten. Beachte, dass die verfahrensrechtliche Seite der Grundrechte im Übrigen, obwohl sie formellrechtliche Konsequenzen hat, eine Folge der Verhältnismäßigkeit ist, die im Rahmen der materiellen Rechtfertigung zu prüfen ist (→ Schema 2 am Ende). Bei schweren Eingriffen in Grundrechte steigen die verfahrensrechtlichen Anforderungen.

WIEDERHOLUNGS- UND VERSTÄNDNISFRAGE

> Nennen Sie Beispiele für materielle und verfahrensrechtliche Dimensionen der Grundrechte! In welchem Verhältnis stehen diese Dimensionen zueinander?

---

3 BVerfGE 53, 30, 57 ff. – Mülheim-Kärlich.
4 BVerfGE 133, 112, 132 u. 138 f.
5 *Jarass*, AöR 120 (1995), S. 345, 353 f.
6 *K. Hesse*, Bedeutung der Grundrechte, in: HbVerfR, 2. Aufl., § 5 Rn. 43, der auch Grundrechtskollisionen primär auf dieser Ebene lösen will (Rn. 47).
7 Grundlegend *Häberle*, Grundrechte im Leistungsstaat, VVDStRL 30 (1972), S. 43, 52.
8 Vgl. statt aller *Alexy*, JZ 1986, S. 701 ff.

II. Durchsetzbarkeit subjektiver und objektiver Dimensionen der Grundrechte

863 Grundrechtswirkungen lassen sich in subjektive und objektive Dimensionen unterscheiden. Unter **subjektiver Dimension** der Grundrechte sollte deren Qualität als **Anspruch** des Grundrechtsträgers verstanden werden. Sie folgt daraus, dass die Grundrechte nach Art. 1 Abs. 3 GG unmittelbar gelten und nach Art. 19 Abs. 4 GG bzw. Art. 93 Abs. 1 Nr. 4 a GG auch einklagbar sind. Grundrechte sind darüber hinaus **auch objektives Recht**. Sie gelten und binden den Staat unabhängig davon, ob sich ein Grundrechtsberechtigter auf sie beruft. Praktische Bedeutung hat das z. B. bei der abstrakten Normenkontrolle. Grundrechte wirken mittelbar in die Ausgestaltung der gesamten Rechtsordnung ein und sind bei deren Auslegung und Anwendung zu berücksichtigen. Schließlich lässt sich das Verhältnis der Grundrechte zueinander und zu anderen Verfassungsgütern als „objektive Ordnung" begreifen, die aus abwägbaren Prinzipien (→ Rn. 29 f.) besteht. In Fällen der Grundrechtskollision (→ Rn. 736 f.) wirkt der Schutz des einen Grundrechts als objektive Rechtfertigung[9] der Einschränkung eines anderen (subjektiven) Grundrechts. Und in einem übergeordneten Sinne legitimiert die Gebundenheit an die Grundrechte die Ausübung staatlicher Gewalt.[10]

864 Weil sich die Kategorien subjektiv-objektiv überlagern, ist die **Zuordnung** in der allgemeinen Grundrechtslehre sehr uneinheitlich und bisweilen verwirrend. Gängig ist folgende Zuordnung, die zwischen den **unterschiedlichen Grundrechtsdimensionen**[11] unterscheidet: Den subjektiv-rechtlichen Dimensionen werden die Dimension der Grundrechte als Abwehrrechte gegen den Staat und die Leistungs- und Teilhaberechte[12] zugeordnet. Die weiteren Funktionen werden als objektiv-rechtliche Dimensionen der Grundrechte bezeichnet, insbesondere die mittelbare Drittwirkung, die Schutzpflichten, organisatorische und verfahrensrechtliche Dimensionen sowie die Einrichtungsgarantien.[13] Das ist begrifflich irritierend, weil einerseits die Abwehr-, Leistungs- und Teilhaberechte auch objektive Funktionen haben und weil andererseits die Schutzpflichten, die prozessualen Dimensionen und sogar die Ausgestaltungsdimensionen[14] auch subjektive Ansprüche begründen. Dass diese überkommene Zuordnung weiterhin üblich ist, lässt sich historisch begründen: Das BVerfG hat die Grundrechtsdimensionen schrittweise und unter Berufung auf deren objektive Bedeutung erweitert[15] und diese Dimensionen dann nach und nach auch subjektiv-rechtlich entfaltet.[16] Nachdem sich diese Dimensionen längst etabliert haben und der Rechtfertigung kaum mehr bedürfen, wäre zu wünschen, dass die Rechtsprechung – so wie sie von der Terminologie der „Wertordnung" zur „objektiven Ordnung" übergegangen[17] ist – sich nunmehr

---

9 Die einklagbare Schutzpflicht des Staates ist Teil, aber nicht identisch mit einer Eingriffsermächtigung (Grundrechtskollisionen → Rn. 736 f.); instruktiv: *Jarass*, FS 50 Jahre BVerfG, Bd. 2, S. 35, 40.
10 *K. Hesse*, Bedeutung der Grundrechte, in: HbVerfR, 2. Aufl., § 5 Rn. 14.
11 *Dreier*, Dimensionen der Grundrechte, 1993.
12 Zur uneinheitlichen Behandlung vgl. *Jarass*, FS 50 Jahre BVerfG, Bd. 2, S. 35, 44 f. m. w. N.
13 So etwa bei *Dreier* in: Dreier, GG, Bd. 1, 3. Aufl., Vorb. Rn. 94–108.
14 BVerfGE 80, 124, 134 – Postzeitungsdienst: Der Ausgestaltung eines neutralen Wettbewerbs durch eine objektive Medienordnung „entspricht aufseiten des Trägers der Pressefreiheit ein subjektives Abwehrrecht gegen [...] inhaltslenkende Wirkungen sowie ein Anspruch auf Gleichbehandlung [...]".
15 Exemplarisch: BVerfGE 7, 198, 204 f. – Lüth; vgl. auch BVerfGE 88, 203, 251 – Schwangerschaftsabbruch II m. w. N. zu Schutzpflichten und BVerfGE 73, 280, 296 zu Teilhaberechten.
16 Deutlich BVerfGE 84, 192, 195 – Offenbarung der Entmündigung: „Verfehlt der Richter diese Maßstäbe, so verstößt er nicht nur gegen objektives Verfassungsrecht [...], er verletzt vielmehr [...] das Grundrecht des Bürgers".
17 Krit. zum unmittelbaren Rückgriff auf „Werte" *K. Hesse*, Bedeutung der Grundrechte, in: HbVerfR, 2. Aufl., § 5 Rn. 21, Fn 26; weniger krit. *Morlok*, Möglichkeiten und Grenzen einer europäischen Verfassungstheorie,

nicht nur in der Sache, sondern auch in der Diktion[18] auf die jeweils subjektiv-rechtlichen Dimensionen konzentriert.

Vorzugswürdig ist es, **innerhalb der Grundrechtsdimensionen** (Abwehrrecht, Schutzpflicht, Teilhabe etc.) zwischen subjektiv-rechtlicher und objektiv-rechtlicher Geltung zu unterscheiden. Dabei ist aus der Perspektive der Bürger, für den gerichtlichen Rechtsschutz und in der Fallbearbeitung vor allem die subjektiv-rechtliche Geltung von Bedeutung. Grundrechte entfalten – insofern den Staatszielbestimmungen vergleichbar – auch **objektive Wirkungen**. So gelten die Grundrechte Dritter v. a. als Schranken der Geltendmachung von Grundrechten. Der Staat muss seine Schutzpflichten zugunsten der Grundrechte unabhängig davon beachten, ob sich ein Grundrechtsträger gerade darauf beruft. Der wesentliche Unterschied zu den Staatszielbestimmungen besteht darin, dass grundsätzlich[19] alle diese gegebenenfalls objektiven Wirkungen der Grundrechte **auch subjektiv-rechtlich** in Ansatz gebracht werden können.[20] Schutzpflichten können subjektiv geltend gemacht werden, sind aber auch ohne dies objektiv zu beachten. Dasselbe gilt auch für die Grundrechte als Abwehrrechte. Auch diese binden den Staat unmittelbar, ohne dass es darauf ankäme, dass jemand seinen Abwehranspruch geltend macht. Objektive Wirkungen der Grundrechte bedeuten nicht, dass bestimmte Ausgestaltungen der Grundrechte verfassungsrechtlich geboten sind. Soweit Grundrechte auf Spielräume des Gesetzgebers und der fachgerichtlichen Auslegung und Rechtsfortbildung ausstrahlen, geben sie – und die Rechtsprechung des BVerfG – nicht ein konkretes Ergebnis vor. Aber die Grundrechte fordern eine verfassungsrechtlich orientierte Handhabung von Spielräumen und markieren Grenzen solcher Spielräume. Genau darauf besteht ein subjektiv-rechtlicher Anspruch. Das bedeutet verfassungsprozessual, dass Verfassungsbeschwerden auch zur Durchsetzung sogenannter mittelbarer Drittwirkung (→ Rn. 481 ff.) bzw. von Schutzpflichten (→ Rn. 510 ff.) zulässig sind,[21] jedoch im Rahmen der Begründetheit und im Rechtsfolgenausspruch eine entsprechende Beschränkung der Kontrolldichte (→ Rn. 932 ff.) zu beachten ist.

III. Rechtsfolgen der Grundrechtsverletzung

Nach Art. 1 Abs. 3 GG sind alle Staatsgewalten unmittelbar an die Grundrechte gebunden. Daraus folgt die Pflicht, jegliche Grundrechtsverletzung zu vermeiden. Als subjektive Rechte sind die Grundrechte auch einklagbar und nötigenfalls mit der

865

---

in: R. Lhotta/J. Oebbecke/W. Reh, Deutsche und europäische Verfassungsgeschichte: Sozial- und rechtswissenschaftliche Zugänge, Baden-Baden 1997, S. 113, 115. Zum Ganzen *Dreier*, Dimensionen der Grundrechte, 1993, S. 21 ff.

18 Nach wie vor werden Schutzpflichten mit der „objektiven Bedeutung der Grundrechte" begründet: BVerfGE 96, 56, 64 – Vaterschaftsauskunft; kein Klarheitsgewinn besteht darin, mit *Jarass*, FS 50 Jahre BVerfG, Bd. 2, S. 35, 50 statt von objektiv-rechtlich nur von objektiv zu sprechen.

19 Eine Ausnahme bilden die Fälle, in denen die Rechtssubjektqualität fehlt, also insbesondere der grundrechtliche Schutz ungeborenen Lebens (→ Rn. 158). Dass gerade in dem Fall BVerfGE 39, 1, 46 f. – Schwangerschaftsabbruch I daraus eine konkrete Handlungspflicht abgeleitet wurde, hat die Zuordnung der Schutzpflichten zu den objektiven Dimensionen begünstigt. Eine weitere Ausnahme stellen die objektivrechtlichen Dimensionen des Willkürverbotes und der Justizrechte dar, soweit diese auch zugunsten staatlicher Institutionen gelten, ohne dass diese grundrechtsberechtigt sind (→ Rn. 465).

20 So im Ergebnis auch: *Jarass*, FS 50 Jahre BVerfG, Bd. 2, S. 35, 48 ff.; die dies bestreiten, gehen meist von einem engeren Begriff des subjektiven Rechts im Sinne eines konkreten, alternativlosen Anspruchs aus (z. B. *K. Hesse*, Bedeutung der Grundrechte, in: HbVerfR, 2. Aufl., § 5 Rn. 23, im Ergebnis wie hier: Rn. 27, 52).

21 BVerfGE 7, 198, 207 – Lüth: Bereits dort wird die Einklagbarkeit im Rahmen der Verfassungsbeschwerde ausdrücklich bejaht; allgemein für die Schutzpflichten: *K. Hesse*, Grundzüge, 20. Aufl., Rn. 350.

Verfassungsbeschwerde durchzusetzen. Bei den Rechtsfolgen[22] einer Grundrechtsverletzung ist indes **zu unterscheiden:** Der Bürger hat einen subjektiv-rechtlichen und im Einzelfall durchsetzbaren Anspruch darauf, von verfassungswidrigen **Grundrechteingriffen** verschont zu werden. Nicht gerechtfertigte Eingriffe sind aufzuheben (§ 48 Abs. 1 VwVfG, § 113 Abs. 1 VwGO, § 95 Abs. 2 BVerfGG), freiheitswidrige Gesetze sind ex tunc nichtig, was das BVerfG gegebenenfalls feststellt (§§ 78, 95 Abs. 3 BVerfGG). Auch die Restitution eingetretener Rechtsverletzungen und das Fehlerfolgenrecht lassen sich – jedenfalls im Ausgangspunkt – auch grundrechtlich (d. h. das objektive Rechtsstaatsprinzip ergänzend) begründen. Freilich setzen die Grundrechte dem Gesetzgeber nur äußerste Grenzen und lassen Spielräume für zu rechtfertigende Eingriffe. Die Erhaltung gesetzgeberischer Gestaltungsräume allein rechtfertigt es aber nicht, verfassungswidrige Eingriffe bis zu einer Neuregelung hinzunehmen.[23] Allenfalls gilt es zu vermeiden, dass durch die Nichtigerklärung eines Rechtsaktes ein seinerseits verfassungswidriger Zustand entsteht, insbesondere durch eine Verletzung der Grundrechte Dritter bei **Grundrechtskonflikten.** Dies kann aber regelmäßig durch eine Beschränkung der Rechtsfolge in der Sache vermieden werden, indem die Norm nur teilweise bzw. insoweit für nichtig erklärt wird, als sie verfassungswidrig ist und ihre Aufrechterhaltung nicht verfassungsgeboten ist. Umgekehrt verhalten sich die Rechtsfolgen in den Fällen der Verletzung von **Schutzpflichten.** Hier kommen regelmäßig verschiedene Handlungsalternativen in Betracht, um die Schutzpflicht zu erfüllen. Gerichtlich bzw. verfassungsgerichtlich ist hier im Regelfall nur eine Neubescheidung, und nur ausnahmsweise eine bestimmte Maßnahme durchsetzbar. Schließlich gelten Besonderheiten bei den Rechtsfolgen von **Gleichheitsverstößen.** Verfassungsgebotene Gleichbehandlung kann sowohl durch gleichmäßige Begünstigung als auch durch gleichmäßige Streichung von Leistungen bzw. durch gleichmäßige Belastung hergestellt werden. Die Rechtsfolgen von Gleichheitsverstößen sind im Bereich der Leistungsverwaltung regelmäßig nicht verfassungsrechtlich determiniert, sondern dem Gesetzgeber zu überlassen. Die bloße Unvereinbarkeitserklärung statt der Nichtigerklärung gleichheitswidriger Gesetze durch das BVerfG nach § 31 Abs. 2 S. 2 und § 79 Abs. 1 BVerfGG kann auch dem parlamentarischen Haushaltsvorbehalt dienen. Sie kann aber auch mit dem Auftrag einer rückwirkenden Neuregelung[24] sowie nach § 35 BVerfGG mit Übergangsregelungen verbunden werden.[25] Besonderheiten insoweit sind wiederum bei Verstößen gegen **unionsrechtliche Gleichheitsrechte** zu beachten (→ Rn. 757).

WIEDERHOLUNGS- UND VERSTÄNDNISFRAGEN

> Nennen Sie Beispiele für subjektive und objektive Dimensionen der Grundrechte! In welchem Verhältnis stehen diese Dimensionen zueinander?
> Ist jedes grundrechtswidrige Gesetz ex tunc nichtig?

---

22 *J. Ipsen*, Die Rechtsfolgen der Verfassungswidrigkeit von Norm und Einzelakt, 1980; *ders.*, Nichtigerklärung oder Verfassungswidrigerklärung, JZ 1983, 41.
23 Wie hier: *Schlaich/Korioth*, Das Bundesverfassungsgericht, 12. Aufl., Rn. 404; das BVerfG macht hiervon allerdings gelegentlich Ausnahmen, z. B. BVerfGE 99, 202, 215 f.; vgl. auch *Voßkuhle* in: v. Mangoldt/Klein/Starck, GG, Bd. 3, 7. Aufl., zu Art. 93 Rn. 48.
24 So bei haushaltswirtschaftlich begrenzter Wirkung: BVerfGE 126, 368, 285 – Häusliches Arbeitszimmer.
25 Exemplarisch und vor dem Hintergrund rechtspolitischer Einmischung problematisch: BVerfGE 121, 317, 376 ff. – Nichtraucherschutz in Gaststätten.

§ 29 Justizrechte

▶ **FALL 32:** Der französische Fabrikant A braucht eine Genehmigung für den Bau eines Zweigwerks in Deutschland. Das Verfahren vor den Behörden und später vor dem Verwaltungsgericht dauert inzwischen schon fünf Jahre. Das liegt vor allem daran, dass das Verwaltungsgericht zögert, ob es eine Rechtsfrage, die sich aus der betroffenen Niederlassungsfreiheit ergibt, dem EuGH vorlegen muss. A möchte sich gegen die Verletzung des ihm in Art. 19 Abs. 4 GG garantierten effektiven Rechtsschutzes vor einem (anderen) Gericht wehren. Die Entscheidung in angemessener Zeit garantiere auch Art. 6 Abs. 1 EMRK. Außerdem werde ihm durch die Nichtvorlage an den EuGH sein ihm gesetzlich zustehender Richter i. S. d. Art. 101 Abs. 1 S. 2 GG vorenthalten. ◀

I. Überblick und Systematisierung

1. Die Bedeutung des Art. 19 Abs. 4 GG als Subjektivierung des Rechtsschutzes

Gerichtsverfahren können zwei unterschiedlichen Zwecken dienen: Sie dienen erstens dem Schutz der **subjektiven** Rechte des Einzelnen und zweitens dem **objektiven** Interesse des Gemeinwesens an der Durchsetzung der Rechtsordnung. In der deutschen Rechtsordnung steht der erste Zweck des subjektiven Rechtsschutzes sehr im Vordergrund und die objektive Funktion ist gleichsam nur dessen Nebeneffekt. Das liegt nicht zuletzt an der prägenden Bedeutung des Art. 19 Abs. 4 GG, der weder in der Verfassungsgeschichte noch im Verfassungsvergleich ein Vorbild hat. Diese Norm bewirkt eine **doppelte Subjektivierung:** Erstens setzt diese Rechtsschutzgarantie voraus, dass dem Kläger die Verletzung eines subjektiven Rechts durch die öffentliche Gewalt selbst droht. Zweitens ist die Rechtsschutzgarantie durch ihre systematische Stellung im Grundgesetz selbst zu einem subjektiven, sogar grundrechtlichen Anspruch erhoben. 866

Daraus ist ein – allerdings begrenzter – **Umkehrschluss** zu ziehen: Es existiert grundsätzlich **keine Popularklage.** Vielmehr kann nur der betroffene Rechtsträger die Rechtsdurchsetzung gerichtlich einfordern. Nur derjenige, dem ein subjektives Recht der Sache nach zusteht, hat auch den subjektiven Anspruch auf dessen gerichtliche Durchsetzbarkeit. § 42 Abs. 2 VwGO macht die Befugnis zur Klage gegen bzw. auf Verwaltungsakte auch einfachrechtlich von der Geltendmachung eigener Rechte abhängig. Die Frage, welche Normen ein subjektives öffentliches Recht enthalten, ist deshalb von zentraler Bedeutung für das gesamte Verwaltungsrecht (dazu die sogenannte „Schutznormtheorie").[1] Damit zieht das deutsche Verwaltungsrecht die Konsequenz aus der verfassungsrechtlichen Garantie des Art. 19 Abs. 4 GG, der gebietet, dass Klagerechte insoweit existieren. Art. 19 Abs. 4 GG ist aber nur als **verfassungsrechtliche Mindestgarantie** zu verstehen. § 42 Abs. 2 VwGO selbst stellt klar, dass die subjektive Klagebefugnis nur erforderlich ist, „soweit gesetzlich nichts anderes bestimmt ist". Z. B. im Naturschutzrecht wurden im Einklang mit völkerrechtlichen und europarechtlichen Entwicklungen Klagerechte für Verbände eingeführt, um objektive Naturschutzinteressen geltend zu machen. Nach § 61 BNatSchG kann ein Naturschutzverband auch klagen, „ohne in seinen Rechten verletzt zu sein". Wenigstens punktuell kommt somit auch im deutschen Recht die objektiv-rechtsstaatliche Funktion des Verwaltungsprozesses stärker zum Tragen. Solche einfachrechtlichen Entwicklungen 867

---

[1] Dazu *Wolff* in: Wolff/Decker, Studienkommentar VwGO/VwVfG, 4. Aufl., zu § 42 VwGO Rn. 93 ff.

jenseits des Art. 19 Abs. 4 GG entsprechen **objektiven Zwecken der Rechtsstaatlichkeit** und sind z. T. auch **unionsrechtlich**[2] geboten.

2. Rechtsschutzgarantie nach den Europäischen Grundrechten

868 Ganz anders sind die europäischen Rechtsschutzgarantien zugeschnitten. Das Unionsrecht ist grundsätzlich – in der Tradition vor allem des französischen Verwaltungsrechts – **primär objektiv-rechtlich** ausgeprägt. Allerdings hat sich – unter Einfluss der deutschen Konzeption – auch eine **subjektive Rechtsschutzgarantie** als Grundrecht in der Rechtsprechung des EuGH und in Art. 47 Abs. 1 GRCh niedergeschlagen. Letztere ist jedoch nicht mit der deutschen Ausprägung des Art. 19 Abs. 4 GG identisch:

869 Sie reicht einerseits weiter, indem sie nicht nur gegenüber der öffentlichen Gewalt greift. Im Unionsrecht ist der Rechtsschutz für alle Rechtswege gleichermaßen konzipiert. Die Rechtsschutzgarantie des Art. 47 Abs. 1 GRCh setzt nur eine mögliche Rechtsverletzung voraus und gilt unabhängig davon, wer sie verursacht hat bzw. wem sie zuzurechnen ist. Sie reicht außerdem weiter, indem sie – insofern wiederum dem französischen Recht ähnlich – Rechtsschutz für jedes **legitime subjektive Interesse** gewährt. Danach reicht eine tatsächliche rechtliche Betroffenheit des Klägers aus, während ein subjektives Recht i. S. der deutschen „Schutznormtheorie" voraussetzt, dass die rechtliche Begünstigung des Einzelnen und seine Durchsetzbarkeit vom Gesetz auch intendiert sind.

870 Andererseits bleiben die Rechtsfolgen dieser europäischen Rechtsschutzgarantie noch hinter denen des deutschen Rechtsschutzes zurück. Jedenfalls das Unionsrecht selbst einschließlich der Rechtsprechung des EuGH weisen noch **Rechtsschutzlücken** auf. Diese können durch die Unionsgewalt auch nicht ohne Weiteres geschlossen werden. Das Prinzip der begrenzten Einzelermächtigung der Union nach Art. 5 Abs. 1 EUV (ex Art. 5 Abs. 1 EGV) gilt auch für deren Rechtsprechung. Für den EuGH ist ein **numerus clausus** von Klagearten geregelt. Auch mit der Grundrechte-Charta werden nach Art. 51 Abs. 2 GRCh keine neuen Zuständigkeiten begründet und das Rechtsschutzsystem des AEUV (ex EGV) darf nach Art. 52 Abs. 2 GRCh auch nicht überspielt werden.

871 Dennoch bleibt Art. 47 GRCh nicht wirkungslos. Die so entstehenden Rechtsschutzlücken sind durch **komplementären Rechtsschutz der nationalen Gerichte** zu schließen. Versteht man die europäische Rechtsschutzgarantie so, dass sie sich auch und sogar vor allem an die Mitgliedstaaten wendet, ist es unionsrechtlich durchaus denkbar und wünschenswert, jedenfalls in Deutschland den durch Art. 19 Abs. 4 GG geprägten Standard zu halten. Das Unionsrecht ist deshalb im Zweifel so auszulegen, dass es i. S. des Art. 19 Abs. 4 GG subjektive Rechte gewährt.[3] Auch aus Sicht des deutschen Verfassungsrechts ist der Vollzug des Unionsrechts durch deutsche Behörden „öffentliche Gewalt" i. S. d. Art. 19 Abs. 4 GG. Gerade beim Rechtsschutz ergänzen sich deutsches und europäisches Verfassungsrecht. Hier kommt zum Tragen, dass § 40 VwGO eine **Generalklausel** der Zuständigkeit der deutschen Verwaltungsgerichte darstellt und die in §§ 42 ff. VwGO geregelten Klagearten nicht abschließend geregelt sind. Eine grund-

---

2 Im Falle der naturschutzrechtlichen Verbandsklagen: Umwelt-Öffentlichkeits-Richtlinie 2003/35/EG v. 26.5.2003, ABl. Nr. L 156 v. 25. 6. 2003, S. 17 ff.; dazu *Michael*, Gibt es eine europäische Umweltöffentlichkeit?, in: Blankenagel/Pernice/Schulze-Fielitz, Verfassung im Diskurs der Welt, Liber Amicorum für Peter Häberle, 2004, S. 435 ff.
3 *Huber* in: v. Mangoldt/Klein/Starck, GG, Bd. 1, 7. Aufl., zu Art. 19 Abs. 4 Rn. 413.

rechtsfreundliche Auslegung der VwGO im Lichte der Art. 19 Abs. 4 GG i. V. m. Art. 47 GRCh ist geboten.

Im Gegensatz zu Art. 47 Abs. 2 GRCh ist das Recht auf faires Verfahren nach **Art. 6 EMRK** enger zugeschnitten und erfasst ausdrücklich **nur zivilrechtliche Ansprüche und strafrechtliche Anklagen**. Auf den ersten Blick scheint es, als seien gerade die von Art. 19 Abs. 4 GG geregelten öffentlich-rechtlichen Streitigkeiten nicht erfasst. Jedoch ist der Begriff des „zivilrechtlichen Anspruchs" i. S. d. Art. 6 EMRK „autonom", d. h. konventionsrechtlich, auszulegen. Anders als bei der spezifisch deutschen Bestimmung öffentlich-rechtlicher Streitigkeiten i. S. d. § 40 VwGO, die sich wesentlich nach der Rechtsgrundlage richtet, sind Ansprüche i. S. d. Art. 6 EMRK zivilrechtlich, wenn ihre Rechtsfolgen den Bereich privater Lebensgestaltung betreffen.[4] Dazu gehören auch Streitigkeiten um Rechte des Eigentums[5] und der Gewerbefreiheit sowie Sozialversicherungsansprüche und Teile des öffentlichen Dienstrechts.[6] Ausgenommen sind hingegen Fragen des passiven Wahlrechts sowie der Statusrechte von Ausländern und Beamten.

872

Das allgemeine Recht auf **wirksame Beschwerde nach Art. 13 EMRK** hat einen doppelten Zweck: Erstens handelt es sich um eine Art Rechtsschutzgarantie bezüglich der in der EMRK gewährleisteten Rechte. Zweitens dient es der Entlastung des EGMR, indem es klarstellt, dass primär die „innerstaatlichen Instanzen" für die Behebung von Konventionsverstößen zuständig sind. Art. 13 EMRK führt bislang praktisch ein Schattendasein gegenüber der spezifischeren Ausprägungen des Art. 6 EMRK und den darüber hinausgehenden Garantien des deutschen Verfassungsrechts, insbesondere des Art. 19 Abs. 4 GG.[7] Denkbar sind allerdings praktische Auswirkungen des Art. 13 EMRK zur Durchsetzung des Art. 6 EMRK im Rahmen einer Untätigkeits- bzw. Beschleunigungsbeschwerde (→ Rn. 909). Der EGMR hat nämlich die Geltung des Art. 13 EMRK als sekundäres Prozessgrundrecht neben Art. 6 EMRK als primärem Prozessgrundrecht inzwischen anerkannt.[8]

873

3. Abgrenzung zwischen Art. 19 Abs. 4 GG und der verfahrensrechtlichen Seite der Grundrechte

Art. 19 Abs. 4 GG und die verfahrensrechtliche Seite der Grundrechte haben **je eine eigenständige Bedeutung**: Einerseits betrifft die verfahrensrechtliche Seite der Grundrechte (→ Rn. 857 ff.) nicht nur das Gerichtsverfahren, sondern erfasst vor allem auch das Verwaltungsverfahren und im Rahmen der Geltung der Grundrechte im Privatrecht auch solche Gerichtsverfahren, für die Art. 19 Abs. 4 GG nicht gilt, sondern der allgemeine Justizgewährungsanspruch. Andererseits gilt Art. 19 Abs. 4 GG nicht nur für die Durchsetzung der Grundrechte, sondern für alle subjektiven öffentlichen Rechte, d. h. gegebenenfalls auch einfachrechtlich gewährleistete Rechte. Die verfahrensrechtliche Seite der Grundrechte und Art. 19 Abs. 4 GG **überschneiden sich** aber

874

---

4 *Schmidt-Aßmann*, Neue Entwicklungen zu Art. 6 EMRK und ihr Einfluss auf die Rechtsschutzgarantie des Art. 19 Abs. 4 GG, in: FS für Walter Schmitt Glaeser, 2003, 317, 328 ff.
5 Bei Steuersachen ist die Abgrenzung streitig. Restriktiv (noch): EGMR (Große Kammer), v. 12.7.2001, NJW 2002, 3453 ff., Z 29 f. – Ferrazzini, für eine weite Auslegung des Art. 6 EMRK die Sondervoten ebd., 3455.
6 Vgl. EGMR (Große Kammer), v. 8.12.1999, NVwZ 2000, 661 ff., Z 60 ff. – Pellegrin.
7 *Grabenwarter/Pabel*, EMRK, 7. Aufl., § 24 Rn. 186.
8 Ausdrückliche Rechtsprechungsänderung: EGMR (Große Kammer), v. 26.10.2000, NJW 2001, 2694, Z. 146 ff. – Kudla/Polen; dazu: *Ziekow*, DÖV 1998, S. 941, 944 f.; *Schmidt-Aßmann* in: FS für Walter Schmitt Glaeser, 2003, S. 317, 331 f.

bei der wichtigen Frage des sogenannten effektiven Rechtsschutzes. In diesen Fällen gilt mit der Rechtsprechung **Art. 19 Abs. 4 GG i. V. m. dem jeweils betroffenen Grundrecht**. Mit der Zitierung des Art. 19 Abs. 4 GG wird deutlich, dass die Rechtsschutzgarantie als Teil des Grundrechtskatalogs nicht nur die Existenz eines Rechtswegs, sondern eine wirksame Durchsetzung aller subjektiven Rechte gebietet. Wirksamer Rechtsschutz ist ein rechtsstaatliches Gebot, das über Art. 19 Abs. 4 GG hinaus auch für den allgemeinen Justizgewährungsanspruch gilt. Der Verweis auf das betroffene Grundrecht ist notwendig, weil die Frage nach der konkret geforderten Effektivität des Rechtsschutzes (→ Rn. 888 ff.) davon abhängt, um welches Recht es jeweils geht. Verfahrensgebote sind nicht Selbstzweck, sondern dienen dem Schutz unterschiedlicher Rechte und sind gegebenenfalls auf diese spezifisch zuzuschneiden.

4. Abgrenzung des Art. 19 Abs. 4 GG zum allgemeinen Justizgewährungsanspruch

875 Art. 19 Abs. 4 GG erfasst lediglich einen Teilbereich der Gerichtsbarkeit, nämlich den Rechtsschutz vor der **öffentlichen Gewalt**. Aus Art. 19 Abs. 4 GG ist aber keineswegs der Umkehrschluss zu ziehen, dass das Verfassungsrecht Rechtsschutz im Bereich des Privatrechts nicht gebieten würde. Im Rechtsstaat ist den Bürgern Selbstjustiz verwehrt, und der Staat muss dafür staatliche Streitklärung und Rechtsdurchsetzung gewährleisten. Damit ist Art. 19 Abs. 4 GG ein **Aspekt der Rechtsstaatlichkeit**, die ihrerseits wesentlich weiter geht und auch die gesamte Zivilgerichtsbarkeit umfasst. Die geradezu komplementäre Akzentuierung des Rechtsschutzes durch Art. 19 Abs. 4 GG gegen die öffentliche Gewalt und durch Art. 6 EMRK in zivil- und strafgerichtlichen Verfahren macht deutlich, dass Art. 19 Abs. 4 GG eine besondere, über den europäischen Standard hinausgehende Garantie ist. Eine Auslegung des Grundgesetzes **im Lichte des Art. 6 EMRK** verbietet es aber, neben Art. 19 Abs. 4 GG den allgemeinen Justizgewährungsanspruch zu vernachlässigen.

5. Spezielle justizielle Gewährleistungen

876 Für die Ausgestaltung des Rechtsschutzes und die Grenzen richterlicher Gewalt sind über die Rechtsschutzgarantien hinaus noch spezielle justizielle Garantien verfassungsrechtlich gewährleistet. Dazu gehören **Rechte innerhalb des gerichtlichen Verfahrens**, wie das Recht auf den gesetzlichen Richter nach Art. 101 Abs. 1 S. 2 GG, auf rechtliches Gehör nach Art. 103 Abs. 1 GG sowie das Recht auf ein faires Verfahren und auf Entscheidungen in angemessener Frist nach Art. 6 Abs. 1 EMRK. Diese Grundsätze sind speziell gegenüber der allgemeinen „Effektivität des Rechtsschutzes".

877 Weitere Sonderfälle bilden die Grundrechtseingriffe, die nach Art. 104 Abs. 2 GG einem Richter vorbehalten sind (dazu → Rn. 599), deren Rechtmäßigkeit also nicht nur richterlich überprüfbar ist, sondern deren **formelle Verfassungsmäßigkeit** von einer richterlichen Entscheidung abhängt. Systematisch zur formellen Verfassungsmäßigkeit gehören auch der strenge Vorbehalt des Gesetzes, die Grundsätze „nulla poena sine lege" sowie „ne bis in idem" nach Art. 103 Abs. 2 und Abs. 3 GG.

II. Rechtsweggarantie des Art. 19 Abs. 4 GG

1. Rechtsschutz gegen subjektive Rechtsverletzungen aller Art

878 Art. 19 Abs. 4 GG setzt Rechte voraus, deren gerichtlichen Schutz er garantiert. Zu diesen Rechten gehören nicht nur die verfassungsrechtlichen subjektiven Rechte, also

v. a. die Grundrechte. Vielmehr gewährleistet Art. 19 Abs. 4 GG auch Rechtsschutz für alle vom Gesetzgeber geschaffenen **einfachrechtlichen subjektiven Rechte**. Insofern ist Art. 19 Abs. 4 GG nicht nur ein normgeprägtes, sondern ein normakzessorisches Grundrecht. Indes ist die Schaffung solcher einfachrechtlichen Rechtspositionen über die Grundrechte hinaus nicht zwingend geboten. Das Recht muss dem Einzelnen als subjektives Recht zustehen (s. o.) und konkret betroffen sein. Die Durchsetzbarkeit **organschaftlicher** Rechtspositionen (z. B. von Gemeindeorganen) ist jedenfalls im Ergebnis[9] **nicht** über Art. 19 Abs. 4 GG verfassungsbeschwerdefähig.

Wenn Art. 19 Abs. 4 GG voraussetzt, dass das Recht „verletzt" wurde, ist damit natürlich nur gemeint, dass eine solche Rechtsverletzung vor Gericht **plausibel geltend zu machen** ist. Regelmäßig wird ausreichen, dass der Schutzbereich des betroffenen Rechts eröffnet ist und der Sachvortrag hierzu schlüssig ist. Ob das Recht tatsächlich verletzt wurde, kann nicht Voraussetzung für ein gerichtliches Verfahren sein, sondern ist dessen Gegenstand und ist in der Fallbearbeitung im Rahmen der Begründetheit zu prüfen.

2. Rechtsschutz gegen die öffentliche Gewalt

Der Geltungsbereich des Art. 19 Abs. 4 GG ist auf Rechtseingriffe „**durch die öffentliche Gewalt**" beschränkt und insoweit vom allgemeinen Justizgewährungsanspruch abzugrenzen. Art. 19 Abs. 4 GG wird jedoch **stark einschränkend ausgelegt**, so dass weder die Gesetzgebung noch die Rechtsprechung, sondern im Ergebnis nur Akte der vollziehenden Gewalt[10] erfasst werden. Der Wortlaut Art. 19 Abs. 4 GG spricht freilich dafür, dass mit „öffentlicher Gewalt" – wie auch bei Art. 93 Abs. 1 Nr. 4a GG – alle drei Staatsgewalten gemeint sind. Die einschränkende Auslegung lässt sich dennoch systematisch und teleologisch begründen, wenngleich es methodisch sauberer wäre, die Anwendbarkeit des Art. 19 Abs. 4 GG für die Bereiche spezieller Regelungen auszuschließen, anstatt ihn begrifflich zu beschränken.

879

Art. 19 Abs. 4 GG soll – jedenfalls im Ergebnis – **keinen Rechtsweg gegen Parlamentsgesetze** gewähren. Aus Art. 19 Abs. 4 GG folgt vor allem kein allgemeines richterliches Normverwerfungsrecht. Letzteres ließe sich nicht damit vereinbaren, dass die Gerichte an die Gesetze nach Art. 20 Abs. 3 GG gebunden und die Richter nach Art. 97 Abs. 1 GG dem Gesetz unterworfen sind. Durch diese einschränkende Auslegung bzw. Anwendung des Art. 19 Abs. 4 GG entsteht auch keine Lücke: Die Richter sind zwar an die Verfassung nach Art. 20 Abs. 3 GG und v. a. an die Grundrechte nach Art. 1 Abs. 3 GG unmittelbar gebunden und dürfen deshalb verfassungswidrige Gesetze nicht anwenden. Wenn ein Gericht in einen derartigen Konflikt zwischen Gesetzes- und Verfassungsbindung kommt, besteht aber nach Art. 100 Abs. 1 GG die Möglichkeit der Richtervorlage an das BVerfG (sogenannte „konkrete Normenkontrolle"). Für Parlamentsgesetze hat das BVerfG ein sogenanntes „Verwerfungsmonopol". Zwar haben alle Gerichte ein richterliches Prüfungsrecht und sogar die Pflicht, die Verfassungsmäßigkeit der Gesetze gegebenenfalls zu hinterfragen. Aber nur das BVerfG hat die

880

---

9 Nach h. M. sind organschaftliche Rechte zwar keine Rechte i. S. d. Art. 19 Abs. 4 GG, wohl aber – insbesondere im Kommunalverfassungsstreit – Rechte i. S. d. § 42 Abs. 2 VwGO (*Wahl* in: Schoch/Schneider, VwGO, 41. Lfg., Vorb. vor § 42 Abs. 2 Rn. 118). Stringenter wäre es, sie begrifflich als Rechte i. S. d. Art. 19 Abs. 4 GG anzuerkennen, Organen aber die Grundrechtsberechtigung abzusprechen; nur so lässt sich erklären, dass objektiv-rechtlich das Gebot effektiven Rechtsschutzes auch im Intraorganstreit aus Art. 19 Abs. 4 GG folgen soll (VG Düsseldorf, NWVBl. 2009, 74).
10 BVerfGE 107, 395, 403 f. – Rechtsschutz gegen Richter I.

Kompetenz, das Gesetz zu verwerfen. Nach der restriktiven Auslegung gewährleistet Art. 19 Abs. 4 GG auch keinen Rechtsweg gegen Einzelakte in Form des Parlamentsgesetzes, v. a. Legalenteignungen. Art. 19 Abs. 4 GG hat hier aber eine indirekte Bedeutung: Die Konsequenz, dass der Rechtsweg abgeschnitten wird, macht nämlich die Legalenteignung gegenüber der Administrativenteignung zum rechtfertigungsbedürftigen Ausnahmefall. Die Verfassungswidrigkeit der Legalenteignung kann vom Betroffenen gegebenenfalls nur im Verfahren der Verfassungsbeschwerde geltend gemacht werden.

881   Jedoch gewährleistet Art. 19 Abs. 4 GG **Rechtsschutz gegen untergesetzliche Normen**, also gegen Rechtsverordnungen und Satzungen (sogenannte „Gesetze im materiellen Sinne"). Für sie gilt nämlich nicht das Verwerfungsmonopol des BVerfG und nach der ständigen Rechtsprechung des BVerfG ist eine Richtervorlage nach Art. 100 Abs. 1 GG nicht zulässig.[11] Die Fachgerichte können und müssen solche verfassungswidrige Normen unberücksichtigt lassen. Wenn der Bürger nicht erst durch den Vollzug solcher Normen, sondern bereits durch deren Existenz in seinen Rechten verletzt wird, dann eröffnet Art. 19 Abs. 4 GG den Rechtsweg. Subsidiär besteht die Möglichkeit einer Verfassungsbeschwerde zum BVerfG nach Art. 93 Abs. 1 Nr. 4 a GG und außerdem wäre eine abstrakte Normenkontrolle nach Art. 93 Abs. 1 Nr. 2 GG denkbar. Diese Verfahren (die im Übrigen auch für Parlamentsgesetze offen stehen), sind keine Spezialregelungen gegenüber Art. 19 Abs. 4 GG, weil sie nicht Verfahren innerhalb des Rechtswegs betreffen, sondern sogar dessen Erschöpfung voraussetzen bzw. daneben bestehen. Die Geltung des Art. 19 Abs. 4 GG für exekutive Rechtssetzung hat unmittelbare Auswirkungen auf die Auslegung der Verwaltungsgerichtsordnung, weil in diesen Fällen der Verwaltungsrechtsweg nach § 40 VwGO eröffnet ist, aber eine prinzipale Normenkontrolle in § 47 VwGO nur für bestimmte baurechtliche Satzungen und Verordnungen und im Übrigen nach Maßgabe des Landesrechts geregelt ist. Die Lücke ist durch Feststellungsklagen nach § 43 VwGO bzw. durch Klagen sui generis zum Verwaltungsgericht zu schließen.[12]

882   Nach der Auffassung des BVerfG gewährleistet Art. 19 Abs. 4 GG zwar „Rechtsschutz durch den Richter, nicht aber gegen den Richter".[13] Es gibt **keinen Rechtsschutz gegen spruchrichterliche Entscheidungen**, weil das deren Zweck unterlaufen würde: Gerichtsentscheidungen sollen Streitigkeiten beilegen und Rechtssicherheit schaffen. Eine (endlose) Kette von Streitigkeiten und ein Instanzenzug[14] sind nicht verfassungsrechtlich geboten. Art. 19 Abs. 4 GG greift aber immer dann, wenn die Gerichte nicht spruchrichterlich zur Beilegung eines Streits tätig werden, sondern wie eine Behörde Erstentscheidungen treffen. Das gilt z. B. bei Entscheidungen des Untersuchungsrichters auf Grund des Richtervorbehalts, bei Akten der Rechtspfleger und Kostenbeamten in den Geschäftsstellen der Gerichte sowie bei Anordnungen der Staatsanwaltschaft als Strafverfolgungsbehörde. Im Rahmen spruchrichterlicher Entscheidungen gilt darüber hinaus ein Sonderrechtsschutz gegen Verletzungen des rechtlichen Gehörs nach Art. 103 Abs. 1 GG. Dieser würde aber den auf jegliche Rechtsverletzung zugeschnittenen Art. 19 Abs. 4 GG dogmatisch sprengen und wird deshalb dem allgemeinen Justizgewährungsanspruch zugeordnet.[15] Verfassungsrechtlich geboten ist hier nur die Mög-

---

11 Zur Kritik: *Schlaich/Korioth*, Das Bundesverfassungsgericht, 12. Aufl., Rn. 138.
12 BVerfGE 115, 81, 92 f. – Rechtsschutz gegen Verordnungen; BVerfG-K, NJW-RR 2005, 1600 f.
13 BVerfGE 107, 395, 403 f. – Rechtsschutz gegen Richter I.
14 *Voßkuhle*, Rechtsschutz gegen Richter – zur Integration der Dritten Gewalt in das verfassungsrechtliche Kontrollsystem vor dem Hintergrund des Art. 19 Abs. 4 GG, 1993.
15 BVerfGE 107, 395, 401 – Rechtsschutz gegen Richter I.

lichkeit zur Selbstkorrektur des Richters, nicht die Entscheidung durch eine andere Instanz. Diesem Anspruch hat der Gesetzgeber durch die Schaffung der Anhörungsrüge in allen Prozessordnungen (z. B. § 152a VwGO) Rechnung getragen (→ Rn. 909).

Umstritten ist, ob es im Bereich der Exekutive sogenannte „**justizfreie Hoheitsakte**" gibt, für die Art. 19 Abs. 4 GG nicht gelten soll. Die Frage ist zu verneinen und das Problem ist systematisch bei der **Frage der möglichen Rechtsverletzung** (s. o.) zu verorten. Das ist für die sogenannten „**Sonderstatusverhältnisse**" längst anerkannt: Weil und soweit auch hier die Grundrechte Geltung beanspruchen, handelt es sich keineswegs um bloßes Innenrecht, geschweige denn um rechtsfreie Räume. Die Lehre vom „besonderen Gewaltverhältnis" konnte sich nicht halten. Nichts anderes gilt für **Regierungsakte und Gnadenentscheidungen**. Auch Akte, die wesentlich politischer Natur sind bzw. die über das Recht selbst hinausweisen („Gnade vor Recht"), können im Einzelfall in Rechte eingreifen, insbesondere willkürlich sein und damit gegen Art. 3 Abs. 1 GG verstoßen.[16] Soweit solche rechtlichen Grenzen gelten, müssen sie auch gerichtlich geltend zu machen sein – das ist die wesentliche Aussage des Art. 19 Abs. 4 GG. Das Gnadenrecht ist insoweit – trotz seiner historischen Wurzeln als absolutes, gegebenenfalls sogar göttlich abgeleitetes Recht der Monarchen – rechtsstaatlich einzubinden. Entgegen eines Beschlusses des BVerfG aus dem Jahr 1969[17] handelt es sich bei der verfassungsrechtlichen Gnadenbefugnis nach Art. 60 Abs. 2 GG auch nicht um einen vom Grundgesetz bewusst übernommenen Eingriff in das staatsorganisatorische Prinzip der Gewaltenteilung. Die Gnadenentscheidung hebt das rechtskräftige Urteil nicht auf. Sie korrigiert nicht die Rechtsprechung, sondern folgt eigenen Maßstäben. Diese sind ihrerseits einer gerichtlichen Überprüfung jedenfalls zum Teil zugänglich. Es entspräche einem modernen Verständnis der Gnadenbefugnis, von der Exekutive Begründungen für Gnadenentscheidungen zu verlangen und diese zum Gegenstand richterlicher Kontrolle am Maßstab des Willkürverbots zu machen. Entgegen der Rechtsprechung handelt es sich bei Gnadenentscheidungen nicht um eine Ausnahme von der Rechtsschutzgarantie, sondern um einen Fall reduzierter Kontrolldichte. Gegen eine willkürlich ungleiche Gnadenpraxis wäre Rechtsschutz geboten.

883

Keine Anwendung findet die Rechtsschutzgarantie des Grundgesetzes auf Hoheitsakte ausländischer Staaten oder der EU, weil mit Art. 19 Abs. 4 GG grundsätzlich **nur die deutsche „öffentliche Gewalt"** gemeint ist. Allerdings erlaubt das Grundgesetz keine beliebige Integration, sondern formuliert mit Art. 23 Abs. 1 GG Integrationsvoraussetzungen. Danach muss der Grundrechtsschutz des Unionsrechts dem deutschen Standard im Wesentlichen entsprechen. Das ist wiederum auch an Kerngehalten des Art. 19 Abs. 4 GG zu messen. Mag diese Frage auch eher theoretischer Natur sein, entfaltet Art. 19 Abs. 4 GG erhebliche praktische Bedeutung beim Rechtsschutz gegen den **Vollzug des Unionsrechts** durch deutsche Behörden.

884

3. Gewährleistungsgehalt des Art. 19 Abs. 4 GG

Zunächst gewährleistet Art. 19 Abs. 4 GG ein Grundrecht darauf, dass **überhaupt gerichtlicher Rechtsschutz** gegen Akte der öffentlichen Gewalt zur Verfügung steht. Das Recht auf ein gerichtliches Verfahren ist ein Leistungsrecht, das durch gesetzliche Organisation und Regelung und durch die konkrete richterliche Gewalt im Einzelfall

885

---

16 So auch die vier unterlegenen Richter in BVerfGE 25, 352, 363 ff. – Gnadengesuch.
17 So die vier Richter der im Ergebnis tragenden Auffassung in BVerfGE 25, 352, 361 ff. – Gnadengesuch.

einzulösen ist. Insoweit ist seine Gewährleistung tatsächlich schrankenlos – wenn man von den ausdrücklichen Ausnahmen der Art. 10 Abs. 2 S. 2, Art. 16a Abs. 4 und Art. 44 Abs. 1 GG absieht. Das heißt, die Frage, ob Rechtsschutz gewährt wird, ist keiner Abwägung mit anderen – gegebenenfalls auch verfassungsrechtlich verbürgten Rechtsgütern – fähig oder bedürftig.

886 Art. 19 Abs. 4 GG reicht aber weiter, indem er auch eine **angemessene gesetzliche Ausgestaltung** des gerichtlichen Verfahrens fordert, die effektiven Rechtsschutz sicherstellt. Dieses Ziel ist vor allem bei der Auslegung und Anwendung des Prozessrechts zu berücksichtigen. Wie weit das verfassungsrechtliche Gebot effektiven Rechtsschutzes reicht, hängt vom Einzelfall ab und ist insoweit auch eine Frage der Abwägung mit anderen verfassungsrechtlichen Werten, z. B. der Rechtssicherheit. Da es sich bei der Ausgestaltung des Prozesses um eine leistungsrechtliche Dimension des Art. 19 Abs. 4 GG handelt, ist (nur) das **Untermaßverbot** (→ Rn. 627 ff.) in Ansatz zu bringen. Dabei sind auch die Wertigkeit des prozessual geltend gemachten Grundrechts und die Schwere des Eingriffs zu berücksichtigen. Darauf ist sogleich gesondert einzugehen.

887 Auch die **Vor- und Ausstrahlungswirkungen** des Art. 19 Abs. 4 GG auf die Ausgestaltung des Verwaltungsverfahrens (→ Rn. 860 ff.) und auf die Frage der Zulässigkeit einer Legalenteignung (→ Rn. 698) sind mit anderen Verfassungsgütern, v. a. der Effektivität der Durchsetzung öffentlicher Interessen und der Rechte Dritter abzuwägen.

III. Effektiver Rechtsschutz

888 Die **Rechtsgrundlage** des Gebotes effektiven Rechtsschutzes ist eine **doppelte**. Effektiver Rechtsschutz ist auf das zu schützende Recht bezogen. Was im Einzelfall geboten ist, hängt deshalb zumindest auch von dem betroffenen Recht, gegebenenfalls vom betroffenen Grundrecht ab. Es gibt aber auch allgemeine Grundsätze der Effektivität des Rechtsschutzes, die für alle Gerichtsverfahren gelten. Deshalb ist auch Art. 19 Abs. 4 GG selbst Rechtsgrundlage für das verfassungsrechtliche Gebot der Effektivität des Rechtsschutzes – allerdings nur im Rahmen seines Geltungsbereichs, also in öffentlich-rechtlichen Streitigkeiten. Jenseits des Geltungsbereichs von Art. 19 Abs. 4 GG gebietet der allgemeine Justizgewährungsanspruch (→ Rn. 890 f.) Effektivität z. B. zivilgerichtlicher Verfahren, mögen auch die Anforderungen im Rahmen von Schutzpflichten geringer sein als beim Rechtsschutz zur Abwehr staatlicher Eingriffe nach Art. 19 Abs. 4 GG.

889 Zu den allgemeinen Geboten der Effektivität des Rechtsschutzes gehören folgende Grundsätze: Der **Zugang zum Verfahren** darf nicht unangemessen erschwert werden. Zwar darf das Prozessrecht durchaus die Zulässigkeit von Klagen an bestimmte formale Voraussetzungen knüpfen, z. B. an die Einhaltung von Fristen, die ihrerseits der Herstellung von Rechtssicherheit dienen. Auch muss das Verfahren nicht kostenfrei sein. Allerdings müssen unüberwindliche finanzielle Hürden zugunsten vermögensloser Kläger durch die Gewährung von Prozesskostenhilfe überwunden werden – so ausdrücklich Art. 47 Abs. 3 GRCh. Effektiv müssen auch **Inhalt und Umfang des Verfahrens** sein. Deshalb ist die volle inhaltliche Kontrolle des Hoheitsaktes durch das Gericht die Regel und Reduktionen der Kontrolldichte die Ausnahme. D. h. nicht justiziable Entscheidungs- und Einschätzungsspielräume der Verwaltung, z. B. bei Ermessensentscheidungen und bei manchen unbestimmten Rechtsbegriffen, bedürfen der Rechtfertigung. So unterliegen z. B. staatliche Prüfungen einer in der Sache begrenzten gerichtlichen Kontrolle. Letzterer werden dadurch Grenzen gesetzt, dass Prüfungsleis-

tungen, etwa deren „Herausragen", im Vergleich zu anderen zu bewerten sind und die Vergleichbarkeit im Nachhinein nur begrenzt rekonstruierbar ist. Umfassende Protokollierungen, die jedenfalls z. T. helfen könnten, sind aber gleichwohl nicht geboten, zumal auch eine Letztentscheidungskompetenz von Prüfungsbehörden hinsichtlich der prüfungsspezifischen Wertungen nicht ausgeschlossen ist.[18] Der **Ausgang des Verfahrens** muss so geregelt sein, dass Rechtsverletzungen nicht nur festgestellt werden, sondern das Recht nach Möglichkeit wiederhergestellt wird bzw. Rechtsverletzungen tatsächlich kompensiert werden. Dazu gehört die Möglichkeit von Gestaltungsklagen sowie Verpflichtungsklagen und deren Vollstreckung. Schließlich muss auch die **Ausgestaltung des Verfahrens selbst** angemessen sein. Rechtsschutz muss rechtzeitig greifen, um nach Möglichkeit irreversible Rechtsverletzungen zu vermeiden. Deshalb muss es für Eilfälle Verfahren des „einstweiligen Rechtsschutzes" geben. Noch weiter geht Art. 6 Abs. 1 EMRK mit seinem Gebot einer Verhandlung in angemessener Frist (→ Rn. 904 f.).

IV. Der allgemeine Justizgewährungsanspruch

Aus dem **Rechtsstaatsprinzip i. V. m. den Grundrechten** folgt ein allgemeiner Justizgewährungsanspruch. Der Staat beansprucht das Gewaltmonopol und muss dafür seine Justiz zur Lösung von Rechtskonflikten zwischen den Bürgern zur Verfügung stellen. Die staatliche Justizgewährung muss genauso allgemein sein wie das Verbot der Selbstjustiz. Der allgemeine Anspruch auf Justiz wurde von der Rechtsprechung[19] jenseits des Geltungsbereichs des Art. 19 Abs. 4 GG entwickelt. Er ist also insbesondere in zivilrechtlichen Streitigkeiten von Bedeutung und federt zudem die teleologische Reduktion des Anwendungsbereichs des Art. 19 Abs. 4 GG ab. Aus der Perspektive des Grundgesetzes, d. h. vor dem Hintergrund des Art. 19 Abs. 4 GG, handelt es sich um ein **Auffangrecht**. Aus der europäischen Perspektive steht dieser allgemeine Justizgewährungsanspruch im Mittelpunkt und Art. 19 Abs. 4 GG erscheint daneben als spezielle Besonderheit des deutschen Verfassungsrechts.

890

Der Inhalt des allgemeinen Justizgewährungsanspruchs ist – wie bei Art. 19 Abs. 4 GG – ein Anspruch auf ein effektives Gerichtsverfahren. **In seinen Rechtsfolgen** ist auch nach deutscher Grundrechtsdogmatik der allgemeine Justizgewährungsanspruch **gleichwertig** gegenüber seiner speziellen Ausprägung in Art. 19 Abs. 4 GG. Insbesondere handelt es sich auch hierbei nicht nur um eine objektiv-rechtliche Ausprägung des Rechtsstaatprinzips. Vielmehr besteht auch insoweit ein grundrechtlicher Anspruch auf Justizgewährung.

891

V. Gesetzlicher Richter

1. Bedeutung des Art. 101 Abs. 1 GG im Gefüge des Grundgesetzes

Das Recht auf den gesetzlichen Richter nach Art. 101 Abs. 1 GG trägt dem Gedanken Rechnung, dass gerade der den Einzelfall entscheidende Richter nicht in Ansehung des Einzelfalls ausgesucht werden soll. Es ist ein **grundrechtsgleiches Recht**, d. h. es gehört nicht zum Grundrechtskatalog der Art. 1–19 GG, ist aber wie die Grundrechte ein subjektives Recht, das mit der Verfassungsbeschwerde nach Art. 93 Abs. 1 Nr. 4 a

892

---

18 BVerfGE 84, 34, 53 – Gerichtliche Prüfungskontrolle.
19 BVerfGE 97, 169, 185 – Kleinbetriebsklausel I: „Justizgewährleistungsanspruch", terminologisch leicht variiert seit BVerfGE 107, 395, 396 – Rechtsschutz gegen den Richter I: „Justizgewährungsanspruch".

GG einklagbar ist. Der **historische Hintergrund** besteht in der Existenz grober Verstöße gegen das Rechtsstaatsprinzip, v. a. durch totalitäre Ausnahmegerichte (dagegen ausdrücklich Art. 101 Abs. 1 S. 1 GG) sowie Eingriffe der Exekutive in richterliche Gewalt durch sogenannte Kabinettsjustiz (dagegen im Kern Art. 101 Abs. 1 S. 2 GG). Insoweit formuliert Art. 101 Abs. 1 GG subjektivrechtliche Ansprüche, deren Einlösung objektiv-rechtlich auch über das Rechtsstaatsprinzip verfassungsgeboten wären. Obwohl es unter der Geltung des Grundgesetzes keine so extremen Verstöße gegeben hat, ist die Norm bis heute von nicht zu unterschätzender **praktischer Bedeutung**. Das liegt daran, dass die Rechtsprechung[20] Art. 101 Abs. 1 GG so interpretiert, dass die heutigen rechtsstaatlichen Standards für die Zuständigkeitsordnung der Gerichte im Begriff des gesetzlichen Richters enthalten sind. Das Problem besteht darin, diese verfassungsrechtlichen Anforderungen, die damit auch im Einzelfall durch die Verfassungsbeschwerde einklagbar sind, einzugrenzen. Denn das BVerfG ist keine Superrevisionsinstanz. Die Funktion und Belastbarkeit eines Verfassungsgerichts würde gesprengt, wollte es die Einhaltung aller **zuständigkeitsrelevanten Vorschriften des Prozessrechts** überprüfen. Die Einhaltung dieser Vorschriften berührt zwar das Recht auf den gesetzlichen Richter, ist aber verfassungsrechtlich nur insoweit garantiert und verfassungsgerichtlich durchsetzbar, als gesetzliche Grundlagen fehlen oder schwer missachtet werden. Die **Kontrolldichte des BVerfG** entspricht damit auch in diesem Spezialfall den Grundsätzen zur Überprüfbarkeit der Rechtsprechung der Fachgerichte (zu den Fällen des Einflusses der Grundrechte auf das Privatrecht → Rn. 481 ff.).

2. Begriff des gesetzlichen Richters

893 Richter i. S. d. Art. 101 Abs. 1 S. 2 GG sind die Richter aller staatlichen Fachgerichte einschließlich der ehrenamtlichen Mitglieder, aber auch die Richter der Verfassungsgerichte und des EuGH. Die nichtstaatlichen Schiedsgerichte hingegen sind nicht erfasst.

3. Praktische Problemfälle

a) Abstrakt-generelle Zuständigkeitsvorschriften

894 Der „gesetzliche Richter" ist nicht jedes Gericht, das seine Kompetenz auf eine gesetzliche Grundlage stützen könnte, sondern nur derjenige Spruchkörper, dessen konkrete **Zuständigkeit** abstrakt-generell im Vorhinein feststeht. Während wesentliche Fragen der Zuständigkeitsordnung in Parlamentsgesetzen geregelt sein müssen (→ Rn. 575 ff.), reicht es für die Details der Geschäftsverteilung innerhalb der Gerichte, dass hierüber ein **Geschäftsverteilungsplan** als Satzung durch die Gerichte selbst erlassen wird. Zum Ausgleich ungleicher Arbeitsverteilung oder zur sachlichen Spezialisierung dürfen aber Umschichtungen nie für konkrete Einzelfälle vorgenommen werden, sondern nur nach abstrakt-generellen Maßstäben (z. B. Zuständigkeit nach Sachgebieten, nach Eingang oder nach Buchstaben). Das gilt auch für die Verteilung der Arbeit innerhalb eines mehrköpfigen Spruchkörpers.

---

20 BVerfGE 82, 286, 298 ff. – Amtszeit eines Verfassungsrichters.

b) Missachtung von Verweisungs- und Vorlagepflichten

Der unzuständige Richter darf nie in der Sache entscheiden, sondern muss an das gesetzlich zuständige[21] Gericht verweisen. Der praktisch wichtigste Anwendungsfall ist die Verletzung der nach Art. 267 AEUV gegebenenfalls gebotenen Vorlage unionsrechtlicher Fragen an den EuGH (dazu ausführlich → Rn. 129). Die unionsrechtliche Vorlagepflicht wird durch Art. 101 Abs. 1 S. 2 GG zu einem auch verfassungsrechtlichen Gebot.

895

c) Anspruch auf einen unbefangenen Richter

Das BVerfG[22] hat auch die **Befangenheitsvorschriften** in den Schutzbereich des Art. 101 Abs. 1 S. 2 GG integriert und damit nicht nur der objektiven verfassungsrechtlichen Garantie der Unabhängigkeit des Richters nach Art. 97 Abs. 1 GG zugeordnet. Das ist konsequent, weil die verfahrensrechtliche Folge der Befangenheitsvorschriften gegebenenfalls die Unzuständigkeit des Richters ist und weil gerade in diesen Fällen auch ein subjektiver Anspruch auf einen gesetzlichen Richter einleuchten.

896

VI. Rechtliches Gehör

1. Bedeutung des Art. 103 Abs. 1 GG im Gefüge des Grundgesetzes

Die Gewährung rechtlichen Gehörs zählt zu den elementaren Elementen eines Rechtsstaats. Das gilt für jegliches staatliche Handeln, also für alle staatlichen Gewalten. Das Grundgesetz hat jedoch lediglich Teilaspekte davon ausdrücklich geregelt. So wird die Möglichkeit der Petition an die zuständigen Stellen und an die Volksvertretungen als Grundrecht in Art. 17 GG gewährleistet und das rechtliche Gehör **vor den Gerichten** als grundrechtsgleiches Recht in Art. 103 Abs. 1 GG garantiert. Diese spezielle Gewährleistung gilt nicht – auch nicht analog – für die Anhörung im Verwaltungsverfahren. Letztere ist allerdings nicht nur einfachrechtlich in § 28 VwVfG geregelt, sondern auch als Ausfluss des Rechtsstaatsprinzips i. V. m. der verfahrensrechtlichen Dimension der Grundrechte verfassungsrechtlich geboten.

897

Schließlich ist auch vor Gericht das rechtliche Gehör nur ein Teilaspekt der verfahrensrechtlichen Garantien. So ist dem Art. 103 Abs. 1 GG zunächst der **Anspruch auf ein gerichtliches Verfahren** nach Art. 19 Abs. 4 GG bzw. aus dem rechtsstaatlichen Justizgewährungsanspruch vorgelagert. Aber auch **im gerichtlichen Verfahren** gibt es zahlreiche verfassungsrechtliche Garantien, die z. T. aus Art. 19 Abs. 4 GG, z. T. auch als verfahrensrechtliche Seite aus den Grundrechten hergeleitet werden. Insbesondere steht hinter dem speziellen Aspekt des rechtlichen Gehörs das sogenannte „allgemeine Prozessgrundrecht auf ein **faires Verfahren**", das vom BVerfG[23] aus Art. 2 Abs. 1 i. V. m. Art. 20 Abs. 3 GG unter ausdrücklicher Bezugnahme auch auf Art. 6 EMRK und Art. 47 Abs. 2 GRCh hergeleitet wird. Darauf ist gesondert einzugehen (→ Rn. 904 ff.).

---

21 Wenn § 17 GVG Mehrfachverweisungen verhindert und bestimmt, dass unter gesetzlich näher bestimmten Voraussetzungen ein an sich unzuständiges Gericht entscheiden muss, liegt darin keine Durchbrechung des Prinzips des gesetzlichen Richters, sondern nur eine besondere gesetzliche Bestimmung.
22 BVerfGE 21, 139, 145 f.
23 BVerfGE 110, 339, 342 – Wiedereinsetzung.

2. Die drei Rechte des Art. 103 Abs. 1 GG

898 Das Recht auf „rechtliches Gehör" ist passiv aus der Perspektive seiner Konsequenzen für die Gerichte formuliert, enthält aber insgesamt drei Rechte: Dem **passiven Element**, dass Gerichte prozessualen Äußerungen Gehör schenken müssen, steht als **aktives Element** das Recht gegenüber, sich vor Gericht zu äußern. Damit die Betroffenen sich qualifiziert äußern können, ist dem wiederum das **Informationselement vorgelagert**, zu erfahren, worauf es ankommt.

a) Das Recht auf Information im Prozess

899 Grundlage einer wirksamen Ausübung des rechtlichen Gehörs ist, dass die Beteiligten **wissen, was rechtlich relevant ist**, welcher Vortrag mithin zur Wahrung ihrer Rechte dienlich ist. Dazu muss das Gericht nicht nur die Äußerungen der Gegenseite weiterleiten und Einsicht in Prozessakten[24] gewähren, sondern muss seinerseits die Beweislage und die richterliche Rechtsauffassung im Prozess offen legen. Art. 103 Abs. 1 GG schützt somit vor **Überraschungsentscheidungen**, mit denen kein Beteiligter rechnen konnte. Die Information der Prozessbeteiligten dient auch der Effektivität gerichtlicher Verfahren und zeichnet die Grenzen des rechtlichen Gehörs vor: Das Gericht kann nämlich auch deutlich machen, worauf es rechtlich nicht ankommt, was gegebenenfalls zur Folge hat, dass ein entsprechender Vortrag nicht vom Schutz des Art. 103 Abs. 1 GG umfasst wird. Das Recht auf Information ist auf das Äußerungsrecht bezogen und inhaltlich parallel zu begreifen.

b) Das Recht auf Äußerung im Prozess

900 Das Recht auf Äußerung muss den Beteiligten die Gelegenheit bieten, mündlich oder schriftlich zu allen tatsächlichen und rechtlichen Prämissen **Stellung zu nehmen**.[25] Dieses Recht ist inhaltlich begrenzt durch das Kriterium der **rechtlichen Erheblichkeit**, das wiederum durch richterliche Information zu konkretisieren ist. Gegebenenfalls kann durch Gesetz der Vortrag zu bestimmten Fragen an Fristen gekoppelt und ein verspäteter Vortrag präkludiert werden.

901 Umstritten ist, ob zum Recht auf Äußerung auch das Recht gehört, sich durch einen **Anwalt** vertreten zu lassen. Dafür spricht freilich, dass durch den Einsatz eines Rechtsanwalts das Ziel eines sachdienlichen Vortrags unter Berücksichtigung der rechtlichen Relevanz optimiert werden kann.[26] Damit ist aber nicht gesagt, dass in jedem Verfahren eine derartige Professionalisierung verfassungsrechtlich geboten ist. Ob ein Anwalt zu einer wirksamen Ausübung des rechtlichen Gehörs erforderlich ist, hängt von der Art, Bedeutung und Kompliziertheit des Verfahrens ab. Nach der Rechtsprechung[27] gibt darauf Art. 103 Abs. 1 GG keine pauschale Antwort. Immerhin ist wegen der Bedeutung für den Angeklagten das Recht auf anwaltliche Verteidigung im Strafverfahren aus rechtsstaatlichen Gründen geboten – dies entspricht auch der ausdrücklichen Hervorhebung des Schutzes der Verteidigungsrechte angeklagter Personen in Art. 48 Abs. 2 GRCh (gegenüber der allgemeinen Gewährleistung des Art. 47 Abs. 2

---

24 BVerfGE 63, 45, 60; *Schmahl* in: Schmidt-Bleibtreu/Hofmann/Henneke, GG, 15. Aufl., zu Art. 103 Rn. 24.
25 BVerfGE 86, 133, 144 – Untersuchungshaft.
26 Für ein weites Verständnis des Art. 103 Abs. 1 GG *Remmert* in: Dürig/Herzog/Scholz, GG, 78. Lfg., zu Art. 103 Abs. 1 Rn. 68; *Kingreen/Poscher*, Grundrechte, 37. Aufl., Rn. 1339.
27 BVerfGE 39, 156, 168.

S. 3 GRCh, nach der sich jedermann beraten, verteidigen und vertreten lassen kann). Erforderlichenfalls unentgeltlichen Beistand durch einen Verteidiger gewährleistet auch Art. 6 Abs. 3 lit. c EMRK.[28] In anderen Verfahren ist dem verfassungsrechtlichen Mindeststandard des Art. 103 Abs. 1 GG regelmäßig Genüge getan, wenn und soweit das Gericht durch entsprechende Hinweise einen sachlichen Parteivortrag ermöglicht. Das bedeutet positiv gewendet, dass aus Art. 103 Abs. 1 GG im Einzelfall bei besonders folgenreichen oder komplizierten Prozessen das Recht auf anwaltliche Vertretung folgen kann. Umgekehrt muss sich jede Partei eine gegebenenfalls mangelhafte Prozessführung ihres anwaltlichen Vertreters zurechnen lassen.[29] Die Verwirklichung des Rechts auf Information und auf Äußerung erfordern gegebenenfalls auch die Hinzuziehung eines Dolmetschers (→ Rn. 823).[30]

c) Das Recht auf Gehör i. e. S.

Schließlich muss das Gericht jedem Vortrag der Parteien Gehör schenken, d. h. ihn **zur Kenntnis nehmen**. Das setzt die körperliche wie geistige Anwesenheit aller an der Entscheidung beteiligten Richter, gegebenenfalls einschließlich der Laienrichter voraus. Kein Richter darf während der Verhandlung schlafen. Weiter muss das Gericht den Vortrag der Parteien bei seiner Entscheidung **berücksichtigen**, d. h. ihn in die rechtlichen Erwägungen einbeziehen. Dass dies geschehen ist, muss auch in der **Begründung** richterlicher Entscheidungen erkennbar werden.

902

3. Die Möglichkeit der Korrektur von Verletzungen des Art. 103 Abs. 1 GG

Wie bei den anderen grundrechtsgleichen Rechten stellt sich auch beim rechtlichen Gehör das Problem, dass Art. 19 Abs. 4 GG nach der Rechtsprechung keinen Rechtsschutz gegen richterliche Entscheidungen bietet und die Funktion und Belastbarkeit des BVerfG gesprengt würden, wenn die Verfassungsbeschwerde zu einem Generalrechtsbehelf zur Rüge der Einhaltung der verfassungsrechtlichen Maßgaben des Prozessrechts würde. Deshalb hat das BVerfG[31] aus dem Rechtsstaatsprinzip abgeleitet, dass die Verfahrensordnungen eine Abhilfemöglichkeit vorsehen müssen, um Verletzungen des Art. 103 Abs. 1 GG durch die Fachgerichte korrigieren zu können. Dem ist der Gesetzgeber durch das **Anhörungsrügegesetz**[32] nachgekommen (zur Plenarentscheidung des BVerfG → Rn. 909). Insofern wurde das Dogma, dass Art. 19 Abs. 4 GG keinen Rechtsschutz gegen den Richter gewährleisten soll, relativiert (→ Rn. 882).[33]

903

VII. Das Recht auf ein faires Verfahren und auf angemessene Verfahrensdauer

1. Normative Verankerung und systematische Einordnung

Das Recht auf ein faires Verfahren wird **im deutschen Grundgesetz nicht ausdrücklich** geschützt. Vielmehr ist mit Art. 103 Abs. 1 GG lediglich ein Teilaspekt als grundrechtsgleiches Recht gewährleistet. Daraus ist aber nicht der Umkehrschluss zu ziehen, dass das deutsche Verfassungsrecht insoweit hinter europäischen Standards zurückbleibt,

904

---

28 EGMR (Große Kammer), v. 21.1.1999, NJW 1999, 2353 – van Geyseghem/Belgien.
29 BVerfGE 60, 253, 266 ff. – Anwaltsverschulden.
30 Mit anderer Begründung (allgemeines rechtsstaatliches Gebot eines fairen Verfahrens): BVerfGE 64, 135, 145; wie hier: *Schmahl* in: Schmidt-Bleibtreu/Hofmann/Henneke, GG, 15. Aufl., zu Art. 103 Rn. 37.
31 BVerfGE 107, 395, 401, 408 ff. – Rechtsschutz gegen Richter I.
32 BGBl. 2004 I, 3220.
33 Sogar von einem Dogmenbruch spricht *Voßkuhle*, NJW 2003, 2193.

die mit **Art. 6 EMRK und Art. 47 Abs. 2 GRCh** das Recht auf ein faires Verfahren als solches garantieren.

905 Zum einen gehen Aspekte der Fairness auch in der verfahrensrechtlichen Seite der Grundrechte und in der Garantie auf effektiven Rechtsschutz auf.[34] Zum anderen wird von der Rechtsprechung darüber hinaus auch die Gewährleistung eines „allgemeinen Prozessgrundrechts auf ein **faires Verfahren**"[35] aus Art. 2 Abs. 1 in Verbindung mit Art. 20 Abs. 3 GG[36] hergeleitet – inzwischen[37] unter ausdrücklicher Bezugnahme auch auf Art. 6 EMRK und Art. 47 Abs. 2 GRCh.

Der Anspruch auf eine **Entscheidung in angemessener Zeit** hat in Art. 6 Abs. 1 EMRK eine eigene, ausdrückliche Ausprägung erfahren, die von erheblicher praktischer Bedeutung ist, zumal in solchen Fällen eine Entschädigung nach Art. 41 EMRK in Betracht kommt.[38] Auch dieser Gedanke ist dem deutschen Recht nicht fremd, sondern wird als Aspekt der Rechtssicherheit im Rechtsstaatsprinzip[39] verankert. Allerdings hat der EGMR in sich häufenden Fällen überlange Verfahrensdauern (von z. T. mehr als sechzehn Jahren) in der Bundesrepublik festgestellt.[40]

2. Ausprägungen und Konsequenzen des Fairnessgedankens

906 Rechtsprechung und Literatur[41] haben eine Fülle von Einzelfällen herausgearbeitet, die sich auf zwei Grundgedanken zurückführen lassen: Erstens handelt es sich um prozessuale Ausprägungen des noch allgemeineren Grundsatzes von „**Treu und Glauben**". Daraus lassen sich das Verbot einer unzumutbaren Erschwerung verfahrensrechtlicher und formaler Regeln sowie das Verbot überraschenden oder widersprüchlichen Verhaltens herleiten. Dahin gehört auch der Grundsatz, dass sich Beschuldigte nicht selbst belasten müssen („nemo tenetur se ipsum accusare"),[42] der einen verfahrensrechtlichen Ausfluss des Persönlichkeitsrechts darstellt (→ Rn. 426). Zweitens folgt aus der Fairness das Gebot der „**Waffengleichheit**" der Parteien im Prozess, v. a. im Strafprozess.

3. Insbesondere: Angemessene Verfahrensdauer

907 Entscheidungen in angemessener Zeit sind einerseits rechtsstaatliches Gebot, um Rechte wirksam durchsetzen zu können und um Rechtsunsicherheit zu beenden. Andererseits besteht zwischen der Beschleunigung von Verfahren und der Gewährleistung anderer rechtsstaatlicher Verfahrensrechte aber ein **Spannungsverhältnis**, weil deren gründliche Ausschöpfung Verfahrensdauern verlängert.[43] Die Angemessenheit ist also Ergebnis einer Abwägung zwischen Bedürfnissen der Beschleunigung und der Verlän-

---

34 Zum Rechtsschutz in angemessener Zeit als Frage des Art. 19 Abs. 4 GG vgl. BVerfGE 55, 349, 369 – Hess-Entscheidung.
35 BVerfG-K, NJW 2005, 1344, 1345.
36 BVerfGE 38, 105, 111 – Rechtsbeistand.
37 BVerfGE 110, 339, 342 – Wiedereinsetzung.
38 EGMR, v. 29.3.2006, NJW 2007, 1259, – Scordino/Italien.
39 BVerfGE 93, 99, 107 – Rechtsmittelbelehrung.
40 EGMR, v. 8.1.2004, NJW 2005, 41, 44, Z. 60 – Voggenreiter/Deutschland; EGMR, v. 31.5.2001, EuGRZ 2001, 299, 301, Z. 40 ff. – Metzger/Deutschland; EGMR, v. 8.6.2006, NJW 2006, 2389, Z. 97 ff. – Sürmeli/Deutschland.
41 Zu den Einzelaspekten vgl. *Schulze-Fielitz* in: Dreier, GG, Bd. 2, 3. Aufl., zu Art. 20 (Rechtsstaat) Rn. 216 ff.
42 EGMR (Große Kammer), v. 11.7.2006, NJW 2006, 3117, 3122, Z. 97 – Jalloh/Deutschland.
43 EGMR, v. 28.6.1978, EuGRZ 1978, 406, 417, Z. 100 – Fall König.

gerung von Verfahren im Einzelfall. So ist z. B. in arbeitsrechtlichen Streitigkeiten besondere Eile geboten.[44]

Indem der Staat zur Optimierung des Rechtsschutzes mehrere Instanzen und gegebenenfalls nach der Erschöpfung des Rechtswegs noch die Möglichkeit der Verfassungsbeschwerde eröffnet, verlängert sich die Gesamtverfahrensdauer. Auch die **Gesamtverfahrensdauer** ist an Art. 6 Abs. 1 EMRK zu messen, wobei freilich die Bedeutung und Komplexität des Verfahrens und auch gegebenenfalls die Besonderheiten des verfassungsgerichtlichen Verfahrens als Rechtfertigung für längere Verfahrensdauern berücksichtigt werden.

Gegen Art. 6 Abs. 1 EMRK verstoßen nur Verzögerungen durch Behörden oder Gerichte, nicht jedoch durch die Parteien selbst. Im Einzelfall **variiert die Grenze** der Unangemessenheit nach bestimmten Verfahrenstypen, die sehr unterschiedliche Durchschnittsdauern haben können. Das Gericht darf von solchen Durchschnittsdauern nicht erheblich abweichen, wenn dies nicht durch besondere Umstände begründet ist. Die Rechtsprechung[45] stellt aber auch die Durchschnittsdauern auf den Prüfstand. Wenn bestimmte Gerichtszweige dauerhaft überlastet sind und dadurch überlange Verfahrensdauern entstehen, muss der Staat **organisatorische Maßnahmen** ergreifen, um einen generellen Verfahrensstau aufzulösen. 908

In Deutschland waren Möglichkeiten, überlange Verfahrensdauern zu rügen und zu verhindern bis 2011 ungeregelt. Das verstieß gegen die Rechtsprechung des EGMR zu den Anforderungen einer **wirksamen Beschwerde** i. S. d. Art. 13 EMRK.[46] Während der deutsche Gesetzgeber lange nicht reagierte, haben die deutschen Fachgerichte daraufhin Untätigkeitsbeschwerden richterrechtlich anerkannt.[47] Die auch verfassungsrechtlich gebotene Rechtsmittelklarheit[48] wird nunmehr eingelöst durch die gesetzlichen Regelungen von Verzögerungsrügen (§§ 198 ff. GVG) bzw. Verzögerungsbeschwerden (§§ 97 a ff. BVerfGG). 909

VIII. Speziell strafverfahrensrechtliche Grundsätze

1. Nulla poena sine lege (Art. 103 Abs. 2 GG)

Art. 103 Abs. 2 GG verlangt die gesetzliche Bestimmtheit der Strafbarkeit zum Zeitpunkt der Tatbegehung („nulla poena sine lege"). Daraus folgen methodisch der Ausschluss von Gewohnheitsstrafrecht sowie ein **absolutes Rückwirkungs- und Analogieverbot** von Straftatbeständen zulasten des Angeklagten.[49] Im Verhältnis zum Rechtsstaatsprinzip verschärft Art. 103 Abs. 2 GG die Anforderungen an die Rechtfertigung von repressiven Grundrechtseingriffen.[50] Auch das allgemeine Rechtsstaatsprinzip, das bei jedem Grundrechtseingriff zu beachten ist, streitet gegen die Rückwirkung von Gesetzen. Während das Rechtsstaatsprinzip Rückwirkung unter bestimmten Vor- 910

---

44 EGMR, v. 18.10.2001, EuGRZ 2002, 585, 587, Z. 55 – Mianowicz/Deutschland.
45 EGMR, v. 27. 7. 2000, NJW 2001, 213, Z. 36 ff. – Klein/Deutschland; ähnlich aus dem allgemeinen rechtsstaatlichen Justizgewährungsanspruch hergeleitet in BVerfGE 36, 264, 275.
46 EGMR, v. 8.6.2006, NJW 2006, 2389 – Sürmeli/Deutschland.
47 So etwa VGH München, NVwZ 2000, 693; dagegen VGH Mannheim, NVwZ 2003, 1541.
48 Dazu das Plenum des BVerfG: BVerfGE 107, 395, 416 – Rechtsschutz gegen Richter I; zustimmend *Voßkuhle*, NJW 2003, 2193, 2198; jetzt für die Untätigkeitsbeschwerde: BVerfG-K, NJW 2008, 503.
49 Siehe hierzu aus der strafrechtlichen Literatur *Kindhäuser/Zimmermann*, Strafrecht Allgemeiner Teil, 10. Aufl., § 3 Rn. 1 ff.; *Roxin*, Strafrecht Allgemeiner Teil I, 5. Aufl., § 5 Rn. 1 ff., S. 213 ff.
50 BVerfGE 78, 374, 381 ff.

aussetzungen des Vertrauensschutzes erlaubt, ist eine Rückwirkung im Strafrecht absolut ausgeschlossen. Nach Art. 103 Abs. 2 GG soll der Bürger immer darauf vertrauen dürfen, nur im Rahmen des geltenden Strafrechts bestraft werden zu können.

Die **Rechtsprechung** legt den Anwendungsbereich des Art. 103 Abs. 2 GG allerdings sehr eng aus. Sie wird dem Grundsatz aber nicht gerecht, wenn nur die gesetzlich bestimmten Strafbarkeitsvoraussetzungen und der Vollzug[51] der Strafe i. e. S. an ihm gemessen werden. Weder ausgeschlossen sind damit eine rückwirkend aufgehobene Verjährung der Verfolgung von Straftaten[52] noch eine Verschärfung der richterrechtlichen Promillegrenzwerte für Trunkenheitsdelikte.[53] Auch die rückwirkende Entfristung der Vorschriften über die Sicherungsverwahrung soll danach unproblematisch sein, weil sie nicht mehr die Strafe i. e. S. betreffe, sondern eine Maßregel der Besserung und Sicherung im Anschluss an die Verbüßung einer Freiheitsstrafe.[54] Der EGMR ist dieser Argumentation zu Recht nicht gefolgt und nimmt einen Verstoß gegen Art. 7 Abs. 1 EMRK an, zumal sich die Unterbringung und die psychologische Betreuung der Sicherungsverwahrten in der Praxis zu wenig von den allgemeinen Haftbedingungen unterscheide.[55] Das BVerfG und der Gesetzgeber haben darauf reagiert (→ s. auch Rn. 23). Freilich hat das BVerfG[56] dabei keine absolute Rückwirkungsgrenze gezogen, sondern den Vertrauensschutzgedanken innerhalb des Art. 2 Abs. 2 S. 2 GG im Lichte der EMRK zusätzlich verschärft.

Kritik verdient auch die Ausnahme, die das BVerfG[57] bei der Bestrafung der Mauerschützen insoweit machte. Sie berücksichtigt die rechtsstaatlich motivierte Radbruch'sche Formel[58] zulasten der Angeklagten, statt dem Rechtsstaat mit seinen auch formalen Garantien Rechnung zu tragen. Nach der Rechtsprechung bringt Art. 103 Abs. 2 GG nicht nur Vertrauensschutz zum Ausdruck, sondern findet auch seine Grenze in einem Recht, das Vertrauen verdient. Damit wendet sich das Argument des Vertrauensschutzes gegen den Grundrechtsträger. Das lässt sich wohl nur so erklären, dass das BVerfG dem Vertrauen der Opfer des Unrechtsregimes in die Bundesrepublik als Rechtsstaat, der materielle Gerechtigkeit anstrebt, nachgegeben hat. Der Sinn des Art. 103 Abs. 2 GG ist es jedoch, Fragen der materiellen Gerechtigkeit und der Strafwürdigkeit – anders als Art. 7 Abs. 2 EMRK[59] – zugunsten der formellen Gerechtigkeit

---

51 BVerfGE 116, 69 – Jugendstrafvollzug.
52 BVerfGE 25, 269, 287 – Verfolgungsverjährung; zustimmend *G. Nolte/Aust* in: v. Mangoldt/Klein/Starck, GG, Bd. 3, 7. Aufl., zu Art. 103 Abs. 2 Rn. 111; dagegen: *Dannecker*, Das intertemporale Strafrecht, 1993, S. 323 ff.
53 So noch: BVerfG-K, NJW 1990, 3140; zu Recht strenger: LG Düsseldorf, NJW 1973, 1054; nunmehr soll Art. 103 Abs. 2 GG Anwendung auf Rechtsprechungsänderungen zu unbestimmten Tatbestandsmerkmalen finden: BVerfGE 126, 170, 199 – Präzisierungsgebot Untreuetatbestand.
54 BVerfGE 109, 133 ff. – Langfristige Sicherungsverwahrung; s. allerdings auch Sondervotum *Broß/Osterloh/Gerhardt* BVerfGE 109, 190, 254 f. – Nachträgliche Sicherungsverwahrung.
55 EGMR, NJW 2010, 2495 – M./Deutschland.
56 BVerfGE 128, 326, 391 – Sicherungsverwahrung IV.
57 BVerfGE 95, 96 ff. – Mauerschützen; dagegen: *Schulze-Fielitz* in: Dreier, GG, Bd. 3, 3. Aufl., zu Art. 103 Abs. 2 Rn. 56, der allerdings trotz Betroffenheit der Menschenwürde (Rn. 51) eine Verfassungsänderung insoweit für möglich hält (Rn. 57 a. E.).
58 *G. Radbruch*, Rechtsphilosophie, 8. Aufl. 1973, S. 345: „Der Konflikt zwischen der Gerechtigkeit und Rechtssicherheit dürfte dahin zu lösen sein, dass das positive, durch Satzung und Macht gesicherte Recht auch dann den Vorrang hat, wenn es inhaltlich ungerecht und unzweckmäßig ist, es sei denn, dass der Widerspruch des positiven Gesetzes zur Gerechtigkeit ein so unerträgliches Maß erreicht hat, dass das Gesetz als „unrichtiges Recht" der Gerechtigkeit zu weichen hat."
59 Eine Auslegung des Art. 103 Abs. 2 GG im Lichte des Art. 7 Abs. 2 EMRK scheitert jedoch schon daran, dass die Bundesrepublik die EMRK unter dem Vorbehalt ratifizierte, dass letzterer nur in Grenzen des ersteren angewendet wird. Zur Verurteilung der Mauerschützen aus Sicht der EMRK: EGMR, v. 22.3.2001, NJW 2001, 3035 – Streletz, Keßler und Krenz/Deutschland.

im Strafrecht auszublenden. Im Vergleich zum Rechtsstaatsprinzip ist Art. 103 Abs. 2 GG gerade mehr als eine Garantie tatsächlich schutzwürdigen Vertrauens.

Art. 103 Abs. 2 GG erschöpft sich nicht in diesem absoluten Rückwirkungsverbot, sondern hat auch relative Auswirkungen auf die Auslegung von Straftatbeständen: Auch an die **Bestimmtheit** von Straftatbeständen sind vergleichsweise höhere Anforderungen zu stellen und sie sind im Zweifelsfall näher am Wortlaut und weniger extensiv auszulegen als andere Eingriffsermächtigungen. Allerdings darf das Bestimmtheitserfordernis auch im Strafrecht nicht überzogen werden. Abstrakte Formulierungen von Tatbeständen mit Auslegungsspielräumen sind für den Gesetzgeber unvermeidbar. Dann richtet sich Art. 103 Abs. 2 GG gegebenenfalls an die Rechtsprechung mit dem Auftrag, eine vorhersehbare Auslegung durch Konkretisierungen zu entwickeln („Präzisierungsgebot"[60]) und gegebenenfalls Rechtsprechungsänderungen[61] anzukündigen bzw. strafbarkeitserweiternde Änderungen der Rechtsprechung nur für die Zukunft anzuwenden. Das BVerfG überprüft die Existenz (nicht den Inhalt) einer gefestigten Rechtsprechung dann ohne Beschränkung seiner Kontrolldichte am Maßstab des Bestimmtheitsgebots.[62] Dass die Anforderungen an die Bestimmtheit selbst unbestimmt sind, zeigt die schwankende Rechtsprechung[63] zu den Grenzen des Begriffs der Nötigung. Bedenklich ist die für die Verwerflichkeitsklausel des § 240 Abs. 2 StGB entwickelte,[64] nunmehr aber auch auf § 130 Abs. 4 StGB erstreckte Unterscheidung zwischen „strafbegründenden Tatbestandsmerkmalen" und deren Korrektiven „zur Ausscheidung nicht strafwürdig erscheinender Fälle".[65] Es mag richtig sein, dass die Strafbarkeit gleichsam „quantitativ" umso mehr beschränkt wird, je mehr Tatbestandsmerkmale normiert werden. Vom Gesichtspunkt der Bestimmtheit, um den es in Art. 103 Abs. 2 GG allein geht, ist aber gerade eine Kumulation vieler unbestimmter Begriffe mit noch weniger bestimmten Korrektiven bedenklich. Art. 103 Abs. 2 GG dient der Vorhersehbarkeit und nicht der Beschränkung der Strafbarkeit. Als **europäische Gewährleistungen** sind hier Art. 7 EMRK und Art. 49 GRCh zu beachten.[66]

2. Ne bis in idem (Art. 103 Abs. 3 GG und Art. 50 GRCh)

Art. 103 Abs. 3 GG verbietet nicht nur die **Doppelbestrafung**, sondern auch die **erneute Verfolgung** derselben Tat, sobald deren Verfolgung rechtskräftig (insbesondere auch durch Freispruch) abgeschlossen ist.[67] Das gilt absolut, hat Vorwirkungen auf die Strafverfolgung und erzwingt die Konzentration mehrerer paralleler Verfahren, die dieselbe Tat betreffen. Der strafprozessuale Tatbegriff, der seinerseits der Auslegung fähig und bedürftig ist und auf den hier nicht näher eingegangen werden kann, wird

---

60 BVerfGE 126, 170, 198 – Präzisierungsgebot Untreuetatbestand.
61 BVerfGE 126, 170, 199 – Präzisierungsgebot Untreuetatbestand.
62 BVerfGE 126, 170, 199 – Präzisierungsgebot Untreuetatbestand spricht von Anforderungen an Rechtsprechungsänderungen, die über den allgemeinen Vertrauensschutz hinausgehen.
63 Stimmengleichheit in BVerfGE 73, 206, 234 – Sitzblockaden I; strenger: BVerfGE 92, 1, 11 ff. – Sitzblockaden II; weniger streng: BVerfGE 104, 92, 101 ff. – Sitzblockaden III.
64 BVerfGE 73, 206, 238 – Mutlangen; dazu aber einschränkend BVerfGE 92, 1, 17 – Sitzblockaden II: „Damit wird die Eingrenzungsfunktion aber einem Begriff aufgebürdet, der noch weit unschärfer ist als der der Gewalt [...]. Der Verweis auf das Korrektiv ist nicht geeignet, die rechtsstaatlichen Bedenken zu zerstreuen [...]."
65 BVerfGE 124, 300, 341 – Wunsiedel unter wörtlicher Bezugnahme auf *Fischer*, StGB, 56. Aufl., § 130 Rn. 14 b).
66 Zum Ganzen: *Kadelbach* in: Dörr/Grote/Marauhn, EMRK/GG, 3. Aufl., Kap. 15.
67 BVerfGE 12, 62, 66; zu den Bedenken gegen § 362 StPO vgl. BVerfG, Beschluss v. 14.7.2022 – 2 BvR 900/22, Rn. 46 ff.

dadurch zu einer verfassungsrechtlichen Grenze. Nach Art. 50 GRCh wirkt das Verbot der Doppelbestrafung innerhalb der Europäischen Union auch grenzüberschreitend.[68]

3. Unschuldsvermutung

913 Die **Unschuldsvermutung** ist gesondert und ausdrücklich geregelt in Art. 6 Abs. 2 EMRK und Art. 48 Abs. 1 GRCh und wird im deutschen Verfassungsrecht als Aspekt des Rechtsstaatsprinzips begriffen.[69] Es entfaltet – grundrechtlich vermittelt über den Schutz des Persönlichkeitsrechts – auch mittelbare Drittwirkung gegenüber der Berichterstattung in den Medien. Noch nicht rechtskräftig Verurteilte können sich dagegen wehren, öffentlich als Täter bezeichnet zu werden.[70]

▶ **zu Fall 32:** Zwar garantiert Art. 19 Abs. 4 GG effektiven Rechtsschutz, nicht jedoch eine (zweite) Instanz gegen dessen Verletzungen durch die Gerichte. Rechtsschutz gegen den Richter folgt allenfalls aus dem allgemeinen Justizgewährungsanspruch. Dieser garantiert im Lichte des Art. 6 Abs. 1 EMRK auch Möglichkeiten der Beschleunigung verzögerter Verfahren, die allerdings im deutschen Recht nicht einfachgesetzlich geregelt sind. Eine Verletzung des Rechts auf gesetzlichen Richter i. S. d. Art. 101 Abs. 1 S. 2 GG kommt nur in Betracht, wenn eine obligatorische Vorlage i. S. d. Art. 267 Abs. 3 AEUV (ex 234 Abs. 3 EGV) verletzt wird, was aber bei dem erstinstanzlichen Verfahren nur ausnahmsweise der Fall ist. (Fortsetzung in Fall 33) ◀

Wiederholungs- und Verständnisfragen

> - Welche Bedeutung hat die verfahrensrechtliche Seite der Grundrechte a) für das Verwaltungsverfahren, b) für das Verwaltungsgerichtsverfahren, c) für Zivilprozesse?
> - Welche Bedeutung haben jeweils Art. 19 Abs. 4 GG bzw. der allgemeine Justizgewährungsanspruch a) für das Verwaltungsverfahren, b) für das Verwaltungsgerichtsverfahren, c) für Zivilprozesse?
> - Welche Bedeutung hat Art. 103 Abs. 1 GG für das Verwaltungsgerichtsverfahren bzw. für Zivilprozesse und gibt es ein verfassungsrechtliches Anhörungsrecht auch im Verwaltungsverfahren?
> - Begründen und diskutieren Sie die restriktive Auslegung des Begriffs der „öffentlichen Gewalt" i. S. d. Art. 19 Abs. 4 GG? Welche verfassungsrechtlichen Garantien bestehen, um sich z. B. gegen willkürliche Gesetze oder Gerichtsentscheidungen zu wehren?
> - Ist die Kostenfreiheit sozialgerichtlicher Verfahren verfassungsrechtlich geboten?
> - Auf welche Normen lässt sich ein Prozessgrundrecht auf ein faires Verfahren stützen?

---

68 Zum Ganzen: *Kadelbach* in: Dörr/Grote/Marauhn, EMRK/GG, 3. Aufl., Kap. 29.
69 BVerfGE 74, 358, 369 ff. – Unschuldsvermutung; BVerfGE 82, 106, 114 f.
70 So für die Grundrechtsadressaten *Jarass/Kment*, EU-Grundrechte, 2. Aufl., § 41 Rn. 10.

§ 30 Die Verfassungsbeschwerde zur Durchsetzung der Grundrechte

▶ FALL 33: Sachverhalt wie Fall 32. A fragt sich, ob er eine Verletzung der Art. 6 Abs. 1 EMRK und Art. 101 Abs. 1 S. 2 GG mit der Verfassungsbeschwerde zum BVerfG geltend machen kann, obwohl es sich dabei nicht i. e. S. um Grundrechte handelt. Er fragt sich weiter, ob in seinem Fall die GRCh Anwendung findet und ob er deren Verletzung gegebenenfalls auch mit der Verfassungsbeschwerde geltend machen könnte. ◀

I. Zulässigkeit der Verfassungsbeschwerde

1. Zuständigkeit des BVerfG

Für Verfassungsbeschwerden ist das BVerfG nach Art. 93 Abs. 1 Nr. 4a GG, § 13 Nr. 8a BVerfGG **zuständig**.

914

2. Beschwerde- und Prozessfähigkeit

Im Rahmen der „Beschwerdefähigkeit" ist zu erörtern, wer „jedermann" i. S. d. Art. 93 Abs. 1 Nr. 4a GG, § 90 Abs. 1 BVerfGG ist. Es handelt sich keinesfalls um ein tautologisches Merkmal, das so weit reicht, dass an diesem Punkt die Zulässigkeit gar nicht scheitern könnte. Vielmehr ist an dieser Stelle zunächst die Grundrechtsfähigkeit (→ Rn. 444 ff.) zu prüfen. Sodann ist die Verfassungsbeschwerde als das „Jedermann"-Verfahren funktionell vom Organstreitverfahren abzugrenzen, mit dem spezifische verfassungsorganisationsrechtliche Rechte einzuklagen sind. Diese Abgrenzung führt dazu, dass z. B. politische Parteien, obwohl sie grundrechtsfähig und staatsfrei sind,[1] gegen Maßnahmen der Verfassungsorgane im Organstreitverfahren – d. h. ohne vorher den Rechtsweg erschöpfen zu müssen – vorgehen können.[2] Hingegen ist gegen Diskriminierungen von politischen Parteien durch andere staatliche Akteure, z. B. durch die Rundfunkanstalten, der Rechtsweg und subsidiär die Verfassungsbeschwerde statthaft. Die grundrechtsgleichen Rechte aus Art. 101 Abs. 1 S. 2 GG und Art. 103 Abs. 1 GG[3] können (anders als das Willkürverbot[4]) mit der Verfassungsbeschwerde auch von Trägern hoheitlicher Gewalt, die nicht nach Art. 19 Abs. 3 GG grundrechtsberechtigt sind, geltend gemacht werden.

915

HINWEIS FÜR DIE FALLBEARBEITUNG: Einzelfragen der Grundrechtsberechtigung sind in einem Gutachten über die Erfolgsaussichten einer Verfassungsbeschwerde bereits an dieser Stelle in der Zulässigkeit zu erörtern und im Rahmen der Begründetheit ist nach oben zu verweisen. Allerdings gilt das nur insoweit, als es dabei um die allgemeine Grundrechtsberechtigung und nicht die Berechtigung, sich auf bestimmte Grundrechte zu berufen, geht. Letzteres ist eine Frage der Beschwerdebefugnis (→ Rn. 923). Verfassungsbeschwerden von Ausländern sind kein Problem der Beschwerdefähigkeit, weil alle natürlichen Personen sich mindestens auf die allgemeine Handlungsfreiheit berufen können. Inwieweit für EU-Ausländer auch die Deutschengrundrechte gelten (→ Rn. 447 ff.), ist eine Frage der Beschwerdebefugnis. Bei juristischen Personen sind die Voraussetzungen des Art. 19 Abs. 3 GG zwei unterschiedlichen Zulässigkeitsvoraussetzungen zuzuordnen: Im Rahmen der Beschwerdefähigkeit ist lediglich zu prüfen, ob die Beschwerdeführerin grundrechtsfähig ist, was nur bei ausländischen juristischen Personen zu Problemen führt (→ Rn. 454 ff.). Erst im Rahmen

---

[1] BVerfGE 20, 56, 97 ff. – Parteienfinanzierung I; BVerfGE 84, 290, 299 – Treuhandanstalt.
[2] BVerfGE 1, 208, 225 ff. – 7,5 %-Sperrklausel.
[3] BVerfGE 138, 64, 82 ff.
[4] BVerfGE 61, 82, 104 – Sasbach.

der Beschwerdebefugnis ist hingegen zu erörtern, ob die Grundrechte, auf die sie sich eine juristische Personen beruft, ihrem Wesen nach auf sie anwendbar sind (→ Rn. 457 ff.).

916 Die **Prozessfähigkeit**, d. h. die Fähigkeit, die Beschwerde einzulegen und Prozesshandlungen vorzunehmen, ist im Verfassungsprozessrecht nicht geregelt. Nach allgemeinen Rechtsgrundsätzen handeln jedoch für juristische Personen und für Geschäftsunfähige die gesetzlichen Vertreter. Während dies sonst im Prozessrecht (z. B. § 62 VwGO) auch für beschränkt Geschäftsfähige gilt, muss der Beschwerdeführer einer Verfassungsbeschwerde nicht voll geschäftsfähig, sondern nur **grundrechtsmündig** sein (→ Rn. 452). Ab welchem Alter die hierzu erforderliche Einsichtsfähigkeit vorliegt, hängt vom betroffenen Grundrecht ab. So wird man auch Kindern schon früh die Geltendmachung z. B. ihres elementaren Rechts auf Leben zutrauen und einräumen können, während die Geltendmachung z. B. der Religionsfreiheit ihre Religionsmündigkeit voraussetzt.[5] Die Zulässigkeit der Verfassungsbeschwerde ist nicht durch Vorschriften über die Postulationsfähigkeit beschränkt: Die Erhebung der Verfassungsbeschwerde muss nicht notwendig durch einen Rechtsanwalt erfolgen. Professionelle Prozessvertretung wird nach § 22 Abs. 1 S. 1 BVerfGG lediglich in dem (Ausnahme-)Fall, dass es zu einer mündlichen Verhandlung kommt, erforderlich.

3. Beschwerdegegenstand

917 **Beschwerdegegenstand** der Verfassungsbeschwerde muss ein Akt der „**öffentlichen Gewalt**" (Art. 93 Abs. 1 Nr. 4a GG, § 90 Abs. 1 BVerfGG) sein. Das Prozessrecht folgt den allgemeinen Grundrechtslehren: Grundsätzlich ist nur der Staat an die Grundrechte gebunden. Die Bindung erstreckt sich dabei nach Art. 1 Abs. 3 GG unmittelbar auf alle drei Gewalten. So können Gegenstand der Verfassungsbeschwerde nicht nur Akte der Exekutive, sondern auch der Judikative und der Legislative sein. Gemeint ist nur die **deutsche** öffentliche Gewalt. Gegen Akte z. B. der EU steht nicht die Verfassungsbeschwerde offen,[6] wohl allerdings gegen Akte deutscher öffentlicher Gewalt zur Übertragung von Hoheitsgewalt auf die Union oder zur Ausübung oder zum Vollzug von Unionsgewalt. Es lässt sich also verallgemeinern: Gegenstand einer Verfassungsbeschwerde kann jedes Handeln oder Unterlassen sein, auf das sich die Bindung an die deutschen Grundrechte erstreckt.[7]

HINWEIS FÜR DIE FALLBEARBEITUNG: Einzelfragen der Grundrechtsbindung (→ Rn. 466 ff.) sind in einem Gutachten über die Zulässigkeit und Begründetheit einer Verfassungsbeschwerde bereits an dieser Stelle zu erörtern und im Rahmen der Begründetheit ist nach oben zu verweisen.

918 Anders als bei Art. 19 Abs. 4 GG (→ Rn. 879 ff.) wird der Begriff der öffentlichen Gewalt nicht einschränkend ausgelegt. Allerdings ergeben sich im Wechselspiel mit der Eröffnung des Rechtswegs Konsequenzen für die praktische Bedeutung und Häufigkeit von Verfassungsbeschwerden: Akte der Judikative und Legislative stehen praktisch im Vordergrund, weil gegen **Akte der Exekutive** der Rechtsweg nach Art. 19 Abs. 4 GG offen steht. Soweit der Rechtsweg eröffnet ist, greift primär der o. g. Grundrechtsschutz durch die Fachgerichte. Weil die Verfassungsbeschwerde zudem die Er-

---

5 BVerfGE 1, 87, 89; Orientierungsgröße, keinesfalls aber starre Grenze ist danach das Gesetz über die religiöse Kindererziehung vom 15.7.1921, RGBl., S. 939.
6 Auch Normenkontrollen sind insoweit unzulässig: BVerfGE 73, 339, 374 – Solange II; anders noch BVerfGE 37, 271, 285 – Solange I.
7 *Pestalozza*, Verfassungsprozeßrecht, 3. Aufl., § 12 II Rn. 25, S. 174.

schöpfung des Rechtswegs voraussetzt, richten sich Verfassungsbeschwerden in diesen Fällen zumindest auch gegen einen Akt der Judikative. Eine unmittelbare Verfassungsbeschwerde gegen Exekutivakte ist auf die **Ausnahmen** beschränkt, in denen entweder der Rechtsweg aus verfassungsrechtlichen Gründen versagt ist (Art. 10 Abs. 2 S. 2 GG) oder in denen ausnahmsweise die Erschöpfung des Rechtswegs nach § 90 Abs. 2 S. 2 BVerfGG entbehrlich ist.

Der **Regelfall** in der Praxis ist die **Urteilsverfassungsbeschwerde**. Sie kann nicht nur verwaltungsrechtliche Fälle betreffen, in denen die Fachgerichte gegebenenfalls die Bindung der Exekutive an die Grundrechte nicht ausreichend gewürdigt haben. Vielmehr unterliegen auch die Straf- und Zivilgerichtsbarkeit der Kontrolle durch das BVerfG. Auf diesem Wege stellen sich auch die Fragen der Ausstrahlungswirkung und der sogenannten „mittelbaren Drittwirkung" der Grundrechte. Um gegebenenfalls die Rechtskraft der Urteile durchbrechen zu können, ist es erforderlich, (mindestens auch) die letztinstanzliche Entscheidung anzugreifen. Der Beschwerdeführer hat die Wahl, zugleich alle ihn beschwerenden, mit dem letzten Rechtsbehelf vergeblich angegriffenen Entscheidungen (einschließlich des Exekutivaktes) anzugreifen, wobei das BVerfG dies als eine einzige Verfassungsbeschwerde behandelt,[8] die keinen Suspensiveffekt hat und deren Frist sich nach dem Zeitpunkt der Rechtswegerschöpfung richtet.

919

Gegen Akte der Legislative steht die **Rechtssatzverfassungsbeschwerde** offen, die jedermann die Möglichkeit einer Normenkontrolle eröffnet. Da gegen Parlamentsgesetze kein Rechtsweg eröffnet und damit auch nicht zu erschöpfen ist, steht hier allenfalls der Grundsatz der Subsidiarität entgegen (s. u.).

920

Hinweis für die Fallbearbeitung für Fortgeschrittene: Da unstreitig Akte aller Gewalten Gegenstand einer Verfassungsbeschwerde sein können, reicht es, im Gutachten den Gegenstand zu benennen. Die Typen „Urteilsverfassungsbeschwerde" bzw. der „Rechtssatzverfassungsbeschwerde" können hier bereits benannt werden. Das hat weichenstellende Konsequenzen für die weiteren Zulässigkeits- und Begründetheitsvoraussetzungen, die jedoch an dieser Stelle noch nicht zu erörtern sind.

Der Akt öffentlicher Gewalt kann in einem „**Handeln oder Unterlassen**" (§§ 92, 95 Abs. 1 S. 1 BVerfGG) bestehen. Auch hier wird eine Konsequenz aus der Grundrechtsdogmatik gezogen: Nicht nur kann ein Handeln gegen Abwehrrechte, sondern auch ein Unterlassen des Staates gegen grundrechtliche Schutzpflichten verstoßen.

4. Beschwerdebefugnis

Die Verfassungsbeschwerde setzt voraus, dass der Beschwerdeführer im Einzelfall die **Verletzung eigener Grundrechte bzw. grundrechtsgleicher Rechte** geltend machen kann. Auch dies ist eine Konsequenz aus der Grundrechtsdogmatik, nämlich aus der primär subjektiven Schutzrichtung der Grundrechte. Die Jedermannsklage ist also keine Popularklage gegen jederlei Rechtsverstoß.

921

Prüfungsmaßstab der Verfassungsbeschwerde sind zunächst die Grundrechte. Damit sind primär die **deutschen Grundrechte** der Art. 1 bis 19 GG gemeint. Seit der Entscheidung des BVerfG „Recht auf Vergessen II" kann mit der Verfassungsbeschwerde auch eine Verletzung der **GRCh** geltend gemacht werden (→ Rn. 90).[9] Allerdings kann eine Verfassungsbeschwerde **nicht** – jedenfalls nicht unmittelbar – auf eine Ver-

922

---

8 BVerfGE 108, 282, 294 – Kopftuch.
9 BVerfGE 152, 216, 239 f. – Recht auf Vergessen II.

letzung von Rechten der **EMRK** gestützt werden.[10] Deshalb ist in Fällen, in denen die EMRK verletzt wurde, gegebenenfalls die Verletzung des zugleich betroffenen deutschen Grundrechts zu behaupten (→ Rn. 76). Das ist – soweit spezielle Grundrechte nicht betroffen sind – jedenfalls die allgemeine Handlungsfreiheit als Auffanggrundrecht oder der allgemeine Gleichheitssatz. Im Rahmen der Begründetheit einer solchen Verfassungsbeschwerde ist dann die Auslegung der deutschen Grundrechte im Lichte europäischen Rechts zu prüfen. Art. 93 Abs. 1 Nr. 4a GG, § 90 Abs. 1 BVerfGG nennen noch weitere spezielle verfassungsrechtliche Rechte: Art. 20 Abs. 4, Art. 33, 38, 101, 103 und 104 GG. Diese Aufzählung ist abschließend. Weil auch auf eine Verletzung dieser subjektiven Rechte die Verfassungsbeschwerde gestützt werden kann, werden diese Rechte als **grundrechtsgleiche Rechte** bezeichnet. Bei den Rechten aus Art. 38 GG stellt sich die Frage der Abgrenzung zwischen Verfassungsbeschwerde und Organstreitverfahren. Mit der Verfassungsbeschwerde ist vor allem das Wahlrecht durchsetzbar und mit ihm ein subjektives Recht des Bürgers auf demokratische Mitbestimmung.[11] Die in Art. 38 Abs. 1 S. 2 GG garantierten Organrechte des Abgeordneten sind hingegen primär im insoweit speziellen[12] Organstreit nach Art. 93 Abs. 1 Nr. 1 GG geltend zu machen. Auf die Verfassungsbeschwerde kann jedoch zurückgegriffen werden, soweit dieses unstatthaft ist, z. B. weil der Klagegegner nicht seinerseits ein Verfassungsorgan ist.[13]

923 Im Rahmen der Beschwerdebefugnis als Zulässigkeitsvoraussetzung ist lediglich die „Behauptung der Verletzung" eines Grundrechts und erst im Rahmen der Begründetheit die „Verletzung" zu prüfen. Die Behauptung muss jedoch schlüssig sein, d. h. eine **Verletzung eines Grundrechts muss möglich sein**. Im Rahmen der Zulässigkeit ist bereits zu erörtern, welche bestimmten Grundrechte in Betracht kommen.

Hinweis für die Fallbearbeitung: Im Gutachten ermöglicht der Prüfungspunkt der Möglichkeit der Grundrechtsverletzung eine Vorauswahl der Maßstäbe der Begründetheitsprüfung. Wenn bestimmte Schutzbereiche offensichtlich nicht einschlägig sind, sind diese bereits auf der Ebene der Zulässigkeit auszuscheiden. Die Frage der unmittelbaren Selbstbetroffenheit ist jedenfalls positiv zu beantworten, wenn ein Grundrechtseingriff vorliegt bzw. eine Schutzpflicht greift.[14] Wenn die Schutzbereichsbestimmung hingegen problematisch ist, empfiehlt es sich im Gutachten, die Zulässigkeitsprüfung zu entschlacken, d. h. gegebenenfalls auf ein sicher betroffenes Grundrecht zu stützen und die Schutzbereiche der übrigen Grundrechte in der Begründetheit zu prüfen. Im Rahmen der Beschwerdebefugnis kann auch erörtert werden, auf welche Grundrechte sich im konkreten Fall EU-Ausländer (→ Rn. 447 ff.) und juristische Person berufen können (→ Rn. 457 ff.).

924 Um die Grenzen zur Popularklage zu ziehen, hat die Rechtsprechung[15] folgende **weitere ungeschriebene Kriterien** entwickelt: Der angegriffene Akt öffentlicher Gewalt muss nicht nur objektiv Außenwirkung[16] haben, sondern den Beschwerdeführer „selbst, unmittelbar und gegenwärtig" betreffen. Bei Urteilsverfassungsbeschwerden ist dies in

---

10 BVerfGE 74, 102, 128 – Erziehungsmaßregeln.
11 BVerfGE 89, 155, 182 – Maastricht.
12 Beachte, dass daraus unterschiedliche Fristen folgen: sechs Monate im Organstreit nach § 64 Abs. 3 BVerfGG gegenüber der Monatsfrist des § 93 Abs. 1 BVerfGG bzw. Jahresfrist des § 93 Abs. 3 BVerfGG.
13 BVerfGE 108, 251, 266 ff. – Abgeordnetenbüro.
14 Vgl. *Bethge* in: Schmidt-Bleibtreu/Klein/Bethge, BVerfGG, 53. Lfg., zu § 90 Rn. 345 ff.
15 BVerfGE 79, 1, 13; das gilt auch für Einzelakte: BVerfGE 53, 30, 48 ff. – Mühlheim-Kärlich.
16 Daran scheitern z. B. Verwaltungsvorschriften oder Geschäftsordnungen. Z. T. wird die Notwendigkeit der Außenwirkung auch bereits im Rahmen der Frage des zulässigen Beschwerdegegenstandes geprüft (*Benda/Klein*, Verfassungsprozessrecht, 4. Aufl., Rn. 563; *Lechner/Zuck*, BVerfGG, 8. Aufl., zu § 90 Rn. 88 m. w. N. aus der Rechtsprechung); wie hier: *Pestalozza*, Verfassungsprozeßrecht, 3. Aufl., § 12 II Rn. 34, S. 179.

der Regel unproblematisch bei der unterlegenen Partei gegeben. Ausnahmsweise kann sich auch bei Einzelakten z. B. die Frage stellen, ob bereits eine Genehmigung[17] einer Anlage oder erst deren Inbetriebnahme Nachbarn in ihren Grundrechten beeinträchtigt. Schwierigkeiten bereiten vor allem die Rechtssatzverfassungsbeschwerden. Der Beschwerdeführer ist nur **selbst** betroffen, wenn ihn die Rechtswirkungen persönlich treffen. Diese Rechtswirkungen müssen **unmittelbar** sein, d. h. die Grundrechte müssen ohne vollziehenden Zwischenakt beschränkt sein. Und sie müssen auch **gegenwärtig** sein, d. h. die Regel muss bereits in Kraft getreten sein.

HINWEISE FÜR DIE FALLBEARBEITUNG: Eine Schwierigkeit besteht in der **Abgrenzung** des Zulässigkeitskriteriums der Unmittelbarkeit zu dem ebenfalls ungeschriebenen **Kriterium der Subsidiarität** der Verfassungsbeschwerde (dazu sogleich → Rn. 926 ff.). Die Grenzen sind fließend und die Rechtsprechung hierzu ist nicht ganz einheitlich, wobei zu bedenken ist, dass es sich insgesamt um ungeschriebene Voraussetzungen zur Entlastung des Gerichts handelt, deren genauere Zuordnung eine eher akademische Frage bleibt. In der Fallbearbeitung empfiehlt es sich, die Fragen der Unmittelbarkeit der Beschwer bei der Beschwerdebefugnis zu vertiefen und dann bei der Subsidiarität zu erörtern, ob dieselben Argumente auch hinreichen, um die Verfassungsbeschwerde sogleich zu erheben. Auch zur Rechtswegerschöpfung gibt es Überschneidungen: Bedarf es eines Zwischenaktes, muss der Betroffene zunächst den Rechtsweg beschreiten. Scheidet dies wegen der Heimlichkeit einer Maßnahme allerdings aus, sind potenziell Betroffene unmittelbar durch das Gesetz beschwert.[18]

925

5. Rechtswegerschöpfung und Subsidiarität

Vor Einlegung der Verfassungsbeschwerde ist nach § 90 Abs. 2 S. 1 BVerfGG der **Rechtsweg zu erschöpfen**. Diese Vorschrift zeigt, dass primär die Fachgerichte zum Schutz der Grundrechte aufgerufen sind und sie entlastet das BVerfG, soweit die Fachgerichte dieser Aufgabe gerecht werden. In Eilfällen ist Grundrechtsschutz in Verfahren des einstweiligen Rechtsschutzes möglich und auszuschöpfen. Nur in Ausnahmefällen kann das BVerfG nach § 90 Abs. 2 S. 2 BVerfGG auch vor bzw. ohne Erschöpfung des Rechtswegs entscheiden. Zu beachten ist dabei, dass nicht nur eine der beiden Voraussetzungen (allgemeine Bedeutung oder schwerer und unabwendbarer Nachteil) vorliegen muss, sondern das BVerfG zudem ein Ermessen hat.[19] Zum Rechtsweg gehören nicht Verfassungsbeschwerden zu den Landesverfassungsgerichten, die nach § 90 Abs. 3 BVerfGG vielmehr sogar neben der Verfassungsbeschwerde zum BVerfG möglich sind.

926

Über die geschriebene Zulässigkeitsvoraussetzung der Erschöpfung des Rechtswegs hinaus hat die Rechtsprechung als weitere Einschränkung den **Grundsatz der Subsidiarität** der Verfassungsbeschwerde entwickelt. Dieser Grundsatz ist dem der Erschöpfung des Rechtswegs funktional verwandt.[20] Auch hier geht es um eine Entlastung der Verfassungsgerichtsbarkeit gegenüber anderen Möglichkeiten der Grundrechtsdurchsetzung. Zu begründen ist dies mit der Auffangfunktion des Bundesverfassungsgerichts gegenüber allen staatlichen Gewalten und Instanzen, die ja unmittelbar selbst an die Grundrechte gebunden sind und denen im Rahmen ihrer Zuständigkeit die Aufgabe

927

---

17 So für die atomrechtliche Genehmigung der Errichtung eines Kernkraftwerks: BVerfGE 53, 30, 48 ff. – Mühlheim-Kärlich.
18 BVerfGE 133, 277, 311 f. – Antiterrordatei.
19 Das BVerfG unterstellt die Zulässigkeit gegebenenfalls sogar: BVerfGE 56, 54, 72 – Fluglärm.
20 BVerfGE 72, 39, 43 – Hinterbliebenenrenten und Erziehungszeiten-Gesetz.

des Grundrechtsschutzes obliegt. Die restriktive Rechtsprechung zum Grundsatz der Subsidiarität hat sich in einer Weise verselbstständigt, dass sie auch nicht im allgemeinen, ungeschriebenen prozessrechtlichen Erfordernis eines Rechtsschutzbedürfnisses aufgeht. Kritikern[21] ist zuzugeben, dass sich die Rechtsprechung damit weit vom Wortlaut des § 90 Abs. 2 BVerfGG entfernt hat und auf diese Weise die verfassungsrechtlich in Art. 93 Abs. 1 Nr. 4a GG garantierte und nach Art. 90 Abs. 2 S. 1 GG und Art. 94 Abs. 2 S. 2 GG gesetzlich nicht nur ausgestaltbare, sondern ausdrücklich beschränkbare Möglichkeit der Verfassungsbeschwerde über die im BVerfGG geregelten Zulässigkeitsvoraussetzungen hinaus beschnitten hat. Dies lässt sich jedoch damit rechtfertigen, dass die Kapazitäten des BVerfG mit lediglich zwei Senaten begrenzt sind und die Funktionsfähigkeit der Verfassungsgerichtsbarkeit ihrerseits ein Verfassungsbelang ist.

928 Der Grundsatz der Subsidiarität kann **bei der Urteilsverfassungsbeschwerde** nach Erschöpfung des Rechtswegs relevant werden, wenn neben dem beschrittenen noch weitere Rechtswege in Frage kommen. Das ist z. B. der Fall, wenn im einstweiligen Rechtsschutz der Instanzenzug durchschritten ist, aber das Hauptsacheverfahren noch nicht durchgeführt wurde. Eine Verfassungsbeschwerde im direkten Anschluss an die Erschöpfung des Rechtswegs im einstweiligen Rechtsschutz kommt jedoch dann in Betracht, wenn gerade im Verfahren des einstweiligen Rechtsschutzes eine Grundrechtsverletzung liegt oder wenn nach Durchführung des Hauptsacheverfahrens die Grundrechtsverletzung irreversibel wäre (z. B. wenn der Termin der umstrittenen Versammlung naht). Was Ausnahmen von der Erschöpfung des Rechtswegs nach § 90 Abs. 2 S. 2 GG begründet, gilt analog bzw. erst recht als Einschränkung des ungeschriebenen Grundsatzes der Subsidiarität. § 90 Abs. 3 BVerfGG stellt klar, dass keine Subsidiarität gegenüber Möglichkeiten der Verfassungsbeschwerde zu Landesverfassungsgerichten besteht, die also gegebenenfalls parallel möglich sind. Auch das Rechtsschutzbedürfnis entfällt erst (wechselseitig), wenn der parallelen Verfassungsbeschwerde stattgegeben wird.

929 Noch größere praktische Bedeutung entfaltet der Grundsatz der Subsidiarität in den Fällen einer **Rechtssatzverfassungsbeschwerde**, in denen – insbesondere im Fall von Parlamentsgesetzen – gegen die Norm selbst kein Rechtsweg offen steht. Eine Normenkontrolle auf dem Rechtsweg ist nach § 47 VwGO nämlich auf bestimmte untergesetzliche Normen beschränkt. Allerdings kommen auch in den übrigen Fällen Feststellungsklagen nach § 43 VwGO auf Nichtbestehen eines Rechtsverhältnisses in Betracht, in deren Rahmen dann das Verwaltungsgericht nach Art. 100 Abs. 1 GG die umstrittene Norm vorlegen könnte. Weil solche Klagen nicht direkt auf Verwerfung der Norm gerichtet sind, sind sie nicht Rechtsweg i. S. d. § 90 Abs. 2 BVerfGG, wohl aber eine Alternative i. S. d. Subsidiaritätsgrundsatzes. Dieser Weg ist zwar für den Kläger umständlicher und führt gegebenenfalls letztlich doch unausweichlich zu einem Verfahren vor dem BVerfG, da die Fachgerichte Parlamentsgesetze selbst nicht verwerfen dürfen. Dennoch gibt es gute Gründe, diesen Umweg zu fordern: Erstens können die Fachgerichte die Klagen herausfiltern, in denen die Norm tatsächlich entscheidungserheblich und der Kläger unmittelbar betroffen ist und müssen vorrangig versuchen, der Verfassung durch verfassungskonforme Auslegung des einfachen Rechts Rechnung zu tragen. Zweitens muss das vorlegende Gericht gegebenenfalls seine Überzeugung von der Verfassungswidrigkeit der Norm und die Unmöglichkeit einer ver-

---

21 *Pestalozza*, Verfassungsprozeßrecht, 3. Aufl., § 12 II Rn. 50, S. 187.

fassungskonformen Auslegung darlegen. Dadurch werden die verfassungsrechtlichen Fragen für das BVerfG aus der Perspektive der Fachgerichte in qualifizierter Weise aufbereitet und das BVerfG entlastet.

Das bedeutet jedoch nicht, dass Rechtssatzverfassungsbeschwerden stets am Grundsatz der Subsidiarität der Verfassungsbeschwerde scheitern. Der ungeschriebene Grundsatz der Subsidiarität darf die ausdrücklich in §§ 90 Abs. 3, 94 Abs. 4 BVerfGG vorgesehene Rechtssatzverfassungsbeschwerde nicht unterlaufen. Vielmehr kommt hier § 90 **Abs. 2 S. 2 BVerfGG analog** (nicht direkt, weil ja der Rechtsweg gar nicht eröffnet ist!) zur Anwendung: Die allgemeine Bedeutung bzw. die Unmöglichkeit bzw. Unzumutbarkeit des Umwegs über die Feststellungsklage können hier für die Zulässigkeit der Verfassungsbeschwerde streiten. Im Einzelfall ist zu prüfen, ob allein die Existenz einer Norm den Bürger erheblich in seinen Grundrechten beschränkt bzw. grundrechtsrelevante Rechtsunsicherheiten verursacht. So sind z. B. Verfassungsbeschwerden gegen Strafnormen regelmäßig zulässig, weil dem Bürger nicht zuzumuten ist, sich im Vertrauen auf die Verfassungswidrigkeit der Norm einer Strafverfolgung auszusetzen. Ebenso sind Normen, auf deren Grundlage der Bürger weitreichende wirtschaftliche oder persönliche Dispositionen trifft, einer Verfassungsbeschwerde zugänglich. Die Möglichkeit einer Feststellungsklage steht nur dann der Verfassungsbeschwerde entgegen, wenn sie einen prozessualen Mehrwert verspricht. Das BVerfG wird nur dann entlastet, wenn im fachgerichtlichen Verfahren eine verfassungskonforme Auslegung oder gegebenenfalls eine weiterführende fachgerichtliche Aufbereitung des verfassungsrechtlichen Problems im Rahmen der Richtervorlage nach Art. 100 Abs. 1 GG zu erwarten ist. Das ist nicht der Fall, wenn ausschließlich verfassungsrechtliche Probleme der Nichtigkeit der Norm in Rede stehen, über die letztlich nur das BVerfG entscheiden kann.

HINWEIS FÜR DIE FALLBEARBEITUNG: Zu beachten ist, dass bereits die Beschwerdebefugnis voraussetzt, dass der Beschwerdeführer unmittelbar betroffen ist. Der Grundsatz der Subsidiarität stellt gegebenenfalls gesteigerte Anforderungen an die Intensität der Betroffenheit.

6. Form und Frist

Die Verfassungsbeschwerde ist nach § 23 Abs. 1 S. 1 BVerfGG **schriftlich** zu erheben und muss nach § 92 BVerfGG sowohl ihren Gegenstand als auch ihren Maßstab **bezeichnen**.

Die **Frist** beträgt im Regelfall der Urteilsverfassungsbeschwerde nach § 93 Abs. 1 BVerfGG einen Monat ab Erschöpfung des Rechtswegs. In allen Fällen, in denen der Rechtsweg nicht eröffnet ist und bei allen Rechtssatzverfassungsbeschwerden[22] beträgt die Frist nach § 93 Abs. 3 BVerfGG ein Jahr ab Erlass des Hoheitsaktes bzw. seit Inkrafttreten der Norm. Die Frist beginnt also nicht erst mit dem Zeitpunkt der gegenwärtigen Selbstbetroffenheit. Erst später Betroffene erhalten also keine Chance, selbst Verfassungsbeschwerde gegen Normen einzulegen. Ältere Normen können aber noch auf dem Weg der abstrakten oder konkreten Normenkontrolle oder – inzident – im Rahmen einer Urteilsverfassungsbeschwerde für verfassungswidrig erklärt werden.

---

22 Unter „Gesetz" i. S. d. § 93 Abs. 1 BVerfGG sind mithin auch Gesetze im materiellen Sinne, d. h. untergesetzliche Normen zu verstehen, auch wenn der Rechtsweg gegen sie nach § 47 VwGO eröffnet ist – dann soll die Frist aber nicht schon mit dem Inkrafttreten der Norm beginnen: BVerfGE 76, 107, 124 – Landes-Raumordnungsprogramm Niedersachsen; dagegen: *Pestalozza*, Verfassungsprozeßrecht, 3. Aufl., § 12 II Rn. 53, S. 189.

II. Begründetheit und Konsequenzen der Verfassungsbeschwerde

931 Eine Verfassungsbeschwerde ist begründet, wenn die angegriffene Handlung bzw. Unterlassung den Beschwerdeführer tatsächlich in (wenigstens) einem seiner Grundrechte verletzt. Die Folgen einer begründeten Verfassungsbeschwerde sind in §§ 31, 95 BVerfGG geregelt. Hervorzuheben ist dabei die Aufhebung grundrechtswidriger Entscheidungen nach § 95 Abs. 2 BVerfGG (sogenannte „**kassatorische Wirkung**") und die **Nichtigerklärung** von Gesetzen nach § 95 Abs. 3 BVerfG mit Wirkung erga omnes.[23] Freilich gibt es auch Konstellationen, in denen das BVerfG die Rechtsfolgen eines Grundrechtsverstoßes auf die bloße Feststellung der Unvereinbarkeit beschränkt (→ Rn. 865). Bei Urteils-Verfassungsbeschwerden führt das gegebenenfalls dazu, dass das BVerfG diese zwar zum Anlass nimmt, ein Gesetz für verfassungswidrig zu erklären, die Verfassungsbeschwerde aber dennoch im Ergebnis unbegründet ist – obwohl eine Verletzung spezifischen Verfassungsrechts an sich vorliegt.[24] Die auch objektiv-rechtliche Bedeutung der Verfassungsbeschwerde kann aber auch gleichsam überschießend auf die Begründetheit einer Verfassungsbeschwerde durchschlagen: Bei der **inzidenten** Prüfung der Verfassungsmäßigkeit eines Gesetzes (und nur hier!), auf dem der angegriffene Rechtsakt beruht, werden ausnahmsweise nicht nur die gerügten bzw. die nach der Beschwerdebefugnis rügbaren Grundrechte, sondern **alle objektiv betroffenen Grundrechte** zum Maßstab, auch wenn sich der Beschwerdeführer selbst (z. B. als Nicht-Deutscher) nicht auf sie berufen kann. Das ist nur konsequent, wenn auch rein objektives Verfassungsrecht (z. B. ein Verstoß gegen Gesetzgebungskompetenzen) inzident zu prüfen ist. Auch den Einflüssen der EMRK und der EU-Grundrechte ist gegebenenfalls über eine entsprechende Auslegung des Grundgesetzes in deren Lichte Rechnung zu tragen. Vermittelt über nationales Verfassungsrecht kommt deshalb auch eine Verwerfung von Hoheitsakten, die gegen europäische Grundrechte verstoßen, in Betracht.

HINWEISE FÜR DIE FALLBEARBEITUNG: Im Rahmen der Begründetheit ist in erster Linie eine **vollständige Grundrechtsprüfung** durchzuführen (zum Aufbau → Rn. 38 ff.). Auf bereits in der Zulässigkeit erörterte Probleme, insbesondere z. B. die Grundrechtsfähigkeit oder die Grundrechtsbindung, kann verwiesen werden. **Im Gutachten** sind sämtliche in Betracht kommenden Freiheitsrechte und sodann sämtliche in Betracht kommenden Gleichheitsrechte sowie gegebenenfalls die grundrechtsgleichen Rechte durchzuprüfen, dabei das jeweils speziellere Recht zuerst (→ Rn. 56 f., 418). Die Spruchpraxis des BVerfG hingegen konzentriert sich regelmäßig auf die Verletzung eines einzigen Grundrechts und lässt gegebenenfalls die Verletzung weiterer Grundrechte ausdrücklich offen (→ Rn. 54, 761). Dies geschieht nicht nur aus Gründen der Arbeitsersparnis des ohnehin überlasteten Gerichts. Der insoweit in die Begründetheit hineinreichende Grundsatz der Subsidiarität der Verfassungsbeschwerde hat auch zur Folge, dass sich das Gericht nicht mehr äußert, als im Einzelfall notwendig ist. Das BVerfG soll Folgeentscheidungen anderer Gewalten nicht mehr als nötig präjudizieren. Für die Prüfung einer gesetzlichen Eingriffsermächtigung im Rahmen einer Urteils-Verfassungsbeschwerde gibt es zwei Aufbauvarianten (→ Schema 6).

Im Rahmen der Begründetheit sind – nicht nur bei der Verfassungsbeschwerde, sondern bei allen Verfahren vor dem BVerfG – **außerdem die Grenzen verfassungsgerichtlicher Kontrolldichte** (→ Rn. 932 ff.) zu berücksichtigen. Dies geschieht im Rahmen der Grundrechtsprüfung.

---

[23] Zu den Einzelheiten *Schlaich/Korioth*, Das Bundesverfassungsgericht, 12. Aufl., Rn. 279, 378 ff.
[24] Vgl. z. B. BVerfGE 109, 190 – Bayerisches Strafunterbringungsgesetz.

Systematischer Verweis: Zum Prüfungsaufbau einer Urteilsverfassungsbeschwerde beachte → Schema 6, zur Rechtssatzverfassungsbeschwerde → Schema 7.

III. Die verfassungsgerichtliche Kontrolldichte

Die Frage der Kontrolldichte ist von entscheidender **praktischer Bedeutung** für die Reichweite der tatsächlichen Durchsetzbarkeit der Grundrechte. Ohne diese Frage zu beantworten, bleiben Aussagen über den Inhalt des Verfassungsrechts Theorie. Das sollte – auch in der Lehre – nicht unterschätzt werden. Deshalb wird im Folgenden auf diese Problematik, die Überschneidungen zu staatsorganisationsrechtlichen Problemen hat, vertieft eingegangen. Die Lektüre ist vor allem **für Fortgeschrittene** gedacht, setzt aber Kenntnisse im Staatsorganisationsrecht nicht zwingend voraus.

932

1. Funktionelle Beschränkung der Verfassungsgerichtsbarkeit

An sich stellt sich bei jeder Kontrolle die Frage der Reichweite und Intensität: Worüber soll der Kontrollierende entscheiden und welche Aspekte des Entscheidens bleiben dem Kontrollierten vorbehalten („quis iudicabit")? Im Verwaltungsrecht ist diese Abgrenzung bei der Ermessenskontrolle von Akten der Exekutive durch die Verwaltungsgerichte oder bei der staatlichen Aufsicht über die Selbstverwaltung der Kommunen zu treffen. Die Frage der **verfassungsgerichtlichen** Kontrolldichte wirft besondere Probleme auf, die im Wesen des Verfassungsrechts und der Verfassungsgerichtsbarkeit angelegt sind: Die **Reichweite und Unbestimmtheit des Verfassungsrechts** i. V. m. der unmittelbaren Bindung aller staatlichen Gewalten an die Grundrechte, umfangreichen Kompetenzen des BVerfG und der Bindungskraft verfassungsgerichtlicher Entscheidungen könnten dazu führen, dass die wenigen Richter des BVerfG die Maßstäbe jeglichen staatlichen Handelns inhaltlich prägen. Das ist aber nicht verfassungsgewollt und entspricht nicht der **Funktion der Verfassungsgerichtsbarkeit**. Vielmehr sind jeder staatlichen Gewalt je eigene, auch gestalterische Kompetenzen zugewiesen. Die Verfassungsgerichtsbarkeit hat lediglich Kontrollfunktionen. Ein Verfassungsgericht soll weder politische Entscheidungen, die dem demokratischen Gesetzgeber obliegen, vorwegnehmen, noch „Superrevisionsinstanz" gegenüber den Fachgerichten werden.

933

Die Frage der Grenzen verfassungsgerichtlicher Kontrolle stellt sich umso dringlicher, als die Rechtsprechung die Bedeutung der Grundrechte und damit auch die **Bedeutung der Verfassungsgerichtsbarkeit stetig ausgebaut** hat. Das BVerfG versteht – mit guten Gründen – die Grundrechte als Prinzipien mit tendenziell weiten Schutzbereichen und interpretiert Art. 2 Abs. 1 GG als Auffanggrundrecht. Das verlangt nach Relativierung der Grundrechte durch ebenfalls weit zu verstehende Schranken und führt zu Abwägungsentscheidungen. Zudem erkennt die Rechtsprechung auch Dimensionen der Grundrechte jenseits ihrer klassischen Abwehrfunktion an. Schutzpflichten haben zur Folge, dass die Grundrechte auf alle Rechtsbereiche ausstrahlen. Außerdem misst das BVerfG den Gesetzgeber – in jüngerer Zeit auch über das Steuerrecht hinaus – an einem Maßstab der Folgerichtigkeit.[25] Die Kumulation von Über- und Untermaßverbot sowie der gleichheitsrechtlichen Folgerichtigkeit führt zu einer Beschränkung gesetzgeberischer Gestaltungsspielräume gleichsam von drei Seiten. Mag auch unser deutscher Rechtsstaat besonders stark durch Rechtsprechung geprägt sein und unser BVerfG eine besonders starke Stellung im Gefüge der Gewalten haben, sind doch

934

---

25 BVerfGE 121, 317 – Nichtraucherschutz in Gaststätten; dazu *Michael*, JZ 2008, 875, 882.

Grenzen der Kontrolldichte zu ziehen. Die Gestaltungsräume des Gesetzgebers, aber auch der Exekutive und der Fachgerichte sollen mit Fortschreiten einer immer mehr ausdifferenzierten verfassungsgerichtlichen Rechtsprechung nicht immer engmaschiger werden. Die Frage der Kontrolldichte ist deshalb ein der Verfassungsbindung und -rechtsprechung immanentes Korrektiv.

935 Die Frage, wer über die Inhalte und Grenzen der Grundrechte entscheiden soll, ist **rechtlich zu beantworten**. Es handelt sich also nicht um eine bloß zweckmäßige Zurückhaltung in der Ausübung von Kompetenzen, etwa aus Gründen der Erhaltung von Autorität und Akzeptanz. Das BVerfG ist – anders als der US-Supreme-Court – nicht frei, aus politischen Gründen mal mehr, mal weniger richterliche Selbstbeschränkung („judicial self restraint") zu üben. Die rechtliche Grenze der Kontrolldichte ist vielmehr eine verfassungsrechtliche Grenze.[26] Sie lässt sich in zwei Schritten bestimmen: Erstens ist an die **Grundrechtsdogmatik** anzuknüpfen. Nach dieser richtet sich, welche grundrechtlichen Fragen in besonderem Maße Wertungsfragen sind und welche grundrechtlichen Argumente dafür sprechen, die Kontrolldichte im Einzelfall zu verschärfen. Zweitens sind die **funktionellrechtlichen**,[27] d. h. **staatsorganisationsrechtlichen Fragen** zu stellen, welche Funktion die Verfassungsgerichtsbarkeit einerseits und die anderen Gewalten, insbesondere der Gesetzgeber und die Fachgerichtsbarkeit, andererseits bei der Beantwortung dieser Wertungsfragen einnehmen sollen. Vor allem dieser zweite Aspekt ist gesondert als unions- bzw. völkerrechtliche Frage für die Funktionen des EuGH und des EGMR und deren Beschränkung der Kontrolldichte zu beantworten.

2. Grundrechtsdogmatische Implikationen der Kontrolldichte

a) Beschränkung der Kontrolldichte bei Wertungsfragen

936 Die Frage der Kontrolldichte stellt sich nur insoweit, als die Auslegung bzw. Anwendung der Grundrechte von **Wertungsspielräumen** abhängt, seien dies Spielräume der Abwägung, der Zwecksetzung oder der Wahl der Mittel.[28] Soweit Grundrechtsinhalte unumstritten sind und über die Konsequenzen ihrer Anwendung kein Zweifel besteht, stellt sich die Frage der Kontrolldichte nicht. Derartige „eindeutige" Verstöße führen vielmehr ohne Weiteres zur Begründetheit entsprechender Verfahren vor dem BVerfG.

Hinweis für die Fallbearbeitung: Soweit Schutzbereiche gesichert sind oder auch Abwägungsergebnisse unzweifelhaft erscheinen, ist im Gutachten gar nicht auf Fragen der Kontrolldichte einzugehen. Das Problem der Kontrolldichte ist nur aufzuwerfen, wenn die grundrechtliche Beurteilung des Sachverhaltes Zweifel aufwirft und soweit Verfasser Lösungsalternativen und -spielräume erkannt und zunächst herausgearbeitet haben.

937 Spielräume bestehen zunächst bei Fragen der **Grundrechtsausgestaltung**. Insbesondere die normgeprägten Schutzbereiche („Ehe" bzw. „Eigentum") werfen Fragen der Kontrolldichte auf. Dogmatisch sind diese Fragen jedoch nicht als Fragen der Definition des Schutzbereichs – dieser wird von der Rechtsprechung zutreffend weit verstanden –, sondern auf der Ebene der Rechtfertigung zu lösen. Die sich dort stellenden Abwägungsfragen sind allerdings in besonderem Maße dem Gesetzgeber überantwortet. In

---

26 Anders *Hoffmann-Riem*, AöR 128 (2003), S. 173, 183 f., der pragmatische Erwägungen in den Vordergrund rückt und ein verfassungsrechtliches Gebot zur Reduktion der Kontrolldichte bestreitet.

27 Grundlegend: *K. Hesse*, Funktionale Grenzen der Verfassungsgerichtsbarkeit in: ders., Ausgewählte Schriften, 1984, S. 311 ff.; *Schuppert*, Funktionell-rechtliche Grenzen der Verfassungsinterpretation, 1980.

28 Zu dieser Differenzierung: *Alexy*, Verfassungsrecht und einfaches Recht – Verfassungsgerichtsbarkeit und Fachgerichtsbarkeit, VVDStRL 61 (2002), S. 7, 16 ff.

ähnlicher Weise lässt die **Ausstrahlungswirkung der Grundrechte** Spielräume für die Fachgerichte. Das gilt noch mehr für die Ausstrahlungswirkung der **EU-Grundrechte und der EMRK** auf unsere Rechtsordnung, deren Konsequenzen im Einzelnen wesentlich durch den Gesetzgeber und – im Rahmen vertretbarer Auslegung und möglicher Rechtsfortbildung – auch durch die Fachgerichte zu ziehen sind.

Im Rahmen der **Rechtfertigung von Grundrechtseingriffen** schließt die Kontrollfunktion des BVerfG es aus, die Wahl der Mittel staatlichen Handelns umfassend zu überprüfen. Die Wahl der Mittel obliegt allen Gewalten im Rahmen ihrer Kompetenzen und ist vom BVerfG nur auf ihre Verhältnismäßigkeit zu überprüfen. Auch lassen die **Prognosen** über die Effektivität der Mittel Einschätzungsspielräume offen, die nicht justitiabel sind. Vor allem die **Verhältnismäßigkeit i. e. S.** ist eine Frage der Abwägung, deren Ergebnis freilich eindeutig sein kann, aber auch zu vielen Zweifelsfällen führt, bei denen die Kontrolldichte regelmäßig reduziert ist.

938

Schließlich führen **Grundrechtskonflikte bzw. Grundrechtskollisionen** notwendig zu Wertungen zwischen verschiedenen Grundrechten, die – soweit wir Grundrechte als Prinzipien verstehen (→ Rn. 29 ff.) – Spielräume offen lassen. Solche Abwägungsnotwendigkeiten entstehen dogmatisch regelmäßig dadurch, dass die Grundrechte auch als **Schutzpflichten** verstanden werden und der Staat zum Schutz von Grundrechten nicht selten die Grundrechte Dritter beschränkt. Die Anerkennung von Schutzpflichten und der Maßstab des Untermaßverbots dürfen nicht dazu führen, dass das BVerfG in allen Grundrechtskonfliktfällen die Fragen der konkreten Konsequenzen an sich zieht. Vielmehr ergeben sich aus Schutzpflichten nur ganz ausnahmsweise konkrete Handlungspflichten des Staates, ein bestimmtes Mittel einzusetzen. Die Beschränkung der Kontrolldichte ist gleichsam Kehrseite der Schutzpflichten- und Abwägungsdogmatik – sonst würde der Gesetzgeber zwischen dem Übermaßverbot und dem Untermaßverbot (und gegebenenfalls auch noch dem Gleichmaßgebot) „eingeklemmt".[29] Schutzpflichten beschränken den Staat nicht spiegelbildlich in gleichem Maß wie die Abwehrrechte (→ Rn. 524).

939

b) Verschärfung der Kontrolldichte bei intensiven Grundrechtseingriffen

Die Kontrolldichte ist ihrerseits eine **graduell variable Größe**. Nach der eben erörterten Frage, in welchen Fällen die Kontrolldichte überhaupt beschränkt ist, soll die Anschlussfrage gestellt werden, in welchem Maße die Kontrolldichte beschränkt ist. Die Kontrolldichte kann von der **bloßen Kontrolle der Vertretbarkeit** und Nachvollziehbarkeit bis zur **vollen Angemessenheit** des Abwägungsergebnisses reichen. Der Grad der Kontrolldichte ist seinerseits Folge einer Abwägung verschiedener verfassungsrechtlicher Belange. Für eine relativ intensive Kontrolldichte streiten gegebenenfalls grundrechtliche Gesichtspunkte, die den sogleich zu erörternden staatsorganisationsrechtlichen Gesichtspunkten der Gewaltenteilung und der Funktionen gegenüberzustellen sind.

940

Die Kontrolldichte des BVerfG ist umso größer, d. h. der Spielraum der zu kontrollierenden Gewalten umso geringer, **je intensiver die Grundrechte im Einzelfall beschränkt** werden.[30] Dies wirkt sich letztlich verschärfend bei den Güterabwägungen im Rahmen

941

---

29 So die Befürchtung im Sondervotum *Bryde* BVerfGE 121, 317, 380 f. – Nichtraucherschutz in Gaststätten; dazu *Michael*, JZ 2008, S. 875, 882.
30 BVerfGE 42, 143, 148 f. – Deutschland-Magazin; BVerfGE 70, 297, 316 – Fortdauer der Unterbringung.

der Verhältnismäßigkeit i. e. S. aus. Das gilt auch für die Abwägungen von Grundrechtskollisionen[31] und auch bei der Prüfung der Verhältnismäßigkeit im Rahmen der sogenannten „neuen Formel" zu Art. 3 Abs. 1 GG (dazu → Rn. 785). Vor allem prüft das BVerfG[32] besonders starke Eingriffe in **vorbehaltlose Grundrechte** in vollem Umfang nach.

HINWEIS FÜR DIE FALLBEARBEITUNG FÜR FORTGESCHRITTENE: Diese graduellen Gesichtspunkte sind im Rahmen der Begründetheitsprüfungen verfassungsgerichtlicher Verfahren bei der Güterabwägung zu erörtern, d. h. bei der Verhältnismäßigkeit i. e. S. Dabei ist zunächst der Prüfungsmaßstab der Verhältnismäßigkeit mit den Kriterien der Abwägung darzustellen. So ist z. B. bei der sogenannten „neuen Formel" zu Art. 3 Abs. 1 GG zunächst zu prüfen, ob die Verhältnismäßigkeitsprüfung überhaupt stattfindet, z. B. weil zugleich Freiheitsrechte betroffen sind. Erst im Rahmen einer Verhältnismäßigkeitsprüfung ist dann gegebenenfalls festzustellen, dass bei Wertungsfragen die Kontrolldichte des BVerfG grundsätzlich beschränkt ist. Sodann ist zu prüfen, wie intensiv die Grundrechte im vorliegenden Fall (bei Grundrechtskonflikten bzw. -kollisionen gegebenenfalls auf beiden Seiten!) beschränkt werden. Der letztlich anzulegende Maßstab der Kontrolldichte bestimmt sich dann im Zusammenspiel mit den staatsorganisationsrechtlichen Gesichtspunkten, auf die gleich eingegangen wird. Vor einem Missverständnis sei gewarnt: Vor allem in Prüfungsarbeiten sollten Abwägungsfragen nicht unter Hinweis auf eine bloße Vertretbarkeitskontrolle umgangen, abgekürzt oder pauschalisiert werden. Es empfiehlt sich, zunächst alle Abwägungsgesichtspunkte herauszuarbeiten. Erst dann sollte der Grad der Kontrolldichte bestimmt werden. Im letzten Schritt ist an diesem Maßstab das Abwägungsergebnis zu bestimmen, d. h. die Vertretbarkeit oder eben die volle Angemessenheit zu bewerten.

3. Funktionellrechtliche Implikationen der Kontrolldichte

a) Die starke Stellung des BVerfG

942 Ausgangspunkt der Erwägungen zur Kontrolldichte des BVerfG muss dessen eigene Stellung im Gefüge des Grundgesetzes sein. Diese ist ausgesprochen stark ausgestaltet. Das Grundgesetz zieht damit in besonders effektiver Weise die **institutionelle Konsequenz aus der starken Betonung der Grundrechte,** die am Anfang der Verfassung stehen und unmittelbar alle Gewalten binden (Art. 1 Abs. 3 GG). Die Grundrechtsverwirklichung wird nicht nur allen Gewalten aufgegeben, sondern soll durch eine Verfassungsgerichtsbarkeit überwacht werden, die mit weitreichenden Kompetenzen nach Art. 93 GG ausgestattet ist. Sowohl im historischen als auch im internationalen Vergleich mit anderen Verfassungsgerichten ist die Möglichkeit der Verfassungsbeschwerde besonders hervorzuheben, die von großer praktischer Bedeutung ist und bei weitem den größten Teil der Verfahren vor dem BVerfG ausmacht. Das alles spricht für eine nicht allzu beschränkte Kontrolldichte des BVerfG und rechtfertigt es jedenfalls zum Teil, wenn seine Rechtsprechung bisweilen in den politischen Bereich bzw. in die Tätigkeit der Fachgerichte hineinreicht.

b) Politische Ausgestaltungsspielräume des Gesetzgebers

943 Bei jeder Überprüfung von Akten der demokratisch legitimierten Staatsgewalten am Maßstab des Verfassungsrechts streiten zwei verfassungsrechtliche Prinzipien gegeneinander: Das **Demokratieprinzip** gegen das **Rechtsstaatsprinzip.** Dabei ist das Demo-

---

[31] Siehe beispielsweise für die Abwägung zwischen Kunstfreiheit und Jugendschutz Rn. 233.
[32] So für ein Romanverbot als Eingriff in die Kunstfreiheit: BVerfGE 119, 1, 20 ff. – Esra (im Anschluss an Sondervotum *Stein* BVerfGE 30, 173, 201 f. – Mephisto).

kratieprinzip umso stärker in Ansatz zu bringen, je unmittelbarer eine Entscheidung demokratisch legitimiert ist, insbesondere also bei Parlamentsgesetzen. Anders ausgedrückt: Die verfassungsgerichtliche Kontrolldichte ist in dem Maß zu beschränken, als das Verfassungsrecht dem Gesetzgeber politische Gestaltungsspielräume zuweist. Ähnliches gilt auch für andere von der Verfassung intendierte Entscheidungsspielräume, z. B. bei Gnadenentscheidungen der Exekutive (→ Rn. 883).

Das Rechtsstaatsprinzip streitet allerdings dafür, dass Beschränkungen der Kontrolldichte nicht dazu führen, dass die von Art. 1 Abs. 3 GG vorgegebene unmittelbare Bindung des Gesetzgebers an die Grundrechte leer läuft oder dass die nach Art. 93 Abs. 1 Nrn. 2, 4a und Art. 100 Abs. 1 GG ebenso verfassungsgewollte Kontrolle des Gesetzgebers durch das BVerfG auf eine rein formelle Kontrolle beschränkt wird. Vielmehr erstreckt sich die Kontrolle der materiellen Bindung des Gesetzgebers an die Grundrechte jedenfalls darauf, dass der Gesetzgeber die Grundrechte in vertretbarer Weise ausgestaltet bzw. ihnen Grenzen setzt. Ob der Prüfungsmaßstab des BVerfG über eine solche **Vertretbarkeitskontrolle** hinausgeht, hängt von den grundrechtlichen Implikationen der Kontrolldichte ab, also davon, wie intensiv die Grundrechte beeinträchtigt sind. Aber auch für schwere Grundrechtseingriffe bleiben dem Gesetzgeber regelmäßig Gestaltungsspielräume. Insbesondere dürfen Grundrechtskollisionen nicht dazu führen, dass das BVerfG dem Gesetzgeber die Lösung vorgibt, die aus seiner Sicht das Optimum im Wechselspiel zwischen Über- und Untermaßverbot darstellt. Insbesondere die Einlösung etwaiger Schutzpflichten birgt Spielräume der Wahl alternativer Mittel und deren Ausgestaltung.

944

Insofern bedenklich sind die beiden Entscheidungen des BVerfG zu Fragen der Abtreibung.[33] Hier hat das BVerfG allzu sehr selbst innovativ gestaltend nach (vermeintlichen) Optimal-Lösungen des Grundrechtskonflikts gesucht, statt dem Gesetzgeber Kompromiss-Lösungen in einer so hochpolitischen Frage zuzugestehen. Wie unterschiedlich sich die Fragen der Abtreibung beantworten lassen, selbst wenn man die grundrechtlichen Maßstäbe in den Mittelpunkt rückt, beweist schon ein Vergleich der beiden Entscheidungen des Bundesverfassungsgerichts.

c) Verhältnis der Verfassungs- zur Fachgerichtsbarkeit

Vorab sei hier der Sonderfall der **grundrechtsgleichen Justizrechte** behandelt, deren Einklagbarkeit mit der Verfassungsbeschwerde ja ausdrücklich in Art. 93 Abs. 1 Nr. 4a GG garantiert wird. Diese Rechte binden gerade die Rechtsprechung, gegen deren Entscheidungen die Rechtsweggarantie zumindest grundsätzlich[34] versagt. Deshalb wird ihre Beachtung vom BVerfG ohne Einschränkung der Kontrolldichte **vollumfänglich überprüft**. Soweit sich z. B. Art. 103 Abs. 2 GG an die Rechtsprechung als „Präzisierungsgebot" richtet (→ Rn. 911), überprüft das BVerfG die Existenz einer gefestigten Rechtsprechung daraufhin, ob die Strafbarkeit hinreichend vorhersehbar ist.[35] Für die inhaltliche Kontrolle einer solchen (und jeglicher) Rechtsprechung am Maßstab der Grundrechte gelten hingegen die folgenden Reduzierungen der Kontrolldichte. Be-

945

---

33 BVerfGE 39, 1, 35 ff. – Schwangerschaftsabbruch I; BVerfGE 88, 203, 251 ff. – Schwangerschaftsabbruch II; krit. *Hermes/Walther*, NJW 1993, 2337, 2340; grundsätzlich zu den Grenzen der Kontrolldichte bei Schutzpflichten *K. Hesse* in: FS für Mahrenholz, 1994, S. 541 ff.
34 In Bereichen fachgerichtlicher Verfahren zur Kontrolle dieser Rechte (→ Rn. 903, 909) könnte an eine Reduktion der Kontrolldichte des BVerfG gedacht werden.
35 BVerfGE 126, 170, 199 – Präzisierungsgebot Untreuetatbestand spricht von Anforderungen an Rechtsprechungsänderungen, die über den allgemeinen Vertrauensschutz hinausgehen.

schränkt ist die Kontrolldichte des BVerfG auch bei Verfassungsbeschwerden gestützt auf Art. 101 Abs. 1 S. 2 GG wegen einer Verletzung einer Vorlagepflicht an den EuGH nach Art. 267 AEUV (→ Rn. 895, 129).[36]

946 Grundsätzlich reduziert ist die Kontrolldichte der Verfassungsgerichtsbarkeit gegenüber der Fachgerichtsbarkeit bei **Urteilsverfassungsbeschwerden im Bereich der Ausstrahlung der Grundrechte** auf das einfache Recht. Die Auslegung und auch gegebenenfalls die richterliche Fortbildung des einfachen Rechts ist Aufgabe allein der Fachgerichte, nicht der Verfassungsgerichtsbarkeit.[37] Das gilt auch dann, wenn Grundrechte betroffen und zu berücksichtigen sind.

Nach der Formel von der „**Verletzung spezifischen Verfassungsrechts**"[38] sind Urteilsverfassungsbeschwerden nur dann begründet, wenn ein Gericht seiner unmittelbaren Grundrechtsbindung nach Art. 1 Abs. 3 GG nicht gerecht geworden ist, d. h. wenn es die Grundrechte in ihrem Wesen, insbesondere einen **Schutzbereich verkannt** oder deren **Wert falsch eingeschätzt** hat.[39] Die Fehler bei der Anwendung der Grundrechte müssen in ihrer materiellen Bedeutung für den konkreten Rechtsfall von einigem Gewicht sein.[40] Eine grundsätzliche Verkennung der Grundrechtsbindung liegt auch dann vor, wenn ein Fachgericht **unionsrechtliche Spielräume verkennt**[41], die gegebenenfalls grundrechtsschonend auszufüllen sind.

HINWEIS FÜR DIE FALLBEARBEITUNG FÜR FORTGESCHRITTENE: Während die gegebenenfalls beschränkte Kontrolldichte gegenüber dem Gesetzgeber erst bei der Verhältnismäßigkeit, also gegen Ende der Begründetheitsprüfung einer Verfassungsbeschwerde bzw. Normenkontrolle erörtert wird, ist bei der Urteilsverfassungsbeschwerde schon der Einstieg in die Begründetheitsprüfung mit der Formel der Verletzung spezifischen Verfassungsrechts zu wählen (s. Schema 6: II. 1.). Der Unterschied erklärt sich daraus, dass die Gerichte nicht nur an die Verfassung, sondern nach Art. 20 Abs. 3 GG auch an Gesetz und Recht gebunden sind, Letzteres aber – abgesehen vom Vorwurf der Willkür nach Art. 3 Abs. 1 GG – keine grundrechtliche Frage ist. Wenn das Gericht den Schutzbereich eines Grundrechts verkannt hat, steht an sich bereits nach der Prüfung des entsprechenden Grundrechts-Schutzbereichs die Verletzung spezifischen Verfassungsrechts als Maßstab der Begründetheit einer Verfassungsbeschwerde fest. Dennoch ist in diesen Fällen (nicht nur hilfsgutachtlich!) weiter zu prüfen. Dabei ist überzuleiten mit der Frage, ob sich diese Verletzung spezifischen Verfassungsrechts auch ausgewirkt hat (s. Schema 6: II. 2. b). Ist nämlich das Urteil im Ergebnis – auch unter Zugrundelegung des einschlägigen Grundrechts – verhältnismäßig, dann ist die Verfassungsbeschwerde im Ergebnis letztlich doch unbegründet. Die Feststellung der Verletzung spezifischen Verfassungsrechts im Rahmen des Schutzbereichs hat in der Praxis in solchen Fällen eine objektivrechtliche Klärungsfunktion. Um der subjektiven Rechtsschutzfunktion der Verfassungsbeschwerde gerecht zu werden, ist in solchen Fällen aber die Kassation des Urteils nicht erforderlich.

947 Nach der sogenannten **Heck'schen Formel**[42] muss der Fehler „gerade in der Nichtbeachtung von Grundrechten liegen". Das führt dazu, dass bei der Urteilsverfassungsbe-

---

36 So insbesondere der Zweite Senat: BVerfGE 82, 159, 195 f. – Absatzfonds; BVerfGE 126, 286, 304 – Ultra-vires-Kontrolle (Honeywell); im Ergebnis vergleichbar auch der Erste Senat BVerfGE 128, 157, 188 f. – Universitätsklinikum Gießen und Marburg.
37 BVerfGE 42, 143, 147 ff. – Deutschland-Magazin.
38 BVerfGE 45, 434, 436 – RAF; grundlegend: BVerfGE 1, 418, 420 – Ahndungsgesetz.
39 BVerfGE 62, 338, 343 – Postlaufzeiten; BVerfGE 65, 317, 322 – Mündel; BVerfGE 95, 28, 37 – Werkszeitungen.
40 BVerfGE 42, 143, 147 f. – Deutschland-Magazin.
41 BVerfGE 129, 78, 103 – Le Corbusier-Möbelmodelle.
42 BVerfGE 18, 85, 93 – Spezifisches Verfassungsrecht: Die Formel wurde nach dem Berichterstatter der Entscheidung bezeichnet.

schwerde ein besonderes Augenmerk auf der richtigen Zuordnung der Schutzbereiche liegt. Das heißt aber nicht, dass die Verhältnismäßigkeit i. e. S. nicht zu prüfen wäre. Vielmehr richtet sich hier die konkrete Kontrolldichte nach der Intensität der Betroffenheit der Grundrechte. Das BVerfG hält es für möglich, „in Fällen **höchster Eingriffsintensität** [...], die von den Zivilgerichten vorgenommene Wertung durch seine eigene zu ersetzen."[43] Insbesondere hat das BVerfG[44] **besonders starke Eingriffe in vorbehaltlose Grundrechte** in vollem Umfang nachgeprüft. Daraus sollte aber keine grundsätzliche Verschärfung der Kontrolldichte gegenüber jeder zukünftigen fachgerichtlichen Entscheidung geschlossen werden.[45] Vielmehr haben solche punktuellen Grundsatzurteile eine objektivrechtliche Klärungsfunktion, die über das konkrete Beispiel hinausweist. Für die Zukunft sollen sie den Fachgerichten Maßstäbe an die Hand geben, deren Umsetzung dann nicht in jedem Einzelfall verschärft überprüft wird. In erster Linie steigen allerdings die Anforderungen an die Begründung fachrichterlicher Entscheidungen, aus denen eine angemessene und nachvollziehbare, d. h. nicht lediglich formelhafte Würdigung der Grundrechte deutlich werden muss.[46] Regelmäßig wird sich das BVerfG damit begnügen, insoweit mangelhafte Entscheidungen aufzuheben und den Fall an die Fachgerichte zurückzuverweisen, ohne ein grundrechtlich gebotenes Ergebnis vorwegzunehmen.

Vergleicht man die Reduktionen der Kontrolldichte gegenüber dem Gesetzgeber einerseits und gegenüber der Fachgerichtsbarkeit andererseits, dann bleibt der Spielraum der Legislative größer, d. h. die Argumente der Trennung zwischen den Gewalten der Judikative und der Legislative sind stärker als die der Funktionenverteilung innerhalb der Judikative. Nach der **Schumann'schen Formel**[47] ist sogar ein Erst-Recht-Schluss[48] möglich: Eine richterliche Entscheidung verstößt danach jedenfalls dann gegen die Grundrechte, wenn selbst der Gesetzgeber ein solches Ergebnis nicht regeln dürfte. Anders ausgedrückt: Wenn selbst unter Zugrundelegung der begrenzten Kontrolldichte gegenüber dem Gesetzgeber ein Ergebnis eindeutig gegen Grundrechte verstoßen würde, dann ist auch eine entsprechende Urteilsverfassungsbeschwerde begründet. Die Kontrolldichte bei den Urteilsverfassungsbeschwerden erstreckt sich zudem auch darauf, ob sich die in verfassungsgerichtlichen Leitentscheidungen entwickelten Maßstäbe auch in den Entscheidungsbegründungen der Fachgerichte angemessen niederschlagen.

948

4. Exkurs: Kontrolldichte des EuGH und Kontrolldichte des BVerfG beim Maßstab der GRCh

Die Kontrolldichte des EuGH ist eine sehr eingeschränkte. Regelmäßig wird **lediglich ein Evidenzmaßstab** angelegt, d. h. nur geprüft, ob Maßnahmen offensichtlich unverhältnismäßig sind.[49] Soweit der EuGH neben der Geeignetheit und Erforderlichkeit

949

---

43 BVerfGE 42, 143, 148 – Deutschland-Magazin.
44 So für ein Romanverbot als Eingriff in die Kunstfreiheit: BVerfGE 119, 1, 20 ff. – Esra.
45 Zutreffend *Hoffmann-Riem*, AöR 128 (2003), S. 173, 184. Insofern handelt es sich um vertretbare Schwankungen zwischen verfassungsrichterlichem Aktivismus und Zurückhaltung.
46 BVerfGE 70, 297, 316 – Fortdauer der Unterbringung.
47 Nach *Schumann*, Verfassungs- und Menschenrechtsbeschwerde gegen richterliche Entscheidungen, 1963, S. 206 ff.; aus der Rechtsprechung: BVerfGE 89, 28, 36 m. w. N.
48 Hingegen gilt nicht der Umkehrschluss, dass richterliche Entscheidungen *nur* dann vom BVerfG zu korrigieren sind, wenn auch ein entsprechendes Gesetz verfassungswidrig wäre. Wie hier: *Hoffmann-Riem*, AöR 128 (2003), S. 173, 187; anders: *Jestaedt*, DVBl. 2001, 1309, 1522.
49 Exemplarisch EuGH, Rs. C-280/93 (Deutschland/Rat), Slg. 1994, I-4973, Rn. 89 ff.

überhaupt eine Prüfung der Angemessenheit durchführt, beschränkt sich letztere auf die Gewichtigkeit der mit den Maßnahmen verfolgten Zwecke. Sie erstreckt sich nicht auf eine Abwägung der Zwecke mit der Schwere des Eingriffs.[50] Der EuGH wird von Seiten der deutschen Literatur[51] darin kritisiert, im Ergebnis in der Kontrolldichte hinter dem Standard des BVerfG zurückzubleiben. Soweit ersichtlich, sind bislang keine Maßnahmen des Unionsgesetzgebers wegen Grundrechtsverstoßes verworfen worden, während das BVerfG immer wieder Gesetze für nichtig erklärt hat. Aber auch der Verwaltung, d. h. der Kommission und den Mitgliedstaaten beim Vollzug des Unionsrechts, werden Ermessensspielräume eingeräumt, deren Überprüfung nicht die Dichte der deutschen Ermessensfehlerlehre erreicht.

950 Die bisherige, besondere Beschränkung der Kontrolldichte des EuGH hatte indes **gute Gründe:** Neben den Gesichtspunkt des politischen, insbesondere wirtschaftspolitischen[52] Ermessens der anderen EU-Organe tritt die Zurückhaltung gegenüber der Souveränität der Mitgliedstaaten und der begrenzten Ermächtigung der EU. Es bleibt abzuwarten, mit welcher Kontrolldichte das BVerfG die GRCh zum Maßstab machen wird, wenn es um deutsche Hoheitsakte geht, die vollständig unionsrechtlich determiniert sind.

5. Exkurs: Kontrolldichte des EGMR

951 Ausgangspunkt der Erwägungen zu Beschränkungen der Kontrolldichte des EGMR muss sein, dass es sich hier um eine Institution völkerrechtlichen Ursprungs und (mehr als beim EuGH) völkerrechtlicher Prägung handelt, die dem nationalen Grundrechtsschutz gegenüber subsidiär ist und die **Souveränität der Staaten** zu achten hat (→ Rn. 66 ff.).[53] Deshalb räumt der EGMR den Mitgliedern der EMRK einen spezifischen Beurteilungsspielraum („**margin of appreciation**")[54] ein. Relevant wird dieser Spielraum regelmäßig auf der Ebene der Rechtfertigung und v. a. bei Fragen der Verhältnismäßigkeit.[55]

952 Die Spielräume variieren dabei **bereichsspezifisch,**[56] wobei die Kriterien bzw. Fallgruppen bislang nur in ersten Ansätzen erkennbar sind. Ein erster Anknüpfungspunkt mag die **differenzierende Formulierung** der unterschiedlichen Schrankenregelungen in der EMRK sein. So reicht es z. T. zur Rechtfertigung eines Grundrechtseingriffs aus, dass ein Mitgliedstaat den Eingriff aus bestimmten Gründen „für erforderlich hält" (z. B. bei den Rechten auf Privat- und Familienleben nach Art. 8 Abs. 2 EMRK[57] und auf Eigentum nach Art. 1 Abs. 2 ZP 1), während in anderen Fällen solche Gründe „unbedingt notwendig" (z. B. beim Recht auf ein faires Verfahren nach Art. 6 Abs. 1 S. 2 EMRK) sein müssen.

953 Allerdings werden diese Formulierungsunterschiede überlagert durch andere Gesichtspunkte. So ist danach zu differenzieren, welche Bedeutung das jeweilige legitime

---

50 *Calliess* in: Ehlers, EuGR, 4. Aufl., § 20 Rn. 46 f.
51 *Nettesheim*, EuZW 1995, 106, 107; *Huber*, EuZW 1997, 517 ff.; *v. Bogdandy*, JZ 2001, 157. 163 ff.
52 *Dervisopoulos* in: Rengeling/Middeke/Gellermann, HdB Rechtsschutz in der EU, 3. Aufl., § 7 Rn. 120.
53 *Peters/Altwicker*, EMRK, 2. Aufl., § 3 Rn. 18.
54 EGMR, v. 7.12.1976, EuGRZ 1977, 38, 42, Z. 47 ff. – Handyside.
55 Z. T. wird der Beurteilungsspielraum als Modifikation der Maßstäbe der Verhältnismäßigkeit gedeutet: *Kühling* in: v. Bogdandy/Bast, Europäisches Verfassungsrecht, 2. Aufl., S. 657, 696 f.
56 *Grabenwarter/Pabel*, EMRK, 7. Aufl., § 18 Rn. 21.
57 Nach EGMR, v. 11.7.2002, RJD 2002-VI, Z. 72 – Goodwin/Vereinigtes Königreich soll der Beurteilungsspielraum der Staaten bei Art. 8 EMRK besonders weit sein.

Eingriffsziel für die Souveränität des Staates hat.[58] Schließlich ist der Beurteilungsspielraum der Staaten umso größer, je weiter die Konventionsstaaten der EMRK von einem gemeinsamen Standard entfernt sind, also je größer die **Unterschiede im nationalen Verfassungsrecht** insgesamt ausfallen.[59] Dabei handelt es sich freilich um ein dynamisches Element, dessen Gewicht abnimmt, wenn man davon ausgeht, dass sich die europäischen Grundrechtsstandards mehr und mehr aneinander angleichen.[60] Der EGMR soll Entwicklungen der Annäherung nationaler Standards nicht durch eine Verdichtung der Kontrolldichte „von oben" antizipieren. Ein Beispiel für einen fehlenden gemeineuropäischen Standard ist die Frage der Adoption durch homosexuelle Paare,[61] während der EGMR bei den familienrechtlichen Fragen der Väterrechte eine sehr hohe Kontrolldichte angelegt hat.[62] Aber selbst wenn die Fälle zunehmen, in denen Urteile des BVerfG vom EGMR nicht bestätigt werden (z. B. zum „Nulla poena"-Grundsatz → Rn. 910), sollte daraus nicht geschlossen werden, dass die Kontrolldichte des EGMR grundsätzlich höher als die des BVerfG wäre.

Problematisch ist insofern die **vereinzelt hohe Kontrolldichte des EGMR** vor allem in presserechtlichen Fragen des Schutzes des Persönlichkeitsrechts. Hier hat sich der EGMR trotz großer Unterschiede der Entwicklungen zwischen einem starken Schutz des Persönlichkeitsrechts z. B. in Frankreich und einer traditionell starken Betonung der Pressefreiheit z. B. in England[63] über seine sonst angelegten Maßstäbe zum Beurteilungsspielraum ohne nähere Begründung hinweggesetzt.[64] Zwar ist dem EGMR beizupflichten, dass für die Schwere des Eingriffs in Art. 8 EMRK und damit für eine Verschärfung der Kontrolldichte spricht, wenn bei politischen Grundrechten die Funktionalität der Demokratie betroffen ist.[65] Das darf aber nicht dazu führen, dass die Besonderheiten unterschiedlicher demokratischer Systeme und politischer Kulturen in Europa eingeebnet werden. Das ist umso problematischer, als es vorliegend um Schutzpflichten geht, bei denen sich die Frage der Kontrolldichte in verschärftem Maße stellt und die Frage des „Wie" der Einlösung selten verfassungsrechtlich determiniert wird. Hier sollte auf die Figur der Verletzung „spezifischen Verfassungsrechts" (→ Rn. 946) zurückgegriffen werden, die das BVerfG[66] für die funktionelle Abgrenzung der Verfassungsgerichtsbarkeit von der Fachgerichtsbarkeit entwickelt hat. Dieser Gedanke müsste – aus Gründen der Subsidiarität – fortentwickelt werden zu einer Konzentration der Rechtsprechung des EGMR auf „**spezifisch europäisches Verfassungsrecht**".

▶ **ZU FALL 33:** Mit der Verfassungsbeschwerde zum BVerfG können nur die Grundrechte i. S. d. GG und die in Art. 93 Abs. 1 Nr. 4a GG aufgezählten, sogenannten grundrechtsgleichen Rechte, also z. B. Art. 101 Abs. 1 S. 2 GG geltend gemacht werden. Auf eine Verletzung des Art. 6 Abs. 1 EMRK kann die Verfassungsbeschwerde nicht gestützt werden, wohl aber

954

---

58 *Brems*, ZaöRV 1996, 240, 256 ff.
59 EGMR, v. 28.11.1984, Serie A 87, Z. 40 – Rasmussen/Dänemark.
60 EGMR, v. 24.7.2003, RJD 2003-IX, Z. 41 – Karner/Österreich.
61 EGMR, v. 26.2.2002, RJD 2002-I, Z. 40 – Fretté/Frankreich; vgl. auch EGMR, v. 27.3.1998, RJD 1998-II, Z. 40 ff. – Petrovic.
62 Ein Beispiel für einen entstandenen gemeineuropäischen Standard (für die Rechtsstellung nichtehelicher Väter) bietet EGMR, v. 13.6.1979, EuGRZ 1979, 454, Z. 41 – Marckx; krit. *Benda*, EuGRZ 2002, 1, 2.
63 Zum Ganzen vgl. *Michael*, AfP 37 (2006), 313 ff.
64 Erwähnt wird der Beurteilungsspielraum zwar: EGMR, v. 24.6.2004, NJW 2004, 2647, 2649, Z. 57 – Caroline von Hannover/Deutschland. *Halfmeier*, Privatleben und Pressefreiheit: Rechtsvereinheitlichung par ordre de Strasbourg, AfP 2004, 417, 418 f. spricht aber von einem „Lippenbekenntnis" zum Beurteilungsspielraum.
65 Zu diesem Argument *Pelonpää*, EuGRZ 2006, 483 ff.
66 BVerfGE 62, 338, 343 – Postlaufzeiten; BVerfGE 65, 317, 322 – Mündel; BVerfGE 94, 1, 9 f. – DGHS; BVerfGE 95, 28, 37 – Werkszeitungen.

auf eine Verletzung des allgemeinen Justizgewährungsanspruchs, der in den nationalen Grundrechten verankert ist und im Lichte des Art. 6 Abs. 1 EMRK ausgelegt wird. Eine Verletzung der GRCh kann mit der Verfassungsbeschwerde geltend gemacht werden. Ob diese letztlich Prüfungsmaßstab ist (oder bei der Auslegung des GG zu berücksichtigen ist), wäre eine Frage der Begründetheit der Verfassungsbeschwerde. ◄

WIEDERHOLUNGS- UND VERSTÄNDNISFRAGEN

> Kann die Beschwerdebefugnis in einer Verfassungsbeschwerde zum BVerfG nach § 90 Abs. 1 BVerfGG auf die Verletzung der EMRK oder eines EU-Grundrechts gestützt werden? Können europäische Grundrechte in der Begründetheit von Verfassungsbeschwerden eine Rolle spielen?
> Wovon hängt die Kontrolldichte von Entscheidungen des BVerfG bzw. des EGMR ab?

§ 31 Petitionsrecht

I. Grundrechtliche und staatsorganisationsrechtliche Funktion des Petitionsrechts

Die Funktion des Petitionsrechts ist eine doppelte: Als Grundrecht kann es der Geltendmachung subjektiver Rechte dienen und hat so eine **Interessen- und Rechtsschutzfunktion**. Soweit sich Petitionen an Volksvertretungen richten, stärken sie zugleich den staatsorganisationsrechtlichen Zweck der parlamentarischen Kontrolle, die mit der Ausübung des Petitionsrechts angestoßen wird. Durch die so ausgelöste parlamentarische Anfrage bei der Amtsspitze gerät die Verwaltung unter Erklärungs- bzw. Rechtfertigungsdruck. Insoweit dient das Petitionsrecht der **Integration und Partizipation**. Weil Art. 17 GG als Menschen- und nicht als Deutschengrundrecht ausgestaltet ist, können auf diesem Wege auch Ausländer demokratische Mechanismen auslösen, während das europäische Petitionsrecht nach Art. 24 Abs. 1, 227 AEUV (ex Art. 21 Abs. 1, 194 EGV) sowie Art. 44 GRCh als Bürgerrecht den Unionsbürgern vorbehalten ist. Die praktische Bedeutung darf nicht unterschätzt werden. Beim Bundestag gehen jährlich weit über 10.000 Petitionen ein, für deren Bearbeitung ein Petitionsausschuss geschaffen wurde, der sogar institutionell durch Art. 45 c GG geboten ist. Die inzwischen geschaffene Möglichkeit einer öffentlichen Petition auf elektronischem Weg geht über Art. 17 GG als individueller Beschwerdebehelf hinaus und eröffnet auch keinen Anspruch auf entsprechende Behandlung.

955

II. Rechtsgrundlagen und Abgrenzung zu anderen Vorschriften

Das Grundrecht aus Art. 17 GG umfasst Petitionen sowohl an die Volksvertretungen (Bundestag und Landtage, aber auch an die nach Art. 28 Abs. 1 S. 2 GG ausdrücklich als „Vertretungen des Volks" konzipierten Gemeinderäte)[1] als auch an die zuständigen Stellen der Exekutive und Judikative. Gemeint sind damit **form- und fristlose Rechtsbehelfe**, v. a. die Gegenvorstellung (gerichtet auf Selbstkorrektur), die Fachaufsichtsbeschwerde (gerichtet auf Überprüfung durch eine übergeordnete Behörde) und die Dienstaufsichtsbeschwerde (gerichtet gegen das Verhalten eines Bediensteten). **Nicht** von Art. 17 GG, sondern von Art. 19 Abs. 4 GG werden **förmliche** Rechtsbehelfe garantiert. Dabei können Petitionen auch neben dem Rechtsschutz vor den Gerichten geltend gemacht werden.[2] Außerdem gewährt Art. 19 Abs. 4 GG Rechtsschutz gegen Verletzungen des Art. 17 GG. Reine Informationsbegehren sowie Meinungsäußerungen als solche werden von Art. 5 Abs. 1 S. 1 GG geschützt; Meinungsäußerungen im Rahmen von Petitionen genießen den Schutz beider Grundrechte.[3]

956

Im **Unionsrecht** ist das Petitionsrecht bereits Bestandteil des Primärrechts durch Art. 24 Abs. 1, 227 AEUV (ex Art. 21 Abs. 1, 194 EGV), wird also in Art. 44 GRCh nicht erstmalig textlich fixiert. Das europäische Petitionsrecht ist im Unterschied zu Art. 17 GG spezifisch auf Eingaben an das Europäische Parlament zugeschnitten, während Eingaben an andere Stellen im Recht auf gute Verwaltung nach Art. 41 Abs. 4 GRCh enthalten sind und Eingaben an den Bürgerbeauftragten von Art. 24 Abs. 2, 228 AEUV (ex Art. 21 Abs. 2, 195 EGV) sowie Art. 43 GRCh garantiert werden.

957

---

1 Wie hier: OVG Münster, DVBl. 1978, 895, 896; anders: OVG Lüneburg, OVGE 23, 403, 407; anderenfalls jedenfalls „zuständige Stelle", vgl. *Bauer* in: Dreier, GG, Bd. 1, 3. Aufl., zu Art. 17 Rn. 40; einfachrechtlich z. B. § 24 GO NRW.
2 *Bauer* in: Dreier, GG, Bd. 1, 3. Aufl., zu Art. 17 Rn. 60.
3 BVerfG-K, NJW 1991, 1475, 1477.

III. Voraussetzungen des Petitionsrechts

958 **Gegenstand** einer Petition kann **jedes staatliche Handeln** sein. Ob die Petition an den Bundestag oder einen Landtag zu richten ist, hängt davon ab, ob ein Handeln bzw. die Kompetenz des Bundes bzw. des Landes betroffen ist. Ein Unterlassen kann jedenfalls dann Gegenstand sein, wenn die Petition auf ein Tun gerichtet ist, für das eine Zuständigkeit des Rechtsträgers in Betracht kommt. Mit der Formulierung „Bitten oder Beschwerden" stellt Art. 17 GG klar, dass sich Petitionen gegen vergangenes Verhalten ebenso wie auf künftiges Verhalten richten können.

959 Grundsätzlich sind auch formlose Rechtsbehelfe gegen **Akte der Judikative** vom Petitionsrecht umfasst.[4] Diese sind sowohl bei den Gerichten selbst als auch bei den Parlamenten denkbar. Dass derartige Petitionen in der Sache wenig Erfolg versprechen, ist eine andere Frage, die die Zulässigkeit derartiger Petitionen nicht berührt. So stehen z. B. die Rechtskraft gerichtlicher Entscheidungen und die Formalisierung der Rechtsbehelfe einer Selbstkorrektur der Justiz weitgehend entgegen und auch den Parlamenten ist es aus Gründen der Gewaltenteilung versagt, sich in die Rechtsprechung einzumischen. Denkbar ist es aber, dass Petitionen gegen Akte der Rechtsprechung eine Diskussion über mögliche Änderungen des Rechts auslösen.

960 **Umstritten** ist, ob dem Inhalt der Petition und der Art ihrer Geltendmachung **gesetzliche Grenzen** zu setzen sind. Nach der Rechtsprechung[5] sind Petitionen unzulässig, die etwas gesetzlich Verbotenes fordern oder ihrerseits gegen die Strafgesetze verstoßen. Dies ist abzulehnen und jedenfalls keine Frage des Schutzbereichs von Art. 17 GG bzw. der Zulässigkeit einer Petition. Erstens sollen Petitionen eine Diskussion darüber anstoßen können, etwas bislang Verbotenes gesetzlich zu erlauben. Zweitens ist auch die Frage, wie mit Petitionen beleidigenden oder erpresserischen Inhalts umzugehen ist, auf der Ebene der Rechtsfolgen und Schranken zu lösen: Zumal Art. 17 GG grundsätzlich[6] ein **vorbehaltlos gewährleistetes** Grundrecht ohne Gesetzesvorbehalt ist, d. h. nur verfassungsimmanenten Schranken unterliegt (→ Rn. 43, 711 ff.), können die Strafgesetze nur soweit entgegenstehen, als sie ihrerseits kollidierende Verfassungsgüter schützen. Dem ist auch bei der Auslegung der Vorschrift über die Wahrnehmung berechtigter Interessen nach § 193 StGB Rechnung zu tragen. Eine nach diesen Maßgaben im Ergebnis strafbare Petition ist mit entsprechender Begründung zurückzuweisen und auch einer strafrechtlichen Verfolgung stünde dann Art. 17 GG nicht entgegen.[7]

961 Das Petitionsrecht nach Art. 17 GG ist selbst ein **subjektives Grundrecht**, aber seinerseits nicht darauf beschränkt, eigene individuelle Interessen durchzusetzen. Petitionen nach deutschem Recht können also auch altruistisch motiviert sein.[8] Art. 227 AEUV (ex Art. 194 EGV) setzt hingegen voraus, dass der Beschwerdeführer selbst unmittelbar von der Angelegenheit betroffen ist. Eine Popularbeschwerde ist damit im Unionsrecht ausgeschlossen. Eine individuelle Betroffenheit in eigenen Rechten in dem engen Sinne von Art. 263 Abs. 4 AEUV (ex Art. 230 Abs. 4 EGV) ist hingegen nicht erforderlich.[9]

---

4 Wie hier: *H. H. Klein/Schwarz* in: Dürig/Herzog/Scholz, GG, 94. Lfg., zu Art. 17 Rn. 102; anders für die Europäischen Grundrechte: *Huber* in: Streinz, EUV/AEUV, 3. Aufl., zu Art. 227 AEUV, Rn. 12; *Jarass/Kment*, EU-Grundrechte, 2. Aufl., § 37 Rn. 28.
5 BVerfGE 2, 225, 229 – Petitionsbescheid.
6 Abgesehen vom Spezialfall des Art. 17 a GG.
7 *Stettner* in: BK, GG, 94. Lfg., zu Art. 17 Rn. 75 ff.; *Bauer* in: Dreier, GG, Bd. 1, 3. Aufl., zu Art. 17 Rn. 39.
8 *Bauer* in: Dreier, GG, Bd. 1, 3. Aufl., zu Art. 17 Rn. 19.
9 *Huber* in: Streinz, EUV/AEUV, 3. Aufl., zu Art. 227 AEUV Rn. 10; *Jarass/Kment*, EU-Grundrechte, 2. Aufl., § 37 Rn. 29.

§ 31 Petitionsrecht

IV. Inhalt des Petitionsrechts

Das Petitionsrecht ist ein Leistungsrecht,[10] das durch **Befassung und Bescheidung** eingelöst wird. Der Kompetenzbereich der angerufenen Stelle wird durch das Petitionsrecht nicht erweitert. Im Falle der Unzuständigkeit muss die Petition weitergeleitet werden.[11] Die Befassungspflicht umfasst auch eine inhaltliche Auseinandersetzung.[12] Weiter muss eine Mitteilung darüber erfolgen, mit welchem Ergebnis die Petition behandelt wurde.

962

Umstritten[13] ist, ob die Mitteilung eine **Begründung** enthalten muss, insbesondere warum der Petition gegebenenfalls nicht nachgegeben wurde. Zutreffend erscheint es, jedenfalls eine knappe Begründung zu fordern, weil nur so die Integrationsfunktion des Petitionsrechts befriedigt und die gebotene inhaltliche Auseinandersetzung sichergestellt werden kann. Allerdings besteht kein Anspruch auf Abhilfe, auch nicht, wenn das Vorbringen begründet ist. Das Petitionsrecht wird verletzt, wenn Petitionen nicht entsprechend behandelt oder behindert werden oder wenn Petitionsführer wegen der Ausübung des Petitionsrechts benachteiligt werden.

963

WIEDERHOLUNGS- UND VERSTÄNDNISFRAGEN

> Wessen Integration und Partizipation dient das Petitionsrecht a) im deutschen Verfassungsrecht b) im europäischen Verfassungsrecht?
> Was unterscheidet das Petitionsrecht von der Garantie des Rechtsschutzes nach Art. 19 Abs. 4 GG?

---

10 *Jarass/Kment*, EU-Grundrechte, 2. Aufl., § 37 Rn. 25.
11 BVerwG, DÖV 1976, 315.
12 *Jarass/Kment*, EU-Grundrechte, 2. Aufl., § 37 Rn. 32.
13 Gegen eine Begründungspflicht: BVerfGE 2, 225, 230 – Petitionsbescheid; BVerfG-K, DVBl. 1993, 32, 33; BVerwG, BayVBl. 1991, 152; für eine Begründungspflicht: OVG Bremen, JZ 1990, 965, 966 f. sowie die h. L.: *Bauer* in: Dreier, GG, Bd. 1, 3. Aufl., zu Art. 17 Rn. 43 m. w. N.

Sieben Hauptsätze zur Beschränkbarkeit der Grundrechte

1. Alle Grundrechte sind einschränkbar, auch die nicht einschränkbaren.

Selbst wenn ein Grundrecht dem Wortlaut des Grundgesetzes nach keiner Schranke unterliegt, so kann es zur Lösung eines Konflikts mit einem anderen Recht von Verfassungsrang eingeschränkt werden. Dies ist auch zu erklären aus dem Prinzipiencharakter der Grundrechte – als Prinzipien sind Grundrechte der Abwägung unterworfen (→ Rn. 710 f.). Von diesem ersten Hauptsatz gibt es allerdings Ausnahmen, insbesondere die unantastbare Menschenwürde (→ Rn. 544 ff.).

2. Ein Grundrecht darf nur dann und nur soweit eingeschränkt werden, wie das Grundgesetz es selbst erlaubt.

Aufgrund des Vorrangs der Verfassung darf ein Grundrecht nur eingeschränkt werden, wenn dies durch die Verfassung selbst erlaubt wird. Die *materielle* Rechtfertigung zur Grundrechtseinschränkung muss also auf Verfassungsebene gegeben werden (→ Rn. 541).

3. Es gibt zwei Formen der Einschränkbarkeit kraft Verfassung:

a) Die Verfassung selbst erlaubt ausdrücklich eine Einschränkung des Grundrechtes aufgrund eines Gesetzes (sog. Gesetzesvorbehalt).

aa) Stellt das Grundgesetz keine weitergehenden Anforderungen an das Gesetz, handelt es sich um einen einfachen Gesetzesvorbehalt, z.B. Art. 8 Abs. 2, Art. 10 Abs. 2 GG.

bb) Muss das Gesetz hingegen bestimmten Vorgaben entsprechen, so liegt ein qualifizierter Gesetzesvorbehalt vor, z. B. Art. 11 Abs. 2, Art. 5 Abs. 2 GG (→ Rn. 634).

b) Bei Grundrechten ohne Gesetzesvorbehalt greifen die verfassungsimmanenten Schranken.

Entgegen dem Wortlaut unterliegen auch die Grundrechte ohne Gesetzesvorbehalt der Einschränkung, sofern sie mit mindestens gleichrangigen Verfassungsrechten kollidieren. Die Einheit der Verfassung gebietet eine in der Verfassung selbst angelegte unausgesprochene (immanente) Kollisionsregel (→ Rn. 711). Achtung: Auch verfassungsimmanente Schranken müssen durch ein Gesetz realisiert werden (→ Rn. 560). Als gesetzliche Auffangnorm kommt die polizeiliche Generalklausel in Betracht.

4. In formeller Hinsicht muss jede Grundrechtseinschränkung auf ein Gesetz gestützt werden können.

Die Einschränkung eines Grundrechts muss auf einer gesetzlichen Grundlage beruhen, sog. Vorbehalt des Gesetzes. Zum einen kann unmittelbar das Gesetz selbst den Grundrechtseingriff darstellen, zum anderen kann der Eingriff aber auch erst in der Umsetzung eines Gesetzes liegen, da der Einzelne durch das Gesetz als solches noch nicht betroffen ist (→ Rn. 43). Dieser Vorbehalt hat eine rechtsstaatliche und eine demokratische Komponente (→ Rn. 575).

5. Die Einschränkbarkeit der Grundrechte ist ihrerseits immer beschränkt und damit voraussetzungsabhängig.

Damit der hohen Bedeutung der Grundrechte nachgekommen wird und das Grundrecht möglichst volle Wirkung entfaltet, muss das Gesetz, durch das oder aufgrund dessen in ein anderes Grundrechte eingegriffen wird, bestimmten formellen und materiellen Anforderungen genügen (Hauptsätze 4, 6 und 7). Die Einschränkung eines Grundrechtes unterliegt demnach auch einer Einschränkung, so genannte Schranken-Schranken (→ Rn. 543).

6. Das einschränkende Gesetz muss den formellen Voraussetzungen (Verbot des Einzelfallgesetzes, Zitiergebot) und dem Bestimmtheitsgebot genügen.

In formeller Hinsicht muss das Gesetz zunächst so ausgestaltet sein, dass es sich auf die Allgemeinheit bezieht und nicht nur einen Einzelfall zum Regelungsinhalt hat (Verbot des Einzelfallgesetzes, Art. 19 Abs. 1 S. 1 GG, → Rn. 587 ff.). Weiterhin muss grundsätzlich im Gesetz das Grundrecht zitiert werden, in das durch oder aufgrund des Gesetzes eingegriffen wird, damit sich der Gesetzgeber und die Verwaltung über die freiheitsbeschränkende Wirkung ihres Handelns bewusst sind (Zitiergebot, Art. 19 Abs. 1 S. 2 GG, → Rn. 580 ff.). Schließlich muss zur Schaffung von Rechtssicherheit und -klarheit das Gesetz hinreichend bestimmt sein (rechtsstaatliches Bestimmtheitsgebot → Rn. 564 ff., z.B. Art. 103 Abs. 2 GG, → Rn. 910).

7. In materieller Hinsicht muss die Einschränkung der Grundrechte dem Verhältnismäßigkeitsprinzip und bei Kollisionen mit anderen Verfassungsrechtsgütern dem Prinzip der praktischen Konkordanz genügen.

a) Verhältnismäßigkeit

Die Grundrechte als Optimierungsgebote verstanden, dürfen nur soweit eingeschränkt werden, wie dies im Interesse konkurrierender Rechtsgüter nötig ist. Wie auch sonst bei einer Belastung des Bürgers, kommt bei der Grundrechtseinschränkung der Verhältnismäßigkeitsprüfung große Bedeutung zu (→ Rn. 611 ff.).

b) Praktische Konkordanz

Stehen Rechtsgüter von Verfassungsrang in Konflikt, so müssen nach dem Gedanken der praktischen Konkordanz beide mit dem Ziel der Optimierung zu einem angemessenen Ausgleich gebracht werden. Dabei geht es nicht um die Ermittlung feststehender Vorziehenswürdigkeit, sondern in der jeweilgen Situation um das Herstellen bedingter Vorrangrelationen. Je geringer der Erfüllungsgrad eines Rechts ist, desto größer sind die Anforderungen an die Rechtfertigung einer Einschränkung (→ 736 ff.).

c) Wesensgehaltgarantie

Die sog. Wesensgehaltgarantie nach Art. 19 Abs. 2 GG ist keine selbstständige materielle „Schranke-Schranke", sondern lediglich ein Anwendungsfall der Verhältnismäßigkeitsprüfung oder der praktischen Konkordanz (→ Rn. 608, 625).

Schemata

A. Schemata zu den allgemeinen Grundrechtslehren

Schema 1: Allgemeines Prüfungsschema der Grundrechte

I. **Schutzbereich** (Perspektive des Grundrechtsberechtigten) (→ Rn. 39)
   1. Beeinträchtigung eines sachlichen Schutzbereichs
   2. Eröffnung des persönlichen Schutzbereichs und Grundrechtsberechtigung

II. **Zurechnung** (Perspektive des Grundrechtsverpflichteten) (→ Rn. 40)
   1. Grundrechtsbindung des grundrechtsverpflichteten Staates
   2. Zurechnung der Grundrechtsbeeinträchtigung (insbesondere: staatlicher Eingriff oder Schutzpflicht)

III. **Rechtfertigung** (Frage der Grundrechtsverletzung) (→ Rn. 41)
   1. Maßstab der Rechtfertigung (insbesondere: Schrankenbestimmung)
   2. Formelle Rechtfertigung (insbesondere: gesetzliche Grundlage)
   3. Materielle Rechtfertigung (insbesondere: Verhältnismäßigkeit)

Schema 2: Grundrechte als Abwehrrechte gegen Eingriffe

Variante 1: Eingriff durch Gesetz

I. Schutzbereich
  1. Beeinträchtigung eines sachlichen Schutzbereichs (→ Rn. 42 ff.)
  2. Eröffnung des persönlichen Schutzbereichs und Grundrechtsberechtigung (insbesondere von Ausländern → Rn. 444 und juristischen Personen → Rn. 453)

II. Eingriff
  1. In einfachen Fällen eines klassischen Eingriffs bloße Feststellung, wie das Gesetz unmittelbar in das Grundrecht eingreift (→ Rn. 492)
  2. Anderenfalls Prüfung des erweiterten Eingriffsbegriffs (→ Rn. 493 ff.)

III. Rechtfertigung
  1. Beschränkbarkeit des Grundrechts (Schrankenbestimmung)
     Typus des Gesetzesvorbehaltes (→ Rn. 559 ff.)
  2. Formelle Verfassungsmäßigkeit des Gesetzes (→ Rn. 553 ff.)
     a) Gegebenenfalls: Gesetzgebungskompetenz und -verfahren (→ Rn. 561), Zitiergebot
     b) Gegebenenfalls: Verbot des Einzelfallgesetzes (→ Rn. 587 ff.), Verwaltungsvollzugs- (→ Rn. 583 ff.) und Richtervorbehalte (→ Rn. 592 ff.)
  3. Materielle Verfassungsmäßigkeit des Gesetzes
     a) Übermaßverbot (→ Rn. 611)
        aa) Konkretisierung der Mittel-Zweck-Relation (→ Rn. 611 ff.)
           – *Formulierungsvorschlag für den Einstieg: „Der Eingriff müsste schließlich verhältnismäßig sein. Bei der Prüfung des Übermaßverbotes stellt sich die Frage, in welcher Relation der Eingriff zu seinen Zwecken steht (Mittel-Zweck-Relation)."*
           – Immer: An dieser Stelle den Zweck des Eingriffs benennen (→ Rn. 614)
           – Gegebenenfalls: Benennung mehrerer Zwecke (→ Rn. 617)
           – Ausnahmsweise: Frage, ob ein Zweck per se illegitim ist (grds. sind alle Gemeinwohlinteressen legitim) (→ Rn. 615 f.)
           – Ausnahmsweise: Frage, ob ein Mittel per se illegitim ist (→ Rn. 613)
        bb) Geeignetheit (→ Rn. 619)
           – Der Eingriff muss mindestens einem Zweck überhaupt dienen (Teileignung reicht)
           – Eignung entfällt nach Zweckerreichung
        cc) Erforderlichkeit (→ Rn. 620 ff.)
           – Frage nach milderem Mittel, das dieselben (gegebenenfalls <u>alle</u>) Zwecke (mindestens) ebenso gut erreicht
           – Milder = insgesamt grundrechtsschonender

dd) **Verhältnismäßigkeit i.e.S.** (→ Rn. 623 ff.)
– Frage, ob Schwere des Grundrechtseingriffs durch den Nutzen der verfolgten Zwecke aufgewogen wird
– 1. Abstrakte Feststellung über die Wertigkeit der Belange, die auf dem Spiel stehen (insbesondere verfassungsrechtlich oder durch die EMRK besonders herausgehobene Werte) (→ Rn. 624)
– 2. Konkrete Feststellung der Schwere des Eingriffs und des Grades der Zweckerreichung (→ Rn. 625)
– 3. Güterabwägung unter Berücksichtigung der Kontrolldichte: Ist es verfassungsrechtlich untragbar, den Eingriff für zumutbar zu halten? (→ Rn. 626)

b) **Sonstige verfassungsrechtliche Garantien**
Beachte: Neben dem Übermaßverbot gibt es noch weitere Garantien, die aus dem Rechtsstaats- und Demokratieprinzip folgen. Sie sind gegebenenfalls im Anschluss an die Verhältnismäßigkeit zu prüfen, weil ihre Anforderungen je nach Art und Schwere des Eingriffs differieren.

aa) **Hinreichende Bestimmtheit** der Eingriffsermächtigung (→ Rn. 564 ff.)

bb) **Parlamentsvorbehalt:** Wesentlichkeitstheorie (→ Rn. 578)

cc) **Verfahrensrechtliche Seite der Grundrechte** (→ Rn. 857 ff.)

Variante 2: Eingriff durch Einzelakt (aufgrund eines Gesetzes)

I. **Schutzbereich**
  1. Beeinträchtigung eines sachlichen Schutzbereichs (→ Rn. 42 ff.)
  2. Eröffnung des persönlichen Schutzbereichs und Grundrechtsberechtigung (insbesondere von Ausländern → Rn. 444 und juristischen Personen → Rn. 453)

II. **Eingriff**
  1. In einfachen Fällen eines klassischen Eingriffs bloße Feststellung, wie der Einzelakt unmittelbar in das Grundrecht eingreift (→ Rn. 492)
  2. Anderenfalls Prüfung des erweiterten Eingriffsbegriffs (→ Rn. 493 ff.)
  3. Gegebenenfalls: Grundrechtsverzicht als Zurechnungsunterbrechung (→ Rn. 534 ff.)

III. **Rechtfertigung**
  1. Beschränkbarkeit des Grundrechts (Schrankenbestimmung)
     Typus des Gesetzesvorbehaltes (→ Rn. 559 ff.)
  2. **Formelle Verfassungsmäßigkeit des Einzelaktes** (→ Rn. 553 ff.)
     a) Gesetzliche Grundlage des Eingriffs
        – Existiert eine gesetzliche Grundlage?
        – Verfassungsmäßigkeit des Gesetzes. In Zweifelsfällen: Hier vollständige Grundrechtsprüfung bezogen auf das Gesetz (siehe hierzu Variante 1), also einschließlich dessen materieller Verfassungsmäßigkeit, gegebenenfalls auch Prüfung am Maßstab mehrerer Grundrechte.
     b) Gegebenenfalls: **Richtervorbehalte** (→ Rn. 592 ff.)

3. **Materielle Verfassungsmäßigkeit des Einzelaktes**
   a) **Übermaßverbot** (→ Rn. 611)
      aa) **Konkretisierung der Mittel-Zweck-Relation** (→ Rn. 611 ff.)
         – *Formulierungsvorschlag für den Einstieg: „Der Eingriff müsste schließlich verhältnismäßig sein. Bei der Prüfung des Übermaßverbotes stellt sich die Frage, in welcher Relation der Eingriff zu seinen Zwecken steht (Mittel-Zweck-Relation)."*
         – Immer: An dieser Stelle den Zweck des Eingriffs benennen (→ Rn. 614)
         – Gegebenenfalls: Benennung mehrerer Zwecke (→ Rn. 617)
         – Ausnahmsweise: Frage, ob ein Zweck per se illegitim ist (grds. sind alle Gemeinwohlinteressen legitim) (→ Rn. 615 f.)
         – Ausnahmsweise: Frage, ob ein Mittel per se illegitim ist (→ Rn. 613)
      bb) **Geeignetheit** (→ Rn. 619)
         – Der Eingriff muss mindestens einem Zweck überhaupt dienen (Teileignung reicht)
         – Eignung entfällt nach Zweckerreichung
      cc) **Erforderlichkeit** (→ Rn. 620 ff.)
         – Frage nach milderem Mittel, das dieselben (gegebenenfalls <u>alle</u>) Zwecke (mindestens) ebenso gut erreicht
         – Milder = insgesamt grundrechtsschonender
      dd) **Verhältnismäßigkeit i.e.S.** (→ Rn. 623 ff.)
         – Frage, ob Schwere des Grundrechtseingriffs durch den Nutzen der verfolgten Zwecke aufgewogen wird
         – 1. Abstrakte Feststellung über die Wertigkeit der Belange, die auf dem Spiel stehen (insbesondere verfassungsrechtlich oder durch die EMRK besonders herausgehobene Werte) (→ Rn. 624)
         – 2. Konkrete Feststellung der Schwere des Eingriffs und des Grades der Zweckerreichung (→ Rn. 625)
         – 3. Güterabwägung unter Berücksichtigung der Kontrolldichte: Ist es verfassungsrechtlich untragbar, den Eingriff für zumutbar zu halten? (→ Rn. 626)
   b) Gegebenenfalls: **Sonstige verfassungsrechtliche Garantien**
      Insbesondere: Verfahrensrechtliche Seite der Grundrechte (→ Rn. 857 ff.).
      Beachte: Die hinreichende Bestimmtheit der Eingriffsermächtigung und der Parlamentsvorbehalt sind gegebenenfalls schon bei der Verfassungsmäßigkeit der Eingriffsermächtigung (unter III. 2. a)) zu prüfen.

Variante 2 a: Vereinfachtes Schema für Standardeingriffe durch Einzelakt

Beachte: Das Schema 2 systematisiert auch die seltener vorkommenden Probleme (z. B. Richtervorbehalt und verfahrensrechtliche Seite der Grundrechte). In Standardfällen muss auf die entsprechenden Prüfungspunkte III. 2. b) und III. 3. b) der Variante 2 nicht eingegangen werden. So reduziert sich die Frage der formellen Verfassungsmäßigkeit (III. 2.) auf die Frage der gesetzlichen Grundlage des Eingriffs und die Frage der materiellen Verfassungsmäßigkeit (III. 3.) auf die Frage der Verhältnismäßigkeit. Dann lassen sich die Überschriften auch wie folgt (zusammen-) fassen.

In Standardfällen empfiehlt sich folgendes vereinfachtes Schema:

I. **Schutzbereich**
   1. **Beeinträchtigung eines sachlichen Schutzbereichs** (→ Rn. 42 ff.)
   2. **Eröffnung des persönlichen Schutzbereichs und Grundrechtsberechtigung** (insbesondere von Ausländern → Rn. 444 und juristischen Personen → Rn. 453)

II. **Eingriff**
   In einfachen Fällen eines klassischen Eingriffs bloße Feststellung, wie der Einzelakt unmittelbar in das Grundrecht eingreift (→ Rn. 492)

III. **Rechtfertigung**
   1. **Beschränkbarkeit des Grundrechts** (Schrankenregelung)
      Typus des Gesetzesvorbehaltes (→ Rn. 559 ff.)
   2. **Gesetzliche Grundlage des Eingriffs** (Schrankenziehendes Gesetz)
      – Existiert eine gesetzliche Grundlage?
      – Verfassungsmäßigkeit des Gesetzes. In Zweifelsfällen: Hier vollständige Grundrechtsprüfung bezogen auf das Gesetz (siehe hierzu Variante 1), also einschließlich dessen materieller Verfassungsmäßigkeit, gegebenenfalls auch Prüfung am Maßstab mehrerer Grundrechte.
   3. **Verhältnismäßigkeit des Einzelaktes** (Übermaßverbot)
      a) **Konkretisierung der Mittel-Zweck-Relation** (→ Rn. 611 ff.)
         – *Formulierungsvorschlag für den Einstieg: „Der Eingriff müsste schließlich verhältnismäßig sein. Bei der Prüfung des Übermaßverbotes stellt sich die Frage, in welcher Relation der Eingriff zu seinen Zwecken steht (Mittel-Zweck-Relation)."*
         – immer: An dieser Stelle den Zweck des Eingriffs benennen (→ Rn. 614)
         – Gegebenenfalls: Benennung mehrerer Zwecke (→ Rn. 617)
         – Ausnahmsweise: Frage, ob ein Zweck per se illegitim ist (grds. sind alle Gemeinwohlinteressen legitim) (→ Rn. 615 f.)
         – Ausnahmsweise: Frage, ob ein Mittel per se illegitim ist (→ Rn. 613)
      b) **Geeignetheit** (→ Rn. 619)
         – Der Eingriff muss mindestens einem Zweck überhaupt dienen (Teileignung reicht)
         – Eignung entfällt nach Zweckerreichung
      c) **Erforderlichkeit** (→ Rn. 620 ff.)
         – Frage nach milderem Mittel, das dieselben (gegebenenfalls alle) Zwecke (mindestens) ebenso gut erreicht
         – Milder = insgesamt grundrechtsschonender

d) Verhältnismäßigkeit i.e.S. (→ Rn. 623 ff.)
   - Frage, ob Schwere des Grundrechtseingriffs durch den Nutzen der verfolgten Zwecke aufgewogen wird
   - 1. Abstrakte Feststellung über die Wertigkeit der Belange, die auf dem Spiel stehen (insbesondere verfassungsrechtlich oder durch die EMRK besonders herausgehobene Werte) (→ Rn. 624)
   - 2. Konkrete Feststellung der Schwere des Eingriffs und des Grades der Zweckerreichung (→ Rn. 625)
   - 3. Güterabwägung unter Berücksichtigung der Kontrolldichte: Ist es verfassungsrechtlich untragbar, den Eingriff für zumutbar zu halten? (→ Rn. 626)

Schema 3: Eingriff in vorbehaltlose Grundrechte

I. Schutzbereich
s. Schema 1: I.
Beachte: Die Schutzbereiche vorbehaltloser Grundrechte sind unter Berücksichtigung des Sinns und der Konsequenzen der Vorbehaltlosigkeit auszulegen (→ Rn. 43). Deshalb erfolgt im Zweifel keine Schutzbereichserweiterung vorbehaltloser Grundrechte durch völkerrechtsfreundliche Auslegung im Lichte der EMRK (→ Rn. 81).

II. Eingriff
s. Schema 2: II.

III. Rechtfertigung
1. Beschränkbarkeit vorbehaltloser Grundrechte (→ Rn. 711 ff.)
   – Einheit der Verfassung (→ Rn. 711)
   – Benennung der kollidierenden Interessen und Frage, ob es sich um Güter mit Verfassungsrang handelt (→ Rn. 717 ff.). Beachte: Die EMRK selbst hat keinen Verfassungsrang, ist aber bei der Auslegung des GG und damit auch bei der Bestimmung von Verfassungsgütern zu berücksichtigen (→ Rn. 721).
   – Gegebenenfalls: Benennung mehrerer Zwecke
2. Formelle Rechtfertigung
s. Schema 2: III. 2. Hier ist festzustellen, dass der Vorbehalt des Gesetzes auch bzw. erst recht für vorbehaltlose Grundrechte gilt (→ Rn. 560). Das Zitiergebot gilt hingegen nicht (→ Rn. 581).
3. Materielle Rechtfertigung
   a) Praktische Konkordanz (→ Rn. 733 ff.)
      aa) Konkretisierung der Mittel-Zweck-Relation
         – Feststellung, dass legitime Zwecke auf kollidierendes Verfassungsrecht beschränkt sind, d. h. alle anderen Zwecke bei der Mittel-Zweck-Relation außer Betracht bleiben; gegebenenfalls Neutralitätsgebot
         – Besteht eine konkrete Schutzpflicht zugunsten der kollidierenden Verfassungsgüter?
      bb) Geeignetheit
         – Der Eingriff muss der Erfüllung wenigstens einer kollidierenden Schutzpflicht dienen (Teileignung reicht)
         – Eignung entfällt nach Zweckerreichung
      cc) Erforderlichkeit
         – Frage nach milderem Mittel, das dieselben (gegebenenfalls alle) Zwecke (mindestens) ebenso gut erreicht
         – Milder = insgesamt grundrechtsschonender, insbesondere Alternativen, die nicht in vorbehaltlose Grundrechte eingreifen

dd) Strenge Verhältnismäßigkeit i.e.S. als Gebot der Herstellung praktischer Konkordanz
- Frage, ob Schwere des Grundrechtseingriffs durch den Nutzen der verfolgten Zwecke aufgewogen wird.
- 1. Abstrakte Feststellung, welches Gewicht die kollidierenden Verfassungsbelange haben. Beachte Besonderheiten bei Grundrechtsträgern im Sonderstatus.
- 2. Konkrete Feststellung der Schwere des Eingriffs und des Grades der Zweckerreichung
- 3. Güterabwägung unter Berücksichtigung der erhöhten Kontrolldichte: Sind die gegenüberstehenden Verfassungsbelange optimiert?

b) **Sonstige verfassungsrechtliche Garantien**
s. Schema 2: III. 3. b)

Schema 4: Schutzpflicht-Fälle

I. **Schutzbereich**
   s. Schema 1: I.

II. **Schutzpflicht**
   1. Prüfung, ob der Staat zur Verhinderung der Beeinträchtigung des Grundrechts eine Schutzpflicht hat (qualifiziertes Schutzbedürfnis) (→ Rn. 510 ff.)
   2. Gegebenenfalls: mangelnde Kompetenz begrenzt die Zurechnung (→ Rn. 529 ff.)
   3. Gegebenenfalls: Grundrechtsverzicht unterbricht die Zurechnung (→ Rn. 534 ff.)

III. **Rechtfertigung**
   1. **Formelle Rechtfertigung**
      a) Immer: Feststellung einer Kompetenz und Rechtsgrundlage für das begehrte staatliche Handeln
      b) Gegebenenfalls: Wenn die Erfüllung der Schutzpflicht zugleich in Grundrechte (Dritter) eingreift: Vorbehalt des Gesetzes s. Schema 2: III. 2.
   2. **Materielle Rechtfertigung**
      a) **Untermaßverbot** (→ Rn. 627 ff.)
         aa) **Konkretisierung der Mittel-Zweck-Relation** (→ Rn. 627 ff.)
            – Formulierungsvorschlag für den Einstieg: „Das staatliche Unterlassen von (weiteren) Maßnahmen könnte gegen das Untermaßverbot verstoßen. Das ist der Fall, wenn die ergriffenen Mittel/die völlige Untätigkeit den verfassungsrechtlich gebotenen Schutzzwecken nicht gerecht wird (umgekehrte Mittel-Zweck-Relation)."
            – Immer: An dieser Stelle den Zweck des Schutzes benennen
            – Gegebenenfalls: Benennung mehrerer, evtl. auch kollidierender Zwecke
            – Ausnahmsweise: Frage nach der Legitimität der Mittel
         bb) **Geeignetheit** (→ Rn. 630)
            – Dienen die ergriffenen Mittel/die völlige Untätigkeit den o. g. Zwecken?
         cc) **Effektivität (anstelle der Erforderlichkeit)** (→ Rn. 631)
            – Existiert kein effektiveres, gleich mildes Mittel?
            – Milder = insgesamt grundrechtsschonender
         dd) **Verhältnismäßigkeit i.e.S.** (→ Rn. 632 f.)
            – Frage, ob Schwere der Grundrechtsbeeinträchtigung durch die mit dem Unterlassen verfolgten Zwecke aufgewogen wird
            – Drei Schritte s. Schema 2: III. 2. d) (Beachte bei Kontrolldichte grds. Auswahlermessen des Staates bei der Wahl der Mittel/des Schutzes)
      b) **Sonstige verfassungsrechtliche Garantien**
         s. Schema 2: III. 3. b)

Schema 5: Fälle mittelbarer Drittwirkung

I. Schutzbereich
   s. Schema 1: I.

II. Zurechnung
   1. Diskussion um Ablehnung einer direkten Drittwirkung (→ Rn. 478 ff.)
   2. Zurechnung im Dreiecksverhältnis zwischen dem Staat und (mindestens) zwei Privaten (→ Rn. 484, 505 ff.)
      a) Staatliche Eingriffe (soweit der Staat im Verhältnis zwischen Privaten interveniert s. Schema 2: II.)
      b) Staatliche Schutzpflichten (soweit der Staat im Verhältnis zwischen Privaten nicht oder zu wenig interveniert, s. Schema 4: II.)

III. Rechtfertigung
   1. Beschränkbarkeit des Grundrechts
      s. Schema 2: III. 1. bzw. Schema 3: III. 1.
   2. Formelle Rechtfertigung
      a) Immer: Feststellung einer Kompetenz und Rechtsgrundlage für das begehrte staatliche Handeln
      b) Gegebenenfalls: Wenn die Erfüllung der Schutzpflicht zugleich in Grundrechte (Dritter) eingreift: Vorbehalt des Gesetzes s. Schema 2: III. 1
      Beachte: Mittelbare Drittwirkung wird durch die Auslegung von Generalklauseln vermittelt, sodass an die Bestimmtheit des Gesetzes keine hohen Anforderungen gestellt werden. (→ Rn. 485, 571 f.)
   3. Materielle Rechtfertigung: Lösung des Grundrechtskonfliktes bzw. der Grundrechtskollision durch Ausgleich zwischen Über- und Untermaßverbot
      a) Soweit der Staat im Verhältnis zwischen Privaten interveniert
         s. Schema 2: III. (bzw. bei vorbehaltlosem Grundrecht Schema 3: III.)
      b) Soweit der Staat im Verhältnis zwischen Privaten nicht oder zu wenig interveniert, s. Schema 4: III.
      c) Im Mehrebenensystem: Doppelte Konkordanz (→ Rn. 740 f.)

B. Schemata zur Durchsetzung der Grundrechte

Schema 6: Urteilsverfassungsbeschwerde

I. Zulässigkeit
1. **Zuständigkeit des BVerfG** nach Art. 93 Abs. 1 Nr. 4 a GG, § 13 Nr. 8 a BVerfGG
2. **Beschwerde- und Prozessfähigkeit**: Frage der „jedermann"-Eigenschaft i. S. d. Art. 93 Abs. 1 Nr. 4 a GG, § 90 Abs. 1 BVerfGG stellt sich parallel zur grundrechtlichen Frage der Grundrechtsberechtigung. Hier kann sich die Frage stellen, ob der Beschwerdeführer überhaupt grundrechtsfähig ist (→ Rn. 915).
Im Rahmen der Prozessfähigkeit können sich Fragen der Grundrechtsmündigkeit stellen (→ Rn. 452, 916).
3. **Beschwerdegegenstand**: Urteil (gegebenenfalls außerdem der im Rechtsweg angegriffene Exekutivakt). Frage der „öffentlichen Gewalt"-Eigenschaft i. S. d. Art. 93 Abs. 1 Nr. 4 a GG, § 90 Abs. 1 BVerfGG stellt sich parallel zur grundrechtlichen Frage der Grundrechtsbindung. Hier ist gegebenenfalls festzustellen, dass nur deutsche öffentliche Gewalt nach Art. 1 Abs. 3 GG an die Grundrechte des GG gebunden ist.
4. **Beschwerdebefugnis** (→ Rn. 921 ff.)
    a) Prüfungsmaßstab sind die Grundrechte i. S. d. Art. 93 Abs. 1 Nr. 4 a GG, § 90 Abs. 1 BVerfGG, d. h. Art. 1-19 GG, gegebenenfalls die GRCh (aber nicht die EMRK!) sowie die in Art. 93 Abs. 1 Nr. 4 a GG, § 90 Abs. 1 BVerfGG ausdrücklich genannten Rechte („grundrechtsgleiche Rechte")
    b) Beachte: An dieser Stelle können offensichtlich nicht einschlägige Schutzbereiche bereits ausgeschieden werden.
    c) Gegebenenfalls: Auf welche Grundrechte können sich Ausländer (→ Rn. 447 ff.) und juristische Personen (→ Rn. 457 ff.) berufen (→ Rn. 923)?
    d) Die Verletzung ist plausibel geltend zu machen. Beachte: Die Grundrechtsprüfung, d. h. die Frage, ob das Grundrecht tatsächlich verletzt wurde, ist eine Frage der Begründetheit.
    e) Dass der Beschwerdeführer gegebenenfalls selbst, unmittelbar und gegenwärtig betroffen ist, stellt bei Urteils-Verfassungsbeschwerden der unterlegenen Prozesspartei regelmäßig kein Problem dar.
5. **Rechtswegerschöpfung und Subsidiarität** (→ Rn. 926 ff.)
    a) Rechtswegerschöpfung nach § 90 Abs. 2 S. 1 BVerfGG, wenn und soweit ein Rechtsweg (gegebenenfalls auch des Eilrechtsschutzes!) gegeben ist, es sei denn, eine Ausnahme nach § 90 Abs. 2 S. 2 BVerfGG liegt vor.
    b) Außerdem: ungeschriebener Grundsatz der Subsidiarität gegenüber der Beschreitung eines weiteren Rechtswegs (insbesondere des Hauptsacheverfahrens nach Erschöpfung des Eilrechtsschutzes!).
6. **Form und Frist** (→ Rn. 930)

II. Begründetheit
1. **Maßstab** der Überprüfung der Fachgerichte: Beschränkung der Prüfung auf die Verletzung spezifischen Verfassungsrechts (→ Rn. 946 ff.). Beachte, dass die Verfassungsbeschwerde zwar nicht auf die EMRK gestützt werden kann, dass diese

als Rechtserkenntnisquelle aber im Rahmen der Prüfung deutscher Grundrechte in Betracht kommt.

2. **Grundrechtsprüfung**

   a) Freiheitsrechte (gegebenenfalls spezielle vor Art. 2 Abs. 1 GG)

   b) Gleichheitsrechte

   Beachte die Konsequenzen aus dem Maßstab der Verletzung spezifischen Verfassungsrechts:

   – Wenn ein Schutzbereich durch die Fachgerichte verkannt wurde, ist spezifisches Verfassungsrecht an sich verletzt. Dennoch ist der Eingriff und dessen Rechtfertigung (nicht nur hilfsgutachtlich) weiter zu prüfen unter dem Aspekt, ob sich Verletzung spezifischen Verfassungsrechts auch „ausgewirkt" hat! (→ Rn. 946)

   – Beschränkte Kontrolldichte des BVerfG gegenüber den Fachgerichten, insbesondere auch bei der Verhältnismäßigkeit i. e. S. (→ Rn. 626, 946)

3. **Entscheidungsfolgen bei Begründetheit**: Regelmäßig Kassation des Urteils und Rückverweisung (→ Rn. 931). Beachte: Wird durch die Fachgerichte ein Schutzbereich verkannt, ohne dass das Urteil die Grundrechte im Ergebnis verletzt, dann bleibt die Verfassungsbeschwerde letztlich unbegründet, weil eine Kassation des Urteils zur Durchsetzung der subjektiven Grundrechte nicht erforderlich ist. Gleichzeitig erfüllt sich insoweit die objektiv-rechtliche Funktion der Verfassungsbeschwerde, nämlich den Schutzbereich eines Grundrechts allgemein zu klären.

Varianten der Prüfung der Verfassungswidrigkeit einer Norm im Rahmen einer Urteilsverfassungsbeschwerde:

Beachte, dass Gegenstand der Urteilsverfassungsbeschwerde nicht ein Gesetz, sondern ein Urteil ist. Wenn fraglich ist, ob das Urteil auf einem verfassungswidrigen Gesetz beruht (das zu Unrecht nicht nach Art. 100 Abs. 1 GG vorgelegt wurde), ergeben sich zwei alternative, gleichwertige Aufbauvarianten:

Variante 1: Inzidente Prüfung des Gesetzes („Schachtelaufbau" → Rn. 561)

Prüfungsreihenfolge bleibt, also:

1. **Maßstab** s. o.

2. **Grundrechtsprüfung** s. o.

   Dort im Rahmen der Prüfung der einschlägigen Grundrechte (s. Schema 2):

   a) Schutzbereich

   b) Zurechnung

   c) Rechtfertigung

      aa) Formelle Rechtfertigung, insbesondere Vorbehalt des Gesetzes:

      – Existiert ein Gesetz, auf das der Grundrechtseingriff des Urteils gestützt werden kann? (Dies ist immer zu prüfen!)

      – Ist das Gesetz seinerseits verfassungsmäßig?

         1. Formelle Verfassungsmäßigkeit der Eingriffsermächtigung (Kompetenz, Gesetzgebungsverfahren)

2. **Materielle Verfassungsmäßigkeit der Eingriffsermächtigung.** Hier insbesondere Grundrechtsprüfung.
Diese Prüfung hat drei mögliche Konsequenzen:
a) Die Norm ist verfassungsgemäß. Dann ist im Anschluss an die Verhältnismäßigkeit der abstrakten Norm die Verhältnismäßigkeit der Einzelmaßnahme, also die Fehler des Urteils bei der Abwägung zu prüfen (→ bb)).
b) Die Norm ist verfassungswidrig. Dann ist die Frage der Entscheidungsfolgen insoweit bereits hier aufzuwerfen: Regelmäßig werden verfassungswidrige Normen für nichtig erklärt (→ Rn. 931) und die Verfassungsbeschwerde wäre begründet. Ausnahmsweise bleibt es aber bei der bloßen Feststellung der Verfassungswidrigkeit (→ Rn. 865). Wenn das Gesetz übergangsweise weiter anwendbar bleibt, dann ist wie bei a) die Verhältnismäßigkeit der Einzelmaßnahme zu prüfen (→ bb)).
c) Zweifel an der Verfassungsmäßigkeit der Norm lassen sich durch eine verfassungskonforme Auslegung der Norm lösen. Dann sind die Konsequenzen bei der Verhältnismäßigkeit der Einzelmaßnahme zu berücksichtigen (→ bb)).

bb) Materielle Rechtfertigung des Einzelaktes (also Verhältnismäßigkeit des Urteils!) Hier ist auf ergänzende Gesichtspunkte der Verhältnismäßigkeit im Einzelfall einzugehen. Beachte, dass hier zwei Verhältnismäßigkeitsprüfungen direkt nacheinander erfolgen, zunächst bezogen auf die Norm, dann auf das Urteil.)

3. **Entscheidungsfolgen bei Begründetheit:** Regelmäßig Kassation des Urteils und Rückverweisung (→ Rn. 931)

Variante 2: Gesonderte Prüfung des Gesetzes

Einleitungssatz: „Das Urteil verletzt den Beschwerdeführer in seinen Grundrechten, wenn es auf einem verfassungswidrigen Gesetz beruht oder wenn das Gericht bei dessen Auslegung und Anwendung spezifisches Verfassungsrecht verkannt hat."

Die Prüfungsreihenfolge ändert sich dann wie folgt:

1. **Verletzung der Grundrechte durch Anwendung einer verfassungswidrigen Norm**
   a) Grundrechtswidrigkeit des Gesetzes (hier Grundrechtsprüfung wie bei der Rechtssatzverfassungsbeschwerde s. Schema 7: II. 1.) Hier erfolgt auch die Prüfung der Verhältnismäßigkeit der abstrakten Norm.
   b) Entscheidungsfolgen (s. Schema 7: II. 2.). Beachte: Bei bloßer Unvereinbarkeitserklärung kann die Verfassungsbeschwerde im Ergebnis trotz Verfassungswidrigkeit des Gesetzes unbegründet sein (exemplarisch: BVerfGE 109, 190).

2. **Verletzung der Grundrechte durch das Urteil**
   a) Maßstab der Verletzung spezifischen Verfassungsrechts
   b) Grundrechtsprüfung (Hier erfolgt auch die Prüfung der Verhältnismäßigkeit des konkreten Urteils.)
   c) Entscheidungsfolgen

Beachte: In beiden Aufbauvarianten ist die Verhältnismäßigkeit der Eingriffsermächtigung und des Einzelaktes getrennt zu prüfen (→ Rn. 55, 552).

Schema 7: Rechtssatzverfassungsbeschwerde

I. Zulässigkeit
  1. **Zuständigkeit des BVerfG** nach Art. 93 Abs. 1 Nr. 4 a GG, § 13 Nr. 8 a BVerfGG
  2. **Beschwerde- und Prozessfähigkeit**: Frage der „jedermann"-Eigenschaft i. S. d. Art. 93 Abs. 1 Nr. 4 a GG, § 90 Abs. 1 BVerfGG stellt sich parallel zur grundrechtlichen Frage der Grundrechtsberechtigung. Hier kann sich die Frage stellen, ob der Beschwerdeführer überhaupt grundrechtsfähig ist (→ Rn. 915). Im Rahmen der Prozessfähigkeit können sich Fragen der Grundrechtsmündigkeit stellen (→ Rn. 452, 916).
  3. **Beschwerdegegenstand**: Norm (Beachte: anders als bei Art. 100 Abs. 1 GG kommen auch untergesetzliche Normen in Betracht). Frage der „öffentlichen Gewalt"-Eigenschaft i. S. d. Art. 93 Abs. 1 Nr. 4 a GG, § 90 Abs. 1 BVerfGG stellt sich parallel zur grundrechtlichen Frage der Grundrechtsbindung. Hier ist gegebenenfalls festzustellen, dass nur deutsche öffentliche Gewalt nach Art. 1 Abs. 3 GG an die Grundrechte des GG gebunden ist.
  4. **Beschwerdebefugnis**
      a) Prüfungsmaßstab sind die Grundrechte i. S. d. Art. 93 Abs. 1 Nr. 4 a GG, § 90 Abs. 1 BVerfGG, d. h. Art. 1-19 GG, gegebenenfalls die GRCh (aber nicht die EMRK!) sowie die in Art. 93 Abs. 1 Nr. 4 a GG, § 90 Abs. 1 BVerfGG ausdrücklich genannten Rechte („grundrechtsgleiche Rechte")
      b) Beachte: An dieser Stelle können offensichtlich nicht einschlägige Schutzbereiche bereits ausgeschieden werden.
      c) Die Verletzung ist plausibel geltend zu machen. Beachte: Die Grundrechtsprüfung, d. h. die Frage, ob das Grundrecht tatsächlich verletzt wurde, ist eine Frage der Begründetheit.
      d) Bei der Rechtssatzverfassungsbeschwerde rückt die Frage in den Mittelpunkt, ob der Beschwerdeführer selbst, unmittelbar und gegenwärtig betroffen ist (→ Rn. 924 f.).
  5. **Rechtswegerschöpfung und Subsidiarität**
      a) Rechtswegerschöpfung nach § 90 Abs. 2 S. 1 BVerfGG, wenn und soweit ein Rechtsweg gegeben ist. Beachte: Gegen Normen ist nur ausnahmsweise ein Rechtsweg gegeben (§ 47 VwGO!). In allen anderen Fällen ist kein Rechtsweg gegeben, kann also auch nicht erschöpft werden, so dass (nur) die Subsidiarität zu prüfen ist.
      b) Ungeschriebener Grundsatz der Subsidiarität in Anlehnung an die Kriterien des § 90 Abs. 2 S. 2 BVerfGG analog (→ Rn. 929).
  6. **Form und Frist** (→ Rn. 930)

II. Begründetheit
  1. **Grundrechtsprüfung** (unter Beachtung der Kontrolldichte des BVerfG gegenüber dem Gesetzgeber, insbesondere auch bei der Verhältnismäßigkeit i. e. S.). Beachte, dass bei der Rechtssatzverfassungsbeschwerde die Frage der formellen Verfassungsmäßigkeit der Norm im Rahmen der Rechtfertigung des Grundrechtseingriffs geprüft wird, während bei den Normenkontrollen nach Art. 100 Abs. 1 bzw. Art. 93 Abs. 1 Nr. 2 GG umgekehrt die Grundrechtsprüfung innerhalb der materiellen Verfassungsmäßigkeit geprüft wird. Beachte, dass die Verfassungs-

beschwerde zwar nicht auf die EMRK gestützt werden kann, dass diese als Rechtserkenntnisquelle aber im Rahmen der Prüfung deutscher Grundrechte in Betracht kommt.

a) Freiheitsrechte (gegebenenfalls spezielle vor Art. 2 Abs. 1 GG)

b) Gleichheitsrechte

2. **Entscheidungsfolgen bei Begründetheit**: Regelmäßig werden verfassungswidrige Normen für nichtig erklärt (→ Rn. 931), gegebenenfalls bleibt es aber bei der bloßen Feststellung der Verfassungswidrigkeit (→ Rn. 865).

Definitionen

Begriffe zu den grundrechtlichen Schutzbereichen:

Begriff	Definition
Menschenwürde (Art. 1 Abs. 1)	Nach der Objektformel ist die Menschenwürde betroffen, wenn der konkrete Mensch zum Objekt, zu einem bloßen Mittel, zur vertretbaren Größe herab gewürdigt wird. Zur Lösung von Fällen ist diese Formel durch Fallgruppen (insbesondere Deklassierung von Gruppen, Herabwürdigung oder Erniedrigung von Personen) zu konkretisieren (str.). *§ 8 Rn. 135, 148 ff.*
Freie Entfaltung der Persönlichkeit (Art. 2 Abs. 1)	Die freie Entfaltung der Persönlichkeit umfasst als Auffanggrundrecht die „allgemeine Handlungsfreiheit" im umfassenden Sinne, nämlich jede Form menschlichen Verhaltens. *§ 10 Rn. 435*
Allgemeines Persönlichkeitsrecht (Art. 2 i. V. m. Art. 1, jeweils Abs. 1)	Das allgemeine Persönlichkeitsrecht ist das Recht, seine Identität zu definieren, zu entwickeln und darzustellen. *§ 10 Rn. 425*
Informationelle Selbstbestimmung (Art. 2 i. V. m. Art. 1, jeweils Abs. 1)	Die informationelle Selbstbestimmung als Ausprägung des allgemeinen Persönlichkeitsrechts schützt vor fremdbestimmter Speicherung, Nutzung und Weitergabe persönlichkeitsrelevanter Daten. *§ 10 Rn. 426*
Vertraulichkeit informationstechnischer Systeme (Art. 2 i. V. m. Art. 1, jeweils Abs. 1)	Die Vertraulichkeit informationstechnischer Systeme stellt ebenfalls eine Erweiterung des allgemeinen Persönlichkeitsrechts dar und betrifft den Schutz der Nutzung des Personalcomputers (PC) und anderer technischer Instrumente mit entsprechenden Funktionen. *§ 10 Rn. 427*
Leben (Art. 2 Abs. 2 S. 1)	Das Leben umfasst den Zeitraum von der Befruchtung der Eizelle bis zum Herz- und Hirntod. *§ 9 Rn. 163*
Körperliche Unversehrtheit (Art. 2 Abs. 2 S. 1)	Die körperliche Unversehrtheit umfasst die Freiheit von physischer und psychischer Krankheit und die körperliche Integrität, nicht jedoch das bloße geistige oder soziale Wohlbefinden. *§ 9 Rn. 167*
Freiheit der Person (Art. 2 Abs. 2 S. 2)	Die Freiheit der Person umfasst die körperliche Bewegungsfreiheit, d. h. die Freiheit, einen beliebigen Ort aufzusuchen, sich dort aufzuhalten oder ihn zu verlassen. (zur Freiheitsbeschränkung und -entziehung → Schrankenbestimmungen) *§ 9 Rn. 172 ff.*
Gleichheit vor dem Gesetz (Art. 3 Abs. 1)	Die Gleichheit vor dem Gesetz umfasst als allgemeines Gleichbehandlungsgebot die Gleichheit bei der Anwendung des Rechts, aber auch bei jeder Form der Rechtssetzung. *§ 24 Rn. 753 ff.*
Abstammung (Art. 3 Abs. 3)	Abstammung ist die Beziehung einer Person zu ihren Vorfahren. *§ 26 Rn. 826*
Rasse (Art. 3 Abs. 3)	Erfasst werden von diesem Diskriminierungsverbot alle gruppenspezifischen Stigmatisierungen, soweit die Zugehörigkeit zu einer solchen Gruppe vererbbar sein soll. *§ 26 Rn. 827*
Sprache (Art. 3 Abs. 3)	Mit dem Merkmal Sprache ist die spezifische kulturelle Verbundenheit zur Muttersprache einschließlich der Dialekte gemeint. *§ 26 Rn. 828*

Definitionen

Begriff	Definition
Heimat (Art. 3 Abs. 3)	Heimat meint die örtliche Herkunft bzw. Ansässigkeit. § 26 Rn. 829
Herkunft (Art. 3 Abs. 3)	Das Merkmal Herkunft meint die soziale Verwurzelung und Zugehörigkeit und schützt gegen die Bevorzugung oder Benachteiligung bestimmter Gesellschaftsschichten. § 26 Rn. 829
Behinderung (Art. 3 Abs. 3)	Behinderungen sind dauerhafte, nicht altersbedingte, erhebliche Funktionsbeeinträchtigungen körperlicher, geistiger oder seelischer Art. § 26 Rn. 831
Unmittelbare Diskriminierung (Art. 3 Abs. 3)	Unmittelbare Diskriminierung ist die explizite Anknüpfung an eines der Merkmale des Art. 3 Abs. 3 GG. § 26 Rn. 809
Mittelbare Diskriminierung (Art. 3 Abs. 3)	Mittelbare Diskriminierungen sind Ungleichbehandlungen, die typischerweise die geschützte Personengruppe treffen. § 26 Rn. 809
Glaube (Art. 4 Abs. 1)	Glaube ist die religiöse Überzeugung des Einzelnen bzw. einer Religionsgemeinschaft, einen transzendenten Bezug zu haben. § 9 Rn. 185
Gewissen (Art. 4 Abs. 1)	Das Gewissen ist die innere moralische Steuerung des Einzelnen in den Kategorien „Gut und Böse", soweit sie der Einzelne als für sich verpflichtend empfindet. § 9 Rn. 186
Weltanschauung (Art. 4 Abs. 1)	Weltanschauung ist ein nichtreligiöser Sinnstiftungsentwurf. § 9 Rn. 185
Religionsausübung (Art. 4 Abs. 2)	Religionsausübung kann in jeder Form, d. h. nicht nur in Wort und Schrift, sondern auch in der Lebensführung (z. B. im Tragen symbolischer Kleidungsstücke) zum Ausdruck gebracht werden (nach h. M. sind Art. 4 Abs. 1 und 2 GG ein einheitliches Grundrecht). § 9 Rn. 191
Meinung (Art. 5 Abs. 1 S. 1)	Meinung ist weit zu verstehen und umfasst Werturteile (soweit sie nicht verächtlich sind) sowie Tatsachenbehauptungen (sofern diese nicht erwiesen unrichtig sind (str.)). § 9 Rn. 209 f.
Allgemein zugängliche Quelle (Art. 5 Abs. 1 S. 1)	Allgemein zugänglich sind solche Quellen, die nicht nur objektiv geeignet, sondern auch dazu bestimmt sind, die Allgemeinheit zu informieren. § 9 Rn. 213
Presse (Art. 5 Abs. 1 S. 2)	Presse ist als körperliches, nicht notwendig gedrucktes Trägermedium zu verstehen. § 9 Rn. 222, 225
Rundfunk (Art. 5 Abs. 1 S. 2)	Rundfunk ist ein nichtkörperliches Trägermedium von Informationen, die für einen unbestimmten Personenkreis spezifisch aufbereitet werden. § 9 Rn. 227, 228
Film (Art. 5 Abs. 1 S. 2)	Film ist ein körperliches Trägermedium für bewegte Bilder, die für einen unbestimmten Personenkreis aufgenommen werden. § 9 Rn. 228
Kunst (Art. 5 Abs. 3 S. 1)	Kunst ist ein sinnlich-ästhetisches Mittel („Zeichen") in einem Kommunikationsprozess, dem verschiedene Bedeutungen zukommen können. Dem Wesenscharakter der Kunst entspricht nur ein offener, also weder materialer noch formaler Kunstbegriff (str.). § 9 Rn. 234 ff.

Definitionen

Begriff	Definition
Wissenschaft (Art. 5 Abs. 3 S. 1)	Wissenschaft ist der ernsthafte, methodisch planmäßige Versuch eines Beitrages zur Ermittlung objektivierbarer Wahrheit, der publiziert wird und intersubjektiv nachprüfbar ist und der sich damit der Kritik und gegebenenfalls Falsifizierung stellt. § 9 Rn. 244
Forschung und Lehre (Art. 5 Abs. 3 S. 1)	Forschung und Lehre sind als Unterfall der Wissenschaftsfreiheit auf wissenschaftliche (nicht notwendig eigene) Erkenntnisse bezogen. § 9 Rn. 244
Ehe (Art. 6 Abs. 1)	Ehe ist der grundsätzlich unauflösbare Bund zwischen zwei Partnern, der unter staatlicher Mitwirkung zustande kommt. § 9 Rn. 252
Familie (Art. 6 Abs. 1)	Die Familie ist die Lebensgemeinschaft zwischen Eltern (bzw. einem Elternteil) und Kind(ern). Idealerweise fallen die häusliche Lebensgemeinschaft einerseits und die Familienbande als verwandtschaftliche Beziehung andererseits zusammen, zwingend ist dies aber nicht (str.). § 9 Rn. 255
Pflege (Art. 6 Abs. 2)	Die Pflege ist die Sorge für das körperliche Wohl der Kinder. § 9 Rn. 256
Erziehung (Art. 6 Abs. 2)	Die Erziehung ist die Sorge für die seelische und geistige Entwicklung, die Bildung und die Ausbildung der Kinder. § 9 Rn. 256
Schule (Art. 7 Abs. 4)	Schule ist eine Bildungseinrichtung, in der dauerhaft und programmatisch zusammenhängend verschiedene Fächer unterrichtet werden. § 9 Rn. 259
Versammlung (Art. 8 Abs. 1)	Versammlung ist das örtliche Zusammentreffen von mindestens zwei Menschen zum Zweck der (nach der Rechtsprechung notwendig: politischen) Kommunikation oder des gemeinschaftlichen Erlebens (str). § 9 Rn. 268 ff., 274
Friedlich (Art. 8 Abs. 1)	Friedlich ist eine Versammlung in Anknüpfung an §§ 5 Nr. 3, 13 Abs. 1 Nr. 2 VersG, wenn sie ohne tätliche Gewalt verläuft. § 9 Rn. 278, 280
Waffen (Art. 8 Abs. 1)	Waffen i. S. d. Art. 8 Abs. 1 GG sind objektiv gefährliche Gegenstände, die keine sinnvolle, gewaltfreie Verwendung im Rahmen der Versammlung erwarten lassen. § 9 Rn. 280
Unter freiem Himmel (Art. 8 Abs. 2)	Unter freiem Himmel ist eine Versammlung, wenn der Raum zu den Seiten hin offen und damit für jedermann zugänglich ist. § 23 Rn. 660
Vereinigung (Art. 9 Abs. 1)	Vereinigung i. S. d. GG ist in Anlehnung an § 2 Abs. 1 VereinsG „ohne Rücksicht auf die Rechtsform jede Vereinigung, zu der sich eine Mehrheit (d. h. mindestens zwei) natürlicher oder juristischer Personen für längere Zeit (d. h. über eine Versammlung i. S. d. Art. 8 Abs. 1 GG hinausgehend) zu einem gemeinsamen Zweck freiwillig zusammengeschlossen und einer organisierten Willensbildung unterworfen hat (bzw. sich entsprechend zu institutionalisieren beabsichtigt)". § 9 Rn. 289, 294
Koalition (Art. 9 Abs. 3)	Koalitionen sind Vereinigungen, die der Wahrung und Förderung der Arbeits- und Wirtschaftsbedingungen dienen. § 9 Rn. 309 f.
Briefgeheimnis (Art. 10 Abs. 1)	Briefgeheimnis ist die Vertraulichkeit schriftlicher Fixierungen individueller Informationsinhalte zum Zwecke der Kommunikation. § 9 Rn. 322, 324

Definitionen

Begriff	Definition
Postgeheimnis (Art. 10 Abs. 1)	Postgeheimnis beinhaltet nach der Postreform nur noch einen Schutzauftrag an die Post- und Telekommunikationsbehörden. § 9 Rn. 323, 324
Fernmeldegeheimnis (Art. 10 Abs. 1)	Das Fernmeldegeheimnis schützt die Vertraulichkeit unkörperlicher Kommunikationsakte mit Mitteln der Telekommunikation. § 9 Rn. 324
Freizügigkeit (Art. 11 Abs. 1)	Die Freizügigkeit schützt die Wahl des persönlichen Aufenthaltsortes im Inland, soweit und solange die jeweilige Ortswahl der Begründung eines Lebenskreises dient, sowie das Recht auf Ein- und Auswanderung unter Mitnahme seiner persönlichen Habe. § 9 Rn. 328 ff., 333
Beruf (Art. 12 Abs. 1)	Beruf ist jede auf Erwerb gerichtete Tätigkeit, die auf Dauer angelegt ist und der Schaffung und Erhaltung einer Lebensgrundlage dient. § 9 Rn. 340
Zwangsarbeit (Art. 12 Abs. 3)	Zwangsarbeit ist jeder staatliche Zwang zu arbeiten (str.). § 9 Rn. 360 ff.
Wohnung (Art. 13 Abs. 1)	Wohnung umfasst alle Räume, die dem Rückzug in die Privatheit und der Informationshoheit Privater dienen, d. h. gegebenenfalls auch Geschäftsräume, soweit sie der Öffentlichkeit nicht offenstehen. § 9 Rn. 368 ff.
Eigentum (Art. 14 Abs. 1)	Eigentum ist funktionellrechtlich zu verstehen als materielle Grundlage privater Freiheitsentfaltung. Formell betrachtet ist dies die Summe der Befugnisse, die das Recht dem Eigentümer zuweist. Unter Art. 14 GG umfasst dies alle privatrechtlichen vermögenswerten Rechte, d. h. nicht nur absolute, dingliche, sondern auch relative, schuldrechtliche Ansprüche, soweit sie für den Inhaber frei nutzbar bzw. verfügbar sind, und auch das Besitzrecht des Wohnraummieters. Subjektive öffentliche Rechte werden ausnahmsweise erfasst, soweit sie auf Leistung beruhen. § 9 Rn. 381
Asyl (Art. 16a Abs. 1)	Das Asylrecht gewährt einen Schutz für politisch Verfolgte, wobei einerseits nur die speziell politische Verfolgung und nicht der Schutz vor anderer Not umfasst ist, andererseits politische Verfolgung eine bestimmte Intensität der Diskriminierung voraussetzt. § 9 Rn. 412
Gesetzlicher Richter (Art. 101 Abs 1)	Die Zuständigkeit des „gesetzlichen" Richters muss abstrakt-generell ex ante festgelegt sein. Die Anwendbarkeit erstreckt sich auf Entscheidungsträger aller staatlichen Fachgerichte einschließlich der ehrenamtlichen Mitglieder, aber auch auf die Richter der Verfassungsgerichte und des EuGH. Die nichtstaatlichen Schiedsgerichte hingegen sind nicht erfasst. § 29 Rn. 893
Rechtliches Gehör (Art. 103 Abs. 1)	Der Schutz des rechtlichen Gehörs umfasst das Recht auf Information im Prozess, das Recht auf Äußerung im Prozess sowie das Recht auf Berücksichtigung der Äußerung in der Gerichtsentscheidung. § 29 Rn. 898

Definitionen

Begriffe zu den grundrechtlichen Schrankenbestimmungen:

Begriff	Definition
Verfassungsmäßige Ordnung (Art. 2 Abs. 1)	Die verfassungsmäßige Ordnung umfasst einerseits die Gesamtheit der Normen, die formell und materiell mit der Verfassung in Einklang stehen. § 23 Rn. 636 f., 664
Verfassungsmäßige Ordnung (Art. 9 Abs. 2)	Die verfassungsmäßige Ordnung umfasst andererseits die verfassungsrechtlich konstituierte, d. h. freiheitlich-demokratische Ordnung. § 23 Rn. 636 f., 664
Freiheitsbeschränkung (Art. 104 Abs. 1)	Freiheitsbeschränkungen sind Beschränkungen der Bewegungsfreiheit, die nicht auf einen bestimmten, engen Raum fixiert sind, deren physische Zwanghaftigkeit sich aber aus der tatsächlichen oder potentiellen, zeitlich vorhersehbaren Anwendung sofortigen unmittelbaren Zwangs ergibt. § 9 Rn. 176
Freiheitsentziehung (Art. 104 Abs. 2)	Freiheitsentziehungen sind zwanghafte Beschränkungen der Bewegungsfreiheit auf einen bestimmten, eng begrenzten Raum. § 9 Rn. 176
Zensur (Art. 5 Abs. 1)	Zensur ist ein Präventivvorbehalt in Gestalt der Vorzensur, d. h. der Vorbehalt staatlicher Prüfung vor der Kommunikation. § 23 Rn. 656
Allgemeine Gesetze (Art. 5 Abs. 2)	Allgemeine Gesetze sind solche, die sich weder gegen die Meinungsfreiheit an sich noch gegen bestimmte Meinungen richten, sondern dem Schutz eines schlechthin, ohne Rücksicht auf eine bestimmte Meinung, zu schützenden Rechtsguts dienen. Nach der Wechselwirkungslehre ist im Rahmen der Verhältnismäßigkeitsprüfung das allgemeine Gesetz seinerseits im Lichte des Art. 5 Abs. 1 GG auszulegen, d. h. in seiner beschränkenden Wirkung selbst wieder zu beschränken. § 23 Rn. 652
Berufsregelnde Tendenz (Art. 12 Abs. 1)	Eine berufsregelnde Tendenz liegt vor, wenn eine staatliche Regelung auf eine Berufsregelung abzielt oder sich auf die Tätigkeit zumindest unmittelbar auswirkt. § 9 Rn. 338
Berufsausübungsregelung (Art. 12 Abs. 1)	Berufsausübungsregeln sind solche, die nicht den Zugang, sondern nur die Art und Weise der Ausübung eines Berufes betreffen. Sie können unter Gesichtspunkten der Zweckmäßigkeit gerechtfertigt sein, d. h. wenn sie einem Gemeinwohlbelang in verhältnismäßiger Weise dienen. § 23 Rn. 678
Objektive Berufszugangsregelung (Art. 12 Abs. 1)	Objektive Berufszugangsregelungen sind solche, die nicht von subjektiven, sondern von objektiven, vom Betroffenen nicht beeinflussbaren Kriterien abhängen. Solche Eingriffe sind nur gerechtfertigt, wenn sie zur Abwehr nachweisbarer oder höchstwahrscheinlicher schwerer Gefahren für ein überragend wichtiges Gemeinschaftsgut zwingend geboten sind. § 23 Rn. 680
Subjektive Berufszugangsregelung (Art. 12 Abs. 1)	Subjektive Berufszugangsregelungen sind solche, die die Berufswahl von der persönlichen Qualifikation des Anwärters abhängig machen. Solche Eingriffe sind nur gerechtfertigt, wenn sie dem Schutz überragender Gemeinschaftsgüter in verhältnismäßiger Weise dienen. § 23 Rn. 679
Durchsuchungen (Art. 13 Abs. 2)	Die Durchsuchung zeichnet sich dadurch aus, dass der Staat gegen den Willen des Betroffenen die Wohnung nicht nur betritt, sondern dort nach bestimmten Sachen oder Personen sucht, die dort verborgen sein könnten. § 22 Rn. 596

Definitionen

Begriff	Definition
Lauschangriff (Art. 13 Abs. 3 – 6)	Ein Lauschangriff stellt sich als akustische Überwachung von Wohnungen mit technischen Mitteln dar. *§ 22 Rn. 597*
Inhalts- und Schrankenbestimmung (Art. 14 Abs. 1)	Inhalts- und Schrankenbestimmungen sind abstrakt-generelle Regelungen, durch die sowohl der Eigentumsbegriff determiniert werden als auch in den Schutzbereich der Eigentumsfreiheit eingegriffen werden kann. Sie müssen verhältnismäßig sein. *§ 23 Rn. 702 ff.*
Enteignung (Art. 14 Abs. 3)	Eine Enteignung entzieht eine konkret-individuelle Rechtsposition ganz oder teilweise. Die Enteignung muss dem Gemeinwohl dienen und nach der Rechtsprechung auf die Erfüllung öffentlicher Aufgaben gerichtet sein. *§ 23 Rn. 696*
Junktimklausel (Art. 14 Abs. 3)	Die Junktimklausel sagt aus, dass die Entschädigung für Enteignungen in demselben Gesetz wie die Enteignung selbst geregelt sein muss. *§ 23 Rn. 694*

Begriffe zur allgemeinen Grundrechtsdogmatik:

Merkmal	Definition
Menschenrechte	Menschenrechte sind diejenigen Grundrechte des Grundgesetzes, die unabhängig von der Staatsangehörigkeit gelten und allen Menschen gleichwertigen Schutz gewähren.
	Hiervon zu unterscheiden sind die Menschenrechte i. S. d. Art. 1 Abs. 2 GG, welche die in völkerrechtlichen Verträgen oder vergleichbaren Dokumenten garantierten Rechte bezeichnen, die für alle Menschen gelten. Diese können in ihrem Schutz über den des Grundgesetzes hinausgehen oder auch dahinter zurückbleiben (z. B. EMRK). *§ 11 Rn. 444*
Deutschengrundrechte	Deutschengrundrechte gelten nur für Menschen, die im Besitz der deutschen Staatsangehörigkeit sind (Deutsche i. S. d. Art. 116 Abs. 1 GG). *§ 11 Rn. 444*
Institutionelle Garantie	Eine institutionelle Garantie gewährleistet öffentlich-rechtliche Einrichtungen. *§ 4 Rn. 44*
Institutsgarantie	Eine Institutsgarantie gewährleistet privatrechtliche Rechtsinstitute. *§ 3 Rn. 34*
Klassischer Eingriff	Der so genannte klassische Eingriff zeichnet sich durch vier Elemente aus: Erstens handelt der Staat imperativ (d. h. ge- oder verbietend), zweitens rechtsförmlich und bewirkt dadurch drittens unmittelbar und viertens final eine Grundrechtsbeeinträchtigung. *§ 17 Rn. 492*
Erweiterter Eingriff	Eingriff im weiteren Sinne ist jedes staatliche Handeln, das ein Verhalten, das in den Schutzbereich eines Grundrechts fällt, unmöglich macht oder wesentlich erschwert. Dem Staat zurechenbar ist dabei jede vorhersehbare Grundrechtsbeeinträchtigung, die durch wenigstens eines der vier Merkmale des klassischen Eingriffsbegriffs gekennzeichnet ist, d. h. entweder auf imperatives oder/und rechtsförmliches oder/und unmittelbares oder/und finales Handeln (beim Unterlassen stellt sich die Frage der Zurechnung durch Schutzpflichten) des Staates zurückzuführen ist. *§ 17 Rn. 493 ff.*

Definitionen

Merkmal	Definition
Gesetzesvorbehalt	Gesetzesvorbehalt ist ein im Verfassungstext ausdrücklich normierter ausdrücklicher Vorbehalt, dass ein bestimmtes Grundrecht durch Gesetz oder aufgrund eines Gesetzes eingeschränkt werden darf; danach steht also das betroffene Grundrecht gegebenenfalls unter einem „Gesetzesvorbehalt" als Schranke. *§ 22 Rn. 554*
Vorbehalt des Gesetzes	Vorbehalt des Gesetzes ist der allgemein, d. h. für alle Grundrechte unabhängig von ihren Schrankenbestimmungen geltende rechtsstaatliche Grundsatz, dass Grundrechtseingriffe – soweit die Verfassung diese überhaupt zulässt – jedenfalls auf einer gesetzlichen Grundlage beruhen müssen; danach stehen alle Grundrechtseingriffe unter einem Vorbehalt des Gesetzes als Schranken-Schranke. *§ 22 Rn. 554*
Gesetz	Mit Gesetz i. S. d. Art. 1 – 19 GG ist jeweils ein Parlamentsgesetz gemeint. *§ 22 Rn. 575*
Durch Gesetz	Die Variante „durch Gesetz" lässt zu, dass bereits das Gesetz unmittelbar in ein Grundrecht eingreift. *§ 22 Rn. 575*
Aufgrund eines Gesetzes	Die Variante „aufgrund eines Gesetzes" ermöglicht einen Eingriff in Vollzug des Gesetzes. *§ 22 Rn. 575*
Wesentlichkeitstheorie	Nach der Wesentlichkeitstheorie müssen Eingriffe und Leistungen, die „wesentlich für die Verwirklichung der Grundrechte" sind, vom Parlament selbst bestimmt werden. *§ 22 Rn. 578*
Verhältnismäßigkeit	Die Verhältnismäßigkeit bezeichnet die Relation zwischen Mittel und Zweck. Das Mittel muss zur Erreichung des Zwecks geeignet, erforderlich und angemessen sein. *§ 23 Rn. 611, 618*
Geeignetheit	Geeignet ist ein Mittel bereits dann, wenn es einem Zweck überhaupt dient, ihm also in irgendeiner Weise förderlich ist (Zwecktauglichkeit). *§ 23 Rn. 619*
Erforderlichkeit	Ein Mittel ist erforderlich, wenn es kein milderes Mittel gibt, das alle relevanten Zwecke mindestens ebenso wirksam erreichen könnte. *§ 23 Rn. 620*
Angemessenheit (Verhältnismäßigkeit i.e.S.)	Auf der Stufe der Angemessenheit sind in einem ersten Schritt Mittel und Zweck abstrakt zu betrachten, dann sind sie jeweils konkret zu bewerten. In einem dritten Schritt sind die betroffenen Rechtsgüter gegeneinander abzuwägen. Dabei sind Beschränkungen der Kontrolldichte zu beachten. *§ 23 Rn. 623*
Praktische Konkordanz	Die praktische Konkordanz ist bei Grundrechten ohne Gesetzesvorbehalt als modifizierte, besonders strenge Form der Verhältnismäßigkeit zu prüfen. Als legitime Zwecke kommen hierbei nur Rechtsgüter mit Verfassungsrang in Betracht. Bei der Abwägung stehen sich zwei gleichwertige Ziele bzw. Zwecke gegenüber. *§ 23 Rn. 733*

Stichwortverzeichnis

Die Angaben verweisen auf die Paragrafen des Buches (**fette Zahlen**) sowie die Randnummern innerhalb der einzelnen Paragrafen (magere Zahlen).
Beispiel: § 9 Rn. 10 = **9** 10

Absolute/relative Personen der Zeitgeschichte **10** 423, **23** 741
Abstammung **10** 425, **26** 826
Abtreibung **8** 145, 155, **9** 158, **30** 944
Abwägung **3** 26 f., **23** 609, 623 ff., 733 ff.
Abwehrrechte **15** 484 ff., **17** 492 ff.
Additiver Grundrechtseingriff **4** 62 f., **18** 519
Affirmative actions **24** 749
Allgemeine Erklärung der Menschenrechte (1948) (AEMR) **9** 405, 411
Allgemeine Gesetze **23** 648 ff.
Allgemeine Handlungsfreiheit **10** 418, 435 ff.
– Schranken **23** 636 f.
Allgemeiner Gleichheitssatz **25** 783 ff.
– Persönlichkeitsmerkmale **25** 794 f.
– räumliche Dimension **25** 804
– Rechtfertigung einer Ungleichheit **25** 792 ff.
– stufenloser Rechtfertigungsmaßstab **25** 786, 793 ff.
– zeitliche Dimension **25** 804
– Zurechnung rechtlicher Ungleichheit **25** 787 ff.
Allgemeiner Justizgewährungsanspruch **29** 875, 890 ff.
Allgemeines Persönlichkeitsrecht **4** 61, **10** 417 ff., 425 ff.
– Schranken **23** 638
– Verhältnis zur Pressefreiheit **23** 741
Altersdiskriminierung **15** 485
Altlasten **9** 395
Analogie **3** 32
– verbot **29** 910
Anerkennungstheorie **13** 455
Anmeldungserfordernis **4** 47, **9** 274, **23** 662 f.
Ansammlung **9** 269
Anwendungsvorrang
– des Unionsrechts **7** 83, 96
Apothekenurteil **23** 673 ff.

Arbeitnehmerfreizügigkeit **9** 358, **11** 449, **27** 847 ff.
Arbeitskampf **9** 306
Arbeitsrecht **4** 52, **9** 197, 305 ff., **15** 479, **18** 517, **24** 775, **27** 856
Asylrecht **9** 409 ff.
Aufenthaltsverbot **9** 327
Auffanggrundrecht **4** 42, 56, **10** 435 ff.
– allgemeiner Gleichheitssatz **25** 783
– als Ausländerrecht i. V. m. der EMRK **6** 81
– als Ausländerrecht i. V. m. der EMRK **11** 445
Ausbürgerungsverbot **9** 399 f.
Ausgestaltung der Grundrechte **4** 44 ff.
Ausländergrundrechte **10** 442, **11** 445
Ausländervereine **9** 199
Auslegung
– extensive **4** 43
– grundrechts- bzw. schutzbereichsfreundliche **4** 61
– restriktive **4** 43
– unionsrechtsfreundliche **7** 125 ff., **9** 214, 271, **23** 639, 721, **26** 824
– unionsrechtskonforme **11** 446 ff., **23** 722
– völkerrechtsfreundliche **4** 61, **6** 76 f., 79 ff., **23** 726
– völkerrechtsfreundliche Konkordanz **23** 740 f.
Auslegungsbedürftigkeit **1** 4, **3** 34, **4** 43, **22** 570
Auslegungsspielräume **15** 481
Auslieferung **9** 333, 400 ff., 407
Ausnahmegerichte **29** 892
Autonomie **4** 49, **8** 151, **9** 160, **18** 516, **20** 534 ff.

Bagatellgrenze **4** 45
Beamtenverhältnis **4** 52, **9** 348, **18** 520, **24** 750, **26** 834 ff.
Beeinträchtigung der Grundrechte **4** 39 ff.
Beginn des Lebens **9** 162
Berufsausübungsregelung **9** 345, **23** 678

Stichwortverzeichnis

Berufsfreiheit 4 56, 59, 9 335 ff.
- Schranken 23 673 ff.

Berufswahlregelung 9 345, 23 679 f.

Beschlagnahme 4 59, 10 429

Beschränkungsverbot 27 847

Beschwerde, Recht auf wirksame 29 873, 909

Besonderes Gewaltverhältnis 4 52, 9 197, 18 520, 22 573, 23 745 ff., 26 837, 29 883

Beständigkeit und Wandel der Grundrechtsgeltung 1 4, 3 33 ff.

Bestandsschutz 9 378, 394 f.

Bestimmtheitsgebot 22 564 ff.

Beurteilungsspielraum der Mitgliedsstaaten der EMRK 6 73

Beurteilungsspielraum der Mitgliedsstaaten der EMRK 30 951

Bildungsfreiheit 9 356 f.

Bindungswirkung
- der EMRK 6 68 f., 14 475
- der EU-Grundrechte 7 83, 85 f.
- der Unionsrechte 14 477
- des Verfassungsrechts 4 47
- Grundrechtsbindung 4 40, 13 459, 14 466 ff.
- von Gerichtsentscheidungen 3 32, 4 47

Binnenmarkt 9 336, 24 774, 27 842, 847

Biotechnologie 8 155, 9 168

Boykottaufruf 9 210

Briefgeheimnis 9 318 ff., 322
- Schranken 23 668 ff.

Bundesnotbremse I 10 425, 22 586

Bundesnotbremse II 9 258

Bundesstaat 23 729

Bundesverfassungsgericht 30 914 ff., 942
- Bedeutung für die Grundrechtsentwicklung 2 17 ff.
- Extensive Grundrechtsinterpretaion 2 19
- Grundsatzentscheidungen 3 32 ff., 30 947
- Gründung 2 17
- Hüter der Verfassung 2 17
- Kampf um Deutungshoheit 2 20 f.
- Verhältnis zum EGMR 2 23
- Verhältnis zum EuGH 2 24
- Verhältnis zur Wissenschaft 2 22

Case law 3 32

Charta der Grundrechte der Europäischen Union (GRCh) 2 24, 7 83 ff.
- Anwendbarkeit 7 85 f.
- Anwendungsvorrang 7 96, 101 f.
- Auslegung 7 114 ff.
- Dogmatik und Auslegung 7 105 ff.
- historische Auslegung 7 118
- verbindliche Interpretation durch den EuGH 7 114 f., 128

Datenschutz 3 35, 10 424, 21 552

Dekontextualisierung 2 21, 3 32, 7 127

Demokratieprinzip 3 33, 9 221, 283 ff., 305 ff., 22 554, 578, 30 943

Demokratische Gleichheit 24 750, 26 817

Derivative Teilhaberechte 9 357, 18 528, 24 770

Deutschengrundrechte 9 288, 11 444 ff., 23 639

Dienstleistungsfreiheit 11 449, 27 847

Differenzierungsgebot 25 790

Diskriminierungsverbot 24 748 ff., 782, 26 808 ff., 825 ff., 834 ff.
- 12. Zusatzprotokoll 27 841
- Unionsrecht 27 842 ff.

Disponibilität von Grundrechten 20 535 ff.

Doppelbestrafung, Verbot der 29 912

Doppelbindung 7 86 f., 123

Doppelte Zweckbezogenheit des Schutzbereiches der Koalitionsfreiheit 9 312 f.

Doppelte Zweckneutralität des Schutzbereiches der Vereinsfreiheit 9 300 ff., 23 667

Drei-Stufen-Theorie 9 337, 23 673 ff.

Drittwirkung
- Gleichheitsrechte 24 775
- mittelbare 2 21, 15 481 ff., 17 505, 22 571, 23 736, 24 775
- unmittelbare 9 305, 316, 15 478 ff., 24 776

Durchsuchung 22 596

Dynamischer Integrationsprozess 2 15

Effektiver Rechtsschutz 29 888 ff.

Effet utile 15 480

Egalitärer Individualismus 9 285

Ehe
- Abstandsgebot 9 253
- Privilegierung der 9 254
- Schutz der 3 36, 9 248 ff., 252
- Verschiedengeschlechtlichkeit 9 252

Stichwortverzeichnis

- Wandel des Ehebegriffs 9 252
- Ehe für alle 4 47, 9 252
- Eigentumsfreiheit 9 372 ff., 17 508
  - Schranken 23 693 ff.
- Einbürgerung 9 406
- Eingriff in Grundrechte 4 44, 17 492 ff.
  - additiver 4 62 f., 18 519
  - berufsspezifischer 4 56, 9 338
  - eigentumsspezifischer 4 56, 9 377 ff.
  - erweiterter Eingriffsbegriff 17 493 ff.
  - klassischer Eingriffsbegriff 17 492
  - kumulativer 4 62 f., 18 519
  - mittelbarer 17 497
  - versammlungsspezifischer 4 56
- Eingriffsintensität 4 63, 17 499, 23 625, 30 947
- Einreise 9 176
- Einrichtungsgarantie 3 36, 4 47, 9 252, 290, 296, 378, 23 708
- Einschätzungsprärogative 18 515, 23 621, 738
- Einzelfallgesetzverbot 22 587 ff.
- Elfes-Urteil 10 438, 23 636
- Ende des Lebens 9 163
- Enteignender Eingriff 23 706
- Enteignung 23 694 ff.
- Enteignungsgleicher Eingriff 23 706
- Ermessensausübung 18 515, 527, 24 753, 28 862
- Erziehungsrecht und -pflicht 9 256
- Europäische Grundrechte 27 850 ff.
  - als Maßstab einer konkreten Normenkontrolle 7 130
  - als Schranken der Grundfreiheiten 27 849
  - Anwendungsvorrang 7 96, 101 f.
  - Auslegung 7 114 ff.
  - Bindungswirkung 7 85 f.
  - Dogmatik und Auslegung 7 105 ff.
  - Durchsetzung durch Verfassungsbeschwerde 7 88 ff.
  - Entwicklung 2 24
  - historische Auslegung 7 118
  - nationales Verfassungsrecht als Rechtserkenntnisquelle 7 121
  - Parallelprüfung mit nationalen Grundrechten 7 103 f.
  - Prüfung der Erforderlichkeit 7 113
  - Schrankensystematik 7 106 ff.
  - verbindliche Interpretation durch den EuGH 7 114 f., 128
  - Verhältnis zu den EU-Grundfreiheiten 7 84
  - Verhältnis zu nationalen Grundrechten 7 86 f., 91, 95, 123 f.
  - Verhältnis zu nationaler Grundrechtsdogmatik 7 106 ff.
  - Verhältnis zur EMRK 7 120
  - Vermutung der Mitgewährleistung durch nationale Grundrechte 7 99 f., 102, 109
- Europäische Konvention zum Schutz der Menschenrechte und Grundfreiheiten (EMRK) 2 23, 4 61, 6 66 ff.
  - Berücksichtigungspflicht 6 68, 74 ff., 79
  - Einklagbarkeit auf nationaler Ebene 6 74 ff.
  - konventionsfreundliche Auslegung 6 79 ff.
  - Rang in der dt. Rechtsordnung 6 69
  - Rechtsnatur und Rang 6 67
  - Subjektiver Rechtsschutz durch Individualbeschwerde 6 72 ff.
  - unmittelbare Anwendbarkeit 6 68
  - Verhältnis zu nationalen Grundrechten 23 740 f.
  - Verhältnis zur Verfassungsbeschwerde 6 75 f.
  - völkerrechtlicher Vertrag 6 66
  - Zusatzprotokolle 8 151, 27 841
- Europäischer Gerichtshof (EuGH)
  - Kontrolldichte 30 949 f.
  - Verhältnis zum BVerfG 2 24
- Europäischer Gerichtshof für Menschenrechte (EGMR) 2 23, 3 32, 6 70 f.
  - Entscheidungen als Wiederaufnahmegrund 6 78
  - keine kassatorische Wirkung der Urteile 6 73
  - Kontrolldichte 30 951
  - Möglichkeit der Individualbeschwerde 6 72 ff.
  - Orientierungswirkung der Entscheidungen 6 73
  - personale Zusammensetzung 6 71
  - Verhältnis zum BVerfG 2 23
- Europäisches Verfassungsrecht 2 23 f., 9 214, 23 686, 29 871, 30 922
- Europäische Union (EU) 7 82 f.
  - Primär- und Sekundärrecht 7 83
  - Rechtsnatur 7 82

Stichwortverzeichnis

Ewigkeitsanspruch 8 143
Existenzminimum 8 152, 18 512, 526

Faires Verfahren 22 604, 29 872, 897, 904 ff.
Fallvergleich 3 32
Familie
- Schutz der 3 36
Familie, Schutz der 9 248 ff., 255, 23 741
- Schranken des Erziehungsrechts 23 658
Fernmeldegeheimnis 9 318 ff., 324
- Schranken 23 668 ff.
Filmfreiheit 9 226 ff.
Fiskalgeltung der Grundrechte 14 470
Flucht ins Privatrecht 14 468
Folterverbot 8 151, 156, 21 544, 23 739
Formel, neue 25 785 f.
Forschungsfreiheit 9 244 f.
Forum externum 9 184
Forum internum 9 184, 190, 243
Französische Menschenrechtserklärung 2 9
Freiheit der Person 9 172 ff.
Freiheitsbeschränkung 9 175
Freiheitsentziehung 9 174, 22 599
Freitod 4 49, 9 160, 20 534 ff.
Freizügigkeit 9 326 ff.
- Schranken 23 671
Friedlichkeit der Versammlung 9 275 f.
Frühkonstitutionalismus 2 11

Garantenstellung, staatliche 18 512 ff., 23 719
Gedankenfreiheit 9 211
Gegendemonstration 9 279
Geistiges Eigentum 9 374
Geltungsanspruch
- der Grundrechte, national 9 167, 22 580, 23 607, 24 757
- der Grundrechte, überstaatlich 2 23 ff.
Gemeineuropäischer Grundrechtsmindeststandard 23 638
Gemeinwohlinteresse 4 62, 9 287, 23 678
Gemischtwirtschaftliche Unternehmen 13 461, 14 471
Gerechtigkeitsanspruch 1 1, 23 609 f.
Gerechtigkeitspostulat 3 33 ff.
Gerichtshof der Europäischen Union (EuGH) 29 870

Geschäftsräume 4 63, 9 369 ff.
Gesetzesvorbehalt 4 41, 61, 21 540 ff., 22 559 ff.
- einfacher 23 636 ff.
- qualifizierter 7 111, 23 634 ff.
- Unterscheidung vom Vorbehalt des Gesetzes 22 554
Gesetzlicher Richter 7 129, 29 892 ff.
Gestaltungsauftrag 4 47, 18 510
Gestaltungsspielraum des Gesetzgebers 4 47, 9 252, 390
Gesundheit, Recht auf 9 164 ff.
Gewissensfreiheit 4 43, 9 178 ff., 185 ff.
Gewohnheitsrecht 22 571, 23 695, 707, 24 775
Glaubensfreiheit 4 51, 9 178 ff.
Gleichbehandlungsrichtlinie 27 855
Gleichberechtigung 4 46, 24 748, 26 822 ff., 27 856
Gleiche Freiheit 1 1 ff., 24 749
Gleichheitsrechte
- allgemeiner Gleichheitssatz 25 783 ff.
- besondere Gleichheitssätze 26 808 ff.
- demokratische Gleichheit 24 750, 26 817
- Drittwirkung 15 479, 24 775
- europäische 24 752, 27 838 ff.
- Gleichberechtigung der Geschlechter 26 822 ff.
- Gleichstellung nichtehelicher Kinder 26 833
- nationale 24 748 ff.
- politische (Art. 38 GG) 24 750, 26 817
- räumliche Dimension 24 774, 25 804
- Referenzsachverhalt 25 789 ff.
- spezifische Verhältnismäßigkeitsprüfung 25 800 ff.
- staatsbürgerliche (Art. 33 GG) 26 834 ff.
- Verhältnis zu Freiheitsrechten 24 760 ff.
- Wahlrechtsgleichheit 24 750, 26 817
- zeitliche Dimension 24 759, 25 804
- Zurechnung 25 787 ff.
Gleichmaßgebot 25 800 ff.
Glockengeläut 4 51, 9 191, 18 523
Gnadenentscheidung 29 883
Grenzen der Grundrechte 4 41, 21 540 ff., 23 708
Grundfreiheiten 7 84
- als Gleichheitsrechte 27 847 ff.
- Verhältnis zu den EU-Grundrechten 7 84

Stichwortverzeichnis

Grundgesetz
– Entstehung 2 16
Grundkonsens 8 133
Grundrecht auf schulische Bildung 9 258 ff.
Grundrechte
– Abwehrrecht, als 15 484 ff., 17 492 ff.
– als vorstaatliche Abwehrrechte 2 14
– doppelte Grundrechtsbindung 7 86 f., 123
– EU-Grundrechte 2 24, 7 83 ff.
– Extensive Interpretation 2 16 f., 19
– Grundrechtstypische Gefährdungslage 13 458
– historische Dimension 2 5 ff.
– historische Entwicklung 2 6 ff.
– in der Weimarer Reichsverfassung 2 12 ff.
– Intertemporale Wirkung 17 497
– Leistungsrechte, als 9 414, 16 487, 18 525 ff., 24 770, 781, 29 885, 31 962
– normgeprägte Grundrechte 4 47, 9 221, 254 f., 377, 29 878, 30 937
– objektiv-rechtliche Dimension 28 863 ff.
– Parallelprüfung der Grundrechte des GG und der GRCh 7 103 f.
– rechtsgeprägte Grundrechte 4 47, 9 221, 254 f., 377, 29 878
– richterrechtliche Maßstäbe 2 21
– Schutz im Mehrebenensystem 7 86 f.
– Sozialität, Grundrecht auf 9 266, 10 425
– subjektiv-rechtliche Dimension der 28 863 ff.
– unionsrechtsfreundliche Auslegung 7 125 ff.
– unionsrechtskonforme Auslegung 7 102
– verfassungsgerichtliche Durchsetzbarkeit 1 3
– Verhältnis zu EU-Grundrechten 7 123 f.
– Verhältnis zum Unionsrecht 2 24
– Verhältnis zur EMRK 6 81
– Verhältnis zwischen nationalen und EU-Grundrechten 2 24, 7 91, 95 f.
– vorbehaltloses Grundrecht 4 61, 21 541, 23 711, 734
– Wandel 3 34 ff.
– Werteordnung 2 15, 16 f., 19
Grundrechtsausgestaltung 4 44 ff., 6 80
Grundrechtsbeeinträchtigung 4 39 ff.
Grundrechtsberechtigung 4 39, 11 444 ff., 14 471, 20 539, 21 551, 30 915
Grundrechtsbeschränkung 4 39 ff.

Grundrechtsbindung 4 40, 13 459, 14 466 ff., 30 917
Grundrechtschutz
– im Mehrebenensystem 7 88 ff.
Grundrechtseingriff 4 44, 17 492 ff.
– additiver 4 62 f., 18 519
– berufsspezifischer 4 56, 9 338
– eigentumsspezifischer 4 56, 9 377 ff.
– erweiterter Eingriffsbegriff 17 493
– klassischer Eingriffsbegriff 17 492
– kumulativer 4 62 f., 18 519
– mittelbarer 17 497
– versammlungsspezifischer 4 56
Grundrechtsentwicklung 2 6 ff.
– Bedeutung der EMRK 2 23
– Bedeutung des Bundesverfassungsgerichts 2 17 ff.
– Entwicklungsstationen 2 7 ff.
– EU-Grundrechte 2 24
– Europäisierung 2 23 f.
– in der BRD 2 16 ff.
Grundrechtsfähigkeit 12 450 ff., 30 915
Grundrechtsgrenzen 4 41, 21 540 ff., 23 708
Grundrechtskollisionen 3 29, 4 51, 17 505 ff., 23 736 ff.
Grundrechtskonflikt 15 482 ff., 17 505 ff., 23 736
Grundrechtskonkurrenz 4 43, 53 ff.
Grundrechtsmündigkeit 12 452, 30 916
Grundrechtsschutz
– Europäisierung 5 64
– im Mehrebenensystem 5 64 f.
– intertemporal 17 497
Grundrechtsstaat 1 3
Grundrechtsstandard 2 23, 4 43
Grundrechtsverpflichtung 4 40, 13 459, 14 466 ff.
Grundrechtsverwirkung 21 547 ff.
Grundrechtsverzicht 8 137, 154, 20 534 ff.
Grundrechtsvielfalt 7 98, 122 ff.

Habeas corpus 9 171
Häberle, Peter 4 47, 28 861
Heck'sche Formel 30 947
Heller, Hermann 2 15
Hesse, Konrad 3 34, 8 136, 23 733
Holistischer Ansatz 4 62, 23 625, 744
Humangenetik 8 155

Stichwortverzeichnis

Ideal 1 2
Idealkonkurrenz 4 53, 58
Individualbeschwerde vor dem EGMR
  6 72 ff.
– Begründetheit 6 73
– Zulässigkeitsvoraussetzungen 6 72
Informationelle Selbstbestimmung 3 35,
  10 426, 21 552, 22 601 ff.
Informationsfreiheit 9 201 ff., 212
– negative 9 217
– Schranken 23 640 ff.
Informationssystem 9 214
Informationstätigkeit, staatliche 17 503
Inhalts- und Schrankenbestimmung
  23 704 ff.
Inländerdiskriminierung 24 774, 27 850
Inländergleichbehandlung 11 447,
  27 842 ff.
Institutionelle Garantien 4 46 ff.
Institutsgarantie 3 35, 4 47, 9 252, 290,
  296, 378, 23 708
Integration
– dynamischer Prozess 2 15
Integrität und Vertraulichkeit informationstechnischer Systeme 3 35, 10 427
Internet 3 35, 9 208, 381, 10 428 f.,
  22 601 ff.
Interne und externe Gründe der Ungleichbehandlung 25 798
Interpretationsgesichtspunkt 4 61
Intertemporale Freiheitssicherung 17 497
Junktimklausel 23 694, 699
Juristische Personen, Grundrechtsfähigkeit
  13 453 ff., 24 772 ff., 30 915
– ausländische 13 454
– gemischtwirtschaftliche Unternehmen 13 461, 14 471
– öffentlich-rechtliche 13 459 ff.
Justizgewährungsanspruch, allgemeiner
  29 875, 890 ff.
Justizgrundrechte 13 465, 22 604,
  29 866 ff.
Justizstaat 3 29
Kaiserreich 24 748
Kant, Immanuel 1 1, 8 136
Kapitalverkehrsfreiheit 11 449, 27 847
Kelsen, Hans 2 13

Klimaschutz-Beschluss 17 497
Klonen 8 155
Koalitionsfreiheit 9 305 ff.
Kollision
– Abgrenzung vom Grundrechtskonflikt 23 736
– im doppelten Sinne (im Mehrebenensystem) 23 740 ff.
– von Grundrechten 3 29, 4 51, 15 481 ff.,
  17 503 ff., 23 736 f.
Kommunikationsfreiheiten 9 330
Kommunikationsgrundrechte 9 204, 230,
  264, 271
Kommunikationstheorie 8 138
Kommunitarismus 9 264
Kompetenzen 9 208, 19 529, 23 720
Konfrontationsschutz 4 51
Konkordanz, praktische 3 26, 23 710 ff.,
  733 ff., 27 849
– doppelte (im Mehrebenensystem) 23 740
Konkrete Normenkontrolle 29 880
– Berücksichtigung von EU-Grundrechten 7 130
Konkurrenzen von Grundrechten 4 43,
  53 ff.
Kontextualisierung 2 21, 3 32, 7 127
Kontrolldichte 30 932 ff.
– des BVerfG 23 738 f., 24 755, 30 931,
  932 ff.
– des EGMR 30 951
– des EuGH 30 949
Kooperationsverhältnis 7 87, 117
Kopftuch 4 52, 9 197, 18 518, 23 747
Körperliche Unversehrtheit, Recht auf
  9 164 ff., 18 514, 23 654
Körperschaft des öffentlichen Rechts 9 291
– Grundrechtsberechtigung 13 459 ff.
– Religionsgemeinschaften als 9 180,
  13 462, 464, 14 473, 23 665, 742
Korrespondenzfreiheit 9 321 ff.
– Schranken 23 668 ff.
Kriegsdienstverweigerung 9 183 f., 194,
  23 684
Kruzifix 9 197, 18 524
Kulturstaat 9 233
Kumulativer Grundrechtseingriff 4 62 f.,
  18 519

Stichwortverzeichnis

Kunstbegriff 9 234
- bedeutungsorientierter 9 237
- formaler 9 236
- idealistischer 9 235

Kunstfreiheit 9 230 ff.
- Abgrenzung zur Meinungsfreiheit 4 57

Laizismus 9 180

Landwirtschaftsrecht, bereichsspezifisches Diskriminierungsverbot 27 852

Lauschangriff 8 151, 22 597 f., 23 689 ff.

Leben, Recht auf 9 157 ff.

Lebenspartnerschaft, gleichgeschlechtliche 9 252

Legitimation 22 553
- Legitimationsgrundlage 9 285

Legitimitätsvoraussetzung 1 1

Lehrfreiheit 9 244

Leistungsprinzip 26 836

Leistungsrechte, Grundrechte als 9 414, 16 487, 18 525 ff., 24 770, 781, 29 885, 31 962

Leistungstheorie 8 137

Leitentscheidungen 3 32, 4 58

Lernfreiheit 9 246

Locke, John 9 377, 22 554

Lückenschließung 10 440

Lüth-Urteil 2 21

Margin of appreciation 30 951

Mauerschützen 29 910

Medienfreiheit 9 218 ff.
- als Gewährleistungsgarantie 9 221
- Schranken 23 640 ff.

Mehrebenensystem 5 64
- Grundrechtsschutz 2 24, 5 64 f., 7 86 ff.
- Herausforderung für die Rechtsdogmatik 5 65
- Problem der Doppelbindung 2 24, 7 86 f., 123

Meinungsfreiheit 9 201 ff.
- Abgrenzung zur Kunst-, Wissenschafts- und Religionsfreiheit 4 57
- negative 9 216
- Schranken 23 640 ff.

Menschenrechte und Grundfreiheiten 23 730

Menschenwürde 3 27, 30, 8 131 ff.
- Absolutheit der 21 544
- als Begründungsreserve 8 145

- als Grundrecht 8 132

Mieterschutz 9 382, 17 508

Militärdienst 4 52

Mindestgehalt 3 28

Missionierung 4 52, 9 191, 197

Mitgifttheorie 8 136

Mittelbare Diskriminierung 26 809, 27 845

Mittelbare Drittwirkung 2 21, 15 481 ff., 17 505, 22 571, 23 736, 24 775

Mittelbare Grundrechtsbeeinträchtigung 17 497
- Abgrenzung Tun/Unterlassen 17 504

Nassauskiesungsbeschluss 9 394

Nationalsozialismus 8 131, 9 361, 400, 409, 24 748

Naturrecht 2 7 f., 8 136
- rationalistisches Naturrecht 2 8
- religiöses Naturrecht 2 7
- säkularisiertes Naturrecht 2 8

Ne bis in idem 29 912

Negative Freiheit 4 50

Nemo tenetur se ipsum accusare 29 906

Neue Formel 24 751, 25 785 f.

Neutralität 8 136, 9 182

Nichteheliche Kinder, Gleichstellung 26 833

Nichtraucherschutz 9 160, 10 435 ff., 23 624

Niederlassungsfreiheit 9 331, 358, 27 847

Normative Kraft der Verfassung 4 47, 8 136

Normgeprägte Grundrechte 4 47, 9 221, 254 f., 377, 29 878, 30 937

Normverwerfung 22 591, 29 880

Nulla poena sine lege 29 910

Numerus clausus 9 357

Objektformel 8 135, 151

Objektiv berufsregelnde Tendenz 9 338, 354, 17 503

Objektiv-rechtliche Dimension 28 863 ff.

Offener Verfassungsstaat 9 331

Offenheit, inhaltliche 4 48, 9 197

Öffentliches Amt, Zugang 26 834 ff.

Online-Durchsuchung 10 427 ff., 22 601 f.

Oppositionsrechte 9 286

Optimierung 1 2, 3 26

Orientierungswirkung
- von Gerichtsentscheidungen 3 32

537

Parität 9 182
Parlamentsvorbehalt 22 575 ff.
Partei 9 287 f., 302, 26 837
– Beschwerdefähigkeit 30 915
Personalen Substrats, Theorie des 13 458
Personen der Zeitgesichte, absolute und relative 10 423, 23 741
Persönlichkeitsmerkmale
– unverfügbar 25 794 ff.
Persönlichkeitsrecht 4 61, 10 417 ff., 425 ff.
Petitionsrecht 31 955 ff.
Plausibilitätskontrolle 9 195, 238
Pluralität 9 181
Politische Gleichheit 24 750, 26 817
Popularklage 29 867, 30 924 f.
Positivismuslüge 2 20
Postgeheimnis 9 318 ff., 323
– Schranken 23 668 ff.
Präimplantationsdiagnostik 9 162
Präjudiz 3 32 ff.
Praktische Konkordanz 3 26, 23 710 ff., 733 ff., 27 849
– doppelte (im Mehrebenensystem) 6 81, 23 740
Pressefreiheit 9 222 ff.
– innere 9 224
– Konflikt mit dem Allgemeinen Persönlichkeitsrecht 9 225, 23 655
Prinzipien 3 25 ff.
Prinzipienstruktur 25 797
Privatautonomie 10 442, 15 478 ff.
– historischer Entstehungskontext 2 11
Privatisierung 16 490
Privatleben, Recht auf 10 440
Privatschulfreiheit 9 262 f.
Privatsphäreschutz für den familiären Umgang 4 59

Ratifikation 6 66, 27 841
Raucherclub 23 618
Rauchverbot 9 160, 23 624
Recht am eingerichteten und ausgeübten Gewerbebetrieb 9 383
Recht auf Sozialität 9 266, 10 425
Recht auf Vergessen I 7 97 ff.
Recht auf Vergessen II 2 24, 7 90, 92 f., 95
Rechte künftiger Generationen 12 451

Rechtfertigung 4 41, 7 110 ff., 21 540 ff.
– bei Gleichheitsrechten 24 780
– formell 22 553 ff., 24 781
– materiell 23 605 ff., 24 782
Rechtliches Gehör 29 897
Rechtsanwendungsgleichheit 24 753
Rechtsbehelf 29 903, 909, 31 956
Rechtsbehelfserschöpfung 6 72
Rechtsetzungsgleichheit 24 756
Rechtsfolgenorientierte Schutzbereichsbestimmung 8 141
Rechtsfolgen von Grundrechtsverstößen 28 865
Rechtsfortbildung 14 475, 30 937
Rechtsgeprägte Grundrechte 4 47, 9 221, 254 f., 377, 29 878
Rechtspositivismus 2 13
Rechtsschutzgarantie 21 544, 22 584, 23 716, 29 868 ff., 879 ff.
Rechtsstaatsprinzip 2 10, 4 41, 9 171, 22 559 ff., 23 608, 29 878 ff., 890 ff.
– historischer Entstehungskontext 2 10
Rechtswegerschöpfung 30 926 ff.
Rechtsweggarantie 28 860, 29 866 ff., 878 ff.
Reduktion 18 527
Regeln 3 25 ff.
Religionsfreiheit 9 178 ff.
– Abgrenzung zur Meinungsfreiheit 4 57
– kollektive 9 179, 198
– negative 4 51 f., 9 197, 18 520
Religionsgemeinschaften 9 180, 13 462, 464, 14 473, 23 665, 742
– öffentlich-rechtliche: Bindung an Grundrechte 14 473 f.
Religionsunterricht 9 261
Religionsverfassungsrecht 9 178 ff., 258
Religiöse Symbole 4 52, 9 191, 197
Richtervorbehalt 22 592 ff.
Richtlinien 7 94, 9 411, 15 485
Rücknahme der Einbürgerung 9 406
Rückwirkungsverbot 29 910
Rundfunkanstalten, öffentlich-rechtliche 9 208
Rundfunkfreiheit 9 226

Schmitt, Carl 2 14
Schockwerbung 9 203, 232, 18 523

Stichwortverzeichnis

Schranken 9 402, 22 564, 586, 601, 23 636 ff., 640 ff., 658 f., 660 ff., 664 ff., 668 ff., 671 f., 688 ff., 693 ff., 710 ff., 742
Schrankensystematik 4 42, 9 299, 22 595, 23 634
– der GRCh 7 106 ff.
Schrankentrias 23 636 ff.
Schulaufsicht, staatliche 9 258
Schulgebet 9 181
Schulpflicht 4 52, 18 520, 23 746
Schulwesen 9 258
– Schranken 23 659
Schumann'sche Formel 30 948
Schutzbereich
– persönlich 4 39, 10 442 ff., 14 471, 20 537, 30 915
– sachlich 3 28 f., 4 42 ff., 56 ff.
Schutzbereichsverstärkung 4 54, 59 ff., 23 743
Schutzniveau der Grundrechte 17 504, 23 739, 30 950
Schutzpflicht 1 2, 4 47, 51, 9 160, 167, 17 505 ff., 18 510 ff., 23 627 ff.
– Gleichheitsrechte 24 775, 778
Selbstbestimmung, informationelle 3 35, 10 426, 21 552, 22 601 ff.
Selbstbindung des Staates 24 758 f., 773 f.
Selbstentmündigung 8 143
Selbstschädigung 9 160, 20 534 ff.
Selbsttötung 4 49, 9 160, 20 534 ff.
Selbstverständnis 9 188, 192, 238, 252
Selbstverstümmelung 4 49, 9 160, 20 534 ff.
Sicherheitsrecht 3 35, 22 563, 599
Sitzblockade 9 271, 277
Sitztheorie 13 455
Smend, Rudolf 2 15
Solange I 2 24
Solange II 2 24
Sonderstatusverhältnis 4 52, 9 197, 18 520, 22 573, 23 745 ff., 26 837, 29 883
Souveränität
– des Monarchen 2 6
– des Volkes 2 6
– nationale Souveränität 2 6, 9 401
Sozialität, Grundrecht auf 9 266, 10 425
Spezialität 4 53, 57
Sphärentheorie 10 422 f.

Spontandemonstration/Versammlung 4 47, 9 274, 23 663
Staatsangehörigkeit, Entziehung und Verlust 9 403 ff.
Staatskonstitutive Versprechenstheorie 8 138, 9 159
Staatszielbestimmungen 23 727 f.
Stadionverbot 15 479
Status activus processualis 28 861
Status negativus cooperationis 16 491, 20 539
Sterbehilfe 9 163
Steuerbelastung 9 384
Strafgefangene 4 52, 18 520, 23 746
– Grundrechtsausübung in der Haft 9 176
Stufenbau der Rechtsordnung 2 13
Subjektive Rechte 9 167, 239, 13 465, 18 527, 29 871
Subsidiarität 4 53, 57
– der Verfassungsbeschwerde 30 924 ff.
Subventionierung, staatliche 9 208, 262, 355
Superrevisionsinstanz 30 933

Tarifautonomie 9 306 ff.
Tatsachenbehauptungen 9 209
Technischer Fortschritt 3 35
Teilhaberechte, Grundrechte als 16 488, 18 525 ff., 24 767
Teleologische Interpretation 4 43
Tendenzfreiheit 9 224
Tertium comparationis 24 782
Tierschutz 23 727
Todesstrafe 8 151
Toleranz 4 51, 18 522, 23 747
Transitbereich 9 176
Transplantation 9 163
Trennungsprinzip 9 180

Übermaßverbot 23 612 ff.
Übertragung von Hoheitsgewalt 30 917
Umsetzung des Unionsrechts 27 851
– Spielräume 7 92, 94
Unbestimmtheit 1 4, 3 32, 34, 4 43, 22 570, 30 933
Unionsrecht 7 83 f.
– Anwendungsvorrang 7 83
– Primär- und Sekundärrecht 7 83

539

Stichwortverzeichnis

- Spielräume bei der Umsetzung 7 92
- Verwerfungsmonopol des EuGH 7 128
- vollständige Vereinheitlichung 7 94 f.

Unionsrechtlicher Regelungsspielraum 7 92, 94

Unionsrechtsfreundliche Auslegung 7 99, 9 214, 271, 23 639, 721, 26 824
- der Verfassung 7 125 ff.

Unionsrechtskonforme Auslegung 7 102, 11 446 ff., 23 722

Unmittelbare Drittwirkung 9 305, 316, 15 478 ff., 24 776

Unschuldsvermutung 29 913

Untermaßverbot 23 627 ff.

Vereinigungsfreiheit 9 283 ff., 13 464 ff.
- negative 4 49, 9 291
- Schranken 23 664 ff.

Vereinigungstätigkeit, Schutz der 9 300 ff.

Vereinsprivileg 9 301

Vereinstätigkeit, Schutz der 9 300 ff.

Vereinsverbot 23 664 ff.

Verfahrensdauer 22 602, 29 904 ff.

Verfahrensgarantie 28 862, 29 872, 904 ff.

Verfahrensrechtliche Seite der Grundrechte 22 590 f., 28 857 ff., 29 874

Verfassung
- als Integrationsordnung 2 15
- Portugal (1976) 3 35
- Schweden (1975) 3 35

Verfassungsänderung
- formal 3 34 f., 8 145, 21 545
- ohne Textänderung 3 34

Verfassungsbeschwerde 30 914 ff., 936
- Geltendmachung von EU-Grundrechten 7 88 ff.
- Verhältnis zur EMRK 6 75 ff.

Verfassungsimmanente Schranken 23 710 ff.

Verfassungsprinzipien 3 29, 33, 21 552 ff., 23 727 ff., 30 943

Verfassungsrang 14 473, 477, 23 622, 716 ff.

Verfassungsrecht
- naturrechtliche Prägung 2 7 f.

Verfassungsschutz 21 549, 23 671, 729 ff.

Verfassungsüberlieferungen der Mitgliedstaaten 7 117, 121

Verfassungswandel 3 34 f., 8 145, 9 252, 21 545

Vergaberecht 9 355, 14 470, 24 768

Vergesellschaftung 23 709

Vergleichbarkeit 25 791

Verhältnismäßigkeit 4 41, 10 436 ff., 23 605 ff.
- Gleichbehandlung 25 785, 798
- Gleichmaßgebot 25 800 ff.
- historischer Entstehungskontext 2 10
- spezifische Prüfung bei Gleichheitsrechten 25 800 ff.
- stufenloser Rechtfertigungsmaßstab 25 786, 793 ff.
- Übermaßverbot 23 612 ff.
- Untermaßverbot 23 627 ff.

Verhältnis zwischen EU-Grundrechten und der EMRK 7 120, 124

Verhältnis zwischen nationalen Grundrechten und EMRK 6 81, 7 124

Verhältnis zwischen nationalen Grundrechten und EU-Grundrechten 2 24, 7 86 f., 91, 95 ff.

Vermögensschutz 9 384 ff.

Vernunftrecht 2 8

Versammlungsbegriff 9 267 ff.

Versammlungsfreiheit 4 47, 9 264 ff.
- Schranken 23 660 ff.

Vertrauensschutz 17 504, 23 703 f., 29 911

Vertraulichkeit und Integrität informationstechnischer Systeme 3 35, 10 427, 22 601

Verwaltungsmonopole 9 349, 355

Verwaltungsprivatrecht 14 469

Verwaltungsvollzugsvorbehalt 22 583 ff.

Verwerfungsmonopol des BVerfG 29 880 f.

Verwirkung von Grundrechten 21 547 ff.

Verzicht auf Grundrechtsschutz 8 137, 154, 20 534 ff.

Virgina Bill of Rights 2 9

Völkerrecht 4 61, 6 66 ff.
- völkerrechtsfreundliche Auslegung 4 61, 6 76 f., 79 ff., 23 726
- völkerrechtsfreundliche Konkordanz 23 740

Volkssouveränität 2 6

Vollharmonisierung 7 94

Vollzug des Unionsrechts 27 851

Vorabentscheidungsverfahren 7 128 f.
- Verletzung der Vorlagepflicht 7 129
- Vorlagepflicht 7 128

Stichwortverzeichnis

Vorbehalt des Gesetzes 4 41, 61, 21 540, 22 559 ff.
- historischer Entstehungskontext 2 10
- Unterscheidung vom Gesetzesvorbehalt 22 554

Vorbehaltlose Grundrechte 4 61, 21 541, 23 710 ff., 734

Vorrang
- des Unionsrechts 23 722

Vorrangrelationen 3 26

Waffengleichheit, Gebot der 29 906

Waffenlosigkeit der Versammlung 9 275 f., 280

Wahlrechtsgleichheit 24 750, 26 817

Wandel und Beständigkeit der Grundrechtsgeltung 1 4, 3 33 ff.

Warenverkehrsfreiheit 11 449, 27 847

Warnungen, staatliche 9 216, 355, 16 491, 17 497, 503, 18 518, 22 563, 567 ff.

Wechselwirkungslehre 23 653

Wehrdienstverweigerung 9 183 f., 194, 23 684

Weimarer Methodenstreit 2 12 ff.

Weimarer Reichsverfassung (1919) 9 167

Weimarer Reichsverfassung (WRV) 2 12 ff.

Weimarer Zeit 2 12 ff.

Weltanschauungsfreiheit 9 183 ff., 195

Werkbereich 9 243

Werteordnung 2 15

Wertgarantie 9 394, 23 701

Werturteile 9 209

Wesensgehalt 3 29 ff., 21 543, 545, 23 608, 625

Wesensvorbehalt 13 457 ff., 463

Wesentlichkeitstheorie 22 562, 578

Wettbewerbsfreiheit 9 353 ff.

Willkürverbot 24 751, 769, 782 ff., 25 784 ff.

Wirkbereich 9 243

Wissenschaftsfreiheit 9 230 ff., 244 ff.
- Abgrenzung zur Meinungsfreiheit 4 57

Wohlerworbene Rechte 2 11

Wohnung, Unverletzlichkeit der 9 365 ff., 22 595 ff.
- Schranken 23 688 ff.

Zeitgeist 9 251

Zensurverbot 23 656 f.

Zitiergebot 22 580 ff.

Zurechnung 4 40, 45, 16 486 ff.
- bei Gleichheitsrechten 24 777 ff., 25 787 ff.

Zusatzprotokolle 8 151, 27 841

Zwangsarbeit 9 360 ff., 22 600

Zwangsmitgliedschaft 4 58, 9 291, 297 ff., 315